Le rôle du gouverneur au Maroc

Abdelatif LAAMRANI

Le rôle du gouverneur au Maroc

Préface de Michel Verpeaux

Présentation de Michel Rousset

L'Harmattan

5-7, rue de l'École-Polytechnique, 75005 Paris

www.harmattan.fr
diffusion.harmattan@wanadoo.fr

ISBN : 978-2-343-10150-7
EAN : 9782343101507

C'est à notre Souverain, notre Roi Sa Majesté Mohammed VI puisse Dieu le tout puissant en glorifier le règne, que j'ai l'insigne honneur de dédier cet ouvrage.

Abdelatif LAAMRANI

Le rôle du gouverneur au Maroc

Préface de Michel Verpeaux

Présentation de Michel Rousset

L'Harmattan

5-7, rue de l'École-Polytechnique, 75005 Paris

www.harmattan.fr
diffusion.harmattan@wanadoo.fr

ISBN : 978-2-343-10150-7
EAN : 9782343101507

PRÉFACE

Monsieur Abdelatif Laamrani a, dans sa thèse qui fait l'objet de la présente publication, traité d'un sujet méconnu des chercheurs et administrateurs français, celui du gouverneur dans l'organisation administrative du Maroc, alors même que les liens entre ce pays et la France ont été et demeurent très étroits. Les similitudes entre les fonctions du gouverneur marocain et du préfet français, malgré leurs différences, ont justifié l'acceptation de la direction d'une telle recherche. L'intérêt du sujet constitue l'un des premiers mérites de l'auteur qui livre ici le fruit de sa recherche. Son originalité et son importance en tant qu'outil de recherche et instrument de travail mis à la disposition des publicistes, qu'ils soient universitaires ou fonctionnaires, contribuent à la compréhension de l'administration territoriale marocaine et de ses agents.

Les embûches étaient néanmoins nombreuses. Tout d'abord, il a fallu à M. Laamrani apprivoiser une matière juridique qui s'est avérée peu visitée par la doctrine juridique locale. Ensuite, s'il est clair que la description du droit positif actuel relatif à la création, à la formation et au rôle du gouverneur et généralement du corps des agents d'autorité au Maroc, est une tâche structurante de tout le travail, « *l'Amel* » a grandi de plus en plus depuis l'origine comme un cadre fondamental de commandement et de contrôle politique évoluant vers un agent chargé de la coordination locale de tous les services de l'Etat. Ce rôle trouve sa place dans le cadre de la déconcentration administrative, mais aussi et surtout en tant que facilitateur de la décentralisation.

L'auteur a dû, ensuite, démêler l'écheveau de tous les textes qui ont concrétisé cette évolution pour en présenter avec clarté le résultat actuel, ou du moins celui des textes de 2008 et de ceux consécutifs à la constitution de 2011. Seules les perspectives des nouvelles lois organiques sur la régionalisation avancée et le nouveau rôle que serait appelé à jouer le gouverneur dans ce schéma n'ont pu faire l'objet de l'étude, achevée avant l'entrée en vigueur de ces réformes. Il était alors nécessaire, pour M. Laamrani, de procéder à un rappel exhaustif de l'historique et de la genèse du gouverneur, de se livrer à une description multidisciplinaire de tous les aspects de ce personnage central de l'administration marocaine, afin de mener à bien une étude complète de ses missions, aussi bien déconcentrées que décentralisées avec leurs perspectives et les modalités d'une éventuelle réforme. L'auteur a associé, en une même réflexion, les dimensions historique, sociologique, politique en sortant parfois des strictes limites du droit pour l'alimenter par d'autres sources nécessaires à la compréhension et à la mise en perspective du sujet, sans négliger les apports du droit comparé.

M. Laamrani a décrit la genèse, le rôle et le positionnement de cet organe de l'administration en questionnant son implication dans les deux processus de déconcentration et de décentralisation. D'agent fidèle au pouvoir central et à la personne du Roi, il est appelé progressivement à embrasser d'autres déclinaisons plus favorables à la reconnaissance de l'autonomie contrôlée des collectivités locales, qui peut s'apparenter à une modalité de décentralisation, tout en voulant assurer la prééminence de l'Etat dans l'hypothèse du projet de régionalisation avancée voulue par le Souverain. En étudiant une telle « transformation », M. Laamrani n'a négligé ni la portée des innovations en projet qu'elle comporte ni la difficulté des problèmes qu'elle soulève.

Au demeurant, le mérite de M. Laamrani, grâce à son effort de documentation et d'analyse, aura été d'entreprendre une étude juridique et descriptive d'un haut cadre de l'administration qui peut être considéré comme la cheville ouvrière de l'administration locale mise en place depuis l'indépendance. Par-delà cette mission menée à bien avec succès, l'étude s'est attachée à mesurer l'efficacité de cette institution chargée de la tâche majeure que constitue le développement économique et social des collectivités locales. L'ouvrage réussit à mettre en lumière cet élément fondamental, en précisant que l'intervention des gouverneurs est non seulement un gage de réussite de toute déconcentration administrative, mais aussi un pré-requis nécessaire au déploiement réussi de la décentralisation et de la régionalisation. En définitive, M. Laamrani a réalisé un travail bénéfique pour le progrès du droit administratif dans ses rapports avec l'administration territoriale, et sans doute, on peut l'espérer, pour son pays.

Il était hors de question, bien entendu, dans cette courte préface, de rendre compte de toute la richesse du travail de M. Laamrani. Il faut souhaiter à l'auteur de trouver, outre sa récompense dans une légitime satisfaction personnelle, le succès qu'obtiendra certainement son livre auprès du public, tant français que marocain.

Michel Verpeaux
Professeur à la Faculté de droit de l'Université Paris 1 Panthéon-Sorbonne,
Professeur à l'Institut d'études politiques de Paris
et Membre du Comité pour la réforme des collectivités locales

PRÉSENTATION

Il est toujours agréable de rédiger une présentation même s'il s'agit d'un ouvrage qui a fait l'objet d'une thèse de doctorat qu'on n'a pas eu la responsabilité de diriger et si celui-ci n'a pas été soutenu devant la Faculté où l'on a exercé son activité professorale. Mais cette satisfaction se double en ce cas par le fait que le sujet choisi par son auteur : L'institution du gouverneur dans l'organisation administrative du Maroc, fait partie de l'une des préoccupations anciennes et permanentes du présentateur qui s'est intéressé à l'administration territoriale du Maroc depuis plus de cinquante ans et notamment au rôle du gouverneur et de façon plus large du ministère de l'intérieur qui supervise ce que l'on put considérer comme l'armature administrative du Royaume. La thèse de l'auteur, dont on put d'ailleurs ne pas admettre tous les présupposés et les conclusions, a de nombreux mérites.

Tout d'abord elle repose sur une documentation très importante même si, compte tenu de la date de l'ouvrage, il n'a pas pu intégrer toutes les innovations résultant de la constitution de 2011. Ensuite, il a eu le mérite de suivre l'évolution de l'institution du gouverneur à travers une méthode comparative qui l'a conduit à la présenter en parallèle avec l'institution préfectorale française avec laquelle elle présente il est vrai sur le plan juridique un certain nombre d'analogies.

En outre, notre auteur a apporté le plus grand soin à replacer l'institution moderne du gouverneur dans une profondeur historique ce qui l'a amené à remonter le temps de quelques siècles pour poser la question de savoir si notre gouverneur n'était pas en définitive autant le successeur des *Amel* et autres *Khalifas* des anciens Sultans, que la copie adaptée des membres du corps préfectoral de l'ancien colonisateur transmutés en quelque sorte par l'effet du Protectorat en chef de région, chef de cercle, contrôleur civil ou officier des affaires indigènes. Et c'est sans rien renier de son passé proche ou lointain que le Maroc indépendant a construit un corps d'agents d'autorité permettant l'encadrement d'une population dont la diversité et la répartition sur les vastes étendues d'un territoire lui même très divers rendaient particulièrement important la présence visible du pouvoir central incarné par le gouverneur qui devait aussi relayer l'administration centrale au service de cette population. Ce fut l'époque héroïque de ces gouverneurs, super caïds, chefs de cercle et caïds proches des communes créées en 1960 qui souvent, la pioche à la main dans le cadre des chantiers de promotion nationale ont mis sur pied ce que l'on désigne aujourd'hui d'un "*soft word*" : L'administration territoriale du Royaume.

Par ailleurs et c'est là je pense le cœur de la démonstration, le fil rouge suivi par l'auteur qui a consisté à mettre en lumière la double mission du gouverneur : Représenter le pouvoir central, et plus spécifiquement le pouvoir royal et, dans cette mesure, être un agent de déconcentration et de représentation et d'action de ce pouvoir sur l'ensemble du territoire, mais en même temps être le "tuteur", le "protecteur" puis, au fur et à mesure de l'évolution, le "partenaire" des collectivités territoriales et des élus c'est à dire l'agent de la mise en œuvre de la politique de décentralisation. Ce qui fait dire quelque part à Monsieur Laamrani que le gouverneur se trouve en situation de servir deux maîtres ce qui, chacun le sait bien, n'est pas une situation parfaitement confortable d'autant plus que le gouverneur est en permanence plongé dans un milieu local dont la diversité des membres et des intérêts rend sa tâche malaisée d'autant plus que sa situation statutaire est marquée par la précarité. Notre auteur est ainsi conduit à se demander si la fonction de représentation du pouvoir central, de responsable de l'ordre public, de chef des agents d'autorité - expression qui en elle même lui paraît étonnante - ne l'emporte pas sur celle de facilitateur de la décentralisation compte tenu de la prégnance du symbole *makhzénien* qu'il incarne.

En vérité si tout cela est vrai, il faut toutefois avoir égard au temps qui passe et aux incidences des situations particulières qui ont marqué les différents moments d'une périodisation de la vie politique du Royaume et de la construction progressive de l'Etat moderne : Le temps de l'indépendance, le temps des difficultés rencontrées par le pouvoir aux alentours des années 70, le temps de la réconciliation politique des années 90 et enfin le temps d'aujourd'hui ouvert par le règne de Mohammed VI et l'annonce d'une nouvelle conception de l'autorité ; à chacune de ces périodes a correspondu une tension variable entre ces deux forces autant antagonistes que complémentaires, que sont la déconcentration du pouvoir et la construction d'une organisation décentralisée, mais dont la tendance générale est une affirmation de la volonté décentralisatrice de l'Etat sans que cela puisse remettre en cause le caractère fondamental de l'action du gouverneur représentant de l'Etat sur l'ensemble du territoire dont le contenu a cependant été peu à peu lui aussi modifié.

Ceci est une chose incontestable qui apparaît d'ailleurs très nettement dans les nouveaux textes organiques des collectivités territoriales ; mais il est vrai que la symbolique du personnage "GOUVERNEUR", le poids des traditions historico-politiques, mais aussi, il faut le reconnaître, la croissance excessive de l'influence du ministère de l'Intérieur, ont eu pour conséquence la persistance aujourd'hui encore dans l'imaginaire collectif peut être plus que dans la réalité, de la figure d'un gouverneur tout puisant, "homme de main" du *Makhzen*, que certains ont même suspecté de vouloir dépouiller le gouvernement et les ministres de leurs prérogatives, alors qu'il ne s'agissait que de faire réellement, et pas seulement dans les mots, le coordinateur obligé des services déconcentrés des administrations centrales harmonisant leur action avec celle des collectivités locales à l'intérieur de son commandement.

C'est, je pense, un résumé un peu cavalier sans doute mais que je crois juste, de ce qui me semble l'essentiel dans la présentation de cette fresque de l'évolution de l'institution du gouverneur tiraillé entre les exigences de sa fonction de représentant du pouvoir central et les exigences de la mise en œuvre d'une politique de décentralisation étroitement contrôlée par l'Etat dans ses origines, jusqu'à ce que, au début du XXIe siècle, la volonté décentralisatrice s'affermisse et connaisse une véritable novation avec la constitution de 2011. De celle-ci deux articles sont tout à fait importants pour notre propos mais aussi pour l'auteur :

- L'article 1er -4°: « L'organisation territoriale du Royaume est décentralisée. Elle est fondée sur une régionalisation avancée » ; cet article est développé par le Titre IX intitulé des Régions et des autres collectivités territoriales.

- L'article 145 : « Dans les collectivités territoriales, les walis de régions et les gouverneurs de préfectures et de provinces représentent le pouvoir central.

Au nom du gouvernement ils assurent l'application des lois, mettent en œuvre les règlements et les décisions gouvernementaux et exercent le contrôle administratif.

Les walis et gouverneurs assistent les présidents des collectivités territoriales et notamment les présidents des régions dans la mise en œuvre des plans et programmes de développement.

Sous l'autorité des ministres concernés ils coordonnent les activités des services déconcentrés de l'administration centrale et veillent à leur bon fonctionnement ».

Ces dispositions constitutionnelles ont été complétées par les lois organique du 7 juillet 2015 consacrées aux diverses collectivités, régions, préfectures, provinces et communes qui marquent une nouvelle étape sur la voie d'une réelle autonomisation des collectivités territoriales dont la région constitue désormais le pôle avancé.

On a donc aujourd'hui un dispositif juridique concernant l'administration territoriale du Royaume qui repose sur une conception rénovée des relations que doit entretenir le gouverneur avec ses divers partenaires ; cette conception devrait permettre si elle est mise en œuvre de façon cohérente, le maintien de la cohésion nationale parfaitement compatible avec l'épanouissement des individualités territoriales notamment régionales. C'est en tout cas ce que je crois et que j'espère après avoir lu et apprécié le travail de Monsieur Laamrani, même si sa conclusion me semble entachée d'un certain pessimisme quant à l'aptitude des autorités élues à percevoir au delà des intérêts partisans, l'intérêt général dont le gouverneur se doit d'être toujours le gardien vigilant notamment dans l'exercice de sa fonction de contrôle administratif.

Michel Rousset

Professeur honoraire à la Faculté de droit de Grenoble,
ancien professeur à la Faculté des sciences juridiques,
économiques et sociales de Rabat.

SOMMAIRE

LISTE DES ABREVIATIONS

PÉRIODIQUES

AEAP.	Annuaire européen d'administration publique
A.J.D.A.	Actualité Juridique, Droit Administratif
B.J.C.I.	Bulletin Juridique des Collectivités Territoriales
B.O.	Bulletin Officiel
D.	Dalloz
D.A.	Droit Administratif
D.S.	Droit Social
E.D.C.E.	Etudes et Documents du Conseil d'Etat
G.P	Gazette du Palais
J-Cl. Adm.	Jurisclasseur Administratif
J.O.L.D	Journal Officiel des Lois et Décrets
R.D.P	Revue du Droit Public et des Sciences Politiques
Rev. Adm.	Revue Administration
REMALD	La Revue Marocaine d'Administration Locale et de Développement
R.F.D.A	Revue Française d'Administration Publique
R.F.D.C	Revue Française de Droit Constitutionnel
R.F.F.D	Revue Française de la Fonction Publique
R.F.S.P	Revue Française de Sciences Politiques
R.G.D.J.P.	Revue Générales des Collectivité Territoriales
R.J.O.	Revue Général de droit public International
R.P.P.	Revue Juridique de l'Ouest
R.I.S.A.	Revue Politique et Parlementaire
R.J.E.	Revue Internationale de Sciences Administratives
R.R.J.	Revue Juridique de droit de l'Environnement
R.T.D.E.	Revue Trimestrielle de Droit Européen
S.	Recueil Sirey

MAISONS D'ÉDITION

A.J	Actualités juridiques Dalloz
A.N.R.T.	Atelier national de Reproduction de thèses
C.U.R.A.P.P.	Centre national de Recherche sur l'Administration Publique
F.N.S.P.	Fondation Nationale des Sciences Politiques
I .F.S.A	Institut Français de Sciences Administratives
J.O.R.F	Journal Officiel de la République Française

La Doc.Fr	La Documentation Française
L.G.D.J.	Librairie Générale de Droit et de Jurisprudence
P.U	Presse Universitaire
P.U.F	Presse Universitaire de France
G.A.J.A	Les Grands Arrêts de la Jurisprudence Administrative

JURIDICTIONS

C.A.A	Cour Administrative d'appel
Cass. Civ	Chambre civile de la Cour de Cassation
Cons. D'Etat	Conseil d'Etat
Cons. Const.	Conseil Constitutionnel
CSA	Cour Suprême Américaine
Trib. Adm.	Tribunal Administratif
C. S	Cour Suprême
T.A.R	Tribunal Administratif de Rabat

INSTITUTIONS

D.A.T.A.R	Délégation à l'Aménagement du Territoire et à l'Action Régionale
D.G.C.L	Direction Générale des Collectivités Locales (Ministère de l'Intérieur).
D.G.S.N	Direction Générale de la Sûreté Nationale
D.G.S.T	Direction de la Surveillance du Territoire
D.G.E.D	Direction Générale des Etudes et de la Documentation
D.A.I	Direction des Affaires Intérieures
D.A.G	Direction des Affaires Générales
D.A.A	Direction des Affaires Administratives

AUTRES ABRÉVIATIONS

Adm.	Administration
Bilbl.	Bibliothèque
c.	Contre
Conf.	Conférer
Chron.	Chronique
Coll.	Collection
Comm.	Commentaire
Concl.	Conclusion
Dact.	Dactylographié
Dir.	Direction
Ed.	Editions
Esp.	Espèce
Imp.	Impressions
UNFP	Union Nationale des Forces Populaires

SUBSTRACT

The institution of governor, in its modern status, created in 1956, has survived to so many contingencies in the modern Moroccan history: instability in the 1970s, the setting of a new era of administrative laws stabilizing the governing system, and the recognition of a limited autonomy to territorial collectivities through decentralization process in order to mitigate the centralization inconvenients by adopting "administrative deconcentration". The objective of this thesis is to study the elements of continuity characterizing the action of governors. This contribution is an attempt to identify them in regard to their status and competencies. The institution of Governor in Morocco plays a central role in the local administration of the country, the study of its genesis, its legal status, rights, obligations, responsibilities, and functions, both traditional and modern has an accurate interest. This thesis is intended as a contribution to the actual debate on institutional reform in Morocco.

RÉSUMÉ

L'institution du gouverneur, selon son statut moderne, créée en 1956, a survécu à plusieurs contingences de l'histoire du Maroc moderne : l'instabilité des années 1970, l'ouverture d'une nouvelle ère de lois et règlements administratifs visant la stabilisation du système de gouvernance et la reconnaissance d'une autonomie limitée à travers l'adoption de la décentralisation afin de mitiger les inconvénients de la centralisation excessive tout en instaurant les bases d'une déconcentration administrative. L'objectif de cette thèse est d'étudier les éléments de continuité qui caractérisent l'action des gouverneurs. L'institution du gouverneur au Maroc joue un rôle central dans l'administration du pays ; l'étude de sa genèse, de son statut, de sa condition juridique, de ses droits, de ses obligations, de ses responsabilités et de ses attributions, aussi bien traditionnelles que modernes, représente un intérêt certain. Cette thèse se propose d'être une contribution au débat actuel portant sur la réforme des institutions au Maroc.

INTRODUCTION GÉNÉRALE

Comprendre la construction institutionnelle de l'Etat au Maroc d'aujourd'hui passe inéluctablement par l'analyse approfondie de deux dimensions fondamentales : une dimension que l'on pourrait qualifier d'« instrumentale », inhérente au « cadre dans lequel l'administration est habilitée à se mouvoir, (à) la nature de l'équilibre entre les prérogatives dont elle dispose et les droits des administrés »[1], et, par-delà cette fonction technique, une autre dimension que l'on pourrait appeler « idéologique » étroitement liée, elle, au « système de représentation qui entoure et protège l'Etat et constitue par là même un vecteur d'inculcation de valeurs et de représentations relatives à l'administration et à l'Etat »[2].

Dans ce cadre, le modèle administratif marocain moderne[3] a contribué à l'affermissement de l'autorité de l'Etat, en mettant en évidence le maintien, la réforme et, chemin faisant, le renforcement de certaines institutions à la base du système de légitimation de l'administration en tant qu'appareil d'Etat. Il en est ainsi de l'institution du gouverneur.

Néanmoins, du point de vue juridique, l'institution du gouverneur ne peut être étudiée en dehors de l'organisation administrative dans laquelle elle interagit et évolue. Le modèle administratif marocain a ceci de particulier qu'il a été marqué historiquement par l'hypertrophie des missions prises en charge par le ministère de l'Intérieur. Celui-ci a longtemps fait office de

---

[1] Jacques Chevalier, « *les fondements idéologiques du droit administratif français* », in variations autour de l'idéologie de l'intérêt général, PUF, 1979, p. 3.

[2] Jacques Chevalier, *op.cit. Idem.*

[3] Risquer ce qualificatif peut s'avérer problématique puisque certains auteurs soutiennent qu'un modèle administratif (système de gouvernance original et spécifique) a toujours existé au Maroc précolonial, voir à ce propos la thèse de référence de Mohammed Lahbabi, *Le gouvernement marocain à l'aube du XXe siècle*, Editions Maghrébines. *Cf.* aussi dans ce sens le travail d'Abraham Lahnite, *Les Conditions d'établissement du traité de Fez, la politique berbère du Protectorat français au Maroc (1912-1956),* Tome 1, Edition l'Harmattan, Histoire et Perspectives Méditerranéennes. A ce propos, Lahnite cite le témoignage du Maréchal Lyautey dans sa lettre sur la politique du Protectorat datée du 18 novembre 1920 qu' : « ici nous avons réellement trouvé un Etat et un Peuple. Il passait, il est vrai, par une crise d'anarchie, mais crise relativement récente, et plus gouvernementale que sociale, il suffisait de remonter à peu d'années pour retrouver un gouvernement effectif, faisant dans le monde figure d'Etat avec de grands ministres, des ambassadeurs ayant frayé avec des hommes d'Etat européens et dont plusieurs survivaient et survivent encore (...) ».

ministère chargé de l'administration générale du pays, et il a été qualifié de ministère de « souveraineté ». En son sein s'est souvent dessiné l'avenir politique du pays, tandis que les gouverneurs, légataires de cette histoire particulière, étaient investis de prérogatives très larges. Ils ont donc constitué au Maroc une pièce maîtresse de tout l'échafaudage administratif, au fur et à mesure de l'édification de l'Etat moderne, qui résulte de l'adjonction progressive, au gré des mutations historiques, d'institutions précoloniales anciennes comme l'« *Amghar* » (chef de tribu berbère)[4] et d'autres institutions léguées par le Protectorat, notamment l'« *Amel* » : le gouverneur de préfecture et de province sous sa forme actuelle, héritier du gouverneur général, résident français. On ne peut toutefois pas soutenir que la fonction de gouverneur n'existait pas avant la pénétration européenne au Maroc, puisque l'on sait, en effet, à titre d'exemple, que le souverain Moulay Slimane (1792-1822) a nommé son fils Moulay Abderrahmane Ben Hicham d'abord gouverneur de la ville d'Essaouira (Mogador) avant de le désigner comme Khalifa à la tête de Fès[5]. En outre, bien avant, les sultans almoravides du début du XIe siècle[6] ont nommé des gouverneurs à la tête des villes les plus importantes du pays.

Toutefois, on peut dire, en s'en tenant à l'essentiel, que l'institution gubernatoriale telle qu'on la connaît aujourd'hui est une construction *sui generis*. En effet, dans les fonctions d'autorité et de gouvernance des territoires locaux, les législateurs successifs ont maintenu certains organes administratifs anciens à la base de l'organisation administrative tels le *caïd*[7], le *pacha*, le *moqaddem* et le *cheikh*, etc. Ils se sont, néanmoins, grandement

---

[4] *Cf.* en fin de cette thèse le glossaire des termes en arabe ou en berbère.

[5] Il était d'usage à cette époque que le poste de *Khalifa* de Fès ou de Marrakech revienne presque systématiquement à celui qui sera désigné comme héritier du trône. Cela prédestinait ainsi Moulay Abderrahmane à succéder à son père Moulay Slimane en 1822.

[6] Les Almoravides, dynastie ayant régné au Maroc de 1055 au 1147 se sont beaucoup inspiré de l'organisation de l'administration locale mise en place sur tout le territoire de l'Espagne Omeyyade, *Cf.* pour aller plus loin sur ce sujet : Levi Provençal, *L'Espagne musulmane au Xe siècle*, Edition Larose, Paris II, 1932, p. 88 et s. Or, sur le plan de l'organisation administrative locale, les expéditions multiples que cette dynastie était appelée à mener, aussi bien en Afrique du nord qu'en Andalousie, l'ont empêchée d'implanter une véritable administration des affaires locales qui pourrait rivaliser avec le modèle des provinces et des marches de l'Empire Omeyyade, Cf. Levi Provençal, *L'Espagne musulmane au Xe siècle, op.cit.*, p. 88.

[7] Le personnage qui représente le plus la présence du *Makhzen* dans le monde tribal de cette époque était le caïd. « Les modalités de désignation et les fonctions de caïd permettent de vérifier le fonctionnement du diagramme sultanien. Abdellah Laroui rappelle les conditions de désignation du caïd, en précisant qu'il est nommé sur proposition d'un de ses collègues, d'un gouverneur, d'un vizir, soutenu et justifié dans chaque cas par un petit mouvement de tribu, (…) la nomination est ainsi un compromis entre la volonté d'un souverain et celle des administrés, sous quelle forme ? Naturellement celle d'une petite *bay'a.* », in, Abdellah Laroui, *Les origines sociales et culturelles du nationalisme marocain*, Maspero, 1977, p. 161, cité par d'Abdallah Ben Mlih, *Structures politiques du Maroc colonial. D'un 'Etat' sultanien à un « Etat sédimental »*, thèse pour le doctorat d'Etat en sciences politiques, Paris, Université de Paris II, 1988, p. 196.

inspirés du modèle français pour ce qui est des postes de commandement supérieur. L'institution gubernatoriale est ainsi le fruit des modes de gouvernement marocains modernes et traditionnels, et elle ressort d'une trajectoire historique en partie façonnée par l'instauration du Protectorat français dans son interaction avec l'Empire chérifien.

En effet, sur le plan du découpage administratif du territoire, il ne fait guère de doute qu'avant l'établissement du Protectorat français, le territoire marocain était divisé entre « *Bled Siba* »[8] et « *Bled El Makhzen* », le premier correspondait au pays des tribus berbères ; et même si, au niveau de la psychologie sociale, l'expression « *siba* » est liée à la notion de désordre[9], on ne doit pas en déduire qu'à l'intérieur de ces tribus l'anarchie régnait. En réalité, elles menaient une vie organisée à leur façon. Dirigée par la « *Jemâa* », institution de type oligarchique, la tribu était administrée indépendamment du pouvoir central. Cette « *Jemâa* » était alors une assemblée de chefs de famille, de notables comprenant une quinzaine de membres, choisis selon le système de la cooptation[10]. La « *Jemâa* » était placée sous l'autorité du chef tribal « *l'Amghar* », ce dernier, désigné annuellement par l'assemblée, en assure l'exécutif mais reste soumis à son contrôle. Cette portion du territoire échappait au pouvoir du sultan et ne reconnaissait que son autorité spirituelle.

En revanche, dans « *Bled El Makhzen* », partie du Maroc dans laquelle les populations avaient fait allégeance *(bey'a)* au sultan, les habitants de ces territoires payaient régulièrement l'impôt et fournissaient les contingents nécessaires pour le maintien de l'ordre ou la défense du pays[11]. Ces territoires sous l'empire du pouvoir sultanien étaient administrés par des « délégués locaux » représentants du « *Makhzen* » : les pachas dans les villes et les caïds dans les campagnes.

Sur le plan de l'organisation administrative, ces deux systèmes d'administration coexistaient et n'entretenaient pas entre eux des frontières étanches. « *L'Amghar* » était parvenu dans certains cas à établir un pouvoir personnel aux dépens de « *la Jemâa* » et d'autre part, « le Makhzen » lui-même, avait réussi à influencer et soutenir « *l'Amghar* » pour le transformer en caïd (agent du Makhzen).

Quoi qu'il en soit, l'institution du gouverneur au Maroc porte, à notre avis, plus l'empreinte du Protectorat français que celle des structures politiques traditionnelles, hormis un certain nombre de formalités liées au protocole des nominations, qui continuent à porter le signe des coutumes

---

[8] Voir glossaire des expressions en langue arabe en fin de cette thèse. *Bled* : pays, région ; *Siba* : anarchie en arabe dialectal.

[9] Abdellah Laroui, *Les origines sociales et culturelles du nationalisme marocain*, *op.cit*, p. 126.

[10] Fréderic Bremard, *L'organisation régionale au Maroc*, L.G.D.J., Paris, 1949, p. 309.

[11] Saïd Chikhaoui, *Dimension de la décentralisation au Maroc entre le poids du passé et les contraintes de l'avenir,* conférence à Berlin, 13 et 14 septembre 2000, portant sur le développement local : défis du XXIe siècle. Intervention non publiée. p. 3.

sultaniennes[12]. Dès lors, l'étude du statut juridique du gouverneur, de son rôle dans l'organisation administrative et l'évaluation de son efficience en tant qu'appareil institutionnel hérité, en partie de l'ère coloniale, passent inéluctablement par une brève incursion dans les structures administratives et politiques coloniales.

De fait, sur le plan historique, l'instauration du Protectorat français, a été marquée par la mise en place progressive d'une administration territoriale moderne inspirée du modèle français, qui a maintenu l'ossature des institutions anciennes et s'est appuyée sur certaines structures tribales, pour ne pas bouleverser l'ordre social existant. Il y a deux raisons à cela : premièrement, les autorités françaises cherchaient à entretenir l'illusion que la véritable administration reste entre les mains du sultan, et deuxièmement, pour des considérations liées à une colonisation à faible coût qui reposait concrètement dans l'intégration massive des « indigènes » dans l'armée et à collaborer avec les chefs et les notables locaux[13]. Un général français de l'époque n'avait-il pas reconnu : « qu'il vaut mieux en général conserver ce fantôme de pouvoir auquel l'indigène est plus habitué et derrière lequel (le Protectorat peut) manœuvrer plus à l'aise »[14] ? Il fallait alors conserver la façade de l'Etat marocain afin, plaidaient les stratèges du Protectorat, de coloniser en douceur les rouages politiques et surtout sociaux du pays[15]. Abdallah Laroui avait écrit à cet égard en paraphrasant les autorités françaises, qu'il était question « d'une politique libérale alliée à une stratégie de fiction d'un Etat marocain autonome »[16].

C'est ainsi que contrairement aux autres colonies françaises, le Maroc conservera ses vielles institutions administratives : on maintiendra le système de « *la Jemâa* », sous l'appellation « *Jemâas* administratives »[17] à la tête desquelles le Protectorat nommait un caïd, « chargé de fournir au nom de la collectivité et à titre consultatif, aux autorités administratives et de contrôle des indications ou des avis concernant les intérêts généraux du

---

[12] Etudié plus en détail plus loin dans cette thèse, dans la partie réservée à la nomination des gouverneurs : Partie I, Titre II, Chapitre I, Section I, Paragraphe I, A.

[13] Voir à ce sujet : D. Rivet, *Lyautey et l'institution du Protectorat français au Maroc, 1912-1925*, Paris, L'Harmattan,1988. Ainsi que la thèse d'A. Ben Mlih, *Structures politiques du Maroc colonial. D'un 'Etat' sultanien à un « Etat sédimental »*, thèse pour le doctorat d'Etat en sciences politiques, Paris, Université de Paris II, 1988, selon l'auteur l'Etat sédimental représente : « une construction « étatique » composée de deux strates, l'une sultanienne et l'autre coloniale (…) dans cette formation la composante dominante, d'origine coloniale intègre en son sein la composante dominée, d'origine sultanienne. Selon un rapport de force dynamique, en lui assignant des fonctions spécifiques, il en résulte une consolidation institutionnelle et un renforcement des dispositifs de contrôle de la société civile et de quadrillage de l'espace (…) », p. 14 de la thèse précitée.

[14] Cité dans : Najia Msefer, *L'organisation communale sous le Protectorat*, mémoire Sciences Politiques, Casablanca, 1986, p.32.

[15] D. Rivet, *Lyautey et l'institution du Protectorat français au Maroc*, 1912-1925, Paris, L'Harmattan, 1988, tome 1, p. 35.

[16] A. Laroui, *Histoire du Maghreb. Un essai de synthèse*, Paris, F. Maspero, 1970, p. 56.

[17] Dahir du 21 novembre 1916.

groupe »[18]. Toutefois, en parallèle avec la persistance des institutions traditionnelles, le Protectorat s'assurait de leur action, aussi bien dans les villes que dans les campagnes, grâce à « la tutelle » exercée par les chefs de service municipaux et autres adjoints français.

A cette époque, les autorités françaises avaient retenu un système administratif que certains n'hésitent pas à qualifier de déconcentré[19], concrétisé par la désignation d'un chef de région. Cette dernière a néanmoins évolué d'un centre de commandement militaire vers un contrôle politique, et enfin d'administration, sans devenir, toutefois, un véritable cadre de gestion des affaires locales. L'administration centrale se déclinait sur le plan local par le biais de représentants sans consultation ni participation des administrés, et cette configuration est à l'origine de la gestion locale dichotomique, qui reste assurée amplement par les gouverneurs, délégués du pouvoir central, et accessoirement par les élus locaux à la quête d'une émancipation de la tutelle des premiers.

Dans la même optique d'organisation administrative locale, le premier régime municipal moderne fut institué au Maroc par un dahir du 1er avril 1913 qui favorisa la consolidation du « pacha-gouverneur » comme administrateur et représentant légal de la ville[20]. En effet, la mission initiale du gouverneur est née dans ce schéma influencé par la vision centralisatrice de l'Etat. Avec l'indépendance du pays, « l'Etat a conservé la machine technocratique fortement centralisée du Protectorat(...) en somme, rien ne nous éloigne des normes de l'administration centrale française, bien qu'un certain nombre de regroupements et d'éclatements de services soient intervenus(...) »[21].

Dans le sens de cette évolution, la fonction de gouverneur au Maroc a dû s'adapter à plusieurs bouleversements institutionnels et mutations profondes qu'a connus le pays, dont les effets ont touché directement les attributions de l'Etat et exprimé sa volonté d'asseoir son autorité sur toute l'étendue du territoire. De surcroît, le rôle joué par l'Etat et ses agents était souvent mis à l'épreuve, et les théories classiques liées à la puissance publique et les pouvoirs régaliens de l'État et de ses représentants sont aujourd'hui concurrencées par des notions modernes qui ont remodelé l'organisation de l'ensemble du système. La notion de service d'intérêt général supplante celle de service public, celle de gouvernance ou de bonne gouvernance, celle de gouvernement, et ainsi de suite. Toutes ces notions s'imposent afin de dicter une nouvelle lecture des rapports entre les représentants de l'Etat et le citoyen, ainsi qu'une nouvelle approche de la fonction des délégués de la

---

[18] Article 4 du Dahir du 21 novembre 1916.

[19] A. de L'aubader, *Les réformes des pouvoirs publics au Maroc*, LGDJ, Paris, 1949, p. 50.

[20] E. Durand, *Traité de droit public marocain*, L.G.D.J, 1955, p. 168-169.

[21] E. L M. *Les institutions du Maroc indépendant et le « modèle français ».In Tiers-Monde*. 1961, tome 2, n° 6. p. 169-182.

puissance publique en interaction avec d'autres problématiques liées à l'administration générale des citoyens et des territoires.

Par ailleurs, la démocratisation voulue ou forcée de la société marocaine, les profonds changements qu'ont connus les pays à niveau de développement comparable de la région et le déferlement du « *printemps arabe* » devraient imposer ou plutôt accélérer le réaménagement global des institutions administratives, y compris celle du gouverneur, qui se positionne au Maroc comme un acteur majeur de la configuration institutionnelle, politique et sécuritaire. C'est un ressort majeur de l'administration territoriale du pays, un organe à la fois national et local. Délégué du gouvernement, il est appelé à ce titre, en action combinée avec les autres acteurs de l'Etat, à participer à « la bonne administration »[22] du pays. A ce titre, il doit « assurer une adaptation équilibrée des moyens dont dispose l'administration »[23], une adaptation qui exige « une pondération raisonnable et équilibrée des différents moyens en tenant compte des différents intérêts »[24].

Du point de vue juridique, le statut de gouverneur au Maroc, comme celui d'ailleurs des autres acteurs de la vie publique et agents de l'administration nommés par dahir[25] incite à réfléchir sur le problème de la responsabilité qui pourrait découler de l'exercice de la fonction d'autorité. Autrement dit, l'administration ou ses hauts fonctionnaires appelés à représenter l'Exécutif dans une portion du territoire national devraient se soumettre au droit de la responsabilité de la puissance publique et au contrôle de la légalité des actes pris par ses membres. Eu égard à cette problématique, au Maroc, force est de constater que la responsabilité des gouverneurs ne donne pas lieu aujourd'hui à un contentieux abondant. Il semblerait même que la conscience populaire rechigne à poursuivre en justice des agents de l'administration qu'elle estime « inattaquables » sous le couvert de cette institution à la fois multiséculaire et consubstantielle à l'exercice des fonctions d'autorité au Maroc, qu'est le « Makhzen »[26], suscitant dans

---

[22] *Cf.* Le travail de Rhita Bousta, *La notion de bonne administration en droit public*, logiques juridiques, l'Harmattan, 2010, thèse de doctorat, Paris I Panthéon Sorbonne ; Jean-Pierre Bédier, *La déontologie de l'administration*, Paris, PUF, Coll. Que sais-je, 1999 ; Julie Lassalle, *Le principe de bonne administration en droit communautaire*, Thèse droit public, Université Paris II, 1988. Jean Moussé, « *Le chemin de l'éthique* », *in Revue française de gestion*, mars-mai, 1992, n° 88, p. 60-66.

[23] Rhita Bousta, La notion de bonne administration en droit public, *op. cit.* p. 34

[24] Rhita Bousta, *La notion de bonne administration en droit public, op. cit.,ibid.*

[25]. Le dahir est l'acte par lequel le souverain soit promulgue la loi, soit prend un acte hybride lui permettant de se prononcer sur une affaire déterminée. Le dahir a désigné, et désigne toujours, un acte royal : " lorsqu'une affaire traitée par un vizir demande une solution à l'échelon suprême, la décision revêt la forme d'un dahir ou de lettre chérifienne, et porte le sceau du Sultan lui-même ; in Michel Bourely, "Droit public marocain, tome premier : Institutions politiques", Editions La Porte, Rabat, 1965, p. 136.

[26] Le terme « Makhzen » au Maroc désigne une certaine idée du système administratif de gouvernance, c'est l'une des expressions de droit public les plus lourdes de sens, et « ...

l'imaginaire des citoyens une crainte que l'on pourrait qualifier de révérencielle. Sur le plan juridique, plusieurs modalités permettraient néanmoins aux citoyens de contester auprès de l'administration elle-même ou auprès des tribunaux spécialisés les décisions et actes administratifs qu'ils estiment contraires à la loi. C'est ainsi qu'un « recours gracieux » peut être présenté à la personne ou au service qui a pris l'acte contesté, en vue de l'amener, sinon à se rétracter, du moins à réviser sa position. Si cette première tentative s'avère infructueuse, le citoyen peut également saisir l'autorité administrative immédiatement supérieure, voire le plus haut responsable de l'administration concernée[27] par un « recours hiérarchique » sollicitant l'exercice du pouvoir de commandement pour obtenir satisfaction : lorsque l'acte est pris par l'autorité du gouverneur, un recours est exercé tout d'abord auprès du wali, à défaut auprès du ministre de l'Intérieur. Ses recours administratifs épuisés, le citoyen lésé dispose d'une action en annulation pour excès de pouvoir contre la décision ou l'acte ayant été pris à son préjudice devant le tribunal administratif compétent. La responsabilité de l'Etat, des collectivités territoriale, et parfois la responsabilité personnelle des agents de l'administration[28], dans certaines hypothèses particulières, peuvent être engagées[29].

---

renvoie à une administration archaïque, à des relations interpersonnelles n'obéissant pas à la loi et aux règles du droit, et s'éloignant de la rationalité politiquement démocratique… », in. Rahma Bourqia,*Culture politique au Maroc, à l'épreuve des mutations*, l'Harmattan, Logiques sociales, 2011, p, 41, *Cf.* aussi : Bernard Cubertafondqui rend compte précisément de la complexité du concept, en soulignant qu' « on rencontre constamment le *Makhzen* traduisible par dépôt, coffre magasin, et qui évoque le pouvoir royal, voire l'Etat et son administration, le mot est absent du discours officiel, mais il peut être utilisé par des responsables pour désigner des affaires traditionnellement réservées au Roi », in Bernard Cubertafond, *La Vie Politique Au Maroc*, Edition l'Harmattan, Collection : Pour Comprendre, 2001, p. 56. Pour une analyse plus approfondie de la notion de Makhzen voir dans cette thèse la partie réservée à l'étude de la genèse du gouverneur, agent du Makhzen, notamment : Partie I, Titre I, Chapitre I, Section I.

[27] Abdallah Boudahrain, *Eléments de droit public marocain*, Edition l'Harmattan, 2003, p. 261.

[28] Quoi qu'il en soit, l'évolution des mœurs au sein de la société marocaine et de la perception de l'administration par les administrés a favorisé récemment la multiplication des affaires en justice contre l'administration, c'est ainsi que les actions en justice engagées contre seul le ministère de l'Intérieur pendant l'année 2010 ont atteint 1. 483 dossiers, ce qui représente 18, 04% de l'ensemble du contentieux initié à l'encontre de l'administration (source : Rapport d'activité de l'Agence Judiciaire du Royaume de 2010, Ministère de l'Economie et des Finances).

[29] L'article 79 du Dahir des Obligations et des Contrats du 12 août 1913 prévoit que « L'Etat et les municipalités sont responsables des dommages causés directement par le fonctionnement de leurs administrations et par les fautes de service de leurs agents. » et l'article 80 ajoute que : « Les agents de l'Etat et des municipalités sont personnellement responsables des dommages causés par leur dol ou par des fautes lourdes dans l'exercice de leurs fonctions. L'Etat et les municipalités ne peuvent être poursuivis à raison de ces dommages qu'en cas d'insolvabilité des fonctionnaires responsables. »

Quoi qu'il en soit, si l'on constate une réticence à attaquer judiciairement les actes du gouverneur, cela ne doit pas occulter la « fragilité » intrinsèque de sa fonction elle-même. La révocation du gouverneur et son amovibilité administrative constituent un aspect intimement lié à sa carrière. Combien de fois n'a-t-on pas entendu qu'un gouverneur a appris sur le tard qu'il a été démis de ses fonctions, le ministère de tutelle n'ayant pas à justifier les raisons qui fondent la mesure prise[30] ? En effet, la nature du statut juridique du gouverneur est caractérisée par une fragilité qui contrebalance le rôle régalien prééminent qui lui est attribué. Une fragilité qui provient aussi de sa nomination : le gouverneur ne dispose pas de mandat électif, il est nommé par l'Exécutif afin d'accomplir une mission de service public. En ce sens, il est le premier représentant des intérêts publics dans sa préfecture ou sa province, c'est une tâche dont il ne doit jamais se départir.

Dans le même ordre d'idées, il convient de rappeler que « le droit (n') est (qu') un instrument au service du pouvoir et de l'ordre établis »[31], et que les fondements idéologiques influencent grandement le système administratif et les acteurs qui évoluent dans son sillage. Par voie de conséquence, dans le cas du Maroc, l'Etat a toujours justifié son interventionnisme accentué dans la gestion des affaires locales par la protection de l'unité nationale ou l'organisation efficiente de l'espace local et des collectivités territoriales. Pour ce faire, l'Etat a toujours favorisé le rôle joué par les gouverneurs en tant qu'agents déconcentrés et courroies de transmission nécessaires à l'application de la vision du pouvoir central et à l'implantation des politiques publiques gouvernementales à l'échelon local. Ce choix a été considéré comme un frein contre la concrétisation du rôle des collectivités locales dans la promotion économique des territoires. Cette ingérence directe de l'Etat dans les affaires locales concrétisée par la tutelle administrative des gouverneurs sur l'action des collectivités locales et leurs édiles, s'explique selon un auteur[32]non seulement par le « contexte de centralité excessive qui caractérise le droit administratif marocain et explique l'effacement économique des collectivités locales » en faveur du gouverneur et du wali, investis de larges prérogatives de promotion économiques du

[30] Cette « précarité » de la situation administrative du gouverneur marocain est semblable à celle du préfet français, qui se voit même muté ou révoqué suite à ses désaccords politiques avec le chef du gouvernement ou à un bilan sécuritaire jugé insuffisant, *Cf* .à ce sujet : Laurent Carpentier, « *Les préfets fusibles et fiers de l'être* », in : Le Monde Magazine 046, 31/07/2010, p. 11-17.

[31] D. Loschak, « *Droit et non-droit dans les institutions totalitaires : le droit à l'épreuve du totalitarisme* », in L'institution, CURAPP, PUF, Paris, 1981, p. 170.

[32] Tarik Zair, *La Gestion décentralisée du développement économique au Maroc*, L'Harmattan, juillet 2007, p. 34.

territoire[33],mais aussi par « la faiblesse économique des collectivités locales » et par « les imperfections internes aux pouvoirs décentralisés »[34].

Sur un autre plan, l'importance de l'institution du gouverneur ne doit pas éclipser les questionnements portant sur l'évolution de la théorie de transmission du pouvoir puisqu'elle en est l'une des manifestations. En effet, au Maroc pays de tradition musulmane, il serait illusoire d'entreprendre l'étude d'une telle institution en faisant abstraction de son explication idéologique et sociologique. Dans cette optique, la doctrine religieuse a été souvent la source juridique permettant la justification sociologique, tantôt en aval, tantôt en amont de telle ou telle institution. La fonction de gouverneur, à juste titre, porteuse d'une mission régalienne, a tiré sa légitimité du *khalif*, ou d'*Amir Al Mouminine* (l'Emir des croyants). Partant, comprendre l'origine, la légitimité, et la transmission du pouvoir dans la doctrine musulmane permet d'expliquer le positionnement actuel du gouverneur et de la fonction d'autorité en général au Maroc.

En effet, comme fondement du pouvoir, l'Islam confère au chef, d'abord Mohammed le prophète, et après sa mort, le *khalif*, un pouvoir hégémonique. Il est le détenteur du pouvoir suprême et sacré. Il cumule dans ses mains les pouvoirs exécutif, administratif, judiciaire et religieux. Mais il n'exerce pas le pouvoir législatif, car Dieu seul est législateur. Comme il est conféré un pouvoir divin au représentant d'Allah et du prophète sur terre, on serait tenté de penser que le gouvernant, ne devant rendre des comptes qu'à Dieu et au prophète, dispose d'un pouvoir illimité. Il n'en est rien, car son pouvoir est largement pondéré. En effet, la loi donne la force légitime à l'Etat qui la décline par décrets, arrêtés et circulaires. L'appareil administratif mis en place par l'Etat devrait ainsi appliquer une multitude de normes établies par les ministères et les collectivités publiques, et le gouverneur est chargé de « l'application de la loi et des règlements » dans son ressort territorial.

Ce travail se propose de mener une réflexion sur une institution administrative complexe et multidimensionnelle : le gouverneur. Cette entreprise présente plusieurs difficultés : tout d'abord sur le plan constitutionnel et institutionnel, le Maroc a vécu depuis 2011 une phase de gestation importante. Un certain nombre de réformes sont intervenues intéressant le fonctionnement de toutes les institutions de l'Etat, à commencer par l'institution monarchique, l'institution législative, le pouvoir judiciaire, et l'exécutif. L'institution du gouverneur n'a pas fait exception à ce mouvement de réformes, mais indirectement, car l'on a souvent décrié son attachement direct au Roi. En tout état de cause, sans se contenter de simples projections prédictives sur son devenir, nous nous devons d'arpenter le chemin ardu et patient du questionnement sur son histoire, sa condition

[33] *Cf.* la Lettre royale adressée au Premier ministre le 9 janvier 2002 relative à la gestion déconcentrée de l'investissement.

[34] Tarik Zair, *La Gestion décentralisée du développement économique au Maroc, op.cit.*, p. 35.

juridique et son fonctionnement au sein de l'appareil administratif marocain d'aujourd'hui.

Dans cette optique, il faut intégrer tous les apports théoriques et pratiques qui se sont déjà prononcés sur la question, rester sensible à l'éclairage que doivent apporter les disciplines connexes au droit : sociologie, sciences politiques, anthropologie, histoire, philosophie, et enfin apporter, dans une approche originale, la vision du chercheur en droit public.

1. Contexte de la recherche

Ce sujet s'inscrit dans un contexte plus global de « transformation du modèle étatique et de globalisation du monde »[35]. En particulier, dans cette thèse il sera question d'étudier les moyens de la régulation administrative, qui intègrent non seulement la production juridique de l'administration et des pouvoirs publics, mais englobent également celle des acteurs et des organes qui contribuent à la concrétisation de la politique de l'Etat[36], Dans cette perspective, l'Etat et ses relais créeraient les instruments lui permettant d'accomplir ses missions générales. Le droit administratif serait alors « un droit circonstancié, un accident juridique dont nous n'aurions plus aujourd'hui sous les yeux que la queue de comète refroidie »[37].

Dans ce contexte, nous allons approcher l'une des institutions centrales de l'administration marocaine, une pierre angulaire du schéma de gouvernance locale au Maroc : le gouverneur, agent dépositaire d'un mandat non électif de représentation du pouvoir central dans les collectivités territoriales.

Mettre en lumière les questions liées à une telle institution révèle l'importance de ses enjeux politiques et même économiques. En effet, si le Maroc a imposé dans les textes une réduction du rôle de l'Etat ainsi qu'une orientation vers les pouvoirs décentralisés, le gouverneur reste le gardien de cette tradition centralisatrice makhzenienne. Il représente, aux yeux mêmes de ceux qui doivent véhiculer cette décentralisation à l'échelon local, l'agent de l'Etat appelé à jouer un rôle de tuteur, de protecteur, de coordonnateur et de promoteur du développement local, afin de remédier aux abus, aux déficits et aux écueils des politiques étatiques de décentralisation politico-administrative.

De plus, le gouverneur qui constitue dans ce sens, à n'en point douter, une véritable autorité mixte, devrait être un relai fiable du pouvoir central dans les démembrements territoriaux du Royaume. C'est ainsi que l'article 101 de la constitution de 1996 prévoyait que : « les gouverneurs exécutent

---

[35] J-B Auby, « *La Bataille de San Romano, Réflexion sur les évolutions récentes du droit administratif* », AJDA, 20 novembre 2001, p. 912 et s.

[36] Jean Chevallier, Le droit administratif en mutation, P.U.F. CURAPP, 1993, p. 11.

[37] François Feral, *Approche dialectique du droit de l'organisation administrative*, L'Harmattan, 2000, p.92.

les délibérations des assemblées provinciales, préfectorales et régionales dans les conditions déterminées par la loi ». Dans le même esprit, la loi n° 47-96[38], portant organisation de la région dispose dans son article 54 que : « le gouverneur du chef lieu de la région exécute les délibérations du conseil régional ». Il en est de même de la loi n° 79-00 relative à l'organisation des collectivités préfectorales et provinciales qui conférait dans ses articles 3 et 45 au gouverneur la mission d'exécution des délibérations du conseil préfectoral et provincial. Ces quelques dispositions législatives démontrent clairement que le gouverneur jouait un véritable rôle d'ordonnateur des collectivités territoriales. En soustrayant aux présidents de régions, de préfectures et de provinces le pouvoir d'exécution des délibérations des conseils, le constituant cherchait à renforcer le rôle du gouverneur en tant que représentant du pouvoir central et garant du déploiement de la politique gouvernementale dans les collectivités territoriales. Cette situation a fait l'objet d'une profonde réforme par le biais de la Constitution du 1er juillet 2011 qui attribue désormais aux présidents des régions et des autres collectivités territoriales le pouvoir d'exécution des décisions de leurs conseils respectifs (article 138).

En outre, le rôle du gouverneur se justifie « naturellement » dans le schéma administratif marocain caractérisé par le tiraillement entre deux forces concurrentes : la décentralisation et la déconcentration. Il constitue toujours un rempart contre les imperfections ou les limites de la démocratie locale ou les excès de la démocratie tout court. Alexis de Tocqueville n'a-t-il pas écrit, comparant la démocratie française de nature révolutionnaire à la démocratie américaine qu'il considère plus tempérée : « j'ai pour les institutions démocratiques un goût de tête, mais je suis aristocratique par instinct, c'est-à-dire je méprise la foule »[39]. Le gouverneur n'est-il pas le garant de la continuité de l'ordre public et le surveillant de la sécurité des citoyens ? Il constitue, de notre point de vue, tout simplement l'expression matérielle et le prolongement logique du pouvoir politique en place. Il n'est que l'instrument et la traduction sur le terrain des choix politiques et philosophiques du pouvoir central. Le gouverneur marocain, apparaît alors en tant qu'agent d'autorité, plus détenteur d'un pouvoir contingent, dépendant de la nature du pouvoir politique, qu'acteur autonome disposant librement de grandes marges de manœuvre.

De surcroît, l'institution du gouverneur au Maroc n'a pas évolué en vase clos, elle a été au gré des vicissitudes qu'a connues la société, tantôt animée par l'exécution des options du pouvoir politique, en utilisant les prérogatives de puissance publique, tantôt amenée à utiliser d'autres voies. « Il n'existe

---

[38] Dahir n° 1-97-84 du 23 kaada 1417 (2 avril 1997) portant promulgation de la loi n° 47-96 relative à l'organisation de la région, à noter que ce dahir a été abrogé par le dahir portant loi organique n° 111-14 relative aux régions.
[39] Alexis de Tocqueville, *Œuvres complètes III-2*, Paris Gallimard, Bibliothèque de la Pléiade, p. 87.

rien de constant si ce n'est le changement »[40]. L'acuité de cette déclaration est plus avérée dans le domaine du droit administratif des institutions. L'étude s'intéressant à une institution juridique en particulier, celle du gouverneur marocain n'est pas aisée, elle se fait sur des sables mouvants, si l'on peut s'exprimer ainsi. Cette institution, qui constitue une œuvre administrative marocaine originale, malgré la grande inspiration du droit administratif français, est le reflet par excellence des mouvances politiques dans le pays et de l'équilibre des forces politiques, de l'indépendance à nos jours. Elle connaîtra ainsi des fortunes diverses, et serait tributaire du règne dans la sphère dans laquelle elle a évolué.

Dans cette dynamique de changement constant, la dernière Constitution de 2011[41], a introduit des modifications majeures qui ont intéressé l'institution du gouverneur. La plus significative, en l'occurrence, concerne la nomination des gouverneurs qui n'est plus une prérogative royale exclusive, mais est devenue du ressort du conseil des ministres, sur proposition du chef du gouvernement et à l'initiative du ministre de l'Intérieur (article 49 de la nouvelle constitution de juillet 2011).

Aussi, sur le plan historique au Maroc, à cause de leur rôle éminemment politique, les gouverneurs ont-ils toujours dépendu plus du Roi que du ministre de l'Intérieur ou du chef du gouvernement, et une certaine doctrine est allée même jusqu'à les placer sur le même rang que les ministres[42]. Cette exclusivité royale du contrôle de l'institution du gouverneur s'appuyait sur une argumentation politique beaucoup plus large, dépassant le simple cadre de celle-ci et constituant un des fondements légitimatifs essentiels de la monarchie marocaine. Une déclaration de Mohammed V aux gouverneurs de province en juin 1960 l'illustre parfaitement : « Notre pouvoir, nous le détenons du peuple ; nous sommes responsables devant lui, vous êtes responsables devant nous »[43].

L'étude du statut du gouverneur au Maroc conduit à observer un adoucissement du rôle prégnant dont était investi le gouverneur sous le régime des constitutions précédentes. La Constitution de 2011 a reconduit ses pouvoirs de contrôle administratif : « Dans les collectivités territoriales, les walis de régions et les gouverneurs de provinces et préfectures représentent le pouvoir central. Au nom du gouvernement, ils assurent l'application des lois, mettent en œuvre les règlements et les décisions gouvernementales et exercent le contrôle administratif » et « les walis et

---

[40] Michel Maffestoli, *Iconologies : nos idolâtries postmodernes,* Albin Michel, 2008, p. 47. C'est une citation qu'on lie à Boudha.

[41] Proposée par le Souverain dans son discours du 17 Juin 2011 et adoptée par référendum populaire en juillet 2011.

[42] *Cf.* O. Marais, « *La classe dirigeante au Maroc* », in RFSP,n° 4. 1964, p.729.

[43] J.J. Recnier et J.C. Sanwc, *Armée, pouvoir et légitimité au Maroc* in Jean-Claude Santucci ; Maurice Flory (sous la responsabilité de), Annuaire de l'Afrique du Nord, Centre national de la recherche scientifique ; Centre de recherches et d'études sur les sociétés méditerranéennes (CRESM) - Paris, Editions du CNRS, 1972,p. 137-178, vol. 10 (p. 1249).

gouverneurs assistent les présidents des collectivités territoriales et notamment les présidents des Conseils régionaux dans la mise en œuvre des plans et des programmes de développement » (l'article 145). Il est toutefois intéressant de remarquer qu'il y a eu un passage, du moins sémantique, de l'expression « exécutent les délibérations » à l'expression « assistent les présidents ».

Par ailleurs, il convient de souligner la constitutionnalisation d'une fonction primordiale des gouverneurs, en l'occurrence celle de promotion du développement local, dont ils sont chargés de concert avec les présidents des assemblées locales. De plus, les gouverneurs « sous l'autorité des ministres concernés (...) coordonnent les activités des services déconcentrés de l'administration centrale et veillent à leur bon fonctionnement » ajoute l'article 145 de la nouvelle Constitution de juillet 2011.

En outre, comme nous allons le constater tout au long de cette étude, le gouverneur a toujours contrôlé directement deux zones stratégiques correspondant à deux niveaux de l'administration décentralisée et déconcentrée. Ce haut fonctionnaire est l'autorité suprême dans le ressort préfectoral ou provincial où il est nommé. Il joue, de ce fait, un double rôle : celui de représentant des pouvoirs centraux au niveau local et celui de pouvoir exécutif des conseils préfectoraux et provinciaux ; cette réalité voulue serait appelée à changer, avec la nouvelle Constitution et les nouveaux projets de loi sur la région. Puisque selon la première, le gouverneur perdrait le pendant exécutif de son pouvoir et assumerait un rôle « d'assistance stratégique » aux présidents d'assemblée, et conformément aux seconds il cèderait son statut d'ordonnateur des dépenses au profit des présidents élus.

Il sied à ce niveau de faire un parallèle avec la situation juridique de l'institution préfectorale en France où, jusqu'en 1982, le préfet était l'exécutif du département et où par voie de conséquence, la commune était la collectivité territoriale la plus décentralisée. Le raisonnement du législateur français ne laissait point de doute : on a voulu dès le départ doter la première collectivité de base d'une véritable autonomie à la différence des structures territoriales intermédiaires que sont la région et le département. Toutefois, la situation du gouverneur marocain n'est pas identique à celle du préfet. Au Maroc « le dédoublement fonctionnel » du gouverneur est encore plus marqué, vu la relative jeunesse de l'Etat, la naissance tardive de l'expérience de la démocratie locale et le manque flagrant en infrastructures de plusieurs territoires. Autrement dit, même s'il est constamment considéré comme le représentant par excellence de l'Etat, il est aussi et surtout toujours perçu comme le défenseur et le représentant des intérêts locaux des citoyens.

2. L'INTÉRÊT DU SUJET

Le sujet du gouverneur dans l'organisation administrative au Maroc présente de multiples intérêts. Parmi eux, un intérêt d'ordre scientifique se dégageant essentiellement de la spécificité de l'institution étudiée et de la particularité de son rôle au sein de l'administration territoriale, ce qui lui donne un caractère inédit. Le gouverneur marocain et l'administration qui l'a engendré, diffèrent à bien des égards des autres structures administratives et leurs organes. En effet, « le Maroc, dans la logique de son histoire d'Etat-Nation, disposait, à la fin du XIXe siècle, d'une administration adaptée au degré de son évolution »[44].

Du reste, l'intérêt scientifique ne réside pas uniquement dans la mise en évidence de cette particularité institutionnelle du positionnement du gouverneur, il consiste d'une part, dans la possibilité de déchiffrer les mécanismes par lesquels un pays en développement, unifié autour d'un vieil Etat traditionnel, s'est attaché à mettre à l'ordre du jour ses structures administratives traditionnelles, et les adapter aux nouvelles exigences de la vie moderne, caractérisées par la mondialisation, la libéralisation infinie des échanges et le développement sans précédent de la communication et de la technologie. D'autre part, l'intérêt scientifique provient également de la nécessité de la description de tous les mécanismes et les canaux par lesquels se déploie toute l'action de l'Etat, dans sa politique publique par le truchement de ses représentants obligés : les gouverneurs. De plus, l'organisation administrative marocaine, des circonscriptions territoriales de l'arrondissement à la région, autour des agents d'autorité dirigés par le gouverneur, se présente comme une option originale, alliant les vielles traditions makhzenniennes aux systèmes normatifs modernes, et notamment celui de l'ancienne puissance coloniale. À ce titre, la tradition ancestrale makhzenienne du Maroc[45], la perception des populations de l'Etat et ses serviteurs donnent à cette institution une certaine image et une certaine signification qui lui permettent d'être un élément stabilisateur de l'équilibre d'abord politico-administratif et ensuite socio-économique, et un moyen de maintenir l'ordre et la paix publics, un organe d'arbitrage et finalement, un facteur favorisant l'animation de la vie socio-économique locale.

L'étude du gouverneur vient aussi contribuer à la connaissance approfondie de sa genèse, son évolution historique, son domaine d'action, ses attributions, son statut juridique et ses rôles dans l'agencement

---

[44] Driss Basri, *L'administration territoriale : l'expérience marocaine*, Bordas, Paris, p. 20.

[45] L'administration n'est pas une structure sans corps ni âme, c'est une institution dont les membres sont animés par des traditions, des valeurs, des us et coutumes particuliers, une certaine culture commune, parfois multiséculaire. Au Maroc on exprime tout cela par ce qu'on appelle le Makhzen traditionnel, une institution consubstantielle à l'exercice des fonctions d'autorité et de gouverneur notamment. C'est un mélange de traditions administratives ancestrales dans lequel se confondent les organes représentant le sultan, qu'ils soient chargés de la collecte des impôt ou du maintien de l'ordre, le gouverneur fait partie intégrante de ce système traditionnel.

administratif choisi par le Royaume, tendant vers toujours plus de décentralisation, c'est-à-dire d'autonomisation des territoires.

Du reste, la rareté d'études se consacrant à l'étude spécifique des organes de l'administration territoriale au Maroc et des mécanismes et structures qui les sous-tendent, conforte, de notre point de vue, le choix du sujet. La doctrine administrative marocaine « contemporaine », hormis les travaux, déjà anciens, de Driss Basri[46] et de Michel Rousset[47]du début des années 1970 et 1980, ne semble pas réserver un intérêt particulier aux organes de l'administration. Les études portant sur l'institution du gouverneur recensées peuvent être dénombrés sans mal, tant leur nombre est restreint. Par conséquent l'étude spécifique de ce haut fonctionnaire est restée en marge des réflexions juridiques, en dépit de sa différentiation avec les autres fonctionnaires de l'administration ou les autres corps. Le gouverneur a très peu retenu l'attention des publicistes. À cet égard, il est nécessaire de l'étudier à la lumière des nouveaux systèmes normatifs et paradigmes entourant l'administration territoriale aujourd'hui. Le gouverneur dans la nouvelle administration doit se conformer à de nouvelles exigences, en termes de « bonne administration »[48], de gouvernance et de respect scrupuleux des droits de l'homme et des libertés publiques.

D'autres intérêts peuvent être dégagés de cette étude, à partir du droit comparé : nous mettrons en exergue de multiples solutions adoptées par des pays étrangers de différentes traditions administratives et la nature du système des agents de représentation du pouvoir central dans les collectivités territoriales qu'ils ont choisi, afin de se rendre compte de la particularité de l'institution gubernatoriale marocaine. Un intérêt économique : l'étude du rôle du gouverneur dans la promotion et l'animation de l'économie locale permettra de mettre l'accent sur les insuffisances de la décentralisation économique et ressortira l'originalité des canaux d'intervention du représentant de l'Etat, et les moyens mis à sa disposition pour réussir une telle entreprise. Un intérêt se dégageant de l'action administrative et

[46] *Cf.* notamment, Driss Basri, *L'Agent d'Autorité*, Imprimerie Royale, 1975 ; Driss Basri, *L'administration territoriale, l'expérience marocaine, op.cit. ;* Driss Basri, *La décentralisation au Maroc, de la Commune à la Région*, Paris, Edition Nathan, 1994.

[47] *Cf.* notamment, Rousset M., Garagnon J., *Droit Administratif marocain*, 6e édition, Edit, la Porte, Rabat 2003 ; Rousset M., *La décentralisation marocaine : réflexion sur un bilan*, in, l'Etat et les collectivités locales au Maroc, Presse IEP de Toulouse, et Sochepress, 1989, p. 173 ; Rousset M., « *L'administration marocaine entre tradition et modernité, immobilisme et progrès* », Mélanges Paul Sabourin, Bruylant, 2001, p. 327 ; Rousset M., « *La déconcentration mythe et réalité* », REMALD n° 9, 1994, p. 43.

[48] Cette notion implique selon Caroline Vayrou : « une conscience, une diligence, une compétence, une discipline professionnelle, elle requiert intelligence, pertinence, cohérence et rationalité dans la prise de décision ; elle révèle une administration normale, convenable, raisonnable ; elle vise l'efficacité la marche régulière, la marche continue, la bonne marche, le bon fonctionnement, le bon ordre », in. Caroline Vayrou, *Management public et droit administratif, Essai sur la juridicité des concepts managériaux*, Thèse droit public, Paris II, 2000, p. 144.

politique de l'Etat à travers ses « hommes ». C'est en effet ce dernier aspect qui permettra de mieux appréhender le rôle joué par le gouverneur en tant qu'organe pivot et acteur indispensable dans l'administration territoriale du pays.

Le présent travail tentera aussi d'enrichir la réflexion visant à parfaire l'encadrement de la gestion du développement local et régional au Maroc en partant du diagnostic du rôle des principaux acteurs politico-administratifs à la tête desquels se trouve le gouverneur. Le concept d'acteur peut être pris ici au sens de la sociologie nord-américaine, c'est-à-dire sous l'angle empiriste, objectiviste et compréhensif que dessine le clivage Dahl[49]/Hunter[50]. Autrement dit, nous tenterons de saisir le rôle des acteurs des politiques publiques dans l'organisation administrative selon des logiques décisionnelles et / ou *réputationnelles*.

Par ailleurs, l'étude du corps des gouverneurs présente d'autres intérêts particuliers pour plusieurs raisons : elle permettra, tout d'abord, de cerner précisément les attributions de la fonction gubernatoriale dans l'administration marocaine. À cet égard, le corps des gouverneurs se distingue des autres corps de l'Etat, parce que les missions qui lui sont impartis le placent à un niveau supérieur par rapport aux autres corps des agents de l'administration. Ensuite, le corps des gouverneurs représente l'archétype d'administrateurs de l'Etat dont la fonction est intimement liée au pouvoir politique du pays, et particulièrement à la Monarchie. Cette situation se manifeste par une dépendance organique très étroite vis-à-vis du régime d'une part, et de l'Exécutif d'autre part. Par voie de conséquence, aussi bien la nomination que la révocation d'un gouverneur demeurent largement à la discrétion du gouvernement.

Pour toutes les raisons qui précèdent, dans tous les systèmes administratifs comparés, qui consacrent un représentant du pouvoir central aux échelons territoriaux de base (préfet, gouverneur, wali, *prefetto*, etc.), la nomination de ce haut fonctionnaire est toujours entouré du plus grand soin, et « révèle le souci du pouvoir exécutif de s'attacher et de s'assurer le service

---

[49] La bibliographie de R. Dahl étant immense, on peut consulter avec intérêt une compilation très utile de certains de ses textes, *Toward Democracy : A Journey. Reflections, 1940-1997* (2 volumes), Berkeley, Institute of Governmental Studies Press, University of California, 1997 (bibliographie complète et notice biographique). En français, les sources sont nettement plus rares. Pour une présentation générale du débat entre pluralistes et élitistes, *cf.* Denis Lacorne, « *Pluralistes et élitistes : le grand débat* », dans Marie-France Toinet, Hubert Kempf, Denis Lacorne, *Le libéralisme à l'américaine*, Paris, Economica, 1989, p. 223-241 ; Robert A. Dahl, *Who Governs ? Democracy and Power in an American City*, New Haven, Yale University Press, 1961.

[50] Hunter, Floyd. Community Power Structure : *A Study of Decision-Makers.*Chapel Hill, North Carolina UP, 1953 ; les travaux de Dahl et de Hunter ont, notamment, mis l'accent sur les « élites », comme détenteurs déclarés ou clandestins du pouvoir et comme acteurs de la décision publique.

d'un corps d'élite, dans les conditions de loyalisme les plus sûres »[51]. Le corps des gouverneurs au Maroc n'échappe pas à cette règle.

En outre, la connaissance sociologique de ce corps présente un intérêt indéniable dans le cadre de la science administrative, puisqu'elle permettra de voir l'évolution de ce grand corps de l'administration. Il est évident que l'objet d'étude portant sur le gouverneur et son évolution permettra de voir les mécanismes originaux qui ont été mis en place par le gouvernement marocain depuis l'indépendance afin de forger un tel "instrument" administratif tendant à déployer les politiques publiques de déconcentration et même de décentralisation. Cela étant, cette étude permettra d'illustrer l'évolution constante des institutions administratives que côtoie le gouverneur et avec lesquelles il interagit.

La particularité du gouverneur procède du fait qu'il agit comme représentant de l'Etat et du pouvoir exécutif au niveau des différentes provinces et préfectures du pays, il est par là-même administrateur de l'ensemble des divisions administratives du pays. À ce titre, il est dépositaire de prérogatives de puissance publique. Il dispose d'un pouvoir général d'intervention qui lui permet d'accomplir ses tâches d'administration générale, de contrôle politique et de maintien de l'ordre. Le gouverneur dans ce sens exerce une autorité qui lui est confiée par l'Etat, c'est pour cela que l'on qualifie le corps auquel il appartient de corps des agents d'autorité.

Toutefois, si le contenu ou le sens de la notion d'autorité demeurent les mêmes depuis que le pouvoir étatique s'est ordonné pour gouverner la cité, ses mécanismes et ses agencements peuvent revêtir plusieurs formes qui peuvent dépendre à la fois de la philosophie ou de l'idéologie qui animent le pouvoir et de la place plus ou moins grande qu'occupent ces fonctions d'autorité vis-à-vis des rôles impartis aux citoyens et à la société civile. Le gouverneur n'est, dès lors, que « l'expression matérielle du pouvoir politique, son prolongement et l'instrument de réalisation des ses options politiques, économiques et sociales »[52].

De surcroît, le gouverneur se présente comme l'expression typique du pouvoir qui gouverne, il ne dispose ainsi d'aucune marge d'autonomie, ni dans la conception ni dans l'exécution. Cette situation « souligne le caractère contingent que va emprunter cette autorité : de l'autorité brutale et immédiate du tyran ou du conquérant à l'autorité acceptée et consentie du démocrate, la manifestation des prérogatives de la puissance publique épouse plusieurs formes »[53]. Il nous semble alors que ces traits spécifiques doivent d'abord être recherchés dans la fonction que remplissent les normes appliquées à l'administration gubernatoriale, puis, ensuite dans la structure même de l'ordre juridique et coutumier l'ayant secrétée.

---

[51] Driss Basri, *L'agent d'autorité*, Imprimerie Royale, 1975, p. 15.

[52] Driss Basri, *L'agent d'autorité,* Imprimerie Royale, 1975, p. 13.

[53] Driss Basri, *L'agent d'autorité, op. cit., idem.*

C'est pour cette raison qu'il serait illusoire de vouloir chercher une certaine définition des modes d'exercice de l'autorité du gouverneur dans l'administration marocaine en dehors – ou du moins indépendamment – du schéma institutionnel mis en place par le pouvoir central afin de contrôler toutes les divisions territoriales jusqu'au dernier arpent. Le gouverneur n'est qu'un rouage de tout l'engrenage, c'est un acteur parmi tant d'autres, auquel l'Etat confie une mission d'administration générale à l'échelon local.

3. La problématique

Au Maroc, le gouverneur occupe, au sein du système administratif[54] local, une position prééminente, agissant comme un organe dynamique et contingent à l'image de la relativité qui caractérise la règle juridique en général et le droit administratif en particulier. En effet, le gouverneur n'est qu'un organe émanant de l'ensemble de la construction administrative telle qu'elle a été voulue et conçue par le système politique. Toute cette organisation administrative est régie par la discipline du droit administratif, phénomène social par excellence subissant l'influence de facteurs multiples : sociaux, culturels politiques, économiques et idéologiques, etc. Le gouverneur ainsi que les autres agents de l'administration publique ne peuvent échapper à cette règle.

Le gouverneur est le produit d'un long processus et d'addition d'expériences en matière de gouvernement local au Maroc, mais il appartient à une organisation qui n'est que la résultante de coutumes et de traditions séculaires : l'Etat sultanien, l'organisation makhzenienne, etc. Le cœur de la problématique est de questionner l'aptitude d'une telle institution à relever les nouveaux défis de l'administration territoriale d'aujourd'hui. Comment justifier le pouvoir gubernatorial sur les collectivités territoriales ? Quelle grille de lecture utiliser pour légitimer sa double « casquette » à la fois d'autorité déconcentrée et de « tuteur » et « auxiliaire » des collectivités

[54] Nous donnons à la notion de système administratif la signification qui se dégage des travaux de J. Rivero, voir dans ce sens Cours de droit administratif comparé, DES Droit public, Les cours de Droit, 1954-1955 (« *Recherches sur la notion de système juridique appliquée au droit administratif comparé* »), 1955-1956. En commentant cette méthode, François Haut écrit : « M. Rivero, pour comparer les droits administratifs, proposait des regroupements en grands systèmes élaborés selon une méthode analytique semblable à celle utilisée dans les sciences exactes. Cela est vrai lorsque l'on recherche une vision globale de la question et que l'on veut confronter des grandes masses. Il est alors nécessaire, comme le fait M. Rivero, de rechercher dans la triple direction de l'idéologie, de l'histoire et des techniques. Mais la nature même du droit administratif montre, dit-il, que leur communicabilité ou incommunicabilité s'établit au niveau des techniques ; c'est donc à travers elles que l'on pourra ou non faire progresser la comparaison. ». (« Réflexions sur la méthode comparative appliquée au droit administratif », in Revue internationale de droit comparé, vol. 41 n°4, octobre-décembre 1989, p. 907-914).

décentralisées ? C'est à ces questions que nous tenterons d'apporter des réponses au cours de ce travail.

Toutefois, en premier lieu, il convient de rappeler que le gouverneur marocain, comme le préfet français, lui-même « successeur du procureur syndic établi par la loi de 1789 ou du commissaire inventé par la loi du Fructidor an III »[55] et héritier de l'intendant de l'ancien régime en France, se trouve aujourd'hui l'objet de plusieurs critiques : serait-il dans son rôle de simple exécutant et d'homme de main de l'Exécutif et du Roi qui le nommait avant la dernière réforme constitutionnelle du 1er Juillet 2011 ? Représente-t-il la volonté de l'Etat uniquement ? D'où pourrait-il tirer sa légitimité d'exercer le pouvoir si ce n'est de son acte de nomination par le Souverain ?

On l'a souvent accusé de tous les maux, on lui a attribué tous les torts ; le gouverneur ne serait que « parachuté », « imposé » ou « agent de renseignement » du pouvoir central ; il serait le défenseur partial d'un courant politique, celui du réseau ayant favorisé sa nomination, au détriment des autres. Dans cette optique, étant donné le devoir légal de réserve auquel il est tenu et le caractère *apolitique* de sa fonction, il y a lieu de s'interroger également sur sa neutralité politique supposée ; pourrait-il aisément, lors des élections, faire abstraction de ses rapports privilégiés avec le chef du gouvernement ou avec son ministre de tutelle, qui l'a nommé ou qui a proposé sa nomination ?

Une brève description de la nature de la fonction de gouverneur telle qu'elle est perçue par les citoyens permettrait d'apporter un début de réponse : le gouverneur ne jurerait que par la loyauté au pouvoir et serait même retors à tout souffle réformateur et toute tentative réformatrice, puisqu'il attend les instructions. Combien de fois n'avons-nous pas entendu cette lapalissade de la bouche même des tenants de l'administration ? Mais ne serait-ce pas le propre de la fonction de gouverneur dans le contexte marocain ? Ne devrions-nous pas plutôt nous féliciter d'avoir en la personne du gouverneur un administrateur garant d'un équilibre social et politique nécessaire à la continuité de l'Etat ? Nous consacrerons une partie de cette thèse à l'étude exhaustive de tous ces aspects de l'action du gouverneur dans l'organisation administrative du Royaume.

4. La méthodologie de recherche

Après ces quelques observations visant à introduire le sujet, nous devons défricher le terrain de la recherche qui devrait être le nôtre, apporter quelques lumières sur l'objet de l'étude et permettre d'entrevoir les prémisses de la méthodologie qui sera empruntée : par cette recherche nous souhaitons également contribuer à combler le vide qui caractérise les études

[55] P. Leroy Beaulieu, *L'administration locale en France et en Angleterre*, Thèse de droit, Guillaumin, 1872, p. 447.

sur l'institution du gouverneur au Maroc, en tant non seulement qu'agent de l'administration mais aussi en tant qu'instance rarement mise sous les feux de la rampe, mais traduisant une dynamique qui opère dans l'Etat marocain à travers sa trajectoire historique ayant agencé, pour son édification, un modèle théorique traditionnel dit « *Makhzen* » et un autre colonial.

Eu égard à la méthodologie suivie, nous avons choisi de structurer cette thèse autour de la problématique des options d'organisation administrative que représentent les deux tendances non pas opposées, mais complémentaires et auxiliaires que sont la déconcentration administrative et la décentralisation, puisque, pour citer un auteur : « l'analyse des réalités contemporaines montre que l'appréciation de la centralisation ne peut guère se dissocier du contexte historique dans lequel se situe l'organisation d'un pouvoir ni des conditions pratiques ou des modalités de leur mise en œuvre »[56]. Cela étant, et afin de prendre en compte la complexité de l'institution du gouverneur et démêler ses multiples manifestations dans la vie administrative marocaine, nous allons adopter une double approche à la fois juridique et de sociologie politique.

C'est ainsi que nous entendons développer cette étude autour des deux propositions suivantes. D'une part, il faudra se demander comment s'articulent les quelques éléments à partir desquels on peut établir un bilan du rôle du gouverneur dans le cadre des mécanismes de déconcentration administrative, à travers les rapports complexes qu'il entretient avec l'ensemble des intervenants dans cette technique juridique que l'on appelle déconcentration. Il ne s'agit évidemment pas d'ignorer les manifestations historiques de la représentation de l'Etat par des organes désignés expressément par lui comme des relais exclusifs dans les différents échelons territoriaux. Le gouverneur ne date pas, loin s'en faut, de l'apparition de la technique de la déconcentration administrative. Il a néanmoins acquis, dans le cadre de la déconcentration, un rôle prédominant, qui en a fait un acteur central de la politique étatique au niveau local. Il s'agit de s'interroger de façon particulière sur l'articulation du rôle du gouverneur dans le cadre de la déconcentration au sein de l'organisation administrative marocaine (Première partie).

Nous réservons la deuxième partie à l'étude des rapports qu'entretient le gouverneur avec les acteurs locaux de la décentralisation. Etant donné qu'au Maroc, le pouvoir central a été « *condamné* » à composer avec la périphérie, il a été amené à céder une partie de ses prérogatives aux édiles locaux. S'en est suivi un processus d'autonomisation des collectivités locales. Devenue un enjeu politique, la décentralisation a engendré ainsi un jeu de pouvoir entre le centre et la périphérie : au renforcement recherché des compétences et responsabilités locales répond, logiquement, la nécessité de consolidation des moyens de contrôle de l'Etat sur l'ensemble des démembrements

---

[56] Y. Meny, *Centralisation et décentralisation dans le débat politique français (1945-1969)*, Paris L.G.D.J., 1974, p. 37.

territoriaux : le gouverneur a été dès le début investi de cette mission. Nous verrons donc dans la deuxième partie de cette étude dans quelle mesure la mise en œuvre progressive de la décentralisation opère en interaction avec les attributions du représentant du pouvoir central dans le cadre d'un système qui relève de la rationalité de l'Etat. La question du devenir de l'institution gubernatoriale sera ainsi posée.

PREMIÈRE PARTIE

Le gouverneur dans la déconcentration

Une analyse en termes d'évolution de l'institution du gouverneur au Maroc est une tentative d'approche du processus de déconcentration d'un Etat centralisé, par l'étude de ses acteurs. Cette entreprise implique nécessairement un détour par son histoire contemporaine, il ne s'agit pas de prétendre lever le voile complètement, sur tous les aspects sociologiques et politiques de cette institution, une mission qui dépasserait le cadre de cette thèse, mais plutôt de cerner les particularités juridiques et administratives de cette autorité omnipotente aujourd'hui, qu'est celle de gouverneur, ainsi que le cheminement qui a été le sien jusqu'à son positionnement dans le système administratif actuel en tant qu'institution déconcentrée incontournable.

Au demeurant, il s'agit de mesurer son implication dans le projet de « réforme régionale décentralisatrice » au Maroc. Cette approche binaire nous a été inspirée par les nécessités historiques ayant été à l'origine de la création tout d'abord, et de l'évolution ensuite de certains représentants traditionnels du pouvoir central, en l'occurrence, le *Khalifa* du Sultan et le *Pacha*, dans le Maroc précolonial, le chef de région sous le Protectorat et le gouverneur d'aujourd'hui. Ces représentants régionaux, ont été créés par les nécessités historiques du pays et sont les modalités ou les éléments constitutifs de l'administration locale qui se devait d'avoir « ses hommes », ses artisans et administrateurs. Le gouverneur y occupe actuellement une place centrale, à défaut d'être stratège, il est l'artisan de la mise en œuvre des « méthodes » de gestion administrative locale : la décentralisation avec concentration[57], la déconcentration[58], et la décentralisation[59], sont tantôt son œuvre, et tantôt sous son contrôle.

---

[57] Ce système se matérialise par des pouvoirs administratifs qui sont confiés à des agents de l'Etat. Il n'existe donc pas d'autorités administratives locales autonomes. L'administration locale est assurée dans différentes circonscriptions territoriales du pays par des représentants locaux du pouvoir central étroitement subordonnés à ce dernier. Toute impulsion vient du sommet de la hiérarchie, des ministres ou secrétaires d'Etat, et les autorités subordonnées (Préfets par exemple) ne sont que des agents d'exécution qui n'ont aucun pouvoir propre, qui ne peuvent qu'exécuter les ordres donnés, ou tout au plus proposer certaines mesures à

Il serait opportun de souligner d'ores et déjà qu'en ce qui a trait à l'institution du gouverneur comme aux autres « agents d'autorité », le système *makhzenien*[60] et le ministère de l'Intérieur au Maroc ont toujours été perçus comme deux notions d'une même équation. Et dans l'histoire du Maroc contemporain chaque changement qui affectait l'un des termes se répercutait inéluctablement sur l'autre, on comprendrait dès lors facilement, pourquoi les réformes qui ont touché la professionnalisation des « agents d'autorité »[61], et les différents mouvements de nomination des gouverneurs sont souvent le résultat de parrainages et de cooptations de personnalités proches des centres du pouvoir, appréciées, avant tout autre critère, par le Cabinet royal et dont la candidature est légitimée par des faits d'arme dans la fonction publique ou privée, mais majoritairement issues de l'IRAT, Institut Royal de l'Administration Territoriale[62].

---

l'autorité supérieure. Voir développements de Fréderic Bremard, *L'organisation régionale au Maroc*, L.G.D.J., Paris, 1949, p. 11.

[58] C'est un régime administratif en vertu duquel le pouvoir central transfère à ses représentants locaux répartis dans le pays à la tête des diverses circonscriptions territoriales, une partie de ses attributions et le droit de prendre à sa place de décisions d'intérêt local. La déconcentration décongestionne donc le pouvoir central et elle approche l'administration des administrés, elle permet une plus grande rapidité dans la prise de décision et une diminution de la paperasserie. Mais comme dans la centralisation « concentrée », les pouvoirs administratifs sont toujours exercés par des agents de l'Etat. La simple déconcentration présente donc le défaut de ne pas tenir suffisamment compte de l'opinion et de la volonté des administrés. Fréderic Bremard, *L'organisation régionale au Maroc*, *op.cit.,ibid.*

[59] Contrairement aux deux systèmes administratifs, centralisation concentrée et déconcentration, la décentralisation permet aux administrés de participer à la gestion des affaires locales auxquelles ils sont tous intéressés. C'est en effet le système suivant lequel des administrateurs locaux, indépendants du pouvoir central et généralement élus par des collectivités locales, se voient conférés des pouvoirs propres de décision d'importance variable. La décentralisation est la transposition sur le plan administratif de ce qui est la démocratie sur le plan politique, puisqu'elle permet la participation des populations aux affaires publiques locales. « La décentralisation se présente ainsi comme la démocratie appliquée à l'administration » ; De Laubadère, *Manuel de droit administratif*, L.G.D.J 1946, p. 147, cité par Fréderic Bremard, *L'organisation régionale au Maroc*, L.G.D.J., Paris, 1949, p. 12. De plus, au Maroc l'option décentralisatrice se rattache à l'idéal démocratique sur lequel le régime politique fonde sa légitimité depuis1956. Elle repose sur la double affirmation de la nécessité de modernisation du pays et de l'exigence du retour à sa tradition institutionnelle libérale… le choix décentralisateur se manifeste par l'adoption d'un ensemble de règles organisant la liberté locale et déterminant les prérogatives des autorités centrales, *in* M'faddel Smires, *Centralisation et décentralisation territoriale au Maroc*, Université Sidi Mohamed Ben Abdellah, Coll. de la Faculté des Sciences Juridiques, Economiques, et Sociales, série, Thèse 1, Fès, 2001, p. 41.

[60] La notion de *Makhzen* constitue l'un des éléments fondateurs de l'administration territoriale au Maroc, nous lui réserverons des développements ultérieurs dans la cadre de cette étude, voir note n° 26 *supra.*

[61] Abdelhak Azzouzi, *Autoritarisme et aléas de la transition démocratique dans les pays du Maghreb,* L'Harmattan, 2006, p. 135.

[62] L'article premier du Décret n° 2.08.291 du 9 juillet 2008 relatif à l'Institut Royal de l'Administration Territoriale dispose que : « L'école de perfectionnement des cadres du ministère de l'intérieur créée par le décret Royal n° 429.65 du 27 septembre 1965 prend,

Cet « Institut » portait, lors de sa création la dénomination de « l'Ecole de Perfectionnement des Administrateurs du Ministère de l'Intérieur » (l'EPAMI) en 1965[63], il a changé de nom par la suite pour s'appeler l'Ecole de Perfectionnement des Cadres de Kénitra (l'EPCK). En tout état de cause, les cadres candidats à la fonction de gouverneur se doivent d'avoir une carrière de fonctionnaire territorial ayant servi essentiellement en tant que caïd, pacha, et souvent secrétaire général de Préfecture ou de Province avant de pouvoir prétendre au poste de gouverneur, tous, ou la majeure partie d'entre eux, sont alors le « produit » du ministère de l'Intérieur.

Toutefois, depuis l'avènement de Sa Majesté le Roi Mohamed VI, une remise en cause relative de différentes structures du ministère de l'Intérieur a été engagée, ce dernier n'a pu être réformable que par la transformation progressive du système engendré par Driss BASRI[64]. Une réforme en profondeur a été engagée depuis le limogeage du ministre de l'Intérieur de Hassan II, de même, qu'il était permis de moderniser le Makhzen en donnant une nouvelle orientation aux « agents d'autorité ».

Le signe le plus tangible était donné par le souverain dans son discours du 12 octobre 1999 devant les responsables des régions, wilayas, provinces, et préfectures du pays où il a proclamé l'institution du « nouveau concept d'autorité » en annonçant : « *Nous voudrions à cette occasion expliciter un nouveau concept de l'autorité et de ce qui s'y rapporte, un concept fondé sur la protection des services publics, des affaires locales, des libertés individuelles et collectives sur la préservation de la sécurité et de la paix sociale* ».

Certains analystes pensent que le *Makhzen*[65] qui renvoie à un système autoritaire complexe d'alliances et de contrôle social, fut lourdement ressenti dans l'imaginaire collectif comme une chaîne de commandement despotique, cloîtrant l'ensemble des sujets à travers des mécanismes de surveillance allant de la « Maison Royale » au *moqaddem*[66] en passant par le gouverneur et le caïd[67]. Loin de tout jugement hâtif et sans parti pris, nous opterons pour un questionnement patient et un examen méticuleux du développement, de l'une des institutions phares du Makhzen, en l'occurrence celle de gouverneur, en nous interrogeant sur son véritable rôle dans l'administration

---

désormais, la dénomination de « l'Institut Royal de l'Administration Territoriale (…) Le siège de l'Institut est fixé à Kenitra. Toutefois, le ministre de l'Intérieur peut désigner un autre siège et créer des antennes régionales. »

[63] Décret Royal n° 429-65 du 27 Septembre 1965, B.O n° 2763 du 13 octobre 1965, p.1364.

[64] Driss Basri, né le 8 novembre 1938 à Settat et mort le 27 août 2007 à Paris, est un homme politique marocain, ancien ministre de l'Intérieur sous le règne du Roi Hassan II. Il est connu pour avoir été l'homme fort du Roi et son bras droit.

[65] *Cf.* note n° 26 *infra.*

[66] Pluriel : *moqaddemines*, littéralement, celui qui se présente devant, qui se met à la tête d'un groupe, agent de l'administration de l'Intérieur assurant un rôle de relais et de renseignement. Pour la définition des termes en arabe, voir le glossaire à la fin de cette thèse.

[67] Abdelhak Azzouzi, *Autoritarisme et aléas de la transition démocratique dans les pays du Maghreb, op.cit.*, p. 134.

marocaine, la nature de ses liens avec le Roi, le Gouvernement et les autres acteurs de la vie politico-administrative du pays.

On peut dire ainsi, par gradation que le rôle joué par le gouverneur marocain dans l'administration du pays en tant qu'autorité administrative déconcentrée provient de deux sources : il est d'abord, *un homme lige* du pouvoir central, notion qui renvoie à la suprématie royale, dont il tire son imperium et sa légitimité (Titre I), il est ensuite, l'autorité administrative nommée par l'Etat dans la préfecture ou la province, question qui mérite que l'on s'y intéresse par le prisme du rôle du gouverneur dans la déconcentration(Titre II).

TITRE PREMIER

Le gouverneur, « homme lige »[68] du pouvoir central

La Monarchie représente aujourd'hui au Maroc dans la réalité politico-administrative, l'institution de laquelle découlent toutes les autres institutions[69]. Le Maroc vivait sous le régime de la Monarchie avant le Protectorat : le Roi, en l'occurrence, le Sultan[70], détenait la souveraineté. Toute l'organisation administrative du pays dès lors n'est que son prolongement, « le gouverneur est considéré non seulement comme un sujet, mais comme un serviteur du sultan »[71].

Plus généralement, l'histoire des institutions administratives nous enseigne qu'aussi bien les dirigeants de l'Etat *absolutiste* que ceux des Etats démocratiques n'hésitent pas non plus à tisser des réseaux de fidélité qui les

---

[68] Sur la notion d' « homme lige », voir, notamment : Pierre Duparc, *Libres et hommes liges*, in : Journal des savants. 1973, n°2. 81-98. C'est dans les relations vassaliques que l'emploi du mot lige est le plus connu, pour désigner les divers aspects d'un engagement d'homme à homme, complet, et plus ou moins exclusif. Il semble qu'on ait d'abord connu le *dominus ligius*, le seigneur lige, c'est-à-dire celui que le vassal devait servir sans réserve, dans le cas où il dépendait de plusieurs seigneurs. En contrepartie apparaît *l'homo ligius*, le vassal lige. La notion et le mot ont ensuite passé à l'hommage lige, et au fief lige. Cependant, malgré des travaux remarquables, les vicissitudes de la notion de *lige* dans les relations vassaliques ne sont pas encore exactement connues. L'hommage en tout cas est un élément essentiel, hommage lige, qui s'oppose à hommage plain. Pierre Petot, *L'hommage servile, Essai sur la nature juridique de l'hommage* ; Revue historique de droit, 1927, p. 68-107, a montré la diversité des cas d'hommage.

[69] Michel Guibal observe à ce propos que : « la suprématie constitutionnelle a tendance à se confondre avec la suprématie du pouvoir royal. Tout un secteur important de la régularité organique et procédurale a pour unité de mesure non seulement des dispositions constitutionnelles, mais aussi les actions et les manifestations de la volonté du Roi(…) », in, Michel Guibal, *La suprématie constitutionnelle au Maroc*, Revue juridique et politique indépendance et coopération, n° 3, juillet-septembre 1978, p. 890.

[70] Le mot sultan est d'origine *féodale* : le sultan est étymologiquement celui qui a la maîtrise, celui qui est le maître des sujets (le possesseur) qui les régit et qui se charge de tout ce qui les concerne – le Sultan, cependant, n'est plus le seigneur féodal d'antan, il est devenu Khalife, selon les renseignements d'Ibn Khaldun, c'est « l'administrateur » supérieur dont les fonctions supérieures sont des fonctions gouvernementales. Voir Mohammed Lahbabi, *Le Gouvernement marocain à l'aube du XXe siècle*, Editions Maghrébines, p. 23 et s.

[71] Mohammed Lahbabi, *Le Gouvernement marocain à l'aube du XXe siècle*, *op. cit.*, p. 21.

soutiennent aux divers échelons de la hiérarchie administrative. C'est ainsi qu'en France Richelieu comme Colbert s'appuient sur des créatures qui forment de véritables « clans », d'autant plus inféodés à leurs maîtres qu'ils n'existent que par eux. Ces compagnons, ces clients apparaissent tels les pions d'un échiquier qui constitue l'ossature, le vecteur de la volonté royale. Si la définition *–rationae materiae–* de leurs fonctions est purement administrative, leurs charges sont en réalité politiques puisqu'ils veillent à ce que dans l'ensemble du Royaume la décision du souverain s'applique sans résistance ni obstacle[72].

A ce titre, l'étude du gouverneur devrait permettre de répondre à deux questions. La première est celle de savoir pourquoi le pouvoir central se fait représenter localement par cette institution, qui ne remplit pas, loin s'en faut, toutes les conditions pour être qualifiée de représentative de la volonté des administrés, son existence peut néanmoins être justifiée, car elle participe d'une logique particulière qu'il conviendra de décrypter. Il faudra, pour ce faire, procéder à un essai historique de l'institution du gouverneur, qui tentera de justifier ainsi que de fonder juridiquement les rapports qu'elle entretient avec le pouvoir central, c'est dans ce sens qu'il convient d'examiner sa genèse (Chapitre I). La seconde question se rapporte, elle, à la nature des fonctions que le pouvoir central délègue à son représentant local (Chapitre II).

---

[72] Catherine Lecomte, *Le pouvoir électoral des hauts fonctionnaires en régime censitaire (1814-1948), in* Cahiers du C.U.R.A.P.P, « la haute fonction publique et la politique », P.U.F, 1986, p.134.

CHAPITRE I

La genèse du gouverneur

La fonction « moderne » de gouverneur n'a été créée qu'en 1955, par le dahir du 16 décembre 1955[73], qui était l'un des premiers textes pris par le premier gouvernement du Maroc indépendant[74], présidé par M. Ben M'Barek Bekkai (7décembre 1955) ce texte créa 13 régions et 2 préfectures, chacune de ces circonscriptions a été mise sous l'autorité d'un gouverneur. On remarquera que, depuis les origines de la fonction de gouverneur, elle a toujours été attachée à la personne du Roi. Dans une conclusion laconique, Lahbabi avance que « le *Sultan-Khalife* est un « Gouverneur », ce n'est pas un législateur, ni à fortiori un constituant, ses pouvoirs de gouvernement, il les tient d'une sorte de délégation populaire dans la tradition marocaine : l'allégeance. ».

En effet, dans la représentation traditionnelle du système *sultanien* à l'origine même de l'institution de l'« *Amel* », en arabe le gouverneur, qui est un système pyramidal par essence, le sultan constitue l'instance dominante et la source décisionnelle par excellence. Abdellah Saaf observe à ce propos que « l'histoire dégage une caractéristique dominante des souverains marocains : ils dirigent un système où les serviteurs n'ont en règle générale aucun pouvoir propre, où le détenteur du pouvoir de décision, le responsable est le souverain seul »[75], le sultan tient ces pouvoirs d'un contrat qu'il a passé avec certains représentants de la communauté musulmane, c'est l'allégeance (*Al Beiya*, en arabe), le sommet de la pyramide politique est

---

[73] Dahir du 16 décembre 1955 relatif à l'organisation provinciale, tel qu'il a été modifié par les dahirs du 6 février 1956 et du 13 octobre 1956. B.O. n° 2252, du 23 décembre 1955.

[74] Il ne faut pas oublier qu'entre 1955 et 1963, l'année des premières élections, le Maroc avait déjà connu huit gouvernements dont les chefs étaient : M. Bekkaï, du 7 décembre 1955 au 25 octobre 1956 ; M. Bekkaï, du 28 octobre 1956 au 16 avril 1958 ; A. Balafrej, du 12 mai 1958 au 3 décembre 1958 ; A. Ibrahim, du 24 décembre 1958 au 21 mai 1960 ; S.M. Mohammed V, du 27 mai 1960 au 4 janvier 1961 ; S.M. Mohammed V, du 4 janvier 1961 au 26 février 1961 ; S.M. Hassan II, du 26 février 1961 au 2 juin 1961 et S.M. Hassan II, du 2 juin 1961 au 13 novembre 1963.

[75] Abdellah Saaf, *Notes pour une recherche sur l'Etat marocain*, in l'Espace de l'Etat, EDINO, 1985, p. 149.

représenté par le sultan, au-dessous duquel se trouve le « *Wazir Al A'dham* »…sur le plan régional, il existe des *Khalifats* provinciaux qui gouvernent la région en l'absence du sultan[76].

Pour situer la position de l'« *Amel* » dans l'organigramme du système sultanien, et dégager, chemin faisant, son attachement originel au pouvoir central représenté par le roi, nous devrions examiner la structure de l'administration locale du pays avant le Protectorat.

Celle-ci, en effet, variait en fonction de trois zones qui constituaient l'espace politico-administratif marocain : la ville, la zone soumise au Makhzen, et la zone de dissidence. Dans la ville, l'administration est dirigée par un « *Amel* », un Caïd, et ensuite par un Pacha, un « *Muhtasib* »[77], un « *Qâdî* », un « *Nadir* », et un *Amin*. Dans la « *Qbila* » (tribu), l'autorité administrative est représentée par un Caïd assisté par un *Muqqadam* et des *Shioukhs*. En fait dans la tribu l'administration est davantage un compromis entre deux structures (centrale et « tribale ») qu'une projection pure de l'autorité centrale. Enfin, dans la zone de dissidence l'administration est le fait des membres de la *Qbila* qui gèrent leurs propres instances administratives[78].

L'administration du Maroc précolonial était caractérisée par la centralisation des pouvoirs et leur concentration entre les mains du Sultan, celui-ci se faisait représenter à l'échelon local par des agents ayant pour mission de maintenir l'ordre, prélever l'impôt et fournir le contingent militaire. Ces agents investis des pouvoirs étendus par le Sultan, cumulaient tous les pouvoirs et devenaient, à son image, les maîtres absolus dans leurs localités.

Par ailleurs, comme le Préfet français est l'héritier de l'intendant de l'Ancien Régime en France, le gouverneur marocain est à la fois le produit de la tradition *makhzenienne* locale du chef tribal, l'« *Amghar* », de celui de« *Khalifa* » à l'échelon régional, et de l'« *Amel* » ou de « Pacha » aux échelons inférieurs, mais son maintien est intimement lié à l'institution monarchique et à la personne du Roi

C'est ainsi que les premiers textes juridiques réglementant la fonction gubernatoriale, évoquaient le gouverneur comme représentant du souverain dans la localité où il exerce son commandement, notamment, le dahir du 16 décembre 1955 précité, mais aussi, bien plus tard, le dahir du 15 février 1977 relatif aux attributions du gouverneur[79]. Ce texte dispose dans son article

---

[76] Mohamed Lahbabi, *Le Gouvernement marocain à l'aube du XXe siècle*, *op. cit.*

[77] Nous référons pour la définition de l'ensemble des termes en arabe au glossaire en fin de cette thèse.

[78] Abdallah Ben Mlih, *Structures politiques du Maroc colonial, d'un « Etat' sultanien » à un « Etat sédimental »*, thèse pour le doctorat d'Etat en sciences politiques, Paris, Université de Paris II, 1988, p. 105.

[79] Dahir portant loi n°1-75-168 du 15 février 1977 relatif aux attributions du gouverneur, tel qu'il à été modifié ou complété. (B.O n°3359 du 16-3-197, p.341 et B.O n°3873 du 21 Janvier 1987, p. 10 et B.O n°4223 du 6 Octobre 1993, p. 536).

premier que : « Le gouverneur est le représentant de Notre Majesté dans la préfecture ou province où il exerce son commandement », ce qui a consacré, par là-même, définitivement l'attachement de ce haut fonctionnaire à la Monarchie.

A la fin du XIXe siècle, les représentants étrangers en contact avec le Maroc officiel étaient amenés, par une analyse sommaire de la situation, à assimiler l'organisation sociale et politique de ce pays à celle du Moyen Âge européen. En fait, la légitimité du pouvoir était plus ambiguë et reste encore, pour une large part, issue d'un système de valeurs à caractère religieux comme dans toute société musulmane ; le Coran y constitue la base de l'organisation sociale et politique. Mais l'application de ces règles pouvait donner lieu des interprétations tout à fait divergentes allant d'une simple reconnaissance du pouvoir spirituel du Sultan sans pouvoir temporel à un pouvoir absolu en tous les domaines.

Avant 1912, ces deux situations coexistaient au Maroc sous le nom de « *Bled siba* » et de « *Bled makhzen* » et empêchaient le développement d'une véritable classe dirigeante. La réalité politique et administrative du Protectorat s'est plaquée sur cette organisation traditionnelle sans bouleverser au départ les structures anciennes. Dans une large mesure, la société marocaine actuelle s'est trouvée façonnée à partir d'une organisation sociale héritée du Maroc d'avant 1912, sur laquelle des structures politiques, économiques et administratives modernes se sont trouvées superposées, sans que la transformation de cette société soit encore effectuée en profondeur[80].

En effet, avant 1912, le Royaume du Maroc était divisé en deux territoires : le territoire dit « *Bled el Makhzen* », qui était caractérisé par une paix relative et un climat général d'ordre et de sécurité. Cette portion du pays avait, en effet, reconnu l'autorité du Sultan et lui a prêté allégeance[81] et fidélité. L'autre partie du pays dite « *Bled Siba* » (pays de l'anarchie en arabe dialectal), n'avait pas reconnu le pouvoir du Sultan, ne lui avait concédé aucune allégeance. Dans ces régions « le pouvoir s'exerçait dans un cadre en apparence anarchique mais où les rapports entre les groupes aboutissaient à une sorte d'équilibre naturel »[82].

Pour comprendre les origines et la nature de l'attachement de l'institution de l'« *Amel* » au Sultan, il faudrait mesurer la spécificité de l'organisation

---

[80] Octave Marais, « *La classe dirigeante au Maroc* », in RFSP., n° 4, 1964, p. 709.

[81] Nous réservons une analyse approfondie à la notion d'allégeance, vu qu'elle explique quelques aspects des rapports d'autorité qu'entretient le gouverneur avec la monarchie. Relevons, à présent, seulement que le mot « *Bey â* », l'équivalent arabe du mot allégeance qui a été étudié par les docteurs de la loi islamique comme *Mawerdi*, ou en sociologie politique par *Ibn Khaldun* dans les Prolégomènes, signifie : Prendre l'engagement d'obéir. Celui qui engagerait sa foi en faisant la *Beyâ*, reconnaissait, pour ainsi dire, à son émir le droit de gouverner, ainsi que tout le peuple musulman, il promettait que sur ce point, il ne lui résisterait en aucune manière, et qu'il obéirait à tous ses ordres, lui furent-ils agréables ou non.

[82] Octave Marais, « *La classe dirigeante au Maroc* », op.cit., p.710

administrative de la société musulmane au Maroc, elle s'établit sur le principe de la délégation : la communauté composée de tous ceux qui reconnaissent l'unicité de Dieu et la mission du Prophète, de Khalife à celui qui a été désigné par son prédécesseur par les membres de la communauté réunissant les qualités requises[83]. Cette délégation présente un aspect particulier : si la souveraineté réside dans la communauté, celle-ci, suivant les conceptions des juristes musulmans, ne peut exercer le pouvoir simultanément avec son « délégataire » ou bien, elle l'exerce elle-même en ne reconnaissant pas un Sultan, elle nomme alors ses propres gouverneurs et fonctionnaires. Le Khalife n'a point d'associé dans sa charge. Nul autre que lui n'a de pouvoir sur les musulmans, si ce n'est un pouvoir émanant de la dignité *Khalifale* et par voie du mandat de Khalife, les gouverneurs dans l'Etat islamique et tous ceux qui détiennent une autorité quelconque sur les musulmans au spirituel comme au temporel, tous ceux-là sont les mandataires du Souverain et des procureurs, lui, seul, peut décider de leur choix et de leur révocation, de la plénitude des pouvoirs à leur conférer, de la mesure et des limites de l'autorité à leur remettre [84].

Aussi, les développements historiques liés à l'administration du Protectorat au Maroc, offrent-ils des clefs de lecture aux rapports viscéraux qu'entretient l'institution du gouverneur avec le Roi. Cette évolution a mené à la création d'un corps nouveau, celui des gouverneurs, agents d'autorité appelés à gérer le territoire national dans toute son étendue, et surtout surveiller le réseau traditionnel des caïds et pachas dont la fidélité au Roi était encore à prouver. Rémy Leveau écrit à ce propos : « On s'étonne à la fin du Protectorat, de voir que le monde rural, qui représentait, en 1956, près de 80% de la population du pays, n'est administré que par quelques centaines de fonctionnaires français civils ou militaires. Dispersés à travers le territoire, ils sont assistés dans les postes par quelques commis marocains, et gardés par des *mokhazenis*[85]peu nombreux, dotés d'un armement vétuste. Or l'administration française, avec ses grandes directions techniques et les états-majors de ses services concentrés à Rabat, donnait l'impression d'un système bureaucratique imposant par le nombre et l'efficacité de ses agents »[86]. L'auteur explique que la Résidence avait pu compter sur l'appui de notables locaux ainsi que sur l'ordre contraignant instauré par l'autorité administrative française garantis par les auxiliaires qu'étaient les pachas et caïds.

---

[83] E. Michaux Bellair, *La Souveraineté et le Khalifat au Maroc.*, in « Revue du Monde Musulman » 1-9-1925.p.119.

[84] Ali Abderrazik, *L'Islam et les bases du pouvoir*, in. « Revue d'Etudes Islamiques », 1933, p.360.

[85] Dénomination traditionnelle en arabe donnée aux agents subalternes du Makhzen, aujourd'hui constitués parles Forces Auxiliaires.

[86] Rémy Leveau, *Le fellah marocain défenseur du trône*, Paris, Presse de la Fondation Nationale des Sciences Politiques, 1985, p. 7 et21.

A ce titre, en 1955 à la veille de l'indépendance, le Roi Mohamed V établira une nouvelle administration dans la hâte, les militants du parti de l'Istiqlal, et de l'armée de libération fournissent la plupart des membres, le Roi procèdera aux nominations des premiers gouverneurs dans son entourage.

En outre, après le recouvrement de son indépendance en 1956, le Maroc adopte sa première Constitution en date du 14 décembre 1962, (le projet de Constitution du 18 novembre 1962, qui sera ratifié par référendum le 7 décembre 1962 et promulguée le 14 décembre de la même année). L'institution du gouverneur fait son apparition, ainsi pour la première fois dans le texte constitutionnel qui, prévoit dans son titre VIII : « Des collectivités territoriales », après avoir mentionné que : « Les collectivités locales du Royaume sont les préfectures, les provinces et les communes. (Et qu') elles sont créées par la loi. », il ajoute que dans ces préfectures et provinces : « les gouverneurs exécutent les décisions des assemblées préfectorales et provinciales. Ils coordonnent en outre l'action des administrations et veillent à l'application des lois. » Deux observations s'imposent : d'une part, le gouverneur est une institution constitutionnelle, il est proclamé en tant qu'exécutif des assemblées provinciales et préfectorales et il et responsable de la coordination des administrations publiques et de l'application de la loi, d'autre part, la loi fondamentale de 1962 ne renseigne pas sur l'autorité dont il assure la représentation.

Dans un climat d'incertitude politique, et à la suite de cinq années d'état d'exception, une nouvelle Constitution sera adoptée le 31 juillet 1970, elle reprend l'essentiel de la Constitution précédente, l'innovation majeure était uniquement le passage, en ce qui a trait au parlement, du système bicaméral au système monocaméral. La Constitution de 1970 est abrogée à la suite de la tentative de coup d'État du 10 juillet 1971 qui entraîne un durcissement du régime. La troisième Constitution marocaine est approuvée par référendum le 1^er^mars 1972. Mais elle s'apparente, en fait, à une simple révision de la Constitution précédente dont elle reprend la structure et, pour l'essentiel, le libellé des articles. Cependant, le pouvoir du Premier ministre est renforcé et le domaine de la loi élargi. L'institution du gouverneur ne subira aucun changement.

Le Roi Hassan II propose alors une quatrième Constitution, qui est approuvée par référendum le 4 septembre et promulguée le 13 septembre 1992, l'article unique relatif au gouverneur garde la même formulation que dans les Constitutions précédentes et vise uniquement les préfectures et provinces, alors même que la région apparaît comme nouvelle collectivité locale (article 94). Ce n'est qu'en vertu de la Constitution de 1996 [87], que le rôle d'exécutif de la région du gouverneur est reconnu, et qu'il est consacré comme représentant de l'Etat et responsable de l'application des décisions du Gouvernement dans la province, préfecture ou région, où il est nommé.

---

[87] La Constitution adoptéeparréférendum en date du 13 septembre 1996.

Dans le Maroc d'aujourd'hui, la nouvelle Constitution adoptée en juillet 2011, a confirmé les constantes du pays, qui reste une Monarchie constitutionnelle, comme le rappelle l'article 1er : « Le Maroc est une monarchie constitutionnelle, démocratique, parlementaire et sociale. Le régime constitutionnel du Royaume est fondé sur la séparation, l'équilibre et la collaboration des pouvoirs… ». Par ailleurs : « …La nation s'appuie dans sa vie collective sur des constantes fédératrices, en l'occurrence la religion musulmane modérée, l'unité nationale aux affluents multiples, la monarchie constitutionnelle et le choix démocratique…»[88].

Outre la réitération du régime monarchique constitutionnel comme principe fondateur de l'Etat marocain, la nouvelle Constitution reprend l'ancien article 19 de la Constitution de 1996 [89], avec un libellé différent dans son article 42 qui prévoit que : « Le Roi, Chef de l'Etat, son Représentant suprême, Symbole de l'unité de la Nation, Garant de la pérennité et de la continuité de l'Etat et Arbitre suprême entre ses institutions, veille au respect de la Constitution, au bon fonctionnement des institutions constitutionnelles, à la protection du choix démocratique et des droits et libertés des citoyennes et des citoyens, et des collectivités, et au respect des engagements internationaux du Royaume. Il est le Garant de l'indépendance du Royaume et de son intégrité territoriale dans ses frontières authentiques. » Il en découle que l'institution monarchique maintient sa suprématie constitutionnelle et jouit toujours de la prééminence en ce qui a trait au contrôle des autres pouvoirs.

En ce qui concerne l'institution du gouverneur, la nouveauté du texte constitutionnel se manifeste à deux niveaux au moins : en premier lieu, la loi fondamentale de 1996 définit sans ambiguïté le principe de la représentation de l'Etat par le gouverneur, qui a été alors constitutionnellement investi, à notre avis d'un pouvoir ayant pour objectif la sauvegarde des bases mêmes de la société à travers l'intégrité des institutions de l'Etat. On est loin de« (…) la charge des intérêts nationaux » qu'attribue l'article 72 de la Constitution de la Vème République au Préfet en France. Mais le nouvel article 102 de la Constitution de 1996 avait le mérite d'apporter un éclairage

---

[88] Constitution proposé par le souverain dans son discours du 17 Juin 2011, et adoptée par référendum populaire en juillet 2011.

[89] Il s'agit de la dernière révision constitutionnelle du Roi Hassan II, dont le fameux article 19 donnait des pouvoirs spirituels, temporels et régaliens au Roi, cet article était ainsi rédigé : « Le Roi, Amir Al Mouminine. Représentant Suprême de la Nation, Symbole de son unité, Garant de la pérennité et de la continuité de l'Etat, veille au respect de l'Islam et de la Constitution. Il est le protecteur des droits et libertés des citoyens, groupes sociaux et collectivités. Il garantit l'indépendance de la Nation et l'intégrité territoriale du Royaume dans ses frontières authentiques », le Professeur Michel Rousset, l'un des architectes des constitutions marocaines depuis celle de 1962, avait, en effet souligné à la veille de l'adoption de la nouvelle constitution que « Tout est modifiable, sauf l'article 19 …», puisque, avait-il ajouté, S.M le Roi a insisté sur le fait que la réforme devait se caler sur les constantes sacrées et intangibles du Maroc. », *in Maroc Hebdo International* n° 924 du 18 au 24 mars 2011, p. 21.

suffisant à la situation du gouverneur, en lui attribuant un support majeur et un noyau central, sur lesquels pouvaient reposer ses fonctions régaliennes dans la province ou la préfecture.

En second lieu, la réforme constitutionnelle avait apporté une nouvelle précision : « (...) ils (les gouverneurs) sont responsables de l'application des décisions du Gouvernement et à cette fin, de la gestion des services locaux des administrations centrales », de cette affirmation, deux conséquences peuvent être avancées : le gouverneur en tant qu'exécutif dans les territoires a été consacrée constitutionnellement, et sa mission de coordination des services extérieurs a été renforcée, puisque désormais le texte constitutionnel parle de gestion des services locaux des administrations centrales.

Hormis le décret du 6 octobre 1993 modifiant et complétant le dahir du 15 février 1977 relatif aux attributions du gouverneur, aucun texte n'interviendra pour revoir le statut juridique et les pouvoirs du représentant de l'Etat, jusqu'au 31 juillet 2008[90], date à laquelle sera adopté le dahir relatif au corps des agents d'autorité.

S'ensuivent des changements subtiles, mais importants, au niveau de la procédure de nomination des gouverneurs, celle-ci[91], qui doit être prononcée par dahir, et les propositions y afférentes, sont soumises à la haute appréciation du Souverain par le ministre de l'Intérieur. Désormais, après l'adoption de la Constitution de Juillet 2011, le gouverneur fait partie de la liste des personnalités dont la désignation se fait au Conseil des ministres, présidé par le Roi. L'article 49 de la Constitution dispose que : « Le Conseil des ministres délibère : (...) de la nomination, sur proposition du Chef du Gouvernement et à l'initiative du ministre concerné, (...) de wali et de gouverneur... ».

A l'avenir, le gouverneur, même s'il reste nommé par dahir royal, connaît une désignation qui n'en est pas moins le résultat d'un processus enclenché à l'initiative du ministre de l'Intérieur et approuvée par le chef du Gouvernement, avant d'être soumise au Souverain pour qu'il la confirme après les délibérations au Conseil des ministres. Nous pensons qu'il ne s'agit pas là d'une réforme de pure forme, mais d'un véritable repositionnement de l'exécutif dans la nomination du gouverneur. Cette réforme est importante, car on sait qu'historiquement, à cause de leur rôle éminemment politique, les gouverneurs ont toujours dépendu plus du Roi que du ministre de l'Intérieur, et plus de celui-ci que du chef de l'Exécutif, une certaine doctrine était allée même jusqu'à les placer sur le même rang que les ministres[92]. Cette exclusivité royale dans l'acte de consécration et du contrôle de l'institution du gouverneur s'est toujours appuyée sur une argumentation politique

---

[90] Dahir du 31 Juillet 2008, Dahir n° 1-08-67 (31 juillet 2008) relatif au corps des agents d'autorité, B.O n° 5680, p : 1507.

[91] Comme le rappelle l'article 3 du dahir du 31 juillet 2008 qui a modifié le Dahir précédent du 1er mars 1963 portant statut particulier des administrateurs du ministère de l'intérieur.

[92] *Cf.* Octave Marais, « *La classe dirigeante au Maroc* », op.cit, p. 729.

beaucoup plus large, dépassant le simple cadre de celle-ci et constituant un des fondements légitimatifs essentiels de la monarchie marocaine. Une déclaration du Roi Mohammed V aux gouverneurs des provinces en juin 1960 illustre parfaitement cet état de fait : « Notre pouvoir, nous le détenons du peuple ; nous sommes responsables devant lui, vous êtes responsables devant nous. » [93]

Cette situation nous invite à nous interroger sur le pouvoir dont il assure la représentation : s'agit-il du Roi ? Du Gouvernement ? Ou d'un pouvoir central, qui se réfèrerait à un organe d'administration générale du pays et se situerait entre les deux ?[94]

En effet, comme nous allons le constater tout au long de cette étude, le gouverneur contrôle directement ou indirectement deux zones décisionnelles stratégiques correspondant à deux niveaux de la gestion de l'administration territoriale, qu'elle soit dans la phase de déconcentration ou de décentralisation. Le gouverneur, autorité suprême dans le ressort préfectoral, provincial, ou régional jouait un double rôle : celui de représentant des pouvoirs centraux au niveau local et celui de pouvoir exécutif des conseils préfectoraux et provinciaux, cette réalité voulue, serait appelée à changer, avec la nouvelle Constitution, et les nouvelles lois sur la régionalisation avancée, puisque, selon la première, le gouverneur n'est plus le représentant de l'*Etat*[95], mais : « dans les collectivités territoriales, les walis de régions et les gouverneurs de provinces et préfectures représentent *le pouvoir central.* Au nom du Gouvernement, ils assurent l'application des lois, mettent en œuvre les règlements et les décisions gouvernementales et exercent le contrôle administratif. »

En effet, nous ne pensons pas qu'il s'agit là d'un toilettage superficiel, à moins que représentant de l'Etat et représentant d'un « pouvoir central » soient équivalents. On est effectivement loin de la formulation chère à M. Driss Basri [96] : « Le Gouverneur est le représentant de Notre Majesté dans la

---

[93] J.J. Recnier et J.C. Sanwec, *Armée, pouvoir et légitimité au Maroc*, in Jean-Claude Santucci ; Maurice Flory (sous la responsabilité de) - Annuaire de l'Afrique du Nord - Centre national de la recherche scientifique ; Centre de recherches et d'études sur les sociétés méditerranéennes (CRESM) - Paris, Editions du CNRS, 1972, p. 137-178, Vol. 10 (1249 p.).

[94] *Cf. Infra.* Section réservée au rattachement ministériel du gouverneur : Première partie, Titre I, Chapitre II, Section I.

[95] Article 102 de la constitution de 1996 énonçait en effet que : « Dans les provinces, les préfectures et les régions, les Gouverneurs représentent l'Etat et veillent à l'exécution des lois. Ils sont responsables de l'application des décisions du Gouvernement et, à cette fin, de la gestion des services locaux des administrations centrales. »

[96] Dans ses mémoires : « *Ma vie, S.M Hassan II, Driss Basri et Moi* », Lahcen Brouksy, écrit : « *S.M le Roi (Hassan II) a été de tout temps un visionnaire. Le contingent lui importait peu. Il laissait, en matière politique et institutionnelle, le temps au temps. Je m'exécutais tout en pensant qu'il devrait y avoir tôt ou tard une petite guerre entre le petit Makhzen et les élus. Autant Benhima pouvait s'accommoder de la libération et au libéralisme des institutions, autant pour moi, Basri était un homme des appareils. Déjà en 1973, il voulait imposer les gouverneurs comme représentants de S.M Le Roi, parce que la circulaire de Bahnini sur les*

préfecture ou province où il exerce son commandement », contenue dans l'article 1er du Dahir du 15 février 1977 précité, relatif aux attributions du gouverneur. En fait, cette formulation symbolisant la *représentation* royale et partant, les liens directs du gouverneur avec le Roi n'a même pas été reprise dans le texte relatif au statut particulier des agents d'autorité de 2008.

Sur un autre plan, force est de constater aujourd'hui, que le débat sur l'organe qui contrôle les gouverneurs n'est pas près de s'éteindre. La combinaison d'un certain nombre d'éléments, dont l'histoire des institutions administratives, la confusion créée par les textes de l'époque de Basri, liant étroitement le corps des gouverneurs au Roi, en plus de la persistance d'une sorte de jurisprudence *makhzenienne,* ont fait en sorte que ces hauts fonctionnaires ont toujours été assujettis directement au ministre de l'Intérieur sans l'être pour autant au Premier ministre.

Un exemple patent de cette confusion est donné par un évènement qui s'est produit lors du mandat du 26e Gouvernement du Maroc, appelé Gouvernement d'Alternance, du 14 mars 1998. Le Premier ministre Abderrahmane el-Youssoufi prendra l'initiative, en date du 24 décembre 1998 de réunir l'ensemble des gouverneurs sans se concerter avec le ministre de l'Intérieur : le chef du Gouvernement voulait signifier ainsi que les gouverneurs sont chargés d'exécuter la politique gouvernementale et qu'ils constituent de ce fait, ses représentants conformément à la Constitution. Or, traditionnellement, les gouverneurs sont considérés comme des autorités *makhzeniennes* échappant de fait à l'autorité directe du Premier ministre. Dès le départ, la subtilité du Makhzen a été de faire siéger les gouverneurs au ministère de l'Intérieur et non à la Présidence du conseil. Il y a là une véritable symbolique[97].Cet exemple illustre parfaitement la difficulté des rapports entre *makhzenité*[98] et constitutionnalité de l'institution du gouverneur.

De plus, un autre évènement cristallise cette controverse : en effet, une discussion juridique a eu lieu en septembre 2008, lorsque l'adoption du texte relatif à la fonction d'agent d'autorité et celle de gouverneur notamment [99] a été soumise à l'approbation royale sans passer par les canaux constitutionnels normaux.

Le 18 septembre 2008, le Conseil de Gouvernement se réunit sous la présidence du Premier ministre, pour statuer entre autres sujets sur 9 projets de décrets soumis par le ministère de l'Intérieur, présentés dans le cadre de la révision du découpage communal, l'un d'eux détermine la liste des cercles, caïdats et communes urbaines et rurales dans le pays, portant à 1503 le

---

pouvoirs de gouverneurs était mince... », Lahcen Brouksy « *Ma vie, SM Hassan II, Driss Basri et Moi* », Edition Bouregreg, 2012, p. 135

[97] Lahcen Brouksy, *Le Maroc du XXIe siècle, Makhzenité et modernité*, 2e édition 2002, Imprimerie Al Maârif Al Jadida, p. 36.

[98] *Cf.* pour la définition de la notion de "*Makhzen*", note n°26 *supra.*

[99] Dahir du 31 juillet 2008, relatif au statut particulier des agents d'autorité, (précité).

nombre de communes et à 23 799 celui des conseillers communaux au Maroc. Les projets de décrets intéressant les agents d'autorité et portant, entre autres, sur les indices applicables aux gouverneurs des préfectures et provinces et aux administrateurs du ministère de l'Intérieur, sur les modalités de reclassement des agents d'autorité ou encore sur les indemnités et avantages accordés aux walis et gouverneurs.

C'est à ce niveau que l'on a exprimé de vives critiques portant non seulement sur les projets de décrets, mais aussi sur le texte dont ils sont censés permettre l'application, le dahir du 31 juillet 2008[100]relatif au statut particulier des agents d'autorité et des administrateurs, puisque ce texte n'était pas paru au Bulletin Officiel[101], antérieurement à son application. Il n'a été publié, en effet, que le 27 Octobre 2008.

C'est sous le bénéfice de toutes ces remarques que l'on voit bien la dichotomie du pouvoir dont le gouverneur tire ses racines : d'une part, une vielle tradition de gouvernance *makhzenienne*, ayant conforté son positionnement dans l'organisation administrative d'un Etat monarchique à tradition centralisatrice, dans lequel il n'est qu'un homme de main loyal du pouvoir central. Et d'autre part, un apport institutionnel et administratif « moderne » représenté par le Protectorat.

En effet, comme nous allons nous en rendre compte, le statut, les conditions juridiques, les attributions et la position dans l'organigramme de l'administration territoriale du gouverneur dans le Maroc d'aujourd'hui ne sont que l'aboutissement progressif de deux types de transformations progressives : une évolution lente et patiente des structures politico-administratives anciennes appelées « *Makhzen* » (Section I) et une mutation des méthodes et mécanismes de recrutement marquant la légitimation du pouvoir gubernatorial par le passage d'un *caïdalisme*[102] traditionnel à un statut moderne (Section II).

---

[100] B.O en arabe n° 5677 du 27 octobre 2008, p. 3880 en vigueur à compter du 31 juillet 2008.

[101] *La Vie Economique*, du 03/10/2008.

[102] En rapport avec le « *Caïd* », agent d'autorité traditionnel (voir. Glossaire pour les expressions en arabe en fin de cette thèse), il convient de rappeler qu'à l'origine grand propriétaire terrien et disposant d'un pouvoir moral et matériel sur les populations des tribus, il fut maintenu par le Protectorat français, dans le double but à la fois de consolider et renforcer sa présence au Maroc et de contrôler et encadrer les populations locales. Nous reviendrons sur la question du *caïdalisme* dans la Section II relative à la légitimation du pouvoir du gouverneur, pour plus d'informations sur la notion de *caïdalisme* ou *caïdalité* voir. P. Pascon, *Le Haouz* p. 293 et s. (Pascon a conduit des exemples remarquables sur la nation de *caïdalité,* sur sa genèse, son évolution et son influence sociologique*)*, ainsi qu'Abdallah Ben Mlih, *Structures politiques du Maroc colonial. D'un 'Etat' sultanien à un 'Etat sédimental'*, thèse pour le doctorat d'Etat en sciences politiques, Paris, Université de Paris II, 1988, p. 124. Et Robert Montagne, *Les Berbères et le Makhzen dans le Sud du Maroc, essai sur la transformation politique des Berbères sédentaires (groupe chleuh). Villages et kasbas berbères. Tableau de la vie sociale des Berbères sédentaires dans le Sud du Maroc*, in : Revue de l'histoire des colonies françaises, tome 19, n° 82, juillet-août 1931, p. 440-443.

SECTION I. LE GOUVERNEUR, AGENT DU MAKHZEN

La recherche portant sur l'institution du gouverneur au Maroc doit percer ses parts d'ombre et dévoiler toutes les facettes de l'administration (*Makhzen*) marocaine ayant pu concilier avec plus ou moins de succès, au gré des époques et des vicissitudes de l'histoire, les institutions traditionnelles et ancestrales avec les institutions modernes.

A l'image du terreau de sa création, la situation du gouverneur au Maroc, comme dans d'autres pays en voie de développement met en exergue la structuration du processus choisi par l'administration du pays pour faire face aux contraintes subies, qu'elles soient structurelles ou conjoncturelles, tantôt, comme outil de restauration et/ou de reconstruction de l'Etat, tantôt comme garant de la sécurité. Il s'ensuit que le processus de recrutement des gouverneurs est intimement lié à cette préoccupation, et que, dès le départ, les premiers textes juridiques fixant leur statut admettaient une grande liberté discrétionnaire de l'administration dans leur choix, afin de favoriser les cooptations dans les familles proches du palais, ou du moins des centres du pouvoir issus des notabilités locales et de la bourgeoisie urbaine connues pour son attachement indéfectible au Trône, c'est ainsi que l'on a fait remarquer, en tous cas, avant que l'on puisse parler de « corps des agents d'autorité » ou même d'élites administratives nationales, et de création de l'Ecole de Perfectionnement des Cadres de Kenitra (l'EPCK)[103],que selon les époques, leurs profils fluctuaient entre anciens caïds berbères, anciens officiers de l'armée française et/ou lauréats du l'Ecole *Dar El Beida* de Meknès[104] et du collège d'*Azrou*[105], de juristes ou administrateurs et dernièrement, des candidats appartenant au corps des ingénieurs.

En tout état de cause, au lendemain de l'indépendance, l'exercice de la fonction d'autorité était caractérisé par la volonté du Makhzen de gagner en autonomie dans le commandement des villes et des campagnes, sans qu'il ait pour autant les moyens humains et matériels nécessaires à cette évolution. Un auteur décrit de façon percutante cette époque : « A de rares exceptions près, les nouveaux caïds sont mal adaptés à leur tâche. D'origine citadine, de

---

[103] Voir p. 77 *infra*.

[104] A l'image des établissements secondaires, le sanctuaire constitué par l'Ecole militaire de Meknès connut une relative ouverture sociale dans son recrutement pendant le Protectorat. Parallèlement à ce mouvement, la période d'après-guerre connut une évolution dans le niveau de recrutement des élèves. Jusqu'à la guerre en effet, le cours préparatoire de Dar el Beida recrutait des élèves au niveau du certificat d'études primaires, parfois même sans ce dernier, notamment pour les élèves des tribus. Jusqu'alors *Dar el Beida* recrutait en gros 25 % de ses effectifs au collège berbère d'Azrou, 50% dans les collèges musulmans et 25 % dans les établissements divers. Voir. Pierre Vermeren, *Ecole, Elite et Pouvoir, au Maroc et en Tunisie au XXe siècle*, Alizés, février, 2002, Rabat, Ryad, Maroc, p. 159.

[105] Ce collège est apparu à l'époque coloniale comme la voie de recrutement normale de l'Ecole de Meknès, puisque son recrutement correspondait, en effet, à 'objectif politique que s'étaient fixé les autorités coloniales. Le Collège d'Azrou aurait purement et simplement remplacé le cours préparatoire de Dar el Beida., *in* Pierre Vermeren, Ecole, Elite et Pouvoir, au Maroc., *op.cit.*, *ibid.*

culture moderne sommaire ou strictement traditionnelle, ils ont exercé des fonctions aussi peu prestigieuses pour les ruraux que celles de petits commerçants, artisans ou réparateurs de bicyclettes, ils n'ont pas naturellement le sens de l'autorité qui s'impose en face d'administrés parfois frustes. Ils sont installés, mal à l'aise, dans les symboles du commandement des contrôleurs civils et officiers indigènes ; la jeep, le bureau, la radio, les hommes d'armes, le coffre à secrets et la caisse noire. Ils gardent souvent le costume traditionnel, et cherchent à s'appuyer sur des comités ou des cellules groupant la petite bourgeoisie de commerçants ou de commis que l'on rencontre dans les agglomérations rurales…ils abusent, pour cela, de l'usage politique des faveurs et avantages que l'administration leur procure »[106]. Il en découle que l'ancienne garde des agents d'autorité, pachas et caïds, a été accusée de tous les maux : malversations, prévarications et exploitation des populations rurales. Cette attitude, leur avait créé, par maladresse, plus d'ennemis que de partisans dévoués. « Le Roi apparaît aux ruraux comme le prisonnier d'une grande bourgeoisie qui les ignore et les méprise, les jeunes diplômés d'origine citadine ont hérité des fonctions administratives et des rôles politiques du protectorat sans avoir la connaissance sociologique du pays »[107].

Sur le plan de l'organisation administrative du pays, en ce début d'indépendance, « on s'est trouvé dans une situation où « l'ancien » n'en finit pas de mourir et le nouveau ne parvient pas à naître. En effet, dans le Maroc des années 1950, « cet ancien » est encore assez fort pour empêcher « le nouveau » mais trop faible pour l'étouffer dans l'œuf. C'est cet équilibre qui donne au Maroc l'aspect d'un pays vivant continuellement dans le provisoire. Les notables ruraux, rudes campagnards à poigne ou anciens chefs guerriers de tempérament volontiers frondeur font peser sur les élites citadines, rassemblées dans leur majorité au sein de l'Istiqlal, le cauchemar du « *Siba* », qui a éternellement hanté la quiétude des citadins et du pouvoir central. La question de ce risque est toujours présente dans l'esprit des chefs de l'Istiqlal et se trouve en filigrane des compromis successifs entre le Sultan et le Parti[108].

A cette époque aussi le Sultan Mohamed V procéda à la nomination de notables traditionnalistes[109] comme gouverneurs, à la tête des provinces du

---

[106] Rémy Leveau, *Le Fellah, défenseur du trône,* op.cit. p. 21-22.
[107] Rémy Leveau, *Le Fellah, défenseur du trône*, loc. cit. *Idem.*
[108] Maati Monjib, *Monarchie marocaine et la lutte pour le pouvoir,* L'Harmattan, novembre 1992, p. 59.
[109] A leur tête M'Barek Bekkaï, ancien officier de l'armée française, que les français considéraient comme « un nationaliste modéré », il fut nommé premier président de Conseil sous Mohamed V. En effet, *M'Barek Lahbilel- Bekkaï* est né en 1907 à *Berkane*, localité de l'Oriental marocain. D'extraction sociale modeste, il entre dans l'armée française où il perd une jambe durant la deuxième guerre mondiale. Il est décoré et promu colonel de l'armée française. En signe de gratitude, les autorités du Protectorat le nomment caïd puis pacha de Séfrou. C'est à ce moment qu'il se lie d'une profonde amitié avec le sultan Ben Youssef. Il condamne le mouvement « glaouiste », en faveur de la déposition de ce dernier, il refuse de

royaume, ils étaient généralement des notables locaux, détenant la réalité du pouvoir dans leurs régions et assurent une certaine continuité de l'ancien ordre : en effet, parmi les figures les plus importantes du gouvernorat traditionnel à cette époque on peut citer *Addi ou-Bihi,* qui étaitnommé gouverneur du *Tafilalet*. Il était ancien caïd de cette même province. *Cherradi*, gouverneur de *Béni Mellal*, et caïd et fils de caïd de *Khouribga*. *Lyachi* et *Aherdane* sont exactement dans le même cas. Tous ces gouverneurs et bien d'autres- comme *El Khiari,* gouverneur de *Taza*, sont des ennemis déclarés de l'Istiqlal[110], dont les ennemis ont souvent collaboré avec la France pour sauvegarder leurs privilèges socio-économiques et politiques[111].

A cette époque où la construction de l'administration marocaine sur les vestiges institutionnels du Protectorat français se mettait en place, les populations ne percevaient pas encore les bénéfices du progrès qu'elles attendaient de l'indépendance[112]. La dégradation et ensuite la dislocation de l'appareil administratif étaient de l'ordre de l'inexorable. Des tentatives de rébellion se déclarèrent un peu partout, en particulier dans le pays rural ou berbère (que l'on appelait avant *Bled Siba*), largement déçu par le nouveau Makhzen. On apprend ainsi qu'en janvier 1957, éclata la révolte du gouverneur de Tafilalet « *Addi ou-Bihi* » visant à miner le monopole du parti de l'Istiqlal, après le départ des Français.

Le gouverneur rebelle de Tafilalet refusa d'appliquer les instructions du ministre de l'Intérieur qui voulait lui imposer des caïds modernes, anciens élèves du collège d'Azrou. *Addi ou-Bihi* les accusait d'être étrangers à la région et inféodés à l'Istiqlal. Il se considérait comme délégué du Roi dans sa province et, de ce fait, habilité à choisir seul ses caïds, Mohamed V refusa de le condamner expressément. En juin 1956, il recommandait au gouverneur et au ministre de l'Intérieur de chercher une solution de

---

reconnaître le sultan fantoche Ben Arafa, démissionne et gagne Paris où il défend la cause du sultan Ben Youssef et son retour sur le Trône marocain. En août 1955, il est l'un des principaux négociateurs aux pourparlers d'Aix-les-Bains. Il devient le membre le plus influent du Conseil du Trône qui assure la transition entre Ben Arafa et Ben Youssef durant l'automne 1955.

[110] Le Parti politique de l'Istiqlal (signifie Indépendance en Arabe) dont les figures emblématiques sont Allal Al Fassi et Mohamed Hassan El Ouazzani.

[111] Maati Monjib, *Monarchie marocaine et la lutte pour le pouvoir, op. cit.* p. 60.

[112] « Les facteurs psychologiques ont ici leur importance. Lorsqu'un notable rural poussé par ses pairs, vient présenter une requête dans un bureau de chef-lieu de province ou à Rabat, il se trouve plus déconcerté qu'autrefois. Le fonctionnaire marocain qui l'accueille est généralement jeune, parle français et se meut avec aisance dans les symboles du pouvoir. Son interlocuteur rural, en arrive à se sentir mal à l'aise, à prendre conscience de son turban, de sa djellaba, de son arabe dialectal à l'accent rauque, devant un interlocuteur dont la cravate et les boutons de manchettes témoignent des bienfaits de l'indépendance. On lui explique qu'il faut attendre, au nom du progrès, du Plan, de l'industrialisation, et se conformer à toute une réglementation qu'il ignore. Curieusement, l'administration marocaine est souvent plus juridique, plus paperassière et plus francisante que celle du protectorat », Rémy Leveau. op.cité.p.22.

conciliation, tout en maintenant le principe que Rabat devait exercer un droit de contrôle sur les nominations proposées par les provinces. Faute de trouver un compromis le conflit éclata[113].

En effet, le gouverneur *Addi ou Bihi* représente l'archétype par excellence de la difficile transition entre féodalité *makhzenienne* régionale et les règles nouvelles d'administration du jeune Maroc indépendant, c'est pour cela que nous lui réserverons plus d'attention dans les développements à venir.

Toutefois, attachons-nous, à présent à élucider les mécanismes de l'administration dite « Makhzen » dont le gouverneur est l'un des acteurs les plus représentatifs.

Le Makhzen[114] est au Maroc un système politique, social et administratif *sui generis*, il est, à la fois, le legs du passé lointain et des innovations du passé proche, à des degrés divers selon les différents démembrements de l'administration territoriale qu'y ont été aménagées respectivement, les parts

---

[113] Rémy Leveau, *Le Fellah, défenseur du trône* op.cit., (précitée).

[114] Littéralement, le Makhzen est l'« entrepôt ». Jusqu'au Protectorat, il désignait la maison royale puis l'appareil d'Etat de l'Empire chérifien. Aujourd'hui, le Makhzen représente « un mode de Gouvernement des hommes » (Alain Claisse) Le terme « Makhzen » au Maroc désigne une certaine idée du système administratif de gouvernance, c'est l'une des expressions de droit public les plus lourdes de sens, elle prend dans le discours politique et journalistique actuel une connotation dépréciative et négative.et « ... renvoie à une administration archaïque, à des relations interpersonnelles n'obéissant pas à la loi et aux règles du droit, et s'éloignant de la rationalité politiquement démocratique... ». Le « Makhzen » ou « néo Makhzen » sont des termes évoqués dans la critique et la polémique politiques pour signifier un système politique, une sorte de relique, qui continue d'entacher et d'interférer dans le fonctionnement de l'Etat moderne, entravant du coup la bonne marche vers un Etat de droit ». In. Rahma Bourqia, Culture politique au Maroc, à l'épreuve des mutations, l'Harmattan, Logiques sociales, 2011, p, 41. Un autre auteur, Bernard Cubertafond rend compte précisément de la complexité de l'institution, il écrit :on rencontre constamment le Makhzen traduisible par dépôt, coffre magasin, et qui évoque le pouvoir royal, voire l'Etat et son administration, le mot est absent du discours officiel, mais il peut être utilisé par des responsables pour désigner des affaires traditionnellement réservées au Roi », in Bernard Cubertafond, *La Vie Politique au Maroc*, Edition l'Harmattan, Collection : Pour Comprendre, 2001. Alain Claisse, dans sa présentation du livre de Rachida Cherifi, *Le Makhzen politique au Maroc : hier et aujourd'hui,* Afrique Orient, 1988, précise que : « c'est une réalité ancienne et diffuse, elle renvoie à une réalité précoloniale, que la colonisation a su habilement manipuler. Mais le Makhzen a largement investi le Maroc actuel. Il est omniprésent dans la société et insaisissable à travers les concepts courants du droit constitutionnel et de la science politique…Craint et respecté à la fois, la Makhzen arbitre, taxe, légifère, sans avoir besoin de lois pour ce faire, il régule plutôt qu'il ne réglemente, puisqu'il manipule les mécanismes les plus intimes du social. Il constitue un Etat parallèle imbriqué dans l'Etat et hors de lui. Il est le pouvoir laïc qui recourt au religieux, le pouvoir coopté qui emprunte volontiers les détours de la légitimité moderne et de la loi, un pouvoir enfoui dans la société, qui se place volontiers au-dessus d'elle pour la régenter. Sa capacité d'être au dedans et au-dessus lui donne une force toute particulière. Il « connaît » chacun, sa place dans le groupe la place du groupe dans la tribu. Il peut interpeller quiconque et le désigner pour les honneurs ou pour l'oubli.il mesure aussi savamment le rapport de forces locales, évalue avec justesse la part et la nature des ressources qui reviennent à chacun : légitimité historique, richesse, influence, notabilité, religion, prestige hérité, acquis ou potentiel. Le Makhzen tire sa force d'une fantastique mémoire des individus, des révoltes, des oppressions, des compromissions, des alliances ».

réservées à la conservation des traditions ancestrales et de l'innovation apportée par le Protectorat. Le gouverneur est la création de ces deux procédés, il est à la fois le réceptacle des us et coutumes liés à l'administration traditionnelle des tribus et l'œuvre du réaménagement régional et municipal opéré par le Protectorat français.

Face à cet état de fait, ce qui apparaît certain et acquis, c'est que l'institution du gouverneur en comparaison avec les autres agents de l'administration territoriale marocaine et semble tirer ses origines des particularismes culturels marocains liés à ce style de gouvernance singulier qu'on appelle« *Makhzen* », d'où le gouverneur puise son existence et sa légitimité.

Que signifie cette notion à la fois ancienne et consubstantielle à l'exercice de l'autorité au Maroc ? Quelles sont ses composantes ? D'où provient-elle ? Quid de sa viabilité à l'épreuve du nouveau concept d'autorité[115], des principes démocratiques qui sous-tendent la bonne gouvernance et la nouvelle vision de l'administration territoriale à l'aune de la régionalisation avancée voulue par le Maroc du XXIe siècle ?

Dans cette perspective, le modèle administratif moderne[116] marocain avec ses agents d'autorité, à leur tête la figure du gouverneur, a contribué à l'affermissement de l'autorité de l'Etat, en mettant en évidence le maintien, la réforme et chemin faisant, le renforcement de certaines institutions à la base du système de légitimation de l'administration en tant qu'appareil d'Etat.

Le modèle administratif marocain qualifié de « Makhzen » a ceci de particulier qu'il a été marqué historiquement par l'hypertrophie des missions prises en charge par le ministère de l'Intérieur, structure remodelée de la Direction de l'intérieur de la Résidence Française. Ce ministère a longtemps fait office de département chargé de l'administration générale du pays, et qualifié de ministère de « souveraineté ». Dans ce département s'est souvent tramé l'avenir politique du pays, tandis que les gouverneurs, légataires de cette histoire particulière, étaient investis de prérogatives très larges. Ils ont

---

[115] Voir., i*nfra*. p. 424 sur la redéfinition de la fonction d'autorité et l'émergence du « Nouveau concept d'autorité ».

[116] Risquer ce qualificatif peut s'avérer problématique puisque certains auteurs soutiennent qu'un modèle administratif, est un système de gouvernance original et spécifique a toujours existé au Maroc précolonial, voir à ce propos la thèse de référence de Mohammed Lahbabi, *Le Gouvernement marocain à l'aube du XXème siècle,* Editions Maghrébines. Voir aussi le travail d'Abraham Lahnite, *Les Conditions d'établissement du traité de Fez, la politique berbère du protectorat français au Maroc* (1912-1956), Tome 1, Préface de Jean Martin, Edition l'Harmattan, Histoire et Perspectives Méditerranéennes. Lahnite cite le témoignage du Maréchal Lyautey dans sa lettre sur la politique du Protectorat datée du 18 novembre 1920 où il écrit : « Ici nous avons réellement trouvé un Etat et un Peuple. Il passait, il est vrai, par une crise d'anarchie, mais crise relativement récente, et plus gouvernementale que sociale, il suffisait de remonter à peu d'années pour retrouver un Gouvernement effectif, faisant dans le monde figure d'Etat avec de grands ministres, des ambassadeurs ayant frayé avec des hommes d'Etat européens et dont plusieurs survivaient et survivent encore (…) ».

constitué au Maroc une pièce maîtresse de tout l'échafaudage administratif du pays, au fur et à mesure de l'édification de l'Etat moderne, qui résulte de l'adjonction progressive au gré des mutations historiques d'institution précoloniales anciennes comme l'« Amghar », chef de tribu berbère, et d'autres institutions léguées par le Protectorat, notamment le Chef de région, le Contrôleur civil et le Gouverneur de préfecture ou de province sous sa forme actuelle.

Paragraphe I. Avant le Protectorat

Historiquement, avant le 30 mars 1912, date de l'établissement du Protectorat français, le territoire marocain était divisé entre « *Bled Siba* » et « *Bled El Makhzen* », le premier correspondait au pays des tribus berbères, et néanmoins, même si, au niveau de la psychologie sociale, l'expression « *Siba* » est liée à la notion de désordre[117], on ne doit pas en déduire qu'à l'intérieur de ces tribus, il y avait l'anarchie. En réalité, elles menaient une vie organisée à leur façon. Dirigée par la « *Jemâa* », institution de type oligarchique, la tribu était administrée indépendamment du pouvoir central. Cette « *Jemâa* » était alors une assemblée de chefs de famille, de notables comprenant une quinzaine de membres, choisis selon le système de la cooptation[118]. La « *Jemâa* » était mise sous l'autorité du chef tribal « *l'Amghar* », ce dernier, est désigné annuellement par l'assemblée, il en assure l'exécutif, mais reste soumis à son contrôle. Cette portion du territoire échappait au pouvoir du Sultan et ne reconnaissait que son autorité spirituelle.

Dans les territoires dits *« Bled El Makhzen »,* partie du Maroc dans laquelle les populations avaient fait allégeance (*bey' a*)[119] au Sultan, les habitants payaient régulièrement l'impôt et fournissaient les contingents nécessaires pour le maintien de l'ordre ou la défense du pays[120]. Ces territoires sous l'empire du pouvoir *sultanien* étaient administrés par des « délégués locaux » du *« Makhzen »* : les pachas dans les villes et les caïds dans les campagnes.

Ces deux systèmes d'administration coexistaient et n'entretenaient pas entre eux des frontières étanches. *« L'Amghar »* était parvenu dans certains cas à établir un pouvoir personnel aux dépends de *« la Jemâa »* et d'autre

---

117 Abdellah Laroui, Les origines sociales et culturelles du nationalisme marocain, Maspero, 1977, p.126, note 1.

118 Fréderic Bremard, *L'organisation régionale au Maroc*, op.cit., p.309

119 Voir définition du terme « *bey' a* » dans le Glossaire en fin de cette thèse, voir également les développements qui lui seront réservés, en page 175 notamment.

120 Saïd Chikhaoui, *Dimension de la décentralisation au Maroc entre le poids du passé et les contraintes de l'avenir*, conférence à Berlin, 13 et 14 septembre 2000 portant sur le développement local : défis du XXIème siècle. (Intervention non publiée), p. 3.

part, *« le Makhzen »*lui-même, avait réussi à influencer et soutenir *« L'Amghar »*pour le transformer en caïd (agent du makhzen)[121].

Dans ces conditions, si l'on s'intéresse aux caractéristiques de l'organisation et du processus de fonctionnement du « Makhzen » précolonial, on s'aperçoit que des relais locaux qui assuraient, au sein de l'administration traditionnelle, la mission de représentation du pouvoir central existaient bel et bien.

Ainsi, s'impose une forme composite d'évolution progressive des institutions de représentation locale, pour mettre en évidence la sédimentation historique de ce corps de hauts fonctionnaires que l'on appelle aujourd'hui « gouverneurs ». Or, même si la question doit être circonscrite, la genèse du « gouverneur », son histoire ancienne et proche sont un passage obligé. Nous ne pouvons, en effet, passer sous silence la longue histoire de formation de la fonction d'autorité au Maroc depuis des siècles. Et par conséquent, l'observateur averti, ne pourrait ausculter l'un des acteurs publics principaux de l'administration marocaine, sans s'intéresser à l'évolution des structures politico-administratives qui l'ont créé.

En effet, maintes études[122] se sont intéressées à l'existence et au fonctionnement de l'Etat traditionnel[123] qui a précédé la pénétration coloniale au Maroc. Cette forme d'Etat, selon eux caractérisée, d'une part, par sa « capacité de concevoir une unité élargissant les limites de la parenté immédiate et la contiguïté spatiale, (et par) deux autres éléments : l'unité réalisée dans le cadre territorial et l'extension de la société politique soumise à l'appareil étatique »[124], et d'autre part, par la dimension qu'occupe ce qui est segmentaire et ce qui relève du centralisé.

En d'autre termes, le débat sur le « segmentaire » et le « centralisé » ne se saisit pas uniquement par référence au territoire que l'Etat traditionnel tient sous sa juridiction, il se situe au sein même de l'organisation étatique, dont il contrarie la tendance unitaire et prend souvent la forme d'une coexistence précaire de structures étatiques et de structures claniques et lignagères. Elles sont en effet en rapport d'incompatibilité relative, et, dans certaines

---

[121] Saïd Chikhaoui, *Dimension de la décentralisation au Maroc entre le poids du passé et les contraintes de l'avenir*, *op.cit.* p.4.

[122] Edmond Doutté, *Le sultanat marocain*. Paris, 1909 ; Robert Montagne : *les Berbères et le Makhzen*, 1930 ; John Waterbury : *Le Commandeur des croyants*, PUF, 1975 ; Abdellah Laroui, *Les origines sociales et culturelles du nationalisme marocain* (1830-1912), Paris, Maspero, 1974 ; Rémy Leveau, *Le fellah marocain défenseur du trône,* Paris, Presse de la Fondation Nationale des Sciences Politiques, 1985.

[123] Une certaine littérature se situant dans le sillage de Max Weber attribue la rationalité à l'Etat moderne tel qu'il se présente sous sa forme occidentale. Ce qui revient parfois à dire que seule cette forme mérite la dénomination d'Etat. Ainsi, l'examen du cas de l'Etat marocain précolonial, Le Makhzen, ne pourrait se faire sans la référence à la littérature relative aux formes de l'Etat traditionnel. *Cf.* Rahma Bourqia, *Culture politique au Maroc*, L'Harmattan, (17 octobre 2012), p. 31.

[124] Georges Balandier, *Anthropologie politique*, Paris, PUF, 1967, p.156, cité par Rahma Bourqia, *Culture politique* au Maroc, *op.cit.* p. 32.

circonstances, d'opposition, leur contraste peut être aisément accentué : agencement segmentaire/agencement hiérarchique, pouvoir à pôles multiples / pouvoir centralisé, valeurs égalitaires/ valeurs aristocratiques, etc.[125].

Or, cette lecture porte certains auteurs à considérer ce système traditionnel segmentaire comme porteur intrinsèquement de conflits internes, il est ainsi des Etats africains qui, selon eux, portent « un processus de rébellion constante mais non de révolution »[126], ces rébellions se répètent, à tel point, qu'elles ne renversent pas le système, mais le renouvelle et le perpétuent. Une troisième caractéristique selon Balandier serait la rationalité de l'Etat traditionnel, à savoir une centralité, une administration compétente dont le fonctionnement obéit à la réglementation et une organisation collective régie par les lois. En définitive, les auteurs concluent à la spécificité du « *Makhzen* » et à son appropriation de sa propre rationalité[127].

Cependant, « on se rend compte de la difficulté de délimiter sociologiquement les contours du phénomène appelé « *Makhzen* », qui est tantôt présenté comme un appareil central, comportant un certain nombre de postes et de fonctions tantôt comme l'entourage et la cour du sultan, comme un organe de fonctionnement administratif et militaire, ou encore comme un système global de fonctionnement politique de la société. Dans le système traditionnel, nous avons affaire au *Makhzen*, constitué d'une constellation de groupes, de fonctions, et de positions, autour du Sultan, le *Makhzen* n'est autre que l'Etat marocain avant la période coloniale, l'appareil central de l'Etat traditionnel et toute la constellation de groupes qui le composent[128].

Abdallah Laroui qui a étudié le processus de structuration de l'Etat marocain dans son ouvrage « Les origines sociales et culturelles du nationalisme marocain *»*[129],y a décrit l'essence du *« Makhzen »,*en brossant le tableau de la société du XIXe siècle, et insistant sur « les ordres », représentés selon lui par deux éléments essentiels : l'armée et la bureaucratie, la première avec ses multiples composantes : les tribus « *Nayba »*[130], les tribus *« Guich »*[131]et l'armée des *« Abid Al Boukhari »*[132], et

[125] *Ibid.*

[126] Max Gluckman, *Order and Rebellion in tribal Africa*, London 1963, cité par Balandier, Anthropologie *politique*., *op.cit.* p. 174.

[127] Rahma Bourqia, *Culture politique au Maroc*, *op.cit.* p. 34.

[128] *Ibid.* p. 35.

[129] Abdellah Laroui, *Les origines sociales et culturelles du nationalisme marocain*, Maspero, 1977. p. (précitée)

[130] Dans l'histoire du Maroc, la *nayba* est, en fait, un impôt qui a été imposé par la Dynastie des Saadiens pour certaines tribus en contrepartie de leur dispense de participation à la guerre. Ces tribus ont pris par la suite le nom de tribus" *nayba*".

[131] C'est une fraction de l'armée sultanienne depuis Moulay Ismaël, le mot « *Guich* » en arabe signifie armée.

[132] Les soldats noirs juraient fidélité aux souverains en prêtant serment sur les hadiths d'Al Boukhari. C'est pour cette raison qu'ils sont appelés « Abid Al Boukhari » *les esclaves d'Al Boukhari* en arabe. (Hadiths recueillis et commentés par *Mohammed Ibn Ismaël Al Boukhari* (806-869) ; les hadiths sont les propos et les récits attribués au Prophète *Mohammad.*

la deuxième est constituée de plusieurs fonctions : les cabinets, les secrétaires, et l'inspection des finances. Abdallah Laroui a démontré que cette bureaucratie évoluait progressivement tout au long du XIXe siècle vers une forme organisée de l'Etat tout en préservant les spécificités de l'ancien système. A cette époque cette bureaucratie centralisatrice se faisait représenter sur le plan régional par des gouverneurs emblématiques, tel *Ben Slimane* à Fès, *Barguach* à Rabat, et *Khatib* à Tétouan.

Pendant cette période existaient déjà des modes d'organisation et des relais de l'autorité centrale au niveau local : les gouverneurs (qui seront appelés selon les époques *Khalifa* ou *woulat*, pluriel de *wali*, en arabe), qui sont les délégués du Sultan dans les grandes régions, et les caïds – initialement des chefs de tribus – qui s'occupaient des concentrations rurales. L'ensemble du territoire, comme nous l'avons souligné, était formé soit de pays connaissant l'autorité du Sultan sur le plan spirituel et temporel, soit de parties « berbères » ou « *imazighen* » que forment « *bled siba* », qui selon les carnets d'un voyageur de l'époque : « se disent indépendants ; le Sultan les déclare insoumis, en fait, Sa Majesté chérifienne, souverain théocratique du Bled *El Makhzen*, ne possède en Bled *Siba* que l'autorité spirituelle attachée à son titre de Chérif, c'est-à-dire descendant direct du Prophète. Cette situation se modifie sans cesse et le domaine temporel du Sultan augmente ou diminue, suivant la fortune de ses armes. (En ce moment), le *Souss* est conquis, le Rif est tranquille, les « *Djbala* » et les « *Braber* » sont en guerre entre eux et contre le Sultan[133] ».

Aussi bien les parties du territoire assujetties au Makhzen que les portions échappant à son contrôle, connaissaient des agents représentant le pouvoir central. Quand on cherche dans l'histoire du Maroc précolonial l'existence de fonctions d'autorité chargées de relayer le Sultan dans les démembrements locaux, on est confronté à une double problématique, elle est à la fois sémantique et administrative. La difficulté sémantique provient du fait que plusieurs terminologies sont utilisées en fonction des époques : on rencontre ainsi même l'appellation de « gouverneur » au XVIIe siècle sous le règne de Moulay Ismaël. La thèse[134] précieuse de Monsieur André Gourdin corrobore cela, puisqu'elle renseigne sur l'expédition du Chevalier de Razilly, qui avait l'intention de fonder un établissement français sur la côte marocaine sur ordre du Cardinal de Richelieu dès la première moitié du XVIIe siècle, et que suite à cela une trêve de deux ans fut conclue entre le chevalier de Razilly et le *gouverneur* de Salé. La même source nous apprend que pour obtenir le rappel de plusieurs navires français paralysant le trafic de son pays, le Sultan Moulay Ismaël envoya en ambassade à Paris le *gouverneur* de Tétouan, *Mohamed-Thumin*.

---

[133] Segonzac M, *Voyages au Maroc (1899-1901)*, in, Annales de Géographie. 1903, t. 12, n° 62. p. 120-129. p. 120.

[134] André Gourdin, *La politique française au Maroc*, Thèse Université de Montpellier, Faculté de droit Paris : A. Rousseau, 1906.

Au XIXe siècle, au mois de mai 1847, le caïd *El-Ahmar*, était gouverneurdu Rif, il a reçu du Sultan l'ordre de marcher contre *Abd-el-Kader*, de s'emparer de lui ou de l'expulser du territoire de l'empire. Mais l'Emir ayant pris l'offensive, marcha la nuit sur le camp *d'El-Ahmar*, y pénétra sans résistance et fit tuer le caïd. Cette défaite irrita la colère du Sultan : ilne lui reste plus, écrivit-il à M. De Ghasteau, que la vengeance céleste à attendre, et c'est à nous (au Sultan) de faire disparaître de ce monde la trace même de ses pas[135].

Cependant, l'institution du gouverneur telle qu'on la connaît aujourd'hui, même si elle porte essentiellement le sceau du Protectorat, inspirée grandement du modèle français, les législateurs successifs, en maintenant certaines structures administratives anciennes : *Caïd*[136], *Pacha*, *Moqaddem*, *Cheikhs*, se sont approprié, ainsi, le fruit des modes de gouvernement marocains modernes et traditionnels, dans le cadre d'une trajectoire historique façonnée par l'instauration du Protectorat français dans son interaction avec l'Empire chérifien.

Cependant, généralement, pendant cette période, on note l'existence de deux personnalités assurant le rôle de représentation du pouvoir du « *Makhzen* » et jouant le rôle de gouverneur sur le plan régional, « *le Khalifa du Sultan* » et le « *Pacha* ».

A. Des « *Khalifas* » du Sultan aux « *Âmels* » de province

Au début du IXe siècle, Moulay Idriss II[137], fondateur de la ville de Fès, et organisateur du premier « Makhzen », ou du gouvernement central du Maroc, pour gouverner, s'entoura d'Arabes venus d'Orient, Kairouan ou d'Espagne, à qui, il confiera les grandes charges de l'Etat, mais le problème de l'administration territoriale de son royaume fut résolu ; semble-t-il, par la méthode alors tout naturellement suivie par la plupart des dynasties régnantes, qui consistait pour le souverain à confier le gouvernement de ses différentes provinces à des membres de sa famille. C'est ainsi qu'Idriss II plaça un de ses cousins à la tête de la province de Tlemcen, et qu'à sa mort

---

[135] André Gourdin, *La politique française au Maroc*, *op.cit.* p. 58.

[136] Le personnage qui représente le plus la présence du Makhzen dans le monde tribal de cette époque est le caïd. « Les modalités de désignation et les fonctions de caïd permettent de vérifier le fonctionnement du diagramme sultanien. Laroui rappelle les conditions de désignation du caïd, en précisant qu'il est nommé sur proposition d'un de ses collègues, d'un Gouverneur, d'un vizir, soutenu et justifié dans chaque cas par un petit mouvement de tribu, (…) la nomination est ainsi un compromis entre la volonté d'un souverain et celle des administrés, sous quelle forme ? Naturellement celle d'une petite bay'a », in : Abdellah Laroui, *Les origines sociales et culturelles du nationalisme marocain*, Maspero, 1977, p. 161, cité par d'Abdallah Ben Mlih, Structures politiques du Maroc colonial. D'un 'Etat' sultanien à un 'Etat sédimental', thèse pour le doctorat d'Etat en sciences politiques, Paris, Université de Paris II, 1988, p. 196.

[137] Fils posthume d'Idriss Ier, qui est assassiné en 793, à l'instigation dit-on du Khalife, abbasside Haroun-Al-Rachid, Il lui succéda et prit effectivement le pouvoir en 804.

en828, son fils aîné Mohammed partagea le royaume en plusieurs territoires qu'il attribua à chacun de ses frères, lui-même se réservant Fès[138].

Avant que le royaume Idrisside se disloqua et se morcela en de nombreux petits Etats, les fils d'Idriss II ne furent pas de simples « gouverneurs » assujettis à l'autorité de leur frère aîné, mais devinrent plutôt des souverains autonomes.

Ensuite, les sultans Almoravides du début du XIe siècle ont nommé, à leur tour, des gouverneurs à la tête des villes les plus importantes du pays.

Le souverain Almohade *Abd-el-Moumen*[139] répartit l'administration des provinces entre ses enfants « des *sîds* » (seigneurs), auprès desquels des « *cheikhs* »[140] ou « *chioukhs* », qui étaient une sorte de conseillers, furent placés. Cette époque fut alors marquée par ce dualisme dans le gouvernement local, jusqu'au déclin de la dynastie Almohade et l'arrivée des Mérinides dont leur chef *Abou Yahya*[141], distribua le territoire entre des groupes de sa famille, par rapport à cette époque, les historiens rappellent que le sultan Mérinide *Abou Said* dut lutter contre son fils rebelle *Abou Ali,* à qui il avait donné en apanage le Tafilalet et qu'il dut assiéger un an à Sijilmassa[142].

Désigné parmi les plus proches de la famille royale, *le khalifa du Sultan*[143]avait pour fonction principale de représenter le Sultan au niveau de la Région. Et comme le souligne Said Ben Bachir : « sa mission pouvait le conduire un jour au trône. Ainsi en a-t- il été pour plusieurs Khalifas, et notamment, pour Moulay Hafid, signataire du traité du Protectorat, nommé Khalifa du Sultan à Marrakech par son frère Moulay Abdelaziz qu'il détrôna lui-même d'ailleurs pour le remplacer sur le trône en 1908 »[144].

La fonction de Khalifa était symbolique. Elle consistait surtout à rappeler l'existence d'un pouvoir sultanien, makhzenien, qui se manifestait par la présence physique d'un adjoint. Cela se traduisait par deux aspects fondamentaux :

Il présidait la prière du Vendredi et celles des fêtes religieuses avec les honneurs et le cérémonial royal[145]. En outre, conformément à la tradition *sultanienne,* il procédait à des consultations avec les Oulémas (Jurisconsultes

---

[138] Frédéric Bremard, *L'organisation régionale du Maroc*, *op.cit.* p. 207.

[139] *Abdul-Mu'min ben `Alī al-Kūmī*, ou *`Abd al Mu'min ben `Alī al Kūmī* ou Abdelmoumen, né vers 1100 près du port d'Honaïne, dans l'actuelle Algérie alors sous contrôle almoravide, et décédé en 1163 à Salé, est le premier calife de la dynastie des Almohades, régnant de 1147 à sa mort.

[140] Voir la définition de l'expression Cheikh, ou Chioukh dans le Glossaire des termes arabes en fin de cette thèse.

[141] *Abou Yahya Abou Bakr* (1244-1258), premier grand émir mérinide.

[142] Frédéric Bremard, *L'organisation régionale du Maroc*, *op. cit.* p. 212.

[143] A.Lahlimi, *Quelques réflexions sur les collectivités rurales traditionnelles et leur évolution*, Bulletin économique et social du Maroc ; juillet-décembre 1967, p. 66.

[144] Said Benbachir, *l'administration locale au Maroc*, imprimerie royale, Casablanca, 1969, p. 30.

[145] Said Ben Bachir, *l'Administration locale au Maroc.*, *op.cit.,ibid.*

de l'Islam) avant de prendre une décision se rattachant à un problème d'ordre religieux.

En sa qualité de représentant personnel du Sultan, il devait être continuellement informé par les autorités exerçant des compétences administratives de toutes les questions intéressant la circonscription. De plus, il disposait du commandement des troupes ; ce qui est d'une grande importance en matière d'ordre public, car à l'époque, très souvent il fallait préserver la sécurité et assurer la soumission des tribus en révolte[146].

En remontant même à des époques plus anciennes, on pourrait difficilement soutenir que la fonction de gouverneur n'existait pas avant la pénétration européenne au Maroc. Puisque l'on sait, en effet, que le souverain Alaouite Moulay Slimane (1792-1822) a nommé son fils Moulay Abderrahmane Ben Hicham, d'abord gouverneur de la ville d'Essaouira(Mogador), avant de le désigner comme « Khalifa » à la tête de Fès[147].

Enfin, le Sultan pouvait désigner les Khalifas de circonstances. Les Chorfa *Laamraniyine*, *Moulay Abdeslam* et son frère *Sidi Mohamed*, beau-frère du sultan *Moulay El Hassan 1er* furent nommés à plusieurs reprises Khalifas de circonstances. Ainsi, ils furent désignés pour seconder Moulay Ali, fils du Sultan Sidi Mohamed Ben Abderrahmane, Khalifa à Fès et s'occuper de la situation politique et des contacts avec les tribus berbères de la région de Fès et de Meknès. Moulay Ali est resté ainsi simple Khalifa honoraire.

L'histoire du règne des sultans *Alaouites* dela fin du XIXe siècle, et notamment celle de Moulay Hassan (1873-1894)[148] démontre qu'il réorganisa solidement l'administration territoriale et institua trois divisions territoriales de l'Empire, confiées chacune à un Secrétaire et installa notamment des « *Âmels* » (gouverneurs en arabe et terminologie utilisée aujourd'hui) jusqu'à Oujda et Figuig[149].

---

[146] Mohammed Amine Benabdallah, *La police administrative dans le système juridique marocain* ; préface de Jacques Moreau. Publié en 1987 by Publications APREJ, Diffusé par la Libr. El Maarif, Rabat, p. 46.

[147] Il était d'usage à cette époque que le poste de Khalifa de Fez ou de Marrakech revenaient presque systématiquement à celui qui sera désigné comme héritier du trône. Cela prédestinait ainsi Moulay Abderrahmane à succéder à son père Moulay Slimane en 1822.

[148] A la mort de Moulay Hassan en 1892, le grand vizir *Ba Hmad*, qui assura la régence jusqu'en 1900, sut encore maintenir l'ordre, inspirant aux rebelles une salutaire terreur. Mais à partir du moment où Abdelaziz prit le pouvoir, l'anarchie et les troubles redoublèrent, marqués notamment par le révolte du « rogui » dit « Bou Hmara ». La France dut intervenir et faire occuper par ses troupes, en 1907, Oujda et Casablanca. L'année suivante, Abdelaziz vit se dresser contre lui son frère, Moulay Hafid, qui le vainquit et l'obligea à abdiquer. En 1911 Moulay Hafid se trouva à son tour en grand péril, bloqué à Fès par les tribus berbères, tandis que le prétendant Moulay Zine s'installait à Meknès. Moulay Hafid dut adresser, le 27 avril, une demande de secours au gouvernement français dont les troupes le délivrèrent en entrant à Fès le 21 mai. Le 8 juin, elles occupaient également Meknes. Moins d'un an plus tard, le 30 mars 1912, Moulay Hafid signait le traité de Protectorat.

[149] Frédéric Bremard, *L'organisation régionale du Maroc, op.cit.* p. 217.

En tout état de cause, le*Khalifa* du Sultanest devenu « *Âmel* », et son rôle consistait beaucoup plus à maintenir l'ordre religieux qu'à régler les problèmes de gestion administrative. Adjoint du Sultan, il supervisait plus qu'il n'administrait. Nous pensons que l'organisation régionale et provinciale des sultans Alaouites des XVIIIe et XIXe siècles et du début du XXe siècle connaissait, c'est vrai, l'existence de « Khalifas » ou délégués du Sultan, mais leurs fonctions étaient essentiellement honorifiques, et nous faisons notre la conclusion de Monsieur Bremard qui souligne que : « le soin de l'administration, qui se borne en fait au maintien de l'ordre et à la perception des impôts, est laissé principalement aux Pachas des villes, aux caïds des tribus ou encore aux *Âmels* des provinces lointaines »[150]. En fait l'administration était du ressort du Pacha, qui, lui aussi était désigné par le Sultan[151].

Toutefois, en nous intéressant à l'époque du règne du Sultan Alaouite Moulay Abdelhfid[152], qui coïncide avec les dernières années avant la signature du traité du Protectorat français, on apprend qu'en 1908, la première mesure qu'il prit, après son intronisation fut la nomination de son cousin Sidi Mohamed Ben M'hamed Ben Abdallah Ben Tahar Lamrani, comme *Khalifa* sur Casablanca, en remplacement de son oncle Moulay Lamine[153] . Le même Khalifa serait nommé Grand Vizir (Premier ministre) sous Moulay Youssef en 1913, pendant la première année du Protectorat.

De manière générale, sur le plan terminologique le terme qui a été retenu en droit administratif marocain était bien celui de « *Âmel* », qui a été défini par l'un des historiens[154] comme étant : « le titre que portait le gouverneur d'une ville ou d'un territoire, et qui est devenu réservé depuis 1955 au « wali » d'une province, l'équivalent des appellations : *Mouhafid*, directeur, *wali* dans les pays orientaux ».

Aussi, devrions-nous remarquer que les délégués du Sultan qu'il nommait dans les provinces et les régions soumises à son autorité, quel que soit le titre qu'on leur donnait, n'ont rien en commun avec les gouverneurs de nos jours, si ce n'est la nomination par dahir, les attributions des anciens Khalifas ou *Âmels* pouvaient même transcender la simple représentation locale aux prérogatives diplomatiques ou de relations étrangères, c'est ainsi qu'en 1883 une lettre envoyée par le gouverneur[155] de Tanger au Roi de France Louis

[150] Frederic Bremard. *L'organisation régionale du Maroc*, *op.cit.* p. 218.
[151] *Ibid.*
[152] Il a régné uniquement pendant 4 années (1908-1912) au bout desquelles il a signé le traité du Protectorat avec la France en 1912, avant de s'installer en France où il mourra en 1937.
[153] A. Ibn Zaidan « *Ithaf Alam Annas BiAkhbari Hadirati Meknes* » (en arabe), tome 4, Edition Librairie Atakafa Adiniya. 2008, p. 292
[154] A. Ibn Zaidan, « *Ithaf Alam Annas BiAkhbari Hadirati Meknes* », *op.cit.* p. 411.
[155] Ali Ben Abdellah Lahmami, gouverneur du Sultan Moulay Hassan 1er sur la région de Tanger, Larache et Mâamora.

XIV[156], l'informant de la détérioration que connaissaient les rapports Maroco-espagnols.

Les Khalifas du Sultan ont leur équivalent dans l'histoire française, ce sont les envoyés du Roi, qui, après les *missi dominici* de Charlemagne, étaient maîtres de requête chargés de « chevaucher » dans les provinces pour inspecter, enregistrer les doléances et juger. C'est parmi eux que furent choisis les « intendants de police, justice, finance », dotés de pleins pouvoirs et placés directement « dans la main » de l'autorité royale. Par rapport aux officiers propriétaires de leur charge, les intendants assumaient une mission de représentation du pouvoir royal, comme eux « les commissaires départis pour l'exécution des ordres du roi » et « les commissaires enquêteurs ou réformateurs » répondaient au besoin d'inspection et de contrôle, dans le souci de promouvoir l'unité de la nation[157].

B. Le Pacha

Ce personnage représentait le pouvoir central au niveau de la région[158], sa nomination n'obéissait pas à des critères particuliers, très souvent il était désigné par le Sultan qui n'édictait son dahir que pour constater un état de fait[159], son choix n'était pas toujours libre. Au sujet du Pacha, Michel Rousset observe que : « souvent les détenteurs des fonctions administratives avaient tendance à se comporter en propriétaires de leur charge(…) ce mouvement leur était d'autant plus naturel que leur nomination était liée à l'influence qu'ils exerçaient(…). De plus, l'étendue du territoire, la difficulté des communications accroissant l'éloignement physique du pouvoir central, favorisaient enfin la tendance naturelle qu'avaient ces représentants à s'affranchir de son autorité. »[160].

La nomination d'un Pacha était toujours marquée par des manifestations grandioses au Palais du Sultan. Le *Méchouar* (enceinte du Palais) s'emplissait des officiers supérieurs de l'Armée, des chefs des *hnatis* (corporations du Palais). Ni les ministres ni les secrétaires du Palais, ni les

---

[156] Dans laquelle il traite de la libération des prisonniers de guerre, et rappelle d'abord la délégation générale et la confiance dont il bénéficie de la part du Sultan dans sa province, (exprimée par ses visites annuelles au Palais royal afin de renouveler son « pacte » de fidélité), et enfin il expose la détérioration que connaissent ses rapports avec l'Espagne, et explique cela par le recouvrement des villes de Larache et de La Mâamora qui étaient occupées par l'Espagne. (Traduit par nos soins de : Abderrahman Ibn Zaidan « *Ithaf Alam Annas BiAkhbari Hadirati Meknes* » (en arabe), tome 4, Edition Librairie Atakafa Adiniya. 2008, p. 361.)

[157] Paul Bernard, *le Préfet de la République*, *op.cit.*, p. 22-23.

[158] M. Benhmidou, *L'organisation préfectorale, provinciale et régionale au Maroc*, Thèse multig. Toulouse 1982. p.44.

[159] M. Benhmidou, *L'organisation préfectorale, provinciale et régionale au Maroc, op.cit., ibid.* p.17.

[160] M.Rousset et Autres., *Droit administratif marocain*, 1984, cité par M.A.Benabdallah., *La police administrative dans le système juridique marocain*, op.cit. p . 46.

simples Mokhaznis n'assistaient à la cérémonie. Le Sultan entouré de cette assistance, ordonnait au caïd-al- Méchouar (chef du Palais) d'introduire le nouveau Pacha. Il lui donnait publiquement conseils et directives. Le Pacha s'installait ensuite dans le Méchouar et recevait hommage de tous les gens présents. Tout Pacha avait deux sièges : un, en dehors du Palais du Sultan et un autre à l'intérieur même de l'enceinte du Palais, dans le but d'être toujours prêt à exécuter les ordres du Sultan.

Il n'en reste pas moins vrai, que le Pacha constituait l'autorité régionale la plus importante. Il y en avait souvent cinq, correspondant aux cinq régions du Royaume : c'étaient donc les Pachas de *Fès jdid*, de la Kasbah de Marrakech, de *Taroudant*, de l'Oriental et enfin le Pacha de Meknès, qui était le plus important parmi eux, et qui, en leur présence venait à leur tête. Il tenait cette place du fait qu'il était le commandant des effectifs les plus importants de l'armée, c'est-à-dire les *Abids Al Boukhari*[161], d'ailleurs pour ne pas gêner son action le Sultan ne nommait pas de *Khalifa*à Meknès[162].

Les attributions du Pacha étaient de deux sortes : premièrement, il était administrateur de la région, c'est-à-dire qu'il s'occupait de la direction de l'ensemble des services administratifs sis dans sa région, et disposait d'une autorité « hiérarchique » sur l'ensemble des caïds se trouvant à la tête des tribus de sa région, et en rend compte au pouvoir central. Et d'autre part, il était chargé du maintien de l'ordre proprement dit, à cette époque, le Professeur Decroux nous apprend que les villes marocaines étaient, pour des raisons de sécurité, divisées en : Médina (la ville à proprement parler), Kasbah (la citadelle où réside le pacha et sa garde rapprochée) ; et le Mellah (le quartier juif)[163]. Deuxièmement, le Pacha se chargeait de la collecte des impôts[164] et exerçait même le pouvoir judiciaire.

Pour avoir une idée de l'étendue du pouvoir du pacha, à cette époque, notons que celui de *Fès jdid*, par exemple avait sous son autorité l'Âmel de *Fès el Bali* (c'est-à-dire le gouverneur de la ville ancienne de Fès), les caïds de Larache, d'Assela, de Tanger et de Tétouan, Mais alors que sur le plan de la sécurité l' Âmel de la Médina de Fès, comme celui de Marrakech dépendaient des pachas, au point de vue judiciaire, ils étaient complètement indépendants des pachas[165].

---

[161] Voir, note supra. n.74.

[162] Said Ben Bachir, *L'administration locale du Maroc*, *op .cit.* p. 34.

[163] Paul Decroux, *La vie municipale au Maroc*, Lyon 1932, p : 14, en outre, « les Médinas elles-mêmes, pour permettre davantage d'ordre et de sécurité étaient divisées en quartiers. Chaque quartier, rapporte le Professeur Decroux, avait ses fontaines, ses mosquées, ses *fondouks* (sorte d'auberge avec écurie). A la tête de chaque quartier, il y avait un *moqaddem,* sorte de commissaire de police, qui était chargé de veiller à la bonne tenue du quartier ».

[164] Les historiens rapportent même qu'il s'agit là de sa principale mission, collecter les impôts pour le compte du pouvoir central constituait pour lui une source d'enrichissement, puisqu'il en prélevait 6% pour son traitement personnel, comme le soulignait Charles-André Julien *le Maroc face aux impérialismes* (1415-1956), Edition Jeune Afrique, 1978, p. 97.

[165] Said Ben Bachir, *L'administration locale du Maroc*, *op.cit*. p. 35.

Une certaine doctrine semble attribuer au Pacha du point de vue de son autorité, plus d'importance que le Chambellan et tous les autres ministres à l'exception du Grand Vizir (premier ministre), des pouvoirs régaliens exclusifs, elle relate même des péripéties de l'histoire du Maroc où il a eu à travers la procédure de dahirs blanc, à gérer le pouvoir politique ou législatif[166].

En définitive, et pour conclure cette esquisse réservée au Pacha, qui, comme nous l'avons vu, avait une influence certaine et une autorité affirmée sur le plan local, qui pouvaient parfois dépasser le pouvoir des *Khalifas et Amels* des provinces. Néanmoins, il faudrait noter que les appellations utilisées à ces époques lointaines différaient considérablement des titres, des grades et des fonctions des agents d'autorité que connaît aujourd'hui l'administration marocaine. Ainsi Ibn Zaydan a pu définir le Pacha comme : « (un)titre d'origine turque, adopté par l'administration marocaine à l'époque Saadienne (la dynastie *sâadienne a* régné sur le Maroc entre 1554 et 1660), qui était porté par les commandants des armées, et a été réservé par la suite aux Âmels des villes (gouverneurs), et il en est toujours ainsi, on dit le Pacha de Fès, c'est-à-dire son (*moutawalli*)[167],alors que dans la terminologie administrative marocaine traditionnelle on utilisait le terme « *Hafid* » l'équivalent du titre « *Mouhafid* » (ce qui signifie conservateur en français), utilisé actuellement dans certains pays orientaux dans le même sens[168] ».

Nous estimons, pour notre part, que l'institution du gouverneur marocain porte, en plus de l'empreinte du Protectorat français, celle des structures politiques traditionnelles, (toujours présentes dans un certain nombre de formalités liées au protocole des nominations, qui portent le sceau des coutumes *sultaniennes*)[169]. Dès lors, son étude, ainsi que sa compréhension, en tant qu'appareil institutionnel hérité, en partie de l'ère coloniale passent inéluctablement par une brève incursion dans les structures administratives et politiques coloniales.

---

[166] Ainsi après la bataille d'Isly, le Sultan Moulay Abderrahmane nomma pacha d'Oujda un de ses secrétaires Si Mohammed Daoudi de Fès. Son autorité s'étendait sur toutes les tribus d'Oujda. Mais sa mission principale était de négocier avec les Français au sujet de leur attaque armée et surtout des frontières entre le Maroc et l'Algérie. Oujda étant loin de Fès, la capitale, le Sultan confia à ce pacha des dahirs blancs pour pouvoir régler certains litiges avec les Français, sans être obligé d'attendre l'arrivée, de la capitale, de dahirs rédigés et scellés. Cette procédure traduit les pleins pouvoirs donnés à ce pacha dans les circonstances difficiles du moment. Voir. Said Ben Bachir, *L'administration locale du Maroc*, *op.cit.Ibid*

[167] « *Moutawalli* » en Arabe, vient du verbe « *tawalla* » ce qui signifie : prendre en charge, se charger de. En ce contexte, se charger du gouvernement de la ville. C'est le terme dont provient celui utilisé aujourd'hui pour désigner les « *walis* » qui sont les gouverneurs de régions (Préfets de région).

[168] Abderrahmane Ibn Zaydan, « Al-'iz wa as-sawla fi ma'âlim nudhumi ad-dawla », (en Arabe) Impressions du Palais Royal, Rabat, 1961. Tome 1, p. 400.

[169] Etudié plus en détail plus loin, dans la partie réservée à la nomination des gouverneurs.

Paragraphe II. Sous le Protectorat

Avec l'instauration du Protectorat Français, une administration territoriale moderne inspirée du modèle français fut mise en place. L'ossature des institutions anciennes et de certaines structures tribales a été maintenue, pour ne pas bouleverser l'ordre social existant, à cela deux raisons : premièrement, les autorités françaises cherchaient à entretenir l'illusion que la véritable administration reste entre les mains du sultan, et deuxièmement pour des considérations liées à une colonisation à faible coût qui reposait sur des pratiques concrètes consistant en l'intégration massive des « indigènes » dans l'armée et la collaboration directe avec les chefs et les notables locaux[170]. Le général Gallieni n'avait-il pas expliqué : « qu'il vaut mieux, en général, conserver ce fantôme de pouvoir auquel l'indigène est plus habitué et derrière lequel nous pouvons manœuvrer plus à l'aise »[171]. Il fallait alors conserver la façade d'Etat marocain afin, plaidaient-ils, de coloniser en douceur les rouages politiques et surtout sociaux du pays[172]. Abdallah Laroui avait écrit à cet égard, en paraphrasant les autorités françaises, qu'il était question « d'une politique libérale alliée à une stratégie de fiction d'un Etat marocain autonome[173] ».

C'est ainsi que le principe de conservation des institutions indigènes traditionnelles et des cadres locaux d'administration, n'était pas seulement motivé par une raison juridique, la définition même du Protectorat impliquant le simple contrôle des autorités autochtones ; il correspondait aussi à une méthode de politique indigène, généralement appelée « politique des grands caïds », mais au reste applicable, en dehors des grands seigneurs féodaux, à tous les chefs indigènes, et basée sur l'idée qu'il est plus économique et plus aisé pour l'Etat protecteur de contrôler par l'intermédiaire d'un nombre limité de chefs locaux tout le pays que d'assurer directement son administration.

Cependant, le maintien et l'utilisation des institutions indigènes n'impliquaient pas qu'elles dussent rester figées dans leur structure ; il n'excluait pas leur développement ou leur réforme sinon pour les

---

[170] Voir à ce sujet : D. Rivet, *Lyautey et l'institution du Protectorat français au Maroc*, 1912-1925, Paris, L'Harmattan, 1988, ainsi que la thèse d'A. Ben Mlih, *Structures politiques du Maroc colonial. D'un 'Etat' sultanien à un 'Etat sédimental'*, thèse pour le doctorat d'Etat en sciences politiques, Paris, Université de Paris II, 1988, selon cet auteur, l'Etat sédimental représente une construction « étatique » composée de deux strates, l'une sultanienne et l'autre coloniale (…) dans cette formation la composante dominante, d'origine coloniale intègre en son sein la composante dominée, d'origine sultanienne. Selon un rapport de force dynamique, en lui assignant des fonctions spécifiques, il en résulte une consolidation institutionnelle et un renforcement des dispositifs de contrôle de la société civile et de quadrillage de l'espace (…), p : 14 de la thèse *op.cit.*

[171] Cité par Najia Msefer, *L'organisation communale sous le Protectorat*, mémoire Sciences Politiques Casablanca 1986, p. 50.

[172] D. Rivet, *Lyautey et l'institution du Protectorat français au Maroc*, 1912-1925, Paris, L'Harmattan, 1988, tome 1, p. 35.

[173] A. Laroui, *Histoire du Maghreb : un essai de synthèse,* Paris, F. Maspero, 1970.

occidentaliser, du moins pour les faire évoluer dans leur ligne et selon leur caractère. Cette donnée, qui pouvait conduire jusqu'à la création de véritables institutions marocaines nouvelles n'était pas non plus étrangère aux idées de Lyautey. Dans cet esprit, le Protectorat français mettra en place trois régions civiles, trois militaires et un commandement assimilable à une région militaire[174].

Analysant les réformes administratives mises en œuvre par le Protectorat, une certaine doctrine avait souligné que : « l'ancien Maroc ne connaissait pas de provinces ni par conséquent d'autorité indigène interposée entre le sultan et les caïds, le Makhzen et la tribu. La réforme du Protectorat n'a pas eu pour objet de créer une pareille institution marocaine mais seulement un cadre pour l'action des représentants de la France[175] ». Il apparaît ainsi, que le Maroc ancien précolonial connaissait des institutions intermédiaires qui faisaient office de représentants du sultan aussi bien dans les grandes régions ou agglomérations que dans les localités périphériques les plus éloignées du centre, comme les Khalifas, les Pachas et les Amels.

C'est ainsi que, contrairement aux autres colonies françaises, le Maroc conservera ses vielles institutions administratives : on maintiendra le système de « la Jemâa », sous l'appellation*« Jemâas administratives »*[176] à la tête desquelles le Protectorat mettait un caïd, « chargé de fournir au nom de la collectivité et à titre consultatif, aux autorités administratives et de contrôle des indications ou des avis concernant les intérêts généraux du groupe. »[177]

Toutefois, en parallèle avec la persistance des institutions ancestrales du Maroc ancien, le protectorat s'assurait de contrôler leur action, aussi bien dans les villes que dans les campagnes, grâce à « la tutelle » exercée par les chefs de service municipaux et autres adjoints français.

Dès cette époque, le Protectorat avait choisi d'importer la configuration « déconcentrée » de ses institutions de la métropole à l'administration marocaine, en désignant un Chef de région, qui d'officier militaire originellement, exercerait par la suite le contrôle politique et enfin administratif, sans devenir, pour autant un véritable cadre de conception de la gestion des affaires locales. Cette caractéristique serait l'un des traits dominant du rôle de gouverneur dans la déconcentration du Maroc indépendant : nommé par le Gouvernement, il en est l'agent exécutif dans la

---

[174] Voir l'énumération et l'analyse de ces « régions » lors de l'étude du « Chef de région » *infra*.

[175] André De Laubadère, *Les réformes des pouvoirs publics au Maroc*, *Le gouvernement, l'administration, la justice*, Paris, Librairie Générale de Droit et de Jurisprudence, L.G.D.J, 1949, p. 49.

[176] Dahir du 21 novembre 1916. B.O. n° 217, du 18-12-1916, p. 1170. Ce dahir a organisé la représentation des tribus et fractions par des Jemâas, distinctes des Jemâas judiciaires et de celles chargées d'administrer les biens collectifs.

[177] Article 4 du Dahir du 21 novembre 1916 précité.

province sans pour autant participer à la conception des plans de développement gouvernementaux destinés aux collectivités locales.

Cette structuration centrifuge avait produit une configuration déclinée sur le plan local par le biais de représentants du pouvoir de l'Etat, sans consultation ni participation des administrés au niveau local, et a semé le germe de la gestion locale dichotomique, assurée amplement par les agents d'autorité représentants du pouvoir central, avec le gouverneur comme premier dignitaire, et accessoirement par les élus locaux qui sont toujours restés à l'affût d'une émancipation (politique) de la tutelle des premiers.

Force est de constater qu'à cette époque, comme le souligne de Laubadère, que « le Protectorat s'est attaché à réorganiser le système municipal marocain. Le terrain se prêtait à un développement de l'administration municipale, car le Maroc de 1912, beaucoup plus que l'Algérie de 1830 et la Tunisie de 1881, connaissait une vie et un sentiment urbains assez intenses. Mais le régime municipal du vieux Maroc était surtout...une expression du système général de centralisation, lequel trouvait, en somme, de contre-pieds que dans la répartition même de l'influence et des compétences entre les mains des trois notables que le Sultan nommait à la tête des villes : le pacha, gouverneur de la cité ; le mohtasseb, grand maître de l'économie urbaine ;le cadi, juge religieux... »[178].

Pour s'en tenir à l'essentiel, on peut dire que l'émergence de l'institution moderne de gouverneur n'est pas étrangère aux stratèges français du Protectorat et à leur tête Lyautey, ce dernier a été, en effet, l'architecte du domaine municipal avec le souci de conserver les institutions indigènes et de laisser libre cours à un esprit de développement et d'innovation. Dans cette optique, Lyautey cherchait à la fois la séparation dans la représentation des indigènes et des Européens. Mais cela a eu le mérite de conserver les institutions traditionnelles. C'est ainsi que le vieux système *caïdal* est demeuré l'armature essentielle de l'administration du « *Bled* » marocain, le caïd représentant du Sultan à la tête de la tribu, le cheikh désigné en général par le caïd parmi les membres de la fraction, le *Moqadem* à la tête du douar, ont conservé leurs caractères et leurs pouvoirs traditionnels. Le Protectorat s'est contenté dejuxtaposer à ces diverses autorités des agents français de contrôle qui interviennent dans leurs choix, visent leurs décisions et constituent le canal obligatoire pour toutes les relations avec le makhzen central[179].

Outre la réforme du terrain municipal, le protectorat s'est attelé à échafauder dès 1946 l'établissement des régions en les érigeant en personnes

---

[178] André de Laubadère, *Les réformes des pouvoirs publics au Maroc*, *op.cit*, p. 54.

[179] Mais si ce principe de conservation ne soulevait pas de problème dans les tribus arabes, il n'en allait pas de même en pays berbères. C'est que la conservation des institutions berbères devait être conciliée avec l'unification du pays réalisée au nom de la souveraineté non plus seulement spirituelle, mais politique du sultan, les institutions berbères devaient fatalement perdre leur caractère politique pour n'être plus qu'administratives. Voir. André de Laubadère, Les réformes des pouvoirs publics au Maroc, *op.cité*. p : 58.

morales de droit public, dotées d'assemblées représentatives. L'autorité régionale, jusque-là entre les mains du seul Chef de région, représentant français. Il paraissait difficile, au moins politiquement que la transformation de la région en personne territoriale de droit public chérifien n'entraîne pas la création d'une autorité marocaine, d'une sorte de « Khalifa » du sultan, puisque le renouvellement d'une autorité indigène de grande envergure, qui existait, comme nous l'avions souligné[180], dans les traditions de l'Empire chérifien, n'était pas, on le devine, sans soulever de difficultés politiques au Protectorat, surtout à cet échelon[181].

A. Le Chef de région en zone d'influence française

En tout état de cause, pendant le Protectorat, la France a créé au Maroc des régions ayant un caractère essentiellement militaire, instituées surtout en vue de l'œuvre considérable de pacification du pays. A la tête de ces régions, les autorités françaises nomment des Chefs de régions, que l'on compare facilement, comme le souligne à juste titre, Fréderic Bremard (qui présenta un travail de synthèse remarquable retraçant le fonctionnement des régions au Maroc sous Protectorat français) aux gouverneurs de province de la France des XVIe et XIIe siècles, qui eux aussi, hommes d'épée et chefs militaires avant tout, étaient chargés, en tant que représentants directs du Roi, à une époque extrêmement troublée par les guerres étrangères et les révoltes intérieures, de maintenir l'ordre dans les provinces[182].

Ultérieurement en 1919 (date de la création des Régions civiles de Rabat, Casablanca et Oujda), avec la pacification progressive du pays, des Régions civiles seront créées à la tête desquelles seront placés des contrôleurs civils. Dans les Régions militaires aussi les enjeux de la gestion administrative surclassent les enjeux militaires, et par ricochet, les Chefs de régions vont présenter des similitudes plus avec les intendants français du XVIIIe siècle, qu'avec les Gouverneurs des XVI et XIIe siècles, puisqu'ils seront représentant local du pouvoir central[183].

---

[180] Voir étude des "*Khalifas du Sultan*" et "*Amels de provinces*" dans l'organisation administrative du Maroc précolonial dans les pages 30 et s.

[181] Notre dessein étant seulement, dans cette partie, de dégager les données et orientations des réformes successives de l'administration coloniale ayant été à l'origine de l'émergence du statut moderne de gouverneur, ne nous attarderons pas sur les contours et les détails de l'organisation administrative locale en tant que telle, pour une analyse détaillée de cet aspect, voir, notamment : de La Casinière, *les municipalités marocaines*, 1925, ainsi que : P. Decroux, *La vie municipale au Maroc*, Lyon, 1932.

[182] Frédéric Bremard, *L'organisation régionale au Maroc*, L.G.D.J., Paris, 1949, p.53.

[183] C'est ainsi que le chef de Région est, aux termes de l'arrêté résidentiel du 19 Septembre 1940, « Le Représentant du Résident Général dans la région, responsable vis-à-vis de lui ». mais ses pouvoirs définis par son titre même « Intendant de justice, police, finances », étaient beaucoup plus étendus que n'ont été ceux du chef de région au Maroc qui n'a à connaître ni de justice, ni des finances, mais simplement de ce qu'on désignait autrefois sous le nom de « police » et qui correspond assez exactement à ce que nous appelons aujourd'hui « administration », étant entendu que ne doit pas en être exclue l'action politique menée par le

En effet, la plus caractéristique des innovations du Protectorat sur le plan de l'administration territoriale fut, sans doute, la création de la région, comme cadre étendu de déconcentration destiné à servir de relai au pouvoir central, ce nouveau commandement était coiffé par un officier dans les régions militaires, et par un contrôleur civil dans les régions pacifiées[184]. Le Chef de Région militaire, qui était un officier supérieur ou un général, disposait de toutes les troupes et de tous les services implantés dans son commandement, et il était assisté par un Secrétaire Général de la Région, c'est le Résident Général du Protectorat qui le nomme, et il exerce ses pouvoirs par délégation de celui-ci, il s'occupait principalement du maintien de l'ordre et de l'information du pouvoir central sur la situation générale dans la région où il officie.

A partir de 1913, on assiste à la création du premier embryon d'organisation territoriale sous forme de régions civiles, implantées loin des zones d'opérations militaires, ces régions furent placées sous l'autorité de « contrôleurs civils » dont le corps fut créé au Maroc par un décret du 31 Juillet 1913[185], suivant une organisation calquée sur celle instituée en Tunisie dès 1884.

Ce n'est qu'en 1919 que furent créées les premières « Régions civiles » du Maroc, notamment, celles de Rabat et de Casablanca. Cette création fut l'objet d'un arrêté résidentiel du 27 mars 1919 « portant passage de territoires militaires sous l'autorité civile »[186]. Cet arrêté fut le premier en date des textes réglementaires successifs qui sont venus fixer la division en régions de l'ensemble du Maroc. De plus, un autre arrêté résidentiel du 11 décembre 1923 s'est chargé de modifier l'organisation territoriale du Maroc (B.O n° 585 du 8-1-1924, p : 25)[187]

A cette époque, comme le souligne le Professeur de Laubadère : « le chef de région avait pour but de servir de relai au pouvoir central. Mais sur ce point, l'objet de la déconcentration et, par suite, la signification de la région marocaine, a assez sensiblement évoluée depuis l'origine (...) on peut schématiser cette évolution, qui s'exprime dans la situation et le rôle du chef de région, en disant que la région a été successivement un cadre de commandement militaire, puis de contrôle politique, enfin d'administration, sans devenir, toutefois, un cadre de gestion d'affaires locales, c'est-à-dire de décentralisation »[188]

Gouvernement. Voir les développements de Frédéric Bremard, *L'organisation régionale au Maroc,op. cit.* p. 54 sur la comparaison entre le rôle du chef de région au Maroc et l'Intendant français du XVIIe siècle.

[184] Driss Basri, *L'administration territoriale : l'expérience marocaine*, Editions Bordas, 1990.

[185] Décret du 31 Juillet 1913 créant la première région au Maroc, et créant la fonction de contrôleur civil.

[186] Publié au Bulletin Officiel du Protectorat, n° 336 du 31 mars 1919, p.289.

[187] Frédéric Bremard, *L'organisation régionale au Maroc*, op.cit. p.40.

[188] André De Laubadère, *Les réformes des pouvoirs publics au Maroc*, op.cit, p : 50.

En tout état de cause, les chefs de région du Protectorat, qui étaient plus proches des Préfets de France que des intendants de l'Ancien Régime, seront régis par un décret du Président de la République du 3 octobre 1926[189], relatif au commandement supérieur des troupes au Maroc.

A cette époque, la Résidence française au Maroc cherchait, en fait,à créer à travers l'institution du chef de région un « *préfet marocain* », avec la même autorité écrasante découlant de l'impérium de représentation du pouvoir central, institué parla loi française du 28 pluviôse an VIII[190] instituant les préfets en métropole.

Pour la défense de cette loi en France, on a pu avancer que « ce qui est d'essence collective ne convient pas à l'exécution parce qu'elle réclame ponctualité, célérité et responsabilité[191]. Une telle analyse porte condamnation, d'évidence, des administrations collégiales élues de la période révolutionnaire, symbole de participation citoyenne mais qui n'ont pas donné de résultat satisfaisant. Au nom de la rationalité et de la logique, ladite loi remet l'administration locale à un Préfet de départementaux termes de son article 3 proclamant que : "le préfet sera chargé seul de l'administration". Cet administrateur au pouvoir indéfini, plénipotentiaire du gouvernement dans la personne du Premier Consul, disposera de relais aux degrés administratifs infra-départementaux, c'est-à-dire "l'arrondissement communal" et "les municipalités", la charge de l'exécution en sous-ordre devant être assurée respectivement par les sous-préfets et les maires. Existera de la sorte "une chaîne d'exécution qui descend sans interruption du ministre à l'administré avec la rapidité du fluide électrique" explique Chaptal[192], qui assure que "ce système d'exécution" garantit une action gouvernementale prompte et sans faille tout en respectant le rôle des "conseils populaires".

---

189 Décret du Président de la République du 3 Octobre 1926, BO n° 737 du 7 décembre 1926.

190 Parmi l'œuvre législative fondatrice de l'époque napoléonienne, la loi du 28 pluviôse an VIII tient une place importante. Longtemps considérée comme la "constitution administrative dont la pérennité tranchait singulièrement avec la fragilité des "constitutions politiques", elle a façonné durablement l'administration française. Au travers de la centralisation autoritaire qu'elle fondait sur l'institution préfectorale chargée de transmettre les ordres et la loi "avec la rapidité du fluide électrique, la loi du 28 pluviôse a forgé un esprit, une mentalité que les quelques (...) années de la politique actuelle de décentralisation ne peuvent suffire à renverser, in. La loi du 28 pluviôse an VIII, deux cents ans après : survivance ou pérennité ? Université de Picardie Jules Verne. Collection publiée aux P.U.F, 2000, p. 5.

191 Argumentation de Roederer auquel on a faussement prêté aussi formule devenue célèbre : « *administrer doit être le fait d'un seul homme et juger le fait de plusieurs*". A.P. 2e série, l, Corps législatif 13 pluviôse, p. 169, alors qu'il s'agit plutôt de celle de Jean-Jacques-Régis Cambacérès, deuxième Consul, puis archichancelier de l'Empire, qu'on retrouve dans ses mémoires inédites : Cambacérès, Mémoires inédits (Préface de J. Tulard. Présentation et notes de L. Chatel de Brancion), Perrin, 1999, t. 1, p. 485.

192 Jean-Antoine Chaptal, orateur du gouvernement et futur ministre de l'Intérieur, devant le Corps législatif 23 pluviôse, A.P. 2e série, l, p. 230. Cité par Edith Geraud-Llorca in. *L'universalité des compétences préfectorales,* Université de Picardie Jules Verne. P.U.F, 2000, p. 28.

Or, la loi du 28 pluviôse an VIII en France, a surtout opéré une mutation juridique dans le corps des représentants de l'autorité royale, en l'occurrence « l'intendant qui était un commissaire et à ce titre nommé, *intuitu personae*, par le souverain et exerçait son pouvoir dans le strict cadre défini par sa lettre de commission, Il peut être déplacé et pire disgracié. Homme du roi, il servait l'Etat absolutiste, centralisateur, bureaucratique et s'assurait de la fidélité des sujets. Il était le canal de la volonté royale, le constructeur-né de l'Etat moderne. Mais homme de la province, il était aussi le porte-parole des vœux et suppliques des habitants ».[193]

Alors que le préfet, aux termes de l'article 41 du titre IV de la constitution de l'An VIII, est désigné et révoqué par le premier Consul. Représentant de l'Etat dans le département, il n'est que son agent : "le préfet ne connaît que le ministre ... le préfet ne discute point les actes qu'on lui transmet : il les applique, il en assure l'exécution". Lucien Bonaparte, dans une circulaire du 21 ventôse an VIII qui peut être considérée comme le bréviaire du bon préfet rappelle, sans qu'aucune ambiguïté ne demeure, que son influence doit s'exercer afin de garantir la prospérité des citoyens et la tranquillité publique afin que la confiance envers le régime devienne telle qu'on ne puisse vouloir que concourir à sa stabilité, à sa pérennité.[194]

De cette conception napoléonienne de l'exercice de l'autorité et des missions dévolues au préfet s'inspirera largement le statut du chef de région du Protectorat français au Maroc. Néanmoins, la volonté de faire des chefs de région du Protectorat de véritables Préfets n'apparaît le plus clairement qu'en vertu de l'arrêté résidentiel du 19 Septembre 1940 relatif à l'organisation territoriale de la zone française de l'Epire Chérifien[195]. Ce dernier texte retrace pour la première fois les attributions du chef de région. Dans son article 4, il stipule, en effet, qu' « en qualité de représentants du Résident Général dans la région, responsables vis-à-vis de lui, les chefs de région exerceront le contrôle politique et administratif de la région ».

Pour accomplir cette mission générale, le chef de région serait secondé par un secrétaire général de la région, chargé de centraliser les affaires politiques et administratives, qui pourra être assisté par un secrétaire général adjoint (article 5). En outre, chacune des administrations chérifiennes sera représentée auprès du chef de région par un fonctionnaire responsable, désigné par le directeur intéressé (article 6).

Ce fut la fondation de la première mission déconcentrée du chef de région. L'arrêté résidentiel du 19 Septembre 1940 rompt avec les généralités qui caractérisaient les textes précédents qui parlaient d'attributions mal définies, puisqu'il précise qu'il s'agit d'une mission de « contrôle », de

---

[193] Lecomte Catherine, *De l'intendant au préfet : rupture ou continuité ?* In. La loi du 28 pluviôse an VIII, deux cents ans après : survivance ou pérennité ? Université de Picardie Jules Verne. P : 28.Collection publiée aux P.U.F, p. 11.

[194] Lecomte Catherine, *De l'intendant au préfet,* loc.cit. p. 12.

[195] B.O n° 1456 bis, du 23 Septembre 1940, p. 911.

surcroît, il souligne sans ambigüité que les chefs de région sont désormais des « représentants » du résident général et responsables vis-à-vis de lui.

Le texte du 19 septembre 1940, on le voit bien, dessine ainsi les grands traits de la fonction moderne de ce qui deviendra par la suite l'institution du gouverneur.

D'autres textes de l'époque ont confié au chef de région des compétences d'intervention réglementaires ou individuelles dans de multitudes de domaines de la vie de la cité, notamment en matière économique (dahir du 24 Juin 1942 sur l'économie de guerre, rendant les chefs de région compétents pour fixer certains prix, prononcer des sanctions administratives), en matière des libertés (réquisitions, expulsions de logement, autorisations de réunions publiques). D'autre part, une partie importante de la tutelle des municipalités (approbation des arrêtés des pachas et des marchés inférieurs à 500.00 francs) a déjà été confiée au chef de région, par le jeu des délégations et subdélégations (arrêté viziriel du 26 juillet 1917 portant délégation générale et permanente de la tutelle municipale au secrétaire général du protectorat suivie de délégations particulières de celui-ci aux chefs de régions)[196].

Quoi qu'il en soit, comme le souligne Fréderic Bremard : L'esprit général qui animait l'arrêté résidentiel du 19 septembre 1940 ainsi que les textes précités, n'en apparait pas moins dans le sens d'un net renforcement des pouvoirs des chefs de région[197]. Partant, cette évolution des compétences de ce haut dignitaire a eu une conséquence juridique frappante : elle s'est traduite par son « dédoublement fonctionnel »[198], puisqu'il est devenu tantôt, autorité administrative chérifienne, tantôt, autorité française de contrôle[199]. De plus, comme l'écrit M. De Laubadère : « Si la région, elle, n'a pas tendu à devenirun « département marocain », devenue un cadre d'administration en même temps que de contrôle, elle est du moins demeurée un cadre de simple

---

[196] A. de Laubadère, *Les réformes des pouvoirs publics au Maroc*, LGDJ, Paris, 1949, p. 50.

[197] Frédéric Bremard, *L'organisation régionale au Maroc,* op.cit. p. 57.

[198] Le dédoublement fonctionnel a été défini comme étant : « la situation qui résulte de ce qu'une autorité est à la fois le représentant de l'Etat et un exécutif local », in, Nadine Poulet-Gibot Leclerc, *Droit administratif : sources, moyens, contrôles,* Editeur, Bréal, 2007, p. 21. Ce concept qualifie la fonction qu'assure le gouverneur marocain, et bien avant lui le chef de région et le préfet français, astreints à agir juridiquement pour le compte de deux personnes publiques différentes, en effet, les textes successifs font du gouverneur, à la fois, le représentant du Roi, et ensuite, du gouvernement, dans la préfecture ou la province, mais aussi l'autorité exécutive de ce dernier en tant que personne décentralisée. Ce dualisme chez le préfet français, a fait dire à la doctrine française que *« Le préfet, tel le juste ; dans la Bible, peut-il servir deux maîtres à la fois? À cette interrogation, les Evangiles répondraient assurément par la négative ; le droit positif serait plus nuancé. Tant que les deux maîtres poursuivent les mêmes buts, l'exercice ne sera pas difficile ; si les objectifs divergent, la situation du serviteur sera plus délicate. (...)»*, voir, Olivier Dord, *Dédoublement fonctionnel, le préfet organe communautaire*, in La loi du 28 Pluviôse an VIII, CURAP, PUF, 2000, p. 171.

[199] P. Decroux, *Le pouvoir réglementaire du chef de région*, in, Gaz.Trib.Mar. 1937, p. 245.

déconcentration et non de décentralisation[200] », le chef de région n'en est pas moins devenu le véritable artisan de la politique gouvernementale sur le plan local.

A côté du chef de région, était instituée une assemblée régionale mixte composée de notables et de fonctionnaires français et marocains à compétence consultative limitée au cadre budgétaire et économique de la province. En effet, l'arrêté résidentiel du 1erjuillet 1936 institue un chef-lieu de chaque région, sous la présidence du chef de la région, un comité économique régional composé de représentants de l'administration (autorité françaises et marocaines, chefs de services techniques) et de représentants du troisième collège électoral au conseil du gouvernement[201]. Les attributions de l'assemblée régionale se limitaient aux questions économiques et budgétaires. Son rôle était purement consultatif. Les textes de l'époque avaient porté uniquement sur sa consécration par un texte chérifien et son recrutement électif.

Or, le Maroc n'a pas connu uniquement le Protectorat Français, l'Espagne aussi contrôlait la partie nord et les territoires du Sud du Royaume. Cette situation se répercutait forcément sur les méthodes mises en place pour assurer l'administration des deux territoires, ainsi que dans le choix des autorités appelées à y représenter aussi bien la puissance coloniale que le sultan.

En effet, le traité du Protectorat, signé à Fès le 30 mars 1912, avait stipulé que le gouvernement Français se concerterait avec le gouvernement Espagnol au sujet des droits et intérêts que celui-ci tenait de sa situation géographique et de ses possessions sur les côtes marocaines. Aussi, la France reconnaissait-elle à l'Espagne une zone d'influence dans laquelle il lui appartiendrait de veiller à la tranquillité, et de prêter au gouvernement chérifien son assistance pour toutes réformes administratives, économiques, financières, judiciaires et militaires dont il a besoin. Les régions comprises dans cette zone d'influence (au Nord, de l'embouchure de la Moulouya sur la Méditerranée à celle du Loukkos sur l'Atlantique, exception faite de l'enclave réservée au futur territoire de la zone de Tanger ; au Sud, du cours inférieur du Drâ à la colonie du Rio de Oro), demeuraient sous l'autorité civile et religieuse du sultan, et seraient administrées, sous le contrôle d'un Khalifa pourvu d'une délégation générale et permanente du Sultan, en vertu de laquelle il exercera tous les pouvoirs appartenant à celui-ci[202].

---

200 A. de Laubadère, *Les réformes des pouvoirs publics au Maroc*, *op.cit.* p. 52.
201 Arrêté résidentiel du 13 Octobre 1926, BO n° 737, du 7 décembre 1926.
202 Marchat Henry, *La France et l'Espagne au Maroc pendant la période du Protectorat (1912-1956)*, in : Revue de l'Occident musulman et de la Méditerranée, n° 10, 1971, p. 81-109, p. 81

B. Le « Khalifa impérial » en zone d'influence espagnole

La zone d'influence espagnole qui comprenait la zone nord à l'Est et à l'Ouest, la zone Méditerranéenne et Atlantique du Rif et du Gharb, au Sud ; la zone d'Ifni et de Tarfaya, ainsi que les territoires et places dits de souveraineté espagnole, et les zones chérifiennes sous influence espagnole, tout en demeurant placée sous l'autorité civile et religieuse du Sultan, cette zone jouit d'une autonomie politique complète sous le contrôle exclusif du gouvernement espagnol et l'administration d'un Khalifa impérial.

Par un décret royal du 27 février 1913, les Espagnols installent à Tétouan leur premier Haut-Commissaire, le Général Alfau, et font désigner, comme Khalifa, par le Sultan Moulay Youssef, son propre frère, Moulay El Mehdi. Mais les débuts de leur pénétration militaire sont difficiles. Elle dépend, dans une large mesure, du puissant Caïd el Raissouli, qui tient le triangle Larache-El Ksar-Chaouen, et se montre, selon les circonstances, allié plus ou moins réticent, adversaire plus ou moins déclaré[203].

Pour le reste de la zone, le même décret royal du 27 février 1913 instituant à Tétouan un Haut-Commissariat d'Espagne, à côté du Makhzen central, que dirige le khalife impérial avec une délégation de tous les pouvoirs chérifiens, considère le chef de région comme l'ordonnateur principal des crédits prévus au budget spécial de sa région. Il est assisté, dans les régions à directions militaires, par un adjoint civil, il dispose par ailleurs d'un secrétariat général, du contrôle politique, et celui de la tutelle administrative sur les collectivités urbaines et rurales[204].

Bien que la mise en place d'institutions administratives nouvelles soit demeurée longtemps difficile, en raison de la précarité de l'occupation territoriale, notamment dans le Rif, le gouvernement de Madrid définit dès 1913 les grandes lignes du système politique et administratif qui seront appliqués. Il faut remarquer, toutefois, que les territoires du Sud marocain (zones d'Ifni et Tarfaya), et ceux dits de souveraineté espagnole du Nord (Ceuta, Melilla, et leurs dépendances) avaient une organisation administrative calquée sur celle des circonscriptions du territoire métropolitain[205]. Le Sahara occidental dit « espagnol » n'a pas échappé à cette règle[206].

---

[203] Marchat Henry, *La France et l'Espagne au Maroc pendant la période du Protectorat*, *op.cit.* p.83.

[204] Hammouda El Caid, *Le gouverneur et la gestion des affaires locales*, Imp. Société Nouvelle des Impressions et Cartonnages Idéal, Casablanca, 1996, p : 90.

[205] Sans vouloir faire l'étude approfondie de l'administration territoriale de l'Espagne et la position du représentant de l'Etat dans les provinces espagnoles, soulignons tout simplement que « l'Administration périphérique (espagnole) s'est basée sur une division territoriale en provinces qui devait servir de point d'appui au centralisme en vigueur jusqu'en 1978 », voir, Eduardo Garcia de Enterria, *La Administracion Espanola*, Madrid, Alianza Editorial, 1971, p. 51. Dès 1810 José Bonaparte met sur le papier la premieère version d'une division provinciale reposant sur 83 préfectures, un peu plus tard, la Constitution de Cadix prévoit prévoit la division du territoire en provinces et place "un chef supérieur", nommé par le roi à la tête de

Sur le plan de l'administration locale de ces régions, dans les villes, les autorités espagnoles se faisaient représenter par des consules, et dans les zones rurales, des officiers de corps d'occupation. Alors que plus localement, dans les circonscriptions tribales, on retrouve le même schéma maintenu dans la zone d'influence française, notamment, les caïds dans les territoires ruraux et les pachas dans les villes.

Par ailleurs, il ne faut pas passer sous silence l'organisation administrative de la zone internationale de Tanger, qui fut reprise par la Sultan Alaouite Moulay Ismaël aux anglais en 1684, et qui a été depuis le début du XXe siècle dotée d'un régime « spécial », comme le stipule l'article 1er du Traité du Protectorat du 30 mars 1912 : «(...) La ville de Tanger gardera le caractère spécial qui lui a été reconnu, qui déterminera son organisation municipale. »[207]

Sur le plan des découpages territoriaux auxquels ont été associés les premiers gouverneurs nommés à l'indépendance, la situation de la zone Nord était plus complexe. En effet, l'administration espagnole a mis en place depuis 1952 des « *Juntas rurales* » de fractions dont le fonctionnement semble plus intégré dans le système administratif que celui des communes en zone Sud. La tendance naturelle de l'administration provinciale, dont les membres appartiennent souvent aux familles de notables de Tétouan, est de

---

chacune d'entre elles. Animé par l'idée d'une "omniprésence administrative" qu'il expose au roi en 1826, le gouvernement conçoit la création d'un agent territorial devant servir à la prospérité du pays, cet agent est donc avant tout le délégué du gouvernement, cette figure fut l'antécédent du gouverneur civil, qui d'administrateur provincial va se muer en représentant politique du gouvernement, voir, Ladisa Laurent. *Le nouveau visage de l'administration décentralisée de l'État en Espagne.*, in : Mélanges de la Casa de Velázquez. Tome 29-3, 1993. p. 113-124, p. 115.

[206] Hammouda El Caid, Le gouverneur et la gestion des affaires locales, *op. cit.* p. 91.

[207] Ce caractère spécial est la conséquence des événements politiques qui se sont déroulés à Tanger tout au long du XIXe siècle, pendant longtemps Tanger a été le seul port marocain où les Européens pouvaient commercer librement, ils finissent par y installer leurs délégations, et obtiennent l'autorisation de créer des organismes spéciaux pour la mise en place de tout un train de mesures dont l'implantation d'un conseil sanitaire en 1878, et la création d'une commission internationale d'hygiène en 1892. A côté de l'administration chérifienne traditionnelle se forgeait ainsi un embryon d'organisation internationale qui imprima à la ville un caractère particulier au sein de l'Empire Chérifien et que le traité du protectorat s'efforça de respecter. Une convention signée à Paris le 18 décembre 1923 ratifiée par la France et l'Angleterre et par la suite par l'Espagne pose les principes de base du régime spécial de Tanger. Ainsi le Sultan est représenté dans la zone par un Agent spécial « Le Mendoub » qui est à la fois le représentant de la souveraineté chérifienne et Pacha de la ville (article 29 de la convention), en tant que représentant du souverain « Le Mendoub » préside l'assemblée législative internationale de la zone est promulgue les lois et règlements, qu'elle adopte après visa pour contreseing du président du comité de contrôle en tant que Pacha « Le Mendoub » administre directement les populations marocaines et possède à cet égard les mêmes attributions d'ordre administratif et juridique que les pachas et caïds dans le reste de l'Empire Chérifien. Cf. à ce propos, Hammouda El Caid, *Le gouverneur et la gestion des affaires locales,* Imp. Société Nouvelle des Impressions et Cartonnages Idéale (Casablanca) 1996, p. 94.

conserver le *statu quo*, d'autant plus que les ressources et les compétences dont disposent déjà les communes leur semblent nettement plus étendues que celles prévues par celles de Rabat. Les gouverneurs de la zone Nord acceptent les concentrations des communes à condition que l'on ne touche pas aux frontières tribales[208]. On peut en déduire, que le rôle du gouverneur, aussi bien dans la zone française que dans la zone espagnole, ne consistait pas uniquement dans la représentation politique du pouvoir central de l'Etat protecteur, mais pouvait s'étendre à des missions consultatives liées à des domaines aussi variés, notamment, le découpage du territoire.

Comme nous l'avons vu, le chef de région qu'il soit dans la zone du protectorat français ou dans la sphère d'influence espagnole, est l'ancêtre du gouverneur, agent d'autorité de l'indépendance et représentant du Makhzen. Son organisation sur le modèle théorique du corps préfectoral français a largement circonscrit sa sphère d'action et surtout consacré sa totale soumission au souverain.

Paragraphe III. L'indépendance : le statut moderne de « gouverneur »

Au lendemain de l'indépendance, on se trouvait face à une situation où le pays avait besoin d'instaurer une administration territoriale de l'ensemble du pays recouvré. Le personnel assurant les fonctions de l'administration territoriale qui était déjà en place présentait la double problématique, à la fois politique et administrative ; politique, parce que la majorité des caïds-notables avaient participé à la déposition de Mohamed V, en 1963 ; administrative, parce qu'ils ne possédaient pas le niveau de formation requis, afin de pouvoir relever les défis de l'exercice du commandement territorial. En effet, un rapport du ministère de l'Intérieur de l'époque, qui s'était intéressé à la catégorie des caïds, le personnel le plus nombreux et par conséquent le plus représentatif des agents d'autorité, avait conclu à l'existence d'un niveau de formation ne dépassant pas l'élémentaire. Sur 322 agents de ces administrateurs territoriaux, 101 seulement avaient le niveau d'études primaires[209].

Il était ainsi inconcevable de revenir au système des caïds du Protectorat. Car ce système des caïds notables était définitivement condamné, et on ne pouvait pas utiliser des agents qui vivaient officiellement de prélèvements sur les populations qu'ils administraient. La solution fut trouvée empiriquement, en ayant recours à un nouveau personnel politique issu du même groupe social que les anciens caïds, c'étaient des fonctionnaires que

[208] Rémy Leveau, Le Fellah marocain. op.cit, p. 35.

[209] 8 étaient illettrés ; 19 anciens commerçants ; 32 agents titulaires du C.E.P ; 46 lauréats d'école d'instituts traditionnels ; 77 agents occupant des fonctions de commis ; 39 des interprètes. *In* journal *les Phares* du 9 février 1963, cité dans Driss Basri, *l'Agent d'autorité, op.cit.* p. 76.

l'on avait l'intention d'organiser sur le modèle théorique du corps préfectoral français, et suivant la pratique du contrôle civil dont on héritait les postes budgétaires[210].

Au demeurant, le régime juridique régissant la fonction d'autorité procédait entre 1955 et 1963 d'une multitude de textes : chacune des fonctions d'administration territoriale avait pratiquement un régime propre[211]. Alors que, comme nous l'avons précédemment relevé, le statut propre aux gouverneurs étaient encadré par un texte de loi de 1956[212], ce texte, a été préparé par le Protectorat, puisqu'il n'a pu être publié au Bulletin Officiel que le 6 avril 1956. Son article 1er dispose qu' « il est créé un corps de gouverneurs de province de Notre Empire. »

Notons que l'importance du dahir du 16 décembre 1955[213]consistait dans la création de13 régions et deux grandes villes, qualifiées de préfectures à savoir Rabat et Casablanca. Mais le fait nouveau est que ce texte dans son article 4 avait prévu, par ailleurs, que « Chaque région et chacune des deux villes (...) seront placées sous l'autorité d'un fonctionnaire appelé gouverneur. »

Cependant, les provinces ne seront créées véritablement, pour la première fois, que par un dahir du 13 octobre 1956[214]. Ces entités territoriales vont remplacer, ainsi, les anciennes régions du Protectorat. Mais la véritable organisation juridique des provinces ne sera mise en place que par le dahir du 2 décembre 1959, créant 16 provinces et 2 préfectures[215].

Sans s'attarder sur les différentes étapes de l'évolution du découpage provincial et préfectoral, notons simplement que le Maroc aujourd'hui est composé de 17 régions ou wilayas (dans la structure administrative du Maroc, la wilaya n'est pas une collectivité locale, c'est plutôt une circonscription qui a été conçue pour assurer une complémentarité entre les différentes préfectures qui la composent et afin de garantir une meilleure coordination entre elles. C'est un échelon déconcentré implanté au niveau de chaque région), 45 provinces, 26 préfectures et 8 préfectures d'arrondissements. Signalons tout simplement qu'en s'inspirant du modèle territorial mis en application par le Protectorat, les pouvoirs publics du Maroc indépendant ont adopté une conception moderne du découpage

---

210 Rémy Leveau, *Le Fellah marocain…op. cit.* p. 44.

211 Driss Basri, *l'Agent d'autorité*, *op. cit*. p. 67.

212 Dahir n° 1-56-046 du 20 mars 1956 fixant le statut des gouverneurs, B.O n° 2267, du 6 avril 1956.

213 Dahir du 16 décembre 1955 relatif à l'organisation provinciale, B.O N° 2252 du 23 décembre 1956. Ce texte, même s'il est intitulé dahir relatif à l'organisation provinciale, le terme province n'y figure pas.

214 Dahir n° 1-56-133 du 13 octobre 1956.

215 Dahir n° 1-59-351 2 décembre 1959 relatif à la division administrative du Royaume, *Bulletin officiel* n° 2458 du 04/12/1959, p. 2040. Les préfectures au Maroc ne diffèrent en rien juridiquement des provinces, sauf qu'elles englobent plus les grandes agglomérations urbaines et visent à leur offrir un cadre administratif approprié, leur permettant de prendre en charge la complexité des problèmes qui entravent leur développement.

territorial reflétant ainsi le renouveau que connaît l'organisation administrative du Maroc. Le découpage instauré après l'indépendance n'a pas subi de grands changements et l'organisation territoriale du Maroc aujourd'hui ressemble à celle de 1959, exception faite de la création de la collectivité locale régionale[216].

Sur le plan politique, les premiers gouverneurs nommés à la tête des provinces après le départ du Protectorat, étaient soit des membres du parti de l'Istiqlal comme *Ghali Laraki* (originaire d'une famille bourgeoise de Fès), qui fut nommé gouverneur de la province de Fès[217], soit des anciens officiers de l'armée française, devenus caïds, puis, gouverneurs, tel est le cas d'Al Mahjoubi Aherdane, qui fut le premier gouverneur de la ville de Rabat après l'indépendance, soit des anciens du Collège d'Azrou[218] comme Hassn Zemmouri, Hossein Hadj Ahmou, Mohamed Tadli, Abdelhamid Zemmouri, nommés aux provinces sur proposition du ministre de l'Intérieur Driss M'hammedi[219].

En tout état de cause, au lendemain de l'indépendance et tout au long des mandats brefs des troisgouvernements successifs (du 7 décembre 1955 sous la présidence de M'barek Bekkaï, avec au ministère de l'Intérieur Lahcen Lyoussi, du 3 décembre 1956 sous la présidence M'barek Bekkaï avec au ministère de l'Intérieur Driss M'hammedi, du 12 mai 1958, avec au ministère de l'Intérieur : Mohammed Chiger), l'urgence de l'adoption d'un texte régissant l'exercice de la fonction d'autorité se faisait sentir, particulièrement suite aux troubles provoqués par la rébellion de certains gouverneurs, tel l'ancien caïd berbère du Tafilalet,*Addi Ou Bihi* qui refusa d'exécuter les instructions du ministère de l'Intérieur et se révolta contre le pouvoir central.

L'administration déploie alors des efforts dans le sens de la formation d'un corps d'élite administrative, pépinière des gouverneurs du Maroc indépendant. On assiste alors à l'exploitation des instituts de formations laissés par le protectorat français, mais aussi de la mise à contribution d'autres écoles créées par les autorités marocaines, afin de former ou de perfectionner l'instruction des administrateurs du ministère de l'Intérieur(A), mais la consécration de la fonction d'autorité par un corps spécifique, n'a été réalisée qu'ultérieurement (B).

A. Le corps des administrateurs du ministère de l'Intérieur

Avec l'avènement de l'indépendance en 1956, il a été nécessaire de construire une administration territoriale du pays basée sur les ressources humaines nationales dont la majorité était issue de l'Ecole Nationale

---

216 Tarik Zair, *La gestion décentralisée du développement économique au Maroc*, L'Harmattan, 2007, p. 98

217 Rémy Leveau, Le Fellah marocain, *op.cit.*p.30.

218 *Cf. Supra.*, note n° 48 sur le Collège d'Azrou.

219 Rémy Leveau, Le Fellah marocain, *op.cit.* p.30.

d'Administration nommée « Ecole Nationale d'Administration Publique », ENAP, puis renommée aujourd'hui : ENA, Ecole Nationale d'Administration. Cette école a été créée en 1948 et réorganisée en 1950. Elle a subi diverses réformes. Aujourd'hui, elle est régie par un décret du 10 mai 2000[220].

A cette époque, un effort d'unification a été réalisé pour le recrutement de certaines catégorie de personnels communs aux divers départements ministériels ; certains sont recrutés par les concours ouverts dans les diverses administrations sur la base d'un règlement unique de concours. L'unification peut même aller plus loin lorsque le concours est passé devant un jury commun à l'ensemble des départements. Tel est le cas du concours donnant accès aux cadres des administrateurs adjoints (cadre commun)[221]

Des raisons évidentes d'unification et de développement du pays ont poussé le gouvernement à coopter ses gouverneurs des administrateurs, et à mener une politique de recrutement intensive sur la base de mesures transitoires de façon à pourvoir les emplois des services. Une formation complémentaire était donc nécessaire pour ces agents dont le niveau de recrutement n'était pas nécessairement à la mesure de celui qu'exigeaient les fonctions exercées ; des centres de formation administrative ont été ouverts dans ce but avec l'intention de remise à niveau des cadres moyens et subalternes, tandis que les fonctionnaires des cadres supérieurs, recrutés sur titre, ont été astreints à suivre des stages de perfectionnement d'une année à l'Ecole marocaine d'administration (EMA), devenue par la suite Ecole Nationale d'Administration (ENA).[222]

Selon Pierre Vermeren, la création de l'Ecole Nationale d'Administration au tournant des années cinquante, répondait à plusieurs objectifs. Elle visait, d'une part, à rendre effectives les dispositions de la réforme administrative qui voulait ouvrir les cadres supérieurs de l'administration aux Musulmans : or l'équivalence à la licence accordée par la réforme à certains diplômes locaux restait lettre morte, si une préparation spécifiques ne venait pas préparer les candidats aux concours administratifs[223]. Lors de son allocution à l'inauguration officielle de l'EMA, en présence du Grand Vizir *El Mokri*, le général Juin invoqua en effet la mission dévolue au Protectorat, dans la droite ligne de laquelle se plaçait la création de cette Ecole : « amener(le Maroc) à la capacité de s'administrer lui-même[224] ».

Si l'on compare l'ENA marocaine à l'ENA française, qui est créée en 1945, par le Général de Gaulle, et qui marqua la volonté de rationaliser le recrutement des hauts fonctionnaires, ayant été à l'origine de la création de

---

[220] B.O. n° 2000, p. 697.

[221] J. Garagnon et Michel Rousset, *Droit Administratif marocain*, 6e édition, La Porte, Rabat 2003, p.499.

[222] J. Garagnon et Michel Rousset, *Droit Administratif*, *op.cit.*, p. (précitée).

[223] Pierre Vermeren, *Ecole, Elite et Pouvoir, au Maroc et en Tunisie au XXe siècle,* Alizés, février, 2002, Rabat, Ryad, Maroc, p.159.

[224] Pierre Vermeren, *Ecole*, *Elite et Pouvoir*, *op.cit.* p. 160.

deux corps communs aux administrations : les secrétaires d'administration et les administrateurs civils[225], l'école marocaine n'était pas originellement une école de recrutement, elle visait plutôt à préparer ses élèves à passer des concours de recrutement, après leur sortie de l'Ecole[226].

En tout état de cause, à cette époque, pour accéder à la fonction d'autorité, le passage par le statut d'administrateur du ministère de l'Intérieur était obligatoire, et s'il s'est inscrit dans l'orientation générale du régime de la fonction publique, prévue par le dahir du 24 février 1958[227], il comportait aussi des dispositions particulières, c'est dire que ce statut constitue malgré tout,une dérogation au statut général de la fonction publique, compte tenu de la spécificité des fonctions exercées par l'agent d'autorités, spécificités qui impliquent, des obligations spéciales. En effet l'article 4 du Dahir du 24 février 1958, exclut de son champ d'application le corps des administrateurs du ministère de l'Intérieur, au même titre que les magistrats et les membres des forces armées royales. La situation de ces agents est déterminée par des décrets portant statut particulier.

En ce qui concerne les administrateurs du ministère de l'Intérieur, il ne faut pas oublier : que leur statut a été initialement fixé par dahir[228] et non par simple décret comme il est indiqué ci-dessus. L'intervention du législateur s'est justifiée par le fait que le statut des agents d'autorité vise autre chose que la simple organisation de la carrière, il comporte, en effet, certaines dispositions relatives aux garanties et obligations fondamentales de cette

---

[225] Le Général de Gaulle, pragmatique, verra dans l'ENA une institution toujours susceptible de s'adapter aux conditions du moment. Lorsqu'il interviendra devant les élèves de l'École, le 17 novembre 1959, ce sera même l'idée centrale de son discours. Le nouveau chef de l'État décrit alors les transformations profondes des tâches de l'État, et affiche sa confiance dans la capacité de l'École à suivre, dans toute la souplesse de son enseignement, ces transformations. L'esprit demeurant le même, comme en témoigne cette phrase : « Quant à vous, Messieurs, vous ressemblez étonnamment à ceux qui vous ont précédés, en ce sens que vous êtes, comme eux, des hommes appelés par votre vocation et vos capacités à exercer la fonction la plus importante et la plus noble qui soit dans l'ordre temporel, je veux dire : le service de l'État. » Car pour De Gaulle, s'il existe bien, sinon un « moule », du moins un esprit marqué, dû à une formation commune, cela ne va pas sans une finalité profonde. Sa conception de la haute fonction publique, formée par l'ENA, est presque militaire : pour ainsi dire, des « divisions autonomes, homogènes, interchangeables » comme celles de Carnot, voir. Arnaud Teyssier, Secrétaire général adjoint de l'Association des anciens élèves de l'ENA, *Le général de Gaulle et la création de l'ENA*, Espoir n°103, 1995.

[226] PierreVermeren observe à ce propos que : « la réussite de cette école dépendait de l'offre proposée aux élèves à l'issue de leur scolarité, Mais la création de ces écoles avait aussi des motivations plus spécifiques. Il s'agissait de retenir une partie des étudiants sur place, à un moment, depuis la Libération, où ceux-ci se destinaient en nombre croissant à des études en Métropole, Cela est vrai en particulier au Maroc, l'administration continuant de déplorer l'orientation prioritaire des bacheliers vers les études supérieures juridiques et médicales, et leur mépris pour les fonctions administratives », P. Vermeren, *op.cit.* p. 160.

[227] Dahir n° 1-58-008 du 24 février 1958 portant statut général de la fonction publique, Bulletin officiel n° 2372 du 11/04/1958 – Page. 631.

[228] Dahir n° 1 - 63 - 038 du 1er mars 1963 portant statut particulier des administrateurs du ministère de l'intérieur

catégorie de fonctionnaires : tels que la prohibition pour un agent d'autorité de militer dans une organisation politique ou syndicale. Or, d'après la Constitution de l'époque de 1962, les garanties fondamentales du fonctionnaire, restent du domaine de la loi, et c'est cela même qui a motivé l'intervention du législateur (par dahir), c'est l'ensemble du statut général de la fonction publique qui relevait du législateur en vertu de la constitution de 1972[229].

Au demeurant, il convient de mentionner, à l'appui de cette thèse l'intervention de deux textes : le décret royal portant loi du 22 octobre 1966 et le Dahir du27 juillet 1970, qui sont venus successivement modifier et compléter le statut des agents intéressés[230]. Cependant cette thèse semble contrariée par l'intervention d'un simple décret pris en date du 22 novembre 1967 et tendant à jouer le même rôle que les deux textes précédents[231].

L'une des principales caractéristiques du statut des administrateurs du ministère de l'Intérieur, est que ces fonctionnaires avaient vocation à exercer des fonctions d'autorité, c'est ainsi que l'article 2 du statut précité, disposait que :

« Les administrateurs principaux et les administrateurs ont vocation, d'une part, à certaines catégories d'emplois à l'administration centrale et dans les services extérieurs (préfectures, provinces et municipalités) du ministère de l'intérieur et, d'autre part, dans les conditions définies aux articles 19 et 20 ci-dessous, aux fonctions suivantes :

– Gouverneur de préfecture ou de province ;
– Secrétaire général de préfecture ou de province ;
– Chef de cabinet ;
– Chef de division préfectorale et provinciale des affaires générales ;
– Chef de division préfectorale et provinciale des affaires économiques et sociales ;
– Chef de cercle ;
– Chef de bureau de cercle ;
– Chef de circonscription urbaine ou rurale »

A l'époque du statut des administrateurs du ministère de l'Intérieur, on a souligné le brassage qui a été établi entre les agents de l'administration centrale et ceux de l'extérieur. Les nominations aux fonctions d'autorité étaient prononcées par dahir sur proposition du ministre de l'intérieur. Dans des proportions qui diffèrent selon les deux fonctions principales, celle de gouverneur, et celle de chef de circonscription urbaine ou rurale (pacha ou caïd), les gouverneurs sont nommés dans la proportion de trois emplois sur cinq, parmi les administrateurs de classe exceptionnelle et de première classe, et dans la proportion de deux emplois sur cinq parmi les personnes

---

[229] Driss Basri, *L'Agent d'Autorité*, Imprimerie Royale, 1975, p. 79.
[230] Décret royal portant loi n° 662-66 du 22 octobre 1966, B.O 2818, 2 nov.1966, p ; 1255- Dahir n° 1.70.144 du 27 Juillet 1970, B.O n° 3015, 12-8 -1970, p : 1194.
[231] Décret royal n° 748- 6 67, 13 Nov. 1967, B.0 n° 2873, 22 nov.1967, p .1360.

ayant acquis une certaine expérience ou possédant certains diplômes, âgés de 30 ans au moins (article 19). Cette dernière disposition avait permis à l'Exécutif de faire appel pour l'exercice de la fonction de gouverneur à des éléments susceptibles d'apporter un sang nouveau et un dynamisme, qu'il ne pourrait, peut-être pas, trouver dans les cadres d'administrateurs pour les nominations aux autres emplois[232].

A ce propos, Driss Basri avait pu écrire en 1975 que : « l'absence d'un corps de gouverneurs statutaires est regrettable, ce vide juridique ne permet pas de dépasser le niveau de l'emploi supérieur d'administrateur principal. On aurait pu souhaiter voir certains administrateurs, d'un âge avancé et d'une ancienneté conséquente, accéder en fin de carrière, au grade statutaire de gouverneur. Sous l'empire du statut actuel, certains agents méritants, qui auront exercé les fonctions de gouverneur, perdront le bénéfice d'une telle qualité, à la fin de leur service, à moins de recourir aux nominations honorifiques qui s'effectueront, elles aussi, par dahir. L'argument opposé par la Fonction publique, à l'époque de la discussion du projet du statut se trouve actuellement sans portée (…) Dans le but de rendre statutaire le corps de gouverneur, un amendement du dahir de 1963 s'imposera certainement cette révision donnera d'avantage d'élasticité au déroulement de la carrière des administrateurs. Le grade de gouverneur, sera le cadre au sein duquel se confondront et la fonction d'autorité et l'emploi ; ce sera le point de jonction des deux pyramides constituées, d'une part, parla fonction d'autorité et d'autre part par le grade d'administrateur. L''objection consistant à affirmer que le grade de gouverneur serait pléthorique, n'aura aucun poids. Rien n'empêche, en effet, la réintroduction du système de la mise en disponibilité d'office, dans l'intérêt du service, que les dahir de 1956 avaient réglementé et qui a été omis par le dahir de 1963 »[233].

Afin de donner corps à cette conception du nouvel agent d'autorité et du gouverneur, commandeur, animateur, et coordinateur, une institution de formation des cadres verra le jour en 1965 et jouera un rôle fondamental dans la constitution d'un corps de cadres du ministère de l'Intérieur, destinés à occuper des postes de responsabilité au sein de l'administration territoriale, ainsi qu'au niveau de tous les domaines d'intervention du ministère de l'Intérieur. Appelée initialement l'Ecole de Perfectionnement des Cadres du ministère de l'Intérieur de Kenitra, EPCK, elle deviendra en 2008 L'IRAT : l'Institut Royal d'Administration Territoriale. Créée à une époque où il fallait instaurer l'autorité de l'Etat et organiser son intervention au niveau politique, économique et sociale, cette école faisait office d'établissement dispensant les principes généraux de l'exercice de la fonction d'autorité, du droit administratif, des finances locales, et des sciences militaires[234].

---

[232] Driss Basri, *L'Agent d'autorité*, Imprimerie Royale, 1975, p. 84.

[233] Driss Basri, *L'Agent d'autorité*, *op. cit.*, p.85.

[234] Nous pensons que L'Ecole de perfectionnement, quand bien même elle soit élevée au rang d'Institut supérieur d'Administration Territoriale, ne peut que former dans les généralités,

B. Le corps des agents d'autorité

L'histoire des agents d'autorité au Maroc est intimement liée à celle du ministère de l'Intérieur, les larges prérogatives dont ils sont investis, allant du maintien de l'ordre public général, de la tutelle des collectivités territoriales à la promotion nationale, à l'équipement du territoire, et à l'administration générale des populations n'est que le reflet de l'omnipotence historique du ministère de l'Intérieur. Il est permis de penser que l'image négative cristallisée autour de ce corps de l'administration n'est pas étrangère au rôle joué par le ministère pendant les années soixante et soixante-dix en tant qu'appareil de coercition. Cette conception était due, au fait que l'intégration des masses rurales demeurait à faire. Puisqu'une partie de la population n'avait qu'une vague idée de l'Etat. Elle ne s'en représentait l'articulation que par une image nébuleuse.[235]

Or, l'agent d'autorité devait, dès le départ, remplir progressivement un certain nombre de missions liées, d'abord, à la pacification et à l'unification du territoire, et ensuite à la contribution au développement des populations. L'absence d'agents d'autorité, à cette époque, dans certaines régions équivalait à l'absence de pouvoir, et partant, à l'absence de l'Etat. Laisser le Royaume, et particulièrement les régions rurales sans encadrement administratif, aurait pu ouvrir la porte à tous les dangers. Le Gouvernement d'alors ne pouvait pas non plus recourir au même personnel caïdal du Protectorat. D'autant plus que la mise en place d'une élite locale, par la voie des élections se faisait attendre. On a eu recours ainsi au système des caïds notables, même s'ils étaient condamnés par leur participation à la déposition de Mohamed V, en 1953 [236] ce qui explique qu'aussi bien, les gouverneurs des premières années de l'indépendance que ceux de la fin du règne du Roi Hassan II étaient presque toujours puisés dans les réseaux des notabilités familiales bourgeoises des villes. Il était dès lors nécessaire de pourvoir à ce manque par la formation d'administrateurs et de gouverneurs modernes pour qu'ils prennent en main l'administration territoriale du pays.

Soucieuse de son aspect moderne, l'administration du Maroc indépendant ne pouvait pas se permettre d'utiliser des fonctionnaires considérés officiellement comme des agents du Protectorat. Alors on a voulu, comme le souligne Rémy Leveau : « constituer un corps de caïds fonctionnarisés, s'inspirant du modèle du corps préfectoral français. Mais si la prise en charge de quatre cents fonctionnaires nouveaux ne posait pas de problèmes

---

l'apprentissage de la discipline et le respect de la hiérarchie, les refontes successives du cursus, des modules et des programmes de formation ne semblent pas être à la hauteur des attentes pour la formation d'un agent d'autorité capable de relever les défis de l'administration moderne et de la bonne gouvernance qu'attend le Maroc du XXIe siècle.

[235] Driss Basri, *L'Agent d'Autorité*, Imprimerie Royale, 1975, p. 17.

[236] Le Général Guillaume, le nouveau Résident général du Maroc, successeur du Résident Juin, fomente, le 20 août, une sédition de pachas, caïds et notabilités enturbannées et dépose manu militari le Sultan qui se voit exilé, avec toute sa famille, à Madagascar, après un bref séjour en Corse.

insolubles, entretenir, ne fut-ce qu'avec de modestes indemnités, deux mille *Chioukhs*[237],et près de vingt mille *Mokkademin*[238],présentait de nombreuses difficultés. Le coût de la fonctionnarisation de ces agents aurait dépassé de très loin l'ensemble des crédits du Ministère de l'Intérieur »[239].

Face à ces contraintes, et devant la nécessité de se doter d'un nouveau corps d'agents d'autorité, il fallait faire preuve de réadaptation des éléments existants, puisque, en réalité, il ne s'agissait pas d'une innovation, mais d'un « redéploiement » de l'ensemble des agents du Makhzen traditionnel, notamment les caïds et pachas, avec un réajustement de leurs attributions administratives et une redéfinition de la filière d'autorité.

A travers l'Ecole de perfectionnement des cadres (l'actuel IRAT), le ministère de l'Intérieur était à la fois le pourvoyeur et l'employeur des agents d'autorité qui étaient formés dans cette institution. Mais cette école de formation ne fut pas la première à dispenser une formation destinée aux agents d'autorité, puisqu'elle ne fut créée qu'en 1965. Alors que des circonstances bien particulières, essentiellement la période de troubles ayant précédé 1964 avaient favorisé le redéploiement de simples administrateurs dans des fonctions d'autorité.

Les prérogatives essentielles du ministère de l'Intérieur à cette époque, se limitaient aux missions classiques. Dans ce sens, Basri rappelle que « l'effort du gouvernement se concentrait, alors sur l'enseignement des méthodes et des règles du maintien de l'ordre. Cette époque coïncidait avec l'élaboration par le président du conseil en janvier 1959, d'une réglementation relative à l'utilisation des forces qui concourent au maintien de l'ordre »[240].

Comme nous l'avons souligné plus haut, au lendemain de l'indépendance le problème de la formation des agents d'autorité s'est posé avec acuité. La rareté des cadres nationaux et le départ des administrateurs français ont laissé le Maroc dans une situation de sous administration. Ainsi, les autorités marocaines se sont contentées, pour des raisons impérieuses de continuité de l'Etat, d'agents d'autorité et gouverneurs nommés aux différentes divisions territoriales ne disposant pas des qualifications nécessaires. Les besoins de la continuité de la gestion des affaires publiques et la prise en charge des populations en majorité inaptes à assurer les missions d'administration locale, et l'institution de la décentralisation dans la nouvelle charte communale du 23 juin 1960 ont justifié ce choix. Par conséquent, l'Etat a cherché à former, ou du moins à réadapter une nouvelle génération de gouverneurs, capable d'animer, d'assainir et de promouvoir.

---

[237] Pluriel de *Cheikh*, titre d'un chef tribal, maintenu dans l'organisation administrative moderne dans les campagnes, voir, glossaire des termes en arabe en fin de cette thèse.

[238] Pluriel de *Moqqadem*, l'équivalent du *Cheikh* en ville.

[239] Rémy Leveau, *Le fellah marocain défenseur du trône*, Paris, Presse de la Fondation Nationale des Sciences Politiques, 1985, p. 44.

[240] Driss Basri, *L'Agent d'Autorité*, Imprimerie Royale, 1975, p. 119. Il s'agit de la circulaire présidentielle du 3 janvier 1959, B.O. n° 2412, du 16 janvier 1959, p. 90.

En octobre 1956, *Driss Mhammedi*, ministre de l'Intérieur transforma les locaux qui servaient de lieux de cours aux officiers des affaires indigènes, en Centre d'Orientation Marocain, il y fera dispenser aux cadres marocains un stage d'un mois. Cette durée très brève, s'explique principalement par la pénurie de cadres lettrés susceptibles de suivre avec profit les cours de formation[241]. Le nombre d'agents d'autorité ayant suivi cette courte formation entre 1956 et 1958 est de 271, se répartissant entre 238 caïds, 29 chefs de cercle et 4 pachas. Les différents stages étaient sanctionnés par des examens écrits et oraux. Mais le niveau s'est révélé très bas et l'expérience n'a pu être poursuivie[242].

D'autres expérience de formation pratiques furent tentées avec moins de succès que la précédente, il en est ainsi des stages itinérants consistant dans des tournées organisées par des fonctionnaires du ministère de l'Intérieur en vue de dispenser sur le terrain dans les préfectures et provinces, un savoir pratique portant sur des sujets comme l'état civil, les affaires communales et municipales et les coopératives. Le niveau bas des agents d'autorité et leur nombre peu élevé n'a pu permettre de poursuivre cette expérience.

Avec la promulgation du statut de 1963[243], le Centre d'Orientation Marocain renaîtra afin de dispenser, cette-fois, un stage de formation de six semaines et l'introduction de la formation militaire. Ce fut l'ancêtre de l'Ecole de Perfectionnement des Administrateurs du Ministère de l'Intérieur (E.P.A.M.I). Cette école a évolué jusqu'à constituer l'unique lieu de formation des agents d'autorité, dont les lauréats sont nommés à la sortie des deux années de formations en tant que caïds ou caïds principaux et affectés sur l'ensemble du territoire dans les caïdats, cercles et circonscriptions.

Examiner la nouvelle filière des agents d'autorité, nous permettra de prendre la mesure de la création d'un véritable corps de gouverneurs au Maroc, qui a marqué la rupture avec la solution du corps des administrateurs du ministère de l'Intérieur, comme « pourvoyeur provisoire » des agents d'autorité, puisque l'article 2 du dahir du 1er mars 1963 portant statut particulier des administrateurs du ministère de l'Intérieur, qui permettait, jusque-là cette passerelle virtuelle, vient d'être abrogé par le nouveau dahir du 31 juillet relatif au corps des agents d'autorité[244]. Il s'agit donc, de la

---

241 Driss Basri, *L'Agent d'Autorité, op.cit.*, p. 119.

242 Driss Basri, *L'Agent d'Autorité, op.cit.*, p. 120.

243 Dahir n° 1-63-038 du 1er mars 1963 portant statut particulier des administrateurs du ministère de l'intérieur.

244 Voir l'article 22 du dahir de 2008, qui prévoit que : « Les dispositions de l'article 2 du dahir précité n° 1-63-038 du 1er mars 1963 sont abrogées et remplacées par les dispositions suivantes : « Article 2. – Les administrateurs principaux et les « administrateurs ont vocation à certaines catégories d'emplois à « l'administration centrale et dans les services extérieurs du « ministère de l'intérieur. « Ils peuvent également occuper les fonctions prévues au « premier alinéa de l'article 2 du dahir n° 1-08-67 relatif au corps « des agents d'autorité. Les nominations à ces fonctions sont « prononcées par dahir, sur proposition du ministre de l'intérieur, « dans les conditions fixées aux articles 4 (quatrième alinéa), « 5 (quatrième alinéa) et 6 (paragraphe c) du dahir précité ».

naissance véritable d'un corps administratif dans le vrai sens du terme, doté d'un statut particulier, dont il sied, à présent, d'exposer les conditions d'accès : un mode conventionnel, que représente le cycle normal des agents d'autorité de l'Institut royal d'administration territoriale(a), et un mode exceptionnel que représente le recrutement au tour extérieur(b).

a) La filière de l'IRAT(le cycle normal des agents d'autorité)

L'idée qui germait dans l'esprit des différents ministres de l'Intérieur, qui se sont succédé depuis l'indépendance, a enfin été concrétisée par la création de l'école de perfectionnement des cadres du ministère de l'Intérieur[245]. Ainsi, le ministère de l'Intérieur, en créant une école propre à ses cadres, entend-t-il forger un instrument adéquat, orienté exclusivement vers ses préoccupations fondamentales. Le fait de doter le corps des agents d'autorité d'un statut demeurerait sans effet s'il n'était pas complété par une institution qui prenne en charge le jeune fonctionnaire, dès le départ, pour lui insuffler l'esprit de la fonction et pour l'initier aux traditions du corps, qui consistent dans le souci de la primauté l'intérêt général[246].

L'Ecole de Kénitra, devenue "Institut" n'a cessé d'accroître sa réputation, au Maroc comme à l'étranger, puisqu'elle a formé plusieurs administrateurs de pays africains[247], avec un système de recrutement très particulier, basé sur la confrontation de deux exclusivités : une voie d'accès privilégiée : le cycle normal des agents d'autorité, et un seul employeur : l'État, notamment, l'administration territoriale. Examinons, à présent, les conditions d'accès de l'IRAT avant de prendre connaissance de son cursus de formation.

1. Conditions d'accès au cadre des agents d'autorité

L'article 15 du décret du9 juillet 2008 relatif à l'Institut Royal de l'Administration Territoriale[248] dispose que : « L'admission au cycle normal a lieu par voie de concours ouvert :aux candidats âgés de trente-cinq (35) ans, au plus, à la date du concours et titulaires de l'un des diplômes donnant accès à l'échelle de rémunération n° 10, ou à un grade ou cadre assimilé ; aux candidats fonctionnaires titulaires, âgés de trente-cinq (35) ans au plus à la date du concours, appartenant à un grade ou cadre classé à l'échelle de

---

[245] Décret royal n° 429- 65 du 27 septembre 1965, B.O n° 2763 du 13 octobre 1965, p. 1364.

[246] Driss Basri, *L'Agent d'Autorité*, *op.cit.*, p. 123.

[247] Les promotions de l'IRAT en chiffres : 1.818 lauréats du cycle normal (agents d'autorité - 42 promotions); 395 lauréats du cycle spécial (agents d'autorité -7 promotions); 1.019 lauréats du cycle pour cadres des divisions préfectorales et provinciales (48 promotions), 10 lauréats du cycle pour corps consulaire (1 promotion). 58 lauréats du cycle pour inspecteurs de l'administration territoriale (3 promotions). Source : Le Matin du 22 - 07 - 2007, *L'administration territoriale a son Institut Royal.*

[248] Décret n°2.08.291 du 9 juillet 2008 relatif à l'Institut Royal de l'Administration Territoriale.

rémunération n°10 au moins ou dans un grade ou cadre assimilé, après autorisation expresse de leur administration (...) »

Les dossiers de candidature, une fois parvenus à l'IRAT, font l'objet d'une présélection selon des critères fixés par le ministre de l'Intérieur. Seuls les candidats dont les dossiers sont retenus dans la présélection sont convoqués aux concours. Le concours de sélection comporte deux épreuves écrites d'admissibilité, l'une en langue arabe et l'autre en langue étrangère ; deux épreuves d'admission, dont une épreuve orale et un test psychotechnique/*Assessment* (article 15). De surcroît, l'article 16 du décret précité dispose que : « La liste des candidats pouvant être admis au cycle normal de l'Institut est soumise à Sa Majesté le Roi. ».

Concernant le volet de la réforme des conditions et les modalités d'accès à l'institut, le ministère de l'Intérieur a créé en 2007 un site Web permettant aux candidats au concours d'entrée au cycle des agents d'autorité de postuler en envoyant par e-mail le formulaire réservé à cet effet, dûment rempli. Dans le même registre, la sélection des candidats se fera sur la base de nouveaux critères comme le degré de qualification, l'âge, l'expérience professionnelle et la capacité à assumer les missions futures d'un agent d'autorité. Visiblement donc, l'IRAT se trouve à une étape charnière de son histoire ; le processus de réforme enclenché vise à adapter la formation dans cette école aux changements de la société marocaine d'une part et d'autre part aux nouvelles missions de l'administration territoriale[249].

Nous remarquons, en effet, plus d'équité dans l'accès au cycle normal des agents d'autorité, qui était jusqu'à un passé proche, limité aux fils des agents d'autorité eux-mêmes ou membres de leurs familles, ce qui encourageait les pratiques malsaines de clientélisme et de favoritisme et perpétuait le recrutement des agents d'autorité au sein des mêmes classes sociales.

D'autres moyens d'équité dans l'accès à la fonction publique doivent être mis en œuvre afin d'attirer les meilleurs candidats et de former un véritable corps d'élite pouvant servir les objectifs de l'administration territoriale et les adapter aux enjeux nationaux identifiés, que sont le développement socio-économique, la démocratisation, et la promotion du respect des droits et libertés humaines

2. Cursus de formation

A noter que l'Institut organise principalement deux types de cycle de formation, un cycle normal (c'est le cycle des agents d'autorité) et un cycle supérieur, en plus des cycles spécialisés ; des cycles de formation continue ; des cycles spéciaux de formation des cadres étrangers ; des cycles préparatoires aux concours des cycles « normal » et « supérieur » de l'Institut. Désormais le cycle normal de l'Institut est sanctionné par un master en administration territoriale. La durée des études en vue de

[249] Publié dans Le Matin du 22 - 07 - 2007, *L'administrationterritoriale a son Institut Royal.*

l'obtention du diplôme du cycle normal est fixée à deux années, réparties en quatre semestres. L'enseignement comporte des cours théoriques et pratiques, des séminaires, des visites d'études et des stages.

Au cours de cette formation, les élèves suivent des stages pratiques auprès des walis et gouverneurs à l'administration territoriale et centrale et dans toute autre administration ou organisme public ou privé. Ils suivent également des cours d'instruction militaire, ce programme est fixé par le ministre de l'Intérieur, après avis de l'Etat-major Général des Forces Armées Royales. Des stages et des visites d'études à l'étranger sont également organisés à leur profit. Les élèves sont tenus de présenter, à l'issue du stage, un rapport soutenu devant un jury (article 14 du décret du 9 juillet 2008).

Les candidats non fonctionnaires admis au concours du cycle normal, sont, à compter de la date d'ouverture de l'année scolaire, recrutés, en qualité de stagiaire, dans l'un des cadres des administrateurs et des administrateurs adjoints du ministère de l'Intérieur, conformément aux dispositions du dahir précité n° 1.63.038 du 1er mars 1963 ou dans un cadre ou grade classé à l'échelle de rémunération n° 10 ou 11 ou dans un cadre assimilé.

Les élèves de l'Institut sont assimilés, du point de vue de la discipline, à des élèves officiers de l'Académie royale militaire. A cet effet, ils souscrivent à un engagement de deux années dans les Forces armées royales.

Le ministère de l'Intérieur a lancé en juillet 2007 un grand chantier de réformes pédagogiques. C'est ainsi qu'en présidant la cérémonie de sortie de la 42e promotion du cycle normal des agents d'autorité, le ministre de l'Intérieur a souligné que cette réforme concernait d'une part, la modernisation du système pédagogique et d'autre part, les modalités d'accès à l'IRAT. A travers le lancement de ce chantier, le département de l'Intérieur voulait donner à l'IRAT les moyens de ses ambitions afin qu'il réponde aux mutations économiques et socioculturelles que connaît le Royaume. Il s'agissait concrètement de préparer des hommes et des femmes capables d'assimiler et de mettre en pratique le nouveau concept de l'autorité[250]. C'est dans ce sens que le ministère de l'Intérieur entendait réaliser une révision globale des programmes d'études et des curricula. Cette révision devrait se traduire par l'adoption du système des modules et par la révision de l'organigramme afin que celui-ci corresponde mieux aux nouvelles orientations de l'institut[251].

Dans cette optique, le ministère de l'Intérieur introduira de nouvelles matières scientifiques dans le cadre du cursus de formation, afin de doter les lauréats des outils leur permettant d'être en phase avec la dynamique que

---

[250] Voir, pour une étude du nouveau concept d'autorité, Michel Rousset, « *Le nouveau concept de l'autorité et la modernisation de l'administration marocaine* », in. Centre d'Etudes Internationales (dir) « Une décennie de réformes au Maroc (1999- 2009) », Ed. Karthala, 2009, p. 55.

[251] *Le Matin* du 22 /07/2007, « L'administration territoriale a son Institut Royal ».

connaît l'administration territoriale. Parmi les nouvelles matières qui ont été intégrées, il y a lieu de citer par exemple les techniques de communication, la gestion des risques, la bonne gouvernance et l'audit interne. Par ailleurs, et dès lors que le rehaussement de la valeur scientifique et pédagogique de l'IRAT s'est trouvé au centre des préoccupations du ministère de tutelle, il était nécessaire, de mener une réflexion sur la valeur du diplôme qui sanctionne les études audit institut. C'est ainsi que le diplôme de l'IRAT sera équivalent à un « Master » de l'enseignement supérieur. Cette équivalence constituera une sorte de reconnaissance de la valeur de la formation, académique et pratique, dispensée et attribuera aux lauréats la possibilité de l'intégration automatique dans l'échelle 11 de la fonction publique.

Dans ce cadre, S.M le Roi avait nommé un gouverneur à la tête de la Direction des études, une direction appelée à jouer un rôle fondamental dans la formation et la concrétisation des objectifs escomptés de cette réforme. Sans oublier le rôle de la Direction de la formation militaire qui veille à inculquer aux étudiants les matières militaires, la discipline, la rigueur et le sens de la responsabilité.

Toutefois, toutes ces mesures resteront lettres mortes, si l'on n'a pas une vision claire sur le rôle que l'on veut véritablement assigner à cet Institut, ainsi que les visées socio-administratives que l'on veut atteindre via le corps des agents d'autorité. Vouloir promouvoir les droits de l'homme devrait se traduire par l'intégration d'un cursus où cette matière serait omniprésente et incontournable, et non pas uniquement, comme un nouveau module théorique, ajouté à la va-vite, pour faire bonne figure. Aussi, les principes démocratiques, doivent-ils être inculqués aux agents d'autorité, dès le départ de la formation, afin qu'ils appréhendent le véritable rôle de l'agent d'autorité et les responsabilités qui seront les siennes, une fois sur le terrain : responsabilité de représentation objective de l'Etat, défense de l'intérêt général et service des administrés.

Toutefois, afin d'équilibrer l'accès à la fonction d'autorité, et de puiser également dans les compétences provenant d'horizons divers un recrutement extérieur a été aménagé.

b) Le recrutement au tour extérieur

Le recrutement au sortir de l'IRAT est, somme toute, normal, puisque le débouché naturel en terme de carrière d'un agent d'autorité, ayant occupé diverses fonctions de commandement territorial, est d'atteindre le poste de gouverneur. Cependant, réserver aux seuls lauréats de l'Institut de l'Administration Territoriale l'accès à cette carrière serait critiquable, au même titre que le recrutement des sous-préfets au sortir de l'ENA française, notamment, parce qu'il a pendant longtemps constitué la seule conception politique de l'accès aux plus hauts postes : « le concours interne à tous les échelons(...)le retour au concours par corps s'impose, l'ENA devenant alors une école d'application où étudiants reçus se rencontreraient, travailleraient ensemble, se prépareraient àune collaboration future mais sauraient dès le premier jour le corps où ils sont affectés en quittant l'école »[252].

La situation est différente au Maroc, le recrutement des agents d'autorité et des gouverneurs ne s'est pas limité à l'école de Kenitra ou l'Ecole Nationale d'Administration (ENA)[253], devait fournir à l'indépendance du pays l'essentiel du corps des gouverneurs. En outre, les gouvernements successifs alors même qu'ils réglementaient l'accès à la carrière gubernatoriale, ont eu le souci de ne pas se priver des éléments ayant fait leurs preuves, pouvant provenir d'un autre corps de l'Etat, des professions libérales ou même du secteur privé. C'est ainsi que la loi, a toujours ménagé "une possibilité d'entrée" aux cadres ne faisant pas partie des administrateurs ou des agents d'autorité du ministère de l'Intérieur. Dans cette perspective, il fallait répondre à la question de savoir la proportion des candidats qu'il convenait de laisser au tour extérieur.

En commentant le recrutement des préfets au tour extérieur en France, le Ministre Secrétaire d'Etat à l'intérieur Pierre Pucheu a déclaré que : « des connaissances professionnelles sont indispensables partout, aucun métier ne s'improvise, on s'en est aperçu avec les préfets. Dans certains cas l'introduction dans les cadres administratifs d'éléments venus du dehors a donné d'excellents résultats grâce à la valeur des hommes utilisés, à leur esprit de décision, à leur sens de l'autorité. En d'autres endroits, ce procédé a réservé des mécomptes. On ne pourrait d'ailleurs le généraliser sans décourager ceux qui ont choisi la carrière administrative et qui se seraient vus frustrés d'un poste auquel ils pouvaient prétendre par des concurrents venus de l'extérieur .Je crois donc que la bonne formule est un dosage où la proportion d'éléments neufs et extérieurs pourrait en définitive être de l'ordre de 20% »[254].

Au Maroc, on a justifié le recours au procédé de recrutement au tour extérieur, comme moyen de corriger ce qu'aurait d'excessif, l'application rigoureuse du principe du recrutement par concours[255]. En dépit de sa dénomination, le recrutement au tour extérieur peut correspondre aussi bien à un recrutement interne qu'à un recrutement externe, on parle de « tour extérieur » simplement, pour signifier que le recrutement se fait à l'extérieur du cadre qui recrute. Mais ce recrutement peut faire entrer dans ce corps aussi bien des personnels appartenant à la fonction publique et qui vont ainsi changer de cadre que des personnes étrangères à la fonction publique. Dans

---

[252] Philippe de Quinsac (pseudonyme d'un haut fonctionnaire) - « *Des préfets, mais quels préfets ?* », R.P.P., n° 819, mars 1971, p. 45.

[253] Créée le 8 mars 1948, par Feu S.M Mohamed V, dans le but d'assurer la formation des futurs cadres de l'Administration Marocaine, L'ENA a fait l'objet de plusieurs mutations au niveau de ses conditions d'accès, de ses programmes de formation et de ses outils pédagogiques (décrets de 1972, 1975,1979 et 1993).

[254] Cité par Pierre Gay, *inLe préfet régional*, thèse droit, Paris, 1942, Sirey, 1942, p. 103.

[255] Mohammed El Yaagoubi, *Le droit administratif marocain*, Tome II, année 1992, Imprimerie Arrissala. p. 78 et 79.

les faits, le tour extérieur correspond, dans la plupart des cas, à un recrutement interne, et il est ainsi essentiellement un moyen d'assurer « la promotion sociale » à l'intérieur de la fonction publique.

Cela étant, en application de ce procédé, peuvent être nommés au poste de gouverneurs deux types de cadres supérieurs : d'une part, les fonctionnaires classés au moins à l'échelle de rémunération n° 11, ou disposant du même échelonnement indiciaire et ayant au minimum une ancienneté de dix années dans l'administration, et d'autre part, toute personne ayant une compétence avérée et une expérience confirmée, âgée au moins de quarante ans, et titulaire d'un diplôme ouvrant droit au recrutement à l'échelle de rémunération n°11 et ayant au minimum une ancienneté de dix années dans les secteurs public ou privé.

Le nouveau texte de 2008 dispose que la nomination au grade de gouverneur, pour cette dernière catégorie est prononcée dans la proportion de 20% de l'effectif budgétaire prévu pour ce grade. Cette mesure rompt définitivement avec la règle de recrutement extérieur élargi, que ménageait l'article 19 du dahir du 1er mars 1963,portant statut particulier des administrateurs du ministère de l'intérieur, qui prévoyait que : « les nominations aux postes de gouverneur (...) parmi les personnes ayant acquis une certaine expérience et âgées de trente ans au moins », en sus de l'âge, qui est, comme nous l'avons souligné, passé à 40 ans. En France, comme l'affirme un observateur avisé du corps préfectoral : « l'âge moyen pour l'ensemble de la population (préfectorale) est de 45,7 ans, le point médian se situant à 45 ans. »[256].Désormais, ce type de recrutement ne peut dépasser 20% des postes disponibles.

Or, la question qui se pose à ce niveau est celle de savoir si les personnes nommées au grade de gouverneur, dans le cadre de cette dernière catégorie, sont intégrées immédiatement au corps des agents d'autorité, ou bien seraient-elles uniquement « mises à la disposition » ou « rattachées » au corps des agents d'autorité du ministère de l'Intérieur ?

En guise de réponse, le dernier alinéa de l'article 4 du Dahir du 31 Juillet 2008 dispose qu' « elles (ces nominations) ne peuvent entraîner l'intégration dans ce grade qu'à la demande de l'intéressé, au terme d'une période

---

[256] Luc Rouban, *Les Préfets de la République 1870 - 1997*, Les Cahiers du CEVIPOF, Centre de Recherche Scientifique de Science Po, janvier 2000, n° 26. p. 30-31 : « L'âge d'accès diminue régulièrement du gouvernement de Gambetta jusqu'à l'Ordre moral pour s'élever à nouveau à partir de la Troisième République et se stabiliser avant de grimper sous la Cinquième République jusqu'à plus de 47 ans de moyenne. Aucun préfet en dessous de 28 ans ne sera plus nommé après la Libération. La présence d'un âge maximum parfois très élevé (76 ans pour Taillandier, fonctionnaire des PTT à la retraite nommé préfet de la Haute-Marne par intérim en novembre 1940) est généralement liée à des périodes troublées où certains préfets sont nommés pour les besoins de la cause, parfois pour quelques mois, voire quelques semaines. On peut remarquer par ailleurs que l'écart-type, qui mesure la dispersion statistique par rapport à la moyenne, diminue régulièrement de Gambetta jusqu'à la Troisième République. Le corps est le plus homogène du point de vue de l'âge d'accès à la fonction préfectorale sous la Quatrième République.

minimum de trois années de service effectif en cette qualité, et après accord préalable du ministre de l'Intérieur. Cette période est prise en compte dans le calcul de l'ancienneté de service pour l'avancement et la retraite. ».

On en conclut que toutes les personnes qui sont nommées au grade de gouverneur, qui ne font partie ni du corps des administrateurs du ministère de l'Intérieur, régi parle dahir du 1^er^mars 1963 portant statut particulier des administrateurs du ministère de l'Intérieur, ni de celui des agents d'autorité, régi par le dahir du 30 Juillet 2008, ne sont pas intégrées dans le corps des agents d'autorité en tant que gouverneur automatiquement. Pour ce faire, elles doivent remplir des conditions particulières, notamment celle de passer dans ce poste 3 années à la tête de la préfecture ou la province, ou à l'administration centrale du ministère de l'intérieur.

De surcroît, la situation juridique de ce haut fonctionnaire, nommé au poste de gouverneur de l'extérieur du corps des agents d'autorité pose d'autres problèmes : serait-il alors dans une situation de mise à disposition temporaire ? Devrait-il garder les émoluments de son ancienne affectation et les confondre avec son traitement de gouverneur ?

En effet, l'article 37 du dahir du 24 février 1958[257] portant statut général de la fonction publique, dispose que : « Tout fonctionnaire est placé dans l'une des positions suivantes : en activité ; en service détaché ; en disponibilité. ». La situation juridique la plus proche du cas du gouverneur nommé dans l'hypothèse précitée est celle de « service détaché », puisque le dahir du 30 Juillet 2008 a utilisé la terminologie d' « intégration dans ce grade ». Et le détachement est la situation du fonctionnaire qui se trouve placé dans un corps ou cadre d'emplois différent de son corps ou cadre d'emplois d'origine. Le fonctionnaire exerce ses fonctions et est rémunéré selon les règles applicables dans son corps ou cadre d'emplois d'accueil. Le détachement intervient à la demande du fonctionnaire, généralement dans le cadre d'une mobilité, ou à l'initiative de l'administration, il en garde l'ancienneté de service pour l'avancement et la retraite de son ancien poste.

Néanmoins, pour qu'il y ait détachement, les deux dernières conditions : "à la demande du fonctionnaire", ou "à l'initiative de l'administration" doivent être satisfaites, ce qui fait défaut généralement dans les nominations royales de personnalités considérées comme disposant de compétences spécifiques ou bénéficiant de la confiance du Souverain. Ces personnes nommées au poste de gouverneur directement par le Roi n'ont souvent pas le temps de requérir l'accord de l'administration d'origine.

De surcroît, il ne s'agit là que de la situation du gouverneur détaché de l'administration publique, quid de la situation de celui qui arrive du secteur privé ou de professions libérales ? En effet, la situation de cette dernière catégorie n'est pas moins obscure que celle de la première, et laisse persister un certain nombre d'interrogations sur le cadre juridique strict qui l'encadre.

---

257 Dahir n° 1-58-008 du 24 février 1958 Portant statut général de la fonction publique, Bulletin Officiel n° 2372 du 11/04/1958, p. 631.

Après sa nomination en tant que gouverneur, l'Etat continue-t-il à prélever les cotisations de la Caisse Nationale de Sécurité Sociale (CNSS), ou bien du CMR (Caisse Marocaine des Retraites), la première étant réservée au secteur privé, et la deuxième à la fonction publique ?

A notre sens, la situation juridique dans laquelle se trouve le gouverneur nouvellement nommé, et détaché d'une affectation d'origine qu'elle soit dans le public ou dans le privé, pendant les 3 premières années, avant son intégration dans le corps des agents d'autorité, est une situation *ad hoc*, couvrant un changement fonctionnel dans la carrière de ce haut fonctionnaire et le soumettant à un certain nombre d'obligations et de devoirs comme les incompatibilités ou les interdictions d'exercer certains droits d'ordre politique, auxquels il est astreint dès sa nomination. Par exemple, s'il provient du corps des administrateurs d'un ministère déterminé, il sera soumis au statut des administrateurs du ministère de l'Intérieur et de celui-ci, il sera soumis au statut des agents d'autorité. Il gardera tous les droits à l'avancement et à la retraite de son cadre d'origine, mais en contrepartie il sera assujetti aux devoirs, que lui impose sa nouvelle appartenance au corps des gouverneurs. Puisqu'il est investi d'une mission qui dépasse son cadre d'origine.

Quel que soit le cadre d'origine ou le parcours professionnel du gouverneur, le débat sur l'existence d'un profil idéal de certaines personnes particulièrement prédestinées à exercer les fonctions d'autorité a fait couler beaucoup d'encre. Et l'on s'est interrogé sur les qualités essentielles requises dans les candidats à la fonction gubernatoriale, à l'occasion des réformes successives du cycle normal des agents d'autorité et du statut des administrateurs du ministère de l'intérieur.

c) Existe-t-il un profil idéal de gouverneur ?

A l'indépendance, comme nous l'avons souligné précédemment, les premiers gouverneurs placés à la tête des treize provinces créées par le premier Gouvernement, avaient été choisis parmi les personnalités les plus dévouées au palais. Leur appartenance à des familles ayant depuis toujours servi le Makhzen ou leurs positions personnelles sous le Protectorat en faveur de la Monarchie, faisant écarter tout soupçon quant à leur fidélité à la personne royale, donc, on s'est posé moins la question de savoir quelles étaient les qualités intrinsèques du candidat que son degré d'attachement et de fidélité au souverain.

Ensuite, on a assisté, selon les époques, à des typologies de profils de gouverneurs ; des officiers de l'armée française sous le protectorat, aux notabilités locales disposant d'un minimum d'éducation académique, aux juristes, avocats et professeurs de droit sous le ministre de l'Intérieur Driss Basri, aux lauréats de l'école des cadres de Kenitra, et des grandes écoles d'ingénieurs françaises, sous l'impulsion du conseiller royal *Meziane*

Belfkih[258]. Sous le règne de feu S.M. Hassan II, le dernier mouvement a intéressé 71 gouverneurs, 65 d'entre eux ont reçu une formation universitaire et les 25 autres ont suivi les cours de l'Ecole de perfectionnement des cadres du ministère de l'Intérieur de Kenitra (l'IRAT actuellement), 50% d'entre eux se situent dans la tranche d'âge entre 40 et 50 ans, et 35 sont âgés de 51 à 60 ans.

Aujourd'hui, depuis le début du règne de Sa Majesté Mohammed VI, on remarque une diversification des profils des gouverneurs nommés à des postes de commandement dans l'administration territoriale, et ce, depuis 2003. C'est ainsi que lors de cette année on a assisté à la nomination à des postes de gouverneurs de cadres venus du secteur privé, disposant de diplômes supérieurs en management et d'autres financiers, ingénieurs et juristes[259].

Eu égard aux critères de recrutement des gouverneurs, la doctrine classique française avait même écrit, sous la plume de Paul Leroy Beaulieu relatant cet état de fait pour le préfet français que : « la loi n'a fixé pour les Préfets aucune condition d'aptitude qui limite le choix de l'autorité centrale »[260], d'autres auteurs n'hésitaient pas à établir un parallèle entre les nominations ministérielle et préfectorale : « comme les ministres, les Préfets sont nommés par le pouvoir exécutif sans qu'aucune condition, même d'âge n'entrave, la liberté de son choix, pourvu qu'ils réunissent les conditions pour être français »[261].

Par ailleurs, le sous-préfet et futur Président de la République française, Paul Deschanel, par rapport à l'absence d'un cadre d'exigences claires relatives au recrutement des Préfets français avait écrit : « il faudrait que le personnel préfectoral fut recruté autrement et qu'on n'entrât pas dans l'administration comme dans un moulin, par le caprice d'un ministre et la recommandation d'un député ; on devrait exiger des études supérieures, des examens un diplôme. N'est-il pas inconvenable qu'on demande à un officier, à un inspecteur des finances, que dis-je ? Au moindre commis de ministère un apprentissage plus ou moins long, et que la faveur seule donne l'accès aux fonctions les plus complexes, les plus délicates »[262]

---

[258] « Les portes des secteurs-clés du pouvoir se sont ouvertes aux *pontistes* après le limogeage de Basri en 1999 et l'entrée de Mohamed Kabbaj et Meziane Belfkih dans le premier cercle royal. Résultat : quatre ministres du gouvernement Jettou sont lauréats des Ponts et Chaussées. La majorité des offices publics, des centres régionaux d'investissement et des agences de développement économique et social sont pilotés aujourd'hui par des « *pontistes* ». Dans la corporation des walis et des gouverneurs, ils sont une bonne dizaine à gérer le quotidien des provinces. »., in. Tel Quel du 30.03.2007. : « *Ces ponts et chaussées qui gouvernent le Maroc* ».

[259] Nominations royales au sein du Ministère de l'Intérieur, Biographies des nouveaux hauts responsables, in. Le Matin du, 26-07-2003.

[260] Paul Leroy Beaulieu, L'administration locale en France et en Angleterre, Thèse droit, Guillaumin 1872, p. 24

[261] Théodore Ducrocq, *Etudes de droit public*, Guillaumin, 1887, p. 456.

[262] Paul Deschanel, *La décentralisation*, Berger-Levrault, 1895, p. 24.

Analysant la question du profil des Préfets en France, Pierre Henry, l'historien par excellence du corps préfectoral français, avait écrit, en parlant de l'administration préfectorale qu' : « Un recrutement trop soigneusement assuré la banalisera (...) un siècle d'histoire a montré que l'accumulation de parchemins ne garantissait pas la qualité de ces fonctionnaires d'autorité. Pour faire un bon sous-préfet, qui sait ? Savoir le droit un peu, et savoir le violer un petit peu : tous les régimes de la France ont voulu cela. Intuition, psychologie, expérience des hommes, facilité d'adaptation, rayonnement de la personnalité, application, éloquence, suppléent dans cet étrange métier à la science administrative ou juridique théorique, telle qu'elle peut, par contre, être exigée des fonctionnaires techniques et financiers, et des magistrats. Savoir plaire, jouir de la considération, et, de la sorte, faire aimer et respecter le régime. Tout cela fait les bons sous-préfets, et les bons sous-préfets font les bons préfets ; après quoi, les bons préfets consolident les régimes, bons ou médiocres »[263]. Nous ne pouvons qu'adopter cette admirable description du profil du préfet et l'appliquer au cas du gouverneur au Maroc.

Choisir le gouverneur en fonction d'un profil idéal est indispensable, puisqu'en tant qu'agent du pouvoir central, il a longtemps souffert de cette image d'homme du Makhzen, parachuté dans la province ou la préfecture où il est nommé non pas par la volonté populaire mais par le vœu du Roi, il a ainsi, de tout temps, été brocardé, vilipendé comme un administrateur de Rabat, étranger au fait local. Donc, les qualités personnelles les plus recherchées devraient être les prédispositions sociales et les la facilité d'adaptation à de multiples environnements.

En tout état de cause, la perception de la fonction d'autorité dans l'imaginaire des populations au Maroc a beaucoup changé, et les multiples sédimentations du pouvoir du Makhzen ont pu légitimer l'autorité du gouverneur.

SECTION II. LÉGITIMATION DE L'AUTORITÉ DU GOUVERNEUR

Le gouverneur est un agent d'autorité, conformément aux textes, mais aussi à la doctrine juridique nationale qui en fait le représentant de l'Etat à l'échelon local. Or, jusqu'à présent, nous nous sommes intéressés au cheminement qui a été le sien, avant qu'il prenne la forme actuelle, en tant que cheville ouvrière de l'administration territoriale du pays. Interrogeons-nous, à présent, sur la source de l'autorité dévolue à ce haut fonctionnaire. Sa nomination royale suffit-elle à lui reconnaître une quelconque légitimité ? Les mécanismes de la cooptation notabiliaire administrative expliqueraient-ils, à eux-seuls, cette légitimité ? N'est-il pas un fonctionnaire désigné par l'administration, sans mandat électif ? Le fait qu'il soit « trié sur le volet »,

---

[263] Pierre Henry, *Histoire des préfets : cent cinquante ans d'administration provinciale* (1800-1950), Nouvelles éditions latines, 1950, p. 119.

parmi ses compères, est-il suffisant pour l'investir de cette fonction de haute magistrature ?

Pour répondre à ce questionnement, il faudrait d'abord définir la notion d'autorité, avant d'exposer les mécanismes de sa légitimation au Maroc.

L'autorité est généralement considérée par la sociologie juridique, comme un pouvoir légitime : un pouvoir qui n'a donc besoin que d'un minimum de coercition pour se faire respecter et obéir[264]. « On parle de l'autorité d'une personne, d'une institution, d'un message », écrivent Boudon et Bourricaud, « pour signifier qu'on leur fait confiance, qu'on accueille leur avis, leur suggestion ou leur injonction, avec respect, faveur, ou du moins sans hostilité ni résistance, et qu'on est disposé à y déférer »[265]. L'autorité ne peut donc être considérée purement et simplement comme un attribut du pouvoir, car il s'agit d'un concept relationnel. Il ne peut être question d'autorité que dans le cadre d'une relation entre les détenteurs d'un pouvoir et ceux qui lui sont soumis. Il y a autorité quand un pouvoir bénéficie d'un capital de confiance et quand les individus sur qui le pouvoir s'exerce lui conservent leur confiance. Ce pouvoir est alors perçu comme légitime et il acquiert l'autorité de ce qui échappe à la contestation[266].

A cet égard, la doctrine qui s'était intéressée à la notion d'autorité légitime ou légitimée, s'est particulièrement basée sur les travaux de Max Weber, selon lesquels il faut distinguer trois formes d'autorité : l'autorité charismatique, l'autorité traditionnelle, et l'autorité légale, rationnelle ou bureaucratique[267]. Schématiquement, la première forme se dégagerait de dons personnels spécifiques propres au chef, la seconde est le résultat de normes d'action inviolables ; l'autorité traditionnelle est un rapport de pouvoir qui repose sur cette base, c'est-à-dire sur le respect envers ce qui, réellement, ou d'une manière supposée ou prétendue a toujours existé. La troisième forme d'autorité appelée par Weber « autorité bureaucratique » est liée au développement du pouvoir légal en Occident, pouvoir basé sur un

---

[264] Le Dictionnaire encyclopédique de théorie et de sociologie du droit dirigé par André-Jean Arnaud (1993, p. 51-53).

[265] Boudon et Bourricaud, Dictionnaire critique de la sociologie, Paris, PUF, 1982.

[266] Jacques Coenen-Huther, *Pouvoir, Autorité, légitimité,* En marge d'un livre récent d'Alain Renaut, Revue européenne des sciences sociales, Tome XLIII, 2005, n° 131, p. 135-145.

[267] Dans son ouvrage, *Economie et société*, Weber consacre tout un chapitre aux « Types de domination », entendant les types d'autorité ou de pouvoir. L'autorité légale ou rationnelle est celle qui repose sur la légalité.C'est le régime moderne de l'Etat de droit, où en règle générale, tous les citoyens sont égaux, chacun pouvant accéder au pouvoir suivant un processus juridique reconnu. Ce type d'autorité se distingue alors de l'autorité traditionnelle, où les personnes sont constituées en autorité selon des règles de succession venant d'un passé lointain. Le statut de la personne est déterminé par son origine. Weber inclut dans cette catégorie les régimes monarchiques anciens du Moyen âge qu'il considère comme la période typique de ce genre d'autorité. Le troisième type d'autorité pour Weber est l'autorité charismatique, qui se trouve basée foncièrement sur les qualités personnelles intrinsèques, exceptionnelles d'un individu. Voir, Max Weber, Economie et société, Tome I, Paris, Plon, 1971, p. 219-255 ; voir également, Robert A Nisbet, *The Sociological Tradition*, New York, *Basic Books*, 1966, p. 141-143.

rationalisme juridique formel (normes de droit s'appliquant à tous les citoyens). La soumission ne repose pas sur la croyance et le dévouement à l'égard de personnes munies de charisme (prophètes et héros), ni sur une tradition sacrée, ni sur le respect envers un seigneur et maître personnel, défini par un ordre traditionnel. La soumission, dans le pouvoir légal, est plutôt basée sur les relations impersonnelles avec les devoirs d'une charge.

Si l'on veut intégrer le système *makhzenien* des agents d'autorité ayant engendré l'institution du gouverneur, sous sa forme actuelle, à travers son processus d'évolution historique dans l'une des catégories d'autorité évoquées, on pourrait aisément l'inclure, entre deux « cases », celle qui comprendrait, à la fois, l'autorité traditionnelle et charismatique qu'impliquerait un pouvoir totalitaire se déployant sur tous (loi du prince, préceptes religieux, droit naturel, ordre du divin, etc.), et celle d'autorité légale ou rationnelle, basée sur une division systématique du travail, de spécialisation… que toutes les sociétés (périodes révolutionnaires, société médiévale, démocratie moderne), ont connu à travers leur évolution, selon laquelle, pour être efficace et rentable, une structure moderne d'organisation, exige une autorité bureaucratique, où l'exercice de l'autorité est limité, cantonné à des secteurs de vie et de fonctions bien déterminés à l'avance et selon des règles précises.

Aujourd'hui, à notre avis, l'autorité exercée par le gouverneur pourrait être qualifiée de bureaucratique, puisqu'elle a été encadrée par des lois spécifiques précisant ses conditions générales et ses modalités de déploiement. Mais cela n'a pas été toujours le cas, puisque les gouverneurs au Maroc ne sont que les légataires d'une vielle tradition *Makhzenienne* du « *caïdalisme* » (paragraphe1), et ce n'est que récemment, que des conditions juridiques spécifiques ont été exigées des candidats à la fonction gubernatoriale (paragraphe 2).

Paragraphe I. D'un caïdalisme[268] traditionnel à un statut moderne

A l'indépendance, les gouverneurs continuaient à tirer leur légitimité de leur qualité de représentant du Souverain, mais leur puissance a considérablement diminué, car, avant le Protectorat, le représentant du Sultan à l'échelon régional était, du point de vue de son autorité, plus important que le chambellan et tous les ministres, à l'exception du Grand

[268] *Cf. Supra.*, note n° 57 sur la notion de*caïdalisme,* voir également, en particulier : P. Pascon qui voit dans le *caïdalisme* l'expression d'un modèle politique.« Il paraît indiscutable que le Protectorat avait choisi de consolider le caïdalisme dont le plus remarquable représentant, le Glaoui, protégé français visait de faire de son système un modèle hégémonique de société au Maroc » in. P. Pascon, *Le Haouz de Marrakech*, Rabat-Tanger, Editions marocaines et Internationales, 1977, 2 vols, p. 342. Voir également, De Mas Latrie, *La politique des Grands Caïds au Maroc*, Revue militaire française, Septembre, 1930, p. 3385.

vizir, premier ministre[269].Les pachas et caïds subsistaient mais n'avaient plus rien de commun avec les anciens notables proposés à la gestion des affaires locales par leurs concitoyens et vivant officiellement de prélèvements effectués sur eux. La création de l'Ecole de perfectionnement des administrateurs du ministère de l'intérieur, par le décret Royal du 27 Septembre 1965[270] avait pour objectif de dépersonnaliser la fonction d'autorité, de la moderniser, en quelque sorte, afin d'éviter la résurgence de l'esprit féodal qui s'attachait autrefois à l'exercice de cette fonction.

Conscients, dès le départ, de l'importance du contrôle du ministère de l'Intérieur et de l'administration territoriale, dès décembre 1955, les forces politiques en place, et particulièrement, le Parti de l'Istiqlal, avaient démontré un intérêt marqué pour la maîtrise institutionnelle des agents qui seraient appelés à assurer l'administration de toute l'étendue du territoire recouvré. Les premiers recrutements des fonctionnaires avaient tenu compte beaucoup plus de considérations d'obédience politique que d'aptitudes personnelles. Le congrès extraordinaire du Parti avait combattu l'installation des agents d'autorité n'exprimant pas d'appartenance partisane, et s'était particulièrement opposé à l'implantation d'agents disposant de pouvoirs exorbitants. Pour s'en tenir à l'essentiel, le Parti de l'Istiqlal avait proposé en conséquence, par le biais de sa commission des réformes institutionnelles un mémorandum de réformes en quatre points :

Premièrement, mettre au point un plan de refonte de toute l'administration des tribus et des villes, basé sur le principe de la séparation des pouvoirs judiciaire, administratif et fiscal. Les pachas et caïds ne doivent plus exercer que des fonctions administratives, limitativement définies par un texte de loi. Le plan doit en particulier comporter un statut de la fonction *caïdale*, prévoyant le mode de recrutement des pachas et caïds, leur avancement et une procédure pour l'application des mesures disciplinaires. Les pachas et caïds, agents locaux du pouvoir central doivent relever de l'autorité directe du ministre de l'intérieur du gouvernement marocain.

Deuxièmement, agir auprès du gouvernement marocain, pour que le système administratif qu'il doit instaurer dans le pays, jouisse d'une autonomie de fonctionnement et d'une liberté d'action excluant pendant la période transitoire de réorganisation, toute ingérence directe.

Troisièmement, prévoir de toute urgence, et ce, afin de redonner confiance aux populations, la création d'un cadre supérieur de représentants du pouvoir central à l'échelon régional, composés d'hommes compétents, intègres et dévoués, dont la fonction essentielle serait de contrôler et de superviser l'administration *caïdale*. Ces agents doivent également relever de l'autorité du ministre de l'Intérieur.

---

[269] Said Ben Bachir, *L'administration locale du Maroc*, Casablanca, Imprimerie Royale 1969.p. 35.

[270] Le décret Royal n° 429-65 du 27 Septembre 1965, B.O. N° 2763 du 13 octobre 1965, p. 1364.

Quatrièmement, exiger du gouvernement marocain de procéder sans retard à l'épuration du corps des caïds et pachas dans le cadre de refonte administrative : pachas et caïds, représentants locaux du pouvoir central, n'exercent que des fonctions purement administratives à l'exclusion des fonctions judiciaires et fiscales. Un corps de *super-caïds*, que nous pourrons appeler « *Amel* » réparti territorialement sur 10 régions ou d'avantage avec compétences déterminées, coordonnera et contrôlera la gestion des pachas et caïds[271].

C'est la première formulation de la dénomination d'« Amel » dans le Maroc d'après l'indépendance, appellation rencontrée lors de l'étude de la fonction de Khalifa du Sultan, et qui a été utilisée pour la première fois pendant le règne du Souverain Moulay Hassan 1er. Et c'est la terminologie usuelle aujourd'hui pour qualifier la fonction de « gouverneur » en arabe. Les propositions de l'Istiqlal appelant de ses vœux, une réforme du statut du corps des agents d'autorité et la création du nouveau cadre de gouverneur, avaient l'avantage d'avoir l'adhésion de la population, qui a longtemps souffert des agissements bancals des caïds sous le Protectorat. De surcroît, à cette époque, l'Istiqlal cherchait à soumettre les nouveaux gouverneurs, quelle que soit leur provenance, à l'autorité du ministre de l'Intérieur, issu d'un éventuel gouvernement politique dont la prééminence reviendrait aux ministres Istiqlaliens. Néanmoins, les ministres de l'Intérieur successifs des premiers gouvernements d'après 1956 ont tous fait fi de leur proximité avec l'Istiqlal et lui ont privilégié leur dévouement à la personne du Roi[272].

Cependant, force est de constater que le personnel de l'administration territoriale a plutôt profité à l'armée de libération plus qu'au Parti de l'Istiqlal. Même si ce dernier a profité de la situation de vacance engendrée par le départ des autorités françaises, pour placer dans les différents postes d'autorité des gouverneurs alliés au Parti. La désignation en mai 1960 d'un nouveau gouvernement avec un nouveau Président du Conseil en la personne du Roi lui-même, était un signe fort et préfigurait déjà que le déploiement de nouveaux agents d'autorité avait commencé. Une large épuration dans le corps des gouverneurs de l'époque pour incompétence ou prévarication s'en est suivie. Cette orientation est corroborée par une circulaire du 17 septembre 1960 faisant état d'instructions expresses du Roi pour épurer le corps des agents d'autorité de tous ceux qui seraient soupçonnés de sympathie à l'égard des partis politiques.

---

[271] Al Istiqlal du 17 août 1956.

[272] Dans le premier gouvernement après l'indépendance du 7 décembre 1955 - 25 octobre 1956 présidé par Bekkay Ben M'barek Lahbil, le Ministre de l'Intérieur fut Lahcen Lyoussi (Istiqlal), dans le deuxième gouvernement du 26 octobre 1956 – 16 avril 1958 présidé toujours par Bekkay, le ministre de l'Intérieur est Driss M'hammedi, dans le troisième gouvernement du 12 mai 1958-3 décembre 1958, présidé par Ahmed Balafrej(Istiqlal), le ministre de l'Intérieur est Messaoud Chiguer, et dans le quatrième gouvernement du 24 décembre 1958 -21 mai 1960 présidé par Abdellah Ibrahim le ministre de l'Intérieur est Driss M'hammedi

En plus des maux dont ils étaient accusés, les gouverneurs de 1960 ne disposaient pas de niveau de formation satisfaisant. Suivant une enquête faite en juillet 1960 par le ministère de l'intérieur, on comptait sur 365 caïds et chefs de cercles, 23 illettrés, 57 agents n'ayant que quelques rudiments d'instruction en arabe, et 123ayant un niveau d'études primaires. Enfin 80 postes restaient vacants, principalement dans le Rif et dans les régions sahariennes. En 1964 le tiers environ de l'effectif des agents d'autorité ne dépassait pas le niveau de Certificat d'études primaires et 3 seulement d'entre eux étaient titulaires d'une licence de l'enseignement supérieur[273].

A l'appui de cette situation Driss Basri rappelle que : « le niveau de formation de ces agents, très élémentaire, ne pouvait supporter le poids d'une administration évolutive en tous domaines. Il était logique que l'instabilité touchât ce corps aussi bien au niveau des radiations qu'à celui des mutations : de 1956 à 1963, 378 caïds ont été déchargés de leur fonction d'autorité, chiffre supérieur au nombre des circonscriptions caïdale. Au titre des mutations, dix chefs de cercle par exemple se sont succédé en cinq ans, à la tête d'une circonscription territoriale. »[274]

Quoi qu'il en soit, le renforcement de l'empreinte des élites locales sur la cooptation des gouverneurs a été officiellement accentué, à partir de 1960, pour combattre l'influence jugée pernicieuse des partis, sans aller jusqu'à abandonner l'idée de gouverneur fonctionnaire, la réforme du corps des agents d'autorité fut l'une des premières tâches à laquelle s'employa l'ancien premier ministre *Bekkaï*,nommé au ministère de l'Intérieur, dans le gouvernement formé sous présidence de feu Sa Majesté Mohamed V, le 29 mai 1960.

Rémy Leveau, fin connaisseur des arcanes du ministère de l'Intérieur de son époque, souligne qu'au cours d'une réunion de gouverneurs, en majorité des agents récemment désignés par le nouveau gouvernement, Bekkaï définit, le 20 Août 1960, les règles qui doivent inspirer le recrutement des nouveaux caïds : « en premier lieu, il ne doit plus exister d'agents d'autorité ignorants…en second lieu, le choix des agents ne doit plus être influencé par des considérations politiques…Enfin, le recrutement local est préférable, dans la mesure où l'on trouve des éléments qui répondent aux conditions exigées : instruction minima, compétence, intégrité. Cela facilitera leur travail en raison de leur connaissance des problèmes locaux. »[275]

En tout état de cause, les élites locales trouvèrent l'occasion de participer à l'exercice du pouvoir en dehors des conseils des Jemâas (conseils communaux), même si le recrutement local des agents d'autorité était variable selon les régions. En revanche, sur le plan central, la prise en main du ministère de l'Intérieur par le Président *Bekkaï* s'est traduite par

---

[273] Source : Ministère de l'Intérieur, Doc. Cab. SG.

[274] Driss Basri, L'Agent d'Autorité, Imprimerie Royale, 1975, p. 78.

[275] Rémy Leveau, *Le fellah marocain défenseur du trône*, Paris, Presse de la Fondation Nationale des Sciences Politiques, 1985, p. 51.

d'importants changements du personnel d'autorité. A la fin de 1960 les nouveaux agents d'autorité ont certes été proposés, la plupart du temps par le gouverneur, mais non sans filtrage successif, le ministre connaissait bien les campagnes et parcourait de nombreuses régions du Maroc pour regrouper les anciens combattants. Il avait pu ainsi entendre leurs doléances sur les caïds. Ses amis du mouvement populaire *Aherdane* et le docteur *Khatib*, donnèrent aussi un avis déterminant sur les candidats ainsi que sur les nominations de « *Chioukhs* » faites par les provinces[276].

Quoi qu'il en soit, ce qui a pu être appréhendé, c'est que la mise à l'écart des anciens gouverneurs était justifiée essentiellement par leurs sympathies partisanes. La circulaire du ministère de l'Intérieur, précitée, du 17 septembre 1960 faisait état d'instruction expresse du Roi pour épurer le corps des agents d'autorité de tous les partisans, et particulièrement ceux connus pour leur sympathie à l'égard de l'Istiqlal de l'UNFP ou de l'armée de libération. Environ la moitié de l'ensemble des effectifs furent écartés.

Les postes ainsi libérés, ont permis aux gouverneurs nouvellement nommés de jouer un rôle décisif dans la reprise en main du réseau des agents d'autorité (pachas et caïds), tout en se constituant une clientèle locale chargée de proposer les candidats aux postes à pourvoir, ils ont essentiellement tenu compte du critère de la fidélité à la monarchie, ce qui a présidé à leur nomination. Leurs interventions dans la reconstitution des échelons intérieurs à la hiérarchie administrative locale leur a permis également de s'attacher une clientèle personnelle et familiale. Ainsi : « La plupart des gouverneurs recherchent les candidats les plus valables sur le plan local en s'efforçant de concilier, chez eux une formation moderne avec une certaine audience en milieu traditionnel. Le ministère limitera son rôle à filtrer les propositions et à suggérer les noms lorsqu'aucun candidat répondant à ses vœux ne se trouvera sur place. Les postes vacants ne seront pas tous pourvus, surtout dans les provinces montagneuses ou présahariennes »[277].

En fait, il n'est pas inutile de rappeler que dès le début des années 1960, le parti de l'Istiqlal avait commencé à montrer beaucoup moins d'intérêt qu'auparavant au contrôle, par des candidats gouverneurs, du ministère de l'Intérieur et de ses services extérieurs. Il tentait de moins en moins de placer à la tête du département de l'Intérieur, un ministre Istiqlalien et aux circonscriptions territoriales, des gouverneurs de sa tendance politique. De plus en plus, il était évident que le Souverain entendait comme au temps de l'ancien Maréchal du Protectorat, avoir la haute main sur le ministère de l'Intérieur et de l'administration territoriale du pays. L'élimination de l'influence partisane sur l'administration territoriale s'est manifestée, d'une part, par l'action visant à soumettre l'administration territoriale et d'autre

---

[276] Rémy Leveau, *op.cit.* p. 52.
[277] Rémy Leveau, *op. cit.* p. 51.

part, par l'autre volet de celle-ci à savoir la réduction de l'impact des pouvoirs locaux centrifuges.

Tant que l'Etat ne transcende pas les courants politiques qui agitent la nation, subsiste le risque de voir les agents d'autorité subir les répercussions des luttes partisanes et intestines[278]. C'est dans cet esprit que la réduction de l'impact local des forces politiques concurrentes a permis à la monarchie d'imposer définitivement aux gouverneurs des normes émanant directement d'un centre immuable, matériellement situé à Rabat. C'est paradoxalement en application du même principe de l'unité qu'ont été mises en place depuis l'indépendance des institutions « démocratiques », tant à l'échelon local qu'à l'échelon national au lendemain de l'indépendance.

Le retour par ricochet à l'attachement des agents d'autorité à la monarchie provient du fait qu'historiquement, l'organisation administrative à la veille du protectorat se présentait sous une forme à la fois plus élaborée que celle des siècles précédents (à cause des réformes), et moins effective à cause de l'affaiblissement du pouvoir sultanien. Sur le plan de l'organisation régionale, le Maroc était divisé en trois provinces, chacune dirigée par un *Khalifat*[279] (lieutenant). C'est une institution qui avait une double fonction : politique et administrative. Il se chargeait de superviser les autorités administratives proprement dites. Il n'était, en fait, qu'une image réduite du Makhzen central. L'importance stratégique de cette fonction, comme nous l'avons vu précédemment, conduisait le sultan à la confier à des hommes de confiance, recrutés dans la famille *sultanienne*. Du point de vue politique, les *Khalifas* avaient notamment des fonctions hautement significatives dans le système sultanien : légitimation et arbitrage[280]. Dès lors, c'est-à-dire avant l'instauration du Protectorat français, deux personnages clés de l'administration locale ont été l'*Amel* dans la ville et le caïd dans l'espace rural, le premier est celui qui dirige l'administration de la ville, et s'occupe du maintien de l'ordre et du prélèvement fiscal, il était souvent choisi en dehors de la population locale.

Or, le flou, qui a entouré pendant longtemps les conditions de recrutement des gouverneurs, comme les autres agents d'autorité, avait prévalu pendant longtemps. Et la multiplicité des textes régissant chaque cadre, n'était pas pour clarifier cette situation, puisque chacune des fonctions d'administration territoriale avait pratiquement un régime propre. Les gouverneurs et les caïds étaient régis par deux dahirs différents, quoique pris à la même date

Le recrutement d'un gouverneur n'a jamais été une mince affaire, il serait même permis de dire, qu'il s'agit là, de la fonction la plus sensible au sein de

---

[278] Driss Basri, *L'Agent d'Autorité*, *op. cit*, p.18.

[279] Voir, *infra*, partie réservée au *Khalifa*du Sultan, p. 28.

[280] Abdallah Ben Mlih, *Structures politiques du Maroc colonial. D'un 'Etat' sultanien à un 'Etat sédimental'*, thèse pour le doctorat d'Etat en sciences politiques, Paris, Université de Paris II, 1988, p.113.

l'administration que de s'adjoindre les profils et les talents, les mieux à même de représenter l'Etat dans ses fonctions régaliennes, au niveau de ses démembrements territoriaux. Maurice Hauriou n'avait-il pas écrit, pour le préfet français que : « (les règles relatives à l'administration préfectorale) sont inspirées par une même pensée : faire que les préfets soient absolument dans la main du gouvernement et que, cependant, les avantages de leur situation soient assez grands pour attirer dans la carrière des hommes de valeur »[281], cette analyse percutante explique grandement le soin particulier qui doit entourer les règles de nomination des gouverneurs au Maroc.

Comment peut-on présager que tel haut responsable de l'administration, ou tel haut cadre dans les divers domaines économiques et sociaux, sera apte à réussir dans sa mission de gouverneur ? Quelles sont les prémisses, les prérequis, les atouts dont doit disposer un futur gouverneur[282] ? Est-ce que le diplôme, le cursus académique et le parcours professionnel sont des indicateurs probants et fiables sur le profil idoine du bon candidat à la fonction gubernatoriale ?

Pierre Aubert commente les critères de sélection qui doivent présider à la nomination du préfet français ainsi : « on est en pleine tradition. Une sorte de jurisprudence de fait, émanant d'un droit coutumier a déterminé des règles de convenance qui n'ont rien de statutaire : on fait appel à des hommes d'expérience, donc d'un certain âge, de bonne moralité, ayant de l'instruction et de bonne éducation, cultivés si possible de surcroît, ayant montré leur capacité dans d'autres activités telles que les finances ou l'armée, et de plus en plus souvent recommandés et poussés par des ministres et des hommes politiques en vue, avec lesquels ils ont travaillé et collaboré...en somme, des hommes convenables »[283].

En effet, à la gravité de la mission de gouverneur, à la hauteur symbolique et juridique de son mandat, devrait correspondre un profil de

---

[281] Maurice Hauriou, *Précis de droit administratif et de droit public*, 11e édition, Sirey. 1927, 2 t, p. 131.

[282] On serait tenté de penser que le choix de ce haut fonctionnaire ne devrait pas faire exception aux principes qui gouvernent la sélection des hauts cadres des entreprises du secteur privé ou des offices publics. Le territoire et la ville ne sont-ils pas après tout une structure socio-économique comme l'entreprise, visant les mêmes finalités, à savoir la prospérité économique et le progrès social ? La mission du wali et du gouverneur ne devrait-elle pas, in fine, favoriser l'accroissement de l'intelligence économique du territoire où ils commandent ? Il n'en est rien, le choix du gouverneur au Maroc est et reste entouré des plus grandes précautions et d'une extrême vigilance : il s'agit ni plus ni moins de désignation politique (dans son acception des sciences politiques, et non idéologique), avant sa nomination le candidat au gouvernorat devrait subir une batterie d'enquêtes, de renseignements, d'observations, visant la connaissances parfaite de ses tendances, ses accointances, son entourage et son environnement. Le caractère personnel et les habitudes du candidat à la haute fonction de gouverneur ne devrait pas être négligées, on comprend facilement cette rigidité, quand on sait qu'il serait appelé à être le délégué du Gouvernement, et partant à concilier entre plusieurs intérêts contradictoires, arbitrer et trancher dans plusieurs différends touchant la vie de la collectivité.

[283] Pierre Aubert, *"Le statut du corps préfectoral"*, Administration, 147, avril 1990, p. 132.

grande envergure, et une personnalité dégageant un charisme et une aura naturels, lui permettant d'être plus enclin à favoriser l'intérêt général et les principes du service public.

Il nous paraît donc important, dès lors, de fonder le choix porté sur le futur candidat au gouvernorat sur un double critérium certain et décisif : En premier lieu, le candidat devrait démontrer un attachement viscéral et indéfectible au Trône et à la personne du Roi qu'il est appelé à servir (pour les raisons historiques et politiques déjà exposées). Puisque l'explication est d'abord partie du champ de la philosophie religieuse, légitimant le pouvoir politique au Maroc et de l'histoire multiséculaire du Royaume, pour ensuite, questionner le fait politique dans ses déterminations historiques concrètes, puis les catégories et concepts utilisés pour penser les institutions propres au Maroc.

Ensuite, le futur gouverneur devrait démontrer des qualités de grand commis de l'Etat visant à servir ses concitoyens avec abnégation et clairvoyance, il ne saurait faire prévaloir des intérêts privés ou particuliers au détriment des intérêts suprêmes de l'Etat. La sensibilité et le caractère d'ordre public de la mission de gouverneur ne favorisent pas son recrutement via des processus privés, c'est ainsi que le fait pour le ministère de l'Intérieur français d'avoir décidé de confier à un cabinet privé le recrutement d'une partie du futur corps préfectoral et sous-préfectoral, à été à l'origine d'un remous médiatique sans précédent, même si le mobile de cette initiative peut être honorable : diversifier l'origine et la provenance des haut-fonctionnaires[284].

Le gouverneur, partie intégrante du corps des agents d'autorité, notamment le caïd, le chef de cercle (*super caïd*), le pacha, le secrétaire général de préfecture, de province ou de région, est soumis aux mêmes conditions de recrutement que les autres agents d'autorité : les textes exigent qu'il ait atteint une expérience suffisante et un nombre d'années d'ancienneté donné, dans l'exercice de sa fonction d'agent d'autorité ou d' administrateur du ministère de l'Intérieur. Mais une place a été ménagée au recrutement extérieur, on remarquera même que cette brèche a été élargie par le dahir du 16 février 1977, relatif aux attributions du gouverneur tel qu'il a été modifié et complété[285] modifiant le statut particulier de 1963[286]. La dernière réforme de 2008 apporte plus de précision à cette modalité de recrutement et la cantonne, comme nous l'avons déjà souligné, à 20% de l'effectif budgétaire de ce grade[287].

[284] Les préfets privatisés, sur : http://www.slate.fr, publié le 04/12/2009, consulté le 15/02/2014.

[285] Dahir portant n°1-75-168 du 15 février 1977 relatif aux attributions du Gouverneur tel qu'il a été modifié ou complété. (B.O n°3359 du 16-3-197(p.341- B.O n°3873 DU 21 Janvier 1987, p.10 - B.O n°4223 du 6 Octobre 1993, p. 536).

[286] Dahir n° 1 - 63 - 038 du 1er mars 1963 portant statut particulier des administrateurs du ministère de l'intérieur

[287] Article 3 du Dahir n° 1-08-67 du 31 juillet 2008 relatif au Corps des agents d'autorité.

Pour répondre à la question de recrutement, il faudrait se référer aux textes particuliers réglementant la fonction d'autorité au Maroc, et notamment, le Dahir du 15 février 1977 précité, tel qu'il a été modifié à plusieurs reprises, et plus en profondeur, le dahir du 31 juillet 2008, relatif au statut particulier des agents d'autorité[288].

L'article 19 du texte de 1963 prévoyait que les nominations aux postes de gouverneur sont prononcées par dahir sur proposition du ministre de l'Intérieur parmi les administrateurs principaux, administrateurs et administrateurs adjoints, et sans aucune limite quantitative, parmi les personnes ayant acquis une certaine expérience et âgées de trente ans au moins. Toutefois, les gouverneurs recrutés au tour extérieur n'étaient pas « titularisés » par l'effet de leur nomination. A l'inverse, les gouverneurs issus du corps des administrateurs avaient la certitude de pouvoir poursuivre une carrière normale au cas où ils se trouveraient victimes des aléas qui jalonnent l'exercice de la fonction d'autorité, puisque l'article 27 leur a reconnu une garantie de réaffectation à l'administration centrale ou dans les services extérieurs pour le cas où ils seraient démis de leurs fonctions en tant que gouverneur.

Le dernier texte de 2008, avant l'adoption de la nouvelle constitution de juillet 2011 permettait l'accès au statut de gouverneur par le biais d'une proposition du ministre de l'Intérieur, soumise à l'appréciation du Souverain, qui prononce la nomination par dahir[289]. Le gouverneur, haut fonctionnaire, provient ainsi soit du corps des agents d'autorité, lauréats de l'Institut Royal de l'Administration Territoriale de Kenitra, appelé jusqu'en 2008 : Ecole de Perfectionnement des Cadres du ministère de l'intérieur, l'EPCK[290], soit du corps des administrateurs du ministère de l'Intérieur, tel qu'il est régi par le statut particulier de 1963. Aujourd'hui, on remarque que le dahir du 31 juillet 2008 utilise désormais la terminologie de « corps des agents d'autorité », alors que le premier statut de 1963 usait de l'appellation : « corps des administrateurs du ministère de l'Intérieur. »

Il ressort de l'analyse de ces différents éléments, que malgré l'évolution législative tendant à fixer clairement les conditions d'accès à la fonction de gouverneur, elles restent encore dans une large mesure, tributaires de certains choix et critères puisés du droit public marocain avec ses deux composantes traditionnelle et « moderne ».

---

[288] Voir *Supra* notes n° 16 et 19.

[289] Article 2 et 3 du Dahir du 31 juillet 2008, relatif au statut particulier des agents d'autorité.

[290] Décret n°2.08.291 du 9 juillet 2008 relatif à l'Institut Royal de l'Administration Territoriale, son article premier dispose : « L'école de perfectionnement des cadres du ministère de l'intérieur créée par le décret Royal n° 429.65 du 27 septembre 1965 prend, désormais, la dénomination de « l'Institut Royal de l'Administration Territoriale ».

Paragraphe II. Conditions juridiques de l'exercice de la fonction de gouverneur

Eu égard aux qualités requises du gouverneur, nous devons, avant tout, les rechercher dans le registre du droit public musulman, étant donné qu'il fonde la légitimité de la pratique du pouvoir au Maroc, et que le « *Roi Amir Al Mouminine* », décline ou transmet une partie de cette légitimité à des degrés subalternes dans la pyramide de l'administration du pays aux walis et gouverneurs (A), sans pour autant passer sous silence les conditions juridiques de droit public *moderne* (B)

A. Qualités du gouverneur dans le droit public musulman

Les théoriciens du droit public musulman ont consacré une grande partie de leur réflexion à la question des conditions requises dans le candidat appelé à gouverner, qu'il soit Khalife, Imam[291] ou gouverneur. Aussi, parle-t-on de *Khalife* qui exerce un pouvoir qui tire ses fondements du Coran et de la Sounna. Ce pouvoir n'est pas législatif, il est exécutif. En effet, la doctrine traditionnaliste, relevant de la théologie, incarne un idéal moral eschatologique, l'ordre politico-social des humains devrait s'y conformer. Soit les humains devraient s'y conformer de leur propre gré et par leur conviction, soit ils y sont contraints. La fonction de commandement est soumise aux conditions qu'impose cet idéal moral, normatif et religieux appelé la *lieutenance*.

La lieutenance est différente de la royauté (*mulk*) :celle-ci n'est pas liée à une finalité eschatologique (la défense de la religion et l'application de la Charia en vue du salut des croyants), mais seulement à une finalité temporelle (gouvernement/administration des affaires de ce monde). La lieutenance se justifie par un dessein supérieur et implique l'exercice du pouvoir sous la tutelle de celui-ci, de qui on « tient lieu de » (Dieu), alors que la royauté se justifie par des raisons profanes et temporelles (la coexistence, la paix et la sécurité entre les hommes). La lieutenance instrumentalise la fonction de commandement au profit de Dieu et de la religion, la royauté instrumentalise la religion et la divinité au profit de la légitimité de sa fonction de commandement et de maintien de l'ordre et de la sécurité entre les hommes[292].

De ces considérations découle la théorie de l'obéissance aux détenteurs d'autorité en Islam : en fait, l'implication logique du principe de la souveraineté de Dieu est le gouvernement des hommes par Dieu, ce dernier

---

[291] Bien qu'il s'agisse de deux expressions différentes, elles désignent en réalité la même fonction. L'Imam signifie Chef, et le Khalife signifie successeur. Le Prophète ayant été le premier Chef de la Communauté, Imam, son successeur, Khalife, va aussi en devenir un. En parlant de Khalifat on le fait donc par rapport au premier Imam.

[292] Mohammed Mouaqit, *Droit public musulman, aspects classiques et contemporains*, Afrique Orient, 2011, p. 20.

ne pouvant gouverner directement les hommes, il le fait par des intercesseurs. Le gouverneur en est un, il tient l'autorité de gouverner du sultan qui l'a nommé et auquel il a délégué une portion de son pouvoir. Cependant, le principe coranique de l'obéissance aux détenteurs de l'autorité sera interprété de manière à lui donner une signification générale qui l'étend aux détenteurs de l'autorité politique. Ce principe a sa contrepartie, à savoir que l'obéissance est due, en principe tout au moins, seulement aux détenteurs de l'autorité qui sont eux-mêmes en état d'obéissance à Dieu[293].

Or, les explications doctrinales relatives aux exigences du commandement et de l'exercice de l'autorité, sont une occasion de rappeler que la frontière entre le religieux et le séculier est pratiquement inexistante dans l'Islam. *Muhammad* lui-même, de son vivant, détenait en même temps le pouvoir religieux, politique, judiciaire et militaire. Pourtant, « dans l'Arabie préislamique, les fonctions de commandements n'étaient pas concentrées entre les mains d'un seul homme. Dans chaque tribu il y avait un chef ou *sayyid* (…) mais son autorité était limitée. Il présidait comme *primus inter pares*, les conseils des notables de la tribu et, dans la mesure où il était respecté, on écoutait attentivement ce qu'il disait : seul un homme possédant lui-même une certaine influence pouvait se risquer à émettre un avis différent »[294]. A ses côtés, il y avait un chef de guerre (appelé, *caïd*) et un administrateur de la justice (appelé *hakam*, ce qui signifie arbitre). Le fait que *Muhammad* et les premiers *khalifes* aient assumé à eux seuls tous ces rôles est assez révélateur.

En tout état de cause, la doctrine précise que la délégation de pouvoir de commandement territoriale qui est conférée à l'*Emir* ou au gouverneur d'un territoire est soit générale, soit spéciale. Elle est spéciale quand le pouvoir du gouverneur se limite à l'attribution militaire, à l'administration des sujets et à la défense de la religion, tandis que les attributions relatives à la justice, à la perception de l'impôt foncier et de l'aumône légale restent en dehors de sa compétence. Elle est générale quand elle confère au gouverneur toutes les attributions : administrative, financière, militaire, religieuse. Le gouverneur comme le *khalife*, doit dans les limites de sa compétence territoriale tenir l'armée en état de préparation au combat et veiller au bon fonctionnement de la justice.

Du point de vue des qualités personnelles requises chez le candidat à la fonction de gouverneur, s'impose au Maroc la vision éthique puisée dans le droit public traditionnaliste, qui requiert des qualités principales et d'autres accessoires. Elles sont tirées du droit administratif traditionnel dont *Mawardi*[295] pourrait être considéré comme le représentant le plus autorisé. Ce

---

[293] Mohammed Mouaqit, *Droit public musulman, aspects classiques et contemporains, op. cit.*, p.22.

[294] W. Montgomery, *La pensée politique de l'islam,* Paris, PUF, 1995, p. 21.

[295] Abou al-Hassan 'Ali Ibn Muhammad Ibn Habib Al Mawardi, Célèbre Qadi de Baghdâd qui mourut en 450 de l'Hégire (1058 G.)

dernier, dans son manuel de droit public et administratif, « *les statuts gouvernementaux* », après avoir développé les attributions générales d'un « Emir » auquel le *khalife*(Sultan) confie le commandement d'une région ou d'une ville, il en arrive à énumérer ses conditions de nomination qu'il considère similaires à celles qui président au choix des « *vizirs* » :«(les) *conditions de capacité requises pour exercer cet émirat sont les mêmes que pour le vizirat de délégation, car la seule différence entre eux est que le premier constitue une espèce particulière du cas général qu'est le second, et les conditions applicables au particulier ne peuvent être que celles du général.* »[296]

Quand on se réfère au chapitre relatif aux qualités requises dans le vizirat, on peut lire : « *pour être apte à recevoir l'investiture de ce vizirat, les conditions à réunir sont les mêmes que pour l'imamat, sauf en ce qui a trait au lignage : le vizir a en effet à sanctionner les opinions et à mettre à exécution les résultats obtenus par la recherche indépendante,« idjlihâd* [297] *»), et on doit exiger de lui les qualités du « modjtehid ». Il faut en outre qu'il réalise une condition qui n'est pas demandée à l'imâm, c'est-à-dire qu'il soit d'entre les gens capables dans le double domaine qui lui est confié, la guerre et l'impôt, qu'il en ait l'expérience et en connaisse les détails, vu qu'il a tantôt à s'en occuper en personne, tantôt à s'y faire remplacer : or il ne peut se faire remplacer par des gens capables que si lui-même est du nombre, et il ne peut agir personnellement s'il leur est inférieur. Cette condition est le pivot du vizirat, et c'est de son existence que résulte la bonne marche de l'administration.* »[298]

C'est dans ce cadre que le droit public traditionnel, considérant les attributions importantes dévolues au gouverneur, les pouvoirs régaliens dont il est investi, les relations publiques qu'il serait appelé à tisser au sein de sa circonscription avec d'autres institutions, et avec les administrés, a développé une doctrine exigeant de lui qu'il réunisse des qualités personnelles primordiales, notamment :

a. Les qualités intellectuelles ou scientifiques

C'est le premier type de qualités, sinon la condition *sine qua non* de l'exercice de la fonction gubernatoriale, conformément à la loi religieuse, puisque « détenir le savoir ou la culture est la plus noble des qualités, que pourrait avoir l'être humain, conformément aux versets coraniques : « *Dis :*

---

[296] Al Mawardi, *Les Statuts gouvernementaux, Al Ahkam Al Sultaniyyah*, Trad. Fagnan, p.60.
[297] Al Mawardi, *Les Statuts gouvernementaux, op.cité*. p. 61, avec cette note de Fagnan : « Cela ne peut certainement s'entendre de *l'idjtihâd* du degré supérieur et dont l'autorité s'impose à tous, mais d'une connaissance suffisante des textes et "les procédés d'argumentation pour que le vizir puisse, éventuellement, solutionner les questions pour lesquelles les précédents font défaut. Cette acception est d'ailleurs fréquente ».
[298] Al Mawardi, *Les Statuts gouvernementaux*, op.cité. p. 62.

« Sont-ils égaux, ceux qui ont reçu la science et ceux qui ne l'ont point reçue?» Seuls des êtres doués d'intelligence sont à même d'y réfléchir. »[299] Et « *...Dieu élèvera de plusieurs rangs ceux d'entre vous qui ont la foi et qui ont reçu la science. »*[300]

C'est pour cette raison et à cause de la gravité de la mission du gouverneur et de l'importance de ses fonctions, alors même que les textes ne requièrent des candidats au poste de gouverneur que d'être« (...) titulaires d'un diplôme ouvrant droit au recrutement à l'échelle de rémunération n°11(...) »[301], la doctrine estime qu'ils doivent être titulaires d'un doctorat ou d'un diplôme équivalent pour pouvoir prétendre à ce poste de haute responsabilité[302]. On comprend facilement cette exigence liée au niveau académique élevé, le gouverneur serait appelé à jouer un rôle d'animateur d'un véritable « gouvernement local » au sein de sa préfecture ou sa province, l'ensemble des services qu'il commande sont dirigés par des directeurs et des chefs de divisions ou de service, qui sont, naturellement des cadres disposant de diplômes supérieurs et d'un niveau intellectuel et académique conséquent, il y a parmi eux des ingénieurs, des juristes, des architectes, des urbanistes, des médecins, des professeurs, et d'autres cadres supérieurs. Cette variété de profils nécessite, bien entendu, que le premier responsable territorial ait au moins leur niveau de formation, ou un niveau supérieur.

A ces qualités, on ajoute des qualités ou des compétences techniques, ce type de compétences techniques ne doit pas être confondu avec les qualités intellectuelles, il s'agit plutôt des aptitudes et expertises du gouverneur acquises précédemment dans la gestion de dossiers complexes. On exige de lui cette haute connaissance du fait de la variété, et de la multiplicité des dossiers qu'il est appelé à traiter, relatifs par exemple, aux études de faisabilité de projets territoriaux, au volets économiques, sociaux et culturels, études de plan sectoriels, étude d'impact, connaissance des règles de fonctionnement des entreprises, des règles de la comptabilité publique, etc. L'avis du gouverneur serait sollicité dans plusieurs domaines liés à la gestion quotidienne de sa préfecture ou sa province, il se doit de prendre des décisions éclairées fondées sur une connaissance approfondie des divers secteurs dont il assure la supervision.

b. Conditions d'aptitude physique et morale (éthique)

La doctrine traditionnelle a développé une littérature étoffée, en ce qui a trait aux conditions physiques et morales de ceux qui sont appelés à occuper

[299] Sourate des Groupes (Az-Zumar), verset 9, dans : Le noble Coran, Français-Arabe, Edition Tawhid, Lyon, 2004.
[300] Verset 11, Sourate de la Discussion (Al-Mujâdala), dans : Le noble Coran, Français-Arabe, Edition Tawhid, Lyon, 2004.
[301] Article 4 du Dahir n° 1-08-67 du 31 juillet 2008 relatif au corps des agents d'autorité.
[302] Abdel Aziz Acherki, *op. cit.*, p. 45.

de hautes charges, aussi bien celles de l'imamat, du vizirat, que du gouvernorat, *Mawardi* explique à ce sujet que le gouvernant satisfait aux exigences de Dieu tant qu'il est apte à assurer l'*imâmat* [303], deux choses peuvent amener un changement et dépouiller de l'imâmat celui qui en est revêtu : une lésion à son honorabilité ou une lésion de son état physique[304].

La lésion à son honorabilité sera constituée par l'immoralité, qui est de deux espèces : dans la première, il obéit à la concupiscence, dans la seconde, il s'attache à des opinions suspectes. Dans le premier cas, il y a des actes extérieurs coupables, c'est à- dire qu'il commet des faits interdits et se livre à des actes simplement répréhensibles, en donnant le pas à la concupiscence et obéissant aux passions, ce qui constitue une immoralité incompatible avec le fait d'être déclaré *Imâm* et de rester tel, de sorte que, quand elle se manifeste chez l'Imâm reconnu, il est disqualifié. L'immoralité de la seconde espèce est constituée par une interprétation suspecte des principes de la loi religieuse, alors qu'elle serait en contradiction avec l'orthodoxie. Les docteurs émettent à ce sujet des opinions diverses. Les uns prétendent que cela constitue une incompatibilité avec le fait d'être déclaré imâm et de rester tel, les autres se montrent plus tolérants et sont plutôt enclins à un redressement de la conduite.

En ce qui concerne les infirmités physiques qui peuvent survenir, la doctrine classique en dénombre trois espèces : celles des sens, celles des membres et celles de la locomotion. Les premières se subdivisent en trois catégories : celles qui rendent impropre à l'imâmat, celles qui n'y rendent pas impropre et celles sur lesquelles les avis sont partagés. La première catégorie comprend la disparition de la raison et la privation de la vue. La disparition de la raison est ou bien accidentelle et vraisemblablement passagère, un évanouissement par exemple, et elle n'empêche ni d'être proclamé *Imâm* ni de le rester, car c'est une courte indisposition qui disparaît rapidement, ou bien confirmée et vraisemblablement incurable, par exemple la démence et l'aliénation mentale. Quand elle survient au cours de l'imâmat et qu'elle est dûment constatée et affirmée, l'imâmat se trouve invalidé.

La question qui se pose à ce niveau est celle de savoir le sort du gouverneur, qui, pour des raisons de santé physique ou morale, ne peut être proclamé Imâm, puisqu'il n'en remplit pas les conditions susmentionnées. Peut-il rester en fonction ? Les uns disent qu'il ne peut le rester non plus que le devenir, de sorte que la survenance de cette affection entraîne la déchéance, sans quoi il y aurait des intervalles pendant lesquels serait suspendue l'action continue qui est exigée dans l'exercice de cette charge. Mais d'autres soutiennent qu'il n'y a pas d'empêchement à ce qu'il continue de rester *Imâm* ou chef, bien qu'il n'eût pu (en cet état) le devenir, parce que,

---

[303] Voir glossaire des termes en arabe en fin de cette thèse, « imâmat » d'imam, meneur de prière, chef, gouverneur.

[304] Al Mawardi, *Les Statuts gouvernementaux, Al Ahkam Al Sultaniyyah, op. cit*, p. 33.

quand on le choisit, il y a à tenir compte de son parfait état de santé, comme aussi, pour le déposer, d'une infirmité absolue[305].

S'agissant des autres qualités morales du gouverneur, sur le plan du droit public musulman, il devrait être, selon la déclaration d*'Al-Ma'mûn*[306] : « un homme en qui se trouvent réunies les qualités de vertu, de retenue dans les mœurs, de droiture dans les procédés ; que l'éducation ait épuré et l'expérience fortifié ; qui gère les affaires secrètes dont il reçoit la confidence et se mette aux affaires les plus graves dont le soin lui est remis ; dont la langue soit retenue par l'indulgence et déliée par la connaissance, à qui un clin d'œil suffise, pour qui, un regard, à la dérobée, soit assez ; qui ait l'ardeur du militaire et le calme du sage, l'humilité du savant et l'acuité d'intelligence du juriste ; qui sache reconnaître un bienfait et opposer la constance aux épreuves de la mauvaise fortune ; qui ne vende pas son lot du jour présent pour acheter un échec du lendemain ; qui s'asservisse les cœurs par l'habileté de sa parole et la beauté de son élégante exposition. »[307]

c. Qualités sociales

Concernant les qualités d'appartenance sociales, les docteurs de la loi musulmane leur apparentent aussi celle du lignage, c'est-à-dire que le candidat à la *khilafa*, l'*Imara* ou au gouvernorat doit avoir une descendance directe de la tribu du Prophète *« Koreich »*, cette dernière question, qui même, si elle fut loin de faire l'unanimité de l'ensemble de la doctrine traditionnaliste[308], a fait l'objet d'un débat passionné et a donné lieu à différents points de vue. Toutefois, même s'il ne s'agit pas ici de passer en revue ces différentes positions de manière exhaustive, signalons tout simplement que ce débat a fait éclore trois écoles : l'école orthodoxe, pour laquelle le gouverneur doit absolument descendre de la tribu du prophète, l'école shiite qui défend l'idée que la désignation doit être faite par l'*Imâm* à son vivant, parce que pour les shiites l'Imam Ali avait été désigné par le Prophète en personne, et l'école Kharidjite qui rejette toute succession basée exclusivement sur la naissance et la descendance.

Il n'en reste pas moins vrai, qu'au Maroc depuis l'indépendance, et à cause de l'élitisme qui a caractérisé la fonction de gouverneur, l'appartenance sociale aristocratique ou clanique, en fonction de la cooptation notabiliaire a été un facteur influent dans le choix des

---

[305] Al Mawardi, Les Statuts gouvernementaux, *Al Ahkam Al Sultaniyyah*, *op. cit*, p. 34.

[306] *Abû al-`Abbâs al-Ma'mûn `Abd Allah ben Hârûn ar-Rachîd*, surnommé Al-Mamûn ou Almamon[2] (Celui en qui on a confiance) est né le 13 septembre 786 à Bagdad et mort à Tarse le 10 août 833, à l'âge de quarante-sept ans, était un calife abbasside qui régna de 813 à 833.

[307] Cité dans Al Mawardi, *Les Statuts gouvernementaux,op.cit.* p. 44.

[308] Voir à pour une étude approfondie à ce propos, L Milliot, Introduction à l'étude du droit musulman, p. 49, et L. Gard et, *La cité musulmane*, Paris 1976. p.153 et J. Robert, *La monarchie marocaine*, LGDJ, 1963, p. 45.

gouverneurs. Alors même que les cooptations basées sur les liens de sang, que l'on a rencontrées tout au long de l'histoire du pays et depuis le règne des premières dynasties, se sont considérablement limitées, sans s'estomper définitivement après l'indépendance. Dans ce sens, on peut citer à titre d'exemple la nomination de *Moulay Abderrahmane Alaoui*, comme gouverneur du Méchouar de Casablanca, après qu'il a été pacha de Touarga et d'Ifrane, ou de *Moulay Taieb Alaoui*, comme gouverneur d'El Jadida et ancien pacha de Fès, les deux gouverneurs sont descendants du Cadi *Mohamed ben Driss Alaoui* (1897-1951, petit-fils du sultan *Sidi Mohammed ben Abdallah)*.

Par ailleurs, l'affectation du gouverneur en fonction de son appartenance ethnique a été, de tous temps, l'apanage de cette haute charge. Cela a été vérifié à l'époque du Sultan Moulay Ismail qui nomma comme gouverneurs sur la ville de Salé, connue pour être une cité maritime, restée longtemps sous influence des corsaires, entre le XVIe et le XVIIe siècle, des personnalités issues de grandes familles dites « *seletins* » descendants des corsaires[309]. La même situation a été observée dans les nominations des premiers gouverneurs du Royaume après l'indépendance, auxquelles nous avons déjà fait allusion, qui étaient caractérisées par une sélection « ethnique » très marquée, privilégiant les candidats d'origine berbère, ayant officié dans les campagnes de l'ancien« *bled Siba* » comme caïds ou pachas, ce qui les prédestinait à occuper des postes de gouverneurs sur des provinces nouvellement créées, ou s'occuper du maintien de l'ordre et de l'instauration de l'autorité de l'Etat dans les régions berbères.

En termes de sélection sociale, le choix des gouverneurs s'est basé, ensuite, sur l'origine et avaient favorisé les origines géographiques et tribales en préférant, tantôt des berbères, tantôt des bourgeois de Fès et depuis le recouvrement des provinces sahariennes, des gouverneurs originaires du Sahara. Le phénomène de la sélection ethnique voire tribale s'est ainsi poursuivi avec le recouvrement des provinces du sud, depuis 1975. Le ministère de l'Intérieur a favorisé l'affectation à ces commandements de gouverneurs originaires du Sahara, et de préférence ayant la même appartenance tribale que les populations de ces provinces. Outre la contrainte politique, pour le pouvoir central, créée par la contestation de la marocanité de ces territoires, s'est ajoutée la nécessité de

---

[309] Voir. Infra. Le terme Corsaires de Salé, (en anglais *Sallee Rovers*, littéralement les « écumeurs des mers de Salé ») désigne un ensemble de corsaires opérant entre le XVI et le XVIIe siècle et siècle, depuis Salé et Rabat, composé de Morisques, de Turcs et de renégats européens. Depuis la fin du XIIIe siècle, il existe à « Salé le Vieux » une petite activité de piraterie. La ville, l'un des ports des plus importants de l'époque mérinide, sert également d'arsenal et de base aux navires armés en partance pour la guerre en Al-Andalous. Cette activité se poursuit au XVe siècle, période durant laquelle, selon *Mármol* (Luis del Mármol Carvajal), « on y équipe des fustes pour courir les côtes de la Chrétienté » ; in, Luis del Mármol Carvajal, *Historia del rebelión y castigo de los moriscos del Reyno de Granada, Grenade, Delegación Provincial de la Consejería de Cultura*, 1996, t. I, p. 83-100.

gérer de façon optimale, un territoire très étendu et comportant une sociologie plus tribale qu'administrative moderne. La nomination de gouverneurs sahraouis était censée pallier cette lacune et permettre de maintenir les autorités informées de la vie et de l'évolution des opinions politiques des habitants des provinces du sud.

Ainsi, le 22 janvier 1998, le ministre de l'Intérieur Driss Basri adressa aux walis et gouverneurs une circulaire visant la mise en place de l'organisation des mesures visant l'identification en vue du référendum confirmatif de la marocanité du Sahara, cette circulaire[310] leur rappelle qu' : « il ressort des rapports quotidiens d'activité des ateliers ethniques transmis par (leurs) soins que malheureusement, seul un nombre réduit de walis et gouverneurs, (...) ont une connaissance exacte des tribus et sous fractions relevant de leurs commandements respectifs et ont pu de ce fait adresser au Ministère de l'Intérieur des données statistiques sur les postulants, conformes aux données du fichier central. »

B. Qualités de droit public moderne

Les auteurs, lorsqu'il s'agit de dresser une liste des qualités requises pour embrasser la carrière gubernatoriale, s'accordent pour donner plus de poids aux qualités humaines et de charisme personnel, que de connaissances techniques ou administratives. C'est ainsi que l'un d'eux, a mis en avant particulièrement : « les qualités d'ouverture et d'autorité, de présence et de permanence, de rigueur et d'accueil »[311].

Une partie de la doctrine étudiant la situation du préfet français, au contraire pense que les qualités personnelles ne sont pas suffisantes, et qu'il faut se tourner du côté des qualités plutôt professionnelles, ainsi selon un auteur représentatif de ce courant : « il y a un mythe propagé dans de nombreux ouvrages consacrés à l'administration préfectorale, selon lesquels pour un préfet, « les qualités humaines » sont plus importantes que « des qualifications professionnelles ». En réalité il n y a rien de plus faux. Le métier préfectoral le plus dur qui soit, s'apprend. Or, il est indéniable que la plupart des préfets expérimentés sont imbus d'un scepticisme profond sur les hommes et sur les choses. *Animation pour eux signifie des histoires qu'il faut éviter à tout prix*. Ils ont surtout appris, au cours de la carrière : « l'art de dissiper les préventions, de calmer les ressentiments, de ménager les opinions, de caresser les amours-propres »[312]

---

[310] La circulaire n°84/CAB adressée le 22 janvier 1998 par le ministre de l'Intérieur Driss Basri aux walis et gouverneurs.

[311] B. Le Clere, *La vie quotidienne des Préfets au19e siècle (1815-1914)*, in Les Préfets en France 1800-1940, Genève, DROZ, 1978, p.181.

[312] *Comment les préfets se voyaient* ? in, Jacques Aubert, Pierre Guiral et autres, *Les préfets en France* (1800-1940), Genève, Librairie Droz, 1978, ouvrage reprenant la communication du colloque organisé le 26 avril 1975 par l'Institut français des services administratifs, p. 150.

Néanmoins, selon une autre opinion doctrinale autorisée, la personnalité constitue le potentiel de la réussite dans ce métier, c'est le caractère de l'homme qui compte, bien davantage que la garantie juridique des attributions, ou que la formation universitaire, que l'appartenance à une filière ou à une caste. Il se trouve en effet des personnalités, d'origine, de nature, de recrutement très différents, qui s'imposent par leurs aptitudes à faire face, à réagir, à s'enrichir, dans les circonstances les plus diverses[313].

À cet égard, on a pu connaître, en France, des préfets médiatiques, des « préfets tranquilles », des « Rastignac », des « hommes de cour » de « bons agitateurs » ou des « conciliateurs ». En tout cas, ne résistent avec le temps, que ceux, qui au-delà de leur nomination, acquièrent une nouvelle dimension. Le métier exige de la stature, sinon du charisme, en tout cas de l'envergure et des convictions, qui sont la marque des âmes fortes, aujourd'hui la menace la plus grave qui pèse sur le corps préfectoral, serait le risque d'une déficience humaine provoquée par l'opportunisme ou l'amateurisme ou le fonctionnarisme[314].

Et comme le souligne un autre auteur pour le préfet français : « (...) il doit conserver à l'esprit la dimension authentiquement humaniste de sa mission, écouter et comprendre, resteront la raison principale du métier préfectoral »[315].

En évoquant les qualités toujours plus nécessaires aux membres de l'administration préfectorale, Bernard Lavaron écrit : « l'autorité personnelle, le charisme, le sens du dialogue, de l'expertise, l'attention à autrui, une personnalité, du caractère, un sens des relations, un flair politique, et de la rigueur »[316].

De toutes les façons, la personnalité du gouverneur devrait être sculptée par l'expérience, par le temps, par les épreuves, elle est la marque d'un métier pour homme libre et équilibré, peut-être, pourrait-on évoquer la sélection sur la base de qualités, dans la mesure où la démocratie a besoin d'une dose d'aristocratie[317], pour bien fonctionner, les qualités qui sont requises démontrent qu'il s'agit bien de se comporter, non pas au-dessus des autres mais certainement autrement[318]

Il ne faut pas oublier, en effet que la fonction gubernatoriale est avant tout une mission de commandement ; le titre d'origine latine (du préfet) évoque celui qui prend la tête « *Pre-fectus* », celui qui se porte en avant, et parfois le commandement mais toujours comme un responsable et non pas comme une puissance imposée. Et pour utiliser un terme de cavalerie on pourrait dire qu'on attend du gouverneur qu'il se tienne en avant, calme et

---

313 Paul Bernard, *Le Préfet de la République*. op.cit, p. 126.
314 *Ibid*
315 Joël Thorval, *Les Préfets à l'aube de l'an 2000*, Adm. N° 153, p. 38, 39.
316 B. Lavaron., *Le préfet face au XXIe siècle*, Economica, 2001, p. 259.
317 Voir particulièrement l'ouvrage de M. Marcel Gauchet, *L'avènement de la démocratie, à l'épreuve des totalitarismes*, Editions Gallimard, 2010.
318 Paul Bernard, op.cit. p. 128.

droit, s'il veut garder l'équilibre, le sien, et celui de son environnement social. Le titre choisi au Maroc pour désigner la personne investie de la fonction gubernatorial est « gouverneur », « *Amel* » en arabe, il lui faudrait alors de la bravoure et de l'abnégation pour accomplir sa mission, mais n'a-t-on pas dit que l'on ne croyait qu'aux témoins qui accepteraient de mourir pour leur mission[319].

La dimension humaine caractérise la nature des relations, l'anonymat ne peut exister pour le gouverneur, placé à la vue de tous et « en plein vent », pas plus d'ailleurs, que pour ses interlocuteurs, représentant d'un Etat à visage découvert, il ne peut se réfugier dans le confort des compétences juridiques ou s'installer dans des prérogatives, le gouverneur est – et doit être – un anti-technocrate et un anti-bureaucrate, en ce sens, il est un agent permanent de la réforme.

En tout état de cause, plusieurs qualités spécifiques devant se réunir dans le gouverneur peuvent être puisées dans la doctrine. Nous nous contentons d'examiner quelques-unes : il doit être un homme de terrain, un chef responsable et avoir la conviction de servir l'intérêt général.

a. Un homme de terrain

Certes, comme l'explique Paul Bernard, il ne saurait être partisan de quelque forme d'autonomie régionale, puisqu'il porte en lui l'idéal de l'unité nationale, mais il est attentif aux particularismes locaux qu'il transcende. Au besoin, il les prend en compte, pour ajuster l'action des pouvoirs publics nationaux et pour plaider auprès du Gouvernement la considération que mérite l'attachement des populations à leur histoire et usages locaux ou la spécificité de leurs problèmes.[320] Ceci dit, le gouverneur devrait toujours porter un regard compréhensif et constructif sur les réalités et les traditions locales, dans le cadre de sa carrière « mouvementée » à travers le Royaume, il doit apprendre à partager la vie des populations des montagnes du *Rif,* des plaines de *Chaouia*, des monts de l'Atlas et du désert de *Dakhla*, il faudrait non seulement être l'ambassadeur de Rabat, mais *aimer* le Maroc dans toute sa diversité sociologique et culturelle.

En effet, souvent taxé de haut fonctionnaire parachuté, proche de l'entourage royal et affidé du Gouvernement, le gouverneur, nouvellement installé dans sa province doit tirer le meilleur parti de sa position de coordinateur et de représentant de l'Etat dans le territoire, il doit réussir à former la synthèse entre lui et les citoyens qui retrouveraient là le sens de l'intégrité et de l'unité nationale.

Il ne faut pas oublier que les gouverneurs, légataires présomptifs des anciens Khalifas, Pachas et caïds du Makhzen traditionnel, répartis sur le territoire, véritable fer de lance de la Monarchie administrative, envoyés à

---

[319] *Ibid.*

[320] *Ibid.*

toutes les époques dans les provinces, en tant que représentants du sultan n'étaient investis que de simples délégations de servir, et n'avaient rien de régulier ni de permanent. C'est pour cela que la charge gubernatoriale exigerait de son porteur du réalisme, du concret et écarterait les tentations et postures idéologiques et technocratiques, car les politiques publiques au lieu d'être des plans, deviennent des réalisations concrètes sur le sol de la collectivité.

Aussi a-t-on expliqué, que le gouverneur, homme de terrain doit, grâce à son expérience et son génie, atteindre une sorte de « régulation croisée »[321], c'est une régulation qui vise, selon M. Crozier et J. C. Thoenig, l'établissement et le maintien d'un compromis, garant de la stabilité dudit système. Mais comme le soulignent ces auteurs : du fait d'un cloisonnement de chacune des unités composant le système, ce compromis demande, pour être négocié, l'intervention d'un relais, c'est-à-dire d'un coordinateur qui va permettre l'établissement du compromis souhaité. Dans un tel système, toutes les unités se tiennent les unes les autres : « Chaque filière régule l'autre en même temps qu'elle est régulée par elle »[322]. Enfin, tout dépendra de la carrure et de la personnalité du gouverneur et de sa capacité à maintenir l'équilibre entre la défense de l'intérêt national unique et immuable, et les intérêts locaux qu'il doit protéger et faire prospérer sur le terrain.

b. Un chef responsable

Etymologiquement parlant, le mot « gouverneur » vient du verbe gouverner : diriger, manœuvrer, conduire, mener. Tous ces verbes d'action évoquent l'initiative et la chefferie, ce qui rappelle que le gouverneur doit toujours se porter aux devants, « être au gouvernail » du territoire qu'il commande, c'est une position isolée, qui demande du courage et parfois même de l'héroïsme afin de pouvoir s'en acquitter honorablement. Quand on est gouverneur, on est porteur d'un idéal d'une certaine idée de la patrie, d'un sens profond de la citoyenneté, il faudrait être prêt à supporter les difficultés des oppositions et les obstacles des contingences locales pour servir l'Etat.

Un chef responsable doit faire preuve de calme, de sang-froid et de droiture. Le calme, le sang-froid et la sérénité sont les protections précieuses pour celui qui est le plus souvent dépourvu d'armature et de garantie. Il lui appartient de savoir garder « la tête froide » et de maîtriser ses réactions en toutes circonstances, afin de ne pas laisser paraître inopinément des états d'âme qui pourraient le faire récuser comme médiateur naturel. Il lui faut aussi du courage pour résister aux menaces des personnalités en place,

---

[321] Pour comprendre plus finement ce type de régulation, voir, le chapitre « Le système politico-administratif territorial » dans Dupuy J.-F. et Thoenig J.-C., *Sociologie de l'administration française*, Paris, Le Seuil, 1983.
[322] Thoenig J.-C., *Sociologie de l'administration française*, *op. cit.* p.12.

comme aux pressions de la rue[323]. Cette sérénité à toute épreuve mariée à une certaine endurance s'imposera pour supporter les diverses déconvenues, les déceptions et les écueils que rencontre le gouverneur dans une société complexe qui se cloisonne de plus en plus, et qui créée inévitablement des affrontements et des incohérences. En conséquence, il lui importe de temps en temps de réapprendre aux groupes et aux collectivités « à vivre ensemble pour se faire, il faut élaborer un compromis : compromis entre l'Etat et les personnes, compromis entre les personnes et les groupes et compromis entre l'Etat, les personnes et les groupes. »[324]

Un gouverneur, chef responsable, se doit d'être droit, il doit l'être pour être crédible auprès des citoyens qui attendent de lui de la rigueur, de la justice, une absence de complaisance et une capacité à s'opposer aux forces contraires à l'intérêt général. Le gouverneur, homme de contact et de dialogue, évoque par la fonction gubernatoriale qu'il exerce, l'image napoléonienne du préfet. La fonction préfectorale survivance d'un passé lointain et symbole même de l'autorité sans partage, est au fond une fonction de compréhension, d'explication et de compromis[325].

c. Le service des administrés

Ce métier ne peut être exercé sans passion, ni enthousiasme, car il faut convaincre, et pour y parvenir, il est indispensable d'être soi-même convaincu. Très souvent le gouverneurne pourra maîtriser ou retourner une situation difficile que si lui-même s'implique avec tout son cœur. Le gouverneur, devrait être convaincu qu'en tant que représentant de Sa Majesté le Roi et délégué du Gouvernement, il est le confident de tous les acteurs économiques et sociaux de son commandement. Il doit être passionné par le contact des administrés dont il est le principal recours sinon, parfois l'unique. « C'est par ce biais que s'effectuaient jusqu'en 1976 les principaux actes de la vie administratives dans les circonscriptions de base. »[326]

Au Maroc, le fait administratif est récent, l'administration locale est traditionnellement beaucoup plus humaine et directement « relationnelle » que dans les pays développés. Partant, un lourd formalisme administratif ou une procédure bureaucratique, sont autant de sources de désaffection des citoyens vis-à-vis de l'administration territoriale mise sous les ordres du gouverneur. C'est plutôt son contact individuel avec les administrés qui permet de résoudre un grand nombre de leurs doléances.

---

[323] Paul Bernard, *op.cit.* p. 128.

[324] André Chadeau, *Pourquoi les préfets ?*, conférence donnée à l'Ecole Nationale d'Administration publique, le 14 janvier 1971, p.10, cité par Driss Basri, *l'administration territoriale*, *op. cit.* p. 97.

[325] Driss Basri, *L'administration territoriale*, *op. cit.* p. 97.

[326] Michel Rousset, *Le rôle du ministère de l'Intérieur et sa place au sein de l'administration marocaine*, *op. cit*, p. 92.

La proximité avec les administrés et leurs aspirations, tel est le principal vecteur d'activité du gouverneur : la collecte à la base des aspirations et des sentiments des groupes et des individus, le traitement, l'analyse et l'étude de ses aspirations et de ces sentiments, leur transmission enfin au centre, font du gouverneur le défenseur objectif et privilégié des individus et des groupes.

Le gouverneur placé à la tête de la province ou de la préfecture se doit d'être un guide accessible à toutes les demandes. Son intervention étant en principe guidée par l'intérêt général ; le représentant de l'Etat doit être un « tout à tous », basant son action sur l'objectivité, l'impartialité et la neutralité, c'est d'ailleurs ce qui a été souvent rappelé par le défunt souverain le Roi Hassan II dans plusieurs allocutions à l'occasion des nominations des gouverneurs : « Nous avons décidé de nommer certains parmi vous au sein de l'administration centrale du ministère de l'Intérieur…et d'autres à la tête de préfectures, et Je n'ai nul besoin de rappeler à ceux qui se chargeront de la mission de Nous représenter et représenter le Gouvernement dans les provinces, ce que Je n'ai cessé de répéter à leurs prédécesseurs dans la même fonction : ils doivent être très proches des habitants, c'est un engagement qui les lie, et dont ils ne peuvent se défaire, en veillant aux intérêts des marocains qui se trouvent dans leurs circonscriptions administratives, en simplifiant l'accomplissement de leurs affaires ; en traitant leurs griefs, en soutenant les faibles, en respectant les notables, et en ouvrant vos bureaux devant tout le monde, et en représentant l'Etat Marocain. (…) Et sachez, que Dieu vous bénisse, que le poste de gouverneur aujourd'hui, n'est pas comme celui d'hier, aujourd'hui les gens sont plus susceptibles, ils sont aujourd'hui lettrés, cultivés et plus évolués et ils ont des ambitions légitimes. Aussi, éprouvent-ils un besoin humain intime de leur doit au respect et à être écoutés. »[327]

---

[327] Discours de S.M. le Roi Hassan II devant les gouverneurs de provinces., in Abderrahman Jamjama, *La déconcentration et la décentralisation dans les discours royaux, entre 1955 à 1995*, Imp. Impériale, Rabat, 1996, p. 26 (en langue arabe).

CHAPITRE II

Le gouverneur, organe de l'exécutif

A l'étude des textes régissant la fonction de gouverneur au Maroc, il s'avère que le législateur a voulu sciemment la maintenir dans une situation de dépendance vis-à-vis de l'exécutif, depuis 1956, le droit administratif marocain ne s'est pas contenté de lier le statut de gouverneur à la nomination du Souverain sur proposition du ministre de l'Intérieur, mais l'a entouré d' une très grande précarité, faisant dépendre son maintien de la confiance dont il bénéficie de la part du ministre de l'Intérieur et du gouvernement en place.

De plus, la soumission politique du gouverneur au Roi et au gouvernement n'a pas été abandonnée au hasard des circonstances ; elle fut au contraire, définie, précisée, et véritablement organisée dès les premiers textes la réglementant. Aussi, avons-nous souligné que le gouverneur est porté naturellement par un certain nombre de raisons à épouser les préoccupations de sa préfecture ou sa province et à se faire volontiers l'interprète autant des aspirations locales auprès du gouvernement que des volontés gouvernementales auprès de ses administrés, la sociologie des organisations, n'a-t-elle pas insisté depuis les années 1970 sur le rôle de coordinateur trouvant son appui central dans les notables locaux[328].

De même, cette relation entre le gouverneur et les notables locaux étudiée par les sociologues[329], même dans un environnement différent, illustre l'interdépendance fonctionnelle qui préside à l'administration du local. Ne serait-ce que dans la manière de se représenter leur rôle, c'est-à-dire comme les garants, chacun, d'une harmonie sociale et d'un apolitisme au nom de l'intérêt général, gouverneurs et notable *relationnent* dans une « grande

---

[328] Voir particulièrement les travaux de Grémion, *Le pouvoir périphérique, les bureaucrates et notables dans le système politique français,* Le seuil (coll. « sociologie »), 1976, p. 477 : « Le préfet ne peut être réellement un agent de coordination de l'action administrative territoriale que s'il parvient à s'appuyer suffisamment sur les notables locaux (...) la collaboration des notables ne s'obtient que si le préfet y met le prix, prix qui n'est autre que l'affaiblissement de la volonté centrale au profit de la prise en compte de la rationalité locale. »

[329] J.-P. Worms, *« Le préfet et ses notables »*, Sociologie du travail, vol. 18, n° 3, 1966, p. 249-275.

cohésion »[330], elle-même fondée sur une convergence d'intérêts évidente en pratique. Convergence, premièrement, dans la suppression des conflits, le gouverneur y verrait un intérêt de carrière là où le notable y voit la condition de son maintien au pouvoir. Convergence, deuxièmement, dans l'assouplissement des règles et le contournement de la loi, permettant au gouverneur de jouer pleinement son rôle d'arbitre, et au notable d'adapter la loi aux « réalités spécifiques des situations locales ». Convergence, troisièmement, dans la mise à distance des services techniques de par leur caractère paradoxal de contrainte à la volonté politique (pour le notable) ou à l'affirmation hiérarchique (pour le gouverneur). Convergence, enfin, dans le rapport au pouvoir central, dans le sens où il est indispensable au notable à la fois comme source de financement et comme bouc émissaire politique, autant qu'au gouverneur qui en joue soit pour accroître ses marges de liberté, soit pour juguler les pressions locales[331].

Le Maroc, Etat aux institutions *makhzeniennes* traditionnelles, centraliste par défaut, visant à la fois la déconcentration et la décentralisation de son administration, éprouve le besoin que son pouvoir soit étendu à toutes les périphéries, et que toutes les provinces et les communes n'aient pour maître que le Gouvernement de S.M le Roi, à travers son délégué, le gouverneur, celui-ci, au prix de la fidélité sans faille obtient, la hauteur et le prestige de la fonction, il ne peut, de ce fait, faire prévaloir sa conception personnelle du bien ou du mal à la politique gouvernementale.

Etant le représentant de l'Etat dans la région, la préfecture, ou la province où il exerce son commandement, le gouverneur est dépositaire de l'autorité de l'Etat dans son ressort de commandement. C'est le délégué du Gouvernement, comme il est déjà souligné, à ce titre il est le représentant direct du chef du Gouvernement et de chacun des ministres localement. Il veille à la préservation des intérêts de l'Etat et s'occupe de l'application et l'exécution des dahirs, lois et règlements ainsi qu'à l'exécution de la politique gouvernementale son ressort de commandement.

Dans l'exercice de ses fonctions, le gouverneur doit prendre dans la limite de ses compétences, conformément aux lois et règlements en vigueur, les mesures d'ordre réglementaire individuel. Il a également la latitude de négocier au nom de l'Etat toute convention avec la région, la préfecture ou la province, une ou plusieurs communes ainsi que leurs établissements publics. Dans ce genre de situation, les lois ou règlements prévoient la représentation du gouverneur auprès de sociétés ou établissements jouissant du concours financier de l'Etat.

Le gouverneur préside, *de lege ferend,* toutes les commissions administratives qui intéressent les services de l'Etat dans la région, la

[330] J.-P. Worms, « *Le préfet et ses notables* », *op.cit.* p. 261.

[331] Nous nous permettons d'adopter cette analyse très éloquente faite par J.-P. Worms des rapports entre le préfet français et les notables locaux, qui nous semble similaires aux règles sociologiques qui régissent les rapports entre gouverneur et notables locaux au Maroc.

préfecture ou la province, sauf exception légale ou réglementaire. Sous réserve des attributions dévolues expressément par la loi au wali, le gouverneur doit mettre en œuvre et veiller à l'application scrupuleuse de toutes les mesures prises par l'Etat dans le cadre du plan national de développement économique et social et en matière d'aménagement du territoire. Aussi, comme nous allons l'exposer en détail ultérieurement, assure-t-il, sous l'autorité des ministres concernés, les conditions favorables à l'investissement, telles qu'elles sont fixées par les lois et règlements. Dans ce sens il doit être, tout au moins en principe, consulté sur toute requête d'aide introduite auprès d'une administration déconcentrée destinée à faciliter une opération d'investissement, de développement ou de restructuration d'une entreprise, touchant un établissement situé dansle territoire où il officie. Le gouverneur est consulté aussi au sujet de toutes les décisions administratives prises au nom de l'Etat à l'égard des entreprises de la région, préfecture ou province, dont la situation pourrait affecter le marché local de l'emploi, ou l'équilibre économique global, etc.

Eu égard à cette question, si en France, comme le soulignait Gaston JEZE, « le Préfet est le type de fonctionnaire absolument dépendant des gouvernants »[332], au Maroc la situation du gouverneur est quelque peu différente, puisqu' il dépendait, jusqu'à un passé proche, plus du ministre de l'Intérieur qu'au chef du Gouvernement, et avant la dernière constitution de 2011, il ne référait qu'au Roi et au ministre de l'Intérieur. L'histoire du Maroc moderne regorge d'exemples où les gouverneurs recevaient leurs instructions directement du Cabinet royal ou du ministère de l'Intérieur, à croire que ce dernier, constituait à lui seul un Gouvernement à part. Cet état de fait a constamment gêné les partisans d'une monarchie parlementaire, ayant défendu depuis toujours, l'observation scrupuleuse du principe constitutionnel de séparation des pouvoirs.

Nous pensons, de notre part, que cette situation provient, d'abord, de l'histoire de l'exercice de la fonction de gouverneur au Maroc, qui laisse persister un flou concernant l'autorité administrative de son rattachement (Section I), et d'autre part, de l'hypertrophie et de la nature étendue des compétences dévolues par les textes au gouverneur (Section II).

SECTION I. LE RATTACHEMENT MINISTÉRIEL

A l'observation de l'évolution des institutions, et des textes ayant favorisé le processus de déconcentration au Maroc, on déduit que la qualité de gouverneur-délégué du gouvernement s'est mue au gré de l'évolution législative qu'ont connue sa condition juridique et ses attributions. Dans le cadre de sa mission d'administration générale dans la préfecture ou la

---

[332] Gaston JEZE, *Les principes généraux du droit administratif*, 2ème édition, Giard et Brière, 1914, p. 386.

province où il représente l'Etat. Ainsi, à la promulgation de la charte communale du 30 septembre 1976, considérée à l'époque comme une révolution, sur le plan institutionnel, en ce qui a trait à l'encouragement de la décentralisation administrative et la promotion de la démocratie locale, ayant permis le transfert d'un certain nombre non négligeable de pouvoirs aux élus locaux, avec une diminution marquée de la tutelle administrative sur les collectivités locales et une attribution progressive aux édiles locaux des prérogatives, qui étaient jusque-là du domaine des gouverneurs et des autres agents d'autorité. En effet, pendant les années soixante-dix, l'Etat, sachant pertinemment que le renforcement des pouvoirs des élus locaux, déboucherait nécessairement sur un affaiblissement du pouvoir central et un amenuisement du rôle de ses gouverneurs sur le plan local, et cherchant à tout prix à maintenir un équilibre entre la répartition des pouvoirs entre le centre et les périphéries, d'autant plus que le ministère de l'Intérieur, du haut de son omnipotence tutélaire, considérait les collectivités locales, non comme des circonscriptions décentralisées, mais comme des services déconcentrés, sous son contrôle.

Suite à cette situation, fut adopté en 1977 le dahir du 15 février 1977[333], relatif aux attributions du gouverneur, en vertu duquel le gouverneur a été promu comme représentant direct du Souverain : « le gouverneur est le représentant de Notre Majesté dans la préfecture ou province où il exerce son commandement. »(Article 1er). Cette consécration avait confirmé la qualité d'autorité supérieure qui avait été reconnue au gouverneur, qu'il tire désormais d'une institution constitutionnelle et religieuse, le Commandeur des croyants, légitimant son pouvoir de représentation.

Toutefois, juridiquement, le gouverneur ne représente le Roi, dans son ressort territorial qu'en la forme, aucune délégation de pouvoirs au fond des attributions royales, qu'elles soient religieuses ou politiques ne lui a été accordée[334]. La qualité de représentant du Souverain provient pour le gouverneur, de cette longue tradition du Makhzen, exposée dans le chapitre précédent, qui veut que les agents d'autorité bénéficient de la légitimité de la représentation du sultan, comme l'a exprimé à juste titre feu S.M le Roi Hassan II, à l'occasion de la nomination des gouverneurs en date du 25 janvier 1996 : « Vous êtes (les gouverneurs) nos yeux, et nos oreilles, et vous nous représentez non seulement d'un point de vue formel, mais, Je le

---

[333] Dahir portant n°1-75-168 du 15 février 1977 relatif aux attributions du gouverneur, tel qu'il a été modifié ou complété. (B.O n°3359 du 16-3-197, p.341- B.O n°3873 du 21 janvier 1987).

[334] Mohamed Larbi Meyad, *Attributions des gouverneurs des préfectures et provinces à la lumière de la nouvelle Constitution*, (en langue arabe), in. Revue de Jurisprudence Administrative, n° 2, année 1- 2013, p. 104, p. 107.

souhaite du fond du cœur, que vous représentiez Mon amour pour mon pays, et mon attachement à mon peuple (…) »[335].

En outre, l'article 102 de la Constitution de 1996 ne considérait pas le gouverneur comme représentant du Roi, mais le définissait en tant que représentant de « l'Etat » dans les provinces, les préfectures et les régions, ce qui laissait penser que l'article 1er du dahir du 15 février 1977 a été ainsi tacitement abrogé. Cette thèse a été confirmée, par la suite, clairement par les textes ultérieurs, en l'occurrence l'article 145 de la nouvelle Constitution de juillet 2011, qui rend le gouverneur représentant du « pouvoir central » dans les provinces et préfectures.

La question de savoir si le gouverneur, est toujours le représentant du Roi étant élucidée, il convient de s'interroger à présent sur son rattachement ministériel à proprement parler. Serait-il rattaché à un département ministériel en particulier, en l'occurrence, le ministère de l'Intérieur ? Ou bien, dépendrait-il du chef du gouvernement ?

Paragraphe I. Le rattachement organique au Chef du gouvernement

Malgré l'importance prise par le ministère de l'Intérieur dans la construction institutionnelle moderne du Maroc, si l'on s'en tient strictement aux nouvelles règles constitutionnelles, et aux lois en présence, on pourrait déduire que le gouverneur est rattaché au chef du gouvernement. Pour deux raisons au moins : tout d'abord, ce dernier est le premier responsable de l'exécutif, et ensuite, lui rattacher le gouverneur ne ferait que confirmer le caractère interministériel de ce haut fonctionnaire. En effet, l'article 145 de la nouvelle Constitution précité[336], confirme explicitement cet avis, en parfaite cohérence avec les dispositions de l'article 2 du dahir du 15 février 1977 qui dispose que : « Le gouverneur est le délégué du gouvernement de Notre Majesté dans la préfecture ou province où il exerce son commandement. »

Cependant, la situation du gouverneur, en ce qui a trait à son rattachement politico-administratif, est loin d'être claire, puisqu'elle comporte toujours des zones d'ombre, comme celle d'ailleurs du préfet

---

335 Discours du Roi Hassan II devant les gouverneurs de provinces, in Abderrahman Jamjama, La déconcentration et la décentralisation dans les discours royaux, entre 1955 à 1995, Imp. Impérial, Rabat, 1996, p. 46, (en arabe).

336 Cet article est ainsi libellé : « Dans les collectivités territoriales, les walis de régions et les gouverneurs de provinces et préfectures représentent le pouvoir central. Au nom du gouvernement, ils assurent l'application des lois, mettent en œuvre les règlements et les décisions gouvernementales et exercent le contrôle administratif. Les walis et gouverneurs assistent les présidents des collectivités territoriales et notamment les présidents des Conseils régionaux dans la mise en œuvre des plans et des programmes de développement. Sous l'autorité des ministres concernés, ils coordonnent les activités des services déconcentrés de l'administration centrale et veillent à leur bon fonctionnement. »

français, admirablement illustrée par François-Paul Benoit, dans son ouvrage sur le Droit Administratif français, où il écrit : « ou le préfet se limite à son rôle politique et abandonne toute l'administration technique aux directeurs départementaux, qui deviennent alors les représentants techniques du Gouvernement, par le canal et sous la seule autorité de leurs ministres techniques ; ou le préfet entend conserver la plénitude de son rôle, politique mais aussi administratif, et il doit alors exercer une autorité totale sur les directeurs départementaux (...) ou bien la représentation du pouvoir central dans le cadre départemental est le reflet exact de ce pouvoir, le préfet étant alors le Gouvernement dans le département et les directeurs départementaux ses subordonnés effectifs, comme les ministres considérés individuellement sont subordonnés aux autorités gouvernementales, ou bien il y'a plus un représentant du pouvoir central, mais seulement des représentants des divers ministres, le préfet ne représentant plus que le ministre de l'Intérieur »[337].

Aussi, avancerait-on que la nécessité de la cohérence de l'action gouvernementale locale, commanderait le rattachement du gouverneur au Chef du Gouvernement, au lieu de le rattacher à un ministre en particulier, puisque le premier et mieux à même de coordonner les instructions des différents ministères composant l'exécutif avant de les transmettre aux gouverneurs, afin d'éviter un éclatement et une dispersion des efforts et des moyens déployés par les ministres agissant séparément. Le même raisonnement a été défendu par un auteur, ayant travaillé sur l'évolution du corps préfectoral français, qui, tout en ayant reconnu la difficulté d'un tel rattachement, due à l'inexistence d'une administration de coordination du travail de l'institution préfectorale, avait souligné qu' : « Il serait parfaitement logique et cohérent que les préfets et les sous-préfets, soient directement rattachés au Premier ministre, qu'ils soient affectés à des postes territoriaux, ou qu'ils soient investis d'une mission de service public »[338].

La consécration de l'institution du gouverneur comme autorité déconcentrée représentant le pouvoir central, est de nature à la mettre sous la houlette non du ministère de l'Intérieur mais du Chef du Gouvernement puisque la lecture aussi bien exégétique que politique des textes (la Constitution, les dahirs de 1963 de 1977 et de 2008), impose une redéfinition de ce lien de rattachement, qui reste plus une construction conceptuelle théorique datant de l'ère où le ministère de l'Intérieur constituait un véritable « Etat dans l'Etat », à cause du charisme, de la puissance, et de l'influence politique des ministres de l'Intérieur qui s'y sont succédés.

Nous pensons que le jugement de Mme BRAS que nous faisons nôtre est très à propos, quand elle signale, concernant le préfet français, qu' : « une telle situation (le rattachement au ministère de l'Intérieur) est d'autant plus

---

[337] François-Paul Benoit, *Le Droit Administratif Français*, Paris,. Librairie Dalloz. 1968, p.108.

[338] Bras, Hélène (1996), *L'évolution de la fonction préfectorale depuis 1982*, Thèse, Université de Montpellier I, 1996, p. 597.

archaïque, ou au moins dommageable, qu'elle porte en elle les propres limites d'action de l'Etat. En effet, le rattachement des préfets à un ministère en particulier, et qui plus est, à celui de l'Intérieur, contribue à leur soustraire une part de leur légitimité. Cela explique, en partie, que les fonctionnaires appartenant aux autres ministères rechignent à reconnaître l'autorité et la place primordiale des représentants de l'Etat bien que l'organisation administrative française leur ait octroyé la direction des services déconcentrés. »

Il reste que, malgré les avancées constitutionnelles et législatives tendant à rattacher de plus en plus le gouverneur au Chef du Gouvernement, les spécificités historiques de l'institution du gouverneur au sein de l'administration territoriale et les réalités du terrain le font toujours dépendre du ministère de l'Intérieur.

Paragraphe II. Le rattachement organique au Ministère de l'Intérieur

Quand on traite du rattachement du gouverneur au ministère de l'Intérieur, il devient nécessaire d'exposer les arguments qui sous-tendent son maintien. Le premier argument est lié à l'importance historique du ministère de l'Intérieur dans l'administration du pays, et le second concerne des conditions d'efficacité.

S'agissant de la prééminence du département de l'Intérieur, il ne faut pas perdre de vue qu'il se confond littéralement avec la construction de l'administration moderne du pays et qu'il a supplanté progressivement les institutions dites du *Makhzen* traditionnel, mais en a gardé les us et coutumes séculiers et une certaine manière de gérer la chose publique[339]. Historiquement, au sein de ce département s'est opéré une jonction entre d'une part, le *caidalisme* légalisé et codifié, ayant permis de centraliser le pouvoir à Rabat, et consacrer juridiquement ce phénomène *caïdal,* qui, par la suite, a pu donner naissance aux agents d'autorité et aux gouverneurs, ce qui a constitué l'un des aspects les plus marquants de l'administration de la périphérie par l'État central.

Le ministère de l'Intérieur au Maroc a, de tout temps, joué un rôle central dans le schéma institutionnel public, ses attributions sont très larges et s'étendent du maintien de l'ordre public à l'incitation à l'investissement ou à la promotion de l'attractivité territoriale des régions, passant par l'administration générale et territoriale du Royaume. Il étend son règne aussi bien sur l'agriculture à travers le contrôle d'une grande partie du foncier par le truchement de la Direction des Affaires Rurales qui gère les terres collectives, que sur les Partenariats Publics Privés (P.P.P.), par le biais de la

[339] Voir Chapitre préliminaire réservé à la genèse du gouverneur, et particulièrement la partie réservée au Makhzen, terreau du gouverneur.

Direction des Régies et des Services Concédés(DRSC)[340], pour ne citer que ces quelques exemples. Le ministère de l'Intérieur avait la mainmise sur des domaines aussi divers que l'information (de 1985 à 1995, le ministre de l'Intérieur cumulait aussi les fonctions de ministre de l'Information). Dans ce contexte multidimensionnel de l'intervention du ministère de l'intérieur, on a pu le considérer comme « une véritable pépinière de la structure ministérielle ».[341]

Néanmoins, la prééminence du ministère de l'Intérieur et sa mainmise sur les agents chargés de l'administration territoriale, n'est pas une spécificité nationale, ce phénomène a été relevé aussi en France, (ceci est compréhensible aussi quand on sait que les institutions politico-administratives et les structures gouvernementales du Maroc ont été grandement dessinées en s'inspirant de l'architecture des institutions françaises), où l'on a souligné, très tôt, qu'en l'absence de structure administrative interministérielle de coordination au sein du Gouvernement, la toute-puissance du ministère de l'Intérieur assurait cette unité, dès lors qu'il correspondait toujours à la conception qui avait prévalu au moment de sa conception en 1791 et qu'exprimait fort bien A. Racinet dans l'étude qu'il consacra en 1910 à l'organisation gouvernementale : « on pourrait voir en lui la survivance de l'idée de la spécialisation géographique : on attribue à ce ministère toutes les affaires non classées se rattachant à l'administration du pays. Il est, en quelque sorte, l'opposé du ministère des affaires étrangères. »[342]

Un autre facteur d'efficacité de l'action gubernatoriale, étroitement lié au premier argument social et historique de l'omnipotence du ministère de l'Intérieur, avait été avancé par les opposants du rattachement du gouverneur au Chef du Gouvernement, ce qui correspond à la position d'une partie de la doctrine française soutenant la même opinion : le chef du gouvernement manquerait de moyens pour assurer la coordination ministérielle entre les différents gouverneurs. Aussi, a-t-on avancé en France, que les missions principales du corps préfectoral, sont celles de son ministère de rattachement[343], ou bien que le ministère de l'Intérieur aurait les compétences nécessaires qui lui permettraient d'exercer efficacement la coordination interministérielle[344].

En tout état de cause, quelles que soient les opinions des uns et des autres sur cette question, il nous parait plus judicieux d'adopter une position« légaliste » à ce propos, en rattachant le gouverneur au chef du

---

[340] Décret n° 2-97-176 du 15 décembre 1997 relatif aux attributions et à l'organisation du ministère de l'Intérieur, *Bulletin officiel* n° : 4558 du 05/02/1998, p. 80.

[341] Henri Chavrier, *Le problème de l'existence du ministère de l'Intérieur*, *op. cit.* p. 28.

[342] A.Racinet, *De la spécialisation ministérielle en France*, Sirey, 1910, p.105.

[343] Serge Vallemont, Rapport public intitulé : « Trente-trois proposition pour rendre plus efficace l'administration territoriale de l'Etat », in. Pouvoirs locaux n° 27. VI. 1995.

[344] M.Brenas, *Les missions de coordination interministérielle exercées par le ministère de l'Intérieur*, Adm, n° 20, 1968, p.23.

Gouvernement en ce qui a trait à ses attributions et le « fonctionnement quotidien » de l'administration du territoire qu'il a sous son commandement.« Légaliste », parce que cela ne serait que l'application pure et simple, tout d'abord, des nouvelles dispositions constitutionnelles, puisque l'article 145 de le Constitution de Juillet 2011 précité, dispose que : « (...) Dans les collectivités territoriales, les walis de régions et les gouverneurs de provinces et préfectures représentent le pouvoir central. Au nom du gouvernement, ils assurent l'application des lois, mettent en œuvre les règlements et les décisions gouvernementales et exercent le contrôle administratif. ». Ceci étant, les gouverneurs représentent le « pouvoir central » et non pas le ministère de l'Intérieur ou un département en particulier. Aussi, s'acquittent-ils de leur mission principale d'application des lois et règlement et de contrôle de l'administration au nom du gouvernement en tant qu'institution multi-ministérielle.

Cependant, le rattachement fonctionnel au ministère de l'Intérieur ne devrait pas poser de problèmes quant à l'application des normes constitutionnelles puisqu'il gère la carrière des gouverneurs par le biais de structures administratives centrales spécialisées, en l'occurrence, La Direction du Personnel d'Autorité, entité rattachée à la Direction Générale des Affaires Intérieures, qui comprend deux divisions : celle de la gestion du personnel d'autorité et celle du contrôle[345]. Cette Direction, à l'origine, une simple division, a été créée initialement pour constituer une véritable cellule de réflexion politique et de gestion administrative des agents d'autorité. Sa relation organique avec la Direction des Affaires Générales, chargée de la mise au point de la ligne politique administrative territoriale, facilite à cette structure l'intervention et le contrôle de l'orientation de l'Administration territoriale. Le personnel d'autorité se trouve ainsi suivi sur le plan administratif, mais aussi sur le plan politique[346].

En définitive, le gouverneur, conformément à la loi n'est pas rattaché par un lien de subordination directe au département de l'Intérieur, il devrait, en principe dépendre du chef du Gouvernement, en tant que chef de l'équipe gouvernemental[347]. C'est pour cette raison que le gouverneur est assujetti à un système strict dit d'incompatibilités, afin qu'il ne puisse en référer qu'au Gouvernement. Or cette question de rattachement du gouverneur, n'est pas

---

[345] Décret n° 2-97-176 15 décembre 1997relatif aux attributions et à l'organisation du ministère de l'intérieur, Bulletin Officiel n° : 4558du05/02/1998 - Page : 80.Pour ce qui est de ses attributions, cette Direction, suit le déroulement de la carrière administrative des gouverneurs, et autres agents d'autorité, depuis leur nomination, jusqu'à leur départ en retraite, et les questions de recrutement, d'avancement, et de mutation relatives à cette catégorie de personnel.

[346] DrissBasri, *L'administration territoriale*, op.cit. p.191.

[347] Même sur le plan du droit théologique aussi bien le Coran : « *Que vaut-il mieux ? Une multitude de divinités ou Dieu l'Unique, le Dominateur suprême?* » Le Coran, Sourate de Joseph, Verset 40. Que les Evangiles : « *Nul ne peut servir deux maîtres. Car, ou il haïra l'un, et aimera l'autre ; ou il s'attachera à l'un, et méprisera l'autre. Vous ne pouvez servir Dieu et Mamon* », Matthieu 6:24-34, nous rappellent que l'on ne peut servir deux maîtres,

aussi limpide, aussi bien l'histoire politico-administrative que les textes entretiennent un flou regrettable à ce sujet. Il est tenu au respect d'une obligation de loyalisme et de conformisme envers Gouvernement.

Face à cette situation, quel est l'organe auquel le gouverneur est rattaché par un lien de subordination administrative ? S'agit-il du Roi ? Puisqu'il en détient encore le pouvoir de nomination par Dahir ? Serait-ce le ministre de l'Intérieur, à l'initiative duquel il est proposé à la nomination royale et en assure la direction « fonctionnelle » ? Serait-il le Chef du Gouvernement,[348] puisque ce dernier dans le cadre de l'exercice du pouvoir exécutif « dispose de l'administration ».

Nous rejoignons en cela l'avis de Monsieur le préfet Paul Bernard qui a trouvé un compromis savant entre les deux positions évoquées précédemment, s'agissant de la situation du préfet en France, en avançant que : « le rattachement du corps préfectoral, pour action, au Premier ministre traduirait une réalité de fait, tout en maintenant la gestion des personnels auprès du ministère de l'Intérieur », Néanmoins, cette opinion avait suscité les craintes de l'association française du corps préfectoral et des hauts fonctionnaires du ministère de l'Intérieur, de voir le recrutement des préfets élargi à d'autres corps que celui des administrateurs civils du ministère de l'Intérieur[349]. Cette crainte, à notre avis, n'est pas susceptible de se pose au Maroc, puisque les gouverneurs proviennent en majorité du corps des agents d'autorité et non plus de celui des administrateurs du ministère de l'Intérieur, avec un accès exceptionnel via le recrutement du tour extérieur, qui reste limité à 20% de l'effectif budgétaire du grade de gouverneur, cette procédure permettant déjà la diversification du corps des gouverneurs par des fonctionnaires provenant d'horizons différents.

Quelle que soit l'autorité à laquelle le gouverneur se trouve rattaché, le Gouvernement lui confie un certain nombre de pouvoirs et d'attributions desquels il doit s'acquitter dans le ressort territorial où il exerce son commandement.

SECTION II. LES FONCTIONS DÉLÉGUÉES AU GOUVERNEUR

Les fonctions gubernatoriales sont affirmées au plus haut niveau de la hiérarchie des normes juridiques par l'article 145 de la Constitution de 2011. Ce texte prévoit que : « (…) Dans les collectivités territoriales, les walis de régions et les gouverneurs de provinces et préfectures représentent le pouvoir central. Au nom du gouvernement, ils assurent l'application des lois,

---

[348] Article 89 de la Constitution de Juillet 2011 : « Le gouverneur exerce le pouvoir exécutif. Sous l'autorité du Chef du Gouvernement, le gouvernement met en œuvre son programme gouvernemental, assure l'exécution des lois, dispose de l'administration et supervise l'action des entreprises et établissements publics.

[349] Marc Ollivier, Condition et Compétences Préfectorales, op.cit. p.162.

mettent en œuvre les règlements et les décisions gouvernementales et exercent le contrôle administratif. »

Il en résulte la consécration de deux attributions phares du gouverneur, premièrement il se charge de l'application, sur le territoire où il est nommé, des lois et règlements, ainsi que des décisions de l'exécutif, concernant l'administration générale de la région de la préfecture ou la province, et deuxièmement, il est compétent pour exercer un contrôle administratif local sur l'ensemble des administrations de l'Etat, situées dans son ressort territorial.

Le texte constitutionnel corrobore clairement les dispositions de l'article 2 du Dahir du 15 février 1977 relatif aux attributions du gouverneur susmentionné, qui annonce, presque dans les mêmes termes, que : « le gouverneur est le délégué du gouvernement de Notre Majesté dans la préfecture ou province où il exerce son commandement. », et, qu'en outre il « (...) veille à l'application des dahirs, lois et règlements et à l'exécution des décisions et directives du gouvernement dans la préfecture ou la province. » (Article 3). Ce texte habilite, ainsi, le gouverneur, dans l'exercice de ses fonctions à prendre dans la limite de ses compétences, conformément aux lois et règlements en vigueur, les mesures d'ordre réglementaire ou individuel.

Toutefois, la loi n° 34-85, promulguée par le dahir du 29 décembre 1986[350]a ajouté un article 10 bis au texte de 1977 ; aux termes de cette loi, ces pouvoirs sont délégués au pacha dans les municipalités désignées par voie réglementaire ; le pacha exerce, en outre, le pouvoir reconnu à l'autorité locale par l'article 49 de la loi du 3 octobre 2002 relative, à l'organisation communale[351] ; en pratique, cela correspond aux compétences conservées par l'Etat en matière de police municipale notamment le contrôle de l'exercice par les présidents des conseils communaux des pouvoirs qui leur sont transférés et qu'ils exercent sous le contrôle de l'administration supérieure[352].

Il en découle que le gouverneur est l'autorité habilitée à superviser la concrétisation de la politique générale de l'Etat dans son ressort territorial, c'est en tant que représentant de l'exécutif que, le gouverneur exerce son rôle fondamental d'impulsion et de contrôle vis-à-vis de l'appareil administratif, c'est dans cet esprit, qu'il est informé de tous les plans gouvernementaux, qui concernent les politiques publiques sectoriels ou multisectoriels, à cette expression « de politique publique », nous donnerons

---

[350] Loi n° 34-85 promulguée par dahir n° 1-86-2 du 29 décembre 1986, Bulletin officiel de 1987, p. 10.

[351] Bulletin officiel n° 5058 du 21 novembre 2002, dahir n° 1-02-297 du 3 octobre 2002, portant promulgation de la loi n° 78-00 portant charte communale.

[352] Garagnon et Michel Rousset, Droit administratif marocain, 6e Editions la Porte, Rabat 2003, p.140.

ici la signification, de : « produit de l'activité d'une autorité investie de la puissance publique et de la légitimité gouvernementale »[353].

Au regard de cette mission générale, une interrogation devient légitime : dans le cadre de cette délégation fonctionnelle au gouverneur, agit-t-il comme un « acteur central » ou plutôt comme un « acteur périphérique »[354] ?

On peut répondre en rappelant que le gouverneur, dans le schéma administratif marocain d'aujourd'hui, se positionne comme le relais par excellence du centre, afin de servir comme intermédiaire et de « diffuser » les décisions de politiques publiques, mais, intervient particulièrement au niveau de la mise en œuvre des décisions de politique publique du gouvernement, cette dernière étant : « un ensemble d'activités individuelles et organisationnelles transformant des conduites dans le cadre d'un contexte prescriptif établi par une autorité publique mandatée »[355].

Les politiques publiques de l'Etat, dont il est question, sont les programmes du gouvernement, qu'ils soient économiques, sociaux, culturels, ou administratifs. En réalité, ces attributions sont le résultat de la double intervention du gouverneur, soit en tant que délégué du gouvernement, soit comme exécutif des conseils régionaux préfectoraux et provinciaux, chargé de la mise en œuvre des différents plans et programmes locaux. Dans cet esprit, il peut s'opposer à toute action qui se contredit avec la politique générale du gouvernement, et pourrait intervenir en vue de sa révision.

Toutefois, le pouvoir d'intervention général du gouverneur dans l'application des lois et règlements, souffre des exceptions. En effet, il ne s'étend pas au domaine du pouvoir judiciaire, puisque l'article 117 de la nouvelle Constitution de Juillet 2011, qui proclame avec force l'indépendance de ce pouvoir, dispose que : « Le juge est en charge de la protection des droits et libertés et de la sécurité judiciaire des personnes et des groupes, ainsi que de l'application de la loi ». Cet article est venu compléter l'article 109, qui prévoit qu' « est proscrite toute intervention dans les affaires soumises à la justice. Dans sa fonction judiciaire, le juge ne saurait recevoir d'injonction ou instruction, ni être soumis à une quelconque pression. Chaque fois qu'il estime que son indépendance est menacée, le juge doit en saisir le Conseil Supérieur du Pouvoir Judiciaire. ». Ceci étant, le gouverneur n'a aucun pouvoir d'intervention dans le cadre du domaine du pouvoir judiciaire, si ce n'est son rôle de coordination avec l'institution du parquet pour la poursuite, et l'instruction des infractions liées aux atteintes à la sûreté intérieur ou extérieur de l'Etat. La même indépendance est

---

353 Baudouin. Y. Mény, J.-C. Thoenig : Politiques publiques, Revue française de science politique, 1990, vol. 40, n° 3, p. 394-397.

354 Selon les classifications des travaux fondateurs Michel Crosier, *Le phénomène bureaucratique*, Le Seuil, 1963-1964, ainsi que, L'acteur et le système, Le Seuil, 1977 et Pierre Gremion, *Le pouvoir périphérique. Bureaucrates et notables dans le système politique français*, Editions du Seuil, Paris, 1976.

355 Yves Meny et Jean-Claude Thoenig, *Les politiques publiques*, Paris, PUF, 1989, p.391.

reconnue aux services du département des affaires islamiques, puisque les attributions religieuses liées à la commanderie des croyants sont exclusivement du ressort du Souverain (article 41)[356]

Nous serons conduits de la sorte à présenter les diverses missions déléguées à l'administration gubernatoriale, en l'occurrence : le maintien de l'ordre public (Paragraphe I), la mission d'information générale (Paragraphe II), l'organisation des campagnes électorales (Paragraphe III), la supervision des agents d'autorité (Paragraphe IV), et l'exécution des décisions des assemblées préfectorales et provinciales (Paragraphe V).

La mission de maintien de l'ordre public est l'exemple caractéristique de la mission intéressant la sauvegarde des intérêts de l'Etat. En effet, si les autorités décentralisées, pour une raison quelconque, n'arrivent plus à satisfaire les besoins essentiels des citoyens, ceux-ci se retourneront en définitive contre l'Etat. L'administration territoriale, apanage du gouverneur, se trouve être au même moment, un élément essentiel pour le maintien de l'ordre et de la sécurité[357].

Paragraphe I. Le gouverneur, responsable du maintien de l'ordre public

Les textes juridiques confèrent, aujourd'hui, au gouverneur de la préfecture ou de la province une compétence générale de maintien de l'ordre. C'est l'une de ses missions primordiales, il s'en charge avec le concours de l'ensemble des agents d'autorité (pachas et caïds), ainsi que des autres corps constitués dans l'optique du maintien opératoire de la sécurité dans le territoire nationale.

Déjà en 1854, Trolley écrivait, évoquant la mission de maintien de l'ordre du préfet français que : « maintenir l'ordre et faire que force demeure à la loi, c'est assurément le premier droit et le premier devoir de toute administration ; aussi le préfet n'excédera jamais sa compétence, en prenant toutes les mesures que réclame la sûreté publique »[358].

En effet, avant de pousser plus loin la réflexion, il faudrait préciser le sens que renferme la notion d'ordre public, il est très difficile de la définir, comme celle d'ordre tout court, celle-ci serait : la disposition régulière des choses, les unes par rapport aux autres, l'équilibre des rapports, l'ensemble des valeurs juridiques que l'Etat viendra ensuite expliquer et garantir dans

---

[356] Voir l'article 2 du Dahir n° 1.09.236, publié sur le Bulletin Officiel n° 5847, le 14 Juin 2010, qui considère le domaine des affaires islamiques et la gestion du *Waqf* (Immobilier et foncier appartenant aux affaires islamiques) comme attribution exclusive du Souverain, en tant que Commandeur des croyants, qu'il peut déléguer à son ministre chargé des affaires islamiques.

[357] Driss Basri, *L'administration territoriale*, op.cit. p. 70.

[358] Alfred Trolley, *Traité de la hiérarchie administrative, ou de l'organisation et de la compétence des diverses autorités administratives*, Plon, 1854, 5 t. Cité par Marc Ollivier, *op.cit.* p. 197.

son droit positif. On conçoit l'ordre ici, comme étant une disposition régulière des choses qui s'opère au niveau de la société, c'est-à-dire une communauté de personnes qui sont liées entre elles par l'ensemble des normes dictées par des valeurs qu'elles entendent respecter et faire respecter. Ainsi, l'ordre peut apparaître comme l'expression d'un désir de stabilité fondamentale, sur la base de ces valeurs. Ensuite, il y a le caractère public ou *« la publicité »*, qui signifie que l'on parle d'un ordre public qui concerne la société toute entière, par opposition à l'ordre privé, celui des consciences qui reste tout à fait extérieur à l'ordre public. Cet ordre public dont parle est par essence juridique, il comprend un ensemble de règles fondamentales, assorties de sanctions, qui gouvernent la vie dans une société donnée. Si l'explication étymologique de la notion de l'ordre public ne pose pas en principe de problème particulier, il n'en est pas de même quant à l'explication de son contenu juridique, et partant, l'ordre que devrait préserver, maintenir et œuvrer à protéger le gouverneur.

Une citation désormais célèbre extraite de la thèse de Philipe Malaurie résume parfaitement la difficulté de contenir la notion d'ordre public dans une définition convenue et convenable : « chercher à définir l'ordre public, c'est s'aventurer sur les sables mouvants, déclarait le conseiller Pilon, dans un célèbre rapport, c'est un vrai supplice pour l'intelligence, s'écriait le Marquis de Vareille-Sommières, c'est enfourcher un cheval fougueux dont on ne sait jamais où il nous transporte, disait le juge Burrough dans un aphorisme que les juristes anglais se plaisent à citer, c'est parler d'un paragraphe caoutchouc, dans l'imagination allemande, c'est cheminer dans un chantier bordé d'épines selon le mot d'Alglave. Toutes ces comparaisons révèlent combien une étude sur l'ordre public est un sujet téméraire. Nul n'a jamais pu en définir le sens, chacun en vante l'obscurité et tout le monde s'en sert (…) »[359].

Par ailleurs, la doctrine n'a pas manqué de souligner les particularismes de l'ordre public, en fonction de l'ordre juridique qui le sous-tend, ainsi : « tout ordre juridique réclame son ordre public, ce faisceau d'exigences supérieures à chacune de ses composantes particulières dont les manifestations concrètes et spéciales peuvent être inattendues, mais qui affirment toujours une impérativité fondamentales »[360].Cette notion d'ordre public constitue un obstacle extérieur qui s'impose aux diverses activités privées et publiques, sans que le moindre jugement de valeur ne soit porté par rapport à un principe de morale supérieure.[361]

Driss BASRI, quant à lui, pense que l'ordre public peut, tout d'abord, être appréhendé dans ses manifestations objectives et simples, et dans son expression irréductible qui se concrétise par l'opposition matérielle d'une

---

[359] P. Malaurie, *L'ordre public et le contrat*, Thèse, Tome 1, Paris, 1953.

[360] Paul Bernard, *la notion d'ordre public en droit administratif*, Paris, Librairie Générale de Droit et de Jurisprudence, LGDJ, 1962, p. 248.

[361] Paul Bernard, loc.cit. *Ibid.*

force organisée au désordre public[362]. Il résume ensuite, les techniques de maintien de l'ordre, en une double mission d'information et d'utilisation des forces de l'ordre[363]. Or, peut-on vraiment aujourd'hui, assurer la sauvegarde de l'ordre par la garantie de ces deux éléments ?

Au regard de cette question, comme l'explique aujourd'hui, la doctrine, l'ordre que doit préserver le gouverneur est devenu multidimensionnel et multi-morphe, parce que la sécurité intérieure est un concept mobilisateur qui exprime l'état d'une société en harmonie avec ses règles et avec le comportement des citoyens. L'ordre public, la sécurité civile, la sécurité routière, sont des composantes de cet état de paix civile qui exige une surveillance constante[364].

Quand on s'intéresse à la notion du maintien de l'ordre, on se heurte inéluctablement à d'autres manifestations de la fonction gubernatoriale, en l'occurrence la police générale de la cité. Or, vouloir défricher cette notion s'avère encore plus difficile que celle d'ordre public, car « la phénoménologie de la police a déjà laissé apparaître son paradoxe ontologique : il existe de façon certaine sans imposer à l'évidence ni l'homogénéité de toutes ses manifestations ni la spécificité de son être »[365]. L'ontologie de la notion se propose de résoudre ce paradoxe. Ce paradoxe tient d'abord, à ce que notre science juridique tend à faire prévaloir les catégories techniques sur les catégories conceptuelles, parce que celles-là seraient opératoires et celles-ci purement gratuites. Au nom d'une prétendue juridicité des notions, il faut que les catégories même conceptuelles présentent, pour être acceptées par cette science, quelque répondant technique minimal, une certaine homogénéité de régime quine « descende pas au-dessous du niveau rédhibitoire »[366]. Mais admettons, quelle que soit la difficulté terminologique à cerner la notion de police, que l'on vise dans le cadre du rôle du gouverneur la mission de police administrative, qui est l'activité qui s'attache à préserver l'ordre public, la tranquillité et la salubrité dans la commune, la préfecture ou la province.

En tout état de cause, sans trop nous attarder sur les reconstitutions théoriques des notions qui sous-tendent la fonction de maintien de l'ordre du gouverneur, nous allons tenter d'étudier successivement tout en distinguant, parmi les missions de protection de l'ordre public qu'exerce le gouverneur,

---

[362] Driss Basri, *L'administration territoriale*, op.cit. p. 75.

[363] « Du reste, les techniques du maintien de l'ordre et de la sécurité se ramènent essentiellement, à deux : l'information qui permet de prévenir tout désordre et l'utilisation des forces de l'ordre en vue de rétablir l'ordre perturbé. », Driss Basri *l'Agent d'autorité*, op.cit. p : 29.

[364] Paul Bernard, *Le Préfet de la République*, op.cit, p : 99.

[365] Etienne Picard. *La notion de police administrative*, coll. « Bibliothèque de droit public », t. CXLVI, Paris, Librairie générale de droit et de jurisprudence, 1984, p. 455.

[366] R. Latournerie, *Sur un Lazare juridique ; bulletin de santé de la notion de service public ; agonie, convalescence ou jouvence*, in.E.D.C.E, 1960, cité par Etienne Picard, *La notion de police administrative, op. cit.*, p. 455.

ses dimensions traditionnelles ou classiques liées à la préservation d'un ordre public *en temps ordinaire* (1), et celles plus strictes de la préservation d'un ordre public, correspondant aux prérogatives d'autorité publique qu'exerce le gouverneur pour le maintien d'un ordre public *en période exceptionnelle*(2)

1. Le maintien de l'ordre public *en temps ordinaire*

Notons à ce propos, que l'ordre dont il est question à l'article 3 du Dahir de 1977 précité est le contraire du désordre, et de tout ce qui est de nature à troubler la paix publique dans la préfecture ou la province. Il s'agit de l'ordre matériel défini par le Professeur Hauriou ainsi : « l'ordre matériel et extérieur considéré comme un état de fait opposé au désordre, état de paix, opposé à l'état de trouble. Pour la police, mérite d'être interdit tout ce qui provoque du désordre, mérite d'être protégé ou toléré tout ce qui n'en provoque point (…) elle n'essaie point d'atteindre les causes profondes du mal social, elle se contente de rétablir l'ordre matériel, l'ordre dans la rue. Elle ne pourchasse pas les désordres moraux, elle est pour cela radicalement incompétente ; si elle l'essayait, elle verserait immédiatement dans l'inquisition et dans l'oppression des consciences »[367].En effet, un débat doctrinal a permis de prendre la mesure de la controverse entre ceux qui considèrent la composante morale comme essentielle à l'ordre public et ceux qui estiment, pour leur part, comme Maurice Hauriou que l'ordre public est irréductiblement« matériel et extérieur ».

Au regard de cette question, nous relevons ici, en ce qui concerne notre objet d'étude, que la nature de l'ordre dont le gouverneur est le gardien, est effectivement matérielle. En fait, il n'est point un agent de l'Etat chargé de constater les infractions au code pénal, ni les égarements moraux de la société, ceci est le rôle des magistrats et des officiers de la police judiciaire habilités à constater les comportements délictueux et à les réprimer, dans les conditions et formes prévues par la loi, le gouverneur assure le maintien préventif de l'ordre public avec ses trois composantes essentielles : « Le bon ordre (tranquillité matérielle et moralité publique), la sûreté et la salubrité sont les seuls éléments d'ordre public, au sens de la police il est tout cela, mais il n'est jamais que cela, quels que soient le temps, les lieux, et les situations de fait »[368].

Soulignons à ce niveau, que l'évolution de la notion d'ordre public sur le plan national, s'est largement inspirée de la conception française de l'ordre public, ainsi comme le note M. Benabdellah dans sa thèse portant sur« la police administrative dans le système juridique marocain » : « de 1960 à 1977, on peut relever quatre textes principaux intéressant l'ordre public et la

[367] Maurice Hauriou, *Précis élémentaire de droit administratif*, Sirey, 1933, p. 549.
[368] P.H. Teigen, La police municipale, étude de l'interprétation jurisprudentielle des articles 91, 94 et 97 de la Loi du 5 avril 1884, Thèse de droit, Nancy, Sirey, 1934, p. 43.

police administrative, et, dans lesquels, il est possible de remarquer l'emploi de diverses expressions relatives aux éléments constitutifs d'ordre public. Ceci n'est pas sans mettre l'observateur dans une situation qui incline à l'hésitation, et exhorte à penser que dans la pluralité terminologique, le législateur n'aspirait qu'à un but : ne pas être trop précis afin de laisser à l'administration une certaine marge d'appréciation et d'adaptation. Ainsi, dans l'article 39 du dahir abrogé du 23 juin 1960 relatif à l'organisation communale, on pouvait lire : « *les pouvoirs de police sur le territoire de la commune appartiennent au pacha ou caïd, ils ont pour objet d'assurer le bon ordre, la sûreté et la salubrité publique* ». Faut-il le rappeler ? C'est une reproduction quasi littérale de l'article 97 de la loi française du 5 avril 1884[369] »[370].

L'application de cet article en France a soulevé des difficultés, parce que les mesures de police qui sont prises par la puissance publique sur le plan national et qui sont, ensuite, exécutées par son représentant local, seraient inopérantes si elles ne sont pas couvertes par une habilitation législative, ce qui a pour résultat de restreindre le domaine d'intervention et de délimiter la notion d'ordre public. Autrement dit, c'est la loi qui confie aux autorités locales le soin de préserver l'ordre public à l'intérieur du territoire aux destinées duquel elles président. Toutefois, il n'est pas besoin qu'un texte habilite le chef de l'Etat, ou l'autorité exerçant le pouvoir règlementaire, à maintenir l'ordre public, qui est « une nécessité impérieuse. »[371]. Cette règle, devenue un truisme sur le plan juridique, a été formellement consacrée par la jurisprudence française qu'établit l'arrêt « Labonne » du 8 août 1919[372].

---

[369] L'article 97 de la loi du 5 avril 1884(La loi municipale française) devenu l'article L. 2212-2 du code général des collectivités territoriales pour les maires ; article 2 de la section 3 de la loi des 22 décembre 1789 - 8 janvier 1790 pour les préfets, dispositions confirmées par l'article 99 de la loi du 5 avril 1884 et reprises à l'article 2215-1 du code général des collectivités territoriales du 5 avril 1884.

[370] Mohammed Amine Benabdallah, La police administrative dans le système juridique marocain ; APREJ, Rabat, 1987, p.142.

[371] Voir, J-C. Douence, *Recherche sur le pouvoir réglementaire de l'Administration*, LGDJ 1966, p. 21.

[372] Par l'arrêt Labonne, le Conseil d'État a jugé que l'autorité titulaire du pouvoir réglementaire général disposait, en l'absence de toute habilitation législative, d'une compétence pour édicter des mesures de police à caractère général et s'appliquant sur l'ensemble du territoire. Le Président de la République, titulaire, sous la IIIe République, du pouvoir réglementaire général, avait pris, le 10 mars 1899, un décret réglementant la circulation automobile en la soumettant notamment à la possession d'un "certificat de capacité pour la conduite des voitures automobiles", sans y avoir été expressément habilité par une loi. Sur la base de ce décret, des arrêtés préfectoraux étaient intervenus dans chaque département, sur le fondement desquels des mesures individuelles furent prises. C'est en vertu de cette réglementation que le "certificat de capacité" de M. Labonne lui fut retiré. Il attaqua cette mesure en excipant de l'illégalité des textes en cause au motif que leurs auteurs auraient été incompétents, faute d'une habilitation législative initiale. Le Conseil d'État rejeta sa requête en jugeant "qu'il appartient au chef de l'État en dehors de toute habilitation législative et en vertu de ses pouvoirs propres, de déterminer celles des mesures de police qui doivent, en tout état de cause, être appliquées dans l'ensemble du territoire". Or aucune loi n'attribuait

La jurisprudence marocaine a emboîté le pas en décidant dans l'arrêt « El Hihi »[373], que l'administration générale du pays incluant, comme l'a précisé l'arrêt : « la prise de mesures nécessaires pour assurer le bon fonctionnement de l'ensemble des services publics », qui suppose en parallèle la prise de mesures non moins nécessaires, au maintien de l'ordre public, et ici, cet arrêt rejoint la jurisprudence « Labonne »[374], en ce sens qu'en habilitant le Président du Conseil, ou le chef de l'Etat, à prendre toute mesure, nécessaire à la vie en société, le juge lui reconnait, ainsi qu'à ses représentants locaux, en somme, plein pouvoir pour maintenir l'ordre public, et de ce fait, donne une acception considérablement large à la notion d'ordre public qui peut concerner divers objets.

Dans le cadre des actions de maintien de l'ordre, le premier texte du Maroc indépendant habilitant explicitement les gouverneurs dans ce domaine, est sans conteste, la circulaire du Président du Conseil du 3 janvier 1959[375], adressée aux gouverneurs de préfectures et provinces du Royaume, ainsi : « En votre qualité de représentants du pouvoir exécutif de Sa Majesté le Roi, vous assumez la pleine et entière responsabilité de l'ordre dans votre province, à ce titre votre premier devoir est d'assurer la protection de la vie

---

expressément une telle compétence au Président de la République, seulement chargé, en vertu de l'article 3 de la loi constitutionnelle du 25 février 1875, d'assurer "l'exécution des lois". A l'inverse, les maires et les préfets disposaient (et disposent toujours aujourd'hui) d'une compétence générale pour édicter les mesures de police nécessaires pour assurer "le bon ordre, la sûreté et la salubrité publiques" (article 97 de la loi du 5 avril 1884 devenu l'article L. 2212-2 du code général des collectivités territoriales pour les maires ; article 2 de la section 3 de la loi des 22 décembre 1789 - 8 janvier 1790 pour les préfets, dispositions confirmées par l'article 99 de la loi du 5 avril 1884 et reprises à l'article 2215-1 du code général des collectivités territoriales). En l'absence de toute habilitation législative, le Président de la République, titulaire du pouvoir réglementaire général, était-il compétent pour édicter des mesures de police à caractère général et trouvant à s'appliquer sur l'ensemble du territoire national ? A cette question, le Conseil d'État a répondu par l'affirmative avec l'arrêt Labonne. Les principes ainsi posés par cette décision demeurent valables, même si le titulaire du pouvoir réglementaire général est aujourd'hui le Gouvernement, en vertu de l'article 20 de la Constitution, sous réserve de la compétence reconnue dans ce domaine au Président de la République par l'article 13. Ainsi, le Conseil d'État a-t-il eu l'occasion de juger que, en l'absence de toute habilitation législative, le Gouvernement était compétent pour édicter des mesures de police à caractère général et applicables à l'ensemble du territoire en matière de police des abattoirs (2 mai 1973, Association cultuelle des Israélites nord-africains de Paris, p. 313). La répartition des matières entre celles qui relèvent du pouvoir législatif et celles qui relèvent du pouvoir réglementaire, opérée par les articles 34 et 37 de la Constitution, n'a pas privé le Gouvernement de sa compétence pour édicter des mesures de police à caractère général (Sect. 22 décembre 1978, Union des chambres syndicales d'affichage et de publicité extérieure, p. 530), ce que le Conseil Constitutionnel a confirmé (Cons. Constit., décision n° 87-149 L, 20 février 1987, p. 22). 8 août 1919 - Labonne - Rec. Lebon p. 737, GAJA, 1978, p. 160.

[373] CSA 17 avril 1961, Mohammed El Hihi, RACS p. 56, arrêt cité p. 31.

[374] Voir le commentairede M.Amine Benabdallah, *La police administrative dans le système juridique marocain*, op.cit, p.127.

[375] Circulaire présidentielle du 3 janvier 1959, B.O. n° 2412, du 16 janvier 1959, p. 90.

et la sauvegarde du patrimoine matériel et spirituel de vos administrés en prévenant tous désordres susceptibles d'y porter atteinte ».

L'utilisation par cette circulaire de l'expression « sauvegarde du patrimoine spirituel » rappelle la notion de « bon ordre » contenue dans l'article 39 du dahir de 1960 qui correspond à l'article 97 de la loi municipale française du 5 avril 1884. Mais, comment définir le concept de « bon ordre » ? Selon le professeur Cherigny, qui a consacré sa thèse à la moralité des administrés[376], c'est le Doyen Hauriou qui serait à l'origine de la conception unitaire du bon ordre qui est devenue la doctrine dominante. Cette conception définit l'ordre public en le réduisant à « l'ordre matériel et extérieur, considéré comme un état de fait, opposé au désordre, l'état de paix, opposé à l'état de trouble »[377], toujours selon Cherigny, c'est une opinion qui a engagé la doctrine française dans une impasse[378]. En effet, selon M. Benabdallah, adopter une conception restrictive de l'ordre public en le réduisant à l'ordre matériel, c'est faire du « bon ordre », en matière de police un synonyme de la tranquillité au sens stricte du terme, en l'absence de de trouble. Une telle vue réduit énormément l'étendue des pouvoirs d'intervention de l'autorité de police, en ne lui permettant d'intervenir que dans des domaines susceptibles d'avoir une répercussion matérielle sur l'ordre public. Ce qui ne nous semble pas devoir être compris d'après le texte législatif.[379]

En France, dans ce débat doctrinal[380]et jurisprudentiel[381], sur la définition et l'interprétation de la notion de « bon ordre », deux courants se sont affrontés, l'un l'a interprétée extensivement, et l'autre restrictivement. Mais, en définitive, cette question était souvent tributaire de l'évolution des mœurs et des mentalités au sein de la société française. Actuellement, on remarque une réduction des arrêts du Conseil d'Etat sur les questions de moralité publique[382].

Le juge marocain, lui, tirant son fondement d'un facteur religieux[383] essentiellement, s'est prononcé à plusieurs reprises sur l'aspect moral du bon

---

376 B. Cherigny, *Le juge administratif, gardien de la moralité des administrés*, Thèse, Poitiers, 1968, vol. I p. 245 et s.

377 M. Hauriou, *Précis de droit administratif*, op.cit. p. 549.

378 B. Cherigny, *Le juge administratif*, op.cit. p. 247.

379 M.Amine Benabdallah, *La police administrative dans le système juridique marocain* ; op.cit, p.148.

380 B. Cherigny, op.cit. 248 et s. et P.H. Teitgen, op.cit. p. 35 et Paul Bernard, op.cit. p. 131. Voir aussi, P. DUEZ, Police et esthétique, D.H. 1927, ch., p. 17.

381 Les arrêts : CE 18 décembre 1959, Films Lutecia, S. 1960, 94 ; arrêt CE 14 octobre 1960, Sté « les films Marceau », leb, p. 533.

382 Ce qui a plaidé pour une définition de l'ordre public plutôt matériel, mais il n'en demeure pas moins vrai, que l'aspect extra-matériel ou « esthétique » existe.

383 Voir les décisions judiciaires des tribunaux de premier degré. Pour illustrer davantage le caractère religieux de la définition de l'ordre public, et son rôle prédominant dans la société, en tant qu'élément fondateur de la notion de « bon ordre », une décision du Tribunal de première instance de Casablanca, avait invalidé un contrat de travail passé entre une hôtesse

ordre. Il s'agit d'un cas d'espèce où la Cour Suprême a fait allusion au caractère de moralité publique. Il en est ainsi de l'arrêt « Ahmed Ouakrim ».

Les faits peuvent être résumés ainsi : par arrêté municipal permanent, le gouverneur de la province de Tanger interdit l'ouverture et l'exploitation de « *jeux dits d'adresse* », dans un rayon de 1 km 500 autour des établissements scolaires et interdit l'accès à ces établissements aux personnes de moins de 18 ans. Le sieur Ahmed Ouakrim, concerné par la décision intente un recours en soutenant qu'elle excède les pouvoirs de police municipale, et viole le principe de la liberté de commerce et de l'industrie. Le juge annule la décision attaquée en considérant cependant, que « ...s'il appartient au gouverneur de la province de Tanger(...) de prendre, en vertu des pouvoirs qu'il détient de l'article 39 du dahir du 23 juin 1960, sur l'organisation communale, les mesures nécessaires pour prévenir le danger que la fréquentation des salles de jeux dits d'adresse par les enfants d'âge scolaire peut présenter pour l'ordre et la moralité publique, le gouverneur, ne pouvait sans porter atteinte à la liberté du commerce, décider une mesure d'interdiction d'exploitation de ces établissements qui, compte tenu de l'étendue de la zone prévue par l'arrêté attaqué, a le caractère d'une interdiction générale et absolue... »[384]

Quoi qu'il en soit, antérieurement à l'adoption de la circulaire précitée (Circulaire présidentielle du 3 janvier 1959), le Roi Mohamed V avait insisté lors de la nomination des premiers gouverneurs dans les nouvelles provinces, le 19 décembre 1955, sur le caractère crucial de la fonction de préservation de l'ordre public et de la quiétude de la population : « Vous n'êtes pas sans savoir que parmi vos devoirs, les plus importants, figure la préservation de la sécurité et de l'ordre, alors, œuvrez à leur maintien avec sérieux et détermination, pour qu'en bénéficie tout individu, quelle que soit sa nationalité ou sa religion, afin qu'il s'adonne à son travail quotidien en toute sérénité, étant en sécurité lui-même et ses biens, dans le respect de ses intérêts, ses droits et libertés. »[385]

En 1963, avec l'adoption du dahir portant statut particulier des administrateurs du ministère de l'Intérieur[386], la formulation de la mission du maintien d'ordre public a été sensiblement modifiée, puisque son article 31 dispose que désormais : « les chefs de cercle sont les représentants du pouvoir exécutif dans leur ressort territorial. Ils assurent, sous la direction du

---

de l'air et la compagnie aérienne, la RAM, qui lui interdisait de se marier, lejuge a déclaré le contrat de travail nul et de nul effet, étant contraire aux principes religieux. TPI de Casablanca, 19 février 1979, GTM, octobre-Novembre 1981, n° 22, p. 89, (en langue arabe.)

[384] CSA 19 juin 1964, Ahmed Ouakrim, RACS p. 204.

[385] Discours du Roi Mohamed V le 19 juin 1955 devant les premiers gouverneurs de provinces., in Abderrahman JAMJAMA, la déconcentration et la décentralisation dans les discours royaux, entre 1955 à 1995, Imp. Impérial, Rabat, 1996, p. 21, (en Arabe).

[386] Le dahir n° 1-08-67 du 31 juillet 2008 relatif au Corps des agents d'autorité, BO N° 5680 du 6-11-2008, p : 1507, a modifié le Dahir précédant du 1er mars 1963 portant statut particulier des administrateurs du ministère de l'Intérieur.

gouverneur, l'exécution des lois et règlements, le maintien de l'ordre, la sécurité et la tranquillité publique ».

En 1976, année de promulgation du dahir du 30 septembre 1976, relatif à l'organisation communale, on observe une autre modification de terminologie utilisée, puisque désormais, l'article 44 de ce texte fait allusion à l'expression « police administrative ». Cet article prévoyait que : « les pouvoirs reconnus aux pachas et caïds en matière de police administrative communale, ainsi que les fonctions spéciales qui leur sont attribuées par la législation et la réglementation en vigueur, sont transférés aux présidents des conseils communaux. Les présidents, exercent sous le contrôle de l'administration supérieure, leurs pouvoirs de police, par voie d'arrêtés réglementaires et par des mesures individuelles : injonctions, défenses ou autorisations. ».

Une nouvelle étape fut franchie par le législateur en 1977, lors de l'adoption du dahir du 15 février 1977[387], qui, dans son article 3, utilise l'énoncé laconique suivant : « le gouverneur est chargé du maintien de l'ordre dans la préfecture ou province», à cet effet, Il peut faire appel aux forces auxiliaires, les forces de police et faire appel à la gendarmerie royale et aux forces armées royales dans les conditions prévues par la loi (article 3).

En tout état de cause, les textes investissent le gouverneur, d'un pouvoir de maintien de l'ordre et de la sécurité publics, dans le sens d'autorité de police administrative, essentiellement, c'est ainsi que l'article 49 du Dahir portant loi n° 78.00 relative à charte communale,(telle qu'elle a été modifiée par le Dahir n° 1.02.297 en date du 3 octobre 2002, ce dahir a été abrogé par le dahir portant application de loi organique n° 113.14 du 7 juin 2015 publié au B.O n° 6380 le 23 juillet 2015), exclut des attributions de police administratives dévolues aux présidents des conseils communaux, les matières liées au maintien de l'ordre et de la sécurité publics sur le territoire communal.

A la lecture de cet article on déduit que, même si, désormais, la charte communale opère une meilleure présentation et une redéfinition plus claire des attributions de police des présidents des conseils communaux, par rapport à celles du gouverneur et des agents d'autorité de la circonscription locale, ainsi qu'un élargissement certain, couvrant tous les domaines de la tranquillité, de la salubrité et de l'hygiène publiques, et introduit même des domaines nouveaux comme la protection de l'environnement, le législateur n'entretient pas moins la confusion entre les attributions de police dévolues aux présidents et celles restant toujours du ressort des « autorités administratives locales ».

En effet, disposer que : « les présidents des conseils communaux exercent, de plein droit, les attributions de police administrative communale et les fonctions spéciales reconnues par la législation et la réglementation en

[387] Le dahir du 6 octobre 1993 modifiant le dahir du 15 février 1977 relatif aux attributions du gouverneur, B.O n° 4223 du 6-10-1993, p.536.

vigueur aux pachas et caïds » et exclure de ses attributions « (…) le maintien de l'ordre et de la sécurité publics sur le territoire communal », peut être expliqué, soit par l'hésitation du législateur à conférer entièrement les attributions de la police administrative aux présidents de commune, et spécialement ses composantes « vagues » et « variables »[388], soit par une sorte d'opacité volontaire qui laisse persister le doute sur le véritable détenteur de la compétence de maintien de l'ordre avec toutes ses composantes, dans la commune.

Nous pensons, pour notre part, que le rôle d'autorité de police administrative du président du conseil communal se trouve d'avantage affaibli à cause de l'absence d'une force publique proprement communale, le président du conseil doit, pour faire exécuter ses décisions, faire appel à l'autorité locale : caïd ou pacha sous les ordres du gouverneur qui, seule, dispose de l'usage de la force publique, et qui peut le refuser. Malgré les justifications qui peuvent être avancées à ce propos, cette situation entraîne souvent, selon la doctrine[389], des conséquences inacceptables : une décision administrative, par définition exécutoire, peut ne pas être exécutée. D'autres conséquences fâcheuses peuvent découler de cet amalgame : les jugements passés en autorité de chose jugée et devenant par là même exécutoires, risquent de ne pas être appliqués, dans une large mesure, nécessitant la mobilisation de la force publique que supervise le gouverneur, qui, dans bien des cas, refuse de concéder une telle mesure évitant de provoquer des troubles à l'ordre public et privilégiant, en vertu de son rôle d'arbitre, que les intérêts privés des uns pâtissent, au lieu de voir l'ordre public ébranlé.

Face à cette problématique, la jurisprudence française applique largement le principe de la prévalence de la sauvegarde de l'ordre public, pour conclure que, c'est légalement qu'un préfet peut refuser d'accorder le concours de la force publique à l'exécution d'une décision d'expulsion prononcée par le juge judiciaire en invoquant le risque de trouble à l'ordre public que l'exécution de cette décision ferait peser[390]. Le Conseil constitutionnel a jugé

---

[388] Voir, les développements réservés à ces concepts des éléments « stables » : salubrité publique, sûreté ou sécurité publique et éléments « vagues » et « variables » : le bon ordre, in. Mohammed Amine Benabdallah, *La police administrative dans le système juridique marocain*, op.cit. p. 144-145- 146.

[389] Abdallah Harsi, *L'administration de proximité : concept et implications*, REMALD et l'Ecole Nationale de l'Administration (avec le concours de la Fondation Hanss Seidel, le jeudi 24 et vendredi 25 novembre 2005 au siège de l'E.N.A., Rabat, p.19.

[390] En France, le problème du refus de prêter le concours de la force publique opposé par le préfet pour des raisons de crainte de trouble à l'ordre public, est apparu avec plus d'acuité lors des occupations illégales des logements vacants par des personnes défavorisées. La consécration de la valeur constitutionnelle du droit au logement, d'abord reconnu par le législateur, et la délimitation de la portée de ce dernier par le Conseil constitutionnel. En revanche, est considérée comme non conforme à la Constitution car portant atteinte au principe de séparation des pouvoirs l'article du texte contesté en vertu duquel l'absence de proposition d'une offre d'hébergement à des personnes en cours d'expulsion (envisagée comme une obligation de moyens) justifiait le refus du Préfet d'accorder le concours de la

que, ce faisant, et dès lors que cela était justifié par « des circonstances exceptionnelles tenant à la sauvegarde de l'ordre public », ce refus de prêter son concours à l'exécution d'un jugement ne porte pas atteinte à la séparation des pouvoirs[391]. Dès lors que le concours de la force publique peut être valablement fondé sur un motif d'ordre public, le juge de l'excès de pouvoir rejette le recours dont il est saisi et le juge du plein contentieux considère que le comportement de la puissance publique n'est pas fautif. Le Conseil d'Etat a jugé que dès lors que ce motif n'apparaît pas « manifestement erroné » le juge des référés pouvait rejeter la demande tendant à ce qu'il soit enjoint au préfet de prendre les mesures nécessaires à l'exécution de la décision du juge judiciaire[392].

Quoi qu'il en soit, au lendemain de la promulgation de la charte communale de 1976, plusieurs commentateurs ont remarqué qu'elle avait sérieusement renforcé la position du président du conseil communal en lui attribuant des compétences qui étaient jusque-là du ressort de l'autorité locale (caïd et pacha avec à leur tête le gouverneur). A cet égard, il faut noter, que le président exerce certaines attributions en relation avec le conseil communal et d'autres qui lui sont propres, à titre individuel. Parmi ces dernières, celles qui entrent dans le domaine de la police administrative communale et, à ce propos, on n'hésite pas à parler d'un transfert de pouvoirs et à qualifier le président du conseil communal, d'autorité de police générale. En grande partie, ceci n'est pas faux, mais à voir de près, on peut constater que dans cette attribution « curieusement partagée avec l'autorité locale », l'essentiel demeure de la compétence de celle-ci[393].

Pour s'en tenir à l'essentiel, le gouverneur est, et reste, responsable du maintien de l'ordre ; il est donc autorité de police administrative ; il exerce ses pouvoirs de police par voie d'arrêtés réglementaires individuels et peut mettre en œuvre la force publique pour en faire respecter les prescriptions, il dispose des forces auxiliaires, et en cas de besoin, il peut faire appel aux personnels de police(Sûreté Nationale), à la Gendarmerie Royale et aux Forces Armée Royales.

Chaque corps qui concourt au maintien de l'ordre et de la sécurité dispose d'un statut particulier. Avant l'institution de ces statuts, la circulaire du 3 janvier 1959 du président du conseil, mentionnée précédemment, fixait les conditions dans lesquelles, les gouverneurs assument l'entière responsabilité

---

force publique à l'exécution d'une décision de justice, dès lors que ce motif ne trouvait pas sa cause dans la nécessité de sauvegarder l'ordre public. (C.Cons.Décision n°98-403 DC du 29 juillet 1998).

[391] M. Block, *Dictionnaire de l'Académie française*, op.cit, cité in Fr. Monnier, « *Les préfets, l'autorité judiciaire et la loi : Perspectiveshistorique* », Rev. Adm, n° 316, 2000, p .348.

[392] Cons. D'Etat, 27 juin 2002, *M. et Mme Froullani, S.C.I. Marcflore*, req. N° 247973.

[393] Mohammed Amine Benabdallah, « *Propos sur la décentralisation territoriale au Maroc* », Mélanges offerts au professeur Jacques Moreau, Ed. Economica, Paris, 2003, a été écrit en mars 2002 c'est-à-dire bien avant la promulgation de la loi portant charte communale et de celle relative à l'organisation des collectivités préfectorales et provinciales., p.10.

du maintien de l'ordre. Elle rappelle l'article 33 du Code de Procédure Pénale[394] qui permet aux gouverneurs de procéder à l'instruction des crimes et des délits contre la sûreté intérieure ou extérieure de l'Etat, avant que l'autorité judiciaire ne soit saisie[395].

Ainsi, conformément à l'article 28 du Code de la procédure pénale actuel (loi n° 210.22, portant Code de procédure pénale, en application du dahir du 3 octobre 2003) : « Dans le cas de crime ou de délit contre la sûreté intérieure ou la sûreté extérieure de l'Etat, et seulement s'il y a urgence, le gouverneur dans chaque province peut, s'il n'a pas connaissance que l'autorité judiciaire soit déjà saisie, faire personnellement tous actes nécessaires à l'effet de constater les crimes et délits ci-dessus spécifiés ou requérir par écrit à cet effet les officiers de police judiciaire compétents ».

Toutefois, s'il fait usage de ce droit, le gouverneur est tenu d'en aviser immédiatement le procureur du Roi et, dans les trois jours qui suivent l'ouverture des opérations, de se dessaisir au profit de l'autorité judiciaire en transmettant les pièces au procureur du Roi et en lui présentant toutes les personnes appréhendées.

De surcroît, tout officier de police judiciaire ayant reçu une réquisition du gouverneur agissant en vertu des dispositions ci-dessus, tout fonctionnaire à qui notification de saisie est faite en vertu des mêmes dispositions sont tenus de déférer à ces réquisitions et d'en aviser sans délai le procureur du Roi. En outre, lorsque le procureur du Roi estime que l'affaire est de la compétence du tribunal permanent des Forces armées royales, il transmet les pièces au ministre de la défense nationale et ordonne, le cas échéant, que les personnes appréhendées soient sans délai conduites, en état de garde à vue, et remises à l'autorité qualifiée.

Force est de constater, que le législateur a reconnu aux gouverneurs des pouvoirs de maintien de l'ordre public qui appartiennent normalement à la sphère de la police judiciaire, sans qu'ils soient considérés comme des officiers ou des officiers supérieurs de la police judiciaires, mais des fonctionnaires auxquels la loi attribue certaines fonctions de police judiciaire[396]. Ces pouvoirs sont liés particulièrement aux cas d'atteinte à la sûreté intérieure ou extérieure de l'Etat, la volonté du législateur n'était pas de les substituer aux organes judiciaires investis de l'autorité et des

---

[394] Le Code de procédure pénale actuel prévoit les mêmes dispositions dans l'article 28.

[395] Driss Basri, *L'administration territoriale : L'expérience marocaine*, op.cit, p.98.

[396] L'article 19 du code de la procédure pénale, dispose que : « La police judiciaire comprend, indépendamment du procureur du Roi, de ses substituts et du juge d'instruction, officiers supérieurs de police judiciaire :
1. les officiers de police judiciaire ;
2. les agents de police judiciaire ;
3. les fonctionnaires et agents auxquels la loi attribue certaines fonctions de police judiciaire. », les gouverneurs seraient ainsi inclus dans cette dernière catégorie, à laquelle la loi confie de manière spéciale l'accomplissement de certaines attributions des officiers de la police judiciaires.

attributions de la police judiciaire, mais de leur procurer un rôle exceptionnel de maintien de l'ordre et la sûreté de l'Etat, en cas de menace de déstabilisation.

Il n'en demeure pas moins vrai, que le gouverneur reste le premier responsable du maintien de l'ordre public général dans la préfecture ou la province de son ressort territorial, rappelons que l'article 3 du dahir de 1977 dispose dans ce sens que : « Le gouverneur est chargé du maintien de l'ordre dans la préfecture ou province. Il peut utiliser les forces auxiliaires, les forces de police et faire appel à la gendarmerie royale et aux forces armées royales dans les conditions prévues par la loi. Il dirige notamment, sous l'autorité du ministre de l'Intérieur, les activités des chefs de cercles et des chefs de circonscriptions urbaines et rurales (pacha et caïd) ».

Par ailleurs, de nos jours, cette compétence générale de maintien de l'ordre public dévolue au gouverneur ne fait l'objet d'aucune discussion. Sur le plan doctrinal, on l'a souvent rappelé sans trop s'attarder dessus. En 1965, MM. Colliard et Groshens évoquaient, au sujet du préfet français que : « la tâche principale qui est la sienne, est le maintien de l'ordre public ». Monsieur Charles Debbasch considère que maintenir l'ordre public est la « fonction essentielle » du préfet. Monsieur Francis Chauvin, dans le Jurisclasseur administratif, écrit, de façon plus prudente, que : « Le maintien de l'ordre public est une des tâches essentielles du préfet de département »[397].

Le préfet Paul Bernard rappelle, à juste titre, que le maintien de l'ordre et la sécurité constitue non seulement une compétence préfectorale mais l'une des compétences principales : « c'est même sa tâche primordiale. Vivant au milieu de la population, il se comporte en veilleur qui donne l'alerte en cas d'atteinte au bon ordre républicain ou à la tranquillité des habitants. Le Préfet et le Sous-préfet se tiennent prêts avec la plupart des services de l'Etat, à intervenir, soit pour faire respecter la loi, soit pour rétablir les libertés, soit pour déclencher les secours »[398]

Le gouverneur au Maroc, dans le cadre de sa mission générale de maintien de l'ordre, comme nous l'avons précédemment souligné, peut faire appel au concours de plusieurs corps : les Forces auxiliaires, la Sûreté nationale, la Gendarmerie royale, et les Forces armées royales, puisque la circulaire du Président du conseil précitée souligne, par ailleurs, que le gouverneur dispose en permanence des forces auxiliaires et qu'il peut en toutes circonstances faire appel à la police, et ajoute qu'il peut, le cas

---

[397] Cl-Al, Colliard, J-Cl. Groshens, *La sous-préfectorisation du préfet de département*, Debbach (Ch.), Fr. Colin, *Droit administratif*, 7e éd., Economica, 2004, Chauvin (Fr.), J.-Cl. Administratif, fasc., dans le même sens, Dubrigny (J.-L.), « Le préfet, garant de l'ordre public dans le département : voilà une mission prioritaire et incontestée du corps préfectoral », « éditorial », Adm., n° 173, octobre-décembre 1996, p. 1, cités par Marc Ollivier, op.cit. p. 197.

[398] Paul Bernard, *Le Préfet de la République*, *Le chêne et l'olivier*, Paris, la documentation française, 1993, p. 99.

échéant faire appel à la gendarmerie et, en cas de nécessité absolue, faire appel aux forces armées royales, (il s'agit, nous le voyons bien, de menaces sérieuses et grave à la stabilité intérieur, situation que nous étudierons en détails plus loin).

En ce qui concerne les services de la Sûreté nationale, leur concours doit être constamment assuré aux gouverneurs, aux chefs de cercles, aux pachas et caïds, notamment pour tout ce qui se rapporte au domaine de la sûreté publique et à la situation économique et sociale. C'est le dahir du 16 mai 1956 créant la Direction Générale de la Sûreté Nationale (D.G.S.N), qui a rattaché la police au Ministère de l'Intérieur. S'agissant des Forces auxiliaires, le dahir portant loi du 12 avril 1976 dispose dans son article 1er que : « les Forces auxiliaires assurent, dans le cadre des missions qui leur sont imparties, le maintien de l'ordre et de sécurité publique concurremment avec les autres forces de l'ordre, elles peuvent être appelées à opérer sur tout le territoire du Royaume et à porter aide et assistance en cas de sinistre grave ou de calamité publique. »[399].

D'autre part, le dahir portant création de la Gendarmerie Royale dispose dans son article 1er que : « la Gendarmerie est une force publique chargée de veiller à la sûreté publique et d'assurer le maintien de l'ordre et l'exécution des lois. Son action s'exerce sur toute l'étendue du territoire ainsi qu'aux Forces Armées Royales. Elle est particulièrement destinée à la sûreté des campagnes et des voies de communication »[400].

Le gouverneur qui a la lourde tâche d'assurer l'ordre et la sécurité, dispose, à des degrés différents, de toutes ces forces. Certes, il n'exerce pas une autorité directe sur ces différents corps. Cependant, les gouverneurs, coordonnateurs des différents services publics civils, sont aidés au titre de l'ordre public par un comité chargé du maintien de l'ordre, comité qui regroupe sous leur présidence, le chef de la Sûreté régionale, le chef commandant de la Gendarmerie Royale, le commandant provincial des Forces Auxiliaires, et le représentant de la place d'armes, ce comité se réunit une fois par mois et chaque fois que les circonstances l'exigent. Les contacts quotidiens entre ces responsables et le premier magistrat de la province assurent l'efficacité et l'intervention adéquate des services de maintien de l'ordre. Il est à préciser que chacun des corps évoqués garde son autonomie et observe sa discipline intérieure. Seule l'utilisation spatiale des différentes Forces est discutée au sein du comité chargé du maintien de l'ordre[401].

Or comme l'exprime Marcel Waline en des termes quelque peu ironiques : « il faut bien se rendre compte, en ce qui est, en moyenne, la mentalité d'un administrateur, d'un préfet par exemple. Le préfet veut avant tout que l'ordre règne dans le département qu'il est chargé d'administrer ;

---

[399] Dahir portant loi du 12 avril 1976, relatif à l'organisation générale des Forces Auxiliaires, B.O du 28 avril 1976, p. 527.
[400] Dahir du 29 avril 1957, sur la Gendarmerie Royale, B.O, du 17mai 1957, p. 602.
[401] Driss Basri, *L'Agent d'Autorité*, op.cit, p. 30

parce que le désordre c'est ce que le préfet appelle dans son langage une « *histoire* » et qu'il ne veut « *pas d'histoires* ». Il a donc tendance dans les cas douteux, de se préoccuper moins de la sauvegarde des libertés publiques que des intérêts généraux dont il a la charge, c'est-à-dire de l'ordre public, de la sécurité publique et de la salubrité publique »[402] .

C'est pour cette raison que l'action de maintien de l'ordre du gouverneur, ainsi que toutes les mesures de police par lesquelles elle se décline, restent assujetties au contrôle juridictionnel : « en tout état de cause il appartient aux juges de vérifier que les limitations apportées aux activités des individus sont conformes à ce que les textes autorisent, ou à ce qu'exige la nécessité de préserver l'ordre public ; ce contrôle porte sur tous les éléments des mesures de police. »[403]

Il faut, toutefois, souligner à cet égard que, quand on traite de la question de l'ordre public au sens large on s'éloigne de la notion « traditionnelle » classique d'ordre public et on retient une conception beaucoup plus large. Dans son ouvrage, la notion d'ordre public en droit administratif Monsieur Paul Bernard affirme que « Ne voir dans la notion d'ordre public que son objet immédiat, le maintien ou le rétablissement de l'ordre, revient à ne considérer que l'arbre qui cache la forêt (...), l'ordre public s'insère dans une perspective sociale qui l'exalte et lui confère ses véritables dimensions. »[404]

Par conséquent, le gouverneur est, de plus en plus appelé à préserver un ordre public « moderne » qui s'étend pour comprendre le social, l'économique, l'urbain et le culturel. Mais dans le cadre d'une approche beaucoup plus opératoire de la fonction de gouverneur de maintien de l'ordre, il faut souligner que les textes le charge d'une mission générale d'intervention en cas de troubles graves à l'ordre public ou quand les institutions de l'Etat sont menacées, dans le cadre de procédures dites exceptionnelles.

2. Le maintien de l'ordre en période exceptionnelle

Il faut distinguer ici entre les régimes dits de crise ou des circonstances exceptionnelles et les régimes de l'état de siège et l'état d'urgence. En ce qui a trait au régime de crise, on le doit à la grande sagesse et au puissant pragmatisme des juridictions administratives françaises[405]. La théorie des

---

[402] Marcel Waline, *L'individualisme et le droit*, Montchrestien, Coll. Domat, 1945, p. 382.

[403] Driss Basri, L'administration territoriale : L'expérience marocaine, op.cit, p. 99.

[404] Paul Bernard, *La notion d'ordre public en droit administratif*, op.cit. p. 48.

[405] Dès avant 1914 la jurisprudence prenait en considération l'urgence dans laquelle se trouvait l'autorité de police pour adoucir les exigences du principe de légalité, la première guerre mondiale a poussé plus loin les conséquences de cette attitude. le conseil d'Etat afin de limiter les effets de cette porte ouverte à la suppression de toute légalité exige la réunion de conditions précises : la survenance brutale d'évènements graves et imprévus (ce qui distingue les circonstances exceptionnelle de la simple urgence), l'impossibilité pour l'autorité administrative d'agir légalement, la persistance des circonstances exceptionnelle à la date de

circonstances exceptionnelles n'est pas une simple application de l'idée générale de l'état de nécessité, elle trouve son fondement dans les pouvoirs généraux des autorités administratives, qui ont pour obligation d'assurer l'ordre public et le fonctionnement régulier des services publics. C'est lorsque cette obligation se trouve entravée par la violation de la légalité que l'autorité administrative peut suspendre l'application de celle-ci[406].

Au Maroc, la circulaire du Président du Conseil du 3 janvier 1959[407] est le seul texte évoquant les pouvoirs des gouverneurs en matière de maintien de l'ordre dans des circonstances exceptionnelles. Le Président du conseil y rappelle que la majorité des troubles peut être résolue par la persuasion : « *L'autorité conférée à vos fonctions par Sa Majesté le roi, doit vous permettre dans la majorité des cas, d'apaiser les esprits et donc de prévenir toute agitation par l'action personnelle et la persuasion. Par ailleurs si l'ordre se trouve troublé, tous les éléments de la force publique auxquels vous pouvez faire appel successivement ou simultanément, sont à votre disposition, dans des conditions déterminées. La Police, les Forces Auxiliaires, constamment. La Gendarmerie, éventuellement les F.A.R exceptionnellement et en cas de nécessité absolue.* »

Le gouverneur, face à des menaces à l'ordre public, doit jouer un rôle essentiellement de persuasion. En effet, dans l'action quotidienne du gouverneur, l'intervention ostensible des services de maintien de l'ordre public demeure exceptionnelle. Le représentant de l'Etat doit jouer le rôle d'arbitre, s'efforcer de réduire les tensions et imaginer constamment des compromis[408]. Si toutes les pratiques de persuasion et de conciliation n'aboutissent pas, le gouverneur se trouve parfois contraint d'utiliser les moyens de dissuasion. Cette dernière peut être définie comme le procédé qui consiste à brandir, à étaler la force pour ne pas avoir à s'en servir. Pratiquement, la dissuasion se traduit par le déploiement des forces de l'ordre aux points névralgiques et par l'intervention des groupes décidés. C'est la menace ultime à laquelle recourt l'agent d'autorité, avant que l'ordre ne soit troublé ou qu'il risque de l'être[409].

Cependant, cela est possible dans des circonstances normales, il ne s'agit pas de situations d'extrême urgence où les biens publics, les installations de l'Etat et le fonctionnement de ses services sont mis à mal, ce qui débouche nécessairement vers une atteinte grave à l'ordre public général et pourrait même attenter à la continuité de l'Etat.

Dans ce cas, et en fonction de la gravité de la situation, le gouverneur, peut faire appel comme le prévoit la circulaire précitée, d'abord, aux forces

---

l'acte litigieux, et le caractère d'intérêt général de l'action effectuée, qui n'est admissible que pour « pour pourvoir aux nécessités du moment ».

406 Marc Ollivier, *Condition et Compétences prefectorales*, op.cit. p. 245.

407 Circulaire présidentielle du 3 janvier 1959, B.O. n° 2412, du 16 janvier 1959, p. 90.

408 Driss Basri, *l'administration territoriale*, op.cit. p. 95.

409 *Ibid.*

de l'ordre que constituent les Forces Auxiliaires et la Sûreté Nationale, qui sont directement à sa disposition, et en cas d'incidents susceptibles de troubler l'ordre public, il les utilise en donnant des instructions précises à leur chef responsable. Ensuite, en fonction de la gravité des atteintes à l'ordre public que les services de Police et des Forces Auxiliaires ne seraient pas en mesure de réprimer, il demande au Commandant de la compagnie de la Gendarmerie Royale de la province de prendre les dispositions nécessaires pour concourir au rétablissement de l'ordre,le Commandant de la compagnie, après en avoir conféré avec lui, est alors responsable des mesures qu'il croit devoir prendre, sans qu'il ait à intervenir dans les opérations militaires proprement dites.

La même circulaire, s'adressant aux gouverneurs, précise les circonstances dans lesquelles ils peuvent requérir l'armée pour faire cesser le trouble qui menace gravement l'ordre public : « *En cas de troubles graves ou de rébellion caractérisée, si les moyens déjà employés vous apparaissent insuffisants, vous pouvez demander le concours des Forces Armées Royales pour rétablir la situation, dans cette éventualité, vous confierez au Commandant du détachement des Forces Armées Royales la direction des opérations, que vous aurez sous votre propre responsabilité politique, au préalable arrêtées, en mettant à sa disposition les éléments appelés à agir. Dans ce cas, vous adressez une réquisition écrite au Commandant responsable des troupes stationnées dans les limites de votre province, ou soit en cas d'urgence manifeste, soit en l'absence d'un Commandant responsable, au chef de l'unité dans le concours vous paraît nécessaire. Votre réquisition indique la mission, le lieu, le temps et les consignes générales. L'autorité militaire garde le choix des moyens nécessaires à l'accomplissement de la mission qui lui est confiée. Les troupes restent sous l'autorité de leur chef de détachement, et en aucun cas, vous ne devez intervenir dans la tactique de l'opération engagée, ni dans les moyens à employer, votre action exclusivement politique au sens le plus élevé du terme, vous interdit toute immixtion dans l'exécution technique de votre réquisition.* »

La circulaire ajoute que chacune de ces opérations doit faire l'objet d'un compte rendu immédiat par télex au ministre de l'Intérieur. Ce texte donne même aux gouverneurs des conseils d'ordre comportemental portant sur la conduite à tenir en cas de crise : « *La décision d'utiliser un ou plusieurs des échelons de la force publique doit être prise avec sang-froid et dans la pleine conscience de vos responsabilités. Elle exige le discernement, la rapidité de jugement et la maîtrise de soi, qui doivent justifier la confiance mise en vous par Sa Majesté le Roi et son gouvernement* ».

Il ne faut pas confondre la situation décrite plus haut avec l'état de siège ou l'état d'exception, tous les deux prévus par la Constitution de juillet 2011. En effet, ces deux types de circonstances produisent sur les pouvoirs du gouverneur des effets différents. L'état de siège au Maroc est régi par l'article 74 de la Constitution, il « peut être déclaré, par dahir contresigné par le Chef du Gouvernement, pour une durée de trente jours. Ce délai ne peut être prorogé que par la loi ».

L'expression « état de siège » renvoie à deux situations différentes : la première, qui correspond à un fait réel, est l'état de siège militaire qui peut être déclaré par le commandant d'une place forte assiégée ou menacée par l'ennemi. Elle est réglementée en France par la loi du 10 juillet 1791 et les décrets du 24 décembre 1811 et du 4 octobre 1891. La seconde situation est une fiction, d'où son nom : état de siège fictif, ou politique. C'est un régime spécial de légalité, comportant une aggravation des systèmes de police, justifiée par l'idée de péril national. Cette situation est réglementée en France par une loi du 9 août 1849, modifiée par les lois du 3 avril 1878 et du 27 avril 1916. Aux termes de l'article 36 de la Constitution de 1958, l'état de siège politique est décrété en Conseil des ministres. En outre, il faut ajouter qu'il est déclaré sur tout ou partie du territoire, sa prorogation au-delà de douze jours ne peut être autorisée que par le Parlement[410].

Au demeurant, l'état de siège au Maroc a été considéré comme un régime restrictif des libertés publiques. L'autorité civile est dessaisie au profit de l'autorité militaire, cette dernière bénéficiant d'une extension des pouvoirs de police. Elle peut, de ce fait, restreindre l'exercice des libertés individuelles et la compétence des tribunaux militaires se trouve considérablement élargie, conformément à l'article 74 précité, l'état de siège est proclamé par dahir contresigné par le Chef du Gouvernement, pour une durée de trente jours. Ce délai ne peut être prorogé que par la loi. (Il existe un régime similaire en France où l'état de siège peut être proclamé pour 12 jours au-delà de ce délai, une autorisation législative est nécessaire). L'état de siège peut être déclaré en cas de « péril imminent pour la sécurité extérieure ou intérieure »[411], ou de manière plus précise : « péril imminent résultant d'une guerre étrangère ou d'une insurrection à main armée ».

Les effets de l'état de siège réduisent fortement les libertés publiques sans aller jusqu'à supprimer toute garantie constitutionnelle et légale. Ils se résument en un accroissement substantiel des pouvoirs du gouvernement, qui se réalise par trois moyens : En premier lieu, un transfert de compétence, les pouvoirs de police normalement exercés par les autorités civiles sont transférés aux autorités militaires, sans que ce transfert soit absolu et automatique, puisqu'il faut que l'autorité militaire le juge nécessaire. Ensuite, une extension des pouvoirs de police, prévue par l'article 9 de la loi française du 9 août 1849 et autorisant les perquisitions de jour et de nuit au domicile des citoyens, l'éloignement des repris de justice et des individus non domiciliés dans la zone d'état de siège, l'ordre de remise des armes et des munitions, ainsi que leur recherche et leur enlèvement, l'interdiction des publications et des réunions jugées de nature à exciter ou entretenir le

---

[410] Annie Gruber, *État de siège*, *in Encyclopœdia Universalis*, en ligne, consulté le 9 mai 2013. www.universalis.fr/encyclopedie/etat-de-siege.

[411] Définition qui était adoptée en France en1878, modifiée par la Constitution de 1958.

désordre. Et enfin, une extension de la compétence des tribunaux militaires qui peuvent connaître des infractions commises par des civils.

Mais en dehors de ces limitations expressément prévues par les textes précités, l'état de siège n'a pas d'autre incidence sur le régime des libertés publiques, qui subsistent, malgré ces restrictions.

Vu ce qui précède, on conclut, que lorsque l'état de siège est proclamé, le gouverneur exercerait ses fonctions de police et de maintien de l'ordre, conformément à la circulaire du Président du conseil de 3 janvier 1959 précitée, en s'occupant de la défense opérationnelle du territoire, sans pour autant s'impliquer personnellement dans la gestion militaire des opérations, il doit coordonner la défense des installations prioritaires de l'Etat dans le territoire avec le commandant militaire, enfin le gouverneur dispose de prérogatives de défense de l'ordre public en vertu desquelles il peut éloigner du lieu en état de siège des personnes dangereuses pour la défense nationale.

Du reste, le deuxième état où des mesures exceptionnelles de sécurité publique doivent être prises, est justement l'état d'exception, qui est prévu par l'article 59 de la Constitution actuelle.

Cependant, la question qui se pose à ce niveau, est celle de savoir quelle est la situation des libertés publiques et des droits de l'homme dont l'exercice est garanti par la Constitution en cas de proclamation de l'état d'exception ? Concernant ce problème et dans une situation similaire qui est celle de l'article 16 de la Constitution française, le Professeur J. ROBERT écrit : « Sur le plan des libertés, l'article 16 emporte une double conséquence. Il fait en premier lieu disparaître la garantie tenant à l'intervention du législateur dans le domaine des libertés ; il donne en second lieu une extension quasi illimitée aux pouvoirs de l'exécutif en matière de police »[412].

Qu'en est-il de l'application de l'état d'exception au Maroc ? Le discours royal du 7 juin 1965 apporte une réponse à cette question. Le souverain déclarait en effet que : « l'état d'exception, ainsi proclamée, ne portera pas atteinte aux libertés publiques garanties par la Constitution. Les partis politiques et les organisations syndicales poursuivent leurs activités dans l'ordre et le respect de la loi »[413].

En effet, l'article 59 de la Constitution actuelle dispose que : « lorsque l'intégrité du territoire national est menacée ou que se produisent des événements qui entravent le fonctionnement régulier des institutions constitutionnelles, le Roi peut, après avoir consulté le Chef du Gouvernement, le président de la Chambre des Représentants, le président

---

[412] J. Robert, *Libertés publiques et droits de l'Homme*, Montchrestien, Domat/Droit public, p. 105, cité par Said Ihrai, Le Maroc et les Droits de l'Homme, Livre collectif sous la direction de Driss Basri, Georges Vedel et Michel Rousset, Collection d'un Etat moderne, L'Harmattan, 1994, p. 197.

[413] Discours royal à la suite du décret proclamant l'état d'exception, In discours et interview de Sa Majesté le Roi Hassan II, ministère de l'information, Tome II, Rabat, 1990, p. 597, cité par Said Ihrai, op.cit, *idem*.

de la Chambre des Conseillers, ainsi que le Président de la Cour constitutionnelle, et adressé un message à la nation, proclamer par dahir l'état d'exception ». Dans son troisième alinéa cet article ajoute que : « Le Parlement ne peut être dissous pendant l'exercice des pouvoirs exceptionnels. Les libertés et droits fondamentaux prévus par la présente Constitution demeurent garantis ». Cela signifie que l'état d'exception ne suspend plus les droits et libertés ni les dispositions constitutionnelles relatives au fonctionnement des institutions constitutionnelles et parlementaires, et que la garantie de l'exercice des droits de l'homme et des libertés fondamentales est désormais permanente.

Dans les diverses situations de maintien de l'ordre que doit assurer le gouverneur, il s'agit, souvent de prendre une décision grave ou impopulaire, ou s'abstenir d'agir devant une situation pénible, anormale ou lourde de conséquences, ce qui implique que l'autorité gubernatoriale doit impérativement informer et s'informer avant d'agir.

Paragraphe II. La mission d'information générale

Le gouverneur, dans le territoire où il est nommé, joue un rôle fondamental de collecte et de transmission de l'information sur la vie de la préfecture ou la province. Cette mission revêt, pour tout système de gouvernement et pour toute structure d'administration, une importance cruciale. En effet, le vieil adage « *gouverner c'est prévoir* » est de plus en plus d'actualité. Il ne peut y avoir de gestion d'affaires publiques saine ni d'action gouvernementale réussie, au niveau local sans une information réelle, globale, objective et approfondiede la situation politique, socio-économique de la préfecture ou de la province.

Au demeurant, « après tout, qu'est-ce que l'État ? Loin des mythes et des mystères. La science politique fournit sa réponse. Prosaïque, concrète. L'État n'est qu'un instrument, un dispositif pour convertir les exigences sociales en actions politiques. A lui de rester en éveil. A l'écoute de la base, des sentiments, des besoins Pour capter les courants, saisir les réalités et s'y adapter. Pour informer et s'informer »[414].

Aussi, dans le même article, Schwartzenberg découvre-t-il, en s'inspirant de la cybernétique[415] et des écrits de Karl Deutsch, que « le système politique comme un système de communications. Englobé dans son environnement social, celui-ci diffuse et reçoit sans cesse des « messages ». Un flux constant d'informations circule ainsi, de l'État vers la société et de la société vers l'État, en empruntant divers réseaux de communication qui sont comme "les nerfs du gouvernement". De la sorte, le système politique

---

[414] R.G. Schwartzenberg, « *Le charme discret de la démocratie* », Le Monde du 30 septembre 1972.

[415] La « cybernétique » signifie au sens propre "l'action de manœuvrer un vaisseau" ou "l'action de diriger, de gouverner" au sens figuré.

reçoit des indications essentielles, notamment, des indications sur son propre état, dont il peut tenir compte pour se modifier. C'est le « feed-back », l'autorégulation par rétroaction »[416].

En effet, l'information constitue l'une des fonctions fondamentales de l'administration qui : « est investie d'un devoir d'information systématique et exhaustive, elle est seule, à avoir par sa mémoire exceptionnelle, le pouvoir de transformer cette information éparse, de larendre utilisable, de la relier au passé, d'en dégager les traits essentiels susceptibles de permettre progressivement une doctrine, du moins, est-ce l'une de ses missions essentielles ; si elle ne la remplit pas, elle est en défaut. En fin de compte, le rôle de l'administration, c'est de faire apparaître le général sous le particulier. Elle est, ou du moins, elle doit être, pour notre compte à tous, notre instrument permanent de conservation et de synthèse »[417].

Pour Deutsch, qui a joué un rôle majeur dans la filiation entre cybernétique et gouvernance, celle-ci s'apparente en effet essentiellement à un ensemble fonctionnel d'instruments de contrôle et de guidage. Un ensemble de régulations qui permettent au système politique de s'adapter à son environnement, et font intervenir de manière centrale la capacité à diffuser, échanger, recevoir de l'information. Comme l'indique le titre même d'un de ses livres majeurs : *The Nerves of Government*, ce qui compte dans le système politique, ce ne sont pas « les muscles ou les os » (c'est à dire les « rapports de force ») mais « les nerfs » : « il est donc plus profitable - écrit dès 1963 Deutsch- d'étudier le gouvernement non pas comme un phénomène illustrant la présence du pouvoir, mais comme un instrument de guidage, le guidage étant avant tout une question de communication. S'il y a dysfonctionnement du système politique, c'est parce qu'il n'est plus capable de déchiffrer ou capter les informations essentielles, ou parce qu'il y a un écart croissant entre l'interdépendance des acteurs et l'échange d'information »[418].

Le gouverneur fournit au pouvoir central un grand volume d'information que l'on peut inscrire dans deux registres différents ; soit de l'information socio-économique soit de l'information politique.

a. L'information économique et sociale

Aujourd'hui, la diffusion de l'information à caractère économique et social afin d'éclairer le gouvernement sur les faits, l'état, et la vie des administrés dans les préfectures et provinces joue un rôle important. Il ne fait pas de doute que l'information a toujours été indispensable dans le secteur

---

[416] R.G. Schwartzenberg, « *Le charme discret de la démocratie* », op.cit.

[417] Charles Debbasch, *Science Administrative*, Précis Dalloz, 4e éd. 1980, (Colloque du XXe anniversaire de l'E.N.A.) p. 43.

[418] Karl Deutsch, *The Nerves of Government*, New York, Free Press, 1963 ; voir aussi au sujet du concept de gouvernementalité et communication, Michel Foucault, *De la Gouvernementalité*, Edition du Seuil 1989, Paris.

économique et social. Jadis, les négociants s'informaient, par leurs propres moyens sur l'état des marchés et la nature des produits. Pour suivre leur fluctuation et pour contrecarrer toute forme de concurrence déloyale, ils prenaient soin d'échanger ces informations entre eux. Par rapport à l'Etat, l'information économique et sociale au début du XVIe siècle ne dépassait guère le seuil de la connaissance de l'état de l'opinion publique sur tel ou tel problème. Ce n'est qu'avec le développement du négoce et du commerce international et surtout avec l'épanouissement des comptoirs coloniaux dans des horizons nouveaux, que les Etats se sont acheminés vers l'organisation de l'information économique[419].

Ainsi, un exemple patent de l'information économique précieuse que doit récolter et diffuser le gouverneur est donné lorsqu'il est en exercice dans un commandement qui comporte des terres collectives, il doit connaître d'une façon détaillée l'histoire et le développement de l'ethnie bénéficiaire de la jouissance de ces terres. La valeur pratique de cette connaissance se mesure à l'importance de la superficie des terres collectives ou celles avoisinantes. Puisqu'à la veille de chaque campagne agricole, les tribus exploitant ces terres collectives posent des problèmes de jouissance, de partage ou d'appartenance à telle ou telle ethnie, problèmes qui peuvent surgir au sein des mêmes tribus ou opposer des tribus différentes. En fait, au début des labours, il arrive que plusieurs personnes se présentent pour cultiver le même terrain. Pour éviter les affrontements, le gouverneur devrait être au courant de ces problèmes et arbitrer le différend entre les parties, en déléguer la gestion sur le terrain aux caïds, tout en évitant que le terrain contesté ne reste en jachère.

Sur le plan du tourisme, les gouverneurs doivent suivre de très près l'état de l'évolution de l'infrastructure d'accueil des touristes. Ils s'informent sur leurs desiderata, leurs préférences et leurs goûts, assurent leur sécurité, tout en les protégeant contre tout désagrément. Le gouvernement doit être informé continuellement des capacités d'accueil du tourisme et du climat général qui devrait favoriser l'afflux de touristes.

En ce qui a trait au commerce intérieur, les gouverneurs se doivent de superviser les opérations d'inspection des marchés urbains et marchés ruraux, de suivre leur approvisionnement et de lutter contre les spéculateurs. Ils veillent en particulier sur l'approvisionnement des marchés en produits de première nécessité, et notamment, les matières indexées ou à prix fixes, qui sont, par ailleurs, subventionnées par le budget de l'Etat, par le biais de la caisse de compensation. Le pouvoir central doit être informé en permanence sur les problèmes liés à l'approvisionnement des populations en matières premières et sur le contrôle des prix dans la préfecture ou la province.

Dans des situations exceptionnelles, quand le marché enregistre des raréfactions concernant un produit essentiel à la consommation des ménages, dues soit à une rupture d'approvisionnement, soit à un problème de

---

419 Driss Basri, *L'administration territoriale, L'expérience marocaine,* op.cit, 1990, p. 85.

commerce international, le gouverneur est informé par ses services spécialisés, en l'occurrence les Divisions des Affaires Economiques et Sociales, il en constate les effets sur les administrés et en informe les autorités provinciales, préfectorales et centrales concernées, qui en saisissent les responsables des secteurs touchés.

En outre, l'amélioration des conditions de vie des administrés doit, naturellement compter parmi les occupations permanentes du gouverneur, elle doit même occuper une place de choix parmi ses attributions. Dans ce sens, le représentant de l'Etat informe continuellement le gouvernement du sort et des conditions de vie des classes défavorisées, et de leur situation socio-économique.

Ayant prise directe sur les problèmes économiques et sociaux, intervenant pour parer au plus urgent, attirant l'attention des secteurs concernés, le ministère de l'Intérieur, à travers la trame de ses gouverneurs disséminés à travers le pays, a élargi et développé constamment sa mission d'information. Cette action se révèle d'autant plus nécessaire, que les institutions politiques marocaines, doivent, conformément à la nouvelle Constitution de 2011, agir dans le cadre du principe de la séparation, l'équilibre et la collaboration des pouvoirs[420].

b. L'information politique

Les administrés n'ont pas uniquement des besoins matériels, basiques ou primaires, ils éprouvent aussi le besoin de s'exprimer, de s'associer et de défendre leurs idéaux. Les gouverneurs seraient appelés, non seulement à informer le pouvoir central et assurer le relai entre l'information économique et sociale provenant de sa préfecture ou province, mais ils doivent, de plus, assurer la récolte, le traitement et la transmission de l'information relative aux partis politiques et à la vie des différentes communautés au sein de leurs ressorts territoriaux. Les représentants de l'Etat contrôlent en particulier le cadre de l'exercice des libertés publiques, et en informent le gouvernement.

Les libertés publiques au Maroc sont prévues par la Constitution, qui garantit à tous les citoyens la liberté de circuler de s'installer, la liberté d'opinion, celle d'expression et celle de réunion, la liberté d'association et celle d'adhésion aux formations politiques et syndicales, le gouverneur, représentant des pouvoirs publics est un promoteur des liberté dans le Royaume, mais, toujours dans le respect des lois et règlements, et dans un esprit de modération, qui est un « moyen de maîtriser les tensions et, autant que possible, de les apaiser. Elle (la modération) consiste à mettre en place une certaine vision commune de la société et des moyens propres à désamorcer la dégradation des conflits »[421]. Placé à la croisée des chemins, le gouverneur a une vocation naturelle et reconnue pour créer le climat

---

[420] Article 1er de la Constitution de juillet 2011.

[421] Paul Bernard, *le Préfet de la République*, op.cit. p. 110.

d'ouverture et de tolérance qui garantit une bonne régulation de l'énergie sociale.

Toutefois, comme l'ajoute le Préfet Paul Bernard à ce propos : « la modération n'est pas un comportement mièvre de compromis en vue de calmer le jeu ou de préserver les situations acquises ou héritées du passé. C'est une vertu exigeante qui s'exprime par une démarche forte, appuyée sur la fonction renouvelée ou à inventer de communication (…) –l'information préalable à tout débat public a pour objet de définir les vrais enjeux et de poser les problèmes dans toutes leurs dimensions (…) la gravité des conflits tient moins à la réalité de fond des antagonismes qu'à l'absence de communication qui transforme la société en une juxtaposition d'enclos à la guerre civile, en raison de la peur qu'ils s'inspirent mutuellement. L'information, c'est l'éclairage de la démocratie. L'ignorance entretient la domination de celui qui sait, suscite la manipulation, encourage la désespérance et pose les problèmes en termes confus et porteurs de germes de conflits irréductibles. De nombreuses opérations publiques ont ainsi échoué ou ont provoqué des débauches d'énergie pour rattraper un mauvais départ »[422].

Le gouverneur est, par *la force des choses*, un acteur politique, sa mission d'administration générale a une coloration politique. Il consomme si l'on peut dire, de la politique, son activité touche à la vie quotidienne des individus et des groupes (partis politiques, collectivités, associations, etc.). Chacune de ses composantes est animée par un idéal qui lui est propre et un objectif à atteindre, il importe dès lors pour le gouverneur, de bien cerner le contenu de l'activité de ces groupements et d'en vérifier la conformité avec les valeurs de l'Etat. Parce qu' « une société, et à plus forte raison la plus étendue de toutes, la société politique, ne se conçoit pas sans un ordre et sans une discipline. Un ordre qui encadre les activités individuelles en vue du but à atteindre ; une discipline qui les stimule et le cas échéant, sanctionne les manquements envers la communauté »[423].

Concrètement, le rôle d'information politique du gouverneur doit couvrir et recueillir deux catégories de messages : d'une part, il y a des messages de nature générale qui concernent une information sur l'état de l'opinion, à l'égard des problèmes locaux ou des problèmes nationaux. Cette information touche aussi bien les questions politiques que les problèmes économiques et sociaux, les questions nationales que les questions internationales. D'autre part, une deuxième série de messages intéresse les réactions de la population à l'égard des décisions qui ont été prises aux différents échelons administratifs ; ces informations sont très importantes car elles renseignent les auteurs des décisions de la façon dont celles-ci sont vécues par les

---

[422] *Ibid.*, p.113
[423] G. Burdeau, *Droit constitutionnel et institutions politiques, op.cit.*, p. 13.

intéressés et, plus largement, sur l'opinion qu'ils se forgent à l'égard du système administratif qui les produit[424].

Administrateur de la politique générale du gouvernement dans son commandement, le gouverneur est appelé, par ailleurs, à assurer l'information générale du gouvernement et de tous les organismes publics, il doit lui-même se renseigner. Ce rôle, comme le décrit M. Drago : « consiste dans cette première tâche qui est le point de départ nécessaire de toute action administrative. Que le renseignement soit spontané, ou qu'il soit cherché à la demande des autorités publiques, qu'il porte sur le détail des besoins des administrés ou sur le principe d'une réforme majeure, il est la base essentielle de toute action administrative, à quelque degré qu'elle se situe. Sans doute existe-t-il des services spécialisés dans cette quête de renseignement (corps d'inspection et de contrôle), mais en dehors même de la spécialisation, toute instance administrative se comporte ainsi avant d'agir »[425].

c. Les moyens de l'information

A la base de ce système d'information qu'assure le gouverneur, on trouve un agencement et une structuration de l'encadrement des populations, présentant une originalité certaine : les *chioukhs* et les *moqaddemines,* recrutés par cooptation des populations et désignés par le gouverneur lui-même, sont issus des populations. Ces agents auxiliaires disposent, en principe, de la confiance de celles-ci. Ils vivent en symbiose avec elles dans la tribu, les fractions de tribus ou dans les douars. Solidement enracinés dans les masses populaires, les *chioukhs* et les *moqaddemines* sont en mesure d'exprimer, auprès des autorités locales et provinciales, les sentiments les plus profonds des citoyens et d'exprimer tous les vœux et recommandations. En sens inverse, ils transmettent facilement aux citoyens les souhaits ou les recommandations du pouvoir central et provincial. Les populations ressentent à travers cette courroie de transmission l'influence du Makhzen. La notion de Makhzen garde encore son poids sociologique[426].

Ce système constitué par les auxiliaires que sont les *chioukhs* et le *moqaddemines* se justifie même sur le plan sociologique profond du pays, puisque ces derniers entretiennent des relations intimes et quotidiennes avec les populations, et rendent ainsi les rapports autorité-populations plus acceptables humainement, et plus respectueux des particularités et des coutumes locales. Le gouverneur, lui, au sommet de la pyramide d'autorité dans la préfecture ou la préfecture, se trouve aussi la garant du rôle de supervision de cette mission de collecte, traitement et diffusion de l'information, menée par les agents d'autorité qui sont sous sa direction, les

---

[424] Driss Basri, *L'administration territoriale, L'expérience marocaine*, op.cit., p. 94.
[425] Roland Drago, *Traité de science administrative*, *op.cit.*, p. 229.
[426] Driss BASRI, *l'administration territoriale, l'expérience marocaine*, op.cit., p. 178.

pachas dans les villes, et les caïds dans les campagnes. Il dispose même d'une structure dédiée à cette mission, appelée « Division des Affaires Générales » (D.A.G), qui correspond à une structure dirigée par un agent d'autorité, et qui se charge de la réception des rapports d'information établis par les *Chioukhs* et les *Moqaddemines.*

Enfin, le gouverneur transmet les informations recueillies au niveau du ministère de l'Intérieur, où l'analyse et l'étude de l'information prennent une dimension politico-administrative très importante.

Au sein du ministère de l'Intérieur, où se situe le centre de décision, l'information est traitée par des structures représentant la mémoire de l'administration, ces structures recevant des messages non seulement du milieu ambiant, mais aussi des centres d'exécution qui les renseignent sur les effets produits par les décisions prises et sur l'état du système lui-même[427].

Ces structures de traitement et d'analyse de l'information sont réunies au niveau central, dans une direction : la Direction des Affaires Générale, qui a succédé en 1966 à la Direction des Affaires Politiques, qui avait elle-même pris la relève, à partir de 1936[428] de la Direction des Affaires Indigènes[429].

Toutes ces structures centrales permettent la réception, le traitement, le recoupement et la diffusion des renseignements collectés par les services préfectoraux et provinciaux qui dépendent du gouverneur. Leur rediffusion, selon une certaine forme, à l'adresse des services gouvernementaux centraux permet tantôt d'éclairer en amont les décisions politiques à prendre et tantôt de prévenir des activités subversives ou attentatoires à l'ordre public.

Paragraphe III. Le gouverneur, supérieur hiérarchique des agents d'autorité

Il est utile de rappeler que le positionnement et la structuration du pouvoir gubernatorial dans le territoire est largement tributaire du découpage et de l'agencement administratif, mis en place par le gouvernement. C'est ainsi que l'administration territoriale du Maroc est organisée de façon déconcentrée et décentralisée en un système complexe, dans lequel les régions et les préfectures ou provinces - respectivement à dominance urbaine ou rurale - concernent aussi bien l'administration décentralisée que

---

[427] Driss Basri, *l'administration territoriale, l'expérience marocaine*, op.cit., p. 179.

[428] Arrêté résidentiel du 20 juin 1936(B.O, du 26 juin 1936, p. 766).

[429] En effet, la Direction des Affaires Indigènes était chargée, à l'époque du contrôle politique de la population et de l'administration générale du pays, dès 1912, le général Lyautey a été conduit, par la logique même du Protectorat, à mettre en place auprès de la Résidence générale, les outils nécessaires au contrôle politique et administratif de la population marocaine. La Direction des Affaires Politiques, créée en 1936, regroupait sous l'autorité unique du Résident Général toutes les affaires « indigènes et de contrôle ».

déconcentrée, elles constituent donc des « niveaux de dédoublement fonctionnel »[430] assez marqués en fonction de plusieurs critères et conditions.

Le premier dahir créant le corps de gouverneurs au lendemain de l'indépendance avait insisté clairement sur le rôle qu'ils assurent en tant que représentant du pouvoir exécutif, notamment, à ce titre, il leur a attribué la direction de l'activité des pachas et caïds. Les textes ultérieurs de 1963 et de 1977 ont conféré la même qualité au gouverneur même si la dénomination des agents d'autorité sous sa direction a changé, puisque, le texte parle de chef de cercle ou de chefs de circonscription rurale ou urbaine.

La Constitution de 2011 érige les walis et gouverneurs comme représentants du pouvoir central au sein des collectivités territoriales, en vertu de son article 145. Ils sont ainsi portés au sommet de la pyramide des fonctions d'autorité dans leurs circonscriptions. Ils ont sous leur direction des collaborateurs directs, et d'autres collaborateurs issus du cadre des agents d'autorité. Partant les gouverneurs sont chargés de diriger les activités des agents d'autorité sous le contrôle du ministre de l'Intérieur. En vertu de l'ancien article 29 du dahir de 1963, qui sera abrogé par le dahir du 15 février 1977.

Toutefois, il n'en reste pas moins que ce texte a créé un pouvoir hiérarchique et d'instructions du gouverneur sur les agents d'autorité subordonnés, en effet cet article disposait : « Les gouverneurs sont chargés du maintien de l'ordre public. Ils dirigent notamment, sous l'autorité du ministre de l'Intérieur les activités des chefs de cercles et des chefs de circonscription urbaine et rurale. » Si les gouverneurs ont une autorité hiérarchique sous le contrôle du ministre de l'Intérieur, celui-ci, d'ailleurs ne dispose pas de sanctions assez élaborées à cet égard dans la mesure où il ne peut qu'adresser un avertissement à l'agent d'autorité défaillant ou tout au plus le blâmer. Dans ce cas l'intéressé a le droit de connaitre les griefs qui lui sont reprochés (règle de communication du dossier)[431].

En 1977, le dahir régissant les attributions des gouverneurs avait, tout en abrogeant cet article, conservé son esprit, puisque le nouvel article 3 du dahir précité, précise à propos des pouvoirs du gouverneur, qu' : « Il dirige notamment, sous l'autorité du ministre de l'Intérieur, les activités des chefs de cercles et des chefs de circonscription urbaine et rurale (pacha et caïd) ». Cela dit, l'idée de direction des agents d'autorité est toujours présente, ce qui convie à s'interroger sur la nature juridique de cette direction, est-elle une sorte de pouvoir hiérarchique proprement dit, s'agit-il d'un simple contrôle ou d'une direction ? L'utilisation de termes généraux peut, en effet, prêter à confusion. Ce qui est certain, c'est que le pouvoir de direction reconnu par la loi aux gouverneurs sur les agents d'autorité comporte nécessairement un

[430] Voir pour la définition du concept de « dédoublement fonctionnel » du gouverneur, note n° 140 *infra.*

[431] Abdelfattah Dahbi, *L'administration marocaine à l'aube du XXIème siècle*, Imprimerie Najah Al Jadida, 1999, p. 68.

pouvoir d'instruction ; seulement celui-ci ne peut en aucun cas créer une nouvelle obligation ou investir le subordonné d'une nouvelle compétence sinon ce sera une substitution. Dans le même sens, on a pu écrire que « les notions d'hiérarchie et de contrôle apparaissent, enfin de compte, comme instruments d'analyse insuffisants non seulement parce qu'il y a du contrôle dans la hiérarchie, mais encore parce que de nombreuses situations leur échappent totalement ».[432]

Quoi qu'il en soit, aujourd'hui, les agents d'autorité dirigés par le gouverneur, sont soit des collaborateurs directs, notamment, le chef de cabinet et le secrétaire général soit le pacha et le caïd.

1) Les collaborateurs directs du gouverneur

Dans l'exercice de ses fonctions, le gouverneur est assisté par deux principaux collaborateurs : le secrétaire général et le chef de cabinet, c'est ce qui ressort de l'article 30 du dahir de 1963[433] relatif aux administrateurs d ministère de l'Intérieur, à noter que ce dernier, en dépit de l'adoption du nouveau dahir du 31 juillet 2008 relatif au Corps des agents d'autorité[434], reste applicable, en ce qui concerne toutes ses dispositions non contraires à celles du nouveau dahir de 2008 (article 24).

a. Le chef de cabinet

Le chef de cabinet aide le gouverneur à exercer ses multiples tâches dans le domaine politique. A cet égard il dispose des services relevant directement de son autorité et qui ne sont pas, par conséquent, gérés par le secrétaire général. Cette séparation entre le cabinet du gouverneur et le secrétariat général de la province, permet de constater qu'au niveau du gouverneur, unique responsable dans sa province, l'aspect politique et le caractère administratif des choses sont en réalité intimement liés au point d'exiger une attention constante et soutenue du gouverneur lui-même, ce qui ne peut être assuré que dans la mesure où le principal responsable traite directement avec les chefs de divisions.[435]

b. Le secrétaire général

Le gouverneur dirige tous les agents d'autorité de grade inférieur, il a sous sa responsabilité directe un secrétaire général de préfecture ou de

---

[432] V. Richer, *La notion de tutelle sur les personnes en droit administratif*, RDP, 1979, p.100, cité par Abdelfattah Dahbi, *L'administration marocaine à l'aube du XXIème siècle*, op.cit. *Ibid.*

[433] Dahir n° 1-63-038 du 1er mars 1963, portant statut particulier des administrateurs du ministère de l'intérieur tel qu'il a été modifié et complété.

[434] Dahir n° 1-08-67 du 31 juillet 2008), relatif au corps des agents d'autorité, B.O n° 5680 6-11-2008, p. 1507.

[435] Driss Basri, L'administration territoriale op.cit, p.303.

province. Les secrétaires généraux en fonction à l'administration locale, disposent « d'une ancienneté de plus de cinq années de service effectif en cette qualité, (et) sont intégrés et titularisés, sur leur demande, au deuxième échelon du grade de pacha principal ». Par ailleurs, « Les secrétaires généraux en fonction à l'administration locale et à l'administration centrale du ministère de l'Intérieur, ayant une ancienneté égale ou inférieure à cinq (05) années de service effectif en cette qualité, sont intégrés et titularisés, sur leur demande, au premier échelon du grade de pacha principal. »[436].

Le secrétaire général est une véritable cheville ouvrière dans la préfecture ou la province où il exerce ses fonctions, c'est l'équivalent du sous-préfet français[437], il est généralement agent d'autorité lui-même, ayant servi dans l'administration territoriale locale, en tant que caïd ou pacha, avant d'être promu à cette fonction de terrain, intimement liée à la gestion des affaires locales et la direction concrète des responsables territoriaux des autres échelons administratifs, en l'occurrence les caïdat, pachaliks, Arrondissement et districts qui constituent la préfecture ou la province où il œuvre.

Le gouverneur, lorsqu'il est nouvellement nommé devrait tirer profit de l'expérience de cet homme du terrain rompu aux métiers de l'administration territoriale et au contact avec la population locale. En effet, l'article 30 du dahir de 1963 : « les gouverneurs sont secondés par un secrétaire général (...). Le secrétaire général dirige, sous l'autorité du gouverneur l'activité des services de la province ou de la préfecture et en particulier le service des affaires économiques et sociales pour lequel il est assisté d'un chef de service appartenant au corps des administrateurs du ministère de l'intérieur. Il aide le gouverneur dans sa tâche de coordination générale. Ainsi, il joue un rôle central sous les ordres du gouverneur, il supervise toute l'activité des services administratifs de la province ou de la préfecture.

En effet, c'est à lui qu'incombe la tâche d'animation et de coordination des activités des différents services et leur contrôle. C'est dire que la principale mission du secrétaire général consiste à décharger le gouverneur des tâches administratives courantes, laissant à ce dernier le soin d'exercer

---

[436] Article 3 du [436] Décret n° 2-08-532 du 24 octobre 2008 fixant les conditions d'intégration et de reclassement des agents d'autorité, au titre des dispositions du dahir n° 1-08-67 du 31 juillet 2008 relatif au Corps des agents d'autorité.

[437] Les sous-préfets ont été institués en France au même moment que les Préfets, par la loi du 28 pluviôse an VIII. Il y avait alors un sous-préfet par arrondissement, sauf pour l'arrondissement du chef-lieu de département, pour lequel le secrétaire général de préfecture exerçait les fonctions de sous-préfet. Le décret du 6 avril 1811 institue un sous-préfet dans chaque arrondissement, y compris celui du chef-lieu de département. Toutefois, une ordonnance du 20 décembre 1815 décide, dans un but d'économie, de réunir les fonctions de sous-préfet de l'arrondissement du chef-lieu de département et de secrétaire général de la préfecture : les secrétaires généraux de préfectures sont assimilés à des sous-préfets. Les secrétaires généraux de préfecture sont supprimés à leur tour par l'ordonnance du 1er août 1817 et finalement rétablis par l'ordonnance du 1er mai 1820. Les fonctions de cabinet ont été introduites ultérieurement.

convenablement les attributions relatives à l'application des lois, règlements et instructions du pouvoir exécutif et d'assurer la coordination des services extérieurs[438].

Une circulaire du ministre de l'Intérieur du 13 janvier 1969[439] considère le secrétaire général comme une courroie de transmission entre le gouverneur et les différents services de la province et de la préfecture. Par ailleurs, la circulaire du 23 février 1971[440], qui complète l'article 30 du dahir de 1963 précité, précise que le secrétaire général seconde le gouverneur, en cas d'absence ou d'empêchement, dans la plénitude de ses attributions, sauf décision contraires du ministre de l'Intérieur[441].

L'arrêté du ministre de l'Intérieur du 15 mars 1978 relatif à l'organisation des secrétariats généraux des provinces et préfectures, rappelle, à ce titre que le secrétaire général de la préfecture ou de la province dirige, sous l'autorité du gouverneur, les activités des divisions et services du secrétariat général et assiste le gouverneur dans sa mission de coordination des services extérieurs.

L'organisation des divers services au sein de la province et de la préfecture repose ainsi sur ces anciens textes précités, dont le dernier, l'arrêté du 15 mars 1978, rattache au secrétaire général, (qui est censé être doté d'une réelle compétence technique et administrative, due essentiellement à son ancienneté dans plusieurs affectations territoriales) différentes divisions et services.

Il s'agit de sept divisions : la première est la division économique et sociale, cette structure est chargée de traiter les problèmes relevant de l'économie générale, de la législation du travail et de la réglementation sociale et de l'emploi ; la deuxième est la division administrative qui contrôle l'application de la législation et de la réglementation générale ;la troisième est la division des collectivités locales qui a pour mission de suivre les problèmes relevant des pouvoirs de tutelle du gouverneur sur les collectivités locales, dans le cadre de la législation et la réglementation en vigueur ;la quatrième est la division de programmation et d'équipement qui s'occupe des questions relevant de l'équipement provincial et de la promotion nationale, et assure, en outre, la coordination des activités des services extérieurs des ministères, des offices de mise en valeur et des établissements publics implantés dans la province ;la cinquième est la division des affaires rurales, qui est chargée de la planification et de la promotion rurale, et s'occupe, de plus, de l'équipement des terres agricoles, et de la mise en valeur des terres collectives ;la sixième est la division de l'Inspection qui a pour mission de renseigner le gouverneur sur le

---

[438] Driss Basri, *L'administration territoriale*, op.cit, p.304.

[439] Circulaire n° 35/SG du 13 janvier 1969, relative à l'organisation du Secrétariat général provincial.

[440] Circulaire n° 61/SG du 23 février 1971, relative à l'organisation du Secrétariat général des préfectures et provinces.

[441] Driss Basri, *L'administration territoriale*, op.cit, *Ibid.*

fonctionnement des services du secrétariat général, des cercles, caïdats, circonscriptions urbaines et rurales, de procéder à des inspections et à des enquêtes, et d'instruire toute requête qui lui est adressée ; et enfin l'Inspection provinciale de la Protection Civile et de lutte contre l'incendie, qui est, elle, chargée dans le cadre des textes en vigueur de la protection civile.

Dans l'ensemble du territoire national, le schéma dans toutes les préfectures et provinces, reste presque le même, et on constate, quand même une certaine uniformité de l'organisation, selon l'organigramme, ci-après :

Figure 1. Organigramme simplifié des divisions et services rattachés au secrétariat général de la préfecture ou la province

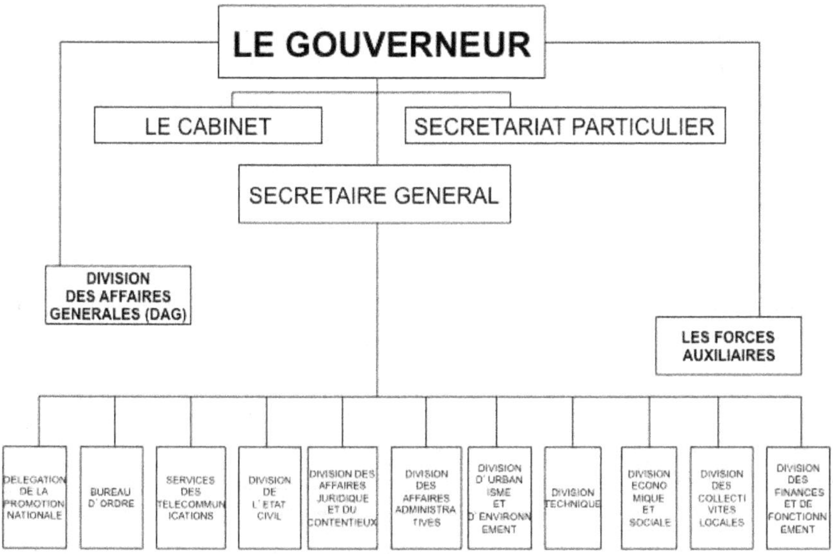

2) Les autres agents d'autorité

Le niveau hiérarchique du gouverneur est déterminé par son grade, sur le plan du grade et de la carrière « les gouverneurs en fonction à l'administration locale et à l'administration centrale du ministère de l'Intérieur, ayant une ancienneté de plus de cinq (05) années de service effectif en cette qualité, sont intégrés et titularisés, sur leur demande, au premier échelon du grade de gouverneur principal », et « Les gouverneurs en fonction à l'administration locale et à l'administration centrale du ministère de l'intérieur ayant une ancienneté égale ou inférieure à cinq (05) années de service effectif en cette qualité sont intégrés et titularisés, sur leur demande, soit au premier, au deuxième ou au troisième échelon du grade de gouverneur » prévoit l'article 2 du décret du 24 octobre 2008 fixant les conditions d'intégration et de reclassement des agents d'autorité, au titre des dispositions du dahir du 31 juillet 2008 relatif au Corps des agents d'autorité[442].

Par voie de conséquence, le gouverneur commande hiérarchiquement les pachas, chefs de cercle (super caïds) et caïds. Ces derniers se déclinent ainsi en fonction de l'échelon territorial : les régions(wilayas) comprennent des provinces et préfectures, les provinces comprennent des cercles et des caïdats, ces derniers peuvent comprendre des communes rurales, et les préfectures peuvent être constituées en arrondissements (par exemple, aujourd'hui la municipalité de Casablanca, divisée en 16 arrondissements, répartis dans 8 préfectures d'arrondissements). Les agents d'autorité que dirige le gouverneur se trouvent à la tête de chacun des échelons territoriaux précités :

A la tête d'un pachalik, on trouve un pacha, à la tête d'un cercle ou d'un district on trouve un chef de cercle (super caïd) et à la tête d'un caïdat ou d'un arrondissement, on trouve un caïd. Outre sa fonction de supérieur hiérarchique de l'ensemble des agents d'autorité en exercice dans la région, préfecture ou province, en tant que délégué du pouvoir central, le gouverneur est chargé par les textes d'organiser les campagnes électorales, de les encadrer et d'en assurer la légalité.

Paragraphe IV. Le gouverneur, organisateur des opérations électorales dans son ressort territorial

La nature des fonctions du gouverneur, qui le mettent en contact permanent avec les administrés et son rôle d'autorité représentant la souveraineté de l'Etat dans la circonscription, font de lui l'acteur public le plus à même d'assurer l'encadrement administratif des activités électorales. « Il est le chef d'orchestre inné de la conduite des opérations électorales. Il dispose de moyens de droit qui lui assurent le contrôle légal de la campagne électorale et du déroulement du scrutin. De l'interprétation qu'il fait des lois, décrets et circulaires qui délimitent ses compétences dépend le sort des candidats. »[443]

En effet, la constitution des listes électorales pose des problèmes éminemment politiques, entre la solution administrative qui consiste à confier cette tâche à une institution administrative, et la solution politique qui consiste à en laisser le soin à un organe essentiellement politique, le Maroc a choisi la solution administrative pure en déléguant la fonction d'encadrement des élections au gouverneur. Cette solution est

---

442 Décret n° 2-08-532 du 24 chaoual 1429 (24 octobre 2008) fixant les conditions d'intégration et de reclassement des agents d'autorité, au titre des dispositions du dahir n° 1-08-67 du 27 rejeb 1429 (31 juillet 2008) relatif au Corps des agents d'autorité.

443 Catherine Lecomte, Le pouvoir électoral des hauts fonctionnaires en régime censitaire (1814-1948), in cahiers du C.U.R.A.P.P, « la haute fonction publique et la politique », P.U.F, 1986, p.151.

compréhensible, et, somme toute, naturelle, à cause des rôles que joue le gouverneur en tant qu'animateur des forces socio-économiques et de régulateur du jeu des forces politiques, et à sa connaissance approfondie de l'électorat, des candidats potentiels, des élus et de l'ensemble des structures politiques en présence dans la préfecture ou la province dont il dispose. Cela étant, les contacts permanents qu'entretient le représentant de l'Etat avec les forces politiques en dehors des cadres du scrutin, lui permettent de rassembler les données visant l'élaboration des stratégies politico-administratives, tout en assurant la liaison entre le pouvoir central et les élus, électeurs et leaders politiques de la région, préfecture ou province dont il a la charge.

On estime alors que le gouverneur, représentant de l'Etat, et de l'intérêt général, doit être à l'écoute des élus, puisque « l'intérêt général (...) ne peut se définir que si l'on est à l'écoute du terrain, des citoyens, de leurs souhaits et même de leurs utopies, tout comme de leurs problèmes et aussi de leurs drames »[444]. La notion de l'intérêt général est fondamentale dans la définition même du fonctionnaire public et du gouverneur en particulier, elle permet de le distinguer du député, ou de l'élu local, qui est légitimé pour défendre les intérêts d'une catégorie de la population, une partie des intérêts locaux[445]. Le gouverneur devrait se hisser ainsi au-dessus des contingences et des intérêts locaux afin de ne représenter à la tête de la province que les intérêts suprêmes de l'Etat.

Toutefois, cet argument paraît trop simpliste, le gouverneur n'est-il pas l'agent fidèle du gouvernement, voire le serviteur obligé du Souverain dont il tire même sa légitimité ? Comment pourrait-il accomplir une mission d'arbitrage politique entre plusieurs acteurs dont les projets idéologiques divergent, alors qu'il est nommé et démis par le Roi et/ou le gouvernement, comment, en fait, réussirait-il à s'émanciper de son conservatisme originel et jouer le simple rôle d'organisateur désintéressé des scrutins locaux ? En fait, « le profil politique d'une *Chambre* vient-il à peine d'être modifié par des

---

[444] François Borella, (dir), *Le Préfet, gouverneur, administrateur, animateur*, actes du colloque organisé les 30 et 31 mars 2000 à la faculté de Droit de Nancy, 2000, p. 187.

[445] Suleiman Ezra étudie l'attachement réel ou supposé du fonctionnaire public à l'intérêt général en ces termes : « Les fonctionnaires considèrent leur rôle comme diamétralement opposé à celui de l'homme politique. Rien n'illustre mieux cette attitude que la conception qu'ont les fonctionnaires et les députés des intérêts qu'ils doivent évoquer et défendre. Aux yeux du fonctionnaire un député ou un ministre est abord et par-dessus tout un homme politique Cela signifie que les intérêts de l'homme politique sont toujours fragmentaires, qu'il s'agisse des intérêts de son parti, de sa circonscription ou dans le cas d'un ministre, de son ministère, même, en aucun cas, il ne s'agit de l'intérêt général. Les fonctionnaires, par contre, se considèrent comme les gardiens de l'intérêt général. C'est là, une des thèses qu'ils soutiennent avec le plus de constance, et à laquelle ils s'accrochent obstinément. Bien qu'elle ait souvent été tournée en dérision ou considérée comme une description injuste de la réalité, il ne faut pas sous-estimer son importance. Du point de vue du fonctionnaire elle précise un rôle qui le distingue. », in Suleiman Ezra. « *L'administrateur et le député en France* »., In : Revue française de science politique, 23e année, n°4, 1973. p. 729-757.

élections qu'un gouvernement se forme et qu'aussitôt des décrets nomment, déplacent, destituent quelques grands commis de l' Etat. Si un statut, pourtant, protège leurs droits et carrières, plusieurs centaines d'emplois supérieurs dépourvus de clause de sauvegarde y échappent et demeurent à la discrétion du gouvernement. A croire que des ministres seuls ne peuvent imposer les réformes promises à leurs électeurs sans le concours de hauts fonctionnaires placés à la tête d'institutions qu'ils sont disposés à utiliser pour servir les principes nouveaux, ayant une conception plus politique qu'administrative de leur mission. »[446].

D'emblée, on peut affirmer que le propre de l'institution gubernatoriale est de soutenir le régime au pouvoir, ou la majorité gouvernementale qui siège à Rabat. Or, ce soutien ne signifie nullement participer à des défilés politiques et des marches partisanes, animer des réunions politiques en tenue de parti. Le gouverneur joue un rôle de « soutien politique » en représentant l'Etat et non pas une équipe politique, il le fait en informant objectivement le pouvoir des dangers pouvant le menacer et en fournissant des renseignements objectifs sur son poids réel sur le terrain, sur les hommes politiques influents, etc.

On peut donc avancer sans risque d'erreur, que l'autorité administrative du gouverneur est tenue à un loyalisme sans bornes à l'égard des institutions en place. Elle est aussi chargée d'informer et de convaincre l'opinion publique du bien-fondé des positions du gouvernement, et, en sens inverse, répercuter à ce dernier les réticences, les craintes, et les attentes des populations.

Il sied dès lors d'examiner les garanties prévues par les différentes lois électorales adoptées au Maroc, visant l'impartialité des gouverneurs en charge de la supervision des élections et la limitation des risques de leur implication personnelle. Ce faisant, nous nous rendons compte que malgré ces précautions les gouverneurs ont toujours été soupçonnés de partialité. Ils ont, en effet, toujours eu tendance, soit par intérêt personnel, soit par conservatisme excessif, à favoriser les élus appartenant à la majorité en place, la neutralité dans ce domaine est assez rarement respectée.

1. La fonction d'encadrement des élections, et les garanties d'impartialité

La fonction d'organisation et de supervision des campagnes électorales fait partie des missions principales du gouverneur sur le plan de l'administration territoriale locale. Au niveau central du ministère de l'Intérieur, existe, en effet, la direction générale des affaires intérieures à laquelle est rattachée une division de l'informatique, des élections et des études de recensement. Le décret du 15 décembre 1997 relatif aux

[446] Catherine Lecomte, *Le pouvoir électoral des hauts fonctionnaires en régime censitaire*, op.cit, p.133.

attributions et organisation du ministère de l'Intérieur[447], dans ses articles 3 et 15, prévoit que cette structure est chargée des élections et des études de recensement, et de la préparation et du suivi des consultations électorales et référendaires.

Toutefois, la préparation et l'organisation matérielle des opérations électorales qui incombent à ce service ne constituent pas sa seule raison d'être. Il est également chargé de veiller sur la révision annuelle des listes électorales, opérée par les communes au début de chaque année, sur la gestion du fichier des élus, sur l'étude et l'élaboration des projets modifiant ou complétant les lois électorales et les découpages administratifs et électoraux[448].

Sur le plan local, la fonction d'organisation des campagnes électorales est dévolue au gouverneur par le Code électoral[449], notamment ses articles 56 et 57. C'est ainsi que l'article 56 dispose qu'« Il est créé, par décision du gouverneur, dans chaque circonscription électorale, un ou plusieurs bureaux de vote dont l'emplacement est porté à la connaissance du public par voie d'affiches, insertion dans la presse, avis radiodiffusés ou télévisés ou par tout autre moyen traditionnel en usage, vingt jours au moins avant la date du scrutin. La décision précitée désigne le bureau centralisateur lorsqu'une même circonscription électorale comporte plusieurs bureaux de vote. ». L'article57, quant à lui, prévoit que : « Le gouverneur désigne, 48 heures au moins avant la date du scrutin, parmi les fonctionnaires et agents de l'administration publique, des collectivités locales et des établissements publics ou les électeurs sachant lire et écrire et connus pour leur probité et neutralité, les personnes chargées de présider les bureaux de vote et leur remet les listes des électeurs rattachés aux bureaux qu'elles sont amenées à présider, ainsi que la liste des candidatures enregistrées dans la circonscription électorale, le formulaire réservé à l'établissement du procès-verbal des opérations électorales et les feuilles de recensement des voix. Il désigne également les fonctionnaires ou les électeurs chargés de remplacer les présidents des bureaux de vote en cas d'absence ou d'empêchement. »

Au niveau de sa circonscription locale, le gouverneur (ou son khalifa) représente le ministre de l'Intérieur, pour présider les commissions et sous-commissions administratives, au niveau des communes ou des arrondissements, en ce qui concerne l'établissement des listes électorales[450].

---

[447] Décret n° 2-97-176 du 15 décembre 1997 relatif aux attributions et à l'organisation du ministère de l'Intérieur, Bulletin Officiel n° : 4558 du 05/02/1998, p.80.

[448] Driss Basri, *L'administration territoriale, l'expérience marocaine*, op.cit, p.186.

[449] Dahir n° 1-97-83 du 2 avril 1997 portant promulgation de la loi n° 9-97 formant code électoral, Bulletin Officiel n° 4470 du 03/04/1997, p. 306.

[450] Article 8 du dahir du 2avril 1997, portant promulgation de la loi 9-97 formant Code électoral. B.O n°1997, p :[306] Cet article dispose que : « Les demandes d'inscription sur les listes électorales sont examinées par une commission administrative présidée par le président du conseil communal d'arrondissement ou par toute autre personne élue à cet effet par ledit conseil parmi ses membres. La commission comprend, outre son président : - le premier

Par ailleurs, pendant un délai de sept jours, à compter du jour suivant l'expiration du délai réservé au dépôt de la liste provisoire, toute personne qui n'est pas inscrite sur la liste électorale, doit solliciter son inscription auprès de la commission administrative. De même, toute personne inscrite peut réclamer, dans le même délai, l'inscription d'une personne non inscrite sur la liste électorale de sa commune de résidence ou la radiation d'une personne indûment inscrite. Cette même faculté est accordée au gouverneur, au premier khalifa du gouverneur, au pacha ou au caïd (article 12 du Code électoral).Le gouverneur ou son représentant a la faculté aussi d'exercer un recours contre les décisions de la commission de jugement dans les sept jours courant à compter du jour suivant l'expiration du délai prévu à l'article 12 du Code électoral,

Le gouverneur ou son représentant assure également l'établissement des cartes électorales et y mentionne l'emplacement du bureau de vote où l'électeur intéressé doit voter. Ces cartes doivent être retirées personnellement par chaque électeur après émargement devant son nom sur la liste électorale (article 40 du Code électoral).

Dans le but d'assurer sa neutralité, la loi rend le gouverneur inéligible ainsi que les autres agents d'autorité chargés de lui prêter main forte en ce qui a trait aux élections : « (...) les secrétaires généraux des préfectures ou provinces, premiers khalifats des gouverneurs, pachas, chefs de cabinet de gouverneur, chefs de districts, chefs de cercle et caïds ainsi que leurs khalifas, les khalifas d'arrondissements et les *chioukhs* et *moqaddemine*... » (Article 42).

Il ne faut pas passer sous silence le rôle attribué au gouverneur par les textes dans le contentieux électoral. Dans ce sens, le tribunal administratif, appelé à connaître d'un litige électoral, et dès que l'affaire est en état d'être jugée, doit faire connaître au gouverneur de la préfecture ou de la province et à son premier khalifa, au pacha, au chef de cercle et au caïd intéressés et aux parties, la date de l'audience à laquelle le litige sera appelé. La date d'audience est portée à la connaissance des intéressés, trois jours au moins avant ladite date. (article 73 du Code électoral).

Sur le plan pratique, l'attitude du corps des gouverneurs qui assurent la préparation administrative et politique des scrutins est d'une extrême importance, elle a été, toutefois, et de tout temps, critiquée ou du moins considérée comme tendancieuse[451]. Cette suspicion se fonde sur la nature

khalifa du gouverneur, le pacha ou le caïd ou leurs représentants en qualité de vice-président ... »

[451] C'est ainsi que Paul Chambergeat avance que : « La plupart ont été surpris par les résultats du 17 mai. Le succès des OUI au référendum qui ont souvent dépassé les prévisions des plus optimistes les avait amenés à croire qu'un même courant porterait naturellement le F.D.I.C. De plus, certains d'entre eux avaient une sympathie cachée pour l'Istiqlal et même parfois pour l'U.N.F.P. Cette attitude les avait conduits à la neutralité entre les candidats. D'autres agents, partisans du Roi et du Gouvernement, désapprouvaient les candidats du F.D.I.C. qui leur avaient été imposés par Rabat et ne les avaient soutenus qu'avec mollesse. La majorité

même de la fonction gubernatoriale, c'est un poste à la discrétion du gouvernement, essentiellement révocables *ad nutum*. Un gouverneur habitué à servir de courroie de transmission, et d'exécutant des décisions administratives et politiques du gouvernement, peut difficilement observer une stricte neutralité à l'endroit d'élections où le gouvernement, à travers, le candidat du parti au pouvoir est partie prenante. C'est là, tout le dilemme politique de cette fonction.

Le simple réflexe de conservation et de préservation de la carrière, commande une attitude orientée dans le sens du pouvoir. Paradoxalement, cependant, l'impartialité du gouverneur serait moins sujette à caution dans un contexte mono-partisan, d'abord l'absence de compétition lui faciliterait la tâche en période électorale, et ensuite, avec la démocratie monolithique, il lui serait toujours facile d'afficher une impartialité face à des concurrents d'un même parti politique, sans risquer de se retrouver pris entre l'impératif d'impartialité que suppose sa fonction et la pression politique du gouvernement sur sa carrière, et enfin, les incertitudes des lendemains des échéances politiques.

Néanmoins, au Maroc, le parti unique n'a jamais été de mise[452], le multipartisme a été adopté dès l'indépendance, l'existence d'un lien étroit entre les gouverneurs et le Roi, toujours nommés par lui, et qui jouissaient initialement, de la qualité de représentants de la plus haute autorité dans les préfectures et provinces, créait, paradoxalement, une situation d'impartialité *théorique* à l'égard de tous les acteurs politiques, hormis la Monarchie qui continue à tirer sa sacralité et sa légitimité des principes de droit public traditionnel, fondateurs de l'Etat marocain moderne, puisque le Roi est toujours : « Chef de l'Etat, son Représentant suprême, Symbole de l'unité de la Nation, Garant de la pérennité et de la continuité de l'Etat et Arbitre

---

d'entre eux avaient ainsi souhaité le succès du F.D.I.C. en espérant ne pas avoir trop à intervenir pour y contribuer », in Paul Chambergeat, *Le referendum constitutionnel du 7 décembre 1962*, au Maroc, Annuaire de l'Afrique du Nord, AAN, Volume I, p. 167-207.

452 Il convient de souligner, à cet effet, que cette acception du pluralisme ne va pas de soi, il existe au contraire une sorte de dilemme de base pour l'organisation des sociétés : société pluraliste ou société unanime ou unanimiste. L'Occident a opté pour la société pluraliste. Le monde communiste à l'époque de l'URSS, et pour l'essentiel, tiers-mondiste ont choisi la société unanimiste : doctrine unique concernant les fondements de la société et de la vie politique, absence de liberté d'opinion, de réunion, et de la presse, parti unique, élection non disputées, etc. le choix entre société pluraliste et société unanime se situe au niveau des contradictions que recèle toute société, sur les plans politique, économique et social. Il s'agit non seulement des contradictions entre idéologies et croyances ou des oppositions entre ceux qui détiennent du pouvoir et ceux qui détiennent du pouvoir politique ou du prestige social et ceux qui n'en ont point, mais plus largement des antinomies entre riches et pauvres, propriétaires des moyens de production et détenteurs de leur seule force de travail ; également entre ceux qui possèdent des connaissances scientifiques ou techniques et ceux qui n'en ont point, etc. voir pour une étude historique et juridique détaillée sur les distinctions entre les sociétés unanimiste ou monolithiques et les sociétés pluralistes démocratiques, André Hauriou et Jean Gicquel, *Droit constitutionnel et Institutions politiques*, Montchrestion, 1980, p. 160 et s.

suprême entre ses institutions, veille au respect de la Constitution, au bon fonctionnement des institutions constitutionnelles, à la protection du choix démocratique et des droits et libertés des citoyennes et des citoyens, et des collectivités (...) »[453].

La situation serait, en effet, beaucoup plus complexe avec la restauration progressive d'un véritable pluralisme (orthodoxe), l'impartialité difficile à gérer par le gouverneur, qui serait tiraillé, entre candidats et élus des différentes « chapelles politiques », entre un électorat politiquement divisé, souvent violent est exigeant[454].

Face à cette difficulté, les conflits d'intérêts sont multiples, entre leur propre conscience politique de citoyens, leur carrière, les intérêts du gouvernement, et par ricochet, du parti au pouvoir, les exigences démocratiques, et la forte pression de l'électorat, les gouverneurs ont certainement du mal à gérer la neutralité et l'impartialité. Très souvent ils sont accusés et soupçonnés par toutes les parties en présence, et la suite de leur carrière dépend, souvent, étroitement de l'issue des scrutins.

Déjà à partir de 1960, Rémy Leveau écrit à ce sujet : « A la lecture des procès-verbaux et des notes des gouverneurs des provinces adressés au ministère de l'Intérieur, on constate que certains conseils, qu'on ne saurait qualifier de révolutionnaires, prétendent cependant jouer un rôle qui aboutirait à changer considérablement la nature du système politique. Le gouverneur de la province de Rabat, dans une lettre datée du 28 novembre 1961 résume ainsi l'attitude de conseils ruraux qui n'ont pourtant, jamais, fait figure d'extrémistes. Selon lui, les conseillers ruraux veulent d'abord s'assurer le contrôle de tous les agents et organismes de l'Etat intervenant au niveau de la commune. Ils revendiquent la désignation et le contrôle des « *chioukhs* » et des « *moqaddemine* », la gestion et la représentation auprès du pouvoir central des terres collectives, la gérance des lots de colonisation récupérés, le contrôle des centres de travaux agricoles, et de tous les services techniques de l'Etat opérant dans leur circonscription, et, enfin la nomination

---

[453] Article 42 de la Constitution du 1er Juillet2011, qui remplace l'article 19 de l'ancienne Constitution de 1996, qui était ainsi libellé : « Le Roi, Amir Al Mouminine. Représentant Suprême de la Nation, Symbole de son unité, Garant de la pérennité et de la continuité de l'Etat, veille au respect de l'Islam et de la Constitution. Il est le protecteur des droits et libertés des citoyens, groupes sociaux et collectivités. Il garantit l'indépendance de la Nation et l'intégrité territoriale du Royaume dans ses frontières authentiques. ».

[454] Ainsi, on peut lire dans le rapport du CNDH, Conseil National des Droits de l'Homme, sur l'observation des élections législatives du 25 novembre 2011, S'agissant de l'octroi de dons et autres infractions visant à influencer l'électorat, le rapport souligne que 45,42 % des 317 cas constatés de visu concernent des dons en nature, ajoutant que le durcissement des mesures répressives sanctionnant ces actes ont contribué à diminuer le nombre de ces agissements et affecté l'opération de distribution de ces dons. Et que L'analyse préliminaire de l'opération de vote a permis de dégager plusieurs types d'infractions qui, pour la plus part, ont été commises par les équipes d'assistance électorale et rarement par les candidats eux-mêmes.

des agents subalternes de l'administration, en particulier des auxiliaires de la justice et de la police. »[455].

On assiste, par contre, de temps à autres, même aujourd'hui, à l'expression des récriminations du parti politique au pouvoir, le PJD(Parti de Justice et de Développement) ou du parti Communiste, le PPS (Parti du Progrès et du Socialisme), qui se plaignent du soutien qu'apporteraient certains gouverneurs aux candidats du PAM (Parti Authenticité et Modernité)[456], parti fondé, par Fouad Ali Al Himma, proche conseiller du Roi[457].

Ce zèle a été, plusieurs fois, justifié par la jeunesse de l'expérience démocratique marocaine et par la nécessité de consolidation du pouvoir des institutions de l'Etat. Mais, pourquoi s'étonnerait-on dès lors devant de telles pratiques, les gouverneurs ne sont-ils pas les zélateurs dociles du gouvernement et les façonneurs virtuoses de l'opinion publique en vue de l'obtention de résultats favorables au régime qui les a nommés. *Stendhal* n'a-t-il pas écrit, en rapportant la confidence faite par le préfet du *Cher*, à Lucien Leuwen, secrétaire particulier du ministre de l'Intérieur : « *C'est une grande diable de chose que ces élections, qui depuis trois semaines m'empêche de dormir la nuit ... Ma place ne tient qu'à un fil. C'est toute notre ambition, à nous autres, pauvres préfets de province, après avoir fait deux ou trois bonnes élections que de devenir maîtres des requêtes au Conseil d'Etat.* »[458].

Il est certain que de la réussite ou de l'échec électoral dépendra l'avenir de la carrière du gouverneur. Or,il aura, de plus en plus de mal à faire ses prévisions, à ce propos, *Stendhal* observe de façon générale, que : « *le moment des élections arrivé, les préfets perdent la tête ; la peur la plus*

---

[455] Rémy Leveau, *Le Fellah...*, op.cit, p. 56

[456] « A l'approche des élections législatives, on avait beau croire que l'Etat allait débarrasser la province de calamité dont les sévices ont cruellement nui aux populations en continuelle ébullition. C'était une désillusion amère ! Le gouverneur n'avait pas encore enfoncé complètement le clou. Il lui fallut épauler le candidat du PAM, son fidèle compagnon. Pour ce faire, il s'assignait comme tâche d'annihiler tous les partis qui pouvaient hypothéquer son plan (...), en particulier le PPS dont le rayonnement irritait le gouverneur timoré. A ce propos, il mobilisa tous les agents d'autorité afin de parvenir à son objectif, en procédant à toutes les pratiques (...). Pressions, menaces, fraudes, telles étaient les manœuvres utilisées, au su et au vu de tout le monde. On citera dans ce sens, les présidents des communes PPS qui ont souffert de ces harcèlements, sans pitié, pour quitter leur parti ou baisser les bras en pleine campagne électorale. Pour semer la discorde dans les rangs du parti du livre, (...) à la solde du gouverneur se livraient même à des accusations non fondées envers les militants dans le but de les intimider et les terroriser », Publié dans Le Journal Albayanedu 24 - 01 – 2012.

[457] Authenticité et Modernité est un parti politique marocain, créé le 7 août 2008 par la fusion de cinq partis politiques marocains, à savoir le Parti national-démocrate, le Parti Al Ahd, le Parti de l'environnement et du développement, l'Alliance des libertés et le Parti initiative citoyenne pour le développement. Cette fusion a été lancée en particulier par Fouad Ali El Himma, ancien ministre délégué à l'Intérieur. Composé de nombreux proches du roi. Il s'est présenté comme alternative à la Koutla, coalition qui rassemble le parti de l'Istiqlal (droite conservatrice), l'Union socialiste des forces populaires (gauche) et le Parti du progrès et du socialisme.

[458] Stendhal, *Lucien Leuwen*, Paris, Seuil, 1969, p. 41

excessive s'empare de leur esprit. Eh bien ! se disent-ils, je serais destitué ! Et ils attendent immobiles et muets, l'arrêt qui sortira de l'urne électorale. ».[459]

Dans le même sens, évoquant le rôle d'agents politiques que jouent les préfets en France, le Comte d'Artois, le futur Charles X, déclarait, tout net, qu'on tient mieux la France avec 83 préfets qu'avec 16 intendants. A juste titre, en 1911, Gaston Jèze, écrit dans sa thèse qui devait le conduire à une des chaires les plus prestigieuses de la Faculté de Droit de Paris : « les textes laissent de côté la mission essentielle des préfets. Ils ne permettent même pas de deviner que le préfet est essentiellement en France un agent électoral pour le compte du gouvernement, que son avenir dépend de la façon, plus ou moins habile, avec laquelle il triture la matière électorale et des succès qu'il obtient. Donc pour réussir, un préfet doit avoir une grande souplesse, peu de scrupules et de la poigne contre les adversaires du gouvernement. »[460]

Dans le même ordre d'idées, le doyen Hauriou, fait même du pouvoir électoral un pouvoir de gouvernement en puissance, mais surtout, il place le pouvoir de suffrage du côté du pouvoir exécutif. Celui-ci « nou(ait) avec le pouvoir de suffrage une alliance directe qui fait équilibre au pouvoir du Parlement ». Par ailleurs le complément de l'analyse du Doyen Hauriou mérite ici d'être reproduit tant il est significatif de l'importance du rôle des préfets en France dans les élections : « On ne comprend pas *grand'chose* à l'équilibre de notre régime politique quand on ne réfléchit pas à l'énorme pouvoir que confère au gouvernement, vis-à-vis du Parlement, le fait que c'est le pouvoir exécutif qui préside aux élections. A raison de cette compétence électorale, il noue avec le pouvoir de suffrage une alliance directe qui fait équilibre au pouvoir du Parlement. Dans une large mesure, les élections législatives dépendent des préfets autour desquels sont groupés les gros électeurs et, si le ministre de l'Intérieur tient les préfets dans sa main, elles dépendent du ministre de l'Intérieur. De telle sorte que, si le gouvernement dépend du Parlement par le contrôle, en revanche le Parlement dépend du gouvernement par la réélection. Cet équilibre global se décompose d'ailleurs en déséquilibres locaux réalisés en chaque préfecture. Le préfet est le grand agent électoral ; il tient, par les mille ficelles administratives, les gros électeurs et les personnages influents ; les élections

---

[459] Stendal, *Mémoires d'un touriste*, Paris, éd. V. de l Litto, 1981, tome I, p. 299-304, cité par : Louis Bergès, De Balzac à Anatole France : Les élections et le corps préfectoral vus par les romanciers du XIXe siècle, in *La loi du 28 Pluviôse an VIII, Deux cents ans après, le préfet et les libertés (XIXe- XXe siècles),* sous la direction d'Eric Pelisson, PULIM, 2001, p. 182.

[460] Gaston Gèze, cité par M. Jacques Aubert in. Jacques Aubert, Pierre Guiral et autres, *Les préfets en France(1800-1940),* Genève, Librairie Droz, 1978, ouvrage reprenant la communication du colloque organisé le 26 avril 1975 par l'Institut français des services administratifs, p. 150.

se préparent dans le groupe formé par le préfet et les hommes politiques du département. »[461]

Pour s'en tenir à l'essentiel, comme le préfet français, le gouverneur, en tant qu'organisateur et administrateur des élections, veille au respect de la loi, tout en sauvegardant la diversité politique, qui sous-entend la tolérance mais non la démission ; et implique également, entre les différentes tendances politiques concurrentes, l'explication, la confrontation, mais jamais l'affrontement et les heurs Le gouverneur veille à ce que les élections se déroulent dans le respect des règles séculaires de consensus et de légitimité établies au Maroc, historiquement, dans les faits et par la loi, autour des constantes constitutionnelles.

Or, malgré les garanties légales visant la neutralité du gouverneur et l'impératif d'impartialité qu'il doit observer, le phénomène de la politisation du corps des gouverneurs se fait jour et devient une réalité, longtemps masqué par l'absence d'alternance au pouvoir. Il est souvent pratiqué à l'abri des majorités conservatrices renouvelées.

2. La *politisation* des gouverneurs

Le terme « politisation » peut revêtir plusieurs acceptions, nous prenons ici son sens le plus large qui ne comprend pas que l'adhésion partisane[462], mais va au-delà pour couvrir toute association d'intérêts, politiques, socio-économiques, ou de carrière et insistons sur la perspective qui : « consiste pour le gouvernement en la recherche de la mise en place de serviteurs loyaux prêts à mettre en œuvre la politique pour laquelle ils ont été mandatés par le peuple souverain »[463]. Cette situation, qualifiée par certains de politisation « missionnaire », elle apparaît comme un moyen

---

[461] M. Hauriou, *Précis de droit constitutionnel*, 2e éd., Paris, Librairie du Recueil Sirey, 1929, (réimpression aux Editions du CNRS, Paris, 1965), p. 462.

[462] *Cf.* pour une analyse approfondie de cet état de fait, l'article fort intéressant de Monsieur Luc Rouban « *Les hauts fonctionnaires sous la cinquième république : idées reçues et perspectives analytiques* », Revue française d'administration publique 4/2002 (n°104), p. 657-675 : « Si l'on considère comme « politique » la seule activité partisane au sein d'un parti politique, ou la participation à des élections, les résultats seront effectivement conformes à la thèse de la neutralisation : 7 % des préfets en fonction sous la Ve République contre 15 % de ceux de la IVe peuvent être effectivement qualifiés de « militants ». Si l'on utilise en revanche une définition plus large de la politisation impliquant l'adhésion à des clubs et des réseaux de pensée, la participation à des cabinets ministériels qui indique au moins un accord sur les orientations du gouvernement, la participation à des syndicats ou à des associations professionnelles, les chiffres changent assez sensiblement : la proportion de « politisés » est de 52 % sous la Ve République contre 49 % sous la IVe. Au total, la proportion de préfets n'étant ni militants ni politisés est de 41 % sous la Ve République contre 36 % sous la IVe, ce qui constitue une marge étroite qui ne permet plus de conclure à la neutralisation de ces hauts fonctionnaires à partir de 1958 ».

[463] Vassilios Kondylis, *Le principe de neutralité dans la fonction publique*, LGDJ, 01/12/1994, p. 20.

de« vassaliser »[464] le fonctionnaire qui n'a plus qu'à être un « zélateur, un propagandiste du gouvernement établi »[465].

Comme nous l'avons souligné, le gouverneur apparaît, à cet égard comme étant le plus politique des fonctionnaires, aussi bien sa nomination que sa longévité sont tributaires de la volonté politique gouvernementale. Ainsi, décrivant ce lien étroit qu'entreprend le préfet français avec le gouvernement, M. Ollivier n'a pas manqué de souligner que : « Nommés à la décision du gouvernement, catégorie justifiée par la volonté des gouvernements, issus de la volonté populaire, de faire appliquer effectivement leur politique. L'accord est général pour considérer que les préfets ont toujours été choisis par les gouvernements successifs, parmi des hommes dont la sympathie pour le gouvernement ne faisait aucun doute, il y a là une remarquable continuité doctrinale, les opinions ne divergent que relativement à la légitimité d'une telle politisation préfectorale. »[466].

A ce niveau du débat sur la politisation des gouverneurs, il serait intéressant d'exposer les deux courants qui s'opposent, les uns estiment que le pouvoir politique devrait s'appuyer sur des éléments sûrs, dans la mise en œuvre de ses décisions par l'administration, dans le même sens, une partie de la doctrine pense même qu'il faut tenir compte des besoins politiques, que certaines fonctions publiques, sont « par leur nature, essentiellement politique » et que leurs titulaires doivent reproduire fidèlement et sans altération la pensée, les tendances, et l'esprit du gouvernement[467]. Un autre courant pense qu'il s'agit là d'un « *spoils out* », c'est-à-dire, que« les changements politiques de personnel ne concerneraient que des hauts fonctionnaires, au demeurant, peu engagés dans les activités politiques au sens strict. En d'autres termes, la politisation répondrait d'une logique fonctionnelle d'interpénétration des mondes administratifs et politiques, sans que l'on puisse savoir lequel des deux peut avoir l'influence la plus grande sur les politiques publiques. »[468]

Un auteur est allé beaucoup plus loin que la plupart de ses pairs, en justifiant la mainmise totale de l'exécutif sur l'ensemble de la fonction publique, et ainsi la politisation extrême de celle-ci, par la nécessité, incombant au gouvernement de veiller à la fidélité des agents, afin qu'ils soient « initiés » à sa pensée[469]. Plus récemment on a considéré dans le même courant que : les gouvernements n'ont qu'un « désir légitime » de « voir occuper de tels postes par des hommes dans les opinions sont proches des leurs », et en reconnaissent, qu'il y a là « un gage d'efficacité dans

---

[464] Paul Laband, *Le droit public de l'empire allemand*, Paris, Giard et Brière, 1900, Traduction G. Gandilhon, cité par V. Kondylis, op.cit., p.15.
[465] Paul Laband, *Le droit public de l'empire allemand*, op.cit., *idem.*
[466] Marc Ollivier, op.cité, p. 54.
[467] Jean Marie De Forge, *Droit de la fonction publique*, PUF, 2ème édition, 1997, p. 135.
[468] Luc Rouban,, op.cit, *ibid.*
[469] Il s'agit de Louis Antoine Macarel, *Cours de droit administratif*, Faculté de droit de Paris, Tome 1, Librairie Gustave Thorel, p.72.

l'action ». De telles considérations conduisent à affirmer qu'en soi, « la théorie des emplois supérieurs, avec leur clause fondamentale de précarité et de « discrétionnarité », est sans doute peu contestable. »[470]

Les tenants du courant opposé n'acceptent aucune politisation de l'administration publique au nom de la distinction entre la sphère politique et administrative, ce qu'ils considèrent comme un mélange des genres regrettable. L'administration publique n'est pas et ne saurait être une tribune et par conséquent, point de *gouverneurs-tribuns*. Le rôle premier de l'administration territoriale est l'exécution. On admettrait alors plus volontiers la notion de gouverneur-exécutant, ce concept dépasserait cependant le sens à la limite péjoratif d'exécutant mécanique. Cela conduirait en effet, à nier toute liberté d'opinion au fonctionnaire et serait contraire même aux textes et à l'idéal démocratique. Par contre il intègre l'ensemble des opinions tolérables, c'est-à-dire périphériques à « l'opinion de l'Etat ». Ce sont les opinions émises dans le respect des principes en vigueur dans l'administration et toujours sous le sceau de l'intérêt général.

Dans son ouvrage, *Le Fonctionnaire français : introduction à une déontologie de la fonction publique*, Catherine Robert écrit à ce propos : « On comprend mal qu'un directeur de ministère chargé de mettre en œuvre la politique du ministre, dans le secteur d'activité que coiffe sa direction, qu'un préfet chargé de réprimer les manifestations publiques dirigées contre le gouvernement, qu'un ambassadeur chargé d'expliquer au ministre des affaires étrangères du pays où il est envoyé telle mesure diplomatique que vient de prendre son gouvernement (…) puissent logiquement et moralement avoir d'autres attitudes que celles d'un dévouement absolu aux institutions gouvernementales. »[471] C'est, en effet, un aspect de ce qu'on appelle « la clause de conscience » des hauts fonctionnaires dont l'action peut influer sur la prise de décision par le ministre ou le gouvernement, et renvoie aussi à l'obligation de réserve[472] qui leur incombe.

Un autre auteur, Henri Chardon, particulièrement virulent, ayant fait partie des partisans de la suppression même de l'institution préfectorale en France, s'est fait le porte-parole de ce courant : « La France vomit cette mixture de politiques et d'administration dont elle a tant souffert, elle reconnaît que dans la démocratie un pouvoir administratif existe rationnellement à côté du pouvoir politique, plus hybride vivant à la fois sur les attributions des politiques et des administrateurs, amalgamant, d'une façon plus ou moins occulte,et sans responsabilité réelle, la politique à l'administration (…) et par conséquent plus de préfet »[473], cette thèse n'est

---

[470] B. Pacteau, Note Conseil d'Etat, 14 mai 1986, Syndicat national des cadres hospitaliers, CGT, FO- Et Rochaix, LPA, 9 janvier 1987. p, 8.

[471] Catherine Robert, *Le Fonctionnaire français : introduction à une déontologie de la fonction publique*,. Nouvelle éd. Sirey, Paris, 1973, p. 33.

[472] Voir développements réservés à l'obligation de réserve des gouverneurs, *Infra*, p. 154.

[473] H. Chardon, *Le pouvoir administratif*, Librairie académique Perrin et Cie, 1911, p. 34-36.

pas nouvelle, elle provient d'une certaine conception de l'administration, et des administrateurs versus les politiques, députés, ministres, etc. Ainsi, cet auteur qui a le mieux exprimé cette idée, écrit :

« Tant que nous n'aurons pas fait une répartition rationnelle des attributions entre le Parlement et les administrateurs, nous resterons dans le gâchis. Mais si vous voulez que cette répartition rationnelle s'appelle une division du pouvoir politique et administratif, soit : je vous demande donc de reconnaître qu'une République démocratique comme la nôtre comporte nécessairement, deux pouvoirs : le politique et l'administratif, l'administratif étant subordonné au politique, mais existant, néanmoins, et vivant en dehors du politique, de telle façon que dans chaque affaire, les citoyens puissent porter aisément un jugement sur le rôle des politiques et sur le rôle des administrateurs »[474].

Quel que soit le courant crédité, sur le plan national, on peut affirmer que depuis la création du corps des agents d'autorité et des gouverneurs en particulier, le pouvoir central en a toujours tiré une meilleure contribution à la consolidation de son assise. Et que, comme nous l'avons souligné précédemment, les gouvernements, ou plus exactement les ministres de l'Intérieur successifs ont pu se donner les moyens, à toute époque, de modeler à leur image cette institution indispensable à la continuité de l'Etat, flexible et ajustable à merci, on y intégrant des gouverneurs zélés et en en éjectant d'une facilité déconcertante, tous ceux qui ne méritaient plus la confiance du ministre de l'Intérieur, et par son biais celle du Roi et de son entourage.

En définitive, et pour conclure cette partie relative à la politisation des gouverneurs, citons Victor Hugo qui a écrit qu' : « En politique, au-dessus des partis, je mets la patrie », telle, en effet, devrait être la devise du gouverneur dans son commandement, étant le serviteur, avant tout de l'intérêt national.

En addition à ses missions précitées, le gouverneur, en tant qu'agent du gouvernement, se charge sur le plan local de la mise en exécution des résolutions des conseils provinciaux et préfectoraux.

Paragraphe V. Le gouverneur, exécutif des conseils préfectoraux et provinciaux

L'article 4 du Dahir du 15 février 1977, dispose que : « Le gouverneur exécute les décisions des assemblées préfectorales et provinciales. Il assure le contrôle des collectivités locales dans les limites de ses compétences. » La question qui se pose est celle de savoir ce qu'on entend précisément par « décisions des assemblées préfectorales et provinciales », et quid des limites du contrôle des collectivités locales ? Est-il lié à la tutelle administrative sur

---

[474] H. Chardon, *Le pouvoir administratif*, op.cit., p.19-20.

les actes de la collectivité locale ou bien s'étend-il aussi aux actes et décisions des présidents des conseils ?[475]

De prime abord, il faudrait souligner que les rédacteurs de l'article 4 précité, ont bien fait de distinguer les assemblées préfectorales et provinciales des autres collectivités locales, sans qu'il y ait de leur part une position uniforme de l'ensemble des collectivités, en sachant que les collectivités territoriales du Royaume sont : les régions, les préfectures, les provinces et les communes (article 135 de la nouvelle Constitution de 2011). Or, pourquoi le texte parle-t-il des assemblées pour les préfectures et provinces et se limite-t-il, à évoquer les autres collectivités sans qu'elles soient apparentées à des assemblées ?

Il nous semble que, tout en étant conscient que les préfectures et provinces sont également des collectivités locales, le législateur a voulu distinguer entre le rôle du gouverneur dans le contrôle et l'exécution matérielle des décisions des assemblées préfectorales et provinciales et son rôle limité au contrôle uniquement des autres collectivités territoriales, sans qu'il soit compétent dans l'exécution des décisions des communes urbaines ou rurales par exemple, puisque cette dernière compétence fait bel et bien partie des attributions dévolues au président du conseil communal par le dahir du 30 septembre 1976 réformée par le dahir portant loi n° 78.00 relative à charte communale, telle qu'elle a été modifiée par le dahir n° 1.02.297 du 3 octobre 2002 (ce dahir a été abrogé par le dahir portant application de loi organique n° 113.14 du 7 juin 2015 publié au B.O n° 6380 le 23 juillet 2015). Ce texte disposait que : « Le président exécute les délibérations du conseil, prend les mesures nécessaires à cet effet et en assure le contrôle. ».

Le rôle du gouverneur, en ce qui a trait à l'exécution des décisions des préfectures et provinces est tout autre. Il est affirmé par le dahir n° 1-02-269 du 3 octobre 2002 portant promulgation de la loi n° 79-00 relative à l'organisation des collectivités préfectorales et provinciales qui proclame dans l'alinéa 2 de son article 3que : « Le wali ou le gouverneur de la préfecture ou de la province assure l'exécution des délibérations du conseil préfectoral ou provincial ».

Du reste, les articles 36 et 37 du même texte énumèrent les attributions de ces conseils. Et l'article 38 est le plus révélateur de la nature du contrôle exercé par l'Etat sur ses pouvoirs, puisqu'il énonce que : « Le conseil préfectoral ou provincial présente des propositions, des suggestions et émet des avis destinés à l'Etat et aux autres personnes morales de droit public, il peut proposer ainsi les actions à entreprendre pour promouvoir le

[475] Ne nous occuperons pas à ce stade de notre étude de l'institutionnalisation de la tutelle de l'Etat exercée par ses représentants, sur l'activité des collectivités locales, propos auquel nous réservons la Deuxième partie de cette thèse. Ici il est juste question de passer en revue les attributions gubernatoriales liées à l'exécution des décisions des assemblées des territoires où le gouverneur exerce son commandement.

développement économique, social et culturel de la préfecture ou la province, lorsque lesdites actions dépassent les limites de ses compétences ou excèdent ses moyens et ceux mis à sa disposition. Il est, en outre, consulté sur les politiques et les plans d'aménagement du territoire et d'urbanisme et sur leurs instruments, proposés par l'Etat ou par la région ; il suggère toute mesure relative à la promotion des investissements et de l'emploi et à l'amélioration de l'environnement de l'entreprise ; il donne son avis, toutes les fois que celui-ci est requis par les lois et les règlements en vigueur ou qu'il est demandé par l'Etat ou par la région. Le conseil peut, en outre, émettre des vœux sur toutes les questions d'intérêt préfectoral on provincial, à l'exception des vœux à caractère politique. »

Néanmoins, malgré cet éventail d'attributions très larges, l'action de l'assemblée préfectorale ou provinciale est significativement limitée par le dernier alinéa de l'article susvisé qui prévoit que : « Les propositions, avis et vœux, émis par le conseil, sont transmis par le wali ou le gouverneur aux autorités gouvernementales compétentes, aux établissements publics et aux services concernés, qui sont tenus d'adresser, au conseil préfectoral ou provincial, leurs réponses motivées, par la même voie, dans un délai n'excédant pas trois mois. ». Ce qui nous renseigne sur l'importance du rôle non seulement d'exécutif dans son ressort territorial, du gouverneur, mais aussi de courroie de transmission indispensable et de relai privilégié entre les assemblées préfectorales ou provinciales et le gouvernement.

Au demeurant, le pouvoir gubernatorial d'exécution des résolutions des assemblées préfectorales et provinciales est resté l'apanage du représentant de l'Etat et ce, malgré l'avènement des réformes successives qui ont intéressées le remodelage des pouvoirs des assemblées locales et le partage de leurs prérogatives. Cependant, l'adoption de la nouvelle Constitution de 2011 semble vouloir opérer une rupture avec cette situation[476] en affranchissant définitivement, ces assemblées de l'obligation de faire exécuter leurs résolutions par le wali ou le gouverneur[477].

Après l'examen des multiples missions déléguées au gouverneur, il apparaît que cet administrateur local du gouvernement, vit dans sa préfecture ou sa province, les situations au jour le jour, il est appelé, de ce fait, à prendre la décision qui s'impose dès que le fait social ou politique émerge. Administrateur de l'adéquation, son action vise le respect, par tous les partenaires socio-économiques, de la politique générale de l'Etat. Administrateur de la régulation, il est attentif aux manifestations, expressions, désirs et vœux des particuliers, des groupes et des corps

---

[476] En effet, l'article 138 de la nouvelle Constitution dispose que : « les présidents des Conseils des régions et les présidents des autres collectivités territoriales, exécutent les délibérations et décisions de ces conseils. »

[477] Nous examinerons en détails le pouvoir d'exécution des délibérations des assemblées locales par le gouverneur et sa possible modification par la Constitution de 2011 en deuxième partie de cette thèse., *Cf. infra.* Deuxième partie, Titre II, Chapitre I, Section II.

constitués. Il s'efforce avant d'appliquer toute instruction, de préparer les destinataires et d'obtenir leur adhésion.

Administrateur de la sécurité des citoyens, le représentant du pouvoir central s'ingénie à désamorcer autant que possible, toute situation, toute circonstance qui tend à perturber la tranquillité publique et la paix sociale. En définitive, cette énumération succincte permet de saisir l'ampleur, la complexité et la diversité des missions déléguées au gouverneur par le gouvernement dont il est l'agent fidèle.

CONCLUSION DU TITRE I

En guise de conclusion de ce Titre, à travers lequel nous avons retracé la création et l'évolution de cet agent du Makhzen, serviteur fidèle du souverain, on peut faire le constat, que l'administration et son pendant local demeurent assimilés au gouvernement, dès qu'ils sont perçus comme le levier de commande qui assurant la cohésion des affaires publiques. Au demeurant, les élites sociales n'ont eu de cesse de participer à cette configuration. L'attrait pour les fonctions d'autorité au service de l'Etat a toujours été de mise à cause du prestige et du pouvoir qu'elles assurent.

Les gouverneurs des provinces d'après l'indépendance, se sont comportés souvent en véritables « *tyrans* », à l'image de leurs ancêtres : les caïds féodaux d'avant et après Protectorat- grands propriétaires terriens de *Bled Siba*, et il n'est pas de gloire plus flatteuse pour ces gouverneurs, ayant pour la majorité d'entre eux fourbu leurs armes dans l'administration territoriale en tant que caïds ou pachas, que d'accéder après leur carrière provinciale, à la dignité et à la puissance d'un wali de région ou d'un ministre technocrate.

Avant le Protectorat franco-espagnol sur le Maroc, et depuis l'émergence des premières prémisses du premier appareil d'Etat au VIIIe siècle, les sultans désignaient à la tête des provinces du Royaume chérifien des membres de leur famille très proches dont la parenté assurait un loyalisme indéfectible, jusqu'au XIXe siècle les liens de sang garantissaient ce critérium *sine qua non* que doit remplir le gouverneur de province.

Briguer cette haute fonction politico-administrative, c'est toujours rechercher les honneurs, mais d'autres critères ont renouvelé et légitimé cet enthousiasme. L'Armée, dès l'indépendance, n'offrait plus à elle seule la promesse de la nomination à la fonction gubernatoriale. Cette réalité se confirme davantage à la suite des deux coups d'Etat avortés contre le Roi Hassan II, en 1971 et l'année suivante. A cette époque l'Armée se sentait « honteuse d'elle-même, et ne sait ni ce qu'elle fait ni ce qu'elle est ; ce corps cherche partout son âme et ne la trouve pas »[478].

S'ensuivent des tentatives de modernisation de ce corps multiséculaire : on a ainsi assisté à la création du nouveau statut des administrateurs afin d'uniformiser les conditions d'accès et du déroulement de la carrière

---

[478] Alfred de Vigny, *Servitude et grandeur militaire*, Paris, Garnier, 1955, p. 8-22.

gubernatoriale, avant qu'une école dédiée ne soit créée. Mais la tâche n'était pas facile ; comment en effet, éviter que cette haute fonction ne soit détournée de son dessein initial de service de l'intérêt général, d'autant plus qu'elle apparaissait comme la terre d'élection par excellence pour acquérir notoriété et puissance. En outre, sa sphère d'influence et d'action s'est étendue à cause de la multiplication des domaines d'intervention de l'Etat et l'accroissement du pouvoir détenu par le ministère de l'Intérieur et ses gouverneurs par ricochet. Par ailleurs, les provinces et préfectures créées comme cadre de déconcentration intermédiaire phagocytaient la commune, et affaiblissaient les relais de décentralisation au lieu de les renforcer, les gouverneurs qui s'érigeaient en institutions étatiques aux pleins pouvoirs cherchaient à se maintenir dans leurs hautes charges pour servir leurs intérêts privés et leur quête de puissance et d'aisance financière au lieu de servir un idéal de service public.

En France, quand Bonaparte voulait en 1799 instaurer un nouvel ordre juridique, politique et social. Il devait rallier opposants et partisans, classes élevées de France et des pays conquis ; il est tenu d'attirer les familles susceptibles de former « *les masses de granit* » sur lesquelles le régime s'édifiera, de remplacer une aristocratie de naissance par une aristocratie de mérites, dont les membres s'enorgueilliront de graviter dans l'orbite du pouvoir. Et il y parvint en excitant les amours-propres. Il para de lustre les plus hautes fonctions publiques[479], il s'attacha la jeunesse en créant des missions destinées à devenir une pépinière d'administrateurs brillants d'hommes d'élite« qui prêteront serment entre ses mains et qui seront tout dévoués au régime qui les aura formés »[480].

Au Maroc, comme Napoléon, le Roi qui donna à la fonction de gouverneur ses lettres de noblesse, la met, par là même, dans une position d'allégeance pérenne, et d'emblée la question qui se posait est celle de savoir si le gouverneur était acquis aux thèses du gouvernement et non pas au pouvoir du souverain, puisque son allégeance à la personne royale est un élément consubstantiel à sa distinction et à sa prestation de serment de fidélité.

Enfin, la modernisation du corps des gouverneurs n'a pas produit sa popularisation, (mais est-ce la finalité de la fonction d'autorité ?) loin s'en faut, il s'est opéré par contre, un transfert d'influence vers les classes moyennes qui ont pu accéder à l'école de Kenitra au début des années 1980 (la majorité des gouverneurs d'aujourd'hui sont lauréats du cycle normal des agents d'autorité de 1980 à 1985) et l'aura qui entourait le gouverneur

---

479 Catherine Lecomte, *Le pouvoir électoral des hauts fonctionnaires en régime censitaire (1814-1948),* in cahiers du C.U.R.A.P.P, « *la haute fonction publique et la politique* », P.U.F, 1986, p.136.

480 Locré, Napoléon, 21 novembre 1809, in Le Conseil d'Etat, p. 66, cité par Catherine Lecomte, *Le pouvoir électoral des hauts fonctionnaires en régime censitaire* (1814-1948), in cahiers du C.U.R.A.P.P, « *la haute fonction publique et la politique »,* P.U.F, 1986, p.136.

sanctifie la position sociale de celui qui aurait le complexe du parvenu, phénomène remarqué par Alexis de Tocqueville dans des circonstances différentes, mais qui illustrent les mêmes évolutions chez nous : « Le triomphe de la classe moyenne avait été définitif et si complet que tous les pouvoirs politiques, toutes les prérogatives, le gouvernement tout entier se trouvèrent renfermés et comme entassés dans les limites étroites de cette bourgeoisie ... Elle fut directrice unique de la société et ... en devint la fermière. Elle se logea dans toutes les places ... et s'habitua à vivre presque autant du Trésor Public que de sa propre industrie ... L'esprit particulier de la classe moyenne devint l'esprit général du gouvernement ... »[481].

Le gouverneur au Maroc, comme nous venons de le voir, est un agent de ce vieux système administratif qu'est la structure makhzenienne, il a existé dans l'histoire du Royaume à travers les époques sous différentes appellation : *Khalifa* du Sultan, Chef de région, *Âmel ;* issu des élites loyales au roi et fidèles aux institutions. Or, comme les fidélités humaines sont souvent érodées par la politisation inéluctable de ce corps et comme le risque est grand de voir le gouverneur tenté de faire prévaloir les intérêts locaux sur les intérêts nationaux, le statut qui lui est accordé est– mis à part les avantages matériels qui lui ont été alloués– somme toute, peu protecteur et favorise la fragilité de la carrière gubernatoriale à cause, entre autres raisons, de la nomination et la révocation à la discrétion du pouvoir central, et la mobilité constante liée à l'exercice de la fonction de gouverneur.

En définitive, le gouverneur a été, à travers les réformes constitutionnelles successives qu'a connues le pays, le représentant du pouvoir central, terme vague désignant tantôt, le cœur du système d'administration en l'occurrence le Roi, tantôt le gouvernement et tantôt l'Etat. Il est en tout état de cause, agent fidèle de l'exécutif et par ce biais il est autorité administrative déconcentrée.

---

[481] Alexis de Tocqueville, *Souvenirs*, Paris, Gallimard, 1964, p.34.

TITRE II

Le gouverneur, autorité administrative déconcentrée

Dans tout Etat et quel que soit le système politique en place, l'étude de toute organisation administrative territoriale implique le problème sinon de la démocratie, du moins de la participation des gouvernés ou encore des administrés au pouvoir. Toute organisation administrative territoriale vise généralement à ce que ces administrés puissent ressentir la présence de l'autorité et avoir le sentiment d'y participer. Si ce principe est généralement admis, son application varie d'un Etat à un autre en fonction de considérations politico-administratives ou, en définitive, des régimes politiques[482].

En droit public marocain « classique », l'organisation administrative territoriale est marquée par la primauté de la thèse de l'Etat unitaire[483] dont le concept central est le principe de la « centralisation », ses deux autres éléments « extérieurs » sont la « déconcentration » et la « décentralisation ». Cependant, aussi bien l'histoire du droit positif que la pratique

---

[482] Mohamed El Yaagoubi, *la déconcentration administrative à la lumière du décret du 20 octobre 1993*, REMALD, n° 10, janvier-mars 1995, p. 38.

[483] L'Etat unitaire est celui dans lequel les normes locales ne peuvent être créées qu'en application de normes nationales préalables. On dit qu'elles sont « conditionnées ». il n'y a donc qu'un seul centre de pouvoir et c'est en définitive la même autorité nationale, qui établit directement les normes locales. Il existe, cependant, des différences considérables entre les Etats unitaires : les uns sont dits centralisés, les autres décentralisés. Dans les Etats unitaires du premier type, toutes les normes sont prises par des autorités nationales, dites aussi centrales. Dans les Etats unitaires décentralisés, les normes locales sont prises par ceux-là mêmes qui leur seront soumis ou par des personnes qu'ils ont élues. C'est pourquoi l'on parle dans ce cas d'autonomie. Voir, aller plus loin sur la notion d'Etat unitaire ; Francis Hamon & Michel Troper, Droit constitutionnel, 31e édition, LGDJ, 2009, p.75 ; André Hauriou & Jean Gicquel, Droit constitutionnel et Institutions politiques, 7e édition, Montchrestien, 1980, p.143 et s ; M. Michel Verpeaux, écrit en décrivant le caractère unitaire de l'Etat français : « une longue tradition historique, dont les origines remontent à la monarchie d'Ancien Régime, fait de la France un Etat unitaire, caractérisé par son indivisibilité. Même si les collectivités territoriales sont des personnes morales distinctes de l'Etat, elles ne peuvent être conçues en dehors de l'Etat, entre autres raisons parce que c'est l'Etat qui prévoit et organise leur existence, ce qui n'est pas la logique de l'Etat fédéral. », in. Michel Verpeaux, Droit des collectivités territoriales, 2e édition, PUF, 2005, p.91.

administrative territoriale démontrent que ces deux éléments ne se présentent jamais de manière arrêtée et rigoureuse. « Ni la décentralisation, ni la déconcentration, ni même la centralisation ne sauraient être absolues ; l'Etat intégralement centralisé n'existe pas, inversement un Etat entièrement décentralisé ne peut se concevoir parce qu'il n'y aurait plus de pouvoir central, donc, plus d'Etat unitaire du fait même de la montée des particularismes. La déconcentration apparaît ainsi comme un remède à la centralisation et en même temps, comme la concurrente de la décentralisation. Les concepts sont, par conséquent, relatifs, et éminemment sujets à variation[484] ».

Définir l'organigramme du système administratif territorial marocain est relativement aisé : à la tête de l'administration se trouve le chef du Gouvernement, qui dirige l'action des ministres[485]. Ces derniers, à la tête de leurs départements respectifs, se trouvent placés, chacun, au sommet de la pyramide, en quelque sorte, au-dessous se trouvent les directeurs des services centraux et les représentants du ministre dans les préfectures, provinces et régions, à la base du système se trouve la masse des agents d'exécution et des subordonnés. C'est ce qu'on appelle communément : « un système centralisé », l'ensemble des compétences y sont concentrés entre les mains de l'autorité centrale. Ce système, pour des raisons d'organisation évidentes ne peut être viable, puisque le ministre ne peut décider à lui seul de toutes les matières relevant des périphéries. Il a besoin d'être complété et assoupli par des mesures de déconcentration administrative.

Ainsi, la déconcentration se présente comme le correctif inéluctable à la centralisation puisque, comme le note G. Burdeau, dans son traité de science politique : « Si diligents que soient les agents du pouvoir, ils ne peuvent à partir d'un centre unique, pourvoir à toutes les tâches qui leur incombent, c'est pourquoi il existe toujours des relais de la puissance[486]. »

Or, à première vue, le gouverneur apparaît, ni plus ni moins comme un instrument de cette centralisation étant donné son positionnement dans la chaîne hiérarchique comme un organe indispensable de l'autorité centrale en périphérie. Mais la « centralisation », comme moyen unique de gestion administrative, a toujours été honnie par les auteurs, qui en ont dessiné souvent un portrait peu flatteur. C'est ainsi que Vivien a écrit à son sujet que : « son vice principal est la lenteur, et ce vice tient en grande partie à une idée fausse. De ce que l'action administrative doit venir du centre, on

---

[484] Mohamed El Yaagoubi, *la déconcentration administrative à la lumière du décret du 20 octobre 1993,* op.cit., p. 37.

[485] L'article 89 de la Constitution de juillet 2011 dispose que : « Le gouvernement exerce le pouvoir exécutif. Sous l'autorité du Chef du Gouvernement, le gouvernement met en œuvre son programme gouvernemental, assure l'exécution des lois, dispose de l'administration et supervise l'action des entreprises et établissements publics.

[486] G. Burdeau, *Traité de science politique,* Tome II, l'Etat, 3éme édition, 1980, LGDJ, p. 380.

conclut que toutes les affaires doivent passer par les mains de l'administration centrale ; on se trompe[487]. »

En France du XIXe siècle la centralisation administrative, encore très présente fait dire à un auteur dans son travail soutenu à l'Université de Lille, qu'en tous les cas, « la solution est préparée dans les bureaux de l'Administration centrale », et que « le Ministre de l'Intérieur est le préfet de tous les départements[488]. »

Vu cette contestation de la « centralisation » excessive, en France, la solution fut trouvée : autoriser une déconcentration prudente en implantant dans tout le territoire des représentants fidèles au pouvoir central. Cette solution fut consacrée expressément en des termes très généraux, par l'article 3 de la loi du 28 pluviôse de l'an VIII disposant que : « le préfet sera seul chargé de l'administration ».

Dans ce contexte, le droit positif marocain s'est largement inspiré du droit français en faisant de l'institution du gouverneur incontestablement, la clef de voûte de l'administration territoriale déconcentrée au Maroc, puisqu'elle supporte la poussée des forces, longtemps antagonistes, de la déconcentration et de la décentralisation[489]. En recentrant le gouverneur sur ses seules fonctions de représentant de l'État dans sa circonscription, la loi en fait le partenaire incontournable des collectivités locales. Fonctionnaire interministériel, il est particulièrement désigné pour diriger les principaux services déconcentrés de l'État : les administrations centrales exercent désormais des compétences d'attribution ; les services déconcentrés, dirigés par le gouverneur, bénéficient, sauf dérogation, d'une compétence de droit

---

[487] Vivien de Goubert (A.-Fr.-A.), *Etudes administratives*, 2ème éd., Guillaumin, 2 t. 356 et 428 p., t. 1er, p. 60.

[488] Emile Fontaine, Décentralisation et déconcentration, thèse droit Lille, Saint-Malo, imp. du Commerce, 1899 ; 243 p. L'auteur dénonce en termes vifs cette centralisation, estimant qu'elle « s'inspire d'un sentiment de défiance incompréhensible du pouvoir central pour ses divers agents », et que cette défiance « est d'autant moins justifiable (…) que le pouvoir central, dans l'impossibilité de tout voir par lui-même, est obligé de se contenter des explications de ses subordonnés », p. 34.

[489] Selon Marc Ollivier, c'est au Maître des requêtes du Conseil d'Etat Léon Aucoc que l'on doit le néologisme « déconcentration », voir, Marc Ollivier, *Condition et compétences préfectorales*, op.cit. p. 62 ; voir, L. AUCOC, *Introduction à l'étude du droit administratif*, 1865, « la même confusion s'est introduite pour le mot « décentralisation ». On a donné ce nom en 1852 et 1861 à des mesures qui n'ont pour objet qu'une déconcentration. Nous prions qu'on nous passe le mot », cité in, O, Diederichs et I, Lubens, *La déconcentration*, P.U.F. (Coll. « Que sais-je ? »), 1995, 127, p. 13. Un autre auteur regrette que l'on n'ait pas trouvé appellation plus lisible pour décrire un phénomène qui se situe au cœur de la longue histoire de la France, la déconcentration, surtout qu'on l'oppose à la décentralisation, est un terme plutôt hermétique et même incompréhensible par les citoyens », in. Paul Bernard, « *La déconcentration de l'Etat sur le territoire à visage humain…une chance pour la France ?* », Les Cahiers du C.N.F.P.T, n° 37 décembre 1992, p.28.

commun. De façon concomitante, la pratique intègre comme mode de légitimité des actions le principe de subsidiarité[490].

Toutefois, sans vouloir remettre en cause cette dimension, il convient de s'interroger sur la nature de cette déconcentration, s'agit-il, dans le cas du gouverneur d'une déconcentration « *responsabilisante* », ou alors d'une simple déconcentration représentative ? Autrement dit, le gouverneur agit-il sur le système politico-administratif ou simplement au nom du pouvoir central. Il faut, ici, naturellement distinguer le principe de la pratique quotidienne. En principe, le gouverneur n'a pas à prendre d'initiatives, il ne dispose pas d'un pouvoir de décision, il doit obéir aux instructions des services centraux. Il est considéré comme un relais du pouvoir central sur le plan politique comme sur le plan administratif. Dans la pratique, cependant le gouverneur se ménage souvent une marge d'autonomie de décision. Celle-ci dépend de la responsabilité de l'intéressé, de ses rapports avec le pouvoir et de la pression des évènements, dans ce rôle les rappels à l'ordre sont fréquents. Le gouverneur ne saurait être, et n'a jamais été, ce simple exécutant docile, dépourvu de volonté qu'il était censé être.

Cela est dû, en partie, à la déconcentration telle qu'elle est pratiquée au Maroc, caractérisée par un partage des compétences exercée au nom du pouvoir central, mais avec maintien d'une subordination à l'autorité centrale de tous les titulaires de compétences déconcentrées. Ceci donne naissance à un régime beaucoup plus complexe que celui de la centralisation pure et simple puisqu'il faut concilier compétences et hiérarchie[491].

A ce questionnement, des réponses se trouvent sans doute dans la précarité de la fonction de gouverneur, telle qu'elle a été décrite plus haut, mais aussi dans les rigueurs du pouvoir hiérarchique, dans le cadre restreint des attributions du corps des gouverneurs. C'est là d'ailleurs, l'une des différences fondamentales entre une autorité déconcentrée et une autorité décentralisée. Cette dernière, contrairement à la première, bénéficie dans son cadre institutionnel et fonctionnel, de garanties de liberté d'action, et d'initiatives propres, non seulement déterminées mais encouragées par la Constitution et les textes législatifs et réglementaires.

Mais, la fonction de gouverneur, est avant tout une fonction administrative déconcentrée, dans ce sens où elle devrait assurer la continuité de l'Etat dans les divers démembrements du territoire, dans les villes et les campagnes, dans le centre, et dans la périphérie, dans la capitale et dans les circonscriptions les plus éloignées. C'est une fonction tampon entre le pouvoir central et ses branches constituées par les préfectures et les

---

[490] En France une étape importante a été franchie lorsque la loi du 6 février 1992 a posé en principe la subsidiarité qui donne aux autorités déconcentrées la compétence de droit commun. Ce principe a été même constitutionnalisé par la loi constitutionnelle du 28 mars 2003.

[491] Mohamed El Yaagoubi, « *la déconcentration administrative à la lumière du décret du 20 octobre 1993* », REMALD, n° 10, janvier-mars 1995, p. 38.

provinces. C'est pour cette raison que le gouverneur est omniprésent dans les divers comités préfectoraux, provinciaux et régionaux ayant pour mission l'élaboration des politiques économiques et sociales, l'assise des stratégies politico-administratives, l'encadrement des activités électorales, etc.

Les raisons avancées pour recourir à la déconcentration sont nombreuses : décongestion de l'administration centrale, plus grande rapidité des décisions, adaptabilité de l'action administrative, économie : car pourquoi payer des fonctionnaires à Rabat pour lire les rapports des agents des services extérieurs et les entériner purement et simplement, plus grande coïncidence de la responsabilité avec le véritable pouvoir de décision, etc. Ainsi, les différentes circulaires et parfois les discours politiques se réfèrent souvent à ce genre de justifications, c'est le cas par exemple, de la circulaire du ministre d'Etat à l'Intérieur et à l'information en date du 26 avril 1994, relative aux directives générales concernant les domaines de la décentralisation, de la déconcentration, de l'urbanisme, des régies et services concédés, de l'assainissement et des terres collectives[492].

Plus encore, parmi les vertus que l'on prête communément à la déconcentration : le rapprochement de l'administration des administrés. Il faut dire plus exactement que la déconcentration vise à rapprocher l'administration d'Etat des administrés ; la décentralisation a pour objectif, elle, de faire participer les habitants, à travers leurs représentants élus, à la gestion des affaires locales. On considère que des organes administratifs représentant directement l'Etat, proches des citoyens sont plus à même de déterminer leurs besoins et de les satisfaire en connaissance de cause. C'est aux gouverneurs que revient cette lourde tâche.

Par ailleurs, la décentralisation ayant été mise à l'honneur, notamment en raison de son caractère démocratique, l'idée est apparue très tôt que la déconcentration doit l'accompagner afin de la renforcer. Des rapports entre les deux modes d'organisation administrative, s'est développée une certaine articulation organique et fonctionnelle, le tout pour une meilleure gouvernance locale. L'idée de proximité administrative a donc toujours existé, mais le terme n'a été utilisé que récemment dans les discours politiques, dans les usages administratifs et dans certains textes législatifs (nouvelle charte communale telle que réformée par le dahir portant application de loi organique n° 113.14 du 7 juin 2015 publié au B.O n° 6380 le 23 juillet 2015). Ce n'est donc pas sur l'existence du concept de proximité administrative qu'il faut s'arrêter, mais la modalité de sa mise en œuvre par l'agent d'autorité local.

En outre, « que vaut une décentralisation poussée, s'est interrogé Mohamed Brahimi, sans une déconcentration fonctionnant au même rythme, assurant à la collectivité locale le partenariat de proximité, sans lequel, l'autonomie des pouvoirs locaux ne serait que chimère. Sans

---

[492] Circulaire du 26 avril 1994, n° 205, Cab. Citée par Mohammed El Yaagoubi, « *la déconcentration administrative* ... », op.cit.p.41.

déconcentration, conçue à la même vitesse, la décentralisation perd en effet toute sa signification, du fait de l'obligation de remontée vers les technostructures centrales, pour leur solution, des questions les plus subalternes et les plus banales. La domestication du temps et de l'espace, que suppose ce type de gouvernance ne se conçoit pas sans synchronisation de leur mouvement, tout décalage ou retard de l'une sur l'autre désengage inévitablement les dividendes, principalement sur les terrains politique, économique et social[493] ».

Néanmoins, malgré certaines réticences, les gouverneurs devraient être considérés comme les supports naturels de la déconcentration, compte tenu de leur double qualité de délégués du Gouvernement dans leur ressort territorial (dahir portant loi du 14 Février 1977[494] relatif aux attributions du gouverneur, tel qu'il a été complété et modifié, par le dahir portant loi du 6 octobre 1993)[495] et de responsables de la gestion des services locaux des administrations locales (article 102 de la Constitution de 1996 et l'article 145 de la Constitution de 2011[496]).

Quoi qu'il en soit, concrètement, la déconcentration consiste à confier des pouvoirs de décision à des autorités non centrales reliées au pouvoir central par le principe de la subordination hiérarchique. C'est un aménagement technocratique de la centralisation[497], qui vise à décongestionner le pouvoir central par un accroissement de l'autorité des pouvoirs locaux. Le mécanisme de déconcentration porte sur trois volets : soit il vise à renforcer les attributions des représentants locaux du pouvoir central, soit il tend à leur octroyer plus de pouvoir décisionnel, alors qu'ils ne pouvaient antérieurement que proposer des décisions aux ministres, soit, enfin, il leur délègue l'exercice du contrôle de tutelle, (c'est un transfert de contrôle au gouverneur au lieu de le réserver au pouvoir central lui-même).

Or, au Maroc, la déconcentration n'a pas été entourée de la même sollicitude que la décentralisation. Elle a été, pendant longtemps, quasiment absente de la réflexion nationale sur le thème de l'administration territoriale, pourtant particulièrement élaborée[498]. La principale raison réside dans la résistance d'une réalité excessivement centralisée, doublée d'obstacles d'ordre psychologique, technique et juridique[499].

---

493 Mohamed Brahimi, « *Décentralisation /Déconcentration : Quelles relations ?* » Intervention à une journée d'étude à l'ISCAE, le 23/01/2004, p.6.

494 B.O n° 3359 du 16 mars 1977, p. 341.

495 B.O n° 4223 du 6 Octobre 1993, p.536.

496 Cet article dispose que : « Dans les collectivités territoriales, les walis de régions et les gouverneurs de provinces et préfectures représentent le pouvoir central. Au nom du Gouvernement, ils assurent l'application des lois, mettent en œuvre les règlements et les décisions Gouvernementales et exercent le contrôle administratif. »

497 M. Auffret, E. Hervé, Y. Meny, *La déconcentration*, Paris, Armand Colin, Coll. U, 1971 ;

498 Hassan Ouazzani Chahdi, *La région, cadre de choix, pour une politique cohérente de déconcentration*, in Vues économiques, n° 10, 1998, p. 18.

499 Hassan Ouazzani Chahdi, *Ibid.*

Dans les faits, néanmoins, la déconcentration et ses agents, et à leur tête le gouverneur, n'en ont pas moins été très tôt promus. Ainsi, sous le vocable générique de « pouvoir général d'intervention » les gouverneurs ont bénéficié de prérogatives larges de déconcentration dès 1963. Au fait, de nombreuses attributions politiques, administratives et socio-économiques, ainsi que des pouvoirs réglementaires, de maintien de l'ordre et de la sécurité, leur ont été reconnus.

Néanmoins, il ne faut pas perdre de vue que « ce renforcement des pouvoirs des walis et gouverneurs est le corollaire indispensable de l'accroissement des pouvoirs des collectivités locales. Il correspond aussi à la volonté de préserver l'autorité de l'Etat et d'éviter l'apparition d'un déséquilibre qui lui soit défavorable. Il est rendu également nécessaire par le fait que la décentralisation s'accompagne d'un partage des compétences et responsabilités, au niveau territorial, entre l'Etat et les collectivités locales, et non pas d'un transfert complet de l'autorité publique au profit de celles-ci »[500].

Il convient donc de souligner que l'examen du rôle de gouverneur comme acteur de la déconcentration et instrument de la proximité administrative, doit se faire à un double point de vue : celui des structures de proximité et celui du contenu juridique de cette méthode. Sur le plan des structures de proximité, le gouverneur occupe une place de choix à travers ses missions d'autorité déconcentrée. Avant de situer le rôle « déconcentré » du gouverneur dans le cadre politico-administratif marocain très particulier, c'est-à-dire le contenu juridique de cette méthode (Chapitre II), il faut tenter de démontrer que la raison principale de cette consécration réside dans la fidélité sans faille dont doit faire montre le gouverneur à l'égard des principes politiques du régime et du gouvernement(Chapitre I).

---

[500] Mostapha Fikri, *La bonne gouvernance administrative au Maroc : mission possible.* Collection nouvelles pistes, espace artet culture, 2005, p.60.

CHAPITRE I

Le gouverneur, agent fidèle de l'exécutif

En France la très grande liberté dont jouit le gouvernement dans la nomination des préfets se mesure à l'importance des « mouvements préfectoraux » qui accompagnent les alternances politiques[501], et l'on a même assisté à la consécration du militant politique en tant que préfet, afin « ...de consolider les régimes politiques, Second Empire, puis IIIe République, et de « prendre en main le pays », au besoin par la candidature officielle, et la propagande électorale. »[502]

Au Maroc, la situation du gouverneur en rapport avec le gouvernement, en dépit des textes qui ont fait de lui le délégué, n'a pas toujours été clairement lisible. Le gouverneur était le représentant du Souverain dans la préfecture ou la province où il est nommé, (Article 1er du dahir portant loi n°1-75-168 du 15 février 1977 relatif aux attributions du gouverneur tel qu'il a été modifié et complété). Cet attachement organique voulu et obtenu par Driss Basri, le ministre de l'Intérieur, du régime d'Hassan II, Directeur des affaires générales au ministère de l'Intérieur à l'époque de l'adoption de ce texte, peut s'expliquer par les contraintes de l'époque et la fragilité de la démocratie naissante au Maroc.

Néanmoins, le parallèle avec la situation du préfet en France est permis, puisque comme l'explique Pierre Legendre : « La soumission du préfet au gouvernement n'a pas été abandonnée au hasard des circonstances, elle fut, au contraire, définie, précisée, et véritablement organisée dès l'époque napoléonienne et dans des conditions telles que la fonction finit par devenir indépendante du régime impérial qui l'avait conçu »[503].

Assujetti et dépendant fortement à ses débuts, du Roi, le gouverneur au Maroc, tend de plus en plus à ne dépendre que du gouvernement, avec une phase d'évolution intermédiaire, où il entretenait un rapport viscéral avec le ministère de l'Intérieur. Aujourd'hui les dispositions de la nouvelle

---

501 Marc Ollivier, Condition et compétences préfectorales, op.cit., p. 25.

502 Paul Bernard, *Le Préfet de la République, Le chêne et l'olivier*, Paris, la documentation française, 1993, p. 47.

503 Pierre Legendre, *Trésor historique de l'Etat en France*, Fayard, 1992, p.139.

Constitution de 2011 apportent une avancée, en précisant que le gouverneur est le représentent du pouvoir central et qu'il assure l'application des lois, au nom du gouvernement (article 145 de la Constitution de 2011).

Cette représentation fidèle du gouvernement est assurée par deux mécanismes, l'un juridique et l'autre « politique » : il s'agit en premier lieu, des conditions juridiques propres à assurer une représentation fidèle de l'exécutif (Section I) et en deuxième lieu du conformisme du gouverneur à ce dernier (Section II).

SECTION I. CONDITIONS JURIDIQUES PROPRES À ASSURER UNE REPRÉSENTATION FIDÈLE DE L'EXÉCUTIF

Le statut juridique moderne du gouverneur étant largement inspiré de celui du préfet français, il en garde ses grandes particularités, et prévoit une panoplie d'obligations auxquelles sont tenus de se soumettre les gouverneurs, tendant à assurer l'exercice harmonieux des différents pouvoirs dont ils sont investis, dans un esprit de justice, d'équité et d'impartialité. Administrateurs généraux, les gouverneurs, disposent surtout d'un pouvoir d'intervention très vaste en tous domaines, ils disposent surtout, comme nous l'avons souligné précédemment, des moyens de coercition que leur permet l'emploi des forces de l'ordre. De ce fait, « ils sont aussi l'expression de la continuité de l'Etat et le support de tout service public, Quelles que soient les contingences politiques et sociales. Les gouverneurs doivent présenter un maximum de neutralité politique et syndicale »[504].

En contrepartie, les gouverneurs au même titre que les autres agents d'autorité bénéficient de la protection de l'Etat conformément aux dispositions du code pénal et des lois spéciales en vigueur contre les menaces, attaques, outrages, injures ou diffamations dont ils peuvent être l'objet. L'Etat leur assure, en outre, la réparation des préjudices corporels qu'ils pourraient subir dans l'exercice ou à l'occasion de l'exercice de leurs fonctions et qui ne sont pas couverts par la législation relative aux pensions d'invalidité et au capital décès. Dans ce cas, l'Etat est subrogé dans les droits et actions de la victime contre l'auteur du dommage. (Article 9 du Dahir du 31 juillet 2008 relatif au Corps des agents d'autorité[505]).

Or, corrélativement, les gouverneurs doivent se plier à des devoirs juridiques pesant sur eux et qui dépassent largement le cadre limité de la neutralité ou de la réserve politique, il en découle à la fois, « une précarité » de leur statut, puisque leur maintien en poste est tributaire du bon vouloir de l'exécutif qui les a nommés à cette haute fonction, cette dépendance du gouverneur à l'égard du gouvernement est marquée essentiellement par la

---

[504] Driss Basri, *L'Agent d'Autorité*, op.cit, p. 94.

[505] Dahir n° 1-08-67 du 31 juillet 2008 relatif au corps des agents d'autorité, B.O n° 5680, p.1507.

précarité de son statut (Paragraphe 1) et surtout par le poids des obligations qui pèsent sur lui (Paragraphe II) et la responsabilité de plus en plus étendue qu'il encourt (Paragraphe III).

Paragraphe I. Un statut fragile

Cette fragilité du statut gubernatorial provient en grande partie, de plusieurs aspects liés à la fonction même de gouverneur. Tout d'abord, la particularité de la nomination, qui est essentiellement un acte discrétionnaire de l'exécutif (A), ensuite l'instabilité de carrière qui la caractérise (B) et enfin la nature limitée des garanties statutaires dont elle bénéficie (C).

A. La nomination à la discrétion du gouvernement

La nomination du gouverneur ou de son équivalent dans les législations comparées, et notamment, en droit public français, est du ressort de l'exécutif. Cela a été justifié par la considération que ce sont « les instruments du gouvernement, et non les représentants des gouvernés. Les faire élire par le peuple est une idée qui ne devient admissible que dans une constitution plus ou moins fédérative, ou bien lorsqu'il s'agit d'affaiblir ou d'abolir quelque ancien système féodal. Dans un Etat qui conserve ou reprend une parfaite unité, les agents dont il s'agit, sont toujours, quelques noms qu'ils portent, les bras et les mains de l'autorité centrale et suprême »[506].

Après l'indépendance, la nomination des gouverneurs intervenait par dahir. Il en était de même des promotions, des mutations, des radiations des cadres, rétrogradations, révocations, avec ou sans perte des droits à pension, affectations, mises en disponibilité et détachement. Les gouverneurs comme les caïds, par ailleurs, étaient soumis ainsi au pouvoir discrétionnaire de l'Exécutif, et comme le souligne Basri : « Dans tous les pays, il est admis que les emplois supérieurs sont à la discrétion du gouvernement. Au Maroc le régime juridique des dahirs portant nomination ou révocation des hauts fonctionnaires, régime que la jurisprudence a dégagé depuis l'institution du recours pour excès de pouvoir, en 1957, a renforcé cette orientation. La chambre administrative de la Cour Suprême est allée encore plus loin, en refusant d'examiner tout recours formé contre un dahir, rejetant ainsi la théorie qui avait été échafaudée à partir de la distinction entre dahir portant

[506] Pierre-Claude Daunou, *Essai sur les garanties individuelles que réclame l'état actuel de la société*, Foulon, 1819, p. 199. Le député Daunou dans cet ouvrage rappelle qu'il n'est point besoin de faire nommer les représentants locaux du gouvernement par l'assemblée parlementaire, il explique un point de vue « arrêté » sur les politiciens : « des hommes publics ou privés, résolus d'avance à contredire en tout point le pouvoir, sont infailliblement ou les ennemis de la tranquillité de l'Etat, ou des ambitieux ligués contre des ministres auxquels ils sont impatients de succéder, ou de misérables intriguant qui mendient des emplois par des menaces, et demande des grâces à main armée ».

loi et dahir-décret. Cette jurisprudence est demeurée constante, (...) en se bornant à rejeter le recours pour excès de pouvoir, en invoquant la qualité de l'auteur de l'acte, le Souverain, et sa forme, le Dahir »[507].

Aujourd'hui, la nomination des gouverneurs est devenue encadrée par le texte de 2008, mais durant des siècles le choix du représentant du pouvoir central dépendait de la liberté discrétionnaire du Roi et de ses conseillers. Cette liberté dans la nomination rendait possible, bien entendu, l'arbitraire et encourageait le favoritisme et le clientélisme. Progressivement des règles précises sont venues limiter cette autorité souveraine de nomination, pour n'en consacrer, comme nous l'avons vu, comme « seule voie royale » à l'accès à la carrière de gouverneur, que le cycle normal des agents d'autorité de l'Institut royal d'administration territoriale, sous réserve du recrutement au tour extérieur[508].

Après 1963, quand l'accès à la fonction de gouverneur était aménagé pour les administrateurs du ministère de l'Intérieur (mais également, par une sorte d'interprétation libérale des textes, pour tous les administrateurs des autres départements ministériels), il suffisait au candidat de faire partie de « personnes ayant acquis une certaine expérience et âgées de trente ans au moins »[509]. La doctrine n'avait pas manqué de critiquer cette permissivité, en avançant que : « le pourcentage de nomination aux postes de gouverneurs, prévu dans l'article 19 du dahir de 1963, reste théorique, puisque nous avons pu constater durant les dernières années des nominations en dehors du corps des administrateurs du ministère de l'Intérieur, ce qui a limité le rayonnement qui avait accompagné la création de ce corps au départ, et les espoirs exprimés par ceux qui en faisaient partie. En outre, il est devenu de notoriété publique que les clientélismes jouaient un rôle actif et important dans chaque nomination, et que la compétence, l'intégrité, et l'efficacité, restaient de simples slogans creux destinés à la consommation publique, pour « passer » la nomination quand le candidat n'était pas déjà en contact avec un centre de décision ou un autre. »[510]

Il n'en demeure pas moins que la nomination du représentant de l'Etat était et reste au Maroc, un acte de la plus haute importance pour le pouvoir central. Le rôle impérieux, les prérogatives régaliennes, et l'impact qu'il peut avoir sur l'administration des échelons territoriaux qu'il dirige, ont amené les autorités à entourer sa sélection puis sa nomination du plus grand soin. Du reste, en droit public marocain, on distingue généralement la nomination (a) de l'installation du gouverneur (b).

---

[507] Driss Basri, *L'Agent d'Autorité*, *op.cit.*, p. 69.

[508] *Cf. Supra*. Première partie, Titre I, Chapitre I, Section I, Paragraphe III, (B), (b).

[509] Alinéa 2 de l'article 19 du dahir (1er mars 1963) portant statut particulier des administrateurs du ministère de l'Intérieur.

[510] Abdel Aziz Acherki, *Al Amel, le gouverneur et le nouveau concept d'autorité,* Imprimerie Annajah Al Jadida- 2003 (en arabe), p.55.

a. La procédure de nomination

L'acte de nomination du gouverneur est régi aujourd'hui par les dispositions du dahir du 31 Juillet 2008 relatif au corps des agents d'autorité précité, qui distingue dans le cadre de la fonction de gouverneur entre deux grades, celui de gouverneur et celui de gouverneur principal. La nomination au grade de gouverneur principal est prononcée, parmi les gouverneurs comptant au moins six années de service effectif en cette qualité, au choix et après inscription au tableau d'avancement. Alors que la nomination au grade de gouverneur est prononcée, parmi les pachas principaux, comptant au moins six années de service effectif en cette qualité, au choix et après inscription au tableau d'avancement, et ce dans la limite des postes budgétaires disponibles.

L'article 4 du dahir précité requiert pour la nomination au grade de gouverneur principal que le nombre des gouverneurs principaux et gouverneurs n'excède pas 50% de l'effectif total du cadre des pachas. Alors que la nomination au poste de gouverneur est tributaire du nombre des emplois disponibles.

La nomination du gouverneur est un acte qui est désormais du ressort du Conseil des ministres, qui, conformément à l'article 49 de la nouvelle Constitution de 20 juillet 2011 : « délibère : (...) de la nomination, sur proposition du chef du gouvernement et à l'initiative du ministre concerné (...) de wali et de gouverneur (...) ». Ce texte apporte une modification de fond et de forme à la nomination des gouverneurs.

Sur le plan de la forme, remarquons, de prime abord, que la nomination du gouverneur n'apparaissait pas dans l'ancienne Constitution de 1996, ce qui signifie que désormais, le gouverneur pourrait être considéré comme une institution constitutionnelle par excellence, puisque même les modalités de sa désignation sont traitées par la Loi fondamentale du pays.

En deuxième lieu, la nouvelle Constitution adopte une nouvelle trame de répartition des pouvoirs entre les différents acteurs institutionnels, dont ceux attribués au Roi, en ce qui a trait au pouvoir de nominations aux hautes fonctions, qui a été révisé et partagé entre le Monarque et le chef du gouvernement. Le premier garde la prérogative de nomination aux postes de haute responsabilité, dans les emplois civils de « (...) wali de Bank Al Maghrib, d'ambassadeur, de wali et de gouverneur, et des responsables des administrations chargées de la sécurité intérieure du Royaume, ainsi que des responsables des établissements et entreprises publics stratégiques. »[511]

Au fond, l'article 49 de la nouvelle Constitution consacre, sans ambiguïté, le rôle prééminent du chef du gouvernement dans la nomination

[511] Article 49 de la nouvelle Constitution de Juillet 2011, qui énumère les attributions du Conseil des ministres, qui est présidé par la Roi. La liste des établissements et entreprises publics stratégiques pour lesquels les nominations des responsables est du ressort du Roi a fait l'objet d'une loi organique n° 02.12 prise pour l'application des articles 49 et 92 de la Constitution.

des gouverneurs. Il les propose à la nomination. Sous le règne de l'ancienne Constitution de 1996, c'est le ministre de l'Intérieur qui établissait la liste de nominations des gouverneurs. On a souvent critiqué ce mécanisme qui encourageait plus la solidarité corporatiste, le clientélisme, et les réseaux de fidélité au sein du département de l'Intérieur, au détriment de la compétence et du talent des candidats à la fonction de gouverneur (d'où les typologies différentes de profils de gouverneurs, que nous avons évoqué précédemment, qui se sont succédé à l'administration territoriale correspondant, dans la majorité des cas, au profil du ministre de l'intérieur en place, lui-même, et ses réseaux de cooptation et de patronage).

La procédure de la préparation et de l'adoption de la liste de nominations, n'est pas prévue par un texte réglementaire, ce qui laisse la porte ouverte à toutes les interprétations, et encourage toutes les convoitises des candidats internes à l'administration ou externes dans la proportion précitée, à l'approche de tout mouvement de gouverneurs. Seule la procédure d'intégration et de reclassement des gouverneurs, évoquée par l'article 20 du dahir du 31 juillet 2008 et le décret du 24 octobre 2008 précités, est régie par un arrêté conjoint du ministre de l'Intérieur et du ministre des finances du 26 novembre 2008[512], et fixe la composition et les modalités de fonctionnement de la commission d'intégration de ces agents d'autorité. Dans ce sens, le dit arrêté dispose, dans son article premier que la commission d'intégration, instituée par l'article 20 du dahir susvisé du 31 juillet 2008, est présidée par le ministre de l'Intérieur ou son représentant et comprend, en outre, les membres suivants :

– le wali, inspecteur général de l'administration territoriale du ministère de l'Intérieur ;

– le wali, directeur de la promotion nationale au ministère de l'Intérieur ;

– le gouverneur, directeur du personnel d'autorité du ministère de l'Intérieur ;

– le gouverneur, directeur des affaires administratives au ministère de l'Intérieur ;

– trois représentants des agents d'autorité, désignés par le ministre de l'Intérieur ;

– un représentant du ministère de l'Economie et des Finances.

Le président de la commission peut faire appel, à titre consultatif, à toute personne qualifiée dont la participation est jugée utile. Cette commission d'intégration se réunit, sur convocation de son président, autant de fois que les circonstances l'exigent.

Il importe de souligner à cet effet que le reclassement et l'intégration dont il est question ici, concernent, les gouverneurs en fonction à l'administration locale et à l'administration centrale du ministère de l'Intérieur, ayant une

[512] Arrêté conjoint du ministre de l'Intérieur et du ministre des finances n° 2301-08 du 26 novembre 2008, fixant la composition et les modalités de fonctionnement de la commission d'intégration des agents d'autorité. B.O n° 5696 du 1/1/2009., p.39.

ancienneté de plus de 5 années de service effectif en cette qualité, ils sont alors intégrés et titularisés, sur leur demande, au premier échelon du grade de gouverneur principal.

Le nouveau processus de nomination tel qu'il est prévu, par le texte constitutionnel de 2011 est, plus ou moins, comparable avec la procédure de nomination des préfets en France, qu'édictait le décret du 1er octobre 1959[513] qui a prévu que la nomination des préfets se fait par décret du Président de la République en Conseil des ministres, sur proposition du ministre de l'Intérieur. Le décret du 29 juillet 1964[514] a modifié cela en prévoyant que : « les préfets sont nommés par décret du Président de la République en Conseil des ministres, sur la proposition du Premier ministre et du ministre chargé de l'Intérieur »[515].

Des nuances d'ordre sémantique, pourtant, sont à relever : l'article constitutionnel marocain parle d'initiative du ministre de l'Intérieur, le texte français, lui, met le premier ministre et le ministre de l'Intérieur sur le même pied d'égalité dans ce processus de nomination du préfet, puisque les deux proposent sa nomination. Ce qui laisse penser que la réforme constitutionnelle au Maroc a voulu rompre avec la prééminence du ministère de l'Intérieur dans le choix, ou du moins la proposition qu'il faisait auparavant en présentant les candidats directement au Souverain. Dorénavant, le Chef du gouvernement « propose », le ministre de l'Intérieur n'a plus qu'un rôle d' « initiative ». Il est vrai que, quand on « propose » on ne « dispose » pas, le chef du gouvernement n'a pas la qualité et le pouvoir juridique de nommer, il ne fait que déférer à l'appréciation du Roi une liste de noms de personnalités qu'il estime, aptes à remplir convenablement les responsabilités qu'impose la charge de gouverneur, le Roi peut, dans le cadre de ses prérogatives constitutionnelles refuser des noms pour des raisons qu'il n'a pas à dévoiler, il reste, constitutionnellement, toujours le Chef de l'Etat.

Pour sa part, le rôle du ministre de l'Intérieur a été, on ne peut plus, tiré au clair par la nouvelle Constitution, qui lui attribue désormais, uniquement la fonction de déclencheur ou d'initiateur de la procédure des nominations, sans plus. A la demande du Chef du gouvernement, qui « dispose de l'administration »[516] et assure la responsabilité de la direction de l'équipe gouvernementale, le ministre de l'Intérieur établit une liste de candidats au poste de gouverneur, qu'il lui soumet, le Chef du gouvernement dispose d'un droit de regard et peut refuser des noms et en suggérer d'autres, et en fin de processus, il se charge de les proposer au Souverain. Donc, le pouvoir du chef de l'exécutif, a été bel et bien réhabilité et rehaussé, dans la nouvelle

---

[513] Décret n° 59-1141 fixant les dispositions réglementaires applicables aux préfets, J.O.L.D., 2 octobre 1959, p.9477.
[514] Décret n° 64- 805 fixant les dispositions réglementaires applicables aux préfets, J.O.L.D., 29 juillet 1964
[515] Marc Ollivier, *Condition et compétences préfectorales*, op.cit, p. 30.
[516] Article 89 de la Constitution de juillet 2011.

Constitution, et devrait être exercé afin d'éviter les dépassements que connaissait cette procédure auparavant, favorisés par la position hégémonique du département de l'Intérieur.

Au demeurant, une restriction est à apporter, tout de même, dans ce sens, à la liberté du gouvernement dans le choix des gouverneurs, c'est celle du recrutement des anciens élèves de l'IRAT, ou des personnes provenant des deux corps des administrateurs et des agents d'autorité, étudiés précédemment, dans la limite de 80% des emplois budgétaires disponibles. Cela dit, le Chef du gouvernement dispose, c'est vrai, d'une liberté discrétionnaire dans le choix des candidats, ainsi, il peut écarter de la liste proposée par le ministre de l'Intérieur même des personnes remplissant toutes les conditions « administratives » d'accès au grade de gouverneur pour des raisons de moralité politique ou de réputation inconvenante. C'est dans ce sens, qu'il est permis de penser que la liberté de nomination du gouvernement des candidats qui emportent sa confiance, n'est étendue que pour les 20% restants (Article 4 du dahir du 31 Juillet 2008), c'est-à-dire ceux ne provenant pas du cycle normal des agents d'autorité.

En outre, dans le contexte politico-administratif marocain, le dernier mot dans la nomination d'un wali ou d'un gouverneur devrait revenir toujours au Souverain, qui peut valider la proposition de nomination du gouverneur qui lui est faite, ou la récuser. Nous sommes, ainsi, loin des mouvements de préfets français qui accompagnent les changements de l'équipe gouvernementale politique au pouvoir. Nous n'avons noté qu'un seul mouvement de gouverneurs à deux ans de l'adoption de la nouvelle Constitution, qui n'a fait que replacer les anciens gouverneurs en fonction dans l'administration territoriale. Serait-ce là une adoption du principe non écrit de « rotation » quadriennale qui était établi par le ministère de l'Intérieur pendant les années 1990 ?[517]

En conclusion de ce propos, soulignons que pendant plus de cinquante ans, l'autorité politico-administrative qui détenait la liberté discrétionnaire de nomination des gouverneurs était la Monarchie, par le truchement du ministère de l'Intérieur, ce qui entraînait, bien entendu, des situations « d'arbitraire politique », caractérisées par un certain favoritisme. Progressivement, les textes ont réglementé et encadré les règles de nomination, notamment le dahir du 1er mars 1963 portant statuts particulier des administrateurs du ministère de l'Intérieur, et le Dahir du 31 Juillet 2008 portant statut particulier du corps des agents d'autorité. Cette consécration juridique du corps des agents d'autorité et du statut particulier des gouverneurs, renseigne clairement sur l'intention du législateur non

---

[517] En octobre 1998, le ministre de l'Intérieur a procédé à une vaste opération de rotation des walis de régions et gouverneurs des préfectures et provinces. Ce mouvement s'effectue, tout simplement, a expliqué un communiqué du ministère de l'Intérieur, dans le cadre de l'application du principe du mouvement quadriennal des hauts fonctionnaires de l'Etat, in. *Maroc Hebdo International* n° 340 - du 3 au 9 oct.1998.

seulement de le distinguer des autres grands corps d'Etat et de lui réserver un régime spécial, mais aussi d'édicter des règles claires régissant les nominations.

A ce sujet, la doctrine française, relativement à l'existence d'un statut préfectoral spécifique, reste partagée entre ceux qui pensent qu' « il n'existe pas de statut au sens plein du terme »[518], et ceux qui soulignent que « la modestie des garanties conférées, ne suffit pas, en elle-même, à dénier à ce corps de règles la qualité de statut : elles forment bien un ensemble cohérent de règles applicables à une catégorie d'agents et opposable à l'autorité de nomination »[519].

En ce qui concerne le cas du statut juridique du gouverneur, nous pensons que l'existence d'un corpus législatif et réglementaire régissant la carrière de l'agent d'autorité, de la fonction de caïd à celle de gouverneur ou wali, constitue bel et bien un *statut* autonome et propre à ce corps de fonctionnaires, indépendamment de sa précarité. En revanche, il ne serait pas inutile, de souligner que, malgré l'existence de la règle de la limitation du recrutement au tour extérieur (prévue au dernier alinéa de l'article 4, du dahir du 31 juillet 2008 précité.), les nominations royales des gouverneurs sur proposition du ministre de l'Intérieur, ont souvent fait fi de cette restriction, en nommant, à des postes de gouverneurs, soit dans l'administration territoriale directement, soit dans l'administration centrale, des candidats ne provenant pas du cycle normal de l'IRAT, ni du corps des administrateurs du ministère de l'Intérieur, et ce, sans même qu'ils aient jamais occupé aucune fonction territoriale.

A notre avis, ce type de nomination, en marge de la loi, qui se justifiait peut être à une époque où l'insuffisance des ressources humaines était un fait et où la pénurie des cadres pouvant assurer le rôle de gouverneur guettait l'administration territoriale, n'a plus raison d'être. Il serait même juridiquement légitime, en outre, de soumettre les nominations qui violent les dispositions de la règle légale susmentionnée, au contrôle des juridictions administratives, comme c'est le cas déjà en France, où l'association des membres du corps préfectoral et des hauts fonctionnaires du ministère de l'Intérieur, avait saisi le Conseil d'Etat, en requérant l'annulation pour excès de pouvoir d'un décret du Président de la République nommant préfet au tour extérieur, le chef de cabinet du ministre du budget, M. Brice Hortefeux[520].

Toutefois, dans cette perspective au Maroc, l'hypothèse d'une telle action devant la juridiction administrative se heurterait d'une part, à la qualité du demandeur, dans la mesure où les agents d'autorité n'ont pas le droit de se

---

[518] Paul Bernard, *le Préfet de la République*, *op.cit*, p.77.

[519] St. Manson, *De l'an VIII à l'an 2000 : le Préfet est-il encore un fonctionnaire public ?* R.D.P. 2000, pp : 201-219, p. 206, cité par Marc Ollivier, *op.cit*, p.35.

[520] Conseil d'Etat, Ordonnance du 29 janvier 1997, Association du corps préfectoral, A.J.D.A, 1997, p. 297, Conclusions de Scwartz.

constituer en syndicat[521], même si la création d'association regroupant des agents d'autorité, leur a été préservée par l'article 15 du Dahir du 1er mars 1963 précité, et d'autre part, à l'inviolabilité du dahir de nomination en tant qu'acte pris par le Souverain, position de principe consacrée par la Cour de Cassation marocaine et réitérée à plusieurs reprises.

En tout état de cause, à l'occasion de l'examen de la procédure de nomination des gouverneurs au Maroc, il ne faut pas la confondre avec un autre évènement qui « officialise » l'affectation du représentant de l'Etat dans son territoire de commandement, en l'occurrence « l'installation ».

b. L'installation

En droit public marocain, la nomination des gouverneurs ne se confond pas avec leur installation, celle-ci donne lieu à un cérémonial officiel. Alors même que les textes restent muets par rapport, aussi bien à l'une qu'à l'autre, en ce qui a trait à l'acte qui produit l'investiture juridique, et par conséquent le début des obligations et des devoirs liés à la fonction gubernatoriale, il est permis de dire que l'on est plus en présence d'actes solennels, protocolaires, scellant l'annonce de la nomination au gouvernorat, puisés dans les us et coutumes traditionnels. C'est ainsi que l'ensemble des personnes nominées au poste de gouverneur, à l'administration centrale du ministère de l'Intérieur ou à l'administration territoriale, sont conviées au palais royal, par le ministère de la Maison royale, du Protocole et de la Chancellerie, et priées de se vêtir en habit protocolaire traditionnel.

De plus, la cérémonie de nomination se déroule suivant un ordre « *makhzenien* » bien déterminé : le Chambellan du Roi, annonce les gouverneurs nommés avec la nature de leurs affectations, dans un commandement territorial ou à l'administration centrale, successivement. Le gouverneur avance en suivant le Chambellan et en s'inclinant à trois reprises à l'approche du Souverain, auquel il baise la main en signe d'allégeance et de subordination[522]. Ce cérémonial séculaire est répété à chaque mouvement

---

[521] Cf. article 2 du dahir n° 1-57-119, du 16 juillet 1957 sur les syndicats professionnels

[522] En décrivant ce moment marquant dans sa vie de jeune gouverneur de Ksar Es- souk (l'actuelle Er-Rachidia), qui venait du cycle de la magistrature, Mohamed Boufous écrit : « Soudain la grande salle commença à s'animer des Mokhaznis (les huissiers du palais, les serviteurs du palais, en tenue traditionnelle (note de l'auteur), en caftans et babouches jaunes précédaient le Roi, les officiels suivaient. Nous nous levâmes brusquement, rien qu'à l'animation des couloirs. Le chef du protocole vint de nouveau nous placer dans l'ordre, il nous conduisait dans la salle où Sa Majesté Hassan II se tenait debout. Chacun de nous, irait recevoir son dahir de nomination, en suivant un membre du protocole, et en exécutant avec lui trois révérences. Je vis la scène qui se déroulait devant moi, cela me rassura, le premier passa, fit les révérences, s'inclina, pour prendre la main du Souverain et la baiser, recevoir son Dahir de nomination, se retirer à reculons et prendre place à droite. Quand vint mon tour, j'avais déjà mémorisé le cérémonial dans ses détails, (…) j'accomplis à la perfection les révérences, je m'inclinai doucement et sans précipitation devant le Souverain, pris la main royale qui m'était généreusement offerte et l'embrasser chaudement. C'était pour moi un pèlerinage plus qu'une cérémonie d'investiture, j'espérais accéder à la Baraka chérifienne, c'était la première

de gouverneurs et officialise ainsi l'acte de nomination royale et se termine par la prestation de serment de fidélité devant le Souverain.[523]

Dans l'histoire du Makhzen, nous retrouvons ce cérémonial dans les séances festives d'installation de gouverneurs- parmi les familles de corsaires- dans de grandes citées côtières à l'époque de Moulay Ismail (1645-1727) : Le vendredi du mois de Moharrem de l'an 1081 de l'Hégire ou 17 avril 1672 J.C., juste après la prière du *dohr* l'immense esplanade du *Méchouar* était envahie par une foule venue dans l'attente d'une *Makhzania* ou activités royales publiques du nouveau Sultan Moulay Ismaïl. Parmi les personnalités présentes au palais de Meknès se distinguait nettement par sa belle allure, une rangée de dignitaires richement vêtus d'extraordinaires tenues : c'étaient les gens de mer de Salé, armateurs et corsaires venus présenter au nouveau souverain l'allégeance au nom des habitants de la capitale maritime du Royaume[524].

« Après la cérémonie d'allégeance, tout ce « beau monde » de grands marins fut invité à l'intérieur du Palais et sous la conduite du Caïd *Haddou Hajib* (chambellan) du Sultan, les corsaires furent introduits dans la salle du Trône. Le Sultan Moulay Ismaïl visiblement charmé tant par l'allure décontractée que par la réputation de bravoure militaire en mer des Slaouis, les accueillit avec beaucoup d'affabilité, les invita à un passionnant dialogue sur leur métier, notamment le commerce et les relations avec le monde extérieur que les raïs étaient les rares Marocains à connaître pour l'avoir fréquenté souvent au péril de leur vie. A l'issue de cette longue et fructueuse audience royale, l'avisé Sultan nomma séance tenante *Abdelkader Maâninou* gouverneur de Rabat-Salé. Par la suite Moulay Ismaïl nomma *Haj Mohamed Témim* gouverneur de Tétouan, autre bastion des corsaires en Méditerranée. Aux deux gouverneurs, le Sultan confia l'urgente mission de renouer contact et prendre attache avec les négociants français dans leurs comptoirs commerciaux de Salé, Safi, Agadir et Tétouan »[525].

Aujourd'hui, l'installation du gouverneur, qu'il ne faut pas confondre avec sa nomination ou son investiture officielle, n'a pas lieu en présence du Souverain, mais se réalise dans le cadre d'un évènement festif au chef-lieu

---

fois de ma vie que j'approchais de si près Le Roi. (...) c'est un exploit, une chance, ou tout simplement, un accomplissement d'un destin. », in : Mohamed Boufous, *Au service de l'Etat, récit et témoignage (1957-1971),* Editions Marsam, 2009, p.113.

[523] Mohamed Boufous, *Au service de l'Etat, récit et témoignage (1957-1971),* op.cit, p : 114 « Le souverain duquel on avait approché un micro prononça une allocution de circonstance pour nous transmettre les directives royales, cela durait quelques brèves minutes, après lesquelles, on nous fit prêter le serment de fidélité en ces termes : « Je jure de demeurer fidèle à Dieu, au Roi et à ma Patrie » (...) »

[524] A la tête de la délégation l'armateur slaoui (de Salé) Abdelkader Mâninou dit Marino et son frère, l'ambassadeur Haj Ali Maâninou. A leur côté, tout le gratin des chefs du jihad maritime de Salé à savoir : Abdellah Ben Aïcha, amir al bahr (amiral) de la flotte marocaine, son frère Raïs Abderrahmane Ben Aïcha, Raïs Fennich, vice-amiral ; Raïs Ali Hakem, Raïs Haj Brahim, Raïs Candil et le redoutable Raïs Maïze.

[525] Maroc Hebdo International n° 436 - Du 20 au 26 oct. 2000, p. 28.

même de la région, préfecture ou province où le gouverneur serait appelé à exercer ses hautes fonctions. Il est procédé, généralement à la réception du nouveau responsable territorial en la présence de l'ensemble des hauts fonctionnaires représentant l'Etat dans le ressort territorial, notamment : le Procureur Général du Roi près la Cour d'appel, le cas échéant, ou son représentant, le préfet de police, le commandant régional de la gendarmerie royale, le commandant régional, préfectoral ou provincial des Forces Armées Royales, les officiers supérieurs des Forces Auxiliaires, les agents d'autorité, les directeurs préfectoraux ou provinciaux des administrations déconcentrées, etc.

La cérémonie d'installation est souvent ouverte par la lecture de quelques versets du Saint Coran, et se solde par la remise du dahir de nomination au nouveau gouverneur par un membre du gouvernement. Ainsi un ancien gouverneur relate cet épisode de sa vie, hautement symbolique : « un magistrat de l'ordre judiciaire, le Cadi de la ville, en l'occurrence, lit à haute voix le dahir chérifien par lequel Sa Majesté (...) me nommait gouverneur de la province de *Ksar Es-souk*. En voici la traduction :

Louanges à Dieu
Que la paix soit sur le Prophète
Sceau Chérifien en son sein,
Hassan Ben Mohamed Ben Youssef.
Dieu est son protecteur
Anos fidèles sujets, habitants de la province de Ksar Es-souk.
Que la paix soit sur vous avec ses bienfaits, et après...
En considération de l'intérêt suprême que nous portons à votre Province

Nous avons décidé de nommer en qualité de gouverneur, Notre dévoué serviteur Monsieur (...), dont nous connaissons l'attachement à Notre personne et au Trône de Nos ancêtres, ainsi que ses capacités à accomplir la mission que Nous lui avons confiée. Nous lui ordonnons de ce fait d'œuvrer sans relâche pour exécuter Nos Hautes Directives à travers les plans que nous avons établi au profit de la province de Ksar Es-souk et de ses habitants. Nous l'exhortons d'autre part à s'informer au sujet de vos besoins, petits et grands, et faire en sorte qu'ils soient satisfaits comme Nous le voulons pour vous, pour votre bonheur, dans le présent et le futur.

Que Dieu l'assiste et lui trace le droit chemin que vous emprunterez ensemble et vous guide dans vos pas et vous montre la voie du salut. Que la paix soit sur vous. »[526]

Après la remise du dahir de nomination par le ministre, le gouverneur pose ses lèvres sur le parchemin, comme il est d'usage selon le protocole séculaire du pays et le lui remet de nouveau. Le faste et le cérémonial coutumier entourant la nomination et l'installation des gouverneurs est nécessaire pour rappeler à la fois les origines makhzeniennes et le caractère souverain de cette fonction, puisque le gouverneur serait appelé à exercer

[526] Cité par Mohamed Boufous, Au service de l'Etat, récit et témoignage, op.cit., p. 122, 123

certaines attributions régaliennes de l'Etat, dont il tire sa légitimité et sa raison d'être.

Dans la majeure partie des Etats la nomination d'un gouverneur (ou son équivalent) ne passe certainement pas inaperçue et n'est pas considérée comme un évènement anodin, elle est souvent accompagnée d'évènements protocolaires, comme celui que décrit admirablement Pierre Henry concernant l'installation des préfets impériaux : « les premiers préfets de France, dans leur beau costume chamarré, habit bleu, culotte blanche, collet, poches et parement brodés en argent, sur le modèle des membres du gouvernement, écharpe rouge frangée d'argent, chapeau français à panache (…). Mais rien, extérieurement, ne ternit le superbe de leurs apparences et le peuple en fut frappé ; comme il le fut par le faste de leur officielle installation, dans les temples décadaires, cathédrales ou vielles églises métropolitaines(…). Aux sons retentissants des cloches et des salves, dans l'exaltation des défilés, des harangues, des discours, une nouvelle élite était née qui devait égaler par la valeur de ses services, le mérite des meilleures aristocraties. »[527]

A compter de l'installation officielle du gouverneur dans la province ou la préfecture où il a été nommé, les autorités réalisent ensuite la passation des pouvoirs entre le gouverneur sortant et le nouveau gouverneur. Cette opération se concrétise à travers la remise de deux dossiers : « un dossier confidentiel » préparé par la Division des affaires générales de la province ou la préfecture, qui comprend, notamment, un rapport général sur l'état global du territoire sur le plan politique, économique et social, avec des précisions portant sur l'évolution de l'opinion publique des administrés ; la liste des agents d'autorité en fonction dans le ressort territorial ; la liste de l'ensemble des composantes de la société civile (partis politiques, associations, syndicats, lieux stratégiques, élites locales et personnalités influentes ; dossiers virulents et conflits sociaux, etc.). Et « un dossier ordinaire » préparé par les services du secrétariat général de la préfecture ou la province qui comporte des informations intéressant : les ressources humaines, les ressources financières et budgétaires (budgets de la préfecture ou la province, ou de la région le cas échéant, budget de la promotion nationale, les dotations budgétaires allouées par l'Etat…) ; liste des propriétés mobilières et immobilières et des bâtiments et établissements publics, y compris le siège du chef-lieu de la préfecture, la province ou la région, la résidence du gouverneur et le secrétaire général, les maisons de fonctions mises à la disposition des agents d'autorité, caïds et pachas, le parc automobile, etc.

Ce sont, de manière succincte, les étapes du déroulement de la nomination, et de l'installation d'un gouverneur au Maroc, qui sont, comme nous l'avons vu, dérivées d'une jonction des vielles institutions coloniales et

---

[527] Pierre Henry, Histoire des préfets : cent cinquante ans d'administration provinciale (1800-1950), *op.cit.* p. 28.

makhzeniennes. Cette institution, même si elle reste ancrée dans les traditions administratives d'antan, n'en effectue pas moins une mue statutaire, lente et progressive, et représente, en fait, une institution dépendant intrinsèquement de l'autorité de nomination et de révocation du Roi et du gouvernement. Du reste, un autre aspect fragilise davantage le statut gubernatorial, il s'agit de l'instabilité inhérente à sa fonction.

B. L'instabilité du corps des gouverneurs

L'instabilité du corps des gouverneurs a été présentée par la doctrine comme une « conséquence inhérente aux fonctions d'autorité, depuis l'avènement de l'indépendance le nombre des agents déchargés de leurs fonction d'autorité s'élève à quelque 920, soit à peu près l'équivalent de l'effectif total des agents d'autorité »[528]. Aujourd'hui, le statut des agents d'autorité de 2008, impose aux gouverneurs à l'image des autres agents d'autorité une obligation de mobilité périodique, conformément à son article 14 qui dispose que : « les agents d'autorité sont assujettis à une mobilité périodique et sont affectés dans des commandements classés en zones. La liste des commandements relevant de chaque zone est fixée par arrêté du ministre de l'Intérieur. Ils sont tenus d'accepter le poste qui leur est assigné. En cas de refus, ils sont considérés en situation d'abandon de poste. » c'est l'équivalent de l'obligation générale « d'accepter le poste attribué », prévue par le Code la fonction publique de 1958, appliquée au statut particulier des agents d'autorité, et qui justifierait l'application de la théorie de l'abandon de poste prévue par l'article 75 bis du statut de 1958, c'est ainsi qu'un gouverneur qui ne rejoint pas son poste au moment de la nomination ou en cours de carrière se verrait appliquer cette procédure sans garanties disciplinaires. Toutefois, cette conséquence doit être nuancée puisque l'article 64 du statut général précise que « les affectations prononcées doivent tenir compte des demandes formulées par les intéressés et de leur situation de famille dans la mesure compatible avec l'intérêt du service »[529].

---

[528] Driss Basri, *l'Agent d'autorité*, *op. cit.* p. 110. Un tableau figurant à la page 111 de l'ouvrage de M. Basri démontre que le nombre des gouverneurs radié entre 1956 et 1971, pour de multiples raison a atteint 72 gouverneurs. A noter que ces chiffres n'ont qu'une valeur indicative et limitée à l'époque de l'ouvrage de M. Basri, en 1976. En revanche, depuis l'adoption de la nouvelle constitution de 2011, des mesures de révocation de gouverneurs, mais ne dépassent pas un cadre très restreint, ont été prises, quand le gouverneur avait violé son devoir de réserve en tenant des propos irrespectueux vis-à-vis d'un ministre d'Etat ou commis des fautes professionnels graves, ou encore violé la loi pénale. Parfois, le comportement du gouverneur justifie l'application par l'administration d'une mesure disciplinaire propre à ce corps quand elle démet le gouverneur de ses fonctions à l'administration territoriale et le rattache à l'administration centrale sans fonctions, c'est ce qu'on appelle dans le jargon *makhzenien* des agents d'autorité, une « *remise au garage* » du ministère de l'Intérieur, qui est en fait, la mise dans « une voie de garage. »

[529] Voir. Mohammed El Yaagoubi, *Le droit administratif marocain*, Tome II, 1992, Imprimerie Arrissala, p. 132. L'application de cette directive se heurte parfois à la réticence des agents affectés dans les provinces périphériques. C'est la raison pour laquelle le décret du

La question qui se pose à ce niveau de l'analyse est celle de savoir si la règle de mobilité périodique à laquelle sont soumis les gouverneurs constitue, par elle-même une obligation générale et absolue contre laquelle, l'agent d'autorité ne dispose d'aucun recours. A notre avis, rien ne s'oppose à ce que la décision d'affectation d'un gouverneur à un commandement territorial qui ne lui agrée pas, fasse l'objet d'un recours en annulation pour excès de pouvoir. A moins qu'elle n'ait déjà acquis la forme d'un dahir royal de nomination.

Toute la difficulté serait alors d'attaquer en annulation en justice administrative un acte individuel pris en la forme d'un dahir. L'on se heurterait à la position jurisprudentielle instaurée depuis l'arrêt « Ronda »[530], ayant établi une véritable immunité du dahir royal, d'abord, posée par l'arrêt précité de la Cour suprême en date du 18 juin 1960, dit « Abdelhamid Ronda », relatif à la révocation d'un Cadi, ayant écarté la distinction entre dahir-loi et dahir-décret, et posant le principe de l'immunité de tout dahir, dans quelques domaines qu'il intervienne. La haute juridiction confirma dans une décision du 15 juillet 1963, dite « Bensouda Abdallah », l'irrecevabilité du recours contre les décisions individuelles émanant du Souverain et prises sous forme de dahir avant de poser le principe d'une irrecevabilité générale, dans l'affaire « Société de la propriété agricole Abdelaziz », le 20 mars 1970 :« Sa Majesté le Roi »...ne pouvant être considéré comme simple autorité administrative, puisqu'elle est Commandeur des croyants » et « représentant suprême de la Nation » en application de l'article 19 de la Constitution[531].

---

12 avril 1976 prévoit un régime provisoire de rémunération dont bénéficient les agents publics affectés dans les provinces sahariennes récupérées. Une politique d'affectation de la part des services de gestion du personnel, c'est-à-dire une politique attentive et humaine, constitue l'une des conditions majeures propres à faire respecter par le fonctionnaire l'obligation qui lui est impartie de consacrer tout son temps à son service. V. Silvera, *L'abandon de poste dans la fonction publique*, A.J.D.A 1959, p.162, cité par Mohammed EL Yaagoubil, *Le droit administratif marocain*, op.cit,. *Ibid*

[530] La chambre administrative de la Cour Suprême (actuelle Cour de Cassation) rendait le 18 juin 1960 alors un arrêt de principe en réponse à une question fondamentale en droit marocain : le recours contre les décisions émanant du Monarque. Abdelhamid Ronda avait introduit un recours en annulation contre un dahir, mais la Cour suprême s'est déclarée incompétente. Les magistrats de cette chambre ont expliqué que le Roi n'est pas « seulement une autorité administrative, mais il est également l'Emir des croyants ». Cette décision instaurera une fois pour toutes « l'immunité du dahir » dans le Droit marocain.

[531] « Attendu que la fonction judiciaire fait partie de l'ensemble des attributions qui relèvent en premier lieu du chef des croyants, que le juge exerce ladite fonction par simple délégation, que les jugements sont prononcés et exécutés au nom de Sa Majesté, conformément à l'article 83 de la Constitution, dans le cadre de la compétence définie par la loi, et que de ce qui précède, il résulte que les décisions émanant de Sa Majesté ne peuvent faire l'objet que d'un recours gracieux, tant que la constitution n'a pas expressément attribuée à la connaissance du contentieux de pareilles décisions à une autres autorité ». Sur l'affaire « Ronda » et le recours contre les dahirs royaux, voir, Abdallah Boudahrain, *Eléments de droit public marocain*, l'Harmattan, Coll. Logiques Juridiques, 2003, p. 356.

Contrairement aux nominations royales, la Cour a déjà eu à apprécier le pouvoir du ministre de l'Intérieur quant à la nomination et révocation d'un agent auxiliaire (khalifa de caïd), les juges avaient alors conclu que le ministre de l'Intérieur ne dispose pas du pouvoir discrétionnaire de mettre fin à ses fonctions sans qu'il puisse avoir la possibilité de présenter ses observations[532].

En tout état de cause, il faut souligner que l'obligation de mobilité incombe non seulement aux gouverneurs, mais aussi aux préfets en France, où les changements aussi bien de régimes que de ministères ont souvent donné lieu à des mouvements préfectoraux importants. C'est ainsi que la doctrine avait souligné que les mouvements préfectoraux furent tels, qu'en janvier 1877, le journal « Le Constitutionnel » écrivait plaisamment : « Changer les préfets est devenu à la fois, la règle et l'amusement de notre vie nationale. Au XVIème siècle, on donnait les calvinistes en pâture à la curiosité méchante du public, au XVIIème, on immolait les jansénistes, au XIXème siècle, c'est au tour des préfets. Les autodafés vont en perdant de leur cruauté, autrefois, on pendait et brûlait, puis on a emprisonné et exilé, à l'heure présente, on révoque »[533].

Au regard de ces épurations périodiques des préfets en France sous la cinquième République, un politologue autorisé observe que : « Les mutations dues aux changements politiques font partie de la vie préfectorale. Ces changements varient cependant en rythme et en intensité depuis les débuts de la cinquième République. Il apparaît très clairement que les mouvements se sont accélérés après 1974. »[534]. Aux mutations proprement « politiques » s'adjoignent des mutations liées à la responsabilité personnelle des préfets, à qui l'on peut imputer les catastrophes naturelles, les échecs économiques régionaux et même les accidents de la route. Ces mutations font également partie de la "politisation" du corps puisqu'il s'agit bien d'offrir à l'opinion le témoignage de la sollicitude gouvernementale. Ce phénomène d'imputation s'est évidemment renforcé avec la décentralisation puisque l'opinion publique devient alors l'arbitre et l'enjeu des relations entre l'Etat et les élus locaux. »[535].

Un préfet français commente ces mouvements préfectoraux en ces termes : « la mutation fait partie du folklore que les médias entretiennent autour du corps préfectoral. Périodiquement on annonce « un grand mouvement » auquel on prête des intentions inavouables du gouvernement et on commente lourdement « la valse des Préfets » qui sert de prétexte à des

---

[532] Arrêt n° 429, février 1965, Aboukacem Alaoui c/ministre de l'Intérieur, non publié. Cité par Driss Basri, l'agent d'autorité, *op.cité*. p. 97.

[533] Christian Lobut, *Le corps préfectoral entre le Second Empire et la République opportuniste*, numéro spécial, Sept. Etudes pour servir le corps préfectoral, p.135, cité par Marc Ollivier, *op.cit*. p. 40.

[534] Luc Rouban, *Les Préfets de la République* 1870 - 1997, Les Cahiers du CEVIPOF, Centre de Recherche Scientifique de Science Po, janvier 2000, n° 26. p. 44.

[535] Luc Rouban, *Les Préfets de la République* op.cit. *Idem.*

interprétations circonstancielles se voulant bien informées. La réalité est bien simple. Le préfet ou le sous-préfet sont plongés dans la vie de la société et ils en subissent les différentes poussées. La mutation individuelle traduit plus souvent l'opportunité d'un changement d'homme dans un dossier délicat parvenu à une étape nouvelle ou l'aspiration légitime à un avancement normal, que le prix de l'erreur ou de la faute, en cas de crise. (Alors que) la mutation collective correspond à des périodes de changement politique qui répercute en priorité sa secousse dans le corps préfectoral »[536].

En France, récemment, cette dernière situation a été largement relayée par les journaux qui ont affirmé, qu'au gré des alternances politiques entre la gauche et la droite, s'en suivent des « épurations » politiques quasi-systématiques au rang des préfets, ainsi, suite à la montée au pouvoir du gouvernement du Parti socialiste, « le mouvement a touché une trentaine d'entre eux. Une dizaine ont été écartés, mis « hors cadre » »[537].

Quoi qu'il en soit, au Maroc, le phénomène des mouvements de gouverneurs liés au changement de l'équipe gouvernementale est moins perceptible, puisqu'il n'a connu véritablement l'expérience de l'alternance politique qu'en 1998, et surtout à cause de la spécificité du rattachement historique du corps des agents d'autorité plus au Roi et au ministère de l'Intérieur qu'au gouvernement.

Néanmoins, les explications de l'obligation de mobilité des gouverneurs est à rechercher du côté de la doctrine qui considère que : « cette instabilité peut être imputée, en dernière analyse, à la lourdeur des tâches qui incombent à l'agent d'autorité. L'administration générale recouvre des activités très complexes dont le domaine d'intervention est mouvant et ne connaît pratiquement pas de limites. Dans un pays en voie de développement comme le nôtre, l'agent d'autorité se trouve au centre de toute l'activité nationale et locale. Dans tous les domaines, les besoins des collectivités locales sont multiples et l'agent d'autorité ne peut y faire face. Le coefficient d'usure est plus élevé que dans n'importe quelle autre fonction(...)il se trouve très souvent seul face à la passivité d'administrés, beaucoup plus prompts à formuler griefs et critiques à l'égard du représentant général du pouvoir exécutif qu'à adhérer et à collaborer à son action »[538].

L'obligation de mobilité est loin d'emporter l'assentiment des gouverneurs et des agents d'autorité en général, qui privilégient la fixité géographique et de préférence à Rabat, à l'administration centrale, comme le fait remarquer Mohamed Brahimi : « La fixité des fonctionnaires, et en particulier, des plus élevés d'entre eux dans la hiérarchie des emplois publics, n'est pas simplement un phénomène fonctionnel, il est aussi géographique. En cela, le Maroc ne fait pas exception, il n'en a pas le monopole, loin s'en faut. Comme tous les pays, habités par le syndrome du

---

[536] Paul Bernard, *Le Préfet de la République*, *op. cit.* p. 84.
[537] *La gauche remplace les* sarkozystes *aux postes clés*, Le Figaro du 03/08/2012.
[538] Driss Basri, *L'agent d'autorité*, *op. cit.*,p. 112.

centralisme. Sa capitale est non seulement le siège principal des effectifs de la fonction publique, mais elle est aussi le lieu de réunion de ses plus grandes compétences. De ses valeurs les plus sûres. Rabat est le nombril du Royaume, le siège des Etats-Majors des Ministères, de la fine fleur des fonctionnaires qui répugnent naturellement à concevoir leur existence et leur rôle autrement qu'au cœur de l'administration publique »[539].

Cependant, la mobilité géographique n'est pas un objectif en soi ; elle est un des moyens d'accompagnement d'une véritable politique de déconcentration[540]. Qui comme chacun sait tarde au Maroc à vaincre la résistance des technostructures centrales, la mobilité géographique est généralement réalisée par le procédé des mouvements de personnels, des mutations, des permutations et des détachements. Les mouvements d'affectation et de mutation constituent les procédés souverains par lesquels le supérieur hiérarchique procède aux affectations ou aux changements d'affectations des fonctionnaires. Elles sont en principe prononcées dans l'intérêt du service, soit à la demande du fonctionnaire, soit d'office.[541]

Eu égard à cette contrainte, nous pensons que le gouverneur sait pertinemment que la nomination ne peut être que contingente et tributaire d'un contexte politico-administratif donné et qu'en citant un auteur : « le changement fait bien partie de la nature des choses de la vie préfectorale. Lorsque, selon l'usage, le nouvel arrivant, sans avoir rencontré sur place son prédécesseur parti en avancement, ou parfois en disgrâce, s'installe, après avoir pris les consignes auprès du secrétaire général de la préfecture, il se prépare à prendre la mesure du département. A lui de se bâtir une nouvelle réputation auprès d'une population inconnue, de tenter la conquête des cœurs pour mériter l'indispensable confiance, de faire le tour des problèmes, en quelques semaines, car on attend du préfet qu'il soit opérationnel très vite. L'épreuve est la même dans tous les postes. Ce nouveau départ dans la vie est incontestablement tonique, pour ceux qui ne craignent pas de remettre en jeu leur réputation »[542].

Le corps des gouverneurs, outre l'instabilité qui le caractérise et la fragilité de son statut, ne bénéficie pas de garanties de carrière suffisamment grandes, ce qui étiole d'avantage sa situation et le met à la merci du gouvernement dont il est l'agent fidèle.

---

[539] Mohamed Brahimi, « *La mobilité dans la fonction publique* », in REMALD., n° 9, octobre-décembre 1994. p. 38.

[540] Commentant le dernier mouvement des gouverneurs du règne du Roi Hassan II, le journal Maroc Hebdo International déclare : « Autre remarque qui vient immédiatement à l'esprit : si tous les départements appliquaient à la lettre ces mouvements de rotation, on ne se retrouverait pas avec tous les "dinosaures" engendrés par une trop longue pratique du pouvoir au même poste de responsabilité et subissant, du même coup, l'usure du pouvoir. », in Maroc Hebdo International n° 340 du 3 au 9 octobre 1998.

[541] Mohamed Brahimi, « *La mobilité dans la fonction publique* », *op. cit. Idem.*

[542] Paul Bernard, *Le Préfet de la République*, op.cit. p. 84.

C. Garanties statutaires limitées

Contrairement aux devoirs que comporte la fonction de gouverneur, les garanties statutaires qui lui sont reconnues par les textes restent assez faibles. Ainsi la doctrine met en avant, l'absence de garanties de carrière liée principalement à la possibilité de la révocation *ad nutum* qui reste une *Epée de Damoclès* menaçant la carrière du gouverneur à tout moment. C'est ainsi que l'on parle de gouverneurs ayant appris leur révocation à la radio, d'autres lors d'activités officielles d'inauguration de grands projets[543]. Paul Leroy Beaulieu explique cette fragilité des garanties de carrière du préfet français ainsi : « parce qu'il est la créature complète du gouvernement qui peut à chaque instant le révoquer »[544].

La discipline des gouverneurs est toujours régie par les dispositions des articles 12 à 18 du Dahir du 1er mars 1963. Ainsi leur activité et leur manière de servir font l'objet chaque année, quelles que soient leurs fonctions, d'une appréciation générale portée par le ministre de l'Intérieur, qui institue pour chaque cadre une commission administrative paritaire, comprenant deux représentants de l'administration et deux représentants du cadre intéressé. Ces commissions seront présidées par le ministre lui-même ou son représentant. En cas de partage égal des voix, le président aura voix prépondérante. Les mêmes commissions jouent le rôle de conseil de discipline.

De plus, les dispositions relatives aux sanctions disciplinaires prévues aux articles 66, 67, 68, 69, 70, 71, 72, 73, 74 et 75 du statut général de la fonction publique sont applicables aux gouverneurs[545].

En tout état de cause, les garanties des gouverneurs, aussi minces soient-elles, ne sont pas toutes prévues par le dahir du 31 juillet 2008 portant statut

---

[543] Luc Rouban dans « *Les préfets et la construction de l'Etat républicain : du modèle militaire au modèle managérial* », in R.F.A.P., n° 96, octobre-décembre 2000, p. 538, nous apprend qu'un préfet, ancien sous-préfet, du second empire et préfet de l'ordre moral, a appris sa révocation par un télégramme mentionnant que : « par décret du 19 avril 1876, vous avez été remplacé comme préfet de la Drôme. Des considérations politiques et administratives d'un ordre supérieur ont dicté cette mesure au gouvernement. Je vous en exprime le regret ».

[544] Paul Leroy Beaulieu, *L'administration locale en France et en Angleterre*, Thèse de droit, Guillaumin 1872, p. 24.

[545] Il s'agit de : « - l'avertissement ; - le blâme ; - la radiation du tableau d'avancement ; - l'abaissement d'échelon ; - la rétrogradation ; - la révocation sans suspension des droits à pension ; - la révocation avec suspension des droits à pension. Il existe, en outre, deux sanctions d'un caractère particulier : l'exclusion temporaire privative de toute rémunération, sauf les prestations familiales, pour une durée qui ne peut excéder six mois, et la mise à la retraite d'office. Cette dernière ne peut être prononcée que si le fonctionnaire remplit les conditions prévues par la législation sur les pensions. L'avertissement et le blâme sont prononcés par décision motivée de l'autorité ayant pouvoir disciplinaire, sans consultation du conseil de discipline mais après avoir provoqué les explications de l'intéressé ; les autres sanctions sont prononcées après avis du conseil de discipline. Celui-ci est saisi par un rapport écrit émanant de l'autorité ayant pouvoir disciplinaire et indiquant clairement les faits reprochés au fonctionnaire incriminé et, s'il y a lieu, les circonstances dans lesquelles ils ont été commis. »

particulier des agents d'autorité, les rédacteurs de ce texte ont préféré plutôt référer aux règles générales régissant les haut fonctionnaires de l'Etat. Ils se sont limités, pourtant à énumérer quelques droits et garanties octroyés à cette catégorie d'agent d'autorité. C'est pour cela qu'il ne nous paraît pas utile de revenir sur les garanties générales offertes aux fonctionnaires publics par le statut de la fonction public de 1958[546]. Rappelons, toutefois, les garanties principales énumérées dans le Dahir de 2008 précité.

L'article 9 du Dahir du 31 juillet 2008 dispose que « les agents d'autorité bénéficient de la protection de l'Etat conformément aux dispositions du code pénal et des lois spéciales en vigueur contre les menaces, attaques, outrages, injures ou diffamations dont ils peuvent être l'objet. », il s'agit des dispositions des article 263 à 267 du code pénal[547], il s'agit des infractions dites d'outrage à fonctionnaire public.

Par ailleurs, l'Etat assure aux gouverneurs la réparation des préjudices corporels qu'ils pourraient subir dans l'exercice ou à l'occasion de l'exercice de leurs fonctions et qui ne sont pas couverts par la législation relative aux pensions d'invalidité et au capital décès. Dans ce cas, l'Etat est subrogé dans les droits et actions de la victime contre l'auteur du dommage.

Outre ces garanties, somme toute, minimes, comparées à l'ampleur de la mission du représentant de l'Etat dans la préfecture ou la province où il a son commandement, le gouverneur bénéficie, bien entendu, à l'image de certains fonctionnaires de l'Etat d'un traitement, d'indemnités complémentaires, d'une maison de fonctions située dans le chef-lieu de la région, préfecture ou province où il est nommé, de véhicules de fonctions, etc.

Dans ce sens, l'article 19 du Dahir du 31 juillet 2008 dispose que : « la rémunération des agents d'autorité comprend le traitement, les allocations familiales et toutes autres indemnités, primes et avantages, institués par les textes réglementaires en vigueur », le décret du 24 octobre 2008[548] fixe l'échelonnement indiciaire des gouverneurs de préfectures et de provinces. Ce texte rappelle que les deux grades de gouverneur et de gouverneur principal s'étendent de l'indice 870 à l'indice1095, et crée 4 échelons par cadre, ainsi :

---

[546] Dahir n° 1-58-008 du 24/02/1958 portant statut général de la fonction publique. B.O. n° 2372 du 11-04-1958, p. 631.

[547] L'article 263 du Code pénal dispose qu' : « Est puni de l'emprisonnement d'un mois à un an et d'une amende de 250 à 5 000 dirhams, quiconque, dans l'intention de porter atteinte à leur honneur, leur délicatesse ou au respect dû à leur autorité, outrage dans l'exercice de leurs fonctions ou à l'occasion de cet exercice, un magistrat, un fonctionnaire public, un commandant ou agent de la force publique, soit par paroles, gestes, menaces, envoi ou remise d'objet quelconque, soit par écrit ou dessin non rendus publics. »

[548] Décret n° 2-08-532 24 octobre 2008 fixant les conditions d'intégration et de reclassement des agents d'autorité, au titre des dispositions du dahir n° 1-08-67 du 31 juillet 2008 relatif au corps des agents d'autorité.

Tableau n° 1- Relatif à l'échelonnement indiciaire des gouverneurs

Cadre et Emploi	Classement hiérarchique	
	Indices normaux	Indices exceptionnels
Ministère de l'Intérieur		
Gouverneurs Principaux....	975 - 1095	
Gouverneurs..................	870 - 975	

Emploi, grades et échelons	Indices
Ministère de l'Intérieur Gouverneur Principal	
4ème échelon....................	1095
3ème échelon....................	1055
2ème échelon....................	1015
1er échelon.......................	975
Gouverneur 4ème échelon....................	975
3ème échelon....................	940
2ème échelon....................	905
1er échelon.......................	870

Le traitement et indemnités complémentaires du gouverneur et du gouverneur principal sont fixés par le décret n° 2-08-533 du 24 octobre 2008, modifiant le décret 29 septembre 1986 fixant les indemnités et avantages alloués aux walis et gouverneurs[549]. On peut lire dans son article premier que : « les agents d'autorité bénéficient mensuellement, en sus de leur traitement afférent à l'indice de leur grade et échelon, d'une indemnité de sujétion, d'une indemnité complémentaire et d'une indemnité spéciale », conformément au tableau suivant :

Tableau n° 2- Relatif aux indemnités mensuelles allouées aux gouverneurs

Grade	Indemnité de Sujétion	Indemnité Complémentaire	Indemnité Spéciale
Gouverneur Principal	28.100	17.500	13.271
Gouverneur	27.500	16.700	11.807

Tableau n° 3- déterminant l'indemnité de représentation nette mensuelle

Fonction	Indemnité de représentation (nette)
Wali	8.505 Dh
Gouverneur	6.505 Dh

L'ensemble de ces indemnités s'ajoutent au traitement mensuel de base que perçoit le gouverneur. La totalité de la rémunération ainsi que

[549] Décret n° 2-08-533 du 24 octobre 2008 modifiant le décret n° 2-86-584 du 29 septembre 1986 fixant les indemnités et avantages alloués aux walis et gouverneurs.

l'ensemble des avantages en nature qui lui sont offerts vise à lui permettre d'accomplir convenablement sa tâche de représentation du pouvoir central dans son ressort territorial, il est considéré comme le haut fonctionnaire le plus « gradé » dans la hiérarchie des fonctionnaires de l'Etat au niveau de l'administration locale. Il doit être entouré d'un certain prestige de l'autorité étatique et incarner la puissance publique. Or, malgré les avantages matériels et pécuniaires accordés aux gouverneurs, ils n'en restent pas moins précaires dans leur affectation, puisque, contrairement aux autres fonctionnaires, ils n'ont pas droit à l'emploi et encore moins à la stabilité de la carrière.

Comme il est d'usage de nommer un gouverneur dans un ressort territorial auquel il est étranger, pour éviter qu'il ne s'y attache trop, et aussi pour des considérations liées à la moralisation du travail des agents de l'administration territoriale, en évitant que le gouverneur tisse dans un territoire où il a trop duré des réseaux de clientélismes servant des intérêts particuliers, et aussi pour prévenir l'usure du temps, l'article 14 du dahir du 31 juillet 2008 relatif au corps des agents d'autorité dispose que : « les agents d'autorité sont assujettis à une mobilité périodique et sont affectés dans des commandements classés en zones. La liste des commandements relevant de chaque zone est fixée par arrêté du ministre de l'Intérieur. Ils sont tenus d'accepter le poste qui leur est assigné. En cas de refus, ils sont considérés en situation d'abandon de poste. ».

Au Maroc, cette règle (l'affectation au territoire de gouverneurs qui lui sont étrangers)n'a pas toujours été scrupuleusement observée, mais plutôt utilisée conformément aux besoins de l'administration, et en fonction de la disponibilité des compétences appropriées au niveau particulièrement de l'affectation aux commandements des grandes villes, ainsi le Roi Hassan II, en recevant *Mohamed Guédira* qu'il a nommé wali de la région de Rabat-Salé et gouverneur de la préfecture de Rabat le 20 juin 1996, le Souverain avait déclaré : « Nous comptons beaucoup sur vous, en vous nommant dans vos nouvelles fonctions, d'abord parce que vous êtes de Rabat et Nous sommes convaincus des sentiments particuliers que vous nourrissez envers cette ville, ensuite parce qu'il s'agit de la capitale du Royaume, qui doit en être le miroir, aussi bien sur le plan de l'urbanisme et de la propreté, que sur celui de l'organisation de la circulation. Nous sommes convaincus que votre séjour à l'étranger vous a permis de vous faire une idée et une image des capitales européennes. Nous voudrions que notre capitale ne soit pas en deçà de celles que l'on cite en exemples. Nous vous souhaitons plein succès et formons l'espoir de voir Rabat connaître des changements dans les plus brefs délais »[550], ce qui démontre que la nomination est justifiée non seulement par l'appartenance du gouverneur au territoire où il est appelé à exercer son commandement, mais aussi par des qualités personnelles propres au candidat et notamment à l'expérience qu'il a cumulé dans les capitales européennes.

---

[550] *Le Matin* du 20 juin 1996.

Il n'en reste pas moins vrai que le principe de la mobilité des gouverneurs reste, bien ancré, aussi bien au Maroc qu'en France, on qualifie, ainsi ce phénomène de « nomadisme préfectoral » qui reste de mise, pour les mêmes raisons évidentes, déjà évoquées, ainsi la doctrine souligne particulièrement que : « les représentants territoriaux de l'Etat, et notamment, le préfet, peuvent être des agents particulièrement actifs de la défense des intérêts locaux ; le préfet, s'il a la charge des intérêts nationaux, reste sans doute le meilleur interprète des intérêts de son département, parce qu'il est d'un côté le médiateur privilégié des notables locaux et de l'autre est assuré de l'écoute attentive des fonctionnaires parisiens. Son rôle n'est-il pas d'assurer la synthèse - certains dirons le compromis- entre l'intérêt général et la prise en considération des situations locales ? »[551]

Mais d'autres voix de la doctrine se sont élevées afin de dénoncer cette rotation de la mission préfectorale, ainsi la commission française dite du livre blanc sous la présidence de Chaban-Delmas et Monory, avait souligné que « (la déconcentration) ne connaitra pas le succès avec la durée actuelle insuffisante de la présence dans leurs postes des préfets, mais aussi de leurs proches collaborateurs et des responsables des services déconcentrés. Désormais, les élus restent et les fonctionnaires passent, ce qui fragilise fortement l'action de l'Etat. Une durée accrue en poste est nécessaire. Trois ans pour un préfet de département, quatre ans pour un préfet de région semblent des durées minimales en deçà desquelles l'efficacité et la cohérence de l'action de l'Etat ne sont pas correctement assurées. »[552]

Nous pensons, que la mobilité du corps des gouverneurs au Maroc, pour des considérations sociologiques et administratives évidentes se justifie naturellement : l'usure du temps et du pouvoir créent les accointances et la poursuite plus de l'attrait vénal que de l'intérêt général. N'étant pas désigné par les administrés, le gouverneur est le représentant des intérêts nationaux et du gouvernement, celui-ci en fonction de ses contraintes - connues et étudiées par le ministère de l'Intérieur- déterminera la répartition des gouverneurs qui dépend de la situation socio-économique et politique propre des provinces.

De plus, comme nous l'avons souligné, les gouverneurs eux-mêmes participent à cette instabilité en classant les préfectures et les provinces en catégories ou classes, celles qui sont citées avec faveur sont, bien entendu, la capitale, Rabat, ses environs (proximité avec les centres du pouvoir et le cœur du Makhzen), ou la capitale économique, Casablanca, d'autres aussi sont fort recherchées et les gouverneurs sont contents d'y rester, comme Fès, la capitale spirituelle, ou Meknès et ses environs : El Hajeb et Ifrane, qui sont avec des indemnités de représentations avantageuses, souvent

---

551 Albert Mabileau, *le système local en France*, Montchrestien, 1997, p. 24.

552 R. Monory et J. Chaban-Delmas, *Poursuivre la décentralisation, réflexion sur le bilan et les perspectives de la décentralisation,* Editions Pouvoirs locaux 1994, Commission du « Livre blanc », présidée par : R. Monory et J. Chaban-Delmas.

privilégiées. Le gouverneur, une fois nommé dans une province éloignée ou « de troisième classe » selon lui, dépensera énormément d'imagination et d'énergie, pour essayer de la quitter pour celle d'une classe supérieure. Tous les prétextes seront bons : l'intérêt du gouvernement, l'ancienneté de service, la scolarité des enfants, etc.

Outre l'instabilité de la carrière et les garanties limitées, la haute charge de gouverneur comporte des devoirs très lourds correspondant à la nature régalienne de sa mission.

Paragraphe II. Le poids des devoirs

Les obligations qui incombent au gouverneur sont censées assurer aux fonctions d'autorité une grande impartialité, eu égard aux larges pouvoirs qui leur sont confiés. Sont applicables aux gouverneurs en la matière, notamment les dispositions des articles 14, 15, 16 et 17 du dahir 1er mars 1963 et les dispositions de la loi n° 36-04 relative aux partis politiques, ainsi que les dispositions du dahir n° 1-57-119 du 16 juillet 1957 relatives aux syndicats professionnels, en plus de l'article 10 du dahir du 31 juillet 2008 relatif au corps des agents d'autorité.

Par ailleurs, il convient de souligner que le dahir du 24 février 1958 portant statut général de la fonction publique, dispose dans son article 4 qu' « en ce qui concerne les membres (…) des corps chargés de l'administration des provinces et des préfectures (…) des statuts particuliers pourront déroger à certaines dispositions (du statut de la fonction publique) incompatibles avec les obligations de ces corps ou services », ce qui signifie que les gouverneurs faisant partie du corps des agents d'autorité ont toujours bénéficié d'un statut dérogatoire à celui de la fonction publique, sauf pour certaines dispositions auxquelles le statut particulier, lui-même renvoie au code de la fonction publique[553].

Il en découle que les gouverneurs ne sont pas tenus seulement des obligations prévues par leur statut propre, mais également par les devoirs professionnels d'ordre général auxquels l'ensemble du personnel de la fonction publique est assujetti. Ces devoirs sont au nombre de trois : l'obligation de servir, l'obéissance hiérarchique et l'obligation de probité professionnelle, qu'il faut examiner, avant de voir les obligations spécifiques prévues par le statut particulier des agents d'autorité.

---

[553] C'est ainsi que l'article 5 du dahir de 1963 portant statut particulier des administrateurs du ministère de l'intérieur prévoit que : « Demeurent applicables les dispositions du dahir du 24 février 1958 portant statut général de la fonction publique, tel qu'il a été modifié et complété, qui ne sont pas contraires aux dispositions du présent dahir. »

A. Les devoirs professionnels d'ordre général

a. L'obligation de servir

Assurer son service, remplir les tâches que ses fonctions lui confèrent, c'est la première obligation de l'agent public. L'article 17 du Statut général de la fonction publique affirme que : « tout fonctionnaire, quel que soit son rang dans la hiérarchie, est responsable de l'exécution des tâches qui lui sont confiées », cette obligation générale contribue à expliquer le régime des nominations pour ordre prévues par l'article 7 du Statut précité[554]. La portée de cette obligation est assez large, elle comporte les applications suivantes : l'obligation d'accepter le poste attribué (article 75 bis du SGFP), l'obligation d'exercer personnellement sa tâche, l'obligation d'assurer la continuité du service[555].

b. L'obéissance hiérarchique

C'est le devoir de se conformer aux ordres du supérieur hiérarchique, qui implique pour le fonctionnaire l'obligation d'obéir à toutes les mesures hiérarchiques. Certes, il est des cas où des compétences propres ont été formellement attribuées à des fonctionnaires placés dans la hiérarchie. « Mais en droit, le supérieur hiérarchique ne peut annuler la décision non conforme aux instructions, mais seulement la décision illégale, en fait le respect des instructions découlera naturellement de ce qu'il dispose du pouvoir disciplinaire et joue un rôle dans l'avancement »[556].

Le gouverneur doit, alors respecter l'autorité de l'Etat, ce qui paraît tout naturel, puisqu'il est lui-même porteur d'une parcelle de cette autorité. Il doit obéir aux ordres de l'autorité supérieure. Toutefois, cela soulève des problèmes d'interprétation, comme nous l'avons souligné précédemment, en ce qui a trait à l'autorité de rattachement du gouverneur. Il est évident que la responsabilité du gouverneur est d'autant plus grande qu'il est placé à un niveau élevé de la hiérarchie lui-même.

L'autorité hiérarchique qui dispose du droit d'organiser le service, possède également un pouvoir d'instruction ; sans doute, le pouvoir d'instruction se heurte au fait que « les subordonnés » ont reçu parfois des compétences propres qu'eux seuls peuvent exercer, c'est le cas des gouverneurs.

---

[554] Mohammed El Yaagoubi, *Le droit administratif marocain*, Tome II, 1992, Imprimerie Arrissala, p. 131.

[555] Voir développement réservé à ces obligation par Mohammed El Yaagoubi, *Le droit administratif marocain*, *op.cit.* p.133.

[556] M. Rousset, D.Basri, et Garagnon, *Le droit administratif marocain*, *op. cit.*, p 423.

c. L'obligation de probité

Le devoir de probité, c'est-à-dire le fait d'être et de rester honnête en toutes circonstances, s'applique d'autant plus au gouverneur que les tentations peuvent être très grandes. Comme nous l'avons vu, les gouverneurs sont impliqués de manière directe dans la supervision de la conduite de l'économie de la région, préfecture ou province. Ils sont habilités par les textes à autoriser des projets d'investissement colossaux, et à faciliter l'implantation d'opérateurs économiques dans divers secteurs. La corruption des agents publics au Maroc[557], continue de ronger malheureusement l'économie nationale[558]. Et ce, malgré les efforts soutenus, déployés dans la lutte contre ce fléau par les pouvoir publics. Or, la vigilance reste de mise dans une société où les valeurs collectives et le sens de l'intérêt public pourraient être menacés, et où certains fonctionnaires peu vertueux pourraient imaginer que la corruption est un mode normal de fonctionnement de l'administration.

Comme tout fonctionnaire public, le gouverneur ne doit recevoir d'autres rémunérations que son traitement forfaitaire. C'est la puissance publique qui le paie. Les prestations de services accomplies n'appartiennent pas à l'agent public mais font partie intégrante de ses fonctions. En outre, elles ne lui coûtent rien. Le principe de gratuité qui régit les services publics s'explique par la nature même de la fonction publique. Celle-ci est instituée dans l'intérêt de tous les citoyens. Les manquements à l'obligation de probité sont

---

[557] La ratification par le Maroc de la convention des Nations unies de lutte contre la corruption en mai 2008 vient confirmer les efforts déjà entrepris par le Royaume pour se conformer, sur la base d'une approche pragmatique, aux dispositions de la Convention onusienne qu'il a signée le 9 décembre 2003 à Mérida (Mexique). Cette dernière qui exige des pays signataires de se doter d'une institution chargée de lutte contre la corruption. S'en est suivit la création de l'Instance centrale de prévention de la corruption (ICPC). Toutefois, à notre sens la lutte contre la corruption devrait commencer par l'application des lois déjà en vigueur : celles relatives aux juridictions chargées du contrôle financier de l'administration et des organismes publics, en l'occurrence la Cours des comptes, et les Cours régionales des comptes.

[558] « La corruption continue de gagner du terrain au Maroc, malgré les efforts menés ces derniers temps. Le rapport de Transparency Maroc du7 décembre2012, classe le Royaume parmi les mauvais élèves. En effet, notre pays est placé respectivement 10e au niveau des pays arabes et 88ème dans le monde sur les 176 pays consultés, avec une moyenne de 34/100 (…). A cet effet, *Transparency* a proposé la mise en place des mesures concrètes de nature à mettre un terme à l'impunité à travers la stricte application de la loi ; l'activation des rôles de la justice, de l'Inspection générale des finances, de l'Inspection générale de l'Administration territoriale et des autres Inspections de tous les départements ministériels en vue de la lutte implacable contre les actes de corruption et contre leurs auteurs et l'engagement d'actions concrètes pour circonscrire la corruption, sous toutes ses formes, dans les domaines en relation directe avec le quotidien des populations et leurs intérêts, dans les tribunaux, les services de police, les hôpitaux publics et les administrations. », in Libération du lundi 10 décembre 2012.

réprimées à la fois par des sanctions disciplinaires et des sanctions pénales[559].

Le code pénal distingue au niveau de la corruption des fonctionnaires publics, deux types d'infractions : la corruption active et la corruption passive. La première est prévue par l'article 248 du code pénal, (complété par l'article 2 de la loi n° 79-03 promulguée par le dahir du 15 septembre 2004[560]) qui dispose qu' : « est coupable de corruption et puni de l'emprisonnement de deux à cinq ans et d'une amende de 2 000 à 50 000 dirhams quiconque sollicite ou agrée des offres ou promesses, sollicite ou reçoit des dons, présents ou autres avantages, pour :1) Etant (...) fonctionnaire public (...) accomplir ou s'abstenir d'accomplir un acte de sa fonction, juste ou non, mais non sujet à rémunération ou un acte qui, bien qu'en dehors de ses attributions personnelles, est, ou a pu être facilité par sa fonction », l'article 224 du code pénal définit, quant à lui, le fonctionnaire public, comme étant : « toutes personnes qui, sous une dénomination et dans une mesure quelconques, sont investies d'une fonction ou d'un mandat même temporaires, rémunérés ou gratuits et concourent à ce titre, au service de l'Etat, des administrations publiques, des municipalités, des établissements publics ou à un service d'intérêt public », la qualité de fonctionnaire public s'apprécie au jour de l'infraction ; elle subsiste toutefois après la cessation des fonctions lorsqu'elle a facilité ou permis l'accomplissement de l'infraction.

La corruption active est punie, quant à elle, par les dispositions de l'article 251 du code pénal, qui prévoit que : « Quiconque, pour obtenir soit l'accomplissement ou l'abstention d'un acte, soit une des faveurs ou avantages prévus aux articles 248 à 250, a usé de voies de fait ou menaces, de promesses, offres, dons ou présents, ou autres avantages, ou cédé à des sollicitations tendant à la corruption, même s'il n'en a pas pris l'initiative, est que la contrainte ou la corruption ait ou non produit son effet, puni des mêmes peines que celles prévues aux dits articles contre la personne corrompue. », cette infraction ne doit pas être confondue avec d'autres crimes contre les biens publics, notamment, le trafic d'influence (article 250 du code pénal), la concussion (article 243), et le détournement ou dilapidation de deniers publics (article241).

Dans un Etat de droit, toute tentative pour un agent public de percevoir un avantage indu du fait de sa fonction doit être immédiatement et impitoyablement sanctionnée, cette règle devrait être d'application plus stricte vis-à-vis des gouverneurs, en tant que personnes investies des pouvoirs régaliens et représentant la puissance publique dans toute sa noblesse. Le fonctionnaire public doit être désintéressé, c'est-à-dire, qu'il lui est rigoureusement interdit de prendre par lui-même ou par personne interposée, des intérêts dans une entreprise soumise au contrôle de

---

[559] Mohamed El Yaagoubi, *op. cit.*, p.149.
[560] B.O n° 5248, du 16 septembre 2004.

l'administration à laquelle il appartient ou qui en relation avec cette administration. La prise illégale d'intérêt et tout ce qui caractérise un tel comportement sont également concernés, la concussion (rémunération occulte d'un service normal), l'attention est également extrêmement vive en matière de marchés publics.

Il s'agit pour le gouverneur, comme nous le voyons, d'éviter de « se servir », au lieu de servir les citoyens, autrement dit, il lui est demandé d'être à la hauteur de l'honneur de servir son pays et de s'imprégner de la culture du service puisque, selon un auteur : « il ne s'agit plus de prendre le pouvoir, mais de « rendre service », « rendre » en contrepartie de la confiance des citoyens qui n'acceptent de déléguer le pouvoir collectif qu'en échange de la sûreté et de la paix. Cet esprit de service peut même conduire à une conception plus ouverte : en effet n'est-il pas plutôt essentiel pour l'Etat d'appeler à « prendre du service », aussi bien les responsables en tous genres que les citoyens eux-mêmes. En fait, le problème est tout simplement de « rendre le pouvoir » aux citoyens chaque fois que la gestion de la Cité le permet ou l'exige. »[561].

En plus des devoirs professionnels prévus par la législation générale applicable à la fonction publique, le gouverneur est tenu d'observer d'autres exigences prévues par le statut particulier des agents d'autorité.

B. Les obligations spécifiques aux agents d'autorité

L'article 11 du dahir du 31 juillet 2008 précité, précise, que les agents d'autorité sont astreints au respect des obligations suivantes : 1- la non appartenance à un parti politique ou à un syndicat ; 2- la non cessation du service d'une manière concertée ; 3- l'exercice de leurs fonctions même au-delà des horaires normaux de service ; 4 – le respect de la discipline, de l'obligation de réserve et du secret professionnel, même après la cessation définitive de leurs fonctions ; et5- la résidence dans le ressort territorial où ils exercent leurs fonctions.

a. L'obligation de réserve et de non appartenance à un parti politique ou à un syndicat

Vouloir définir sans précautions le concept de devoir de réserve n'est pas anodin. « La notion d'obligation de réserve, question de circonstances, de conformisme et de niveau hiérarchique est tellement subjective qu'une prime devrait être attribuée à qui parviendrait à la préciser »[562].

En l'absence d'une définition légale de l'obligation de réserve, on peut avancer qu'il s'agit d'une limitation traditionnelle à la liberté d'expression, création purement jurisprudentielle du Conseil d'État en France. Elle a été

---

[561] Paul Bernard, *Le Préfet de la République*, *op. cit.* p. 153.
[562] Pierre Dabezies, Le Monde du 7 novembre 1974, p. 11.

mise en place pour éviter des prises de position de nature à donner une image négative de l'administration. L'étendue de l'obligation de réserve est essentiellement jurisprudentielle. A cet égard, en France l'œuvre du Conseil d'Etat est significative[563]. Au Maroc, l'obligation générale de réserve des agents d'autorité n'était pas prévue par un texte en particulier (avant 2008)[564], l'interdiction d'adhésion aux partis politiques, elle, vient d'être confirmée par les dispositions du même dahir de 2008.

La deuxième de ces obligations est l'interdiction d'appartenance à un parti politique ou une organisation syndicale, autrement dit, tout acte de participation en faveur d'une organisation engagée politiquement est contraire à la déontologie de la fonction d'autorité. Ainsi, les gouverneurs qui avaient milité au sein de partis politiques, ont-ils rompu toute attache avec ceux-ci après leur nomination. Cette obligation prend une dimension encore plus importante en période électorale, puisque le gouverneur doit non seulement, s'abstenir de prendre la parole en public en faveur de tel ou tel autre candidat, mais, encore ne participer à aucune manifestation politique publique, ce qui pourrait entacher ses qualités d'agent impartial.

Par ailleurs, l'article 31 du dahir du 11 juin 1992 portant promulgation de la loi n° 12-92 relative à l'établissement et à la révision des listes électorales générales spécifie bien l'inéligibilité des agents d'autorité puisqu'il dispose qu'ils : « sont inéligible dans tous les conseils des communes urbaines ou rurales du royaume ». L'article 11 du dahir du 31 Juillet 2008 précité, est venu, ainsi, mettre la lumière sur cette interdiction, qui n'était pas auparavant prévue par le texte de 1963 relatif aux administrateurs du ministère de l'Intérieur, mais qu'on déduisait des dispositions du dahir portant code général de la fonction publique de 1958 et du dahir de

---

563 Dans l'affaire récente dite *« Matelly »*: le Conseil d'Etat avait considéré que le manquement à l'obligation de réserve des militaires ne justifie pas toujours une décision de radiation des cadres. En date du 11 janvier 2011, le Conseil d'Etat a annulé le décret et M. Matelly doit donc être réintégré à son poste et percevoir sa solde depuis le jour de sa radiation. Or, initialement l'officier avait exprimé « une désapprobation claire vis-à-vis de la politique conduite par le gouvernement » et outrepassé « l'exigence de loyalisme et de neutralité liée à son statut militaire ». En effet le Conseil d'Etat estime que conformément à l'article L4121-2 du Code de la défense, relatif à l'exercice des droits civils et politiques des militaires, les opinions des militaires ne peuvent être exprimées qu'avec « la réserve exigée par l'état militaire ». Les propos tenus par l'intéressé ayant dépassé cette réserve, ils constituaient une faute professionnelle justifiant une sanction disciplinaire. M. Matelly a sollicité la suspension en urgence de cette décision de radiation, ainsi que son annulation et sa réintégration au sein de la gendarmerie.

564 Si l'on compare, de ce point de vue, pour ce qui est de l'obligation de réserve, la situation des agents d'autorité avec celle des magistrats, qui eux, se sont vu assujettis au devoir de réserve depuis le statut de la magistrature de 1974 (Dahir portant loi n° 1-74-467, formant statut de la magistrature, B.O. du 13 novembre 1974), qui prévoyait dans son article 13 que : « Les magistrats sont, en toutes circonstances, tenus d'observer la réserve et la dignité que requiert la nature de leurs fonctions. Toute délibération politique est interdite au corps de la magistrature de même que toute démonstration de nature politique. (…) ».

1963(notamment ses articles 16 et 17, qui renvoyaient à certaines dispositions du code de la fonction publique).

Même si rien ne prouve actuellement que l'autorité chargée du recrutement aux postes d'agents d'autorité écarte du processus de sélection les candidats appartenant à des formations politiques, on a pu voir au début de l'indépendance du pays que les personnes membres de partis politiques ou bien des organisations de la résistance ont pu être nommées à des postes de gouverneur. Cette situation laissait entre les mains de l'autorité disposant du pouvoir discrétionnaire dans le choix des candidats à la fonction de gouverneur, une grande liberté pour proposer au Souverain des personnes n'ayant pas d'affiliation politique connue.

Le juge de la légalité au Maroc consacrerait cette distinction, si toutefois, la recevabilité des recours pour excès de pouvoir intentés contre les actes pris sous forme de dahir était possible. En France le Conseil d'Etat adopte une attitude analogue en ce qui concerne la nomination par le gouvernement aux hautes fonctions, qui sont mises à sa disposition. En effet, la haute juridiction administrative avait conclu dans l'affaire « Barel » le 28 mai 1954 que : « l'autorité qui dispose du pouvoir de nomination ne saurait, sans méconnaître le principe d'égalité de l'accès de tous les Français aux emplois et fonctions publics écarter un candidat en se fondant exclusivement sur ses opinions politiques »[565].

De surcroît, ce qui est susceptible de ressortir de cette interdiction d'embrasser une carrière politique ou bien même avoir de la sympathie pour un courant politique spécifique, aujourd'hui manifeste, pour les agents d'autorité et les gouverneurs en particulier, c'est bien l'obligation de réserve et de neutralité qu'ils doivent observer en tant qu'autorité représentant le pouvoir central sur le plan local.

Toutefois, si l'obligation de non appartenance partisane ne pose pas de problème sur sa justification juridique, celle de réserve l'est moins, car elle est difficilement justifiable parce qu'elle entre en contradiction avec d'autres droits et libertés à portée universelle. En effet, interdire aux fonctionnaires le droit d'exprimer librement leurs opinions, n'en constitue pas moins une violation des dispositions des articles 18 et 19 de la Déclaration universelle des droits de l'homme, qui proclament que : « Toute personne a droit à la liberté de pensée, de conscience et de religion ; ce droit implique la liberté de manifester sa religion ou sa conviction, seule ou en commun, tant en public qu'en privé » et que« tout individu a droit à la liberté d'opinion et d'expression, ce qui implique le droit de ne pas être inquiété pour ses opinions et celui de chercher, de recevoir et de répandre, sans considération de frontière, les informations et les idées par quelque moyen d'expression que ce soit. ». Les mêmes principes ont reçu une consécration

[565] C.E 28 mai 1954, Barel, Rec. 308, concl. Letourneur ; RDP 1954, 509, concl. Letourneur, note Waline ; RDPA 1954, 149, concl. Letourneur, note Eisenmann ; Dalloz 1954, 594, note Morange, Sirey 1954, 3, 97 note Mathiot.

constitutionnelle par la Constitution de juillet 2011, dans son article 25 qui prévoit que : « Sont garanties les libertés de pensée, d'opinion et d'expression sous toutes ses formes. Sont garanties les libertés de création, de publication et d'exposition en matière littéraire et artistique (...) ». Dans le même ordre, l'article 28 poursuit : « (...) tous ont le droit d'exprimer et de diffuser librement et dans les seules limites expressément prévues par la loi, les informations, les idées et les opinions. ».

Cependant, selon une certaine doctrine, cette situation peut être considérée comme normale, ce sont généralement les fonctionnaires qui occupent des emplois à la discrétion du gouvernement, qui y sont astreints, car celui-ci n'y pourvoit que dans la mesure où il se sera assuré préalablement, au moins de la compatibilité des opinions politiques des intéressés avec la politique du gouvernement. En accédant à ces fonctions ces agents publics savent très exactement à quoi s'en tenir : à la seule raison du gouvernement, à la seule logique des gouvernants. Autrement dit, ils acceptent de servir de monture à un gouvernement qui désormais tiendra leur longue à la bride et pour qui ils devront galoper à bride abattue[566]. Luc Rouban conclut, dans ce sens que : « les hauts fonctionnaires doivent désormais défendre des options gouvernementales et mettre leurs compétences au service d'une cause. Ils deviennent les avocats d'une politique. »[567]

De surcroît, comme le souligne, à juste titre, Michel Debré : « nul n'est obligé d'entrer au service de l'Etat, mais quand on y rentre, on se lie à son égard par une déférence nationale, dont le gouvernement se doit d'assurer le respect »[568]. De plus, au Maroc, il est communément admis que les emplois supérieurs, laissés à la nomination de Sa Majesté le Roi exigent un véritable loyalisme envers le régime monarchique, la personne du Roi, et le gouvernement et que leurs titulaires peuvent être révoqués pour des motifs de simples convenances politiques. C'est la même manière de voir qui est adoptée par le Conseil d'Etat en France, où le Commissaire du gouvernement Donnedieu de Fabres a estimé à propos de l'affaire « Teissier » que : « compte tenu de son rang et de ses responsabilités, le directeur du centre national de recherche scientifique était tenu à une réserve particulière à l'égard du gouvernement, et qu'il avait commis une faute disciplinaire en refusant de désapprouver un texte qui constituait une manifestation publique et violente contre le gouvernement »[569], la jurisprudence constante de la chambre administrative de la Cour de cassation créée par le Maroc indépendant en 1957 est conforme à cette tendance[570].

---

566 Martin Paul Ze, *La politisation des fonctionnaires au Cameroun, op.cit.*, p.65.

567 Luc Rouban, La fin des technocrates ? Presses de Sciences Po, 1998, p. 42.

568 Cité par Driss Basri, *L'agent d'autorité, op. cit.*, p. 96.

569 C.E., 13 mars 1953, Teissier, Rec., p. 133, cité par Driss Basri, *l'Agent d'autorité, op. cit.* p. 96.

570 Dans un arrêt rendu par la Chambre administrative de la Cour Suprême (actuelle Cour de Cassation), le 13 avril 1961, le juge de la légalité au Maroc, fait valoir une conception large

Certains auteurs n'ont pas manqué de souligner à ce propos que, la nature de certaines fonctions contribue tantôt à alourdir le devoir de réserve des agents qui en sont titulaires, tantôt à l'alléger. Une partie de la doctrine se fonde sur la distinction initiée par Max Webber entre les fonctionnaires politiques *« Politische beante »,* et les autres fonctionnaires. Parmi ces derniers il y aurait les fonctionnaires dont les tâches seraient purement techniques, « il importe peu qu'un ingénieur des ponts et chaussées soit animé de telles ou telles tendances politiques », « Il n y a pas de ponts réactionnaires et de ponts radicaux, il y a ceux qui tiennent et ceux qui s'écroulent »[571], on pourrait, ainsi minimiser leur obligation de réserve, contrairement à celle des fonctionnaires politiques dont la nature des tâches exigerait, de leur part, une retenue plus prononcée avec un respect scrupuleux du principe de subordination hiérarchique et de neutralité du service public. Ces fonctionnaires doivent éviter toute manifestation d'opinion de nature à porter atteinte à l'autorité de la fonction.De ce fait, le devoir de réserve tend à interdire de tenir publiquement des propos outranciers, visant les supérieurs hiérarchiques ou portant atteinte à l'image de l'administration.

Au Maroc, il faut noter que le devoir de réserve a même « fait son entrée » aujourd'hui dans la dernière Constitution de 2011, mais uniquement concernant une catégorie de fonctionnaires publics, à savoir les magistrats[572]. Le constituant a reconnu, en effet, aux membres de ce corps le droit de jouir de la liberté d'expression, d'adhérer à des associations, des partis politiques ou des syndicats, à charge pour eux, d'observer scrupuleusement le devoir de réserve et l'éthique judiciaire. Tandis que les agents d'autorité sont, eux, astreints à un devoir de réserve et à une interdiction formelle d'appartenance à des partis politiques.

S'agissant du traitement législatif du devoir de réserve en France, il convient de préciser que l'Etat a toujours choisi de confier l'appréciation de son étendue au juge administratif. Dans ce sens, en 1983, lors des débats parlementaires sur le statut général des fonctionnaires, un amendement avait été déposé pour y inscrire l'obligation de réserve. Anicet Le Pors, alors ministre chargé de la Fonction publique, l'a fait rejeter, estimant préférable de « laisser le soin au juge administratif d'apprécier au cas par cas les limites

---

du pouvoir disciplinaire, qui permet de sanctionner le comportement de l'agent, « même manifestés en dehors du service, s'il est incompatible avec son maintien en fonction », il s'agissait dans le cas d'espèce, d'un *Moqadem* dont les agissements étaient jugés antinationaux, cité par D. Basri, op.cit. p. 97.

[571] P. Waline, *Précis de droit administratif*, Montchrestien, t.1er, 1969, p.267, cité par Marc Ollivier, *Conditions préfectorales*., op.cit. p. 7.

[572] En effet, l'article 111 de la Constitution dispose que : « Les magistrats jouissent de la liberté d'expression, en compatibilité avec leur devoir de réserve et l'éthique judiciaire. Ils peuvent appartenir à des associations ou créer des associations professionnelles, dans le respect des devoirs d'impartialité et d'indépendance et dans les conditions prévues par la loi. Ils ne peuvent adhérer à des partis politiques ou à des organisations syndicales. »

au droit d'expression imposées aux fonctionnaires par l'obligation de réserve »[573]

A ce titre, la nature des fonctions est souvent prise en compte par le législateur et le juge administratif dans son appréciation du devoir de réserve. C'est le cas notamment des magistrats, des policiers des militaires, des enseignants, et des gouverneurs. S'agissant des fonctionnaires dits d'autorité, Monsieur Lafaille les décrit ainsi : « ayant pour charge de servir la nation, le fonctionnaire ne saurait(…) dénaturer son office en faisant preuve d'une attitude partisane(…) qui nimbe la notion de service public d'oripeaux politiques. L'agent public est bien revêtu d'une tunique de *Nessus* dont il ne peut se dépouiller complètement, *a fortiori*, lorsqu'il est agent d'autorité »[574] .

Illustrons ces propos par un arrêt jurisprudentiel. Dans l'affaire « Lecanu », on a reproché à un policier, d'avoir rendu publique par voie de presse une critique virulente de la politique du gouvernement, d'avoir tenu des propos injurieux envers les autorités et proféré des incitations à l'indiscipline collective. Le Conseil d'Etat, avait souligné dans cet arrêt que les propos du sieur Lecanu sont presque « exclusivement consacrés à une critique violente de la politique suivie en différents domaines par le gouvernement et à la mise en cause en des termes injurieux des autorités de l'Etat, comportant des incitations à l'indiscipline collective, et sont donc de nature à compromettre le bon fonctionnement du service (…), tant par leur nature que par la violence de leur expression, ces écrits sont incompatibles avec l'obligation de réserve prévue par les décrets du 24 janvier 1968 et du 18 mars 1986 »[575].

A ce propos, les exemples foisonnent en jurisprudence française où le juge administratif a eu à se prononcer tantôt sur « le manque de discernement » d'un agent de police[576], tantôt sur la publication par un fonctionnaire public d'un dessein offensant le Président de la République[577]. Cependant, les faits déférés ne sont pas tous des comportements portant atteinte à l'obligation de réserve. Ainsi, il a été jugé qu'un douanier qui signe une motion adressée au Président de la République, en vue de mettre fin à la guerre d'Algérie[578], ou encore le fait pour un fonctionnaire de police de

---

[573] JO de l'Assemblée nationale, débats parlementaires, du 3 mai 1983, p. 799 et 822.

[574] Cité par, Martin Paul Ze, *La politisation des fonctionnaires au Cameroun*, *op. cit.*, p. 107.

[575] C.E. Arrêt Lecanu, 12 décembre 1997.

[576] La Cour administrative d'appel de Douais, dans sa décision du 2 décembre 2003 a eu à se prononcer sur le cas d'un policier sanctionné pour avoir entretenu des rapports privés avec un ancien repris de justice. Selon les termes de l'arrêté ministériel ayant prononcé son déplacement disciplinaire, l'intéréssé a : « manqué de discernement en entretenant des relations amicales avec un individu connu des services de police depuis septembre 1994, stationné son véhicule dans un parking payé par cette personne, et enfin, avoir eu un comportement général ayant déjà appelé défavorablement l'attention ». C.A.A Douais, 2 décembre 2003, Concl. Jérôme Michel. A.J.F.P 9 octobre 2004, p. 264.

[577] CE,10 janvier 1969, rec. Leb., n° 74553.

[578] CE, 13 juillet 1966, « Min. Finances », rec. Leb., n° 63369.

n'avoir pu empêcher des cris hostiles au gouvernement lors d'une manifestation autorisée[579], ne constituent pas des manquements au devoir de réserve.

Au Maroc, aujourd'hui, le dahir du 31 juillet 2008 portant statut particulier des agents d'autorité vient de trancher cette question au niveau de son article 11 qui prévoit expressément que : « les agents d'autorité sont astreints en particulier à la non appartenance à un parti politique ou à un syndicat ; (et au) respect de la discipline, de l'obligation de réserve et du secret professionnel, même après la cessation définitive de leurs fonctions ».

Néanmoins, on a pu constater dans certaines situations de nominations, que malgré cette interdiction claire, des personnalités politiques, anciens ministres, essentiellement, font toujours partie des walis et gouverneurs dans le cadre du recrutement du tour extérieur. Cela s'explique, à notre sens par la philosophie même qui sous-tend le recrutement du tour extérieur, à savoir attirer à la fonction de gouverneur des compétences et des talents qui n'existent pas dans les réserves des agents d'autorité et des administrateurs du ministère de l'Intérieur, et ce, malgré leur « passé » politique ou partisan.

Si certains fonctionnaires seulement sont assujettis au secret professionnel, tous les agents d'autorité et notamment, les gouverneurs sont soumis à l'obligation de discrétion professionnelle. Cette dernière est définie de façon particulièrement extensive par l'article 18 du statut général de la fonction publique, elle touche : « tout ce qui concerne les faits et informations dont il (le fonctionnaire) a connaissance dans l'exercice ou à l'occasion de l'exercice de ses fonctions. Tout détournement, toute communication contraire au règlement de pièces ou documents de service à des tiers sont formellement interdits. En dehors des cas prévus par les règles en vigueur, seule l'autorité du ministre dont dépend le fonctionnaire peut délier celui-ci de cette obligation de discrétion ou le relever de l'interdiction édictée ci-dessus. »

Le gouverneur est tenu, ainsi, à la fois par le secret professionnel et par la discrétion professionnelle. Cette dernière obligation est instituée pour protéger les secrets des administrés, et sa violation emporte l'infliction de sanctions pénales[580] auxquelles peuvent s'ajouter, des sanctions disciplinaires, comme le prévoit l'article 18 précité : « Indépendamment des règles instituées dans le code pénal en matière de secret professionnel, tout fonctionnaire est lié par l'obligation de discrétion professionnelle (…) ». La première obligation est instaurée pour protéger l'intérêt du service, les « secrets de l'administration » dont la divulgation pourrait nuire au bon

---

[579] CE, 26 juillet 1985, « Min. Intérieur », rec. Leb., n° 64024.

[580] L'article 446 du code pénal vise les médecins, chirurgiens ou officiers de santé, ainsi que les pharmaciens, les sages-femmes. Mais aussi toutes autres personnes dépositaires, par état ou profession ou par fonctions permanentes ou temporaires, des secrets qu'on leur confie, qui, hors le cas où la loi les oblige ou les autorise à se porter dénonciateurs, ont révélé ces secrets, sont punis de l'emprisonnement d'un mois à six mois et d'une amende de mille deux cents à vingt mille dirhams.

fonctionnement du service ; sa violation ne peut provoquer que des sanctions disciplinaires[581]. Cette rigueur s'explique aisément : l'Etat détient de plus en plus de renseignements sur la vie des individus et il est important que cette mémoire administrative ne soit pas livrée au grand public par des indiscrétions.

Toutefois, la doctrine[582], à cet égard, avait souligné qu'interprétée à la lettre, cette disposition aboutirait à faire de l'administration un monde clos, secret, assez peu en accord avec le fait que l'administration publique est l'affaire de tous les citoyens au service desquels elle se trouve placée ; en outre, l'administration, comme toute institution, peut et doit être un objet de connaissance scientifique ; enfin, le nécessaire rapprochement de l'administration et des administrés implique que celle-ci soit suffisamment ouverte à ces derniers. Toutes ces raisons militent en faveur d'une interprétation libérale de cette obligation de discrétion d'autant que, par une sorte d'inclinaison naturelle, les fonctionnaires ont tendance à s'enfermer dans le secret.

Par ailleurs, la nouvelle Constitution de 2011 a consacré, dans son article 27, le droit de l'accès à l'information comme l'un des droits principaux qu'elle reconnait aux citoyens. Ainsi, « Les citoyennes et les citoyens ont le droit d'accéder à l'information détenue par l'administration publique, les institutions élues et les organismes investis d'une mission de service public. Le droit à l'information ne peut être limité que par la loi, dans le but d'assurer la protection de tout ce qui concerne la défense nationale, la sûreté intérieure et extérieure de l'Etat, ainsi que la vie privée des personnes, de prévenir l'atteinte aux droits et libertés énoncés dans la présente Constitution et de protéger des sources et des domaines expressément déterminés par la loi. »[583].

Aujourd'hui, il semble que l'on soit parfaitement conscient de la nécessité de favoriser la connaissance et la diffusion de l'information concernant l'administration ; nombreux sont les hauts fonctionnaires qui mettent à la disposition des chercheurs et universitaires, non seulement les

---

[581] Mohammed El Yaagoubi, *Le droit administratif marocain*, *op. cit.*, p. 78 et 79.

[582] Jean Garagnon et Michel Rousset, *Droit administratif marocain*, 6e éd., Editions la Porte, Rabat 2003, p. 526.

[583] Le projet de loi relatif au droit d'accès à l'information (DAI) vient d'être publié le 26 mars 2013 dans sa version arabe sur le site du secrétariat général du gouvernement (SGG). Ce texte tant attendu par la société civile depuis la promulgation de la Constitution de 2011 est important pour l'avenir du pays. Il est un des fondements de la démocratie et de l'État de droit. Contrairement à une idée largement répandue, le DAI concerne chaque citoyen et non seulement les journalistes, car il permet aux administrés de demander des comptes à leurs dirigeants. Le DAI compte parmi les droits de l'Homme. Selon l'article 19 de la déclaration universelle des droits de l'Homme de 1948, « tout individu a droit à la liberté d'opinion et d'expression, ce qui implique le droit de ne pas être inquiété pour ses opinions et celui de chercher, de recevoir et de répandre, sans considération de frontières, les informations et les idées par quelque moyen d'expression que ce soit ». *In* le Matin, Publié le 1er avril 2013 - Rachid Tarik.

connaissances qui résultent de leur propre expérience, mais aussi les documents indispensables à ceux qui ont pour mission de réfléchir sur les problèmes que pose l'administration[584].

b. L'obligation d'intégrité et de loyauté

Une autre obligation non moins importante pesant sur le corps des gouverneurs est celle de l'intégrité et de la loyauté à l'égard des institutions sacrées du Royaume. Cette obligation signifie que l'agent concerné, devrait éviter toute compromission morale ou matérielle, de manière générale, l'attitude loyale consiste à respecter la parole donnée, à obéir aux règles de l'honneur et de la probité[585].

La loyauté provient étymologiquement du mot latin « *legalis* », qui signifie conforme à la loi[586]. Ces définitions issues du langage courant nous renseignent sur l'une des problématiques posées par l'édiction d'un principe général de loyauté. L'attitude imposée par la loyauté confine à un comportement moral conforme à un idéal reposant sur des obligations juridiques. La définition qui se rapporte à la conformité à la loi n'est donc pas la plus importante, cette dernière n'est que le pendant ou l'accessoire du cœur de l'action ou du comportement vertueux de l'obligé. La loyauté signifie également : droiture, honnêteté, fidélité à tenir ses engagements. Elle se traduit également sur le plan administratif par la fidélité au régime politique dont doivent faire preuve les fonctionnaires. Cette dernière définition correspond au loyalisme des agents de l'Etat qui doivent à ce titre observer un devoir général de réserve (étudié précédemment)[587].

La notion de loyauté renvoie, a priori, aux incompatibilités liées à l'exercice d'une fonction d'autorité. De ce fait, les gouverneurs, représentants de l'Etat, garants de l'ordre public en son nom, et protecteurs de l'intérêt général, ne pourraient se compromettre dans des activités lucratives ou de négoce. En effet, la loi, depuis le dahir de 1963 relatif au statut particulier des administrateurs du ministère de l'Intérieur, dans son article 24, leur interdit « sauf dérogation exceptionnelle accordée par le ministre de l'Intérieur, (d') être nommés ou maintenus en fonction dans une province ou une préfecture où leur conjoint exerce une activité lucrative. »

L'article 12 du dahir du 31 juillet 2008, dispose qu' : « Il est interdit aux agents d'autorité d'exercer en dehors de leurs fonctions, même à titre occasionnel, une activité professionnelle rémunérée ou non, de quelque nature que ce soit. Des dérogations individuelles peuvent néanmoins être consenties par décision du ministre de l'Intérieur, ou par l'autorité déléguée par lui, pour des nécessités d'enseignement ou de recherche scientifique.

---

[584] Jean Garagnon et Michel Rousset, *Droit Administratif marocain*, *op.cit.*p.526.

[585] Dictionnaire, *Le nouveau petit Robert*, 1993.

[586] Dictionnaire Larousse en trois volumes, 1966.

[587] F. Lafaille., « *L'obligation de réserve et de loyauté du fonctionnaire d'autorité* (à propos de l'arrêt « Lecanu ») », Rev.adm.1999, p. 391.

Cette interdiction ne s'étend pas à la production d'œuvres littéraires, scientifiques ou artistiques. Toutefois, leurs auteurs ne peuvent faire mention de leur qualité d'agent d'autorité qu'avec l'autorisation du ministre de l'Intérieur. »

Il en est de même de l'exercice d'une profession libérale, de notaire, d'avocat ou de médecin, qui tombe sous le coup de l'incompatibilité légale. Cependant, l'article 10 du Dahir n° 1.08.101 du 20 octobre 2008, portant promulgation de la loi n° 28-08 réformant la loi du 10 septembre 1993 organisant la profession d'avocat, offre aux avocats qui étaient inscrits au tableau de l'ordre au moment de leur nomination en tant que gouverneurs, le droit de rester inscrits et de garder leur ancienneté, sans qu'ils puissent, toutefois, perdre le droit d'exercer la profession d'avocat, tant qu'ils soient chargés par l'Etat de ladite fonction.

Notons au passage, qu'il s'agit là d'une réforme de la nouvelle loi sur l'exercice de la profession d'avocat, puisque l'ancienne mouture de l'article 10 de la loi du 10 septembre 1993, citait limitativement les fonctions publiques, qui permettent à l'avocat de revenir à son métier initial, sans perdre ses avantages corporatifs : « L'avocat investi d'une fonction de membre du Cabinet royal, ministre, secrétaire d'Etat ou sous-secrétaire d'Etat, ambassadeur ou membre de cabinet ministériel, demeure inscrit au tableau du barreau à son rang d'ancienneté sans avoir le droit d'exercer la profession tant qu'il est chargé de ladite fonction », le texte de 2008 ajoute l'éventualité de la nomination à toute fonction publique qui lui serait confiée par l'Etat. C'est donc une définition beaucoup plus large qui comprend toute mission à caractère public, dont les fonctions de gouverneur, de wali ou de responsable d'une administration publique.

En tout état de cause, l'obligation d'intégrité qui incombe au gouverneur et aux agents d'autorité en générale, comporte une autre prohibition liée à la possession d'un patrimoine immobilier, conformément au même texte précité (l'article 24 du Dahir de 1963 relatif au statut particulier des administrateurs du ministère de l'Intérieur) les gouverneurs « ne peuvent, en outre, acquérir de propriété immobilière, ni édifier d'immeuble sans l'autorisation du ministre de l'Intérieur. Au moment de leur entrée en service tous les agents exerçant des fonctions d'autorité doivent obligatoirement faire sous la foi du serment, une déclaration indiquant la situation et la composition de leurs biens personnels. Des contrôles périodiques pourront être effectués par les soins des services accrédités à cet effet ».

Cela étant, on observera que jusque-là, l'interdiction d'acquisition de patrimoine se limitait aux actifs immobiliers, le texte de 1963 ne s'intéressait pas aux autres actifs, comme les actions, les obligations, la participation au capital de sociétés ou tout autre placement pouvant générer des bénéfices. Le dahir de 1963 imposait aux agents d'autorité une « déclaration sous serment » de la situation et de la composition de leurs biens. Le législateur de 2008, a semble-t-il, comblé cette lacune, en édictant cette obligation dans des termes généraux : « Conformément à la législation en vigueur, les agents d'autorité sont soumis à la déclaration obligatoire de leur patrimoine dans les conditions et les modalités y relatives ».

Cet article renvoie, en fait, au nouveau dispositif sur la déclaration obligatoire du patrimoine adopté en novembre 2008 et publié au Bulletin officiel n° 5679 en date du 03 novembre 2008[588], d'autant plus que la nouvelle Constitution de juillet 2011 a consacré ce principe notamment par le titre 10 relatif à la Cour des comptes et aux Cours régionales des comptes et par les articles 158[589], qui prévoit que : « Toute personne, élue ou désignée, assumant une charge publique doit faire, conformément aux modalités fixées par la loi, une déclaration écrite des biens et actifs détenus par elle, directement ou indirectement, dès la prise de fonctions, en cours d'activité et à la cessation de celle-ci ».

Du reste, la loi n° 54-06 instituant une déclaration obligatoire de patrimoine prévoit une procédure de contrôle de la déclaration obligatoire du patrimoine de l'agent public, en cas d'abstention il peut encourir des sanctions pouvant aller jusqu'à sa révocation (article 11 de la loi n° 54-06 instituant une déclaration obligatoire de patrimoine).

c. L'obligation de résidence dans le ressort territorial de commandement

Cette obligation qui n'était pas prévue expressément par les textes antérieurs, mais n'en était pas pour autant moins réelle, est celle de la disponibilité permanente. Tout déplacement du gouverneur, en dehors de son commandement, est strictement subordonné à une autorisation du ministre de l'Intérieur et même pendant son congé, le gouverneur doit être prêt à regagner son poste d'affectation au premier appel du service central qui doit disposer à tout moment et en toutes circonstances, des coordonnées susceptibles de lui permettre de rentrer en contact avec l'agent d'autorité[590].

Aujourd'hui, ce devoir de présence permanente dans le ressort territorial de commandement est prévu clairement par l'article 11 du dahir du 31 juillet 2008 qui dispose que : « les agents d'autorité sont astreints en particulier à : (…) la résidence dans le ressort territorial où ils exercent leurs fonctions ». Le ministre de l'Intérieur peut accorder des dérogations exceptionnelles et

---

[588] Il s'agit de la loi n° 54-06 instituant une déclaration obligatoire de patrimoine de certains élus des conseils locaux et des chambres professionnelles ainsi que de certaines catégories de fonctionnaires ou agents publics. Bulletin Officiel n° 5680 du Jeudi 6 novembre 2008, Dahir n° 1-07-202 20 octobre 2008 portant promulgation de la loi n° 54-06 instituant une déclaration obligatoire de patrimoine de certains élus des conseils locaux et des chambres professionnelles ainsi que de certaines catégories de fonctionnaires ou agents publics.

[589] Voir également l'article 154 de la Constitution de2011, quant à lui dispose que « Les services publics sont organisés sur la base de l'égal accès des citoyennes et des citoyens, de la couverture équitable du territoire national et de la continuité des prestations rendues. Ils sont soumis aux normes de qualité, de transparence, de reddition des comptes et de responsabilité, et sont régis par les principes et valeurs démocratiques consacrés par la Constitution ».

[590] Hammouda El Caid, *Le gouverneur et la gestion des affaires locales*, *op. cit*, p. 119.

provisoires. L'Etat contrebalance cette obligation lourde qui limite même le droit du gouverneur à se mouvoir librement, par l'attribution d'un logement de fonction aux gouverneurs qui assurent une fonction ou une mission à l'administration locale ou à l'administration centrale.

d. La non cessation du service d'une manière concertée

Les exigences de la continuité de l'Etat, et la prééminence du rôle de représentant du pouvoir central dans la préfecture ou la province, imposent au gouverneur d'assurer le service de façon permanente, cette obligation est étroitement liée à une autre injonction relative à l'exercice de leurs fonctions même au-delà des horaires normaux de service, prévue par l'article 11 du dahir du 31 juillet 2008. En effet, à l'échelon local, le gouverneur est le premier responsable gouvernemental, qui est, de plus, chargé de la mission de maintien de l'ordre, et de la sauvegarde de la paix et de la tranquillité publiques. Cela étant, il doit rester en contact permanent avec les services centraux du ministère de l'Intérieur, superviser les permanences des autres agents d'autorité de grade inférieur (pachas et caïds), et se maintenir informé de tous les évènements petits et grands qui surviennent dans son ressort territorial.

Par ailleurs, on ne peut traiter de l'obligation de la non cessation concertée du service, sans examiner le problème de la grève dans la fonction gubernatoriale. A ce titre, la question qui devient légitime est celle de savoir si l'on peut même envisager la grève dans le corps des agents d'autorité, et particulièrement parmi les rangs des gouverneurs ? Peut-on imaginer, ne serait-ce qu'un instant, que des gouverneurs de provinces cessent collectivement d'exercer leurs activités afin d'exprimer leur désaccord avec des décisions gouvernementales ?

Pour répondre à ces interrogations, il convient, tout d'abord de définir la notion même de grève[591], celle-ci, en effet, est une épreuve de force engagée par des salariés contre leurs employeurs pour faire valoir leurs revendications : elle fait endurer une charge financière à chacune des parties et l'oblige à peser les avantages et inconvénients d'une prolongation du conflit. Mais, l'Etat n'est pas comparable aux autres employeurs : la grève des fonctionnaires ne cherche pas à atteindre les intérêts de l'Etat-patron, elle vise à paralyser le service public et à émouvoir l'opinion publique[592].

S'il peut y avoir égalité entre salariés et employeurs, dont les conflits ne mettent en cause que les intérêts privés, les rapports entre l'Etat et les fonctionnaires sont d'un autre ordre : parce que l'administration est chargée d'assurer le fonctionnement des services publics, la grève des fonctionnaires

---

[591] La nouvelle Constitution de 2011 reconnaît le droit de grève dans son article 29 : « (...) Le droit de grève est garanti. Une loi organique fixe les conditions et les modalités de son exercice. », Cette loi organique n'est toujours pas intervenue, ce qui laisse la porte ouverte à toutes les interprétations, et donne plus de latitude à l'Etat de le contrôler.

[592] Mohammed El Yaagoubi, *Le droit administratif marocain*, *op.cit.* p. 126.

porte atteinte aux intérêts de la nation ; elle n'est plus une épreuve de force entre employés et employeurs, mais entre une fraction de l'ensemble du corps social. Si les forces de police, les enseignants, les personnels des établissements pénitentiaires font grève, ce n'est pas l'Etat qui est atteint dans ses intérêts d'employeur, c'est la société qui est privée d'un service public indispensable[593].

Cela étant, le principe de la continuité du service public, *a priori,* s'oppose à l'exercice du droit de grève, puisque celui-ci entrainerait nécessairement l'interruption du service. Cette constatation explique que le droit de grève a été dénié aux agents des services publics[594], et ce, depuis un décret du 5 février 1958[595]. Ce texte disposait dans son article 5 : « pour tous les personnels toute cessation concertée de service, tout acte collectif d'indiscipline caractérisée, pourra être sanctionnée en dehors des garanties disciplinaires », bien que réglementant le droit syndical des fonctionnaire ce texte avait, en fait interdit le recours à la grève de toutes les catégories du personnels de la fonction public, et la jurisprudence avait conclu alors que ce droit pouvait être prohibé par le pouvoir réglementaire, détenu à l'époque par le Président du conseil[596].

Les réformes constitutionnelles successives, celle de 1962, de 1970, de 1996, n'ont pas changé les données du problème puisque, comme la Constitution de 1962, celle de 1996 disposait dans son article 14, dans les mêmes termes que : « le droit de grève demeure garanti », cela dit, ce droit concerne uniquement les catégories du personnel, qui avant 1962, pouvaient l'exercer, les fonctionnaires publics en demeuraient exclus.

La situation actuelle est similaire, puisque, malgré la reconnaissance du droit de grève par la Constitution de 2011, la loi organique qui devrait en déterminer les conditions et les modalités de l'exercice n'est toujours pas intervenue.

Reste à souligner que la catégorie des agents d'autorité dispose d'un statut particulier (celui du 31 juillet 2008), contenant des règles d'ordre spécial, qui doivent s'appliquer, en l'absence de dispositions contraires prévues par des textes supérieurs dans la hiérarchie des lois, abstraction faite de ce qui est prévu par des règlements d'ordre général. Or, cette observation à l'avantage de la simplicité et se heurte même à des obstacles d'ordre juridique, puisqu'elle équivaudrait à reconnaitre à l'article 11 du dahir du 31

---

[593] *Ibid.*

[594] Garagnon et Michel Rousset, *DroitaAdministratif marocain*, 6e édition la Porte, Rabat 2003, p. 333.

[595] B.O. 1958, p. 536.

[596] La Cour suprême a en effet décidé que l'article 5 du décret de 1958 avait édicté sur le fondement du pouvoir réglementaire général du chef du gouvernement qui lui permet de prendre toute mesure nécessaire au fonctionnement de l'ensemble des services publics en l'absence de toute disposition contraire ayant valeur juridique supérieure (S.C.A. 17/4/1996, R., p. 56), cité par Garagnon et Rousset, *op. cit.,* p. 333.

juillet 2008 une valeur juridique égale à celle de l'article 29 de la Constitution de 2011.

Cependant, dans le silence du législateur, et en l'absence d'une loi organique, il faut préciser que l'exercice du droit de grève, comme l'exercice de tout droit, ne doit pas nuire aux nécessités de l'ordre public et du fonctionnement des services publics.

En définitive, concernant cette obligation incombant aux gouverneurs de ne pas faire grève, l'article 11 du dahir de 2008 précité n'a fait que confirmer la prohibition générale et absolue qui était prévue à l'article 15, alinéa 2 du statut de 1963 relatif aux administrateurs du ministère de l'Intérieur, qui dispose que : « (…) Toute cessation concertée du service ou tout acte collectif d'indiscipline caractérisée soustrait les administrateurs et les administrateurs adjoints aux garanties disciplinaires ». Ce texte ne faisait que reprendre, en effet, les dispositions de l'article 5 du décret du 5/2/1958 précité. Cette même position, s'en est trouvée constamment confirmée par la jurisprudence de la Cour suprême[597], qui a maintenu le même raisonnement stable et réitéré, jusqu'à l'arrêt « *Chibane* »[598] qui consacra selon

[597] Voir en particulier, l'arrêt (précité) « Mohammed EL Hihi », 17-04-1961, R.A.C.S.1961, p.56. Dans cet arrêt, il s'agissait d'une cessation concertée du service le 25 mars 1960, suite à laquelle le ministre de l'Education nationale avait radié des cadres de la Jeunesse et des Sports, le requérant qui avait intenté un recours pour excès de pouvoir. Considérant que le comportement de ce dernier constituait une faute de service caractérisée, la Cour suprême avait à juste titre pris comme fondement de son raisonnement l'article 5 du décret du 5 février 1958 précisant que « pour tous les personnels, toute cessation concertée du service, tout acte d'indiscipline caractérisée pourra être sanctionné en dehors des garanties disciplinaires ». Là était l'apport de l'arrêt. Mais ce qui en constituait l'élément essentiel était, nous, semble-t-il, surtout le fait que le juge avait expliqué, ce que l'on rencontre très peu depuis lors, que le fondement de cette disposition se trouvait dans le pouvoir réglementaire appartenant en propre au président du Conseil, en vertu duquel il était chargé de l'administration générale du pays, ce qui l'habilitait à prendre les mesures nécessaires pour assurer le bon fonctionnement de l'ensemble des services publics. Résumé de l'arrêt EL HIHI et commentaires de M.M.A.Benabdellah, *La constitutionnalité du droit de grève dans la fonction publique*, parus dans REMALD n° 44-45, 2002, p. 129 et s.

[598] L'arrêt « *Chibane* » est fondamental, puisqu'il a mis en œuvre une disposition constitutionnelle, qui érige le droit de grève en principe constitutionnel, et a mis en échec l'application de l'article 5 du décret du 5/02/1958, en énonçant que : « Les dispositions de ce décret qui constituent une interdiction absolue du droit de grève, sont incompatibles avec la disposition constitutionnelle confirmée dans les constitutions qui se sont succédé, de ce fait cette interdiction absolue s'efface compte tenu de son absence de compatibilité avec les dispositions de la constitution. Considérant que, sur la base de ce qui a été cité, et eu égard aux donnés de l'affaire, il s'avère que la grève entreprise par le requérant avec les autres instituteurs le 1er mars 2001 a respecté la procédure du préavis comme cela ressort de l'exemplaire du télégramme (photocopie) adressé au délégué provincial du ministère de l'Education nationale à Er-Rachidia. Et qu'elle a eu lieu sur appel des syndicats nationaux parmi lesquelles l'Union Marocaine du Travail, comme cela ressort de la requête, ce que ne conteste pas la partie défenderesse ; et que cette grève a eu lieu un seul jour, qu'elle n'a pas un caractère politique, ce que la partie défenderesse ne conteste pas ; de ce fait la grève évoquée par l'administration pour dire que le requérant a été négligent quant à ses obligations

M. Benabdallah une « conciliation qui devrait être l'âme de l'exercice de ce droit, une conciliation entre un moyen incontournable, *ultima ratio*, de défense des revendications professionnelles et la préservation du bon fonctionnement du service public »[599]

En France, la jurisprudence du Conseil d'État fourmille de prises de positions radicalement hostiles au droit de grève dans la fonction publique. Une grande grève dans les services publics, celle des postes du printemps 1909, a ainsi abouti à un arrêt qui a longtemps eu les honneurs des grands arrêts de la jurisprudence administrative : l'arrêt « Winkell »[600]. Le Conseil d'État confirme l'illicéité de la grève. Une autre grande grève dans les services publics, celle des chemins de fer de l'automne 1910, donnera également lieu à une jurisprudence sévère, le Conseil d'État affirmant la légalité d'une convocation de grévistes pour une période militaire58[601], moyen assurément radical de briser la grève et de mettre les grévistes dans le « droit chemin ». Le Conseil d'État, s'il a fini par abandonner la théorie du contrat de fonction publique[602] de laquelle il semblait déduire l'interdiction du droit de grève, a, par contre, réaffirmé cette prohibition jusqu'à la fin des années 1930. Comme le résume Henry Puget en 1936 : « à moins de se résoudre au suicide, l'État ne peut pas admettre le droit de grève des fonctionnaires »[603].

Cela étant, la cessation concertée de l'exercice de la fonction préfectorale en France a subi les mêmes contraintes jurisprudentielles que celles décrites plus haut au Maroc, et ce, depuis l'arrêt du Conseil d'Etat, « Dehaene », du 7 juillet 1950, qui avait conclu à ce que bien que la Constitution française reconnaisse la légitimité du droit de grève, l'autorité administrative peut, en l'absence de réglementation législative, définir les conditions d'exercice de ce droit, de façon à concilier avec les exigences de l'ordre public et la continuité des services publics essentiels ; à ce titre la grève peut être interdite à certaines catégories d'agents. Dans ces conditions, le fait de grève

---

professionnelles ne justifie pas la sanction d'avertissement …Annulation. ». Cité dans M.A. Benabdallah, *La constitutionnalité du droit de grève,op. cit.*, p. 129.

[599] M.A. Benabdallah, *La constitutionnalité du droit de grève* op. cit. *Ibid.*

[600] C.E, 7 août 1909, rec. 826 et 1296, Concl. Jacques Tardieu ; RDP 1909, p. 494, note Gaston Jèze ; S. 1909. 3. 145, note Maurice Hauriou. Voir plus loin 2ème partie, titre I, chapitre II, Section I. cité par Haïtham SAKR, *Les droits et libertés du fonctionnaire dans les jurisprudences du Conseil d'Etat Libanais et du Conseil d'Etat Français*, Thèse, Université de Poitiers, 2008, p. 27

[601] C.E, 18 juillet 1913, Syndicat national des chemins de fer de France et des colonies, rec. 882 ; RDP 1913, p. 506, concl. Jacques Helbronner et note Gaston Jèze. Haïtham Sakr, Thèse *op. cit.*, p. 28.

[602] Benoît Plessix, *L'utilisation du droit civil dans l'élaboration du droit administratif*, éd. Panthéon-Assas, 2003, p. 630 et s.

[603] H. Puget, *L'État et ses agents*, in La réforme de l'État, Félix Alcan, 1936, p. 149.

constitue une faute disciplinaire qui peut être sanctionnée sous la seule garantie de la communication du dossier[604].

Toujours en France, le droit de grève, a été reconnu par l'alinéa 7 du Préambule de la Constitution du 27 octobre 1946, ainsi que le préambule de la Constitution du 4 octobre 1958. Dans une décision du 25 juillet 1979, le Conseil constitutionnel l'a érigé en principe général du droit à valeur constitutionnelle. Dans son arrêt n° 262186 du 9 décembre 2003, le Conseil d'État considère, quant à lui, que le droit de grève constitue une liberté fondamentale. Pour la fonction publique, l'article 10 de la loi n° 83-634 du 13 juillet 1983 portant droits et obligations des fonctionnaires mentionne : « les fonctionnaires exercent le droit de grève dans le cadre des lois qui le réglementent ». Il n'en reste pas moins que pour autant, aucune loi n'organisait de manière générale le droit de grève dans la fonction publique française ; il relevait de règles disparates largement définies par la jurisprudence[605].

Hormis les conditions imposées aux personnels auxquels le droit de grève est reconnu, prévues par les textes précités, la loi impose un service minimum à certains services publics afin d'assurer la continuité des missions des services concernés indispensables à la satisfaction de besoins essentiels des usagers et de la puissance publique. Pour d'autres services (services hospitaliers, services publics locaux...), le service minimum résulte de la jurisprudence. L'autorité territoriale peut requérir (et non réquisitionner)[606].

En outre, l'article L 2215-1 du Code général des collectivités territoriales prévoit les conditions et les modalités de la réquisition préfectorale en énonçant qu' : « en cas d'urgence, lorsque l'atteinte constatée ou prévisible au bon ordre, à la salubrité, à la tranquillité et à la sécurité publics l'exige et que les moyens dont dispose le préfet ne permettent plus de poursuivre les objectifs pour lesquels il détient des pouvoirs de police, celui-ci peut, par arrêté motivé, pour toutes les communes du département ou plusieurs ou une seule d'entre elles, réquisitionner tout bien ou service, requérir toute personne nécessaire au fonctionnement de ce service ou à l'usage de ce bien et prescrire toute mesure utile jusqu'à ce que l'atteinte à l'ordre public ait pris fin ou que les conditions de son maintien soient assurées ».

---

[604] C.E, 7 juillet 1950, Dehaene, Rec. 426, GAJA 6e éd.1974, p.328. Cité par Driss Basri, *L'agent d'autorité,op. cit.* p. 98. Dans cet arrêt, le C.E considère qu' « une grève qui, quel qu'en soit le motif, aurait pour effet de compromettre dans ses attributions essentielles l'exercice de la fonction préfectorale porterait atteinte grave à l'ordre public ; que dès lors, le gouvernement a pu légalement faire interdire et réprimer la participation des chefs de bureau de préfecture à la grève de juillet 1948 ».

[605] La loi française n° 63-677 du 31 juillet 1963, dont les dispositions figurent aux articles L 2512-1 à L 2512-5 du code du travail détermine les conditions d'exercice du droit de grève dans la fonction publique mais ne constitue pas une réglementation d'ensemble.

[606] Centre de gestion de la fonction publique territoriale de Loire-Atlantique, Avis du Comité Technique Paritaire, « *Le droit de grève dans la fonction publique territoriale* ».

Quoi qu'il en soit, au Maroc le débat portant sur la problématique de l'exercice du droit de grève en général, et de la cessation d'activité concertée dans la fonction publique et vis-à-vis des agents d'autorité en fonction dans l'administration territoriale en particulier, n'est pas encore tari. Les obligations de neutralité politique et syndicale tendant à assurer à l'Etat l'exercice d'un pouvoir général serein et continu et à lui éviter des distorsions et des tiraillements qu'entraînerait une politisation ou une syndicalisation générale du corps chargé de l'administration générale, corps sur lequel repose largement les différentes actions de l'Etat[607].

Au-delà de ses obligations professionnelles légales prévues tant par le statut général de la fonction publique que par statut particulier des agents d'autorité, la pratique administrative a soumis le gouverneur à un autre devoir.

e. L'obligation d'accueil

L'obligation d'accueil du gouverneur au Maroc, trouve son origine dans l'histoire du Khalifa du Sultan[608], qui, quand ce dernier s'installait dans l'une de ses capitales[609], s'éclipsait, n'exerçait plus ses fonctions et ne retournait dans son bureau du Palais que lorsque le Sultan quittait la ville pour une autre capitale ou une autre expédition[610]. Aussi la résidence du gouverneur est souvent utilisée par le Roi lors de ses déplacements quand la ville qu'il visite n'abritait pas de Palais royal.

Mais cette obligation est aussi un devoir professionnel qui a été développé par la pratique quotidienne de la fonction de gouverneur et dégagée par la doctrine, qui correspond à ce que le grand préfet Monsieur Paul Delouvrier avait coutume de dire : « Une préfecture, c'est un drapeau et une cuisinière »[611], c'est une « servitude du métier qui tient à l'exigence d'accueil pour les besoins de la fonction. L'accueil permanent constitue, en effet, l'essentiel de la mission du gouverneur qui est, avant tout, un homme de contact et d'urbanité. Sa résidence est un lieu où, autour d'une table, des personnes que tout sépare ou oppose, s'évertuent à dépasser les querelles et les divergences d'intérêts, en vue de trouver ensemble un *modus vivendi*. L'honneur que le gouverneur fait aux antagonistes en les invitant chez lui pour discuter de leurs litiges ou malentendus est d'une efficacité telle, que

---

[607] Driss Basri, *L'agent d'autorité*, *op.cit.*, p. 99.

[608] Voir la partie réservée au *« Khalifa du Sultan »*, *infra*., p. 28.

[609] A ce niveau, il faut noter qu'était capitale, la ville où résidait le Sultan, même provisoirement. C'est ainsi que même sous le Protectorat, alors que Rabat était la capitale, quand le Sultan prenait un dahir dans l'une de ces deux villes : Fès ou Marrakech, ce dahir mentionnait dans son enregistrement : enregistré dans notre capitale (Fès ou Marrakech) » suivant le cas. Note de Monsieur Said Ben Bachir, l'administration locale au Maroc, op.cit., p. 33.

[610] Said Ben Bachir, *l'administration locale au Maroc*, *op.cit*., p. 33.

[611] Cité par Paul Bernard, « l'Etat et la décentralisation, du préfet au commissaire de la République », Documentation française, 1983, 284 pages, p. 71.

souvent, les hôtes se séparent en promettant de ne plus se chercher querelle »[612].

Ce devoir d'accueil est expliqué par Lucien Vochel : « Dans un département, il y a des hommes qui ne s'aiment pas, d'autres dont les intérêts s'affrontent, d'autres encore qui ne se connaissent pas ; la préfecture est le lieu où chacun acceptera de se rendre, le rôle du préfet est de les mettre en contact les uns, les autres et les aider ensemble à résoudre leurs problèmes »[613].

En raison de sa compétence générale qui le place non seulement en position de conseiller des administrés mais parfois même de confident, le gouverneur, est naturellement préparé à accueillir toutes sortes d'initiatives. Cette mission d'accueil permet au gouverneur d'assurer le développement dans un climat de quiétude et de sérénité permanente avec le milieu social

Décrivant la qualité d'accueil, de communication et le rôle de facilitateur d'échanges du préfet français, Monsieur Paul Bernard écrit : « la qualité d'échange constitue un enjeu. Dépassant le fétichisme de l'image, et la médiocrité des débats appauvris par un consternant conformisme des mass-médias, la démocratie recherche de nouvelles bases de communication, grâce à un nouveau combat des idées humanistes et à l'intervention participative des citoyens, actifs, décidés à se distinguer de la masse des passifs »[614]. Dans cet esprit, le gouverneur est la personne la mieux placée pour favoriser ces échanges au sein de la préfecture ou la province, en jouant tantôt un rôle de médiateur, proche des administrés, tantôt, celui d'arbitre représentant de l'Etat central et protecteur de l'intérêt général par-dessus toutes les autres contingences.

En plus de la précarité du statut et du poids des obligations, le gouverneur voit sa responsabilité, qu'elle soit administrative, civile ou pénale, de plus en plus mise en jeu.

Paragraphe III. Une responsabilité étendue

Nul n'est infaillible, il peut arriver à un gouverneur, dans l'exercice de ses fonctions, de commettre une faute. Celle-ci peut constituer, selon les cas, une faute administrative, qui n'engage la responsabilité personnelle de son auteur que si elle est détachable de ses fonctions et qui engagerait sa responsabilité disciplinaire, une faute civile qui le rend redevable civilement, ou une faute pénale, quand il viole l'une des dispositions du code pénal.

---

[612] Hammouda El Caid, *Le gouverneur et la gestion des affaires locales*, Imp. Société Nouvelle des Impressions et Cartonnages Idéale (Casablanca) 1996, p. 120.

[613] Enquête menée par Albert Duroy et Christina Fauvet, « *qui commande ?* », l'Express du 18 au 25 novembre 1978, n° 1428, p. 40 et s. citée par Driss Basri, L'administration territoriale, *op. cit.*, p. 56.

[614] Paul Bernard, Le Préfet de la République, *op. cit.*, p. 168.

A. La responsabilité disciplinaire

Le respect des obligations qui pèsent sur le gouverneur est garanti par l'existence du pouvoir disciplinaire. La nécessité de celui-ci n'est pas contestable, mais il convient aussi de le protéger contre l'éventualité de son usage arbitraire. C'est ce à quoi tendent les garanties disciplinaires dont bénéficient les fonctionnaires publics en général.

Soulignons à ce propos, que la responsabilité disciplinaire des agents d'autorité et des gouverneurs reste soumise aux dispositions de l'article 16 du statut de 1963 relatif aux administrateurs du ministère de l'Intérieur[615]. Le dahir du 31 juillet 2008, se contente, lui, de rappeler que : « l'évaluation de la compétence, du rendement et du comportement des agents d'autorité est effectuée, annuellement, selon des critères fixés par voie réglementaire. » (Article 15).

A présent, il faut examiner les caractères généraux de la responsabilité disciplinaire qu'encourt le gouverneur, ainsi que la notion de faute disciplinaire.

a. Les caractères généraux de la responsabilité disciplinaire

La mise en œuvre de la responsabilité disciplinaire appartient à l'autorité qui détient le pouvoir de nomination, le déclenchement de la poursuite disciplinaire relève de son pouvoir discrétionnaire, ce qui s'explique par le fait que la faute ne fait pas l'objet d'une définition légale. Cette responsabilité est essentiellement administrative et professionnelle, les sanctions sont des sanctions professionnelles qui n'atteignent le fonctionnaire que dans sa situation administrative, et qui sont énumérés par la loi[616].

Généralement, le pouvoir disciplinaire dans la fonction publique ressemble, à bien des égards, à la procédure pénale, mais il en diffère aussi, par l'inexistence d'une définition légale de la faute, qui serait, par ailleurs, impossible à donner. Cependant cette insuffisance est compensée par le contrôle du juge administratif.

Or, le gouverneur qui dépend totalement du gouvernement, peut être muté d'office, mis en disponibilité, ou bien même révoqué sans préavis. C'est la particularité du statut des agents d'autorité et notamment, celui du gouverneur qui engendre cette fragilité : les sanctions disciplinaires prononcées contre les gouverneurs le sont sans intervention d'un conseil disciplinaire, mais ils peuvent avoir connaissance de leur dossier.

---

[615] Cet article précise que : « les dispositions relatives aux sanctions disciplinaires prévues aux articles 66, 67, 68, 69, 70, 71, 72, 73, 74 et 75 du statut général de la fonction publique sont applicables aux administrateurs principaux, administrateurs et administrateurs adjoints du ministère de l'intérieur ».

[616] J. Garagnon et Michel Rousset, *Droit Administratif marocain*, *op.cit*. p. 531.

Certes, les gouverneurs bénéficiaient des garanties, tant de procédure que de fond, prévues par le dahir de 24 février 1958[617] portant statut général de la fonction publique, ainsi que celles développées par la jurisprudence. Toutefois, outre leur interprétation restrictive celles-ci ne pourraient pas avoir de conséquences sur le plan du contentieux de l'annulation pour excès de pouvoir engagé contre les décisions disciplinaires qui étaient prises à leur encontre, la chambre administrative de la Cour Suprême a depuis sa création refusé de statuer sur les actes individuels pris sous forme de dahir[618], considérant que le Roi ne saurait être plus simple autorité administrative : le gouverneur, pacha, et caïds ne bénéficient de la procédure disciplinaire que comme administrateurs affectés au service central et non comme agent d'autorité, en effet, alors que l'article 16 du statut prévoit une telle procédure pour les administrateurs principaux, administrateurs et administrateurs adjoints[619], alors que, comme nous l'avions souligné, ce texte maintient le pouvoir disciplinaire des agents d'autorité (gouverneurs, pachas, et caïds), entre les mains de « l'autorité investie du pouvoir de nomination », c'est-à-dire le souverain, et exclut, par voie de conséquence, le recours à la procédure disciplinaire prévue par le statut général de la fonction publique. La question s'est posée à quelques reprises et a été portée devant la justice. Quand un ministre peut-il légalement démettre un gouverneur, un pacha, un caïd nommé par dahir ?

Un requérant, agent d'autorité, avait été démis de ses fonctions par une décision du ministre de l'Intérieur. En cours de jugement, fut signalée l'existence d'une lettre du Cabinet Royal ordonnant au ministre d'exécuter sa proposition de décision en attendant la signature du décret royal. La Cour avait jugé, en substance, que le retard de la publication du décret royal ne « diminuait en rien sa force exécutoire »[620].

---

[617] Dahir n° 1-58-008 du 24-02-1958, portant statut général de la fonction publique. B.O. n° 2372 du 11-04-1958., p. 631.

[618] Pour une étude approfondie sur la nature juridique du dahir royal, voir, la thèse de M. Achergui sur le sujet, où, se basant sur l'évolution jurisprudentielle et doctrinale en la matière, il conclut à *la sacralité* de cet acte, en ces termes : « L'analyse verticalement de la place qu'occupe le dahir dans le système juridique marocain permet de soutenir que ce système a été conçu sur la base des dahirs, dans la mesure où ces derniers constituent la source essentielle de la majorité des règles en vigueur. L'étude de l'immunité totale dont bénéficie le dahir se réfère à une particularité essentielle : l'immunité absolue. La conclusion c'est que le dahir est un acte sacré aux effets très étendus. », Mohamed Achergui, *Le dahir en droit public marocain*, (en arabe), Casablanca, Faculté de Droit, mai 1981.

[619] L'article 16 du dahir du 1er mars 1963 portant statut particulier des administrateurs du ministère de l'intérieur dispose que : « Les dispositions relatives aux sanctions disciplinaires prévues aux articles 66, 67, 68, 69, 70, 71, 72, 73, 74 et 75 du statut général de la fonction publique sont applicables aux administrateurs principaux, administrateurs et administrateurs adjoints du ministère de l'intérieur. »

[620] C.S.A 16 Février 1973, Bouali El Amraoui, non publié, dossier n° 26171.

De surcroît, les juges marocains avaient souvent retenu le principe du parallélisme des compétences[621], selon lequel « l'autorité investie du pouvoir de nomination a compétence pour prononcer la cessation des fonctions ». C'est un principe qui n'a point besoin de texte pour s'appliquer ; paradoxalement, c'est l'absence de texte qui est la base de son application. Relativement à une affaire aux données juridiques semblables, le commissaire du gouvernement Heumann avait écrit : « A défaut de dispositions expresses déterminant l'autorité compétente pour mettre fin aux fonctions (...), ce pouvoir appartient, de plein droit, à l'autorité investie du pouvoir de nomination »[622]. La solution évidente dégagée par la jurisprudence tire donc sa source d'un principe général du droit relatif, du reste, à l'ensemble de l'organisation et de l'action administrative, principe qui constitue une des conditions essentielles de l'Etat de droit; c'est celui de la hiérarchie des compétences.

Cela étant, le texte de l'article 25 précité relatif à l'accès à la fonction d'autorité, avancement et discipline n'évoque nullement la procédure disciplinaire du ministre de l'Intérieur qui dresse discrétionnairement la liste des aptitudes pour le recrutement et élimine d'office toute personne ayant des attaches avec un parti politique dont l'idéologie n'a pas reçu, même implicitement l'approbation officielle. La concordance des vues entre les agents d'autorité et le gouvernement doit être totale, tout comportement susceptible d'y porter atteinte, même manifesté en dehors du service, est interprété comme incompatible avec le maintien en fonction du gouverneur réfractaire. Mais, cela constitue-t-il pour autant une faute disciplinaire ?

b. Définition de la faute disciplinaire

D'un point de vue général, la faute disciplinaire est constituée par tous manquements aux obligations du fonctionnaire. Il ne serait pas possible de donner une définition plus précise de la faute, car celle-ci est liée à des facteurs variables notamment aux circonstances de fait et à la situation propre au fonctionnaire intéressé, c'est donc l'autorité hiérarchique, qui, en fonction de données concrètes, appréciera si le comportement de l'agent est

---

[621] Mohammed Amine Benabdallah, « *Un ministre peut-il démettre un fonctionnaire nommé par dahir ? »Note sous C.S.A., 30 mai 1985, El Ferkali*, Benabdallah avance qu'Il est impropre, de parler de parallélisme des formes plutôt que de parallélisme des compétences, car il s'agit d'une autorité (le ministre) qui a agi, illégalement, sans autorisation ni délégation, à la place d'une autre (le Roi). La différence entre les deux règles n'est pas négligeable dans la mesure où le parallélisme des compétences, dont il est question, est un principe qui permet l'adoption de la notion d'acte inexistant, apparue déjà dans C.S.A du 14 janvier 1963, Société hippique et des courses marocaines ; voir les observations, R.A.C.S. p. 110. C'est un acte qui, compte tenu de l'énormité de son irrégularité, est considéré n'avoir jamais eu d'existence juridique ; de ce fait, il peut être attaqué à toute époque, (Voir, P. Weil, Une résurrection : la théorie de l'inexistence en droit administratif. D 1958, chron. 46.)

[622] C. Heumann, Concl. Sur C.E 10 avril 1959, Fourré-Cormeray, Dalloz 1959, p. 210 et Sirey 1959, p. 98.

constitutif d'une faute[623]. C'est ici qu'apparaît l'une des garanties essentielles : le fonctionnaire peut faire contrôler cette appréciation par le juge. Ce contrôle est très poussé, puisque le juge le fait porter non seulement sur l'exactitude des faits, mais aussi sur leur qualification.

Le juge vérifie la réalité des faits allégués. La Cour de cassation estime qu'une sanction manque de base légale lorsque les motifs invoqués par l'administration ne sont appuyés sur : « aucun fait qui soit de nature à la justifier, et dont l'exactitude matérielle puisse être vérifiée »[624]. S'agissant d'une sanction prononcée à l'égard d'un agent, auquel, il a été reproché d'avoir fait preuve d'indiscipline, d'avoir troublé le fonctionnement du service, elle constate « que ces griefs sont suffisamment précis et qu'il ne résulte pas de l'instruction qu'ils soient matériellement inexacts »[625].

Le juge vérifie ensuite que de tels faits sont bien de nature à être considérés comme fautes disciplinaires. « Attendu qu'en admettant que les allégations relatives à un mauvais comportement du sieur T. vis-à-vis du public et du personnel ne soient pas assez précises pour constituer des fautes disciplinaires… ». Les infractions commises par le fonctionnaire à la réglementation de la comptabilité interne des bureaux sont de nature à justifier légalement une sanction[626].

La faute disciplinaire se distingue de la faute pénale ; toute faute pénale ne constitue pas nécessairement une faute disciplinaire ; les délits non intentionnels réprimés pénalement peuvent ne pas constituer des fautes disciplinaires, inversement, peut apparaître comme une faute disciplinaire, un comportement qui n'a pas entraîné de poursuites pénales ou n'a pas donné lieu au prononcé d'une peine[627].

En tout état de cause, l'autorité administrative n'est pas liée par la qualification des faits donnés par le juge pénal, en revanche, elle est tenue par les constatations relatives à l'existence matérielle des faits qui sont relevés par le juge pénal. C'est la raison pour laquelle, en cas de poursuites pénales, l'article 70 du statut de la fonction publique, prévoit la possibilité de suspendre la procédure disciplinaire jusqu'à ce que le juge répressif ait statué ; elle peut même être suspendue jusqu'à ce que la décision soit devenue définitive (l'article 73 du statut de la fonction publique) : « En cas de faute grave commise par un fonctionnaire, qu'il s'agisse d'un manquement à ses obligations professionnelles ou d'une infraction de droit commun, l'auteur de cette faute peut être immédiatement suspendu par l'autorité ayant pouvoir disciplinaire. La décision prononçant la suspension d'un fonctionnaire doit préciser si l'intéressé conserve pendant le temps où il

---

[623] *Ibid.*

[624] C.S.A 4 Décembre 1958, Mohammed Benchakroun, R., p.27 ; C.S.A 22 janvier 1962, Kabbaj Mohamed Ben Tahar, R., p.21. Cité par Rousset, *op.cit.*, p. 531.

[625] C.S.A 22 juin 1964, G.T.M.A964. 1964, p. 94.

[626] C.S.A du 15 juillet 1963, Mohamed Tadili, R.A.C.A.M., 1964, p. 204.

[627] Jean Garagnon et Michel Rousset. Droit administratif marocain, *op.cit.*

est suspendu le bénéfice de son traitement ou déterminer la quotité de la retenue qu'il subit. Exception est faite des prestations à caractère familial qu'il continue à percevoir en totalité. ».

En cas d'acquittement au bénéfice du doute le problème s'est posé de savoir si l'administration avait l'obligation de retirer la mesure disciplinaire qui avait été prononcée. Dans un premier temps, la Cour de cassation avait répondu par la négative, estimant que la décision rendue au bénéfice du doute ne liait pas le pouvoir disciplinaire du fait de l'autorité[628].

En France, la jurisprudence avait établi une distinction nette entre la faute personnelle et la faute de service de l'agent, dans le cadre de l'exercice de ses fonctions, la règle de principe en cette matière a été fixé par l'arrêt de référence « Pelletier »[629].

B. La responsabilité pénale

Les textes n'offrent aux gouverneurs aucune immunité juridique, en ce qui a trait à leur responsabilité pénale, chaque fois que le gouverneur se rend coupable d'un délit ou d'un crime puni par le code pénal, il est passible de poursuites devant les juridictions compétentes. Sous réserve de la procédure de poursuite spéciale prévue à cet effet par le code de la procédure pénale.

Le gouverneur est, avant qu'il soit fonctionnaire, un citoyen, les prescriptions légales pénales doivent lui être applicables au même titre que les autres citoyens, conformément au principe constitutionnel de l'égalité de tous devant la loi, proclamé par l'article 6 de la nouvelle Constitution, qui dispose que :« La loi est l'expression suprême de la volonté de la nation. Tous, personnes physiques ou morales, y compris les pouvoirs publics, sont égaux devant elle et tenus de s'y soumettre ».

Quelle que soit l'importance de leurs charges publiques, les gouverneurs en fonction dans les entités territoriales sont pénalement responsables des infractions commises au cours, à l'occasion ou en dehors de l'exercice de leurs fonctions. Il n'y a pas, en d'autres termes, de régime d'irresponsabilité pénale, aménagé à leur profit, en raison de leur qualité officielle. Au contraire, loin d'être protégé, le gouverneur pourrait être concerné par une quinzaine d'infractions pénales prévues par le code pénal. Il est particulièrement exposé, d'autant plus que le fait qu'il soit détenteur d'autorité public est considéré, dans bien des cas, comme une circonstance aggravante à travers certaines incriminations.

L'essence de l'Etat de droit voudrait qu'en tant que représentant du pouvoir central, et garant du maintien de l'ordre public général dans la préfecture ou la province, le gouverneur s'érige en tant que protecteur des

---

628 CSA n° 230 du 25 juillet 1980, Abdeslam Chaibi c/Directeur Général de la Sûreté nationale, arrêt confirmé par la Cour Suprême dans l'arrêt n° 161 du 8/8/1985, Kabiri Seddik c/Directeur Général des Douanes et impôts indirects (non publié), cité par Michel Rousset, *op. cit.*, p.532.

629 Voir développements réservés à l'arrêt « Pelletier » note n° 549.

droits et libertés, et garant de l'application des lois, il ne devrait pas se prévaloir de son statut pour s'y soustraire. Il en découle qu'il ne bénéficie d'aucune immunité ou fait justificatif légal, l'exonérant des poursuites pénales.

En revanche, ce qui est prévu, ce sont des garanties judiciaires spéciales qui les mettent à l'abri des poursuites pénales dans des conditions analogues à celles d'un simple particulier. Afin de bien identifier l'ensemble de ces garanties, il est important de mettre en exergue le principe et le régime général de la responsabilité pénale des gouverneurs (a), avant de préciser qu'en toutes hypothèses, la mise en œuvre de leur responsabilité se fait devant des juridictions dont les compétences varient en fonction du privilège qui leur est reconnu spécifiquement (b).

a. Principe et régime général la responsabilité pénale des gouverneurs

Le statut particulier des agents d'autorité ne prévoit aucune règle spécifique d'immunité, d'exonération, ou de fait justificatif. A cet égard, la jurisprudence a même clarifié dernièrement cet aspect de la responsabilité pénale du gouverneur, dans un arrêt bien argumenté.

Il faut affirmer dores et déjà que le gouverneur qui enfreint les règles de la loi pénale en commettant une infraction qu'elle soit délit ou crime se verrait appliquer les mêmes dispositions légales que tout autre citoyen. Or, le principe de la personnalité des délits et des peines, qui n'est pas prévu textuellement par le code pénal marocain mais qui découle, lui-même du principe de la légalité des délits et des peines *(Nulla poena sine lege),* article 4 du Code pénal, alors qu'il est expressément prévu par le code pénal français dans son article 121-1 : « Nul n'est responsable pénalement que de son propre fait. »

Aussi, la responsabilité pénale des gouverneurs doit-elle être entendue en dehors de tout fait justificatif exonératoire. En d'autres termes, les actes réguliers d'exécution, à propos desquels le gouverneur agirait en exécution d'un commandement supérieur, par exemple en recevant des ordres écrits de la part d'un ministre ne peuvent être incriminés. Il s'agirait dans ce cas d'un fait justificatif qui engendre l'exonération de la responsabilité du gouverneur. C'est ce que prévoit l'article 124 du code pénal, qui précise qu' : « Il n'y a ni crime, ni délit, ni contravention : lorsque le fait était ordonné par la loi et commandé par l'autorité légitime (...) », ce texte dispose que l'agent public a un devoir d'obéissance sauf si l'acte exigé est manifestement illégal et de nature à compromettre gravement un intérêt public : hors dans une situation où il y a cumul de ces deux conditions, l'agent d'autorité est insusceptible d'être mis en cause pour des actes d'exécution normaux.

A ce titre, la responsabilité pénale propre aux gouverneurs serait plus ouverte aux cas de concussions ou de corruptions prévus et réprimés par les articles 241 et suivants du code pénal : la sanction pénale peut alors s'ajouter à la sanction disciplinaire conformément à l'article 16 du statut de 1963 susmentionné. Par ailleurs, cette mise en cause pénale s'est élargie récemment avec l'acceptation de la jurisprudence de poursuites contre un gouverneur, dans un cas d'espèce relatif à la régularité de la dévolution de marchés publics, notamment, délit dont le périmètre semble très large.

Ainsi, la responsabilité civile ou pénale du gouverneur peut aussi être mise en cause. S'agissant de la responsabilité civile, elle sera engagée sur la base de la faute personnelle, en outre, afin de lutter contre la corruption, une loi a été adoptée depuis mars 1965[630]. En vertu de cette loi la Cour spéciale de justice a été créée et chargée de réprimer les infractions de détournement de deniers publics, intéressement de fonctionnaires à certaines entreprises concussion et corruption passive[631].

La question qui se pose à ce niveau est celle qui concerne la définition de fonctionnaire public, puisque la compréhension de la notion de fonctionnaire au sens au de l'article 224 du code pénal[632] est beaucoup plus large que celle qui résulte de l'article 2 du statut général de la fonction publique de 1958[633].

Par ailleurs, sur le plan de la responsabilité pénale des fonctionnaires publics, une loi a été adoptée le 3 avril 2000 (La loi n° 61-99)[634], ayant pour objet de fixer « la responsabilité des ordonnateurs des contrôleurs et des comptables publics de l'État, des collectivités locales et de leurs groupements, ainsi que ceux des établissements et entreprises publics soumis au contrôle financier de l'État pour les actes qu'ils prennent, qu'ils visent ou qu'ils exécutent dans l'exercice de leurs fonctions respectives. » (Article 1er). Cette loi concerne particulièrement les gouverneurs de préfectures et provinces qui sont des ordonnateurs légaux des entités territoriales qu'ils dirigent. En outre, l'article 7decette loi prévoit que les agents qui leur sont

---

630 Loi n° 4-64 du 20 mars 1965 portant création d'une Cour spéciale de justice chargée de la répression des crimes de concussion, corruption et trafic d'influence commis par des fonctionnaires publics, Bulletin officiel n° 2736du 07/04/1965, page 400, cette loi a été modifiée par le dahirpourtant loi du 11 décembre 1965.

631 Cette juridiction a été organisé par dahir portant loi du 6 octobre 1976 (B.O., 1972, p. 1321), modifié par la loi du 25 décembre 1980 (B.O. 1980, p.18, chargée de réprimer les infractions de détournement de deniers publics, intéressement de fonctionnaires à certaines entreprises, concussion et corruption passive.Cette cour a compétenceà l'égard de ceux qui sont réputés fonctionnaires publics au sens de l'article 224 du Code pénal.

632 L'article224 prévoit que : « Sont réputés fonctionnaires publics, pour l'application de la loi pénale, toutes personnes qui, sous une dénomination et dans une mesure quelconques, sont investies d'une fonction ou d'un mandat même temporaires, rémunérés ou gratuits et concourent à ce titre, au service de l'Etat, des administrations publiques, des municipalités, des établissements publics ou à un service d'intérêt public. La qualité de fonctionnaire public s'apprécie au jour de l'infraction ; elle subsiste toutefois après la cessation des fonctions lorsqu'elle a facilité ou permis l'accomplissement de l'infraction. »

633 L'article 2 du CFP de 1958 donne cette définition au fonctionnaire public : « A la qualité de fonctionnaire toute personne nommée dans un emploi permanent et titularisée dans un grade de la hiérarchie des cadres de l'administration de l'Etat. »

634 B.O. 2002, p. 446.

subordonnés peuvent également être personnellement responsables, s'il est établi que la faute commise leur est imputable. Son article 1er dans son 2e alinéa précise, quant à lui, que cette responsabilité est indépendante des responsabilités disciplinaires, civiles ou pénales sans préjudice des sanctions qui peuvent être prises à leur encontre par la Cour des Comptes, ou par les Cours régionales des Comptes.

L'article 10 prévoit la possibilité de décharge de cette responsabilité : « L'ordonnateur condamné au remboursement (...) ou mis en dette ou déclaré débiteur, ainsi que le fonctionnaire ou l'agent visés à l'article 7 ci-dessus peuvent à leur demande, être déchargés de leur responsabilité en cas de force majeure, à la condition toutefois que l'acte ayant été à l'origine de la décision de remboursement ou du débit ou ayant déclaré l'un d'entre eux débiteur ne leur ait pas procuré un avantage personnel. ».

La jurisprudence de la Cour suprême (Cour de cassation actuelle) a démontré par un arrêt récent, que le gouverneur, vu l'importance de son rôle de représentation de l'Etat dans la préfecture et la province et son rôle principal de contrôle, est tenu responsable pénalement à titre personnel des violations de la réglementation relative aux marchés publics. C'est ainsi que la Cour de cassation a rendu en date du 1er juillet 2008[635], un arrêt dans lequel elle a précisé que : « *le gouverneur a l'obligation du contrôle général du fonctionnement de l'activité des agents des services extérieurs sous l'autorité de l'Etat, dans la préfecture ou la province, et notamment, l'activité relative à l'aménagement du territoire et l'urbanisme. Il est obligé, en plus, d'adresser des rapports aux ministres compétents, comportant son évaluation du travail des chefs de services des administrations civiles dans le ressort territorial de la préfecture ou la province. Parmi les mécanismes de contrôle et de suivi, en vue de l'application des lois et règlements, la présidence du gouverneur du comité technique, au moins, une fois par mois, qui devrait lui permettre de s'informer de l'activité générale dans la préfecture ou la province, de relever les défaillances, et de prendre les mesures qui s'imposent sous forme de décisions individuelles, appropriées, dans le cadre de sa responsabilité générale dans le contrôle et la coordination. Sur cette base, il assume une responsabilité pénale, s'il commet des actes par lesquels il dévie du cadre de ses attributions en tant que gouverneur, et dont il s'avère qu'ils étaient contraires à la loi, et constituent ainsi une infraction punissable. En plus, tout contrat signé par délégation comporte deux responsabilités, l'une est celle du gouverneur, en tant que partie à l'acte, et l'autre le concerne en tant qu'agent d'autorité, auquel le législateur à délégué le contrôle et le suivi de l'activité générale de sa province, dans le cadre de ses attributions.* » Et la Cour de cassation de conclure : « *la responsabilité du gouverneur est établie simplement par la*

---

[635] Arrêt n° 08/7/1667, 1er juillet 2008, dossier crim. N° 08/8679, publié RJCS, n° 69, année 2008, p. 303 et suiv. éditée par La Cour Suprême (Cour de cassation actuellement) toutes chambres réunies.

commission d'une faute liées à ses fonctions, alors que dans le cas d'espèce, il est l'auteur principal de la passation des marchés publics au mépris de la loi. »[636]

Dans cette décision, la juridiction supérieure a considéré, ainsi que dans la globalité des fonctions du gouverneur, la distinction entre la faute qui est détachable du service et celle qui ne l'est pas, distinction dont le caractère protecteur pour le fonctionnaire est connu, et ne s'étend pas au droit pénal[637]. Cette position jurisprudentielle est à saluer à plusieurs titres, d'abord parce qu'elle vient confirmer un principe constitutionnel de base qui est celui de l'égalité de tous les marocains devant la loi, (qui était prévu par l'article 5 de la Constitution de 1996, et prévu aujourd'hui par l'article 6 de la nouvelle Constitution), et ensuite, par ce qu'elle rompt définitivement avec le climat d'appréhension générale qui régnait dans le pays, et qui provenait de la croyance, qui était majoritairement admise selon laquelle les hauts fonctionnaires ne sont pas des justiciables comme les autres.

Il faut enfin préciser que les collectivités publiques disposent d'une action récursoire contre les agents insolvables à la place desquels elles ont été condamnées à indemniser les victimes de dommages à l'origine desquels se trouve une faute personnelle de l'agent d'autorité.

b. Le privilège de juridiction

La règle de privilège de juridiction vise la protection de la fonction de l'autorité contre laquelle des poursuites judiciaires sont menées. Et pourtant, on peut également penser qu'elle constitue, à vrai dire, une garantie essentielle d'une bonne administration de la justice, dans l'intérêt de la justice et de la partie victime de l'infraction. En effet, si cette autorité devait être jugée par une juridiction inférieure à celle que la loi lui attribue, il y a lieu de craindre, du fait de ses fonctions, qu'elle influence les juges dans leur mission de dire le droit. Il risque donc de ne pas y avoir de procès équitable en raison de la partialité du tribunal compétent. Bien plus, Montesquieu voit dans le privilège de juridiction, une sorte de droit à l'égalité accordé aux personnalités importantes, c'est-à-dire aux nobles. « Il faut, écrit-il, que les juges soient de la condition de l'accusé, ou ses pairs, pour qu'il ne puisse pas se mettre dans l'esprit qu'il soit tombé entre les mains de gens portés à lui faire violence »[638].

---

[636] Arrêt n° 08/7/1667, 1er juillet 2008, dossier crim. N° 08/8679, précité, traduit de l'arabe.

[637] C'est ce qui a été démontré par l'arrêt de la Cour de cassation française, Cass. Crim, 14 décembre 1971, Bull, Crim, n° 345 « l'existence présumée d'une faute rend l'inculpé justiciable des tribunaux répressifs, la notion de faute détachable ou non détachable de la fonction (…) étant étrangère au domaine de la responsabilité pénale » cité par Ollivier, *op.cit.*, p. 51.

[638] Extrait tiré de « *De l'esprit de lois* » L.XI, ch.6, Paris, Bibliothèque de la Pléiade, 1951, V.A., p. 396-406, cité par, Perelman(Ch.), « *Egalité et valeur* », in H. Buch, P. Foriers et Ch. Perelman, *L'égalité*, vol. I., Bruxelles, Etablissements Emile Bruylant, 1971, p. 321.

Il faudrait distinguer ainsi le privilège de juridiction de l'immunité pénale, cette dernière s'entendant d'une garantie judicaire que la loi attribue à une personne, en raison de ses fonctions, aux fins de ne pas être arrêtée, détenue, jugée et condamnée pendant qu'elle est encore en fonction et, parfois, même après la cessation de celle-ci, pour une infraction dont elle se serait rendue coupable dans le cadre ou en dehors de son service, c'est le cas de l'immunité parlementaire.

Historiquement, « le privilège de juridiction », toujours applicable aux gouverneurs chez nous, comme aux préfets en France jusqu'en 1993, est apparu au lendemain de la période révolutionnaire. L'idée a prévalu que l'autorité de la puissance publique passait par l'impunité de ses agents, qui ont ainsi bénéficié d'une assez large immunité pour les infractions qu'ils avaient pu commettre à l'occasion de l'exercice de leurs fonctions. Cette interdiction faite au juge de mettre en cause la responsabilité des agents du gouvernement, en raison de leurs fonctions a été affirmée solennellement en France, par la loi du 16 et 24 août 1790 et le décret du *16 Fructidor an III* qui devait admettre que les agents du gouvernement, autres que les ministres, ne pouvaient être poursuivis pour des faits relatifs à leurs fonctions qu'en vertu d'une décision du Conseil d'Etat et prévoir qu'en ce cas la poursuite avait lieu devant les tribunaux ordinaires. Cette autorisation n'a été délivrée qu'exceptionnellement, lorsque les poursuites avaient été motivées par un fait personnel apparaissant sans rapport avec l'exercice des fonctions de l'administrateur. Dans le même sens, la jurisprudence façonna la distinction entre faute personnelle et faute de service de l'agent de l'administration par l'arrêt dit « Pelletier », qui deviendra l'un des grands arrêts de la jurisprudence administrative en France[639].

Par voie de conséquence, comme le souligne Emmanuelle Lemoine[640] : « L'avènement de cette distinction n'allait cependant pas bouleverser les conditions de mise en jeu de la responsabilité pénale des agents. En effet, dans la pratique dès lors qu'un fonctionnaire commettait un crime ou un délit, sa faute était toujours considérée comme une faute personnelle. L'accomplissement du service public excluant par hypothèse la possibilité de commettre une infraction pénale. Le fonctionnaire n'était donc jamais condamné pénalement en sa qualité d'agent public, mais parce qu'il avait

---

[639] Après les apports de la jurisprudence Pelletier (TC, 30 juillet 1873, Pelletier, D, 1874, 3, p.5 ; GAJA n° 2) et la fameuse distinction entre faute personnelle et faute de service, ainsi était punie, selon l'expression de Lferiere, la faute personnelle due à l'homme avec ses faiblesses, ses passions, et ses imprudences, et étaient écartées des contentieux les actes des administrateurs relevant « des négligences, des omissions, des erreurs, qui sont dans les habitudes du service, quand ces habitudes du service sont mauvaises. Maurice Hauriou, *Précis de droit administratif et de droit public*, Sirey, 2e édition, 1933, p. 374. Les conséquences de la faute personnelle sont laissées à la charge de son auteur tandis que celles imputables à une faute de service doivent être supportées par la collectivité publique dont relève l'agent.

[640] Emmanuelle Lemoine, *La répression de l'indifférence sociale en droit pénal français*, Editions L'Harmattan, 2002, p. 98.

commis une faute personnelle, c'est-à-dire une faute grave et inexcusable et comme telle insusceptible de se rattacher au service ».

Mais au-delà de l'évolution jurisprudentielle relative à la question de la faute pénale du fonctionnaire public, l'apport de la doctrine en France a considéré les préfets comme des personnes « vouées au service public, à la satisfaction de l'intérêt général, dépositaires d'une parcelle de l'autorité publique, ils contribuent par leurs actions à la satisfaction des besoins et des droits fondamentaux de leurs concitoyens (sécurité, droits de l'homme, santé, éducation, qualité de vie). Selon Montesquieu, la République repose sur « la vertu politique », qui est « un renoncement à soi-même » se définissant comme « l'amour des lois et de la patrie, cet amour demandant une préférence continuelle de l'intérêt public au sien propre »[641].

Par ailleurs, « la République engage tous ses serviteurs à un sacerdoce reposant sur la vertu, dépassant la simple intégrité. De ce fait, le décideur public supporte une responsabilité singulière : la confiance que le peuple lui accorde le dépasse. Quand des faits l'accablent, ils affectent à travers lui l'autorité de l'État, ils bafouent les valeurs sur lesquelles l'État se fonde et contribuent à une perte des références morales. En effet, selon la formule de M. Robert Bouchery : « tout détenteur de la puissance publique, élective ou administrative, est une référence obligée »[642]. Source d'exemplarité pour les simples citoyens, les dirigeants doivent alors être au-dessus de tout soupçon. Finalement, « l'exercice d'un pouvoir, au nom du peuple, implique plus de devoirs qu'il ne confère de prérogatives. »[643]

La règle de privilège de juridiction dont bénéficient les gouverneurs était, avant la réforme du Code de procédure pénale, prévue par l'article 267 du Code de procédure pénale de 1959 qui prévoyait que : « Lorsque l'imputation vise (…) un gouverneur de province (…) la chambre criminelle de la Cour suprême, sur réquisitions du procureur général près ladite cour, ordonne, s'il y a lieu, que l'affaire soit instruite par un ou plusieurs de ses membres. ».

La formulation de cet article était critiquable, car le législateur utilisait curieusement la terminologie « gouverneur de province », ce qui suscitait un certain nombre d'interrogations : en premier lieu, cet article visait-il exclusivement les gouverneurs exerçant leurs fonctions dans un commandement de l'administration territoriale ? Et *quid*, dans ce cas, des autres gouverneurs nommés à l'administration centrale du ministère de l'Intérieur ou affectés à d'autres postes de responsabilité dans la haute fonction ? Par exemple, un gouverneur directeur d'une agence urbaine, ou un

---

641 Montesquieu, *De l'esprit des lois*, « de l'éducation dans le gouvernement républicain ».,*op.cit.*, p. 55.

642 Prévention de la corruption et transparence de la vie économique, La Documentation française, 1993, p. 124.

643 Jean Reserve, « Comment lutter contre la corruption dans le secteur public local ? », Après-Demain n° 370, janvier 1995, p. 39.

gouverneur en charge d'une mission ou détaché ? Et en deuxième lieu, s'agissait-il uniquement des gouverneurs qui sont nommés à la tête de provinces en dehors des gouverneurs nommés aux préfectures ?

Pour répondre à ces questions, il faut situer cet article du code de procédure pénale dans son contexte, en effet, le texte du 10 février 1959, méconnaissait plusieurs institutions venues plus tard s'imbriquer dans l'administration territoriale. L'article 265 du code de procédure pénale actuel, qui a remplacé l'article 266, est plus explicite, il prévoit que : « Lorsque l'imputation vise (...) un wali ou gouverneur(...) la chambre criminelle de la Cour de cassation, sur réquisitions du procureur général près ladite Cour, ordonne, s'il y a lieu, que l'affaire soit instruite par un ou plusieurs de ses membres. ». Désormais, tout fonctionnaire ou agent d'autorité appartenant au cadre des gouverneurs bénéficie de la règle du privilège de juridiction.

Notons au passage, qu'en 1965 une Cour spéciale de justice a été créée. Toutefois, son existence a été remise en question depuis le discours royal d'ouverture de l'année judiciaire de 2003 qui a, à la suite de la polémique soulevée par les conditions de fonctionnement de la Cour dans les affaires de la CNCA (Caisse Nationale de Crédit Agricole) et celle du CIH (Crédit Immobilier et Hôtelier) notamment, estimé qu'il fallait sans doute instituer une juridiction spécialisée dans les affaires économiques et financières, sans qu'elle soit pour autant une juridiction spéciale. C'est dans ce sens où le ministre de la justice de l'époque avait indiqué que ces juridictions étaient non seulement devenues inutiles[644], mais qu'elles étaient contraires aux conventions internationales et aux principes fondamentaux des droits de l'homme[645].

Avec cette suppression, les ministres, les responsables d'administrations publiques, les walis et gouverneurs ne bénéficient plus que du privilège de juridiction prévu par l'article 265 du Code de procédure pénale précité, il est procédé à l'instruction dans les formes prévues au titre "de l'instruction préparatoire du Code de procédure pénale. Une fois l'instruction terminée, le, ou les magistrats instructeurs rendent, suivant les cas, une ordonnance de non-lieu ou de renvoi devant la Cour de cassation. Celle-ci statue, toutes chambres réunies. Aucune constitution de partie civile n'est recevable devant la Cour de cassation (article 265 CPP). Ce qui signifie que la responsabilité pénale des gouverneurs relève aujourd'hui de la compétence de la chambre criminelle de la Cour de cassation.

---

[644] La Gazette du Maroc du 17 février 2003.

[645] Ces juridictions devraient être soit réformées pour en faire des juridictions spécialisées connaissant des jugements des délits et des crimes économiques et financiers, soient supprimées purement et simplement. A l'occasion de la suppression de cette juridiction en juillet 2004, le ministre de la justice M.Bouzoubaa avait déclaré : « cette Cour n'était guère compatible avec la promotion d'une Justice crédible, équitable et prévisible et que sa suppression constitue une grande avancée dans le processus de normalisation du système judiciaire telle que l'exige l'Etat de droit moderne », in. Maroc Hebdo du 28 mai 2004.

Sur le plan jurisprudentiel, cette évolution n'a pas été toujours bien appréhendée, et a donné lieu à une imprécision quant à la compétence juridictionnelle de l'instance qui serait appelée à juger les gouverneurs qui se trouvaient impliqués dans des faits d'abus de pouvoir ou de participation à la dilapidation de deniers publics, notamment, dans l'affaire du gouverneur « Lâafoura », qui est particulièrement révélatrice de cette confusion : le 15 juillet 2005, la cour d'appel de Casablanca s'est déclarée incompétente dans l'examen de l'affaire de M. Abdelaziz Lâafoura, ancien gouverneur de la préfecture de Hay Mohammadi-Ain Sebâa à Casablanca. Elle a également décidé de renvoyer son dossier aux instances compétentes et de le disjoindre des autres dossiers. La cour qui a examiné ce dossier et qui a entendu la requête de la défense a estimé que le jugement de cet ex-haut fonctionnaire de l'Etat n'est pas de son ressort, en application de l'article 265 du code de procédure pénale qui octroie à l'accusé le droit d'être jugé par la Cour suprême. Ce n'est qu'en janvier 2006 que la Cour suprême (l'actuelle Cour de cassation) s'était déclarée compétente pour statuer sur le cas Lâafoura. Après une première condamnation à 10 ans de prison ferme, en première instance devant la même juridiction, il a été acquitté le 13 mars 2008 en appel[646].

Soulignons à ce propos, qu'actuellement en France, la responsabilité pénale des préfets, ne souffre plus aucune exception, puisqu'ils ne bénéficient plus ni d'immunité ni de privilège de juridiction. En effet, jusqu'en 1993, les préfets et sous-préfets mis en cause à l'occasion d'actes susceptibles de constituer un délit, commis hors ou lors de l'exercice de leurs fonctions, bénéficiaient d'un privilège de juridiction, en vertu duquel la Chambre criminelle de la Cour de cassation devait désigner la juridiction chargée de l'instruction et du jugement de l'affaire. Ce régime n'avait pas pour objet d'assurer l'impunité des hauts fonctionnaires, mais l'impartialité des juridictions appelées à examiner leurs agissements. Ce régime a été abrogé par la loi du 4 janvier 1993. Il n'en est pas résulté que les fonctionnaires aient été soustraits à la compétence des juridictions répressives, mais qu'au contraire, ils ont été soumis au régime commun à tous les citoyens[647].

---

[646] Le Matin du 14 mars 2008.

[647] En France, où plusieurs préfets furent poursuivis en justice, une affaire particulière impliquant un préfet a défrayé la vie judiciaire en 1995 ; « l'administration préfectorale fut particulièrement choquée par l'inculpation du préfet Hostein pour des faits remontant à 1965. Ceci est rendu possible par le fait que le dommage est un élément constitutif de l'infraction, et que la prescription ne commence donc à courir que du jour où le dommage est réalisé ». S'en est suivi, plusieurs initiatives législatives de dépénalisation de la décision publique, une loi dite « Fauchon » du nom de son initiateur, adoptée le 29 juin 2000, visait l'objectif de définir avec précision les délits non intentionnels afin de limiter les poursuites contre les administrateurs publics et éviter la paralysie de l'action publique. A cette époque, où le corps préfectoral fut troublé à la crainte du juge pénal, « le ministère de l'Intérieur a tenté de rassurer des préfets émus par cette situation, en maintenant en poste les fonctionnaires mis en cause, en leur procurant assistance juridique, morale et parfois financière. Le Premier ministre

Comme il est dit précédemment, en France, l'idée prévalut longtemps que l'autorité de la puissance publique passait par l'impunité de ses représentants. Conformément à celle-ci, fut alors organisée une sorte de « statut particulier » protégeant le plus souvent les fonctionnaires des poursuites pénales[648], c'est le début de la règle du « privilège de juridiction » dès 1790, une interdiction absolue pour les tribunaux judiciaires de mettre en cause la responsabilité personnelle des administrateurs à raison de leur fonction.

S'agissant de la situation au Maroc, il est clair que le maintien dans notre code de procédure pénale du régime de privilège de juridiction au profit du gouverneur n'est qu'une survivance du système pénal français de 1790, entre temps, comme on l'a vu, la France a abrogé ces dispositions afin de permettre de déférer devant les juridictions de droit commun territorialement compétentes tous les hauts fonctionnaires quel que soit leur rang, ainsi d'agents de l'administration, « en la forme, au-dessus de la loi » ils deviennent pleinement justiciables comme les autres.

Nous appelons de nos vœux une réforme des articles 264 et suivants du code deprocédure pénale semblable à la refonte française de 1993, afin de réaliser une véritable évolution à ce niveau, en concrétisant le nouveau concept d'autorité, tel qu'il a été énoncé par le discours royal du 12 octobre 1999. Une telle réforme serait compatible avec le principe de l'égalité de tous devant la loi, proclamé aujourd'hui par la Constitution de juillet 2011 dans son article 6[649].

C. La responsabilité civile

La question que l'on se pose ici, est celle de savoir si la responsabilité civile du gouverneur peut être engagée au cas où il se rendrait coupable de fautes dans l'exercice de ses fonctions. Dans sa définition générale la responsabilité s'appréhende au sens large comme la nécessité morale, intellectuelle ou juridique de remplir un devoir, de satisfaire un engagement ou de réparer une faute. Dans son régime général, on requiert les trois éléments classiques : une faute, un dommage et un lien de causalité entre les deux. Circonscrite au champ juridique, la responsabilité civile se définit par

---

Monsieur Jospin, s'adressant aux préfets en juin 1999 les a exhortés à se plier aux exigences de la société qui veut que : « l'exercice de l'autorité n'aille pas sans responsabilité », estimant que « c'est à juste titre que les préfets sont mis en cause devant les juridictions », et que « c'est l'honneur de la démocratie que chacun soit soumis au droit ». »

[648] Alain Levy, Stéphane Bloch, Jean-Dominique Bloch, *La Responsabilité pénale des collectivités territoriales, de leurs élus, de leurs agents*, Litec, 1995, n° 3.

[649] En effet, cet article dispose que : « La loi est l'expression suprême de la volonté de la nation. Tous, personnes physiques ou morales, y compris les pouvoirs publics, sont égaux devant elle et tenus de s'y soumettre. Les pouvoirs publics Œuvrent à la création des conditions permettant de généraliser l'effectivité de la liberté et de l'égalité des citoyennes et des citoyens, ainsi que de leur participation à la vie politique, économique, culturelle et sociale. »

l'obligation qui pèse sur une personne de réparer les dommages subis par une autre personne et dont elle la cause.

Il convient d'examiner le sens de la responsabilité civile générale que peut encourir le gouverneur dans le cadre de l'exercice de ses missions(a), avant d'analyser sa responsabilité administrative spécifique (b).

a. La responsabilité civile générale

La notion se décline sous diverses formules mais se structure autour de deux fonctions : une fonction de réparation pour les responsabilités civile ou administrative, une fonction punitive pour la responsabilité pénale et disciplinaire vues précédemment. Toutefois, d'une manière générale, la responsabilité que nous visons ici est celle qui découle du principe général érigé par l'article 77 du dahir des obligations et des contrats, (D.O.C) du 12 août 1913, qui dispose que : « Tout fait quelconque de l'homme qui, sans l'autorité de la loi, cause sciemment et volontairement à autrui un dommage matériel ou moral, oblige son auteur à réparer ledit dommage, lorsqu'il est établi que ce fait en est la cause directe », et qui correspond à l'article 1382 du code civil français.

Néanmoins, d'une manière spécifique aux agents de l'Etat et aux gouverneurs particulièrement, il faudrait établir une démarcation entre deux régimes juridiques de responsabilité civile, l'un dit responsabilité due à la faute lourde de l'agent ou son dol et l'autre relatif à la responsabilité de l'Etat et des municipalités pour les fautes de services commises par leurs agents.

La notion de faute de l'administration est à puiser des règles générales qui la gouvernent, prévues par le dahir des obligations et des contrats (D.O.C, dahir du 12 août 1913), en particulier son article 79 qui dispose que : « L'Etat et les municipalités sont responsables des dommages causés directement par le fonctionnement de leurs administrations et par les fautes de service de leurs agents ».

D'autre part, l'article 80 prévoit que : « Les agents de l'Etat et des municipalités sont personnellement responsables des dommages causés par leur dol ou par des fautes lourdes dans l'exercice de leurs fonctions. L'Etat et les municipalités ne peuvent être poursuivis à raison de ces dommages qu'en cas d'insolvabilité des fonctionnaires responsables. »

Néanmoins, la question qui se pose au niveau procédural, est celle de savoir contre qui la personne lésée pourrait porter son action en réparation. Cette question est légitime puisque dans une application jurisprudentielle des dispositions précédentes, la chambre administrative de la Cour suprême (Cour de cassation actuellement) avait décidé que : « les actions intentées contre les municipalités doivent être dirigées contre la commune urbaine ou rurale en la personne de son représentant élu, qui seul peut représenter la collectivité devant les tribunaux[650], en application du dahir du 23 juin 1960. L'article 46 de ce dahir ne permet pas au pacha ni au gouverneur dans le cadre de ses fonctions municipales, de représenter les collectivités locales. De plus l'article 515 du code de procédure civile prévoit dans son troisième alinéa que les collectivités locales sont assignées en la personne du président du conseil communal en ce qui concerne les communes »[651]

Au surplus, il est de jurisprudence constante que l'Etat ne se substitue pas dans la responsabilité d'un fonctionnaire public qui serait considéré comme lourdement fautif : « un agent de l'Etat qui néglige de prendre connaissance des pièces essentielles d'un dossier et cause ainsi un dommage à autrui, commet une faute lourde dont il doit être personnellement responsable (art.80 du D.O.C). L'Etat ne peut être poursuivi qu'en cas d'insolvabilité du fonctionnaire. »[652]

D'autres arrêts de la cour de cassation datant de 1992, viennent confirmer la confusion en ce qui concerne l'application des articles précités aux cas de voie de fait de l'administration [653]et d'autres de 1996 [654] avec pour conclusion que les articles 79 et 80 du DOC ne sauraient s'appliquer à la voie de fait de l'administration.

Par ailleurs, en matière de maintien de l'ordre, force est de constater que récemment les tribunaux administratifs consacrent, de plus en plus, le principe selon lequel, les gouverneurs, ou agents d'autorité, en général, sont responsables de tout état de désordre ou d'anarchie ayant occasionné des pertes économiques à des personnes physiques ou morales, tout en substituant l'Etat dans la réparation civile de ces dommages[655].

---

[650] *Cf.* les développements que nous réservons au rôle du gouverneur en tant que représentant de l'Etat devant les juridictions, Titre II, Chapitre I, Section I, Paragraphe II.

[651] C.S. Adm., 11-VII-1975, R.J.P. E.M., 1979, n° 5, p. 244, cité par François Paul Blanc, D.O.C. Annoté, Sochepress- Université, 1988, p. 110.

[652] C.A.R., 4-III-1925, G.T.M., 1925, n° 181, p.203 ; R.L.J.M., 1926, p.7.

[653] M. Skali Houssaïni, « La voie de fait, entre la justice ordinaire et la justice administrative », REMALD, Thèmes actuels, n° 1, p. 43, (en langue arabe) ; H. Simou, « Le recours pour excès de pouvoir et les actes matériels de l'administration », REMALD n° 12, p. 45, (en langue arabe) ; M. Antari, « Remarques sur quelques tendances récentes de la jurisprudence administrative marocaine », REMALD n° 18, p. 55 à 58.

[654] C.S.A. 20 mai 1996, Ammouri, Com, REMALD n° 17, de M. Rousset, p. 9, et M.A. Benabdallah, p. 17.

[655] Jugement du tribunal administratif d'Agadir, n° 2010/390, du 8/6/2020 ; *BenSfia Abdelatifc/ l'Etat marocain* ; jugement publié in. Mohammed El Aaraj, *Responsabilité de l'Etat et des collectivités territoriales, dans la pratique de la justice administrative au Maroc*, (En langue arabe), REMALD, Coll. Manuels et travaux universitaires, 2013, n° 99, p. 109. En l'occurrence, le fait pour l'Etat ne pas avoir pris toutes les précautions requises nécessaires pour l'interdiction d'une manifestation sans autorisation, dont les participants ont bloqué la route menant au port et le retard dans l'intervention de l'Etat pour démanteler le blocus autour du port de Sidi Ifni constitue une faute de la part de l'Etat, d'autant plus que le maintien de l'ordre et la sécurité constitue l'une des manifestations de sas prérogatives régaliennes, dont il est exclusivement en charge.

Cette position du juge administratif est intéressante, à plus d'un titre, elle démontre que les juridictions administratives dans leur appréciation de la faute des agents de l'Etat, la considère souvent comme une faute de l'Etat. Il en était ainsi du jugement du tribunal administratif d'Agadir qui s'est penché, dans le souci pragmatique de condamner l'Etat en lieu et place de son agent, sur le manquement de l'Etat à l'une de ses obligations générales les plus importantes, en l'occurrence le maintien de l'ordre public.

Outre les cas où le juge administratif a eu à se prononcer sur la responsabilité de l'Etat sur la base de la notion de « risque », la décision précitée a élargi le domaine de l'application de cette théorie pour comprendre la responsabilité du fait des dommages résultant de l'utilisation de l'administration de matières dangereuses ou pouvant engendrer des dangers pour le public. Il en est ainsi de la réparation des blessés du fait de l'utilisation d'armes à feu par les forces de l'ordre[656]. Ou bien le dédommagement de personnes lésées suite à la négligence de l'administration dans l'accomplissement d'un service public obligatoire[657].

Cependant, la responsabilité civile de l'administration ou de ses agents reste encore intimement liée à la responsabilité pour faute développée par le droit privé. Ainsi, les tribunaux administratifs marocains requièrent toujours la réunion des trois éléments classiques précités : la faute, le dommage et le lien corrélatif entre les deux. Alors même que le droit privé admet la responsabilité sans faute mais seulement, en principe, si elle a été prévue par un texte particulier. Le droit public de la responsabilité sans faute est, au contraire, largement *prétorien,* mais les conditions pour que la responsabilité sans faute soit retenue sont sévères, du fait, en particulier, de l'exigence *d'un préjudice anormal et spécial*. La responsabilité sans faute n'est que subsidiaire par rapport à la responsabilité pour faute[658]. Toutefois, il convient d'insister sur la double fonction attribuée à ce type de responsabilité à savoir la garantie d'indemnisation pour les victimes qui n'auront pas à apporter la preuve, parfois difficile, d'un comportement fautif et une garantie d'efficacité et de sérénité pour l'action administrative délivrée de la crainte de commettre une faute, crainte qui pourrait la conduire à l'inertie. L'administration hésitera d'autant moins à prendre des risques, au nom de l'intérêt général, qu'elle saura que l'aléa est pris en compte et ne laissera pas les éventuelles victimes sans réparation : risque couvert, risque couru. La victime n'a à prouver que le lien de causalité entre le dommage qu'elle a subi et l'activité de l'administration, seuls sont exonératoires la force majeure et la faute de la victime. La seule condition rigoureuse concerne le

---

656 Jugement du Tribunal administratif de Fès, n° 148, du 19/06/1996, *Sté Aumavil c/ le premier ministre*

657 Voir, commentaire de l'arrêt précité, in Mohammed El Aaraj, *Responsabilité de l'Etat et des collectivités territoriales,* op.cit. p. 114.

658 Jacqueline Morand-Deviller, *Cours de droit administratif*, Montchrestien, 2005, p. 776.

préjudice : outre les caractères de « certain » et « direct », il doit, de surcroît, être *anormal* et *spécial*[659], notions pas toujours aisées à dégager[660].

Deux fondements théoriques servent à justifier le principe de la responsabilité sans faute de l'administration : le premier est la théorie classique du risque, c'est-à-dire par l'idée que l'administration ou l'un de ses agents, pour des raisons de service ou d'intérêt général, fait courir des risques exceptionnels et anormaux aux administrés. Ces derniers disposent du droit de se faire indemniser sans qu'on exige d'eux qu'ils prouvent une faute de service. La deuxième théorie est celle dite de *l'égalité des citoyens devant les charges publiques*, qui signifie que si une activité de l'administration profite à tous, mais entraîne, ce faisant, des charges exceptionnellement lourdes sur quelques-uns, l'équilibre de la société est rompu et cette inégalité manifeste doit être réparée.

b. La responsabilité administrative spécifique

Le code de la fonction publique de 1958, (que l'on peut appliquer au gouverneur, puisque même s'il bénéficie d'un statut particulier, il reste soumis à certaines de ses dispositions, qui ne s'opposent pas à son statut) dispose dans son article 17 que : « Tout fonctionnaire, quel que soit son rang dans la hiérarchie est responsable de l'exécution des tâches qui lui sont confiées. Le fonctionnaire chargé d'assurer la marche d'un service est responsable à l'égard de ses supérieurs de l'autorité qui lui a été conférée pour cet objet et de l'exécution des ordres qu'il a donnés. La responsabilité propre de ses subordonnés ne le dégage en rien des responsabilités qui lui incombent ». Cette disposition est inspirée du principe de la déclaration des droits de l'Homme et du Citoyen du 26 Août 1789, proclamée dans son article 15 : « Tout fonctionnaire, quel que soit son rang dans la hiérarchie, est responsable de l'exécution des tâches qui lui sont confiées ».

En pratique, nous ne voyons malheureusement pas d'application de ce principe dans la réalité, car pour mettre en œuvre une telle responsabilité, il faudrait que l'administré lésé emprunte cette voie et intente une action pour l'annulation de l'acte constitutif d'excès de pouvoir, et parallèlement à cela demande en justice la réparation de son préjudice. Mais la particularité la plus remarquable du recours en ce domaine, (résulte de l'obligation faite au requérant de déposer un recours administratif (hiérarchique, ou à défaut gracieux) préalablement au recours contentieux. Il doit le faire dans le délai

---

[659] Cf. CE, 24 mai 1967, « *Capia* », interdiction durant 15 jours, en 1962, du survol du territoire métropolitain en raison des menaces à l'ordre public (négociation des accords d'Evian, mettant un terme à la guerre d'Algérie). Des dérogations sont consenties. La société « Capia », seule compagnie de publicité aérienne existant en France, se voit refuser la dérogation. Le caractère anormal du dommage est retenu : manque à gagner du 1/3 du chiffre d'affaires, mais pas le caractère spécial : d'autres sociétés de photographie aérienne ont subi des préjudices et peu importe que celui de la société « Capia » soit plus grave que les leurs.

[660] Jacqueline Morand-Deviller, *Cours de droit administratif*, op.cit., p. 777.

d'un mois à compter de la publication ou de la notification de la décision. Le silence gardé pendant plus de trois mois par l'autorité administrative vaut décision implicite de rejet. La date du rejet exprès ou implicite de ce recours fait alors courir le délai de deux mois du recours contentieux[661].

Le recours pour excès de pouvoir contre les actes et les décisions de l'administration que l'on considère comme illégaux, est, en fait, un moyen de protection efficace du citoyen contre l'administration et ses agents. Il a été constitutionnalisé dans la dernière Constitution de juillet 2011, qui le proclame dans son article 118, ainsi : « Tout acte juridique, de nature réglementaire ou individuelle, pris en matière administrative, peut faire l'objet de recours devant la juridiction administrative compétente ». Le recours pour excès de pouvoir, reste le principal « instrument mis à la portée de tous, pour la défense de la légalité méconnue »[662].

Il faut noter, de surcroît, que l'administré peut provoquer une décision lorsque le gouverneur s'abstient d'agir : là encore, le silence gardé pendant plus de trois mois vaut décision implicite de rejet à l'égard de laquelle l'intéressé doit intenter un recours administratif dans les mêmes conditions que celles exposées ci-dessus. Il est évidemment possible de faire valoir des bons arguments pour justifier l'exigence du recours administratif préalable. Les actes « illégaux » ne sont pas tous volontaires. L'ignorance, comme l'explique le Professeur Rousset, en est souvent la cause : « Il n'est pour s'en convaincre que de feuilleter les recueils de jurisprudence, ou de parcourir les circulaires ministérielles expliquant à des fonctionnaires dont la formation est parfois élémentaire, la façon de prendre leurs décisions. Le recours administratif a donc une valeur pédagogique. Il peut jouer un rôle important dans la formation des agents publics. Mais en outre il doit permettre de corriger un certain nombre d'irrégularités en dehors de toute procédure juridictionnelles »[663].

Mais cette observation portant sur le rôle pédagogique du recours contentieux contre les décisions de fonctionnaires de formation indigente, était peut être valable au début des années de l'indépendance où le pays manquait de compétences et n'avait pas de centres de formation de qualité, aujourd'hui les gouverneurs sont, comme nous l'avons vu, choisis parmi des personnes disposant de profils de grande qualité scientifique et offrant une haute maîtrise des problèmes de l'administration. Dès lors, leur responsabilité doit être d'autant plus rigoureuse.

En outre, en termes de responsabilité administrative du gouverneur, on peut évoquer sa responsabilité pour ses activités de contrôle et de tutelle. En

---

[661] Michel Rousset, *Le contentieux administratif au Maroc,* in Maurice Flory ; Bruno Etienne(sous la responsabilité de) - Annuaire de l'Afrique du Nord- Centre national de la recherche scientifique ; Centre de recherches sur l'Afrique méditerranéenne (CRAM) - Paris, Editions du CNRS, 1966, p. 117-134, vol. 4 (1067 p.), p. 23.

[662] Concl. Pichat sur CE, 8 mars 1912 « *Lafage* ».

[663] Michel Rousset, *Le contentieux administratif au Maroc*, op.cit. p. 124.

effet, il est traditionnellement admis que si l'autorité contrôlée avait commis une faute, l'autorité chargée du contrôle pouvait aussi voir sa responsabilité engagée, mais seulement sur le terrain de la faute lourde soit à l'égard de la victime, soit à l'égard de l'autorité contrôlée qui se retournerait contre elle[664]. Il en est ainsi de la tutelle exercée par le gouverneur sur les actes et les décisions du président du conseil préfectoral ou provincial, pour ne prendre que cet exemple.

A ce titre, la jurisprudence française vient même d'admettre la responsabilité du préfet pour faute simple dans l'exercice de son pouvoir ordinaire de contrôle[665]. Par contre, il a été décidé, qu'en ce qui concerne le déféré préfectoral[666], une faute lourde doit être établie[667]. En relation avec la responsabilité du préfet, en France qui n'exercerait pas son rôle de contrôle sur les actes de la collectivité qui seraient contraires à la loi, la question s'est posée de savoir si le préfet a l'obligation de déférer spontanément ou sur demande. Autrement dit, a-t-il compétence liée pour porter devant le juge un acte dont la légalité lui semble enfreinte ? N'outrepasserait-il pas ses compétences s'il refusait d'exercer le contrôle de légalité dont le législateur l'a chargé ?

La réponse à ce questionnement a été donné à la fois par le Conseil constitutionnel, qui a considéré le déféré préfectoral comme une *faculté*[668] et par le Conseil d'Etat[669] qui a estimé que le refus de déférer du préfet est une décision insusceptible de recours, puisqu'il serait un pouvoir discrétionnaire et non compétence liée dans l'exercice du déféré.

A cet égard, est-ce que l'inertie du préfet qui aurait omis de déférer un acte irrégulier est susceptible d'engager la responsabilité de l'Etat ? La haute juridiction administrative en France a répondu par l'affirmative, tout en exigeant que la faute commise par le préfet soit lourde[670], ce qui implique que l'on doit la prouver chaque fois que l'on veut engager un recours en responsabilité administrative de l'Etat. Ce qui a fait que ces recours sont restés exceptionnels[671].

Nous avons pu constater que la précarité de son statut et le poids de ses devoirs, font du gouverneur un agent fidèle à l'exécutif, nommé *intuitu personae* et révoqué *ad nutum*, il doit manifester un conformisme total et sans faille aux prescriptions du gouvernement. Dans ce contexte, et vu la

---

[664] Jacqueline Morand-Deviller, *Cours de droit administratif,* op.ci.p.775.

[665] CE, 10 novembre 1999, « *Port de Compoloro* ».

[666] Le *déféré préfectoral,* en France, est l'acte par lequel le préfet contrôle les collectivités territoriales. En fait, la plupart des actes, doivent pour être exécutoires faire l'objet d'une transmission au préfet, représentant de l'Etat, lequel a ensuite la faculté de déférer au tribunaux administratifs les actes qu'il estime « contraires à la légalité ».

[667] CE, 21 juin 2000, « *Commune de roquebrune-Cap-Martin* ».

[668] C. Cons. Décision du 25 février 1982.

[669] C.E, 25 janvier 1991, arrêt *« Brasseur ».*

[670] L'arrêt du Conseil d'Etat « *Commune de roquebrune-Cap-Martin* »(précité), note n°575. *Supra.*

[671] Jacqueline Morand-Deviller, *Cours de droit administratif,* op.cit., p. 202.

spécificité du système d'administration territoriale au Maroc, est-ce que conformisme, signifie alors soumission et effacement total derrière les institutions du gouvernement ?

Section II. Le conformisme du gouverneur

Nous parlons bel et bien ici du conformisme[672] du gouverneur d'abord au Roi et ensuite au gouvernement, qui se distingue du loyalisme, en ce que ce dernier se limite à exiger d'un fonctionnaire, « indépendamment de ses convictions et de ses préférences quant au régime politique qui lui plaît de servir (...), de ne pas compromettre son existence ou le fonctionnement normal de ces institutions »[673], alors que le conformisme consiste dans « l'identification totale » avec les idées du fonctionnaire « des objectifs et des motifs du gouvernement. »[674]

Mais comme l'explique la doctrine en France : « l'allégeance politique, si elle a marqué l'administration préfectorale, est finalement une déclinaison démocratique de l'obligation de loyalisme. Le monarque de la fin de l'Ancien Régime n'attendait évidemment pas de telles manifestations d'adhésion de la part de ses intendants de justice, police et finance. On ne faisait pas, dans un système qui ne laissait pas place aux élections, grand cas des opinions politiques de ces commissaires »[675]

La situation du gouverneur marocain est quelque peu similaire à celle qui vient d'être décrite. En fait, historiquement, à l'indépendance du pays, et pour « moderniser progressivement l'administration territoriale », à « moindre douleur », l'Etat a utilisé la tactique du millefeuille institutionnel, autrement dit, sans supprimer les caïds et pachas, qui avaient assuré l'administration locale, avant et pendant le protectorat, il leur substitua progressivement des gouverneurs et bientôt des walis. D'origine et d'extraction bourgeoises dans la majorité des cas ; ces hommes tiraient leur

---

672 En France le conformisme des hauts fonctionnaires a été épinglé dans un rapport sur le fonctionnement de l'ENA, pourvoyeur essentiel de décideurs politiques, et autres dirigeants dont les préfets : « « Uniformité de comportement, voire de pensée », conclut le rapport du jury 2011, présidé par le juriste Yves Gaudemet. Tendance à « choisir le confort apparent des formules convenues, reprises jusque dans le vocabulaire des modes administratifs ou médiatiques »... « Difficultés à porter un jugement motivé sur les réformes en cours, à apporter la comparaison »... « Si l'originalité n'est pas une qualité en soi et ne doit pas être recherchée par principe, elle est bienvenue lorsqu'elle traduit simplement une forme de sincérité, de capacité à raisonner par soi-même et de curiosité », écrit Yves Gaudemet sans complaisance. Et, la présidente du jury 2010, Michèle Pappalardo, ne mâchait pas ses mots, regrettant ce « conformisme », observé notamment dans « le refus de prendre position » sur tel ou tel sujet d'actualités »., in. Le Figaro du 12/06/2012, *Des énarques décidément bien trop conformistes*.

673 Vassilios Kondylis, *Le principe de neutralité dans la fonction publique*, LGDJ, 01/12/1994, p.284, cité par Marc Ollivier, op.cit. p. 58

674 Vassilios Kondylis, *Le principe de neutralité dans la fonction publique* Op.cit.

675 Marc Ollivier, op.cit. p. 58

autorité de leur espérance de carrière et de leur fidélité absolue à la personne du Roi Mohammed V, et plus tard à son successeur le Roi Hassan II. Ce statut les fait honnir par les officiers militaires qui étaient déjà en place, et « fournissaient déjà une part importante des gouverneurs et des agents d'autorité, dans les régions les plus difficiles du pays »[676]. C'est ainsi que le gouverneur de Casablanca en 1965 était le Colonel Abdeslam Sefrioui (de janvier 1956 à mai 1957, il est gouverneur d'Agadir), Le Général Mohamed Medbouh[677] très proche du Roi Hassan II (qui est resté dans l'armée française jusqu'à1956), est devenu gouverneur des provinces de Ouarzazate puis de Rabat, le Général Hosni Benslimane, quant à lui, a occupé le poste de gouverneur de Tanger et Kenitra, entre 1971 et 1972.

Ces gouverneurs disséminés dans toute l'étendue du territoire, fer de lance de « la nouvelle monarchie » administrative, sont, comme nous l'avons souligné, les héritiers des Khalifas et des Pachas féodaux, du moyen âge, choisis dans l'entourage royal, si ce n'est de la famille sultanienne, envoyés à toutes les époques par le pouvoir central, *missi dominici,* aussi bien au « *bled Al Makhzen* »[678] qu'au « *bled Essiba* » pour maintenir l'ordre, surveiller ce qui se passait dans les provinces, et collecter les impôts.

Il n'en reste pas moins que les gouverneurs au Maroc d'aujourd'hui, dans une dimension symbolique marquée par le maintien des traditions séculaires, en tant qu'agents d'autorité nommés par le Souverain perpétuent l'allégeance à son égard (Paragraphe I) par le biais de l'acte solennel du serment (Paragraphe II).

Paragraphe I. La pérennité de la notion d'allégeance en droit public interne

Le 31 juillet de chaque année, le Roi préside la cérémonie annuelle de « *la bay'â* », « la plus ostentatoire des manifestations traditionnelles de la monarchie. La commémoration de l'intronisation du Roi, la *bay'â,* dispose de tout le faste, la splendeur et le décorum d'une fidélité de nature médiévale : des représentants du gouvernement, de l'Etat et des conseils locaux, sont alignés devant les portes du palais royal. Les portes s'ouvrent, et le roi apparaît, portant la traditionnelle djellaba blanche ; il passe au milieu des foules des fonctionnaires et des dignitaires qui s'inclinent tous, trois fois devant lui, dans un spectacle d'allégeance et un tonnerre d'imprécations :

[676] Octave Marais, *La classe dirigeante au Maroc*. op.cit, p.731.

[677] Le général *Mohamed Medbouh* (1927-1971) est un militaire marocain des Forces armées royales. Il a été ministre des Postes, Télégraphes et Téléphones (PTT) dans le gouvernement Abdellah Ibrahim de 1958 à 1960. Il a été le coorganisateur avec le colonel M'hamed Ababou, qui était sous ses ordres, du coup d'État manqué de Skhirat contre le roi Hassan II, le 10 juillet 1971.

[678] Pour une définition des termes en arabe voir glossaire en fin de cette thèse.

« *Notre-Seigneur vous donne sa bénédiction !* »[679] Un descendant des « *Abids* », personnel noir au service du roi, marche alors au côté du monarque et l'abrite d'un parasol »[680].

Dans cette succession de symboles traditionnels, scellant la continuité des institutions de l'Etat dans le Royaume chérifien, tous les agents d'autorité supérieurs, notamment, tous les gouverneurs du Royaume assistent, aux premiers rangs, à cette cérémonie, annuellement, ils répètent les mêmes gestes rituels, le même cérémonial symbolisant la soumission au trône, ils expriment leur allégeance indéfectible à la personne du Roi. Cette procession exprime, en fait, le renouvellement de l'acte d'allégeance ; l'un des actes fondateurs, en fait et en droit, à travers les siècles, de la singularité politique marocaine. Par cet acte multiséculaire, renouvelé annuellement, un contrat moral, engageant les deux parties, se construit une relation pérenne formelle et équilibrée entre les droits et les devoirs de chacun[681].

Mais quelle est la signification de cette institution qui constitue le véritable fondement des rapports d'autorité entre gouvernants et gouvernés et sous-tend l'obéissance, et la soumission, aussi bien des administrés que des administrateurs à l'égard du Roi ?

Dans la tradition politique des premiers siècles de l'hégire « *la bay'â* » est loin d'occuper la position centrale que lui confèrent les publicistes actuels. *Al Mawardi*, dans les Statuts gouvernementaux[682], par exemple n'en parle qu'une seule fois. Alors que par ailleurs, il a analysé avec beaucoup de détails, et plus de précisions tous les procédés de dévolution du pouvoir, qui étaient en vigueur à l'époque. *Ibn-Khaldun*, lui, plus prolixe consacre au concept une page, où il est plus question d'analyse étymologique voire

---

[679] Mohamed Daadaoui, *A Symbol Kind of Monarch*, in, http://carnegieendowment.org, traduit de l'anglais, consulté le 15 avril 2013.

[680] Dans son livre La mémoire d'un roi, le roi du Maroc Hassan II avait écrit, par boutade, que si « le parasol était le symbole de la royauté marocaine, beaucoup de gens s'y étaient mis à l'ombre alors que lui-même demeurait exposé au feu du soleil. ». Le caractère quelque peu ironique, sinon amer, de cette référence royale au parasol traduisait une certaine désinvolture, en apparence, du monarque à l'égard d'un emblème dont il rappelait qu'il symbolisait à la fois la royauté marocaine et la continuité de l'institution monarchique dans le royaume. La dérision exprimée par le Roi Hassan II à l'égard de ce symbole monarchique contraste avec l'image fort hiératique que nous avons de la royauté marocaine, image notablement fixée dans les esprits du fait d'un célèbre tableau d'Eugène Delacroix présenté au Salon de 1845, figurant le sultan Moulay Abderrahmane à cheval. Le parasol occupe une place centrale dans la composition. Il surmonte très nettement la silhouette solennelle du sultan vêtu de blanc, très droit sur son cheval, et se détache chromatiquement de l'ensemble, tâche verte et rouge sur un fond de ciel d'un bleu intense. In," Jocelyne Dakhlia, *Pouvoir du parasol et pouvoir nu*, Bulletin du Centre de recherche du château de Versailles, 2005.

[681] Le Matin, *L'allégeance comme ouverture sur la modernité*, 21 Août 2012, par Khalil Hachimi Idrissi.

[682] Al Mawardi, Les Statuts Gouvernementaux, *Al Ahkam Al Sultaniyyah*, Trad. Fagnan, op.cit, p.16.

épistémologique que politique[683] : « Le mot bay'â signifie prendre l'engagement d'obéir. Celui qui engageait sa foi en faisant la *bay'â* reconnaissait, pour ainsi dire, à son émir, le droit de le gouverner, ainsi que tout le peuple musulman ; il promettait que, sur ce point, il ne lui résisterait en aucune manière, et qu'il obéirait à tous ses ordres, lui fussent-ils agréables ou non. Au moment d'engager sa foi envers l'émir, on mettait la main dans la sienne pour ratifier le contrat, ainsi que cela se pratique entre vendeurs et acheteurs. C'est pourquoi on a désigné cet acte par le terme *bay'â*, qui est le nom d'action du verbe « *baâ* » (vendre en arabe). Donc la signification primitive de *bay'â*, est de se prendre par les mains. Telle est l'acception du mot dans le langage usuel et dans celui de la loi ; c'est encore ce que l'on entend par *bay'â* dans les traditions. Telle en est aussi la véritable signification partout où il se présente. De là vient l'emploi du mot *bay'â* pour désigner l'inauguration des khalifes. On dit de même : serment de bay'â (ou d'inauguration), parce que les khalifes exigeaient que la promesse d'obéissance envers eux fût accompagnée d'un serment réunissant les formules qui peuvent s'employer dans une déclaration solennelle »[684]

De plus, Ibn-Khaldun insiste davantage sur le rituel de soumission d'origine perse et son introduction dans la pratique arabe. On a l'impression à la lecture de ce texte que « la *bay'â* » correspondait beaucoup plus à des nécessités rituelles que légales[685].

A cet égard, Ibn Khaldun avait écrit dans les *Prolégomènes* : « De nos jours, « *la bay'â* »est une cérémonie qui consiste à saluer le souverain de la manière qui se pratiquait à la cour des *Chosroès*[686] : on baise la terre devant lui ; ou bien on lui baise la main ou le pied, ou le bas de la robe. Le mot « *bay'â* », qui a la signification de promettre obéissance, est pris ici dans un sens métaphorique ; en effet, l'esprit de soumission qui porte à employer une pareille forme de salut et à subir les exigences de l'étiquette royale est une conséquence immanquable et naturelle de l'habitude d'obéissance. Cette forme de « *bay'â* »est maintenant d'un emploi si général, que l'on est convenu de l'admettre comme valide, et l'on a supprimé l'usage de se donner la main, usage qui était autrefois la partie essentielle de l'acte d'hommage. Il y avait, en effet, dans la pratique de donner la main à tout le monde quelque chose d'avilissant pour le prince, une familiarité qui choquait la dignité du chef et la majesté du souverain. Un petit nombre de princes se conforment encore à l'ancien usage, par un sentiment d'humilité ; ils agissent ainsi envers leurs principaux officiers et ceux d'entre leurs sujets qui se distinguent par leur piété. On comprend maintenant la signification

---

[683] Mohamed Tozy *Le Roi Commandeur des croyants*, in *Edification d'un Etat moderne, le Maroc de Hassan II*, ouvrage collectif sous la direction de : D. Basri, A. Belhaj, M.J. Essaid. A.Laroui, A. Osman, M.Rousset, Edition Albin Michel, 1986, p. 56.

[684] Ibn Khaldun, *Les Prolégomènes*, Tome I, Paris 1934, Trad. Baron de Slane, p. 396

[685] Mohamed Tozy, op.cit. p.56.

[686] *Khosro* ou *Khosrow* II (*Chosroès* en grec), parfois appelé *Parviz* ou *Parwîz* (« le Victorieux »), est un empereur sassanide ayant régné de 590 à 628.

réelle du mot *bay'â*. C'est une chose bien essentielle à savoir, puisqu'elle nous permet d'apprécier l'étendue de nos devoirs envers le sultan ou l'imam, et nous empêche d'agir à la légère et de faire des imprudences. Nous recommandons ces observations à l'attention des personnes qui se trouveront en relation avec des souverains »[687].

Mais l'allégeance au Maroc n'est pas uniquement un rituel, elle est à la fois un contrat politique, et un outil de sacralisation[688] et de suprématie du pouvoir. Elle légitime la succession (*la khilafa*) en lui donnant sa légitimité religieuse. Cela est lié à la lecture de l'autorité qu'exercent les gouvernants sur les gouvernés. C'est Dieu qui choisit les khalifs, les sultans et les rois et c'est Lui qui légitime leur pouvoir[689]. Ainsi, on peut lire dans l'un des derniers actes d'allégeance établi au Maroc et dressé par un *Cadi* (haut dignitaire religieux) :

« Louange à Dieu, qui a fait du *Califat* un facteur d'ordre dans les domaines spirituel et temporel, l'a placé au degré suprême de la hiérarchie des magistratures et lui a assigné pour finalité la sauvegarde de la vie, des biens et de l'honneur des hommes et la prévention des méfaits que les puissants seraient tentés de commettre.

Nous attestons aussi que notre Seigneur, Prophète et maître Muhammad est son serviteur et son Envoyé qui nous a enseigné les actions recommandables et les règles impératives selon la Religion et a dit : « si vous passez à côté d'un territoire où n'existe aucune autorité légitime n'y pénétrez pas, car le détenteur du pouvoir légitime est l'ombre de Dieu et son bras séculier sur terre ».

Or, c'est une manifestation de sa sagesse que Dieu, que sa gloire soit exaltée et sa perfection raffermie, a confié la direction de ce monde aux sultans et aux rois et donné mission d'en prendre soin aux califes qui servent de guides, assurent à la perfection l'ordre et la tranquillité dans les voies et conduites, veillent à la sécurité des routes, de sorte qu'elles ne risquent pas d'être infestées par des hors-la-loi, garantissant la protection des groupes, l'exécution des engagements contractés de bonne foi, la surveillance des contrées pour les mettre à l'abri des méfaits, des voleurs et des larrons, font respecter les interdits divins, et réprimer les crimes. (…) Le Prophète, que le salut et la bénédiction soient sur lui, n'a-t-il pas dit, d'ailleurs : « le détenteur de l'autorité légitime est l'ombre de Dieu et son bras séculier sur terre ; c'est le refuge du faible et le recours de toute victime d'injustice », affirmant aussi, selon une autre version : « le détenteur de l'autorité légitime est l'ombre de Dieu sur terre, quiconque trahit sa confiance tombe dans

---

[687] Ibn Khaldun, *Les Prolégomènes*, op.cit, p,(précité).

[688] *Cf. infra*, note n° 602, pour la signification de la sacralité du pouvoir.

[689] « Dis : "Ô Allah, Maître de l'autorité absolue. Tu donnes l'autorité à qui Tu veux, et Tu arraches l'autorité à qui Tu veux ; et Tu donnes la puissance à qui Tu veux, et Tu humilies qui Tu veux. Le bien est en Ta main et Tu es Omnipotent. », (Sourate 3 Al-Imran (La famille d'Imran) révélée à Médine, v.26. Le Coran, Traduction de Haj Noureddine Ben Mahmoud, Cercle Européen d'Edition, 1970).

l'égarement, celui qui fait preuve de loyauté à son égard, va dans la bonne voie »[690].

Or, le sujet de l'allégeance en droit public marocain, lié à l'enjeu important de légitimation de l'exercice du pouvoir, voire même, de sa sacralité[691], faisait et fait toujours l'objet d'un débat passionné, entre les tenants de trois acceptions concurrentes .*La bay'â* : contrat politique : cette idée est défendue par la majorité de l'élite nationaliste, aussi bien, « *salafistes*[692]» que moderniste. *La bay'â,*au même titre que la *Sûnna,* l'assimilation de la *bay'â* au contrat de mariage permet aux jurisconsultes de revendiquer la réciprocité de l'engagement et de déclarer nulle tout engagement obtenu sous la contrainte. Il substitue au contrat de *bay'â* celui de non *bay'â* qui serait nul. La pratique marocaine actuelle de la *bay'â,*ce référendum de l'acceptation et de l'allégeance tel un rituel de soumission, célébrée annuellement, est un acte solennel constatant et reconnaissant la légitimité du Sultan et marquant l'adhésion à une autorité suprême, il s'agit traditionnellement d'un acte dressé par un Cadi, qui mobilise pour sa rédaction toute la chaîne référentielle[693].

Néanmoins, au Maroc la réalité de l'allégeance gubernatoriale vis-à-vis du Roi et non au gouvernement, s'explique non seulement par les sources religieuses de droit public légitimant le pouvoir, mais aussi par l'histoire et par la sociologie. L'histoire nous apprend qu'au crépuscule du Protectorat, par souci de sécurité, l'administration française essaie d'obtenir du sultan la confirmation des caïds en place, à l'exclusion d'une trentaine de noms qui seraient sacrifiés, comme trop compromis par leur soutien au sultan *Ben Arafa*, après négociations et tergiversations, le sultan, conscient de la suprématie de la figure du monarque, refuse d'accepter de couvrir de son autorité l'ancienne administration locale : « *et pourquoi devrais-je confirmer des chefs marocains qui ont provoqué ma déchéance ? Le voudrais-je que je ne le pourrais pas. La monarchie marocaine est maintenant constitutionnelle. C'est l'affaire du gouvernement...* », Déclare-t-il à ses interlocuteurs français[694]. Son refus de coopérer avec le Protectorat au maintien des structures sociales existantes laisse les mains libres au Palais pour jouer son propre jeu dans la phase de reconstruction des pouvoirs

---

[690] Texte de l'acte de l'allégeance de la ville d'Ed-Dakhla et des tribus d'Oued Ed-Dahab présenté à Sa Majesté le Roi Hassan II et lu par Habib Allah Ould Bouh, *Cadi* de Dakhla, au Palais royal de Rabat, le Mardi 14 août 1979, *B.O* n° 3490 bis, du 20 septembre 1979.

[691] La sacralité n'est pas assimilable ici à un « objet de culte » ; elle signifie, beaucoup plus, place dans la hiérarchie des normes et des acteurs politiques, capacité d'être, référence par rapport à laquelle se font et se défont les lois ; elle est suprématie autant que vénération. Dans les deux cas, elle entraîne le respect et la soumission. V. Mohamed Tozy, op.cit. p. 59

[692] De : *salaf*, « ancêtres » ou « pieux prédécesseurs », quête de l'authenticité et retour à la pureté des sources. Ce concept appartient à l'islam sunnite.

[693] Voir pour plus de détails sur la nature juridique, théologique et politique de l'institution de l'allégeance au Maroc, l'article précité de Mohamed Tozy, *Le Roi Commandeur des croyants,* op.cit, p. (précitée).

[694] Rémy Leveau, *le fellah marocain défenseur du trône*, op.cit, p.20.

publics. Il se résigne à l'idée de voir le Parti nationaliste succéder à la bureaucratie centralisatrice du protectorat, mais il met en place des hommes et une politique qui lui permettront de récupérer ce qu'il n'a pas voulu recevoir directement des mains du colonisateur. Il est significatif que le choix du sultan pour le ministère de l'Intérieur ait porté sur l'ancien caïd berbère *Lahcen Lyoussi*, auquel il est lié depuis longtemps[695].

Mais, si Mohamed V entendait contrôler les nominations des caïds et maintenir ses prérogatives, avec l'intention de soutenir la reconstitution du réseau des élites locales ; il devra encore attendre avant de réaliser ses fins, les premiers remplacements s'opèrent par le haut. On nomme des gouverneurs qui demeurent les héritiers des chefs de régions, puis des caïds et pachas qui succédèrent tout naturellement aux chefs de territoire et aux chefs de cercles du Protectorat. Les premiers gouverneurs furent très proches du roi sinon des membres de sa famille. La doctrine commentait les nominations de gouverneurs de cette époque ainsi : « (…) deux gouverneurs (sont) directement apparentés au souverain, à cause de leur rôle politique, les gouverneurs dépendent plus du roi que du ministre de l'Intérieur. Ils sont, en fait, placés sur le même rang que les ministres. Plusieurs anciens gouverneurs ont été nommés ministres, hauts commissaires ou directeurs de services importants dans les administrations centrales »[696].

La pérennité de l'allégeance au Roi, consolide l'attachement du gouverneur au Souverain. La qualité théologique de commandeur des croyants de ce dernier (reprise dans l'article 41 de la nouvelle Constitution de 2011) sacralise la souveraineté du sultan et connote ses rapports avec ses représentants locaux de la même légitimité, mais n'en fait que les dépositaires provisoires d'un pouvoir uniquement temporel. Cette allégeance est manifestée solennellement par la prestation d'un serment de fidélité au Roi.

Paragraphe II. Le serment de fidélité

En droit public marocain, le serment est un acte solennel par lequel une partie reconnait l'autorité d'un gouvernant et lui jure fidélité et loyalisme. Ainsi on a pu rappeler que le Prophète avait même pu déclarer que : « celui qui meurt sans être lié par un serment d'allégeance à une autorité légitime, meurt en païen[697] ». Mais, le serment, avant d'être cela : une obligation de jurer fidélité à l'autorité auréolée de la légitimité religieuse doublée de lareconnaissance de qualités nécessaires à l'exercice de la « *khilafat* », a servi à « détemporaliser une situation délicate ; il traite la parole du suspect

---

[695] Rémy Leveau, *le fellah marocain défenseur du trône*, op.cit, p.21.

[696] Octave Marais, *La classe dirigeante au Maroc*, op.cit, p.729.

[697] Voir, texte de l'acte d'allégeance, op.cit.,note n°610 *supra, B.O* n° 3490 bis, du 20 septembre 1979.

comme la vérité validée rituellement, il la rend éternelle, et neutralise des disputes antérieures en faveur de l'harmonie présente et future »[698].

Les historiens du droit public français affirment, de leur part, qu'aussi bien le serment vassalique à l'époque carolingienne que la notion d'allégeance faisaient défaut : « c'est que le prétendu serment de vassalité n'existait pas. Il n'est pas non plus question d'allégeance. Ce mot, appliqué à l'époque franque, est un regrettable anachronisme. C'est un terme de droit anglais, qui procède de la notion féodale de « *ligence* » : dès le XIIe siècle, les Plantagenets firent reconnaître que tout habitant du royaume d'Angleterre, pour avoir un autre seigneur, n'en était pas moins l'homme lige du roi[699]. Toutefois, aujourd'hui, en France, le serment politique, est une invention révolutionnaire, et prêter serment politique a longtemps été une obligation pour la plupart des fonctionnaires, obligation d'autant plus ardente et solennelle que le fonctionnaire occupait une charge hiératique, ainsi, les préfets ont-ils été très tôt tenus de prêter serment entre les mains du chef de l'Etat lui-même. Et si les chartes ne prévoyaient pas de serment de fidélité au roi, une loi du 31 août 1831 instaura une obligation de serment de fidélité à la personne du chef de l'Etat. Cette obligation fut abolie par la seconde République avec le décret du 1er et 2 mars 1848, la constitution de 1852 la rétablit. Actuellement, l'Acte constitutionnel n° 7 du 14 août prévoit que les préfets prêtent serment devant le Secrétaire d'Etat à l'Intérieur.

Les justifications juridiques d'un tel acte ne manquent pas[700] : parfaire la logique d'autocontrôle individuel et collectif, il suffirait d'obliger les fonctionnaires à prêter serment[701], une institution que n'ignore pas, historiquement, la fonction publique française. Le serment a par exemple été institué par un sénatus-consulte du 28 floréal an XII pour obliger les agents publics à jurer fidélité à l'empereur et à sa dynastie, puis il a été abrogé par un décret du 1er mars 1848 pour réapparaître avec l'acte constitutionnel du 27 janvier 1941 qui faisait obligation aux « secrétaires d'Etat, hauts dignitaires et hauts fonctionnaires de l'Etat » de prêter serment « devant le chef de l'Etat ». Aujourd'hui encore, certains fonctionnaires prêtent serment. Sans toutefois aller jusque-là, aujourd'hui en France, le projet présidentiel baptisé « Service public 2012 » s'inscrit dans cet esprit[702].

---

698 "The oath detemporalises a touchy situation : by treating the suspect's word as ritually validated truth, it recasts it in terms of Eternity, neutralising past disputes in favour of present and future harmony » Cf. M. Herzfeld, "*Pride and Perjury :Time and the oath in the Mountain village of Crete*", Man, 25, n° 2 (5 Jun1990), p. 305-322.

699 Auguste Dumas, *Le serment de fidélité à l'époque franque*, in, Revue belge de philologie et d'histoire. Tome 14 fasc. 2, 1935. p. 405-426.

700 Nicolas Guillet, *Interdits et interdictions dans le droit de la fonction publique*, Droit et cultures, 57, 2009-1, mis en ligne le 08 septembre 2009.

701 Frédéric Sauvageot, *Le serment des hautes autorités étatiques : une institution à développer ?*, Revue du Droit public et de la Science politique en France et à l'étranger, 122 / 2006, 1, janvier-février, p. 201

702 Discours précité du Président de la République française du 19 septembre 2007 devant les élèves de l'IRA de Nantes.

La prestation de serment devant le chef de l'Etat au Maroc ne fait l'objet d'aucune codification, elle provient des coutumes qui régissent les institutions, et qui, pour n'être pas écrites, ne sont pas moins des normes juridiques s'imposant à tous. Ainsi, les gouverneurs sont tenus, à leur nomination, mais aussi chaque année de renouveler la prestation de serment devant les mains du souverain et répéter : « Je jure de demeurer fidèle à Dieu, au Roi et à ma Patrie »[703]. Les origines de cette institution sont d'essence religieuse, *Ibn Khaldun* écrit à ce sujet que : « d'un serment réunissant les formules qui peuvent s'employer dans une déclaration solennelle. On ne prêtait pas ordinairement ce serment à moins d'y être contraint ; aussi l'imam *Malek* déclara, par une décision juridique, que tout serment fait à contrecœur était nul. Les officiers du gouvernement rejetèrent cette déclaration comme portant atteinte au serment de *la bay'â*, et de là, vinrent les mauvais traitements que ce docteur eut à subir. »[704]

Aussi *Mawerdi,* insiste-t-il sur une fonction juridique du serment de fidélité scellant le lien entre le khalife et ses administrés : « le *khalifat* étant fixé sur la tête de celui qui doit son investiture, soit à la désignation d'un prédécesseur, soit à l'élection, toute la nation doit connaître que le *khalifat* est dévolu à quelqu'un que ses qualités en rendent digne, tandis que sa connaissance personnelle et nominative n'est de rigueur que pour les électeurs à qui il doit son titre et dont le serment de fidélité l'a définitivement constitué khalife »[705].

---

[703] Mohamed Boufous, op.cit., p.114.

[704] Ibn Khaldun, Les Prolégomènes, Tome I, op.cit. p. 177.

[705] Ali Mawerdi, *Les statuts gouvernementaux*, op.cit, p. 28.

CHAPITRE II

Les manifestations du pouvoir déconcentré du gouverneur : la représentation et la coordination

La fonction de représentation du gouverneur, à l'image de celle du préfet en France a été toujours éminemment politique, car d'une part, écrit un auteur : « elle traduit la responsabilité de l'exercice du pouvoir dans toute l'ampleur de l'action gouvernementale et avec toute la force de la puissance publique. D'autre part, la représentation donne au pouvoir une expression humanisée, à travers le comportement et la personnalité du préfet qui est aussi un acteur de terrain dans le jeu complexe des pouvoirs publics »[706]

Sur le plan des textes, le gouverneur depuis la révision constitutionnelle du 4 septembre 1992 a été considéré, dans les préfectures et les provinces comme le surveillant de l'application de la loi, ainsi que le garant de l'exécution des décisions des assemblées préfectorales et provinciales (article 96 de la constitution du 4 Septembre 1992). La constitution de 1996 en fera par la suite une autorité déconcentrée par excellence, puisque, conformément à son article 101, il est responsable de l'exécution des « ...délibérations des assemblées provinciales, préfectorales et régionales dans les conditions déterminées par la loi ».

Or, force est de constater que l'administration gubernatoriale a été toujours, en tous cas,depuis sa structuration moderne, la synthèse permanente d'une bonne convergence des politiques nationales et locales. Elle a surtout été érigée par les textes comme la gardienne des intérêts nationaux. Ce stade de l'évolution vécue de nos jours est loin d'être définitif. La Constitution de 1996 a bien mis en exergue cette mission primordiale de la « charge des intérêts nationaux », même si elle ne le dit pas expressément, puisque : « Dans les provinces, les préfectures et les régions, les gouverneurs représentent l'État et veillent à l'exécution des lois(...) », les lois ne sont-elles pas l'expression ultime de la volonté de la nation ?

---

[706] Paul Bernard, *Le Préfet de la République. Le chêne et l'olivier*, Paris, la documentation française, 1993, p. 47.

Dans le même sens, s'est confirmé pour les gouverneurs, le lien étroit avec le Gouvernement. « (Les gouverneurs) sont responsables de l'application des décisions du Gouvernement et, à cette fin, de la gestion des services locaux des administrations centrales », qu'ils sont appelés à représenter dans leurs territoires de commandement, et« Sous la responsabilité du Premier ministre, le Gouvernement assure l'exécution des lois et dispose de l'administration » (article 61). En définitive, la Constitution de 1996 considère le gouverneur comme représentant de l'Etat et responsable de la gestion des services locaux des administrations centrales.

Dans cet esprit, la réforme constitutionnelle de juillet 2011 ne s'éloigne pas de ce schéma de représentation du pouvoir central et de sauvegarde des intérêts nationaux, l'article 145 précité réitère le principe de représentation, mais en des termes beaucoup plus clairs : « Dans les collectivités territoriales, les wali de régions et les gouverneurs de provinces et préfectures, représentent le pouvoir central. »

De surcroît, le dahir portant loi du 15 février 1977 qui fixe le statut fonctionnel du gouverneur le considère comme le représentant de S.M. le Roi et le délégué du Gouvernement dans la circonscription territoriale où il exerce son commandement. Dans le même sens, le dahir du 6 octobre 1993 complétant celui du 15 février 1977, qui fixe la répartition des attributions et des moyens entre les services centraux et extérieurs des administrations publiques renforce considérablement les pouvoirs des gouverneurs, c'est ainsi que son article 3 dispose que : « (…) Les ministres peuvent donner délégation aux chefs de leurs services extérieurs et aux gouverneurs pour agir en leur nom dans la limite de leur compétence territoriale ».

En outre, la loi 47-96, portant organisation de la région prévoyait, dans son article 54 que : « le gouverneur du chef-lieu de la région (le wali actuellement) exécute les délibérations du conseil régional ». En date du 5 mars 2002 un décret et plusieurs arrêtés portant délégation de pouvoirs aux walis (gouverneurs de régions) avaient franchi une étape nouvelle dans la gestion déconcentrée de l'investissement comme nouvelle mission accordée aux gouverneurs.

En tant que représentant du pouvoir central dans la circonscription territoriale où il est nommé, le gouverneur remplit des fonctions régaliennes liées à son statut de haut fonctionnaire nommé par le Roi. Son pouvoir de coordination des différents services déconcentrés est considéré comme étant l'un des moyens de cette représentation (Section II). Avant d'en voir les manifestations et d'en analyser les difficultés, il faut exposer, tout d'abord, le principe même de la représentation (Section I)

SECTION I. LE PRINCIPE DE LA REPRÉSENTATION DE L'ETAT

Implantés en préfectures et provinces pour y représenter, dans le cadre de leurs circonscriptions administratives respectives, l'Etat, les gouverneurs ont toujours été placés en position de premiers représentants d'abord de Sa Majesté le Roi, en suite de l'exécutif. Aussi bien les textes que la nature de la nomination, qui reste toujours à la discrétion du Souverain, maintiennent les gouverneurs dans une situation d'allégeance politique.

La représentation de l'Etat par le gouverneur dans l'ensemble du territoire, provient de la solution administrative trouvée dans la déconcentration par des fonctionnaires fidèles au pouvoir central, comme nous l'avons souligné précédemment. Par ailleurs, les missions d'administration générale et d'administration territoriale, qui sont dévolues aux gouverneurs, font de ces derniers les principaux bénéficiaires de la délégation de l'autorité de l'Etat qui procède elle-même de Sa Majesté Le Roi ; c'est pourquoi celui-ci les nomme et les désigne par dahir comme ses représentants.

En effet, conformément à l'article 1er du dahir du 15 février 1977, le gouverneur est le représentant de Sa Majesté Le Roi. Il assure ainsi, au niveau préfectoral et provincial, l'autorité de l'Etat et préserve ses intérêts, par-delà les contingences politiques, les particularismes locaux, les péripéties gouvernementales ou les clivages parlementaires[707].

Si en France, on a pu considérer le préfet avant tout comme « un commissaire de la loi »[708], au Maroc, le gouverneur représente, plutôt, la légitimité incarnée par la Monarchie constitutionnelle. Le Roi Hassan II avait, lui-même, corroboré cela, en déclarant que : « Le caïd, le super-caïd et le gouverneur doivent avant tout être makhzeniens[709] ; cela veut dire être convaincus qu'ils représentent l'Etat et la philosophie de l'Etat[710] ».

Dans la cadre de ce parallélisme légitimaire, le souci de renforcer le statut personnel du gouverneur dans sa province s'est traduit très tôt par le dahir du 15 février 1977 qui en a fait le « représentant de sa Majesté le Roi et le

---

[707] Driss Basri, *L'administration territoriale, l'expérience marocaine*, op.cit. p. 66.

[708] J.-Fr Lachaume, *Remarques sur le contrôle a posteriori de la légalité des actes des autorités locales décentralisées* », in R.F.D.A., 4, 1985, p. 529-540, p. 534. Les travaux préparatoires de la Constitution de 1946 montrent que le constituant avait songé enfermer le préfet dans ce rôle comme en témoigne l'intervention du rapporteur général : « Cet agent (le préfet) jouera le rôle de commissaire du pouvoir central qui lui était dévolu sous le régime de l'An III, c'est à dire qu'il sera préposé au respect de la loi et qu'aux côtés des élus départementaux, il jouera un rôle analogue à celui du ministère public aux côté des tribunaux judiciaires, il requerra et surveillera l'application de la loi générale » (J.O. Déb. Ass. nat. const. 10 avril 1946, p. 1622, cité in M. Bourjol, *Libre administration et décentralisation*, in *Vertus et limites de la décentralisation*, Actes du colloque des 2 et 3 mai 1985, Université de Clermont-Ferrand, Cahiers du droit public, 645 p., p. 37-59, p. 39).

[709] Voir les développements consacrés à la notion de Makhzen, de Makhzenité et de caidalisme dans la *Section I* du *Chapitre Préliminaire*, et note n° 57 *Supra*.

[710] Allocution royale prononcée le 16 janvier 1987 lors de la nomination des nouveaux gouverneurs, Le Matin du Sahara, du 18 janvier 1987.

délégué du gouvernement » dans sa circonscription, et l'a, par ricochet, consacré unique homme de main du Roi. La doctrine n'a pas manqué de relever avec sévérité cet aspect en soulignant : « On mesure, ainsi, ce que peut signifier une telle formule dans un système où le Monarque est une autorité de *droit divin*. La charge de le représenter se traduit par une délégation d'autorité considérable et beaucoup plus qu'une simple délégation de compétence administrative[711]. »

L'immunité juridictionnelle[712], dont jouissent les actes pris par le souverain, se reporte nécessairement sur ses représentants et il est rare qu'un administré conteste par la voie du recours pour excès de pouvoir une décision du gouverneur. « Le Monarque nomme chaque gouverneur et lui confie personnellement l'investiture au cours d'une cérémonie publique retransmise par les médias. Il exprime à cette occasion la confiance dont est investi le représentant de l'autorité et rappelle le contenu de sa mission. Comme le veut la coutume, ce dernier, vêtu de l'habit traditionnel, baise la main du souverain en signe d'obéissance et d'attachement. Cette manifestation publique compte plus, dans le dispositif institutionnel, que toute autre considération juridique[713]. Ceci explique, notamment, que le Roi ait parfois pris l'initiative, non prévue par les textes, de nommer certains élus au poste de pacha. La délégation d'autorité transcende toute autre forme de légitimité[714].

Alain Claisse voit dans cette légitimation par la représentation directe du souverain, une exagération de l'autorité du gouverneur et un amenuisement du périmètre des édiles locaux à l'image de l'affaiblissement voire l'évanouissement pur et simple du pouvoir parlementaire vis-à-vis de la prépondérance de l'institution monarchique ; « le gouverneur, ainsi investi, jouit d'un pouvoir que l'on pourrait croire sans limite. Coiffant l'ensemble des services extérieurs de l'Etat, il dispose d'un réseau éprouvé d'agents d'autorité qu'il nomme ou propose à la nomination du ministre de l'intérieur. Il n'est guère soumis dans les faits aux règles contraignantes du contrôle financier et gère son budget assez librement. Ses relations avec les élus locaux sont marquées par les mêmes différences de statut que l'on trouve au plan national entre le Roi et les représentants au Parlement. L'un représente l'autorité, les autres relèvent plutôt de l'institution de la « choura », ils conseillent lorsqu'on les consulte[715]. »

Cette lecture ne nous semble pas tenir compte des réalités sociologiques administratives marocaines, dont l'édifice territorial s'est bâti en strates en

---

[711] Alain Claisse, *Le makhzen aujourd'hui In : Le Maroc actuel : Une modernisation au miroir de la tradition ?* Aix-en-Provence, Institut de recherches et d'études sur le monde arabe et musulman, 1992, p.78

[712] Voir à propos de l'immunité des dahirs royaux les notes n° 447 et 448 *Supra.*

[713] Alain Claisse, *Le makhzen aujourd'hui,* op.cit. p (précitée).

[714] Habib El Harrar, *Du douar au périmètre irrigué : trajectoires de la paysannerie marocaine*, mémoire ENAP de Rabat, 1988, p. 166.

[715] Alain Claisse, *Le makhzen aujourd'hui,* op.cit. 79.

déployant plusieurs institutions traditionnelles en jonction avec des organes « rénovés », et une centralisation autour de l'institution monarchique. Celle-ci assurant la pérennité et la continuité en termes d'ordonnancement juridique de tout le système. C'est au niveau de cette mission consistant à restaurer nos institutions administratives et à consolider les mécanismes de déconcentrations, que le gouverneur, selon nous, manifeste une grande capacité d'adaptation, dépassant les problèmes contingents pour se hisser ou se maintenir au niveau des tâches que l'Etat lui confie, à chaque étape de la vie nationale.

Cette aptitude naturelle de l'administration gubernatoriale à l'adaptabilité ne saurait étonner, puisqu'elle puise sa philosophie au plus profond de notre civilisation séculaire et obéit au même temps aux règles du droit positif moderne. Dans cette perspective, le Roi Hassan II avait rappelé la spécificité du système constitutionnel qui sous-tend le régime politique marocain, en s'adressant au peuple ainsi : « Tu as choisi, depuis des siècles, ton régime politique et social. Le moment venu, ce régime a été codifié et consigné dans une Constitution. Sachant qu'il y a la forme et le fond d'une constitution, nous sommes fondé à dire que la véritable Constitution marocaine, on la lit en filigrane : c'est là, non dans les articles qui se succèdent, qu'apparaissent dans toute leur grandeur les us et coutumes et le legs moral de nos aïeux et devanciers. Aussi suis-je tout-à-fait rassuré quant au fait que, par fidélité à cet héritage sublime, jamais tu ne troqueras le régime que tu as choisi contre un régime qu'on chercherait à t'imposer[716]».

Au demeurant, on peut donc avancer aisément que le gouverneur est bien l'autorité déconcentrée habilitée à représenter le « pouvoir central », en vertu de l'article 145 de la nouvelle Constitution de 2011.On a relevé également qu'il y a eu un changement par rapport à l'article 102 de la Constitution de 1996, qui considérait le gouverneur comme représentant de « l'Etat », s'agit-il là d'une *dimunitio capitis* au détriment de l'institution du gouverneur ? Est-elle devenue la véritable autorité déconcentrée de droit commun dans les préfectures et provinces à l'image du préfet français ? Pour répondre à ces questions, il faut, tout d'abord dévoiler la signification de ce principe à travers la théorie de la représentation de l'Etat (Paragraphe I) avant d'en dégager les conséquences juridiques (Paragraphe II).

Paragraphe I. La théorie de la représentation de l'Etat

A. La notion de représentation

Dans le langage ordinaire, on parle de représentation lorsqu'un objet possède quelques caractères principaux semblables à ceux d'un autre objet, de telle manière qu'on puisse reconnaître cette ressemblance et identifier le premier comme une image du second. On dit qu'il rend présent ce second

---

[716] Allocution royale du 8 juillet 1986, le Matin du 9 juillet 1986.

objet, qu'il le *re-présente*. Ainsi d'une image picturale par rapport à un objet physique ou d'acteurs qui jouent une pièce de théâtre. Ce qui caractérise cette représentation, c'est qu'on peut à tout moment, comparer la représentation à l'objet représenté, ou à l'idée qu'on s'en fait, et juger si la représentation est fidèle ou exacte[717].

Le droit se servant de cette image illustre et désigne un rapport entre deux personnes, le représentant et le représenté. En droit privé, les partisans de l'autonomie de la volonté expliquent les effets de la représentation par la volonté du représenté : s'il est engagé, c'est qu'il l'a voulu. Cette explication est valable, mais seulement pour la représentation conventionnelle. En réalité, la représentation s'explique par, la substitution que la loi ordonne ou permet d'une personne à une autre. La personne substituée n'est alors que le prolongement de celle à qui elle a été substituée[718].

Ainsi, on admet en droit privé qu'une personne en représente une autre, lorsqu'elle peut vouloir agir à sa place et en son nom, on parle alors de *mandat* confié par le représenté au représentant. Il est donc compréhensible que les gouvernants, en droit public, se servent de cette construction et justifient le pouvoir qu'ils exercent en se présentant comme des représentants de son titulaire véritable, le souverain, qui peut être le peuple, la nation, ou toute autre entité. Ce type de justification, qui n'est nullement lié à la démocratie représentative est aujourd'hui universellement répandu et employé[719].

Quelle que soit la doctrine qui fonde la représentation, celle-ci obéit généralement au même schéma : on conçoit l'existence d'un souverain distinct des gouvernants, mais ne pouvant exercer directement son pouvoir ou sa souveraineté. Il ne peut la transférer à un autre, car de ce fait, il cesserait d'être souverain, d'où l'expression que la souveraineté est *inaliénable,* il en découle une distinction entre le principe même de la souveraineté et son exercice. Son essence ou son principe demeure le propre du souverain, qu'il soit peuple, nation ou autre, mais son exercice concret est confié à des représentants.

C'est ce que rappellent plusieurs textes, comme la Déclaration des droits de l'Homme de 1789[720], ou les Constitutions françaises de 1791[721] et celle de 1958. La Constitution marocaine de 2011 proclame ce principe dans son

---

[717] Francis Hamon & Michel Troper, *Droit constitutionnel*, LGDJ, 2009, p. 175

[718] François Chabas et al., *Leçons de droit civil, Obligations, Théorie générale*, t. 2, 1er vol., 9e édit. Monchrestien, 2000, p. 147.

[719] Francis Hamon & Michel Troper, *Droit constitutionnel*, op.cit, p. 176.

[720] La Déclaration des droits de l'Homme, proclame : « *Le principe de toute souveraineté réside essentiellement dans la nation* ».

[721] « Art 1er ; *La Souveraineté est une, indivisible, inaliénable et imprescriptible. Elle appartient à la natio ; ausune section du peuple, ni aucun individu, ne peut s'en attribuer l'exercice.*

Art 2 *; La nation, de qui seule émanent tous les Pouvoirs, ne peut les exercer que par délégation. La constitution française est représentative : les représentants sont le corps législatif et le Roi* ».

article 2 : « La souveraineté appartient à la nation qui l'exerce directement par voie de référendum et indirectement par l'intermédiaire de ses représentants. La nation choisit ses représentants au sein des institutions élues par voie de suffrages libres, sincères et réguliers. »

La plus importante des particularités de la représentation en droit public, est qu'il n'y a pas ici, comme en droit privé, deux personnes. Il n'y a de représentation que s'il existe une personne représentable, ayant une volonté à laquelle le représentant doit se conformer et à qui il devra rendre des comptes. C'est pour cette raison qu'une thèse soutenue par Raymond Carré de Malberg défend l'hypothèse selon laquelle, il ne s'agit pas d'une véritable représentation, il s'agit plutôt d'un phénomène politique conformément auquel : la volonté exprimée par certains hommes n'est pas la leur propre, mais celle du souverain, c'est pour cette raison que l'on rendrait mieux compte de la théorie de la représentation grâce plutôt à la thèse dite de « l'organe » : il y a un être, le souverain ou l'Etat, qui, comme un homme veut et agit par ses organes, et comme les paroles sortant de la bouche d'un homme sont imputées à cet homme, de la même manière les actes émanant du représentant : le gouvernement, le parlement, une administration, sont imputés à l'Etat, il est son organe. Le souverain ne peut avoir d'autre volonté que celle que son organe exprime[722].

B. La signification du principe de représentation de l'Etat pour le gouverneur

Le principe constitutionnel de la représentation du pouvoir central par le gouverneur est confirmé par les textes de 1963 et de 1977, alors même que sur le plan légal, il ne pose pas de problème, sur le plan doctrinal, il a soulevé quelques interrogations, liées essentiellement à la qualité juridique du gouverneur, représentant du pouvoir central.

Ainsi, en ce qui concerne le préfet français, le professeur Luchaire estime que c'est par erreur que les textes législatifs donnent au délégué du gouvernement la qualité de représentant de l'Etat « car l'Etat n'est pas seulement le gouvernement, c'est aussi le pouvoir législatif et le pouvoir judiciaire. »[723]. Sur le plan politico-administratif, la représentation de l'Etat par les gouverneurs crée, « un modèle de régulation croisée » qui met en présence deux catégories d'acteurs dont le poids, le rôle et les ressources sont asymétriques, les dirigeants politiques des collectivités locales et les représentants de l'État qui, en tant que fonctionnaires, œuvrent dans les services extérieurs des ministères. L'État exerce une hégémonie étendue et

---

[722] Raymond Carré de Malberg, *Théorie générale de l'Etat*, Librairie de la Société du Recueil Sirey, 1920, p.39

[723] Fr.et Y. Luchaire, *Le Droit de la décentralisation*, 2ème éd. P.U.F (Coll. Thémis, Droit public ») 1989, p. 126, cité par Ollivier Marc, op.cit. p. 92 .

une coercition globale sur les affaires publiques locales, alors que les collectivités locales vivent une forte dépendance à son égard.[724].

En d'autres termes, le principe de représentation de l'Etat engendre une situation qui apparait parfois ambiguë semblable à celle-ci : l'altération du rôle du gouverneur illustre cette situation. D'une part, à l'occasion de *conflits* entre l'autorité centrale et les collectivités locales, s'il ne garde pas les moyens de contact direct avec celles-ci, il perd sa neutralité : il n'est plus considéré comme un agent de l'État représentant le souverain, mais comme un agent du gouvernement. Il serait ainsi perçu comme un acteur politique parmi d'autres. Alors même que, la multiplication des conflits entre collectivités locales lui assure un rôle important d'arbitrage.

Il est dès lors, permis de penser que, le Roi, ayant d'une part le statut de Commandeur des croyants et d'autre part, celui de chef de l'Etat et son représentant suprême[725], de ces deux qualités le souverain tire l'un de ses rôles les plus avantageux, celui d'arbitre entre les groupes adverses[726]. Tenant compte de cette relation « organique » qui relie le gouverneur au souverain, le premier dispose du même rôle d'arbitrage au niveau local, le gouverneur devient alors, un médiateur et un arbitre. Il doit être un homme neutre. Acceptable, parce que « *étranger* » au tour de table et aux enjeux.

La mission d'arbitrage entre les divers intérêts divergents qu'assure le gouverneur à l'échelon local, provient de la logique même qui sous-tend la

---

[724] Jean Claude Thoenig et Patrice Duran, *L'État et la gestion publique territoriale*, in : Revue française de science politique, 46e année, n°4, 1996. p. 580-623.

[725] L'article 41 de la Constitution de 2011 dispose que : « Le Roi, *Amir Al Mouminine*, veille au respect de l'Islam. Il est le Garant du libre exercice des cultes. Il préside le Conseil supérieur des Oulémas, chargé de l'étude des questions qu'Il lui soumet. Le Conseil est la seule instance habilitée à prononcer les consultations religieuses (Fatwas) officiellement agréées, sur les questions dont il est saisi et ce, sur la base des principes, préceptes et desseins tolérants de l'Islam. Les attributions, la composition et les modalités de fonctionnement du Conseil sont fixées par dahir. » et l'article 42 : « Le Roi, Chef de l'État, son Représentant suprême, Symbole de l'unité de la Nation, Garant de la pérennité et de la continuité de l'État et Arbitre suprême entre ses institutions, veille au respect de la Constitution, au bon fonctionnement des institutions constitutionnelles, à la protection du choix démocratique et des droits et libertés des citoyennes et des citoyens, et des collectivités, et au respect des engagements internationaux du Royaume. Il est le Garant de l'indépendance du Royaume et de son intégrité territoriale dans ses frontières authentiques. » Il faut noter à cet égard, que la fonction royale d'arbitrage entre les institutions, même si elle a été consacrée par la pratique politique et administrative et commentée par la doctrine, vient d'être constitutionnalisée par la nouvelle Constitution de 2011. Dans la pratique, le Secrétaire général du parti de l'Istiqlal avait demandé l'arbitrage royal suite à sa décision de se retirer de la coalition gouvernementale en utilisant, à juste titre, l'article 42 de la Constitution, voir, le Matin du 29 juillet 2013, *Constitution de 2011, une mise à niveau politique 5/5*.

[726] C'est la thèse défendue par Waterbury, qui soutient que la société marocaine était constituée, et l'est encore, bien qu'à moindre degré, de nombreux segments opposés et équilibrés par des tensions et des conflits, et que dans la mesure où le phénomène est une des constantes de la vie politique marocaine, un des rôles les plus essentiels que puisse avoir le Roi est celui d'Arbitre entre les groupes adverses., in, John Waterbury : *Le Commandeur des croyants*, PUF, 1975, p. 21.

déconcentration : l'État ne semble pas pouvoir faire autre chose que de laisser jouer la base afin que les solutions apparaissent d'elles-mêmes tout en se gardant, d'une part, la solution de l'arbitrage, il lui faut éviter de trop s'impliquer dans la gestion localisée des problèmes, et, d'autre part, la fixation des règles du jeu. L'extension des politiques constitutives auxquelles il a recours traduit une telle situation. Il lui reste à améliorer la fonction d'arbitrage et à légitimer une pratique « constitutive »[727].

A ce titre, l'administration coutumière du Maroc, comme on l'a vu précédemment, et la perception des populations face à l'Etat des réalités du pouvoir makhzénien, donnent au gouverneur une certaine signification et une certaine tonalité l'autorisant à se présenter comme un élément incontournable de l'équilibre sociopolitique local, un moyen indispensable d'arbitrage entre les différentes forces en place et enfin un facteur non seulement de centralisation et de déconcentration de l'activité administrative, à travers ses missions régaliennes de maintien de l'ordre public et d'information verticale du gouvernement, mais aussi de développement économique et social de sa préfecture ou sa province.

Héritiers d'une longue tradition makhzenienne, titulaires d'un imperium décerné par l'Etat, les gouverneurs avaient une place non négligeable dans l'organisation administrative du territoire. Désormais, ni la sélection initiale par concours, ni le titre de représentant de l'Etat n'assurent définitivement l'autorité incontestable sur le territoire. Le risque avec la montée en puissance des institutions locales et des élus locaux est de voir, le pouvoir du représentant de l'Etat effrité, et par voie de conséquence, la mise en échec de la finalité même de l'existence de l'organe déconcentré aux échelons territoriaux.

Pour éviter de tels écueils, le gouverneur, en tant que représentant du Souverain, est considéré comme une autorité subordonnée[728] à l'Etat dans toutes ses missions, aussi bien dans l'exercice de ses compétences propres que dans l'exécution des instructions particulières des ministres. Mais, le gouverneur est aussi le représentant direct de chaque ministre dans sa préfecture, province, ou région, il n'est pas subordonné aux directeurs d'administration centrale des autres départements, sauf lorsque ceux-ci agissent par délégation ou sur instruction du ministre. Il n'est, bien entendu, pas subordonné aux responsables des services extérieurs et aux élus locaux.

Sur le plan administratif, cette subordination se traduit par : l'obligation d'appliquer les instructions ministérielles ; le devoir de rendre compte de son action ; l'obligation de se soumettre au contrôle des inspections. Traditionnellement, les instructions ministérielles à l'adresse de leurs services déconcentrés se font par voie de circulaires. Ces dernières sont

---

[727] Jean Claude Thoenig et Patrice Duran, *L'État et la gestion publique territoriale*, In : Revue française de science politique, 46e année, n°4, 1996. p. 580-623., p.621.

[728] Voir, pour une définition précise de l'autorité subordonnée, Francis Hamon & Michel Troper, *Droit constitutionnel*, LGDJ, 2009, p. 175.

adressées au gouverneur qui les répercute avec ses instructions aux services placés sous son autorité. Dès qu'il en est informé, le gouverneur est alors responsable de l'exécution de ces instructions.

Cela étant rappelé, le gouverneur est représentant local de tout le gouvernement. On trouve cette idée sous la plume de Gabriel Dufour, qui a écrit, concernant le préfet en France, que ce dernier : « relève de tous les ministères et correspond avec tous les ministres (dans ses attributions comme agent du gouvernement, l'action du préfet n'est pas bornée à une certaine spécialité de service publics ; elle s'étend à tous les services publics et n'est circonscrite que sous le rapport du territoire[729] ».

En effet, la fonction de représentation au Maroc, a été rappelée par le premier texte créant un corps de gouverneurs, à la libération du pays, en l'occurrence le dahir du 20 mars 1956[730], qui a affirmé que « les gouverneurs sont les représentants de notre pouvoir exécutif » (article 2). La première Constitution du Royaume de 1962 insiste uniquement sur le rôle des gouverneurs en disposant qu'ils exécutent dans les préfectures et provinces, les décisions des assemblées préfectorales et provinciales et coordonnent en outre l'action des administrations et veillent à l'application des lois (article 93).

Mais cela ne doit pas éclipser le rôle de représentation éminemment politique que le pouvoir central entendait confier aux gouverneurs, le discours du Roi Hassan II du 13 décembre 1962 en est une preuve éclatante. Le Roi, en se félicitant de la sérénité dans laquelle s'est déroulée le référendum constitutionnel, n'a pas manqué de souligner qu' : « enfin, sur le plan administratif, et ce n'est pas le côté le moins important, Je l'ai du reste exposé hier au cours de Mon intervention au Conseil des Ministres, - l'expérience du vote du 7 décembre 1962, le calme qui a régné durant cette journée, ont prouvé que si la décentralisation était considérée jusqu'ici comme étant un but souhaitable, elle était devenue un but vital, car tenus les fonctionnaires de toutes les administrations. À partir d'un unique responsable, à savoir le gouverneur, non seulement ont rendu, mais encore ont rendu dans les meilleures conditions. »[731].

En définitive, le représentant de l'Etat dans la province ou la préfecture assume la lourde tâche d'appliquer la politique du gouvernement sur le plan local, il doit aussi veiller à la cohérence de l'action ministérielle sur son territoire. A ce titre, il lui appartient de définir les priorités, d'hiérarchiser et d'harmoniser les actions des services de l'Etat en fonction du contexte local. Cela pourrait aller jusqu'à arbitrer entre des demandes ministérielles contradictoires, inadaptées ou superflues.

---

[729] Gabriel Dufour, *Traité général de droit administratif appliqué*, Delamotte, 3e éd., 1868, t. 1er, p. 178

[730] Dahir du 20 mars 1956 B.O. n° 2267, du 6 avril 1956, p. 341.

[731] Annuaire de l'Afrique du Nord AAN, 1964, p. 778.

Quelles que soient les missions déconcentrées dont le gouverneur est investi par le fait même qu'il soit représentant local exclusif de l'Etat, cette qualité engendre des effets juridiques particuliers. Nous serons conduits de la sorte à dégager les conséquences juridiques les plus importantes d'une telle consécration du gouverneur en tant que représentant du pouvoir central.

Paragraphe II. Conséquences juridiques de la représentation de l'Etat

La qualité de représentant de l'Etat fait que le gouverneur assure la représentation dans tous les actes du droit. Cette représentation s'exerce tant en matière judiciaire ou juridictionnelle (A) qu'en matière contractuelle (B).

A. Le gouverneur, représentant de l'Etat devant les juridictions

En France, la compétence du préfet quant à la représentation juridictionnelle de l'Etat fut longuement débattue par la doctrine, dès 1867, Gabriel Dufour écrivait : « il est désormais établi, en principe, que devant les tribunaux administratifs, aussi bien que devant les tribunaux civils, le préfet a seul qualité pour représenter l'Etat »[732]. En 1952, dans une thèse consacrée à « la représentation de l'Etat devant les tribunaux judiciaires »[733], André Rossignol, avait écrit que : « cette aptitude du préfet à représenter le gouvernement est générale. Par suite, à moins de refuser à l'Etat le droit de plaider, on ne saurait interdire à son représentant légal, le préfet, d'intenter et de suivre les actions en son nom, ni reconnaître cette faculté à toute autre personne, sauf dérogations législatives formelles. »[734]

Un autre auteur avait écrit à ce propos que : « le préfet représente l'Etat comme partie civile devant les tribunaux civils aussi bien que devant la juridiction administrative. Les lois (...) lui donnent, en termes généraux, mandat d'exercer les actions relatives à toutes sortes d'objets appartenant à l'Etat. Il n'y a, sous ce rapport, aucune distinction à faire entre les propriétés foncières et mobilières, telles que rentes et créances. Cette délégation est à la fois d'ordre public et absolu ; elle ne peut cesser en aucun cas, et le préfet ne peut ni la refuser, ni la transmettre à aucune personne[735]. »

---

[732] Cité par Marc Ollivier., *Conditions préfectorales...*, op.cit. p. 92.

[733] André Rossignol,*La représentation de l'Etat devant les tribunaux judiciaires*, thèse droit, Paris, Dalloz, 1952.

[734] Dans sa thèse, *La représentation de l'Etat devant les tribunaux judiciaires*, thèse droit, Paris, Dalloz, 1952. André Rossignol avance : « que le préfet joue le rôle d' 'une boîte aux lettres', qu'il bénéficie des prérogatives d'un 'fondé de pouvoirs', qu'il agisse *proprio motu* ou conformément aux directives gouvernementales, peu importe ; le pouvoir exécutif doit normalement agir par son intermédiaire, faute de quoi ce fonctionnaire ne mériterait plus son titre de « représentant » ; la représentation s'analyse, rappelons-le, en une substitution du représentant au représenté, or, cette substitution de personnes n'existerait pas », p.195, cité par, Marc Ollivier, op.cit. p. 93.

[735] M. Block, *Dictionnaire de l'Administration*, 2ème éd., Berger-Levrault, 1877, p. 755-756.

Or, malgré la clarté des textes en France, la jurisprudence a été hésitante sur la qualité à reconnaitre au ministre dans cette représentation juridictionnelle en parallèle avec la compétence préfectorale. C'est ainsi que la Cour de cassation, tout en reconnaissant au préfet la qualité pour agir en justice au nom de l'Etat « dont il est le représentant normal[736] », a reconnu aux ministres le droit de se constituer partie civile ou de « demander condamnation au profit de l'Etat »[737] . On aboutissait ainsi à une véritable dualité de représentants étatiques[738]. André Rossignol a essayé de trouver une justification à cette jurisprudence en avançant l'argument de l'unité du pouvoir exécutif : « Les ministres tiennent de la Constitution la réalité du pouvoir exécutif ; avec le Président de la République, ils en constituent le centre ; dans chaque département, le préfet est leur représentant. A priori, rien ne s'opposerait par conséquent à ce que le juge civil reconnaisse indifféremment compétence aux ministres, agents principaux, ou à leurs représentants légaux, les préfets, pour représenter l'Etat en justice et refuse ce droit à tout subordonné ; c'est ce qu'il a fait[739] »

Toujours en France, le principe général de compétence préfectorale fut, en toute bonne logique, appliqué par le législateur, qui le déclina en affirmant la compétence préfectorale pour représenter l'Etat actionné en responsabilité devant les tribunaux judiciaires en matière d'enseignement public, en matière d'émeutes ou encore en matière d'expropriations. Dans les matières où le législateur n'a pas expressément rappelé le principe de la compétence préfectorale pour représenter l'Etat en justice, les tribunaux ont reconnu et sanctionné son existence[740].

Au Maroc, sur le plan législatif, la représentation juridictionnelle de l'Etat et des collectivités territoriales, est soumise à l'application des dispositions de l'article 515 du code de procédure civile, tel qu'il a été modifié et complété par la loi n° 48-01, promulguée par le dahir n° 1.02.12 du 29 janvier 2002[741] . Cet article a déterminé les modalités de l'action en justice contre l'Etat, le Trésor public, les collectivités locales, les établissements publics, et la Direction des impôts. Il dispose que : « Sont assignés : (…) 3° Les collectivités locales en la personne du gouverneur en ce qui concerne les préfectures et provinces et en la personne du président du conseil communal en ce qui concerne les communes (…) ».

A présent, que prévoient les textes spécifiques concernant le rôle de représentation judiciaire propre au gouverneur aux niveaux préfectoral et provincial ?

---

[736] Cass. 13 novembre 1945, *Permezel* c. Ministre des Finances, S., 1950, 1, p. 57.

[737] Req., 5 juillet 1898, D., 1899, 1, p. 481.

[738] M. Hauriou,*Précis de droit administratif et de droit public*, 12ème éd., op. cit, p. 494.

[739] André Rossignol, *la représentation de l'Etat devant les tribunaux judiciaires,* op.cit. p. 228.

[740] Marc Ollivier,*Condition et compétences préfectorales*, op.cit., p. 92.

[741] Bulletin Officiel n° 4977 du 11-02-2002, p. 249.

En effet, l'article 69 du dahir n° 1-63-273 du 12 septembre 1963 relatif à l'organisation des préfectures, des provinces et de leurs assemblées[742], prévoyait que : « le gouverneur, en exécution d'une délibération de l'assemblée, intente les actions en justice au nom de la province ou de la préfecture. ». On comprend en lisant cet article qu'il s'agit de la possibilité légale donnée au gouverneur pour représenter la préfecture ou la province, en tant que demandeur, la requête introductive d'instance serait alors établie par le gouverneur, représentant légal de l'Etat.

Il en est autrement des causes, où la préfecture ou la province, se trouve défendeur, dans ce cas, le gouverneur n'a même pas besoin des délibérations de cette matière en assemblée provinciale ou préfectorale, sa représentation juridictionnelle est automatique, comme le rappelle l'article 70 du dahir de 1963 susmentionné : « le gouverneur peut, sans délibération de l'assemblée : 1. défendre à toute action intentée contre la préfecture ou la province en instance, en appel ou en cassation ; 2. intenter toute action possessoire ou y défendre, faire tous actes conservatoires ou interruptifs de déchéance et défendre aux oppositions formées contre les états dressés pour le recouvrement des créances de la préfecture ou de la province ; 3. Instruire toute demande de référé, suivre sur appel des ordonnances de référés et interjeter appel de ces ordonnances ».

Le principe de la représentation juridictionnelle du gouverneur, limitée aux préfectures et provinces avait le mérite d'être clair, comme celui proclamé depuis la première charte communale de 1960[743] dans son article 47, qui donnait exclusivement au président du conseil communal la compétence de représenter la commune rurale ou urbaine en justice. On assistait, ainsi, sur le plan du pouvoir de représentation en justice à deux champs, celui des collectivités de base où le président du conseil communal agit en justice au nom de la commune, et celui de la préfecture et de la province où le gouverneur jouait ce rôle.

Cette position a été confirmée par la jurisprudence dans un arrêt de la Cour suprême (actuellement la Cour de cassation) du 11 juillet 1975 : « les actions intentées contre les « municipalités[744] », doivent assigner le conseil de la commune urbaine, en la personne de son président élu, qui a la compétence, à lui seul, de représenter la commune auprès des tribunaux, conformément aux dispositions du dahir portant loi du 24 juin 1960. L'article 47 susmentionné, ne donne au pacha de la ville ou au gouverneur qui exerce ses fonctions dans le cadre de cette collectivité aucune « qualité » dans la représentation des collectivités urbaines ; de plus, l'article 515 du

---

[742] Dahir n° 1-63-273 du 12 septembre 1963 relatif à l'organisation des préfectures, des provinces et de leurs assemblées Bulletin Officiel n° : 2655 du 13/09/1963 - Page : 1469.

[743] Modifiée par le Dahir du 30 Septembre 1976 réformée par le Dahir portant loi n° 78.00 relative à charte communale, telle qu'elle a été modifiée par le Dahir n° 1.02.297 en date du 3 octobre 2002. (texte abrogé par la nouvelle loi organique relative aux communes n° 113-14).

[744] « *Baladyate* » en arabe dans l'arrêt, ce qui se traduit par Municipalités.

code de procédure civile précité, confirme clairement, dans son dernier alinéa, que les actions portées contre les collectivités locales doivent être intentées contre la personne du président du conseil communal(...) »[745].

A ce principe, on note l'exception de la suspension ou de la dissolution du conseil de la commune, qu'elle soit urbaine ou rurale, scénario qui était prévu par l'article 26 de la charte communale avant l'entrée en vigueur du dahir portant application de loi organique n° 113.14 du 7 juin 2015 publié au B.O n° 6380 le 23 juillet 2015 : « En cas de suspension, de dissolution d'un conseil communal ou de démission de tous ses membres en exercice, ou lorsqu' un conseil ne peut être constitué, une délégation spéciale est désignée pour en remplir les fonctions. Elle cesse ses fonctions de plein droit dès que le conseil communal est reconstitué. La délégation spéciale est nommée par arrêté du ministre de l'Intérieur pour les communes urbaines et du wali ou du gouverneur pour les communes rurales, dans les quinze (15) jours qui suivent la survenance des cas visés à l'alinéa précédent ». Dans cette éventualité, c'est le gouverneur qui exerce les attributions dévolues par la loi au président du conseil communal, y compris sa compétence de représentation juridictionnelle, et peut, par arrêté, déléguer partie de ces fonctions aux membres de la délégation spéciale.

Toutefois, aujourd'hui, la compétence de représentation juridictionnelle du gouverneur de la préfecture ou de la province n'est plus reconnue par les textes, et ce, depuis 2002, à l'adoption de la nouvelle loi n° 79-00 relative à l'organisation des collectivités préfectorales et provinciales[746]. Cette loi a, en effet, confié cette responsabilité au président de l'assemblée préfectorale ou provinciale. Puisque ce dernier« préside le conseil préfectoral ou provincial. Il représente officiellement la collectivité préfectorale ou provinciale dans tous les actes de la vie civile, administrative et judiciaire, conformément aux lois et règlements en vigueur. » (Article 39 de la loi n° 79-00)[747].

Le président qui dispose, désormais, des mêmes pouvoirs de représentation en justice qu'avait le gouverneur avant 2002, représente la collectivité en justice, sauf lorsqu'il est intéressé à l'affaire personnellement ou en qualité de mandataire, d'associé ou actionnaire, de conjoint, d'ascendant ou de descendant direct. Dans ce cas, il est fait application des

---

[745] Arrêt de la C.S. n° 75/181, Doss. Adm. N° 5021, 11 juillet 1975, Arrêts de la Cour Suprêmes en matière administrative- Années 1958- 1997, (en arabe)., cité par Lahcen Zitouni, in, *La problématique de l'assignation des collectivités territoriales devant la justice administrative*, (en langue arabe), in. Revue de Jurisprudence Administrative, n° 2, année 1-2013, p. 43.

[746] Dahir n° 1-02-269 du 3 octobre 2002 portant promulgation de la loi n° 79-00 relative à l'organisation des collectivités préfectorales et provinciales. (Ce dahir a été abrogé par le dahir portant application de loi organique n° 113.14 du 7 juin 2015 publié au B.O n° 6380 le 23 juillet 2015).

[747] L'article 515 du code de procédure civile qui attribue la compétence juridictionnelle au gouverneur pour les préfecture et provinces, précède la réforme de l'organisation de ces collectivités par la loi 79-00 de 2002 (A noter que ce texte a été abrogé par la loi organique n° 112-14 relative aux préfectures et provinces du 7 juin 2015 publiée au B.O n° 6380).

dispositions à la suppléance[748]. Il ne peut, cependant, intenter une action en justice, sans une délibération conforme du conseil. Alors qu'il peut sans autorisation préalable du conseil, défendre, appeler ou suivre en appel, intenter toutes actions possessoires ou y défendre, faire tous actes conservatoires ou interruptifs de déchéance, défendre en matière d'oppositions formées contre les états dressés pour le recouvrement des créances de la préfecture ou la province, introduire toute demande en référé, suivre sur appel des ordonnances du juge des référés, interjeter appel de ces ordonnances.

Dans le même sens, le président doit informer le conseil de toutes les actions judiciaires, engagées sans délibération préalable, au cours de la session ordinaire ou extraordinaire qui suit immédiatement l'introduction de ces actions. Aucune action judiciaire en réparation ou pour excès de pouvoirs, autre que les actions possessoires et les recours en référé intentée contre la préfecture ou la province ou les actes de son exécutif ne peut, à peine d'irrecevabilité par les juridictions compétentes, être intentée contre une préfecture ou province qu'autant que le demandeur a préalablement informé le conseil et adressé au ministre de l'intérieur ou à l'autorité qu'il a déléguée, un mémoire exposant l'objet et les motifs de sa réclamation. Il lui est immédiatement délivré un récépissé par cette autorité. Le requérant n'est plus tenu par cette formalité, si à l'expiration d'un délai de quinze jours, qui suit la réception du mémoire, il ne lui est pas délivré de récépissé ou si à l'expiration d'un délai d'un mois suivant la date du récépissé, les deux parties n'ont pas convenu d'un règlement à l'amiable. La présentation du mémoire du demandeur interrompt toute prescription ou déchéance si elle est suivie d'une demande en justice dans le délai de trois mois (article 41 de la loi n° 79-00).

Une difficulté surgit, cependant, en présence de la situation décrite par l'article 44 de la loi n° 79-00, en l'occurrence, lorsque le président du conseil préfectoral ou provincial refuse ou s'abstient de prendre les actes qui lui sont légalement impartis, et que ce refus ou cette abstention a pour effet de se soustraire à une disposition législative ou réglementaire, de nuire à l'intérêt général ou de porter atteinte à des droits des particuliers, et où le wali ou le gouverneur peut, après l'en avoir requis, y procéder d'office par arrêté motivé, fixant l'objet précis de cette substitution. Dans ce scénario, qui représente la préfecture ou la province en justice ? Admettons le cas par exemple où un citoyen soit lésé suite à l'abstention ou au manque de diligence du président, et décide, de ce fait, d'actionner la collectivité

[748] Ce texte fait allusion à l'article 43 de la même loi qui dispose que : « En cas d'absence ou d'empêchement de longue durée pouvant porter préjudice au fonctionnement ou aux intérêts de la collectivité préfectorale ou provinciale, le président est provisoirement remplacé dans la plénitude de ses fonctions par un vice-président dans l'ordre des nominations ou à défaut de vice-président, par un conseiller préfectoral ou provincial désigné par le conseil. »

territoriale. Qui représente en défense la préfecture ou la province, le président ou le gouverneur ?

Peut-on dans cette situation invoquer l'application du décret du 2 juillet 2004[749] relatif au pouvoir de substitution du gouverneur au président du conseil communal et le transposer à la préfecture/province ? Il semblerait que l'application de ce texte ne soit pas la solution idéale, mais plutôt le recours aux règles de substitution générale puisées de la fonction de tutelle qu'exercent les représentants de l'Etat, gouverneurs et wali. Puisque ces derniers se substituent au président dans l'hypothèse de (l'article 27 : en cas de suspension, de dissolution ou de démission du conseil provincial ou préfectoral). Dans ce cas on fait application des dispositions de l'article 41précitéde la loi : le requérant doit aviser le ministre de l'Intérieur ainsi que l'autorité déléguée, le wali avant de porter son action en justice.

En ce qui a trait aux communes, la loi exige, dans le cadre du troisième alinéa, de l'article 48 de la loi n° 78-00 portant charte communale, que le requérant, qui a l'intention de porter une action en justice en réparation ou pour excès de pouvoirs, autre que les actions possessoires et les recours en référé sous peine d' irrecevabilité par les juridictions compétentes, doit préalablement informer la commune et adresser au wali ou au gouverneur de la préfecture ou de la province du ressort de la commune, un mémoire exposant l' objet et les motifs de sa réclamation. Il lui est immédiatement délivré un récépissé par cette autorité contre une commune urbaine ou rurale. La question des restrictions imposées par la loi aux justiciables qui assignent les collectivités locales devant les tribunaux administratifs a été fortement critiquée par la doctrine[750], et largement débattue en jurisprudence[751] pendant ces trente dernières années.

Par ailleurs, en lien avec la représentation de l'Etat en matière contentieuse, le décret n° 2.07.995 du 23 octobre 2008 relatif aux attributions et à l'organisation du ministère de l'économie et des finances[752] a prévu dans son article 1er qu'il est confié au département de l'économie et des finances les responsabilités suivantes : la représentation de l'Etat devant les institutions financières internationales et régionales ; la représentation des intérêts du trésor public en justice ; assurer la défense des administrations

---

[749] Décret n° 2-04-161 du 2 juillet 2004 fixant les modalités d'exercice du pouvoir de substitution, (B.O n° 5230 du 15 juillet 2004).

[750] Voir à ce propos, Mostapha Terrab, « *Quelle évolution future de la justice administrative ?* », in la Revue Marocaine d'Administration Locale et de Développement, REMALD, n° 82, 2008, p.24-25 et aussi, Malika Saroukh, *Le droit administratif, étude comparée*, Société Marocaine d'Imprimerie et d'Edition, Casablanca 2006, p : 255. Références citées par Lahcen zitouni, in « *La problématique de l'assignation des collectivités territoriales devant la justice administrative* », *op.cit*. p.51.

[751] Voir notamment, l'Arrêt de la Cour suprême (Cour de cassation actuelle) n° 35, du 5 -02-1982, dossier n° 1592, en plus des décisions des tribunaux administratifs, dont la décision n° 106/2000, du 24-05-2000, publié à la Revue Marocaine d'Administration Locale et de Développement, REMALD, n° 35, p.110.

[752] B.O n° 5680 du 6 novembre 2008.

publiques en justice, par le biais de l'Agence judiciaire du Royaume. Le même décret ajoute dans son article 16, en ce qui concerne cette dernière institution que son rôle consiste à : représenter les intérêts de l'Etat en justice dans les matières étrangères à l'impôt et aux domaines de l'Etat, dans les conditions fixées par le dahir du 2 mars 1953 portant réorganisation de la fonction de l'agent judiciaire du Royaume ; transiger dans les conditions fixées par le même dahir ; récupérer les débours de l'Etat conformément à la législation en vigueur, dont notamment l'article 28 de la loi n° 011-71 du 30 décembre 1971 instituant un régime de pensions civiles et l'article 32 de la loi n° 013-71 du 30 décembre 1971 instituant un régime de pensions militaires ; prendre en charge la défense des fonctionnaires de l'Etat dans les cas prévus à l'article 19 du statut général de la fonction publique à la demande de l'administration, et dans les cas où l'intérêt de l'administration l'exige.

Dans le même sens, il faut prendre en compte les autres dispositions de ce décret qui impartissent à d'autres organes ou directions du ministère de l'économie et des finances des attributions de représentation juridictionnelle dans des domaines spécifiques, il en est ainsi des articles 6, 7, 8 et 13 qui confient aux administrations : de la Douane et des impôts indirects, le contentieux en matière de médiation et d'arbitrage ; du Trésor public, le contentieux en matière de recouvrement ; de la Direction générale des impôts, le contentieux en matière fiscale ; et de la Direction des Domaines de l'Etat en ce qui a trait aux actions en justice touchant le patrimoine immobilier de l'Etat.

D'un autre côté, s'agissant du contentieux intéressant les collectivités locales, la loi n° 45-08 (promulguée par dahir du 18 février 2009[753]) relative à l'organisation des finances des collectivités locales et de leurs groupements, a créé sous l'autorité du ministre de l'Intérieur un organe appelé : l'assistant judiciaire des collectivités locales, chargé d'apporter assistance juridique aux collectivités locales et à leurs groupements. A ce titre, l'assistant judiciaire est habilité à agir, pour le compte des collectivités locales et leurs groupements, comme défendeur ou demandeur, lorsque ceux-ci l'en chargent pour les actions ayant pour objet de faire déclarer débitrices lesdites collectivités ou leurs groupements[754].

Il convient de préciser à cet égard, que le législateur a rendu l'appel en cause de cet organe obligatoire et a même conditionné la recevabilité de toute action contre les collectivités territoriales ou un groupement de collectivités locales à l'accomplissement de cette formalité[755]. Ensuite, un

[753] Dahir n° 1.09.02 portant promulgation de la loi n° 45-08 relative à l'organisation des finances des collectivités locales et de leurs groupements. (B.O. n° 5714 du 5 mars 2009).

[754] Article 38 du Dahir précité.

[755] « Chaque fois qu'une action engagée en justice a pour objet de faire déclarer débiteurs une collectivité locale ou un groupement de collectivités locales, l'assistant judiciaire doit être appelé en cause sous peine d'irrecevabilité de la requête.

arrêté du ministre de l'Intérieur[756] est intervenu pour désigner le directeur des affaires juridiques, des études, de la documentation et de la coopération auprès de la Direction générale des collectivités territoriales comme l'organe investi de la mission dévolue à l'assistant judiciaire des collectivités locales prévu par l'article 38 de la loi n° 45-08 précité.

Il faut noter à ce niveau, qu'il ne s'agit là que des actions en justice visant à déclarer une collectivité locale débitrice (article 38 précité), ce qui signifie que les autres actions : les recours en annulation pour excès de pouvoir, prévues à l'article 48 de la charte communale (loi n° 78-00 telle qu'elle a été modifiée et complétée), ne sont pas concernées par la mesure d'appel en instance de l'assistant judiciaire. Mais la question reste entière en ce qui concerne les actions de demande de réparation au titre de la responsabilité civile de la collectivité locale (prévues aussi par l'article 48 précité), qui, même s'il s'agit d'une action personnelle tend, en effet à déclarer judiciairement la collectivité locale débitrice.

La difficulté d'actionner les collectivités locales en justice est d'autant plus grande que le requérant est tenu, sous peine d'irrecevabilité, de saisir, au préalable, le wali ou le gouverneur qui statue sur la réclamation, dans un délai n'excédant pas 30 jours à compter de la date de délivrance du récépissé. Lorsque la réclamation tend à déclarer la commune débitrice ou à demander une réparation. C'est ce que prévoit l'article 48, alinéa 5 de la charte communale.

Face à ces dispositions, force est de s'interroger tout d'abord, sur la nature juridique de l'acte de saisine du gouverneur ou du wali, précédant l'action portée devant le tribunal administratif, s'agit-il d'un recours gracieux ou hiérarchique ? Et ensuite, quelle est la sanction de l'omission de cette formalité ?

La jurisprudence administrative a eu à se prononcer sur la question de savoir quelle est la nature juridique de la saisine du gouverneur avant le dépôt de la requête introductive d'instance. Dans un arrêt de la Cour de cassation du 16 avril 1982, on peut lire : « le gouverneur et le ministre de l'Intérieur ne constituent pas une autorité supérieure hiérarchiquement par rapport au président du conseil communal (…). De plus, la plainte adressée au gouverneur de province ou au ministre de l'Intérieur ne constitue pas un recours gracieux conformément à la définition de l'article 360 du code de

---

Les prestations d'assistance, visées dans le présent article, peuvent faire l'objet de conventions entre le ministre de l'intérieur et les collectivités locales et leurs groupements. Ces conventions fixent notamment les prises en charge des frais de justice, les honoraires d'avocats et d'experts et les frais divers. »

[756] Arrêté du ministre de l'Intérieur n° 03 daté du 13 mars 2009 relatif à l'assistant judiciaire des collectivités locales, publié dans la Revue de Jurisprudence Administrative n° 1, 2012, p. 289.

procédure civile[757]. » Dans un autre arrêt la même cour a estimé que : « (…) même si le ministre de l'Intérieur dispose d'un pouvoir de tutelle sur les collectivités locales, qui sont des assemblées élues. Le ministre de l'Intérieur ne constitue pas pour elles une autorité hiérarchique (…)[758] ».

B. Le gouverneur, représentant de l'Etat devant la contractualisation

Le gouverneur s'est vu, de tous temps, reconnaître des pouvoirs juridiques de représentation de l'Etat dans la région, la préfecture ou la province dont il se charge. En France, la doctrine française a, depuis longtemps, considéré que « le mandat conféré au préfet(…) embrasse les actes de disposition et même de simple administration. »[759]

Ce pouvoir était reconnu au gouverneur par l'article 68 du dahir n° 1-63-273 du 12 septembre 1963 relatif à l'organisation des préfectures, des provinces et de leurs assemblées, précité. Toutefois, on remarque que cet article obligeait le représentant de l'Etat à conclure les contrats dans le cadre des délibérations des assemblées, ainsi, il prévoyait dans son alinéa 5 que : « le gouverneur, chargé de l'exécution et des délibérations de l'assemblée, conformément à ces délibérations : (…) 5.Passe les contrats et conclut les marchés de travaux, de fournitures et de prestations de services. ».

Ces dispositions correspondent au contenu de l'ancienne formulation du texte français du décret du 10 mai 1982[760] qui prévoyait dans son article 10 que : « le commissaire de la République conclut au nom de l'Etat toute convention avec le département, une ou plusieurs communes, leurs groupements, ainsi que leurs établissements publics », qui a été remplacé en 2004[761] par l'énoncé suivant : « Lorsque des règlements prévoient une représentation de l'Etat auprès des sociétés, entreprises et organismes qui bénéficient du concours financier de l'Etat et dont l'action s'étend sur

---

[757] CS Arrêt n° 109 du 16 avril 1982, cité par Ahmed Ajoun, *La représentation de la collectivité locale en justice à la lumière de la nouvelle charte communale*, REMALD, n° 47, 2004, p. 128 (en langue arabe).

[758] CS Arrêt du 3 janvier 1985, cité par Ahmed Ajoun, *La représentation de la collectivité locale en justice,* op.cit. p. 130.

[759] « (…) Il stipule au nom de l'Etat, non seulement dans les actes de vente ou d'échange, mais aussi dans les adjudications de coupes de bois, et dans tous les baux (voir. L.16 Brumaire an IV et Code forestier, art 24). Le préfet cependant, est à cet égard sous l'autorité du ministre des finances et ses actes sont soumis à homologation, tantôt au gouvernement, et tantôt du pouvoir législatif, ce n'est que pour certains actes déterminés par les décrets sur la décentralisation, que le contrat n'est subordonné à aucune autorisation ni approbation(…) », in. Gabriel Dufour, Traité général de droit administratif appliqué, Delamotte, 3e éd., 1868, t. 1er, p. 245. Cité par. Marc Ollivier., op.cit. p. 97.

[760] Décret n°82-390 du 10 mai 1982 relatif aux pouvoirs des préfets de région, à l'action des services et organismes publics de l'Etat dans la région et aux décisions de l'Etat en matière d'investissement public. JORF 17 juillet 1984.

[761] Décret n°2004-374 du 29 avril 2004 relatif aux pouvoirs des préfets, à l'organisation et à l'action des services de l'Etat dans les régions et départements. JORF n°102 du 30 avril 2004 page 7755.

plusieurs départements de la région sans excéder les limites de celle-ci, cette représentation est assurée par le préfet de région ou par son délégué. »

Une première observation peut être faite concernant la forme de l'article 68 du dahir de 1963 précité : la nécessité d'obtenir les délibérations de l'assemblée pour le gouverneur pose un problème. Car, il est à la fois chargé de l'exécution de ses délibérations et conformément à ces mêmes délibérations, il doit passer les conventions au nom de la préfecture ou de la province. Nous ne savons à quoi imputer cette réitération maladroite, est-ce à l'amateurisme qui a caractérisé la rédaction de ce texte ou bien à l'intention du rédacteur de maintenir un flou concernant la nature de l'acte de passation des contrats par le gouverneur, et dans quelle mesure les contrats qu'il passe devraient-ils faire l'objet de délibérations des assemblées provinciales ou préfectorale ?

Au demeurant, la formulation de cette règle a été modifiée par les dispositions du dahir du 3 octobre 2002 relatif à l'organisation des collectivités préfectorales et provinciales[762], qui dispose, désormais, dans son article 46 que : « Conformément aux délibérations du conseil préfectoral ou provincial, le wali ou le gouverneur prend les mesures suivantes (...) il conclut les marchés de travaux, de fournitures ou de services (...) ». Dans le même sens, l'article 14 du texte de 2002 dispose que : « le rapporteur du budget est de droit membre de la commission des questions budgétaires et financières, de toutes les commissions d'appels d'offres et des jurys des concours relatifs aux marchés passés pour le compte de la préfecture ou la province. » et que : « le wali ou le gouverneur lui communique régulièrement, par l'intermédiaire du président, les documents et pièces comptables nécessaires à l'exercice de ses fonctions. ». Ce texte considère le gouverneur comme l'autorité habilitée à approuver les marchés publics puisqu'il est l'ordonnateur de dépenses[763] de la préfecture ou de la province.

---

[762] Dahir n° 1-02-269 du 3 octobre 2002 portant promulgation de la loi n° 79-00. B.O n° 5058 du 21 novembre 2002.

[763] Précisons à cet égard, que la loi n° 61-99 relative à la responsabilité des ordonnateurs, des contrôleurs et des comptables publics (B.O du 2 mai 2002) précise qu'il y'a l'ordonnateur de droit, l'ordonnateur désigné, l'ordonnateur délégué, le sous-ordonnateur et leurs suppléants (article 2). En termes de responsabilité : « chaque ordonnateur, contrôleur ou comptable public est responsable des actes qu'il a pris, visés ou exécutés, depuis la date de sa prise de service jusqu'à celle de cessation de ses fonctions. » (article 3) et sont personnellement responsables :- du respect des règles d'engagement, de liquidation et d'ordonnancement des dépenses publiques ; - du respect de la réglementation relative aux marchés publics ; du respect de la législation et de la réglementation relatives à la gestion du personnel ; des ordres de réquisition dont ils ont fait usage en matière de paiement des dépenses publiques ; du respect des règles relatives à la constatation, à la liquidation et à l'ordonnancement des créances publiques ; du recouvrement des créances publiques dont ils ont éventuellement la charge en vertu de la législation en vigueur ; du respect des règles de gestion du patrimoine de l'organisme public en leur qualité d'ordonnateurs de recettes et de dépenses. A noter que la loi n° 61-99 exonère membres du gouvernement et aux membres de la Chambre des représentants et de la Chambre des conseillers lorsqu'ils exercent leurs fonctions en cette qualité. Les walis et gouverneurs ne bénéficient pas de cette exonération.

En schématisant, on peut affirmer que l'action du gouverneur dans le cadre de la contractualisation pour le compte de l'Etat, prendra forme de deux moyens d'intervention : le contrôle des contrats à travers la modalité d'approbation (a), et la promotion de la contractualisation par le biais de la mission de l'accompagnement de l'investissement déconcentré (b).

a. Le contrôle de la contractualisation

Il convient de souligner à ce propos, que le gouverneur est habilité à approuver les marchés publics du périmètre préfectoral et provincial dans le cadre du crédit affecté au compte spécial du trésor n° 1.04.02 intitulé « Caisse de développement agricole ». Cette dernière compétence d'approbation appartient, en principe, au Chef du gouvernement, mais il l'a déléguée aux gouverneurs des préfectures et provinces du Royaume, en vertu d'un texte du 9 mai 2000[764].

Il n'en demeure pas moins, que dans le domaine de passation des marchés publics, le gouverneur joue un rôle prépondérant dans le cadre de l'approbation desdits marchés. L'approbation des marchés publics qu'ils portent sur des travaux, des fournitures ou des services, est considérée comme une condition légale essentielle pour la conclusion de ces marchés, et ce, avant même le commencement d'exécution des travaux, des fournitures ou des services, à l'exception de ceux qui font l'objet d'une dérogation spéciale, justifiée par, entre autres raisons, la situation de l'urgence ou de la défense du territoire[765].

Le texte de référence en matière de passation des marchés publics au Maroc[766], traite du principe et des modalités d'approbation dans ses articles 78 et 79. Dès lors, les marchés de travaux, de fourniture ou de service ne sont valables et définitifs qu'après leur approbation par l'autorité compétente. Cette approbation doit intervenir avant tout commencement d'exécution. Le législateur a confié la responsabilité d'approuver les marchés publics à l'autorité gouvernementale compétente, c'est-à-dire les membres du gouvernement, chacun dans son domaine de compétence ministérielle (le chef du gouvernement, les ministres, les ministres délégués,

---

[764] Décret n° 3.117.00 du 9 mai 2000 portant délégation d'approbation sur les marchés publics, B.O n° 4802 du 8 juin 2002, p.1540. (Le texte sur les marchés publics de 2007 a été abrogé par le décret n° 2-12-349 du 20 mars 2013, relaif aux marchés publics).

[765] « (...) La sécurité de la population ou la sécurité des circulations routières, aériennes ou maritimes, ou résultant d'évènements politiques exceptionnels, dont l'exécution doit commencer avant que toutes les conditions du marché n'aient pu être déterminées, (...) » alinéa 6 de l'article 72 du décret de 5 février 2007 relatif aux marchés publics ainsi que l'alinéa « c » de l'article 73 du même dahir. (Ce texte a été abrogé par le décret n° 2-12-349 du 20 mars 2013, relatif aux marchés publics).

[766] Décret n° 2-06-388 du 5 février 2007, fixant les conditions et les formes de passation des marchés de l'Etat ainsi que certaines règles relatives à leur gestion et à leur contrôle. Bulletin Officiel n° 5518 du 19 avril 2007. (Ce texte a été abrogé par le décret n° 2-12-349 du 20 mars 2013, relatif aux marchés publics).

les secrétaires d'Etat). Il leur appartient, ensuite, de déléguer leur compétence d'approbation des marchés publics aux responsables dont ils sont les supérieurs hiérarchiques administrativement.

Quant aux marchés publics que passent les collectivités locales, notamment, les communes urbaines et les communes rurales, la compétence en matière d'approbation revient au président du conseil communal, étant donné qu'il est l'ordonnateur des dépenses de ces circonscriptions[767]. La même règle s'applique aux conseils communaux formés d'un seul arrondissement, étant donné que ces derniers jouissent de la personnalité juridique et de l'autonomie financière[768], alors que les présidents des arrondissements dépendant des conseils de la ville ne disposent pas de cette compétence, étant donné que leurs arrondissements n'ont pas la personnalité juridique[769].

Le wali de la région de Rabat Salé-Zemmour-Zaer se substitue au président du conseil communal de la ville de Rabat, en ce qui a trait aux attributions d'approbation des marchés publics, conformément à l'article 133 de la charte communale de 2002[770], et ce, en vertu du régime spécial de la commune urbaine de Rabat.

---

[767] Voir les articles 46 et 47 de la Charte communale du 3 octobre 2002, loi n° 78-00 relative à la charte communale, B.O n° 5058 (ce dahir a été abrogé par le dahir portant application de loi organique n° 113.14 du 7 juin 2015 publié au B.O n° 6380 le 23 juillet 2015), du 21 Novembre 2002, p. 3468, telle qu'elle a été modifiée et complétée par la loi 18 février 2009, B.O n° 5711, du 23 février 2009, p. 536.

[768] Voir les dispositions du décret n° 2.98.953, du 31 décembre 1998 fixant la liste des cercles, *caïdats*, communes urbaines et rurales au Royaume, nombre des membres élus dans chaque conseil communal, ainsi que le nombre des conseillers communaux dans les communes urbaines non divisées en arrondissements, crées en vertu de l'article 140 de la loi 78-00 précitée, annexées administrativement aux préfectures auxquelles elles sont rattachées. B.O n° 5093 du 25 mars 2003, p. 1019.

[769] Voir l'article 85 la loi n° 78-00 portant charte communale précitée.

[770] L'article 133 de la charte communale dispose que : « les dispositions des articles 13 (2e alinéa) et 47 (paragraphes 1 à 4) ne sont pas applicables au président du conseil communal de Rabat. (ce dahir a été abrogé par le dahir portant application de loi organique n° 113.14 du 7 juin 2015 publié au B.O n° 6380 le 23 juillet 2015)

Le wali, gouverneur de la préfecture de Rabat exerce les attributions prévues à l'alinéa précédent. A cet effet, le président du conseil met à sa disposition les services communaux et les moyens nécessaires. Si le président s'abstient, le wali, gouverneur de la préfecture de Rabat peut exercer de plein droit l'autorité hiérarchique sur le personnel et disposer des moyens de la commune pour l'exercice desdites attributions, après mise en demeure du président.

Pour être exécutoires, les décisions prises par le wali, gouverneur de la préfecture de Rabat, en vertu de l'article 47 (paragraphes 1 à 4), doivent être revêtues du contreseing du président du conseil communal, dans le délai de cinq jours à compter de leur réception.

A défaut de contreseing dans ce délai, lesdites décisions du wali, gouverneur de la préfecture de Rabat sont exécutoires d'office.

Si le président estime que les mesures d'exécution ne sont pas conformes aux délibérations du conseil, il peut adresser une motion au ministre de l'intérieur qui dispose d'un délai d'un mois à compter de la réception de ladite motion pour y répondre. A défaut de réponse dans ce délai ou lorsque la réponse n'est pas jugée satisfaisante, le conseil peut saisir le tribunal

En ce qui concerne les marchés publics passés par les régions, la compétence d'approbation en revient au wali de la région en tant qu'ordonnateur des conseils régionaux, conformément à l'article 55 de la loi n° 47-96 relative à l'organisation des régions[771]. Aussi, les walis, approuvent-ils les marchés publics de travaux, de fourniture et de service que contractent les collectivités locales ou leurs groupements, lorsque la valeur du projet ne dépasse pas le montant de 10.000.000 dh, et ce, quelle que soit la modalité de passation du marché[772]. Cette dernière mesure s'est inscrite dans le cadre de la Lettre royale adressée au premier ministre en date du 9 janvier 2002 relative à l'investissement déconcentré[773], visant, entre autres objectifs, la simplification des procédures administratives, le rapprochement de l'administration des citoyens investisseurs, et la consolidation de la règle de la communication efficiente.

Après cet exposé indicatif sur la compétence de représentation de l'Etat par les gouverneurs dans le cadre de la contractualisation, on s'aperçoit qu'ils occupent toujours une grande sphère de l'administration économique du territoire et particulièrement, en ce qui concerne le domaine préfectoral et provincial pour le gouverneur, et régional pour le wali. Cette « *mainmise* » se manifeste à travers le rôle d'approbation des marchés publics des collectivités territoriales. Une matière sur laquelle le pouvoir central conserve un droit de regard par le biais de ses représentants locaux, et de laquelle il n'est pas prêt de se désengager.

Cependant, il est significatif de rappeler à ce niveau que l'article 138 de la nouvelle Constitution de 2011, a donné aux présidents des conseils locaux, qu'ils soient régionaux, préfectoraux ou provinciaux la compétence exécutive des délibérations de leurs assemblées respectives. Cela étant, il serait logique alors, de leur reconnaître aussi le droit d'approbation des marchés publics territoriaux, sous réserve de certaines exceptions qui pourraient être prévues dans ce domaine.

Du reste, il faut savoir que les conventions relatives aux marchés, emprunts, concessions..., des collectivités locales doivent faire l'objet non seulement de l'approbation du wali ou du gouverneur, mais aussi du visa du contrôleur financier qui doit vérifier la régularité de ces actes[774]. L'attributaire de l'appel d'offre doit être notifié de l'approbation portant sur le marché public, dans le délai de 60 jours à partir de la date d'ouverture des

---

administratif lequel doit statuer dans un délai de trente jours à compter de la date de sa saisine. »

[771] Dahir du 2 avril 1997, B.O n° 4709, du 18 août 1997, p. 3276. (A noter que ce dahir a été abrogé par le dahir portant loi organique n° 111-14 relative aux régions.)

[772] Tel que prévu par l'arrêté du ministre de l'Intérieur n° 365- 02 du 5 mars 2002 portant délégation aux walis des régions.

[773] Voir, notamment les articles : 1, 2, et 4 de la Lettre royale du 9 janvier 2002, publiée au B.O n° 4970 du 17 janvier 2002, pages 51 à 60.

[774] Voir les dispositions de la loi n° 61-99 relative à la responsabilité des ordonnateurs, des contrôleurs et des comptables publics (B.O du 2 mai 2002) précitée.

plis ou la date de la signature du marché par le titulaire lorsque ce marché est négocié (article 79 du décret du 19 avril 2007 précité).

En France, la transmission de la plupart des actes susmentionnés au préfet, lui ouvre la faculté de déférer au tribunal administratif ceux qu'il estime « contraires à la légalité ». Les actes de gestion courante ne sont pas soumis à l'obligation de transmission et entrent directement en vigueur après leur publication ou leur notification aux intéressées. La transmission intervient normalement dans les 15 jours, mais ce délai n'est pas imposé sauf pour les marchés publics. Dans le délai de recours en annulation pour excès de pouvoir, soit 2 mois, le préfet peut *déférer* au tribunal les actes soumis à transmission, s'il estime que ces actes sont illégaux. Le préfet peut effectuer une démarche de caractère amiable auprès de la collectivité locale en lui adressant « *une lettre d'observation* », qui vaut recours gracieux et proroge le délai, dans la majorité des cas la collectivité se range aux observations du préfet, ce qui met fin au litige[775].

Le paradoxe juridique de l'intervention du préfet dans le champ contractuel est que l'accès au contrat, selon la théorie classique des contrats, n'est ouvert qu'aux parties. Les tiers ne pouvaient faire de recours que contre les actes « *détachables* ». Désormais les contrats des collectivités locales ne sont exécutoires qu'après transmission au préfet qui peut les déférer au tribunal.

Ainsi, seul le préfet peut dans le cadre de son déféré porter à la connaissance du juge administratif des contrats auxquels il n'est pas partie. En l'état actuel du contentieux contractuel en France, il n'est toujours pas possible à un tiers au contrat d'en demander l'annulation directement. Même si cette jurisprudence vacille, un recours étant désormais possible contre les clauses dites réglementaires d'un contrat[776], ou contre un contrat comportant nomination d'un agent public contractuel d'une collectivité locale[777]. Il n'en demeure pas moins que le principe, pour écorné qu'il soit, reste valable : les tiers au contrat ne peuvent attaquer que les actes détachables relatifs à la conclusion ou à l'exécution dudit contrat, seul le préfet à l'égard des contrats locaux peut directement, dans le cadre de son déféré, en demander l'annulation[778].

En tout état de cause, au niveau de la contractualisation, le gouverneur a vu son champ d'intervention considérablement élargi depuis la lettre royale adressée au premier ministre en date du 9 janvier 2002, relative à la gestion déconcentrée de l'investissement[779].Nous serons conduits ainsi à apprécier

---

[775] Jacqueline Morand-Deviller, *Cours de droit administratif*, Montchrestien, 2005, p.200.

[776] CE, Ass., 10/07/1996, Cayzeele, Rec. CE, p. 274, note P. Delvolvé, R.F.D.A. 1997, p. 89.

[777] CE, Sect., 30/10/1998, Ville de Lisieux, chronique générale de jurisprudence, A.J.D.A. 1998, p. 969.

[778] Isabelle Muller-Quoy, *Le déféré préfectoral, expression de l'autorité de l'Etat*, in, CURAPP, La loi du 28 pluviôse an VIII, PUF, 2000, p.133.

[779] La lettre royale du 9 janvier 2002 a prévu les points suivants : d'abord, elle a estimé que le cadre régional peut être la dimension territoriale et administrative la plus opportune, compte

l'apport de la politique d'investissement déconcentré, confiée aux gouverneurs, en tant qu'acteurs territoriaux de premier plan, depuis 2002 ainsi que le rôle qu'ils sont appelés à jouer dans cette politique.

b. La promotion de la contractualisation à travers l'accompagnement de l'investissement

Le rôle d'impulsion économique est devenu plus important pour les gouverneurs à partir de la lettre royale du 9 janvier 2002. Le wali, gouverneur du chef-lieu de la préfecture où se trouve la wilaya, a été désigné comme interlocuteur privilégié des investisseurs, puisqu'il se charge, en pratique de la supervision des centres régionaux d'investissement (CRI)[780], et particulièrement du guichet d'aide aux investisseurs qui intervient à plusieurs niveaux :

En premier lieu, il étudie toutes les demandes d'autorisations administratives ou prépare tous les actes administratifs, nécessaires à la réalisation des projets d'investissement dans des secteurs industriels, agro-industriels, miniers, touristiques, artisanaux et d'habitat, lorsqu'il s'agit d'investissements dont le montant est inférieur à 200 millions de dh, et ce, afin de permettre au wali de région de délivrer les autorisations ou de signer les actes administratifs afférents à ces investissements.

En deuxième lieu, il étudie - pour les investissements concernés par les secteurs précités, mais dont le montant est égal ou supérieur à 200 millions de dh - les projets de contrats ou de conventions à conclure avec l'Etat, en

tenu des moyens dont dispose actuellement notre administration territoriale, pour résoudre les problèmes liés aux procédures d'investissement. Ensuite, dans la cohérence de la conception renouvelée du « concept d'autorité » au service de la promotion de d'investissement, outil privilégié de la croissance. La lettre a annoncé la création des centres régionaux d'investissement, sous la responsabilité des walis de région, ces centres auront deux fonctions essentielles : l'aide à la création d'entreprises et l'aide aux investisseurs, et seraient subséquemment composés de deux guichets. Le wali (gouverneur de région) a été considéré comme « *l'administration territoriale privilégiée* ». *Droit de l'Investissement au Maroc*, Publications de la Revue Marocaine d'Administration Locale et de Développement. REMALD, Collection textes et documents, 2ème Edition, n° 215, p. 240.

[780] Voir le décret n° 2-03-727 du 26 décembre 2003 relatif à l'organisation des Centre régionaux d'investissement (B.O n°5174 du 1er janvier 2004), ainsi que le décret n° 2-03-728 du 26 décembre 2003 instituant une rémunération des services rendus par les centres régionaux d'investissement (B.O n°5174 du 1er janvier 2004). Les directeurs des « CRI », en sus de leurs attributions de supervision des deux guichets précités, se chargeront de diriger une commission régionale regroupant les délégués régionaux des administrations concernées par l'investissement et les autorités locales compétentes. Cette lettre a prévu également l'aménagement et la gestion des zones industrielles, touristiques et d'habitat soient confiées à des personnes privées agréées par l'Etat, qui joueront à l'égard de l'investisseur le rôle de guichet unique pour la zone concernée. L'ouverture des CRI sera décidée par arrêté conjoint des ministres de l'intérieur, des finances, du commerce et de l'industrie, sur proposition du wali de la région concernée. In *Droit de l'Investissement au Maroc*, Publications de la Revue Marocaine d'Administration Locale et de Développement. REMALD, Collection textes et documents, 2ème Edition, n° 215, p. 241 et s.

vue de faire bénéficier l'investisseur des avantages particuliers, et les transmet à l'autorité gouvernementale compétente pour approbation et signature par les parties contractantes. Le wali, dans la limite de ses compétences, prépare et exécute les autorisations, actes et contrats nécessaires à la réalisation de l'investissement, prévus par la convention dont il est chargé de l'exécution[781].

Dans le même sens, des pouvoirs étendus, de représentation de l'Etat dans la passation de diverses conventions d'investissement, ont été concédés aux walis ou aux gouverneurs dans certains secteurs économiques jugés porteurs, et pour ce faire, les ministres et les hauts fonctionnaires de l'administration centrale ont été conviés à procéder aux délégations administratives nécessaires, et investir les walis des régions, des compétences nécessaires pour conclure ou édicter, au nom de l'Etat, soit des contrats de vente ou de location concernant les immeubles du domaine privé de l'Etat ; soit des actes d'autorisation d'occupation du domaine public et du domaine forestier ; soit des autorisations d'installation ou d'exploitation des activités industrielles, agro-industrielles et minières ; ou bien des autorisations d'ouverture et d'exploitation des établissements touristiques, le classement et le contrôle desdits établissements, la délivrance des diverses licences ou autorisations particulières nécessaires à l'exploitation de ces établissements[782].

A noter que les décisions prises par les walis en matière d'investissement dans les conditions précitées, peuvent faire l'objet de recours gracieux ou hiérarchique devant la commission des investissements[783] présidée par le premier ministre(chef du gouvernement actuellement), ou devant les commissions des investissements instituées par des législations ou réglementations particulières (alinéa 3.8 de la Lettre royale). La question qui se pose à ce niveau est celle savoir s'il s'agit là d'un recours initial gracieux ou hiérarchique que doit entreprendre tout investisseur lésé avant de s'adresser aux tribunaux administratifs ?

La réponse est apportée par l'article 23 de la loi n° 41-90instituant les tribunaux administratifs[784], qui dispose que : « les recours en annulation pour excès de pouvoir contre les décisions des autorités administratives doivent

---

[781] Voir, la lettre royale du 9 janvier 2002, (annexée à cette thèse), in *Droit de l'Investissement au Maroc*, Publications de la Revue Marocaine d'Administration Locale et de Développement. REMALD, Collection textes et documents, 2ème Edition, N° 215, p. 242 et s.

[782] L'ensemble de ces « transferts » de compétences aux walis de régions doit se faire par arrêté publié au B.O. (Lettre royale).

[783] Il s'agit de la Commission interministérielle des investissements présidée par le chef du gouvernement, qu'il ne faut pas confondre avec l'Agence marocaine de développement des investissements, créée par le dahir n° 1-09-22 du 18 février 2009 portant promulgation de la loi n° 41-08, la deuxième se charge du secrétariat de la Commission des investissements présidée par le chef du gouvernement (article 6 de la loi n° 41-08).

[784] Dahir n° 1-91-225, portant promulgation de la loi n° 41-90 instituant des tribunaux administratifs (B.O. 3 novembre 1993).

être introduits dans le délai de soixante jours à compter de la publication ou de la notification à l'intéressé de la décision attaquée. Toutefois, les intéressés ont la faculté de saisir, avant l'expiration du délai visé à l'alinéa précédent, l'auteur de la décision d'un recours gracieux ou de porter devant l'autorité administrative supérieure un recours hiérarchique. Dans ce cas, le recours au tribunal administratif peut être valablement présenté dans le délai de soixante jours à compter de la notification de la décision expresse de rejet, total ou partiel, du recours administratif préalable. » Cet article poursuit que : « le silence gardé plus de 60 jours par l'autorité administrative sur le recours gracieux ou hiérarchique vaut rejet(...) ».

Or, dans le cadre de l'investissement déconcentré, le législateur a inversé cette règle en prévoyant par un texte particulier[785], que le silence de l'administration saisie d'un recours gracieux ou hiérarchique vaut, non pas rejet, mais approbation. Dans ces termes : « Est censé avoir reçu le visa de conformité, exigé par la législation en vigueur, tout programme d'investissement régulièrement déposé auprès de l'administration, lorsque celle-ci a gardé le silence sur la suite qu'elle devait lui réserver pendant un délai de soixante jours courant à compter de la date de son dépôt telle que ladite date est attestée par le récépissé donné de ce dernier. »[786]

Néanmoins, dans le domaine de la promotion de l'investissement déconcentré, il convient de préciser que les relais d'action de l'administration, dans la nouvelle stratégie mise en place par la Lettre royale : les gouverneurs de préfectures et de provinces, ont été fortement impliqués, ainsi le Roi n'a pas manqué de souligner que : « la responsabilité des gouverneurs dans l'application de cette nouvelle politique reste entière, et est appelée à se renforcer, (...) les gouverneurs (...) participent pleinement à la mise en œuvre de cette politique de déconcentration et préparent les structures nécessaires à l'exercice, aux niveaux provincial et préfectoral, des compétences qui s'exerceront, dans une première phase, au niveau régional. »[787]

Le ministre de l'Intérieur a été habilité à préciser les matières dans lesquelles les walis de région peuvent déléguer, aux gouverneurs des provinces et préfectures, partie des compétences dont ils sont investis, ainsi que les formes et les conditions de cette délégation[788].

---

[785] Le dahir du 9 novembre 1992 portant promulgation de la loi n° 17-90 déterminant l'effet du silence de l'administration en ce qui concerne les programmes d'investissement dont elle est saisie pour attestation de leur conformité aux dispositions du code qui leur est applicable, (Bulletin Officiel n° : 4181du16/12/1992 - Page : 565).

[786] Article unique du dahir du 9 novembre 1992 précité.

[787] Voir Lettre royale précitée du 9 janvier 2002, in *Droit de l'Investissement au Maroc*, op.cit. p.242 et s.

[788] Plusieurs textes réglementaires d'application ont été pris sous forme de décrets ou d'arrêtés pour transférer les délégations de pouvoirs aux walis de régions, il en est ainsi du décret n° 2-02-187 du 5 mars 2002 portant délégation de pouvoirs aux walis des régions (B.O n° 4984 du 7 mars 2002, p. 143, de l'arrêté du ministre de l'Intérieur n° 365-02 du 5 mars 2002 portant délégation de pouvoirs aux walis des régions (B.O n° 4984 du 7 mars 2002, p. 143), l'arrêté

Certaines de ces délégations concernent particulièrement les gouverneurs de préfectures et de provinces, il s'agit notamment de l'arrêté du ministre de l'économie, des finances, de la privatisation et du tourisme n° 367-021, de l'arrêté du ministre de l'Intérieur n° 365-02 du 5 mars 2002 relatif aux délégations pour la location des immeubles du domaines privé de l'Etat devant recevoir des projets d'investissement, qui précise dans son article 3 que la valeur locative des terrains est fixée par une commission administrative d'expertise, dont le gouverneur ou son représentant est membre, en plus d'autres fonctionnaires : délégué des domaines, le représentant des impôts, le représentant de l'autorité gouvernementale dont relève le secteur du projet d'investissement, et le représentant de l'administration chargée de l'urbanisme.

L'arrêté du ministre de l'équipement du 5 mars 2002 portant délégation de pouvoirs aux walis des régions[789], quant à lui, confère une délégation de pouvoirs aux walis de régions, à l'effet de prendre, chacun dans la limite de son ressort territorial, des autorisations d'occupation temporaire du domaine public de l'Etat, et d'ouverture d'exploitations des établissements insalubres, incommodes, et dangereux. Généralement cette délégation est subdéléguée par le wali aux gouverneurs des préfectures et provinces concernées.

Les mêmes subdélégations sont conférées aux gouverneurs en ce qui concerne l'investissement dans le domaine minier (l'arrêté du ministre délégué auprès du ministre de l'agriculture, du développement rural et des eaux et forêts chargé des eaux et forêts, n° 370-02 du 5 mars 2002 portant délégation de pouvoirs aux walis des régions (B.O n° 4984 du 7 mars 2002, p. 147, complété par l'arrêté du premier ministre n° « 6-8-04 du 11 mars 2004, publié au B.O n° 5204 du 15 avril 2004, p. 577).

Il en est de même pour l'instruction des demandes de délivrance des licences de débits de boissons aux établissements touristiques classés, qui est assurée par une commission régionale présidé par le wali de la région

---

du ministre de l'Intérieur n° 366-02 du 5 mars 2002 portant délégation de pouvoirs aux walis des régions (B.O n° 4984 du 7 mars 2002, p. 144), l'arrêté du ministre de l'économie, des finances, de la privatisation et du tourisme n° 367-02, arrêté du ministre de l'Intérieur n° 365-02 du 5 mars 2002 portant délégation de pouvoirs aux walis des régions pour la location des immeubles du domaine privé de l'Etat devant recevoir des projets d'investissement (B.O n° 4984 du 7 mars 2002, p. 144), l'arrêté du ministre de l'équipement n° 368-02 du 5 mars 2002 portant délégation de pouvoirs aux walis des régions (B.O n° 4984 du 7 mars 2002, p. 145), l'arrêté du ministre de l'industrie, du commerce, de l'énergie et des mines n° 369-02 du 5 mars 2002 portant délégation de pouvoirs aux walis des régions (B.O n° 4984 du 7 mars 2002, p. 146), l'arrêté du ministre délégué auprès du ministre de l'agriculture, du développement rural et des eaux et forêts chargé des eaux et forêts, n° 370-02 du 5 mars 2002 portant délégation de pouvoirs aux walis des régions (B.O n° 4984 du 7 mars 2002, p. 147, complété par l'arrêté du premier ministre n° « 6-8-04 du 11 mars 2004, publié au B.O n° 5204 du 15 avril 2004, p. 577), et l'arrêté du directeur général de la sûreté nationale n° 371-02 du 5 mars 2002 portant délégation de pouvoirs aux walis des régions (B.O n° 4984 du 7 mars 2002, p. 148).

[789] L'arrêté du ministre de l'équipement n° 368-02 du 5 mars 2002 portant délégation de pouvoirs aux walis des régions (B.O n° 4984 du 7 mars 2002, p. 145).

concernée et comprend le gouverneur de la province ou de la préfecture concerné, en plus du préfet de police, le chef de la sûreté, le chef de la sûreté régionale ou le commandant de la région de la gendarmerie compétent, le délégué du ministère du tourisme, un médecin chargé du contrôle d'hygiène désigné par le wali de région, et le commandant régional de la protection civile[790].

De surcroît, le gouverneur de la préfecture ou de la province est présent dans la commission régionale chargée de certaines opérations foncières présidée par le wali de région. Cette commission se charge d'une part, de la cession ou de la location portant sur un terrain agricole ou à vocation agricole relevant du domaine privé de l'Etat, situé à l'extérieur du périmètre urbain, ou non couvert par un plan d'aménagement ou un plan de développement dûment homologués et visant la réalisation d'un projet d'investissement non agricole à caractère économique ou social. Et d'autre part, des attestations de vocation non agricole des terrains, lorsque les transactions immobilières les concernant impliquent des personnes physiques étrangères, des sociétés par actions ou des sociétés dont le capital est détenu en totalité ou en partie par des personnes étrangères. En outre le représentant de l'Etat délivre les autorisations de morcellement des terrains situés à l'intérieur du périmètre d'irrigation ou d'un périmètre de mise en valeur en « *bour*[791]» destinés à la création ou l'extension d'entreprises non agricoles, ainsi que les demandes d'autorisation portant sur des projets d'investissements à réaliser dans une zone du littoral non couverte par des documents d'urbanisme ou dans des zones sensibles (parc naturels, site d'intérêt biologique, historique ou archéologique, etc.)[792].

c. Appréciation critique du rôle de gouverneur dans l'action économique déconcentrée

Il serait malaisé ici, pour un juriste, d'apprécier convenablement la réalité du rôle du gouverneur dans l'action économique des préfectures et des provinces dont il a la charge, la question ici est moins tributaire des normes juridiques ou des principes jurisprudentiels qui enserrent sa mission. Une vision interdisciplinaire s'impose, dès lors que c'est dans le domaine économique que les pouvoirs latents des gouverneurs sont les plus incertains. L'efficacité de l'action économique du gouverneur tient ici plus à sa personnalité qu'au texte.

En France, un observateur avisé du corps préfectoral a fait de l'imprécision des textes une des raisons, du caractère déterminant du rôle du

---

[790] L'arrêté du directeur général de la sûreté nationale n° 371-02 du 5 mars 2002 portant délégation de pouvoirs aux walis des régions (B.O n° 4984 du 7 mars 2002, p. 148).

[791] Voir glossaire des termes en langue arabe en fin de cette thèse.

[792] Décret n° 2- 04- 683 du 29 décembre 2004, relatif à la commission régionale chargé de certaines opérations foncières. B.O. n° 5280, du 6/1/2005.

préfet en cette matière[793]. Le préfet Roger Dumoulin, en 1974, affirmait déjà que cette mission est un « appel à l'imagination plus qu'aux textes »[794]. Pour Monsieur Jean-François Davignon, le rôle des préfets en matière économique consiste à « s'efforcer de réduire des tensions[795] ».

La question qui se pose avec plus d'acuité est celle de la compétence réelle, pratique, des gouverneurs et de leurs collaborateurs. Trop souvent, les gouverneurs n'ont de l'économie et du fonctionnement des entreprises qu'une conception éthérée et vague. Le cursus de formation de l'IRAT doit inclure des modules et des méthodes modernes portant sur le champ économique et l'animation économique des territoires. Les autres écoles de formation des cadres doivent suivre le pas en modernisant leurs instructions qui doivent donner plus d'importance aux matières visant non uniquement l'élargissement des champs de connaissances parce que ceux-ci sont évolutifs, mais encourager l'acquisition de savoir-faire multiples et novateurs.

Dans le domaine de l'action économique, le gouverneur souffre particulièrement de la brève durée prévisible de son séjour dans la préfecture ou la province confiée à son administration. Cela l'empêche de bien connaître les interlocuteurs locaux et nuit à son efficacité auprès de l'administration centrale. Le gouverneur souffre aussi de l'absence de collaborateurs qualifiés en matière économique : si le wali de région peut s'entourer d'un embryon de service économique, il n'en va pas de même des gouverneurs de préfecture et de provinces.

Alors même que la Lettre royal de 2002 a valorisé le rôle des walis/gouverneurs dans le cadre de l'investissement déconcentré, il faut la situer dans son contexte. Il convient de se rappeler qu'une première lettre

---

[793] G. Thuillier, *Sur l'action des préfets dans la vie économique locale*, Rev. adm., n° 74, 1960, p. 126-130, p. 126 : « Il semble bien (…) que par la permanence de leurs fonctions, par l'imprécision de leurs pouvoirs réels, par leur connaissance des hommes et des localités, les Préfets ont un rôle à jouer dans le développement économique local ».

[794] R. Dumoulin, *Le préfet, « homo economicus »*, Adm., 1974, n° 84-85, p. 21-32, p. 27. L'auteur, qui parle de « laxisme des textes », p. 22, précise : « …dans la démarche quotidienne vers l'efficacité, les préfets sont amenés à dépasser les seules dispositions officielles et à recourir aux ressources de l'imagination, en distinguant le sens du souhaitable de la mesure du possible », p. 29. Cité par Marc Ollivier, op.cit. p.174Comme lui, les préfets ont tendance à insister sur l'importance de la personnalité du préfet et l'insuffisance des textes.*Cf.* par exemple, Ducou-Le-Pointe (G.), « Le préfet, chef d'orchestre de l'action économique dans le département », Adm., n° 84-85, 1974, p. 86-93. L'auteur y affirme que les moyens mis à la disposition du préfet en matière économique « ne prennent leur vraie valeur que grâce à l'apport imaginatif et humain de celui qui les met en œuvre » et précise que : « ici plus que nulle part ailleurs l'homme se doit de dépasser sa fonction », p. 86.Cerez (J.), « Le préfet et l'animation économique locale », Adm., n° 84-85, 1974, p. 52-57 : « Il semble qu'il y ait (…) autant de rôles concevables que de situations et de tempéraments rencontrés », p. 52, « le rôle du préfet dépasse le simple exercice de ses attributions juridiques », p. 56., cité par Marc Ollivier, *loc.cit.*

[795] Jean François Davignon, « Le préfet et l'action économique publique », in J-J Gleizal, sous la dir. de, Le retour des préfets ?, op. cit.,p. 149-164, p. 154.

royale à l'époque du Roi Hassan II datée du 19 novembre 1993 a été adressée au ministre d'Etat à l'Intérieur, au sujet de la décentralisation et de la déconcentration. N'ayant pas donné les résultats escomptés, cette initiative a été remplacée par une autre initiative importante prise par Sa Majesté le Roi visant à donner une nouvelle impulsion aux gouverneurs, acteurs majeurs de l'administration territoriale. S'en est suivie alors, en octobre 2002, la création des Centres régionaux d'investissement (CRI), investis d'une mission d'accompagnement, ces entités ont pris place au cœur de chaque région, elles devaient apporter à la fois conseil et soutien dans les démarches que doivent effectuer les entrepreneurs ou les investisseurs. Ils affichent un caractère de proximité en restant disponibles à tout moment et professionnel en participant à la mise en place des projets. Les CRI étaient créés surtout pour jouer le rôle d'un partenaire pour tout porteur de projet au Maroc[796].

Les centres régionaux d'investissement dépendent fonctionnellement de « la Direction de la Coordination des affaires économiques » du ministère de l'intérieur et opérationnellement ont été mis sous la responsabilité de directeurs ayant de l'expérience professionnelle dans le cadre de missions dans l'administration territoriale, eux-mêmes travaillent sous l'autorité du wali de région. On a pu, par ailleurs, remarquer que la majorité de ces directeurs seront appelés plus tard à occuper des postes de gouverneurs et seront nommés à des commandements territoriaux à la tête de province ou de préfecture du Royaume.

A ce titre, le rendement des CRI a été évalué par des cabinets spécialisés[797] dans un rapport, ce dernier est parvenu, entre autres conclusions : que les CRI ont été un outil efficace pour la création d'entreprises, mais pas pour le reste des objectifs poursuivis. Autrement dit, le bilan pour ce qui est de la mission, confiée au guichet unique de ces centres, est plutôt satisfaisant. Les CRI ont pu installer une certaine culture de réactivité dans ce domaine grâce à un nouveau mode d'organisation plus ou moins sophistiqué, en fonction des régions. Mais une fois dépassées les formalités de création d'entreprise, surgissent alors les obstacles. Le processus semble défaillant dès qu'on passe à la phase d'accompagnement des investisseurs dans le cadre du deuxième guichet, censé apporter de l'aide

[796] Le rôle des CRI était principalement de centraliser et de simplifier les démarches administratives permettant de créer une entreprise. Chaque centre dispose d'un guichet recevant les entrepreneurs ou porteurs de projet sur simple rendez-vous. L'entrepreneur est conseillé, guidé, orienté et pris en main par une équipe professionnelle dont la mission est d'assister et de centraliser. En effet, le CRI joue un rôle d'intermédiaire entre l'entrepreneur et l'Office Marocain de la Propriété Industrielle, la Caisse Nationale de Sécurité Sociale, le Tribunal du Commerce et le Centre Régional des Impôts. C'est au CRI que revient la mission de collecter auprès des administrations compétentes les documents ou certificats nécessaires à la validation d'un projet de création d'entreprise. Un formulaire est remis aux créateurs d'entreprise pour leur présenter la procédure administrative à engager et la législation en vigueur.

[797] Il s'agit du rapport établi par le Cabinet McKinsey.

aux investisseurs dans leurs démarches administratives. D'après ce rapport, la plupart des services ne sont pas convenablement assurés comme l'appui et le conseil en ressources humaines et en financement, ainsi que la mise en relation avec les prestataires et partenaires[798].

Parmi les failles relevées par le Cabinet international : le foncier et les autorisations de construire[799] constituent toujours les principaux points noirs. Les CRI n'ont pas été efficaces non plus dans la mission d'impulsion économique à l'échelle régionale. En un mot, ils n'ont pas été capables de jouer le rôle de guichet unique dans l'acte d'investir qui leur a été attribué par la Lettre royale relative à la gestion déconcentrée de l'investissement du 9 janvier 2002 : « Nous avions précisé (…), l'intérêt de créer un guichet unique au niveau de chaque région et de fixer un délai raisonnable et rapproché, pour statuer sur les dossiers des projets d'investissement[800] ».

De plus, cette étude a noté un déficit en termes de moyens matériels et humains au niveau de la plupart des régions économiques gérées par les CRI. Plus encore, les consultants ont évoqué une insuffisance de délégations de pouvoirs des gouverneurs, notamment dans le domaine du foncier[801] et des

---

[798] La Vie éco du 2012-01-02, « Le rapport McKinsey sur les failles des CRI ».

[799] Ce domaine souffre de deux phénomènes : d'une part, une inflation législative et réglementaire : notamment, le dahir n°1.92.31 du 17 juin 1992 portant promulgation de la loi n°12-90 relative à l'urbanisme ; le dahir n° 1-03-58 du 12 mai 2003 portant promulgation de la loi n° 10-03 relative aux accessibilités ; la circulaire n° 1500/2000 relative à la simplification des circuits et procédures d'instruction des demandes d'autorisation de construire, de lotir, de créer des groupes d'habitations et de morceler ; le dahir n° 1-02-297 du 3 octobre 2002) portant promulgation de la loi n° 78-00 portant charte communale. La loi, du 25 Juin 1960 instaure le plan de développement, qui définit les principales zones d'habitation et toutes les autres indications relatives au mode d'utilisation des sols, pour les agglomérations situées en dehors du périmètre urbain, etc. Et d'autre part une multiplication exagérée des intervenants ; il faut noter que cette procédure connaît l'intervention et l'interpénétration de plusieurs acteurs : la commune, le wali/gouverneur, l'agence urbaine, ainsi que d'autres services extérieurs, etc. ce qui ralentit considérablement toute instruction de projet visant la construction d'un immeuble. Le pétitionnaire constitue le dossier de demande d'autorisation de construire et le dépose à la commune, La commune réceptionne le dossier. Elle réalise la pré-instruction, procède à son enregistrement et le dispache aux administrations concernées : l'agence urbaine, la wilaya, la protection civile, régie de l'eau et de l'électricité et les autres services extérieurs, L'agence urbaine réceptionne un exemplaire du dossier qu'elle pré-instruit. Elle est aussi chargée de programmer la commission et de convoquer les administrations impliquées, Les autres administrations et services extérieurs impliqués reçoivent un exemplaire du dossier contenant les pièces justificatives exigées pour son instruction, La commune, l'agence urbaine et la wilaya font une instruction urbanistique du dossier. Elles décident si oui ou non le projet est conforme d'un point de vue urbanistique, Les services extérieurs communiquent le résultat de leur instruction durant la commission (sous réserve de recevoir le dossier avant la tenue de la commission).

[800] Voir, la Lettre Royale du 9 janvier in,*Droit de l'investissement au Maroc*, op.cit., p.242 et s.

[801] Voir, la liste indicative des pouvoirs de signature délégués aux walis de régions et aux gouverneurs de provinces dans divers domaines particulièrement,l'arrêté du ministre de l'économie, des finances, de la privatisation et du tourisme n° 367-02, arrêté du ministre de l'Intérieur n° 365-02 du 5 mars 2002 portant délégation de pouvoirs aux walis des régions

autorisations de construire[802], et une absence de cadrage et conventionnement des interfaces en amont qui devaient être coordonnés par les gouverneurs.

De surcroît, un autre handicap a été relevé par les experts, en l'occurrence l'absence de l'approche territoriale de l'investissement, et ce, malgré les efforts colossaux déployés en matière d'investissements publics, qui mobilisent de 1.200 à 1.500 milliards de dh dans les divers programmes sectoriels, à l'horizon 2020[803].

Nous avons pu noter que la Lettre royale du 9 janvier 2002 relative à la gestion déconcentrée des investissements a également conféré aux wali et gouverneurs des pouvoirs importants en matière d'investissement déconcentré, c'est ainsi que les commissions nationales dont l'avis est requis pour certaines opérations foncières, ont été transférées au niveau régional, notamment la commission chargée de l'étude des déclarations de vocation non agricole des terrains et celle relative à la protection des zones du littoral et zones sensibles, ont été placée sous l'autorité du wali ou du gouverneur, en tant que délégataire.

Ces critiques ne devraient pas faire perdre de vue les avantages retirés à la fois de la politique de grande envergure, portant sur l'investissement déconcentré, engagée par Sa Majesté le Roi, à travers la création des centres régionaux d'investissements et le rôle prépondérant qui a été dévolu aux walis et gouverneurs dans le cadre de l'impulsion et de l'animation de la vie économique des territoires. Avantages d'ordre technique, puisque l'objet de la fonction économique du gouverneur est la propulsion et l'accompagnement du progrès et la prospérité de sa province. Il en a découlé une amélioration du processus de l'élaboration de la décision administrative économique. Avantages en termes de politique économique, puisque pour être compétitifs, les territoires doivent devenir efficaces, c'est-à-dire, être capables de produire un environnement attractif pour les entreprises. Dans la plupart des politiques publiques, l'efficacité territoriale est synonyme de proximité ; une proximité qui se comprend à la fois en termes d'accessibilité, notamment d'accès aux services publics, et de recentrage sur le local par

---

pour la location des immeubles du domaine privé de l'Etat devant recevoir des projets d'investissement (B.O n° 4984 du 7 mars 2002, p. 144) et l'arrêté du ministre délégué auprès du ministre de l'agriculture, du développement rural et des eaux et forêts chargé des eaux et forêts, n° 370-02 du 5 mars 2002 portant délégation de pouvoirs aux walis des régions, note *Supra* n° 732.

[802] Voir, note n° 734 *supra*, sur la problématique des autorisations de construire.

[803] En effet, rares sont les programmes qui projettent une déclinaison régionale. « Sur les 15 grands plans du Royaume, seul un tiers est régionalisé à 100%», a précisé le ministère de l'Intérieur. Et pour ne rien arranger, les politiques menées à l'échelle des régions elles-mêmes ne sont pas plus performantes et, surtout, ne permettent pas de combler cette lacune. Or, les CRI ont pour mission, entre autres, d'impulser et de coordonner le développement économique local, et ce, par le biais de la déclinaison des politiques sectorielles nationales et la contribution à l'élaboration et la consolidation des stratégies économiques régionales. (Dans le même article de La Vie éco, 2012-01-02, op.cit.)

l'intervention et la participation des collectivités locales dans l'aménagement du territoire. La création des Centres Régionaux d'Investissement (CRI), constitue une des mesures les plus représentatives de cette nouvelle conception du territoire qui induit une revalorisation de sa dimension locale[804].

Les reproches que l'on peut faire à l'intervention économique de l'Etat par le biais de son « *bras déconcentré* », rappellent ceux que lui opposent les partisans farouches de la thèse de l'Etat « abstentionniste ». Alors que cette intervention protéiforme du gouverneur dans les affaires économiques des collectivités locales, se fonde sur les risques que pourraient faire peser les déséquilibres économiques sur l'ordre public. Il s'agit bien ici de sauvegarder un certain « ordre public économique »[805], qui se manifeste comme l'une des composantes à part entière de la notion d'ordre public, dont le gouverneur est l'un des veilleurs les plus sourcilleux.

En effet, « l'Etat faillirait à sa mission s'il se désintéressait des relations qui conditionnent la richesse du pays et qui peuvent, en outre, comporter certains abus [806]»,l'Etat ne peut se désengager de l'économie[807], si ce n'est que par l'orientation générale des politiques économiques ou pour connaître les ressources et les besoins de l'ensemble des provinces. Et par voie de conséquence, son représentant local, le gouverneur ne peut qu'œuvrer pour la prospérité et le développement économique[808].

Bien plus, la préservation des intérêts nationaux, impose au représentant de l'Etat de suivre de près la gestion des affaires locales de la préfecture ou de la province, et d'intervenir, le cas échéant, afin d'assurer la conciliation entre intérêts privés ou particuliers et intérêt national. Il convient, dès lors, de s'interroger sur le moyen le plus approprié mis à la disposition du gouverneur pour l'exercice de sa mission de représentation de l'Etat.

---

[804] Sabine Planel, *Transformations de l'Etat et politiques territoriales dans le Maroc contemporain*, in. L'Espace Politique, 2009, p. 13.

[805] Gérard Farjat, *L'ordre public économique*, thèse droit, Dijon, 1963, L.G.D.J., 543 p., p. 34. Cet auteur écrit : « l'ordre public économique serait d'abord l'expression juridique de l'ordre économique fondamental d'une société donnée ».

[806] Pierre Gay, *Le préfet régional*,op. cit. p. 209.

[807] Dans son Traité de Science politique, Georges Burdeau écrit : « Dans une économie où le libéralisme traditionnel laisse une place sans cesse croissante au dirigisme, il est naturel que la politique économique devienne un facteur puissant d'ordre et de sécurité, bénéficie de la sanction juridique particulière attachée au caractère d'ordre public », Georges Burdeau, *Traité de Science politique*, op. cit.p.122.

[808] Dans le domaine de la vie économique il s'occupe de l'approvisionnement des villes en subsistances ; multiplie les encouragements au développement de la production, distribuant des graines de betterave, instituant des jurys de récompenses.in.,François Burdeau, *Histoire de l'administration du 18ème au 20ème siècle,* Montchrestien, 1989,p. 84.

SECTION II. LA COORDINATION : UN MOYEN DE LA REPRÉSENTATION DE L'ETAT

Les moyens ou les mécanismes dont dispose l'Etat pour se faire représenter dans l'ensemble du territoire, consistent essentiellement dans le pouvoir qu'il a pu reconnaître à ses agents territoriaux, représentants fidèles et administrateurs de proximité, afin de gérer l'ensemble des rapports complexes qu'entretiennent les divers services gouvernementaux extérieurs à l'administration centrale : c'est ce qu'on appelle génériquement le pouvoir de « coordination ».

Face à la multiplication des rôles de l'Etat[809], et à l'extension quantitative[810] et qualitative de son champ d'intervention[811], la coordination des moyens mis en œuvre s'avère être une nécessité. Etymologiquement, la « coordination » provient du latin *cum* et *ordinare*, ce qui signifie : « mettre en ordre »[812]. Selon un auteur, coordonner, « c'est utiliser les formules permettant d'assurer l'unité de l'action[813] ». La coordination signifie aussi le moyen de relier, d'unir et d'harmoniser[814].

L.Sfez définit, quant à lui, la coordination comme étant : « un mélange indistinct de pouvoir hiérarchique et de concertation, de persuasion et

---

[809] Le terme Etat, selon Jacques Donnedieu de Vabres, évoque d'abord l'idée de pouvoir, de pouvoir efficace, protégé, organisé. L'Etat est une forme d'organisation sociale qui garantit, contre les périls extérieurs ou intérieurs, sa propre sécurité et celle de ses ressortissants. Il dispose à cet effet de la force armée et de multiples mécanismes de coercition et de répression. Il n'y a pas d'Etat sans un degré élevé de cohésion sociale et d'organisation hiérarchique, permettant au pouvoir de faire rayonner son autorité et exécuter ses décisions.in. Jacques Donnedieu de Vabres, *l'Etat*, PUF, *Que sais-je ?*1975, p. 6

[810] Sur le rôle de l'Etat, Pierre Mendès France avait pu écrire : « La société moderne est et sera de plus en plus caractérisée par une action de l'Etat dans la vie économique. Condition indispensable à la construction d'une véritable démocratie. Cette évolution implique des tendances très fortes à la centralisation et à la technicité, c'est-à-dire des pouvoirs accrus aux bureauxet aux techniciens. Les grands pays, quel que soit leur régime, ont à faire face aujourd'hui aux risques de la bureaucratie et de la technocratie. E qui peut conduire à de nouvelles formes de d'écrasement de l'individu et du citoyen. », in, Pierre Mendès France, *La République moderne*, Gallimard, 1962, p.213.

[811] On assiste à une diversification des motifs et modalités d'interventions de la sphère publique dans l'économie : l'édition de 1981 du Guide des Aides Publiques à l'Industrie (Guide des aides publiques à l'industrie, Ministère de l'Industrie, Chambrede Commerce et de l'Industrie de Paris, édition 1981), recensait 104 modalités d'interventions différentes, regroupées en 12 rubriques générales et mises en œuvre par une cinquantaine de type de guichets publics ou parapublics différents. Il faut y rajouter les crédits de politique industrielle, les opérations régionales de promotion de la qualité des produits industriels ; certains dispositifs, comme le Comité Interministériel pour l'Aménagement des Structures Industrielles (le CIASI) ont été régionalisés.

[812] Le Petit Robert, *Dictionnaire de la langue française*, 2002.

[813] A. G Delion, *La coordination administrative en matière économique et sociale*, Cahier de l'IFSA, n° 2, Paris, CUJAS, 1976, p. 12.

[814] H. Fayol, *L'administration industrielle et générale*, Bulletin de l'IIAP, n° 28, 1974, p. 16. Selon Fayol, « administrer, c'est prévoir, organiser, commander, coordonner et contrôler », alors que coordonner, c'est « harmoniser les actes, faire converger les efforts et contrôler », p. 16.

d'arbitrage [815]». Dans le même sens, on n'a pas manqué de souligner que la coordination consiste à s'efforcer de construire les structures permettant d'amener les différents services à une action organisée[816]. Ou encore, que l'action de coordination est « un système d'administration dans lequel les actions des différents départements ministériels et organes subordonnés ont entre elles une coordination telle que les axes suivant lesquels ils exercent, sont orientés dans un même sens et convergent vers un même objectif »[817].

Cependant, si le principe de « coordination » est considéré comme l'un des éléments les plus importants de la gestion administrative en général, il constitue, en plus, une réaction contre l'enfermement de l'administration et son cloisonnement. Sa finalité serait d'évoluer de la situation d'une « administration de gestion » à une « administration intelligente » et « prospective »[818].Par ailleurs, vu l'importance et l'efficacité de la coordination dans le cadre des actions visant le développement local, elle a été déléguée au gouverneur. Et ce, tout en appuyant ses attributions d'un faisceau de moyens juridiques, dans ses relations avec les différents services extérieurs des ministères et des établissements publics, ainsi que les assemblées locales, et les associations, etc.

La mission de coordination constitue, à n'en point douter, l'une des matières essentielles de la science administrative et du droit administratif, puisque la coordination est censée être l'une des méthodes décisives visant à assurer l'unité de l'activité à l'intérieur d'une organisation selon une vision intégrée.

De surcroît, le problème de la coordination ne se pose pas seulement au niveau de l'administration déconcentrée, mais aussi au niveau de l'administration centrale, où l'on justifie généralement ce manque de liaisons à ces niveaux, par la spécialisation sectorielle et la nature verticale des départements ministériels. Dans ce sens, une partie de la doctrine n'a pas manqué de souligner que le principe de coordination attribué au gouverneur de la préfecture ou de la province ne devrait faire l'objet d'aucune discussion, puisque cette mission démontre clairement la nature dynamique de cette institution (le gouverneur), et notamment dans les domaines économiques[819]. Alors qu'une autre partie[820] voit dans la mission de

---

[815] L. Sfez, *l'administration prospective*, Paris, Armand Colin, Collection U, 1970, p.238.

[816] Ch. Debbach,.*Science administrative*,, op.cit. p. 160.

[817] Claude Goyard, *La coordination et la consultation dans l'Administration publique en France*, in Revue internationale de droit comparé, octobre 1974, p. 750, cet auteur pense avec d'autres qu' « il n'y a pas de véritable coordination en dehors de la consultation. Pour de multiples raisons : complexité des problèmes ; interférences entre domaines de compétence, coopération nécessaire d'un grand nombre d'administrations en vue de l'application des plans de développement économique et social, la coordination des interventions administratives ne pourrait s'obtenir qu'au terme de processus de consultations, de négociations, d'échanges de vue, d'ajustement. La coordination ne se réaliserait que par l'accord entre les intéressés. »

[818] Voir,L. Sfez, *l'administration prospective*, op.cit, p.238.

[819] M. Rousset, *la construction d'une administration nationale et les maladies infantiles du système administratif*, REMALD n 6, 1996, p. 69-78, p.73.

coordination du gouverneur en rapport avec le mécanisme de décentralisation, une manifestation de grandes contradictions de la réforme de l'administration marocaine.

Il apparaît que la fonction de coordination entre les différents services de l'Etat constitue une préoccupation constante des pouvoirs publics et un souci permanent des gouvernants. En effet, l'harmonisation entre les départements de l'administration centrale sis dans la capitale et leurs services techniques disséminés dans tout le territoire, ainsi que leur contrôle nécessite l'intervention d'un seul organe représentant le gouvernement et favorisant sur le plan local une seule ligne de conduite de l'ensemble des services extérieurs.

Dans le schéma de l'administration territoriale marocaine, le gouverneur apparaît comme l'organe le mieux outillé et le plus à même de mener à bien cette mission. Ce pouvoir de coordination lui échoit tout naturellement, étant donné qu'il est l'autorité administrative déconcentrée par excellence, et qu'il est dépositaire de l'autorité de l'Etat.

Il convient donc, à ce niveau de se demander quels sont les moyens mis à la disposition du gouverneur pour la réalisation de cette coordination (Paragraphe I), avant de s'interroger sur les limites que connaît ce pouvoir de coordination (Paragraphe II).

Paragraphe I. Le mécanisme de la coordination

Concrètement, le gouverneur représente le Chef du gouvernement et les ministres. Il est le délégué du Gouvernement[821]. Il veille à l'application des lois et règlements et à l'exécution des décisions et directives du Gouvernement. À cette fin, il est habilité, dans la limite de ses compétences, à prendre les mesures d'ordre réglementaire ou individuel nécessaires. Il peut, en outre, être institué sous-ordonnateur des dépenses d'investissement par les ministres. Il les informe sur l'état d'avancement de ces investissements. Mais de manière générale, la coordination n'est pas uniquement une simple technique que l'on peut étudier en dehors de son contexte administratif général. Elle est plutôt une méthodologie complexe de l'action administrative que l'on ne peut cerner que si l'on comprend ses justifications et son impact sur l'Etat et la pratique administrative.

Il semble, à première vue, que la coordination n'est qu'une opération administrative simple et facile à réaliser, qui peut être mise en œuvre en vue de parvenir à une organisation caractérisée par l'ordre et la continuité, sans perte de temps et sans risque de répétition et d'anarchie. Mais, en réalité, la coordination ne se confond pas avec d'autres procédés analogues comme la

---

[820] Mohamed El Yaagoubi, « *Les grandes contradictions de la réforme administrative* », in, REMALD n° 25, 2001, p. 53.

[821] *Cf.* les développements réservés à la qualité de délégué du gouvernement du gouverneur, Première partie, Titre I, Chapitre I, *Supra*.

concertation ou la consultation. Alors même que le langage administratif, aujourd'hui, et plus encore celui des discours ministériels, a tendance à multiplier les emplois du mot concertation. On l'applique indifféremment à la négociation d'accords faisant intervenir des représentants du Gouvernement, des syndicats et du patronat ou à l'élaboration de décisions gouvernementales définissant les grandes orientations applicables à un secteur professionnel[822].

La coordination, quant à elle, est un mécanisme d'organisation spécifique garantissant l'uniformisation de l'activité, notamment, dans la réalité administrative marocaine caractérisée par la configuration de l'autorité en forme de pyramide d'institutions et de ministères, eux-mêmes répartis en directions et services autonomes et concurrents, ce qui ne va pas sans créer des difficultés à cause de la multiplication du nombre des intervenants dans chaque domaine.

Considérant à cet égard l'importance de la coordination, certains auteurs sont allés jusqu'à la considérer comme le cœur de l'activité administrative[823], d'autres ont pu mettre l'accent sur : l'uniformisation des efforts dans la préparation des décisions administratives dans le cadre de l'organisation administrative de l'Etat sans aucun tiraillement dans l'exercice des compétences.

Parmi les raisons justifiant le recours au mécanisme de coordination, on peut noter : premièrement, la réalisation de l'équilibre budgétaire entre les départements sectoriels considérés comme particulièrement budgétivores. Deuxièmement, les situations d'urgence ou de crise qui constituent, selon une certaine doctrine, une menace même contre *la sécurité nationale*, qui se manifesterait sous plusieurs aspects, notamment, l'aggravation de la pauvreté et la misère sociales, la marginalisation, l'anarchie, la criminalité organisée et la gouvernance déficiente[824] (ce dernier aspect caractérisé par l'abus de pouvoir, la corruption, la défaillance des institutions, et l'absence de reddition des comptes, etc.)Et en troisième lieu, la complexité croissante des actions publiques, de ce point de vue, la coordination constitue un moyen essentiel d'unification de l'action des différentes administrations sectorielles spécialisées, permettant l'amélioration de l'organisation administrative pour répondre à l'approche intégrée de l'action publique.

C'est dans cette optique, qu'un auteur a insisté particulièrement sur les finalités poursuivies par la technique de la coordination, notamment : surmonter les inconvénients des structures traditionnelles, marquées par la prédominance des rapports verticaux, et encourager les rapports horizontaux.

---

[822] Claude Goyard, *La coordination et la consultation dans l'Administration publique en France,* op.cit.p.751.

[823] Ali El M'hamedi, *La coordination dans l'administration centrale au Maroc*, Thèse droit, Université de Droit d'Economie et de Sciences sociales, Paris 2, 1982, p. 14.

[824] Abdallah Saaf, « *Les nouvelles menaces contre la sécurité nationale* », Cahiers politiques, n° 64, mars 2004, p.3 (en langue arabe).

Pour ce faire, la coordination devrait se décliner à travers les fonctionnalités suivantes : redistribution efficiente de l'ensemble des activités administratives ; concrétisation de la chaîne de complémentarité entre les différentes actions de l'administration ; prohibition de la concurrence, puisque la coordination vise à harmoniser les fonctions de tous les services[825].

Cela étant, la nécessité du recours à la coordination administrative est une question qui répond plus à des considérations pragmatiques, puisqu'elle conduit à la correction (révision) des différents déséquilibres que pourrait produire une action administrative enclavée ou ne bénéficiant pas d'un minimum de convergence dans son déploiement.

En effet, l'implantation territoriale des différents services extérieurs sans les moyens juridiques de la coordination risque d'entraîner un émiettement de l'action de l'Etat. Il convient dès lors d'imprimer et de traduire sur le terrain la cohésion des services déconcentrés. Il s'agit également de corriger les options techniques, et parfois technocratiques, pour mieux les adapter aux données régionales, provinciales et locales[826].

Au Maroc, la problématique de la coordination des services extérieurs s'est posée à l'administration marocaine dès la Libération, au moment où le jeune Etat, recouvrant l'exercice de la plénitude de sa souveraineté, s'est attelé rapidement à la reconstruction nationale. Les nécessités du développement à notre époque supposent que l'on dispose d'un agent coordinateur des services techniques et dont l'intervention est nécessaire[827].

Cette coordination doit permettre de mettre en œuvre des actions intégrées de développement portant sur certaines régions et sur certains centres choisis en fonction de critères tirés des nécessités d'un aménagement rationnel. De telles actions ont alors un double avantage : la concentration judicieuse des équipements de toutes sortes (sanitaires, scolaires, culturels, administratifs, commerciaux, habitat, etc.) aboutit à tirer un meilleur profit des investissements entrepris ; elle est de nature à faciliter les transformations du monde rural puisque, venant en accompagnement des actions de mise en valeur, elle met à la disposition de la population des équipements collectifs susceptibles de la retenir sur les lieux mêmes où se créent de nouvelles conditions d'existence[828].

Nous serons conduits, ainsi, à nous interroger d'une part, sur les fondements juridiques de la mission de coordination dévolue au gouverneur (A), et d'autre part, sur les moyens institutionnels dont il dispose pour la mener à bien (B).

---

[825] Abdelkrim Bakhnouch, *La coordination administrative des services provinciaux*, Thèse de doctorat, en droit public, Université Mohamed V, Rabat, 2001, p.30.
[826] Driss Basri, *L'administration territoriale, l'expérience marocaine*, op.cit, p. 114-115.
[827] Michel Rousset, *Le rôle du ministère de l'Intérieur et sa place au sein de l'Administration marocaine*, op.cit., 91.
[828] *Ibid.*

A. Les moyens juridiques du pouvoir de coordination du gouverneur

Toutes les Constitutions marocaines successives ont proclamé clairement l'attribution du pouvoir de coordination au gouverneur. C'est ainsi que la Constitution du 14 décembre 1962 a prévu dans son article 95 que : «(…) Ils (les gouverneurs) coordonnent en outre l'action des administrations et veillent à l'application des lois ». L'article 89 des Constitutions de 1970 et 1972 a repris les mêmes dispositions de l'article précédent. L'article 96 de la Constitution de 1992 proclame aussi dans les mêmes termes que les gouverneurs : « coordonnent en outre l'action des administrations et veillent à l'application des lois ». Dans l'article 102 de la Constitution de 1996, on ne retrouve plus le terme de « coordination » qui est remplacé par celui de « gestion » : « Dans les provinces, les préfectures et les régions, les gouverneurs représentent l'Etat et veillent à l'exécution des lois. Ils sont responsables de l'application des décisions du Gouvernement et, à cette fin, de la gestion des services locaux des administrations centrales. »

Le constituant de 1996 est-il allé plus dans le sens d'une extension des pouvoirs des gouverneurs sur les services extérieurs ? A-t-il voulu substituer à l'action de coordination gubernatoriale une ingérence complète du représentant de l'Etat dans la conduite des directions techniques ? En tout état de cause, cela confirme, sans ambages, la place qu'a toujours occupée le gouverneur en tant qu'autorité déconcentrée, qu'il soit « coordonnateur » ou « gestionnaire » des services de l'Etat.

Aujourd'hui, en vertu de l'article 145 de la Constitution du 29 juillet 2011, qui a remplacé l'article 102 de la Constitution de 1996 précité, les gouverneurs assument la charge de la coordination des services locaux de l'Etat, et assurent, sous la responsabilité de chacun des ministres concernés, la gestion des administrations déconcentrées, des établissements publics dont le périmètre d'action n'excède pas la zone de leur ressort territorial. « Sous l'autorité des ministres concernés, ils coordonnent les activités des services déconcentrés de l'administration centrale et veillent à leur bon fonctionnement. »

A ce titre le gouverneur assurera l'impulsion, la coordination, le contrôle et le suivi des activités desdits services afin de veiller à l'application des décisions ministérielles. Il rend, bien entendu, compte aux ministres des conditions d'exécution de leurs directives et instructions. Dans les régions, préfectures, et provinces, et sous réserve des exceptions expressément prévues, seul le gouverneur a qualité pour recevoir les délégations des ministres chargés des administrations civiles de l'Etat.

Les ministres pourraient à titre exceptionnel donner délégation aux chefs de leurs administrations déconcentrées, pour agir en leur nom, dans la limite de leur compétence territoriale, alors que le gouverneur peut donner délégation de signature : tout d'abord, au Secrétaire général de la préfecture ou de la province, en toutes matières et notamment pour celles qui intéressent plusieurs administrations déconcentrées dans la région, préfecture ou provinces. Ensuite aux chefs des administrations déconcentrées, en ce qui concerne les matières relevant de leurs propres attributions, ces chefs peuvent eux-mêmes subdéléguer leurs signatures à leurs subordonnés. Enfin, le gouverneur peut déléguer sa signature aux premiers *khalifa*, *pachas*, chefs de cercles, chefs de districts et aux chefs d'arrondissement et caïdats pour les matières qui concernent leur ressort territorial, ainsi qu'aux chefs de cabinetset aux chefs de divisions des wilayas ou des préfectures ou provinces.

Lorsque l'action d'un service déconcentré s'étend au-delà de la région, la préfecture ou la province et revêt, en tout ou partie, un caractère interrégional, inter-préfectoral, ou interprovincial, ce service sera placé, sauf dérogation expresse, sous l'autorité du gouverneur, pour la part de son activité qui s'exerce dans les limites de la région, de la préfecture ou de la province.

Le gouverneur prendra les décisions dans les matières entrant dans le champ des compétences d'intérêt local, régional, préfectoral ou provincial des administrations civiles de l'Etat exercées à l'échelon, de la région, de la préfecture ou de la province. Il assurera également le contrôle administratif des établissements et organismes publics de l'Etat dont l'activité ne dépasse pas les limites de la région, préfecture ou province où il officie.

Toutefois, ces dispositions ne sont applicables ni aux organismes ou missions à caractère juridictionnel, ni aux organismes chargés d'une mission de contrôle des comptes, ni aux services relevant du ministère des *Habous* et des Affaires Islamiques, sous réserve des attributions dévolues au gouverneur en ce qui a trait aux investissements et à la comptabilité publique.

Le gouverneur sera également l'unique sous-ordonnateur des administrations déconcentrées dans la région, la préfecture ou la province. Il peut, sous sa responsabilité et son contrôle, instituer en tant que sous-ordonnateur suppléant, pour tout ou partiedes crédits qui lui sont délégués, le chef de l'administration déconcentrée relevant de l'autorité gouvernementale délégante. Cette désignation s'effectuera par arrêté du gouverneur visé par l'autorité gouvernementale délégante.

Par ailleurs, et dans le cadre de sa mission de relais, le gouverneur doit être destinataire de toutes les correspondances relatives aux questions d'investissement, quelle qu'en soit la forme, émanant des administrations centrales ou des administrations déconcentrées et adressées aux collectivités locales et à leurs établissements publics ainsi qu'aux services, organismes et agents relevant de l'Etat. Pour les autres correspondances, des copies, pour information, doivent être adressées au gouverneur.

Les responsables des administrations déconcentrées ainsi que les organismes et agents relevant de l'Etat doivent adresser sous le couvert du gouverneur, leurs correspondances destinées aux administrations centrales de l'Etat. Le gouverneur sera responsable sous l'autorité de chacun des ministres concernés, de la gestion du patrimoine immobilier et des matériels des services de l'Etat dans la région, préfecture ou province où il est nommé.

Il est ainsi patent que, sans le recours aux moyens juridiques de la coordination assurée par les gouverneurs, l'action du Gouvernement sur le plan local serait inopérante. Le gouverneur investi de cette mission devrait concilier deux tendances opposées et maintenir un équilibre de balancier difficile à obtenir tout en sauvegardant l'intérêt de l'Etat, il ne faut pas qu'il néglige pour autant les intérêts des collectivités territoriales décentralisées. C'est là, en effet, où réside toute la difficulté de l'exercice de la fonction gubernatoriale.

Principalement tournés vers l'administration centrale, les services extérieurs ont tendance à ignorer l'action de leurs homologues exerçant dans la même circonscription. Cette « ignorance » peut parfois même affecter des services dépendant d'un même ministère, lorsque ce dernier n'a pas réalisé l'unité de commandement de ses propres services extérieurs : tel était, par exemple, le cas du ministère de l'Agriculture et de la réforme agraire avant la réorganisation d'octobre 1971, cela a abouti à la mise en place d'un comité de coordination des services extérieurs du ministère dans le cadre provincial[829].

De nouveaux progrès ont été réalisés dans cette voie avec la création depuis janvier 1976 de directions provinciales de l'agriculture ; l'unité d'action peut ainsi être assurée par le directeur, même lorsque pour des raisons d'opportunité il a été décidé de créer des directions interprovinciales[830].

Cloisonnement et réflexe hiérarchique ont pour effet de ralentir la prise des décisions et de nuire à l'harmonisation des actions administratives sur le plan local. Alors même que le développement local suppose un compromis réussi entre les responsables des services techniques déconcentrés et ceux de conception et de préparation. C'est pour cela qu'il a été dès lors indispensable de charger une autorité unique de superviser la collaboration et la coopération de l'ensemble des responsables administratifs territoriaux. C'est dans cette perspective qu'ont été dessinées depuis 1963, les attributions du *gouverneur-coordinateur*, telles qu'elles ont été renforcées par le texte de référence en la matière, en l'occurrence, le dahir portant loi du 15 Février 1977, qui a représenté, à l'évidence, une évolution juridique certaine dans ce domaine.

Le premier texte portant les prémisses du gouverneur-coordinateur est le dahir du 20 mars 1956 fixant le statut des gouverneurs[831].L'article 2 de ce dahir dispose *in fine* que : « les gouverneurs (…) assurent (…) *la liaison* entre les services extérieurs des divers départements ministériels », cette

---

829 Jean Garagnon et Michel Rousset, *Droit Administratif marocain*, op.cit., p. 125.
830 *Ibid* (op.cit. page précitée).
831 Le dahir n° 1-56-046 du 20 mars 1956 fixant le statut des gouverneurs, B.O n° 2267, du 6 avril 1956.

conception de liaison souligne le souci du législateur de désigner à l'échelon local une autorité responsable chargée d'assurer l'harmonisation des services extérieurs de l'Etat. Toutefois, la liaison entre les services est un concept très large et ne peut être que neutre et technique, respectant le choix des diverses administrations concernées, excluant un pouvoir d'intervention correctif et visant, tout au plus, à harmoniser les différentes tendances. Par ailleurs, il était naturel, en 1956, de ne retenir que cette idée de liaison, les administrations concernées étant toujours tenues par des administrateurs et des fonctionnaires de l'Etat protecteur. Le législateur était conscient qu'il ne fallait pas heurter de front les susceptibilités, encore vives à la libération[832].

De plus, cette liaison ne pouvait avoir un contenu précis. En effet, la représentation locale des différents services techniques extérieurs était squelettique, parfois même inexistante. Un pouvoir de coordination effectif, pesant par ses mécanismes et étouffant par son déploiement, aurait pu freiner la naissance et le développement de cette administration technique tant souhaitée. Une coordination plus poussée en 1956 aurait conduit assurément à une concentration de l'administration locale, sous la direction pure et simple des gouverneurs[833].

Afin de faire face à ces contraintes administratives, techniques et politiques, le ministère de l'Intérieur a rappelé par une circulaire du 24 janvier 1961 que : « la nécessité d'une coordination entre les différents services provinciaux n'est pas à démontrer. Il faut absolument éviter que des cloisons étanches n'existent entre différents services. L'administration devant former un tout homogène. Il est indispensable que le responsable de chaque département connaisse le programme d'action des services voisins, afin d'éviter la dispersion des efforts et parfois des doubles emplois[834]. »

Par la suite, le remodelage du découpage administratif, la création de nouvelles préfectures et provinces, ainsi que la multiplication des départements ministériels, vont inaugurer une nouvelle phase de la coordination de l'action administrative locale, notamment à travers l'adoption du dahir du 1er mars 1963 portant statut particulier des administrateurs du ministère de l'Intérieur[835]. Ce texte précise que les gouverneurs « coordonnent » les activités des services extérieurs des départements. Sachant, bien entendu, qu'en parallèle, aucun texte n'est intervenu pour définir, de façon précise, le sens et la portée juridique du mécanisme de coordination, hormis la circulaire du Premier ministre du 25 Février 1964[836] qui a déterminé en détail la mission des gouverneurs dans ce domaine.

---

[832] Driss Basri, *L'Agent d'Autorité*, Imprimerie Royale, 1975, p. 55.
[833] Driss Basri, *L'administration territoriale, l'expérience marocaine*, op.cit., p. 116.
[834] Circulaire du 24 Javier 1961, Ministère de l'Intérieur-Secrétariat général. Service des Etudes et des Réformes des pouvoirs des gouverneurs, chefs de cercles, pachas et caïds.
[835] B.O n° 2629 du 15 mars 1963, p : 385.
[836] B.O du 13 mars 1964, n° 2681, p. 338.

A la lecture de cette circulaire, ce qui frappe en premier lieu, c'est tout d'abord, sa forme : elle constitue, pour ainsi dire, un véritable chef-d'œuvre en termes de précision et d'éloquence juridiques. Cette circulaire signée par *Ahmed Bahnini* (Premier ministre du 13 novembre 1963 au 7 juin 1965) traite des attributions des gouverneurs et des missions dont ils sont investis dans les préfecture et provinces. Après avoir rappelé la teneur de l'article 95 de la Constitution de 1962 qui institue la fonction de coordination, le Premier ministre, énumère les attributions les plus importantes du gouverneur, et les répartit en 4 catégories en l'occurrence : 1- l'application des lois et règlements comme fonction fondamentale, 2- le maintien de l'ordre, 3- les rapports hiérarchiques des gouverneurs avec les ministres ; 4- les rapports des autorités administratives avec les assemblées préfectorales et provinciales et la coordination des activités des services extérieurs.

En ce qui a trait à l'harmonisation des circonscriptions administratives, la circulaire dispose que : « le gouverneur peut, dans l'exercice de sa mission, faire appel aux chefs de service régionaux ou à leurs délégués compétents pour sa province, qui doivent déférer aussitôt à sa demande, tant pour des réunions périodiques qu'à l'occasion d'une question déterminée. »

Ensuite, la circulaire met l'accent sur l'intérêt concret du rôle de coordination en s'adressant aux gouverneurs ainsi : « L'équipement et la mise en valeur des régions rurales du Royaume constituent, vous le savez, une urgence nationale impérative. C'est pourquoi, une (une grande importance a été attachée) à ce que les pouvoirs de coordination attribués aux gouverneurs par le dahir précité du 1^{er}mars 1963 en ce qui concerne les activités des services extérieurs de l'Etat, des offices de mise en valeur et des autres établissements publics, deviennent une réalité concrète. Toute difficulté susceptible de se produire à cet égard devra (...) être spécialement signalée. »[837]

Un autre texte de cette époque vise l'affermissement des compétences des gouverneurs, mais cette fois-ci, en ce qui concerne le rôle d'exécution des délibérations des assemblées préfectorales et provinciales. Le gouverneur devient ainsi l'unique exécutif des organes délibérants de ces collectivités territoriales, en vertu du dahir du 12 septembre 1963 relatif à l'organisation des préfectures, des provinces et de leurs assemblées[838].

Le couronnement législatif de la fonction de coordination du gouverneur, se réalise à l'occasion de l'adoption du texte du 15 février 1977 relatif aux attributions des gouverneurs. Il établira des conditions favorables au développement de la déconcentration territoriale en parallèle avec une certaine évolution politique et normative générale en la matière (démocratisation progressive des institutions, libéralisation de la vie

---

[837] La circulaire du Premier ministre précitée, peut être considérée comme une charte de coordination et de coopération des différents services techniques sous l'autorité du gouverneur (circulaire du 25 février 1964 susvisée).

[838] Dahir n° 1-63-273, B.O n° 2655du 13-09-1963, p.1469.

politique du pays, adoption de la charte communal de 1976, récupération des provinces sahariennes, etc.) et impliquera un recentrage important de la représentation territoriale de l'Etat au niveau local. Il fera, en outre, du gouverneur le personnage central de l'administration territoriale, du fait des pouvoirs qu'il lui attribuera dans la direction de l'activité des agents d'autorité et dans la coordination de l'activité de tous les autres services extérieurs.

Pour s'en tenir à l'essentiel, il faut rappeler qu'afin de traduire ses décisions dans la réalité, le gouverneur dispose de moyens juridiques et organiques efficaces. Leur amélioration au fil des années a consolidé son autorité dans la province. Grâce à la détention du pouvoir réglementaire, il peut même de revêtir ses actes de la force obligatoire, ce qui les rend opposables à tout ou partie de la population relevant de son ressort territorial. Eu égard aux rapports étroits qu'il entretient avec les divers éléments de la force publique rattachée à sa circonscription, il peut, le cas échéant, les faire exécuter par la contrainte[839].

Il est évident que le pouvoir réglementaire du gouverneur n'est pas un pouvoir général, celui-ci est une prérogative constitutionnelle du Chef du gouvernement[840]. Son domaine d'intervention réglementaire est strictement limité par les textes. Or, eu égard au nombre grandissant de ses domaines d'intervention, il l'exerce aujourd'hui dans principalement tous les domaines de la vie locale. En cas d'opposition à ses décisions réglementaires ou individuels, il est habilité à les exécuter par la force, il peut au même temps ou progressivement faire appel à la force publique dans les conditions et les formes prévues par la circulaire du Président du conseil précitée[841].

Il y a un volet très important qui illustre ce renforcement des moyens d'intervention du gouverneur sur le plan des mesures réglementaires, il s'agit du domaine d'urbanisme et d'aménagement du territoire. En effet, au niveau de l'aménagement territorial, le gouverneur de la province homologue par arrêté le plan de développement, qui est par la suite, approuvé par arrêté du ministre de l'Intérieur, les deux arrêtés sont publiés au bulletin officiel.

Aussi, préalablement à l'élaboration d'un plan d'aménagement, un arrêté dit "arrêté de mise à l'étude du plan d'aménagement" peut-il être pris, à la demande de l'Agence urbaine, par le président du conseil communal, après délibération dudit conseil, ou à défaut, par le gouverneur de la préfecture ou de la province concernée en application de l'article 77 de la loi n° 78-00 portant charte communale précitée. Ledit arrêté fixe les limites du territoire pour lequel l'étude du plan d'aménagement est envisagée[842].

---

839 M'faddel Smires, *Centralisation et décentralisation territoriale au Maroc*, op.cit, p.397.

840 En effet l'article 90 de la Constitution de 2011, dispose que : « Le Chef du Gouvernement exerce le pouvoir réglementaire et peut déléguer certains de ses pouvoirs aux ministres. Les actes réglementaires du Chef du Gouvernement sont contresignés par les ministres chargés de leur exécution. »

841 Circulaire présidentielle du 3 janvier 1959, B.O. n° 2412, du 16 janvier 1959, p. 90

842 Article 28 du Code de l'urbanisme, loi 30-07.

De plus, il faut rappeler que le projet du plan d'aménagement est soumis, lui aussi, à l'avis du ou des conseils communaux concernés et, le cas échéant, des conseils d'arrondissements. En cas de désaccord entre le ou lesdits conseils et l'Agence urbaine sur les suites à réserver aux observations émises, il est fait recours à l'arbitrage du wali ou du gouverneur de la préfecture ou province concernée[843]. En outre, le gouverneur a la latitude de délivrer le certificat de conformité au schéma directeur au cas où le groupement de communes censé le délivrer ne s'exécute pas ou tarde à le faire, etc.

B. Les moyens institutionnels du pouvoir de coordination du gouverneur

Dans le cadre de sa mission d'administration générale, et en particulier pour soutenir son pouvoir de coordination de l'ensemble des services extérieurs situé sur le territoire de la circonscription préfectorale ou provinciale, l'Etat a mis à la disposition du gouverneur plusieurs mécanismes institutionnels. La diversité de ces derniers correspond à la multiplicité des domaines d'intervention du gouverneur-coordonnateur. Dans ce sens, les comités qui sont présidés par le gouverneur ou par son représentant, constituent un moyen incontournable de concertation et de décision en ce qui concerne les dossiers sectoriels au niveau provincial.

Selon un auteur[844], les mécanismes institutionnels permettant la déclinaison pratique de la fonction de coordination administrative du gouverneur, peuvent prendre la forme soit de la délégation, c'est-à-dire confier aux responsables des services préfectoraux et provinciaux le pouvoir de le représenter, et de contrôler les correspondances échangées entre les différents services extérieurs et les administrations centrales. Soit de la participation effective du gouverneur dans l'ensemble des instances consultatives ou délibérantes qui concernent les services extérieurs gouvernementaux. Soit enfin, de jouer un rôle de contrôle sur l'ensemble des responsables des services extérieurs.

Généralement, l'ensemble de ces mesures devraient assurer la mise en place d'un système capable de garantir la continuité et la permanence de l'Etat, mais surtout la cohésion et l'efficacité de son action. De plus, ce système se doit d'assurer une bonne articulation de l'action étatique et de l'action des collectivités préfectorales et provinciales. Poursuivant cette finalité le dahir du 15 février 1977 a institué auprès du gouverneur et sous sa présidence un comité technique préfectoral ou provincial. Ce comité est composé du secrétaire général de la préfecture ou de la province, des chefs de cercle, des chefs des services extérieurs, des administrations civiles de

[843] Article 32 du Code de l'urbanisme, loi 30-07.
[844] Alain Larangé, *La déconcentration*, Paris, L.G.D.J, 2000, p.49.

l'Etat et des directeurs des établissements publics, ainsi que toute personne qualifiée, dont la présence pourrait être souhaitée par le gouverneur.

Selon un auteur, la pratique d'un comité technique auprès du gouverneur existait même avant 1977. Toutefois, faute de base juridique, sa mise en œuvre était assez hésitante. Les chefs des services répondaient à leur guise aux appels ou aux convocations des gouverneurs[845]. Pour éviter ces pratiques, et pour permettre au gouverneur d'accomplir sa mission de coordination dans les meilleures conditions, il a été prévu de créer le comité technique.

Dans le cadre de ce système, le comité technique présidé par le gouverneur se réunit au moins une fois par mois, et peut être convoqué chaque fois que le gouverneur le juge opportun. Ce comité est compétent pour assister le gouverneur dans les matières suivantes :

– l'élaboration de la partie du plan de développement économique et sociale afférente à la préfecture ou la province ;

– la bonne exécution et la coordination de la réalisation des travaux inscrits ou retenus au titre du plan économique et social ;

– l'accomplissement de la mission de coordination dévolue aux gouverneurs.

En général, on peut dire que le rôle de ce comité consiste dans le contrôle des conditions d'exécution des politiques de l'Etat dans la préfecture ou la province. C'est pour cela qu'il assure le suivi de l'ensemble des activités des services publics dans le territoire afin de garantir la prestation de ces services dans de bonnes conditions. Il surveille également le suivi des investissements en travaux d'équipement et d'infrastructure financés par l'Etat.

Dans le même sens, le gouverneur veille, de ce fait, au bon fonctionnement de ces services et de tout autre organisme bénéficiant des subventions de l'Etat, ou des collectivités locales, dans les limites de sa compétence territoriale. C'est ce qui découle de l'article 5 du dahir du 15 février 1977 modifié par le dahir du 6 octobre 1993, « sous l'autorité des ministres compétents, le gouverneur coordonne les activités des services extérieurs des administrations civiles de l'Etat, des établissements publics dont le domaine d'action n'excède pas le cadre de la préfecture ou la province. » A ce titre, il assure l'impulsion, le contrôle et le suivi des activités desdits services et établissements afin de veiller à l'exécution des décisions ministérielles.

Le gouverneur est informé des activités des services extérieurs. Pour ce faire, il reçoit copie des programmes d'action et directives provenant des ministres intéressés ainsi que des rapports et comptes rendus généraux destinés à ces derniers. L'article 5 bis. (Ajouté, par le dahir portant loi n° 1-93-293 du 6 octobre 1993 dans son article 2). Il doit être en outre, préalablement informé des mutations des chefs des services extérieurs et de

---

[845] Driss Basri, *L'administration territoriale, l'expérience marocaine*, op.cit. p. 119.

leurs adjoints directs. Il adresse annuellement au ministre compétent une appréciation relative à la manière de servir de ces agents.

De surcroît, le représentant de l'Etat adresse, annuellement, à l'autorité investie du pouvoir de nomination, une proposition de notation concernant la manière de servir des chefs des administrations déconcentrées de l'Etat et de leurs adjoints directs en fonction dans la région, la préfecture ou la province. Il doit recevoir notification de la note définitivement attribuée. Il doit être informé préalablement, de toute nomination ou mutation concernant ces chefs d'administrations déconcentrées.

Le pouvoir de coordination du gouverneur serait inefficient s'il ne disposait pas d'une autorité hiérarchique sur les chefs des services et les fonctionnaires des administrations civiles sur le plan local. C'est pour cela que, sans préjudice des pouvoirs reconnus à l'autorité ayant pouvoir disciplinaire, le gouverneur pourrait exercer, comme il est déjà souligné, le pouvoir de suspension reconnu à ladite autorité par l'article 73 du dahir du 24 février 1958 portant Statut général de la fonction publique[846], dans les cas et conditions prévus audit article. Il rendra compte immédiatement de la mesure de suspension au ministre compétent.

Cela étant rappelé, tous les agents des administrations publiques dans le ressort territorial de la préfecture ou de la province sont assujettis à ce pouvoir disciplinaire « *de substitution* » du gouverneur, hormis le personnel des juridictions en fonction dans la préfecture ou la province. Alors même qu'une certaine doctrine[847] n'a pas hésité à considérer que le gouverneur dispose d'un pouvoir de contrôle même sur cette catégorie de personnel, puisque, selon elle, une interprétation extensive des textes lui permet d'envoyer des rapports aux différents ministères dont celui en charge de la justice. Nous ne partageons pas cette analyse, puisque, d'une part, l'autorité judiciaire a été érigée en véritable pouvoir *indépendant* (article 107 de la nouvelle Constitution de juillet 2011)[848], de plus, le principe de la séparation des pouvoirs a été proclamé avec force par la même Constitution, et d'autre part, reconnaître un droit de regard ou un semblant de contrôle sur le fonctionnement des juridictions par une autorité administrative, qui de plus est, nommée sur proposition du Gouvernement, serait battre en brèche la finalité de l'indépendance de la Justice dans le pays.

Dans ce sens, l'article 6, *in fine,* du dahir du 15 février 1977 relatif aux attributions du gouverneur précité, exclut formellement le personnel des juridictions de la compétence générale de contrôle disciplinaire du gouverneur, en prévoyant que : ces dispositions (le contrôle disciplinaire) « (...) ne sont pas applicables aux personnels des juridictions en fonction dans la préfecture ou province. ».L'article 9 du même texte, quant à lui,

[846] B.O n° 2372 du 11 avril 1958, p. 631.
[847] Voir. Abdallah Boudahrain. *Eléments de droit public marocain,* op.cit. p. 354.
[848] Cet article prévoit que : « Le pouvoir judiciaire est indépendant du pouvoir législatif et du pouvoir exécutif(...)».

rappelle que le pouvoir de contrôle gubernatorial n'englobe pas une autre catégorie du personnel public, en l'occurrence, les « services extérieurs relevant du ministère des *habous* et des affaires islamiques ainsi qu'à leurs personnels respectifs ».

Sur le plan pratique, le gouverneur, à travers sa mission générale d'administration et de coordination des services locaux de l'Etat, serait amené à diriger « indirectement » plusieurs organes publics locaux dans son ressort territorial, son intervention revêt dès lors, soit un caractère interrégional, soit régional, soit interprovincial, soit communal.

1. Ainsi au ressort territorial interrégional, il dirige les services ou les secteurs dont le ressort territorial couvre plusieurs régions en totalité ou en partie. C'est le cas notamment de : l'Office régional de mise en valeur agricole (ORMVA)[849] ; la Délégation régionale du Tourisme (DRT) ; la Direction régionale de l'ONEP (l'Office national de l'eau potable qui a fusionné avec l'ONE pour donner l'Office d'Electricité et d'Eau potable) ; l'Agence du bassin hydraulique (ABHS de *Sebou*, par exemple) ; la Direction régionale de pêche maritime ; la Direction régionale des Eaux et forêts.

2. Au niveau territorial régional, le gouverneur dirige ou coordonne l'activité, sous l'autorité du wali de région, des services dont le ressort territorial coïncide avec le découpage régional, c'est le cas notamment : des Centres régionaux d'investissement (CRI)[850] ; de l'Inspection régionale de l'aménagement du territoire, de l'eau et de l'environnement ; des Agences urbaines[851] ; de la direction régionale de l'équipement ; de l'Académie régionale de l'Education ; de la Direction régionale du plan.

3. Sur le plan territorial, provincial et communal, le gouverneur dirige les services dont les compétences sont limitées à la province. C'est le cas,

---

[849] Créé par décret royal en 1966, l'Office Régional de Mise en Valeur Agricole du Tafilalet (ORMVA/TF) par exemple,est un organisme public doté de la personnalité civile et de l'autonomie financière et placé sous la tutelle du ministère de l'agriculture et de la pêche maritime. L'ORMVA/TF est administré par un Conseil d'administration présidé par le ministre de l'agriculture et de la pêche maritime.Il est habilité à promouvoir ou poursuivre dans sa zone d'action, les travaux de remembrement, d'équipement du réseau d'irrigation et de drainage et, d'une façon générale, les aménagements tendant à améliorer la productivité agricole.

[850] Voir la Lettre royale du 9 janvier 2002 relative à la gestion déconcentrée des investissements adressée au premier ministre. Qui a comporte la décision de créer, sous la responsabilité des walis de régions des centres régionaux d'investissement, ayant deux fonctions essentielles (chacune correspondant à un guichet), *cf.* les développements qui lui sont réservés dans Titre II, Chapitre I, Section I *Supra.*

[851] La première Agence Urbaine créée au Maroc fut celle de Casablanca (AUC), en 1984 : à l'occasion de l'approbation du Schéma Directeur d'Aménagement Urbain (SDAU) de la Wilaya du Grand Casablanca, dont l'AUC devait être l'outil technique de mise en œuvre et de suivi ; s'en est suivie la création de deux Agences : l'Agence Urbaine et de Sauvegarde de Fès et l'Agence Urbaine d'Agadir en 1992, en 1993 : promulgation de la loi n°1.93.51 du 10 Septembre 1993 instituant les Agences Urbaines, à la tête des Agence Urbaine se trouve un Gouverneur.

notamment, des délégations provinciales de la Santé, Education, Culture, Entraide nationale, Artisanat, Transport, Jeunesse et Sport. Sur le plan communal : c'est le cas des services agissant uniquement au niveau de quelques communes de la même province. C'est le cas des Régies autonomes de distribution d'eau et d'électricité dans la ville ou la province, etc.

Par ailleurs, les gouverneurs investis d'une compétence d'ordre général, peuvent être amenés à coordonner l'activité et superviser la prestation des services publics que certains établissements fournissent à la population, notamment des établissements publics à caractère industriel et commercial (EPIC)[852], il en était ainsi de l'ERAC (Les Etablissements Régionaux d'Aménagement et de Construction, transformés depuis 2007 en société anonyme dénommée « Al Omrane », par la loi n° 27-03 du 17 avril 2007[853]), de l'ONE (Office Nationale de l'Electricité), de l'ONEP (L'Office National d'Eau Potable, les deux offices ont fusionné), ou bien d'autres établissements publics à caractère administratif (EPA)[854].

C. L'apport de la coordination à la déconcentration

Le gouverneur est investi d'une compétence caractérisée par son universalité, parce qu'en principe, il ne représente pas un ministère spécialisé mais le pouvoir central, l'Etat dans son ensemble, les chefs de services extérieurs sont eux chargés d'une compétence spéciale qui découle de la mission du service auquel ils sont rattachés.

La coordination interministérielle consiste en une mise en cohérence des positions des services de l'État pour négocier avec les exécutifs territoriaux, notamment en vue des conventions passées entre l'État et les

---

852 Même si la notion d'établissement public est loin d'être aussi claire qu'il y paraît à première vue. En effet, les auteurs s'accordent à estimer que le recours fréquent à la formule d'établissement public a fait perdre à cette notion sa précision et sa rigueur. « Aujourd'hui qui peut dire exactement ce qu'est un établissement public, un organisme public » écrit de Laubadère. « Il est presque impossible de donner actuellement une définition rigoureuse de l'établissement public et de caractériser avec précision son régime juridique », renchérit Marcel Waline. Voir sur la définition d'établissement public à caractère industriel et commercialDriss Alaoui Mdaghri, *Droit et gestion des entreprises publics au Maroc*, Imp. Fédala, 1985, p. 25-26.

853 Loi n° 27-03 portant transformation des établissements régionaux d'aménagement et de construction en sociétés anonymes régionales dénommées "Al Omrane" promulguée par le dahir n° 1-07-50 du 17 avril 2007. Bulletin Officiel n° 5522 du Jeudi 3 Mai 2007.

854 En ce qui concerne la distinction entre un établissement public à caractère industriel et commercialet un établissement public administratif, il faut souligner même si elle paraît malaisée étant donné que les textes de création des établissements publics n'étant pas toujours clairs. On adopte le critère selon lequel : l'établissement public administratif est soumis à un régime de droit administratif strict, tandis que le régime de 'établissement public industriel et commercial, même s'il obéit par bien des aspects au droit administratif s'inspire théoriquement du droit privé. Cf. Driss Alaoui Mdaghri, *Droit et gestion des entreprises publics au Maroc.* op.cit.p.27.

circonscriptions territoriales. De surcroît, comme nous l'avons étudié précédemment, la contractualisation[855]a aussi produit une extension indirecte de l'influence du gouverneur sur des services dont certaines missions ne sont pas soumises à son autorité (notamment dans les domaines de l'éducation nationale, de l'emploi et de la formation professionnelle, l'action éducatrice et le contrôle du respect de la législation du travail, la justice, les affaires islamiques ne relevant pas de l'autorité du gouverneur).

La déconcentration est également mise au service des politiques de développement régional, qui ont certainement facilité la reconnaissance de la prééminence du gouverneur de région : le wali, dans des domaines essentiels : le wali de région devrait mettre en œuvre les politiques nationales de développement économique et social et l'aménagement du territoire sur le plan de la région, domaines dans lesquels les gouverneurs de préfecture ou de provinces doivent se conformer aux orientations qu'il fixe.

Néanmoins, la province reste la circonscription administrative de droit commun de l'action du gouverneur, dans le cadre de laquelle il prend des mesures d'ordre individuel entrant dans le champ de ses compétences de coordination des administrations civiles.

Outre l'extension de ses pouvoirs de coordination, on a assisté également à l'amélioration de ses moyens d'intervention visant la déconcentration de l'action de l'Etat, c'est ainsi que l'on remarque un renforcement des fonctions de promotion et de coordination de l'action socio-économique locale qui ont revêtu conformément au dahir de 1977une importance majeure. Les textes ultérieurs étendront davantage ces attributions pour réaliser une véritable gestion déconcentrée des investissements locaux[856], c'est ainsi que l'évolution de la politique de la déconcentration à ce niveau a été marquée au Maroc par deux étapes principales, et montre le rôle important attribué récemment aux gouverneur-walis[857].

Déjà en 1993, suite à la Lettre royale au ministre de l'Intérieur, relative à la décentralisation et à la déconcentration, trois séries de mesures ont été prises. En premier lieu, la création auprès des gouverneurs du comité technique provincial ou préfectoral, étudié précédemment (dahir du 6 octobre 1993[858] modifiant le dahir du 15 février 1977 relatif aux attributions du gouverneur). En second lieu, compétence a été donnée aux ministres pour déléguer aux gouverneurs la signature ou le visa de tous les actes concernant les activités de leurs services extérieurs (dahir du 6 octobre 1993 complétant

---

[855] *Cf.* La partie réservée au rôle du gouverneur dans la contractualisation. *Supra*, Première partie, Titre II, Chapitre I, Section I, Paragraphe II.

[856] La gestion déconcentrée de l'investissement, REMALD., Collection Textes et documents n°66, 1ère édition, Casablanca, 2002.

[857] Par commodité méthodologique il est, en effet permis d'utiliser indifféremment le titre « wali » pour désigner gouverneur, puisque le wali est par définition, quand il occupe une fonction territoriale gouverneur d'un chef-lieu.

[858] B.O. n° 4223, p. 536. Dahir du 6 octobre 1993 modifiant le dahir du 15 février 1977 relatif aux attributions du Gouverneur.

le dahir du 10 avril 1957 relatif aux délégations de signature des ministres, secrétaires d'Etat et sous-secrétaires d'Etat).

Enfin, et pour la première fois, un texte général est édité : c'est le décret du 20 octobre 1993 relatif à la déconcentration administrative[859]. Ce décret fixe les principes généraux de la répartition des attributions et des moyens mis en place entre les services centraux et les services extérieurs.

Ce décret a deux apports essentiels : en premier lieu, il crée une commission permanente de la déconcentration, présidée par le Premier ministre (Chef du gouvernement),et comprend le ministre chargé de l'Intérieur, le ministre des finances, le ministre chargé des affaires administratives, le secrétaire général du Gouvernement et les ministres concernés. D'autres personnalités peuvent, en raison de leur compétence, être appelées à participer aux travaux de cette commission est chargée de proposer la politique gouvernementale en matière de déconcentration et assurer le suivi de l'exécution de cette politique.

En second lieu, ce texte attribue au comité technique préfectoral ou provincial institué par le dahir portant loi 15 février 1977 tel qu'il a été modifié en 1993[860] susvisé, la charge d'étudier et de proposer à la commission permanente de la déconcentration administrative susmentionnée, après avis du ministre compétent, toutes mesures de déconcentration administrative, notamment, la création auprès de la préfecture, province ou commune des services extérieurs jugés nécessaires pour répondre aux attentes des usagers.

En outre, la délégation de pouvoirs par les ministres au gouverneur est venue confirmer et renforcer la position de ce dernier, en tant qu'autorité provinciale de coordination conformément à ce qui a été prévu par le dahir de 1977. En fait, la nécessité de l'unité d'action a conduit « les services du ministère de l'Intérieur à réfléchir au thème de la déconcentration appliquée à la gestion administrative en insistant sur le fait qu'un pays de un million huit cent mille kilomètres carrés, peuplé de vingt-cinq millions d'habitants ne pouvait être géré que de façon moderne alliant déconcentration et décentralisation [861]»

Consécutivement à la circulaire du ministre d'Etat à l'Intérieur du 22 novembre 1993, et particulièrement à la suite du colloque national sur les collectivités locales qui a été organisé en juin 1994, certains partis politiques

---

[859] Décret n° 2-93-625 du 20 octobre 1993 relatif à la déconcentration administrative, Bulletin Officiel n° 4227 du 03/11/1993, p.630.

[860] Il s'agit de l'article 5 bis. (ajouté, dahir portant loi n° 1-93-293, 6 oct. 1993 - art. 2) qui dispose qu' : « Il est institué auprès du gouverneur et sous sa présidence, un comité technique préfectoral ou provincial composé du secrétaire général de la préfecture ou province, des chefs de cercle, des chefs des services extérieurs des administrations centrales de l'Etat, des directeurs des établissements publics. Le gouverneur peut associer aux travaux dudit comité toute personne qualifiée. Le comité se réunit sur convocation du gouverneur et au moins une fois par mois. Les attributions de ce comité seront fixées par voie réglementaire. ».

[861] Michel Rousset, *Institutions administratives marocaines*, Publisud, 1991, p.73.

avaient critiqué « l'élargissement des pouvoirs des gouverneurs, qui a été perçu par les élus et leurs partis comme un signe de recul de la décentralisation »[862], un communiqué de trois partis politiques avait également été publié à l'occasion de la tenue dudit colloque, par lequel ils affirment que : « l'extension des attributions des gouverneurs a vidé la charte communale de son essence »,et que « la tendance constante consistait à renforcer la déconcentration au détriment de la décentralisation »[863] . Les auteurs de ce communiqué incriminaient à la fois le dahir du 15 février 1977 relatif aux attributions du gouverneur et les textes du 6 octobre 1993 l'ayant modifié, et particulièrement la circulaire du ministre d'Etat à l'Intérieur du 22 novembre 1993 précitée.

Michel Rousset avait reproché à ces contradicteurs, une série d'incohérences : en premier lieu, selon lui, il faudrait distinguer le champ d'intervention des gouverneurs « coordinateurs obligés » de l'action administrative dans le cadre de leurs commandements de celui des élus communaux. Les textes relatifs au gouverneur, agent déconcentré, n'enlèvent rien aux instances décentralisées. Preuve en est, le dahir de 1977 souvent mis en cause à cet égard, ne comporte qu'un article concernant les pouvoirs de tutelle sur la commune, il s'agit de l'article 4, dont la deuxième partie dispose : « il(le gouverneur) contrôle les collectivités locales dans les limites de ses compétences ». Ces pouvoirs, selon le même auteur, n'ont connu aucun accroissement, et naturellement, il n'appartient pas au ministre de l'Intérieur de les élargir par voie de circulaire[864].

Sur un autre plan, le gouverneur est aussi, quand il est nommé en tant que wali de région chargé d'un rôle beaucoup plus large en matière de

---

[862] L'Economiste n° 136, du 30 juin 1994, p.1, *Pouvoirs centraux-pouvoirs locaux : Quiproquos autour des collectivités locales*. A. Zyne ; « Le débat sur les collectivités locales et son cortège de quiproquos passe de nouveau aux devants de la scène. S'expliquant par le biais d'une circulaire, destinée aux walis, gouverneurs et présidents des communes sur les contours préparatifs de la 6ème édition du Colloque National des Collectivités Locales, M. Driss Basri, ministre d'Etat chargé de l'Intérieur et de l'Information, ne se fait pas faute d'adresser quelques critiques assez sévères aux pratiques des élus locaux. Le ministre n'y est pas allé avec le dos de la cuillère. Il fustige ainsi les mentalités et les comportements contraires au "mandat public". Les critiques du ministre deviennent particulièrement mordantes au niveau du respect du principe de la légalité, autrement dit de l'Etat de droit. Seul élément à même de "crédibiliser l'institution locale". Pour le ministre d'Etat, cet objectif n'est pas encore atteint. Il estime que "le fonctionnement des assemblées, les logiques qui gouvernent les rapports entre les organes, les enjeux extra-communaux qui inspirent leurs décisions, le subjectivisme et les contingences qui détournent parfois l'activité communale de son objectif de service public placent en effet l'organisation et l'activité des collectivités locales en dehors des limites établies par le droit et en contradiction avec l'intérêt public". Le ministre ne s'exprime pas en l'air. ».

[863] Communiqué des trois partis « nationaux et démocratique », L'opinion, 28 juin 1994, p.1. Cité par Michel Rousset, *La Déconcentration : mythe et réalité*, in. in REMALD., n° 9, Octobre-décembre 1994. p. 43.

[864] Michel Rousset, *La Déconcentration : mythe et réalité*, in., REMALD., n° 9, Octobre-décembre 1994. p. 43.

coordination, puisque, la région, en tant que collectivité locale la plus étendue, sert également le cadre d'action de l'État. À sa tête, le wali de région, n'est autre que le gouverneur de la préfecture ou de la province chef-lieu de la région. À ce titre, il exerce les attributions dévolues aux gouverneurs dont celles qui viennent d'être exposées. En tant que wali de région, son statut n'est défini actuellement par aucun texte particulier ; ses attributions résultent donc de la pratique et de quelques textes législatifs et réglementaires. Ses principales attributions sont les suivantes :

– il est chargé de la coordination de l'action des services régionaux de l'État (pour les ministères disposant de délégations régionales) ;

– il bénéficie de délégations de pouvoirs dans le cadre de la politique de la déconcentration des investissements, (initié par la Lettre royale du 9 janvier 2002). À ce titre, il agit au nom de l'État pour conclure ou étudier certains actes qui relèvent du pouvoir central. Plusieurs textes réglementaires ont été pris dans ce sens dans les matières suivantes :

Les contrats de vente ou de location des immeubles du domaine privé de l'État, les autorisations d'occupation du domaine public et du domaine forestier, les autorisations d'exploitation des activités industrielles et touristiques, entre autres. Enfin, le wali de région exerce dans certains cas le contrôle de tutelle sur le conseil régional, dont il est encore l'autorité exécutive[865].

Concrètement, la plupart des ministères ont des services extérieurs implantés en règle générale dans chaque province ou préfecture. Il s'agit des différentes « délégations » provinciales ou préfectorales qui permettent la réalisation de la déconcentration administrative. Mais, avant l'adoption de la dernière Constitution de 2011, aucun texte législatif ou réglementaire n'utilisait l'expression « services déconcentrés ». La Constitution, révisée en 1996, les désignait par l'expression « services locaux des administrations centrales » (art. 102). Aujourd'hui, la Constitution utilise le terme : « services déconcentrés »: « ils (les gouverneurs) coordonnent les activités des services déconcentrés de l'administration centrale et veillent à leur bon fonctionnement. »

La mission des services extérieurs a été, quant à elle, définie par l'article 3 du décret du 20 octobre 1993 précité relatif à la déconcentration administrative. Ils sont « chargés, au niveau territorial, de l'exécution de la politique gouvernementale et de toutes les décisions et directives des autorités compétentes ». Les ministres peuvent donner délégation aux chefs des services extérieurs et aux gouverneurs pour agir en leur nom. Enfin, les chefs des services extérieurs peuvent être institués ordonnateurs des

---

[865] Il faut, toutefois, noter que la dernière Constitutionde 2011 ôte, aussi bien aux walis qu'aux gouverneurs, les pouvoirs d'exécutifs qu'ils avaient respectivement sur les assemblées, régionales, préfectorales ou provinciales, conformément à son article 138 qui prévoit que : « les présidents des Conseils régionaux et les présidents des autres collectivités territoriales exécutent les délibérations et décisions de ces Conseils »

dépenses pour tout ou partie des crédits mis à leur disposition. Le dahir portant loi de 1977, précise les attributions du gouverneur en ce domaine, mais ne parle que de la coordination de l'activité des services extérieurs.

Dans ce cadre, le gouverneur adresse annuellement à chaque ministre un rapport établissant l'état d'avancement des investissements prévus par le département concerné, il peut à cette occasion proposer toutes mesures qu'il juge utile pour la réalisation des investissement relevant de la compétence du ministre concerné[866].

Au terme de cette analyse du rôle du gouverneur en tant que coordinateur des services gouvernementaux locaux, il apparaît, qu'un long cheminement juridique à travers les Constitutions successives et les différents textes de loi, de 1956 à aujourd'hui a été parcouru. Or, malgré toutes ces tentatives, il faut reconnaître que la mission de coordination gubernatoriale n'en rencontre pas moins des difficultés tenaces.

Paragraphe II. Les insuffisances du pouvoir de coordination du gouverneur

Si la plupart des auteurs s'accordent sur l'importance impérieuse de la coordination, comme mécanisme nécessaire à l'harmonisation et la mise en symbiose de l'ensemble de l'action gouvernementale, déclinée localement par les services déconcentrés. Cette unanimité ne se réalise pas en ce qui concerne les limites et les insuffisances que connaissent les moyens qu'il faut mettre en ordre pour assurer l'efficacité de cette coordination, pour éviter l'échec de la conciliation entre les programmes des différents départements ministériels[867].

En France, l'incapacité de mener à bien la coordination administrative voulue par les pouvoirs publics a été dénoncée par plusieurs auteurs, qui ont qualifié le système administratif français tantôt comme le résultat d'une « société bloquée »[868],et tantôt comme un « mal français »[869], en décrivant tous les méfaits d'une société sclérosée et immobile se dressant devant une volonté d'harmonisation de l'action publique.

Michel Crozier a, ainsi, mis l'accent sur ce qu'il appelle le « dirigeant majestueux » et « l'exécutant rebelle » : « on se représente généralement le petit fonctionnaire comme l'exécutant docile d'une politique administrative tatillonne et prenant sur les administrés une injuste revanche des difficultés qui sont les siennes. Nous avons rencontré dans une des situations les plus propices au développement de comportements de cet ordre des attitudes, en

---

[866] Voir. Le dahir du 6 octobre 1993 modifiant le dahir du 15 février 1977 relatif aux attributions du Gouverneur, BO n° 4223 du 6-10-1993, p.536.

[867] Abdelkrim Bakhnouch, *La coordination administrative des services provinciaux*, op.cit, p.24.

[868] Michel Crozier, *La société bloquée*, Paris, Editions du Seuil, 1970.

[869] Alain Peyrefitte, Le mal français, Paris, Fayard, 2006.

fait, tout à fait différentes. Les petits employés de préfecture, ceux auxquels le public se heurte aux guichets, se sont révélés extrêmement critiques de l'Administration, et leurs commentaires étaient tout à fait en harmonie avec ceux des assujettis, ils dirigeaient leur ressentiment contre un échelon supérieur, l'échelon de direction, en l'occurrence, les membres du corps préfectoral. [870]»

Alors même que la comparaison de l'administration marocaine et l'administration française sur le plan structurel, ne serait pas raisonnable. Puisqu'elles ont évolué différemment, et n'ont pas les mêmes composantes. Quelques similitudes, provenant de la répartition du pouvoir, du règne d'une certaine conception fondée sur les bases normatives de l'ancienne administration coloniale et du mimétisme envers les institutions françaises, permettent de faire un rapprochement entre la situation décrite plus haut et la réalité des difficultés de l'administration marocaine d'aujourd'hui.

Quoi qu'il en soit, les insuffisances de coordination de l'activité des services extérieurs ne permettent pas d'atteindre tous ses objectifs. Le premier colloque national sur la réforme administrative organisé les 7 et 8 mai 2002[871] a permis de relever les insuffisances de l'organisation des services extérieurs comme moyen de déconcentration administrative. D'après le diagnostic établi, il est apparu que malgré le nombre élevé des services extérieurs, le rôle qui leur est dévolu n'a pas atteint le niveau souhaité pour répondre aux demandes des collectivités locales et pour réaliser un vrai partenariat en matière de développement local, et permettre de répondre aux divers besoins des citoyens

Pour mieux analyser ces différentes limites à l'action de coordination, il serait opportun, tout d'abord, de les énumérer (A) avant de tenter de proposer un certain nombre de solutions susceptibles d'y remédier (B).

A. Les limites de la coordination

Plusieurs obstacles se dressent devant la réussite de la coordination de l'action administrative, on peut citer notamment : l'accaparement des compétences au niveau central, en particulier, quant à la gestion du personnel et du budget ; la méfiance du pouvoir central vis-à-vis des fonctionnaires locaux[872], et ce, quel que soit leur rang ; et le déséquilibre quant à la répartition des services extérieurs au niveau national.

---

[870] Michel Crozier, *La société bloquée,* op.cit.p. 99 et s.

[871] La réforme administrative au Maroc, Actes du 1er Colloque National sur la réforme Administrative, sous le thème *« L'administration marocaine et les défis de 2010 »*, REMALD., Collection Textes et documents n°68, 1ère édition, Casablanca, 2002.

[872] Les administrations centrales craignent, à travers la déconcentration, de perdre leurs prérogatives et pouvoirs. C'est ainsi que lorsqu'elles ne font pas preuve tout simplement de réticence, elles sont souvent « tentés » de « recentraliser » ou de « reconcentrer » les pouvoirs et les attributions par divers moyens. Voir à ce propos, Mostapha Fikri, *La bonne gouvernance administrative au Maroc, mission possible,* op.cit. p. 82.

Quant à la couverture géographique, la création des services extérieurs n'a pas suivi le rythme du découpage territorial, il en a résulté l'absence de services extérieurs dans certaines préfectures et provinces, malgré l'existence de besoins locaux qui doivent être satisfaits. Si l'on excepte le ministère de l'Intérieur, disposant à l'indépendance d'un maillage territorial suffisant de services administratifs, d'autres ministères, et leurs administrations centrales ne couvrent selon le cas, que 40 à 60 % de l'ensemble du territoire national[873].

En outre, les services extérieurs ne sont créés qu'au niveau des chefs-lieux des préfectures ou provinces. Ils n'ont souvent pas d'annexes administratives dans le reste du territoire de la préfecture, d'où l'éloignement de l'administration des administrés, notamment dans les hypothèses où un service extérieur couvre deux préfectures ou plus.

D'autre part, il a été constaté une inorganisation des services extérieurs, ainsi qu'un déséquilibre dans la répartition des ressources humaines : en 1999, dans la répartition globale des fonctionnaires, les services centraux s'accaparent le taux de 12 %, alors que les autres 88% sont répartis auprès des services extérieurs disséminés à travers le territoire national. A titre de comparaison, la population des fonctionnaires en activité dans les services centraux en France représente 5% avec une orientation qui tend vers la réduction[874].

En plus de ces limites matérielles et humaines qui handicapent le développement de la coordination administrative, deux difficultés majeures sont à relever :

a. La spécialisation ministérielle, obstacle à la coordination

Certes, les échelons locaux constituent, le niveau territorial de référence du déploiement et du prolongement de la coordination administrative entre les différents services techniques de l'Etat. La coordination est considérée ainsi comme une phase incontournable du processus de décision locale qui se retrouve dans tous les systèmes d'administration. Il peut, toutefois, y avoir un risque de multiplication de rapports verticaux et de spécialisation sectorielles hypertrophiée. Ainsi, si l'on assiste à une faiblesse dans la coordination de l'action interministérielle au niveau central, par une sorte de mimétisme inconscient, l'action de coordination intersectorielle au niveau locale s'en trouve elle aussi amoindrie.

C'est dans ce sens, que les artisans du nouveau système administratif territorial au Maroc ont insisté sur la nécessité d'avoir un ministère « carrefour », représenté par les agents d'autorité qui n'auraient pour souci que la coordination de toute l'action gouvernementale sur le plan local. Ce qui a fait écrire à M. Rousset qu' : « il apparaît indispensable de recourir à de

---

[873] Mostapha Fikri, *La bonne gouvernance administrative au Maroc,* op.cit. p.85.
[874] Chiffres cités par Mostapha Fikri, op.cit.*ibid.*

rigoureuses procédures de coordination sans lesquelles le Ministère de l'Intérieur ne saurait rendre les services dont il a seul les moyens et sans lesquelles les administrations techniques ne peuvent accomplir efficacement leurs tâches.[875]»

Selon cette thèse, le gouverneur, « l'homme du *Ministère-carrefour* », seul compte, car il reflète encore la conception qui avait présidé à sa création en 1956, semblable à celle du préfet français et du ministère de l'Intérieur, et dont un auteur rend compte remarquablement en ces termes : « On pourrait voir en lui la survivance de l'idée de la spécialisation géographique : on attribue à ce ministère toutes les affaires non classées et se rattachant à l'administration du pays. Il est, en quelque sorte, l'opposé du ministère des Affaires étrangères »[876]. La plupart des interventions de l'Etat à l'échelon départemental (travaux publics, assistance...) entraient dans ses attributions. Le risque de court-circuitage de la préfecture par des ministres à compétence spécialisée établissant des contacts directs avec leurs agents en province était donc quasiment inexistant d'autant plus que l'éloignement et la lenteur des communications y faisaient obstacle[877].

Par ailleurs, le développement de l'administration territoriale au Maroc et son maillage progressif à travers toute l'étendue du territoire et la couverture de toutes les périphéries, ne peut que conforter « le fractionnement de l'appareil d'État et le cloisonnement administratif en même temps que l'emprise techniciste d'expertises spécialisées[878] ».

Mettant admirablement en lumière le phénomène de la spécialisation ministérielle en France, M.Voisset écrit : « la spécialisation des organes de l'administration due à l'augmentation des besoins sociaux, comme aux complications inhérentes à la technique d'exécution des tâches, impose aux organes de l'Administration la tâche de se consulter réciproquement [879]».

Cela étant, la spécialisation naturelle des services extérieurs apparaît plus clairement comme un obstacle à la coordination dans les réunions des comités intersectoriels provinciaux ou préfectoraux. Compte tenu du nombre des sujets à traiter, de leur caractère plus ou moins prioritaire ou technique, l'essentiel du travail de coordination, quantitativement du moins, est assuré dans les réunions interdépartementales qui rassemblent, sous l'autorité du gouverneur, les représentants des différents ministères concernés ainsi que des représentants de certains autres administrations centrales.

---

[875] Michel Rousset, *Le rôle du ministère de l'Intérieur et sa place au sein de l'administration marocaine,* op.cit.p.92.

[876] A.Racinet, *De la spécialisation ministérielle en France*, Sirey, Paris, 1910, p. 105.

[877] Francis Chauvin, *L'exercice de l'autorité au sein de l'Etat : Le préfet et ses collaborateurs*, in CURAP, La loi du 28 Pluviôse, an VIII, PUF, 2000, p. 145-145, p.148.

[878] Jean-ClaudeThoenig et Patrice Duran, L'État et la gestion publique territoriale. In : Revue française de science politique, 46e année, n°4, 1996. p. 580-623, p. 591.

[879] M.Voisset, *La consultation dans l'administration contemporaine*, in Bulletin de l'Institut International d'Administration Publique, n° 24, octobre-décembre, 1972, p. 114.

b. L'imperfection des textes juridiques

En dépit du nombre des textes législatifs et réglementaires régissant la déconcentration et le rôle de coordination du gouverneur, ainsi que l'apport appréciable du dahir du 15 février 1977, qui a constitué une avancée qualitative importante en matière de coordination administrative entre les services déconcentrés. La réalité du terrain, et l'expérience de la pratique quotidienne démontrent que ce texte ne répond pas à toutes les questions et n'apporte pas la solution aux insuffisances du mécanisme de coordination administrative sur le plan local.

C'est ainsi qu'un auteur a même pu écrire que : « le concept de coordination dans le système administratif marocain reste un concept obscur[880] », ce qui engendre une interprétation très générale des dispositions relative à la coordination, du dahir de 1977. De surcroît, les textes juridiques encadrant le rôle des autres intervenants dans le processus de coordination au niveau local, ne reconnaissent pas suffisamment de pouvoirs aux chefs des services déconcentrés, ce qui les empêchent de jouer un rôle actif avec les autres acteurs dans le cadre des missions de développement local. Cette situation n'est pas sans créer un certain climat de désintérêt et d'insouciance des responsables des services extérieurs qui ne se sentent pas impliqués dans l'action de la déconcentration.

Cela étant, il a été nécessaire dès le début des années 1990 de promulguer d'autres textes juridiques[881] afin de faire face à cette réalité. C'est ainsi que suite à la Lettre royale du19 novembre 1993, un dahir du 6 octobre 1993 modifiant le dahir du 15 février 1977 relatif aux attributions du gouverneur a été adopté[882]. Dans cette même optique, la Lettre royale a rappelé clairement les missions des gouverneurs dans le cadre de la déconcentration administrative escomptée, qui doit être réalisée à travers la fonction de coordination : « pour éviter tout risque de cacophonie, le gouverneur, qui est notre représentant dans la préfecture ou la province, demeure le coordonnateur obligé de l'ensemble des activités des services administratifs situés dans sa préfecture ou sa province »[883].

La situation de la difficile coordination des services extérieurs rappelle la formule de Gramsci : « *Le vieux monde se meurt, le nouveau monde tarde à*

---

[880] Ali M'hamedi, *La coordination dans l'administration centrale au Maroc*, op.cit. p. 22.

[881] Dahir portant loi n° 1-93-293 du 6 octobre 1993 modifiant et complétant le dahir portant loi du 15 février 1977 relatif aux attributions du gouverneur ; le dahir n° 1-93-294 du 6 octobre 1993 complétant le dahir du 10 avril 1957 relatif aux délégations de signature des ministres, secrétaires d'Etat et sous Secrétaires d'Etat ; ledécret du 20 octobre 1993 relatif à la déconcentration administrative, B.O n° 4227 du 3-11-93, p.630.

[882] Voir *Supra*, Apport de la coordination à la déconcentration, Section II, Chapitre I, Titre II, Première partie.

[883] Lettre Royale au ministre de l'Intérieur de 1993, in. REMALD n° 4-5 juillet-décembre 1993, p. 121.

apparaître et dans ce clair-obscur surgissent les monstres »[884], puisque les contraintes à une coordination efficiente du gouverneur persistent depuis l'indépendance et même après l'élaboration des premiers textes sur la déconcentration. Ni le dispositif même renforcé du dahir du 15 février 1977, ni les tentatives empiriques n'ont été en mesure d'affermir suffisamment l'autorité de ce dernier sur les services extérieurs des administrations techniques pour lui permettre de mener à bien sa mission de coordination. Pour remédier à cette situation, les directives royales de 1993 suivies de la circulaire du ministre d'Etat à l'Intérieur et l'information du 22 novembre 1993, ont confirmé le gouverneur dans sa fonction de « coordinateur obligé », et décident de rendre hebdomadaire les réunions, antérieurement mensuelles, du comité technique provincial. Mais comme nous l'avons souligné précédemment ces mesures n'ont, semble-t-il pas eu plus de succès que les précédentes[885].

B. Les moyens de remédier aux insuffisances de la coordination

A quels mécanismes peut-on avoir recours pour faire prévaloir la coordination dans le cas où les résultats de l'administration sont jugés insatisfaisants ? Comment s'assurer que l'action administrative devienne efficiente dans le respect des obligations légales auxquelles les textes l'assujettissent et ne soit pas tributaire du bon vouloir ou du consensus aléatoire des administrations concernées ?

On peut puiser dans la doctrine et de la pratique administrative comparée plusieurs formules qui peuvent être imaginées ou utilisées pour pallier ces insuffisances. Une première formule consisterait à recourir aux arbitrages des autorités suprêmes du gouvernement et du pouvoir exécutif, une seconde plaiderait pour la délégation du pouvoir de coordination à une administration en particulier.

Dans ce cadre, il faut noter que la consultation est absente ou insuffisante dans les deux formules mentionnées. Lorsqu'il y a nécessité de recourir à l'arbitrage, c'est que toutes les voies de la consultation ont été préalablement épuisées[886].

a. La coordination par arbitrages

Selon M. Einsenmann[887] l'arbitrage de coordination est le moyen qui permet de faire prévaloir une orientation ou une décision spécialement dans

---

[884] Cité par Serge Venturini, *Éclats d'une poétique de l'inaccompli*, Livre 5 L'Harmattan, 2009-2012. p. 12.

[885] Mohamed Brahimi, *La région au Maroc entre le virtuel et le réel*, in Ali Sedjari (sous la direction de), Etat-nation et prospectives des territoires, Ed. L'Harmattan, 1996, p. 289.

[886] Claude Goyard, « *La coordination et la consultation dans l'Administration publique en France* », op.cit.p.757.

[887] Charles Eisenmann, Cours de droit administratif t.1, LGDJ, p.127

les cas où des administrations ministérielles seraient d'un avis contraires aux avis adressés par « l'administration non ministérielle », Délégation, Commissariat, Mission d'aménagement, c'est-à-dire toute création administrative entrant dans le champ de la notion d'administration de mission[888].

En effet, il s'agit plutôt d'une méthode permettant l'arbitrage entre plusieurs points de vue interministériels qui seraient divergents. Dans le cadre d'une préfecture ou d'une province, on pourrait imaginer certaines situations où le gouverneur serait confronté à plusieurs directives provenant de diverses sources gouvernementales : un ministre, un secrétaire d'Etat, un directeur d'administration centrale, un wali, etc. La difficulté croît davantage quand les administrations concernées sont, si l'on peut dire, sur le même pied d'égalité en termes de hiérarchie, comme exemple, dans le cas de deux départements ministériels émettant deux instructions différentes.

Ici, selon cette solution, le principe de l'égalité entre les différentes administrations concernées est sauvegardé, leur autonomie n'est pas remise en cause, puisque les pouvoirs de coordination seront confiés à une autorité supérieure, le Roi ou le Chef du gouvernement.

Quand on s'intéresse à ce genre de problème pour le cas du gouverneur, on s'aperçoit, qu'aussi bien la législation que la pratique administrative, prévoient des remèdes à ce genre de blocage. Ainsi, les premiers textes régissant le rôle des gouverneurs, insistent sur la nécessité de recourir à des alternatives en cas de difficultés de coordination. On trouve cette solution adoptée par la circulaire du Premier ministre du 25 février 1964[889], qui s'est prononcé sur les rapports hiérarchiques entre les gouverneurs et les ministres, tout en réservant une place particulière au ministre de l'Intérieur.

C'est dans ce sens, qu'elle dispose que : « le ministre de l'Intérieur est l'autorité hiérarchique dont relève directement les gouverneurs et doit en conséquence être informé de l'ensemble de leurs activités. Les gouverneurs doivent lui rendre compte de toutes les questions qui concernent leurs provinces et préfectures respectives. » Alors qu'avec les autres ministres, les gouverneurs peuvent : « correspondre (...) pour toutes les affaires courantes relevant de la compétence des différents départements ministériels, sous réserve d'en informer en même temps le ministre de l'Intérieur. Toutefois, lorsqu'il s'agit d'une question très importante ou présentant un caractère exceptionnel même d'ordre technique, la correspondance adressée au ministre compétent doit être acheminée sous le couvert du ministre de l'Intérieur à qui le gouverneur soumettra un rapport circonstancié sur cette même question »[890].

---

[888] Ch. Autexier et M. Heppenheimer, « *Essai de définition de l'administration de mission* », Bull. IIAP., n° 18, avril-juin 1971, p. 127.
[889] B.O du 13 mars 1964, n° 2681, p. 338.
[890] *Cf.Supra.* Circulaire précitée.

Les circulaires ultérieures du ministre de l'Intérieurs ont toutes entériné les mêmes pratiques et favorisé le rôle prédominant du ministre de l'Intérieur en relation avec le corps des gouverneurs. Cela s'explique, d'une part, par l'hégémonie de ce département ministériel dans le schéma administratif marocain et son autorité démesurée phagocytant celle de tous les autres ministères, y compris la primature, et d'autre part, par les liens directs privilégiés qu'il a toujours entretenus avec le Roi, institution suprême assurant la fonction d'arbitrage entre les institutions[891]. On pourrait en conclure, qu'à cause de cette prééminence institutionnelle, le ministère de l'Intérieur s'est fait reconnaître par une sorte de pratique administrative, coutumière, non écrite, ce rôle de coordination par arbitrage.

b. La coordination par délégation

La délégation en droit administratif est une vielle pratique adoptée par plusieurs systèmes juridiques. Elle a été introduite et développée dans plusieurs systèmes administratifs, étant donné que les interventions des autorités publiques sont de plus en plus nombreuses et intéressent des domaines de plus en plus variés, ce qui a nécessité la multiplication du nombre des délégations. Alors même que le principe, en droit de la fonction publique est que la mission confiée à un agent doit être exécutée par cet agent « en personne », ce principe souffre l'exception de voir certains fonctionnaires déléguer leurs attributions à d'autres agents non investis initialement de la fonction d'accomplir ces missions. Ainsi Jean Devolvé définit la délégation en matière de droit public comme étant : « l'acte par lequel une autorité donnée confie une part du rôle dont elle est chargée à une autre personne. »[892]

La délégation peut avoir plusieurs modes d'exécution, revêtir différents aspects et se rapporter à de multiples domaines d'activités. Telle que la déconcentration, la délégation est considérée comme une division de travail et un moyen de transfert des charges économiques et sociales tenant compte aussi bien de l'environnement où elle s'exerce que de l'espace géographique où elle s'exécute. L'exercice de la délégation obéit à des règles précises d'ordre juridique, technique et psychologique. Ces règles exigent des acteurs de la délégation de bien savoir en quoi elle consiste, d'acquérir une réelle compétence dans son utilisation et de prendre conscience de son utilité dans la gestion de l'organisation[893].

Ici, il est impératif de faire la distinction entre deux mesures : la délégation de pouvoir et la délégation de signature. Simple mesure d'organisation interne du service, la délégation de signature consiste à

---

[891] *Cf. Supra* note n° 669 sur la fonction d'arbitrage royal.

[892] J. Devolvé, *La délégation de matière en droit public*, Sirey, 1930, p.3.

[893] M'hamed Idrissi, « *La délégation de pouvoir : une solution aux problèmes de blocages dans les secteurs public et privé* », in R.S.N, n° 224/2003, p.23.

autoriser un ou plusieurs fonctionnaires, subordonnés à l'autorité délégante, à signer certaines décisions, sous le contrôle et la responsabilité de cette autorité. La délégation de signature va investir donc une ou plusieurs personnes nominativement désignées et présente des avantages évidents quelle que soit la taille de l'administration concernée dans laquelle elle est consentie. En fait, elle a pour but de soulager le gouverneur de plusieurs tâches administratives, souvent fastidieuses. Elle peut concerner la signature d'ordres de missions, et autres documents et courriers pour ordre. Dans ce cadre le gouverneur délègue sa signature soit à son chef de cabinet, soit au secrétaire général de la préfecture ou de la province.

Contrairement à la délégation de pouvoirs, la délégation de signature ne dessaisit pas le délégant de ses attributions. Ainsi, le gouverneur-délégant peut, à tout moment, décider en lieu et place du délégataire. Ensuite, les décisions prises par le délégataire dans le cadre d'une délégation de signature sont analysées comme les décisions du délégant, au nom duquel elles ont été prises. Enfin, la délégation de signature ne dégage pas le délégant de sa responsabilité pénale.

En revanche, la délégation de pouvoirs, est un acte juridique par lequel une autorité (le délégant) se dessaisit d'une fraction des pouvoirs qui lui sont dévolus par la loi en les transférant à une autorité subordonnée (le délégataire). Le délégataire assume alors les obligations et les responsabilités liées aux pouvoirs qui lui ont été délégués. De plus, en cas de manquement à une obligation pénalement sanctionnée, le délégataire serait responsable en lieu et place du délégant. En droit privé, ce type de délégation peut être consenti dans toute situation ; donnant, ainsi au délégant la possibilité de transférer sa responsabilité pénale.

Il n'en reste pas moins que la coordination par délégation peut se présenter dans deux cas. En premier lieu, les pouvoirs de coordination sont remis à des administrations déjà existantes, qui voient ainsi des attributions supplémentaires leur être confiées, en plus de leurs propres tâches, on peut dire dans cette hypothèse, qu'une mission de coordination est *jointe* ou *annexée* aux missions que telle administration a déjà reçues. Et en deuxième lieu, on constate que certaines administrations sont mises en place spécialement pour répondre aux nécessité de la coordination de l'action administrative en vue d'un objectif bien délimité dans l'espace et dans le temps ; on doit parler, dans cette hypothèse, non pas d'annexion, mais de dépossession[894].

La coordination assurée par le gouverneur entre les différents services de l'Etat sur le plan local, quand elle se heurte à des obstacles ou rencontre des difficultés d'application, liés au quotidien et à la lourdeur et la multiplicité des charges confiées, peut faire l'objet, dans certaines de ses composantes, de délégations de signature spécifiques. Ces délégations portent uniquement

---

[894] Claude Goyard, « *La coordination et la consultation dans l'Administration publique en France* », op.cit., p.759.

sur l'accomplissement d'actes limités dans le temps. Alors que la délégation de pouvoir serait, à notre avis, inconcevable eu égard à la nature régalienne, irréductible et indivisible de la fonction d'autorité. Celle-ci est, en effet, confiée au gouverneur, *intuitu personae*, en considération de ses qualités propres, et de ses compétences spécifiques qui lui ont valu de bénéficier de la confiance du souverain, qui l'a nommé à la tête d'un commandement territorial.

SECTION III. LES CONTRAINTES À L'AFFIRMATION DU POUVOIR DU GOUVERNEUR SUR LES SERVICES DÉCONCENTRÉS

L'expérience marocaine en matière de déconcentration révèle un certain paradoxe entre la détermination du discours officiel qui la prône et l'absence dans la pratique d'une réelle action de déconcentration. Cette situation qui s'explique essentiellement par une certaine défiance à l'égard de ce processus, s'explique aussi et surtout par divers et nombreux obstacles et écueils qui ont empêché et qui empêchent encore, le développement d'une culture de déconcentration, à l'instar de ce qui se pratique au niveau de plusieurs pays à travers la planète[895].

Dans la vie administrative réelle du Maroc, la centralisation l'emporte largement sur la déconcentration. Dans leur très grande majorité, les pouvoirs des autorités déconcentrées, notamment, pour celles qui résident à l'extérieur de la capitale, restent faibles ; dans la plupart des cas, leur mission réelle se limite, non à décider elles-mêmes, mais à préparer et à solliciter des décisions qui sont prises à Rabat[896].

L'organisation des corps administratifs se caractérise donc par la coexistence d'un réseau d'administrateurs locaux, plus ou moins dense pour faire face aux tâches d'exécution et à la plupart des tâches de conception des solutions particulières, avec des cellules centrales suffisamment importantes pour examiner en second ressort, mais encore souvent avec minutie et dans le détail, les projets élaborés localement, et statuer à leur égard. Par l'effet de la centralisation ainsi pratiquée, notre organisation administrative apparaît donc comme étant verticalement, une administration à double degré[897].

Les réformes, nous l'avons vu, ont toutes visé l'amélioration et la fluidification de l'administration par le biais de l'instauration d'une déconcentration effective et plus efficace, avec au centre de l'engrenage, le représentant de l'Etat, le gouverneur. Alors qu'en sens inverse cela a engendré plutôt, à cause de la complexité de plus en plus grande à résoudre, soit le coût de plus en plus élevé des travaux et des services à réaliser et à

---

[895] Mostapha Fikri, *La bonne gouvernance administrative au Maroc*, op.cit. p. 80.
[896] Mohammed El Yaagoubi, *La déconcentration administrative à la lumière du décret du 20 octobre 1993*, in REMALD n° 10, janvier-mars 1995, p. 39.
[897] *Ibid.*

organiser[898]. La volonté d'uniformiser le fonctionnement effectif des corps administratifs dans le Maroc entier, tendent au renforcement constant de la centralisation[899].

En 1975, Driss Basri avait déjà noté l'existence des carences dans ce processus de déconcentration, qui selon lui, résultaient essentiellement de la législation et des textes réglementaires qui étaient encore insuffisants à ses yeux. Or, aujourd'hui, force est de constater que ces obstacles sont de diverses natures : soit un frein qui provient des technostructures centrales, soit une contrainte budgétaire, soit un comportement psychologique, soit une insuffisance de transfert des moyens en personnel.

De manière générale, aujourd'hui on peut observer que ces contraintes, sont soit liées à l'inexistence même d'une politique gouvernementale de déconcentration, puisque la représentation ou l'appropriation de la réflexion ou du discours politique et normatif portant sur ce thème, à la fois de conceptualisation et de mise en œuvre fonctionnelle était pendant longtemps l'apanage exclusif du ministère de l'Intérieur (ParagrapheI). Soit à la contestation, pour de multiples raisons, de l'autorité même du gouverneur par les services déconcentrés de l'Etat (ParagrapheII).

Paragraphe I. L'inexistence d'une politique gouvernementale de déconcentration

L'inexistence d'une politique de déconcentration est une réalité patente au Maroc, les tentatives de réglementation législatives et réglementaires restent insuffisantes et deviennent, de plus en plus, surannées. Les textes de 1993 etle dahir de 1977 ont subi l'érosion du temps. La doctrine[900] a souvent expliqué cette absence de vision officielle stratégique portant sur la déconcentration, d'abord, par la défiance à son égard, de part et d'autre, c'est-à-dire aussi bien, de la part du pouvoir central, que de la part des collectivités territoriales elles-mêmes. Le premier, jaloux de ses compétences, ne veut pas s'en départir, au profit de représentants locaux, même nommés par lui[901]. Et les secondes ne comprennent pas les réticences

---

[898] Jean Garangnon, Michel Rousset,*Droit administratif marocain*, op.cit, p. 99.
[899] Mohammed El Yaagoubi, *La déconcentration administrative,* loc.cit.
[900] Pour un exposé factuel et juridique précis, *Cf.* Mohammed El Yaagoubi, *La déconcentration administrative à la lumière du décret du 20 octobre 1993*, op.cit. Voir, aussi Hassan Ouazzani Chahdi, *Déconcentration et décentralisation, pour quelle équation ?*in Décentralisation et pratique locales du développement, Université Ain Chock, Casablanca, Série actes colloques et séminaires, p. 34.
[901] Ce « *paradoxe* », correspondrait à ce que Francis Chauvin appelle « une mutation » du rôle du représentant de l'Etat, et décrit ainsi : « Alors qu'elle (l'autorité préfectorale) exprimait traditionnellement l'autorité de l'Etat central, elle devient davantage l'expression de l'autorité de l'Etat territorial », in, Francis Chauvin, *L'exercice de l'autorité au sein de l'Etat : Le préfet et ses collaborateurs*, in CURAP, La loi du 28 Pluviôse, an VIII, PUF, 2000, p. 145-145, p.146.

et les atermoiements du centre pour les délivrer de l'emprise de ses agents. Ne bénéficient-elles pas de la légitimation constitutionnelle et législative depuis l'adoption de la première Constitution de 1962[902] ?

Par ailleurs, les auteurs[903]relèvent souvent d'autres obstacles plus nombreux, entravant, non seulement la réalisation d'une déconcentration effective, mais aussi l'existence même d'une politique officielle qui encadre de ce processus. Le premier facteur explicatif serait la prédominance de la décentralisation. De tous les thèmes de réflexion sur la réforme administrative, celui de la décentralisation est le plus en faveur, les hommes politiques, les experts, les praticiens de l'administration, ainsi que les auteurs s'en réclament comme une solution pour combattre les excès de la bureaucratie. Or, cette importance donnée à la décentralisation a fait éclipser celle de la déconcentration[904]. De surcroît, il convient de relever un obstacle de nature psychologique à la déconcentration des pouvoirs administratifs. Pour l'administration centrale, la déconcentration entraîne souvent, pour les responsables concernés un sentiment de frustration, la culture de la déconcentration n'est pas unanimement admise par les autorités centrales.

Dans cette mesure, cette culture de rétention due à la sociologie même et aux données psychologiques au sein de la bureaucratie du centre, correspond à ce que décrit avec pertinen cela doctrine administrative : « à l'analyse, il s'agit d'une question de sociologie administrative. Les ministres, en refusant de déléguer une partie de leurs pouvoirs aux gouverneurs, craignent la récupération de leurs attribution par leur collègue, le ministre de l'Intérieur, en sa qualité d'autorité hiérarchique des gouverneurs [905]».

Or, il y'a lieu de penser que cette absence de réflexion prospective officielle sur le processus de déconcentration ne résulte pas uniquement de cette défiance à son égard, mais serait la conséquence de raisons bien plus profondes, touchant à la structuration même de l'administration territoriale centrale et à ses relais locaux, et à la manière dont le pouvoir a été réparti originellement dès l'indépendance, du noyau de l'Etat aux démembrements territoriaux périphériques. En effet, si l'on s'intéressait de près à ce processus de « distribution » des pouvoirs, on s'apercevrait aisément, qu'il

---

[902] La première Constitution du Royaume prévoit, déjà, en 1962, que : « Les collectivités locales du Royaume sont les préfectures, les provinces et les communes. Elles sont créées par la loi » (article 93), et qu' « elles élisent des assemblées chargées de gérer démocratiquement leurs affaires dans des conditions déterminées par la loi. » (Article 94).

[903] *Cf.* Mostapha Fikri, *La bonne gouvernance administrative au Maroc*, op.cit., ainsi que Mohammed El Yaagoubi, *La déconcentration administrative à la lumière du décret du 20 octobre 199,* op.cit, ainsi queHassan Ouazzani Chahdi, *Déconcentration et décentralisation, pour quelle équation ?*op.cit également. Mohamed Brahimi, Décentralisation/Déconcentration, quelles relations ? op.cit. et Hassan Ouazzani Chahdi, Droit administratif, 3e édition, 2003, p. 75.

[904] Mohammed El Yaagoubi, *La déconcentration administrative à la lumière du décret du 20 octobre 1993*, op.cit.p.40.

[905] Lahcen Brouksy, « *La déconcentration, ses mécanismes et ses limites* », in Revue Marocaine des Finances Publiques, p.65.

y'a eu une concentration des pouvoirs entre les mains de la structure gouvernementale, et ce, en vertu de sa fonction créatrice, qui constitue incontestablement son domaine privilégié, par le biais de la conception de l'orientation et de l'organisation. Or, dans le cas marocain, on peut difficilement parler de rôle de l'administration centrale, toute entière. Les prérogatives de conception, d'orientation et d'organisation sont restées inhérentes à un seul département ministériel : le ministère de l'Intérieur.

Alors même que l'élaboration de la politique générale du gouvernement concerne essentiellement la mise en forme sur tous les plans : juridique, technique, financier. Le ministère de l'Intérieur a joué, de tout temps, ce rôle. Comment expliquer cette particularité ?

Sans revenir sur toutes les raisons historiques et politiques explicatives de cette omnipotence du département de l'Intérieur au Maroc. Pour s'en tenir à l'essentiel, il convient de rappeler qu'il a constitué pendant longtemps, à lui seul un « *Makhzen* » réduit, où se tramait la vie politique du pays et se faisaient et se défaisaient les carrières des agents d'autorité. Une clé de lecture importante de cette spécificité, nous est offerte par la manière de concevoir l'administration territoriale qui a toujours été le reflet du profil et de la vision propre du ministre de l'Intérieur du moment et parfois même de ses tendances personnelles[906]. Parce que le ministère de l'Intérieur au Maroc a été conçu comme un laboratoire tentaculaire étendu à l'échelle nationale à tout le territoire. Tout « *court-circuitage* » venant d'administrations centrales concurrentes ou internes était malvenu[907].

C'est pour toutes ces raisons que l'aspect problématique de l'inexistence d'un politique globale du gouvernement portant sur la matière de la déconcentration a fait souvent l'objet de remontrances royales adressées au gouvernement, la dernière date du 11 octobre 2013, lors du discours d'ouverture de la première session de la 3ème année législative de la 9e Législature : « Il appartient au gouvernement d'activer l'adoption de la charte de déconcentration administrative, d'autant plus que cette initiative relève de sa compétence, et qu'elle ne tient qu'à sa volonté propre. Cette charte, Nous l'avons déjà appelée de Nos vœux à maintes reprises »[908].

---

[906] *Cf.*Lahcen Brouksy, *Le Maroc du XXIème siècle, Makhzenité et modernité*, 2ème édition 2002, Imprimerie Al Maarif Al Jadida, p.36 ; Lahcen Brouksy « *Ma vie, SM Hassan II, Driss Basri et Moi* », Edition Bouregreg, 2012,p.135.

[907] Ainsi en 1994, « un commissaire de police à Casablanca, qui n'exécute pas les instructions de son supérieur hiérarchique direct, en l'occurrence le directeur général de la Sûreté Nationale, et qui, de ce fait a été suspendu par ce dernier (à noter le caractère particulier de ce haut fonctionnaire nommé directement par le roi), se trouve récompensé par le ministre de l'intérieur Driss Basri et nommé gouverneur de Tanger »., in le Journal « *Al Ousboue As-sahafi* » (en langue arabe), du 18 avril 2013.

[908] Allocution de Sa Majesté le Roi du 11 octobre 2013 à l'occasion de la première session de la 3eannée législative de la 9ème législature, in le Matin du 11 octobre 2013, cette invitation royale du gouvernement à élaborer une politique véritable de déconcentration administrative, rappelle les termes du discours royal du début de règne de Sa Majesté le Roi, ayant proclamé que : « la décentralisation ne peut atteindre les objectifs escomptés que si, parallèlement, est

Quoi qu'il en soit, force est de constater que deux éléments peuvent être avancés pour expliquer l'absence d'une politique gouvernementale de déconcentration ; l'omnipotence du ministère de l'Intérieur (A) et l'éclatement de la structure gouvernementale (B).

A. L'omnipotence du ministère de l'Intérieur

L'ampleur des tâches de l'Etat, leur diversité et leur technicité, ont nécessité leur accomplissement par une équipe multidisciplinaire et interdépendante, quoique composée de structures plus ou moins autonomes. Mais l'action de l'Etat doit être unique et unifiée. C'est pour toutes ces raisons que l'on applique la technique de la coordination interministérielle même au niveau des autorités centrales. Dans les faits, très peu de domaines traités sont de la compétence d'un seul service[909].

Ainsi, la coordination interministérielle se présente comme le correctif incontournable de la spécialisation des technostructures centrales. Elle vise non seulement la réalisation de la symbiose de l'activité gouvernementale, mais aussi l'unité de l'action de l'Etat. Conscient de cette réalité, le Maroc a institué les fonctions de Premier ministre dès l'adoption de la Constitution de 1962[910], et sa mission de coordination du travail de l'équipe gouvernementale a été reconnue, elle aussi constitutionnellement en 1972 : « le Premier ministre assume la responsabilité de la coordination des activités ministérielles »[911].

Aujourd'hui, la Constitution de 2011 proclame dans son article 89 que : « le gouvernement exerce le pouvoir exécutif. Sous l'autorité du Chef du Gouvernement, le gouvernement met en œuvre son programme gouvernemental, assure l'exécution des lois, dispose de l'administration et supervise l'action des entreprises et établissements publics ».

Si l'on s'en tient à la lecture purement juridique et constitutionnelle des rôles impartis aux acteurs de l'action gouvernementale, on serait tentés de considérer le ministère de l'Intérieur comme tout autre département ministériel[912]. En réalité, il n'en est rien. Plusieurs facteurs inhérents à la sociologie politique et à l'évolution de l'administration territoriale au Maroc ont concouru à le placer dans une position prédominante par rapports aux autres ministères.

---

engagé un processus de déconcentration qui implique le transfert des attributions de l'administration centrale à ses délégués locaux(…) »., in le Matin du 6 novembre 2000.

[909] R. Farçat, La coordination, Revue Administration n°57, Paris, 1967, p.79.

[910] L'article 64 de la Constitution de 1962 dispose : « Le gouvernement se compose du Premier ministre et des ministres. », son article 68 prévoit que : « Le Premier ministre exerce le pouvoir réglementaire, sauf dans les matières expressément dévolues par la Constitution au pouvoir réglementaire du roi. »

[911] Article 64 de la Constitution de 1972.

[912] C'est-à-dire selon le schéma constitutionnel actuel, de l'article 87 : « Le gouvernement se compose du Chef du Gouvernement et des ministres, et peut comprendre aussi des Secrétaires d'État. »

De fait, dans la distribution des tâches étatiques, comme le souligne Rousset, « le ministère de l'Intérieur, qui succède en 1956 à la Direction de l'Intérieur, a reçu initialement la mission classique consistant à assurer la sécurité et l'ordre public, l'information du gouvernement, le contrôle des collectivités locales et de la population en général. Mais il est frappant de constater que cette mission traditionnelle à dominante politique tend aujourd'hui à évoluer en raison de l'intervention de faits nouveaux ; en effet les données spécifiques de l'administration locale ont conduit à reconsidérer la manière dont s'effectuait la tâche classique de contrôle des collectivités locales. Par ailleurs, la nature même de cette action, comme le fait que le Ministère dispose de structures qui en font un exemple unique au sein de l'appareil administratif, constituaient autant de raisons de lui confier des tâches nouvelles dans le domaine économique et social. »[913]

Il a été, dès lors, avancé que certains ministères peuvent occuper une place importante au sein de l'action administrative ; surtout s'ils sont en charge de la responsabilité de l'administration territoriale comme le ministère de l'Intérieur[914]. Cette approche a été d'autant plus consolidée, qu'elle s'est appuyée sur les thèses d'une certaine doctrine ayant fait de ce ministère, une administration « carrefour » en ces termes : « On peut ainsi avancer que le Ministère de l'Intérieur constitue une administration « carrefour », vers laquelle affluent tous les problèmes qui se posent aux populations, individus et collectivités. Cette situation très particulière est ainsi le résultat de deux facteurs conjugués, le sous équipement administratif et le sous-développement. Parce que les tâches de développement sont des tâches globales et impérieuses, et parce que les agents des administrations de développement sont peu nombreux, le Ministère de l'Intérieur et ses prolongements territoriaux sont amenés à occuper une position centrale dans toute action qui vise à transformer le monde rural et à créer les conditions d'un nouvel équilibre entre celui-ci et le monde urbain [915] ».

Faut-il le rappeler, le ministère de l'Intérieur occupe encore aujourd'hui au Maroc une place centrale dans l'échiquier politico-administratif, et par-delà même les vicissitudes historiques qui en ont façonné le statut actuel, il constitue, par excellence, un ministère dit de « souveraineté », un département où se prépare le dessein politique du pays, « *un Etat dans l'Etat* ». Ce département au Maroc symbolise dans l'imaginaire des marocains un appareil prééminent et omniprésent dans la vie de tous les jours. Il s'est confondu aussi souvent au nom du ministre de l'Intérieur qui présidait à ses destinées, tantôt parce qu'il avait un tempérament prégnant, autoritaire et était prédisposé à un destin tragique, c'est le cas du Général

---

[913] Michel Rousset, *Le rôle du ministère de l'Intérieur et sa place au sein de l'administration marocaine*, *op.cit.*, p. 91.

[914] Driss Basri, *L'administration territoriale, l'expérience marocaine*, op.cit. p. 109

[915] Michel Rousset, *Le rôle du ministère de l'Intérieur et sa place au sein de l'administration marocaine,* op.cit. p.92

Oufkir. Tantôt parce qu'il se faisait une très haute idée du service de l'Etat et de la protection de ses institutions, en particulier de la monarchie garante, selon lui, d'une évolution lente mais intelligente des institutions constitutionnelles, ce fut le cas de Basri[916]. On le voit bien, le débat sur les attributions du ministère de l'Intérieur n'est pas près de s'éteindre, puisqu'il se situe dans un contexte dynamique qui évolue en fonction des époques et des réformes institutionnelles.

Or, abstraction faite du débat théorico-politique, sur l'utilité ou du moins, la nécessité du département de l'Intérieur, qui, malgré son attrait, se situerait plus dans le registre de la science politique que dans la sphère de l'étude juridique pure. Le besoin de disposer du ministère de l'Intérieur a été justifié, parce qu' il a été dès le départ nécessaire de créer un département qui se chargerait de l'administration territoriale, du maintien de la paix sociale et la sécurité des gens et qui s'occuperait aussi de l'information du gouvernement, le texte réglementant les attributions du ministère de l'Intérieur, en l'occurrence le décret du 15 décembre 1997[917]rappelle, à juste titre, dans son article premier que ce département chargé de : « (...) l'administration territoriale du Royaume dans le cadre de sa compétence », « veille au maintien de l'ordre public, informe le gouvernement et assure la tutelle des collectivités locales. ».

Au Maroc, même si le Premier ministre (Chef du gouvernement) dispose du pouvoir de coordination gouvernementale[918]. Le ministère de l'Intérieur reste la cheville ouvrière du gouvernement et fait office de socle indispensable au fonctionnement des autres départements. Il assure, des missions classiques de sécurité et de maintien de l'ordre par le biais de ses services de sûreté et de renseignement, en l'occurrence, la Direction générale de la sûreté nationale[919], DGSN[920], la Direction générale de la surveillance du territoire, DGST, et les Renseignements Généraux, RG.

Le ministère de l'Intérieur remplit également la fonction générale de sûreté, et celle plus spécifique de police administrative et de maintien de l'ordre pourraient à l'occasion être assurée par d'autres services :

---

[916] Lahcen Brouksy, *Le Maroc du XXIème siècle, Makhzenité et modernité*, 2ème édition 2002, Imprimerie Al Maarif Al Jadida, p.36.

[917] Décret n° 2-97-176 du 15 décembre 1997 relatif aux attributions et à l'organisation du ministère de l'Intérieur, Bulletin Officiel n° 4558 du 05/02/1998, p. 80.

[918] Le Premier ministre doit être un animateur, un arbitre au sein de ses pairs, plus qu'un chef du gouvernement, terme, d'ailleurs, utilisé par la nouvelle Constitution de 2011. Ainsi on ne parle plus de Premier ministre mais de « Chef du Gouvernement ».

[919] La Direction général de la Sûreté Nationale, qui est rattachée au ministère de l'Intérieur, est gérée par un directeur général de la Sûreté Nationale qui dispose du pouvoir de décision réglementaire et individuel exercé auparavant par le directeur des services publics, voir, le dahir 16 mai 1956 relatif à la Direction générale de la sûreté nationale. Il est assisté par un cabinet auquel sont rattachés plusieurs services : un secrétariat particulier, un secrétariat administratif, un service juridique, un service social et un service opérationnel.

[920] Dahir n° 1-56-115 du 16 mai 1956 relatif à la Direction générale de la sûreté nationale, Bulletin Officiel n° 2274 du 25/05/1956, p. 476.

l'Inspection Générale des Forces Auxiliaires[921], ainsi que les gouverneurs et les autres agents d'autorité, en tant que fonctionnaires de l'administration territoriale investis de la mission de maintien de l'ordre public[922].

Il est un fait constant dans l'histoire moderne des institutions gouvernementales et administratives, du moins dans les pays organisés, que le ministère en charge de l'administration territoriale s'occupe également du maintien de l'ordre et de la sécurité des citoyens, quoique dans les périodes troubles, on peut rencontrer des exemples de pays ayant chargé un département de la mission de police uniquement, ces systèmes peuvent être adoptés lorsqu'il y a un changement de régime et partant une fragilité des institutions obligeant le gouvernement à se soucier en priorité de la sauvegarde de l'Etat et du maintien de l'ordre public.

Dans sa thèse « Le problème de l'existence du ministère de l'Intérieur », Henri Chavrier rappelle qu'historiquement, Napoléon 1er, lors du premier Empire juste après sa prise de pouvoir, créa le ministère de la Police Générale auquel il confie les missions assurées précédemment par le ministère de l'Intérieur, ministère crée sous le Directoire[923],il avait par la suite été supprimé par arrêté consulaire[924], et fut rattaché au ministère de la Justice et non au ministère de l'Intérieur [925]. Cela démontre que l'on peut avoir plusieurs modes de rattachement des missions de police et de sécurité.

En tout état de cause, au Maroc, dans le cadre de l'extension de ses tâches de développement, le ministère de l'Intérieur assure désormais une mission d'animation économique par le truchement des agents déconcentrés, disséminés sur l'ensemble du territoire que représentent les gouverneurs de province. Ce ministère dispose, en outre, d'autres mécanismes de promotion de l'investissement dans les régions, en l'occurrence, les Centres Régionaux d'Investissement, installés dans toutes les régions au niveau local. Sur le plan central, ces centres sont supervisés par une direction appelée la coordination des affaires économiques, service central dirigé par un gouverneur.

Au-delà de toutes ces missions politiques, de maintien de l'ordre et rôles économiques, le ministère de l'Intérieur s'est assigné, une autre tâche, corollaire de son rôle d'encadrement administratif, à savoir celle de promotion de la solidarité sociale et de l'entraide, par le biais de structures appropriées, notamment l'Initiative Nationale du Développement Humain (l'INDH), lancée par Sa Majesté le Roi Mohamed VI le 18 Mai 2005[926],

---

[921] Dahir du 22 février 1973, il s'agit du dahir portant loi n° 1-72-524, relatif à l'organisation de l'Inspection générale des Forces auxiliaires.

[922] *Cf. Supra*. Titre I, Chapitre I, Section II, Paragraphe I.

[923] Loi du 12 Nivôse, An IV(2 Janvier 1796).

[924] Du 28 Fructidor, An X (15 septembre 1802).

[925] Henri Chavrier, le problème de l'existence du ministère de l'intérieur, thèse de doctorat, 1973, Université Paris II, p.3 et 4, p. 27.

[926] Depuis le mois de septembre 2005, Sa Majesté le Roi a supervisé en personne le lancement de grands projets de développement s'inscrivant dans le cadre de l'Initiative Nationale de

cette initiative vise la lutte contre la précarité, l'exclusion et la fragilité des franges défavorisées de la population. Quoique dépendant sur le plan organisationnel du Chef du gouvernement, il n'en demeure pas moins que la direction concrète du projet et son déploiement sont menés par le ministère de l'Intérieur, puisqu'au niveau central il est présent dans le comité de direction de cette Initiative et sur le plan régional et local, ce sont les walis et gouverneurs qui en assument l'application. De plus, à la tête de la Coordination Nationale de l'INDH se trouve un gouverneur-coordonnateur.

Ce qu'il faut retenir, à propos du rôle et de la place du ministère de l'Intérieur au Maroc, c'est que la conjonction d'un certain nombre d'éléments historiques, ajoutée aux besoins structurels de la reconstruction du pays à la fin du Protectorat, conjugués à d'autres contraintes, notamment, l'importance et la dispersion de la population, l'absence ou l'insuffisance du quadrillage par les services administratifs déconcentrés, l'extrême urgence des tâches administratives de base. Tous ces éléments ont produit un département de l'Intérieur visant l'accomplissement des attentes politiques de l'appareil de l'Etat.

Et comme l'histoire résonne dans le présent, on peut avancer que dans la réalité administrative marocaine, cette situation s'est répercutée sur le gouverneur qui a toujours été perçu comme l'agent du Makhzen, du ministère de l'Intérieur et non pas d'un gouvernement, c'est-à-dire d'un « système » organisé et défini comme « un ensemble caractérisé par un minimum d'interdépendance entre les différents éléments qui le composent, un minimum de régulations présidant aux rapports ou aux relations entre ces éléments, un plus ou moins grand degré de conscience de ces régulations par tout ou partie constituant cet ensemble »[927]. En conséquence, dans le contexte administratif marocain, le gouverneur rompt avec la focalisation sur les institutions et les organisations et s'intéresse plutôt aux relations avec les personnes et les environnements. Cet état n'a pas permis au gouverneur de s'affirmer comme une autorité déconcentrée déterminante.

Toute cette évolution a eu, bien sûr, des incidences sur la situation du gouverneur et ses rapports avec les autres services de l'Etat. Un décalage s'est alors produit, entre l'évolution des mœurs et des réalités socio-économiques ; le gouverneur est resté l'homme du Makhzen, et le représentant du pouvoir central, sans qu'il puisse y avoir une transformation

---

Développement humain (INDH) dans plusieurs wilayas du Royaume : Tétouan, Casablanca, Mekhnès, Oujda, Guelmim. Tous ces projets qui s'étendent aux domaines : social, économiques et culturel ont pour motivation première de lutter contre la précarité et l'exclusion. Loin d'être un programme de circonstance, l'Initiative Nationale pour le Développement humain est un chantier permanent qui met l'homme au cœur du développement et refuse la fatalité de la pauvreté et de l'exclusion., in. maroc.ma, présentation de l'INDH, site consulté le 23 février 2013.

[927] Cette approche caractérise les premiers travaux du Centre de sociologie des organisations et en particulier Le phénomène bureaucratique. *Cf.* Michel Crozier, *La société bloquée*, Paris, Editions du Seuil, 1970, p. 50.

dans les modalités de son pouvoir, pour devenir localement une véritable autorité déconcentrée.

Un autre phénomène qui consiste en l'éparpillement de l'équipe gouvernementale, constitue aussi une contrainte à l'affirmation du pouvoir de direction du gouverneur sur les services déconcentrés.

B. L'effectivité du pouvoir de direction à l'épreuve de l'éclatement de la structure gouvernementale

Dans son ouvrage la « réforme gouvernementale », Léon Blum avait pu écrire, en évoquant le préfet que : « Les gens d'affaire de la spécialité doivent toujours être conviés à donner leur avis, à formuler leurs critiques, mais c'est un homme compétent, au vrai sens du terme, qui doit être placé à la tête du service pour apprécier, coordonner, décider ; il doit décider sans jamais être le prisonnier ou même le serviteur des spécialistes ; il doit les diriger et non pas être dirigé par eux.[928] »

Au Maroc, quand les *khalifas* et *Amels* représentaient dans les provinces, uneautorité unique et souveraine, celle du sultan, le problème de la dispersion du pouvoir ne se posait pas.Le sultan pouvait nommer et révoquer à son gré,non seulement les gouverneurs, les pachas et les autres représentants locaux du Makhzen, mais aussi les ministres et les gouvernements. Mais les choses vont changer et le gouverneur deviendra progressivementle représentant d'une autorité centrale éclatée.

Avec la modernisation de l'administration, les gouvernements se sont étoffés, quand la structure des services centraux s'est alourdie et capillarisée, le gouverneur en a subi le contrecoup en devenant lui-même le représentant d'une autorité centrale éclatée, ce qui a nui à la qualité de ses relations avec ses les services extérieurs qui étaient censés être sous son empire.

Il serait intéressant de relever comment les différentes Constitutions successives ont attribué au gouverneur le pouvoir de direction des services déconcentrés, et institutions publiques situés sur le territoire où il officie. Dans la première Constitution de 1962 l'article 95 insiste : « Dans les préfectures et provinces, les gouverneurs exécutent les décisions des assemblées préfectorales et provinciales. Ils coordonnent en outre l'action des administrations et veillent à l'application des lois », il est intéressant ici de noter le caractère général du terme « administration ». La Constitution de 1972, de son côté, la même formulation est reconduite dans l'article 89. La Constitution de1992 énonce dans l'article 96 que : « Dans les préfectures et les provinces, les gouverneurs coordonnent l'action des administrations ».

C'est la Constitution de 1996 qui remplace la coordination par « (...) la gestion des services locaux des administrations centrales », cela dit, le gouverneur a été investi d'un rôle de direction de ces services. Elle proclame clairement dans son article : « dans les provinces, les préfectures et les

---

[928] Léon Blum, *La réforme gouvernementale*, Grasset, 1920, p.235.

régions, les gouverneurs représentent l'Etat et veillent à l'exécution des lois. Ils sont responsables de l'application des décisions du Gouvernement et, à cette fin, de la gestion des services locaux des administrations centrales. »

Ce texte paraît d'une clarté limpide : le gouverneur en 1996, est le chef de l'ensemble des fonctionnaires civils de l'Etat présents dans la circonscription provinciale, préfectorale ou régionale. Cependant, s'agissait-il d'un véritable principe constitutionnel avec tout ce que cela implique comme conséquences juridiques, ou bien, cela n'a été, pour paraphraser Guy Braibant qui commentait une situation similaire du préfet français, que de la littérature[929].

Nous pensons que cette consécration constitutionnelle du rôle de direction des services de l'Etat a engendré un surplus de prestige du gouverneur, et s'est traduite par un surcroît de son autorité et a renforcé sa position administrative par rapport à son image politique. En réalité, il faut considérer les réalités politiques de l'époque de 1996, caractérisées par l'imposition du gouverneur comme autorité incontournable disposant d'un pouvoir effectif sur les autres administrations reflétant la toute-puissance du ministère de l'Intérieur et ses structures locales.

En 2011, la dernière Constitution prévoit dans son article 145 que : « (...) sous l'autorité des ministres concernés, ils coordonnent les activités des services déconcentrés de l'administration centrale et veillent à leur bon fonctionnement. ». Deux éléments nouveaux doivent être relevés. Premièrement, le constituant met en avant le caractère subordonné du pouvoir qu'exercent désormais les gouverneurs, en veillant[930] au bon fonctionnement des services déconcentrés, ils sont soumis à l'autorité ministérielle. Et deuxièmement, leur rôle ne se manifeste plus par un pouvoir de gestion ou de direction des services de l'Etat, mais uniquement par « une veille au bon fonctionnement ». On n'est plus dans le cadre de l'intervention, mais uniquement dans le cadre de la veille ou de la vigilance.

Cette déliquescence du pouvoir déconcentré du gouverneur n'est pas sans rappeler l'amenuisement des sphères de la tutelle administrative générale de

---

929 En France, commentant le décret du 14 mars 1964 relatif aux pouvoirs des préfets, à l'organisation des services et organismes publics de l'Etat dans les départements et à la déconcentration administrative, qui énonçait que le préfet est : « dépositaire dans le département de l'autorité de l'Etat », « veille à l'exécution des lois, des règlements et des décisions gouvernementales », il est le « délégué du gouvernement et le représentant direct de chacun des ministres » et se voit chargé d' « animer et coordonner les services départementaux des administrations civiles de l'Etat », Monsieur Guy Braibant avançait que : « ces trois phrases ont une caractéristique commune : elles n'ont aucune portée juridique (...) C'est de la littérature, ce n'est pas du droit. Cela peut augmenter le prestige du préfet, cela n'accroît en rien ses pouvoirs sur le plan juridique », cité par Marc Ollivier, *Condition et compétences préfectorales*, op.cit.p.167.

930 Selon le dictionnaire, le verbe veiller signifie, rester volontairement éveillé pendant le temps habituellement consacré au sommeil, in *Le Petit Robert, Dictionnaire de la langue française.* C'est là, un élément qui caractérise particulièrement la fonction de gouverneur ou d'agent d'autorité en général, il est toujours en état d'alerte, mobilisable par le pouvoir central à envie et à tout moment de la journée et de la nuit tel un veilleur.

l'Etat sur les collectivités territoriales. Mais elle s'explique davantage par l'éclatement continu des structures gouvernementales. Or, si l'on admet que, dans le cadre d'un Etat centralisé unitaire, la plupart des interventions étatiques sur l'ensemble du territoire national ne peuvent être réalisées qu'à l'aide des services extérieurs, et que ceux-ci ne peuvent être coordonnés et « surveillés » localement que par un représentant unique de l'Etat, on s'aperçoit qu'il y auraient toujours des tâches administratives impérieuses qui doivent être exécutées par les délégués de l'administration territoriale.

En France, le phénomène de l'affaiblissement de l'autorité du préfet expliqué par la dispersion et l'éclatement des technostructures gouvernementales centrales a été relevé dès le début du XIXe siècle, par un auteur qui soulignait que : « l'exemple de ce qui se passait au centre du gouvernement où la division du travail s'était développée(...) »[931] a favorisé cet effritement de l'autorité du préfet. Le même auteur avait remarqué que l'autorité du préfet sur ses collaborateurs s'est affaiblie. Les causes principales résident, pour lui, dans « l'augmentation du nombre des affaires, les lenteurs occasionnées par ce rouage intermédiaire, le désir de chaque fonctionnaire de s'affranchir d'une entrave gênante et d'une suprématie importune »[932] même si, « dans l'origine, les préfets exerçaient une autorité à peu près illimitée, presque toutes les parties du service relevaient d'eux. L'Empereur avait concentré la puissance sur leurs têtes. (...) d'autres causes encore ont notablement réduit les attributions des préfets : ils ont pourtant conservé le caractère de dépositaires généraux de la puissance publique »[933]

Un autre auteur décrit remarquablement ce processus d'affaiblissement de l'autorité du préfet en France et le lie, notamment, à la consomption progressive des attributions mêmes de son ministère de tutelle, nous nous permettons de citer de larges propos de ce commentaire, tant il nous semble éloquent : « les réorganisations successives de l'exécutif vont provoquer le déclin du ministère de l'Intérieur, privé, peu à peu, d'une grande partie de ses attributions par la création de nouveaux ministères. Certes, cette évolution ne touche pas officiellement les préfets qui gardent une vocation générale à bénéficier des transferts de compétence en provenance de l'échelon central, en qualité de représentants du pouvoir exécutif, mais les ministres placés à la tête des nouveaux départements ministériels les considèrent surtout comme les représentants de leur collègue de l'Intérieur. La tendance à reproduire dans les circonscriptions administratives, l'organisation gouvernementale leur permet de disposer dans les départements (et, bien plus tard, les régions) de chefs de service avec lesquels ils n'hésitent pas à établir des contacts directs, d'autant plus que le

---

931 Vivien de Goubert, *Etudes administratives*, 3e édition Guillaumin, Paris, 1859, p.71.
932 *Ibid.*
933 Vivien de Goubert, *Etudes administratives*, op.cit, p. 71 et 72.

progrès technique facilite ces liaisons et le court-circuitage des préfets se perpétuera malgré les rappels à l'ordre. »[934]

Au Maroc, quoique l'on ne puisse pas parler d'affaiblissement du ministère de l'Intérieur, la tendance observée est plutôt inverse[935], les mesures de déconcentration incitent paradoxalement à développer la pratique de la gestion directe par les ministères centraux des services extérieurs locaux, car les décisions prises par le gouverneur ne bénéficient plus d'une « présomption irréfragable de conformité à la volonté du pouvoir central, même si le lien hiérarchique subsiste et si de nombreuses circulaires ministérielles viennent encadrer étroitement la mise en œuvre des compétences déléguées aux gouverneurs.

Par ailleurs, on peut avancer sans risque d'erreur que le gouverneur marocain, à la différence du préfet français, n'est pas encore confronté à une diminution notable de ses pouvoirs à l'égard des services déconcentrés. Il souffre, certes, l'éclatement de la structure gouvernementale et à la dispersion des décisions ministérielles, mais cela ne va pas jusqu'à lui ôter toute autorité.

Conscientes de ces contraintes, les autorités publiques marocaines ont traité le problème de la dispersion des énergies due à l'éclatement de la structure gouvernementale :déjà en1961,une note du ministère de l'Intérieur soulignait que le gouverneur : « bien placé par son information et son rôle de représentant de l'Exécutif pour axer les programmes d'action des divers services dans tel ou tel sens ». Mais « il ne faut pas surtout en déduire que les pouvoirs des gouverneurs dans ce domaine diminuent ceux des différents ministères. Le pouvoir de décision appartient à ces derniers seulement »[936]. Ce qui démontre ce tiraillement entre deux pôles : l'un étatique et général représenté par le gouverneur, et l'autre technique, et centrifuge, représenté par le service extérieur.

On avait pensé alors, pour éviter la formation de cloisons étanches entre les services extérieurs qui doivent représenter dans leur ensemble une administration unie et cohérente, à la solution selon laquelle le gouverneur fait participer les responsables des services aux réunions de l'assemblée auxquelles il assiste lui-même. Le but de ces contacts était d'abord de permettre au représentant de chaque ministère de prendre connaissance des programmes des autres services extérieurs. Mais ces contacts tendent surtout à éviter la dispersion des efforts, les doubles emplois et parvenir autant que possible à la réalisation de projets communs sous l'impulsion du pouvoir central ou de l'assemblée provinciale[937].

---

[934] Francis Chauvin, *L'exercice de l'autorité au sein de l'Etat : Le préfet et ses collaborateurs*, op.cit., p.149.

[935] *Cf. Supra* Paragraphe I, Section I, Chapitre II, Titre II, Première Partie.

[936] Said Ben Bachir, *L'administration locale du Maroc*, préface de Jean Garagnon, Imprimerie Royale, Casablanca, 1969. p. 60.

[937] *Ibid.*

D'autre part, on a estimé que le gouverneur, par sa responsabilité générale, par sa connaissance des différents problèmes et besoins de la population, est le mieux placé et le plus apte à coordonner l'action des différents services. Mais au lieu de prendre des décisions, il se contente d'attirer l'attention de l'administration centrale sur les problèmes provinciaux et essentiellement, les solutions qu'il convient d'adopter en connaissance de cause et suivant la politique gouvernementale. Une fois la décision prise, le rôle du gouverneur est de l'appliquer quel que soit son avis. Autrement dit, le gouverneur s'informe par ses contacts avec les services extérieurs, informe à son tour l'administration centrale, donne éventuellement son avis, et son pouvoir s'arrête là.

Mais cela ne semble pas facile à réaliser, en effet, la complexité accrue des tâches dont l'exécution exige de plus en plus des compétences spécifiques, conduit à admettre, un partage horizontal des attributions entre le gouverneur, chargé de la direction politique à donner, et les fonctionnaires des administrations spécialisées qui jouissent d'une certaine autonomie en ce qui concerne le traitement des affaires administratives et relèvent, de ce point de vue, de leurs chefs hiérarchiques. En définissant les attributions des chefs de service, les statuts des administrations spécialisées jouent d'ailleurs un rôle important en ce sens, même s'ils indiquent que leur exercice s'effectue sous l'autorité du gouverneur.

En définitive, l'autorité du gouverneur ne s'exerce plus de manière uniforme sur ses « partenaires » et sur l'ensemble des services déconcentrés dans la préfecture ou la province. Elle est le reflet, aujourd'hui, d'une autorité centrale elle-même éclatée. Alors que l'unité de l'action et de la direction au sein de l'exécutif était assurée sous le règne des structures gouvernementales makhzeniennes, par l'omnipotence du *sultan*, (et ensuite par le Roi Commandeur des croyants) et la concentration du traitement des problèmes liés à l'administration territoriale dans les bureaux du ministère de l'Intérieur. La multiplication des ministères a rendu cette unité très délicate.

A cet égard, force est de constater que bien qu'il représente le Roi et le gouvernement, le gouverneur ne peut exercer une autorité incontestée sur tous les services administratifs dans sa circonscription. Puisqu'il intervient dans une affaire où l'unité des points de vue au sein de celui-ci même n'est pas réalisée.

Quel que soit l'initiateur de la décision et quelle que soit la valeur de la norme qu'elle produit, un seul maître est recommandé. C'est à cette idée que faisait allusion le Cardinal de Richelieu en affirmant que : « la souveraineté, qu'elle soit dans l'assemblée ou qu'elle soit dans la présidence, ne peut se passer d'un exécutif qui veille à la chambre des machines, et si le souverain ne veut ou ne peut avoir lui-même, continuellement les yeux sur la carte et la boussole, la raison veut qu'il en donne particulièrement la charge à quelqu'un par-dessus tous les autres. »[938]

---

[938] *Maximes d'Etat*, Introduction et choix par Gabriel-Louis Jaray, éd. S.P.E.S., Paris, 1946, p. 47.

Paragraphe II. La contestation de l'autorité du gouverneur par les services déconcentrés

Au cœur du débat sur les raisons à l'origine de la contestation de l'autorité du gouverneur, se trouve l'opposition entre deux tendances de la doctrine. Une partie [939]qui a tenté de rechercher les causes d'un tel désaveu du pouvoir du gouverneur par les services déconcentrés, avance d'une part, que le caractère plus technique des tâches conduit à la fragmentation de l'administration de l'Etat, et d'autre part, que la logique de concurrence entre les corps de l'Etat nuit à l'autorité gubernatoriale dans la préfecture ou la province où elle se déploie.

Une autre partie relie cette situation à des causes d'ordre culturel et psychologique. Le blocage proviendrait, selon elle « du goût des marocains pour « le dénouement des problèmes au sommet », ce qui témoigne pour un notable ou pour un élu, qu'on a des relations, de l'entregent et du dynamisme. C'est ce qui s'apparente à une sorte de « lobbying » exercé vis-à-vis de Rabat. »[940]

Or, force est de constater que la jonction de plusieurs autres facteurs favorisent cet état de défiance entre les services extérieurs et le représentant de l'Etat. L'effritement, ou du moins l'amenuisement de la puissance de l'Etat-Providence, l'incompréhension de l'interventionnisme de l'administration traditionnelle du Makhzenqui n'a fait que conforter pendant des siècles la mainmise du ministère de l'Intérieur comme département, « touche à tout ». Ce sont là d'autres raisons qui participent à cet état de défiance et de contestation par rapport à l'autorité du gouverneur.

En revanche, la mission de coordination du gouverneur, telle que nous l'avons exposée précédemment, semble vouloir éliminer les inconvénients des administrations : à savoir des activités qui se contrarient ou s'ignorent et assurent au contraire une collaboration, et une rationalisation de l'action administrative en vue d'établir un programme ou d'opérer un choix de priorités.

Par ailleurs, d'une part, les chefs des services extérieurs ont une technique propre, gardent leur autonomie administrative et ne sont soumis qu'à un certain pouvoir disciplinaire du gouverneur [941](suspensions). D'autre part, les crédits qui leur sont délégués ne sont pas intégrés dans le budget provincial, chaque responsable a plutôt tendance à suivre les directives de son ministère que les avis du gouverneur. Mais surtout si l'on essaie à l'échelon provincial d'éviter les incompatibilités des programmes des différents ministères, on n'est pas arrivé jusqu'à présent à établir au moyen de la coordination un programme général qui ne soit pas la somme des

---

[939] Said Ben Bachir, *L'administration locale du Maroc* op.cit., p. 187 ;Driss Basri, *l'administration territoriale, l'expérience marocaine,* op.cit. p.89.

[940] Mostapha Fikri, *La bonne gouvernance administrative au Maroc : mission possible*, op.cit, p.83.

[941] *Cf. Supra*, p. 266. Section II, Chapitre I, Titre II, Première partie.

préoccupations de chaque ministère, mais un programme harmonisé permettant d'attaquer par un seul acte une situation globale : le sous-développement[942].

Paradoxalement, les observations prémonitoires émises par la doctrine des années 1960 tendant à expliquer les échecs de la coordination restent d'actualité aujourd'hui. Puisque si l'on n'est pas parvenu à ce but, c'est qu'il n'y a pas une coordination qui s'impose juridiquement. Actuellement, celle-ci dépend du libre consentement des différents services et par conséquent de l'esprit de collaboration et d'équipe. Cette coordination concertée n'est pas efficace lorsque les responsables des services sont jaloux de leur pouvoir ou lorsqu'ils ont affaire à une autorité qui ne parvient pas à s'imposer[943].

Les tenants de la même doctrine avaient même, pour contrecarrer la contestation des services extérieurs de l'autorité du représentant de l'Etat, milité pour l'instauration d'une sorte de coordination autoritaire[944], qui selon eux, serait plus efficace et plus réaliste. Sans revenir sur les options envisageables dans le cadre de la coordination administrative[945], il convient de souligner que l'on a essayé de proposer des pistes de solutions, en concevant deux options : l'une consisterait à donner un comité le pouvoir d'harmoniser, de coordonner, le président d'un tel comité étant seulement l'interprète des sentiments du comité, et de ses décisions. L'autre serait fondée, sur le pouvoir de décision exercé par un technicien ou une autorité politique qui aurait le dernier mot après consultation de l'assemblée représentative et des responsables des services. Les décisions que prendrait le coordinateur au nom du groupe pourraient cependant être contestées par l'assemblée et faire l'objet d'un appel devant une autorité relevant de l'administration centrale[946].

Quand on s'intéresse aux solutions que l'on peut envisager pour résoudre ce genre d'écueils, on s'aperçoit que certaines théories étudiant l'impact des acteurs locaux dans leur environnement systémique (le territoire), concluent

---

942 Said Ben Bachir, *L'administration locale du Maroc*, préface de Jean Garagnon, Imprimerie Royale, Casablanca, 1969. p.61.

943 Said Ben Bachir, *L'administration locale du Maroc*, op.cit. p. 61.

944 On pourrait apparenter à cette forme de coordination automatique ou autoritaire cette vision plus ou moins caricaturale, mais rendant compte de cette approche, de Paul Boncourt qui écrit qu' : « …il suffit à un homme d'être assis à une table au ministère de l'Intérieur et d'appuyer sur un bouton pour faire faire le même geste aux Préfets des quatre-vingt-six départements, aux sous-préfets des 362 arrondissements, aux maires des 36 000 communes et, par eux, à tous les fonctionnaires de tous grades et jusqu'aux plus infimes représentants de l'autorité disséminés par milliers sur tous les points du territoire, pour faire mouvoir les argousins du Préfet de police, réquisitionner la force armée, diriger les parquets, influencer la magistrature, recevoir les compliments des corps constitués et obtenir le Te Deum des églises. », in. Jean Pierre Boncour, *La République et la décentralisation*, in, Boncour et Maurrais, *Un débat nouveau sur la République et la décentralisation*, Bibliothèque et Propagande régionaliste, n° 3, janvier 1905, Toulouse, Sté provinciale d'édition, 92 p., p. 9-43, p. 39.

945 *Cf.Supra*, Section II, Chapitre I, Titre II, Première partie.

946 Said Ben Bachir, *L'administration locale du Maroc*, op.cit. p. 62.

à la nécessité de revoir les règles de « gouvernance urbaine » actuelles, pour dépasser les interrogations sur l'affaiblissement des représentants locaux du pouvoir central. Ces théories recommandent, ainsi, « l'institutionnalisation de l'action collective (qui) correspond à un monde dans lequel la régulation ne relève plus d'une solution unique et *stabilisable*, et où l'intégration par le haut se fait mal ou peu alors qu'elle s'opère de plus en plus par le bas.

La gestion des affaires publiques est caractérisée par la fluidité des enjeux, l'hétérogénéité des territoires, et la fragmentation du pouvoir politique. La découverte d'interdépendances multiples entre les acteurs conduit à l'invention de nouveaux principes de coopération qui amènent cependant à s'interroger sur le degré actuel de centralité du système politique. Le territoire, plus que l'appareil de l'État, constitue désormais le lieu de définition des problèmes publics. Du même coup, les structures d'élaboration et de mise en œuvre de l'action publique s'en trouvent bouleversées, mais aussi les principes de justification pour promouvoir le bien public. Privé de son hégémonie, l'État trouve une raison d'être dans l'institution de capacités de négociation entre une grande variété d'acteurs. Gérer les affaires publiques est affaire d'action collective : il reste à identifier les conditions qui président à son développement. Les interrogations sur ce qu'il est convenu d'appeler la « gouvernance », urbaine ou nationale, attestent l'embarras à penser les évolutions actuelles compte tenu de la fragmentation forte du tissu territorial et de l'importance corrélative des mécanismes de coordination »[947].

D'autres auteurs affirment que : « la coexistence du politique et de l'administratif dans la représentation du pouvoir central en province est, logiquement, de nature à susciter des difficultés. Le problème n'est pas ici réglé, en effet, comme il l'est au sein du pouvoir central lui-même, par la participation des ministres, autorités administratives, à l'autorité gouvernementale, par le jeu de la participation au Conseil des ministres. La représentation départementale du pouvoir central conduit au contraire à l'affrontement d'un agent à vocation générale (le gouverneur), et donc à vocation politique, avec des agents à vocation technique précise, affrontement, qui nécessairement, ne peut aboutir à un équilibre durable, car il y a là deux vocations psychologiquement opposées. Sans doute le gouverneur, en sa qualité de représentant du Gouvernement, et donc de reflet de celui-ci, a-t-il pour caractère spécifique d'être à la fois un agent politique et un administrateur. Mais, précisément, l'existence de cette deuxième qualité exacerbe le conflit entre le gouverneur et les directeurs départementaux en ce qu'elle implique que le gouverneur s'immisce dans les

---

[947] Thoenig Jean-Claude, Duran Patrice, *L'État et la gestion publique territoriale,* In : Revue française de science politique, 46e année, n°4, 1996, p. 580-623., p. 582.

problèmes techniques que ces directeurs tendent tout naturellement à considérer comme leur domaine réservé. »[948].

Sur le plan pratique, les gouverneurs dans leur gestion quotidienne des affaires de la préfecture ou de la province, sont confrontés, à ce que Marcel Waline appelle la tendance des ministres à « court-circuiter » le représentant de l'Etat, en accordant des délégations directement à leurs chefs de services présents dans le département, à cela, selon lui, il y a une logique : « il faut reconnaître que ces délégations peuvent se justifier par un assez bon argument, qui était la compétence technique généralement supérieure à celle des (préfets/gouverneurs), et encore plus des employés de préfecture, de ces chefs de services techniques ; ingénieurs des ponts et chaussées, des mines, du génie rural par exemple. Il était ridicule de faire viser les projets techniques établis par ceux-ci par des services préfectoraux sensiblement moins compétents au sens vulgaire du mot »[949].

Néanmoins, de manière générale, si la répartition des compétences et celle des compétences à caractère administratif ou politique en particulier entre l'Etat et les collectivités locales, est une entreprise d'une grande importance, celle qui permet le partage ou la division fonctionnelle des attributions entre deux types d'administrateurs, celui qui représente l'Etat dans la province et assure le rôle d'administration générale et celui qui s'occupe d'une tâche technique spécifique, nécessite la minutie la plus considérable.

En réalité tout partage des compétences suppose en premier lieu, avant d'arrêter leur étendue matérielle, des distinctions de nature technique qui consistent à opter en faveur d'un système particulier de fractionnement. Cela peut être réalisé en s'inspirant de la théorie de Durkheim de « division de travail »[950], entre deux strates d'administration : l'une technique et centrale, malgré son déploiement géographique périphérique et l'autre générale et représentant l'ensemble étatique et non un seul département. Ainsi, en application de cette thèse : avec la division des compétences entre le gouverneur et les services déconcentrés de manière claire, on passe d'une société traditionnelle à une société moderne où les individus ne sont plus liés entre eux du fait de leurs similitudes (solidarité mécanique), mais rendus interdépendants du fait de leur différenciation accrue : en les spécialisant, la division du travail les rend, de fait, interdépendants, par la notion de solidarité organique[951] (les individus sont différents et interdépendants, à l'image des différentes fonctions du corps humain).

---

[948] François-Paul Benoit, *Le droit administratif français*, Dalloz, 1968, p.108, cité par Marc Ollivier, op.cit. p. 164.

[949] Marcel Waline, *Précis de droit administratif*, Montchrestien, t.1er, 1969, p.267, cité par Marc Ollivier. *op.cit.* p.165

[950] Emile Durkheim, De la division du travail social, étude sur l'organisation des sociétés supérieures, Paris, PUF, 8e édition, 1967. p. 41.

[951] Emile Durkheim, *De la division du travail social,* op.cit, p. 43.

Aujourd'hui, le gouverneur continue de jouer son rôle traditionnel de représentant du pouvoir central et de coordonnateur des services gouvernementaux externes avec plus ou moins de succès, puisqu'aussi bien les textes que la structuration politique du pays lui confient le rôle de consolidateur du régime.

Il en découle qu'à l'aube de l'adoption de la régionalisation avancée, une réforme globale des missions d'administration territoriale doit être entreprise, afin de réaliser un recentrage du rôle du gouverneur, pour qu'il ne soit plus habilité seulement d'un rôle de coordination, mais désormais de pilotage et de *management* public, qui renforcera son autorité sur les agents administratifs des circonscriptions territoriales, les chefs des services extérieurs de son ressort territorial et sur tous les autres responsables de la mise en œuvre de l'action de l'Etat au plus près des citoyens.

Toutefois, sur le plan pratique, il faut relativiser l'évaluation des compétences du gouverneur et particulièrement celle du degré de réussite de sa mission principale : la coordination des services extérieurs. En effet, ce n'est pas l'aspect quantitatif des attributions qui leur donnerait un rôle politico-administratif pesant, c'est plutôt la nature et l'importance des domaines transférés, ainsi que les moyens mobilisés pour leur mise en œuvre, et surtout la légitimité politique ou la proximité populaire qui importent. Les acteurs locaux ne sont pas mis sur le même plan : la commune jouit d'ores et déjà d'une légitimité démocratique et historique, les assemblées préfectorales, provinciales et régionales gagnent en légitimité progressivement et se voient même reconnaître le pouvoir d'exécution de leurs délibérations par la Constitution de 2011. Le gouverneur, lui, se trouve brocardé par les uns et vilipendé par les autres. Auprès des citoyens, il représente toujours l'administration traditionnelle du *Makhzen*, avec tout ce que cela véhicule comme sentiments et préjugés péjoratifs. Il souffre d'un déficit d'image certain, et résume à lui seul, en tant que représentant du pouvoir central, tout l'imaginaire collectif lié aux pratiques anciennes du *Makhzen* à la fois Autorité-Providence et Etat-Léviathan.

CONCLUSION DE LA PREMIÈRE PARTIE

L'évolution législative touchant aux attributions du gouverneur et aux rapports entre les acteurs territoriaux a pu se poursuivre à l'mage de la réforme de l'administration territoriale de l'Etat, engagée à la suite du mouvement de déconcentration, et parallèlement à l'entrée en vigueur de la charte communale de 1976. Le dahir de référence du 15 février 1977, relatif aux pouvoirs des gouverneurs, avait dans un premier temps précisé le rôle du gouverneur, doté de nouvelles compétences, en tant que garant de l'unité territoriale de l'Etat et de la cohérence de l'action de ses services dans la préfecture et la province. En 1993, la réorganisation de ces derniers avait, en outre, été prévue à l'échelon préfectoral et provincial, mais dans une optique nationale déconcentrée, pour en favoriser une configuration plus horizontale à travers la promotion et la consolidation du rôle de coordination, et afin de les adapter aux nouvelles compétences décentralisées issues de la réforme constitutionnelle de 1992. C'est ainsi que les comités préfectoraux et provinciaux ont été renforcés afin de donner plus de force au rôle de coordination et d'impulsion des gouverneurs. La direction des services déconcentrés de l'Etat est restée du ressort des gouverneurs, sans qu'il n'y ait, pour autant, un texte particulier qui encadre cette mission spécifique en tant que telle et qui éclaire le point du partage des rôles.

Les directions préfectorales et provinciales ministérielles sont sous la responsabilité directe des administrations centrales, alors même que toutes les Constitutions du Royaume ont confié au gouverneur la mission impérieuse de coordination de l'ensemble des services de l'Etat. Pour sa part, la Lettre Royale du 9 janvier 2002 a inauguré une série de réformes visant l'affirmation des pouvoirs socio-économiques des walis et des gouverneurs et particulièrement le renforcement de leurs attributions en matière d'investissement déconcentré.

La rationalisation de l'organisation administrative qui prolonge au niveau local le renforcement du pouvoir exécutif au niveau national par la Constitution de 1996, tendance confirmée par la Constitution de 2011, a institué en 1996 le wali comme gouverneur de région pour les besoins de l'action économique de l'Etat. Les services extérieurs de nombreux ministères n'ont pas été réorganisés et regroupés, pour tendre à ce que chaque ministère n'ait plus qu'une seule direction provinciale, et éventuellement une seule direction régionale. Enfin, et surtout, seul le gouverneur peut recevoir délégation de pouvoir des ministres, en outre, il est chargé d'un pouvoir de « *direction générale* » sur les chefs des services extérieurs. L'objectif ne fut pas complètement atteint, et l'autorité des gouverneurs s'est difficilement imposée sur les directeurs préfectoraux et provinciaux, mais ces réformes sont encore à la base de l'organisation administrative actuelle des services de l'État dans les provinces, les préfectures et les régions.

Toutefois, en rapprochant les décisions du territoire où elles doivent s'appliquer et en organisant la concertation avec les intérêts organisés comme avec les collectivités locales, on pensait faire l'économie de la décentralisation. A partir de la politique de la centralisation excessive du *Makhzen* traditionnel, on a institué la politique de la déconcentration, le gouverneur, représentant fidèle de l'Etat et son envoyé a véhiculé et exécuté, de tous temps, ces politiques

Cependant, avec les réformes successives des collectivités locales à travers les différentes refontes de la commune (en 1960, en 1976, en 1992, en 2002, en 2003 et 2009), de la préfecture et de la province (en 1963 et en 2002, et 2009) et de la région (en 1997 et 2003), la loi affranchit progressivement les communes, les préfectures, les provinces et les régions vis-à-vis de l'État, sous réserve du respect des lois et des intérêts nationaux. Les gouverneurs deviennent des promoteurs du développement local et ne sont plus uniquement des agents d'autorité chargés du maintien de l'ordre et de la tutelle sur les collectivités locales, ce qui devrait représenter symboliquement la rupture avec la fonction traditionnelle de gouverneur, comme agent de la centralisation.

En résumé, quelles que soient les temporalités considérées, le gouverneur est et reste un *politischer Beamte*, un « Fonctionnaire politique », au sens de la tradition administrative allemande[952]. La notion équivalente en France serait celle de : « fonctionnaire à la discrétion du gouvernement ». Cela dit, sa présence au sommet de la pyramide de l'autorité dans les provinces et préfectures du Royaume, est, on ne peut plus indispensable à l'équilibrage des forces politiques entre instances représentant les technostructures centrales et celles élues démocratiquement.

La situation devient problématique quand le système de répartition des compétences est étanche à la critique et rechigne à se remettre en cause, ainsi que l'écrit Alain Peyrefitte à propos de ce phénomène dans l'administration française, qui même s'il a des facteurs et un environnement différents, aboutit au Maroc aux mêmes effets : « des élus ou surchargés, ou inexpérimentés ont besoin que des fonctionnaires compétents prennent les décisions en leur nom. Ceux-ci aiment exercer la réalité du pouvoir, à l'abri de ceux-là, qui en détiennent l'apparence. Les uns et les autres ont autant d'intérêt à ce que demeure le système qu'ils forment ; et plus il s'invétère,

[952] Max Weber, *Le Savant et le Politique*, Paris, Plon, 1959, édition 1963, p. 135.

plus il devient intouchable. Rien n'est conservateur comme ces complicités clandestines. Habitudes d'esprit, institutions, jeux de dépendance mutuelle finissent par former un équilibre quasi biologique que, seul, quelque drame, de temps à autre, vient remettre en cause »[953].

[953] Alain Peyrefitte, *Le mal français*, Editions Fayard, 2002, p. 22.

DEUXIÈME PARTIE

Le gouverneur dans la décentralisation

Au seuil de cette deuxième partie, il conviendrait de « situer » la deuxième dimension de la problématique, puisque la question générale à laquelle il faudrait apporter des éclaircissements concerne la position du gouverneur dans la structuration continue du système administratif marocain, et son rôle en tant qu'acteur, passif ou actif, dynamique ou amorphe, mais participant à l'organisation générale de la vie politico- administrative du pays.

Ce positionnement est dû au « jeu » des acteurs, et à l'échange entre le gouverneur et les autres services de l'Etat ou les autres partenaires de l'action publique que sont les élus et à leur tête, les présidents des assemblées locales, qu'elles soient communales, provinciales, ou régionales. Ce qui place, le gouverneur de province, étant la seule personne dans son ressort territorial, qui effectue une tâche de coordination et d'intégration, dans une position de pouvoir tout à fait exceptionnelle.

Le pouvoir du gouverneur ne découle pas uniquement de la nature de sa charge - quoique hautement symbolique, du fait de la spécificité administrative marocaine, liée aux réalités sociologiques de la population et aux représentations que celle-ci se fait du pouvoir, aspects, largement évoqués dans la Première partie- il découle du fait que les différentes catégories d'intérêts en présence dans les provinces, même si elles sont juridiquement, représentées dans le conseil provincial ou préfectoral, sont souvent difficilement conciliables et nécessitent des arbitrages en vue d'un compromis avec l'intérêt général.

Le gouverneur s'impose à ces instances en tant que défenseur de l'intérêt général. Il ne le définit pas, mais il l'interprète, en dehors d'elles. Il les informe, tout au plus, de la définition des pouvoirs centraux. D'ailleurs, le traitement de cette dernière facette de la question de la relation : pouvoir central/collectivité locale n'est pas étrangère à la continuation de l'inextricable problématique de la gestion des villes et particulièrement les mégalopoles comme la région du Grand Casablanca[954].

---

[954] Sa Majesté le Roi Mohamed VI a fustigé lors de son allocution de la session parlementaire d'octobre 2013, la gestion de la chose locale à Casablanca. Pour le Souverain, la capitale économique fait partie des collectivités territoriales qui *« pâtissent d'une gestion défectueuse*

Partant de ce constat, il convient de souligner qu'il ne s'agit pas d'un simple partage de compétences à opérer entre les élus locaux et les gouverneurs, représentants du pouvoir central. La problématique de la gestion urbaine de Casablanca, par exemple, qui se révèle beaucoup plus profonde, est due à l'absence de vision prospective des problèmes futurs liés à l'explosion démographique, à l'agrandissement sans fin des pourtours de la ville et à l'élargissement continu de ses frontières.

Comme nous le verrons plus loin, les grandes villes au Maroc ont fait les frais d'un découpage territorial inapproprié. Le gouverneur, en tant que représentant des pouvoirs centraux, en plus de ses attributions classiques liées au maintien de l'ordre et à la coordination des services de l'administration territoriale de la province où il est nommé, a vu ses attributions considérablement augmentées. Il s'est vu confier, d'une part, la responsabilité de diriger les agences urbaines des grandes villes créées en 1993[955], et d'autre part, des fonctions beaucoup plus étendues en matière économique et sociale.

Dans cette configuration, le gouverneur, dans la décentralisation, c'est-à-dire le processus d'autonomisation progressif des collectivités locales, apparaît comme une autorité qui remplit toujours des fonctions d'intégration et de coordination, ce qui constitue la source de légitimité de son action administrative. Il est comme le souligne un auteur : « le coordonnateur (qui) tend même à imposer une solution préconçue, qui tient compte des intérêts en présence, mais qui leur est imposée, sans négociation ouverte et qui réussit d'autant mieux qu'elle a été élaborée sous le couvert d'une autre rationalité, impératifs techniques, « traditions locales », intérêt général »[956].

La prépondérance du gouverneur, qui semble, à première vue, antinomique avec l'action décentralisatrice des territoires au Maroc, proviendrait de ce qu'on pourrait appeler *La légitimité des élites,* définie par Jean Pierre Worms en ces termes : « vocation à gouverner les autres, définie par leur accès privilégié, sinon exclusif, à la raison universelle. Et cette

---

de la part des instances élues (...) C'est la ville des gratte-ciel et des bidonvilles. C'est le centre de la finance et des affaires, mais aussi de la misère, du chômage et d'autres maux, sans parler des déchets et des ordures qui en ternissent la blancheur et entachent la réputation », a déploré le Souverain. Une situation d'autant plus absurde que « *le budget du conseil communal dépasse trois ou quatre fois celui de Fès ou Marrakech par exemple dont les réalisations effectives en matière de prestation de services de base sont de loin supérieures à ce qui a été accompli à Casablanca* », a souligné Sa Majesté le Roi. Pour le Souverain, « *outre, la faible efficacité des interventions de certains services provinciaux et régionaux des différents départements ministériels, on relève, entre autres raisons majeures, le mode de gestion adopté par certains conseils élus, ainsi que les antagonismes stériles entre leurs composantes respectives* », in Libération du 14/10/2013.

[955] Dahir portant loi n° 1-93-51 du 10 Septembre 1993 instituant les agences urbaines, B.O. du 15 septembre 1993.A noter que, déjà,en 1984 l'Agence urbaine de Casablanca a été créée par un dahir portant loi n° 1-84-188 du 9 Octobre 1984 relatif à l'Agence urbaine de Casablanca.

[956] Michel Crozier et Erhard Friedberg, *L'acteur et le système,* Editions du Seuil, Essais, Collection « Points politiques », 1981, p 256.

universalité de la raison qu'elles prétendent incarner repose à son tour sur son haut niveau d'abstraction, c'est-à-dire de détachement par rapport aux réalités concrètes, particulières et contingentes, dans lesquelles le reste de la population est soupçonné d'être englué. Cela ressort clairement du fait que « les élites », qui, à l'issue d'une succession de concours de plus en plus sélectifs, s'engagent à servir l'État pendant dix ans, et se voient offrir des positions dans des filières de carrière réservées, ont été sélectionnées sur la base de critères d'une rationalité la plus abstraite possible dans leurs champs de compétence respectifs : comme si seule une telle abstraction leur permettait d'atteindre aux principes universels d'une raison qu'on estime d'autant plus pure qu'elle est dépouillée de toute référence à une réalité contingente »[957].

En tout état de cause, la question à laquelle il conviendrait de répondre est celle de savoir quel est le véritable rôle du gouverneur dans le processus de décentralisation. Or, avant d'y répondre il faudrait tout d'abord prendre toute la mesure de la décentralisation, elle-même, en tant que moyen structurant de l'organisation administrative marocaine.

La décentralisation a été définie par M. Verpeaux comme étant : « la reconnaissance, à côté de l'Etat de personnes publiques chargées de compétences administratives. Il s'agit d'un transfert de compétences administratives à des entités dotées de la personnalité juridique, qui est la condition juridique première de la décentralisation »[958].

Un autre auteur estime qu' « il y a décentralisation lorsqu'il y a transfert d'attributions administratives à des personnes publiques indépendantes de l'Etat et qui, sous son contrôle, bénéficient d'une réelle autonomie de gestion. »[959]

En d'autres termes, décentraliser, c'est « reconnaitre l'existence juridique des collectivités secondaires qui, dotées de la personnalité juridique, ont vocation à gérer leurs propres intérêts par l'intermédiaire d'organes issus d'elles-mêmes. »[960]

D'autres auteurs pensent que la décentralisation « consiste pour le pouvoir central à transférer certaines de ses compétences administratives à des autorités qui ne dépendent pas de lui. »[961] Il ressort de ces premières définitions que la décentralisation territoriale suppose l'existence d'affaires

---

[957] Jean-Pierre Worms, « *Crise de légitimité des élites gouvernementales et politiques françaises, et conditions d'une refondation de la république* », Revue du MAUSS 2/2005 (no 26), p. 105-120.

[958] Michel Verpeaux, *Droit des collectivités territoriales*, op.cit. p. XXIII.

[959] Jacqueline Morand-Deviller, *Cours de Droit administratif*, op.cit, p. 154. On distingue d'ordinaire la décentralisation territoriale qui s'applique aux collectivités locales et la décentralisation technique, dite aussi fonctionnelle, qui concerne les institutions spécialisées dotées de la personnalité juridique, en particulier les établissements publics.

[960] Jean Garagnon et Michel Rousset, *Droit Administratif marocain*, 6ème édition la Porte, Rabat 2003, p.34

[961] Georges Vedel et Pierre Delvolvé, *Droit administratif*, Thémis, 12e éd. 1992, p. 22.

locales, d'organes désignés par la collectivité concernée, en plus d'une certaine autonomie par rapport au pouvoir central.

Structurellement parlant, à l'échelon local, le gouverneur apparaît comme le représentant de l'Etat. Il est désigné par le pouvoir central dans la préfecture ou la province, afin de maintenir une sorte d' « équilibre » entre les intérêts locaux et l'intérêt général. La décentralisation constitue, elle, un procédé administratif permettant aux collectivités locales, que sont au Maroc : la commune, la préfecture, la province et la région de s'autogérer par le biais d'organes élus localement.

Quel est le rôle que joue l'institution du gouverneur en contact avec les collectivités locales décentralisées ? Comment s'articule son intervention au travers des instances locales et par le truchement de quels mécanismes juridiques s'opère cette immixtion ?

Le gouverneur marocain s'est rarement[962] prononcé sur la question de la décentralisation territoriale et son développement au Maroc, cela est dû probablement à la mauvaise compréhension du devoir de réserve du corps gubernatorial, mais aussi, peut-être, au désintérêt pour un tel sujet. Ce constat peut être fait, alors même que plusieurs manifestations, colloques, et conférences ont eu lieu portant sur la décentralisation, traitant de ses mécanismes, de son implantation et de son avenir à l'occasion de nombreuses conférences nationales des collectivités locales. Il en est ainsi de plusieurs colloques portant sur le sujet de la décentralisation des collectivités locales[963], de l'intérêt que porte le Roi, lui-même, au thème de la décentralisation et de la régionalisation. C'est pour cela que l'on a considéré la décentralisation au Maroc, non pas uniquement comme un thème administratif, mais aussi et surtout comme une préoccupation politique, et un choix sociétal de haute importance.[964]

Dans ce sens, feu Sa Majesté Hassan II avait annoncé lors de l'ouverture du premier colloque national des collectivités locales, tenu à Marrakech en

---

[962] Hormis les travaux de MM. Hammouda El Caid, et Mohamed Brahimi, le premier étant plusieurs fois gouverneurs, et wali de région, et le deuxième étant plusieurs fois gouverneur, wali-directeur des Collectivité Locales et wali de région, en particulier, Hammouda El Caid, *Le Gouverneur et la gestion des affaires locales,* Société Nouvelle des Impressions et Cartonnages Idéale (Casablanca), 1996, et Mohamed Brahimi, *Libres réflexions sur la décentralisation et sa pratique,* in, cours des collectivités locales dispensé au cycle supérieur de l'ENAP- 1994, et Mohamed Brahimi, *Décentralisation /Déconcentration : Quelles relations ?* Intervention à une journée d'étude à l'ISCAE, le 23/01/2004, entre autres études.

[963] Le premier colloque national des collectivités localesest tenu à Marrakech en décembre 1977, le deuxième colloque à Rabat en 1979. Un autre séminaire sera organisé en 1999 dans la même ville. Dans ces colloques, le sujet de la décentralisation était plutôt envisagé comme une solution locale pour parer aux échecs de la centralisation exacerbée des premières années d'indépendance, et la décennie mouvementée des années 1970. Les discours du Roi Hassan II étaient souvent ponctués par la présence du thème de la décentralisation ainsi que par la vision royale des rapports que doit entretenir le centre avec la périphérie, et les gouverneurs avec les élus.

[964] B. Zyani, *Décentralisation et réforme administrative au Maroc*, Communication présentée au 4e forum méditerranéen du développement du 8-10 avril 2002, Amman.

décembre 1977 qu' « (il ne devrait plus exister) de différence entre les citoyens et l'État qui doivent partir d'un principe sain et évident faisant de la coexistence entre le citoyen et l'État une exigence dont l'absence mettrait sur le dos de l'État d'une part, et le dos du citoyen, d'autre part, davantage de charges », aussi, ajoute-t-il dans un autre discours que : « La symbiose veut qu'il n'y ait point un budget de l'État et un budget des collectivités, une planification nationale et une autre communale, des objectifs étatiques et autres locaux »[965].

En 1994, lors de l'ouverture du quatrième colloque des collectivités locales à Tanger, le Roi déclare au sujet de l'institution du gouverneur en relation avec les élus : « Mon souhait est de voir un jour un gouverneur accompagné de deux ou trois élus des préfectures ou provinces, avec un seul et même dossier, qu'ils défendent âprement et solidairement tel un seul homme, auprès des divers départements ministériels (…). Il ne faut plus que l'agent d'autorité voit dans l'élu ou l'élu dans l'agent d'autorité un adversaire[966] ».

Cependant, l'appropriation du thème de la décentralisation d'après 1976 par le Roi et le ministre de l'Intérieur Driss Basri, n'en faisait pas un sujet pouvant faire l'objet d'un véritable débat national critique, car l'apport intellectuel du gouverneur en tant que maillon important dans l'engrenage de la gestion administrative *in concreto* était minime.

En France, contrairement à la situation au Maroc, les réformes de décentralisation, introduite essentiellement par la *loi Deferre* du 2 mars 1982[967] ayant consacré une évolution juridique notable en termes de décentralisation des communes, des départements et des régions. Cette loi a été largement commentée par des préfets. Les uns avaient exprimé leur opposition pure et simple à un tel système, qui selon eux « n'a pas fini d'exercer ses ravages »[968], alors que les autres avaient fait montre d'une réticence à l'égard de cette réforme, en avançant que : « la réforme du 2 mars 1982 est donc venue consacrer une évolution normale et probablement inévitable »[969], mais tout en critiquant ceux qui pensent que la décentralisation a « libéré » les collectivités territoriales.

Néanmoins, au Maroc, loin de l'examen critique ou de l'étude empirique basée sur la démonstration et l'épreuve des réalités du terrain, la doctrine

---

[965] Discours de SM Feu Hassan II - Ouverture du IIe CNCL - Rabat, 1979.

[966] Discours de SM Feu Hassan II -Ouverture du VIe CNCL - Tétouan, 1994. Dans une allocution royale précédente, portant sur l'adéquation décentralisation-déconcentration, le souverain avait déclaré que : « Nos ancêtres et prédécesseurs -bénis soient-ils- savaient que la pays ne pouvait être gouverné à partir d'un centre unique… », (Discours de SM Feu Hassan II- Ouverture du Ve CNCL - Rabat, 1992)

[967] Loi n° 82-213 du 2 mars 1982 relative aux droits et libertés des communes, des départements et des régions, JORF du 3 mars 1982 page 730.

[968] Jean-Emile Vié, *Impudence ou inconscience*, in Revue administrative, n° 297 de 1997, p.308.

[969] Paul Bernard, *Le Préfet de la République, le chêne et l'olivier*, Paris, la documentation française, 1993, p. 25.

s'est bornée à chanter les louanges de la décentralisation administrative en la présentant comme une panacée magique permettant aux collectivités territoriales d'accéder à l'autonomie et réalisant, *in fine*, la démocratie locale tant attendue par tous.

En effet, aujourd'hui, au-delà de la définition juridique, la décentralisation recouvre des réalités plurielles et des sens multiples : une technique d'organisation administrative, un mécanisme d'ouverture démocratique et politique, un procédé d'action économique et un mode d'encadrement social.[970]

Le wali-gouverneur Mohamed Brahimi précise, à juste titre que : « la décentralisation est l'archétype qui, au-delà de la définition étroite que les juristes entendent une et incontournable, véhicule en réalité, des dimensions multiples et autorise des acceptions plurielles. Simple technique d'organisation administrative à l'origine, la décentralisation a vite rejoint le domaine de la science politique et depuis peu celui de l'économie. Chacun aujourd'hui s'en réclame pour revendiquer qui la démocratie, qui l'efficacité ou la rationalité, et qui la croissance et la productivité… »[971].

Suivant cette analyse, la décentralisation répondrait à des revendications politiques et sociales à travers un réaménagement du pouvoir et une participation des citoyens à la gestion de la chose publique : le mobile politique figure aujourd'hui inévitablement au rang majeur des facteurs qui dirigent la décentralisation. Elle est fondamentalement au centre du débat politique ; elle apparaît indiscutablement comme une panacée contre le centralisme autoritaire, c'est également la réponse à une revendication sociale fondamentale. Elle implique, ainsi, une volonté réelle de restructuration de l'espace politico-administratif et de redistribution des pouvoirs[972].

En outre, la décentralisation n'est pas justifiée uniquement par des impératifs d'ordre politique ou administratif, mais aussi par des finalités économiques : résorption des disparités géographiques, répartition spatiale du développement économique, mise en œuvre de la micro-économie qui suscite les dynamismes et les énergies endogènes. Dans ce même ordre d'idées, l'approche de M. Brahimi paraît éloquente à ce propos, il écrit, en effet, relativement aux motivations économiques de la décentralisation qu' : « en somme, on partage volontiers le point de vue de la culture économique du moment, les vielles théories macro-économiques fondées sur les grands agrégats seraient bousculées, mises au rebut, par l'effet de la dépression structurelle. Elles seraient, de plus en plus, impropres à l'écosystème des

---

[970] Mostapha Fikri, *La bonne gouvernance administrative au Maroc : mission possible*. Coll. Nouvelles pistes, espace art et culture, 2005, p. 148.

[971] Mohamed Brahimi, *Libres réflexions sur la décentralisation et sa pratique*, in, Cours des collectivités locales dispensé au cycle supérieur de l'ENAP- 1994, p. 1.

[972] Mostapha Fikri, *La bonne gouvernance administrative au Maroc : mission possible*, op.cit. p. 149

pays en développement, marqué par la pénurie des capitaux et de devises et par la dépendance technologique. La décentralisation en tant que stratégie économique pourrait utilement s'y substituer et assurer autrement une certaine croissance, car elle privilégie les micro-agrégats, elle suppose des projets généralement peu capitalistiques, peu consommateurs de devises et de technologie trop coûteuses et utilise les facteurs de production les plus disponibles, notamment l'emploi de la main d'œuvre, la ressource la plus abondante. Sans compter que la décentralisation permettrait de laminer les tendances à la polarisation économique et la concentration spatiale des activités ; assurerait la mobilisation de nouvelles ressources qui peuvent échapper au circuit centraliste, et préparerait les structures d'accueil et de multiplication des activités économiques, en réalisant les infrastructures et les équipements structurants, trop souvent occultés par la démarche macro-économique »[973].

Comme l'institution du gouverneur, qui est le résultat d'un long cheminement historique, la décentralisation au Maroc est perçue comme un legs du passé, qui a été longtemps matérialisé par les *Jemâas*[974]administratives. Cet héritage a été réactualisé, consolidé et renforcé dans les années 1970 et les années 1990. Pour mesurer le rôle du gouverneur dans l'architecture administrative marocaine décentralisée, il sied d'évaluer le progrès réalisé dans ce domaine tout en soulignant les entraves qui avaient empêché le déploiement optimum de la décentralisation.

Eu égard à l'institution du gouverneur, nous avons pu constater à travers la première partie de cette thèse qu'au niveau des régions, le Sultan se faisait représenter « *spirituellement* » par le *Khalifa* du Sultan, cet échelon régional ne connaissait pas une véritable décentralisation même formelle. Tandis qu'aux niveaux des autres échelons « inférieurs », on assistait à une certaine décentralisation dans les *Jemâas*. Ce qui démontre que ce mode de gestion administrative est au Maroc d'une existence séculaire. Son long parcours lui a permis de cumuler et de capitaliser des acquis substantiels et des avancées considérables. Il n'est pour s'en convaincre que de mesurer ces progrès à l'aune de l'évolution du cadre juridique et institutionnel, au plan politique, au plan des ressources humaines, des ressources financières, et de l'intervention économique des collectivités locales, etc.

Toutefois, force est de constater que, jusqu'au début des années 2000, l'action des collectivités locales était étroitement contrôlée par l'Etat, obligées de soumettre au gouverneur tous leurs actes qui ne devenaient exécutoires qu'après validation des « autorités locales » dirigées par le représentant de l'Etat. La tutelle étatique était renforcée par la faiblesse des ressources propres des communes et des provinces, totalement dépendantes de l'expertise technique concentrée dans les administrations étatiques et des

---

[973] Mohamed Brahimi, *Libres réflexions sur la décentralisation et sa pratique*, op.cit, p.4.

[974] *Cf. Supra.* Première partie, Titre I, Chapitre I, Section I, Paragraphe I, à propos de l'organisation administrative du Maroc avant le Protectorat.

crédits distribués par ces derniers. Le contrôle central de l'action publique locale allait donc bien au-delà de l'énonciation des finalités de l'action de décentralisation, s'étendant à la mise en œuvre des politiques publiques, qui était fermement encadrée par les gouverneurs nommés par le pouvoir central et les services extérieurs de l'Etat, eux-mêmes contraints par des règlementations techniques définies par les administrations centrales et par des règles financières qui conféraient aux normes nationales une force obligatoire. Les territoires étaient donc moins gouvernés qu'ils n'étaient administrés en fonction de normes de portée universelle.

Le système de tutelle étatique n'était cependant pas sans limites : comme tout système bureaucratique centralisé, celui-ci recelait des *marges de jeu* à la base[975]. La rationalité technique d'administrations spécialisées, la démultiplication des règles et normes générales codifiant précisément les actions à mener n'épuisaient pas les occasions de négocier entre fonctionnaires et élus locaux[976].

Au demeurant, au Maroc, le cloisonnement du système politico-administratif avait pour corolaire une forte interdépendance entre les agents d'autorité, et les fonctionnaires des services extérieurs de l'Etat, enracinés dans leur territoire, et les élus locaux : ces derniers dépendaient, pour toute action, des ressources maîtrisées par les premiers ; réciproquement, le gouverneur avait toujours besoin de la légitimation apportée par les élus locaux pour mettre en œuvre les politiques dont il avait la charge, et pour acquérir des marges d'autonomie vis-à-vis de sa hiérarchie[977].

En France, dans les écrits très commentés des auteurs qui ont étudié la question de près, notamment Jean Pierre Worms dans son ouvrage « le préfet et ses notables »[978], cette question est fortement présente : « l'image d'un

---

975 Michel Crozier, *Le phénomène bureaucratique*, Paris, Seuil, 1963.

976 Comme l'ont démontré les chercheurs du Centre de sociologie des organisations en France, la problématique de la dynamique décentralisatrice et de la répartition des pouvoirs entre centre et périphérie est similaire au Maroc, même si le contexte et l'environnement ne sont pas les mêmes. Car le processus multiséculaire de centralisation politique et administrative française, qui a atteint son apogée au cours de la première décennie de la Ve République, s'est accompagné de la constitution d'une administration territoriale d'Etat en prise directe sur les milieux locaux. Les institutions administratives centrales et locales était d'autant plus imbriquées fonctionnellement qu'elles étaient nettement séparées juridiquement. *Cf.* Patrice Duran, *Les pannes de la déconcentration : l'échec du rapprochement des directions départementales de l'Equipement et des directions départementales de l'Agriculture et de la Forêt en 1993*, *Revue française d'administration publique*, vol. 120, n° 4, 2006, p. 757-776.

977 Voir pour une analyse similaire des problèmes d'inadéquation entre fonctionnaires des services extérieurs et élus locaux en France, dans l'article très commenté de Michel Crozier, Jean-Claude Thoenig, *La régulation des systèmes organisés complexes. Le cas du système de décision politico-administratif local en France*, Revue française de sociologie, vol. 16, no1, 1975, p. 3-32.

978 Jean-Pierre Worms, *Le Préfet et ses notables*, *Sociologie du travail*, vol. 8, no3, 1966, p. 249-275 ; Pierre Gremion, *Le pouvoir périphérique. Bureaucrates et notables dans le système politique français*, Paris, Seuil,

pouvoir centralisé dans lequel les acteurs de la périphérie auraient été de simples exécutants, mettant en œuvre des politiques indifférenciées conçues dans les bureaux des ministères parisiens, apparaît en réalité assez éloignée de la réalité historique[979]. Le jacobinisme français était largement apprivoisé par le local, au travers d'un réseau de liens complexes unissant les représentants de l'Etat aux notables locaux.[980]

La centralisation formelle était ainsi assouplie par des arrangements informels qui relevaient de la « *ruse avec la règle* », au sens où la négociation demeurait une pratique non explicite et non codifiée[981]. Même si ces arrangements demeuraient limités dans leur portée, produisant tout au plus des adaptations mineures au stade de la mise en œuvre de politiques publiques définies hors sol, ils permettaient la prise en compte des intérêts locaux dans l'application des règles nationales. Le modèle sociologique de la régulation croisée proposé par Michel Crozier et Jean-Claude Thoenig rend parfaitement compte de cette réalité officieuse, qui conférait à l'Etat local un rôle pivot dans la régulation politique et sociale en assurant la combinaison des intérêts du centre avec ceux de la périphérie[982].

Au Maroc, le modèle administratif, mis à l'épreuve dès la fin des années 1970 par l'urbanisation et l'autonomisation, corolaire du système d'abord provincial et préfectoral (par le dahir du 12 septembre 1963) et ensuite, communal (à travers le dahir de 30 septembre 1976), vis-à-vis du système politico-administratif préfectoral et provincial structuré autour du gouverneur, n'a pas survécu aux profondes transformations institutionnelles amorcées dans les années 1990. Initiées par les lois portant réforme de décentralisation[983] et de création de la région, qui ont bouleversé le cadre juridique de l'action publique locale, ces transformations se sont prolongées au cours de la décennie suivante avec la déconcentration, la montée en puissance de la régionalisation et l'émergence de structures intercommunales. Combinées, ces trois évolutions ont suscité une prolifération des centres d'initiatives et de pouvoir dans les territoires, qui a déstabilisé le bi-pôle traditionnel constitué du gouverneur et du président du conseil communal ou de l'assemblée préfectorale ou provinciale.

Il en a découlé une sorte de pluralisation de la gestion territoriale, qui s'est accompagnée d'une redistribution des ressources et des contraintes

---

1976.

[979] Renaud Epstein, *L'Etat local, de la résistance à la résidualisation. Les services extérieurs à l'épreuve desréformes administratives*, in La France et ses administrations : un état des savoirs, Jean-Michel Eymeri-Douzans, Geert Bouckaert (Ed.) (2013) 585-603", p. 2.

[980] Jean-Pierre Worms,*Le Préfet et ses notables*, op.cit. p.40.

[981] Jean-Pierre Gaudin, *Les nouvelles politiques urbaines,* Paris, PUF, 1993, cité par Renaud Epstein, *L'Etat local, de la résistance à la résidualisation*, op.cit. p. 2.

[982] Michel Crozier et Jean-Claude Thoenig, La régulation des systèmes organisés complexes, le cas du système de décision politico-administratif local en France, op.cit. p. 3-32.

[983] Essentiellement le dahir du 3 octobre 2002 portant promulgation de la loi 78-00, charte communale qui a été modifiée par dahir du 24 mars 2003 portant promulgation de la loi 01-03 du 24 mars 2003, B.O du 3-4-2003, n° 5096.

entre ses acteurs, a suscité de nouveaux risques et de nouvelles opportunités pour les uns et les autres. Les villes ont été les principales bénéficiaires de ces évolutions, qui leur ont permis de s'imposer comme les leaders de la gouvernance territoriale. Réciproquement, l'emprise des services déconcentrés sur les politiques locales s'est nettement desserrée.

Néanmoins, il deviendrait, dès lors, légitime de s'interroger sur le bien-fondé de cette action décentralisatrice du pouvoir central, de ce transfert de compétence progressif du gouverneur vers les élus locaux. Ces actions ont-elles profité au développement des collectivités locales, ou ont-elles favorisé leur aspérité ?

Tentant de répondre à ces questions, certains auteurs pensent que les lois, en matière de décentralisation, ne viennent que confirmer des pratiques déjà ancrées dans les usages des notables locaux et leurs rapports avec les représentants du centre. Dans ce sens, on fait observer dans le cas su préfet français[984], qu'en premier lieu les textes juridiques innovent assez peu, qu'ils consacrent plutôt des pratiques acquises, fruits d'une lente maturation antérieure[985].

En outre, à ce niveau de l'analyse, portant sur le rôle du représentant du pouvoir central dans la préfecture ou la province dans le renforcement de la décentralisation, l'on ne pourrait passer sous silence le débat, qui a eu lieu en France, certes, théorique, mais rendant compte d'un tiraillement réel ou supposé entre plusieurs forces en présence[986]. Ainsi, dès 1970, tirant les leçons de son analyse du phénomène bureaucratique et des événements de 1968, Michel Crozier préconisait des "investissements institutionnels" susceptibles de provoquer des "crises constructives" dans le système

---

[984] L'allusion aux institutions juridiques françaises similaires, n'est pas fortuite, elle se justifie par les raisons, évoquées antérieurement, que nous rappelons : le système juridique marocain est en grande partie inspiré pour ne pas dire « importé » du système français. De même, l'organisation administrative du Royaume est dessinée selon le même plan ayant présidé au façonnement administratif du territoire en France.

[985] Ainsi, souligne-t-on fréquemment que la tutelle exercée par le préfet sur les actes des communes avait été progressivement rognée par diverses réformes précédentes et qu'elle n'avait plus guère d'efficacité pratique. De même, on fait valoir que l'autonomie et le pouvoir de décision des présidents des conseils généraux et régionaux s'étaient peu à peu affirmés et que l'emprise du préfet sur l'élaboration des politiques et budgets départementaux et régionaux n'avait cessé de décroître. Des constatations identiques sont faites également à propos des transferts de compétences, notamment en matière d'urbanisme et d'interventions économiques où les collectivités locales avaient largement anticipé la loi. De ce point de vue, l'action réformatrice du gouvernement de gauche est présentée comme un simple "toilettage" du droit existant ou tout au plus, un réajustement juridico-institutionnel consacrant des nouvelles pratiques. *Cf.* Jean-Yves Nevers, *La décentralisation contre "La société bloquée"*, in Hirschhorn M., (sous la direction de), *La décentralisation : une évaluation sociologique*, Université d'Orléans, 1992, pp 11-30.

[986] Il s'agit des travaux de référence « classiques » des auteurs Michel Crozier, Jean Claude Thoeniget de Jean-Pierre Worms. Jean-Pierre Worms, *Le Préfet et ses notables*, Sociologie du travail, vol. 8, n° 3, 1966, p. 249-275, op.cit.

politico- administratif[987]. Quelques années plus tard, lui-même et Jean-Claude Thoenig écrivaient en conclusion d'une étude commandée par Alain Peyrefitte, en vue d'élaborer un projet de réforme : « l'ampleur du changement à accomplir peut naturellement effrayer. Seule une nuit du 4 août paraît a priori possible"[988]. En 1979, dans une synthèse très pessimiste, Bernard Toulemonde constatant que « la réforme des collectivités locales se heurte à une résistance considérable »[989] et que « la centralisation suppose, pour être renversée, un effort colossal », opposait une « stratégie de rupture, rapide et globale qui comporte des risques tels qu'elle se révèle impossible à mener » et la « méthode pragmatique limitée à des actions ponctuelles » appuyée sur la recherche du consensus des intéressés, mais qui aboutit à l'émasculation des innovations les plus audacieuses.[990]

Au Maroc, le problème était posé différemment. En 1956, en effet, les partenaires politiques sont unanimes pour engager le pays sur le sentier de la modernisation, invariablement, depuis cette date, le lien est établi entre cette dernière, la démocratie et la décentralisation. La modernisation du pays tend à signifier une démocratisation de son régime politique dont la décentralisation n'est que l'expression locale. Le débat s'est ainsi trouvé faussé dès le départ, puisque ce sont moins les modalités et le contenu de la décentralisation qui sont en cause que la précision ou la confirmation de la nature démocratique du régime politique marocain. D'où la question suivante qui devient de plus en plus légitime : pourquoi la décentralisation ?

En définitive, afin de répondre à cette question, il convient de noter que l'édification de l'Etat moderne[991] doit emprunter deux chemins : le premier consiste à maintenir un support central et une colonne vertébrale de l'Etat à travers les gouverneurs, et le deuxième s'analyse dans le cadre de la reconnaissance d'autonomies progressives aux entités territoriales. Il en découle que le rôle du gouverneur dans l'organisation de la décentralisation au Maroc d'aujourd'hui, ne peut être appréhendé qu'à travers : d'une part, l'examen attentif des territoires décentralisés qui connaissent toujours la présence du gouverneur comme relai d'action du pouvoir central (Titre I), et d'autre part, l'appréciation de la nature de ce pouvoir gubernatorial, est-il un moyen de la décentralisation ou un instrument de la recentralisation (Titre II).

---

[987] Jean-Yves Nevers, *La décentralisation contre "La société bloquée"*, in. Hirschhorn M., (sous la direction de), La décentralisation : une évaluation sociologique, Université d'Orléans, 1992, pp 11-30, *op.cit.*

[988] Peyrefitte, Alain et alii, 1976, *Décentraliser les responsabilités, pourquoi ? Comment?* Paris La Documentation Française.

[989] Bernard Toulemonde, *La réforme des collectivités locales en France,* Les Cahiers du CFPC, n° 5, septembre1979, pp 17-20.

[990] *Ibid.*

[991] Driss Basri, Michel Rousset, (Dir. Par) Ouvrage collectif, *Edification d'un Etat moderne, Le Maroc de Hassan II, op.cit.*

TITRE I

L'action du gouverneur dans les territoires décentralisés

Lors de l'indépendance, le projet de fonder les rapports entre le pouvoir central et les collectivités locales sur le principe de la décentralisation pouvait se prévaloir de l'approbation unanime, son large succès était certainement dû à la valorisation de l'amorce du débat politique de la dimension idéologique de ce mode de gestion des affaires locales. Le titre et la mise en œuvre des institutions de la décentralisation sont rapidement devenus synonymes de démocratie. La décentralisation ne pouvait, en effet, que bénéficier de l'adhésion du corps social et l'appui du corps politique, pour l'un comme pour l'autre la promotion et l'épanouissement de l'administration locale étaient considérés comme la condition préalable au développement tant politique qu'économique du pays. Cependant, si la décentralisation n'était pas discutée dans son principe sa mise en œuvre, au contraire, suscitait de nombreuses réticences[992].

Or, force est de reconnaître, que le processus décentralisateur qui a intéressé en priorité l'échelon de base que représente la commune, n'a pas bénéficié grandement à l'échelon intermédiaire que représente la préfecture ou la province. Ces espaces sont restés le domaine privilégié de l'action de l'Etat central, qui en a assuré la maîtrise par l'entremise de son représentant : le gouverneur.

Les observateurs avaient alors conclu à une marginalisation du rôle des collectivités locales, alors même que la participation des collectivités locales au développement constitue la dimension économique de l'idéal démocratique contenu dans le concept de décentralisation. Dès lors, la volonté proclamée de renforcer ses moyens sur l'implication logique dans la promotion de l'initiative des entités territoriales même intermédiaires. En matière de planification par exemple, les assemblées provinciales et communales se voient dès 1963, ainsi reconnaître le droit de participer à l'élaboration et à la réalisation des premiers plans de développement[993].

---

992 M'faddel Smires, *Centralisation et décentralisation territoriale au Maroc*, *op.cit.* p.40.

993 La politique ou la *culture* du plan s'impose dès cette époque à l'indépendance, avec entre autres : La Constitution de 1962 consacre d'ailleurs son titre IX au Conseil supérieur de la

S'agissant des pouvoirs des provinces et des préfectures, l'article 63 du dahir du 12 septembre 1963[994] retenait parmi les matières entrant dans les délibérations des assemblées préfectorales et provinciales les plans ou programmes de développement régional ou de mise en valeur les concernant, cette disposition a été reconduite dans le texte de 2002 ; chaque année, celles-ci, après avoir désigné le bureau, élisent des commissions spécialisées dont celles des affaires économiques et du plan. Théoriquement, cette dernière prépare le programme en collaboration avec les services techniques extérieurs implantés dans le territoire de la circonscription. Ce programme est approuvé par les services du gouverneur dans le cadre de l'autorité de tutelle.

Les vœux exprimés par les commissions provinciales et préfectorales des affaires économiques et du plan se heurtent souvent aux normes techniques imposées par la planification. Ces commissions ont été, du reste, supplantées par les comités provinciaux et préfectoraux[995].

Le pouvoir de coordination et de contrôle du gouverneur s'en est trouvé ainsi renforcé, ce comité est chargé, entre autres, d'assister le gouverneur, dans l'élaboration de la partie du plan de développement économique et sociale afférente à la préfecture ou la province concernée, et dans la bonne exécution et la coordination de la réalisation des travaux inscrits ou retenus au titre du plan de développement économique et social.

Toutefois, en tant qu'entité socio-économique, la collectivité provinciale ou préfectorale a été remise en cause dès sa création au motif qu'elle ne constituait pas un cadre favorable aux visées du développement économique et social. La conservation de celles-ci à un niveau régional, semblait d'autant plus naturelle que les premières régions étaient à vocation économique et

---

promotion nationale et du plan. C'est dans ce cadre que seront élaborés sept plans entre 1958 et 1988. De plus, la Direction de la coordination économique et du plan, était la manifestation embryonnaire du futur Ministère du Plan.

[994] Dahir n° 1-63-273 du 12 septembre 1963 relatif à l'organisation des préfectures, des provinces et de leurs assemblées, Bulletin Officiel n° : 2655 du 13/09/1963 - Page : 1469, ce dahir a été abrogé par le dahir portant loi n° 79-00 relative à l'organisation des collectivités préfectorales et provinciales promulgué par le dahir n° 1-02-269 du 3 octobre 2002.

[995] *Cf.* à propos des comités provinciaux et préfectoraux, *Supra*. Première partie, Titre II, Chapitre II, Section II, Les moyens juridiques et institutionnels du pouvoir de coordination du gouverneur. Ce dernier, dans le cadre de sa mission générale de coordination des services extérieurs, et de support naturel de l'ensemble des services de l'Etat dans la préfecture et la province, se charge, conformément aux dispositions du dahir du 15 février 1977 relatif aux attributions du gouverneur, de la présidence d'un comité technique préfectoral ou provincial, institué en vertu de l'article 5 bis dudit dahir, article ajouté en 1993, suite à la lettre royale et à la circulaire du ministre de l'Intérieur, cet article dispose qu' : « Il est institué auprès du gouverneur et sous sa présidence, un comité technique préfectoral ou provincial composé du secrétaire général de la préfecture ou province, des chefs de cercle, des chefs des services extérieurs des administrations centrales de l'Etat, des directeurs des établissements publics. Le gouverneur peut associer aux travaux dudit comité toute personne qualifiée. Le comité se réunit sur convocation du gouverneur et au moins une fois par mois. »

devaient répondre à la volonté exprimée de projeter dans l'espace les prévisions des premiers planificateurs.

S'agissant des collectivités locales de base, déjà la charte communale de 1976 et *a fortiori* la nouvelle charte communale de 2002, ont considérablement élargi leurs attributions dans tous les domaines. Les conseillers élus ont désormais, entre autres missions, celle de définir le plan de développement économique et social de la commune, conformément aux orientations et objectifs retenus par le plan national ; la programmation des équipements de la collectivité communale, etc.

Quoi qu'il en soit, si l'on considère particulièrement la position du gouverneur dans le cadre de cette évolution juridico-administrative forcée vers, toujours plus de décentralisation, et avant de se pencher sur la question de savoir si les prérogatives très larges qui lui étaient reconnues, avant la réforme de 1976, avaient été réduites au profit de l'accroissement du champ d'intervention des élus locaux. Force est de relever que, sur le plan administratif, le dahir du 30 septembre 1976, selon une certaine doctrine[996], n'avait pas innové par rapport au texte du 23 juin 1960, s'inspirant de la formule française de 1884[997], les deux textes définissent les compétences des conseils élus en des termes très généraux. A l'instar de la charte précédente, l'article 30 du nouveau texte dispose que : « le conseil règle par ses délibérations les affaires de la commune ». Ayant adopté la formule libérale consacrée par le droit antérieur, pour définir les compétences des conseils locaux, la réforme ne pouvait, par conséquent, pas, en la matière innover outre mesure.[998]

Dans ce sens, nous serons conduits à examiner dans un premier temps, les territoires décentralisés se trouvant toujours sous influence du gouverneur (Chapitre I),avant de nous intéresser au véritable rôle du gouverneur dans ces territoires, où il agit à la fois, aussi bien en tant qu'exécutif que tuteur (Chapitre II).

---

[996] M'faddel Smires, *Centralisation et décentralisation territoriale au Maroc*, *op.cit.* p.42.

[997] *Cf.* note n° 115, *infra* sur la Loi française de 1884.

[998] M'faddel Smires, *Centralisation et décentralisation territoriale au Maroc*, op.cit. *Ibid.*

CHAPITRE I

Les territoires décentralisés sous l'influence du gouverneur

Avant d'étudier ses acteurs, il faut examiner la configuration de la décentralisation et ses raisons d'être. Selon une littérature marocaine foisonnante[999], la raison principale derrière cette adhésion totale du pays à la décentralisation est : l'exigence d'une modernisation de l'Etat, à la fois politique, économique et administrative.

La modernisation politique au Maroc a été l'une des premières volontés proclamées par le régime nouveau, après l'indépendance. Le souverain comme les partis politiques multipliaient les déclarations allant dans ce sens[1000]. Il n y a jusqu'à la substitution des forces politiques de l'appellation de Roi et de Royaume, consacrée plus tard par le souverain lui-même à celle de Sultan et d'Empire, qui ne soit symptomatique de la volonté de rénovation du régime politique.

Si le rôle réservé à la décentralisation dans la volonté de proclamer la modernisation est important, il l'est beaucoup moins par le contenu et les modalités de l'institution que par la promotion de la participation que celle-ci permet et dont le moyen considéré comme le plus démocratique est l'élection.[1001]

---

[999] Notamment, l'ouvrage de référence de Rémy Leveau, *Le fellah marocain défenseur du trône*, Paris, Presse de la Fondation Nationale des Sciences Politiques, 1985. La thèse de M'faddel Smires, *Centralisation et décentralisation territoriale au Maroc*, Université Sidi Mohamed Ben Abdellah, Collection de la Faculté des Sciences Juridiques, Economique, et Sociales, Série : Thèse 1, Fès 2001, op.cit. et les articles retraçant et analysant la décentralisation dans le discours politique dans les années 1960 et 1970, notamment : Z. Daoud, *Elections et remaniement, Gel et dégel*, in Jeune Afrique du 15-21 octobre 1969. Z. Daoud, *Le contexte électoral*, in *Lamalif* n° 82, Août-septembre 1976.

[1000] Notamment, la déclaration commune du sultan et du ministre des affaires étrangères français du 6 novembre 1955, le discours du trône du 18 novembre 1955, le discours du trône du 18 novembre 1955 et la déclaration à l'agence Reuter en janvier 1956. Les partis politiques et particulièrement l'Istiqlal ont manifesté également ce désir exprimé dans le communiqué à la suite de la réunion de mardi du 17 au 21 novembre 1955.

[1001] M'faddel Smires, *Centralisation et décentralisation territoriale au Maroc*, op.cit, p. 53.

Aussi, depuis l'indépendance, l'essentiel du débat sur la décentralisation s'est-il cristallisé autour des différents aspects de l'organisation des élections à l'échelon local.[1002] Apparemment, le recours au suffrage universel[1003] permettrait, de l'avis de tous les partenaires politiques, tout d'abord, la consolidation de la légitimité du régime[1004] et ensuite, l'apprentissage de la démocratie représentative à la base et l'éclatement des structures tribales[1005].

A cette exigence de modernisation politique ou idéologique, la décentralisation répond à un besoin de modernisation économique, parce que selon les dirigeants, les finalités recherchées derrière sa mise en place auront des apports fondamentaux à l'économie et aux finances des collectivités locales. La philosophie qui a présidé à leur élaboration a été surtout animée par le souci de faire de la commune une cellule de développement économique et de la doter, à cette fin, de moyens matériels et financiers.

Conscients de la nécessité de faire participer les collectivités locales à l'œuvre de relèvement économique, les promoteurs des réformes décentralisatrices ont tenu à leur faire assumer, outre, leurs fonctions classiques, des fonctions nouvelles. Mais faute de moyens humains et matériels, cette participation n'a pas donné les résultats escomptés. Plusieurs années après, les auteurs de la révision de la charte de 1960 avaient pensé qu'il était possible de trouver les moyens suffisants au niveau des collectivités locales pour pouvoir revenir à la décentralisation, non seulement administrative mais également économique.[1006] Avalisant ce point de vue, le législateur a entendu en faire le principe qui doit guider l'action des collectivités locales et le consacra par le dahir du 30 septembre 1976. Celui-ci précise que le conseil communal : « décide des mesures à prendre

---

[1002] Le débat a atteint son apogée au lendemain de la publication du dahir du 1er septembre 1959 relatif à l'élection des conseils communaux promulgué plusieurs mois avant la première charte communale. Ce dahir a été modifié par celui portant loi du 19/03/1977, B.O 1977, p.383 qui semble avoir suscité beaucoup plus d'intérêt que la charte communale du 30 septembre 1976 qui a abrogé et remplacé celle du 23 juin 1960.

[1003] En réalité, il semble avoir une fonction idéologique vitale tant pour la monarchie que pour les partis politiques. Il renforce la légitimité de la première et légitime l'existence et l'actions des seconds.

[1004] On entend par légitimité, ici, « la qualité que présente un pouvoir d'être conforme à l'image du pouvoir jugée valable par les membres de la collectivité ou du moins par la plupart d'entre eux » in, Maurice Duverger, *Sociologie de la politique*, Paris, PUF, 1973, p.177. Dans son discours du trône le roi Mohamed V insiste sur cette notion : à l'indépendance du pays le Maroc a hérité d'une monarchie puisant sa légitimité, non seulement de la religion et des coutumes locales profondément enracinées dans les mentalités, mais également d'une source plus récente, l'idéologie démocratique. Celle-ci devait avoir son prolongement local : la décentralisation, déclinée par une révision des principes d'organisation du pouvoir et le réajustement des normes de fonctionnement des institutions locales.

[1005] M'faddel Smires, *Centralisation et décentralisation territoriale au Maroc*, op.cit.p.54.

[1006] T. Ben Cheikh, *La place des collectivités locales dans le développement économique et social*, in. *De la tutelle à la coexistence*, Actes du Colloque national sur les collectivités locales. 1977, Direction générale des collectivités locales. p. 19-22.

pour assurer à la collectivité locale son plein développement économique, social et culturel. » (Article 30).

Enfin, la décentralisation au Maroc a été aussi justifiée par une exigence de modernisation administrative. De ce point de vue, l'institution d'une large décentralisation répondait, selon les responsables, au désir d'améliorer le fonctionnement de l'administration en facilitant l'accès aux administrés. A cet effet, le ministre de l'Intérieur Mohamed Benhima[1007] a adressé aux gouverneurs une circulaire en date du 30 novembre 1976 qui se voulait être interprétative des dispositions du dahir portant charte communale du 30 septembre 1976. Dans cette circulaire, le ministre de l'Intérieur précise que l'intention du législateur est le renforcement des pouvoirs des élus locaux, prévu par les textes antérieurs, mais non encore mis en œuvre. Dans ce sens, la dite circulaire insiste sur l'objectif de cette action en annonçant aux gouverneurs la nécessité de s'inscrire dans la démarche de l'élargissement du champ d'actions des élus locaux en vue de l'amélioration de l'efficacité de l'appareil étatique[1008].

En 1982, dans son discours de clôture des travaux de la commission nationale de la réforme administrative, le premier ministre Mohammed Karim Lamrani a résumé les problèmes de la réformes administrative dans le contexte de la décentralisation naissante et l'adaptation progressive du rôle des gouverneurs, en cinq points : 1) la réforme des structures de l'administration ; 2) La simplification des procédures administratives ; 3) la détermination des moyens et des conditions de travail ; 4) La situation et le rendement du fonctionnaire ; 5) le rôle de l'information et de la vulgarisation dans la réalisation de la réforme administrative[1009].

Or, c'est le souverain, qui, en 1975 dévoilera le contenu de la réforme dont l'essentiel consiste dans l'élargissement des attributions des conseils élus : « Nous pensons, en ce qui nous concerne, qu'il est temps d'élargir au maximum, les attributions et les responsabilités des élus. Mieux encore, il nous appartient de leur accorder davantage de moyens leur donnant le pouvoir de contrôler les réalisations locales, provinciales et régionales, assurés que nous sommes du fait que ces structures constitueront, en fait, les institutions pour l'ensemble de la nation marocaine. »[1010]

Il importe, par conséquent, de souligner que les étapes suivantes du développement de la décentralisation participent d'une « réforme de l'Etat », qui était inscrite sur l'agenda public depuis la publication du rapport sévère de la Banque mondiale enoctobre1995 mettant à l'index notamment les structures administratives du pays. En 1998, lors du VIIème colloque national des collectivités locales, qui est présenté comme un moment

[1007] Ministre de l'Intérieur dans le gouvernement Osman I du 20 novembre 1972 au 10 octobre 1977.

[1008] Voir circulaire du ministre de l'Intérieur du 24 novembre 1976.

[1009] Le Matin du Sahara u 6 juin 1982.

[1010] Discours du Roi du 9 juillet 1975.

charnière pour faire le bilan en termes de décentralisation et proposer des axes de réformes. Dans son discours introductif, le ministre de l'Intérieur, D. Basri déclare que : « Sa majesté le Roi a décidé d'imprimer aux collectivités territoriales un nouvel élan, et à l'administration publique d'une façon générale une démarche novatrice fondée sur un équilibre entre la décentralisation et la déconcentration. Le choix de ce thème pour le VIIème colloque national des collectivités locales par sa majesté le Roi (...) participe de la volonté du souverain de bâtir la force future du Maroc sur une administration territoriale autonome, forte et performante »[1011]

En tout état de cause, force est de relever à ce niveau que le schéma directeur qui a présidé à l'articulation de l'ensemble de l'architecture du système de l'administration locale au Maroc, est caractérisé par deux tendances homogènes, mais visant des finalités différentes : l'une est marquée par l'affirmation toujours plus grande de la décentralisation des entités territoriales de base, en l'occurrence la commune et celles intermédiaires que représentent les préfectures et provinces (cela a été l'œuvre législative des textes déjà évoqués de la charte communale dans la situation des entités de base, et des textes, notamment du dahir du 12 septembre 1963 relatif à l'organisation des préfectures, des provinces et de leurs assemblées), l'autre tendance est marquée par le renforcement des pouvoirs du gouverneur, ou du moins le maintien de ses attributions traditionnelles en tant que tuteur et exécutif des collectivités intermédiaires.

En effet, quels que fussent les péripéties et le cheminement du processus de décentralisation comme moyen de l'administration du territoire, et quels que puissent être les aléas de l'autorité du pouvoir central au Maroc sur cette administration à travers l'histoire moderne, l'Empire Chérifien a toujours connu une administration très centralisée, une administration « Makhzen » profondément enracinée, une administration façonnée au gré du flux et reflux de la permanence dialectique entre la tentation d'un centralisme excessif et la résistance farouche des différentes autonomies tribales décentralisatrices, débouchant sur le respect des traditions démocratiques et des spécificités des populations et des régions[1012].

Au bénéfice de toutes ces remarques, pour apporter une réponse satisfaisante au questionnement concernant le plus ou moins rétrécissement des prérogatives gubernatoriales *versus* l'élargissement des attributions des élus locaux, il faut analyser tout d'abord ce processus de décentralisation et en décrire l'évolution à travers l'exposé de la situation avant et après la réforme de 1976 (Section I), et comme la décentralisation ne peut s'exercer sans un cadre juridique bien défini, elle ne peut non plus se développer et s'adapter que selon des caractéristiques naturelles du cadre géographique

---

[1011] Direction générale des collectivités locales, Actes du VIIème colloque national des collectivités territoriales,
Rabat, publications du centre de documentation des collectivités locales, 1999, p. 25.
[1012] Driss Basri, *L'administration territoriale, l'expérience marocaine*, op.cit. p. 248.

dans lequel la population vit et gère son quotidien, c'est pour cela qu'il convient, ensuite de s'intéresser à la problématique du découpage administratif des territoires décentralisés, afin de prendre la véritable mesure des diverses manifestations du pouvoir gubernatorial dans ce cadre (Section II)

SECTION I. LE PROCESSUS DE LA DÉCENTRALISATION DES TERRITOIRES

La question de la décentralisation des territoires au Maroc est intimement liée au souci de la modernisation administrative des composantes du système de gouvernance qui sous-tend la politique de gestion locale avec ses actions progressives d'adaptation organisationnelle dans le pays. Or, la décentralisation est un choix sociétal et politique de haute importance qui, par sa nature intrinsèque même, excède le périmètre du champ purement administratif. Cependant, il ne suffit pas pour une nation de s'engager dans un processus de décentralisation pour gagner le pari de la modernisation de son système de gestion publique. Le cas du Maroc illustre bien les relations complexes qui sont établies entre ces deux politiques publiques que l'Etat s'efforce de mener de pair. En effet bien qu'un système de gouvernance locale, moderne, dynamique, diversifié et globalement autonome s'est progressivement mis en place dans ce pays, il est, néanmoins, paradoxal de constater que ce processus n'a pas pour autant atténué la tendance centralisatrice de l'administration marocaine, il n'a pas non plus aidé ni à l'adaptation des structures administratives centrales ni à l'adoption de méthodes modernes non bureaucratiques pour s'occuper des demandes sociales et répondre aux attentes des citoyens[1013].

Cela étant, le mouvement de décentralisation constitue un acte éminemment politique et jouissant de la consécration constitutionnelle dès les premières heures de l'indépendance, ainsi pour ne prendre que cet exemple : la Constitution du 13 septembre 1996, même si elle ne mentionnait pas expressément le mot décentralisation, n'en réservait pas moins plusieurs dispositions aux collectivités locales appelées à élire « des assemblées chargées de gérer démocratiquement leurs affaires » (art.101) et à concourir à « l'organisation et à la représentation des citoyens » (art.38), non seulement sur le plan local, mais également au niveau national. Certes, cette Constitution prenait soin de ne pas se référer au principe de l'autonomie locale ou du libre exercice du pouvoir par les collectivités locales[1014], préférant mettre l'accent sur la notion de gestion démocratique

---

[1013] B. Zyani, *Décentralisation et réforme administrative au Maroc*, Communication présentée au 4e forum méditerranéen du développement du 8-10 avril 2002, Amman.

[1014] Pour approfondir la notion de libre administration des collectivités locales, voir, Michel Verpeaux, Droit des collectivités territoriales, op.cit. p. 99. Le Professeur Verpeaux écrit à cet

des affaires locales, mais elle avait le mérite de souligner néanmoins clairement le lien très fort existant entre la vie démocratique locale et son pendant à l'échelle nationale[1015]. La nouvelle Constitution de juillet 2011 adopte sans ambiguïté le principe de la libre administration des collectivités locales en disposant dans son article 136 que : « L'organisation territoriale du Royaume repose sur les principes de libre administration, de coopération et de solidarité. Elle assure la participation des populations concernées à la gestion de leurs affaires et favorise leur contribution au développement humain intégré et durable. »

Le texte constitutionnel de 1996, lui, comprenait des dispositions restrictives de la décentralisation tendant à priver deux catégories de collectivités et non des moindres – provinces, préfectures et régions - du pouvoir de mise en œuvre des décisions prises par leurs assemblées respectives. Le pouvoir d'exécution des délibérations des assemblées de ces collectivités territoriales étaient confié au gouverneur, qui était tuteur, exécutif, et ordonnateur des dépenses. Encore, dans cette sphère du pouvoir d'exécution de la politique locale issue des conseils, la nouvelle Constitution de 2011 apporte des modifications majeures, puisque désormais : « Les présidents des Conseils régionaux et les présidents des autres collectivités territoriales exécutent les délibérations et décisions de ces Conseils. »[1016]

Serait-on entrain de rompre avec le phénomène « *d'administration administrante* » dénoncé par Michel Crozier[1017] ? Puisque occasionnant, selon lui, une tendance de bureaucratisation lourde, qui serait matérialisée au Maroc, sur le terrain local par le gouverneur du haut de ses anciens pouvoirs régaliens de tuteur et d'exécutif.

L'administration des territoires décentralisés par le gouverneur a toujours posé le problème de l'illégitimité élective de ce dernier. Il n'est pas élu, mais désigné. En d'autres termes, il est le haut fonctionnaire choisi par l'Etat et non par les administrés. Au demeurant, le gouverneur de préfecture ou de province est rarement originaire du territoire, il confirme ainsi naturellement

---

égard, qu'en France : « si la Constitution n'avait pas utilisé, avant 2003, le concept de décentralisation, elle avait adopté en revanche la notion de « libre administration », déjà présente dans le texte constitutionnel de 1946(art 87). Les collectivités territoriales semblent alors assurées de vivre selon un certain degré de liberté, même tempérée par un contrôle. La libre administration est devenue une liberté constitutionnellement garantie, au même titre que d'autres libertés, même si elle n'est pas de même nature, et la reconnaissance de celle-ci consacre l'existence autonome des collectivité, en dehors de tout naissance de tout phénomène de « décentralisation ».

[1015] La dernière Constitution dispose à ce propos dans son article 137, en établissant un lien entre la démocratie locale et la démocratie nationale que : « *Les régions et les autres collectivités territoriales participent à la mise en œuvre de la politique générale de l'Etat et à l'élaboration des politiques territoriales à travers leurs représentants à la Chambre des Conseillers* ».

[1016] Article 138 de la Constitution de 2011.

[1017] Michel Crozier, *Le phénomène bureaucratique*, Paris, Seuil, 1963

le stéréotype d' « *institution parachutée* »[1018]. Ainsi le premier gouverneur d'Al Hoceima, capitale du Rif, racontait qu'avant d'être nommé, au moment de l'indépendance, il ne connaissait rien d'autre du Maroc que les capitales, administrative et économique. Dans le Rif tout était différent et il avait mis beaucoup de temps rien qu'à s'informer sur le territoire de commandement et ses habitants[1019]. Cette situation serait beaucoup plus évidente dans les provinces assez pauvres ou éprouvées par la situation géographique et dépourvues de ressources naturelles, le gouverneur ferait alors office d'un fonctionnaire chargé par le pouvoir central du maintien de l'ordre et de la surveillance de la population. *L'administration administrante* prendra le pas sur les missions de développement qui se dégagent des textes régissant le fonctionnement des communes, des préfectures/provinces et des régions.

Or, pour faire face aux besoins urgents d'administration du pays, en proie aux problématiques de sous-équipement en infrastructures et en services publics névralgiques, il fallait bien compter sur des représentants du pouvoir central, cela avait le double avantage : d'une part, d'éviter les querelles politiciennes stériles caractérisant la gestion des affaires locales par les élus, et d'autre part, favoriser un temps de réaction plus court dans la mise en œuvre des décisions venues du centre à l'échelon local. De là est venue la consécration du gouverneur, comme agent d'autorité investi d'une mission d'intervention générale, depuis l'indépendance jusqu'à la promulgation de la nouvelle Constitution de 2011 qui ne lui reconnaît plus d'attributions d'exécutif des collectivités locales. Ce qui était le cas depuis 1976 pour les communes, date à laquelle elles avaient rompu avec l'exécutif bicéphale considéré comme pénalisant leur action et diminuant leurs initiatives dans le domaine du développement local.

Aujourd'hui, avec l'adoption de la nouvelle Constitution, et dans l'attente des lois organiques et des réformes subséquentes, notamment du dahir du 3 octobre 2002 portant promulgation de la loi n° 79-00 relative à l'organisation des collectivités préfectorales et provinciales[1020] et de la loi n° 47-96 relative à l'organisation de la région promulguée par le dahir du 2 février 1997[1021], le gouverneur continuait de jouer son rôle traditionnel de relai du pouvoir central et de courroie de transmission indispensable à l'application de la

[1018] Valérie Goutal-Arnal, *L'intendant, « homme de main » du gouvernement, brocardé par les Français*, in Préfet et développement local, Jean Pierre Allinne et Renaud Carrier, sous la direction de. Dalloz Actes, 2002. p. 30.

[1019] Nevil Barbour, *Le problème constitutionnel au Maroc, in Politique étrangère* n° 2, 1961, 26e année p. 110-123.

[1020] Dahir n° 1-02-269 du 3 octobre 2002 portant promulgation de la loi n° 79-00 relative à l'organisation des collectivités préfectorales et provinciales. (A noter que ce texte a été abrogé par la loi organique n° 112-14 relative aux préfectures et provinces du 7 juin 2015 publiée au B.O n° 6380).

[1021] Loi n° 47-96 relative à l'organisation de la région promulguée par le Dahir n°1-97 -84 du 2 février 1997 (B.O. N°4470 du 3 avril 1997).

politique gouvernementale au niveau du ressort territorial de son commandement et d' « assistant » technique des édiles locaux.

En tout état de cause, afin de mesurer le processus de décentralisation au Maroc, comme moyen de déplacement du pouvoir décisionnel du centre vers les collectivités locales et comprendre le rôle de l'institution gubernatoriale dans cette évolution, il y a lieu d'analyser le cheminement qu'ont connu les territoires décentralisés, et à leur tête le territoire communale qui, « politiquement, juridiquement et même financièrement, porte l'ensemble de l'édifice. Il en est le support fondamental puisque c'est à ce niveau que le processus électoral et participatif est organisé pour servir ensuite de plate-forme de base pour le fonctionnement des deux autres catégories de collectivités locales. Il y a au Maroc quelque 1560 conseils communaux dont les membres sont directement choisis par les citoyens »[1022]. Une nouvelle charte communale a été adoptée en 2002 (ce dahir a été abrogé par le dahir portant application de loi organique n° 113.14 du 7 juin 2015 publié au B.O n° 6380 le 23 juillet 2015). Elle s'est attachée à consolider les acquis de la décentralisation communale en visant plus particulièrement l'élargissement des attributions des élus, la rationalisation des mécanismes de fonctionnement de l'assemblée et la responsabilisation accrue de l'exécutif communal.

C'est dans ce sens que l'étude de cette question pour élucider le rôle du gouverneur dans la décentralisation, doit également s'attacher à étudier la problématique du découpage territorial. Il est nécessaire, dans un premier temps, de s'arrêter aux dates marquantes du processus décentralisateur marocain, et ensuite découvrir les explications historiques, juridiques et politiques qui sous-tendent le découpage et l'aménagement des territoires mis sous le commandement du gouverneur.

La décentralisation communale est passée par deux étapes nodales : la période d'avant 1976, et celle d'après l'adoption de la charte communale du 30 septembre 1976. Cela étant, pour être appréciée à sa juste valeur, la portée des réformes ayant touché la décentralisation au Maroc et particulièrement le champ d'intervention du gouverneur dans le cadre du contrôle de l'Etat sur les collectivités locales, doit être restituée au préalable dans un double contexte : celui de la situation antérieure à 1976 (Paragraphe I) et celui du tournant décentralisateur de 1976 (Paragraphe II).

Paragraphe I. La situation antérieure à 1976

La décentralisation au Maroc tirerait ses origines d'un passé lointain. En effet, une forme particulière de décentralisation existerait depuis des siècles, bien avant l'ère du Protectorat. En cette période précoloniale, il existait deux niveaux d'administration locale : le premier niveau fondé sur une base

---

[1022] B. Zyani, *Décentralisation et réforme administrative au Maroc,* op.cit. p. 4.

tribale en milieu rural est caractérisé par l'existence d'un organe délibérant : la *Jemâa* (une assemblée de notables cooptés) et d'un exécutif désigné en son sein : l'*Amghar*. Ainsi, les modes d'organisation et de gestion des affaires des tribus ressemblaient, à bien des égards, aux techniques modernes de la décentralisation : cette décentralisation était même plus poussée, puisqu'elle englobait même la justice[1023]. L'administration des villes connaissait également une certaine participation de la population à la gestion des affaires publiques. La ville était sous les ordres d'un gouverneur (*Amel*[1024]) assisté par un pacha et des *khalifas*, *caïds*, *Mohtassib* (comptable), et du *câdi* (juge), ce qui n'empêchait pas que l'on y recueillait constamment les avis ou les vœux des corporations, des notables et des *oulémas* (docteurs de la loi islamique).

L'échelon régional connaissait la présence du *Khalifa* du Sultan[1025] (institution étudiée en première partie de cette thèse), à propos duquel aucune décentralisation des pouvoirs n'a été pratiquée même formelle.

Comme nous avons déjà pris le soin de souligner le phénomène du maintien par les autorités coloniales des institutions traditionnelles, dans la première partie, nous n'allons pas nous appesantir sur cette particularité. Rappelons, simplement que le colonisateur avait tenté de sauvegarder l'architecture globale, tout en procédant progressivement à des réformes limitées et sporadiques, cela se justifiait par plusieurs raisons étudiées précédemment. Il convient de souligner, toutefois, que les contingences politiques, sociologiques et religieuses locales, ont obligé les stratèges du Protectorat à adopter un processus de structuration du système administratif général et particulièrement d'organisation administrative locale empreints de conservatisme.[1026]

C'est ainsi que dans le monde rural, les *Jemâas* ont été conservées avec le recours à des adaptations diverses. Une distinction fut faite, notamment, entre les tribus dites « de coutume berbère » et les autres. L'octroi d'une certaine autonomie aux premières est resté limité au domaine judiciaire. Le dahir du 11 septembre 1914 disposait que ces tribus demeurent « *régies et administrées selon leurs lois et coutumes propres, sous le contrôle des autorités* ». Les tribus ont été dépouillées dans la pratique de leurs pouvoirs

---

[1023] A. Benjelloun, *Droit administratif*, Imp. Al Maarif Al Jadida, Rabat, 1984, p.107.

[1024] Voir Glossaire des termes en langue arabe, en fin de cette thèse.

[1025] *Cf. Supra*. Des « *khalifas* » du Sultan aux « *âmels* » de province », Première partie, Chapitre Préliminaire, Section I, Paragraphe I.

[1026] Ainsi le soulignait le général P. Boyer de Latour : « *Nous ne sommes pas entièrement libre de notre politique, celle-ci nous est, en quelque sorte, imposée par des constantes religieuses et sociologiques. Elle est forcément pour une part conservatrice* », in. M.A.E, Archives du Protectorat, 1912-1956, Nantes, *Directives politiques du Secrétariat aux Affaires Politiques et Militaires*, 1er Juin 1951, p. 4

par les *caïds* et les autorités coloniales (contrôleurs civils ou officiers des affaires indigènes.)[1027]

Pour les tribus non berbères, le dahir du 21 novembre 1916 a confié au Grand Vizir le pouvoir de créer des *Jemâas*, de déterminer le nombre de leurs membres et de les désigner pour un mandat d'un an sur proposition des notables de la tribu après accord de l'autorité de contrôle. La présidence de ses assemblées revenait au caïd et leur rôle est purement consultatif.[1028]

Par ailleurs, la répartition sur des bases tribales connaîtra son apogée avec l'adoption du dahir du 16 mai 1930, que l'on a appelé au Maroc « *le dahir berbère* »[1029] et auquel la doctrine marocaine a prêté des visées sécessionnistes destinées à diviser le pays afin de faciliter l'emprise du colonisateur sur son assise territoriale. Ce dahir serait par la suite considéré par tous les observateurs comme le catalyseur du nationalisme marocain. Cependant, les conditions politiques, économiques, psychologiques qui prévalaient lors de sa promulgation contribuèrent à susciter des réactions. Celles-ci dépassèrent par leur violence tout ce que pouvaient en attendre et les juristes qui l'élaborèrent, et les Marocains qui s'y opposèrent[1030].

En outre, la première ville ayant fait l'objet d'un réaménagement en termes de gouvernance fut la ville de Fès qui a été érigée en municipalité et

---

[1027] Mostapha Fikri, *La bonne gouvernance administrative au Maroc : mission possible.*, Collection nouvelles pistes, espace art et culture, 2005, p.152.

[1028] Mohamed Brahimi, *La décentralisation marocaine, évaluation d'une formation en plusieurs actes*, in REMALD, n° 12 juillet- septembre 1995, p. 9-28

[1029] Le 16 mai 1930, le dahir berbère signé par le sultan Moulay Mohamed Ben Youssef, visait à légitimer le statut coutumier des Berbères et en ce sens, préservait l'autonomie traditionnelle des Berbères. Ce dahir reconnaissait l'autorité des Caïds locaux et des 81 assemblées dites Jemâas, mais introduisait un juge français pour les affaires criminelles. Et ce, bien que de l'avis de nombreux législateurs français, la coutume berbère comportait certains aspects rétrogrades. Ainsi et à titre d'exemple, selon la coutume berbère, les femmes étaient complètement exclues de l'héritage alors que la coutume islamique leur octroie la moitié des parts attribuées aux descendants masculins. Le tollé de mécontentement était basé sur des motifs religieux, qui constituaient un bon prétexte pour mettre à l'avant une expression de revendication nationale. Les bruits coururent que l'administration française cherchait à christianiser les Berbères. Ces bruits étaient entretenus entre autres par un ancien protégé allemand dans la ville de Fès du nom de Si Mohammed Ben Abdesselam Lahlou et par le leader des Jeunes Marocains de Salé, Abdellatif Sbihi. La prière spéciale du Latif lue dans les mosquées lors des calamités fut récitée en regard des effets du dahir berbère. Au cri Ya latif lancé dans les mosquées, les fidèles clamaient : « Sauve-nous des mauvais traitements du destin et ne nous sépare pas de nos frères. » Le 2 août 1930, le sultan tint à démentir vigoureusement une telle perception des choses et souligna par la même occasion que les Berbères qui voulaient faire appel à la loi islamique y auraient droit. Dans le livre du commandant Paul Marty, *Le Maroc de demain*, l'auteur prôna l'assimilation des Berbères grâce à un réseau d'écoles franco-berbères dans lequel toute manifestation islamique serait rigoureusement écartée. Lyautey qui n'avait su prédire la formidable opposition des Berbères du Rif, n'en était pas moins resté convaincu de sa théorie relative à la spécificité des Berbères. Il affirmait à sa retraite : « J'ai toujours supporté l'élément berbère plutôt que l'élément arabe dégénéré… L'élément berbère ne peut être compris que par un soldat. »

[1030] Pour approfondir *cf.* Gilles Lafuente, *Dossier marocain sur le dahir berbère* de 1930., in, Revue de l'Occident musulman et de la Méditerranée, n°38, 1984. p. 83-116.

dotée d'un statut particulier[1031], avec une assemblée municipale dite « *Majlis Al Madina* » ou « *Majlis Al Baladi* », dont il a fixé la composition et les attributions et réglementé le fonctionnement. Une certaine littérature coloniale française est allée jusqu'à présenter les villes marocaines érigées en municipalités comme un signe de « décentralisation », et l'exemple le plus souvent cité etait celui de la ville de Fès.

Or, lorsqu'on examine de près la composition et le mode de désignation du « *Majlis* » (conseil), on saisit les limites de sa représentativité. Celui-ci était composé d'un *Mjlis Baladi* représentant la Médina musulmane et un *Majlis Yahudi* représentant *le Mellah* (quartier Israelite). Le premier comprend quinze membres, dont sept fonctionnaires (le pacha, président du *Majlis*, ses trois khalifas, les deux *mohtassibs*, et un rapporteur) et « huit notables élus pour deux ans à raison de deux par arrondissement et choisis parmi les personnes les plus considérables »[1032].

Le régime de Fès institué par le dahir du 2 septembre 1912 précité, était spécial. Pour les autres villes, le premier régime municipal moderne a été institué légalement par un dahir du premier avril 1913, ce dahir prévoit une consolidation du pacha-gouverneur comme administrateur et représentant légal de la ville, adjonction d'une autorité française(…) pour le contrôler et l'assister (…) création de commissions municipales consultatives mixtes(…) les uns et les autres désignés par le Gouvernement »[1033].

Ce texte fut considéré à son époque comme l'une des premières lois municipales, promulgué par dahir du 1er avril 1913 visant à doter les villes portuaires de commissions municipales dont les membres ne sont pas élus comme dans le cas de Fès, mais désignés par arrêté du Grand Vizir. Ce système concernait au début les grandes villes de Casablanca, Rabat, Salé, puis il est étendu à d'autres villes non pourvues de ports : Meknès et Séfrou. A partir de 1914, ce statut s'applique à la ville d'El Jadida (Mazagan)[1034].

La première véritable charte municipale serait adoptée le 8 avril 1917[1035], elle reconnaît au Grand Vizir le pouvoir d'ériger par arrêté une localité ou un centre en municipalité dotée de la personnalité morale, (son article premier dispose : « les municipalités jouissent de la capacité civile et de l'autonomie financière »).

Elle précise dans son Titre premier les attributions du pacha, du caïd qui sont nommés par dahir, celle du chef de services municipaux, et définit les conditions de désignation des membres de la commission et son rôle qui demeure consultatif.

Le *pacha*-administrateur, tel que ce dahir le nomme est chargé de l'administration de la municipalité, il conserve et administre les biens de la

---

[1031] Dahir du 2 septembre 1912.

[1032] E. Durand, *Traité de droit public marocain*, L.G.D.J, 1955, p. 168-169.

[1033] E. Durand, *Traité de droit public marocainIdem*, op.cit, p. 169.

[1034] Mostapha Fikri, La bonne gouvernance administrative au Maroc, op.cit. p. 153.

[1035] Dahir du 8 avril 1917 sur l'organisation municipale, B.O du 30/04/1917, n° 236, p. 486.

municipalité, il procède dans les formes réglementaires, aux actes de location, de vente, d'acquisition, d'échange et de partage, de transaction et accepte les dons et legs faits à la municipalité. Il représente la municipalité en justice, il propose et exécute le budget et établit les comptes administratifs, passe les contrats et conclut les marchés de travaux et de fourniture intéressant la municipalité dans les conditions prévues par les règlements, il délivre les autorisations de bâtir et les alignements individuels suivant les plans régulièrement approuvés ou les limites existantes de la voie publique. Il autorise les entreprises de spectacles, bals publics, cirques concerts et autres établissements de même nature, cette autorisation, lorsqu'il s'agit d'un caractère permanent, est accordée sous réserve de l'approbation su Grand Vizir.[1036]

Le texte de 1917 confère également au pacha un pouvoir réglementaire certain, puisqu'il lui accorde sur proposition du chef des services municipaux la possibilité de prendre des arrêtés à l'effet d'ordonner les mesures locales sur les objets confiés à sa vigilance et son autorité, d'établir d'après les textes de dahirs et des règlements des textes de contributions municipales, de tarifer après avis du *Mohtassib*(comptable municipal) les produits de première nécessité, d'assurer la police municipale. Pour être exécutoires les arrêtés pris par le pacha doivent être approuvés par le Grand Vizir (article 3 du dahir du 8 avril 1917).

On le voit bien dans ce qu'on a qualifié de texte fondateur de la vie municipale au Maroc, pour ne pas dire « décentralisation », le pacha-administrateur à travers ses attributions, est très similaire à la figure du gouverneur d'aujourd'hui, détenteur d'un pouvoir relativement important vis-à-vis de l'assemblée élue, en effet. Le Protectorat établissait ainsi des municipalités dotées d'assemblées élues, mais présidées par le pacha-administrateur, lui-même et contrôlées par le chef des services municipaux et le Chef de région. Le dahir de 1917 s'est substitué à celui de 1913 mais s'est étendu progressivement aux villes de Taza, Safi, Essaouira, Settat, Marrakech, Oujda et Azemmour.

Ultérieurement, un dahir du 1er juin 1922 réservait un statut spécial à la ville de Casablanca, soustraite ainsi à l'empire du dahir de 1917. Les principales innovations apportées par ce statut résident dans le pouvoir délibératif conféré à la commission municipale et l'institution d'un vice-président élu par l'assemblée et disposant de pouvoirs propres. Néanmoins, la commission municipale se composant d'une majorité de 2/3 issues de la population européenne et seulement d'un tiers, 1/3, réservé aux marocains musulmans et israélites. Ce qui atteste que ces dérogations étaient plutôt dirigées vers la satisfaction des intérêts des colons que de véritables concessions en faveur des citoyens indigènes[1037].

[1036] Article 2 du Dahir du 8 avril 1917 sur l'organisation municipale, *op.cit.*

[1037] H. Ben Younes, *l'évolution du pouvoir local au Maroc de la période coloniale à nos jours*, Mémoire de troisième cycle, Université Hassan II de Casablanca, 1984.

Ensuite, les orientations politiques du Protectorat étaient décisives dans les choix qu'il opèrera en faveur de sa représentation dans les structures administratives créées à l'effet de servir ses intérêts.

Dans ce sens, l'orientation politique durant cette étape a été à l'origine de plusieurs transformations : dans les zones rurales, le rythme des occupations foncières et leur mode d'exploitation joints au caïdalisme et ses répercussions sur les paysans, engendraient l'appropriation et l'accumulation foncières pour les uns, l'expropriation, la dépossession et l'exode rural pour les autres. Dans les zones urbaines en dehors des pachas (...), l'interventionnisme économique et le régime d'administration directe favorisaient la participation des européens à la vie administrative et politique et corrélativement, l'effacement de la représentation marocaine. Ces pratiques furent les prémisses du nationalisme[1038].

Durant la dernière période de 1945 à 1956, sous la pression du mouvement nationaliste appuyé par les couches populaires essentiellement devant les conséquences financières et monétaires de la guerre, l'infidélité des élites locales et l'obligation de se conformer aux engagements résultant de la Charte des Nations Unies (article 73) auxquels la France a souscrit, l'administration du Protectorat fut contrainte de changer d'orientation politique[1039]. Ainsi, La Résidence décida de promulguer un certain nombre de textes visant l'instauration d'une organisation administrative du pays basée sur l'élection populaire et la mise en place d'assemblées locales délibérantes[1040].

En 1951, par un dahir[1041] du 6 juillet, une autre réforme plus significative sur le plan de la gouvernance administrative du territoire fut adoptée, à travers laquelle le Protectorat avait abandonné la base tribale pour une base territoriale. La *Jemâa* serait désormais élue et exercerait un pouvoir délibératif en matière économique et sociale, et pourrait établir le budget et ester en justice. Cette réforme s'est heurtée à l'opposition farouche des

---

1038 Cf. P. Pascon, *Le développement du capitalisme sous le protectorat dans le Haouz de Marrakech.* Extrait de la thèse d'Etat. p. 24-44 et M. Flory, *La notion de protectorat et son évolution en Afrique du Nord*, Revue Juridique et politique de l'Union française 1954 n° 4 et 1955 n° 1, p.25

1039 Jilali Chabih, *Les finances des collectivités locales*, Essai d'une approche globale des finances locales, L'Harmattan, 2005, p. 76

1040 Arrêté Résidentiel du 6 janvier 1946 portant réorganisation du service du contrôle des municipalités et de l'urbanisme, Arrêté Viziriel du 14 janvier 1947, érigeant le centre d'Ifrane en municipalité ; dahir du 20 octobre 1945 organisant les corps des sapeurs-pompiers ; Arrêtés Viziriels du 23 avril 1949 et du 27 février 1950 modifiant l'Arrêté Viziriel du 4 janvier 1919 sur la comptabilité municipale ; Dahir 10/11/1951 relatif aux taxes municipales de voirie, B.O du 28/12/1951 ; Dahir du 7 mai 1945 relatif à la réorganisation des comités de communautés israélite marocaines ; Arrêté Résidentiel 1948-1949 portant réorganisation territoriale et administrative des régions d'Agadir, de Meknès, de Marrakech et de Casablanca.

1041 Dahir du 6 juillet 1951 modifiant le Dahir du 21 novembre 1916 créant les Jemâas administratives de tribus

pachas et des caïds qui craignaient de voir s'effriter leurs pouvoirs et leur prestige. Alors même qu'elle n'était pas complète, puisque même si elle avait doté les Jemâas de la personnalité juridique et du pouvoir délibératif, les caïds et les chioukhs étaient toujours désignés comme présidents.

Il faut attendre 1953[1042], pour que l'autorité coloniale consente sous la pression des évènements de la fin du Protectorat, des réformes substantielles. Ces réformes donnent aux assemblées des Jemâas, le pouvoir délibératif, instaurent l'élection à la place de la désignation, instituant l'égalité de représentation des populations marocaine et européenne, et généralisant l'institution du vice-président élu, etc.[1043]

Eu égard aux agglomérations de petite et de moyenne taille, les autorités du Protectorat les ont doté de *Commissions d'intérêt locaux* et un texte novateur est intervenu : le dahir du 14 avril 1954[1044], il a institué trois catégories de centres urbains : centre délimité, centre doté de commissions d'intérêts locaux et centre pourvu de la personnalité morale et de l'autonomie financière. Initialement les Commissions d'intérêts locaux étaient désignées et ne disposaient que de pouvoirs consultatifs, mais elles devenaient par la suite délibérantes, ce fut le germe du contrôle rapproché du représentant de l'administration, puisqu'ils sont restés sous l'emprise de la tutelle des agents d'autorité et à leur tête le « *Amel* » (le gouverneur), jusqu'à nos jours.

Un autre texte majeur dans le sens de « la décentralisation coloniale » fut adopté le 27 avril 1955, il distingua entre « conseils ruraux » et « communes rurales ». Néanmoins, avec l'effervescence précédant l'indépendance du pays, cette réforme initiée par le Protectorat français n'est pas allée jusqu'à son terme et n'a pas pu atteindre les finalités escomptées.

En définitive, le legs colonial en ce domaine est apparenté à une mosaïque de régimes administratifs qui n'ont pas institué une vraie décentralisation, mais qui ont, toutefois, défraichi le terrain et lancé les bases d'un début de décentralisation territoriale véritable qui devrait plus tard, à l'indépendance du pays, tirer profit des expériences du Protectorat.

En résumé, on peut dire que le système administratif retenu par le pouvoir colonial au Maroc est celui de la déconcentration et non de la décentralisation. En schématisant, un auteur a pu écrire à ce propos que : « cette évolution, s'exprime dans la situation et le rôle du chef de région, en disant que la région (comme nous l'avons vu dans les développements de la première partie de cette thèse) a été successivement un cadre de contrôle militaire, puis de contrôle politique, enfin d'administration, sans devenir

---

[1042] Par le biais du Dahir du 18 septembre 1953 se substituant au Dahir du 8 juillet 1917 et aux textes organisant les Jemâas de Fès, et Casablanca, ce texte sera lui-même modifié par Dahir du 27 mars 1954.

[1043] Mostapha Fikri, *La bonne gouvernance administrativeau Maroc*, op.cit. p. 154.

[1044] Dahir du 14 avril 1954 relatif à l'organisation des centres, B.O N° 2167 du 7 mai 1954, ce texte dotera ces centres d'une personnalité juridique, d'un budget et d'une assemblée délibérante.

toutefois un cadre de gestion des affaires locales, c'est-à-dire de *décentralisation. »*[1045]. M. Bremard, quant à lui, précise à cet effet, qu'il s'agit « d'un système d'administration autoritaire et gouvernemental, c'est aussi un système antilibéral et anti-démocratique. »[1046]

Dans ce type de système, les affaires locales sont traitées sans consultation ni participation des administrés. C'est le représentant du pouvoir central ou son représentant, qui décide en matière locale. Nul besoin de préciser qu'en l'absence d'un contre-pouvoir local, les affaires sont traitées selon une logique bureaucratique qui ne correspond pas forcément aux intérêts locaux des populations. Le système de déconcentration n'est en définitive que la codification de la primauté de l'Etat, y compris dans l'espace local, ce système est conforme à la réalité colonial, puisqu'il permet d'exclure la société colonisée des processus décisionnels[1047]. Il participe, par ailleurs, d'une tradition politico-administrative française marquée par la centralisation, par rapport à laquelle M. Chevalier explique dans son ouvrage *Eléments d'analyse politique* que le modèle administratif anglais est celui du « *self government* », il se rattache à une autre tradition dans laquelle la périphérie prend une part active dans les délibérations. La différence entre le modèle anglais et le modèle français renvoie, en partie, à la distinction que l'auteur fait entre modèle « centripète » et modèle « centrifuge »[1048]. On a qualifié également la tendance centralisatrice de l'administration coloniale française de « rejeton posthume de l'administration napoléonienne. »[1049]

Au-delà de l'aspect juridique de l'organisation municipale qui sert d'argument à ceux qui y avaient vu un indice de décentralisation, il est opportun de rappeler les termes d'une correspondance diplomatique datant de 1931 : « dans toute construction administrative logique et durable, la décision doit appartenir aux responsables. Au Maroc l'Etat assume encore l'entière responsabilité de la gestion de dix-sept villes des dix-huit. Les circonstances et les faits positifs ne permettent pas au Gouvernement d'envisager que l'Etat soit dégagé de cette responsabilité. Celui-ci doit donc conserver pour l'instant l'entière liberté de décision. »[1050]

En 1956 les partenaires politiques sont unanimes pour engager le Maroc sur le sentier de la modernisation. Invariablement depuis cette date, le lien est établi entre cette dernière, la démocratie et la décentralisation.

[1045] André De Laubadère, *Les réformes des pouvoirs publics* au Maroc, Le gouvernement, l'administration, la justice, Paris, Librairie Générale de Droit et de Jurisprudence, L.G.D.J, 1949, p. 50.

[1046] Frédéric Bremard, *L'organisation régionale au Maroc*, L.G.D.J., Paris, 1949, p. 11.

[1047] Abdallah Ben Mlih, *Structures politiques du Maroc colonial. D'un 'Etat' sultanien à un 'Etat sédimental'*, thèse pour le doctorat d'Etat en sciences politiques, Paris, Université de Paris II, 1988, p. 211.

[1048] J. Chevalier, *Eléments d'analyse politique*PUF, 1985, p. 152 et s.

[1049] Cité par P. Legendre, *L'histoire de l'administration de 1750 à nos jours,* PUF, 1968, p. 161.

[1050] M.A.E, Archives diplomatiques, Série Maroc, 1917-1940, vol.768, *Administration générale, Correspondance* du 24 janvier 1931, p. 119.

Cette tendance à organiser des élections et favoriser le recours au suffrage universel, ouvrait à la population un accès au paradigme de la démocratie, et associait les citoyens, selon le régime, à l'exercice de la démocratie représentative locale, en substituant les conseils locaux élues aux structures tribales anciennes. Au demeurant, dans le contexte de l'indépendance marqué par la domination du parti de l'Istiqlal, le souverain n'avait pas cessé de déconseiller « toute précipitation et toute improvisation » quant à l'organisation des élections. Les résultats de celle-ci feraient d'ailleurs l'objet de politisation.[1051]

Malgré l'étendue de la rupture, le passage d'une forme d'organisation ancestrale basée sur des pratiques coutumières, à un système moderne, réglé par les lois de la démocratie occidentale, se fait visiblement sans heurt. Mais les réalisations de la politique de décentralisation au Maroc restent limitées. D'abord sur le plan des allocations, les communes urbaines ont bénéficié d'un intérêt plus marqué que les communes rurales. Le retard est d'autant plus mal ressenti qu'il concerne des équipements nécessaires à la satisfaction des besoins primordiaux : distribution d'eau, assainissement, électrification, équipements sanitaires et socioéducatifs…Mais le fait le plus marquant est le décalage qui existe entre le contenu des textes et son application. Tant il est vrai que chaque commune fonctionne selon les moyens dont elle dispose, mais aussi selon la qualité et le tempérament de ses élus[1052].

De ce fait, les communes constitueront une solution de remplacement au cadre tribal, c'est-à-dire, les liens de solidarité et d'obligation engendrés par la parenté réelle ou fictive, qui maintiennent la cohésion des groupes sociaux en milieu rural traditionnel. La commune permettait à chacun des participants du jeu politique de l'imaginer à son avantage.

S'agissant de la commune, Alexis de Tocqueville n'avait-il pas écrit que : « La commune est à la liberté ce que l'école est à la science », en effet, depuis la relance effective de la décentralisation communale au Maroc en 1976, ses bienfaits ont été sensiblement captés et ressentis. Sa première vertu est la contribution efficace à dissiper les méfiances et les tensions entre le pouvoir et la classe politique notamment d'opposition, en effet, la redistribution des pouvoirs au niveau local, en transférant de larges pouvoirs détenus antérieurement par le gouverneur aux élus locaux, a permis d'esquisser un processus démocratique par le bas, ce qui va décrisper l'espace politique au sommet. L'appât a fini par mordre et le projet de décentralisation a rassemblé autour de lui une unanimité aussi large que possible.

[1051] Alors qu'en 1960, face au succès éclatant du parti de l'Istiqlal, l'administration s'était efforcée de nier l'importance politique des élections, pendant des expériences subséquentes elle a réussi à faire élire ses propres candidats.

[1052] Mohamed Ghomari, *La notion de démocratie locale*, in, L'Etat et les collectivités locales au Maroc. op.cit, p. 38.

A cet égard, aux côtés de l'exécutif élu, siège depuis l'indépendance, un exécutif nommé par le pouvoir central et que le dédoublement fonctionnel faisait apparaître, dans la charte de 1960, à la fois comme représentant du pouvoir central et de la commune. La pratique a démontré que, pour des raisons humaines et matérielles, la cohabitation de ces deux organes que l'on avait souhaité égalitaires s'est vite transformée en une subordination du premier au second : l'autorité locale dépendant du gouverneur, mieux formé, plus outillé et mieux perçue par la population locale elle-même, surtout en milieu rural, ce qui a eu pour effet, dès le départ, d'éclipser le président du conseil communal.

De plus, le projet de réforme communale est bien l'une des premières réformes d'inspiration libérale du Protectorat à intéresser le Maroc indépendant, les obstacles du passé sont levés. Les gouverneurs et les caïds sont maintenant des fonctionnaires nommés par le pouvoir central, et comme le souligne Rémy Leveau, dans son ouvrage ontologique : « *Le Fellah défenseur du trône* » - dont nous prenons la liberté de citer de larges propos, tant il nous semble résumer remarquablement aussi bien, le contexte de formation du système communal marocain que les balbutiements du processus de décentralisation - « Les colons n'ont plus voix au chapitre. La transition avec le passé est assurée par un groupe d'assistants techniques libéraux qui voient, alors, l'occasion de réaliser, dans un contexte démocratique, leurs projets écartés dans la période précédente (...) les rivalités politiques marocaines ont ainsi éclipsé les problèmes des communes rurales. Si Mohamed V cherchait, entre autres, un moyen de redonner de l'influence aux élites locales et de limiter les pouvoirs des caïds jugés trop à la dévotion de l'*Istiqlal*, *Ben Barka* voyait dans les communes un moyen d'administrer le pays sans avoir recours aux techniques du Protectorat. (...)

En effet, pour Ben Barka, la commune devait priser le cadre tribal et constituer de vastes ensembles, où les liens d'intérêts économiques et sociaux (souk, école, infirmerie, centre de travaux agricoles) rendraient inutiles les anciennes solidarités ethniques. Pour animer ces communes, l'action du pouvoir central et des cellules de l'Istiqlal devait être prédominante. Le scrutin de la liste bloquée aurait permis de faire désigner plus facilement les membres de la petite bourgeoisie lettrée. A l'opposé, les adversaires de l'Istiqlal pensaient qu'un scrutin uninominal permettrait de retrouver, derrière la façade communale, les entités traditionnelles (fractions, douars)(...) les hésitations de la Monarchie rejoignent les préoccupations des assistants techniques qui participent encore largement au pouvoir administratif : ainsi le vieux caïd Lahcen Lyoussi, premier ministre de l'Intérieur après l'indépendance, s'était installé près du sultan, mais il se souciait assez peu de la gestion des services centraux qui restaient entre les mains d'anciens contrôleurs civils libéraux.[1053] »

[1053] Rémy Leveau, *Le fellah marocain défenseur du trône*, op.cit, p.27.

L'héritage des communes rurales fait partie des lots de réformes que ces assistants s'emploient à faire progresser, les textes juridiques adoptés ultérieurement sur les réformes communales, avaient à peine eu le temps d'être mis en place par le Protectorat ; les circulaires d'application dataient pour la plupart de 1955[1054]. Après l'indépendance, « les assistants techniques provinciaux se réfugient parfois dans ce domaine pour éviter d'avoir à intervenir dans des affaires ayant un caractère politique. Grâce à leur action, les communes continuent à vivoter, les nouveaux caïds constituent leur cour de notables[1055], le plus souvent désignés par leurs soins. Faute de pouvoirs réels, on leur prodigue une parcelle de considération que vaut le côtoiement des officiels. »[1056]

A l'orée de l'indépendance, l'euphorie de la phase postcoloniale et la fougue pour la démocratie a précipité le pays dans la voie de la décentralisation, et ce, malgré un environnement peu réceptif dont les données sont teintées de morosité : une population à majorité rurale et analphabète, toujours placée sous le joug des besoins matériels difficilement satisfaisables. A cela s'ajoutait la rareté des cadres marocains appelés à assurer la relève des étrangers après leur départ brutal et les vacances qu'ils ont laissées dans l'administration marocaine, en plus d'un matelas de ressources financières très limité. Malgré ces données défavorables, le Maroc s'est lancé dans une voie décentralisatrice donnant, ainsi, acte aux promesses démocratiques émises lors de la lutte contre l'occupant. La genèse de cette décentralisation se trouve dans la charte royale du 11 mai 1958[1057].

A cette époque, les autorités devaient composer avec deux contraintes majeures : l'indispensable encadrement du découpage administratif récent à la fois des communes municipales et des communes rurales nouvellement créées et l'accompagnement de la décentralisation naissante. De son côté le ministre de l'Intérieur *Bekkai,* au moment même où ses services lui font signer l'instruction aux gouverneurs, en date du 6 août 1960, envisage un élargissement des compétences économiques des communes, tout en maintenant le principe d'une tutelle plus paternaliste que juridique, il donne, ainsi, verbalement en août 1960, ses instructions aux gouverneurs, en ces termes :

[1054] La réglementation financière des communes rurales sera fixée par un arrêté ministériel du 29 décembre 1956 mettant fin aux pratiques anciennes de gestion du budget communal au moyen d'un Compte chèque postal fonctionnant sous la double signature du caïd et du contrôleur civil. La procédure de tutelle financière et de centralisation des décisions au ministère de l'Intérieur est établie en dépit des protestations des provinces. Mais les gouverneurs n'ont pas l'autorité des anciens chefs de région pour résister aux bureaux de Rabat.

[1055] Les *chioukhs* et les *moqaddemines* ayant disparu en même temps que les caïds du protectorat, les conseillers communaux du protectorat sont souvent les seuls interlocuteurs ruraux que rencontrent les nouveaux caïds pour les aider dans leur tâche.

[1056] Rémy Leveau, *Le fellah marocain défenseur du trône*, op.cit, (page précitée).

[1057] Mohamed Brahimi, *La décentralisation marocaine, évaluation d'une formation en plusieurs actes*, op.cit. p. 15

« Le changement par rapport à hier, est la naissance de nouvelles communes municipales et rurales. Je vous demanderais de respecter la charte concernant ces nouvelles communes dans l'esprit que Sa Majesté a bien voulu leur attribuer. Il faut que vous relisiez cette charte, pour la respecter à la lettre et surtout, dans son esprit, il est clair que nous avons tous des habitudes, habitudes qui étaient de tout gérer, il faut donc laisser aux conseils municipaux et aux communes rurales leurs responsabilités.

Vos représentants, super-caïds, pacha, et caïds, khalifa, chibouks, se trouveront souvent en face des présidents de communes et qui, peut-être, ne seront pas toujours avertis ni au courant. Pour arriver à les instruire, il faut leur expliquer exactement le sens de la charte, il faut essayer de vivre en parfaite intelligence avec les élus communaux et ruraux, et les habituer à prendre leurs responsabilités.

Les conseils ruraux ne seront pas toujours à la hauteur de ce qui est attendu de la plupart des membres composant les communes rurales étant illettrés, c'est là justement votre action, celle d'être aussi des éducateurs. Je fais appel à votre personnalité, beaucoup plus qu'à vos titres, vous êtes instruits, au courant, puisque vous avez fait un peu tous les ministères, à vous d'employer une bonne psychologie envers vos administrés pour les instruire, vous êtes, en quelque sorte, les tuteurs de ces collectivités de ces communes. »[1058]

Sur le plan de l'échelon communal, les aménagements subis par les textes, depuis l'indépendance expriment une volonté mesurée et prudente du pouvoir central vis à vis de la gestion de l'espace national. L'administration marocaine continue à s'inspirer d'une idéologie juridique antérieure qui demeure sur le fond largement autoritaire, mais qui présente comme toute idéologie le paradoxe d'entretenir l'illusion. La pratique au quotidien de la gestion communale révèle d'ailleurs, les difficultés qu'éprouvent les élus locaux à appliquer l'énorme quantité de textes, qui pour une bonne part existent depuis l'époque coloniale. La matière juridique est difficilement applicable compte tenu du niveau général très moyen des élus locaux. Cette carence est accentuée par l'absence de codes, de guides et de brochures de nature à faciliter l'application de ces textes. Il n'est pas surprenant dès lors de constater que les principales difficultés d'application des textes, concernent la mise en place des organes, leur fonctionnement, les rapports entre l'assemblée et son exécutif[1059].

Eu égard aux échelons préfectoraux et provinciaux, une charte provinciale confère à ces collectivité territoriales en 1963 une compétence générale en disposant que : « l'assemblée règle par ses délibérations toutes les questions qui relèvent de sa compétence conformément à la loi et aux règlements », de plus, l'assemblée préfectorale ou provinciale est habilitée à

[1058] Cité dans l'ouvrage de Rémy Leveau, *Le Fellah défenseur du trône*, op.cit. p.56.
[1059] Mohamed Brahimi, *La loi communale à l'épreuve de la pratique*, in. Décentralisation et pratique locale de développement. Najah Eljadida, Casablanca, 1996. p. 22.

émettre un avis consultatif sur toute question d'intérêt préfectoral ou provincial dans les domaines administratifs et économiques.

Le pouvoir délibérant de cette institution porte aussi bien sur des questions budgétaires que sur des questions ayant trait à la création et aux modes de gestion des services publics, la gestion des biens domaniaux, l'adoption des projets de développement économique ou de réalisation d'équipement.

Cette innovation au niveau préfectoral et provincial constitue, à n'en point douter, une avancée non moins importante, car elle touche à une institution considérée jusqu'alors comme une chasse gardée pour le gouverneur en tant qu'autorité suprême représentant le pouvoir central à l'échelon local, considéré toujours comme invulnérable et symbolisant fortement l'Etat. C'est pour cette raison que la charte provinciale a bien pris soin de ne pas affecter le rôle et le prestige de cette autorité gouvernementale[1060].

Dans les faits, au contraire, l'institution gubernatoriale a maintenu sa position dominante sur la gestion des affaires de la préfecture et de la province, et les textes ultérieurs ne feront qu'entériner cette situation, sinon quelque peu l'amenuiser en reconnaissant certaines attributions, somme toute, consultatives, au prédisent de l'assemblée provinciale, sans pour autant affaiblir l'ascendant du gouverneur sur la conduite de la politique générale de la structure préfectorale et provinciale.

Paragraphe II. Le tournant décentralisateur de 1976

Il convient à présent de rappeler que la réforme fondamentale en matière de décentralisation territoriale a été opérée par la charte communale de 1976[1061], celle-ci a affranchi, à bien des égards, la commune du contrôle trop pesant des agents d'autorité représentant l'Etat dans la commune. Le gouverneur, lui n'est pas « *établi* » dans la commune, il préside aux destinées des circonscriptions territoriales qu'il a sous son commandement à partir des locaux de la préfecture ou de la province, il conserve, toutefois, une surveillance hiérarchique totale sur les autres agents d'autorité, notamment, le pacha, le chef de cercle, et le caïd. Ces fonctionnaires sont appelés par les dispositions de la charte communale « les autorités locales ».

La doctrine a proposé plusieurs essais de définition de la commune, ainsi A. de Tocqueville définit la commune comme « une association des hommes qui se forme de soi-même », selon lui, « la société existe chez tous les

---

[1060] Voir notamment, Mostapha Fikri, *La bonne gouvernance administrative au Maroc, mission possible.* Collection nouvelles pistes, op.cit. p. 159.

[1061] Dahir portant loi n° 1-76-583 du 30 Septembre 1976 relatif à l'organisation communale, B.O. 1er octobre 1976.

peuples, quels que soient leurs usages et leurs lois. Si des hommes créent des Républiques, la commune paraît sortir directement des mains de Dieu »[1062].

G. Melleray abonde dans le même sens lorsqu'il écrit que « la commune est une communauté naturelle, une solidarité de fait, une cellule de base qui offre l'avantage d'être immédiatement vécue par les citoyens »[1063].Quant à Maspetiol et Laroque, ils définissent la commune comme « une entité territoriale qui n'est pas née de la loi, mais de la nature des choses et qui possède en propre un certain nombre de droits antérieurs et opposables à ceux de l'Etat »[1064].

Au Maroc la commune est la cellule de base, établie sur les fondements des Jemâas administratives du Protectorat, elle est incluse dans la liste des collectivités locales dans la Constitution de 2011, qui dispose dans son article 135 que : « Les collectivités territoriales du Royaume sont les régions, les préfectures, les provinces et les communes. Elles constituent des personnes morales de droit public et gèrent démocratiquement leurs affaires(…) ».

Sur le plan de la décentralisation renforcée des communes, à partir des années 1970, le parachèvement de l'intégrité nationale va enclencher un processus décentralisateur accéléré, un tournant décisif est franchi avec l'adoption de la charte communale du 30 septembre 1976 précitée. Les pouvoirs de la collectivité communale ont été, ainsi, substantiellement dosés et renforcés au détriment du gouverneur et ses agents d'autorité auxiliaires que sont le caïd et le pacha. De ce renforcement, deux institutions sortent bénéficiaires : l'assemblée communale et son président. Ce qui fait dire à un auteur que les textes de 1976 ont marqué un tournant dans l'histoire des institutions locales marocaines et inauguré une période faste pour la décentralisation en général et pour les communes en particulier.[1065] Le ton du législateur a pris en 1976 des accents de rupture avec les hésitations qui ont marqué le passé. De nombreux auteurs n'hésitent pas à parler de l'an I de la décentralisation marocaine, réduisant en quelque sorte la portion congrue ses antécédents généalogiques.[1066]

Les lois de 1976 ont tiré de manière éclatante la commune du semi-oubli dans lequel l'ont tenue les textes obsolètes de 1960 et une pratique locale en accordéon. Elles l'ont dotée d'un statut moderne, d'une assemblée dotée d'une compétence générale, d'un exécutif élu aux prérogatives étendues et de moyens très sensiblement revus à la hausse. On est bien loin des

---

1062 Alexis De Tocqueville, *De la démocratie en Amérique*, Livre Ier, Paris, Flammarion, 1984, p. 122.

1063 Melleray (G.), *La tutelle de l'Etat sur les Communes*, Paris, Sirey, 1981, p. 24.

1064 Maspetiol et Laroque, *La tutelle administrative*, Paris, Sirey, 1930, p. 114.

1065 Mohamed Brahimi, *La loi communale de 1976 à l'épreuve de la pratique*, in Décentralisation et pratiques locales de développement, Imp. Najah El Jadida, 1996, p. 13.

1066 Notamment, Mohamed Brahimi, *La décentralisation marocaine, évaluation d'une formation en plusieurs actes*, op.cit, (page précitée).

dispositions timides du dahir du 23 juin 1960, qui avait un *arrière-goût* de centralisation.[1067]

Par rapport à ce texte de 1960,M. Benabdallah avait écrit : « premier du genre, ce texte s'est caractérisé par une grande prudence, puisqu'il a institué un conseil communal élu aux pouvoirs très limités soumis à une tutelle fort étroite (…) bien plus, il fut institué un exécutif bicéphale privilégiant de manière claire le rôle de l'autorité représentant le pouvoir central…en fait c'est un moyen sûr de garantir le succès de la réforme qui était encore dans son stade expérimental où l'apprentissage devait devancer tout projet de confier totalement les affaires publiques à une population qui, pour ainsi dire, avait perdu la main, mais, malgré tout, déterminée à renouer avec le passé »[1068].

Le dahir portant loi du 30 septembre 1976, lui, constitue sans doute, dans l'univers juridique marocain, l'un des textes les plus connus et les plus utilisés. Ce qui a fait déclarer à M. Brahimi que : « Le droit public marocain, contrairement au droit public français qui procède essentiellement de sa source jurisprudentielle, repose principalement sur la règle écrite. Il comporte de véritables monuments juridiques que l'on doit, pour un grand nombre, à l'administration coloniale(…). Le dahir sur l'organisation communal est de ceux-là, c'est un véritable monument du droit et un sujet d'admiration pour les docteurs de la loi. Le texte communal est une sorte de classique ; une remarquable œuvre de complétude, de cohérence, de stylistique et de technique normative ; un modèle du savoir-faire normatif du passé. La loi de 1976 comme celle 1960 s'inspire largement de la loi française de 5 avril 1884[1069]. Elle apparaît comme l'œuvre accomplie d'un fin législateur, qui combine harmonieusement la concision et la précision, la

---

[1067] Mohamed Brahimi, *La loi communale de 1976 à l'épreuve de la pratique*, in Décentralisation et pratiques locales de développement, op.cit. p. 14.

[1068] Mohamed Amine Benabdallah, *Propos sur la décentralisation territoriale au Maroc*, in REMALD, n°50, mai-juin 2003, p. 16.

[1069] En France, cette loi revêt une importance particulière dans la mesure où, tout en consacrant les acquis antérieurs, elle constitue le véritable point de départ de l'affirmation progressive des communes face au pouvoir central.Sa caractéristique principale est qu'elle crée un régime juridique uniforme pour toutes les communes de France. Ce choix ne sera jamais remis en cause par la suite. Il n'avait pourtant pas un caractère évident compte tenu de l'extrême disparité des communes françaises et, en particulier, du nombre et de la spécificité des petites communes. Pour l'organisation communale, la structure choisie est la même que celle retenue pour l'échelon départemental : un organe délibérant, le conseil municipal, qui adopte des délibérations, un organe exécutif, le maire, chargé de l'application des décisions du conseil municipal, un représentant de l'Etat, le maire, qui est donc à la fois représentant de la commune et de l'Etat. L'article premier de la loi dispose : " Le corps municipal de chaque commune se compose du conseil municipal, du maire et d'un ou de plusieurs adjoints. " Les principales dispositions de la loi de 1884 sont : l'élection au suffrage universel du conseil municipal qui est désigné pour une durée de 4 ans et est renouvelable intégralement (en 1929, la durée du mandat municipal est portée à 6 ans). Voir particulièrement pour aller plus loin à propos de la loi française municipale de 1884 : Michel Verpeaux, *Droit des collectivités territoriales*, op.cit, p. 12.

rigueur des principes et la souplesse de la procédure, le sens de l'exprès et de l'implicite, la recherche de la lettre et la clarté de l'esprit. La simplicité du style employé jure aussi avec l'ésotérisme maladif des textes contemporains »[1070].

La loi de 1976a apporté deux réaménagements de compétences à deux niveaux de l'action communale, au niveau de l'assemblée communale, et au niveau de son président. L'assemblée communale s'est vu attribuer deux types de compétences : compétences budgétaires en rapport avec l'élaboration et le vote du budget, recettes, investissements, budgets annexes ; compétences d'ordre général ayant trait à la définition du plan économique et social de la commune et à la création et l'organisation des services publics, à l'examen des projets des plans d'investissement. Autres compétences d'ordre général ayant trait à la définition des plan économique et social de la commune, à la création et l'organisation des services publics, à l'examen des projets et plans d'aménagement et de développement de la commune, à la fiscalité, à la participation, à des sociétés d'économie mixte.

Pour ce qui est des pouvoirs du président communal, ce dernier a tout d'abord bénéficié du transfert général des compétences détenues auparavant par le caïd ou le pacha en vertu de l'article 44 de la nouvelle charte communale. Les plus importantes attributions du président du conseil communal se présentent comme suit :

En tant qu'exécutif unique des délibérations du conseil communal, le président exécute le budget, établit les comptes et de manière générale conserve et administre les biens de la commune : il exerce la police administrative ; il est officier d'état civil ;il est chef hiérarchique de l'administration communale ; il possède un pouvoir de nomination des cadres classés aux échelles de rémunération de 1 à 9 ; il représente le conseil communal dans tous les actes de la vie civile et administrative.

En ce qui concerne le gouverneur, et c'est là, la conclusion la plus significative à tirer de cette profonde refonte institutionnelle : les agents d'autorité subalternes, auxiliaires du gouverneur, les pachas et les caïds, ont vu s'effriter et fondre comme neige au soleil, les larges pouvoirs, qui étaient les leurs avant la réforme de 1976. Entre autres attributions, ils ont perdu les pouvoirs liés à l'exécution des délibérations du conseil communal, et ceux attachés à la qualité d'officier d'état civil, etc.

La doctrine n'a pas manqué de souligner que cet état de fait a généré « un climat de discorde et de conflits d'autorité entre élus et agents de l'Etat, ce qui aurait pu se répercuter négativement sur les rouages administratifs locaux et altérer la gestion de l'administration locale »[1071].

[1070] Mohamed Brahimi, *La loi communale de 1976 à l'épreuve de la pratique*, in Décentralisation et pratiques locales de développement, op.cit. p. 15.

[1071] Mostapha Fikri, *La bonne gouvernance administrative au Maroc, mission possible*, op.cit. p : 161.

Comme nous l'avons déjà souligné, le thème de la décentralisation était largement approprié par le Roi, qui entendait en faire un cheval de bataille menant à la modernisation des structures de l'Etat sur le plan local, c'est ainsi que plusieurs colloques nationaux portant sur la décentralisation ont été organisés depuis 1977, année pendant laquelle s'est tenu le 1er Colloque National des Collectivités Locales sous le titre évocateur : « De la tutelle à la coexistence ». Cette manifestation visait vraisemblablement à calmer les esprits, à assurer une forte mobilisation sur l'impérieuse nécessité de la décentralisation et l'engagement délibéré et déterminé du pays dans cette voie. Le parcours de la décentralisation a également connu d'autres colloques qui constituaient à chaque étape une opportunité pour prodiguer les directives royales nécessaires à guider la gestion des responsables locaux dans la jeune expérience de la décentralisation. Ces colloques nationaux des collectivités locales ont été organisés dans des lieux distincts et ont reçu des devises différentes qui traduisent, une évolution dans l'ancrage et la consolidation des acquis de la décentralisation[1072].

De même la réforme communale de 1976 a été corroborée et consolidée, ultérieurement, par d'autres aménagements incessants de l'édifice décentralisateur. Au plan institutionnel et structurel, on peut retenir, à cet égard, notamment :

– La révision du découpage communal en 1992 afin d'adapter la division administrative de 1959 aux nouvelles données géographiques, politiques, socio-économiques et urbaines et aussi pour mieux rapprocher l'administration du citoyen. Le nombre des communes a été porté de 859 à 1544.

– La révision du code électoral en 1992, en 1997 et en 2002. Les principales nouveautés ont visé l'assainissement des listes électorales avec l'association des élus, leur informatisation, le renforcement des garanties administratives et juridictionnelles tout au long du processus électoral, l'option pour des urnes transparentes, la rigueur des sanctions sur la fraude électorale, l'accroissement du nombre légal des conseillers communaux composant les assemblées, la mise en place du scrutin à la liste, l'abaissement de l'âge de vote à 18 ans et l'âge de candidature et d'éligibilité à 20 ans.

Toutefois, force est de relever que ces réformes restaient lettres mortes car la pratique sur le terrain de la déconcentration n'a pas été menée à bien, et avec efficacité afin de soutenir l'instauration de la décentralisation. C'est par ailleurs, ce qu'avait souligné feu S.M le Roi Hassan II, dans sa lettre

---

[1072] Le 2ème colloque a eu lieu à Rabat en 1979 sous le thème « *De la coexistence à la symbiose* ».
Le 3e colloque à Meknès en 1986 : « *L'association* ».
Le 4e colloque à Casablanca en 1989 : « *La responsabilité ou* Al Amana ».
Le 5e colloque à Rabat en 1992 : « *L'adéquation* »
Le 6e colloque à Tétouan en 1994 : « *La formation et l'information des élus locaux* ».
Le 7e colloque à Casablanca en 1998 : « *La décentralisation et la déconcentration* ».

adressée au ministre de l'Intérieur sur la mise en œuvre de la déconcentration considérée désormais comme une nécessité pour le renforcement et le développement de la décentralisation, en ces termes : « (...) ce système serait resté incomplet si, parallèlement, nous maintenions notre capitale comme seul centre de décisions administratives. Ce paradoxe qui aurait vidé de tout contenu réel notre politique de décentralisation, ne nous a guère échappé, Aussi, avons-nous constamment invité nos ministres, au niveau central, d'abord d'avoir des délégations régionales aussi étoffées que possibles, puis élargir au maximum, sans nuire au bon fonctionnement de l'administration, les compétences de ces dernières (...) »[1073].

C'est dans le même ordre d'idées que le rôle du gouverneur a été renforcé par le dahir portant loi du 6 octobre 1993, notamment au niveau de la coordination. La lettre royale précitée précisait à ce sujet que : « pour éviter tout risque de cacophonie, le gouverneur, qui est notre représentant dans la préfecture ou la province, demeure le coordinateur obligé de l'ensemble des activités des services administratifs situés dans sa préfecture ou province. Pour que cette coordination produise tous les effets souhaités, nous avons décidé de créer, au sein de chaque préfecture ou province, un conseil fonctionnant sous la présidence du wali ou du gouverneur, et regroupant les délégués provinciaux ou préfectoraux de l'ensemble des départements ministériels. Ce conseil interdépartemental se réunira au moins une fois par semaine à l'initiative du wali ou du gouverneur... »[1074].

Depuis l'indépendance, le projet de fonder les rapports entre le pouvoir central et les collectivités locales sur les principes de la décentralisation pouvait se prévaloir de l'approbation unanime. Son large succès était certainement dû à la valorisation, dès l'amorce du débat public de la dimension idéologique de ce mode de gestion des affaires locale : la présence d'un représentant de l'Etat afin de réguler tout cet exercice était dès lors nécessaire.

Rapidement devenue synonyme de démocratie, la décentralisation ne pouvait, en effet, que bénéficier de l'adhésion du corps social et de l'appui du corps politique. Pour l'un comme pour l'autre, la promotion de l'épanouissement de l'administration locale était considérée comme la condition préalable au développement tant politique (qui s'analyse à travers la résolution d'une série de problèmes : la construction de l'Etat (réalisation de la pénétration du centre vers la périphérie) ; la construction nationale ; apparition d'une conscience nationale ; participation des individus et des groupes d'individus à l'exercice du pouvoir, la répartition des ressources ou

---

1073 Cité par Hassan Ouazzani Chahdi, *Déconcentration et décentralisation : pour quelle équation ?* In Décentralisations et pratiques locales du développement, Actes des colloques et séminaires, Imp. Najah El Jadida, 1994, 60.

1074 *Idem.*

des valeurs entre les différents éléments de la population, c'est-à-dire, la justice sociale[1075].

Cependant, si la décentralisation n'était pas discutée dans son principe, sa mise en œuvre au contraire suscitait de nombreuses réticences, les consignes de prudence et les mises en garde contre toute précipitation dans la concrétisation de l'idée de décentralisation, pourtant unanimement admise en constituaient les indices. Plus tard, l'interprétation restrictive des attributions des conseils municipaux et communaux et l'importance des prérogatives conférées aux gouverneurs, d'abord par le dahir du 23 juin 1960, et ensuite par celui du 15 février 1977, ainsi que la rigueur de la tutelle administrative exercée sur les édiles locaux en donneront la preuve tangible.

Les hésitations des pouvoirs publics à doter les collectivités locales d'un statut garantissant une large autonomie, se fondaient essentiellement sur l'absence de structure d'accueil à l'échelon locale. Certes, la faiblesse des finances locales, l'insuffisance tant qualitative que quantitative du personnel, l'attitude de la population locale à l'égard de l'administration étaient des facteurs suffisamment probants pour justifier raisonnablement leurs atermoiements. Cependant, à l'évidence, ceux-ci devaient, à brève échéance, céder le pas à une pratique élaborée visant à adapter les institutions nouvellement créées au contexte, politique, économique et social du pays. Tous ces phénomènes se comprennent à travers l'hégémonie de l'institution du gouverneur par rapport aux collectivités territoriales appelées à fonder la décentralisation au Maroc.

Les réticences du pouvoir central à promouvoir l'épanouissement d'une administration locale autonome en raison de l'absence ou de l'insuffisance des structures d'accueil, risquait d'aboutir à une théorie peu constructive « d'enchaînement des causes »[1076]. Les dirigeants ne pouvaient décentraliser tant que les collectivités locales n'avaient pas atteint un niveau suffisant de développement économique et social. Or, celui-ci se trouvait freiné par l'encadrement strict des initiatives locales et la rigidité de la tutelle exercée sur elles.

Pour débloquer une telle situation, il était nécessaire de revaloriser les hypothèses qui servaient de fondement à cette approche, l'examen sérieux de celle-ci faisait rapidement apparaître son caractère superficiel. Les hésitations des dirigeants politiques à décentraliser davantage tenaient beaucoup moins à l'absence de structures d'accueil à l'échelon local, qu'à des considérations contradictoires liées au contexte politique, économique et social global du pays. D'une part, le renforcement de la décentralisation était revendiqué par les forces politiques, promis par le pouvoir et unanimement reconnu comme la condition préalable développement national, d'autre part, les explications « conservatrices » basées sur la théorie de Lyautey

[1075] P.F Gonidec, *les systèmes politiques africains*, 2e éd. Paris, L.G.D.J. 1978, p. 15-16.
[1076] W. Teller,*La Commune : Mythe ou réalité ? Deux expériences maghrébines*, in Cahiers africaines d'administration publique, n° 6, juin 1971, p. 125.

conditionnait l'unité nationale comme le développement économique à des exigences de « centralisation des pouvoirs » [1077].

Toutefois, en principe, les hésitations des dirigeants politiques devaient déboucher sur un mode de gestion des institutions locales déterminé en fonction de la préférence donnée à l'un ou l'autre de ces deux impératifs contradictoires. Il est apparu préférable de tenter de les concilier par un savant dosage de la centralisation, déconcentration et de décentralisation en fonction du niveau de la collectivité concernée. Dans la mise en œuvre des institutions de la décentralisation, le renforcement de l'autonomie des collectivités municipales et communales doit être contrebalancé par l'affermissement de la déconcentration à l'échelon provincial et préfectoral. Outre son caractère moins pesant parce que moins direct, celle-ci permet au pouvoir central d'avoir une vue globale des problèmes des collectivités locales relevant du ressort territorial de chaque province, et ainsi, de mieux les cerner en vue d'une coordination plus efficace du développement local et national.

Du reste, renouant avec la pratique de l'administration territoriale traditionnelle, cette forme de rapport entre le pouvoir central et les collectivités locales est sans doute la mieux adaptée aux réalités du pays. L'on relève en effet à travers l'analyse historique que la décentralisation communale a toujours trouvé un contrepoids dans la déconcentration à l'échelon régional. Pour des raisons d'unité nationale, avant le Protectorat militaire et politique à partir de 1912, l'autonomie municipale et communale a été sans discontinuité récupérée aux échelons supérieurs[1078]. Depuis l'indépendance, c'est ce principe qui a commandé au Maroc les étapes de mise en œuvre des institutions de la décentralisation.

Le gouverneur, dans cette longue marche de la consolidation de la décentralisation, aux niveaux local et régional, a continué à jouer un rôle de coordinateur, de « facilitateur », mais aussi et surtout de « tuteur » et de « contrôleur ». La promulgation de la première Constitution en 1962 et l'érection de la préfecture et la province en collectivité déconcentrée en 1963, confirment irréversiblement la volonté de l'Etat à parfaire l'œuvre entamée par le Protectorat français. La réforme de 1963 s'inscrit au départ dans le mouvement de déconcentration et de décentralisation qui marque depuis 1960, avec la charte communale, la vie administrative du pays. Déconcentration pour faciliter l'action de l'administration ; décentralisation

---

[1077] Puisque selon Le Maréchal Lyautey, ce qui dominait et caractérisait le régime du Protectorat, c'était la formule « contrôle » opposée à celle « d'administration directe ». Un tel régime supposait l'existence de deux administrations nettement individualisées, égales, sinon, en puissance du moins en prestige et dont l'une contrôlait, à tous les niveaux, les activités de l'autre. Le bon fonctionnement d'une organisation de ce genre restait tributaire de la collaboration totale des autorités contrôlées. Eu égard à la centralisation des pouvoirs, celles-ci étaient ramenées à la personne du Souverain, in, M'faddel Smires, *Centralisation et décentralisation territoriale au Maroc*, op.cit, p. 176.

[1078] S. Ben Bachir, *L'administration locale au Maroc*, op.cit. p.11-23.

pour permettre aux populations de participer à la gestion de leurs affaires. L'essor de l'idée de décentralisation qui a très nettement contribué à la promotion de l'entité communale fait apparaître de plus en plus le régime des assemblées provinciales comme étant en retrait par rapport au nouvel esprit. Cela a régulièrement pour effet de provoquer de la part des politiques comme des spécialistes, l'aspiration à un nouveau statut pour cet échelon décentralisé, à la mesure des ambitions politiques du mouvement décentralisateur[1079].

Eu égard à l'évolution de la décentralisation des collectivités territoriales, nous devons noter que le Maroc a connu des aménagements constitutionnels importants, d'abord en 1970, puis en 1972, en 1992, en 1996 et enfin en 2011, les dispositions relatives aux collectivités territoriales ont connu à leur tour une évolution notable.

Depuis la Constitution de 1992, le schéma des structures territoriales se présente comme une pyramide, en bas on trouve la commune, cellule de base et cadre de décentralisation, au centre, se trouvent la province et la préfecture, relais entre l'unité de base et l'administration centrale, et au sommet, se trouve la région. Initialement conçue comme un échelon de déconcentration de l'Etat et cadre d'intervention économique par le dahir du 16 juin 1971, la région a été hissée par la Constitution de 1992 au statut de collectivité locale décentralisée. Désormais, la région est pourvue d'institutions exerçant des compétences législatives, financières et administratives et constitue une étape vers une décentralisation régionale plus élargie.

Après une phase d'atermoiements allant de 1965 à 1973, période pendant laquelle le Maroc a connu une crise politique provoquant le retard du processus de décentralisation. L'année 1976 était selon l'expression d'un auteur, l'année de la démocratie, celle de la participation des élus à la gestion des affaires locales, mais elle est surtout le point culminant d'une législature riche en changement pour les collectivités locales, les réformes accomplies constituent un aggiornamento sans que les structures et les fondations de l'édifice juridique et politique aient été ébranlées[1080].

On peut dire ainsi sans risque de se tromper que le domaine des collectivités territoriales, de la décentralisation et des attributions du gouverneur dans son exercice de la tutelle administrative a connu la mise en œuvre d'une profonde réforme, celle-ci s'est imposée d'emblée, comme l'expression d'un choix politique reposant sur une conception bien précise du rôle des gouverneurs, tuteurs et coordinateurs et des communes dans la vie nationale. Les dispositions du texte de 1976 (la nouvelle charte communale) se sont attaquées aux causes mêmes des tensions et des déséquilibres engendrés jusqu'alors comme un mal nécessaire pour assurer

---

[1079] Discours de M. Driss Basri, Colloque national des collectivités locales, Casablanca, 1989.
[1080] Driss Basri, La Décentralisation au Maroc, de la Commune à la Région, Edition Nathan, Paris 1994.

le maintien de l'unité nationale et de l'intégrité territorial : décentraliser sans désintégrer, tel était le mot d'ordre des textes de décentralisation de l'époque, les gouverneurs du ministère de l'Intérieur visaient ce but en filigrane de leur action territoriale. « Comparativement à la Charte de 1960, le texte de 1976 a libéré les énergies, stimulé la créativité, crée des situations nouvelles qui dépassent le cadre étroit des transferts alloués et des libertés octroyées. Les élus locaux mesurent que la porte ouverte leur laisse plus d'autonomie qu'ils ne le soupçonnaient et prennent confiance et initiative »[1081].

Le rôle du gouverneur se profile dans le plus ou moins contrôle et l'ajustement de l'autonomie accordée aux collectivités locales, qui sont tout de même d'importance variable. L'intervention du gouverneur est appréciée à travers le degré de contrôle de tutelle qu'exerce le pouvoir central, par le truchement de son homme de confiance sur ces entités territoriales, plus celui-ci est souple, plus grande est leur liberté d'action.

C'est pourquoi théoriquement, l'ambition d'élargir au maximum les attributions et les responsabilités des élus, passe nécessairement par l'allègement du contrôle accordé par la loi aux walis et gouverneurs sur les agents des collectivités décentralisées et sur leurs actes.

D'autre part, le texte de 2002 semblerait alléger, certes à la marge, car il n'en modifie ni le principe ni le système, le poids de la tutelle du ministère de l'Intérieur sur le conseil communal. Le contrôle préalable de légalité est ainsi réduit ou, plus exactement, fixé à un certain nombre de matières énoncées par la loi. Les délais de visas sont également fixés et réduits. Le texte prévoit un renforcement du contrôle juridictionnel sur les actes de la tutelle (contrôle des Cours régionales des comptes, créées par la nouvelle loi sur le contrôle des finances publiques). Parallèlement, un corps des inspecteurs généraux de l'administration territoriale[1082] a été formé à l'École des cadres à Kenitra, afin de "contrôler" l'action des gouverneurs. Mais la mission confiée à la première promotion a posé problème. En réalité, dès l'institution de ce corps, imaginé par Driss Basri, un débat s'est engagé, sans être réglé, sur le principe et la possibilité de contrôler des représentants du Roi au niveau local, puisque les gouverneurs et walis sont à la fois des autorités déconcentrés du gouvernement (et essentiellement du ministère de l'Intérieur) et les représentants du Roi[1083].

S'agissant des agents de la collectivité communale, la charte du 30 septembre 1976 a, en réalité, repris l'essentiel des dispositions du texte

---

[1081] Driss Basri, La Décentralisation au Maroc, de la Commune à la Région, op.cit, p. 44.

[1082] Il s'agit des membres de l'IGAT, Inspection Générale de l'Administration Territoriale organisée par le décret n° 2-94-100 du 16 juin 1994 portant statut particulier de l'inspection générale de l'administration territoriale du ministère d'Etat à l'Intérieur.

[1083] R. Cattedra, M. Catusse, M.Idrissi Janati J. M. Miossec (dir.), *Changer d'échelle de gouvernance ? Réflexion autourde la promulgation de la charte communale de 2002 au Maroc,* in Terrains et échelons de la gouvernance : expériences en France et au Maghreb, Paris, p. 18.

précédent. Comme auparavant, le pouvoir central exerce un contrôle assez strict sur eux, qu'ils soient pris individuellement ou en corps. Le ministre de l'Intérieur peut prononcer, par arrêté motivé, la démission d'office de tout conseiller qui, sans motif reconnu légitime par le conseil, n'a pas déféré à trois convocations successives ou qui, sans excuses valables a refusé d'accomplir ses obligations légales, peut-être, après avoir été invité à fournir des explications, déclaré démissionnaire, par arrêté motivé et publié au " Bulletin officiel ", du ministre de l'Intérieur pour les communes urbaines et du wali ou du gouverneur pour les communes rurales[1084].

En ce qui concerne le rôle du gouverneur dans l'échelon communal, il ne faut pas perdre de vue qu'il dispose du pouvoir hiérarchique dans son ressort territorial provincial ou préfectoral, c'est-à-dire toutes les communes composant ce territoire, sur l'ensemble des agents d'autorité qui y exercent un commandement, puisque : « Il dirige notamment, sous l'autorité du ministre de l'Intérieur, les activités des chefs de cercles et des chefs de circonscription urbaine et rurale (pacha et caïd) » (article 3 du dahir du 15 février 1977 précité).

Le gouverneur est l'agent nommé par l'État au niveau local, et c'est sur lui que repose toute la charpente administrative locale. La Constitution révisée de 1996 le précisait ainsi dans son article 102, et la Constitution de 2011, dans son article 145 susmentionné. Pour gérer les collectivités locales, le représentant de l'Etat intervient également au niveau de la commune, et ne se contente pas de gérer uniquement l'échelon provincial ou préfectoral, il dispose d'une multitude de prérogatives légales et réglementaires sous lesquelles *« il croule pratiquement »*,même si le texte définissant ses attributions (Dahir du 15 février 1977)ne comporte que 11 articles, ce ne sont pas moins de 300 textes juridiques[1085] :lois et règlements épars et diversifiés, sans compter les centaines de circulaires qui complètent sa mission.

De surcroît, la majorité des textes auxquels il se réfère dans l'exercice de ses fonctions ne concerne que les aspects d'exécution des lois et des règlements en vigueur, dont une bonne partie est réservée au maintien de l'ordre et de la sécurité publique. Plusieurs textes ont été récemment promulgués ou sont en cours de préparation concomitamment à l'existence de textes datant du Protectorat et portant encore la signature des autorités coloniales.

Si l'on dénombre les attributions du gouverneur à travers lesquelles, il joue le rôle de support des collectivités locales décentralisées, l'on ne

---

[1084] Article 20 de la charte communale, les conseillers déclarés démissionnaires d'office ne peuvent être réélus avant le délai d'un an à partir de la date de l'arrêté de démission, à moins qu'il ne soit procédé auparavant au renouvellement général des conseillers communaux

[1085] Le Guide de l'Agent d'autorité, Ministère de l'Intérieur, 1981, imp. En-nakhla, Casablanca..

pourrait ignorer son rôle de coordination[1086] de l'action des services qui interviennent au niveau de l'échelon communal, ce rôle tient son essence, en fait, de l'action du gouverneur au niveau de la province et de la préfecture, puisque c'est là que se concentrent les directions provinciales des différents départements ministériels et services de l'Etat. Les élus locaux sont obligés de requérir leur concours technique et administratif, cela se fait via l'interventionnisme de l'agent de l'Etat central qu'est le gouverneur. Néanmoins, cette coordination ne se fait pas sans réticence à la fois des administrations centrales concernées, que des édiles locaux, eux-mêmes, qui considèrent le gouverneur comme *l'œil et l'oreille* de l'Etat et particulièrement d'un autre département (le ministère de l'Intérieur), avec lequel, ils entretiennent des rapports mitigés, très particuliers, empreints tantôt, de révérence, tantôt de soumission.

Au demeurant, la crainte de voir l'administration territoriale récupérer, par l'intermédiaire des gouverneurs sous sa tutelle, l'ensemble des prérogatives locales déjà transférées aux élus locaux, au niveau communal et par les départements ministériels à leurs délégations provinciales constitue un double handicap psychologique vecteur de tensions et de blocages. Cette situation explique la diversité des méthodes utilisées pour éviter le changement qui risque de bouleverser le schéma classique de gestion de la chose publique en donnant une force considérable supplémentaire à ce département de souveraineté déjà jugé hégémonique par les autres administrations.

Mais à côté de cette question, les enjeux d'échelles du gouvernement des collectivités locales marocaines s'incarnent avec une force particulière dans la situation de face-à-face où sont placés, de plus en plus manifestement, le président du Conseil municipal des grandes villes du Royaume, les "maires", et les gouverneurs de provinces et préfectures et les walis de région, gouverneurs des préfectures des chefs-lieux, dont les territoires s'étendent parfois loin autour de ces métropoles. C'est dans l'espace urbain que s'expriment la concurrence et l'articulation des dynamiques qui assoient la légitimité et les ressources de ces acteurs dans le cadre du mouvement de décentralisation. D'où l'importance d'examiner l'aspect du découpage des territoires décentralisés.

Section II. Le découpage administratif des territoires décentralisés

Le territoire constitue l'assise physique des collectivités locales, celles-ci n'auraient pas d'existence juridique sans territoire, les Etats modernes avant d'allouer des compétences aux localités décentralisées, s'assurent qu'elles

[1086] *Cf.* Première partie, Titre II, Chapitre I, Section II, Paragraphe I, pour avoir une analyse approfondie de la mission de coordination du gouverneur.

disposent d'une assise spatiale sur laquelle ces compétences seront exercées, c'est ce qui explique l'exigence du découpage administratif et particulièrement le découpage territorial des collectivités locales décentralisées.

« Une des tâches fondamentales de l'État est de strier l'espace sur lequel il règne »[1087], donc, le découpage n'est qu'un aspect de l'opération de *striation* à laquelle se livre l'Etat, opération d'autant plus décisive pour le pouvoir central qui est en face d'une société fluide dont il faut contrôler le mouvement.

Le découpage administratif des collectivités territoriales peut être défini comme étant : « une opération matérielle qui consiste en la fixation de lignes limites sur des documents cartographiques qui auront valeur de documents officiels »[1088].De surcroît, le découpage administratif a été appréhendé comme le moyen d'organiser l'administration territoriale, sur la base d'unités bien définies[1089].

Mais au-delà de cette définition fonctionnelle, le découpage administratif est une opération éminemment politique, destinée à favoriser des parties du territoire et en diminuer d'autres, à augmenter les chances du succès économique et d'accès au développement de certaines régions, tout en les réduisant pour d'autres. Opération politique également, parce que le pouvoir central tendra toujours à, affaiblir sur le plan du découpage électoral les circonscriptions les plus retorses aux politiques centrales de l'Etat. Ce dernier veillera aussi à mieux « contrôler » les espaces territoriaux qui manifestent des sentiments d'autonomie ou des velléités de sécession. Au demeurant, le dosage de la concentration administrative en dépendra. Ainsi, en fonction de ces multiples facteurs, l'Etat se fera représenter par plus d'administrateurs, nommés par lui, dans les circonscriptions où la légitimité de sa présence serait plus ou moins contestée.

De plus, l'institution des entités administratives au niveau local englobe plusieurs dispositions, en particulier, la détermination de la surface moyenne de l'entité à créer, la fixation de ses frontières géographiques, ainsi que le choix de la dénomination et la désignation de son chef-lieu. C'est dire que la démarcation initiale des collectivités locales, ainsi d'ailleurs que les modifications apportées aux contours fixés primitivement, est un acte de

---

[1087] Gilles Deleuze et Félix Gattari, *Mille Plateaux, capitalisme et schizophrénie,* Minuit, Paris, 1980, p. 479

[1088] A. Rioux, Le découpage des circonscriptions administratives et électorales devant le conseil d'Etat, AJDA, n° 4, 1983, p. 219.

[1089] Charles Eisenmann écrit à ce propos que : « la subdivision du territoire étatique en circonscriptions et les unités qui en découlent ont pour fonction ultime de constituer et de distinguer des groupes d'hommes, de personnes envers lesquels divers organes ou appareils d'organe appelés à accomplir les mêmes sortes d'actes pourront les faire, de déterminera les groupes de sujets auxquels l'action des organes s'appliquera ou pour lesquels, elle produira des effets directement ou indirectement », in, Charles Eisenmann, *Les structures de l'administration*, Edition Mouton, Paris, 1966, p. 272.

grande importance touchant les principes fondamentaux de l'organisation des pouvoirs dans l'Etat, singulièrement le principe de la démocratie locale et de l'égalité devant la loi[1090].

Le problème du découpage administratif des territoires évoque nécessairement celui de l'aménagement de ces mêmes territoires. Parce qu'historiquement, l'aménagement du territoire a d'abord eu pour objectif d'atténuer les conséquences régionales des mutations économiques. Aussi bien la croissance que décroissance économique engendre des tensions. Or, la croissance de l'économie moderne est particulièrement rapide, l'augmentation rapide de la population, la rareté du sol et des biens naturels qu'elle entraîne, tout cela ne se fait pas, sans qu'en même temps se créent un certain nombre de déséquilibres.

Le sujet de l'aménagement du territoire est intimement lié, ainsi, à celui de la décentralisation du pouvoir et son corollaire, la création de l'idée régionale. A cet égard, la réforme la plus fondamentale fut celle de la création de l'échelle régional en 1992[1091], à cet échelon ont été transférés une partie des pouvoirs des administrations centrales. Le mouvement dans lequel sont engagées les réformes des structures administratives marocaines tend à conférer à ce nouveau cadre géographique une permanence qui sera difficilement mise en cause, quelles que soient les critiques dont il a pu faire l'objet.

Du reste, il faut souligner que l'idée de base de toute réflexion sur l'aménagement et le découpage du territoire repose essentiellement sur l'utilité économique des territoires[1092], ainsi que la mise en place de la décentralisation comme rempart contre la centralisation excessive, conçue comme une déformation possible créée par la complexité croissante des processus de décision et perçue comme une limitation au dynamisme des territoires. C'est ce que décrit, en des termes peu élogieux, Tocqueville qui écrit que : « la centralisation parvient aisément à soumettre les actions extérieures de l'homme à une certaine uniformité qu'on finit par aimer, pour elle-même, indépendamment des choses auxquelles elle s'applique, comme les dévots qui adorent la statue oubliant la divinité qu'elle représente. La

---

[1090]Tarik Zair,*La Gestion décentralisée du développement économique au Maroc*, op.cit, p. 91.

[1091] Consacrée tout d'abord par la Constitution de 1992, et créée et organisée par la loi du 2 avril 1997 portant promulgation de la loi n° 47-96relative à l'organisation de la région (dahir n° 1-97-84).

[1092] En effet, comme le soulignent Jérôme Monod et Ph. De Castelbajac : « Dire que l'aménagement du territoire est préférable à une politique de subventions sectorielles n'implique pas qu'il soit en lui-même justifié. Par ailleurs, il est un fait que cet aménagement dans la plupart des pays occidentaux, en France en particulier, a depuis longtemps dépassé le seuil de simple objectif de rétablir le plein emploi dans les régions déshéritées pour devenir une politique globale recherchant l'utilisation optimale de l'espace. La première raison d'être de l'aménagement du territoire, sur ce plan, tient au fait que le jeu naturel de l'économie repose sur une appréciation incomplète des coûts », in, Jérôme Monod et Ph. De Castelbajac, *L'aménagement du territoire*, P.U.F. Coll. Que-sais-je ? 1971, Paris, p. 11.

centralisation réussit sans peine à imprimer une allure régulière aux affaires courantes ; à régenter savamment les détails de la police sociale ; à réprimer les légers désordres et les petits délits ; à maintenir la société dans un *statu quo* qui n'est proprement ni une décadence ni un progrès ; à entretenir dans le corps social une sorte de somnolence administrative que les administrateurs ont coutume d'appeler le bon ordre et la tranquillité publique. Elle excelle, en un mot, à empêcher, non à faire. Lorsqu'il s'agit de renouveler profondément la société, ou de lui imprimer une marche rapide, sa force l'abandonne, Pour peu que ses mesures aient besoin du concours des individus, on est tout surpris, alors, de la faiblesse de cette immense machine [1093]».

La valeur juridique du découpage territorial n'est plus à démontrer, qu'il soit, dans un simple stade de concentration ou de déconcentration administrative ou qu'il soit arrivé à une phase avancée de décentralisation des pouvoirs. Le développement local passe, en effet, inéluctablement par la fixation d'un cadre territorial d'actions et d'une population bénéficiaire de telles actions. Mais avant de voir la nécessité de la réorganisation spatiale afin de réussir le défi de la décentralisation dans le contexte marocain (Paragraphe II), il n'est pas sans utilité d'étudier les problématiques liées au découpage territorial au Maroc, notamment, la question de la compétence en cette matière et celle de la pratique du découpage territorial à travers son évolution vers l'organisation administrative du royaume, telle qu'elle résulte du découpage administratif actuel (Paragraphe I).

Paragraphe I. La problématique du découpage territorial au Maroc

Les structures administratives marocaines sont la conséquence d'un long processus de formation, dont l'action dépend largement de plusieurs facteurs politiques, géographiques et économiques. Il convient tout d'abord de s'intéresser à la question portant sur le pouvoir investi de la compétence du découpage territorial (A), avant de retracer son évolution (B).

[1093] Alexis de Tocqueville, *La démocratie en Amérique*, op.cit.p.56, dans cet ouvrage prémonitoire, l'auteur ajoute au sujet de la centralisation administrative qu'elle :« (…) n'est propre qu'à énerver lespeuples qui s'y soumettent, parce qu'elle tend sans cesse à diminuer parmi eux l'espritde cité. La centralisation administrative parvient, il est vrai, à réunir à une époquedonnée, et dans un certain lieu, toutes les forces disponibles de la nation, mais ellenuit à la reproduction des forces. Elle la fait triompher le jour du combat et diminue àla longue sa puissance. Elle peut donc concourir admirablement à la grandeurpassagère d'un homme, non point à la prospérité durable d'un peuple », Alexis de Tocqueville, *La démocratie en Amérique*, op.cit (page précitée).

A. La compétence en matière de découpage territorial

Quand on s'intéresse au découpage administratif des collectivités locales au Maroc, on constate qu'il y a toujours eu à ce niveau une sorte de dilution ou plutôt une confusion juridique quant à la compétence de la partie qui devrait être en charge de ce découpage territorial, ce qui a souvent créé des conflits de compétence ayant nécessité l'intervention du juge constitutionnel tranchant en faveur du pouvoir réglementaire.

Ainsi, sous la première Constitution du 7 décembre 1962, c'est le pouvoir législatif qui avait compétence dans le domaine du découpage territorial. En effet, conformément à son article 93, cette Constitution prévoyait que : « les collectivités locales du Royaume sont les préfectures, les provinces et les communes. Elles sont créées par la loi ». Il en découle que dès les premières années de l'indépendance, le pouvoir législatif s'est vu reconnaître la compétence pour la création et la délimitation des collectivités préfectorales, provinciales et communales.

Néanmoins, le texte de base en matière de découpage administratif au Maroc reste, incontestablement, le dahir du 2 décembre 1959[1094]. Mais ce qui est certain, c'est que ce texte n'a pas résolu le problème de savoir qui est l'organe chargé spécifiquement de la réalisation du découpage territorial, sa date d'entrée en vigueur étant antérieure à la date d'adoption de la première Constitution, il n'a pas pu prendre en compte la reconnaissance constitutionnelle de la compétence législative en la matière. Il sera modifié à plusieurs reprises, dont la dernière est celle du décret du 10 septembre 2003[1095]. Ce dernier prévoit dans l'alinéa 3 de son premier article que : « la nature, le rattachement et les limites des communes sont fixés par décret pris sur proposition du ministre de l'Intérieur ». Au demeurant, toutes les lois ultérieures réglementant les préfectures et provinces attribuent au domaine réglementaire la création et la suppression de ces collectivités[1096].

En outre, la limitation de la compétence législative de création des collectivités locales aux trois catégories existantes en 1962, à savoir, la préfecture, la province et la commune, n'a pas rendu possible la création d'autres catégories de collectivités territoriales, et a nécessité la révision

---

[1094] Dahir n° 1-59-351 du 2 décembre 1959 relatif à la division administrative du Royaume, B. O n° 2458 du 04/12/1959, p. 2040, et dahir rectificatif, B.O du 18 décembre 1959.

[1095] B.O n° 5144 du 18 septembre 2003.

[1096] C'estainsi que l'article 2 de la loi n°79-00 (Dahir n° 1-02-269 du 3 octobre 2002 portant promulgation relative à l'organisation des collectivitéspréfectorales et provinciales) dispose que : « Les préfectures et les provinces sont créées et peuvent être supprimées par décret. Leur nombre, leur nom, leurs limites territoriales et leur chef-lieu sont fixés par décret. » Au niveau communal, l'article 1er de la loi n° 78-00 portant charte communale(dahir n° 1-02-297 B.O du 21 novembre 2002) prévoit que : « Les communes sont créées et peuvent être supprimées par décret. Le chef-lieu de la commune rurale est fixépar arrêté du ministre de l'intérieur. Le changement de nom d'une commune est décidé par décret, sur proposition du ministre de l'Intérieur aprèsconsultation du conseil communal intéressé, ou sur proposition de ce dernier. »

constitutionnelle de 1970 qui va apporter beaucoup plus de précision sur cette question. C'est ainsi que le 31 juillet 1970, le Maroc se voit doter de sa deuxième Constitution, qui, tirant les enseignements de la courte expérience vécue sous le régime de la première Constitution marocaine, a introduit une primeur en ce qui concerne l'exercice du pouvoir de découpage territorial. Ses nouvelles dispositions concernant les collectivités locales ont été reprises par la Constitution de 1996 qui a créé, en plus, la collectivité régionale.[1097]

Le nouvel article 100 de la Constitution de 1996 dispose : « les collectivités locales du Royaume sont les régions, les préfectures, les provinces et les communes. Toute autre collectivité locale est créée par la loi », la nouveauté réside dans la limitation du pouvoir législatif de création uniquement des collectivités locales de type nouveau, ainsi, à l'intérieur de ces collectivités locales constitutionnellement admises, il revient au pouvoir réglementaire « de créer, mais aussi de supprimer telle ou telle collectivité locale »[1098].

De surcroit, la nouvelle Constitution de juillet 2011 a consacré, à son tour, mais, cette fois-ci, de manière très explicite, la règle de la prérogative législative en la matière en ces termes : « sont du domaine de la loi, outre les matières qui lui sont expressément dévolues par d'autres articles de la Constitution : (...) le régime des collectivités territoriales, dont les principes de délimitation de leur ressort territorial(...) »[1099]. Une autre nouveauté apportée par la Constitution de 2011, mérite d'être relevée, cependant, il s'agit des dispositions de son article 78 qui traite de l'initiative des lois, qu'elle soit gouvernementale ou parlementaire, qui prévoient que : « (...) les projets de loi relatifs, notamment, aux Collectivités territoriales, au développement régional (...) sont déposés, en priorité, sur le bureau de la Chambre des Conseillers », de plus, l'article 84 ajoute, dans ce sens : « Le vote ne peut avoir lieu qu'à la majorité absolue des membres présents ». On pourrait en déduire que la prééminence est donnée, en ce qui concerne les matières liées aux collectivités locales, et en particulier leur aménagement, au pouvoir législatif et particulièrement à la Chambre des Conseillers. Puisque ces matières devraient être examinées, tout d'abord, par les Conseillers, dont une grande partie provient des édiles locaux[1100].

Aussi, la Chambre constitutionnelle de la Cour suprême (l'actuelle Cour de cassation) s'est-elle orientée dans ce sens, dès le départ, puisqu'elle a précisé, dans sa décision du 9 mai 1978[1101], que la compétence du législateur

---

1097 Tarik Zair,*La gestion décentralisée du développement économique au Maroc*, op.cit. p. 93.

1098 A. Fadil, *La région à l'heure de la décentralisation*, REMALDn° 14, 2000,p. 38.

1099 Article 131 de la Constitution de Juillet 2011, Constitution du Royaume promulgué par dahir n° 1-11-91 du29 juillet 2011.

1100 En Chambre des Conseiller, trois cinquièmes des membres représentant les collectivités territoriales (article 63 de la Constitution de 2011).

1101 Les décisions n° 3 du 18 avril 1978 et n° 5 du 9 mai 1978, publiées au B.O n° 3441 du 11 octobre 1978, p. 1116 et 1117. Il s'agissait, en l'espèce, pour la Chambre constitutionnelle, de

ne concernait que la création de nouvelles catégories de collectivités. En revanche, la création comme la suppression de telle ou telle collectivité particulière, relève du pouvoir réglementaire.

En pratique, à l'instar de ce qui se passe en France : « la compétence du pouvoir réglementaire est admise lorsqu'il s'agit de répartir dans les limites tracées par le législateur »[1102]. Il est certain que ce mode de partage des compétences entre le pouvoir législatif et le pouvoir réglementaire se trouve imposé par des nécessités pratiques, le découpage territorial est une opération matérielle qui se concrétise par la fixation de lignes limites sur des documents cartographiques, ce travail comporte une grande part de technicité, ce qui justifie l'intervention du gouvernement en la matière, de par sa présence sur l'ensemble du territoire national et sa disposition des moyens techniques et humains nécessaires, il est le mieux situé pour assurer cette entreprise[1103].

Cette modalité de répartition des compétences en matière de découpage administratif est conforme à la conception constitutionnelle marocaine de partage entre le pouvoir législatif et le pouvoir réglementaire, le constituant a énuméré, en effet, les matières qui sont du ressort de la loi d'une manière limitative, tout en réservant au pouvoir réglementaire les matières autres que celles qui sont du domaine de la loi[1104].

La pratique de ce partage peut conduire ainsi à une conception très réduite de la loi, en rendant la compétence réglementaire comme la compétence normative de droit commun, et réduire en conséquence la compétence législative en une compétence normative d'exception. Cette

---

se prononcer, dans le premier cas sur le caractère législatif ou réglementaire du tableau annexé au dahir n°1-71-77 du 16 juin 1971 portant création des régions. Elle a fondé sa décision sur le contenu du tableau qui se limite à indiquer le nombre, la dénomination et le ressort territorial des régions. Elle en conclut que le contenu de ce tableau relève de la compétence du pouvoir réglementaire. Dans le deuxième cas, la chambre constitutionnelle devait décider si les articles 1 et 2 du dahir du 2 décembre 1959 relatif à la division administrative du Royaume, avaient un caractère législatif ou réglementaire. Elle a décidé qu'il s'agit du ressort du pouvoir réglementaire. En motivant sa décision par les articles 87 de la Constitution (de 1972) qui dispose que : « les collectivités locales du Royaume sont les préfectures, les provinces et les communes. Toute autre collectivité locale est créée par la loi », pour conclure que les articles 1 et 2 du dahir précité ne concernent que la division administrative du Royaume et que cela relève, ainsi, de la compétence du pouvoir réglementaire.

1102 A. Roux, *Le découpage des circonscriptions administratives et électorales devant le conseil d'Etat,* AJDA, n° 4, 1983, cité par Tarik Zair,*La gestion décentralisée du développement économique au Maroc*, op.cit.p. 94.

1103 Tarik Zair,*La gestion décentralisée du développement économique au Maroc*, op.cit, (page précitée)

1104 L'article 71 de la Constitution de 2011 qui délimite le domaine de la loi (article 47 de la Constitution de 1996)

conception risque de mettre le pouvoir exécutif à l'intérieur d'un cadre législatif « virtuel »[1105].

Aussi bien l'action des autorités publiques déployée aux échelons locaux à travers les gouverneurs, que les efforts de développement des collectivités locales décentralisées resteraient vains, si ces dernières étaient dépourvues de cadre territorial physique adéquat, lequel cadre représente, en effet, un territoire où doivent se croiser et se coordonner en toute symbiose les actions à la fois, déconcentrées et décentralisées. Tout ce processus constitue le prolongement de la vision du centre dans les territoires. Puisque c'est l'Etat qui reconnaît ou pas l'existence juridique de ces derniers.

A cet égard, l'intervention des pouvoirs centraux, à travers le découpage administratif, peut trouver des justifications d'ordre pragmatique, et des explications tenant à l'intérêts général et la nécessité de favoriser l'uniformité des solutions adoptées aux échelons locaux, afin d'éviter l'éparpillement des méthodes et la dispersion inutile des efforts. Et puisque la finalité est la même : réaliser le développement intégré de l'ensemble du territoire, il est, somme toute, de l'ordre de l'évident que d'encourager une même vision qu'elle vienne du centre ou de la périphérie[1106].

Sur le plan pratique, le découpage administratif territorial conditionne l'existence effective des collectivités locales et recommande, de ce fait, un cadre géographique d'action. L'établissement stable de ce cadre d'action est une nécessité, afin de rendre les interventions économiques décentralisées homogènes et éviter, en conséquence, le double emploi des moyens déjà médiocres.

[1105] G. Vedel et P. Devolvé, *Droit administratif*, PUF, 12ème édition. Time II, Paris, 1992, p.56, cité par Tarik Zair, *La gestion décentralisée*....op.cit. p. 94.

[1106] A ce niveau, Tocqueville exprime un point de vue nettement opposé, en estimant qu' : « il arrive, quelquefois, que la centralisation essaie, en désespoir de cause, d'appeler les citoyens à son aide ; mais elle leur dit : vous agirez comme je voudrai, autant que je voudrai, etIl arrive quelquefois alors que la centralisation essaye, en désespoir de cause, d'appeler les citoyens à son aide ; mais elle leur dit : « Vous agirez comme je voudrai, autant que je voudrai, et précisément dans le sens que je voudrai. Vous vous chargerez de ces détails sans aspirer à diriger l'ensemble ; vous travaillerez dans les ténèbres, et vous jugerez plus tard mon œuvre par ses résultats. » Ce n'est point à de pareilles conditions qu'on obtient le concours de la volonté humaine. Il lui faut de la liberté dans ses allures, de la responsabilité dans ses actes. L'homme est ainsi fait qu'il préfère rester immobile que marcher sans indépendance vers un but qu'il ignore .(…) Que m'importe, après tout, qu'il y ait une autorité toujours sur pied, qui veille à ce que mes plaisirs soient tranquilles, qui vole au-devant de mes pas pour détourner tous les dangers, sans que j'aie même le besoin d'y songer ; si cette autorité, en même temps qu'elle ôte ainsi les moindres épines sur mon passage, est maîtresse absolue de ma liberté et de ma vie ; si elle monopolise le mouvement et l'existence à tel point qu'il faille que tout languisse autour d'elle quand elle languit, que tout dorme quand elle dort, que tout périsse si elle meurt ? Quand les nations sont arrivées à ce point, il faut qu'elles modifient leurs lois et leurs mœurs, ou qu'elles périssent, car la source des vertus publiques y est comme tarie : on y trouve encore des sujets, mais on n'y voit plus de citoyens. », in, Alexis de Tocqueville, *La démocratie en Amérique*, op.cit.p.56.

B. L'évolution du découpage territorial au Maroc

Contrairement à ce que pense un auteur qui avance que : « les autorités marocaines, conscientes de la gravité de l'héritage légué par le Protectorat, ont dû rompre avec le passé pour jeter les bases d'une nouvelle organisation administrative de proximité. Ce choix volontariste et déterminé de Feu le Roi Mohamed V a permis au Maroc d'inaugurer dès 1959 une pratique moderne de l'autonomie locale avec la mise en place de 800 collectivités territoriales de base, la mise en œuvre d'un système électif et pluraliste pour la désignation des conseils communaux et l'adoption du suffrage universel direct »[1107]. Nous estimons, pour notre part, que le découpage territorial proprement dit au Maroc, est une pratique introduite par le Protectorat, puisque l'adoption de la première division administrative du Royaume ne fut réalisée qu'en 1959 (par le dahir précité).

L'opinion qui soutiendrait l'existence d'un découpage administratif se basant sur la version des premières phases du modelage territorial, ne nous semble pas conforme à la réalité. En effet, le découpage territorial de 1959 n'est que le résultat des documents du Protectorat et de l'assistance des conseillers techniques français, comme l'atteste Rémy Leveau qui écrit : « Le ministre de l'Intérieur *M'hammedi* a aussi associé à son entreprise de reconstruction du monde rural, une équipe de contrôleurs civils et d'officiers libéraux ayant à leur tête Olivier Lange et Camille Scalabre, dont l'action est relayée dans chaque province par un ou deux assistants techniques français. Ces experts joueront un rôle prépondérant, tant au service central que dans les provinces, dans la réalisation d'un nouveau découpage communal. Les instructions expédiées aux gouverneurs en mai 1957, prescrivaient de préparer un nouveau découpage se fondant essentiellement sur des intérêts, économique et géographique. La commune doit rassembler tous ceux qu'unit un intérêt économique commun (même *seguia*[1108], centre de travaux agricoles, *souk,* etc.). Une telle définition, ainsi, que les commentaires oraux des agents de l'intérieur laissaient souvent croire qu'il s'agissait de briser le cadre tribal dans toutes ses manifestations, telle n'était pas l'intention de *M'hammedi* qui reconnaissait volontiers l'utilité des solidarités ethniques aussi longtemps qu'elles ne s'opposaient pas à l'intégration nationale[1109] ».

On le voit bien, le découpage territorial, du moins selon sa conception moderne consistant en la mise en place de frontières et de limites immuables, est une pratique introduite par le Protectorat. Avant l'instauration de celui-ci, le Maroc ne connaissait pas de division administrative, au sens juridique du terme, l'Empire chérifien se composait de villes dirigées par des pachas et

---

[1107] Khalid Naciri, « *Empowering Local Government Institutions in the MENA, Region* », Communication présentée au 4e Forum méditerranéen du Développement, MDF4, Amman, 8-10avril 2002.

[1108] Canalisation à ciel ouvert servant à la distribution d'eau.

[1109] Rémy Leveau, *Le fellah marocain défenseur du trône*, Paris, Presse de la Fondation Nationale des Sciences Politiques, 1985, p. 29-30

des tribus administrées par des caïds. L'architecture territoriale du Maroc s'appuyait essentiellement dans le monde rural sur la trame tribale organisée autour d'un organe délibérant gérant Librement les affaires de la collectivité tribale, ce qui démontre que le Maroc a bien connu à travers son histoire une tradition d'autogouvernement des communautés tribales par elles-mêmes[1110], mais n'a pas connu, par contre de fractionnement de son territoire en portions délimitées définitivement sous forme de circonscriptions administratives séparées autrement que par des frontières tribales virtuelles. En d'autres termes, avant le Protectorat on ne peut affirmer avec force l'existence d'un découpage territorial au sens propre du terme, qui présume l'instauration de limites entre les différents territoires, or, avant le Protectorat, les frontières entre les villes et tribus, ainsi qu'entre *Bled Makhzen* et *Bled Siba* n'étaient que virtuelles. Les différents types de territoires n'étaient pas séparés par des lignes de démarcation fixées et reconnues, l'organisation territoriale d'avant le Protectorat était ainsi traditionnelle et diversifiée, instable et inefficace.

Cependant, tous les auteurs qui se sont penchés sur l'étude de l'administration locale ont relevé l'existence au Maroc précolonial d'une distinction entre *Bled-Makhzen* et de *Bled-Siba*[1111]. *Bled Makhzen* constituait les territoires du Maroc dans lesquels les populations avaient fait allégeance au Sultan, le *Bled Siba* était constitué par le reste du territoire, était peuplé des tribus qui refusaient de se soumettre à l'autorité temporelle du Sultan, cherchaient à conserver leurs coutumes et se soustraire au paiement des impôts. Cette distinction ne permet pas de parler d'un authentique découpage territorial, étant donné que la soumission d'une tribu de *BledSiba*, à l'autorité sultanienne, par choix délibéré, ou sujétion forcée, change totalement la donne et met en place une nouvelle organisation territoriale, pour cette raison on peut difficilement admettre l'avis de certains auteurs à l'instar de Driss Basri qui affirme que : « le Maroc connaissait bien avant le Protectorat un découpage administratif réel. »[1112]

Pendant l'époque du Protectorat, la problématique du découpage administratif et les vices qu'il comportait sont dévoilés par un auteur qui écrit à ce propos : « nous avons déjà indiqué qu'il y a tout intérêt à ce qu'une circonscription administrative soit non pas une création artificielle, résultant d'un découpage géométrique du pays, effectué arbitrairement et ne correspondant pas à une communauté de besoins et d'intérêts locaux, mais au contraire, une identité naturelle, tenant compte des conditions géographiques, correspondant à des affinités locales réelles et traduisant une

---

[1110] Khalid Naciri, *Empowering Local Government Institutions in the MENA, Region,* op.cit, (page précitée)

[1111] Sur la définition de ces deux parties du territoire marocain précolonial, *Cf.* Première partie, Titre I, Chapitre I, Section I, Paragraphe I. *Supra.*

[1112] Driss Basri, *L'administration territoriale, L'expérience marocaine*, aux Editions Bordas, 1990, p. 254.

réalité sociologique, caractérisée »[1113]. Ce sont là, pour cet auteur, les principes qui doivent présider au découpage administratif. Qu'en est-il concrètement? Le même auteur explique que : « si l'on jette un coup d'œil sur une carte faisant ressortir, d'une part, les régions naturelles du Maroc, d'autre part, les régions administratives(...), on ne peut, en effet, qu'être frappé par le manque de concordance entre les unes et les autres »[1114].

Eu égard à ce problème, force est d'observer, que les choix du pouvoir colonial en matière de découpage administratif étaient essentiellement dictés par des considérations d'ordre politique, visant à quadriller l'espace et à contrôler les hommes. C'est selon une grille militaire que l'aménagement de l'espace a été pensé, et effectué. Au-delà du contrôle et du quadrillage, il s'agissait de neutraliser, voire de détruire les formes de solidarité susceptible de s'opposer à la pénétration de l'État, ou qui menaçaient sa stabilité, ce souci est exprimé par l'auteur d'un document officiel qui note que : « la délimitation de ces circonscriptions côtières ou intérieures (...) a été étudiée, en vue de satisfaire aux nécessités évidentes de grouper sous la même direction, les tribus ayant un même centre d'attraction économique, et de diviser au contraire, en les rattachant à des directions différentes, les tribus ayant des tendances à former contre le Makhzen, ou contre nous, des confédérations hostiles. »[1115].

Sur le plan institutionnel, le Chef de région[1116](que l'on a considéré comme l'institution coloniale la plus proche du gouverneur actuel), placé à la tête de chaque région, en règle générale, lorsqu'une région fait partie dans sa totalité, d'une zone militaire, c'est un officier des affaires indigènes qui la dirige, dans la région se trouvant en zone civile, c'est généralement un contrôleur civil qui en a la charge. Le Chef de région était alors l'équivalent d'un « préfet », du fait de l'étendue de son pouvoir sur le territoire régional.

Après l'instauration du Protectorat, l'organisation territoriale du Maroc fut de caractère purement militaire, visant, en premier, à assurer la pacification du pays[1117]. Ces impératifs sécuritaires poussèrent alors les autorités françaises à diviser le Royaume, tout en maintenant les structures traditionnelles dans les villes et les campagnes, avec la présence des pachas et des caïds, représentant l'Etat colonial, sous l'autorité du Chef de région, ancêtre du gouverneur, en quatre régions militaires : Fez, Meknès, Marrakech Agadir. Et trois régions civiles : Oujda, Rabat et Casablanca, bien qu'elle soit une structure de pure encadrement autoritaire des populations, la région instaurée par le Protectorat français marque le début d'une nouvelle pratique de l'organisation territoriale fondée sur la rationalité et caractérisée par une certaine stabilité.

1113 F. Bremard, *L'organisation régionale*, op.cit. p. 225.
1114 *Ibid.*
1115 M.A.E. Archives diplomatiques, N.S, Maroc, Vol ; 289, p. 156.
1116 *Cf.* Première partie, Titre I, Chapitre I, Section I, Paragraphe II, *Supra.*
1117 Frédéric Bremard, L'organisation régionale au Maroc, *op.cit.*, p. 39.

Après l'indépendance, les autorités marocaines vont s'appuyer sur cette même organisation régionale du Protectorat pour mettre en place une nouvelle organisation territoriale. Le premier texte en la matière fut le dahir du 16 février 1955 qui a divisé le royaume en 13 régions, pour ce qui est de la zone sud, ancienne zone d'influence française et cinq territoires pour la zone Nord (ancienne colonie espagnole). Ces territoires vont être érigés en provinces et préfectures pour la première fois par le dahir du 13 octobre 1956, toutefois, c'est le dahir du 2 décembre 1959 qui va mettre en place une nouvelle organisation des provinces et préfectures, ce dahir a créé 16 provinces et 2 préfectures.[1118]

Au lendemain de l'indépendance le ministre de l'Intérieur *M'hammedi*, dans une note d'octobre 1957, expose les plus principes généraux les plus importants, qui doivent guider l'attitude de la commission technique de découpage territorial, à l'égard des données historico-géographiques du monde rural. Les préoccupations financières constituent une des données de fait, de la création des communes, la plupart de leurs ressources provenant de taxes perçues sur les souks, mais les souks qui coïncident généralement assez bien avec les données sociologiques ont parfois des zones d'influence très larges qui amènerait à constituer des communes trop étendues, si l'on ne retenait que ce seul critère.

Anticipant sur les travaux de la commission, le ministre de l'Intérieur décide en 1958 de constituer en unités administratives autonomes les plus gros souks, créant ainsi la possibilité d'un développement urbain, alimenté par les ressources de la campagne environnante. A ce niveau, comme le souligne un auteur : « le problème se posait nettement dans la province de Casablanca qui comptait de nombreux petits centres prospères. Les zones rurales voisines souhaitaient partager les ressources fiscales de ces centres, qui dans leur esprit provenaient surtout des échanges de leurs groupes. Le choix de l'autonomie des centres aboutit à en faire en quelques années des petits pôles d'urbanisation, le marché attirant l'école, la maison communale, l'infirmerie, l'adduction d'eau, puis un minimum de voirie. Des commerçants permanents commencent à s'installer dans le voisinage, ils prennent rapidement rang parmi les notables du canton, ils spéculent sur les terrains à bâtir, font des avances aux ruraux et achètent leurs produits à des prix avantageux. Leurs revenus et leur prestige dépassent, bientôt, ceux des

---

[1118] Dahir n° 1-59-351 du 2 décembre 1959 relatif à la division administrative du Royaume, B.O 2458du04/12/1959 - Page : 2040. Ce texte dispose dans son article 1 que : « leRoyaume est divisé en seize provinces et deux préfectures, ainsi qu'en communes urbaines et rurales. Les provinces sont divisées en cercles. Les cercles sont divisés en caïdats. Les provinces visées à l'article premier sont : « La province de Rabat, à l'exception de la capitale de Rabat, la province de Meknès, la province de Fès, la province de Taza, la province d'Oujda ; la province de Ksar-es-Souk ; la province d'Ouarzazate ; la province de Marrakech, La province d'Agadir ; la province de Tarfaya, la province de Casablanca, à l'exception de la ville de Casablanca ; la province de Béni-Mellal, la province de Tanger, la province de Nador, la province de Tétouan, la province d'Al Hoceima. »

notables ruraux, ils sauront très vite utiliser les ressources administratives et financières des communes pour favoriser leur propre projet. »[1119]

Eu égard à la superficie très étendue des provinces[1120], ainsi qu'au phénomène de sous administration que connaissait l'État marocain, les créations des circonscriptions provinciales et préfectorales vont se succéder par la suite, la carte administrative s'est enrichie depuis lors par la création de plusieurs provinces à partir de 1980, suite à des mouvements de contestation, notamment, à la grève générale, de Casablanca, l'intérêt des pouvoirs publics s'est orienté vers les préfectures, ainsi en 1981, la préfecture de Casablanca a été divisée en cinq nouvelles préfectures, formant la wilaya du Grand Casablanca, cette expérience va être étendue à plusieurs autres villes. Il faut noter que le pays aujourd'hui est composé de 17 wilayas[1121] ou régions, 45 provinces, 26 préfectures et 8 préfectures d'arrondissement.

A la base de l'édifice administratif marocain se trouvent les communes, leur situation obéit à la double préoccupation de mettre en place une collectivité locale de base, et mettre fin aux structures sociologiques traditionnels de caractère tribal, dans la perspective de la rendre plus compatible avec son nouveau rôle de cellule de base, et pour assurer le développement économique escompté de tout découpage territorial, le dahir de 1960 relatif à l'organisation des communes a fait une distinction entre les communes urbaines et les communes rurales, cette distinction est édictée par la conviction que deux catégories de communes n''avaient ni les mêmes problèmes, ni les mêmes préoccupations. La nouvelle charte communale de 1976 à opté pour un régime unique. Il faut noter que depuis l'indépendance, le nombre de communes n'a cessé de croître, si au début de l'indépendance elles étaient au nombre de 801, aujourd'hui, elles sont au nombre de 1 474 communes.

Pour ce qui est de la région, le découpage régional arrêté par le dahir du 16 juin 1971 a donné lieu à la mise en place de cette région économique, bien qu'elle ne fût pas une collectivité locale, la région économique de 1971 était considérée comme un cadre nouveau pour la mise en œuvre de la politique de planification et d'aménagement du territoire. Il a fallu attendre l'année 1997, pour voir la région promue en véritable collectivité locale.

[1119] Rémy Leveau, *Le fellah marocain défenseur du trône*, op.cit. p. 30.

[1120] L'article 2 du dahir du 2 décembre 1959 portant organisation administrative du Royaume, prévoit dans son article 2, que les provinces sont divisées en cercles et que ces derniers sont divisés en caïdats. Le cercle constitue une circonscription intermédiaire entre la province et le caïdat, si le caïdat constitue la circonscription administrative de base, le cercle a été conçu dans le dessein de décongestionner à la fois les charges administratives de la province par rapport aux caïdats et d'aider les caïdat par un rapport de technique administrative.

[1121] La wilaya, au Maroc n'est pas une collectivité locale, c'est une circonscription administrative conçue pour « assurer une complémentarité entre les différentes préfectures qui la composent et afin de garantir une meilleure coordination entre elles. C'est un échelon déconcentré implanté au niveau de chaque région » note Tarik Zair,*La Gestion décentralisée*…op.cit. p. 97

En s'inspirant du modèle territorial mis en application par le Protectorat, les pouvoirs publics du Maroc indépendant adoptaient une conception moderne du découpage territorial, reflétant, ainsi, le renouveau que connaît l'organisation administrative du Maroc[1122]. Néanmoins, le découpage instauré après l'indépendance n'a pas subi de grands changements et l'organisation territoriale du Maroc d'aujourd'hui ressemble à celle de 1959, exception faite de la création de la collectivité locale régionale.

Après cette esquisse sur l'évolution du découpage territorial au Maroc, force pour nous est de constater qu'il se caractérise par un aspect statique, centralisateur, et non créatif. Le modèle du découpage en vigueur aujourd'hui est celui qui résulte du décret du 31 décembre 1998, tel qu'il a été modifié par le décret du 10 septembre 2003. Mais, de manière générale, on peut dire que ces textes ne constituent pas une rupture par rapport au texte de 1959. A certaines différences près, le découpage administratif du Royaume ressemble à celui qu'a laissé le Protectorat français.

La nouvelle réforme des collectivités de 2002 et 2003 a certes apporté des modifications, mais celles-ci ne concernaient que les grandes villes, le découpage actuel reste conservateur et manque abondamment d'imagination[1123]. Il consacre la conception centralisatrice de l'Etat et ses craintes d'une réforme en profondeur.

Paragraphe II. L'indispensable réorganisation spatiale

L'étude de l'évolution du découpage territorial, tel qu'il a été pratiqué au Maroc, permet de constater que les conséquences de son imperfection sont patentes. Par ses fonctions purement politiques et administratives, le découpage territorial des collectivités territoriales n'a pas, à proprement parler, des ambitions économiques, l'application des principes politiques au découpage territorial n'a pas permis de favoriser l'apparition d'un pouvoir économique décentralisé puissant cette conception a engendré des conséquences économiques négatives : premièrement, un déséquilibre régional, deuxièmement : de grandes disparités économiques, et troisièmement : une marginalisation de la périphérie, et un empilement des cadres territoriaux. Il convient tout d'abord d'examiner ces conséquences (A), avant de mettre l'accent sur la nécessaire mission de relais du gouverneur dans les territoires décentralisées (B).

[1122] Ali Sedjari précise à ce propos « qu'ayantretrouvé son indépendance et son unité, l'Etat marocain, devrait s'organiser, aménager ses structures pour promouvoir le développement économique et social d'une nation unie et solidaire. Les structures classiques ne peuvent pas répondre à ce vœu ultime », in Ali Sedjari, *Les structures administratives territoriales et le développement local au Maroc*, Thèse de 3e cycle, Université Clermont 1, 1978, p. 56.

[1123] Tarik Zair,*La Gestion décentralisée et le développement local*, op.cit. p. 99.

A. Les conséquences de l'imperfection du découpage territorial

L'expérience du découpage territorial au Maroc allait faire surgir des incompatibilités entre l'objectif à atteindre : la prise en considération de l'espace, et la structure administrative et même sociologique des territoires. Il en a découlé plusieurs conséquences négatives : un déséquilibre régional (1), de grandes disparités économiques (2), et une marginalisation de la périphérie (3).

1. Le déséquilibre régional

Les espaces territoriaux au Maroc ne sont pas égaux, du point de vue économique. Cela est dû non seulement à une répartition des richesses inégale, mais aussi à des facteurs naturels et historiques. Evidemment, ce déséquilibre se répercute sur les potentialités économiques des territoires. Ainsi les régions les plus riches économiquement sont les régions des plaines Atlantiques et du bassin de Sebou, elles concentrent les deux grandes agglomérations : la première abrite le Grand Casablanca, Rabat-Salé et leurs régions, et la seconde comprend les villes de Meknès et Fès, où évoluent les activités liées à l'agriculture, et à l'élevage. La première concentration connaît, quant à elle, l'activité économique industrielle, commerciale ainsi que la présence d'équipements et d'infrastructures nécessaire à ces domaines.

En revanche, les autres régions sont nettement pauvres et connaissent un manque remarquable en équipement. Les conditions géographiques ne vont pas sans influencer l'implantation des villes sur l'ensemble du territoire national. Les principales villes sont situées sur la façade atlantique. A l'intérieur du pays, si l'on fait exception des cités impériales, il n'existe pas de tissu urbain capable de constituer un contrepoids, la géographie naturelle du Maroc n'offre pas les mêmes richesses aux régions et favorise, par conséquent, les inégalités économiques entre régions. Le développement inégalitaire des différentes régions du pays n'est pas dû uniquement aux facteurs naturels, il est le résultat, pour une grande part, de la politique économique du colonisateur, cette politique marquait l'intérêt de l'administration coloniale pour les régions qui pouvaient servir les intérêts économiques français, c'est le Maroc utile ou essentiel à l'exclusion du reste du pays que constituait le Maroc inutile ou abandonné[1124].

Cette observation se vérifie aisément, en réalité, l'organisation territoriale précoloniale, bien qu'elle fût déséquilibrée, connaissait une certaine structuration et présentait un certain degré d'homogénéité[1125]. « Le processus

---

[1124] Tarik Zair,*La Gestion décentralisée du développement économique au Maroc*, op.cit. p. 109

[1125] Historiquement et à différentes étapes de l'évolution de l'organisation des communautés nationales, les découpages administratifs étaient généralement fondés sur les liens de sang, les liens ethniques, linguistiques et tribaux qui épousaient les formes des groupements qu'ils concernaient et imprimaient sur le territoire des limites plus ou moins précises., in Driss Basri,

de gravitation au profit du Maroc atlantique s'est produit à mesure qu'évolue l'ouverture du pays au commerce européen »[1126]

Toutefois, le Protectorat n'était pas mu en cela uniquement par des raisons militaires, ou de pacification des régions ardues qui lui opposaient une lutte féroce. Il devait aussi réaliser des objectifs économiques. Le projet du colonisateur avait une vocation économique, visant, en priorité, l'exploitation des richesses du pays. La volonté de moderniser les institutions de l'État[1127]n'était pas le véritable mobile. Le développement qu'il réserve à la façade atlantique était dû principalement à ses richesses naturelles et son accessibilité aisée via les ports maritimes[1128].

Certes, on peut affirmer sans risque d'erreur que les déséquilibres régionaux dont souffre actuellement le territoire national sont la conséquence de la politique du Protectorat, cependant, cela n'exonère aucunement les autorités marocaines de l'indépendance de leur responsabilité en cette matière. En effet, depuis la libération, ces disparités et déséquilibres régionaux hérités du Protectorat n'ont cessé de se creuser.

Les inégalités économiques régionales, constatées aujourd'hui, résultent de la politique centralisatrice de l'État marocain, elles sont la conséquence de l'absence d'une politique économique et spatiale globale, capable de faire des collectivités locales des partenaires incontournables. Elles sont la

---

l'administration territoriale, l'expérience marocaine, op.cit, p. 253. A cet égard Fréderic Bremard estime que l'ethnographie, elle-aussi pourra quelquefois contribuer à donner à chaque région un caractère propre, une physionomie particulièrequi pourra accentuer sa « personnalité » et renforcer ainsi son aspect de réalité nouvelle. S'il existe en France une Alsace, une Bretagne, une Provence, un Pays Basque, c'est qu'il existe des populations alsaciennes, bretonnes, provençales et basques aux caractères ethniques bien particuliers et bien identifiés »., in Fréderic Bremard, *L'organisation régionale au Maroc*, op.cit, p. 30.

[1126] A. Fadil, *La région à l'heure de la décentralisation*, op.cit. p. 38.

[1127] Comme le prévoit le préambule du Traité du Protectorat, signé à Fès le 30 Mars 1912 : « (…) soucieux d'établir au Maroc un régime régulier fondé sur l'ordre intérieur et la sécurité générale, (le Protectorat) permettra l'introduction des réformes et assurera le développement économique du pays (…) ».

[1128] Par rapport à ce point Jean Célérier écrit, en relatant les positions d'un autre auteur critiquant la construction de ports dans des régions dépourvues de ressources naturelles : « Le réseau de voies de communication peut encore changer profondément. La prospection minière suggère des possibilités entre lesquelles il est impossible de choisir. Ainsi Mr Eyquem condamne catégoriquement la création d'un port à Agadir et d'une voie ferréeSud-atlasique : il convient d'attendre que le sous-sol ait dit tous ses secrets, pour savoir si de telles dépenses seront demain aussi injustifiées qu'aujourd'hui. Comme si ce n'était pas assez de ces incertitudes propres au Maroc (...) au fond, c'est la conception même du port national que critique Mr Eyquem, car il lui oppose l'utilité des ports régionaux. Il donne un argument indiscutable : les produits marocains d'exportation, grains ou minerais sont lourds et de faible prix, exigent par conséquent une limitation très stricte des frais de transport au point d'embarquement. Mais il a toujours été entendu que des travaux d'aménagement seraient poursuivis dans les ports secondaires.", in. Jean Célérier, *Les ports de la zone française du Maroc*, In : Annales de Géographie. 1934, t. 43, n°242. p. 163-170, p : 163, 164.

démonstration de l'incapacité psychologique[1129] de marquer une rupture avec l'ordre existant et consacrent, de ce fait, l'ordre sociopolitique existant jusqu'à nos jours.

En effet, comme l'écrit Michel Rousset : « la nécessité de l'aménagement du territoire a, sans doute, été proclamée dès l'indépendance, en réaction contre la politique de mise en valeur menée sous le Protectorat, celle-ci, on le sait appelait abusivement à distinguer un « Maroc utile » d'un « Maroc inutile », mais il est certain que les implications d'une telle proclamation d'intentions n'avait pas été exactement mesurées, et qu'en tout état de cause, les moyens de la mettre en œuvre faisait défaut. »[1130]

Dans ce sens, l'effort des autorités publiques a été déployé afin de traiter les problèmes liés aux inégalités régionales, à travers des politiques d'aide et d'assistance de l'État, ce dernier s'est substitué, ainsi, aux collectivités locales dans la réalisation des équipements économiques locaux, afin de préserver sa légitimité indemne. C'est pour dire que les inégalités économiques entre les différentes régions du pays sont la conséquence de la politique de l'État marocain et de son manque d'adaptation aux réalités socio-économiques régionales, depuis l'indépendance.

Ce n'est qu'à la fin des années 1960 et au début des années1970, que l'on 'a pris une véritable conscience de l'importance des inégalités régionales, de leur ampleur, et des risques qui en découleraient pour l'avenir, c'est alors que l'on a songé à modifier les méthodes des administrations responsables du développement, afin de faire de la localisation des programmes et des actions une dimension désormais essentielle de leurs politiques. Cette innovation supposait naturellement le recours à de nouveaux instruments méthodologiques et parallèlement, la création d'un certain nombre d'institutions administratives nouvelles, tant au niveau central, qu'au niveau régional.

De ce fait, le territoire de la région devrait offrir les outils nécessaires pour assurer une planification spatiale efficace des régions et leur offrir, en conséquence, la possibilité de développement économique, dans ce contexte, il est nécessaire de concentrer les efforts afin que les régions soient pourvues d'équipements d'accueil des investissements et des infrastructures adaptées.

Dans ce sens, une véritable politique de régionalisation, si elle est menée sciemment, s'avère incontournable pour mettre fin aux déséquilibres spatiaux et à l'exclusion économique, la mise en œuvre de la volonté

[1129] J.F. Gravier, *L'Espace vital*, Flammarion, Paris, 1984. L'auteur, qui est l'un des « pères » de l'aménagement du territoire en France, montre parfaitement qu'il s'agit d'un « art nouveau », rendu possible grâce aux progrès technologiques, et nécessaire pour remédier aux désordre engendrés par l'anarchie des initiatives individuelles et le poids des déterminismes naturels.

[1130] Michel Rousset, *Aménagement du territoire et construction régionale : une expérience d'adaptation de l'administration de l'espace*, in. Edification d'un Etat moderne, Le Maroc de Hassan II, Ouvrage collectif, sous la direction de Driss Basri, A. Belhaj, M. J.Essaid, A. Laroui, A. Osman, Michel Rousset, Edit. Albin Michel, 1986, p. 231.

politique passe incontestablement par une nouvelle vision du découpage territorial, cette nouvelle organisation spatiale devrait prendre en considération les impératifs économiques et non pas des choix visant à favoriser la centralisation économique et l'ingérence des pouvoirs centraux dans les affaires régionales, il ne fait guère de doute, que la structure spatiale est susceptible de favoriser la régionalisation économique dans un sens d'efficacité et de fiabilité dans le traitement de problèmes économiques locaux.[1131]

De plus, la régionalisation économique, au-delà de son objectif de combattre les déséquilibres économiques, doit prendre en considération l'objectif de l'efficacité dans le dénouement des problèmes qui se posent au niveau local, d'où la nécessité d'une nouvelle reconstruction spatiale fondée sur la contrainte de la compétitivité nationale et internationale, d'ailleurs un rapport du PNUD de 1993 n'a pas hésité à lier foncièrement les problèmes de développement humain aux déséquilibres territoriaux régionaux en rappelant que les effets positifs de la décentralisation économique dans les pays en voie de développement, sont liés à :*« l'efficacité administrative, l'équilibre social et l'évaluation de la participation économique et politique. »*[1132]

En effet, pour assurer une telle compétitivité économique, il est recommandé de mettre en place une organisation spatiale suivant le modèle polycentrique, la recomposition spatiale régionale doit permettre la promotion des pôles de développement, ce qui est de nature à favoriser l'avenir de la compétitivité économique. Il ne s'agit pas ici d'une compétitivité sauvage, mais résonnée par l'Etat, à travers ses programmes gouvernementaux, c'est une compétitivité productrice tendant à soutenir les échanges et la coopération entre les différentes régions.

Selon cette vision, chaque région-pôle de développement produira son propre modèle de développement et sa propre stratégie de gestion pour atteindre un tel objectif. Le découpage régional devrait permettre l'apparition de véritables territoires d'attraction économique et des espaces industriels indépendants de l'État et de ses services déconcentrés, le développement économique de la région, peut être fort différent, en effet, du même développement, vu du point de vue de l'État, l'intérêt économique régional peut ne pas coïncider avec l'intérêt économique national.

Reste que l'État doit conserver un rôle de coordination, sous peine d'une hétérogénéité préjudiciable, ce rôle est assuré par le gouverneur, représentant de l'Etat dans son ressort territorial, et défenseur de l'intérêt national, auquel il donne des accents différents, selon qu'il est dans le nord ou dans le sud, en fonction des particularités régionales et des circonstances du moment.

[1131] *Ibid.* (page précitée)

[1132] Cité parKhalid Naciri, Communication présentée au 4e Forum méditerranéen du Développement, MDF4 sur le Thème : *Empowering Local Government Institutions in the MENA, Region*, op.cit. p. 4.

En tout état de cause, il faudrait aussi engager un processus d'adaptation des administrations de l'État et des collectivités locales aux exigences de l'aménagement. Le but étant de faire comprendre la nécessité d'une organisation rationnelle de l'espace prenant compte de la situation des hommes, de leurs activités et des potentialités de développement des territoires, en d'autres termes, il faudrait en même temps modifier les méthodes, les institutions et les mentalités, c'est-à-dire, conduire une politique, particulièrement ambitieuse.

Ce sont ces données politiques et socio-administratives qui ont fait considérer le développement de la régionalisation comme une panacée. Il a ainsi été recommandé depuis 1971[1133], comme le seul remède à cette situation difficile. Néanmoins, et malgré les tentatives des autorités, les résultats sont restés insuffisants, et comme le souligne Michel Rousset,« le déséquilibre s'inscrit sur le terrain de manière particulièrement spectaculaire dans cette sorte de basculement du Maroc sur sa façade atlantique, non pas en complément d'un développement des régions intérieures, mais au détriment de la plupart de celles-ci »[1134].

Ce phénomène est facilement illustré par les deux régions du Centre et du Nord-Ouest, concentrant, à elles seules, 56 % de la population urbaine du pays et contribuant à 66 %du PIB. La seule ville de Casablanca centralise 60 % de l'activité économique du pays. Cette même ville accapare 19,8%du PIB, alors que la région de Rabat-Salé en produit 12,0%, les deux génèrent près de 32% du PIB national. En effet, l'industrie nationale, les sièges des grands groupes économiques sont concentrés à Casablanca alors que l'administration est omniprésente à Rabat[1135].

2. Les grandes disparités économiques

Au Maroc, le législateur a tenu compte des différences de besoins et d'aspirations en infrastructures, services et équipements, que crée la situation générale de sous-développement économique, et a distingué entre l'espace urbain et l'espace rural, c'est ainsi qu'il a mis en place des communes urbaines en tant que municipalités et centres autonomes et les communes rurales en tant que circonscription administrative couvrant le territoire rural.

[1133] Dahir n° 1-71-77 du 16 juin 1971 portant création des régions, B.O n° 3060 du 23/06/1971, p.685. Ce texte prévoit dans son article 2 : « On entend par région, (...) un ensemble de provinces qui, sur les plans tant géographique qu'économique et social, entretiennent ou sont susceptibles d'entretenir des relations de nature à stimuler leur développement et, de ce fait, justifient un aménagement d'ensemble. » et dans son article 3 il définit la région comme un cadre « (...) d'action économique dans lequel des études seront entreprises et des programmes réalisés en vue d'un développement harmonieux et équilibré des différentes parties du Royaume. » sans pour autant lui reconnaitre la personnalité juridique et l'autonomie financière, on est encore à la phase de région, cadre d'aménagement et d'action économique en 1971.

[1134] Michel Rousset, « *Aménagement du territoire et construction régionale* », op.cit. p. 233.

[1135] Comptes régionaux de l'année 2011, Haut-commissariat au Plan, 2011, p. 5.

La première organisation communale issue de la charte de 1960[1136] avait ainsi fait la distinction entre communes urbaines et communes rurales[1137].

A ce titre, nous nous joignons à l'avis d'un auteur qui considère que vu leurs difficultés propres, « le législateur aurait dû organiser les communes rurales, selon un régime spécifique, alors que, la nouvelle charte communale de 2002 à l'instar d'ailleurs de celle de 1976 a instauré un régime unique pour les deux types de communes. Cette uniformité juridique occulte malla diversité sociologique, géographique et économique des collectivités communales, et ne tient pas compte de la réalité des communes rurales, ainsi que leur capacité de développement économique, il en résulte une marginalisation, de plus en plus accrue des campagnes, le développement des équipements urbains, tant sur le plan institutionnel que sur le plan infrastructurel s'est effectué au détriment de la modernisation des campagnes, les communes rurales continuent à vivre la pauvreté, ainsi que la sous-administration, aujourd'hui, 54 % des localités rurales sont enclavées, abritant 81 % de personnes analphabètes, de surcroît,63 % de la population rurale n'a pas accès à l'eau potable et 93 % des ruraux n'ont pas accès aux soins de santé, ces chiffres illustrent parfaitement le fossé qui se creuse entre les communes urbaines et les communes rurales »[1138].

Ces déséquilibres entre le périmètre urbain et les communes rurales engendrent l'exode rural, avec les conséquences qu'on lui connaît, notamment le chômage dans les villes, le développement de l'habitat insalubre, l'inadéquation du cadre territorial avec les besoins de la population, etc. Par ailleurs, ce déséquilibre est inquiétant, parce qu'il s'accompagne de la stagnation, voire la régression, des communes rurales qui engendre un déséquilibre particulièrement redoutable, car il constitue un processus cumulatif ; les communes les plus pauvres tendent, en effet, à être de plus en plus pauvres, car elles se vident de leurs substance : l'exode rural, les prive des éléments les plus jeunes de leur population.

De même, l'adoption du premier découpage communal du Maroc indépendant remonte à 1959 en vertu du décret du 2 décembre 1959 créant et fixant le nombre de communes urbaines et rurales du royaume, à cette époque, à 801 communes (28 municipalités, 38 centres autonomes et 735 communes rurales). L'objectif principal de ce premier découpage était de faire de la commune une cellule économique et sociale servant de base à l'édifice administratif. La délimitation des nouvelles communes a été opérée de manière à dépasser le cadre ethnique et tribal ancien comme nous l'avons déjà démontré.

[1136] Dahir n° 1-59-315 du 23 juin 1960 relatif à l'organisation communale, B.O n° 2487 du 24 juin 1960.

[1137] Ce texte prévoit dans son article premier : « Les communes urbaines ou rurales sont des collectivités territoriales de droit public dotées de la personnalité juridique et de l'autonomie financière. Les communesurbaines comprennent les municipalités et les centres dotés de la personnalité civile et de l'autonomie financière. »

[1138] Tarik Zair,*La Gestion décentralisée de développement économique*, op.cit, p.113.

A cet égard, ce découpage a été révisé en vertu du décret du 30 juin 1992[1139]. Cet amendement est intervenu en réponse à plusieurs considérations pouvant être synthétisées à travers les axes suivants : adaptation de la carte communale originelle aux nouvelles réalités géographiques, urbanistiques, démographiques, économiques et sociales du pays ; restructuration de la commune autour des unités de tailles plus réduites et plus proches des habitants et de leurs besoins qu'ils soient d'ordre économique, culturel ou social ; adéquation du cadre territorial aux nouvelles ambitions recherchées par la charte communale de 1976 relative à l'organisation communale. La révision de la carte communale avait aussi pour objectif, le rapprochement de l'administration des citoyens, le renforcement des solidarités internes, l'élargissement de la participation, la démocratisation de la vie communale, la répartition spatiale des équipements et des infrastructures et la promotion des opportunités de développement local, et la lutte contre les écarts et les disparités de développement entre les milieux urbain et rural[1140].

Au même titre que le statut juridique plonge les communes rurales dans le sous-développement économique, favorisant, en conséquence, les flux de migration vers les villes, situation qui complique les problèmes déjà existants en milieu urbain. Sans véritable politique de réaménagement spatial, l'exode rural risque de se développer et aggraver davantage les problèmes économiques enregistrés au niveau local, le phénomène d'urbanisation de la société marocaine s'accroît avec acuité. Ces dernières années et ne cessera de s'accroître à l'avenir Les tentatives de combattre les disparités communales, et par là même, l'exode rural, Ont débuté avec le plan quinquennal 1960-1964, notamment avec « la relance communale » et « la promotion nationale », pourtant ces tentatives sont restées insuffisantes, eu égard aux problèmes de sous-développement des communes rurales.[1141]

[1139] Décret n° 2-92-468 du 30 Juin 1992 fixant la liste des cercles, des caïdats et des communes urbaines et rurales du Royaume ainsi que le nombre de conseillers à élire dans chaque commune tel qu'il a été modifié notamment par le décret n°2-92-651 du 17 Août 1992 et n° 2-94-64 du 24 Mai 1994, B.O. du 1er juillet 1992.

[1140] Le nouveau découpage communal de 1992 a permis de doubler le nombre de communes, ce dernier étant passé de 859 en 1984 (99 communes urbaines et 760 communes rurales) à 1.544 communes en 1992 (246 municipalités et 1.298 communes rurales). La mise en œuvre du nouveau découpage communal et l'exercice quotidien de la gestion communale ont révélé un ensemble de problèmes, en partant de la non efficience du nouveau découpage dans certains cas à la déception dans d'autres cas, en raison du fait que le nouveau découpage ne s'est pas traduit en réalisations concrètes en équipements et en prestations de services. De surcroît, l'accroissement du nombre de communes a accentué la fragilité des économies communales, en raison de la dispersion des moyens, la double programmation de certains projets et la réduction des crédits d'équipement au profit des dépenses de fonctionnement.L'expérience de sept années d'application du nouveau découpage a révélé la conviction des élus de la nécessité de sa révision pour faire en sorte qu'il s'ajuste mieux à la réalité locale et plus apte à réaliser la cohésion et la complémentarité entre les communes et à renforcer l'unité de la ville ou de la province.

[1141] Tarik Zair,*La gestion décentralisée de développement économique*, op.cit, (page précitée).

Pour faire face à ces disparités, il est apparu clairement qu'il ne suffirait pas d'agir au niveau des communes urbaines, mais il faudrait mener parallèlement une action vigoureuse en faveur des communes rurales afin d'y créer, ou d'y renforcer les conditions élémentaires à la vie des individus et des collectivités. La prise de conscience qui se fait jour dans le plan triennal de 1965-1967 s'affirme plus nettement dans le plan suivant (1968-1975), va, cependant buter sur deux obstacles : l'absence d'une méthode et l'absence des institutions appropriées à la conception et à la mise en œuvre d'une politique effective de développement[1142].

A cet égard, aujourd'hui, il apparait prioritaire de réduire les disparités entre les communes rurales et les communes urbaines, en permettant à chaque commune de mettre en valeur ses propres potentialités, l'organisation spatiale des communes rurales devrait servir les finalités de développement économique et social. L'insuffisance de l'impulsion économique des communes rurales révèlent les écueils de la gestion centralisée des structures territoriales de base qui sont officiellement et juridiquement décentralisées.

Toutefois, l'on ne peut que constater avec amertume la consécration du même régime juridique des communes, maintenue par la nouvelle charte communale. Ce faisant, elle occulte les problèmes spécifiques au monde rural, ainsi que ses besoins socio-économiques spécifiques. Le développement intégré des communes qu'elles soient urbaines ou rurales rend nécessaire la prise en compte des problèmes particuliers de chaque espace, la mise en place d'un cadre juridique et territorial propre aux communes rurales ne serait pas de nature à affecter l'unité territoriale nationale, au contraire, il favorisera l'efficacité de l'action publique et consolidera le sentiment d'appartenance nationale.

3. La marginalisation de la périphérie

Cette marginalisation est le résultat de choix et d'arbitrages opérés par l'Etat, portant sur le chef-lieu de province, en y instaurant le centre de gravité autour duquel tourne les autres composantes territoriales de la région, ce centre correspond à l'agglomération la plus importante de la province, sur le plan démographique, économique, ou, même parfois, symbolique, historique, et politique[1143]. Ce choix, qui peut paraître sans enjeu économique pourrait avoir des répercussions plus ou moins négatives sur l'ensemble de la population d'une province et engendre par conséquent des handicapes économiques importants, ce qui ne va pas sans occasionner une certaine déperdition d'énergie et de dépenses publiques, ainsi qu'une mauvaise orientation des interventions économiques provinciales,

---

[1142] Michel Rousset, *Aménagement du territoire et construction régionale*, op.cit. p. 234.

[1143] C'est ainsi que le nom de la ville de Settat, le chef-lieu et capitale de la région, du Chaouia Ourdigha, et préfecture de la province de Settat, restera définitivement lié à celui du ministre de l'Intérieur Driss Basri, qui fera de cette région avec l'adjonction de la province de Bensliman, l'une des plus importantes au pays.

puisqu'elles seront appliquées de manière inégalitaire sur l'ensemble du territoire provincial.

Au demeurant, la ville, chef-lieu de la province se trouve ainsi, souvent favorisée. Aussi, les actions tendant à assurer le développement économique, risquent-elles de lui être réservées exclusivement par le gouverneur de la province, chargé d'une part, d'exécuter les délibérations des conseils provinciaux et préfectoraux, et d'autre part de mettre en œuvre la politique gouvernementale à l'échelon provincial.

Du reste, le gouverneur de province, s'attachera à réaliser de bonnes performances dans les limites du territoire préfectoral ou provincial, il n'ira pas, œuvrer pour le développement des circonscriptions périphériques, alors qu'il sait qu'il sera *noté* par le ministère de l'Intérieur sur ses résultats dans son chef-lieu de commandement, il en découle, qu'il est plus attaché, plutôt au progrès de la ville du chef-lieu de la province qu'au développement des autres communes vivant en marge de la région, et qui se trouvent par là même démunies de ressources financières.

De surcroît, on peut facilement observer cette dissymétrie entre le développement des chefs-lieux des provinces, et les autres villes périphériques, qui restent les parents pauvres de la région à cause de leur faible rayonnement territorial, elles ne bénéficient pas de l'implantation des équipements provinciaux au même titre que la ville du chef-lieu et sont condamnées à « fondre » avec le chef-lieu comme s'il s'agit d'une seule agglomération urbaine.

C'est ainsi que l'on a pu écrire, à propos de cet état de fait, que : « les structures territoriales, avec leur extrême diversité s'enferment dans une logique bureaucratique et politique qui conduit irréversiblement à la stagnation et au cloisonnement. Dans ce sens, le maintien d'un tel système parait paralysant. La société locale est bloquée face à la perpétuation d'une bureaucratie qui conditionne la vie des collectivités de base et à l'incapacité de l'Etat de rétablir les équilibres territoriaux par la modernisation de son appareil administratif. [1144]»

L'appareil administratif de l'Etat est représenté par les gouverneurs de provinces, qui veillent, en principe, à contrecarrer les effets néfastes de la centralisation excessive et du cloisonnement de l'administration qui guette aux portes des provinces et des villes de chef-lieu, qu'engendre la multiplication des tâches et la complexité des domaines d'intervention de l'Etat. A ce titre, comme le souligne un auteur : « la réflexion tournée vers la maîtrise des problèmes locaux implique nécessairement une nouvelle reconstruction des territoires à partir d'un nouveau processus méthodologique où la centralité doit céder la place à de nouvelles formules d'organisation et de fonctionnement du territoire qui doit marquer un

---

[1144] Ali Sedjari, *La recomposition institutionnelle des territoires au Maroc*, in Indépendance nationale et système juridique, En hommage au Professeur Michel Rousset, Editions La Porte, 2000, p. 73.

glissement vers une autonomie accrue, une responsabilité soutenue de l'ensemble des acteurs publics et une motivation plus engagée des différents acteurs territoriaux dans la mise en preuve des programmes de développement territorial.[1145] »

B. Le gouverneur, relai d'action dans les territoires[1146]

La nécessité de l'aménagement du territoire est apparue à la fin de la décennie 1960 avec une force d'autant plus grande, que les responsables du développement prenaient conscience de l'énormité des déséquilibres que connaissait le pays, malgré la volonté affirmée depuis l'indépendance d'y porter remède ; les déséquilibres régionaux que l'on observe alors sont le produit de causes diverses, sur lesquelles il n'est pas aisé d'agir, il y a tout d'abord, les facteurs géographiques : relief, climat, nature des sols, etc, dont les progrès technologiques peuvent atténuer les conséquences, mais qu'ils ne peuvent faire disparaître, il y a aussi les conséquences de la politique de mise en valeur, menée durant le Protectorat dont les politiques conduites au lendemain de l'indépendance n'ont été souvent que la continuation.[1147]

Cette évolution présente un caractère d'autant plus menaçant, que tout concourait à son accentuation, c'est en effet vers les zones les plus développées, que se dirige le plus volontiers l'investissement, car c'est dans ces zones qu'il est le plus rentable. L'expérience montre qu'à elles seules les dispositions les mieux calculées des codes d'investissement sont incapables d'inverser le cours des choses, il en est de même des politiques de création de zones industrielles. L'ensemble de ces mesures qui peuvent être utiles en elles-mêmes, perdent de leur efficacité quand elles ne s'intègrent pas dans une politique d'ensemble, par ailleurs ces zones sont particulièrement attractives pour les populations des autres régions défavorisées, cette population est d'autant plus nombreuse que la croissance démographique s'accélère, les 17 millions de Marocains de 1971 sont devenus 23 millions en 1982 et ils sont 32 millions en 2011, et 34 millions en 2014, c'est ainsi que l'exode rural, qui est, certes, une conséquence de la croissance démographique, l'est tout autant du déséquilibre régional.

1145 *Ibid*, p. 80

1146 On peut définir le « territoire »comme étant « une organisation collective animée par les acteurs qui la composent : relations dans le processus de production des richesses locales. C'est aussi un espace intermédiaire où des décisions de concertation et de médiation sont conçues et lises en valeur. Le territoire désigne aussi un lieu, de maîtrise, de synthèse et de compromis, d'expérimentation et d'évaluation : efficacité et démocratie, développement de relations de coopération et de partenariat. Tout territoire a donc une fonction économique de proximité, qui lui confère une légitimité territoriale et électorale. », in, Abdellatif Chakor, *Le marketing territorial au service de la bonne gouvernance locale,* in, Du gouvernement à la gouvernance : les leçons marocaines, Publication de la Revue marocaine d'audit et de développement, Série Management stratégique, n°4, 2005, p. 164.

1147 Michel Rousset, *Aménagement du territoire et construction régionale*, op.cit. p. 233

Pour faire face à ces insuffisances de couverture de l'espace, ou du moins à l'inefficacité du découpage territorial. L'Etat utilise les modalités d'encadrement de l'ensemble de l'administration territoriale que lui offre le corps des gouverneurs. Ces derniers représentent, par excellence, des relais sûrs du pouvoir central dans l'ensemble du territoire. Ils permettent, à défaut de corriger les effets négatifs du découpage administratif imparfait des territoires, d'assurer le prolongement de son action dans les périphéries les plus éloignées du centre. Il convient d'examiner les instruments de l'aménagement du territoire (1) avant d'étudier la province en tant que cadre territorial privilégié de l'action du gouverneur (2) et l'émiettement des cadres territoriaux comme conséquence aux imperfections du découpage administratif (3).

1. Les instruments de l'aménagement de l'espace territorial

Il est apparu, d'entrée de jeu, que l'élaboration d'une méthodologie de l'aménagement du territoire supposait impérativement que ce soient déterminés de façon incontestable les cadres géographiques, dans lesquels les responsables du développement devaient situer la réflexion. C'est la raison pour laquelle dès 1965 fut créé un groupe d'étude de la régionalisation, GER chargé de proposer un découpage régional, constitué sur une base interministérielle. Le groupe d'étude a pris en compte un grand nombre de paramètres, tout en respectant diverses contraintes, parfois peu compatibles : il lui fallait, en effet, maintenir les limites provinciales, donner aux régions une masse critique suffisante pour faire en sorte qu'elles aient une bonne cohérence interne et qu'elles présentent une aptitude à coopérer entre elles, etc. Naturellement ce découpage officialisé par le dahir du 16 juin 1971[1148], a soulevé de nombreuses critiques, sans d'ailleurs qu'on lui ait jamais opposé un projet concurrent[1149]. D'ailleurs le souverain n'a pas manqué de souligner l'importance historique de cette époque, et du travail de cette équipe, couronné par l'adoption d'un décret royal de 1968[1150], qui a créé « le comité interministériel pour l'aménagement du territoire »[1151].

[1148] Dahir n°1-71-72 B.O de 1971 p. 685.

[1149] Michel Rousset, *Aménagement du territoire, construction régionale,* p.235.

[1150] Décret royal n° 938-68 du 6 août 1968, portant création du comité interministériel pour l'aménagement du territoire, B.O. n° 2911du14/08/1968, p. 836.

[1151] Dans son message aux participantsau colloque national sur l'aménagement du territoire (26 janvier 2000)Le Roi Mohammed VI rappelle à cet effet que l'œuvre de feu Hassan II est « illustrée à cet égard par les structures institutionnelles mises en place, le potentiel humain formé, les infrastructures grandioses et diversifiées, la législation pertinente et les conceptions novatrices, parmi lesquelles nous nous limiterons à citer le décret Royal, unique en son genre, pris en 1968 par Sa Majesté - que Dieu bénisse son âme - en ce sens qu'il a veillé à placer sous sa présidence, la commission ministérielle de l'aménagement du territoire créée en vertu de ce texte qui contient un exposé des motifs constituant en lui-même une référence de la philosophie de l'aménagement du territoire.Au moment où nous percevons la mise en place d'une charte nationale de l'aménagement du territoire comme couronnement de ce dialogue,

En tout état de cause, le texte de 1971 avait institué sept régions économiques. De surcroît, en plus des conditions de cohérence, de complémentarité et des caractéristiques minimales que le législateur a veillé à ce que chaque région en soit pourvue, sept critères ont été adoptés comme base au découpage régional de 1971 : (rayonnement des villes, bassins versants, potentialités d'irrigation, densité de la population rurale, trafic ferroviaire, ports, circulation routière et valeur ajoutée industrielle), en plus de certaines considérations afférentes à la création de nouveaux pôles régionaux de développement. Tous ces critères et ces données ont débouché sur un découpage du territoire national en sept régions économiques : le Sud, le Tensift, le Centre, le Nord-Ouest, le Centre-Nord, l'Oriental et le Centre-Sud.

Les pouvoirs publics, conscients que la réussite du découpage territorial dépend grandement de la complémentarité et l'interdépendance des différents espaces aménagés, ce qui est la règle d'or de toute politique d'aménagement du territoire, adoptent dès 1970 un projet de charte nationale d'aménagement du territoire. Ce texte a donné naissance à des concepts d'aménagement et à des instruments propres aux différents niveaux, notamment : le Schéma National d'Aménagement du Territoire, SNAT, le Schéma d'Armature Rural, SAR, et le Schéma Directeur d'Aménagement Urbain, le SDAU, ces divers instruments ont connu une fortune variable, le premier d'entre eux le schéma national d'aménagement du territoire, devait déterminer pour le long terme les grands axes de la politique de développement des institutions nationales chargées de l'aménagement du territoire.

Un nouveau découpage régional verra le jour en 1997[1152], en plus des critères retenus de façon à déterminer les limites territoriales des régions, les

---

nous nous devons de lui dédier à titre posthume, que Dieu l'ait en Sa Sainte miséricorde, la réalisation de ce projet qu'il avait exposé dans le détail, dans le discours du Trône de 1991, au cours duquel il avait annoncé la nécessité de doter le pays d'un tel instrument pour parvenir à la meilleure répartition possible des activités et des ressources à travers le Royaume et à l'organisation rationnelle de l 'espace sur la base des potentialités locales, régionales et nationales, en vue de l'encouragement des investissements privés et publics … ». Le décret royal de 1968, dans son exposé des motifs, énonce que : La réalisation des objectifs tant nationaux que régionaux inscrits dans le plan de développement économique 1968-1972 doit s'inspirer du souci d'établir un équilibre harmonieux et cohérent entre les différentes régions du Royaume. D'où la nécessité de tenir compte de l'environnement pour la localisation des équipements, d'adapter la mise en valeur du territoire aux potentialités régionales et d'éviter les distorsions créées par la prise en considération exclusive de la rentabilité économique des investissements. Pour atteindre ce but, il est nécessaire de mettre en place une technique nouvelle de développement dénommée « aménagement du territoire ». L'organisme chargé de cette tâche doit déterminer les actions et les moyens à mettre en œuvre dans ce domaine, tant au niveau de la nation que des régions économiques. Il doit également assurer une coordination efficace entre les différents départements, en ce qui concerne, aussi bien l'information que l'exécution des projets. Telle est la mission assignée au comité interministériel de l'aménagement du territoire institué par le présent décret royal.

[1152] Dahir n° 1-97-84 du 2 Avril 1997,B.O. n° 4470, du 3 avril 1997, p.292

éléments suivants ont été adoptés : en premier lieu, des critères environnementaux ; en second lieu, des critères historiques ; en quatrième lieu, des critères fonctionnels (de deux sortes : le premier consiste en une complémentarité fonctionnelle et le second se basant sur le phénomène de polarisation urbaine) ; et une dernière catégorie de critères géostratégiques et politiques.

Dans cet ordre d'idées, Driss Basri n'avait pas manqué de souligner que : « les données politiques et sociales, avec leur incidences marquées par les grèves, les manifestations et les troubles de toutes sortes (Casablanca en 1965 et 1984, et Fès en 1990, etc.) qui vont commander, en ce qui concerne le paramètre ordre public, les principales étapes du découpage administratif du Royaume »[1153]. A titre d'exemple la création de la province de Khénifra a suivi les évènements de *Moulay Bouâzza* en mars 1973, au cours desquels des éléments armés venus d'Algérie s'étaient infiltrés, la création des *wilayas* de Casablanca en 1981[1154] et de Rabat en 1983, a fait suite aux émeutes du pain, la création de la wilaya de Fès a été la conséquence des troubles de 1990, etc. il va de soi que ce n'est point-là, la seule justification de ces opérations de découpage. L'autre explication n'échappe pas non plus aux préoccupations sécuritaires : le rapprochement de l'administration des administrés, pour un contrôle plus efficient a également sous-tendu bon nombre d'entre elles.[1155]

A ce titre, il a ainsi été décidé en 1967 d'ériger Settat, El Jadida et Khouribga en provinces dans un but de rapprochement des services administratifs des administrés[1156]. Il en a été également ainsi lors des opérations de réduction de l'étendue de certaines provinces, pour permettre à chaque gouverneur d'être plus près des populations dont il est chargé du contrôle et de l'assistance. Les actes de naissance des provinces de Khemisset et de Kalâat Sraghna (dahir portant loi du 13 août 1973[1157]),

---

[1153] Driss Basri, *L'administration territoriale*, L'expérience marocaine, op.cit. p. 80.

[1154] À la suite des violentes émeutes de juin 1981, la ville passe d'une à cinq préfectures, lesquelles viennent doubler et quadriller le dispositif communal intra-urbain, sur lequel elles se superposent et interfèrent spatialement et en termes de responsabilités et de décision politique.

[1155] L'autorité autrement, Le pas de deux, Préoccupations sécuritaires et administration territoriale, Maroc Hebdo International, du 4-10 février 1994, n° 115.

[1156] Pour éviter aux habitants des cercles d'Oued Zem de Tnine Gharbia de Krakra, et Chaouia-sud d'effectuer de longs trajets vers Casablanca pour se faire établir des documents administratifs dont ils ont besoins, et cela selon les propres termes du décret royal du 10 juillet 1967 (Bulletin Officiel n° 2882 du 24/01/1968, p. 55) qui a donné naissance aux dites provinces.

[1157] Dahir portant loi n° 1-73-421 du 13 août 1973, modifiant le dahir n° 1-59-361 du 2 décembre 1959 relatif à la division administrative du Royaume. B.O.RM. n° 3172, 15/8/73, p. 1320

Figuig (dahir du 14 janvier 1974)[1158], Chefchaouen, Azilal, Boulemane, Essaouira, et Tiznit (dahir du 23 avril 1974) sont à placer dans ce cadre.

Cette nouvelle armature territoriale a créé progressivement ce qu'on pourrait appeler un « maillage serré »[1159], et le résultat en a été l'augmentation du nombre de nouvelles provinces et préfectures. A noter, que la création des premières wilayas ne coïncidait pas nécessairement avec celle des régions, mais, cette émergence des wilayas entamée par celle de Casablanca, suite aux émeutes du pain, s'est accompagnée par la création de cinq préfectures[1160] regroupées au sein de ce que l'on a appelé la wilaya du Grand Casablanca, tendait à se généraliser, conçue « pour assurer une complémentarité entre les différentes préfectures qui la composent et pour garantir une meilleure coordination de leurs actions spécifiques et générales »[1161], cette expérience a été étendue à Rabat-Salé, avant d'embrasser plusieurs autres provinces et préfectures à savoir, Fès, Marrakech, Meknès, Tétouan, Oujda, Lâayoune et Agadir.

Effectivement, une nouvelle loi sur la région est intervenue, promulguée le 2 avril 1997, et a permis de créer 16 régions dotées de la personnalité morale et de l'autonomie financière[1162]. Toutefois, ce cadre juridique et le découpage qu'il a produit devront sans doute être revus pour tenir compte des nouveautés apportées par la Constitution de juillet 2011, de l'évolution économique qui s'est produite depuis 1997 et surtout du projet de régionalisation avancée tendant à donner plus d'autonomie de gestion aux différentes régions du Royaume.

2. La province, cadre territorial privilégié de l'action du gouverneur

Historiquement, dans l'espace intermédiaire que représentait les provinces, on retrouvait, selon un auteur, les grands caïds qui arrivaient à établir leur autorité sur leurs collègues, et recevaient de ce fait, du sultan des dahirs qui les désignaient comme « Amels » (gouverneurs), donc comme chefs hiérarchiques par rapport aux autres agents d'autorité. Ils jouaient par conséquent le rôle d'agents-tampon entre le pouvoir central et les autorités locales. C'est ainsi que Moulay Hassan 1er (1873-1894) avait mis sur pied

---

[1158] Dahir portant loi n° 1-74-08 du 14 janvier 1974 modifiant le dahir n° 1-59-351 du 2 décembre 1959 relatif à la division administrative du Royaume. B.O.R.M. n° 3195, 23 janvier 1974,p. 110.

[1159] *L'autoritéautrement, Le pas de deux, Préoccupations sécuritaires et administration territoriale*, Maroc Hebdo International, article, op.cit. (page précitée)

[1160] Ces préfectures sont : Casablanca-Anfa, Ain Sebâa-Hay Mohammadi, Ain Chock Hay Hassani, Ben-Msick Sidi Othman, et Mahammedia-Zenata

[1161] Driss Basri, *L'administration territoriale, L'expérience marocaine*, op.cit (page précitée)

[1162] Ces régions sont : Oued-Eddahab-Lagouira, Lâayoune-Boujdour- Sakia Al Hamra, Guelmim Essemara, Souss-Massa-Drâa, Gharb- Chrarda-Bni Hssen, Chaouia-Ouardigha, Marrakech-Tensift-Al Haouz, l'Oriental, Grand-Casablanca, Rabat-Salé-Zemmour-Zaer, Doukkala-Abda, Tadla-Azilal, Meknès-Tafilalet, Fès-Boulmane, Taza-Al Hoceima-Taounate et Tanger-Tétouan.

une organisation territoriale moderne, en installant des « Amels » qui le représentaient particulièrement dans les provinces éloignées telles que Oujda et Figuig[1163].

Ensuite, à l'instauration du Protectorat, une nouvelle organisation administrative voit le jour visant les objectifs de la puissance coloniale. Au départ, une organisation purement militaire fut établie, ensuite une organisation mixte qui met en place à côté des régions militaires des régions civiles[1164]. Un auteur notait que tous les efforts des pouvoirs publics à cette époque étaient dirigés vers la pacification. Aussi, dès 1912, le terme région avait-il été à la base de l'organisation territoriale du pays[1165].

A l'indépendance, les autorités marocaines voulaient rompre avec les anciennes structures administratives coloniales, et se sont attelés à en éliminer les symboles. Ainsi ils supprimèrent la région et remplacèrent l'ensemble des unités territoriales qui servaient d'échelons de commandement au Protectorat[1166]. Le premier texte du Maroc indépendant qui créé des provinces est le dahir du 13 octobre 1956[1167], alors que le texte créant les préfectures l'a précédé (le dahir du 16 décembre 1955[1168]).

Par ailleurs, il faut noter que ces deux structures territoriales, la préfecture et la province, qui constituent indubitablement un cadre privilégié de l'exercice de la déconcentration avant la décentralisation, puisqu'elles représentent, à ce titre, le cadre territorial adéquat pour le rapprochement de l'administration des administrés et pour l'intervention des autres partenaires, à savoir : les établissements publics, les collectivités locales, la société civile et le secteur privé, cheminent vers un pouvoir décentralisé de plus en plus affirmé, puisque la préfecture et la province, dont les affaires sont gérées aujourd'hui par un conseil élu, ce qui constitue une étape importante dans la marche vers la décentralisation que l'Etat a engagée en tant que mode démocratique et moderne de gestion des affaires publiques locales.

De plus, en ce qui a trait à leur découpage, il faudrait relever que le nombre de préfectures et de provinces est passé de 18 unités, en 1959 (les 2 préfectures de Casablanca et Rabat-Salé et les 16 provinces)à 68 unités en 1997 (24 préfectures et 44 provinces),puis à 71 unités en 1999 (26 préfectures et 45 provinces) après la création de nouvelles préfectures et provinces[1169]. Depuis le dernier découpage administratif de 2009, on

---

[1163] Driss Basri, *L'administration territoriale, l'expérience marocaine*, op.cit, p. 254.

[1164] *Cf.* Première partie, Chapitre préliminaire, Section I, Paragraphe II, *Supra.*

[1165] Frédéric Bremard, *L'organisation régionale du Maroc,* op.cit, p. 34.

[1166] *Cf.* Rémy Leveau,*Le Fellah marocain, défenseur du Trône*, op.cit, p. 29.*Cf.* également, Paragraphe II, Section II, Chapitre I, Titre I, Deuxième partie, *Supra.*

[1167] Dahir n° 1-56-133 du 13 octobre 1956.

[1168] Dahir du 16 décembre 1955 relatif à l'organisation provinciale, B.O N° 2252 du 23 décembre 1956. *Cf.* l'analyse de ce texte par rapport à la fonction de gouverneur dans l'indépendance, Première partie, Chapitre préliminaire, Section I, Paragraphe III, *Supra.*

[1169] Il s'agit des préfectures : Moulay Rchid-Sidi Othmane et Sala-Al Jadida et de la province d'Aousserd, créée par décret N° 2-98-952 du 31/12/1998.

dénombre 16 régions associées à 17 wilayas, rassemblant 75 préfectures et provinces (13 préfectures et 62 provinces.)[1170]

De surcroît, il faut constater que la finalité initialement recherchée par l'institution des préfectures est d'englober les grandes agglomérations urbaines dans le but de les doter d'une organisation administrative adéquate, à même de leur permettre de prendre en charge les problèmes complexes qui entravent leur gestion et leur développement. En ce qui concerne la province, en tant que niveau intermédiaire entre le pouvoir central et les unités territoriales constituant la base administrative, son espace territorial se caractérise par son caractère à prédominance rurale. La politique qui s'est fixé comme objectif la création de nouvelles provinces a eu un impact positif dans la plupart des cas, notamment dans les domaines relatifs à l'amélioration du niveau des équipements de base et le renforcement de la déconcentration administrative et le rehaussement du niveau des prestations de services offertes aux habitants visant l'amélioration de leur niveau de vie et leur stabilisation dans leurs régions[1171].

A cet égard, le gouverneur, en tant qu'autorité déconcentrée du pouvoir central, joue dans la province un double rôle, en tant que représentant de l'Etat et en tant qu'agent exécutif de la collectivité provinciale ou préfectorale. Agent délégué du pouvoir central, le gouverneur exerce ses attributions dans la province ou la préfecture, en sa qualité d'agent d'autorité, il est, alors, par définition, dépositaire des prérogatives de la puissance publique et dispose, ainsi d'un pouvoir général d'intervention, l'investissant d'un pouvoir de contrôle politique et de maintien de l'ordre[1172]. A ce titre le gouverneur, exerce, en tant que supérieur hiérarchique des agents d'autorité et de tous les autres fonctionnaires publics dans la province ou la préfecture de son commandement, un pouvoir hiérarchique (article 3 et 6 du dahir du 15 février 1977 relatif aux attributions du gouverneur, précité).

A ce titre, la présence du gouverneur dans la préfecture et la province confirme sa position d'agent de l'Etat. De ce fait, par ses relations quotidiennes avec les élus il participe à l'évolution des relations entre le pouvoir central et le pouvoir local dans le cadre du couple de force « déconcentration-décentralisation ». Le gouverneur favorise, grâce à ses outils d'intervention, et les modalités de coordination, la coopération et la solidarité, autrement dit son rôle consiste toujours à réaliser le compromis entre les intérêts locaux de la province et l'intérêt national.

D'autre part, l'intervention du représentant du pouvoir central au niveau provincial et préfectoral, est d'autant plus nécessaire qu'elle se justifie par la

---

[1170] Décret no 2-09-319 du 11 juin 2009 modifiant et complétant le dahir no 1-59-351 du 2 décembre 1959 relatif à la division administrative du Royaume, B.On° 5744, 18 juin 2009, p. 1017-1018.

[1171] Le développement régional et les programmes des collectivités locales, *Document accompagnant le plan de développement économique et social*, Ministère de la Prévision économique et du Plan, Direction de la Programmation - 2000-2004.p. 42.

[1172] *Cf.* Titre I, Première partie, Titre I, Chapitre II, Section II, Paragraphe I, *Supra.*

nature même de l'Etat unitaire et centraliste où « les pouvoirs publics sont hantés par la crainte de la rupture de l'unité nationale, si le pouvoir central a finalement, mais tardivement, accepté de reconnaître une certaine autonomie aux collectivités décentralisées, c'est toujours dans le cadre d'un strict contrôle. Il faudra beaucoup de temps pour que l'évolution des idées permette un assouplissement de ce contrôle et donc un épanouissement de la décentralisation[1173]».

Du reste, l'espace territorial préfectoral et provincial présente le terrain d'action par excellence du gouverneur, car ce dernier est non seulement le représentant de l'Etat et le délégué du gouvernement dans la préfecture ou la province, mais il dirige hiérarchiquement l'action de l'ensemble des agents d'autorité territoriaux (pachas, chefs de cercle, et caïd, etc.),qui agissent, tout un chacun, dans leurs échelons territoriaux respectifs, en tant qu'autorité déconcentrée jouant le rôle, tantôt de coadministrateurs, tantôt de tuteurs des circonscriptions décentralisées de base. A ce titre, le gouverneur est la plus haute autorité déconcentrée de la préfecture ou la province, que l'on considère comme cadre territorial d'intégration politique économique et sociale, et dont la réforme, a depuis 1963, reflété le changement de la conception de l'État marocain, ainsi que sa vision du rôle susceptible d'être joué par les collectivités locales jouissant déjà d'un mouvement de décentralisation assez avancé.

Toutefois, on peut mesurer facilement aujourd'hui que le découpage préfectoral et provincial apparaît complètement dépassé, essoufflé et inapte, il est également en déphasage avec les objectifs d'une véritable décentralisation politique et économique des collectivités locales. Le territoire préfectoral et provincial actuel demeure encore un échelon de contrôle politique et de renforcement de l'État central, l'augmentation du nombre des préfectures et provinces qui n'a cessé de croître depuis l'indépendance ne répond pas à des besoins de croissance économique. Elle vise à l'inverse, la maîtrise du territoire et des populations locales.[1174]

A ce niveau, la situation des préfectures et provinces au Maroc rappelle, à bien des égards, le statut du département en France, sous la IIIe République, sous le règne de la loi du 10 avril 1871 fixant un nouveau statut au département, qui, avec le souvenir des excès de la période révolutionnaire et de la « Commune » de Paris établit une décentralisation modérée conciliant, la sauvegarde des intérêts nationaux avec les aspirations locales.[1175]

Au demeurant, les pouvoirs publics, par le truchement des gouverneurs de province, font encore du cadre préfectoral et provincial un usage permanent, en tant que centre privilégié de déconcentration des territoires, incontournable pour la mise en application des politiques centrales. Or, les dirigeants savent pertinemment que la justification, sinon la raison d'être de

---

[1173] Driss Basri, *L'administration territoriale, L'expérience marocaine*, op.cit, p. 251.
[1174] Tarik Zair, *Gestion décentralisée du développement économique au Maroc*, op. cit. p.120.
[1175] Jean-Emile Vié, *Un préfet au XXème siècle*, L'Harmattan, p. 426.

leurs pouvoirs politiques, ainsi que sa pratique dépend incontestablement de leur réussite à assurer la présence avec force de l'État sur l'ensemble du territoire national. Le territoire préfectoral et provincial constitue, à cet égard, le cadre approprié, afin de mener à bien cette entreprise.

Aujourd'hui, il est grand temps de revoir en profondeur le rôle assigné aux collectivités préfectorales et provinciales, notamment, à travers une nouvelle réorganisation de leurs territoires. Le territoire préfectoral et provincial doit permettre d'articuler à la fois les nécessités de la déconcentration administrative et les impératifs de plus en plus pressants d'une décentralisation économique. Les préfectures et provinces ne peuvent réaliser une telle synchronisation qu'à la condition d'intégrer leur organisation territoriale dans une politique globale du développement économique, capable de rallier à l'effort de développement toutes les potentialités locales. Déjà le territoire provincial offre l'avantage d'être le cadre adéquat pour combler les lacunes économiques du découpage communal et corriger l'absence d'une véritable politique de coopération intercommunale, le territoire provincial s'avère aujourd'hui très vaste, englobant des entités très hétérogènes sur le plan sociologique et géographique ce qui rend par conséquent difficile l'apparition d'un véritable intérêt économique provinciale[1176].

A cet égard, des méthodologies archaïques étaient adoptées afin de délimiter le territoire provincial, ainsi, on circonscrivait les frontières d'une province par référence à la conception traditionnelle qui veut que son assiette territoriale correspond à celle que le gouverneur nommé par le sultan est capable de parcourir au cours d'une seule journée[1177]. A notre époque, le territoire provincial devrait être conçu comme celui susceptible de créer un intérêt économique commun des habitants de la province et des projets économiques provinciaux pour le satisfaire. Les préfectures, à cet égard, ont l'avantage d'avoir un territoire plus réduit et mieux conforme pour la mise en place d'une réelle politique de développement économique. La réduction récente du nombre des préfectures effectuées en 2003, dans les grandes villes à une seule préfecture paraît, à cet effet, une réalisation positive.

Quoi qu'il en soit, le succès de la décentralisation provinciale et préfectorale, dépend en partie, des rapports entre les collectivités décentralisées ainsi que de leurs rapports avec les représentants locaux de

[1176] Tarik Zair, *Gestion décentralisée du développement économique au Maroc*, op. cit. *Idem.*

[1177] Il faut souligner, par ailleurs, que l'histoire de la création et du découpage des provinces et préfectures marocaines est assez similaire de la création des départements français, puisqu'en France, c'est en 1789, en pleine Révolution, que Guillaume Thouret, député du Tiers-État et homme du Nord, a l'idée de découper administrativement le territoire français : c'est la naissance des départements, ils sont alors au nombre de 83, ils remplacent les provinces qui avaient été définies sous l'Ancien Régime. Les géographes Cassini, père et fils sont alors chargés de redessiner la carte de la France de telle sorte que les départements aient tous une taille comparable et que leur chef-lieu puisse être atteint en une seule journée de cheval.

l'Etat. Or, il faut éviter de hiérarchiser les collectivités décentralisées, car alors, on créerait des phénomènes de blocages bureaucratiques qu'on voulait justement supprimer. Le citoyen ne doit pas avoir le sentiment que les différentes collectivités décentralisées constituent autant d'échelons administratifs qui le séparent du pouvoir central. Une telle politique reconstituerait sous d'autres formes des structures hiérarchiques contraires, par principe, aux objectifs de la décentralisation[1178].

3. L'émiettement des cadres territoriaux

A l'instar des pays unitaires à forte tradition centralisatrice, le Maroc est dotée d'une structure territoriale caractérisée par son émiettement, et son incohérence. On est, dans ce cadre, en présence d'une multitude de cadres territoriaux qui ne disposent, ni du même régime juridique, ni des mêmes besoins économiques, héritage du Protectorat, qui a instauré plusieurs unités territoriales, notamment, la région, le territoire, le cercle, la circonscription et l'annexe. Ce modèle de base n'a pas changé après l'indépendance.

De nos jours, on note l'existence au Maroc de trois collectivités locales : région, préfectures et provinces, communes et quatre échelons déconcentrés : wilayas, préfectures et provinces, cercles, et caïdat. Cette organisation administrative présente l'inconvénient d'être très complexe et engendre, par conséquent, des pertes de moyens et favorise, de surcroît, la centralisation, la hiérarchie et la bureaucratie, ennemis redoutables de la de l'autonomie locale.

La doctrine n'a pas manqué de souligner les effets dévastateurs de cet empilement incohérent de cadres territoriaux, en avançant que : « le nombre de collectivités locales pose un double problème : celui, d'abord de leur dimension (trop de communes -plus de 1500- de provinces et de préfectures - au nombre de 60- et de régions : 16) et celui, ensuite, de chevauchements de compétences dû essentiellement au trop grand nombre d'échelons de gestion (caïdats, cercles, préfectures, provinces, arrondissements, etc.). De toutes les manières, il semble que la mise en place des structures territoriales se fait en marge des préoccupations d'aménagement et de cohérence et aucune réflexion sérieuse n'a eu lieu (…). Il est temps que les pouvoirs publics précisent leur attitude sur le type de structure qui puissent prendre en charge les responsabilités d'aménagement du territoire, d'autant plus que cette situation d'ambigüité risque fort d'être aggravée par une remise en question de tout le système local »[1179].

Dans le même sens, il a été mis en avant que « le contrôle politique du territoire national relègue au second plan la préoccupation du développement des collectivités locales et met ces dernières dans un état de dépendance

---

[1178] Hassan Ouazzani Chahdi, *La décentralisation provinciale et communale : bilan sommaire d'une politique*, REMALD n° 20/21, juillet-décembre 1997, p. 52.
[1179] Ali Sedjari, *La recomposition institutionnelle des territoires*, op.cit. p. 77

quasi-totale au sein du système décisionnel »[1180], il en a résulté que « le développement des cadres territoriaux de commandement est resté le moyen privilégié de l'État pour maîtriser les pouvoirs décentralisés »[1181]. Et de ce fait, le développement économique des collectivités locales a du mal à s'imposer à cause du renforcement du pouvoir de l'État central par le biais de la position du gouverneur et de ses administrations représentatives au niveau local.

En tout état de cause, force est de constater que les conséquences néfastes de l'inefficacité de la politique de l'aménagement du territoire au Maroc, ressemblent fortement à celles que décrit M. Gravier, dans son ouvrage « *l'Espace vital* »[1182], où il relatait les ravages d'un aménagement de l'espace de vie des français peu maîtrisé, où l'équilibre a été rompu par le développement de l'industrie moderne, l'auteur dénonçait alors les excès engendrés par les mégalopoles et les tétrapoles, nées au XIXe siècle et démesurément grossies, depuis. Il leur reprochait d'amonceler la population dans les pires conditions de vie, de rendre l'activité économique plus difficile et plus coûteuse et de vider les campagnes à leur profit. Et concluait par un plaidoyer pour un retour à une meilleure répartition des hommes et des activités, gage d'une meilleure gestion de l'espace, à travers l'éloge qu'il faisait du « canton », en évoquant d'autre part, la nécessité d'une politique d'aménagement adaptée aux réalités locales. Finalement, résolument optimiste, l'auteur pensait qu'il est possible au prix d'une action globale et volontaire de ressusciter une « cité » harmonieuse et de « réinventer le paradis »[1183].

Cependant, la situation au Maroc, semble quelque peu différente, puisqu'on ne peut pas parler des effets d'une industrialisation excessive, ce mouvement n'a pas eu lieu, ni d'urbanisation anticipée au XIXe siècle. La problématique de l'aménagement du territoire au Maroc, qui a débouché sur les déséquilibres décrits précédemment, provient des inégalités et de l'émiettement des territoires. Avec ce qui en résulte en termes, de disparités d'équipements publiques que l'on constate d'une province à une autre, dues, en général, à un manque de vision politique prospective prenant en compte l'ensemble des paramètres, démographiques, historiques, économiques, et politiques devant sous-tendre toute la politique d'aménagement du territoire.

A ce titre, la situation des territoires en France, qui connaissent un véritable phénomène d'atomisation et de démultiplication des communes[1184]

[1180] Tarik Zair, *La Gestion décentralisée du développement économique au Maroc*, op.cit.p.114

[1181] Tarik Zair, *La Gestion décentralisée du développement économique au Maroc*, op.cit, (page précitée)

[1182] J.F. Gravier, *L'Espace vital*, Flammarion, Paris, 1984. P. 52

[1183] *Ibid, loc.cit.*

[1184] En France, on considère que « la décentralisation n'est pas seule responsable de l'explosion des dépenses des élus locaux depuis dix ans. Le réseau territorial est devenu un maquis opaque : doublons, financements croisés, enchevêtrements...Le chef de l'Etat a promis

doit également être différenciée de celle du Maroc. Aujourd'hui plusieurs voix s'élèvent en France pour revendiquer la réduction du nombre des communes, alors même que d'autres voix autorisées comme celle de M. Verpeaux, adopte une position médiane, et pense que : « Le nombre de communes françaises est à la fois la cause d'un émiettement considérable du territoire et du pouvoir municipal, mais aussi la source d'une richesse démocratique certaine, car ces communes constituent un tissu difficilement remplaçable d'élus locaux et d'administration de proximité.Les débats sont nombreux entre les partisans du maintien de cette « exception française » et les défenseurs de l'efficacité qui jugent qu'une réduction massive du nombre de communes à l'instar de ce qui se produit dans plusieurs pays de l'Europe du Nord serait fort utile pour une réelle gestion communale autonome »[1185].

En revanche, au Maroc, la commune ou la *Jemâa*, qui tire ses racines du passé séculaire du Royaume, allait être après l'indépendance au centre de l'intérêt et des préoccupations du pouvoir central désireux d'asseoir un système fiable de gestion des affaires locales, celui-ci va déboucher successivement à travers les différentes chartes communale sur une décentralisation (...) tant au niveau des moyens humains comme matériel, c'est ainsi qu'au lendemain de l'indépendance, Mohammed V déclarait le 8 mai 1958 que : « l'évolution du pays a eu pour conséquence l'éclatement des structures tribales, qui ne sauraient dès lors constituer une base pour la mise en place d'organismes représentatifs. Ainsi, avons-nous jugé préférable que les communes nouvelles, cellules sociales et politique, soient à la base de l'organisation du régime du Maroc moderne. »[1186]

A la suite de ce discours, des commissions furent constituées pour définir les critères qui serviront de base aux communes rurales, plusieurs critères ont été pris en considération pour l'accomplissement de cette opération notamment, l'appartenance familiale et ethnique, l'économie commune et l'habitat. L'application de ces critères ne se faisait pas d'une manière

---

un grand ménage : "Assez de superpositions, assez d'additions", a-t-il lancé (...) il a affiché son ambition de "clarifier les rôles de l'Etat et des collectivités". Car le «"millefeuille territorial" est unique en Europe, (...) "Comment comprendre la multiplication, la complexité des interventions locales, les financements croisés qui ajoutent à la confusion? (...) La France a le record du nombre de collectivités, avec 60.000 entités, quand le Royaume-Uni en compte 300 », in David Bensoussan et Thierry Fabre, *Budget de l'Etat : le grand gaspillage des collectivités locales,* Challenges du 2 novembre 2012, p. 15.

[1185] Michel Verpeaux, *Droit des Collectivités territoriales,* op.cit. p. 44-45, Monsieur Verpeaux ajoute que : « là,Il faut aussi constater le très (trop) faible taux de municipalisation outre-mer notamment dans les DOM, dans lesquels les communes couvrent un grand territoire, très vaste, c'est ainsi que la Martinique et la Guadeloupe comprennent chacune 34 communes ; la Guyane 22 et la Réunion 24. Plus encore que le nombre, il faut aussi constater que toutes les communes doivent être gérées de la même manière, c'est-à-dire avec les mêmes organes et posséder les mêmes compétences, quelle que soit la taille de ces communes au nom d'une conception particulière de l'égalité qui s'est transformée en recherche de l'uniformité, mettre toutes les communes dans un même moule institutionnel est sans doute l'un des acquis fondamentaux de la conception révolutionnaire de l'organisation communale. »

[1186] Cité par Said Ben Bachir, *L'administration locale du Maroc*, op.cit, p. 149.

automatique, mais plutôt combinée, selon un certain dosage. Il était décidé donc, que les communes de 10 000 habitants environ feront une bonne moyenne[1187].cependant ce chiffre représentait une valeur uniquement indicative et devait être abaissé dans les secteurs montagneux ou présahariens[1188].

Les travaux des commissions ont abouti à la création de 750 communes, alors que le nombre des Jemâas administratives qui existaient avant l'indépendance était de 2245. Pour illustrer ce travail des exemples de quelques projets de ce découpage à travers des provinces différenciées par des caractéristiques propres à chacune peuvent être cités : Casablanca, El Jadida, Rabat et Agadir. A la suite de ce découpage, il a été constaté que ce cadre a été maintenu dans la majorité des cas. Certaines communes ont même gardé la dénomination tirée de la configuration géographique (plaine, plateau, rivière, montagne et autres). La coïncidence tribu-commune et la conservation de la dénomination de la tribu ont été constatées dans plusieurs cas. Par contre plusieurs tribus ont été scindées en plusieurs communes.

A l'issue de ces travaux, il s'est avéré que le nombre de communes créé était très inférieur par rapport au nombre des tribus[1189] et fractions, d'une part, et peu important par rapport à l'effectif total, d'autre part.

Ce problème fut posé inversement en France, puisque dans ce pays pour une population de plus de 54 millions d'habitants et une superficie inférieure à 550 000 Km² il y avait 36 000 communes, alors qu'au Maroc pour une population de plus de 22 millions d'habitants couvrant une superficie de 710 850 km²,on ne comptait que 859 communes et ce jusqu'à 1992. Une différence a été relevée également au niveau démographique des communes, puisqu'en France plus de 28 000 communes comptent moins de 1000 habitants, au Maroc le nombre de ce type de communes est très limité.

Si l'on reste au Maroc, la situation était caractérisée par une hétérogénéité entre des municipalités concentrées démographiquement et des municipalités dont la densité urbaine reste très faible, par ailleurs, il faut dire qu'avec l'approfondissement de la décentralisation surtout après la charte de 1976,la révision du découpage communal en vigueur depuis 1959 est devenue impérative, pour de multiples raisons et notamment, la correction des imperfections qui ont entaché au début, et ensuite, l'adaptation aux nouvelles données démographiques[1190], économiques et sociales afin de mettre en place

---

[1187] Driss Basri, *La décentralisation au Maroc, de la commune à la région*, op.cit, p. 62.

[1188] Ces critères ont été développés dans le rapport présenté par La Commission par deux assistants techniques, anciens contrôleurs civils.

[1189] Selon D. Basri : le nombre de tribus au Maroc dépasse 600 tribus regroupées en plusieurs confédérations de tribus. In D.Basri, *La décentralisation au Maroc de la Commune à la Région,* éd. Nathan, 1994, op.cit. p.63

[1190] En 1991, la population totale du Royaume a été estimée à 25 020 000 habitants dont 12 298 000 en zone urbaine, et 12 722 000 en zone rurale. La population du Maroc était d'environ 6 millions en 1900. Elle a connu une croissance rapide au cours du XXe siècle, le taux de croissance démographique dépassant les 3 % par an dans les années 1950. Il a depuis

un cadre physique appelé à assurer de nouvelles perspectives de développement.

Cette nécessité a été pressentie très tôt par le Roi Hassan II, dans son discours du 24 octobre 1984 devant l'assemblée consultative de la région économique du Centre-Nord et faisait partie des orientations données par le souverain pour la préparation du plan économique 1988-1992. Le ministère de l'Intérieur, après plusieurs études préliminaires, a produit une note[1191], envoyée à tous les gouverneurs de provinces et de préfectures du Royaume, et aux présidents des conseils communaux, leur demandant la préparation de la révision du découpage communal du Royaume. Cette opération devait permettre d'atteindre les finalités suivantes : premièrement, mettre en place des unités territoriales spatialement plus réduites, plus expressives des solidarités et des unités sociologiques et plus à même de constituer des cadres maîtrisables de développement local ; deuxièmement, promouvoir davantage la démocratie, en élargissant les chances de participation, d'éligibilité et de contribution des citoyens à la gestion de la chose publique locale ; troisièmement, tendre vers l'idéal d'une administration proche du citoyen et en mesure de lui épargner les contraintes des longs déplacements et l'incommodité des attentes et des lenteurs[1192] et quatrièmement, maximiser la spatialisation du développement en multipliant les agents administratifs et économiques et en étendant les chances d'équipement aux portions les plus reculées du territoire[1193].

L'existence de différences fondamentales entre les communes urbaines et les communes rurales impose à titre d'exemple, une différence de traitement de ces cadres territoriaux. Aujourd'hui, eu égard aux besoins de favoriser les interventions de l'Etat dans la commune, celle-ci ne peut exister que si elle possède une population minimale, ce qui traduit un manque de profondeur dans le traitement des problèmes économiques qui se posent au niveau local[1194]

Les critères du découpage communal sont inhérents au contexte et au rôle économique de la collectivité communale[1195] mais aussi du système

---

diminué, revenant à 1,4 % en 2004 et 1,1 % en 2007 (taux de croissance équivalent à la moyenne mondiale). Ce ralentissement correspond à une baisse très rapide du taux de fécondité, passé de 7 enfants par femme vers 1970 à 2,5 à la fin des années 2000. En 2012, le Maroc compte 32,3 millions d'habitants. Source : Centre des études et des recherches démographiques du Haut-commissariat au Plan, in, *Démographie marocaine : Tendances passées et perspectives d'avenir*, p.94

[1191] Note n° 128/DCL du 16 juin 1987

[1192] Mohamed Brahimi, *Le Rapprochement de l'administration des administrés*, thèse de cycle supérieur, ENAP, 978.

[1193] D.Basri, *La décentralisation au Maroc de la Commune à la Région*, éd. Nathan, 1994, op.cit. p.65.

[1194] Tarik Zair, *La gestion décentralisée* ..., op.cit. p. 122.

[1195] C'est d'abord une portion du territoire national qui suppose une délimitation géographique précise, basée sur des considérations historiques, socio-tribales, culturelles,

politique, de l'histoire et des pratiques propres à chaque société, ainsi, le découpage administratif du Royaume s'établit à 16 régions, 75 préfectures et provinces, 221 communes urbaines et 1282 communes rurales, soit 1503 communes, et c'est la région de Sous-Massa-Draa (Agadir comme Chef-lieu) qui compte le maximum de communes (26 urbaines et 210 rurales)[1196].

En France, au 1er janvier 2012, on comptait 36 700 communes[1197], en métropole et Départements d'Outre-mer soit 20 communes de plus qu'au 1er janvier 2011 : trois de plus en métropole [1198] et 14 à Mayotte. Au 1[er]janvier 2011, la France comptait en effet 36 680 communes en métropole et Départements d'Outre-mer[1199]), 69 dans les collectivités d'outre-mer et 33 en Nouvelle-Calédonie[1200]. La Belgique comprend 589 communes[1201] et l'Italie, en 2010, comptait 8 094 communes. Ces exemples démontrent clairement, que l'on ne peut appliquer le même découpage territorial partout, et qu'il n y a pas de modèle immuable.

En dépit des diverses adjonctions de communes, l'assiette territoriale communale que connaît le Maroc aujourd'hui résulte, comme nous l'avons déjà souligné, du premier découpage effectué par le décret du 2 décembre1959[1202], qui constitue toujours le texte de référence et la base constante.

Il convient de relever à ce niveau que des correctifs et des redressements s'imposent actuellement avec force, le cadre territorial communal n'est plus compatible avec le besoin de la décentralisation économique. Nous partageons, ainsi, l'avis d'un auteur qui affirme qu'« il n'est plus apte à donner aux conseils communaux un cadre d'action proche et correspondant à des intérêts communs des habitants de la commune. Le découpage communal devrait donner corps à des communes territorialement plus réduites ayant une grande homogénéité sociologique et une plus grande aptitude à organiser leur développement. Il devrait favoriser par la proximité des communes, une plus grande participation des populations à l'œuvre de développement, par cadre territorial réduit, nous ne défendons pas une conception de « micro communes »,bien loin de là, nous disons simplement

---

économiques ou institutionnelles ou sur la volonté de réaliser des solidarités et des complémentarités entre les composantes de la région.

1196 Les Collectivités locales en chiffres, Direction Générale des Collectivités Locales, DGCL, n° 13, 2011.

1197 Code Officiel Géographique sur le site de l'Insee. Consulté le 16 avril 2012.

1198 Modifications de communes en 2011 et 2012, sur le site de l'Insee.fr, consulté le 16 avril 2012.

1199 Institut national de la statistique et des études économiques (INSEE), Code officiel géographique (COG), documentation.

1200 INSEE, Code des collectivités d'outre-mer.

1201 Direction générale de la Statistique du SPF, ancien Institut National de la Statistique (INS), Belgique.

1202 B.O. 1959, page 1477. Ce premier découpage a été profondément reformé par le décret n°2-92-468 du 30 juin 1992.

que la commune est, par nature, le cadre le plus apte à répondre aux attentes des populations en particulier en matière économique. »[1203]

Rappelons à cet égard que la mise en place de communes très ou trop petites ne pourrait contribuer qu'à des pertes de moyens. Schématiquement, on peut dire que la commune devrait être envisagée comme un cadre de réponse à une réalité humaine économique et non à des critères matériels statiques, l'exemple de la France à cet égard est éloquent : l'existence d'une sorte d'hypertrophie du nombre de communes par rapport à celui de toutes les communes européennes réunies suscite un réel débat au sein de la classe politique française, comme on l'a vu précédemment

Le Maroc avec ses 1503 communes ne peut certes, être comparé à la France ou aux autres pays européens. Toutefois, il faut admettre que ce nombre ne correspond, en aucune mesure, aux besoins d'une population de plus de 32,3 millions d'habitants (en 2012). Il est évident que le plus important n'est pas l'augmentation quantitative mais plutôt, la détermination de critères rationnels de découpage territorial.

Il serait judicieux pour les pouvoirs publics au Maroc, tout en évitant les gaspillages des moyens humains et matériels d'avoir des collectivités communales proches des réalités socio-économiques locales. Aussi, certains auteurs, ont-ils proposé de s'intéresser à ce qui a été appelé : « l'optimum dimensionnel »[1204] ou « dimensions optimales ». Ce concept est considéré comme capable de conduire à rationaliser les structures territoriales en établissant une correspondance entre l'organisation spatiale effective des populations et l'organisation de leur administration. Cette notion permettrait alors de trouver « la taille qu'il conviendrait de donner aux communes pour que ces dernières soient à la fois aux mesures humaines, administratives, politiques et financières »[1205] des populations qu'elles représentent. Toutefois l'application de cette notion n'est pas toujours facile, puisque selon l'inventeur même de ce concept : « il n'y aurait plus un optimum, mais plusieurs et à chacun d'entre eux correspondrait un type d'organisation que l'on espère parfaitement adaptée à ses fins. »[1206]

De surcroît, Le dernier remue-ménage de 2003, dont le principe de *l'unité de la ville* constitue le soubassement, montre combien la carte qui l'a enfanté est loin des intentions de départ. En terme du nombre d'intervenants, les entités ont augmenté d'un chiffre par rapport à 1998 ainsi ; 47 entités « tout régime confondu »interviennent au même temps, sur la même aire spatiale de Casablanca, depuis 2003, avec en plus des statuts et des régimes parfois différents. Pour la même période à peu près (1907 à 1948) les autorités

---

[1203] Tarik Zair,*La gestion décentraliséedu développement économique au Maroc*, op.cit. p. 123.

[1204] B. Kornprobst, *Note dur l'optimum dimensionnel*, La revue administrative, n° 20, Juin 1967.

[1205] *Ibid*, p. 327.

[1206] B. Kornprobst, *Note dur l'optimum dimensionnel,* op.cit. p. 327.

coloniales françaises n'avaient remanié l'organisation territoriale de Casablanca que six fois.[1207]

Cette situation d'instabilité territoriale n'est pas pour faciliter la mission du gouverneur, ni pour créer des référents institutionnels et spatiaux pour les habitants. Le gouverneur ou le wali de région doit répondre en temps réel aux attentes des populations formant les différentes entités, tandis que les unités nouvellement créées par les chamboulements répétitifs du dispositif territorial mettent du temps à se mettre en place (siège administratif, reconnaissance du terrain, recrutement de l'encadrement qualifié, subventions budgétaires, passations des consignes, etc.). Elles mettent encore plus de temps à s'articuler avec les institutions existantes, avec tout le cortège des dysfonctionnements et retards que cela engendre[1208].

En conclusion, force est d'admettre que le découpage territorial au Maroc, qu'il soit régional, provincial et préfectoral, ou communal, est aujourd'hui dépassé, son adaptation dans le cadre du renforcement du pouvoir de l'Etat central n'est plus d'actualité. De nos jours le changement de l'option en faveur de la décentralisation politique et économique, qu'il soit par choix délibéré ou par nécessité, impose une nouvelle réorganisation territoriale de la collectivité locale ; C'est le régionalisme économique qui devrait recevoir application et entraîner avec lui, le régionalisme administratif, pour forger ainsi le véritable moteur de la politique de régionalisation aujourd'hui, le territoire régional nécessite une réforme en profondeur dans la perspective de le rendre plus conciliable avec les objectifs du développement régional.

Pour faire face au phénomène croissant de déséquilibre économique, la politique de régionalisation doit être préconisée comme le procédé incontournable pour résoudre les difficultés et les contraintes nées des inégalités croissantes, ainsi que la solution adéquate, afin d'assurer une répartition équitable des avantages retirés du développement. La recomposition spatiale régionale s'avère très urgente pour mettre fin à la politique territoriale centralisée qui n'a eu qu'un impact faible sur les inégalités spatiales, la politique régionale actuelle n'a fait que favoriser les régions riches au détriment des régions en difficulté économique. L'aménagement de l'espace régional, notamment, à travers les codes d'investissement et la création des zones d'activité économique ne fait que concentrer les investissements dans les régions les plus riches

Eu égard à sa vision réductrice du développement, la politique traditionnelle de maîtrise du territoire maintient les régions les plus défavorisées dans une situation de dépendance à l'égard de l'administration

---

[1207] Raffaele Cattedra, Myriam Catusse, M'hammed Idrissi Janati, *Changer d'échelles de gouvernance ? Réflexion autour de la promulgation de la charte communale de 2002 au Maroc* », in. J.M. Miossec (dir.), Terrains et échelons de la gouvernance : expériences en France et Maghreb, Paris, L'Harmattan, 2009, p. 139-170.

[1208] *Ibid.* (page précitée).

centrale. Ce qui, au lieu de résoudre les problèmes de sous-équipement en infrastructures et d'insuffisance d'accès aux services publics, aggrave les difficultés économiques que vivent la plupart de ces régions. Aujourd'hui il s'avère, sans conteste, que la prospérité économique d'une région quelconque est tributaire de son espace géographique et des potentialités de développement que lui offre son cadre territorial. En respectant les règles de l'équité et de la rationalité, sans aucun calcul politique, on pourrait favoriser le développement économique des régions marocaines. Il est impératif, à cet égard, de donner naissance à des espaces régionaux homogènes disposant des mêmes affinités économiques, où la politique de réorganisation spatiale est nécessaire pour la réussite d'une véritable politique d'aménagement du territoire.

CHAPITRE II

Le gouverneur, tuteur et exécutif des territoires décentralisés

Comme nous l'avons vu lors de la première partie de cette thèse, le gouverneur a été créé pour faire face aux problèmes de maintien de l'ordre et afin d'assurer la pacification des provinces du Royaume, et affronter les divers chantiers du développement économique et social du pays. La décentralisation, quant à elle, a dès ses origines, été conçue comme une étape vers la démocratisation générale du pays. Elle avait, dans ce contexte, valeur de symbole. Parce qu'elle comporte l'élection de l'organe décideur à l'échelon communal, provincial, et régional. « Sa mise en œuvre constituait la preuve de la volonté du pouvoir de s'engager résolument dans la voie de la démocratisation de tous les rouages de l'Etat »[1209].

Au demeurant, après l'époque de l'exercice des exécutifs préfectoraux et provinciaux et le contrôle *a priori* des actes des communes, et avec l'adoption successive des textes de la décentralisation, le gouverneur verra sa capacité d'action se réduire, notamment dans ses relations avec les élus locaux. En cela : Il ne disposerait plus du même ascendant hiérarchique sur la scène locale et apparaîtrait, rendu au rang d'acteur parmi d'autres. Devant construire une autorité, qui lui était, par le passé, accordée d'entrée de jeu. Avec la décentralisation, le gouverneur devrait se faire animateur et médiateur parmi les acteurs du territoire, tout en représentant l'intérêt national. La configuration a changée. Le gouverneur n'est plus « seul maître à bord ».

Comme en France, mère nourricière de la majorité des réformes administratives connues par le Maroc, bien qu'émancipées de la tutelle étatique, les collectivités n'ont pu immédiatement se passer de l'aide des services de l'Etat. Il a fallu pour cela qu'elles se dotent de services administratifs et techniques nécessaires et qu'elles fassent l'apprentissage de leurs nouvelles compétences, ce qui a pris du temps. Mais la dépendance était à double sens : les collectivités pouvant recourir à des prestataires

---

[1209] M'faddel Smires, *Centralisation et décentralisation territoriale au Maroc*, op.cit, p. 56.

privés (grands ensembliers urbains, bureaux d'études, cabinets de conseil), les administrations étatiques ont dû se mobiliser pour maintenir un contact étroit et garder la confiance des élus qui constituaient leur marché. La décentralisation s'est donc prolongée par un mouvement de déconcentration, au travers de laquelle les administrations étatiques ont cherché, dans une logique de survie, à renforcer leurs services territoriaux de façon à fournir aux collectivités des prestations de qualité. La décentralisation, couplée avec la déconcentration, n'a donc pas entraîné une diminution des échanges entre collectivités et services de l'Etat, mais elle a changé leur nature, conduisant à une forme d'inversion de la tutelle.[1210]

Au surplus, si en France, comme le souligne Catherine Grémion, « La loi Droits et Libertés du 7 mars 1982 secoue la tutelle préfectorale en lui substituant une régulation juridictionnelle nouvelle (...), son complément du 7 janvier 1983 qui prévoit le transfert de l'urbanisme aux communes, puis les projets de partition et de transfert des départements des DDE, comme la limitation des contrôles financiers seront la marque du poids pris aux yeux des élus par ces bastilles, et de leur désir de les abattre »[1211], au Maroc, la tutelle vigoureuse qu'exerce le gouverneur sur les assemblées préfectorales et provinciales n'a pas été supplantée, elle a plutôt été adoucie.

En ce qui concerne le niveau provincial et préfectoral, dit intermédiaire, dès le départ, il a été placé sous contrôle de l'Etat, si bien qu'il est difficile vraiment, dans le cas dela province, de parler d'une véritable décentralisation, même si des conseils élus incarnent juridiquement cette vocation. Trois arguments permettent d'étayer ce constat : la légitimité populaire des conseils provinciaux est quasiment inexistante, leurs attributions demeurent dans l'ensemble symboliques et leur autonomie budgétaire, comparativement aux conseils communaux, est pratiquement nulle. En fait, l'Etat a délibérément choisi de faire du cadre provincial ou/et préfectoral à la fois un relais d'action de l'administration centrale, un moyen de suivi et de contrôle de l'exercice des libertés communales et surtout un centre de pouvoir territorial assurant les fonctions de surveillance politique et d'encadrement social[1212].

Néanmoins, en dépit de sa volonté expressément affichée, et de l'intérêt considérable avec lequel les pouvoirs publics ont constamment entouré l'entité provinciale et préfectorale, l'Etat n'a pas réussi à transformer le cadre provincial en un véritable échelon de décentralisation à partir duquel sont appréhendés les besoins socio-économiques des populations dans une vision intégrée et transversale.

[1210] Renaud Epstein, *L'Etat local, de la résistance à la résidualisation. Les services extérieurs à l'épreuve des réformes administratives*, in "La France et ses administrations : un état des savoirs, Jean-Michel Eymeri-Douzans, Geert Bouckaert (Ed.) (2013) 585-603, p. 4.

[1211] Catherine Grémion, *Les décentralisateurs déstabilisés*, in Pouvoirs, n° 49, 1989, p. 81-92, p. 88.

[1212] B. Zyani, *Décentralisation et réforme administrative au Maroc*, Communication présentée au 4e forum Méditerranéen du développement du 8-10 avril 2002, Amman, p. 9.

Toutefois, en concentrant notre analyse sur le périmètre de la préfecture et la province, étant le terrain d'action privilégié du gouverneur, on constate que ce dernier est nommé à la tête de ce territoire, et qu'il n'est pas désigné dans l'espace communal, alors même que son pouvoir s'y exerce de manière indirecte, par le contrôle des agents d'autorité qui assistent aux réunions du conseil communal, et par le biais de son rôle de tutelle sur les actes et sur les personnes da la commune, ainsi que par son pouvoir de substitution.

En tout état de cause, en analysant le système de gouvernance des préfectures et des provinces, la première question à laquelle il faudrait absolument apporter un éclaircissement est celle de savoir si ces collectivités territoriales sont décentralisées ou pas ? Bénéficient-elles d'une reconnaissance du pouvoir central en tant que telles ? Et disposent-elles d'organes représentatifs de la population leur permettant de concrétiser ce pouvoir décentralisé ?

En nous référant à la charte préfectorale et provinciale précitée, il apparaît que le régime de partage des responsabilités entre le gouverneur et les élus provinciaux et préfectoraux reste encore favorable au représentant de l'Etat, qui intervient, à travers ses missions régaliennes, non seulement dans le cadre du contrôle administratif des travaux des assemblées provinciales et préfectorales (Section I), mais, également en demeurant l'organe chargé d'exécuter les résolutions des conseils de la préfecture et de la province (Section II). Il convient, toutefois, de relativiser ce constat, puisque avec l'adoption de la nouvelle Constitution de 2011, le président de l'assemblée préfectorale ou provinciale devient constitutionnellement habilité à exécuter les délibérations de leurs conseils, ce qui invite à s'interroger sur une éventuelle érosion du pouvoir exécutif du gouverneur au niveau des collectivités provinciales et préfectorales.

SECTION I. LA TUTELLE, MISSION FONDAMENTALE DU GOUVERNEUR

Instrument de contrôle par excellence, le gouverneur devait dès le début de l'échafaudage de la nouvelle configuration de l'administration marocaine, jouer un rôle de courroie de transmission, mais aussi, et surtout une fonction de régulation au nom de l'Etat. Avec la promulgation des premiers textes dits de décentralisation, le gouverneur s'est trouvé au centre de la propulsion de l'esprit de centralisation et la garantie de l'animation des collectivités infra-étatiques.

On a qualifié alors cette fonction de « tutelle » administrative sur les collectivités territoriales, et spécialement sur les communes : jeunes structures appelées à devenir des espaces privilégiés de l'exercice de la démocratie locale. Mais cette fonction de contrôle s'est plutôt déployée sur le terrain provincial et préfectoral. En effet, comme le rappelle le Professeur Hauriou dans son précis de droit administratif et droit public : « il faut des représentants du pouvoir central pour tenir en respect les administrations locales »[1213]. Donc, il eut fallu dès l'indépendance que l'administration marocaine se fasse représenter au niveau de ses démembrements par des hommes du Makhzen capables d'exercer cette tutelle, abstraction faite, des contingences politiques et des réformes à venir du système administratif.

Mais qu'entendons-nous précisément par « tutelle administrative » ? Et comment se déclinent ses modalités sur le plan pratique en tant qu'outil de contrôle entre les mains du gouverneur ?

La tutelle administrative, en tant que mécanisme de déclinaison de la philosophie de l'Etat dans ses rapports avec la périphérie, n'a pas posé des problèmes uniquement juridiques, ou de l'ordre de la sociologie politique, elle a suscité aussi un débat enflammé lié même à la terminologie utilisée et sa plus ou moins adéquation avec le rapport signifiant/signifié. Enfin, le contrôle du pouvoir central sur l'activité des autorités décentralisées pourra être organisé de façon plus ou moins rigoureuse : c'est là tout le problème de la tutelle dont il convient de préciser la signification (Paragraphe I) avant d'exposer aux fondements constitutionnels et légaux (Paragraphe II) et d'en voir les modalités d'exercice (Paragraphe III).

Paragraphe I. Signification et fondements du contrôle de tutelle

En fait, la tutelle[1214], est un terme emprunté au droit civil des incapacités[1215], qui se définit comme étant l'ensemble des procédés - approbation, annulation, substitution ou révocation individuelle ou collective des élus - mis par la loi entre les mains du pouvoir central et ses représentants, en l'occurrence le gouverneur, dans la commune, la préfecture et la province. Ces procédés visent essentiellement la sauvegarde de l'intérêt général contre les excès possibles des entités décentralisées et éventuellement contre les empiètements des pouvoirs locaux. Mais ces pouvoirs ne peuvent être que nécessairement limités, de façon que le principe constitutionnel d'autonomie des collectivités soit respecté[1216].

Quoi qu'il en soit, il faut noter que c'est en matière de tutelle du gouverneur sur les collectivités locales que ses attributions ont connu les

---

[1213] Maurice Hauriou, André Hauriou, *Précis de droit administratif et de droit public*, Scolaire / Universitaire 2002, p.130.

[1214] Michel Verpeaux relève à propos de la tutelle, que « bien que les autorités locales décentralisées soient élues, l'Etat conserve un droit de regard sur l'exercice de leur mandat et peut, dans certaines conditions, y mettre fin. Il s'agit d'une responsabilité qui est à mi-chemin de la responsabilité politique et de la responsabilité administrative ».,in, Michel Verpeaux, *Droit des collectivités territoriales*, op.cit. p.138.

[1215] De Laubadère estime que « la tutelle est une institution dont le but exclusif est la protection de l'incapable qui y est soumis », *Traité du droit administratif,* 3e éd. LGDJ, 1978, p. 96-97, cité par D.Basri, la décentralisation au Maroc de la Commune à la Région, éd. Nathan, 1994, p. 42.

[1216] Toutes les lois portant création des collectivités locales, la commune (loi n° 78-00) la préfecture et la province (loi n° 79-00) et la région (loi n° 47-96) reconnaissent à ces différentes collectivités la personnalité juridique et l'autonomie financière.

plus importantes évolutions. Lorsque l'institution du gouverneur fut créée, les communes n'avaient pas l'autonomie qu'elles ont aujourd'hui, les provinces et préfectures n'avaient pas l'importance qu'on leur reconnaît aujourd'hui, et la région n'existait pas.

Le gouverneur joue, dans les relations que l'Etat entretient avec les collectivités infra-étatiques, un rôle considérable et a toujours été considéré comme l'instrument de contrôle le plus efficace de ces dernières, et comme l'autorité la plus à même d'apprécier la pertinence des modifications des structures locales, que sa position lui permet de bien connaître.

En ce qui a trait à la terminologie utilisée par l'actuelle Constitution marocaine[1217], force est de constater qu'elle est générale et pourrait ainsi inclure toutes les missions de surveillance et de contrôle qu'exercerait le gouverneur sur les collectivités territoriales. Elle présente, de plus, l'avantage de la précision que ne comporte pas la rédaction française, que semble regretter le Professeur Gaudemet, qui lui apparaît, somme toute, incompréhensible[1218].

De ce fait, la loi constitutionnelle marocaine confie clairement la mission de contrôle administratif aux walis de région et aux gouverneurs, ce pouvoir de surveillance est lié à la nécessité de concilier deux impératifs : celui de faire respecter l'autorité de l'Etat, personne morale souveraine, et celui de confier le contrôle à une autorité proche des contrôlés, le gouverneur semble permettre cette conciliation, car il est à la fois revêtu des qualités d'autorité requises et près des autorités décentralisées[1219].

L'une des missions principales du gouverneur, comme nous l'avons souligné, est le contrôle, acte dont la nécessité découle du caractère unitaire de l'Etat Marocain, la Constitution de 2011 rappelle à juste titre dans son préambule que l'Etat est attaché à « son unité nationale et à son intégrité territoriale ». Comme en France, au Maroc, la décentralisation est administrative et non pas politique, le Royaume étant un Etat unitaire et non fédéral[1220], de ce fait, les autorités des collectivités locales sont et restent

---

1217 La Constitution de 2011 dispose dans son article 145 que : « les walis de régions et les gouverneurs de provinces et préfectures (...) exercent le contrôle administratif. »

1218 Yves Gaudemet, *Le représentant de l'Etat*, In Y. Gaudemet et O. Gohin, (sous la direction de), *La République décentralisée*, éd. Panthéon-Assas (Colloques), 2004, p. 87-90.

1219 Remus Nestor, *Le contrôle du préfet sur l'administration communale*, Thèse de doctorat, Droit, Paris, 1931, p. 34.

1220 Certes, la France est encore un Etat unitaire décentralisé : elle reconnaît la « libre administration » des collectivités territoriales, non leur « libre gouvernement ». L'article 1er révisé de la Constitution évoque une organisation décentralisée, qui relève d'un Etat unitaire, non d'un Etat fédéral. Néanmoins, l'organisation de la France pourrait, grâce aux nouvelles normes constitutionnelles, évoluer vers un système intermédiaire proche de l'Etat « régionalisé ». Tout comme le fédéralisme connaît des degrés divers, allant du pur fédéralisme (Allemagne) au centralisme déguisé (Autriche), la « régionalisation » revêt différents aspects, plus développés en Espagne qu'en Italie. De surcroît, la progressivité de la « régionalisation » en Espagne et en Italie contribue à sa complexité. On peut discerner aujourd'hui en France les prémices d'une évolution possible vers un tel système. *Cf.* à ce

soumises à un contrôle administratif, souvent appelé « tutelle administrative ».

Du reste, la solution juridique adoptée au Maroc consiste à doter le gouverneur de prérogatives juridiques larges dans le contrôle des conseils provinciaux et préfectoraux, c'est ainsi que le premier dahir du 12 septembre 1963 relatif à l'organisation des préfectures, des provinces et de leurs assemblées, franchira un pas de plus en obligeant les chefs des services extérieurs et des établissements publics dont la compétence n'excède pas le cadre territorial de la préfecture ou la province, à fournir au gouverneur tous les renseignements utiles à l'information des assemblées ainsi qu'à leurs commissions. Ce texte a habilité, par ailleurs, l'autorité provinciale ou préfectorale, à convoquer les représentants de ces services, chaque fois que cela est nécessaire pour assister aux travaux de ladite autorité[1221].

Par ailleurs, en France, d'où nous vient l'institution même de « tutelle », on n'a pu constater que le fait qu'une grande partie des auteurs ait adopté ce vocable ne doit pas masquer la force des arguments avancés par leurs contradicteurs (A), sur un autre plan, une partie de la doctrine s'est proclamée, à défaut d'une suppression pure et simple de la tutelle d'un allègement continu en faveur de l'affirmation de plus de liberté et d'autonomie des collectivités locales décentralisées (B).

A. La pertinence terminologique du vocable « tutelle »

Sur un plan plus terminologique, l'emploi du terme de « tutelle » pour désigner la relation entre l'Etat, le tuteur, et les collectivités locales, les pupilles, a été très longtemps critiqué en doctrine, « le mot tutelle a toujours été davantage utilisé par la doctrine que par le législateur »[1222]. Néanmoins, prenant certainement acte de ce déphasage, la Constitution marocaine de 2011 à l'instar de la Constitution française de 1958 évoque « un contrôle administratif ». Il serait alors utile, afin de prendre la véritable mesure de la terminologie utilisée pour désigner la relation de surveillance entre l'Etat et ses collectivités locales, d'exposer d'abord ce débat (A) avant de voir les propositions alternatives de la doctrine (B).

1. Le débat doctrinal

Par bien des aspects, la tutelle exercée par le gouverneur du chef-lieu a été considérée comme le signe et le garant du maintien d'un lien unitaire, que le nécessaire pluralisme engendré et multiplié par la décentralisation ne

---

propos, Bénédicte Flamand-Lévy, *Nouvelle décentralisation et forme unitaire de l'Etat*, in. RFDA 2004 p. 59.

[1221] Hammouda El Caid,*Le gouverneur et la gestion des affaires locales*, Société Nouvelle des Impressions et Cartonnages Idéale (Casablanca)1996, p. 129.

[1222] A-M. Le Bos-LePourhiet, *La décentralisation et ses symboles*, Rev. Adm. n° 215, Septembre-Octobre 1983, p.438.

saurait dissoudre. Reprenant les mécanismes classiques de la tutelle de l'administration centrale sur l'assemblée délibérante ou sur le président et ses adjoints, la Charte de 1976 pour les communes et la loi de 2002 pour les provinces et préfectures, pénétrée d'un esprit démocratique et responsable, ont su adapter ce contrôle aux réalités du moment en réalisant une souplesse dans la pratique de la tutelle qu'il convient d'examiner afin d'en mesurer la portée.

Parmi les auteurs qui évoquent le terme « tutelle », on trouve des auteurs anciens qui n'hésitent pas à parler même d'un « état de minorité des communes » voire un « état perpétuel de minorité »[1223]. Sans avancer d'argument à l'appui de cette opinion. M. Paul Leroy-Beaulieu estimait que le préfet français est « le tuteur des communes et des autres établissements publics, situés dans le ressort départemental »[1224], en précisant que « ce n'est pas la moindre de ses prérogatives. »[1225]

Depuis le début du siècle dernier, en doctrine française, plus encline à s'intéresser aux nuances terminologiques et leur impact sur les institutions juridiques, on retrouve un débat foisonnant sur l'usage du terme de tutelle par des auteurs comme Guillaume de Bézin, qui a donné justement à une thèse qu'il a soutenu en 1906 le titre évocateur : « Des autorisations et approbations en matière de tutelle administrative »[1226]. Dans ce travail, l'auteur apporte la seule justification de l'emploi de cette expression de tutelle administrative ainsi :« c'est à cet ensemble de mesures diverses, à ces correctifs variés, qui constituent une condition d'existence de la décentralisation, que l'on a donné le nom de « tutelle administrative », c'est le lien juridique qui permet au pouvoir central d'orienter vers un but unique la gestion de tous les intérêts (…) par mesure de tutelle administrative, il faut entendre, un acte par lequel une autorité vient contrôler la conduite d'une personne décentralisée, dans une hypothèse spécialement prévue par la loi. »[1227]

Néanmoins, le même auteur semble éprouver quelques réticences vis-à-vis du terme « tutelle administrative», qu'il avance de la sorte : « les mots de tutelle administrative n'échappent pas à la critique. Si l'on donne au terme de « tutelle » la valeur très précise que lui donnent les civilistes, on s'aperçoit vite qu'il n'existe aucun rapport entre l'institution qui porte ce nom dans le droit privé et l'ensemble des précautions prises par la loi pour éviter les excès dont l'autonomie peut être la source. La tutelle du droit civil est une charge publique confiée à un particulier pour gérer les biens du mineur non émancipé ou de l'interdit, prendre soin de leur personne et les

---

1223 L-M, De Lahaye Cormenin, *Droit administratif*, 1840, Pagnerre, 2t. t.1, p388 et 401.

1224 Paul Leroy-Beaulieu, *L'administration locale en France et en Angleterre*, op.cit., p. 25.

1225 *Ibid.*

1226 Guillaume De Bézin, *Des autorisations et approbations en matière de tutelle administrative*, Toulouse, s.n, 1906.

1227 *Ibid.* p. 280.

représenter dans l'accomplissement des actes de la vie juridique(…) le tuteur administre de manière exclusive toutes les affaires de la tutelle, il représente le mineur ou l'interdit et figure seul dans les actes qui intéressent les incapables. Nous chercherions en vain ces caractères dans ce que nous avons appelé la « tutelle administrative » ; sans doute cette institution a pour but de protéger quelqu'un, mais ce n'est point celui qui subit la tutelle qui en est le principal bénéficiaire, on le protège contre ses propres écarts parce que sa santé juridique intéresse au plus haut point l'Etat entier ; c'est l'intérêt général (…) l'autorité qui se voit chargée de contrôler certains actes accomplis par un acte décentralisé ne représente pas ce corps (…) prononcer l'expression « tutelle », c'est évoquer l'idée d'une incapacité. Or, les corps autonomes ne sont pas des incapables ; leur capacité, et, au contraire, la règle, puisqu'ils tirent directement leur origine du corps électoral souverain », et ajoute, en citant Ducrocq[1228] : « Parler de tutelle à leur sujet, c'est donc émettre une idée « dangereuse » contenant un germe de mort pour toute loi d'administration locale. Les foules entendent parler de tutelle, demanderont à grands cris l'émancipation intégrale, et l'on glissera sans secousse vers la plus sombre anarchie (…). Ces dangers, sont-ils aussi graves qu'on s'est plu à le répéter ? Nous ne le croyons pas.

Sans doute, comme le rappelle un auteur : « l'expression n'est pas parfaite ; nous continuerons cependant à nous en servir, parce que les inconvénients qu'elle draine après elle, semblent avoir perdu de leur importance en l'état actuel des choses, parce qu'elle est « brève et usitée » et que les formules proposées pour la remplacer ne nous paraissent ni suffisamment larges, ni suffisamment précises »[1229]. Pour un autre auteur, l'argument de l'absence de danger ne doit pas être reçu, puisque le souci du chercheur en droit n'est pas de se préoccuper du maintien de l'ordre public, tâche qui incombe aux gouvernants et à l'administration, mais, entre autres, de s'interroger sur la pertinence des concepts qu'il utilise[1230].

De manière générale, l'auteur français Jean Amet estimait déjà dans sa thèse qu'en 1884 : « le préfet, agent du gouvernement et représentant de la loi, reste donc l'autorité de tutelle de droit commun »[1231]. De plus, la doctrine française de droit administratif foisonne d'ouvrages ayant traité cette thématique de « la tutelle administrative », et il en est ressorti deux grandes tendances, l'une considérait l'usage du terme « tutelle » à l'administration préfectorale comme propre et l'autre, n'acceptant pas cette utilisation.

C'est ainsi que Victor Valence de Minaudière s'est intéressé à montrer la pertinence de l'usage du terme « tutelle » et s'est affranchi des références au

---

[1228] Th. Ducrocq, *Cours de droit administratif et de législation française des finances*, 7éme éd. Thorin, 1887, p. 149.
[1229] Guillaume de Bézin, op.cit, p. 280. Citant Ducrocq, *Cours de droit administratif et de législation française des finances*, 7éme éd. Thorin, 1887, p. 149.
[1230] Marc Ollivier, *Condition et Compétences Préfectorales*, op.cit. p. 332.
[1231] Jean Amet, *L'évolution des attributions du Préfet de 1800, jusqu'à nos jours*, op.cit. p. 98.

droit civil et expliqué en se fondant sur l'étymologie latine du terme que le contrôle exercé par le préfet français sur les administrations départementales constitue bel et bien « une tutelle », car, selon lui : « si le tuteur ne peut faire lui-même les actes dont son pupille est incapable, il l'autorise du moins à le faire. C'est bien le sens du mot latin *tutelle* »[1232].

Une autre tendance doctrinale avait, par contre, refusé l'acceptation de l'usage du terme « tutelle », la plume la plus autorisée y est celle de M. Ducrocq, qui n'a pas manqué d'écrire qu'en se basant sur les définitions de droit civil qui font du tuteur le gérant unique et direct des affaires du mineur, sans qu'il soit exigé aucune consultation du mineur et conclut que : « toute tutelle suppose un mineur, sinon un interdit »[1233].

M. Ducrocq ajoute à ce propos que : « malgré d'incessantes protestations, l'expression de « tutelle administrative » ne cesse d'être employée, même dans les documents officiels et parlementaires pour qualifier ces rapports légaux entre les communes et l'Etat, cette pratique aussi continue que regrettable, justifie l'égale persistance de nos efforts pour en démontrer la fausseté et le danger » et qualifie ce mot de « germe de mort pour toute loi d'administration locale, si libérale qu'elle puisse être, tant qu'elle ne consacre pas l'indépendance absolue de la commune par rapport à l'Etat, c'est-à-dire l'existence de 36 170 Etats dans l'Etat, il est donc d'une importance de premier ordre de savoir ce que vaut au point de vue des principes de nos lois, cette terminologie « injurieuse » pour les communes et attentatoire à la liberté « municipale » », cet auteur conclut que : « ce terme simple, courant, est « acquis au détriment des principes de la vérité juridique et légale, du prestige, de l'avenir et de la durée des plus sages reformes »[1234].

Du reste, un autre auteur avait estimé que « le mot lui-même est mal choisi. Il évoque des idées de droit privé, alors que c'est une institution de pur droit public, dans l'intérêt de l'Etat et non dans celui du « pupille », institution destinée à empêcher la commune d'utiliser son particularisme dans un but d'autonomie communale contraire aux intérêts mêmes de l'Etat. »[1235].Une autre voix autorisée, celle du Doyen Vedel partage le même avis en écrivant que le terme de tutelle « est, en notre matière, fort mal choisi. »[1236]

[1232] Victor Valence de Minaudière, *De l'administration départementale en droit français*thèse droit, Imp. E. Donnaud, 1870, p. 153.

[1233] Th. Ducrocq, *Cours de droit administratif et de législation française des finances*, 7éme éd. Thorin, 1887, p. 149.

[1234] Th. Ducrocq, *Cours de droit administratif*, op.cit. p. 150.

[1235] G. Watrine, *L'administration de la Troisième République*, 2ème éd., Beyrouth, Les lettres françaises, 1944, 591 p., p. 32.

[1236] G. Vedel, *Droit administratif*, 4e éd., PUF, (coll. « Thémis »), 1968,756, p. 563.

2. Une terminologie alternative

Dans le cadre de ce débat houleux, les tenants de l'utilisation de l'expression « tutelle » et leurs contradicteurs devaient trouver une terminologie substitutive qui pallie les critiques soulevées plus haut et rend compte, au même temps, de l'ascendant administratif que doit maintenir l'Etat sur les collectivités locales décentralisées.

Dans une thèse consacrée à l'étude de la tutelle de l'Etat sur la commune, un auteur estime que : « la logique la plus élémentaire, et *a fortiori*, la logique juridique, voudraient (…) qu'un autre terme vienne qualifier le contrôle de l'Etat sur les collectivités décentralisées. Pourtant, malgré la force et la pertinence des critiques dont il a fait l'objet, le terme de tutelle continue de faire partie du vocabulaire administratif »[1237].

Au demeurant, l'utilisation de la terminologie de « tutelle » pose nécessairement le problème de la capacité juridique de la personne sous tutelle. Pour justifier une telle protection juridique, cette capacité est-elle pleine et entière ? Est-elle partielle ou relative ? Est-elle inexistante ?

A cet égard, si l'on considère l'institution de la « tutelle » civile en droit privé marocain, on s'aperçoit qu'elle est régie par les dispositions du Dahir des obligations et des contrats du 12 août 1913[1238], à la lecture desquelles, il apparaît que la volonté du pupille, mineur ou interdit, est toujours tenue pour négligeable, et par-là dépourvue d'effets juridiques. Cela distingue fondamentalement la tutelle administrative de la tutelle civile. Selon Omar Azziman, même si « le D.O.C (article 2) fait de la capacité de contracter une condition essentielle à la validité du contrat, ce qui signifie que seule une personne capable peut contracter valablement, la capacité tient non pas à la structure du contrat mais à la personnalité juridique du contractant ; elle constitue donc, non pas un élément constitutif du contrat, mais un attribut de la personne du contractant. La capacité déborde donc les cadres de la théorie du contrat pour se rattacher au droit des personnes, qui définit l'aptitude à être titulaire de droits subjectifs (patrimoniaux et extrapatrimoniaux) et les exercer »[1239].

Il en découle qu'une personne juridique est considérée par le droit marocain comme incapable (en fonction de son statut personnel), lorsqu'elle ne peut pas exercer des droits. Or, le D.O.C ne se borne pas à renvoyer à la

---

1237 G. Melleray, *La tutelle de l'Etat sur les Communes*, Paris, Sirey, 1981, p. 15.

1238 L'article 3 du D.O.C, Dahir des obligations et des contrats dispose que : « (…) Toute personne est capable d'obliger et de s'obliger, si elle n'en est déclarée incapable par cette loi. » et son article 4 : « Le mineur et l'incapable, qui ont contracté sans l'autorisation de leur père, tuteur ou curateur, ne sont pas obligés à raison des engagements pris par eux, et peuvent en demander la rescision dans les conditions établies par le présent dahir. Cependant, ces obligations peuvent être validées par l'approbation donnée par le père, tuteur ou curateur, à l'acte accompli par le mineur ou l'incapable. Cette approbation doit être donnée en la forme requise par la loi ».

1239 Omar Azziman, *Droit civil, Droit des obligations : Le contrat,* vol. 1, Casablanca : Le Fennec, 1995, p. 82.

loi qui régit le statut personnel, car les articles 4 à 13 édictent une série de règles relatives au sort des actes accomplis par un incapable, à la possibilité pour le tuteur de valider les actes de l'incapable, à la détermination des personnes pouvant se prévaloir de l'incapacité pour attaquer le contrat, aux actes qui peuvent être valablement accomplis par un mineur autorisé à exercer le commerce, aux pouvoirs des tuteurs et à la validité des actes accomplis par les représentants des incapables, etc. ces dispositions constituent donc un corpus spécial tendant à régir les actes accomplis par un incapable et les degrés d'intervention dans la gestion du patrimoine de son tuteur, le cas échéant.

Par contre, en droit marocain des collectivités locales, il n'en est rien. On n'est pas en présence de personnes morales que leur incapacité juridique empêche d'agir, en droit comme en fait. Au contraire, les textes attribuent aux structures administratives territoriales que sont les collectivités locales, d'abord une personnalité juridique, et ensuite une autonomie financière, la première s'entend comme « (…) un ensemble de droits et d'obligations d'une part et d'autre part, de la faculté de celui qui les possède de les faire valoir dans le commerce juridique pour la défense de ses intérêts »[1240].

La personne morale, quant à elle, est : « un groupement de personnes ou de biens ayant la personnalité juridique et par conséquent, titulaire de droits et d'obligations »[1241]. Or, les collectivités territoriales étant des personnes morales, elles peuvent accomplir tous les actes résultants de cette existence propre, disposer d'un patrimoine et engager leurs responsabilités. C'est de cette interpénétration entre personnalité juridique et personnalité morale que la Constitution de 2011 dispose en son article 135 que : « les collectivités territoriales du Royaume sont les régions, les préfectures, les provinces et les communes. Elles constituent des personnes morales de droit public et gèrent démocratiquement leurs affaires (...) » ; sinon à quoi servirait-il de consacrer la libre administration des collectivités locales[1242], c'est-à-dire, qu'elles aient des compétences et des ressources propres – c'est la signification presque épithète du deuxième attribut, qui est l'autonomie financière – si elles ne disposaient pas de la faculté de prendre les décisions qui les engagent et d'agir en justice afin de défendre leurs intérêts.

Ainsi, même si la loi constitutionnelle marocaine ne fait pas expressément mention de la personnalité juridique, l'on en déduit que la collectivité territoriale décentralisée est nécessairement une personne juridique. L'autonomie fonctionnelle reconnue aux collectivités locales, n'est en effet que la conséquence de cette personnalité juridique.

[1240] R. Guillien et J. Vincent, (dir.), *Lexique des termes juridiques*, 13e éd, Paris, Dalloz, 2001, p.413.

[1241] *Ibid.*

[1242] *Cf.* pour plus de développements sur le principe de la libre administration des collectivités territoriales en droit français, l'ouvrage de Michel Verpeaux, *Droit des collectivités territoriales*, op.cit. p. 99 et s.

En définitive, il apparaît clair que le terme « tutelle » est l'un des moins appropriés à caractériser les rapports de surveillance ou de contrôle administratif qu'exerce le gouverneur, dans son rôle de représentant de l'Etat sur les collectivités locales. Cet usage terminologique abusif, viderait de son sens le principe de « libre administration », norme, désormais constitutionnelle, puisque la dernière loi fondamentale la consacre expressément dans son article 136, en disposant que : « L'organisation territoriale du Royaume repose sur les principes de libre administration (...) ».

En conséquence, parler de décentralisation, de certaines structures administratives signifie que celles-ci, peuvent disposer d'elles-mêmes, en d'autres termes : « Il y a décentralisation, si et lorsque les autorités administratives locales ont le pouvoir de prendre des décisions, poser des normes de leur seule volonté et librement »[1243].

Certes, les collectivités territoriales marocaines jouissent aujourd'hui, d'une autonomie administrative et financière (articles 135 et 136 de la Constitution de 2011). Mais, dans le cadre d'un Etat unitaire, cette liberté n'est jamais totale, même lorsque les organes locaux bénéficient d'une compétence discrétionnaire. Elle s'inscrit nécessairement, comme pour toute autorité administrative, dans le respect du principe de la légalité.

Dans cet ordre d'idées, en France, le Conseil constitutionnel, a dans une décision du 25 février 1982 explicitement rappelé que : « le principe de légalité exige à la fois le respect des attributions du législateur et celui des règles supérieures de droit par lesquelles la Constitution adoptée par le peuple (…) a proclamé l'indivisibilité de la République, affirmé l'intégrité du territoire et fixé l'organisation des pouvoirs publics. De même, le fait que les collectivités disposent d'une autonomie administrative, sous-entend qu'elles doivent avoir une administration et un personnel propre pour gérer les intérêts locaux »[1244].

L'octroi aux collectivités de la personnalité juridique entraîne l'autonomie financière, sans laquelle, fautes de ressources propres et de toute possibilité d'action, il n'est pas question qu'elles puissent gérer leurs affaires[1245]. L'autonomie financière s'analyse par la capacité des collectivités territoriales à générer des ressources nécessaires au financement de leur politique de développement. Cette autonomie s'accommode de divers

---

[1243] J.Baguenard, *La décentralisation*, op.cit, p.56.

[1244] Michel Bernard, *Le droit constitutionnel des collectivités territoriales*, in. Cahiers du Conseil constitutionnel n° 12, Dossier, mai 2002. Dans l'exercice de la compétence qu'il tient du 1er alinéa de l'article 72, le législateur doit " assurer le respect des prérogatives de l'État (…) " Dans les départements et les territoires, le délégué du gouvernement a la charge des intérêts nationaux, du contrôle administratif et du respect des lois." Bien que ce texte ne vise que les départements et les territoires, les prérogatives qu'il reconnaît à l'État doivent aussi être sauvegardées dans d'autres collectivités territoriales créées par la loi : régions (déc. n° 82-137 DC, 25 févr. 1982, cons. n° 4).

[1245] J. Rivero et J. Waline, *Droit administratif*, 18ème éd, Paris, Dalloz, 2000, p. 311.

transferts financiers de l'Etat. Néanmoins, l'efficacité de cette autonomie est subordonnée à la détention de moyens propres de financement suffisant[1246].

En tout état de cause, relativement à la terminologie utilisée, on a essayé de trouver une terminologie alternative au terme « tutelle », c'est ainsi que le terme « contrôle hiérarchique », expression considérée plus précise, en ce qu'elle met l'accent sur le pouvoir d'annulation et de réformation du représentant de l'Etat, autorité supérieure, sur la collectivité, autorité subordonnée, apu être avancé et défendu par certains auteurs[1247].

Pour Eisenmann : « un contrôle est l'opération qui consiste à vérifier si des objets concrets sont conformes ou ne sont pas conformes au schéma idéal d'un objet correct, tel que le dessine une norme que l'on peut appeler norme de contrôle (...) Un contrôle, c'est essentiellement une vérification de conformité, de la conformité d'objets à un modèle, à un type, à une norme. »[1248]

Quoi qu'il en soit, nous partageons à cet égard l'avis de M. Ollivier qui pense que : « la terminologie « tutelle » présente le double vice d'être inapte à qualifier les relations qui nous intéressent ici et qui relève plus du discours politique que de la sémantique juridique. Il s'agit d'un terme qui, du fait de son caractère offensant, dénoncé en son temps par Alexis de Tocqueville, invite à toujours plus de centralisation, et non d'un vocable de nature à décrire de façon pertinente l'état du droit positif. Nous lui préférons donc des terminologies plus neutres : « surveillance », « contrôle administratif » de l'Etat sur les collectivités locales, leurs établissements publics et leurs groupements. »[1249]

B. Suppression ou allègement de la tutelle

Il convient de souligner que c'est à propos dudomaine du contrôle de l'Etat sur les collectivités territoriales, qu'apparaît le plus l'évolution constante de la mission du gouverneur au Maroc. C'est en contact avec la

[1246] D'ailleurs, en France, le principe de l'autonomie financière est considéré comme une condition de la réalisation du principe de la libre administration. « L'existence de ressources propres et suffisantes est érigée en condition de la libre administration » (Michel Verpeaux, op.cit, p. 103) à cet égard, le Conseil constitutionnel s'est reconnu compétent pour contrôler des lois (portant fixation par le législateur d'exonération ou de diminution d'impôts locaux) et poser des limites à l'intervention du législateur. Il a ainsi affirmé le principe selon lequel la loi ne saurait avoir pour effet de restreindre les ressources fiscales des collectivités territoriales au point d'entraver leur libre administration. Mais cette jurisprudence a posé des critères flous mais surtout a eu une portée limitée, puisque le Conseil n'a jamais sanctionné les mesures qui lui ont été soumises (Déc. du 24 juillet 1991 n° 91-298 DC relative à la suppression par une loi portant disposition d'ordre économique et financier d'une ressource de la ville de Paris, déc. n° 98- 405 DC du 29 décembre 1998, relative à la réforme de la taxe professionnelle, et déc. n° 2000-432 DC du 12 juillet 2000). Droit des collectivités territoriales, op.cit, p. 104.

[1247] St. Caporal, *Histoire des institutions publiques de 1789 à nos jours* Hachette supérieur, DL 2005. (HU. Droit), p. 140.

[1248] Charles Eisenmann, *Centralisation - Décentralisation*, L.G.D.J. Paris, 1948, p. 145.

[1249] Marc Ollivier, *Condition et Compétences Préfectorales*, op.cit. p. 337.

préfecture, la province et la région que surgissent les transformations qu'a connu cette fonction tout au long de son existence. Contrairement à la situation du préfet en France, où les communes disposaient déjà de la personnalité morale avant l'établissement de l'institution préfectorale, au Maroc, le premier texte ayant créé la nouvelle fonction de gouverneur en 1955[1250]évoquait plus les provinces et préfectures, ce qui a lié dès le départ le destin de ce haut fonctionnaire à ces circonscriptions territoriales plus étendues et plus importantes dans le découpage territorial du Royaume.

En France, la « tutelle administrative », du moins dans sa conception traditionnelle, a été supprimée en deux temps, par les lois de la décentralisation, du fait de l'inconstitutionnalité[1251]. Initialement, la loi du 2 mars 1982, telle qu'elle a été adoptée, prévoyait que les délibérations et actes des collectivités locales étaient exécutoires de plein droit, avec l'obligation toutefois de les transmettre au préfet dans un délai de quinze jours après leur adoption[1252].Une loi complémentaire fut adoptée le 22 juillet 1982. Elle a eu pour effet de compléter la loi précédente en éclairant les conditions d'exercice du contrôle administratif sur les actes : ceux-ci ne deviennent exécutoires qu'à la double condition d'avoir été publiés et transmis au préfet.

Cependant, afin de prévenir des abus préjudiciables à l'intérêt général, l'Etat exerce un pouvoir, véritable devoir, de surveillance sur les collectivités locales et leurs assemblées décentralisées. Au Maroc, cette action appelée habituellement « tutelle » est exercée par le gouverneur en tant que représentant de l'Etat exclusivement, cela signifie qu'aucune collectivité territoriale ne peut s'en prévaloir dans ses relations avec les autres collectivités territoriales, afin d'exercer une forme de tutelle, sous quelque forme que ce soit. En conséquence, la perspective de la suppression pure et simple de l'autorité du contrôle de tutelle, dans le contexte marocain, paraît une hypothèse irréalisable, voire impossible.

1. L'impossibilité de la suppression totale de la tutelle du gouverneur

Les modalités d'exercice de la tutelle exposent le fondement de la conception de décentralisation, ces modalités ne sont pas uniques et changent d'une origine politique à l'autre. Ainsi, à la différence du système libéral, où les décisions des pouvoirs décentralisés sont exécutoires de plein droit, sous réserve, du contrôle juridictionnel, existent divers régimes de

[1250] La fonction « moderne » de gouverneur n'a été créée qu'en 1955, par le dahir du 16 décembre 1955, Dahir du 16 décembre 1955 relatif à l'organisation provinciale, tel qu'il a été modifié par les dahirs du 6 février 1956 et du 13 octobre 1956. B.O. N° 2252, du 23 décembre 1955. Mais la fonction de gouverneur n'a été organisée proprement qu'en 1957.

[1251] Michel Verpeaux, *Droit des collectivités territoriales*, op.cit, p. 23.

[1252] Le Conseil constitutionnel a cependant estimé que le préfet devait avoir connaissance de l'acte avant que celui-ci ne devienne exécutoire, afin d'être en mesure de saisir le juge en cas d'illégalité (décision 82-137 DC du 25 février 1982). La loi fut néanmoins promulguée en étant amputée des dispositions jugées inconstitutionnelles.

contrôle des collectivités locales, en effet, il existe d'abord un système intermédiaire qui reconnaît aux décisions des pouvoirs décentralisés le caractère exécutoire, sous réserve de leur annulation par l'autorité de tutelle dans des conditions de motifs et de délais bien déterminées par la loi. Le système le plus rigoureux, ensuite, conditionnera l'entrée en vigueur des décisions des pouvoirs décentralisés à l'approbation expresse des autorités de tutelle[1253].

Le régime marocain de tutelle a prévu un savant dosage des diverses modalités précitées, tendant à réduire plus ou moins le pouvoir d'action des collectivités locales. La liste assez longue des matières soumises à l'approbation de l'autorité de tutelle laisse entendre que les pouvoirs centraux, représentés par le gouverneur, demeurent les véritables concepteurs des politiques générales et économiques décidées au niveau local. Au fond, l'existence d'un système de tutelle traduit la vision étriquée de la décentralisation qui domine les pouvoirs centraux, ce qui est de nature à restreindre le pouvoir de décision des collectivités locales décentralisées, et les met, par voie de conséquence, dans une perpétuelle dépendance à l'égard du pouvoir central de l'Etat. De ce fait, cette forme de tutelle, d'une façon ou d'une autre, restreint considérablement l'autonomie des pouvoirs décentralisés, et celle de l'opportunité particulièrement tend à effacer complètement le pouvoir décisionnel décentralisé.

En ce qui a trait à l'éventuelle suppression de la tutelle administrative exercée par le représentant du pouvoir central sur les collectivités locales, il y a lieu d'exposer aux avis des auteurs les plus autorisés en pareille matière. Selon eux, la tutelle ne saurait être supprimée complètement, puisque cette notion serait consubstantielle à l'existence des collectivités territoriales. Plusieurs auteurs[1254] ont exprimé cela en plaidant fortement pour le maintien de cette mesure[1255].

Les tenants de cette thèse expliquent que la tutelle administrative est un mécanisme protecteur de l'organe contrôlé, dès lors que ce pouvoir ne s'exerce que dans le cadre de la loi, (pas de tutelle sans texte), les collectivités territoriales voient ainsi, leur autonomie placée sous la protection de la loi. Dans ce sens, un auteur avance que : « même si le terme « tutelle » est sans doute dévalorisant, sa signification juridique permet de maintenir un écartement nécessaire entre les organes de l'Etat et ceux de la collectivité, c'est elle qui permet de faire échapper la collectivité à la hiérarchie organique de l'Etat »[1256]. De plus, ce système permet, à la différence du pouvoir hiérarchique de tenir compte de la personnalité

[1253] B. Zyani, *Décentralisation et réforme administrative au Maroc*, Communication présentée au 4e forum méditerranéen du développement du 8-10 avril 2002, Amman.

[1254] Dont R. Chapus, *Droit Administratif général*, Tome 1er, 15eédition Domat Droit public, Montchrestien, p. 408.

[1255] Jean Rivero et Jean Waline, *Droit administratif*, 1re édition, Dalloz, 1994, p. 271.

[1256] M. Doat, *Recherche sur la notion de collectivité locale en droit administratif français*, L.G.D.J, 2003, 311, p. 151.

juridique reconnue aux structures décentralisées, et qu'il respecte la coupure institutionnelle en garantissant à la collectivité locale un contrôle neutre, raisonnable et infaillible, qui trouve son origine dans la toute-puissance de la loi, expression de la volonté générale.[1257]

Plaidant pour la même thèse, Serge Regourd[1258] pense que la tutelle, en tant que telle, n'a pas été remise en cause avec la réforme de 1982, « pas même dans la rédaction de la loi telle que déférée devant le Conseil constitutionnel, parce que le législateur ne dispose pas du pouvoir juridique pour ce faire, puisque la tutelle est assimilable au « contrôle administratif » de l'article 72 de la Constitution de 1958 »[1259], les changements ayant affecté la tutelle n'ont, d'après cet auteur qu'une portée « procédurale »[1260].

Si l'on revient à la situation au Maroc, on trouve que le législateur a soumis les collectivités locales à une tutelle très stricte des pouvoirs centraux, prenant alors diverses formes. Il en a résulté une ingérence importante de la part des autorités de tutelle dans les affaires locales de la province et la préfecture particulièrement. On distingue, à cet égard, deux catégories de tutelle : celle sur les personnes et celle sur les actes. La première peut concerner tous les organes locaux. Elle touche aussi bien les présidents des assemblées, les élus pris individuellement que les conseils à titre collectif. Elle se matérialise par diverses modalités, que nous détaillerons plus loin, notamment, la suspension et la révocation, voire la dissolution des conseils, tel que prévu par les articles 20 à 28 de la loi portant organisation des préfectures et provinces. Et la deuxième catégorie s'exerce sur les actes qu'il appartient aux autorités décentralisées d'effectuer.

La doctrine voit là une profonde atteinte à l'autonomie des pouvoirs décentralisés et par conséquent à leur liberté de gestion des affaires

---

[1257] M. Doat, *Recherche sur la notion de collectivité locale en droit administratif français*, op.cit, (page précitée)

[1258] Serge Regourd, *L'acte de tutelle en droit administratif français*, Thèse droit, L.G.D.J (Col. « Bibliothèque de droit public », 1982, 539, p.24-29.

[1259] En effet, dans ses attendus la décision du Conseil constitutionnel français du 22 février 1982enonce que : « 1- Considérant que, pour contester la conformité à la Constitution de la loi soumise à l'examen du Conseil constitutionnel, les auteurs des saisines soutiennent que ses articles 2, 3 et 4 relatifs aux communes, 45, 46 et 47 relatifs aux départements, et 70 relatifs aux régions seraient contraires à l'article 72, alinéas 2 et 3, de la Constitution, en ce qu'ils ne confèrent au délégué du Gouvernement dans les départements et régions, à l'égard des délibérations et des actes illégaux des autorités territoriales, d'autre pouvoir que celui de les déférer au tribunal administratif, au terme d'un délai d'attente, sans que ce recours ait de plein droit effet suspensif et qu'ainsi le délégué du Gouvernement ne pourrait plus exercer le contrôle administratif, assurer le respect de la loi et préserver la liberté des citoyens ; 2- Considérant qu'aux termes de l'article 72, alinéa 2 de la Constitution, les collectivités territoriales "s'administrent librement par des conseils élus et dans les conditions prévues par la loi"; que l'alinéa 3 du même article précise que « dans les départements et territoires, le délégué du Gouvernement a la charge des intérêts nationaux, du contrôle administratif et du respect des lois ».

[1260] Serge Regourd, *L'acte de tutelle en droit administratif français*, op.cit. p. 616.

locales[1261]. Comparée à la tutelle sur les personnes, la tutelle sur les actes est plus fréquente, cela s'explique par le fait que ses modalités d'exercice donnent une plus grande liberté d'appréciation aux pouvoirs centraux et leur représentant. Elle prend, ainsi diverses formes, à l'instar de l'annulation, la réformation, l'approbation préalable, voire même la substitution dans certains cas.

Selon un auteur[1262] l'existence d'un système de tutelle porte clairement atteinte à l'autonomie des pouvoirs décentralisés, les organes qui l'exercent disposent d'un fondement antinomique avec la décentralisation, et de ce fait, elle est considérée comme un régime d'exception au principe de l'autonomie des collectivités locales. Alors que selon un autre auteur, les pouvoirs de l'autorité de tutelle sont théoriquement limités par la notion même de décentralisation. Les autorités décentralisées en vertu de la charte constitutive des collectivités locales ont une autonomie administrative à laquelle l'autorité de tutelle ne peut porter atteinte. En revanche, il appartient à cette dernière de veiller à ce que les autorités décentralisées s'acquittent de leurs fonctions dans le respect des textes[1263].

Nous pensons, pour notre part, qu'il convient de distinguer les deux types de tutelle de contrôle. D'une part, celle qui permet au pouvoir central et ses représentants locaux de veiller à ce que les autorités décentralisées agissent dans le respect de la loi, c'est-à-dire, s'acquittent de leurs responsabilités négativement et positivement : en s'abstenant de contrevenir à la loi et en exécutant les prescriptions légales. A cet égard, il paraît évident que l'autorité centrale exerce, par l'intermédiaire du gouverneur un contrôle diligent destiné à surveiller l'observation des règles légales, et de se substituer même à ces autorités en cas de négligence ou de d'inobservation grave des règlements. C'est le contrôle qui ne porte que sur la légalité des actes des collectivités décentralisées.

Et d'autre part, celle qui vise la conformité ou la compatibilité des décisions des autorités décentralisées avec les objectifs poursuivis sur le plan central. Le but recherché étant de faire obstacle à ces décisions pour incompatibilité avec la politique nationale, c'est un contrôle d'opportunité.

A cet égard, on peut conclure que seul le premier type de contrôle de légalité demeure respectueux de l'autonomie des collectivités locales, alors que la deuxième forme du contrôle d'opportunité restreint beaucoup plus strictement cette autonomie, et tend même si elle est appliquée largement à porter gravement atteinte aux finalités attendues de la décentralisation.

Enfin, quel que soit le discours, plus ou moins fantasmé sur la suppression du contrôle administratif du gouverneur sur les collectivités

---

[1261] Tarik Zair,*La Gestion décentralisée du développement économique au Maroc*, op.cit. p. 366.

[1262] Tarik Zair, La Gestion décentralisée du développement économique au Maroc, op.cit, p. 364.

[1263] Michel Rousset et Jean Garagnon, Droit administratif marocain, op.cit, p.36.

locales, il faut souligner qu'il est, néanmoins, resté une des missions gubernatoriales à la fois classique et permanente. La question de la tutelle administrative du gouverneur sur les collectivités provinciales et préfectorales a fait l'objet également de discussions doctrinales, alors même qu'elle a été perçue en tant que moyen tendant à placer les collectivités locales sous une étroite dépendance par rapport à l'Etat central, ce qui a donné naissance à de multiples conflits et de grandes rivalités entre les élus locaux et les services déconcentrés au niveau local [1264], elle a été, néanmoins, justifiée en tant que spécificité liée au système administratif marocain, puisque selon un auteur[1265] :« le concept de décentralisation, quant à l'objet et au contenu, est mal cerné et défini. La conception anglo-saxonne de la décentralisation (self-government) diffère, quant au contenu, dans la mesure où le gouvernement local exprime l'idée de l'autonomie et la non subordination à l'égard de l'administration centrale, alors que la vision marocaine de la décentralisation, influencée par le système français du rôle des collectivités locales, est plus restrictive et la décentralisation marque seulement, selon Jean Rivero « une tendance à écarter le pouvoir du centre »[1266], tout en maintenant un pouvoir de tutelle sur les collectivités décentralisées.

En tout état de cause, force est d'admettre que malgré toutes les critiques qu'on peut lui opposer, la tutelle administrative reconnue au gouverneur sur les personnes et sur les actes dans la préfecture et la province, n'a jamais été supprimée, elle a plutôt subi un adoucissement dans ses manifestations, et un allègement certain dans ses effets.

2. L'allègement de la tutelle gubernatoriale sur les collectivités locales

En France, dès la moitié du XIXe siècle, particulièrement à partir d'une loi de 1866[1267], on a assisté à un élargissement considérable des cas de délibérations réglementaires exécutoires sans autorisation, pour les départements. Avant cette époque, on s'étonne aujourd'hui du récit d'un ancien préfet : « tout ce qui n'est pas explicitement désigné dans les attributions spéciales du Conseil général et du Conseil de préfecture appartient au préfet... il suffit de remarquer que les préfets remplacent les administrations de département... Par rapport au Conseil général, explique-t-il, l'autorité du préfet n'intervient dans ses opérations qu'en ce qui concerne

---

1264 Tarik Zair,La Gestion décentralisée du développement économique au Maroc, op.cit, p. 171.

1265 Driss Basri, La décentralisation au Maroc, de la commune à la région, Ed. Nathan, 1994, p. 46.

1266 Jean Rivero, *Droit administratif*, Paris, 1967, p. 24, cité par Driss Basri, *La décentralisation au Maroc, de la commune à la région*, op.cit, (page précitée).

1267 Loi du 18 juillet 1866. Voir. J. Liegeois, *Des attributions des conseils généraux ou explication pratique de la loi du 18 juillet 1866*, 2d Edition. Imp. N. Colin.1867.

la fixation du prix de la journée de travail pour la base de la contribution personnelle. Chaque année, le préfet doit rendre compte des dépenses qu'il a ordonnées sur les centimes départementaux. Il présente ce compte au Conseil général qui y fait ses observations. Le compte est ensuite arrêté par le ministre de l'Intérieur. Le préfet présente aussi au Conseil général le projet des dépenses qui doivent être acquittées sur les mêmes centimes pour l'exercice futur ; le Conseil émet son vœu sur chaque article ; et l'Empereur en conseil d'Etat, arrête ensuite le budget. »[1268]

Pour la doctrine française commentant les lois adoptées entre 1866 et 1871, cet allègement de la tutelle administrative s'est opéré : « en deux étapes, celle des lois de 1866 et 1871, le préfet a cédé une partie de ses pouvoirs à un organe élu, le représentant du gouvernement s'est incliné devant le représentant du peuple. »[1269]

Toutefois, le mouvement d'allègement de la tutelle s'est passagèrement inversé à partir de 1935 à cause des tensions intérieures et extérieures. Il a repris à partir des années 1950. En 1954, le Conseil d'Etat a jugé que l'autorité de tutelle ne peut exercer que les prérogatives qui lui sont attribuées par la loi[1270]. On a remarqué dès lors en 1962, que « la tutelle est rendue légère pour les petites villes, et bien davantage encore pour les grandes. »[1271] La loi du 31 décembre 1970 sur la gestion municipale et les libertés communales comportait même un titre intitulé : « L'allègement de la tutelle administrative » et réduisait le pouvoir des autorités de tutelle dans une mesure que l'on n'avait jamais osé envisager.

Toujours en France, en 1976, le ministre de l'Intérieur, Monsieur Poniatowski avait déclaré : « Un grand nombre de textes législatifs et réglementaires ont progressivement supprimé la tutelle juridique pesant sur le département et la commune, dans la ligne des lois de 1871 et 1884. »[1272] C'est cette évolution continue qui permit à Monsieur Jean-Claude Hélin d'écrire qu'en 1982 : « la tutelle ne paraissait guerre perçue comme l'un des principaux obstacle à la décentralisation »[1273].

Aujourd'hui le principe du contrôle administratif du préfet sur les collectivités décentralisées est inscrit à l'article 72 de la Constitution française de 1958 : « Dans les collectivités territoriales de la République, le représentant de l'État, représentant de chacun des membres du

---

[1268] Commentaire de Jean-Joseph Lagarde, préfet de Seine et Marne, Répertoire universel et raisonné de jurisprudence - Répertoire de Merlin -, 5e éd., Bruxelles, 1825-1828, 36, vol. Tome 24, p. 50 et s.

[1269] Amet (J.), L'évolution des attributions des préfets de 1800 à nos jours, Thèse Droit Paris, 1954, p. 84

[1270] M. Ollivier, *Conditions et compétences préfectorales*..., op.cit. p. 340.

[1271] R.Bonnaud-Delamare, *Le préfet dans le cadre de la constitution française de 1958*, in R.I.S.A, 1961, p. 12.

[1272] M. Poniatowski, *Préface*, Adm, 1976, n° 94, p. 15.

[1273] J-C. Hélin, *La prétendue suppression de la tutelle*, p. 613, cité par Marc Ollivier, *Conditions et compétences préfectorales*..., op.cit. p. 341.

Gouvernement, a la charge des intérêts nationaux, du contrôle administratif et du respect des lois. »[1274]

Au Maroc, le gouverneur, agent de l'Etat, agissant en représentation des intérêts publics, a depuis toujours exercé ce contrôle[1275] comme un élément fondamental de sa mission d'administration générale de la collectivité locale où il est nommé, un facteur permanent d'efficacité et de performance pour le pouvoir central. Or, dans le contexte marocain, l'exercice de ce contrôle n'est pas sans poser de problèmes dans les rapports entre le gouverneur et la collectivité décentralisée, et par ricochet entre l'Etat et les structures locales. En effet, dans la culture marocaine, la notion de contrôle est encore très largement suspecte. Elle évoque dans l'imaginaire populaire la quête de la fraude plutôt que l'évaluation. Le contrôle est vécu comme un pouvoir de sanction et de répression. Les aspects positifs constructifs et réformateurs du contrôle sont ainsi évacués de cette perception encore largement dominante. La culture du contrôle fait malgré tout, depuis peu, *son petit bout de chemin* au Maroc, même si elle n'investit pas encore totalement les mœurs administratives ; tant au niveau de l'administration de l'Etat que des administrations locales.[1276]

En réalité, si l'on a pu remarquer au niveau des communes qu'elles : « ont évolué, tout au long de leur fabuleux parcours presque à la marge des contrôles. Elles ont vécu en effet une sorte d'état de grâce et de laisser-faire, pendant toute la longue période qu'a nécessité la mise sur les rails de la lourde et difficile entreprise de décentralisation de 1976. Cette sorte de parapluie qui a accompagné leur mise en place n'a pas eu que des vertus. Les communes en ont tiré une sorte d'immunité et ont fini par y lire une sorte de reconnaissance d'un pouvoir totalement délié, dont les conséquences se lisent sur plusieurs registres de leur bilan politique, administratif,

---

[1274] A l'heure actuelle, enFrance, le préfet exprime l'autorité de l'Etatà l'égard des collectivités décentralisées, en s'assurant de leur respect des lois et de l'ordre publicpar le biais de l'usage de l'arme du « déféré préfectoral » outil, moins immédiat et moins restrictifque celui de la tutelle rigoureuse qu'il exerçait avant les lois de 1982. Cet outillui offre uniquementla possibilité de saisir le juge administratif aux fins d'annulation a posteriori de l'acte local incriminé.

[1275] Le contrôle peut prendre plusieurs formes, en dehors de celui qu'exerce le gouverneur au nom de l'Etat. En France, outre le contrôle démocratique exercé par les électeurs à chaque consultation électorale et la participation des administrés ou des usagers dans certaines structures particulières, il existe un mécanisme tout à fait original et ancien qui a connu un certain renouveau. Ainsi l'article L.2132-5 du CGCT autorise, en effet, un contribuable communal à exercer toutes les actions contentieuses de la commune, que ce soit en défense ou en demande, lorsque celle-ci refuse ou néglige d'exercer une action. Il doit pour celafaire, obtenir l'autorisation de plaider de la part du tribunal administratif, qui n'intervient pas ici en tant que juge mais comme une autorité administrative. Cetteprocédure a été étendue aux contribuables départementaux. Cf. Michel Verpeaux, Droit des collectivités territoriales, op.cit, p. 131-132.

[1276] Mostapha Fikri, *La bonne gouvernance administrative au Maroc, mission possible*, op.cit. p. 240-241.

économique et social, et se mesurent à l'aune de leurs performances ou encore du déficit d'image qui les affecte dans l'opinion publique »[1277].

Au surplus, au niveau des textes, c'est plutôt une tendance à l'allègement du contrôle de tutelle qui a été observée, ainsi le contrôle qu'exerçait le gouverneur sous le règne du dahir de 1963, sur les préfectures et provinces était presque parfait. La loi n° 79-00 relative à l'organisation des préfectures et provinces promulguée par dahir n° 1-02-269 du 3 octobre 2002[1278], a revu le régime des préfectures et des provinces qui était régi par un texte vieux de 40 ans. L'architecture générale du nouveau régime de tutelle des préfectures et provinces a produit une sorte d'amenuisement et d'allègement du contrôle gubernatorial sur ces collectivités territoriales.

Cet allègement de la tutelle du gouverneur dans la préfecture et la province s'est traduit, en effet, par un élargissement des attributions du président du conseil préfectoral et provincial et aussi par une sorte de décélération du contrôle administratif exercé par le gouverneur.

a. Elargissement des attributions de l'assemblée préfectorale et provinciale et de son président

Le nouveau texte a élargi considérablement les attributions de l'assemblée préfectorale et provinciale par rapport à celles confiées par le dahir de 1963 relatif à l'organisation des préfectures et provinces et de leurs assemblées. Cette loi prévoit que l'assemblée exerce notamment des compétences propres et des compétences qui lui sont transférées par l'Etat. Elle gère les affaires de la province ou de la préfecture, et prend à cette fin des dispositions nécessaires pour le développement économique, social et culturel de la province ou de la préfecture, dans le cadre du respect des attributions accordées aux autres catégories des collectivités locales. Elle confère, en outre, à l'assemblée le pouvoir de prendre les mesures nécessaires pour la promotion de l'investissement, notamment, par la création de zone s d'activités économiques, ou la participation à leur aménagement et équipement. En matière de coopération, elle confie à l'assemblée préfectorale ou provinciale, la réalisation seule ou en partenariat avec l'Etat, la région ou une ou plusieurs communes rurales de toutes actions permettant le développement et la réalisation des programmes d'équipement dans le monde rural.

La réforme de 2002 instaure au profit de l'assemblée préfectorale et provinciale, dans les limites du ressort territorial de la préfecture ou la province, à titre de compétences propres, conformément aux lois et règlements en vigueur, un véritable pouvoir de contractualisation,

[1277] M. Brahimi, *De l'efficacité des contrôles exercés sur les collectivités locales*, REMALD, n° 23, avril -juin 1998, p. 35.

[1278] B.O. n° 5058 du 21 Novembre 2002, p. 1370. (A noter que ce texte a été abrogé par la loi organique n° 112-14 relative aux préfectures et provinces du 7 juin 2015 publiée au B.O n° 6380).

puisqu'elle lui reconnaît le droit de conclure, de manière autonome, des conventions de partenariat avec les administrations publiques, collectivités locales, les organismes publics et privés et les acteurs sociaux, en vue de promouvoir le développement économique et social.

En comparaison avec les attributions prévues par le dahir de 1963, la loi de 2002 a élargi considérablement les attributions propres de l'assemblée préfectorale et provinciale, qui ont connu une progression quantitative et qualitative notable, ne représentant pas moins de 23 domaines d'intervention. On peut citer, entre autres, que l'assemblée préfectorale ou provinciale exerce à titre de compétences propres : l'ouverture de comptes spéciaux ; décide non seulement des emprunts mais également des garanties à consentir ; la promotion de l'emploi dans le cadre des orientations fixées au niveau national ; décide de la création d'un service public de transport intercommunal ainsi que son mode de gestion ; veille à la conservation à l'entretien et à la rationalisation de la gestion des biens de la province ou de la préfecture ; participe à la réalisation des programmes d'habitat, au réaménagement du tissu urbain ainsi que l'habitat insalubre en milieu urbain et rural ; veille à la protection de l'environnement ; prend toute action de nature à promouvoir le sport, la culture et les activités sociales ; prend toute action de nature à favoriser la solidarité sociale et participe à toute action à caractère social ; étudie et approuve les conventions de jumelage et de coopération avec les collectivités territoriales étrangères, et ce après l'accord de l'autorité de tutelle (le gouverneur).

Il importe de souligner également que la grande nouveauté apportée par la loi actuelle par rapport au dahir de 1963, c'est qu'en plus des attributions propres, certaines attributions peuvent être transférées par l'Etat à l'assemblée préfectorale et provinciale, portant notamment sur les domaines suivants : l'enseignement secondaire et technique : création et entretien des collèges et des instituts spécialisés ; la santé : création et entretien des hôpitaux et dispensaires ; la formation professionnelle ; la formation des fonctionnaires des collectivités locales et des élus locaux ; les infrastructures et les équipements ainsi que les programmes de développement et d'investissement qui concernent la préfecture ou la province. De surcroît, la loi précise que tout transfert d'attributions doit être accompagné de l'octroi des ressources correspondantes.

Il faut souligner, à ce propos qu'aux termes de la loi, les rapports quotidiens qu'entretient le président de l'assemblée préfectorale et provinciale sont établis essentiellement avec le gouverneur qui devrait rester au fait des affaires de la préfecture et la province et que lorsque l'on parle d'Etat ou de région on entend, gouverner ou wali.

Dans le même sens, l'assemblée peut en outre faire des propositions sur toutes les questions intéressant le développement de la province ou la préfecture, à l'exception des propositions ayant un caractère politique.

Comme nous le voyons, l'examen des attributions conférées par la nouvelle loi aux assemblées préfectorales et provinciales, démontre, à n'en point douter, que certaines de ces attributions risquent de créer des situations de double emploi, de chevauchement ou du moins d'absence de coordination dans l'action administrative entre, d'une part, les assemblées préfectorales et provinciales et les gouverneurs, et d'autre part, les autres services et autorités chargés d'intervenir dans les mêmes domaines, comme les entités qui s'occupent de la promotion de l'investissement et la création de zones d'activités économiques, la promotion de l'emploi, l'adoption de mesures tendant à promouvoir et soutenir les actions à caractère social et les mesures à caractère caritatif, la promotion du sport, la protection de l'environnement, le promotion des activités socioculturelles, etc.[1279]

En ce qui a trait à l'extension des attributions du président de l'assemblée préfectorale et provinciale, la loi lui a consacré tout un chapitre. Elle prévoit que le président représente la préfecture ou la province dans toutes les affaires civiles, administratives et juridiques. Il ne peut intenter un procès qu'en exécution d'une délibération de l'assemblée. Néanmoins, dans certains cas, il peut intenter des actions en justice sans l'accord préalable de l'assemblée : dans le cas du recours en appel ou du recours en référé. Ces dérogations sont justifiées à notre sens, car le recours en appel constitue la suite de la procédure acceptée initialement par l'assemblée. C'est le cas également pour le recours en référé qui nécessite la rapidité dans le déclenchement de la procédure.[1280]

Le texte de 2002 a eu le mérite de prévoir des dispositions traitant des personnes qui assistent le président de l'assemblée préfectorale ou provinciale. Ainsi, le président est assisté d'un chef de cabinet et d'agents chargés de missions détachés de l'administration auprès de lui ou recrutés directement par voie contractuelle. Le chef de cabinet et les chargés de mission sont recrutés par arrêté du président de l'assemblée visé par le wali ou le gouverneur.

En outre, la loi a prévu une disposition nouvelle qui permet au président de l'assemblée de déléguer par arrêté une partie de ses attributions à un ou plusieurs conseillers. Les arrêtés de délégation doivent être affichés au siège de la préfecture ou de la province et publiés afin d'être connus par le public.

A cet égard, attribution plus importante encore a été reconnue au président, qui peut demander la tenue d'une réunion lors des sessions ordinaires de l'assemblée, consacrée aux questions posées au gouverneur par les membres de l'assemblée et qui concernent les affaires rentrant dans le cadre des attributions de cette dernière.

Le ministre de l'Intérieur dispose d'un délai d'un mois pour répondre à la motion à l'assemblée. Au cas où le ministre ne répond pas dans le délai

---

[1279] M. Fikri, *La bonne gouvernance administrative au Maroc : mission possible*, op.cit. p. 269.

[1280] Hassani Ben Bachir, *Les apports et les limites de la loi 79-00 relative à l'organisation des préfectures et des provinces*, in « La nouvelle charte communale » vers une collectivité locale citoyenne », REMALD, n° 44, 2003, p. 38.

requis ou au cas où sa réponse est jugée non satisfaisante, l'assemblée préfectorale ou provinciale peut intenter un recours auprès du tribunal administratif dans un délai de 30 jours à partir de la fin du délai de réponse prévu ou à partir de la date de la réponse jugée non satisfaisante. Le tribunal administratif statue dans un délai d'un mois à partir du dépôt du recours.

b. La décélération de la tutelle gubernatoriale

Le texte actuel prévoit qu'un certain nombre de matières qu'il énumère expressément[1281] (budget, emprunts et garanties, détermination des taxes et redevances, création d'entreprises d'économie mixte, conventions de jumelage avec les collectivités locales étrangères, contrats de prêts dont la durée dépasse dix ans, etc.) ne sont exécutoires qu'après approbation du wali ou du gouverneur en tant qu'autorité de tutelle.

Force est de constater à cet égard que des matières qui nécessitaient auparavant, pour leur approbation, le visa du wali ou du gouverneur, ont été, simplement supprimées de la nouvelle loi, notamment : l'acceptation des dons et legs ; les plans et programmes de développement régional et de mise en valeur intéressant la préfecture ou la province ; le classement des routes, leur entretien, rectification ou extension.

Sur le plan de la procédure du contrôle de tutelle : le wali ou le gouverneur doit adresser au ministre de l'Intérieur dans les 15 jours qui suivent la fin de la session des copies de toutes les délibérations relatives aux matières énumérées dans l'article 69 précité, et le défaut de réponse dans les 45 jours par le ministre de l'Intérieur, vaut approbation de la délibération. Cette disposition constitue une avancée considérable, dans le sens de la décentralisation, par rapport au dahir de 1963 où le défaut de réponse par le ministre de l'Intérieur valait rejet de la délibération. C'est, en soi, une disposition qui atteste incontestablement de l'allègement du contrôle de la tutelle.

Au demeurant, il importe de souligner que le délai de réponse du ministre de l'Intérieur a été réduit de 3 mois à 45 jours. De plus, une disposition nouvelle prévoit que le ministre de l'Intérieur peut demander une nouvelle lecture d'une délibération prise par l'assemblée qu'il ne peut pas approuver.

Du reste, dans l'hypothèse où le conseil maintient sa décision initiale, le Chef du Gouvernement peut sur proposition du ministre de l'Intérieur, statuer sur la décision prise par décret motivé. En ce qui concerne les délibérations, autres que celles qui sont assujetties à l'approbation préalable, la loi énonce que le président de l'assemblée préfectorale ou provinciale adresse dans un délai de 8 jours qui suivent la fin de la session, copies de toutes les délibérations au wali ou au gouverneur.

[1281] Ces matières sont énumérées dans l'article 69 de la loi de 2002 précitée (abrogée elle-même en 2015).

A ce titre, les délibérations sont exécutoires, sauf en cas de refus motivé du wali ou du gouverneur, adressées dans un délai de trois jours suivant la réception des délibérations. Cette disposition a eu le mérite de raccourcir les délais par rapport à l'ancien dahir de 1963. En plus, il y aeu une déconcentration de la tutelle, dans la mesure où ce n'est plus le ministre de l'Intérieur qui statue en dernier ressort sur ces délibérations mais le wali ou le gouverneur.

En définitive, concernant la tutelle, la loi a eu le mérite de rationaliser davantage la gestion des rapports entre l'Etat et les collectivités préfectorales et provinciales, cela s'est opéré par un allègement de la tutelle administrative, produit par : un raccourcissement des délais dans lesquels doit répondre le wali, le gouverneur, ou le ministre de l'Intérieur ; une moralisation dans la gestion des affaires préfectorales et provinciales par la responsabilisation accrue des élus. Et dans certains types de décisions, il y a eu « une déconcentration plus avancée » de la tutelle du ministre de l'Intérieur au profit des walis et gouverneurs.

Parallèlement à ces nouvelles dispositions ayant modifié les rapports entre les gouverneurs et les élus des collectivités préfectorales et provinciales, d'autres dispositions avaient maintenu la prépondérance du premier au détriment des édiles locaux. Les justifications que l'on avait avancé tiennent, comme l'explique la doctrine : « à la spécificité de la décentralisation marocaine et par ailleurs, parce que les notions de tutelle et de décentralisation quoiqu'apparemment contradictoires, en ce que, d'un côté, l'Etat décentralise et d'un autre côté, il maintient un contrôle qui limite les effets de la décentralisation. Cette contradiction se manifeste au niveau de la perception qu'ont les élus locaux de la tutelle, tantôt considérée comme une entrave au processus de décentralisation, tantôt voulue et souhaitée »[1282]. Ce qui a plaidé en faveur du maintien d'un contrôle administratif atténué, exercé par le gouverneur sur les personnes et sur les actes des assemblées provinciales, correspondant aux fondements constitutionnels et légaux qui l'encadre.

Paragraphe II. Les fondements constitutionnels et légaux de la tutelle

Aujourd'hui c'est la Constitution de 2011, elle-même, qui confie au gouverneur une mission de surveillance et de contrôle des collectivités territoriales. Mais il faut souligner que ceci est le fruit d'une longue évolution. En effet, l'article 95 de la Constitution de 1962, faisait déjà allusion au rôle des gouverneurs dans la surveillance de l'application de la loi par les collectivités préfectorales et provinciales, cet article disposait déjà que : « dans les préfectures et provinces, les gouverneurs exécutent les

[1282] Driss Basri, *La décentralisation au Maroc, de la commune à la région*, op.cit. p. 47.

décisions des assemblées préfectorales et provinciales. Ils coordonnent en outre l'action des administrations et veillent à l'application des lois. »

Ensuite, dans la Constitution de 1996, l'article 101, disposait dans les mêmes termes que : « Dans les préfectures et provinces, les gouverneurs exécutent les décisions des assemblées préfectorales et provinciales. Ils coordonnent en outre l'action des administrations et veillent à l'application des lois ». Et l'article 102 précise que : « Dans les préfectures et provinces, les gouverneurs exécutent les décisions des assemblées préfectorales et provinciales. Ils coordonnent en outre l'action des administrations et veillent à l'application des lois. ». Les deux textes constitutionnels ne mentionnaient pas expressément la mission de tutelle confiée aux gouverneurs, il fallait la lire par déduction de leur rôle de représentant de l'autorité de l'Etat.

Ainsi, dans ces Constitutions on ne retrouvait pas une utilisation expresse de la terminologie « tutelle » ou « contrôle administratif », les rédacteurs constitutionnels se contentaient de tournures sémantiques visant la prérogative gubernatoriale de « surveillant » de la bonne application des lois et règlements, c'est ainsi que dans la première loi constitutionnelle du 7 décembre 1962, l'article 95 précité, fait allusion aux gouverneurs qui *veillent à l'application des lois.* On comprend que parmi les attributions des gouverneurs, le constituant n'a pas omis de souligner l'importance de la surveillance de l'application des lois. Il en découle, par interprétation extensive, que les gouverneurs sont l'organe déconcentré, représentant l'Etat central chargé du contrôle administratif avec toutes ses composantes.

Dans la Constitution de 1996, l'article 102 reprend la même formulation. La même lecture permet de déduire que les gouverneurs sont les garants de l'application saine des lois et règlements dans la préfecture ou la province, et par voie de conséquence, ils sont habilités à assurer le contrôle administratif.

En revanche, l'actuelle Constitution est plus explicite, eu égard au rôle d'autorité de tutelle du gouverneur. Elle dispose, en effet, dans son article 145 que : « dans les collectivités territoriales, les walis de régions et les gouverneurs de provinces et préfectures représentent le pouvoir central. Au nom du gouvernement, ils assurent l'application des lois, mettent en œuvre les règlements et les décisions gouvernementales et exercent le contrôle administratif », C'est la première fois que la loi fondamentale consacre « littéralement » l'exercice du contrôle de tutelle du gouverneur sur les collectivités territoriales.

Cette évolution constitutionnelle du rôle de contrôle administratif du gouverneur au Maroc est similaire à la situation du contrôle du préfet français qui n'a été expressément prévu que par la réforme constitutionnelle de 2003 qui prévoit dans son article 72 alinéa 6 que : « dans les collectivités territoriales de la République, le représentant de l'Etat, représentant de chacun des membres du gouvernement, a la charge des intérêts nationaux, du contrôle administratif et du respect des lois », il est à remarquer que cette obligation a valu pour toutes les collectivités territoriales. Avant la révision constitutionnelle de 2003, l'expression « dans les départements » renvoyait à la fois aux départements et aux communes, et le terme « territoire » ne se limitait pas aux seuls territoires d'Outre-mer, mais renvoyait à toutes les autres catégories de collectivités locales créées par la loi.

Du reste, la dernière Constitution de juillet 2011 rompt avec l'imprécision qui régnait et consacre indubitablement, le pouvoir gubernatorial du contrôle administratif, en vertu de son article 145 précité. Cette rédaction n'est pas sans rappeler la formulation de l'alinéa 6 de l'article 72 de la Constitution française du 4 octobre 1958 susvisée. Le même article dans sa rédaction précédente, disposait que : « Dans les départements et les territoires, le délégué du Gouvernement a la charge des intérêts nationaux, du contrôle administratif et du respect des lois ».On remarque le changement d'appellation de l'institution chargée du contrôle, dans la première rédaction, elle était qualifiée de *« délégué du Gouvernement »*, et dans la deuxième, elle est dénommée « représentant de l'Etat, représentant de chacun des membres du Gouvernement ».

A ce propos, le Professeur Verpeaux souligne que : « La rédaction de l'alinéa 6 de l'article 72 de la Constitution est très générale, et peut prêter à de multiples interprétations ou applications. Cette disposition a d'ailleurs pu encadrer aussi bien le régime de la tutelle d'avant 1982, que celui du contrôle de légalité en vigueur depuis cette date. Les modifications de cet alinéa intervenues en 2003 ne concernent pas les modalités du contrôle, mais la dénomination de celui qui est chargé de l'exercer. De « délégué du gouvernement » dans la rédaction antérieure, il devient « le représentant de l'État », ce qui reprend la terminologie utilisée depuis les lois de 1982. L'expression est moins politique et plus abstraite. Elle désignait néanmoins les mêmes autorités que sont les préfets dans les départements (...) »[1283].

Au sujet de la particularité du droit des collectivité territoriales français en ce qui a trait au contrôle administratif des structures locales par le représentant du pouvoir central, le Professeur Verpeaux soutient que : « Le contrôle exercé par le représentant de l'État est une des façons d'assurer la prééminence des intérêts nationaux sur les intérêts locaux et de faire prévaloir l'unité de l'ordre juridique français sur l'ensemble du territoire, la loi doit être appliquée de la même manière, et le contrôle exercé en vertu de cet article 72 de la Constitution est le moyen le plus propice pour atteindre ce résultat. »[1284]

[1283] Michel Verpeaux, *Droit des Collectivités territoriales*, op.cit. p. 132-133. Monsieur Verpeaux ajoute, à ce propos, que la mission de contrôle est assurée « dans les collectivités territoriales de la République », qu'il considère comme une formule moins heureuse, que la précédente qui prévoyait que les délégués agissaient dans les départements et les territoires ce qui désignait seulement le cadre géographique de leur action, alors qu'il est évident qu'il n'existe pas un représentant de l'État chargé du contrôle dans chacune des collectivités territoriales principalement les communes. *Droit des Collectivités territoriales*, op.cit. p. 132-133.

[1284] Michel Verpeaux, *Droit des Collectivités territoriales*, op.cit, p. 133

Au Maroc, la dernière Constitution de 2011 use d'une terminologie heureuse et qualifie ainsi les actes de tutelle du gouverneur de « contrôle administratif », et consacre clairement la mission de contrôle du gouverneur, par son article 145, mais il ne faut pas s'arrêter à cette première dimension. Il convient de préciser que cette consécration fait ressortir que, même si les dispositions concernant le principe de « la libre administration »[1285] et celui du contrôle administratif ne sont pas contenues dans le même article, ces dernières n'ont pas moins concilié entre les deux principes constitutionnels désormais, de libre administration des collectivités territoriales et la nécessité du contrôle administratif.

S'agissant des fondements légaux du pouvoir de contrôle de tutelle du gouverneur, il convient de relever que leur déclinaison est réalisée essentiellement par les dispositions de la loi n° 79-00 relative à l'organisation des collectivités préfectorales et provinciales, promulguée par le dahir n° 1-02-269 du 3 octobre 2002. Cette loi, en effet, réserve le titre VI à la tutelle, et prévoit dans son article 59 que les délibérations du conseil préfectoral ou provincial portant sur un certain nombre de matières ne sont exécutoires, qu'après avoir été approuvées par l'autorité de tutelle.

Il serait utile à présent d'examiner brièvement les multiples modalités d'application de l'exercice du contrôle de tutelle, autrement dit, les méthodes de déploiement des mécanismes d'intervention du gouverneur en tant que tuteur des collectivités locales décentralisées.

Paragraphe III. Les modalités d'exercice du contrôle de tutelle

La doctrine[1286]considère que la place prépondérante laissée au gouverneur et son influence sur la marche des affaires de la sphère préfectorale et provinciale, ainsi que la persistance d'une tutelle administrative même « desserrée », constituent autant de limites du nouveau dispositif juridique préfectoral et provincial essentiellement. Puisqu'en vertu de l'article 46 de la loi de 2002, conformément aux décisions de l'assemblée préfectorale ou provinciale, le gouverneur dispose toujours de larges pouvoirs dans le cadre de plusieurs domaines, notamment, en matière d'exécution du budget ; de détermination du taux des taxes et redevances ; d'approbation des marchés de travaux, de fournitures et de prestations de services ; de gestion et conservation des biens de la préfecture et de la province ; de passation des actes de location, de vente, d'acquisition et d'échange de toute transaction qui concerne le domaine privé de la préfecture ou la province ; de prise des

---

[1285] L'article 136 de la Constitution de 2011 dispose que : « l'organisation territoriale du Royaume repose sur les principes de libre administration, de coopération et de solidarité. Elle assure la participation des populations concernées à la gestion de leurs affaires et favorise leur contribution au développement humain intégré et durable. »

[1286] Mostapha Fikri, *La bonne gouvernance administrative au Maroc : mission possible*, op.cit. p. 276.

mesures nécessaires à la gestion du domaine public préfectoral ou provincial ; d'acquisition, de dons et legs au profit de la préfecture ou de la province et de conclusion des conventions de partenariat et de jumelage.

Aussi, sur demande du gouverneur, le président peut-il convoquer l'assemblée en session extraordinaire. En outre, il peut s'opposer par décision motivée à l'exécution du règlement intérieur de l'assemblée préfectorale ou provinciale, et dispose également de la latitude d'inscrire à l'ordre du jour des sessions les matières qu'il voudrait soumettre à l'examen de l'assemblée. Le gouverneur ou son représentant assiste aux séances du conseil sans participer au vote. Enfin, à sa demande, les fonctionnaires des services extérieurs dans la province ou la préfecture peuvent assister aux travaux de l'assemblée, et peuvent également décider de réunir l'assemblée à huit clos s'il estime que la réunion de cette dernière est susceptible de troubler l'ordre public.

Par ailleurs, à partir d'un rapport, le gouverneur a la possibilité de demander la dissolution de l'assemblée préfectorale ou provinciale. Il peut également demander au ministre de l'Intérieur, la démission d'office d'un membre qui aura manqué deux sessions sans excuse légitime admise par l'assemblée. Néanmoins, cette demande doit être accompagnée d'un avis motivé du conseil préfectoral ou provincial.

Par ces multiples interventions dans l'organisation des réunions périodiques des assemblées provinciales et par sa participation aux commissions formées par celles-ci, le gouverneur, représentant du pouvoir central parvient aisément à contrôler les travaux des élus.

En tout état de cause, dans la tutelle qu'exerce le gouverneur sur les collectivités locales, et en particulier, sur la préfecture et la province, on distingue traditionnellement la tutelle sur les personnes et la tutelle sur les actes. Aussi, convient-il de souligner qu'il existe une possibilité de recours juridictionnel contre les actes de tutelle du gouverneur.

A. Le contrôle de tutelle sur les personnes

Cette tutelle concerne les membres du conseil et le conseil lui-même. Dans la première situation il s'agit de la démission d'office et dans la seconde, de la suspension ou de la dissolution du conseil.

1. La démission d'office

Cette procédure sanctionne plusieurs comportements inappropriés des conseillers. Il s'agit tout d'abord de l'absentéisme, du refus du membre du conseil de siéger après convocation à trois sessions successives sans motif reconnu légitime ; ou bien refus de remplir une fonction dévolue par la loi sans excuse valable : après avoir été invité à fournir ses explications, il peut être déclaré démissionnaire d'office, par arrêté motivé du ministre de l'Intérieur. Cette procédure est déclenchée, la plupart du temps, par le gouverneur directement après avis du conseil.

En outre, si un membre du conseil commet des actes contraires à la loi, au règlement ou aux règles éthiques de la fonction publique, il est révoqué par décret motivé, après avoir été invité à fournir des explications par écrit, il peut également, à titre conservatoire, être suspendu par arrêté motivé du ministre de l'Intérieur pour une durée maximum d'un mois.

Au registre des comportements interdits, les membres des conseils ne peuvent entretenir des relations fondées sur des intérêts privés, à quelque titre que ce soit, et particulièrement en ce qui a trait aux marchés publics passés par la collectivité ; l'élu convaincu de cette infraction peut se voir révoqué par décret motivé après avoir été invité à présenter des explications[1287].

Plusieurs autres situations justifient l'application de la mesure de démission d'office, notamment, pour sanctionner l'impossibilité pour le membre d'un conseil élu président ou vice-président s'ils élisent domicile à l'étranger, ou bien pour sanctionner l'interdiction de cumuler les fonctions de président avec celles de président d'une autre collectivité locale.

De surcroît, le président ou le vice-président qui sont reconnus responsables de fautes graves dans l'exercice de leurs fonctions, peuvent être suspendus par arrêté motivé du ministre de l'Intérieur pour une durée d'un mois ou révoqués par décret motivé après avoir été entendus ou invités à fournir des explications écrites sur les faits qui leur sont reprochés. Notons enfin, que s'il a été révoqué, le président ou le vice-président se trouve, de plein droit, inéligible à ces fonctions pour le reste du mandat.

2. La suspension et la dissolution du conseil

Le conseil peut être dissous si son fonctionnement risque d'être compromis ou les intérêts de la collectivité se trouvent être menacés, la dissolution est prononcée par décret motivé st s'il y a urgence, le ministre de l'Intérieur peut le suspendre pour une durée de trois mois maximum par arrêté motivé. A cet égard, il ne faut pas passer sous silence la situation où le conseil ne peut être constitué ou s'il a cessé d'exister du fait de la démission de tous ses membres, une délégation spéciale est désignée alors, par arrêté

1287 La mesure de révocation est considérée comme une sanction disciplinaire qui ne se confond pas, bien entendu, avec la poursuite pénale au titre des infractions de concussion (art.243), de corruption (art.248), de dilapidation de deniers publics, etc. qui sont prévues par le code pénal (Chapitre III, Section III, Des détournements et des concussions commis par des fonctionnaires publics (de l'article 241 à l'article 247), et Section IV, De la corruption et du trafic d'influence (de l'article 248 à l'article 256)), afin de réprimer ce type de comportement des fonctionnaires publics, ou des personnes auxquelles l'Etat confie un mandat public. Cependant, à la situation du président de conseil ou du conseiller convaincu de comportements délictueux, dans le cadre d'un conflit d'intérêts dans le domaine des marchés publics, le texte applicable est l'article 245 du code pénal.

du ministère de l'Intérieur, dans un délai de quinze jours à compter du jour de la cessation des fonctions du conseil.

Cette délégation, compte conformément à la loi de 2002 cinq personnes, si le conseil comportait moins de 23 membres et sept au-delà. Elle est présidée par le gouverneur ou le wali, qui exerce les fonctions du président du conseil ; il peut déléguer une partie de ses fonctions aux membres de la délégation spéciale ; celle-ci ne dispose que des pouvoirs nécessaires pour prendre les décisions et accomplir les actes de pure administration urgente et ne peut engager les finances de la collectivité au-delà des ressources disponibles de l'exercice courant.

En tout état de cause, des élections doivent être organisées dans les 90 jours à compter de la cessation des fonctions du conseil, sauf si l'on se trouve dans le trimestre qui précède le renouvellement général des conseils préfectoraux et provinciaux.

B. Le contrôle de tutelle sur les actes

Il convient d'indiquer de prime abord, que le gouverneur dispose, dans le cadre de ce qu'on appelle le pouvoir de substitution, de la possibilité de se substituer au président du conseil, au cas où celui-ci, refuse ou s'abstient de prendre les actes qui lui sont impartis par la loi ; si ce refus nuit à l'intérêt général ou porte atteinte aux droits des particuliers. Dans le cadre de son rôle de substitution, le gouverneur, supplante le président, après l'avoir mis en demeure, et procède d'office à la réalisation de l'acte en cause ; l'arrêté de substitution doit être motivé et fixe avec précision l'objet de la substitution[1288].

Il importe de signaler également que le pouvoir de substitution du gouverneur existe aussi en matière budgétaire, en ce qui a trait aux dépenses budgétaires obligatoires, qui ne seraient pas inscrites au budget, ou bien dans la situation où le budget n'est pas voté à temps : l'inscription d'office au budget des dépenses obligatoires était prévue en vertu de l'article 24 du dahir portant loi du 30 septembre 1976 réglementant les finances locales, qui prévoyait également la reconduction d'office du budget de fonctionnement de l'année précédente par arrêté du ministre de l'Intérieur (article 14).

Aujourd'hui, la loi n° 45-08 relative à l'organisation des finances des collectivités locales et de leurs groupements[1289], prévoit dans son article 26

[1288] En vertu de l'article 44 de la loi n° 79-00 relative à l'organisation des collectivités préfectorales et provinciales : « lorsque le président du conseil préfectoral ou provincial refuse ou s'abstient de prendre les actesqui lui sont légalement impartis, et que ce refus ou cette abstention a pour effet de se soustraire à une disposition législative ou réglementaire, de nuire à l'intérêt général ou de porter atteinte à des droits desparticuliers, le wali ou le gouverneur peut, après l'en avoir requis, y procéder d'office par arrêté motivé, fixantl'objet précis de cette substitution. »

[1289] Dahir n° 1-09-02 du dahir portant promulgation de la loi n° 45-08 relative à l'organisation des finances des collectivités locales et de leurs groupements, B.O. n° 5714 du 5 mars 2009.

que : « dans le cas où le budget n'est pas approuvé avant le 1erjanvier, l'ordonnateur[1290] peut être habilité par décision de l'autorité de tutelle, à recouvrer les recettes et à engager, liquider et mandater les dépenses de fonctionnement dans la limite des crédits inscrits au budget de l'année précédente et ce, jusqu'à l'approbation du budget. Durant cette même période, l'ordonnateur est habilité à liquider et à mandater le remboursement des annuités d'emprunt et le règlement des décomptes relatifs aux marchés dont les dépenses ont été dûment engagées ».

Eu égard, au pouvoir de substitution du gouverneur, il faudrait préciser qu'il a fait l'objet d'un texte spécifique, en l'occurrence, le décret du 2 juillet 2004[1291] qui habilite le représentant de l'Etat à exercer le pouvoir de substitution aux prérogatives reconnues aux autorités locales décentralisées, en ce qui concerne la collectivité locale se trouvant dans son ressort territorial. De ce fait, le gouverneur agit en se substituant au président du conseil communal dans les cas prévus aux articles 47 ; 49 ; 50 ; 51 et 52 du dahir portant loi n° 78-00 relative à la charte communale[1292], en plus des articles 41 et 55 de la loi n° 12-90[1293] relative à l'urbanisme et des articles 3 et 59 de la loi n° 25-90 relative aux lotissements, groupes d'habitations et morcellements[1294].

En outre, le gouverneur exerce le pouvoir de substitution en vertu des modalités prévues conformément à l'article 109 de la loi n° 78-00 précitée portant charte communale, dans le cas où le président du conseil communal s'abstient ou refuse d'exercer une prérogative dans le cadre de son pouvoir de substitution, lui-même, au président d'arrondissement qui s'abstient d'exécuter ou de prendre un acte qui lui est imparti par la loi[1295].

Par ailleurs, la requête présentée par un tiers au gouverneur, dans le cadre de l'article 2 du décret de 2004 précité, doit être accompagnée d'une pièce

---

[1290] Le même texte (*Cf* . note précédente) définit les ordonnateurs par type de collectivités locales dans son article 2 ainsi ; (est) ordonnateur : le wali, gouverneur de la préfecture ou de la province chef-lieu de région pour les régions, legouverneur pour les préfectures et les provinces, le président du conseil communal pour les communes urbaines et rurales, le wali-gouverneur de la préfecture de Rabat pour la commune urbaine de Rabat, lespachas des méchouars pour les communes de méchouars, le président du conseil de groupement pour legroupement des collectivités locales, le président du comité inter-régional de coopération pour les comitésinter-régionaux de coopération, le président du conseil d'arrondissement pour les arrondissements. »

[1291] Décret n° 2.04.161 du 2 juillet 2004, B.O n° 5230, du 15 juillet 2004, p. 2890 et le B.O rectificatif du 20 janvier 2005 n° 5294.

[1292] Dahir n° 1 - 08-153 du 18 février 2009 portant promulgation de la loi n° 17 -08 modifiant et complétant la loi n° 78 -00 portant charte communale, telle que modifiée et complétée.

[1293] Dahir n° 1-92-31 portant promulgation de la loi n° 12-90 relative à l'urbanisme, B.O. 15 juillet 1992.

[1294] Dahir n° 1-92-7 du 17 juin 1992 portant promulgation de la loi n° 25-90 relative aux lotissements, groupes d'habitations et morcellements.

[1295] L'article 109 dispose : « lorsque le président du conseil d'arrondissement refuse ou s'abstient de prendreles actes qui lui sont légalement impartis, le président du conseil communal peut, après miseen demeure infructueuse, et accord exprès du wali ou du gouverneur, y procéder d'office. »

ou document justifiant de la date et du dépôt de la demande objet de la requête auprès des services compétents de la commune.

Au demeurant, le pouvoir de substitution ne peut être mis en œuvre parle gouverneur qu'après information préalable du wali et notification écrite et motivée, comportant l'objet de la substitution d'une manière précise, adressée au président du conseil communal concerné pour le mettre en demeure de prendre l'acte qui lui est imparti. La mise en demeure doit être assortie d'un délai fixé selon la nature de l'acte à accomplir par le gouverneur afin de permettre au président de commune concernée d'assumer ses responsabilités.

Toutefois, ce délai ne peut, en aucun cas, être supérieur à un mois, ni inférieur à huit jours, sauf en cas d'extrême urgence où il peut être ramené à trois jours. Le délai accordé au président du conseil communal court à compter de la date de la réception de la mise en demeure. Lorsqu'à l'expiration du délai imparti, le président du conseil communal persiste dans son abstention ou son refus, le gouverneur prend un arrêté énonçant les motifs et l'objet de la substitution, objet de la mise en demeure. A cet effet, il dispose de tous les pouvoirs et moyens matériels et humains nécessaires pour l'exercice de l'acte que le président a refusé de prendre et peut requérir le personnel nécessaire à la mise en œuvre des mesures ordonnées.

Du reste, l'arrêté du gouverneur est pris au lieu et place du président du conseil communal. L'arrêté du gouverneur est notifié par celui-ci au wali, au président du conseil communal, à l'administration chargée de son exécution et, le cas échéant, au directeur du centre régional d'investissement. Les fonctionnaires de l'Etat et les agents de la commune, chacun en ce qui le concerne, sont tenus d'exécuter l'arrêté pris par le gouverneur en vertu de l'article 2 du décret de 2004 susmentionné.

Dans ce cadre, le problème a été posé de savoir si le gouverneur, en vertu du décret du 2 juillet 2004, peut se substituer non seulement aux présidents des conseils communaux pour leurs prérogatives habituelles, mais aussi concernant d'autres attributions relatives à l'organisation administrative et budgétaire des collectivités locales. La jurisprudence a eu à se prononcer sur une telle question en avançant que : « la signification du pouvoir de substitution du gouverneur en lieu et place des présidents des conseils locaux, conformément à l'article 49 du dahir portant loi n° 78-00 relative à la charte communale, se limite aux attributions des présidents des conseils communaux dans l'exécution des délibérations desdits conseils, et la prise des mesures nécessaires à cet effet, ainsi que l'exercice de la police administrative (...) sans qu'il les dépasse pour inclure aussi le domaine de l'organisation financière, et en particulier, l'exécution des dépenses publiques conformément au dahir du 30 septembre 1976 relatif à l'organisation des finances locales »1296.

[1296] Arrêt de la Cour suprême (Chambre administrative) n° 754 du 2 juin 2004, dossier administratif n° 2291/4/2002, in. Revue de Jurisprudence de la Cour suprême n° 62, p.382 (en langue arabe).

En ce qui concerne l'exercice du contrôle de tutelle sur les délibérations du conseil préfectoral et provincial, le principe est celui de l'approbation par le ministre de l'Intérieur de certaines délibérations qui sont énumérées par l'article 59 de la loi n° 79-00, cette approbation est obligatoire pour que la délibération devienne exécutoire. Or, en cas de silence de l'administration de tutelle dans un délai de 45 jours à compter de la date de réception de la délibération, cela vaudrait approbation tacite. En plus, le refus de délibération se doit d'être motivé.

L'article 59 précité énumère 11 délibérations devant recevoir ce genre d'approbation : comprenant des délibérations du domaine financier (comptes spéciaux, budget, compte administratif, ouverture d'emprunts, taux des taxes, tarifs et redevances), mode de gestion des services publics, création ou participation à des sociétés d'économie mixte, conventions de partenariat, conventions de coopération décentralisée, gestion du domaine privé, occupation du domaine public avec emprise, baux dont la durée dépasse dix années.

De plus, le ministre de l'Intérieur dispose de la possibilité de provoquer une seconde délibération par une demande motivée, si le conseil maintient sa délibération, le chef du gouvernement décide par décret motivé de la suite à donner après avis du ministre de l'Intérieur.

Lorsqu'une délibération rejette le compte administratif présenté par le gouverneur ou le wali, elle doit faire l'objet d'un traitement particulier : ce rejet se doit d'être motivé, le procès-verbal des délibérations mentionne le ou les motifs du rejet ; une deuxième délibération peut être demandée, si le conseil maintient sa décision de rejet, le ministre de l'Intérieur saisit la Cour régionale des comptes du compte administratif en question. Ensuite la Cour régionale des comptes dispose d'un délai de 2 mois pour rendre sa décision.

Enfin, le gouverneur doit recevoir dans la huitaine qui suit la clôture de la session, une expédition de toutes les délibérations qui ne rentrent pas dans la liste de l'article 59 précité (article 62). En tout état de cause, les délibérations sont exécutoires sauf opposition motivée et uniquement dans les cas de nullité de droit ou d'annulabilité, et cela, dans les trois jours suivant la date de réception (article 62, 2e alinéa). La nullité de droit frappe les délibérations portant sur un objet étranger aux attributions du conseil ou qui sont prises dans l'inobservation des règles légales. Cette nullité est prononcée par arrêté motivé du ministre de l'Intérieur, et ce, à tout moment de la prise de la délibération litigieuse. L'annulabilité, quant à elle, intéresse les délibérations auxquelles aurait pris part un conseiller dans une situation de conflit d'intérêt soit directement soit indirectement. L'annulation est prononcée par le ministre de l'Intérieur, soit d'office, soit à la demande de toute personne intéressée, et ce, dans les 30 jours suivant la clôture de la session en question.

D'une façon générale, l'annulation dresse obstacle à une opération illicite et à toute reprise de la délibération illégale. En effet, la jurisprudence traditionnelle du conseil d'Etat en France affirme que l'acte qui n'a pas été approuvé « n'est pas devenu définitif. »[1297], mais il existe, il est en germe, et il a pu même produire un certain effet par lui-même, avant l'intervention du tuteur, représentant de l'Etat.

Toutefois, comme on vient de le relever, le gouverneur, n'est pas l'autorité chargée d'annuler les délibérations de l'assemblée, certaines matières sont annulables par le ministre de tutelle, il en est ainsi, des délibérations relatives à des objets qui ne sont pas légalement compris dans les attributions de l'assemblée. Cette délibération, même si elle est nulle de plein droit, la nullité de cette délibération ne peut être déclarée que par arrêté du ministre de l'Intérieur. Il n'en est pas de même de la délibération à laquelle participe un conseiller intéressé à titre personnel ou comme mandataire. Une telle délibération est annulable et non nulle de plein droit. La raison en est que le but visé par le législateur est simplement d'éviter la collusion. S'il apparaît que celle-ci ne s'est pas produite, il n'y a aucune raison d'annuler la délibération si l'intérêt de la collectivité y trouve son compte.

Enfin, l'initiative de la demande d'annulation éventuelle appartenant à toute personne intéressée, il s'agit alors d'un contrôle de légalité largement ouvert et la nullité peut être prononcée par arrêté du ministre de l'Intérieur basé sur un rapport motivé du gouverneur.

C. Les recours juridictionnels contre les actes de tutelle

Il convient de préciser tout d'abord, que le texte de 1963 qui reconnaissait en matière de tutelle sur les assemblées préfectorales et provinciales de larges pouvoirs aux gouverneurs, prévoyait dans son article 47 que : « sur rapport du gouverneur, le ministre de l'Intérieur peut proposer la dissolution de l'assemblée. La dissolution est prononcée par décret et ne peut faire l'objet d'aucun recours », cette dernière expression « ne peut faire l'objet d'aucun recours » posait un véritable problème d'interprétation, puisque l'on ne savait pas, si, effectivement, elle excluait tout recours juridictionnel à l'encontre du décret de dissolution.

Selon un auteur : « l'expression insusceptible « de voies de recours » n'exclut pas, bien entendu, le recours pour excès de pouvoir devant la chambre administrative de la Cour suprême.[1298]» d'autant plus que l'appréciation des motifs invoqués pour justifier la dissolution est alors libre et il peut s'agir en particulier de motifs politiques[1299]. A l'appui de cette lecture, quelque peu, libéral du texte de l'article 47 précité, les auteurs du « Droit administratif marocain »[1300], ne citait qu'un arrêt à la suite d'un

---

[1297] C .E. le 27 avril 1923. Consorts de Fallois, cité par Said Ben Bachir, *l'administration locale au Maroc*, op.cit. p. 72.

[1298] Driss Basri, *l'administration territoriale, l'expérience marocaine*, op.cit, p. 143.

[1299] Driss Basri, *l'administration territoriale,* op.cit,(page précitée)

[1300] Michel Rousset et Jean Garagnon, *Droit administratif marocain,* cité par Abdallah Boudaharain, *Eléments de droit public marocain*, Ed. L'Harmattan, 2003, p.179.

recours formé par un pharmacien étranger (arrêt William Wall, du 18-2-1963, R, p. 126), encore que cette jurisprudence est étroitement liée à l'exercice d'une profession de santé.

S'agissant de l'éventualité de l'annulation par le juge de l'excès de pouvoir des actes de tutelle et notamment le décret de dissolution du conseil, elle n'est pas exclue. On peut d'abord noter ici que le pouvoir particulièrement fort que détenaient le gouverneur et le ministre de l'Intérieur en tant qu'autorité de tutelle a été limité relativement par la loi qui en a fixé les conditions et les limites. Ensuite, le décret de dissolution ne peut jamais être pris par voie de mesure générale, ce qui individualise la sanction et laisse apparaitre la volonté du législateur de voir le décret justifier la dissolution du conseil provincial ou préfectoral par un acte du chef du gouvernement.

D'autre part, à supposer que le juge de l'excès de pouvoir n'intervienne pas pour annuler éventuellement la décision de dissolution du chef du gouvernement, le délai maximum de trois mois imposé par la loi pour l'élection d'une nouvelle assemblée limite la portée de la dissolution car le corps électoral arbitre alors entre l'autorité de tutelle représentée par le gouverneur, et l'assemblée. Si les mêmes membres sont repris, le gouvernement doit se plier à la volonté du corps électoral.

Aussi, convient-il de souligner que la loi n° 79-00 relative à l'organisation des préfectures et provinces a abrogé le dahir de 1963, (A noter que ce texte de 2002 a été abrogé lui aussi par la loi organique n° 112-14 relative aux préfectures et provinces du 7 juin 2015 publiée au B.O n° 6380).Et qu'on n'y retrouve plus l'expression « insusceptible de recours » concernant le décret de dissolution du chef du gouvernement. Par ailleurs, il y a lieu de penser qu'avec l'adoption de la loi 41-90 relative à la création des tribunaux administratifs, toute décision administrative prise par une autorité administrative peut faire l'objet d'un recours en annulation pour excès de pouvoir[1301].

En conséquence, tous les actes de tutelle pris par le gouverneur en tant qu'autorité administrative, sont susceptibles de recours juridictionnel en annulation pour excès de pouvoir. Face à la question de pouvoir déférer les actes de contrôle du gouverneur, devant le tribunal administratif, Abdellah Boudahrain pense que : « Devant un rôle aussi dominant vis-à-vis d'une assemblée faisant office de figuration, on se demande si le recours en annulation contre les actes de tutelle du gouverneur (actes administratifs) devant la Cour suprême (La Cour de Cassation) n'est pas simplement illusoire, bien qu'on puisse le présenter comme un moyen permettant aux collectivités d'affirmer en principe leur autonomie »[1302].

[1301] *Cf.* Première partie, Titre I, Chapitre II, Section I, Paragraphe III, *Supra.*

[1302] Abdallah Boudahrain, *Eléments de droit public marocain*, op.cit, p. 179.

SECTION II. LE GOUVERNEUR : ORGANE EXÉCUTIF DE LA PRÉFECTURE ET LA PROVINCE

Dans ses dispositions relatives aux collectivités locales, le constituant marocain a toujours réservé une place au gouverneur en tant qu'organe exécutif, c'est ainsi que l'article 95 de la Constitution de 1962 prévoyait déjà que : « Dans les préfectures et provinces, les gouverneurs exécutent les décisions des assemblées préfectorales et provinciales(...) », la Constitution de 1996 avait, elle, reformulé cette fonction gubernatoriale en lui adjoignant la nécessité de se conformer à la loi : « les gouverneurs exécutent les délibérations des assemblées provinciales, préfectorales, et régionales, dans les conditions déterminées par la loi. »[1303]

La Constitution actuelle prévoit dans son article 145 que : « Dans les collectivités territoriales, les walis de régions et les gouverneurs de provinces et préfectures représentent le pouvoir central. Au nom du gouvernement, ils assurent l'application des lois, mettent en œuvre les règlements et les décisions gouvernementales et exercent le contrôle administratif. Les walis et gouverneurs assistent les présidents des collectivités territoriales et notamment les présidents des Conseils régionaux dans la mise en œuvre des plans et des programmes de développement. Sous l'autorité des ministres concernés, ils coordonnent les activités des services déconcentrés de l'administration centrale et veillent à leur bon fonctionnement »

Il convient de noter que le nouveau texte constitutionnel utilise le vocable « assistance » et non celui d'exécution des décisions de l'assemblée comme le faisaient les Constitutions précédentes. Est-ce là un remodelage du rôle du gouverneur en tant qu'exécutif des collectivités locales ? Faut-il y voir un changement fondamental du rôle prépondérant qu'assurait le gouverneur en tant qu'organe exécutif des conseils locaux ou bien n'est-ce là qu'un changement terminologique mineur ?

En effet, il ne faut pas perdre de vue que la réforme des institutions locales effectuée depuis 2002, en dépit de son caractère novateur, a laissé subsister certaines zones d'ombres, en ce qui a trait aux connexions entre les pouvoirs du gouverneur et les collectivités locales. Les prérogatives du représentant du pouvoir central au niveau local n'avaient connu aucune réelle limitation. Certes, les pouvoirs décentralisés avaient reçu bon nombre de compétences, toutefois, dans leur exercice quotidien, ils demeuraient encore dépendants de l'administration centrale de l'Etat et du gouverneur qui assure au pouvoir central une présence constante sur le terrain local. Les institutions décentralisées dans les textes, demeurent, ainsi, à nos jours étroitement contrôlées par le gouverneur, et leur pouvoir d'intervention n'a de moyen de s'exprimer qu'à travers l'immixtion des représentants de l'Etat.

Avant la Constitution de 2011, l'organe exécutif de la province n'était donc pas élu : c'est un organe désigné par le gouvernement et nommé par le

[1303] Article 101 de la Constitution de 1996.

Roi, qui en assurait la mise en œuvre,il y avait là « un trait qui n'est pas dans le sens de la décentralisation »[1304], étant donné la mission qui lui revient en tant qu'agent d'autorité, certains pourraient craindre une dictature locale[1305]. D'autant plus que d'après les premiers textes « créateurs » du corps d'où proviennent les gouverneurs, dont celui de 1963, il ne s'agit pas d'un agent d'exécution, le dédoublement fonctionnel ne doit pas faire croire que le gouverneur, agissant en tant qu'agent de la collectivité locale, va être indépendant du pouvoir central et soustrait au pouvoir hiérarchique.

En tout état de cause, aujourd'hui, c'est le gouverneur qui est en charge de l'exécution des délibérations de l'assemblée. Mais la loi a prévu des innovations qui sont semblables, au demeurant, aux dispositions prévues dans la loi 47-96 relatives à l'organisation de la région[1306]. En effet, le wali ou le gouverneur est tenu d'informer régulièrement le président de l'exécution des délibérations de l'assemblée. Il doit en outre, à son initiative ou à l'initiative du président, réunir les membres du bureau et les présidents de commissions pour les informer de l'exécution des délibérations de l'assemblée.[1307]

La loi prévoit aussi qu'au cas où l'exécution des délibérations n'est pas conforme aux décisions qui étaient prises par les membres de l'assemblée, le président peut décider après un vote à la majorité absolue des membres présents de l'assemblée, de rendre conforme l'exécution de la délibération avec la décision de l'assemblée. Si le gouverneur ne répond pas dans un délai de 8 jours après la notification d'une telle demande, l'assemblée peut voter une motion dans ce sens adressée au ministre de l'Intérieur.

Force est, toutefois, de constater que le gouverneur a longtemps joué un rôle utile grâce à sa formation et aux moyens dont il dispose, et les conseillers et les édiles locaux s'en félicitent généralement, laissés à eux-mêmes, ils ne pourraient pas jouir véritablement de la décentralisation. C'est le gouverneur qui assurait l'information de l'assemblée, préparait ses travaux, exécutait ses décisions, et il ne pouvait en être autrement.

Quoi qu'il en soit, le gouverneur, en s'acquittant de son rôle d'exécution des délibérations des assemblées préfectorales et provinciales (Paragraphe II) devait également remplir la mission d'information générale de ces mêmes conseils (Paragraphe I).

[1304] Abdelaziz Benjelloun, *Cours de droit administratif, L'organisation administrative*, Ed. Librairie AL Maarif, 1978, p. 133.

[1305] Abdelaziz Benjelloun, *Cours de droit administratif, L'organisation administrative*, op.cit, *Ibid.*

[1306] Dahir n° 1-97-84 du 2 avril 1997 portant promulgation de la loi n° 47-96 relative à l'organisation de la région, B.O. n° 4470 du 3 avril 1997.

[1307] Mostapha Fikri, *La bonne gouvernance administrative au Maroc : mission possible*, op.cit. p. 271.

Paragraphe I. Le gouverneur, organe d'information de l'assemblée

Comme nous avons pu le souligner à travers la première partie, l'information est l'un des leviers les plus importants de l'action du gouverneur, qui doit assurer au nom de l'Etat une mission visant à pourvoir aux besoins matériels et primaires essentiels des populations. Etant à la tête de tous les fonctionnaires publics dans sa circonscription, il doit être la personne la plus informée de tous les évènements susceptibles d'y influencer la vie politique, économique et sociale. Grâce à l'organisation des services de l'administration territoriale qu'il dirige, il est souvent la première personne informée de la préfecture ou la province qu'il commande.

Or, cette information, n'est pas à sens unique, le gouverneur ne se contente pas de s'informer, autrement dit, il n'est pas simplement réceptacle de l'ensemble des opinions, des sentiments, des données, des chiffres, et des rapports qu'il reçoit, il est également émetteur d'informations.

Il est alors facile de comprendre pourquoi les textes juridiques ont toujours investi le représentant de l'Etat d'une mission d'information des conseils locaux. L'information d'un organe, particulièrement d'une assemblée locale est d'une importance capitale. Il est nécessaire d'informer les conseillers, de leur présenter toutes les données au sujet d'une question pour qu'ils puissent se prononcer en connaissance de cause. Le gouverneur est bien placé pour le faire : c'est le représentant de l'exécutif et son homme de confiance, il est le chef de l'administration préfectorale et provinciale, il coordonne l'action des services extérieurs des ministères et des offices de mise en valeur, il contrôle les agents d'autorité de la province ; il est le conseiller des collectivités locales et joue aussi le rôle de médiateur et d'arbitre entre elles en cas de litige ; il connaît les problèmes qui se posent à la localité et dispose de moyens adéquats pour être lui-même informé.

Chaque année, lors de la première session ordinaire, le gouverneur est tenu de présenter à l'assemblée un rapport général portant sur la situation économique et sociale, ainsi que l'action des différents services déconcentrés du ressort territorial concerné, etc.

Par ailleurs, en raison de la brièveté des sessions de l'assemblée provinciale et préfectorale, la bonne tenue de ses délibérations est étroitement liée au sérieux de l'effort préalable d'information et d'organisation. Celui-ci revient principalement au gouverneur qui, intervenant à toutes les étapes d'élaboration d'un projet à soumettre à la décision de cette instance, se charge notamment, de bien transmettre les renseignements nécessaires et contribue amplement à la préparation de son travail. Il peut dès lors, aisément orienter ses délibérations. En effet, en raison de la place que ce dernier occupe au sein de l'administration provinciale et préfectorale, il lui incombe d'informer l'assemblée. Chef des services provinciaux et préfectoraux, coordinateur de l'action des services extérieurs de l'administration de l'État et des offices de mise en valeur agricole, contrôleur et supérieur hiérarchique des réseaux des agents d'autorité de la province, conseiller et médiateur des collectivités provinciales, il dispose d'une vue d'ensemble sur les problèmes de sa circonscription.

Jouant ainsi un rôle central dans l'information de l'assemblée provinciale, le gouverneur peut, par un savant filtrage de celle-ci, orienter les délibérations, il le peut d'autant plus facilement qu'il participe activement à la préparation de son travail. En effet, si le président est chargé de l'élaboration de l'ordre du jour, l'établissement définitif de celui-ci est subordonné à l'accord du gouverneur, la participation de ce dernier à l'établissement de l'ordre du jour lui permet de soumettre aux conseillers toutes les questions qu'il juge importantes.

Par ailleurs, c'est par l'intermédiaire du gouverneur que le président du conseil peut demander l'audition des fonctionnaires et agents des services techniques de l'Etat ou des établissements publics situés dans la préfecture ou la province.

Dans le cadre de la mission d'information des conseils locaux, l'ordre du jour de la réunion de l'assemblée, comme nous l'avons souligné précédemment, est fixé par le président, mais en accord avec le gouverneur. Ce dernier intervient pour sélectionner les questions importantes, il rassemble les documents indispensables à la tenue de la réunion.

C'est encore le gouverneur qui veille à la préparation des projets de programmes d'équipement avec l'aide de ses collaborateurs, des super-caïds et des chefs de services extérieurs, procède aux consultations des caïds et des présidents des conseils infra-préfectoraux et provinciaux que représentent les communes urbaines et rurales composant son ressort territorial, il se charge également de présenter lui-même les projets à l'assemblée.

Enfin, le gouverneur intervient en matière budgétaire et joue un rôle capital : il prépare le budget en collaboration avec les services provinciaux et préfectoraux et le présente à l'assemblée pour adoption. Avant la réforme de 2002, la doctrine regrettait que les textes n'obligent pas le gouverneur à présenter le projet à la commission du budget quinze jours au moins avant l'ouverture de la session, afin de permettre aux membres de l'assemblée de bien étudier le document qui leur était soumis[1308].

Aujourd'hui, c'est également le gouverneur qui, en vertu du Dahir n° 1-09-02 portant promulgation de la loi n° 45-08 relative à l'organisation des finances des collectivités locales et de leurs groupements[1309], prépare le projet du budget. Celui-ci est soumis à la commission chargée des questions budgétaires et financières à laquelle le wali ou le gouverneur communique, par l'intermédiaire du président, les documents nécessaires à l'exercice de

---

[1308] Abdelaziz Benjelloun, *Cours de droit administratif, L'organisation administrative*, op.cit, 1978, p. 135.

[1309] Dahir n° 1-09-02 portant promulgation de la loi n° 45-08 relative à l'organisation des finances des collectivités locales et de leurs groupements, B.O. n° 5714 du 5 mars 2009.

ses fonctions, le président peut poser toute question au gouverneur et demander la présence de fonctionnaires techniques afin d'apporter des éclaircissements nécessaires. La convocation de ces personnes ne peut se faire que par l'intermédiaire du wali ou du gouverneur.

A ce titre, force est de constater que la présence du gouverneur, dans les réunions qui débattent des questions financières ou budgétaires ne peut qu'être fort utile, même s'il y assiste à titre purement consultatif. L'étude du budget est une question d'une importance capitale, puisqu'elle permet au représentant de l'Etat d'avoir les informations actualisées nécessaires portant sur l'autonomie financière réelle de la collectivité locale, afin de pouvoir communiquer, en conséquence, ses besoins en termes de divers financements et/ou subventions aux autorités publiques compétentes. C'est ainsi que le gouverneur est la source d'information privilégiée de toutes les commissions créées par le conseil, et particulièrement les commissions en charge des questions budgétaires et financières.

Au demeurant, le rôle du gouverneur est très important pour l'adoption d'un certain nombre de délibérations essentielles. C'est le cas s'agissant de la préparation du plan de développement économique et social de la préfecture et la province, des programmes d'équipement, et de mise en valeur, etc.

Enfin, étant donné sa présence dans l'ensemble des autres instances régionales, notamment sa participation aux travaux du conseil régional auxquels il assiste, le gouverneur, et *a fortiori*, le wali, gouverneur du chef-lieu, est amené à fournir des informations générales sur la conduite des affaires de la région. Il permet ainsi une circulation de l'information entre deux échelons territoriaux favorisant la mise en œuvre d'une véritable coordination entre les différents projets qu'ils mènent en parallèle.

Paragraphe II. Le gouverneur, organe d'exécution des délibérations de l'assemblée

De toutes les attributions exercées par le gouverneur, en tant que représentant du pouvoir central, c'est certainement la disposition constitutionnelle faisant du gouverneur l'organe exécutif de la province ou de la préfecture tel que cela était le cas sous le règne de la Constitution révisée de 1996,qui se répercutait négativement, directement ou indirectement sur les pouvoirs très étendus reconnus à l'assemblée provinciale ou préfectorale. Puisque au terme de l'article 68 du dahir de 1963, c'était le gouverneur qui exécutait le budget, le gouverneur prenait des mesures nécessaires à l'exécution des délibérations de l'assemblée provinciale et préfectorale. Il disposait du pouvoir réglementaire, il était compétent pour prendre les mesures individuelles indispensables. Il rendait compte annuellement de sa gestion à l'assemblée qui apure ses comptes dans une réunion à laquelle il ne peut pas assister.

Pour remplir les missions, d'exécutif de l'assemblée le gouverneur dispose de tous les moyens nécessaires, notamment, le concours de l'autorité locale et des services extérieurs, l'assistance du Comité Technique Préfectoral et Provincial précité, et le pouvoir réglementaire, etc.

Évidemment comme le souligne Monsieur Jalal-Essaid : « la collectivité territoriale intermédiaire qui ne dispose pas de service autonome est la première à bénéficier des larges pouvoirs dévolus au gouverneur, c'est ce dernier qui met à sa disposition tous les éléments d'information nécessaire et assure en particulier la préparation des projets de budget et de programme d'équipement, seulement si cette répartition des tâches conduit généralement à une collaboration très étroites entre l'assemblée et le gouverneur, elle risque aussi, dans certains cas, d'être à l'origine d'une sorte de démission de l'entité décentralisée ou d'une subordination plus ou moins totale, risque d'autant plus certain que le bureau de l'assemblée qui se renouvelle chaque année ne jouit pas de la même stabilité que la charte communale a réalisé au niveau des communes urbaines et rurales.[1310]»

Il est aisé de comprendre que la démocratisation amorcée au niveau des collectivités territoriales intermédiaires que sont les préfectures et provinces, à ses débuts en 1963 avec la charte provinciale adoptée la même année, a probablement voulu ménager les transitions, en maintenant le contrôle direct de l'autorité centrale ou de son représentant : le gouverneur[1311]. Inutile de faire un inventaire complet de toutes les limites apportées à la décentralisation dans ce niveau territorial, elles peuvent revêtir les formes les plus variées : rôles joués par le gouverneur qui fixe la date d'ouverture de chaque session ordinaire, convo que les conseillers à une session extraordinaire, prépare le projet de budget, annonce la démission d'office en cas d'absentéisme répété est injustifié ou bien, le rôle joué par le ministre de l'Intérieur pour approuver de façon expresse toutes les délibérations de l'assemblée, et pour inscrire d'office les dépenses obligatoires, et prononcer

---

[1310] M-J Essaid, « *Les assemblées provinciales et préfectorales : une approche de la régionalisation* », in Edification d'un Etat moderne, Ouvrage collectif sous la direction de D. Basri, et alii, édit. Albin Michel, 1986, p. 158.

[1311] Alors que l'on a remarqué aussi bien sous le règne du dahir de 1963,que même après la réforme de 2002, que la fonction exécutive revenait, de droit, dans les collectivités territoriales de base,c'est-à-dire, la commune, au président élu et parmi les conseillers communaux, elle a été confiée exclusivement dans la province et à la préfecture au gouverneur, celui-ci a, en la matière, une compétence générale, il prend toute mesure pour assurer l'exécution des délibérations exécutoires de l'assemblée, en cas d'opposition du gouverneur, le recours obligatoire au ministre de l'Intérieur permet de rendre la décision de l'assemblée provinciale applicable ou la rejeter, à ce titre, il dispose d'un pouvoir réglementaire, ainsi que du pouvoir de prendre des décisions individuelles nécessaires.En outre, il exécute le budget et rend compte annuellement de sa gestion à l'assemblée,qui apure ses comptes au cours d'une réunion à laquelle il n'assiste pas.

la nullité les délibérations illégales ou pour mettre enclencher la procédure de dissolution de l'assemblée par décret[1312].

Aussi bien aujourd'hui qu'hier, ces mêmes missions ont été confirmées et reconduites au profit du gouverneur par l'article 45 de la loi n° 79-00 relative à l'organisation des collectivités préfectorales et provinciales de 2002 (A noter que ce texte a été abrogé par la loi organique n° 112-14 relative aux préfectures et provinces du 7 juin 2015 publiée au B.O n° 6380).. En revanche, le problème se pose actuellement face à la dernière réforme constitutionnelle de juillet 2011 qui dispose dans son article 138 que : « *Les présidents des Conseils régionaux et les présidents des autres collectivités territoriales exécutent les délibérations et décisions de ces Conseils.* » ce qui laisse entendre que le gouverneur, constitutionnellement parlant, n'est plus habilité à exécuter les délibérations de l'assemblée provinciale ou préfectorale. Au moment de l'écriture de cette thèse, aucune disposition législative n'est intervenue afin de modifier la loi du 3 octobre 2002 précitée dans le sens d'une adaptation avec les nouvelles dispositions constitutionnelles.

Ainsi, la question que l'on pourrait se poser actuellement est celle de savoir quel est le sort des actes pris par les gouverneurs en application des dispositions de la loi actuelle sur l'exécution des délibérations de l'assemblée provinciale et préfectorale ? Ces actes sont-ils anticonstitutionnels ? Et dans l'affirmative, comment pourrait-on les infirmer ?

En essayant de répondre à ce questionnement, on serait tenté d'avancer que la Constitution de 2011 est toujours dans l'attente de plusieurs lois organiques fixant les règles détaillées devant régir les nouvelles dispositions constitutionnelles, y compris, ce qui se rapporte à l'exécution des délibérations des assemblées de toutes les collectivités locales. Mais, dans l'intervalle, et face à l'incurie du législateur, tolèrerions-nous une pratique en contradiction avec la norme constitutionnelle ?

Dans le même ordre d'idées, il faut, ce faisant, ajouter que la loi organique relative à la Cour constitutionnelle qui devrait arrêter les modalités de sa saisine et la procédure de fonctionnement est, elle aussi, en souffrance. Donc, aujourd'hui, afin de déclarer un acte anticonstitutionnel, il faudrait suivre la procédure prévue antérieurement par la Constitution révisée de 1996 et la loi organique n° 29-93 relative au Conseil constitutionnel[1313]. Le problème persiste lorsqu'on sait que la contestation de la constitutionnalité d'un acte administratif ne faisait pas partie des compétences du Conseil constitutionnel. Cela devrait être inclus dans les

---

[1312] *Cf. Supra.* Tutelle sur les personnes exercée par le gouverneur. Paragraphe III, les modalités d'exercice de la tutelle.

[1313] Dahir n° 1-94-124 du 25 février 1994 portant promulgation de la loi organique n° 29-93 relative Au Conseil constitutionnel.

nouvelles attributions de la Cour constitutionnelle créée par la nouvelle Constitution de 2011.

En tout état de cause, dans l'attente de la promulgation de la loi organique relative à la Cour constitutionnelle, il y a lieu de voir du côté de la justice administrative[1314] afin de viser l'annulation des actes pris par le gouverneur en tant qu'autorité administrative, dans le cadre d'un recours en annulation pour excès de pouvoir. Et ce conformément, d'une part, à l'article 8 de la loi portant création des tribunaux administratifs qui dispose que : « Les tribunaux administratifs sont compétents (...) pour juger, en premier ressort, les recours en annulation pour excès de pouvoir formés contre les décisions des autorités administratives (...) »[1315]. Et d'autre part, à l'article 20 de la même loi qui dispose que « une décision administrative est entachée d'excès de pouvoir, soit en raison de l'incompétence de l'autorité qui l'a prise, soit pour vice de forme, détournement de pouvoir, défaut de motif ou violation de la loi. La personne à laquelle une telle décision fait grief peut l'attaquer devant la juridiction administrative compétente. »

Cependant, au Maroc, les entraves multiples qui se dressent devant l'exercice de ce type de recours l'ont fait qualifier par un auteur de « recours illusoire », en expliquant que : « à la lumière de l'examen des conditions et causes de recevabilité, de la défectuosité de l'assistance judiciaire, et de l'absence chronique d'éthique de la justice d'une manière générale, on ne peut avancer que l'accès au recours en annulation pour excès de pouvoir est aisé. La dispense du paiement de la taxe judiciaire et le recours obligatoire à un avocat souligne en outre, La contradiction des normes édictées en la matière tout au moins, ces mesures laissent perplexe »[1316].

Dans le même sens, une autre difficulté juridique surgit quand on s'interroge sur les recours dont dispose le contestataire de la décision administrative prise par le gouverneur dans le cadre de son pouvoir d'exécution des délibérations de l'assemblée provinciale et préfectorale. Il s'agit des dispositions anachroniques d'un autre texte du Code de procédure civile, en l'occurrence, son article 25 qui prévoit que : « sauf dispositions légales contraires, il est interdit aux juridictions de connaitre, même accessoirement, de toutes demandes tendant à entraver l'action des administrations de l'Etat et autres collectivités publiques ou à faire annuler un de leurs actes. Il est interdit également aux juridictions de se prononcer

---

[1314] En 1994, sont entrés en fonction les tribunaux administratifs qui sont devenus territorialement compétents pour connaître, entre autres, des recours en annulation pour excès de pouvoir. Leurs jugements sont susceptibles d'appel devant la Cour de Cassation, et des Cours d'appel administratives ont été instituées par Dahir du 14 février 2006 portant promulgation de la loi n° 80-03 instituant des cours d'appel administratives, B.O. n° 5398 du 23 février 2006 p. 490 (en langue arabe) ; et B.O. n° 5400 du 2 mars 2006 p. 332 (en langue française)

[1315] Dahir n° 1-91-225 du 10 septembre 1993 portant promulgation de la loi n° 41-90 instituant des tribunaux administratifs.

[1316] Abdallah Boudahrain, Eléments de droit public marocain, op.cit, p. 256.

sur la constitutionnalité d'une loi »[1317]. Cette disposition qui date de la loi du 28 septembre 1974établissant le Code de procédure civile, laisse, pour le moins, perplexe, puisqu'elle n'a pas été non plus modifiée, et n'a fait l'objet d'aucune actualisation avec les multiples réformes[1318] ayant concerné la justice administrative et les voies ouvertes devant les administrés afin de contester la validité ou requérir en justice l'annulation des actes de l'administration pour excès de pouvoir.

Quoi qu'il en soit, la question de l'adaptation de la loi à la nouvelle Constitution en ce qui a trait au pouvoir d'exécution des délibérations des assemblées des collectivités locales doit faire incessamment l'objet d'une réforme législative substantielle, étant donné que la nouvelle Constitution de 2011 ne reconnaît plus exclusivement le pouvoir d'exécutif aux seuls gouverneurs mais l'attribue aux présidents des conseils locaux.

En définitive, comme on le voit clairement, le contrôle des structures de la collectivité provinciale résulte de la soumission de son organe délibérant à la mainmise du gouverneur, il se consolide par la maîtrise de son exécutif, et surtout se renforce par une tutelle rigoureuse exercée sur elle. Toutes ces données renforcent la prépondérance du représentant de l'Etat et confirme la permanence de son contrôle administratif général dans les collectivités décentralisées et notamment dans les structures préfectorales et provinciales.

SECTION III. LA PRÉPONDÉRANCE DE LA COMPÉTENCE GUBERNATORIALE EN MATIÈRE DE CONTRÔLE ADMINISTRATIF GÉNÉRAL

Il s'agit à présent de répondre à la question triple de savoir, tout d'abord, pourquoi le gouverneur ? Autrement dit, quelles sont les raisons qui expliquent cette « centralité » et cette prépondérance de son rôle de contrôle général (Paragraphe I), ensuite, quelle est la nature de ce pouvoir de contrôle général (Paragraphe II) et enfin, quelles sont les limites aux mécanismes « traditionnels » de contrôle du gouverneur (Paragraphe III).

Paragraphe I. Position du problème

En principe, le pouvoir délibératif, comme le pouvoir consultatif dont jouit l'assemblée provinciale et préfectorale devrait la doter d'une autonomie et d'un pouvoir décentralisé aussi étendus que ceux dont bénéficie la commune, ce qui lui permettrait, comme cette dernière, de décider avec une

---

[1317] Article 25 de la loi du 28 septembre 1974 approuvant le texte du code de procédure civile, telle qu'elle a été modifiée.

[1318] Mohamed Amine Benabdallah, *L'évolution du recours pour excès de pouvoir au Maroc, La réception des modèles européens de justice administrative dans les pays du Maghreb,* in, colloqueorganisé les 4, 5 et 6 novembre 2006 à Sousse, Tunisie. REMALD n° 74, 2007, p. 9 et s.

relative liberté. Ainsi, le dialogue qui s'instaure entre elle et le représentant du pouvoir central, atténuerait-il considérablement le caractère autoritaire des décisions qui continuent d'émaner de celui-ci.

Il n'en est rien. Soumises au contrôle étendu du gouverneur et à sa tutelle rigoureuse, au double point de vue de la légalité et de l'opportunité, les compétences exécutoires attribuées aux assemblées provinciales et préfectorales sont aussi bien sur le plan quantitatif que qualitatif, relativement peu importantes.

L'article 35(qui a remplacé l'article 56 de la loi du 13 septembre 1963) de la loi n° 79-00 dispose ainsi que : « le conseil préfectoral ou provincial règle par ses délibérations les affaires de la collectivité préfectorale ou provinciale. A cet effet, il décide des mesures à prendre pour assurer son développement économique, social et culturel, dans le respect des attributions dévolues aux autres collectivités locales. », Ainsi, la loi de 2002 (A noter que ce texte a été abrogé par la loi organique n° 112-14 relative aux préfectures et provinces du 7 juin 2015 publiée au B.O n° 6380) gardait la même structure des compétences de l'assemblée provinciale et préfectorale, qui sont soit des compétences propres, des compétences transférées par l'Etat, soit des attributions consultatives[1319]. Le gouverneur conserve, lui, ses prérogatives de contrôle sur toutes ces compétences.

Relativement aux compétences propres de l'assemblée, l'article 36 de la charte provinciale (ancien article 63 de la loi 1963) dressait une liste énumérative de ces matières, insistant tout particulièrement sur celles qui se rapportent au développement de la collectivité. Il est précisé dans son avant dernier alinéa que le conseil « décide de la conclusion de tout accord ou convention de coopération ou de partenariat, propre à promouvoir le développement économique et social, et arrête les conditions de réalisation des actions que la préfecture ou la province exécutera en collaboration ou en partenariat avec les administrations publiques, les collectivités locales, les organismes publics ou privés et les acteurs sociaux(...) ». Les compétences consultatives de l'assemblée provinciale sont également assez étendues, elle peut adresser aux ministres compétents des requêtes concernant les objets de sa compétence.

Cependant, l'assemblée provinciale et préfectorale reste, on le voit bien, largement soumise au pouvoir de contrôle du gouverneur. D'ailleurs, les compétences exécutoires qui conditionnent réellement son autonomie lui échappent en réalité, parmi celles-ci, la préparation du document budgétaire et son exécution[1320], sont, sans doute, les plus déterminantes, la procédure

---

[1319] *Cf. Supra.* Développements réservés, Deuxième partie, Titre II, Chapitre II, Section I, Paragraphe II. Relatifs à l'élargissement des attributions de l'assemblée préfectorale et provinciale et son président.

[1320] *Cf. Supra*, Paragraphe réservé à l'information de l'assemblée provinciales et préfectorale et à l'exécution de ses délibérations, domaine dans lequel le gouverneur continue un jouer un rôle décisif, notamment dans les questions budgétaires et financières.

prescrite par la loi de 2002 les confie au gouverneur (quoique le nouvel article 46 de la loi de 2002 prévoit que le gouverneur exécute le budget, mais conformément aux délibérations du conseil provincial). Le projet du texte des finances locales est, en effet, élaboré par ce dernier et présenté à l'assemblée au début de la deuxième session ordinaire au mois d'octobre, il est ensuite voté par celle-ci, mais ne peut être exécuté qu'après approbation du ministre de l'Intérieur.

D'autre part, les compétences consultatives de l'assemblée restent minutieusement contrôlées et filtrées par le gouverneur. L'assemblée provinciale peut émettre des vœux d'ordre administratif, économique et social, mais n'a cependant pas le droit de formuler des vœux ayant un caractère politique. Elle peut également adresser des requêtes aux membres du gouvernement concernant les objets de sa compétence, sur tout ce qui concerne les services provinciaux, mais sous couvert du gouverneur et du ministre de l'Intérieur.

En définitive, le contrôle qu'exerce le représentant du pouvoir central sur les structures de la collectivité provinciale et préfectorale, ne se manifeste pas uniquement à travers son pouvoir de contrôle de tutelle, mais aussi et surtout par le biais de son encadrement des travaux et des attributions des élus, et se trouve même renforcé par la monopolisation de tout le contrôle administratif général de tous les aspects de la vie de la préfecture et la province.

Le contrôle a en effet pour objectif de garantir la cohésion nationale et de promouvoir la solidarité entre les différentes collectivités[1321]. S'il fallait laisser à chaque collectivité être son principal promoteur d'un type d'organisation, de développement, il y a de fortes chances que la fracture sociale, les relents sécessionnistes en seraient les conséquences. La nécessité de contrôler est justifiée par la disparité des ressources qui sont inégalement réparties ; inégalités qui nécessitent l'intervention de l'Etat pour assurer l'équilibre, le développement harmonieux de l'ensemble des collectivités. D'où, la mise en place d'un mécanisme de péréquation, garant d'une harmonie sociale qui amoindrirait les risques de fracture sociale entre provinces à l'échelle nationale.

L'organisation de la tutelle, comme nous l'avons vu précédemment, vise aussi à garantir l'autonomie locale. Cette garantie est assurée non seulement par l'organisation de la tutelle mais, aussi par l'interdiction de toute tutelle d'une collectivité locale sur une autre. Par ailleurs, force est de constater que le contrôle de l'Etat pallie aussi, les conséquences les plus graves d'une mauvaise gestion des collectivités décentralisées, visant aussi à garantir les droits des administrés à jouir des bienfaits du développement de tout le pays et ce, quel que soit le niveau de progrès de leur province locale.

[1321] F. Petiteville, *La coopération décentralisée : les collectivités locales dans la coopération Nord-sud*, Paris, L'harmattan, 2000.

En conséquence, ce sont ces avantages visant globalement le rééquilibrage de toutes les structures locales composant le territoire national que poursuit le contrôle de la tutelle dévolu au gouverneur et proclamé par les Constitutions successives. En effet, aussi bien le constituant que le législateur ont mis entre les mains du gouverneur dans le ressort de la préfecture ou la province le pouvoir de la tutelle avec toutes ses modalités techniques de déploiement : ensemble de procédés administratifs - approbation, annulation, substitution, suspension, révocation individuelle ou collective des élus - ces procédés assurent essentiellement, *in fine*,« la sauvegarde de l'intérêt général contre les excès possibles des entités décentralisées, et éventuellement contre les empiètements des pouvoirs locaux.[1322]»

En rapport avec la conception de la décentralisation locale, la marque essentielle de l'autonomie des corps décentralisés repose aujourd'hui davantage sur l'importance des pouvoirs qui leur sont accordés que sur le caractère électif de leur désignation. On peut en effet, concevoir une assemblée élue mais simplement consultative (auquel cas c'est l'Etat qui, en entérinant ses avis, endosse la responsabilité des décisions prises), ou encore une assemblée dotée du pouvoir de délibération, mais dont la volonté ne s'exprime et ne se réalise que dans des conditions restrictives.

D'une part, la spécialité locale est susceptible d'avoir un contenu variable, pouvant comprendre soit toutes les affaires intéressant la collectivité, soit seulement une liste de questions, de caractère limitatif. De toute façon, la compétence des collectivités locales est limitée par le champ d'action de l'initiative privée, dans la mesure où celle-ci n'est pas défaillante, et par celui des autres collectivités publiques, notamment l'Etat. D'autre part, une fois reconnue et précisée, cette compétence peut encore se voir apporter d'autres restrictions touchant son exercice même. C'est ainsi que les décisions des assemblées locales peuvent s'appliquer, soit librement, soit sous certaines conditions (approbation, défaut d'approbation). En général, on distingue suivant leur importance, deux catégories de délibérations : les unes soumises à la sanction des autorités étatiques, les autres exécutoires d'elles-mêmes. Encore, convient-il de préciser que le domaine respectif de chacune d'elles peut être plus ou moins large.

Qu'en est-il des préfectures et provinces marocaines ? Les affaires de ces collectivités préfectorales ou provinciales sont gérées par un conseil élu, dont la durée du mandat et les conditions d'élection sont prévues par les dispositions de la loi formant code électoral (article 3 de la loi n° 79-00 relative à l'organisation des collectivités préfectorales et provinciales abrogé par la loi organique n° 112-14 relative aux préfectures et provinces du 7 juin 2015 publiée au B.O n° 6380). Le gouverneur de la préfecture ou de la province assure l'exécution des délibérations du conseil préfectoral ou provincial, dans les conditions fixées par loi.

[1322] Driss Basri, *La décentralisation au Maroc, de la commune à la région*, op.cit, p. 42

Quelles que soient les raisons qui l'ont motivé, le choix du mode d'élection des assemblées provinciales limite considérablement leur autonomie. La désignation de leurs membres au suffrage indirect, en diminuant de leur prestige de mandataires de la volonté populaire, les soumet d'autant au pouvoir de contrôle du gouverneur.

Paragraphe II. La double nature du pouvoir gubernatorial de contrôle général

Le gouverneur dans la préfecture ou la province, assume le rôle prépondérant en tant que contrôleur des actes et des délibérations de l'assemblée. L'institution du gouverneur présente au niveau local, une importance particulière, les interventions de l'Etat sur les plans politique, économique, social, et culturel, à l'échelon décentralisé, dépendent en grande partie de l'action du représentant de l'Etat. Cette prépondérance du gouverneur sur le plan local, auprès des administrations décentralisées découle en fait de sa « double nature ».

Le dahir du 15 février 1977[1323] relatif aux attributions du gouverneur lui confère une double qualité juridique. En effet, l'article 1er de ce texte dispose que : « le gouverneur est le représentant de Notre Majesté dans la préfecture ou la province où il exerce son commandement », tandis que son article 2 énonce que : « le gouverneur est délégué du gouvernement de Notre Majesté dans la préfecture ou la province où il exerce son commandement », cela rend le gouverneur à la fois le représentant du Roi et le délégué du pouvoir exécutif. Soulignons, au passage, que la qualité de représentant du souverain, comme nous l'avons déjà longuement souligné lors des développements de la Première partie de cette thèse, lui a été reconnue par cet unique texte (le dahir de 1977), les textes constitutionnels se sont toujours bornés à le qualifier comme le premier représentant du gouvernement dans la préfecture ou la province où il officie.

Par sa qualité de représentant du Roi, le gouverneur, qui est nommé par dahir royal, est le représentant de l'autorité du Monarque au niveau local, son pouvoir s'étend, de ce fait, sur toutes les institutions à caractère local. Par sa qualité de délégué du gouvernement, il exerce ses pouvoirs sous le contrôle du pouvoir exécutif. Il veille à l'application des dahirs, lois et règlements et à l'exécution des décisions et directives gouvernementales dans la préfecture ou la province.

Le gouverneur, dans la décentralisation, est, à cet égard, l'interlocuteur privilégié de l'administration étatique. Toutes les politiques décidées au niveau central, lui réservent un rôle majeur pour leur mise en application. Cette position éminente occupée par le gouverneur sur le plan local fait de

---

[1323] Dahir portant n°1-75-168 du 15 février 1977 relatif aux attributions du Gouverneur tel qu'il a été modifié ou complété. B.O n°3359 du 16-3-197, p.341 et B.O n°3873 du 21 Janvier 1987, p. 10 et B.O n°4223 du 6 Octobre 1993, p. 536.

lui une institution incontournable dans la pratique des interventions gouvernementales décentralisées. L'application de la politique générale et sectorielle au niveau des échelons décentralisés dépend grandement de la personne du gouverneur et de son pouvoir de mobiliser tous les acteurs locaux autours des projets gouvernementaux décentralisés.

Cette double qualité juridique du gouverneur se traduit par une double nature de ses fonctions, dans son contact avec les institutions locales décentralisées. Le représentant de l'Etat contrôle directement deux sphères d'élaboration des décisions à caractère stratégique correspondant à deux niveaux de l'administration décentralisée. Comme nous l'avons déjà évoqué, les institutions préfectorales et provinciales ont un caractère hybride. Le gouverneur autorité suprême au niveau de la province ou préfecture reflète cette mixité en cumulant des fonctions de représentant des pouvoirs centraux au niveau local et du pouvoir exécutif des conseils préfectoraux et provinciaux. Cette double qualité a été consacrée par les Constitution de 1996 et l'est aussi aujourd'hui par celle de 2011 et par le texte de base régissant les attributions de gouverneur (le dahir de 1977), ce texte dispose dans son article 4 que : « le gouverneur exécute les décisions des assemblées préfectorales et provinciales. Il assure le contrôle des collectivités locales dans les limites de ses compétences », alors que son article 2 précité fait du gouverneur le premier responsable local de l'application des dahirs, lois et règlements et à l'exécution des décisions et directives du gouvernement.

La double fonctionnalité du gouverneur est une réalité voulue. Elle vise à assurer la présence du pouvoir central au niveau local à travers l'exécution des délibérations des régions, préfectures et provinces ainsi que l'exercice du pouvoir de tutelle à leur égard, ce qui est de nature à occasionner une forte ingérence des pouvoirs centraux dans la gestion des affaires locales. Le pouvoir décisionnel politico-économique décentralisé dépend ainsi, largement du pouvoir central. Situation qui viendrait, selon un auteur[1324], compromettre l'exercice de la démocratie au niveau local.

Au demeurant, l'intervention du gouverneur pour l'exécution des délibérations des assemblées provinciales et préfectorales introduit une différenciation dans la pratique du pouvoir politique de ses collectivités ainsi que leur capacité à gérer librement leurs propres affaires. Le pouvoir décentralisé entre les mains des élus de préfectures et provinces, n'est pas unique ni égalitaire. La marge de manœuvre des pouvoirs communaux est relativement plus large comparée à celle des pouvoirs provinciaux et préfectoraux. Les prérogatives étendues exercées par le gouverneur reproduisent au niveau local la centralisation nationale, il en résulte qu' « à l'image de l'administration centrale, le système de décision territorial est donc très centralisé autour du gouverneur »[1325].

[1324] Tarik Zair, La Gestion décentralisée du développement économique au Maroc, op.cit, p. 73.

[1325] B. Zyani, Bureaucratie territoriale et développement rural, op.cit. p. 74.

A ce titre, le gouverneur se présente comme une institution incontournable dans la pratique des interventions étatiques au niveau local, comparativement avec la situation en France, où on relève des similitudes avec le préfet d'avant la réforme de 1982, ce haut fonctionnaire était l'exécutif du département, l'autonomie de gestion du département par les élus n'est intervenue qu'ultérieurement.

Quoi qu'il en soit, le législateur marocain, avant la réforme constitutionnelle de 2011 n'a pas choisi un système avancé en matière de décentralisation provinciale et préfectorale, et ce, malgré l'expérience passée qui date de 1963. En effet, la province constitue surtout un niveau d'articulation entre la déconcentration et la décentralisation, et de relai principal de l'action de l'État, toutes les affaires proprement locales relevant des communes. Dans ce sens, la loi donnait un rôle central au représentant de l'État, le gouverneur, en faisant de lui, non seulement l'autorité exécutive de la province, mais surtout l'organe chargé d'une compétence de contrôle général dans ce ressort territorial, ce qui n'est pas sans créer une situation de dépendance durable non seulement des collectivités locales envers le pouvoir central, mais surtout un état de soumission permanente de celles-ci vis-à-vis du gouverneur.

Paragraphe III. La dépendance des collectivités locales au pouvoir du gouverneur

Juridiquement, les provinces sont, comme les communes, des collectivités locales dotées de la personnalité morale de droit public et disposant de l'autonomie administrative et financière et gérant leurs affaires par l'intermédiaire d'une assemblée élue, avec l'aide de l'autorité locale à la tête de laquelle se trouve le gouverneur, qui assure également la fonction de tutelle. Or, le gouverneur exerce également la charge d'exécutif de l'assemblée provinciale. Cependant, alors que ces dernières (les communes) évoluent, depuis la réforme de 30 septembre 1976 vers une décentralisation démocratique, les premières demeurent telles qu'elles ont été conçues en 1963,sous la dépendance totale du gouverneur.

En effet, au niveau communal, l'élargissement des attributions des élus et le transfert de la fonction exécutive au président ont amené celui-ci à doter les entités territoriales de base des moyens humains et matériels dans le but de traduire dans la réalité l'affermissement des structures de liberté locale voulue par la réforme communale, alors que le maintien de son impact sur les structures des collectivités provinciales au contraire conduit à garder le contrôle des moyens nécessaires à l'exercice de leurs attributions par celles-ci, consolidant, ainsi, tant sur le plan administratif que sur la plan technique, l'hégémonie du gouverneur sur la préfecture et la province.

Cette situation produit la continuation voire même l'accentuation au niveau provincial de la centralisation à travers l'institution du gouverneur.

En effet, en dépit des réformes successives tendant à moderniser l'administration marocaine, celle-ci reste profondément marquée par les principes de fonctionnement du *makhzen* traditionnel dans ses rapports avec le milieu social comme dans ceux établis entre ses différentes composantes. La notion d'autorité continue à primer celle de collaboration[1326].Cette tendance à la rigidité de l'appareil étatique se traduit dans les relations entre le centre et la périphérie par le maintien de la centralisation des pouvoirs. Comme jadis, celle-ci repose essentiellement sur les gouverneurs placés à la tête des circonscriptions territoriales provinciales et préfectorales, regroupant en général plusieurs communes urbaines et rurales, leur prépondérance s'appuie essentiellement sur leur prestige qui, éclipsant celui des élus terni par leur passivité, les fait assimiler aux yeux des populations locales aux dignes représentants de l'autorité traditionnelle du *makhzen*.[1327] En effet, en raison de leur formation dans l'« *Ecole des caïds* »[1328], de leurs pouvoirs étendus, notamment sur l'appareil local de coercition, et de leurs relations étroites avec les services extérieurs des administrations techniques, les gouverneurs se présentent comme la source de la compétence de l'autorité et de l'efficacité au sein de la province.

Particulièrement dans les zones non encore urbanisées et dans les provinces à taux élevé d'analphabétisme, les rapports du gouverneur avec les élus sont empreints de paternalisme[1329], selon une description commune, le gouverneur a toujours tenu les élus pour incapables de prendre le moindre acte relatif à la gestion locale, et par voie de conséquence, il se substitue souvent à eux pour administrer les collectivités et pour respecter les obligations légales et réglementaires. Cette attitude a été dénoncée à plusieurs occasions tant par les partis politiques qu'au sein de la Chambre des représentants « (...) la plupart des agents d'autorité sont encore marqués par l'ancienne mentalité qui considère l'administration de l'Etat comme seule source de compétence, et que les conseils communaux doivent leur être subordonnés »[1330].

Pendant les années 1970 et 1980, les gouverneurs et leurs représentants dans les échelons communaux, se contentaient de convoquer « de temps en temps »les présidents des conseils, afin de leur faire signer les décisions qu'ils ont prises. Par intérêt personnel ou par désintérêt de la chose publique

---

[1326] M. Rousset, *L'administration et société au Maroc*, in Mélanges Letourneau, Revue de l'Occident musulman et de la Méditerranée, 1973, vol.2, p. 130.

[1327] M'faddel Smires, *Centralisation et décentralisation territoriale au Maroc*, op.cit. p. 342-343.

[1328] Dans le langage courant marocain, l'Ecole de Perfectionnement des cadres de Kenitra (l'EPCK), devenue depuis L'Institut Royale de l'Administration territoriale (l'IRAT) est appelée souvent « l'école des caïds ».

[1329] A. Salmi, *Rapports entre collectivités locales et services extérieurs*, Thèse de 3e cycle, p. 178

[1330] Déclaration d'un député de Kasba-Tadla lors de la session d'automne : discussion du projet de la loi de finances pour 1978, citée par M'fadel M'faddel Smires, *Centralisation et décentralisation*, op.cit. p. 343

de nombreux conseillers acceptaient volontiers de jouer le rôle qui leur était imparti par les gouverneurs.

Dès lors, l'indépendance dont les élus locaux jouissent juridiquement vis-à-vis de représentant de l'État s'estompe dans la pratique quotidienne, les administrés sont amenés à ne voir dans leur administration que le prolongement des services de l'État. Les populations les perçoivent même comme de simples auxiliaires du gouverneur ou comme représentants du pouvoir central[1331].

Théoriquement, l'autorité locale repose sur l'entretien des rapports égalitaires entre les collectivités et le pouvoir central que représente le gouverneur, substituant au pouvoir hiérarchique un simple contrôle de tutelle exercée par ce dernier dans le but d'assurer le respect de la loi et de protéger les entités secondaires contre les mauvais gestionnaires. La décentralisation devrait concilier l'autorité de l'État dont est investi le gouverneur avec l'autorité locale, exercée dans l'intérêt de la collectivité nationale, dans son ensemble et les libertés locales.[1332]

Dans ce contexte, la mission gubernatoriale consiste justement à assurer la subordination des instances locales consacrées par la pratique de la volonté de faire de celles-ci un compromis entre le relais du pouvoir central et l'expression de l'initiative locale qu'elle soit provinciale ou communale.

Eu égard à cette subordination des instances locales au pouvoir du gouverneur, fidèle représentant du pouvoir central, en dépit de la mise à leur disposition de moyens humains et matériels substantiels, les collectivités locales restent dans l'incapacité d'assurer par elles-mêmes les tâches qui leur sont dévolues par les textes juridiques pour gérer les affaires locales. Leurs organes délibérants ont besoin de l'aide et de l'assistance des services du gouverneur et du contrôle juridiquement inhérent à ses interventions, ce qui consacre définitivement leur subordination administrative (A), financière (B) et technique (C) à celui-ci.

[1331] Le témoignage le plus poignant de cette confusion de l'administration des élus avec l'administration que représentent les agents de l'Etat aux yeux des populations locales est relaté par les résultats d'une étude menée par P. Pascon et M. Bentahar auprès d'un échantillon de 296 jeunes ruraux ; « nos interlocuteurs ne sont pas abusés par les titres, les mots ou la forme : ils classent les notables issus de leur propre village comme des représentants de l'Etat. Ce qui est des notables ayant tendance à représenter leur propre intérêt individuel avant ceux de la population qu'ils sont censés représenter, reviennent des réunions chez le caïd en disant le makhzen a décidé que… vous devez faire telle chose. Le contrat Etat/administré se fait non entre le caïd et les représentants mais, soit directement entre caïds et la population, soit plus généralement entre les notables et la population », in. P. Pascon et M. Bentahar, *Ce que disent 296 jeunes ruraux*, in études sociologiques sur le Maroc, BESM, sociologie, nouvelle édition 1978, p. 223.

[1332] *Cf.* Ch. Einsenmann, *Cours de droit administratif*. T. I, Paris, L.G.D.J 1982, pp 257-298.

A. La consolidation de la dépendance administrative au pouvoir du gouverneur

A l'échelon communal depuis 1976, sinon la préparation, du moins l'exécution de la plupart des décisions du conseil local est assurée par un corps de fonctionnaires placés sous l'autorité de son président. Certes, celui-ci agit dans la gestion de ce personnel comme représentant de l'État, soumis à son contrôle et à son pouvoir de commandement direct, toutefois, sa qualité d'exécutif élu de la commune tempère considérablement le contrôle susceptible d'être exercé, à ce titre, sur lui.

Contrairement à cela, à l'échelon provincial, l'exécution des délibérations de l'assemblée provinciale ou préfectorale continue d'incomber à un agent nommé et hiérarchiquement dépendant des autorités centrales, en l'occurrence, le gouverneur, théoriquement l'exercice de la fonction exécutive par ce dernier ne constitue pas une limitation à l'autonomie de la collectivité provinciale, jouissant du même dédoublement fonctionnel que le président du conseil communal et s'acquittant de cette mission en tant qu'organe de celle-ci, mais en fait, l'importance de son rôle également dans l'élaboration de ses décisions, le porte à concevoir cette attribution comme l'ultime moyen d'imposer les vues du pouvoir central dont il est le suprême représentant au niveau local[1333].

La désignation du gouverneur à la tête de l'exécutif de la province consacre, sans doute, la dépendance de celle-ci à son égard et à l'égard du pouvoir central[1334],l'affirmation de son autorité sur le personnel relevant du ministère de l'Intérieur, ainsi que sur les chefs des services extérieurs des divers départements ministériels en fonction dans sa circonscription, consolide son pouvoir, sur le double plan politique et administratif.

En effet, la magistrature exercée par le gouverneur au niveau provincial apparaît clairement quand il s'agit d'exécuter les délibérations de l'assemblée, celle-ci, afin de pouvoir traduire les délibérations de son conseil dans la réalité doit disposer, outre de moyens juridiques et de moyens humains. La mise en œuvre de ces derniers, comme celle des premiers relèvent de l'autorité de son organe exécutif : le gouverneur, se positionnant à la fois comme représentant du pouvoir central dans la province, et détenteur du pouvoir réglementaire. Il exerce le pouvoir hiérarchique aussi bien sur les agents d'autorité que sur le personnel administratif de sa circonscription en effet. Il dirige notamment sous l'autorité du ministre de l'Intérieur les activités des chefs de cercle (super caïd), les chefs des circonscriptions urbaines et rurales, pachas et caïds, ainsi que les agents de services en fonction dans la province.

[1333] Le dahir du 15 février 1977 relatif aux attributions du gouverneur dispose que dans son article 2 que : « le gouverneur est le délégué du gouvernement de Notre Majesté dans la préfecture ou province où il exerce son commandement ».

[1334] Voir. Salmi, *Les rapports entre collectivités locales et services extérieurs*, mémoire du cycle supérieur de l'ENAP n° 11, Rabat, 1980-1981, p. 32.

Certes, la concentration des pouvoirs disciplinaires entre les mains du ministre de l'Intérieur limite son autorité sur ses subordonnés[1335]. Cependant, par l'utilisation de moyens autres comme : l'incitation et la persuasion relevant beaucoup plus de la pratique que des règles juridiques établies, il est en mesure de s'assurer de leur concours[1336],ce dernier se manifeste essentiellement en matière administrative. En effet, les attributions des agents d'autorité sont principalement définies comme une mission générale d'administration territoriale, commençant par le rôle de maintien de l'ordre public et s'étendant à l'exécution des lois, ce qui leur donne une compétence transversale pour gérer l'ensemble des problèmes administratifs, qui touchent les administrés se trouvant dans le ressort territorial provinciale et préfectorale où ils exercent leur commandement.

De surcroît, l'obligation de la collectivité provinciale de recourir pour l'exécution de certaines de ses décisions au gouverneur et ses agents d'autorité - assistants qui lui sont hiérarchiquement subordonnés - traduit incontestablement sa dépendance par rapport à celui-ci en ce qui a trait à son administration quotidienne.

On le voit bien, sur le plan administratif, la réalité des pratiques locales dévoile l'affrontement au quotidien entre deux tendances contradictoires « alors que les textes évoquent un transfert descendant ou vertical du centre vers la base, la pratique indique un mouvement inverse, et cela en raison de la place qu'occupe la province, structure de représentation étatique dans le cadre de l'armature périphérique »[1337]. Les gouverneurs, en tant que représentants des administrations centrales ne laissent pas passer l'occasion pour affirmer leur rang supérieur, et ils ne résistent pas à légitimer leur interventionnisme dans les affaires locales.

C'est là, une situation d'affrontement perpétuel qui surprend dans le cas marocain entre le gouverneur, représentant du « Makhzen » et ses agents « qui veulent trop faire, voire tout faire, et des élus qui cherchent à défendre leur liberté d'action, le moyen privilégié à travers lequel cette ingérence prend une forme juridique légal et celui du contrôle de l'opportunité. »[1338] Cette situation à la fois de dépendance administrative des assemblées et d'interventionnisme chronique des gouverneurs est favorisée *a fortiori*, par les formulations générales et abstraites qui encadrent les attributions des

---

[1335] Le gouverneur dispose et exerce, toutefois, un pouvoir disciplinaire sur les agents d'autorité sous son commandement, il peut ainsi suspendre un agent d'autorité à condition de rendre compte immédiatement de la mesure au ministre de l'Intérieur. Ces pouvoirs se limitent à l'avertissement, le blâme et la traduction du fonctionnaire entre les mains de l'autorité investie du pouvoir de nomination, en l'occurrence le Roi. (Article 6 du dahir du 15 février 1977 relatif aux attributions du gouverneur), *Cf.* à ce propos, *Supra*. Première partie, Chapitre II, Section I, Paragraphe II.

[1336] Driss Basri, *L'agent d'autorité,* op.cit. p. 37..

[1337] A. Sedjari, *Décentralisation et pouvoir local*, in RJPEM, n°23, 1990, p. 39

[1338] Tarik Zair,*La Gestion décentralisée du développement économique au Maroc*, op.cit, p. 169.

assemblées des collectivités locales et qui, dans la majorité des cas, légitime la constance de la tutelle de l'opportunité.

B. La consolidation de la dépendance technique au pouvoir du gouverneur

Les délibérations de l'assemblée provinciale revêtant un aspect technique, comme celles ayant un caractère administratif, sont appliquées par le gouverneur, exécutif, comme nous l'avons vu, de la collectivité décentralisée et délégué du gouvernement.

C'est cependant, à ce dernier titre uniquement qu'il est en droit d'exiger le concours des services extérieurs des administrations centrales spécialisées implantées dans sa circonscription. A ce propos, une note circulaire du ministère de l'Intérieur du 24 janvier 1961 rappelle que « le gouverneur est bien placé par son information et son rôle de représentant de l'exécutif pour axer les programmes d'action des divers services »[1339]. Souvent l'intervention du représentant de l'Etat est nécessaire à l'exécution matérielle des résolutions de l'assemblée.

Pour ce qui est des services extérieurs, ils restent aussi largement tributaires aussi bien sur le plan financier qu'administratif, à défaut des validations du gouverneur et de leurs départements ministériels de rattachement. D'une part, ils ont une technique propre, élaborent et exécutent leurs décisions suivant les directives de leurs ministères d'origine et financent celles-ci par les crédits qu'ils leur délèguent. D'autre part, le gouverneur est le chef hiérarchique, par délégation, de l'ensemble des fonctionnaires des services extérieurs, même si ils restent verticalement liés aux ministres compétents.

Toutefois, afin d'instaurer une participation des services extérieurs des départements ministériels à l'accomplissement de sa mission complexe par le gouverneur, les textes de valeur aussi bien constitutionnelle que législative ont investi celui-ci du pouvoir de coordination à l'échelon provincial. Les Constitutions successives, de 1962, de 1970, de 1972respectivement dans leurs articles : 95, 90, 89, disposaient : « ils (les gouverneurs) coordonnent, en outre, l'action des administrations et veillent à l'application des lois. ». La Constitution de 1996 avait consacré cette mission en des termes plus explicites en disposant dans son article 102 que : « dans les provinces, les préfectures et les régions, les gouverneurs représentent l'Etat, et veillent à l'exécution des lois. Ils sont responsables de l'application des décisions du Gouvernement, et à cette fin, de la gestion des services locaux des administrations centrales. ». La dernière Constitution de 2011 a proclamé ce principe dans le dernier alinéa de l'article 145 qui dispose que : « Sous l'autorité des ministres concernés, ils coordonnent les activités des services

---

[1339] Citée par Said Ben Bachir, *L'administration locale du Maroc*, op.cit. p. 60

déconcentrés de l'administration centrale et veillent à leur bon fonctionnement ».

Sur le plan de la loi, historiquement, déjà en 1956, en vertu du dahir du 20 mars 1956 fixant le statut des gouverneurs (article 2), et en 1963 par le dahir du 1er mars 1963 portant statut particulier des administrateurs du ministère de l'Intérieur (article 29), et l'article 5 du dahir du 15 février 1977 relatif aux attributions du gouverneur. Tous ces textes reconnaissent et confirment le pouvoir de coordination et de supervision des services extérieurs de la préfecture et de la province par le gouverneur[1340].

Considéré, en raison de sa position et des moyens dont il dispose comme la seule autorité en mesure d'animer la promotion des populations et des collectivités locales[1341], il devrait être à même, grâce à ce pouvoir, d'assurer une unité d'action administrative, économique et sociale dans sa circonscription.

Or, en dépit des différentes formules de coordination proposées, celle-ci est restée jusqu'à la réforme des attributions du gouverneur, tributaire du libre consentement des services extérieurs des divers départements techniques. Son efficacité se trouvait, en conséquence, amoindrie lorsque leurs responsables étaient jaloux de leurs prérogatives ou lorsqu'ils avaient affaire à une autorité qui ne parvenait pas à s'imposer[1342].

On a assisté ensuite à un renforcement des pouvoirs du gouverneur sur les services extérieurs ce qui s'est répercuté positivement sur les indépendances auto-attribuées des fonctionnaires techniques appartenant à ces services, ce renforcement était le résultat de l'article 6 du dahir du 15 février 1977 relatif aux attributions du gouverneur, en vertu de cet article, le gouverneur peut appliquer des mesures disciplinaires à l'encontre des fonctionnaires et sanctionner ainsi certains comportement déviants[1343].

Il en ressort, qu'aujourd'hui, le gouverneur contrôle, sous l'autorité des ministres compétents l'activité générale des fonctionnaires et agents des services extérieurs des administrations civiles de l'Etat en fonction dans la préfecture ou la province. Cela est le fruit de la consécration constitutionnelle du pouvoir de coordination technique. Le gouverneur est même habilité, subséquemment à veiller au bon fonctionnement des services publics et de tout autre organisme bénéficiant de subvention de l'Etat ou des

---

[1340] Pour voir l'évolution détaillée du pouvoir de coordination du gouverneur ainsi que son domaine d'action, voir supra. Première partie de cette thèse. *Supra.*

[1341] Driss Basri, *L'Agent d'autorité*, op.cit. p. 59.

[1342] M'faddel Smires, Centralisation et décentralisation territoriale au Maroc, op.cit. p. 332.

[1343] D'une part, sans préjudice des pouvoirs reconnus à l'autorité ayant pouvoir disciplinaire, il peut exercer le pouvoir de suspension reconnu à ladite autorité par l'article 763 du dahir du 24 février 1958 portant statut générale de la fonction publique. Il doit généralement néanmoins rendre compte immédiatement de la mesure au ministre compétent. D'autre part, il peut demander le déplacement ou le rappel des chefs des services des administrations civiles de l'Etat et leurs adjoints directs qui ne donnent pas satisfaction. Le gouverneur doit aussi être informé préalablement des mutations des chefs des services extérieurs des administrations civiles de l'Etat et de leurs adjoints directs en fonction dans la préfecture ou la province.

collectivités locales, dans les limites du ressort territorial où il exerce son commandement.

Ce renforcement de l'autorité du gouverneur sur les services extérieur a été salué par une partie de la doctrine, qui a estimé qu'il a pu « améliorer l'efficacité de son action ; et qu'il a surtout abouti à l'unanimisme sur les moyens humains nécessaires à la préparation et à l'exécution des délibérations de l'assemblée provinciale portant sur le domaine technique, et que leur maîtrise par un organe n'ayant de compte à rendre qu'au pouvoir exécutif, consolide sans doute la dépendance de celle-ci déjà patente en matière administrative[1344]. Nous sommes effectivement de cet avis, L'efficacité administrative et l'efficience technique des services extérieurs seraient certainement plus servies par le contrôle « d'un seul maître à bord » local, désigné par le gouvernement, qui n'a de comptes à rendre qu'à lui. Cependant, faire du gouverneur, l'unique autorité de contrôle et d'exécution des délibérations de l'assemblée provinciale ou préfectorale limite sensiblement son autonomie et bloque considérablement ses initiatives.

De plus, par son assistance technique le gouverneur, représentant du pouvoir central intervient auprès des collectivités locales dans l'exercice de leurs attributions propres, le manque du personnel spécialisé et des moyens nécessaires obligent les élus locaux à accepter l'assistance du représentant des autorités centrales. Que peut faire, en effet, une collectivité locale pour la mise en œuvre de ces projets dans le cadre de son programme d'équipement, si elle ne dispose pas du support technique nécessaire, à part d'accepter l'intervention des services techniques des pouvoirs centraux et du gouverneur, c'est un autre mode de tutelle appelé « tutelle technique », « tutelle indirecte » ou tutelle moderne qui vise en premier lieu à « prédéterminer les décisions des autorités décentralisée »[1345].

Du reste, cette assistance technique peut prendre des formes très diverses allant de la conditionnalité de réalisation des projets sur le territoire local jusqu'à l'intervention directe pour certaines actions en passant par l'orientation des projets économiques dans les domaines voulus par l'État[1346].

A cause de la multiplicité et de la complexité des difficultés socio-économiques auxquelles font face des collectivités locales, mais également, en raison du manque flagrant en personnel technique qualifié, le pouvoir central « accorde dans les textes des compétences en sachant qu'il va aller récupérer dans le stade de l'exécution, ou qu'il aura son mot à dire pour les orienter dans le sens qu'il veut. »[1347]

[1344] M'faddel Smires, *Centralisation et décentralisation territoriale au Maroc*, op.cit. p. 333.

[1345] Mohamed El Yaâgoubi, *La tutelle de l'opportunité, entre démocratie locale et développement au Maroc*, in REMALD n° 15 de 1998, p. 128.

[1346] Tarik Zair, La Gestion décentralisée du développement économique au Maroc, op.cit, p. 170.

[1347] Ali Sedjari, *Les Structures administratives territoriales et le développement local au Maroc*, Edition de la FSJES de Rabat, 1981, p.123.

Aujourd'hui, on relève facilement que la majorité des collectivités locales ne dispose pas de moyens techniques appropriés pour entreprendre des travaux d'une ampleur considérable. Les concours apportés par les services des gouverneurs et les services techniques de l'État aux collectivités locales ne peuvent conduire qu'à un renforcement de la dépossession des pouvoirs décentralisés,« au moyen des prestations offertes aux collectivités locales les administrations centrales développent leur ingérence dans les affaires économiques à caractère local, les instances territoriales infra-étatiques, n'étant pas associées à la prise des décisions qui engagent leur avenir, l'État lance à son initiative et sous le contrôle de ses administrations concernées les études préalables, les collectivités décentralisées voient souvent leur rôle se réduire à approuver, ou dans le meilleur des cas, à proposer des correctifs généralement superficiels concernant les actions de développement et d'aménagement qui leur sont soumises par des services qui échappent à leur contrôle »[1348].

Il est nécessaire que les collectivités locales concentrent leurs efforts sur ce point, à savoir le renforcement de leur service technique par le recrutement de cadres spécialisés, chose qui pourrait, à terme, les libérer de l'emprise des services techniques de l'État et de leur permettre de prendre les commandes pour assurer complètement la maîtrise des actions dans le cadre local, ceci n'exclut pas la responsabilité de l'État en matière d'information et de formation des cadres nécessaires à la gestion des affaires locales, le mot d'ordre à cet égard, est celui du partenariat et de la concertation permanente, mais cet objectif ne peut être atteint sans un efforts soutenu, alors même que cette dépendance vis-à-vis du gouverneur et des services de l'Etat est davantage accentuée par l'insuffisance des moyens financiers propres des collectivités locales.

C. La dépendance financière du pouvoir du gouverneur

En dépit de la consécration de l'autonomie financière des préfectures et provinces du royaume, puisque l'article 1er de la loi 79-00 relative à l'organisation des collectivités préfectorales et provinciales (à noter que ce texte a été abrogé par la loi organique n° 112-14 relative aux préfectures et provinces du 7 juin 2015 publiée au B.O n° 6380)., disposait que : « Les préfectures et les provinces sont des collectivités locales, dotées de la personnalité morale et de l'autonomie financière. », la politique financière et fiscale de cet espace se traduit par « la confiscation du pouvoir d'imposer, le pouvoir de dépenser, le pouvoir de décider du cadre budgétaire et comptable, et le pouvoir d'arrêter les choix en matière de planification économique et

---

[1348] Tarik Zair, *La Gestion décentralisée du développement économique au Maroc*, op.cit, (page précitée).

financière locale dans les limites de leurs ressorts territoriaux respectifs. »[1349].

En effet, « l'ubiquité » et la quantification des finances locales font d'elles non seulement le paramètre fondamental pour toute étude objective des unités décentralisées[1350], mais surtout un élément décisif pour juger de la plus ou moins grande autonomie dont jouissent les collectivités territoriales par rapport à l'Etat et ses représentants. C'est pour cela que ce paramètre local, quelles que soient les modalités techniques de sa déclinaison, et toutes ses formes d'organisation (décentralisation, *self-government*, *selbstverwaltung, risorgimento, al-lamarkaziya*)[1351]a souvent déterminé la nature et l'authenticité de l'autonomie reconnue à ladite institution locale. En conséquence, « l'élément financier, en raison de sa valeur franchement explicative du degré de différenciation des collectivités locales d'un Etat à un autre et de leur niveau réel d'autonomie financière, a souvent occupé une place primordiale dans la théorie de l'institution locale »[1352].

Au vu de ce qui précède, approfondir la dimension financière des institutions locales, c'est-à-dire, considérer dans son ensembles les cadres financiers, matériels et humains, y compris le cadre budgétaire et comptable, de la politique et de l'économie comme composante déterminative à côté des autres composantes, sociologiques, géographiques et historiques[1353] de ces institutions locales, parvient d'une part, à réhabiliter, et par le fait même à ériger, la collectivité territoriale en unité à part entière, au même titre que l'Etat, l'entreprise ou le ménage, et d'autre part, à expliquer les raisons d'intervention et les rôles que le pouvoir central confie à ses représentants dans les différents échelons territoriaux.

Ainsi, les collectivités locales provinciales, ont-elles aujourd'hui en tant qu'opérateurs de proximité un rôle important à jouer en matière de développement durable local (infrastructure, aménagement du territoire, services publics locaux, écologie, investissement, emploi, rapprochement de l'administration des administrés, démocratie locale, etc.)[1354]. Toutefois, un tel rôle ne saurait être pleinement assumé sans la réalisation et la coexistence de ces trois éléments qui sont d'ailleurs indissociablement liés : la responsabilisation et la motivation des ressources humaines locales, une relative décentralisation politique, et enfin une réelle autonomie financière.

[1349] Jilali Chabih, *Les finances des collectivités locales, Essai d'une approche globale des finances locales*, L'Harmattan, 2005, p. 175.

[1350] V-P. Amselek, *Les aspects financiers de la décentralisation en France*, Rev. Adm. 1979. P.M. Gaudemet, les aspects financiers de la régionalisation en Europe, DF. Paris, 1974.

[1351] V.G. Langrod, *Le gouvernement local, fondement ou apprentissage de la démocratie*, RIHPC n° 3, 1952.

[1352] M. Poisson, *Audit et Collectivités territoriales*, PUF, 1989.

[1353] Jilali Chabih, *Réflexions sur la décentralisation et sa place dans le processus graduel des modes d'organisation du pouvoir dans les sociétés dans les sociétés globales*, Marrakech 1998.

[1354] P. Guerrier, D. Bouchard, *Economie financière des collectivités locales*, Armand Colin, 1972

Autrement dit, un personnel compétent et responsable, une autonomie de décision et une autonomie financière ce que l'on peut résumer en termes de politiques publiques de gouvernance locale[1355].

Au niveau des provinces, l'autonomie financière est appréciée en fonction des pouvoirs confiés à son organe délibérant habilité à concevoir, prévenir et autoriser l'ensemble des charges et des ressources destinées à les combler. Or, il apparait, quand on s'y intéresse de près que les procédures d'adoption, d'exécution et de contrôle du budget de la province mettent en relief la dépendance de la collectivité provinciale par rapport au pouvoir central et son représentant sur le plan local : le gouverneur. Cette dépendance est consolidée par l'incapacité de leurs ressources à couvrir leurs charges[1356].

Les textes en vigueur font du gouverneur le véritable architecte du budget et des finances de la préfecture et la province. D'une part, les dispositions de l'article 46 de la loi 79-00 (qui a été abrogé par la loi organique n° 112-14 relative aux préfectures et provinces du 7 juin 2015 publiée au B.O n° 6380). lui confiait l'élaboration et l'exécution du budget, en ces termes : « conformément aux délibérations du conseil préfectoral ou provincial, le wali ou le gouverneur prend les mesures suivantes : il exécute le budget et établit le compte administratif (…) », d'autre part, il prépare, en collaboration avec les services provinciaux et préfectoraux, le budget, le présente à la commission du budget et le soumet au vote de l'assemblée provinciale ou préfectorale au début de la deuxième session ordinaire du mois d'octobre. Apres son approbation par le ministre de l'Intérieur, il se charge de son exécution.

En outre, l'affaiblissement de leurs ressources financières, met de plus en plus les collectivités provinciales dans l'incapacité de faire face, par leurs propres moyens à leurs dépenses de fonctionnement et d'équipement sans cesse croissantes. La médiocrité de leurs ressources a constitué depuis leur création le principal obstacle à l'épanouissement de l'autonomie des collectivités provinciales. Elle était particulièrement frappante, s'agissant de certaines provinces qui ne disposaient d'aucune ressource et voyaient leurs budgets essentiellement alimentés par l'Etat. Ce déséquilibre entre les différentes provinces du Royaume existe depuis la création de cette structure territoriale et peut s'expliquer par plusieurs facteurs liés à la géographie, à la démographie, à l'économie, etc.[1357]

Cette faiblesse des ressources résultait, entre autres, de l'absence de texte déterminant, encadrant les recettes fiscales que ces collectivités étaient habilitées à percevoir. Pour leur donner un minimum d'autonomie

---

[1355] A.Ouezzani, *La gestion municipale* MDES, Rabat, 1981.

[1356] M'faddel Smires, *Centralisation et décentralisation territoriale au Maroc*, p. 333.

[1357] Voir le Chapitre que nous avons réservé à l'étude de la problématique de l'aménagement et le découpage territoriaux au Maroc et qui démontre que les découpages successifs au lieu de solutionner le problème des disparités n'ont cessé de l'exacerber.

financière, le législateur leur a rétrocédé le produit de certains impôts étatiques et la jouissance des terres récupérées des colons français, en vertu d'un décret royal portant loi du 2 Novembre 1966[1358]. En effet, l'Etat a d'une part, décidé le versement aux budgets des provinces et préfectures, d'une partie de la taxe sur les produits et services et de l'impôt agricole[1359].

L'institution du gouverneur de province a joué un rôle déterminant dans l'évolution qu'ont connu les provinces pendant les années 1960, ainsi, il a été chargé de désigner pour chaque province un gérant pour chaque unité d'exploitation. Il siégeait également au conseil de contrôle et d'administration s'occupant de la gestion de l'ensemble des unités d'exploitation. Ce conseil avait également pour rôle l'examen des programmes d'équipement arrêtés par décret pris en conseil des ministres, le budget et les projets d'emprunts approuvés et modifiés éventuellement par le Chef du gouvernement, ses décisions étaient exécutées conjointement par le président du conseil d'administration et le gouverneur.

Or, ni les revenus tirés des impôts partiellement rétrocédés aux collectivités provinciales ni ceux provenant du patrimoine dont la jouissance leur a été dévolue, n'ont pu notamment améliorer leurs finances. Alors que le produit de la taxe sur les produits et services a régulièrement augmenté d'année en année, la part réservée aux provinces et préfectures a subi des fluctuations importantes[1360]. Elle a d'ailleurs nettement diminué depuis la budgétisation de cet impôt par la loi de finances de 1968. Son intégration dans les subventions accordées aux collectivités locales en a, de plus, fait une ressource dont l'utilisation place celles-ci dans la dépendance directe du pouvoir central[1361].

En raison, notamment de l'incompétence des gérants qui n'ont pas été désignés en fonction de leur mérite, et, du comportement des édiles provinciaux qui ont trouvé dans les terres récupérées un moyen d'enrichissement personnel, l'expérience de gestions de celles-ci par les collectivités provinciales et préfectorales a échoué. L'Etat leur en a retiré la jouissance pour les distribuer aux agriculteurs.[1362]

La disparition de cette ressource a considérablement affecté les budgets d'équipement de ces collectivités. Depuis sa suppression, celles-ci ne disposent plus d'aucune ressource propre. Elles sont de ce fait acculées à recourir, pour couvrir leurs charges de fonctionnement et d'équipement à des

---

1358 B.O du 4/1/1967, p. 2.

1359 En 1961(30 décembre 1961) cet impôt a remplacé le « tertib »impôt traditionnel tirant son origine des textes coranique, « *zakat* » pour l'impôt sur le bétail et « achour » pour l'impôt sur les cultures.

1360 F. El Kbir, *Le régime financier de la commune marocaine*, Casablanca, Editions Maghrébine, 1980, p. 125.

1361 M'faddel SMIRES, Centralisation et décentralisation territoriale au Maroc, p. 335.

1362 D.M. Belhoussine, *La reprise par l'Etat des lots de décolonisation et leur exploitation*, mémoire de DES,
Rabat, 1972.

moyens financiers extérieurs, L'utilisation de ceux-ci renforce l'emprise du pouvoir central sur elles[1363].

Les dépenses de fonctionnement et d'équipements sont faibles. Mis à part le problème des ressources limitées, évoqué précédemment, une réalité est apparue ici, en ce qui concerne le fonctionnement d'abord : l'État continue à s'occuper des services, à intervenir dans des domaines qui normalement doivent relever les collectivités, c'est le cas des écoles primaires, dont la construction, et non tout le fonctionnement, est assurée par les municipalités très riche, c'est le cas également du fonctionnement du service de l'État civil, de l'hospitalisation des indigents et de la prévention rurale. « La provincialisation » de tels services déchargerait l'État et donnerait aux provinces plus d'individualités.[1364]

Aujourd'hui, l'effort de subvention étatique destiné aux provinces ne peut que rester insuffisant, et surtout inéquitable, puisque les provinces composant les plus grandes agglomérations bénéficient de la part du lion de ces subventions et dotations publiques. Il est insuffisant aussi, par rapport à l'effort qu'on doit attendre des grandes collectivités autonomes. Là aussi, l'État s'occupe via les services du gouverneur et des services extérieurs, de toutes les opérations de prestation, directement ou par l'intermédiaire de certains organismes de développement, tels que les offices régionaux de mise en valeur.

Dans ces conditions, la décentralisation provinciale et préfectorale, avec une certaine autonomie financière et administrative qu'elle implique, se trouve, dans la pratique vidée de sa substance, cet état anormal devrait changer, afin que la vie réelle des collectivités provinciales coïncide, autant que possible avec les textes, de grandes mesures pourraient donner un sens réel à l'autonomie financière, et par là même, à la décentralisation. Il est dès lors, nécessaire d'opérer une véritable distinction entre les services dont l'État doit s'occuper et ceux qui devraient être exécutés par les provinces, tels que les écoles provinciales et professionnelles, les dispensaires provinciaux, les services de protection des animaux et des plantes, etc. Le personnel technique doit être alors fourni par les administrations centrales, et pris en charge par la province, ou alors la charge des salaires pourrait continuer à être supportée par l'État, en attendant le développement des ressources provinciales.

En ce qui concerne l'équipement, la même solution pourrait être adoptée, et ce sont alors les plans ou programmes régionaux établis, selon les prescriptions du plan national, qui doivent déterminer la nature des travaux provinciaux et leur financement supporté par l'État ou les provinces, suivant le cas.

Sur le plan purement financier, afin de clarifier les rapports entre l'État et les provinces, rapports qui doivent être basés sur une décentralisation

---

1363 M'faddel Smires, *Centralisation et décentralisation*, op.cit. p. 336.
1364 Said Ben Bachir, *L'administration locale du Maroc,* op.cit. p. 87.

effective, il faudrait ventiler les charges et les ressources de l'État et des collectivités provinciales, sur la base suivante : déterminer après une étude économique, les possibilités fiscales permettant d'augmenter les ressources des provinces qui pourraient donc relayer l'action de l'État, dans l'exécution de certains services administratifs et surtout dans le domaine économique. L'équipement provincial serait alors autofinancé et représenterait une tranche du plan de développement régional.

Parallèlement à une réforme fiscale, une réorganisation budgétaire paraît nécessaire. La province comme les autres collectivités locales dispose d'un budget primitif de fonctionnement et un budget additionnel d'équipement, la solution serait alors d'organiser un fonds de réserve ou de garantie, qui mettrait à la disposition de chacune des collectivités provinciales et préfectorales un minimum de fonds dont le calcul repose à la fois, sur les prévisions fiscales et les recettes d'une manière générale, et sur le pourcentage de défaillance de recouvrement ou le taux d'impayés des recettes fiscales par exemple. Chaque collectivité aurait ainsi à sa disposition des moyens financiers lui permettant un fonctionnement normal des services, ainsi que l'exécution en temps normaux des programmes de développement. La garantie de l'Etat jouerait, et la modalité de la compensation pourrait aussi s'appliquer afin de réaliser une sorte de nivellement des capacités financière des différentes collectivités provinciales et préfectorales.

Ces difficultés de financement des provinces, et par voie de conséquence, des possibilités de développement provincial n'ont pas échappé au législateur marocain, qui a pris l'initiative de créer un Fonds d'Equipements Communal en 1959[1365], qui par une modification des textes en 1967 a permis à ce Fonds rattaché initialement à la Caisse de Dépôt et de Gestion de prêter pour leurs programmes de développement, non seulement aux municipalités, aux communes rurales et à leurs syndicats, mais également aux collectivités provinciales et préfectorales et aux syndicats de provinces et préfectures. On a souhaité, à cette époque que ce début de réforme financière se poursuivrait pour l'épanouissement des provinces[1366].

Depuis les années 1960 et avec le début de la décentralisation, les collectivités locales et leurs groupements sont habilitées en vertu de la loi à recourir à l'emprunt pour le financement de projets d'équipements locaux auprès du Fonds d'Equipement Communal, qui a été créé dans l'objectif de soutenir l'action des collectivités locales, dans le cadre justement d'une politique de décentralisation visant la réalisation de projets spécifiques, tels que l'assainissement, l'adduction d'eau potable, l'électrification, les

---

[1365] Dahir n° 1-59-169 du 3 juin 1959 portant création d'un Fonds d'équipement communal.

[1366] En 1992 un dahir est intervenu pour organiser ce Fonds, c'est Dahir n° 1-92-5 du 5 août 1992 portant promulgation de la loi n° 31-90 portant réorganisation du Fonds d'équipement communal, telle que modifiée et complétée par la loi n° 11-96. Aussi, devrait-on rappeler qu'en 1993 par un dahir portant loi n°1-93-147 du 6 juillet 1993 relatif à l'exercice de l'activité des établissements de crédit et leur contrôle, le FEC a été autorisé à pratiquer les opérations bancaires, lui facilitant ainsi l'accès aux marchés financiers.

transports urbains, etc., à l'exclusion de la partie de fonctionnement. Pour éviter tout dérapage susceptible d'être généré par un surendettement, le FEC fixe à 40 % le taux d'endettement de la collectivité concernée, Ce taux est établi par rapport à l'ensemble des ressources de fonctionnement, qu'elles relèvent de celles propres à la collectivité diligente ou de celles que l'État met à sa disposition[1367].

Le montant global des crédits accordés par le FEC aux collectivités locales pendant2012 a atteint 1.996.000 millions de dirham, alors qu'il n'a été que de 1.607.000 millions de dirhams en 2011,cela fait donc une augmentation de 24 %. Si on analyse la destination des crédits accordés par le FEC aux collectivités, durant la période 2011-2012, on constate que les communes urbaines ont consommé l'essentiel des décaissements avec 82 % alors que la part du monde rural était de 8%, les conseils régionaux, 6% et les conseil préfectoraux et provinciaux de 2%[1368].

De nouvelles techniques de financement peuvent être mises à profit parles conseils des collectivités locales qui disposent déjà des mécanismes juridiques nécessaires, notamment, à travers les techniques para-budgétaires pour financer leurs investissements, ces techniques peuvent être mises en œuvre à travers des programmes autorisés, susceptibles d'être financés à partir de ressources futures non encore disponibles ou par le biais de comptes spéciaux, en effet les comptes d'affectation spéciaux s'appliquent aux projets dont les moyens de financement sont disponibles. Ce procédé permet aux collectivités locales d'avoir à leur disposition une technique plus adaptée quant à l'emploi des fonds extrabudgétaires destinés aux projets d'équipement[1369].

Il est clair à présent que l'administration maintient son contrôle prégnant sur les collectivités décentralisées par le truchement de la position dominante qu'occupe le gouverneur, démontrée à travers l'étude de son pouvoir de coordination[1370],et comme nous l'avons mesuré à travers ce chapitre, la

---

1367 Hammouda El Caid, *Le concept de l'autorité locale au Maroc*, Evolution pratique, Editions, p. 194.

1368 Fonds d'Equipement Communal, Rapport d'activité, 2012.

1369 D'autres techniques de financement des collectivités locales comme les Partenariats publics-privés sont très en vogue aujourd'hui en France et en Europe, grâce à ce procédé, les collectivités locales peuvent soumettre à des sociétés privées l'accomplissement de grands projets structurants d'équipement ou de service public, tout en s'affranchissant des contraintes de la méthode des marchés publics ou des concessions traditionnelles. Voir pour une vision plus complète sur les PPP : *Les Partenariats Public-Privé Une clé pour l'investissement public en France*, Revue Banque, Michel Lafitte Michel Lafitte, 2006, Partenariats public-privé : recueil des textes et de la jurisprudence applicables aux collectivités localesLa Documentation Française, IGD, DEXIA, 2006, L'expérience française du financement privé des équipements publics, Sous la direction de Claude Martinaud, Direction des Affaires Economiques et Internationales, Ministère de l'aménagement du territoire de l'Equipement et, du Transport. *Cf.* également, Abdelatif Laamrani, *Les partenariats-public-privé au Maroc, quel avenir ?*in. REMALD n° 116, juin 2014.

1370 Mais aussi à cause de son rôle qui reste prédominant au sein même des collectivités décentralisées.

traduction dans les faits du principe de décentralisation sur le plan des provinces n'est pas parfaite, et a besoins de correctifs. En effet, plusieurs difficultés font obstacle à une bonne gestion des affaires et au développement harmonieux de cette grande collectivité territoriale qu'est la province.

Cependant, la prépondérance du rôle du gouverneur dans le financement des équipements des collectivités locales est assez comparable avec la place qu'occupe le préfet français dans ce domaine ; « les rôles ouverts au préfet en matière de développement local, relèvent d'un inventaire à la Prévert. Dans ce kaléidoscope, il convient aussi de détacher une fonction de financement des équipements publics locaux (au sens ici de communaux ou intercommunaux) que, par un curieux détour, les lois de décentralisation ont amenée dans le giron du préfet. La réflexion s'inscrit ainsi dans un champ financier précis et limité, celui de l'attribution de la dotation globale d'équipement (DGE) des communes et des groupements. Il n'en est pas moins révélateur de l'évolution du rôle et des responsabilités du préfet dans un environnement institutionnel complexe »[1371].

Au Maroc, la problématique centrale vise, en effet, à repérer s'il y a eu modification des mécanismes du dispositif financier, à travers le repositionnement, le cas échéant, du rôle du gouverneur, en passant par les multiples réformes législatives décentralisatrices. Autrement dit, les modifications qui se sont imposées, en marquant les limites pratiques de l'ambition de la décentralisation, sont révélatrices d'une articulation subtile et résistante entre le gouverneur et son territoire. L'argument se base sur le fait que le gouverneur était et reste l'ordonnateur des dépenses dans les ressorts territoriaux qu'il commande. En effet, la loi n° 45- 08 relative à l'organisation des finances des collectivités locales et de leurs groupements[1372] inscrit ce principe dans son article 2 en désignant le wali-gouverneur du chef-lieu comme ordonnateur de la région et le gouverneur comme ordonnateur des préfectures et provinces.

En conséquence, on déduit que le rôle central du gouverneur en cette matière, provient du fait qu'il reste le véritable décideur dans les collectivités locales décentralisées, même de base, en l'occurrence, les communes urbaines, si l'on sait que « les sources de financement interne dans l'ensemble urbain représentent moins de 30%des recettes locales globales et proviennent principalement de la fiscalité immobilière (le foncier bâti, ou non bâti : taxe urbaine et taxe d'édilité) et des opérations de commerce, de construction et d'occupation temporaire du domaine public (patente(taxe professionnelle), droits perçus sur les marchés et lieux de vente publics,

---

[1371] Jean-Michel Uhaldeborde, *Le préfet et le financement des équipements publics locaux, retour en force ou retour en grâce* ? in. Préfet et développement local, Dalloz, Actes, 2002, p. 207.

[1372] Dahir n° 1-09-02, portant promulgation de la loi n° 45-08 relative à l'organisation des finances des collectivités locales et de leurs groupements, B.O. n° 5714 du 5mars 2009.

redevance sur les ventes dans les marchés de gros et halls aux poissons). Ces deux catégories d'imposition représentent plus de 70%du produit global des sources de financement interne des collectivités territoriales correspondantes[1373].

Or le rendement de toutes les recettes fiscales précitées est en corrélation directe avec l'entrain mis dans la collecte et la productivité de la matière fiscale locale. Autrement dit, le rendement en matière fiscale dans le périmètre urbain est sujet avant tout à la motivation dont les receveurs comptables préfectoraux et provinciaux font preuve. La fonction de coordination et d'impulsion des services extérieurs qu'occupe le gouverneur, fait de lui le supérieur hiérarchique naturel de ces services, et par là même fait dépendre l'autonomie financière des collectivités locales décentralisées de son concours dans ce domaine.

Avec l'Etat, la préfecture et la province, le gouverneur occupe une place centrale dans le domaine de financement local, car il fait partie des institutions politiques dont la vocation est de remplir une fonction de solidarité interterritoriale. Plus spécifiquement, au plan local, il met en œuvre par ses interventions, de manière explicite ou implicite, une solidarité province-commune. La politique de subventionnement des équipements locaux a ainsi pour ambition de servir cet objectif de type redistributif même si d'autres préoccupations (aménagement du territoire, rationalisation de la carte des équipements locaux) interfèrent avec cette ligne de force. Dans de multiples domaines (voirie, assainissement, électrification, équipements scolaire, équipements ruraux divers, etc.) relevant des programmes étatiques visant les communes, sont compris dans la section « investissement » des comptes préfectoraux et provinciaux, l'assemblée préfectorale et provinciale est ainsi un bailleur de fonds essentiel pour les communes, particulièrement rurales, ces transferts sont versés sous forme de « subventions d'équipement ».

De ce qui précède, il apparaît que l'intervention du gouverneur en matière de financement des équipements locaux, qui repose sur la mobilisation d'une multitude de ressources et s'inspire de montages tantôt traditionnels et simples, tantôt novateurs et complexes, procède plus de la nécessité de coordination que de l'interventionnisme tatillonne et bloquant. En effet, le degré d'autonomie d'une collectivité locale qui est son aptitude à maintenir, en tout moment, son indépendance, est exprimé par les conditions de maintien de l'équilibre financier. Le degré de probabilité de rupture mesure le degré d'autonomie. Lequel degré dépend de la structure des ressources permanentes (importance relative des structures propres), de la structure de l'ensemble du passif (part relative de l'endettement dans les ressources

---

[1373] Jilali Chabih, *Les finances des collectivités locales, Essai d'une approche globale des finances locales*, op.cit, p. 20.

globales), et de l'importance de la marge brute d'autofinancement ou du *cash-flow* face aux charges de remboursement d'emprunt[1374].

Par ailleurs, l'étude de la fiscalité locale, dans tous les pays du monde, dégage une donnée caractéristique importante, à savoir sa non-élasticité. L'exemple d'un impôt statique est celui de la taxe urbaine, qui a constitué jusqu'en 1985, la principale ressource. Par ailleurs l'Etat disposant du pouvoir législatif et se servant toujours en premier, se réserve les impôts les plus efficients, les plus rentables et les plus élastiques. C'est pour toutes ces raisons qu'il convient, pour une décentralisation plus vivante, de repenser les termes du rapport finances locales et finances de l'Etat. La grande dépendance des collectivités locales par rapport à l'Etat n'est pas une solution viable. La mise sur pied d'égalité des deux partenaires, chacun en fonction des attributions et des responsabilités qui lui sont dévolues, apparaît pour le moins légitime[1375].

C'est pour cela, qu'il serait plus avisé de penser que la dépendance des structures locales au gouverneur provient de son action principale de coordonnateur des financements dont la complexité et la technicité des modes d'élaboration n'est pas de nature à favoriser la gestion unilatérale des organes élus, mais commandent plus la cogestion avec le représentant de l'Etat, non dans une relation traditionnelle et manichéenne d'un Etat central édictant des règles auxquelles les acteurs locaux n'ont qu'à se soumettre. Mais plutôt, et de plus en plus, dans le cadre de rapports s'établissant sur le registre de la concertation. Puisque, dès que la complexité de l'instruction des dossiers de demande de subvention ou de financement d'équipements publiques, apparaît, les services des collectivités locales ont naturellement recours, de manière formelle ou informelle, au soutien technique du gouverneur. Ce qui nous mène à examiner une autre forme de dépendance des collectivités locales vis-à-vis du représentant de l'Etat : le besoin en ressources humaines qualifiées.

D. La dépendance en termes de besoins en ressources humaines

Ces difficultés ne concernent pas seulement l'insuffisance des ressources financières propres, mais résultent également du manque d'un personnel provincial qualifié et de l'inexistence d'une harmonisation des programmes des différents services extérieurs qui restent sous le contrôle du gouverneur.

D'autre part, il convient d'insister sur l'importance que prend, de plus en plus, la gestion dualiste des affaires provinciales, c'est-à-dire la compétence conjointe des élus provinciaux et du gouverneur comme représentant du pouvoir central, pour la conduite de certaines affaires particulières,

---

[1374] Kh. Mizou, *Diagnostic et étude financière de l'Office d'Exploitation des ports*, mémoire. Faculté de droit et d'économie de Marrakech, 1995,p. 28, cité par Jilali Chabih, *Les finances des collectivités locales, Essai d'une approche globale des finances locales*, op.cit, p. 20.
[1375] Driss. Basri, *L'Administration territoriale, l'expérience marocaine*, op.cit, p. 238.

économiques, notamment. Cette association, instituée initialement, à l'indépendance, dans certains domaines, comme celui d'exploitation des terres récupérées signifie que « la décentralisation adopte l'action économique comme objet fondamental et la collaboration de l'État et de la collectivité comme moyen de développement »[1376].

Toutefois, le problème du personnel de l'administration provinciale et préfectorale reste le talon d'Achille de cette instance, en effet, le contact avec l'entourage administratif d'un gouverneur, nous a permis de constater l'insuffisance tant quantitative que qualitative du personnel, cette tare est générale à travers tout le Royaume, mais elle atteint des niveaux assez graves dans certaines parties du pays, comme dans les provinces du Sud et du Nord, elle est moins prononcée dans le Maroc central et dans la région de Casablanca-Rabat.

Au demeurant, au chef-lieu des provinces, le Secrétariat général formée de sections ou divisions, et dirigé par le Secrétaire général (véritable cheville ouvrière) de la province appelé à coordonner l'administration provinciale. De plus, si le Secrétaire général et dans les provinces généralement à la hauteur de sa mission, le personnel du Secrétariat général gagnerait à être plus étoffé, et mieux qualifié. Le résultat de la situation actuelle est que les divisions s'occupent de questions purement administratives, sans pouvoir se charger des projets pour l'avenir et constituer des cellules d'études et d'orientation capables, d'une part, d'éclairer le pouvoir central sur la direction que doivent prendre les programmes de développement et d'autre part, de donner l'impulsion aux autorités locales qui, dans l'état actuel de leur formation, représentent beaucoup plus des organes d'exécution que d'initiative.

Sur le plan des « *ressources humaines* [1377]» de l'administration publique, le gouverneur dans la province joue le rôle d'un véritable chef d'orchestre, sous sa houlette s'articulent les autres agents d'autorités qui chapeautent les *Cercles* (dirigés par des chefs de cercles ou *super-caïds*), formées eux-mêmes de *Caïdats*, dirigés par des caïds, en sus de leurs missions traditionnelles, ils s'occupent des liaisons entre les différents services administratifs et techniques implantés dans la province chacun au niveau de son territoire (ils jouent, ainsi, le rôle d'un sous-préfet en France), de même qu'ils coordonnent les interventions requises par la modernisation et l'aménagement du territoire.

[1376] Said Ben Bachir, *L'administration locale du Maroc,* op.cit. p. 89.

[1377] La gestion des ressources humaines se distingue de la gestion du personnel en ce sens qu'elle ne se donne pas comme but initial de gérer des individus. Derrière ce terme de « gestion des ressources humaines », sans doute un peu « barbare » et contestable à bien des égards (peut-on considérer les hommes comme une ressource tout à fait comme les autres ?), se cache, en fait, une pratique dont la finalité première est simplement de rechercher à obtenir la meilleure adéquation possible entre les « besoins » d'une organisation et ses « ressources humaines ». Cf. Fikri, *La bonne gouvernance administrative au Maroc, mission possible*, op.cit, p. 368.

Les agents d'autorité étaient pendant les années 1960 et 1970 assistés au niveau de leur ressort territorial par un ou plusieurs techniciens des travaux ruraux ou urbains et la mission du *Chef de Cercle* était donc orientée vers le sens de l'action économique, c'est la structure administrative et technique qui a été prévue par le dahir de 1963 relatif au statut des administrateurs du ministère de l'Intérieur, mais elle n'a représenté qu'une construction théorique, car si déjà à l'échelle de la province le manque de personnel se faisait sérieusement sentir dans les *Cercles*, le *super-caïd*, faute de cadres administratifs et techniques se trouve isolé et démuni des moyens qui doivent faire de lui un conseiller et un animateur au lieu de limiter son activité à la routine administrative. Déchargé des tâches administratives par un caïd, chef de bureau de cercle, il devrait être un lien important entre la population et les services de la mise en valeur, aussi bien des circonscriptions inférieures que les *Caïdats* que des provinces[1378]. Dans la pratique, très peu de Chefs de cercle ayant le privilège de s'appuyer sur des agents techniques et des conseils ruraux, conscients du sens dans lequel doit se déployer l'effort, se donnent essentiellement aux services de l'aménagement et de l'urbanisme.

S'agissant de son travail quotidien, dans l'ensemble de la province, le gouverneur doit remplir plusieurs missions, au lieu de conseiller les assemblées provinciales et préfectorales et d'être l'animateur de la circonscription qu'il commande directement, il est absorbé par les questions administratives, nous avons relevé cela à travers nos rencontres avec des gouverneurs de provinces qui n'hésitent pas à qualifier le gros de leur travail de « *signatures de parapheurs* », même sur le plan de la gestion, d'ailleurs, beaucoup de gouverneurs, par manque de locaux font résider leurs agents d'autorité subordonnés au chef-lieu du Cercle, sans pouvoir garder ainsi un contact direct avec leurs administrés, en dehors de ce problème matériel dans les provinces nouvellement créées[1379].

Du reste, les problèmes structurels que rencontrent les collectivités locales de base ne sont pas étrangers aux difficultés des provinces concernant le personnel, l'institution du gouverneur a été dès le départ, pensée et conçue comme un moyen de relai dont dispose l'Etat, afin, non seulement de maintenir des liaisons permanentes avec la périphérie, mais également pour assurer l'assistance technique et humaines nécessaires aux services des provinces, à ce rôle initial s'est greffé un autre, consistant dans l'aptitude pour le gouverneur de promouvoir la solidarité et la coopération interprovinciale, ainsi dès 1963 le texte sur la province prévoyait des

---

[1378] Said Ben Bachir, *L'administration locale du Maroc*, op.cit. p. 91.

[1379] En vertu du Décret n° 2-09-319 du 11 juin 2009 modifiant et complétant le dahir no 1-59-351 du 2 décembre 1959 relatif à la division administrative du Royaume, B.O n° 5744, 18 juin 2009, p. 1017-1018 ; 13 nouvelles provinces ont été créées au Maroc en 2009, il s'agit des provinces de : de Berrechid, de Driouch, de Fquih Ben Salah, de Guercif, Midelt, de Ouezzane, de Rehamna, de Sidi Bennour, de Sidi Ifni, Sidi Slimane, de Tarfaya, de Tinghir et de Youssoufia.

syndicats de provinces de préfectures, comme pour les communes, le législateur a prévu la possibilité pour les provinces et les préfecture de créer des syndicats, le but en était de coordonner l'action économique des collectivités ayant des intérêts communs et des possibilités de développement harmonieux[1380]. Cette formule de coopération devait permettre une mise en commun des possibilités en moyens humains et matériels dont disposent les préfectures et les provinces.

De plus, en relation avec la problématique du personnel communal, on remarque qu' « à l'atonie du personnel municipal et à son incompétence avérée, s'ajoute le phénomène des projets municipaux sans suite opérationnelle ou en dormance. En effet, des sommes faramineuses ont été débloquées en vue de réaliser des services publics locaux liés au développement socioéconomique et culturel et au rayonnement de certaines agglomérations urbaines »[1381].

En tout état de cause, si l'on veut résumer le problème de la pénurie ou de l'inadéquation du personnel des collectivités décentralisés pour les structures de base, il conviendrait de souligner que, quel que soit l'effort déployé en matière de formation des personnels des collectivités locales, les objectifs escomptés ne peuvent être atteints sans qu'une valorisation effective de la carrière communale ne soit engagée, la fonction communale a besoin d'être assez attractive afin de susciter l'intérêt des cadres compétents. Autrement dit, toute politique en la matière doit faire en sorte que les perspectives de carrière et le prestige de la fonction publique communale soient au moins sur un pied d'égalité avec ceux des services du gouverneur, c'est-à-dire de l'administration de l'Etat. Pour ce faire, il faut mettre en place un véritable statut de la fonction locale, auquel il conviendrait de rattacher un régime indemnitaire spécifique.

Il convient de noter à ce propos, que le premier statut communal adopté par la loi du 23 juin 1960 était marqué par l'absence d'un code concernant le personnel communal à cause de la centralisation de l'administration à cette époque. Or, la charte communale du 30 septembre 1976 (article 48) avait annoncé la création ultérieure d'un code des fonctionnaires communaux et dont le décret n° 2-77-338 du 27 septembre 1977 avait constitué l'ossature juridique du statut particulier du personnel communal, c'est ainsi que ce décret prévoit dans son article 6 que le personnel en fonction dans les communes est constitué par un certain nombre de catégories[1382].

[1380] Le syndicat est créé par autorisation formulée par décret après délibération de chaque conseiller intéressé. Il a qualité d'établissement public doté de la personnalité morale et de l'autonomie financière.Ses délibérations sont approuvées suivant les règles de tutelle appliquées aux assemblées provinciales.

[1381] Ali Sedjari, *Le renouveau municipal au Maroc et la philosophie du retour à l'unité de la ville*, in Les enjeux de la gestion municipale au Maroc, GRIDAUH, 2004, p.5.

[1382] Les fonctionnaires communaux recrutés en vertu des dispositions des statuts particuliers susvisés dans les cadres classés dans les échelles de rémunération n° 1 à 9 incluses :
- les agents temporaires, journaliers et occasionnels ;

Néanmoins, l'innovation fondamentale à apporter consisterait à instituer des cadres intercommunaux, soit au niveau national pour les agents d'une formation supérieure, soit au niveau provincial ou régional pour les cadres moyens. Les emplois intercommunaux présenteraient un double avantage : d'une part, les communes de petite taille pourraient s'assurer la collaboration et les services de techniciens qualifiés, et d'autre part, la qualification du personnel communal serait elle-même possible grâce à la diversification des spécialisations. Pareille réforme rendrait possible la création de « syndicats de gestion », en vue d'utiliser un personnel commun à plusieurs communes syndiquées, dans des tâches enrichies et diversifiées[1383].

Au demeurant, le faible attrait qu'exerce la fonction publique communale particulièrement pour les cadres techniques peu nombreux et attirés par des secteurs plus rémunérateurs, nécessite que des moyens d'incitation et de motivation, susceptibles d'orienter cette catégorie du personnel vers le secteur des collectivités locales, soient envisagés.

Dans ce cadre, les besoins en ressources humaines correspondent aux situations de travail qui doivent être correctement occupées pour que la structure locale puisse accomplir les fonctions qui sont les siennes. C'est-à-dire qu'ils renvoient directement aux différents postes de travail ou aux emplois, voire aux métiers, tandis que les « ressources » humaines correspondent, bien entendu, aux agents qui vont venir effectivement occuper ces différentes situations professionnelles.

Enfin, pour les collectivités locales, il ne s'agit pas de gérer des hommes dans l'absolu comme dans la gestion du personnel, mais de rechercher avant tout la meilleure articulation possible entre les situations de travail et les agents qui les occupent dans le but d'obtenir, à travers cette optimisation de l'adéquation homme-emploi, la meilleure efficacité possible de l'organisation considérée[1384].

De ce fait, Jacques Chevallier met l'accent même sur le lien entre la gestion efficiente des ressources humaines et la réforme de l'Etat, en ces termes : « la réforme de l'Etat sacrifie au thème de la gestion des ressources humaines qui s'est imposé comme un thème consensuel par excellence et comme un des objectifs privilégiés de la réforme administrative. L'administration publique ne tirerait pas tout le parti possible de l'exceptionnel potentiel humain qui est le sien : elle devrait rénover profondément ses rapports avec ses agents, en passant d'une administration du personnel fondée sur les seules préoccupations juridiques et budgétaires,

---

- les fonctionnaires de l'Etat détachés auprès des communes ;
- les agents contractuels mis à la disposition des communes ;
- les appelés au service civil ;
- le cadre des secrétaires d'état-civil ;
- le cadre des contrôleurs d'état-civil.

[1383] Driss Basri, *L'administration territoriale, l'expérience marocaine*, op.cit, p. 377.

[1384] Ch. Batal, *La gestion des ressources humaines dans le secteur public*, Tome 1, Collec. Service public, Ed., d'Organisation, 1997, p.23.

à une authentique gestion des ressources humaines, prenant en compte les aspects organisationnels et personnels[1385]».

En définitive, comme on le voit manifestement, la grande dépendance des collectivités décentralisées en termes de capacités en ressources humaines vis-à-vis des services du gouverneur, et à travers lui l'Etat, est une évidence. Le personnel communal, préfectoral ou provincial lié aux assemblées élues ne dispose pas des compétences nécessaires en vue d'une autonomie réelle des élus. La gestion de ces ressources humaines doit être au cœur de la réforme administrative puisqu'elle engendre actuellement des blocages et suscite des critiques.

[1385] Jacques Chevallier, La réforme de l'Etat et la conception française du service public, in, Réformer l'Etat, le dilemme entre unité et diversité, La documentation française, Paris, 1998, p. 38.

TITRE II

Le gouverneur, instrument de la recentralisation

L'Etat a, de tout temps eu besoin, pour étendre son autorité sur l'ensemble du territoire national, d'un réseau de services administratifs, cet effet de contrôle, de *pénétration*[1386], ou d'exercice effectif de l'autorité du pouvoir central sur toute l'étendue du territoire est consubstantiel à la construction des Etats modernes.

L'Etat du point de vue historique au Maroc a connu successivement, la création de hautes fonctions administratives directement représentatives du sultan, il en était ainsi dans le ressort provincial, des *Khalifas* du Sultan avant la pénétration européenne du pays, des contrôleurs civils sous le Protectorat, et des gouverneurs ou *Amels*à l'indépendance[1387], ainsi que des *pachas* dans les circonscriptions urbaines et les *caïds* dans les circonscriptions rurales. Ce réseau administratif de l'Etat couvrant tout le territoire d'un maillage serré (régions, préfectures et provinces, communes urbaines et rurales, arrondissements, cercles et caïdats.) a permis de surmonter le risque de l'émiettement communal et d'identifier l'Etat avec de multiples services publics, indispensables à la vie quotidienne et au progrès de la société.

Pendant longtemps, et encore aujourd'hui, en relation avec la multitude de ces services publics, le gouverneur incarnait la dimension politique de l'Etat, plus que partout ailleurs, il était de tous les fronts, acteur dynamique de l'administration et moyen efficace de déploiement des politiques gouvernementales sur le plan local, notamment, à l'occasion des grands projets structurants que fussent la construction d'infrastructures routières et d'équipement, de *Promotion Nationale* et du plan.

[1386] *Cf.*pour approfondir cette notion de pénétration La Palombara qui estime que la « *fonction de pénétration* » du territoire, qui vise à en assurer le contrôle, est une des conditions de l'autorité effective de l'État « *Penetration, a crisis of government capacity* », dans Binder, Coleman, La Palombara, Pye, Verba et Werner, *Crisis and Sequences in Political Develop ment* Princeton, 1971.

[1387] *Cf.Supra*, pour une étude détaillée de l'évolution de l'institution gubernatoriale à travers les époques au Maroc : Première partie, Chapitre préliminaire.

Aujourd'hui, voué à l'exécution des décisions du pouvoir central et à l'organisation des élections - on sait ce que cela voudrait dire[1388]. Pourtant, dès l'origine, le gouverneur était conçu comme une autorité administrative à compétence générale. En confiant au gouverneur le monopole de l'administration, par le biais de la mission représentative d'abord du Roi et ensuite du gouvernement, le dahir du 15 février 1977 excluait toute distinction entre l'intérêt local et l'intérêt général dans ses attributions, mais contenait, pour ainsi dire, en germe, l'idée nouvelle de déconcentration articulée avec la mission de contrôle des collectivités à décentraliser. Le gouverneur, sous le règne de ce texte était titulaire d'attributions les plus larges sur le plan local, tout en demeurant largement soumis au pouvoir central (par le truchement de la fragilité du statut gubernatorial en tant que tel, dû aux devoirs professionnels exorbitants, de la mobilité périodique et la révocabilité à la merci du gouvernement[1389]). Nous n'avons pas manqué de relever au cours de la première partie de cette thèse, le rapprochement entre ce statut et celui du préfet français tel qu'il a été instauré par la loi du 28 Pluviôse an VIII (17 février 1800), sans aller jusqu'à parler de similitudes, puisque la dite loi napoléonienne conférait l'exclusivité d'administration au préfet[1390].

Néanmoins, au-delà des caractéristiques générales de la décentralisation, et des éléments qui la constituent, la décentralisation territoriale a pour finalité de reconstituer, au niveau de chaque entité autonome instituée, le principe d'unité et de hiérarchie qui est celui de l'Etat central unitaire. La décentralisation territoriale n'entraîne pas la division de ce principe qui « demeure premier et génétique »[1391], elle a pour conséquence, au contraire, d'assurer « sa démultiplication, sa reproduction aux diverses collectivités territoriales reconnues »[1392].

Autrement dit, chacune de ces conséquences relevait en fait d'une centralisation plutôt que d'une décentralisation, puisque les entités territoriales reconnues constitueraient des « centres » auxquels s'appliqueraient avec toutes leurs conséquences, les rigueurs du principe hiérarchique. Il en est ainsi « par la volonté même de l'Etat unitaire-central, qui ne peut admettre un pluralisme que s'il est assuré d'y reproduire les structures qui sont les siennes et d'y retrouver par-là la garantie du principe d'unité. »[1393]

[1388] *Cf. Supra*, pour une étude détaillée du rôle du gouverneur dans les élections, Première partie, Titre I, Chapitre I, Section II, Paragraphe I.

[1389] *Cf.* pour approfondir la question de la fragilité du statut du gouverneur : Première partie, Titre I, Chapitre II, Section I, Paragraphe I, *Supra.*

[1390] L'article 3 de la loi du 28 Pluviôse an VIII dispose : « Le préfet sera chargé seul de l'administration »

[1391] J-A.Mazeres, La région, espace du pouvoir ou espace de pouvoirs ?, in centre, périphérie, territoire, Cahier du CURAP. PUF, 1978, p. 246.

[1392] J-A.Mazeres, *La région, espace du pouvoir ou espace de pouvoirs ?,* op.cit, *Idem.*

[1393] J-A.Mazeres, *La région, espace du pouvoir ou espace de pouvoirs ?,* op.cit,*Ibidem.*

La pratique administrative au Maroc prolonge ces données juridiques qui ne s'éloignent pas des caractéristiques du système administratif français portant l'empreinte indélébile de la centralité. Dans cet ordre d'idées, on peut affirmer avec les rédacteurs du Rapport Guichard que : «(...) si la démocratie locale doit assurer une part importante des tâches actuelles de l'Etat, elle doit le faire dans l'esprit de la meilleure tradition administrative de l''Etat »[1394], on ne saurait être plus clair, et L Sfez, d'ajouter magistralement : « *Dé-centraliser*, c'est *re-centraliser. Re-centraliserau profit des capitales régionales* » [1395] qui reconstituent la norme unitaire.

Pour toutes ces raisons, si le gouverneur au Maroc est une autorité déconcentrée par excellence[1396], dans le sens des modalités d'organisation de l'administration de l'Etat qui permet d'alléger les charges de l'administration centrale et le renforcement du pouvoir exécutif sur le plan local. Il assure, en conséquence, un rôle non négligeable dans l'articulation et la réussite de cette décentralisation/recentralisation sur le plan provincial et préfectoral, même si cela paraît contradictoire avec son interventionnisme centralisateur, en tant que tuteur, exécutif et coadministrateur de ces collectivités. Ce rôle se manifeste à la fois à travers une mission constante d'administration générale, dont il conviendrait d'examiner l'évolution (Chapitre I), face au processus inéluctable de décentralisation (Chapitre II).

[1394] Rapport de la commission de développement des responsabilités Locales, « *Vivre ensemble* », La Documentation Française, 1976. Cité parL. Sfez, *L'objetlocal*, dir, Paris, Union Général d'Edition, p. 13.

[1395] *Ibid.*

[1396] *Cf.,Supra*, Première partie, Titre II, *Le gouverneur, autorité administrative déconcentrée.*

CHAPITRE I

Une compétence constante d'administration générale de l'Etat

On a souvent décrit en doctrine, le gouverneur comme un symbole du pouvoir central, comme « un bouc émissaire » qui servait souvent d'alibi commode à un système de relations complices, ou comme « un maître » d'arrangements avec des notables qui allait souvent au-delà de la légalité[1397], Pour Driss Basri, le gouverneur, en tant qu'agent d'autorité disposerait, ainsi d'un « pouvoir général d'intervention » qui lui permet d'« intervenir là où l'exigent la situation et l'opportunité »[1398]. Mais la question fondamentale qui se pose à ce niveau est de savoir si au nom des « *blocs de compétence* » le processus décentralisateur, aussi relatif soit-il, a spécialisé le gouverneur dans un champ restreint comme semble être le cas pour le préfet français, selon les dires d'un auteur qui souligne que : « le rôle du préfet est nettement clarifié »[1399].

Si Napoléon voulait que les Français datent leur bonheur de la création du corps préfectoral[1400], les architectes des institutions marocaines d'après l'indépendance, savaient pertinemment l'importance d'une telle institution

---

1397 *Cf.* pour une description de ces situations où se trouve le préfet français, Jean-Pierre Worms, *Crise de légitimité des élites gouvernementales et politiques françaises, et conditions d'une refondation de la république*, Revue du MAUSS 2/2005 (no 26), p. 105-120. 12- Jean-Pierre Worms, *Le Préfet et ses notables*, Sociologie du travail, vol. 8, no3, 1966, Pierre Gremion, *Le pouvoir périphérique. Bureaucrates et notables dans le système politique français*, Paris, Seuil, 1976. Y. Mény,*Le Maire d'ici et d'ailleurs*, Pouvoirs n° 24, 1993, p. 23-24, Pour une même analyse de la situation du gouverneur marocain, voir, notamment, Rémy Leveau, *Le Fellah marocain, défenseur du trône*, op.cit.

1398 Driss Basri, *L'Agent d'Autorité*, op.cit, p.14.

1399 Paul Bernard, *Le préfet de la République*, op.cit.

1400 Dans la période révolutionnaire, en France, l'évolution anarchique de l'administration appela la centralisation. Soumettant les pouvoirs locaux à la prééminence de l'Etat, les envoyés en mission de *la Convention* et les commissaires du *Directoire*, précèderont, dans cette tâche, préfets et sous-préfets qui constituèrent l'une des *"masses de granit"* sur lesquelles reposaient *le Consulat* puis *l'Empire*. Bonaparte salua d'ailleurs en ces termes la fondation de l'institution préfectorale : *"Je veux que les Français datent leur bonheur de ce jour"*.

pour le Maroc et son développement local, et voulaient, qu'elle apporte toute l'expertise du terrain et la connaissance approfondie des problèmes et des besoins de la population, qu'il est censé avoir dans la mise en œuvre locale des politiques gouvernementales, l'accompagnement du développement des territoires et la promotion de la prospérité provinciale. Il a été donc dès le départ associé à défendre peu ou prou, la dimension économique de l'ordre public dans les territoires qu'il commande. Cette mise à contribution du gouverneur s'est opérée de deux manières : d'abord en favorisant la promotion de la prospérité économique de la préfecture et la province et ensuite en assurant la mission fondamentale de l'information à double sens à la fois du gouvernement et des administrés. Face à la décentralisation, le rôle du gouverneur a-t-il été clarifié ?

Avant d'apporter une réponse satisfaisante à cette question dans le contexte marocain, il serait utile, tout d'abord, de consacrer une brève analyse au « *métier* » de gouverneur, en tant que dépositaire de l'autorité publique dans la préfecture ou la province, ce qui le rend naturellement garant de la promotion du développement socio-économique local (Section I) mais aussi responsable du remodelage des territoires qu'il commande (Section II). Ce n'est que dans un deuxième temps que nous nous pencherons sur la question des relations réelles qu'il entretient avec les collectivités locales décentralisées, dans le sens de mesurer l'évolution des fonctions gubernatoriales en contact avec la décentralisation.

SECTION I. LA PROMOTION DE LA PROSPÉRITÉ SOCIO-ÉCONOMIQUE

On pourrait sans exagération aucune affirmer qu'aujourd'hui que l'une des missions prépondérantes du gouverneur au Maroc réside dans la fonction de promotion de la prospérité du territoire où il est nommé. Personne ne doute aujourd'hui qu'il est désigné uniquement, pour garantir, il est vrai, l'une de ses fonctions classiques, en l'occurrence, l'ordre et la sécurité publique des citoyens, mais l'ordre public sécuritaire est devenu, de nos jours, indissociable de l'ordre public économique et social. Assurer des conditions de vie dignes aux citoyens constitue aujourd'hui l'un des défis majeurs, pour éviter les troubles à l'ordre public. L'approche autoritaire a démontré largement ses limites et a permis de voir en filigrane que les procédés de développement économique et social des territoires et le pari de l'inclusion de toutes les franges de la population est plus à même de garantir la sécurité et la paix publiques. La nécessité aujourd'hui pour le gouverneur, d'agir de concert, avec la société civile locale, et non par voie autoritaire, apparaît incontournable, autant que la promotion des approches participatives, des actions de coopération, d'association ou de partenariat pour promouvoir le développement économique et social sur le plan local.

En France, du côté d'une doctrine classique, on rappelle que la fonction économique des représentants de l'Etat au niveau local, contrairement à ce que l'on affirme trop souvent, n'est pas récente, et n'est pas une nouveauté qui serait liée à la crise des années 1970, mais une réalité aussi ancienne que cette institution, et serait même héritée des intendants de l'Ancien Régime, voire de leurs lointains prédécesseurs, les *baillis et sénéchaux*[1401].

Si l'on revient au Maroc, force est de relever que même si les textes ne prévoient pas clairement et de manière spécifique la mission d'intervention économique du gouverneur, à l'exception des textes sur l'investissement déconcentré[1402], ce type d'intervention, dans la pratique prend de plus en plus de l'importance. Comme l'économie nationale vit dans une période de stagnation et que le problème du chômage pèse sur la vie de la population, le gouverneur est amené à mettre en œuvre les politiques gouvernementales en la matière (la formation professionnelle, lutte contre le chômage, système de solidarité nationale, les emplois d'utilité publique, etc.), l'importance de cette mission croît constamment, dans la mesure où la problématique de la suppression d'emplois ou de précarité sociale créent souvent des situations qui pourraient aller jusqu'à menacer l'ordre public. Il s'inscrit non seulement dans l'esprit de la prévention des troubles à l'ordre public, mais elle devient une activité gubernatoriale à part entière.

Si la loi de 1997 a consacré la région et le wali de région comme véritables acteurs en matière de planification, les gouverneurs de province n'ont pas été absents de cette œuvre, en effet avant la loi de 1997, et la consécration de la région comme collectivité territoriale, ainsi tous les plans régionaux de développement sont souvent « nourris » d'études préalables ou de propositions des gouverneurs de provinces et préfectures et de leurs différents services, qui contribuent grandement à améliorer le réalisme de la planification en permettant de s'assurer de l'adhésion des populations concernées et en pratiquant une concertation très large.

En France, la loi du 29 juillet 1982 a consacré la marginalisation du département dans le processus de planification, en préférant qu'elle se fasse selon deux méthodes : d'une part, l'exécution et d'autre part, le procédé contractuel. La première a été abandonnée et aujourd'hui le plan national

---

[1401] C'est ce qu'affirme un érudit membre de l'administration préfectorale : « L'histoire économique de notre pays (...) révèle des constantes et des analogies telles que la politique actuelle dite d'expansion économique trouve sa source dans la politique économique de Louis XI. (...) Il s'ensuit que le rôle historique des représentants du pouvoir central de la France est de susciter activement la prospérité agricole, commerciale et industrielle du pays. Qu'ils aient été appelés au cours des siècles baillis ou sénéchaux, intendants, préfets, leur administration a toujours eu un caractère économique. Les baillis ou sénéchaux devaient "faire vivre et tenir notre digne peuple en paix", mais aussi, ils assuraient les communications des postes et relais dans leur circonscription ; ils étaient chargés des travaux publics, de l'entretien des routes, de la navigabilité des rivières ; ils faisaient des règlements pour le développement de l'agriculture, surveillaient l'exploitation des mines et des salines, contrôlaient les métiers et fixaient le prix des denrées », B. Bergerot, *L'économie orientée et les représentants du pouvoir central*, Rev. Adm, n° 48, 1955, p. 650-651, p. 650.

[1402] *Cf. Supra*, sur le rôle du gouverneur dans l'investissement déconcentré, Première partie, Titre II, Chapitre I, Section I, Paragraphe II.

n'existe plus. Mais la deuxième est devenue la base des relations de l'Etat et des collectivités locales en matière d'action économique, ce changement est tellement considérable qu'il a été qualifié de « révolution silencieuse »[1403].

Dans notre pays, dans le cadre de sa mission régalienne de représentation de l'intérêt général, le gouverneur, dans sa province, doit faire prévaloir les intérêts nationaux sur les intérêts particuliers, c'est-à-dire ceux des opérateurs économiques locaux. A travers cette mission générale, l'Etat, par son biais, pratique ce que l'on appelle *l'interventionnisme économique* dans le ressort local. Cette intervention est à la fois économique (Paragraphe I) et sociale (Paragraphe II).

Paragraphe I. L'interventionnisme économique du gouverneur, une dimension de l'ordre public économique

En France, l'interventionnisme des commissaires créés par le Cardinal de Richelieu est bien connu et s'explique par le fait que : « l'Etat dans l'Ancien Régime avait foi dans sa mission économique, il aurait cru faillir à sa tâche en négligeant de diriger systématiquement l'économie. Dans ces fonctions ordonnatrices, les intendants étaient des agents d'exécution ou parfois des initiateurs (…) »[1404]. Madame Catherine Lecomte précise à ce propos que l'intendant « surveillait étroitement les communautés de métiers, vérifiait la stricte observation des arrêts du Conseil, des lettres patentes relatives à la fabrication des produits manufacturés et au statut des personnes »[1405].

Dans son étude consacrée au préfet régional, un autre auteur précisait à ce sujet que « en fait comme en droit, même pendant le XIXème siècle, le principe d'abstention de l'Etat du domaine économique ne fut pas et ne peut pas être appliqué dans toutes ses conséquences rigoureuses et logiques ». Nous estimons comme lui que : « l'Etat faillirait à sa mission s'il se désintéressait des relations qui conditionnent la richesse du pays et qui peuvent, en outre, comporter certains abus »[1406].Nous partageons, à cet effet, son avis lorsqu'il affirme que « au nom de l'ordre public, tout régime d'Etat implique un minimum d'interventions dans les relations économiques des individus, tant pour remédier à des abus que pour développer la richesse nationale »[1407].

Pour ces raisons entre autres, au Maroc, le représentant de l'Etat agit dans le cadre d'une intervention protéiforme dans les affaires économiques de la province. Celase fonde sur les risques que font inévitablement peser les

---

[1403] A-S Mescheriakoff, *La planification française entre centralisation et décentralisation*, in RFDA, Septembre-octobre 1995, pp : 999-1008, p. 1000.

[1404] J.Lespes, *Les Régions administratives et la nouvelle économie française. Préfets régionaux et Intendants des affaires économiques*, thèse droit soutenue à Strasbourg, Sirey, 1942, 266 p., p. 41.

[1405] C. Lecomte, *De l'intendant au préfet : rupture ou continuité ?*op.cit, p. 20.

[1406] PierreGay, *Le préfet régional*, op.cit. p. 209.

[1407] PierreGay, *Le préfet régional*, op.cit., (page précitée).

déséquilibres économiques sur l'ordre public. Il s'agit bien là de poursuivre un certain « ordre économique », qui apparaît comme l'une des composantes à part entière de l'ordre public.

A ce propos, dans sa théorie générale de l'ordre public, Healy considérait que l'ordre public a, en plus d'un caractère politique et moral, un caractère économique[1408]. Pour Monsieur Gérard Farjat : « l'ordre public économique serait d'abord l'expression juridique de l'ordre économique fondamental d'une société donnée. »[1409]. Georges Burdeau a affirmé, quant à lui, que l'ordre public déborde le cadre de la tranquillité et de la sécurité de la population et se trouve désormais affecté par les relations économiques[1410].Gérard Farjat estime que l' « ordre public économique est une des incidences juridiques de la prise en charge par les pouvoirs publics d'une certaine organisation de l'économie, une notion aussi juridique que celle de bonnes mœurs »[1411].

Dans la thèse qu'il a consacrée à l'ordre public, Monsieur Paul Bernard constate que « (l') importance accrue des problèmes économiques, en liaison avec l'évolution générale qui conduit l'Etat sur la voie dirigiste, se retrouve sur le plan juridique (...). La notion d'ordre public n'échappe pas à cette influence : progressivement, l'ordre public prend une teinte économique et c'est là un facteur d'évolution de cette notion »[1412]. On a pu estimer ainsi que l'ordre public excède le cadre qu'on lui reconnaît volontiers, et les auteurs ont proposé de qualifier cet ordre ; on a pu dès lors parler de « l'ordre public dans le sens le plus élevé de cette expression »[1413].

Cette dimension de l'ordre public est caractérisée par les grandes fluctuations qu'elle a connues. Pierre Gay a montré que l'incorporation dans l'ordre public de considérations économiques n'a pas sur lui que des effets quantitatifs, mais que, sous l'effet des idées socialistes, « la notion d'ordre public strictement entendue à l'origine s'est transformée peu à peu en ordre

---

1408 Th.Healy, *Théorie générale de l'ordre public*, in Recueil des Cours de l'Académie de droit international, 1925, IV, p. 407, cité in M. Claps-Lienhart, op.cit, p. 198.

1409 G. Farjat, *L'ordre public économique*, thèse droit Dijon, 1963, L.G.D.J., 543 p., p. 34.

1410 G. Burdeau, *Traité de science politique*, op.cit, (page précitée), l'auteur ajoute que « dans une économie où le libéralisme traditionnel laisse une place sans cesse croissante au dirigisme, il est naturel que la politique économique devienne un facteur puissant d'ordre et de sécurité, bénéficie de la sanction juridique particulière attachée au caractère d'ordre public ».

1411 G. Farjat, *L'ordre public économique*, op.cit, p.209

1412 Paul Bernard, *La notion d'ordre public en droit administratif*, Paris, Librairie Générale de Droit et de Jurisprudence, LGDJ, 1962, p. 36. L'auteur cite à l'appui de son affirmation Ripert et Malaurie. Le premier, en 1935, affirmait que la réglementation économique donne naissance à un ordre nouveau qui est bien un ordre public mais de nature différente, et que cet ordre vise moins à satisfaire les besoins permanents de la société que les besoins de l'heure de l'Etat. Le second a reconnu l'apparition d'un ordre public « économique et social », qui constitue un « ordre public nouveau », cité par Marc Ollivier, *Conditions et compétences préfectorales*, op.cit, p. 276.

1413 Marc Ollivier, *Conditions et compétences préfectorales*, op.cit. *Idem.*

social »[1414]. Monsieur Paul Bernard a repris cette idée en estimant que ce mouvement qui affecte l'ordre public « le transforme dans sa nature même, au point que l'on a pu parler d'un « ordre public nouveau », qui est « une notion singulièrement changeante ; il ne s'agit plus de l'ordre d'une société stable mais de réaliser une politique économique fluctuante »[1415]. L'auteur en déduit que « l'ordre public économique est (...) lié, à l'heure actuelle, à l'idée d'aménagement harmonieux. Il revêt un caractère progressiste, devient l'instrument juridique, sur le plan du Droit administratif, d'une politique économique (...) Il n'est plus donné, il est "construit" »[1416].

Les compétences du gouverneur au Maroc comme celles de son équivalent français, en cette matière vont évoluer en même temps que la conception de la dimension économique de l'ordre public. Ainsi si l'on analyse la jurisprudence, on peut constater que le juge reconnaît souvent que certaines dispositions de caractère économique « intéressent l'ordre public ». Le juge permet à l'Administration de « discipliner les activités privées dans l'intérêt général économique mais ne saurait les briser ou les paralyser systématiquement »[1417]. L'ordre public économique « se contente généralement d'orienter les activités des particuliers vers la direction économique qu'il vise, mais il fonde parfois l'intervention directe de la puissance publique dans l'économie »[1418].

Au Maroc, qui a opté pour le système de l'économie de marché, l'interventionnisme économique public a, toutefois, cherché à s'affirmer comme au sein des autres Etats libéraux. Son existence et sa pratique se heurtent néanmoins à d'énormes obstacles juridiques. Par souci de protéger les droits et libertés économiques. L'interventionnisme économique a suscité toute la méfiance de la doctrine et la jurisprudence. Aujourd'hui, on peut affirmer, sans conteste, que les activités économiques relèvent de la sphère d'intervention des entreprises privées. La fonction essentielle de l'Etat n'est pas de faire du lucre. Cette règle est pertinente notamment pour ce qui est de l'intervention du représentant de l'Etat dans la conduite des affaires économiques dans la préfecture et la province.

D'une manière générale, nous le savons, les principes libéraux limitent le pouvoir d'interventionnisme des personnes publiques. Or, dès la fin du XIXe siècle, le libéralisme triomphant s'est forcé de cohabiter avec un dirigisme étatique plus ou moins soutenu, les interventions économiques de l'Etat se sont manifestées de deux façons distinctes. D'un côté l'Etat exerce lui-même, d'une manière directe, diverses prestations économiques. L'objectif, à ne point en douter, est d'accorder à l'économie des soutiens suite à des

---

[1414] Pierre Gay, Le préfet régional, op.cit, p. 210. Plus loin, l'auteur parlera d' « ordre public et social », *ibid.*

[1415] Paul Bernard, *La notion d'ordre public en droit administratif*, op.cit, p. 38-39.

[1416] Paul Bernard, *La notion d'ordre public en droit administratif*, op.cit, p. précitées.

[1417] Paul Bernard, *La notion d'ordre public en droit administratif*, op.cit, p.37.

[1418] M-C. Vincent-Legoux, *L'ordre public, Etude de droit comparé interne*, Paris, PUF, coll. Les grandes thèses du droit français, 2001, p. 456.

crises économiques (la crise économique de 1929, les deux guerres mondiales, etc.).

De l'autre côté, les interventions économiques de l'Etat peuvent être indirectes prenant la forme de mesures tendant à inciter les particuliers, par divers moyens, à exercer des activités conformes aux vues des gouvernements.[1419]Mais on a souligné que l'Etat libéral ne peut intervenir dans le domaine économique qu'à titre exceptionnel.[1420]Il s'agit donc d'une consécration partielle du principe de la liberté du commerce et de l'industrie. En effet, de nombreux auteurs ont ainsi souligné la dualité de ce principe, son double contenu : d'une part la liberté d'entreprendre qui en constitue l'aspect majeur et le plus classique, d'autre part, la liberté de la concurrence. Paradoxalement, la liberté d'entreprendre, qui est l'aspect de la liberté du commerce et de l'industrie le mieux protégé, normalement par sa consécration constitutionnelle (Toutes les Constitutions marocaines ont proclamé ce principe[1421]), et aussi le plus limité par les pouvoirs publics, alors que la liberté de la concurrence, second aspect consacré dernièrement par la Constitution de 2011, semble de mieux en mieux assurée sous, au moins, son aspect formel, avec la création d'un Conseil de la concurrence.

Enfin, un autre débat a été ouvert sur la légitimité de la reconnaissance constitutionnelle du principe de la liberté du commerce et de l'industrie. En effet, on pourrait être tenté de penser qu'il s'agit d'un principe constitutionnel absolu. Or, il connaît des limitations tant législatives que réglementaires. On peut alors soutenir que la reconnaissance constitutionnelle de la liberté d'entreprendre (article 35 de la Constitution de 2011) emporte son irréductibilité : si nombreuses puissent être ses limitations, il doit subsister un minimum d'activités libres. Certains auteurs soutiennent, au contraire, que le principe de liberté du commerce et de l'industrie est un principe à valeur législative et non constitutionnelle puisque son contenu est plus ou moins large selon la volonté du législateur. Ainsi, le principe devrait-il être regardé comme ayant une valeur infra-constitutionnelle, mais supra-réglementaire dans la hiérarchie des normes[1422]. Toutefois, il est, quand même, possible de soutenir que ce principe s'impose

---

[1419] G. Farjat, *L'ordre public économique*, LGDJ, Paris, 1963, p. 11.

[1420] Cf. M. Guibal, La justification des atteintes à la liberté du commerce et de l'industrie, AJDA, 1972, p.33. B. Poujab, Les interventions économiques des collectivités locales, quelles évolutions récentes ?, Petites affiches, n° 95, p. 90 et s. DOSSIER AJDA, 1998, ''La liberté contractuelle des personnes publiques'', AJDA, p. 643 et s.

[1421] La Constitution de juillet 2011 proclame ce principe dans l'article 35 et les lie toutefois à la consolidation de la solidarité sociale et la justice sociale : « (...) L'Etat garantit la liberté d'entreprendre et la libre concurrence. Il œuvre à la réalisation d'un développement humain et durable, à même de permettre la consolidation de la justice sociale et la préservation des ressources naturelles nationales et des droits des générations futures. L'Etat veille à garantir l'égalité des chances pour tous et une protection spécifique pour les catégories sociales défavorisées. ».

[1422] Moncef Kdhir, Le principe de la liberté du commerce et de l'industrie, mythe ou réalité, Recueil Dalloz-Sirey, 1994, chronique p. 30.

dans une certaine mesure au législateur puisque le Conseil constitutionnel français a considéré que la liberté professionnelle est une liberté publique au sens de l'article 34 de la Constitution[1423] et que la liberté d'entreprendre a valeur constitutionnelle. Dès lors, il est difficile de concevoir qu'une loi qui supprimerait totalement la liberté du commerce et de l'industrie puisse recevoir un brevet de constitutionnalité.

Ainsi, il appartient au seul législateur de déterminer les secteurs économiques dans lesquels la liberté du commerce et de l'industrie doit être aménagée. Le Conseil d'Etat français refuse de reconnaître un tel pouvoir aux autorités administratives, sauf habilitation expresse. En revanche, il admet que des restrictions puissent être apportées au principe.

Si le principe de la liberté du commerce et de l'industrie a été reconnu par la jurisprudence, il se heurte néanmoins à l'interventionnisme des pouvoirs publics, notamment du gouverneur, en tant que représentant du pouvoir central, dont l'activité peut apparaître parfois antinomique avec la reconnaissance de ce principe.

Nous pouvons relever deux types de menaces émanant, en fait, de la puissance publique. Il s'agit, d'une part, des réglementations à l'accès et à l'exercice de certaines activités et, d'autre part, de la concurrence émanant des personnes publiques qui entretiennent ou soutiennent des activités industrielles et commerciales. C'est ce second type de menaces qui a conduit à adopter une conception extensive du principe de liberté du commerce qui inclut le principe ou la liberté de concurrence.

Selon le Professeur Delvolvé, ce principe doit permettre aux particuliers d'exercer leurs activités dans un système de compétition qui ne doit être entravé ni par des prescriptions ni par des prestations provenant des pouvoirs publics. Comme le souligne le Professeur Chérot, la liberté du commerce n'est pas seulement la liberté d'accéder à la profession de son choix, c'est aussi la liberté de l'exercer librement, or la présence de personnes publiques sur le marché en concurrence avec des personnes privées serait équivalente à une réglementation des rapports économiques. Le Conseil d'Etat fait donc appel au principe de la liberté du commerce et de l'industrie pour contrôler la légalité des atteintes portées au libre accès et au libre exercice de certaines professions, mais aussi pour interdire ou encadrer l'intervention économique des personnes publiques en ce qu'elle concurrence les entreprises privées.

Au Maroc, la première Constitution de 1962 a déjà pris soin de garantir, certes, le droit de propriété, mais avec une importante réserve : il peut être apporté à son étendue et à son exercice les limites que peuvent dicter les exigences du développement économique et social planifié de la nation (art. 15). L'Etat est désormais le promoteur du développement par une intervention directe dans l'organisation et le fonctionnement de l'économie ;

[1423] CC n°76-87 du 3 mars 1976.

c'est ce rôle que traduit la politique administrative qui va être suivie jusqu'à la fin des années 1980[1424].

Le grand changement qui va se produire alors, peut être daté du 8 avril 1988 et du discours prononcé ce jour-là par feu SM. Le Roi Hassan II à l'occasion de l'ouverture de la session de printemps du parlement.[1425] Dans ce « discours d'orientation » ainsi que le qualifiait le Souverain. On trouve en effet un rappel des fondements de la politique de développement suivie par l'Etat depuis 1956 et l'annonce des changements nécessaires pour « édifier (l)'économie et (la) société sur des bases... conformes à la logique et à la réalité ». Or ces réalités sont très différentes de ce qu'elles étaient à l'indépendance du pays, le siècle dernier. Le secteur public qui devait être le moteur du développement est désormais une charge que le budget de l'Etat ne peut plus assumer ; la privatisation d'une partie des entreprises publiques était une nécessité[1426].

Dans ce sens, la mission de promotion économique de la province est considérée en fait, comme une mission des plus classiques, et les matières économiques ont toujours occupé une place prépondérante dans le rôle du gouverneur depuis la libération du pays. Les autorités publiques n'avaient, fait que s'aligner sur les attributions très larges de l'institution préfectorale françaises. Pour s'en tenir à l'essentiel, rappelons, qu'en France sous le Second Empire[1427], l'action des préfets fut déterminante et les décrets dits de décentralisation de 1852 et 1861 ont institutionnalisé ces pratiques, les domaines d'intervention économique du préfet occupèrent une place importante de ces textes.

A cette époque, le préfet français participait même à la définition des investissements de l'Etat dans le département, on comptait parmi les compétences économiques du préfet : la manutention et l'emploi des fonds destinés à l'agriculture, à l'industrie et à toute espèce de bienfaisance publique[1428], par la suite, vers la moitié du XXe siècles, ces attributions ont fait l'objet d'une déconcentration importante dont la première étape fut un décret du 13 novembre 1970 qui confiait à l'autorité préfectorale le soin de procéder à la gestion de la dotation départementale d'équipements

[1424] Michel Rousset, *Politique administrative et développement au Maroc, 1956-2004*, in. Communication présentée au séminaire organisé par l'Union International des Avocats. L'Association des Barreaux du Maroc et le Bureau de Marrakech à Marrakech les 7 et 8 mai 2004, p. 5.

[1425] B.O. 1990, p, 277. Le discours du Roi a été publié en préambule de la loi sur la privatisation.

[1426] Michel Rousset,*Politique administrative et développement au Maroc, 1956-2004* op.cit. (page précitée).

[1427] Le Second Empire est le système constitutionnel et politique instauré en France le 2 décembre 1852 lorsque Louis-Napoléon Bonaparte, le Président de la République française, devient « Napoléon III, Empereur des Français ». Ce régime politique succède à la Deuxième République et précède la Troisième République.

[1428] Marc Ollivier, *Conditions et compétences préfectorales*, op.cit. p. 277, l'auteur cite F. Bechard, *Essai sur la centralisation administrative*, vol.2, Marseille-Paris 1836, t-1er p. 234.

publics[1429]. Cette gestion se devait certes, de respecter le plan régional, mais les dispositions de ce dernier étaient assez vagues pour donner au préfet une marge d'action personnelle appréciable[1430].

C'est ainsi que, commentant le destin de la DGE, et le rôle du préfet français dans sa régulation, sa réception et sa coordination, un auteur conclut : « c'est donc notamment par le biais des finances que le préfet réapparaîtra sur la scène locale. Ce retour en force(ou par la force des choses) est aussi un retour en grâce car, outre le charme du bailleur de fonds, le préfet intervient dans ce cadre moins sur le mode de l'injonction que sur celui de la coordination et la construction. »[1431].

A ce titre, avec de telles qualités affirmées ou présumées, il est difficilement imaginable que l'opinion publique puisse avoir une exacte conscience de ce que constitue « la profession » du représentant de l'Etat dans le domaine du développement économique de la province. Au Maroc, le gouverneur face à la défaillance des élus locaux, était et reste considéré dans sa province comme intermédiaire avec les administrations centrales, et animateur de l'économie locale. Pour faire l'inventaire des rôles ouverts au gouverneur en matière de développement local, il faudrait en dresser de longues listes aux lignes infinies.

Dans ce sens, feu SM le Roi Hassan II, en s'adressant aux lauréats de la promotion « Hassan 1er » de l'Ecole de Perfectionnement des Cadres du ministère de l'Intérieur (L'IRAT actuellement)en 1967,avait clairement défini ce rôle : « Votre qualité de chef vous impose de jouer un rôle d'avant-garde, de guider vos administrés, d'être les premiers sur tous les fronts : édification, restauration, planification, agriculture, industrie, commerce, reboisement… »[1432]. Faisant de cette déclaration un précepte fondateur de l'action des gouverneurs sur le plan local, qui se devaient de dépasser leur rôle purement bureaucratique, et promouvoir toute action globale visant le développement économique social et culturel de leurs circonscriptions territoriales. Il s'agit concrètement pour le gouverneur du « rôle de coordination et d'animation qui consiste à susciter les initiatives, provoquer les rencontres utiles, fournir les renseignements et conseils nécessaires, accélérer les procédures, aplanir les difficultés aux promoteurs et soutenir les efforts »[1433].

Il appartient à l'institution gubernatoriale en tant qu'autorité animatrice de la vie locale, de relayer l'Etat dans son action de promotion du développement en diffusant et en expliquant les consignes du gouvernement,

---

[1429] *Cf.* paragraphe réservé à la dépendance des collectivités territoriales au pouvoir financier du gouverneur, Supra, Deuxième partie, Titre II, Chapitre 1, Section II, Paragraphe III.

[1430] *Idem.*

[1431] J-M Uhaldeborde, *Le préfet et le financement des équipements publics locaux, retour en force ou retour en grâce ?* op.cit, p 224.

[1432] Extrait du discours du Roi cité par Hammouda El Caid, *Le concept de l'autorité locale au Maroc,* Evolution pratique, Editions, p. 148

[1433] Hammouda El Caid, *Le concept de l'autorité locale au Maroc*, op.cit. p. 212.

en catalysant les synergies et en provocant l'adhésion des masses aux orientations et aux choix des autorités supérieures[1434].

Dans cet inventaire de missions, l'Etat délègue à son représentant un certain nombre d'attributions fondamentales, liées aux domaines économiques, nous nous proposons d'exposer brièvement quelques-unes, celles qu'il conserve toujours du moins, notamment : le développement de l'agriculture, le contrôle des prix et la promotion du tourisme.

A. Le rôle du gouverneur dans le développement de l'agriculture

Le développement de l'agriculture est l'une des options fondamentales de la politique économique et sociale au Maroc. L'agriculture constitue, en effet, près de 15 % du PIB[1435] et 10 % des exportations marocaines[1436]. L'importance accordée à ce secteur apparaît clairement dans la masse des crédits qui lui ont été affectés de l'indépendance à nos jours, c'est une priorité qui se justifie amplement, si l'on considère que l'agriculture occupe actuellement près de 40 % de main-d'œuvre de la population active marocaine[1437], comparativement à d'autres pays l'Egypte(29,6%), la Turquie(34%), la Malaisie(18%) ou le Chili(14%)[1438]. L'agriculture constitue au Maroc à la fois une ressource et un marché pour les autres secteurs de l'activité économique.

Par ailleurs, les pouvoirs publics conscients de l'importance du rôle que doit jouer l'agriculture dans l'économie nationale déploient des efforts considérables pour en accroître la productivité et permettre en conséquence au pays de réaliser l'autosuffisance alimentaire : construction de barrages, aménagements Hydro-agricole, remembrement rural, amélioration pastorale, réforme agraire, etc. Sont autant d'aménagement et de travaux qui ont bénéficié d'un effort financier notable de la part de la collectivité nationale.

En ce qui a trait au rôle du gouverneur de la province ou de la préfecture dans l'agriculture, il faut noter que celui-ci est membre du conseil d'administration de l'Office Régional de Mise en Valeur Agricole de sa région, et le président du comité technique du même office, conformément

---

1434 Hammouda El Caid, *Le concept de l'autorité locale au Maroc*, op.cit. *Idem.*

1435 Selon les chiffres du HCP, Haut-commissariat au plan, le secteur de l'agriculture, de 1965 à 2002 participe au PIB, ainsi, à hauteur de : entre 1965-1971, de 26, 5% ; entre 1972 et 1982, de 19,4% ; entre 1983-1993, de 17,2% ; de 1994-2002, de 14,7%. Source : *Les sources de la croissance économique au Maroc*, Septembre 2005, le Haut-commissariat au Plan, p.12.

1436 *L'agriculture en chiffres*, Ministère de l'agriculture, p. 10. La contribution des exportations agricoles aux exportations générales se manient à 10%. Toutefois, ce rapport relève que parmi les factures les plus lourdes, en revanche, on trouve le niveau des importations des céréales qui a éteint en 2012 plus de 38%, in, *L'agriculture en chiffres*, op.cit, p. 11.

1437 *Les sources de la croissance économique au Maroc*, le Haut-commissariat au Plan, op.cit, p 50.

1438 De la même source du HCP, *Les sources de la croissance économique au Maroc*, le Haut-commissariat au Plan, op.cit, (page précitée).

aux articles 8 et10 des décrets royaux relatifs à la création des ORMVA du 22 octobre 1966[1439].

De surcroît, si l'on se tient à l'essentiel de la réglementation, le code des investissements agricoles promulgué au 1969[1440] a prévu divers avantages que les agriculteurs peuvent recevoir de l'Etat, en contrepartie de certaines obligations auxquelles ils sont soumis. Or, pour que les investissements réalisés par l'État puissent aboutir à des résultats probants, il est apparu nécessaire dans un premier stade que l'Etat consente à déléguer un certain nombre de ses pouvoirs aux gouverneurs de provinces. Dans cette optique, un certain nombre de textes sont intervenus pour conférer au gouverneur, en tant que représentant de l'État, un rôle d'animateur et même de promoteur du secteur agricole dans la préfecture ou la province où il officie. Le comité technique de l'Office régional de mise en valeur agricole permet à cet égard au gouverneur qui assume la présidence (article 7 du dahir de 1969) de suivre de près l'activité des divers services agricoles et de leur donner, le cas échéant, l'impulsion nécessaire, conformément aux impératifs du développement régional et aux besoins des populations.

Prévu dans tous les textes portant création des Offices de mise en valeur agricole précité, le comité technique est un excellent instrument entre les mains de l'autorité provinciale et du gouverneur, pour suivre de près l'exécution de la politique du gouvernement en matière de promotion agricole et connaître les difficultés et préoccupations des agriculteurs par le biais des élus locaux et de leurs collègues qui les représentent à la Chambre d'agriculture[1441].

Dans le cadre de ce comité qui se réunit aussi souvent que le besoin de l'Office régional l'exige, et au moins, une fois par mois, l'action de l'État en matière de développement agricole est supervisée par le gouverneur. L''examen d'un procès-verbal de réunion de ce comité montre le rôle majeur joué par l'administration gubernatoriale, dans le développement du monde rural, d'une façon générale et dans la promotion du secteur agricole d'une façon particulière.

Parallèlement à cette lourde responsabilité, le gouverneur préside plusieurs commissions traitant de questions spécifiques, c'est ainsi qu'en ce qui concerne la réforme agraire, il préside la commission chargée de veiller à l'exécution du programme de distribution des terres arrêtées par le ministère de l'agriculture et de la réforme agraire et ce, conformément aux prescriptions du dahir portant loi n° 29 décembre 1972 relatif à l'attribution à des agriculteurs de terres agricoles ou à vocation agricole, faisant partie du

---

[1439] Décret royal n° 827-66 du 22 octobre 1966 portant création de l'Office régional de mise en valeur agricole des *Doukkala*, par exemple, B.O n° 2819 du 09/11/1966, p. 1267.

[1440] Dahir n° 1-69-25 du 25 juillet 1969 formant code des investissements agricoles, B.O n° 2960-bis du 29/07/1969, p. 781.

[1441] Dahir n° 1-09-21portant promulgation de la loi n° 27-08 portant statut des chambres d'agriculture, B.O. n° 5714 du 5 mars 2009.

domaine privé de l'État[1442]. Il préside également la commission provinciale de la réforme agraire qui se réunit à la demande de l'Office de mise en valeur agricole pour traiter des différents problèmes que celui-ci rencontre avec les attributaires.

Aussi, le représentant de l'Etat, préside-t-il la commission provinciale du code des investissements agricoles prévue par le dahir du 25 juillet 1969 précité, formant code des investissements agricoles, tel qu'il a été modifié ou complété. Au sein de cette commission sont étudiées, les différentes demandes de subventions formulées par les agriculteurs, pour l'acquisition de bétail ou de matériel agricole en vue d'améliorer la productivité de leurs champs. En ce qui concerne l'agro-industrie, le gouverneur encourage toute initiative tendant à réaliser des projets générateurs de valeur ajoutée, les demandes d'installation ou d'affectation de terrains formulées à cet effet sont instruites par ses services.

De même, le gouverneur est responsable de la réception des déclarations relatives au contrôle des opérations foncières des propriétés rurales (deuxième paragraphe de la circulaire n° 1563 datée du 28 octobre 1963 relative à l'application de la réglementation sur le contrôle des opération foncières des propriétés rurales).

Conformément aux dispositions du dahir portant loi du 29 décembre 1972 précité, le gouverneur propose au ministre de l'agriculture de procéder à des cessions ou des acquisitions de terrains dans une finalité agraire. Dans le cadre du domaine de la conservation foncière, le gouverneur reste compétent pour la délivrance de certaines autorisations relatives à certaines opérations immobilières en zones rurales[1443],il est également président de la commission provinciale chargée du contrôle des opérations immobilières rurales, et doit, de ce fait, communiquer les procès-verbaux des réunions de cette instance respectivement, aux ministères de l'Intérieur, de l'agriculture et des finances. Il émet son avis sur la sélection de zones ouvertes à l'immatriculation dans ces zones.

De plus, le gouverneur intervient également dans d'autres domaines connexes à l'agriculture, c'est ainsi qu'il joue un rôle important en matière vétérinaire et d'élevage, il est compétent pour diligenter des inspections(dahir du 30 avril 1935).[1444]

S'agissant du financement du secteur agricole, il faut rappeler que le gouverneur est président du conseil régional du Crédit agricole (article 19 du

---

[1442] Dahir portant loi n° 1-72-277 du 29 décembre 1972, relatif à l'attribution à des agriculteurs de terres agricoles ou à vocation agricole faisant partie du domaine privé de l'Etat, B.O n° : 3178 du 26/09/1973, p.1631

[1443] Dahir n° 1-63-288 du26 septembre 1963relatif au contrôle des opérations Immobilières à réaliser par certaines personnes et portant sur des propriétés agricoles rurales, B.O n° 2657 du 27/09/1963, p. 1531.

[1444] Voir aussi l'arrêté viziriel du 12 août 1938relatif à l'inspection des viandes destinées à l'exportation.

dahir du 4 décembre 1961 relatif à l'organisation du Crédit agricole)[1445], à ce titre, il préside la commission de contrainte par corps à l'encontre des débiteurs récalcitrants du Crédit agricole (articles 36-37-38 du dahir précité).

En ce qui a trait au développement de l'économie forestière et compte tenu de l'importance de la forêt pour l'économie de nombreuses provinces du royaume, des Conseils provinciaux de forêt ont été institués, le gouverneur y joue, en sa qualité de président, un rôle de premier plan. Il suscite, et même dirige les opérations, telles que la réalisation des programmes de travaux forestiers de reboisements de traitements phytosanitaires de lutte contre l'incendie et la déforestation, exploitation, commercialisation, etc. Il est chargé également d'animer les commissions chargées d'exécuter les recommandations issues des différentes sessions du Conseil provincial des forêts, conformément au dahir du 20 septembre 1976 relatif à l'organisation et à la participation des populations au développement de l'économie forestière[1446] .

Enfin, il convient de rappeler à ce propos que le gouverneur peut également recourir à d'autres moyens inhérents à sa fonction et à sa qualité de représentant local de l'État, afin de promouvoir le secteur agricole. C'est ainsi que pour sensibiliser les agriculteurs sur l'importance que joue l'agriculture dans l'économie nationale, il préside toutes les manifestations à caractère agricole, conçoit et décerne des prix d'excellence et d'encouragements aux agriculteurs et aux fermiers qui ont du mérite. A cette fin, il programme avec l'aide des services concernés à l'occasion de rencontres de dialogue avec les responsables du monde rural, en présidant des ouvertures de foires agricoles, des journées sucrières ou laitières, etc[1447].

Par ailleurs, le gouverneur préside la cérémonie de l'allumage des fours des sucreries lors du démarrage de chaque campagne sucrière, il n'hésite pas non plus à participer aux festivités organisées par les ouvriers ou les cadres de telle ou telle unité de production agricole à l'occasion des fêtes nationales et prend la parole pour encourager et inciter les ouvriers et la direction de l'unité concernée à déployer plus d'efforts pour accroître et améliorer le rendement.

Il convient de souligner à ce propos, que le rôle du gouverneur dans le domaine agricole est beaucoup plus accentué en période de sécheresse, sachant l'importance des pluies pour l'agriculture au Maroc[1448]. Dans de pareilles circonstances, le gouverneur devrait prêter assistance aux provinces

---

1445 Dahir n° 1-60-106 du4 décembre 1961relatif à l'organisation du crédit agricole.

1446 Dahir portant loi n° 1-76-350 (20 septembre 1976) relatif à l'organisation de la participation des populations au développement de l'économie forestière.

1447 Hammouda El Caid, *Le concept de l'autorité locale au Maroc*, op.cit, p. 217.

1448 Parmi les célèbres dictons qu'on prête à tort au Maréchal Hubert Lyautey, celui qui nous intéresse ici ne relève pas de sa paternité ; « *Au Maroc, gouverner c'est pleuvoir* ! » est une phrase prononcée par son successeur, Théodore Steeg (Commissaire résident général au **Maroc**, jusqu'en 1928). Son sens revient à expliquer que l'ensemble des équilibres économiques et politiques au Maroc peuvent être remis en cause sous l'effet d'une sécheresse.

du Royaume subissant les effets néfastes de la sécheresse, sous son impulsion, des comités de vigilance chargées de veiller à l'utilisation rationnelle de l'eau, aussi bien potable que d'irrigation sont institués. La rareté de l'eau a été également l'occasion, dans certains cas, pour les gouverneurs de prendre tout un train de mesures tendant à réaliser une bonne gestion de l'eau, telle que la confiscation de motos-pompes (*pirates*, dans les secteurs où le pompage n'est pas autorisé), l'interdiction systématique de toute plantation irrégulière et la création de brigades mobiles de surveillance au niveau des oueds est canons d'irrigation. Ce même comité de vigilance peut être également mis en place en cas de catastrophes naturelles, telles qu'inondations ou tremblement de terre, invasion de criquets, etc.[1449]

Rappelons à cet égard, que le secteur de la pêche maritime, quoi que relevant de l'agriculture, échappe traditionnellement à la compétence du gouverneur, et relève directement du département ministériel de l'agriculture et des pêcheries. Toujours dans le domaine agricole, les attributions du gouverneur s'étendent à d'autres activités non négligeables, même si elles sont parfois conjoncturelles, telles que l'opération dite de *« touiza »*[1450], pour la réalisation des labours précoces, ou encore la campagne d'intensification de la culture du blé tendre, sur 1 million d'hectares décidée en 1984,lors d'une réunion avec le Conseil supérieur de l'union marocaine d'agriculture, en vue d'assurer l'autosuffisance en matière de céréales et d'atténuer autant que possible la dépendance du pays vis-à-vis de l'étranger .

B. Le rôle du gouverneur dans le contrôle des prix

Dans les divers domaines économiques d'intervention du gouverneur, si l'on compare son rôle à celui joué par le préfet français, on remarque qu'en France, la simple menace d'une grève générale des patrons boulangers d'un département compromettant le ravitaillement en pain, a justifié, au nom de l'ordre public, une mesure générale de réquisition, des boulangeries, de leur personnel et du matériel[1451]. Dans un contexte de pénurie, les préfets ont été des instruments de l'interventionnisme économique et social très utilisés. Nombreux sont les textes à leur confier des prérogatives en ce sens. Citons-en quelques-uns. Une loi du 31 août 1924[1452] a donné compétence au préfet pour fixer les prix des farines et du pain. Un décret du 8 août 1933 étendit cette compétence à la fixation des prix de la viande et de la charcuterie. Un

---

[1449] Hammouda El Caid, *Le concept de l'autorité locale au Maroc*, op.cit. p. 218.

[1450] Au Maroc, comme dans les autres pays du monde, cette pratique d'entraide, connue sous le nom de *« touiza »* et qui est l'expression d'une agriculture solidaire, a des racines plus profondes dans la tradition économique et sociale, connue à travers la longue histoire sociale et religieuse du pays.

[1451] Cons. D'Etat., 28 octobre 1949, syn. *Des Maîtres boulangers du Gard*, Rec., p. 447.

[1452] Loi réglant les conditions de la fixation par les préfets du prix limite des produits de la mouture du blé,

décret-loi du 9 septembre 1939[1453] avait établi le blocage des prix. La loi du 21 octobre 1940[1454] précisait que ceux-ci seront déterminés par arrêtés ministériels, et que le préfet fixerait seulement les prix de gros et détail des produits agricoles vendus sur les marchés locaux. A partir de juin 1941, ce pouvoir a été transféré aux préfets régionaux. Le préfet français assurait également la présidence d'une commission départementale dite du « coût de la vie ». De surcroît, deux ordonnances du 17 juillet 1945 et du 17 juillet 1945[1455] lui ont donné compétence pour présider le comité départemental des prix et confier la compétence pour fixer les impositions laitières.

Au Maroc, le gouverneur, lui, dispose d'un pouvoir de police économique assez étendu dans le ressort de sa préfecture ou province en cette matière, il fixe le prix des produits et services classés dans la liste B, contrôle le non-respect de la réglementation édictée en cette matière et réprime le stockage clandestin, ainsi que la circulation de marchandises prohibées en collaboration avec les services concernés, « cette action est hautement souhaitable par les citoyens notamment en période du mois du ramadan ou à la veille des grandes fêtes religieuses. »[1456]

Ainsi, le gouverneur fixait-il pour sa préfecture ou sa province les prix des céréales secondaires : orge et maïs en collaboration avec les services compétents, dans le cadre de la lutte contre le phénomène de hausse illicite des prix qui devient un souci majeur de la population en raison des déséquilibres qu'il engendre dans le fonctionnement de l'économie, du fait de la perturbation du circuit de distribution des marchandises. Dans ce sens, le gouverneur présidait, au niveau de la province ou de la préfecture la commission des sanctions à l'encontre des contrevenants à la réglementation des prix conformément aux dispositions de l'article 18 de la loi du 12 octobre 1971, qui constituait avant l'an 2000,la charte des prix, et la réglementation du contrôle des prix au Maroc était régie par le cette loi de 1971[1457], ce texte établissait une liste de produits et marchandises dont les prix sont fixés et contrôlés par les autorités publiques, leurs nombres ne dépassait pas 200 matières. Actuellement, les prix sont, en général libres et sont soumis à la libre concurrence et à la liberté du marché, en vertu de la loi n° 06-99 relative à la liberté des prix et de la concurrence[1458].

1453 JOLD 16 septembre 1939, p. 11486.

1454 JOLD 1er novembre 1940, p. 5505.

1455 Ordonnance n° 45- 1581, JOLD., 19 juillet 1945, p. 4419.

1456 Hammouda El Caid, Le concept de l'autorité locale au Maroc, op.cit. p. 219.

1457 Loi n° 008-71 du 12 octobre 1971 sur la réglementation et le contrôle des prix et les conditions de détention et de vente des produits et marchandises, B.O n° 3087 du 29/12/1971, p.1492.

1458 Dahir n° 1-00-225 portant promulgation de la loi n° 06-99 sur la liberté des prix et de la concurrence. B.O du 6 juillet 2000 (cette loi a été abrogée dans certaines de ses dispositions par la loi n° 104-12 relative à la liberté des prix et de la concurrence du 30 juin 2014 voir l'article 110 du nouveau texte).

La question qui se pose ici est celle de savoir, quel est le nouveau rôle du gouverneur dans le domaine du contrôle des prix à la lumière de la nouvelle législation sur la liberté des prix et la libre concurrence. Pour répondre à cette question, il faut rappeler que la loi précitée n'est pas d'application absolue, elle a bien aménagé un certain nombre d'exceptions au jeu de liberté des prix et de la libre concurrence, ainsi son article 3 prévoit que les biens, produits et services : « dans les secteurs ou les zones géographiques où la concurrence par les prix est limitée en raison soit de situations de monopole de droit ou de fait, soit de difficultés durables d'approvisionnement, soit de dispositions législatives ou réglementaires, les prix peuvent être fixés par l'administration après consultation du Conseil de la concurrence (…) les modalités de leur fixation sont déterminées par voie réglementaire. »

De même, dans ce sens, l'article 4 de la loi précitée ajoute qu'il est bien loisible à l'administration, de prendre, dans des cas particuliers, des mesures temporaires contre des hausses ou des baisses excessives de prix, motivées par des circonstances exceptionnelles, une calamité publique ou une situation manifestement anormale du marché dans un secteur déterminé, après consultation du Conseil de la concurrence. La durée d'application de ces mesures ne peut excéder six (6) mois prorogeable une seule fois. D'autre part, à la demande des organisations professionnelles représentant un secteur d'activité ou sur l'initiative de l'administration, les prix de certains produits et services peuvent faire l'objet d'une homologation (article 5).

A cet égard, l'article 83 de la loi n° 06-99 (à noter que cette loi a fait l'objet d'un réaménagement dans certaines de ses dispositions par la loi n° 104-12 relative à la liberté des prix et de la concurrence du 30 juin 2014 voir l'article 110 du nouveau texte) exclue également du jeu de la libre concurrence les produits et services dont le prix a été déjà fixé en application de la loi n° 008-71 sur la réglementation et le contrôle des prix et les conditions de détention et de vente des produits et marchandises. Mais cette exception devait rester en vigueur uniquement pendant 5 ans de la date d'entrée en vigueur de la loi n° 06-99, c'est-à-dire jusqu'à 2005. Il faut noter à ce propos, qu'un arrêté du ministre délégué auprès du premier ministre chargé des affaires économiques et générales du 16 juillet 2010[1459] a fixé, après consultation du Conseil de la concurrence, la liste de produits et services dont le prix reste réglementé.

[1459] Arrêté du ministre délégué auprès du premier ministre chargé des affaires économiques et générales n° 2043-10 du 13 Juillet 2010, B.O n° 5870, p.1628, ce texte énumère en annexe une liste de 16 produits et services dont les prix sont réglementés : farine nationale de blé tendre, sucre ; tabac manufacturé ; électricité ; eau potable ; assainissement liquide ; combustible liquide et gazeux ; transport routier de voyageur ; transport urbain de personnes ; produits pharmaceutiques et produits à usage vétérinaire ; actes et services médicaux dans le secteur médical privé ; actes pratiqués par les sages-femmes, infirmiers et infirmières du secteur privé ; livres scolaires ; actes des huissiers de justice ; actes hébraïques.

Si l'on songe à l'intérêt qu'accordent les autorités publiques au Maroc, au sujet des prix des produits de première nécessité, ainsi qu'au fait qu'elles ont toujours été conscientes de l'importance et de la sensibilité accrue du sujet des prix de ces produits et services, tels que le sucre, le thé, la farine, le pain, l'huile et le lait, on comprend que la réglementation et le contrôle de ces prix a toujours fait partie de ce que l'on pourrait appeler la sphère de l'ordre public économique que l'Etat doit sauvegarder jalousement et en assurer un suivi vigilant et pointilleux.

Dans ces conditions, même si ce domaine a été marqué par l'adoption de règles de libération progressive des prix et leur ouverture à la concurrence, le niveau des prix des produits et services[1460] de première nécessité reste intimement lié au niveau de vie et aux besoins quotidiens de la population, une défaillance dans ce domaine peut engendrer des débordements sociaux et de graves troubles à l'ordre public. Les évènements de Casablanca de 1981, appelés à juste titre, les *émeutes du pain*[1461] sont très significatifs à cet égard.

Avant l'adoption de la loi n° 06-99, le rôle du gouverneur dans ce cadre était très important, en tant que représentant du pouvoir central dans la préfecture ou la province, il contrôlait à travers ses services, le stockage illicite des produits de première nécessité, et réprimait les opérations spéculatives portant sur ces produits. Il pouvait prononcer un avertissement à l'encontre des contrevenants soit le paiement d'une amende qui peut atteindre plusieurs fois le montant du chiffre d'affaires hebdomadaire du responsable des faits, il pouvait même décider de la fermeture du local pour une durée qui ne peut excéder huit jours.

Alors que la nouvelle loi avait instauré au départ une sorte de flou autour de l'autorité habilitée à dresser des procès-verbaux, puisque : les infractions aux dispositions de cette loi et des textes pris pour leur application qui concernent les produits et services sont constatées par les agents du corps des contrôleurs des prix. Mais doivent être transmis à une autorité prévue à l'article 86 de ladite loi. Quand on se réfère à cet article, on peut y lire que : « les infractions aux dispositions du titre VII de la présente loi et des textes pris pour son application peuvent faire l'objet soit de transactions, soit de sanctions administratives, soit de sanctions judiciaires. Sera instituée par

---

[1460] Dans le domaine du transport routier de voyageur et du transport urbain de personnes, il préside le Comité provincial ou préfectoral des transports et peut suspendre pendant une durée de 15 jours l'agrément d'un transporteur ne respectant pas la réglementation en vigueur ou entravant la libre circulation des personnes et des biens.

[1461] Les émeutes de 1981 à Casablanca ont marqué l'histoire contemporaine du Maroc. Elles ont eu lieu en juin 1981, durant ce qu'on a qualifié les « années de plomb » du Maroc. Ces émeutes étaient le résultat de tensions sociales et économiques internes. En juin 1981, plusieurs subventions sur des produits de première nécessité connaissent une baisse très importante dans le cadre du programme d'ajustement structurel voulu par la Banque mondiale et par le Fonds monétaire international. L'effet de cette baisse est aggravé par une sécheresse persistante (le pays subit sa première vague de sécheresse de 1980 à 1984) et une très grande inflation (de l'ordre de 12,5 % en 1981).

voie réglementaire l'autorité habilitée à procéder aux transactions et à prononcer les sanctions administratives ».

En réalité cette autorité est représentée par le gouverneur de la province ou de la préfecture, puisque l'article 20 du décret du 17 septembre 2001[1462] pris pour l'application de la loi n° 06-99 dispose que : « l'autorité visée au 2e alinéa de l'article 86 de la loi n° 06-99 précitée est le gouverneur de la préfecture ou de la province où l'infraction a été constatée », il en découle que le gouverneur, dans le domaine du contrôle des prix, continue à jouir de prérogatives très larges s'étendant du contrôle général des prix des produits et services de première nécessité à l'application aux contrevenants des sanctions administratives.

C. Le rôle du gouverneur dans la promotion du tourisme

Depuis l'indépendance les pouvoirs publics n'ont cessé de promouvoir le secteur du tourisme en mettant en valeur les atouts nombreux dont dispose le Maroc dans ce domaine. Les autorités accordent un intérêt particulier à l'activité touristique en tant que levier économique d'une part, et en tant que pourvoyeur de devises étrangères d'autre part« s'agissant du tourisme, un saut qualitatif a été réalisé dans la concrétisation des objectifs définis dans la vision 2010. L'accroissement du flux touristique porté à plus de 9 millions de visiteurs constitue le meilleur facteur incitatif pour susciter une adhésion franche et massive aux objectifs fixés dans le cadre de la vision 2020 pour la prochaine décennie »[1463].

Le gouverneur, en sa qualité d'animateur de l'activité économique et sociale de la préfecture ou de la province constitue le principal catalyseur de cette activité et veille à la sauvegarde et à la mise en valeur du patrimoine touristique de son territoire. Il faut souligner que dans ce domaine particulier, les attributions du gouverneur relèvent de sa compétence générale en tant que coordinateur des différents services de l'État, mais aussi en tant que président de la commission de la main-d'œuvre, créée par le décret royal de 14 août 1967[1464], compte tenu du fait que le tourisme est un grand pourvoyeur d'emplois.

Néanmoins, dans la pratique, le gouverneur tire ses prérogatives spécifiques en matière touristique, essentiellement des disposions de deux circulaires émanant du ministère de l'Intérieur, datées successivement du 18 décembre 1991 et du 19 janvier 1994. La première circulaire place l'activité touristique dans son contexte géopolitique et souligne les effets néfastes de

---

[1462] Décret n° 2-00-854 du 17 septembre 2001, pris pour l'application de la loi n° 06-99, B.O n° 4940, p. 961

[1463] Extrait du discours royal à Tanger à l'occasion de la fête du Trône le 30 Juillet 2010, *Cf.* le Matin du 32/7/2010.

[1464] Décret royal n° 319-66 du 14 août 1967 instituant des commissions de la main-d'œuvre et un conseil supérieur de la main-d'œuvre, Bulletin Officiel n° : 2860 du 23/08/1967 - Page : 991

certains événements de l'époque, notamment, la guerre du Golfe et le marasme qui s'en est suivi sur le plan du marché international du tourisme. Le texte de ladite circulaire s'articule principalement autour d'une action de redynamisation de l'activité touristique au Maroc et attribue à cette fin au gouverneur le rôle de coordinateur de tous les opérateurs qui exercent leur activité dans le secteur.

Dans son rôle de promoteur du tourisme provincial, le gouverneur doit privilégier à la fois l'application rigoureuse de la réglementation en vigueur dans le domaine touristique et veiller à son assainissement, en mettant un terme à tous les facteurs qui constituent des travers susceptible de porter atteinte à l'image de marque du Maroc. Ainsi, il doit exercer un contrôle rigoureux sur les prix excessifs et la pratique du *surbooking* auxquels s'adonnent certains établissements touristiques. De plus, il appartient à la même autorité d'exercer un contrôle permanent sur l'activité des principaux acteurs du tourisme, tels que *bazaristes*, guides tour-opérateurs, agences de voyage, transporteurs, etc. l'autorité gubernatoriale et les services qui lui sont rattachés doivent veiller également à l'application et au respect du programme visant à favoriser et à encourager le tourisme national en pratiquant des prix préférentiels au profit des citoyens[1465].

Le deuxième texte constitué par la circulaire du 19 janvier 1994, qui s'attache généralement à rappeler les mêmes instructions contenues dans la circulaire précédente, tout en insistant sur la volonté des pouvoirs publics de positionner le tourisme en tant que priorité socio-économique. En vue d'atteindre cette finalité, la circulaire insiste sur la nécessité d'un durcissement de l'action du gouverneur en direction des principaux facteurs de la dégradation du *Label Maroc* à savoir les guides et les faux guides, d'une part, et les bazaristes d'autre part. La circulaire exhorte les gouverneurs des provinces dans ce sens, à ne pas hésiter à faire application des dispositions de l'article 540 du code pénal[1466] et prévoit également la mise en place de brigades spéciales comprenant des éléments de la Direction générale de la sûreté nationale, pour que ces unités puissent mener à bien leur mission de contrôle, la circulaire prévoit de les doter de moyens de transport et de communication nécessaires.

[1465] Hammouda El Caid, *Le concept de l'autorité locale au Maroc,* op.cit. p. 223.

[1466] Il s'agit de l'article réprimant l'escroquerie, cet article prévoit que : « Quiconque, en vue de se procurer ou de procurer à un tiers, un profit pécuniaire illégitime, induit astucieusement en erreur une personne par des affirmations fallacieuses, ou par la dissimulation de faits vrais, ou exploite astucieusement l'erreur où se trouvait une personne et la détermine ainsi à des actes préjudiciables à ses intérêts pécuniaires ou à ceux d'un tiers, est coupable d'escroquerie et puni de l'emprisonnement d'un à cinq ans et d'une amende de 500 à 5.000 dirhams. La peine d'emprisonnement est portée au double et le maximum de l'amende à 100.000 dirhams si le coupable est une personne ayant fait appel au public en vue de l'émission d'actions, obligations, bons, parts ou titres quelconques, soit d'une société, soit d'une entreprise commerciale ou industrielle. »

Parallèlement à ces mesures salvatrices, d'autres dispositions portant sur un effort particulier au niveau de l'accueil des touristes aux frontières principalement, se sont soldé par l'adoption de mesures de réduction du temps et du nombre de contrôle tout en veillant à l'application d'un contrôle ciblé dicté par le souci sécuritaire, qui ne doit pas être perdu de vue.

Il ressort donc clairement de l'ensemble de ces dispositions que pour assurer une meilleure gestion des activités touristiques implantées dans son commandement territorial, le gouverneur gagnerait à s'entourer d'une équipe polyvalente capable de l'assister dans sa tâche quotidienne de coordination et de promotion du tourisme dont l'importance économique et sociale n'échappe à personne.

S'agissant du rôle du gouverneur dans la promotion du tourisme, soulignons à cet effet, qu'il préside le comité provincial de la promotion du tourisme et de l'investissement dans le secteur touristique, conformément à deux autres circulaires : n° J/1086 datée du 26 février 1973 et n° K/750 datée du 14 juin 1973.

A titre comparatif, l'action des préfets en France dans ce domaine a été toujours déterminante, c'est ainsi qu'un auteur parlant des préfets écrit : « ils ont compris les vertus du libéralisme économique, aidé la naissance des sociétés anonymes financières et industrielles, surveillé la création et l'exploitation des chemins de fer (...) encouragé le thermalisme et le tourisme provoqués par les chemins de fer, achevé le réseau vicinal »[1467], le préfet en France est assisté en matière de promotion du tourisme par un organe unique représentant toutes les compétences et tous les représentants de secteurs qui servent le tourisme dans le département, cet organisme est compétent pour connaître sous l'autorité du préfet de toutes les mesures visant à développer le tourisme dans son département et participe généralement, de plus, à l'administration des crédits consacrés au tourisme par l'assemblée départementale.

Paragraphe II. L'interventionnisme du gouverneur pour la préservation de l'ordre public social

Le gouverneur, dans le cadre de ses missions d'administration générale et de représentation du pouvoir central, joue un rôle prépondérant dans le domaine social, de ce fait, cette action sociale prend plusieurs aspects, selon que l'on est en période exceptionnelle ou en période normale. En périodes exceptionnelles, sous certaines conditions, et en présence de certaines circonstances bien déterminées, il est habilité à faire des réquisitions de personnes et de biens.

[1467] P.Aubert, *Un siècle et demi d'histoire préfectorale*, Adm., n° spéc. Sept études pour servir à l'histoire du corps préfectoral, op.cit. p. 297-317, p. 304.

A. L'interventionnisme social du gouverneur en période exceptionnelle

La réquisition peut être définie comme l'opération de puissance publique par laquelle, dans des conditions strictement déterminées par les lois et les règlements, une autorité administrative ou militaire impose à une personne physique ou morale l'accomplissement de certaines prestations dans un but d'intérêt général. La réquisition peut être prise en temps de guerre, de troubles, de circonstances exceptionnelles ou de catastrophes naturelles. Les autorités militaires et civiles prennent dès lors des mesures de réquisition, en vue de parer aux insuffisances frappant leurs moyens humains et matériels. La présomption d'urgence caractérisant ces mesures, légitime dans certains cas leur exécution forcée.

En droit marocain, le droit de la réquisition peut être divisé en deux catégories ; la réquisition dans le domaine militaire et celle ayant un caractère civil. Le premier cas de figure est prévu par le dahir du 10 août 1915[1468] qui régit les réquisitions à effectuer pour les besoins militaires, dérivé de la loi française du 3 juillet 1877[1469] ayant le même objet, (ce texte ne s'appliquait, en principe qu'en "zone française du Protectorat", aucun texte ne l'a rendu applicable sur tout le territoire du Royaume). Le second texte régissant la réquisition dans le domaine militaire est le dahir du 13 septembre 1938 relatif à l'organisation du pays en temps de guerre[1470] (ce texte a reçu application une seule fois, lors du conflit frontalier algéro-marocain, par décret n° 2.63.436 du 6 novembre 1963, suivi de son arrêté d'application du 17 avril 1939 relatif à la réquisition des personnes et des biens. Il y a eu également la publication d'un arrêté résidentiel relatif à la réquisition des personnes et des biens en exécution du dahir du 13 Septembre 1938 sur l'organisation du pays pour le temps de guerre.

Avant l'entrée en vigueur d'un décret du 16 juin 1960 les autorités habilitées à procéder à la réquisition étaient essentiellement militaires, en vertu de l'article premier du dahir du 10 août 1915, qui régit les réquisitions à effectuer pour les besoins militaires. Ainsi, le droit de la réquisition appartient aux commandants des forces militaires du Protectorat ou les personnes militaires ou civiles auxquelles il délègue ce droit. Ainsi, l'article 7 de ce dahir prévoit que « les ordres de réquisition sont remis soit aux chefs des municipalités, soit aux autorités administratives de contrôle (Caïds et Chioukhs) ».Par ailleurs, l'autorité militaire qui ne se conforme pas à la réquisition de l'autorité civile encourt la destitution et l'emprisonnement

---

[1468] Dahir du 10 août 1915 sur les réquisitions à effectuer pour les besoins militaires. B.O. N° 148 du 23 août 1915.

[1469] Loi n°1877-07-03 du 3 juillet 1877 relative aux réquisitions militaires, Loi 1877-07-03 Bull. des Lois, 12e S., B. 346, n° 6115.

[1470] Dahir du 13 septembre 1938 sur l'organisation du pays pour le temps de guerre[1470] B.O n° 1548 du 26 juin 1942.

d'un an à deux ans (l'article 193 du dahir n° 1-56-27 du 10 novembre 1956 portant code de la justice militaire)[1471].

Il convient de préciser que cette mesure porte sur les prestations susceptibles d'être obtenues par voie de réquisition qui sont énumérées dans les articles 3 à 8 du dahir du 10 août 1915 sur les réquisitions à effectuer pour des besoins militaires ; elles couvrent pratiquement tous les besoins d'une armée en opération (logement, cantonnement, moyen de sanitaire, guides, messagers, et tous objets, services ou établissements industriels nécessaires à l'armée).

Au demeurant, la notification et l'exécution de l'ordre de réquisition sont réglementées par le même dahir sur les réquisitions, ainsi que le dahir du 13 Septembre 1938 sur l'organisation du pays en temps de guerre, qui précisent la forme des réquisitions qui doivent être formulées par écrit et signées, avec délivrance d'un reçu des prestations susceptibles d'être obtenues par voie de réquisition. Ces ordres de réquisition doivent mentionner l'espèce et la quantité des prestations imposées et autant que possible leur durée (article 2 du dahir du 10 août 1915).

Du reste, la législation régissant le droit de la réquisition militaire prévoit que toute réquisition ouvre des droits à une indemnité, tenant compte de la privation de jouissance qui s'est imposée. Dans ce cadre, l'article 39 du dahir du 13 septembre 1938 sur l'organisation générale du pays en temps de guerre prévoit que l'évaluation des indemnités peut être faite : soit d'après des barèmes ou des tableaux établies dès le temps de paix par les chefs d'administration intéressés et révisés chaque fois que les circonstances l'exigent ; soit d'après des tarifs, barèmes et échelles proposés par les commissions d'évaluation locale ou spéciale, soumis à la commission centrale des réquisitions instituée par l'article 17 dudit dahir. En cas de contestation de l'indemnité fixée, il appartient au requis de porter son action civile devant les tribunaux *français* compétents visés aux articles 2 et 7 du dahir sur l'Organisation judiciaire du 12 août 1913.

Dans le domaine civil, le premier texte à réglementer les réquisitions est le dahir du 25 mars 1918[1472] sur les réquisitions civiles. Par la suite, un dahir est intervenu en date du 11 Mai 1931 sur les réquisitions à effectuer pour le maintien de la sécurité, de la tranquillité et de la salubrité publiques. Le dahir du 25 mars 1918 sur les réquisitions civiles accorde le pouvoir de réquisition au Secrétaire Général du Protectorat, (le 15 janvier 1913, il a été décidé de scinder les attributions du Secrétaire Général du Protectorat, deux secrétaires sont alors désignés : l'un dénommé Secrétaire Général du Protectorat pour les affaires civiles et administratives, et l'autre Secrétaire Général du gouvernement Chérifien pour les affaires du Makhzen qui coiffe trois

[1471] Dahir n°1-56-270 du 10 novembre 1956 formant code de justice militaire, B.O n° 2299-bis du 21/11/1956.

[1472]25 Mars 1918. Dahir du 25 mars 1918 sur les réquisitions civiles. B.O. N° 284 du 1er avril 1918

Services : le Service de l'Intérieur, le Service de la Justice et le Service de l'Enseignement, du Culte et des Habous), qui peut en déléguer l'exercice aux autorités civiles désignées par lui. Aussi, le dahir du 11 Mai 1931[1473] sur les réquisitions à effectuer pour le maintien de la sécurité, de la tranquillité et de la salubrité publiques donne-t-il le droit de la réquisition aux chefs des services municipaux ou à leurs adjoints, ainsi qu'aux autorités locales de contrôle civil ou militaire désignés par le Commissaire Résident Général.

En 1960 un décret du16 juin a ouvert le droit de la réquisition des personnes et des biens pour le recensement de la population et prévoit que le Ministre de l'Intérieur est chargé de l'exécution de ce décret et qu'il peut déléguer aux gouverneurs des provinces et des préfectures le pouvoir d'ordonner les réquisitions.

Enfin, il est à relever que la loi n° 78-00 promulguée par le dahir n° 1-02-297 du 3 octobre 2002 portant charte communale prévoit dans son article 49 que l'autorité administrative locale demeure toujours compétente en matière de réquisition des personnes et des biens. A comprendre que la latitude du ministère de l'Intérieur via les gouverneurs de préfectures et de provinces, qui contrôlent l'activité des caïds, chefs de cercle, et de pachas qui constituent les autorités administratives locales dans la terminologie juridique de la charte communale.

En France, cette prérogative est également attribuée au préfet en vertu du code général des collectivités locales (Rien n'est prévu explicitement pour le maire, mais par extension de son pouvoir de police administrative, on considère qu'il a un droit de réquisition du fait que l'article 2212-4 stipule qu'en cas de danger grave ou imminent, tel que les accidents naturels prévu au 5° de l'article L2212-2, le maire prescrit l'exécution des mesures de sûreté exigées par les circonstances).

A cet égard, peuvent faire l'objet de réquisition civile tous les objets nécessaires à l'alimentation, l'habillement, l'éclairage et le chauffage de la population civile ; les établissements industriels et commerciaux servant à la production, au transport et à la conservation desdits objets ; tous services et prestations dont la fourniture est nécessité par l'approvisionnement de la population civile.

Conformément au dahir du 11 Mai 1931 précité : « le droit de réquisition s'applique à toutes les prestations nécessaires pour assurer le maintien de la sécurité, de la tranquillité et de la salubrité publiques dans les circonstances exceptionnelles d'accidents, tumultes, naufrages, inondations, incendies, épidémies ou autres calamités, ainsi que dans les cas de brigandages, pillages, flagrants délits et clameur publique, etc.

Le régime juridique de la réquisition au Maroc est caractérisé par l'existence de plusieurs textes disparates et anachroniques, datant, tous, de l'époque du Protectorat, ces textes gagneraient à être regroupés dans un texte

---

[1473] Dahir du 11 mai 1931 sur les réquisitions à effectuer pour le maintien de la sécurité, de la tranquillité et de la salubrité publiques. B.O. N° 970 du 29 mai 1931.

unique. Ce régime mérite également d'être actualisé, afin de prendre en compte les nouvelles données juridiques et politiques du pays.

B. L'interventionnisme social du gouverneur en période normale

Dans le cadre de son activité à caractère social, le gouverneur supervise l'organisation de la commercialisation des débits de boissons, et ce, en vertu d'un arrêté du directeur général du Cabinet royal n° 3-177-66 du 17 juillet 1967[1474] réglementant le commerce des boissons alcooliques ou alcoolisées. On peut lire dans les articles 1 et 2 de ce texte que : « quiconque veut faire commerce de boissons alcooliques ou alcoolisées à la bouteille doit obtenir, au préalable une autorisation délivrée par l'autorité administrative locale. Après avis des services locaux de police ou de gendarmerie. Cette autorisation peut être à tout moment retirée par l'autorité qui l'a délivrée, soit après une condamnation, soit par mesure d'ordre ou de sûreté publiques », « l'autorité administrative locale peut interdire la vente à la bouteille des boissons alcooliques ou alcoolisés dans certains secteurs ou quartiers de la ville, ainsi que dans les périmètres qu'elle fixera autour des édifices religieux, des cimetières, des établissements militaires, hospitaliers, scolaires ».

Toutefois, la licence de débit de boissons est accordée ou refusée par le directeur général de la Sûreté Nationale, après avis d'une commission composée de plusieurs membres représentant plusieurs ministères : le ministère de l'Intérieur, le ministère de la Justice, le ministère de la santé public ; le ministère chargé du commerce, le ministère chargé du tourisme[1475].

Les gouverneurs des préfectures et des provinces s'occupent, quant à eux, de la fonction de police de l'activité des débits de boissons[1476] conformément aux dispositions d'une circulaire du ministre de l'Intérieur n° 7160/4, du16 décembre 1967. Le gouverneur doit mobiliser ses services afin de réprimer les situations d'ivresse publique.

En France, le préfet est habilité dans le cadre de ses missions de police administrative, par plusieurs textes (le code général des collectivités territoriales, et notamment ses articles L.2212-1, L.2212-2 et L.2215-1 ; le code de la santé publique, et notamment les articles L.3331 à L.3355 ; le code de l'environnement, et notamment ses articles L.571-1 et suivants

---

[1474] Arrêté du directeur général du cabinet royal n° 3-177-66 du 17 juillet 1967 réglementant le commerce des boissons alcooliques ou alcoolisées. B.O n° 2856, du 26 juillet 1967, p. 829.

[1475] Article 7 de l'arrêté du directeur général du cabinet royal n° 3-177-66 du 17 juillet 1967 réglementant le commerce des boissons alcooliques ou alcoolisées.

[1476] Un débit de boisson est défini par l'article 3 de l'arrêté du directeur général du cabinet royal du 17 juillet 1967 réglementant le commerce des boissons alcooliques ou alcoolisées : « on entend par débit de boissons au sens du présent arrêté tout établissement tel que café, bar, restaurant, hôtel, cabaret, où sont servis et consommées sur place à titre principal ou accessoire, des boissons alcooliques ou alcoolisées. »

relatifs à la lutte contre le bruit ; le code de la construction et de l'habitation, et notamment ses articles R. 123-1 à R. 123-55 relatifs à la protection contre le risque d'incendie et de panique dans les établissements recevant du public ; le code du tourisme, et notamment son article D.314-1 modifié par le décret n° 2009-1652 du 23 décembre 2009 ; l'ordonnance n° 45-2339 du 13 octobre 1945 relative aux spectacles, modifiée en dernier lieu par l'ordonnance n°2007-329 du 12 mars 2007 relative au code du travail ; la loi n° 83-629 du 12 juillet 1983 réglementant les activités privées de sécurité, et notamment son article 1er ; le décret n° 98-1143 du 15 décembre 1998 concernant les prescriptions applicables aux établissements ou locaux recevant du public et diffusant, à titre habituel, de la musique amplifiée ; le décret n° 2004-374 du 29 avril 2004 relatif aux pouvoirs des préfets, à l'organisation et à l'action des services de l'Etat dans les régions et départements modifié) à jouer un rôle très actif dans le contrôle scrupuleux de l'activité des débits de boissons, dont la fixation des heures de fermeture, mais également à organiser des actions de sensibilisation pour la lutte contre l'alcoolisme[1477].

De surcroît, il convient à ce niveau de noter que le gouverneur joue un rôle important dans le contrôle des enregistrements sonores et des productions audiovisuelles, ainsi que des affichages de publicité dans la préfecture et la province.

Dans le cadre du monde du travail et particulièrement, en ce qui concerne les litiges sociaux opposant des salariés à leurs employeurs, le gouverneur préside la commission provinciale chargée d'assurer la continuité des établissements à caractère industriel ou commercial, les entreprises commerciales, industrielles ou dans les exploitations agricoles ou forestières et leurs dépendances ou dans les entreprises d'artisanat, occupant habituellement dix salariés ou plus, qui envisagent le licenciement de tout ou partie de leurs salariés, pour motifs technologiques, structurels ou pour motifs similaires ou économiques est subordonné à une autorisation délivrée par le représentant de l'Etat, dans un délai maximum de deux mois à compter de la date de la présentation de la demande par l'employeur au délégué provincial chargé du travail.

La demande d'autorisation doit être assortie de tous les justificatifs nécessaires et du procès-verbal des concertations et négociations avec les représentants des salariés. En cas de licenciement pour motifs économiques, la demande doit être accompagnée, outre les documents susvisés, des justificatifs suivants : un rapport comportant les motifs économiques, nécessitant l'application de la procédure de licenciement ; l'état de la situation économique et financière de l'entreprise ; un rapport établi par un expert-comptable ou par un commissaire aux comptes.

[1477] *Cf.* comme exemple : l'arrêté préfectoral relatif à la police des débits de boissons dans le département du Pas-de-Calais, du Cabinet du Préfet, Bureau de la Sécurité et de la Prévention de la Délinquance, n° CAB-BSPD- 2010-59.

Le délégué provincial chargé du travail doit effectuer toutes les investigations qu'il juge nécessaires. Il doit adresser le dossier, dans un délai n'excédant pas un mois à compter de la réception de la demande, aux membres d'une commission provinciale présidée par le gouverneur de la préfecture ou de la province, aux fins d'examiner et de statuer sur le dossier dans le délai fixé ci-dessus. La décision du gouverneur de la préfecture ou de la province doit être motivée et basée sur les conclusions et les propositions de ladite commission[1478].

Aussi, la fermeture partielle ou totale d'un établissement employant des salariés ne peut-elle être autorisée, si elle est de nature à entraîner le licenciement des salariés, que par le gouverneur de la préfecture ou la province qui constate qu'il devient impossible de poursuivre l'activité de l'entreprise et si elle est dictée par des motifs autres que ceux prévus dans l'article précité.

Au demeurant, le gouverneur de la préfecture ou de la province peut autoriser, pour toutes les entreprises ou tous les établissements ou pour des parties de ces entreprises et établissements exerçant une même profession ou métier ou des professions ou métiers connexes, l'application d'un horaire uniforme pour l'ouverture et la fermeture de leurs portes au public ou un roulement entre lesdites entreprises et établissements pour l'ouverture et la fermeture, lorsque les trois-quarts au moins des salariés et employeurs de la même profession ou métier ou des professions ou métiers connexes dans une préfecture ou province, un cercle, une commune, un arrondissement ou un quartier déterminé, le demandent (article 195 du Code du travail).

De plus, en vue d'éviter la fermeture simultanée des entreprises appartenant à une même branche d'activité, dans une même commune, préfecture ou province, le gouverneur de la préfecture ou de la province peut ordonner, après avis du délégué préfectoral ou provincial chargé du travail, l'établissement d'un roulement entre les entreprises[1479].

Dans le même sens, en France, une circulaire ancienne du ministre Klotz, datée du 24 juin 1913 relative au « domaine économique et social » a été essentiellement consacrée aux rapports entre le patronat et les ouvriers au sujet de la grève. Le ministre écrit à ce propos à l'adresse des préfets que : « c'est en étant en communication constante avec les représentants des ouvriers et les représentants du patronat que vous pourrez éviter la grève, qui, par principe, est un acte de défense d'une corporation, ne dégénère, en un mouvement révolutionnaire »[1480]. Il en ressort qu'aussi bien au Maroc qu'en France, le rôle du gouverneur et du préfet est éminemment un rôle

---

[1478] Article 66 et suivants du Code du travail, Dahir n° 1-03-194 du 11 septembre 2003 portant promulgation de la loi n° 65-99 relative au Code du travail. B.O n° 5210 du Jeudi 6 Mai 2004.

[1479] Article 248 du Code du travail.

[1480] Un peu plus loin la circulaire souligne « le rôle de régulateur » que le préfet doit remplir. Circulaire citée par Marc Ollivier, *Conditions et compétences préfectorales,* op.cit. p. 285.

d'arbitrage, régulièrement sollicité, à l'occasion de conflits sociaux ou crises économiques. Cette mission remplie par le gouverneur ne fait l'objet d'aucune réglementation textuelle, elle ne l'est pas plus en France pour le préfet. Ce qui a fait dire à M. Jean-François Auby par rapport à cette fonction qu'elle « ne repose sur aucun fondement juridique, mais est simplement due au fait que l'on se retourne fréquemment, dans notre pays vers l'Etat pour solliciter un arbitrage »[1481].

Néanmoins, en France, un débat lié à la fonction d'arbitrage *social* du préfet a eu lieu en en opposant ceux qui soutiennent que le dédoublement fonctionnel du préfet l'a rendu encore moins indépendant, et avait rendu son arbitrage plus fiable[1482], et ceux qui ont estimé que cette fonction connaît un déclin concomitant à la déconsidération de l'Etat du fait de la concurrence d'autres lieux de médiation. Ce deuxième courant, représenté par Jean-François Auby, pense qu'en plus de ces deux facteurs occasionnant l'amenuisement de la fonction d'arbitrage social du préfet, il ne faut pas oublier que confrontée à la diminution de ses attribution traditionnelles, la fonction préfectorale a été conduite à s'investir sur des missions nouvelles. Elle a suivi en cela l'évolution des formes et des centres d'intérêt de l'intervention étatique. Cette filiation est toute naturelle pour les représentants de l'Etat, mais elle signifie que désormais, le préfet tire la totalité de ses missions, des orientations de l'action étatique et des modes opératoires que l'Etat détermine, alors que précédemment le préfet tirait une part de sa légitimité et de ses attributions de ses partenaires et de la situation que lui conférait son statut[1483].

Peut-on en dire autant de la situation du gouverneur marocain ? En effet, le rattachement juridique de ce dernier, abondamment étudié en première partie de cette thèse, démontre qu'il a des origines makhzeniennes très marquées, et que malgré l'évolution constitutionnelle (avec l'adoption de la nouvelle constitution de 2011) et législative (avec l'adoption du dahir de 2008 portant statut particulier des agents d'autorité), le gouverneur était et reste une institution représentative de l'aura et de l'autorité du pouvoir monarchique dans le pays, ce qui l'a toujours conforté dans sa fonction d'arbitrage entre des antagonistes aux intérêts souvent opposés dans les échelons locaux, y compris entre les syndicats et le patronat.

A ce titre, l'article 1er du texte de base relatif aux attributions du gouverneur, le dahir du 15 février 1977, proclame que : « Le gouverneur est le représentant de Notre Majesté dans la préfecture ou province où il exerce son commandement. », ce texte n'a été ni modifié, ni abrogé par les textes ultérieurs relatifs à la fonction gubernatoriale. Ainsi le gouverneur tire-t-il le substratum juridico-administratif de sa fonction d'arbitrage de son rattachement symbolique à la plus haute institution du pays, qui, elle, exerce

---

[1481] J-François Auby, *L'évolution du corps préfectoral*, RFDA, 1990, p. 445.
[1482] P. Bernard, *L'Etat républicain au service de la France*, Ed. Economica, 1988, p. 313-114.
[1483] J-François Auby, *L'évolution du corps préfectoral*, RFDA, 1990, p. 445.

le rôle constitutionnel d'« arbitre entre les institutions », puisque l'article 42 de la Constitution de 2011, prévoit expressément que : « Le Roi, Chef de l'Etat, son Représentant suprême, Symbole de l'unité de la Nation, Garant de la pérennité et de la continuité de l'Etat et Arbitre suprême entre ses institutions, veille au respect de la Constitution, au bon fonctionnement des institutions constitutionnelles (…) ».

Enfin, le gouverneur semble, en effet, fort utile du fait de sa position d'unique autorité de coordination des multiples acteurs au sein de la préfecture ou de la province. Dans ce sens Mme Jacqueline Morand-Deviller a bien résumé cette force du représentant de l'Etat en décrivant le rôle du préfet, en soulignant qu'« il favorise les relations avec les élus et les forces vives économiques et sociales »[1484].

La permanence de la mission gubernatoriale d'administration générale des territoires ne se limite pas à ces différentes modalités d'interventions socio-économiques dans la vie de ces territoires. Mais les dépassent bien au-delà, puisque le gouverneur contribue, sous différentes formes et par différents moyens, à les remodeler.

SECTION II. LES MISSIONS DE REMODELAGE DES TERRITOIRES

Paragraphe I. Les compétences gubernatoriales dans le domaine de l'urbanisme

Dans le domaine de l'urbanisme, le gouverneur exerce des attributions très importantes, tant au niveau de la conception qu'au niveau de l'exécution des documents d'urbanisme. Au niveau de la conception, il participe au Comité Central chargé du suivi de l'élaboration du SDAU[1485], préside le comité local qui réunit les présidents des conseils communaux, les présidents des chambres professionnels et les délégués des différents ministères. C'est ce comité qui examine les projets de SDAU et de PA (le plan d'aménagement). Le gouverneur préside également le comité technique préfectoral ou provincial, chargé de l'instruction des demandes de lotir ou de construire (décret du 14 octobre 1993 pris pour l'application des dispositions du dahir du 17 juin 1992 portant promulgation de la loi n° 12-90).

Enfin, le gouverneur joue un rôle déterminant en matière de police de la construction : c'est lui qui décide, soit de sa propre initiative, soit sur demande du président du conseil communal, du recours à la force publique pour détruire les constructions édifiées sans autorisation sur des terrains qui ne sont pas ouverts à l'urbanisation.

En outre, il convient de rappeler que la préfecture et la province constituent le lieu de déploiement des différents services administratifs, et

---

[1484] Jacqueline Morand-Deviller, *Cours de droit administratif*, 8ème édition. Montchrestien 2003, p.163.
[1485] Schéma directeur d'aménagement urbain.

d'implantation des services extérieurs des différents ministères. Par ailleurs, sur un plan général, en ce qui concerne le plan d'aménagement, c'est le gouverneur qui présente une demande d'établissement d'un plan d'aménagement de certaines zones rurales ou communes rurales revêtant un caractère spécifique, touristique, industriel, ou minier (article 18 du dahir du 17 juin 1992[1486]), ce texte dispose que le projet du plan d'aménagement est remis au conseil communal ou aux conseils communaux par le gouverneur (article 24), et qu'il (le gouverneur) est informé de toutes les plaintes déposées auprès du procureur du Roi relativement à ce projet (article 66), il ordonne, de plus, la destruction des constructions irrégulières (articles 68 et 80).

Sur le plan de l'urbanisme, le gouverneur délivre les autorisations des lotissements et accorde aussi des autorisations de lotir dans certains cas particuliers, comme dans le cas où l'immeuble intéressé est situé dans deux ou plusieurs communes ; l'autorisation est accordée alors par le ministre de l'Intérieur ou sur délégation par le gouverneur concerné, après avis des présidents des conseils communaux concernés[1487].

Du reste, le gouverneur est président du comité local du suivi et de la préparation du Schéma Directeur d'aménagement urbain (SDAU) précité, conformément à l'article 5 du décret du 14 octobre 1993 pris pour l'application de la loi n° 12-90[1488], de plus, il préside, en dehors des limites territoriales d'intervention des agences urbaines, dans le ressort de la wilaya, la province ou la préfecture, un comité de suivi de la réalisation du schéma directeur d'aménagement urbain, chargé de suivre l'exécution des orientations définies dans le schéma directeur et de veiller particulièrement à la mise en œuvre de ses phases et d'animer, de susciter et de coordonner les actions d'aménagement prévues par ledit schéma directeur(article 9). Le gouverneur, en vertu des articles 11 et 14 du même décret, convoque chaque fois qu'il est jugé nécessaire et au moins deux fois par an ce comité, et tient régulièrement informée l'autorité gouvernementale chargée de l'urbanisme des différentes phases de réalisation du schéma directeur, et adresse, pour ce faire, la synthèse des travaux de la commission locale, appuyée d'un procès-verbal desdits travaux, qui doit parvenir au département chargé de l'urbanisme ou au directeur de l'agence urbaine selon le cas 15 jours au maximum après la fin des travaux pour décision.

S'agissant de l'action des Agences Urbaines[1489], le gouverneur y joue un rôle actif. Chaque agence est dirigée par un directeur ayant grade de

---

[1486] Dahir eu 17 juin 1992 portant promulgation de la loi n° 12-90, B.O n° 4159, p. 313.

[1487] Article 3 du dahir n° 1-92-7 du 17 juin 1992 portant promulgation de la loi n° 25-90 relative aux lotissements, groupes d'habitations et morcellements, B.O n° 4159 du 15/07/1992, p.307.

[1488] Décret n° 2-92-832 du 14 octobre 1993 pris pour l'application de la loi n° 12-90 relative à l'urbanisme, B.O n° 4225 du 20/10/1993, p. 576.

[1489] Les agences urbaines ont fait leur apparition dans le paysage institutionnel marocain dans la mouvance des réformes administratives qui ont été expérimentées à Casablanca, au

gouverneur qui rend directement compte au ministre de l'Intérieur. L'agence urbaine est chargée, dans les limites territoriales de son ressort de : réaliser les études nécessaires à l'établissement des schémas directeurs d'aménagement urbain et suivre l'exécution des orientations qui y sont définies ; programmer les projets d'aménagement qui sont inhérents à la réalisation des objectifs des schémas directeurs ; préparer les projets de documents d'urbanisme réglementaires, notamment les plans de zonage et les plans de développement.

Parmi les attributions les plus importantes de l'agence urbaine, qui ont suscité le plus de commentaires, il convient de mentionner l'*avis conforme* qu'elle doit délivrer en rapport avec tous les projets de lotissement, groupes d'habitations, morcellements et constructions. L'agence est également chargée de la police de la construction, à ce titre, elle contrôle la conformité de tous les projets immobiliers avec les dispositions législatives et réglementaires en vigueur.

A titre de rappel, l'expérience de cette formule ne concernant au départ que l'agglomération casablancaise, a été d'abord étendue à Fès et Agadir, en novembre 1992, pour être généralisée, ensuite, à l'ensemble des grandes villes marocaines. C'est ainsi qu'on compte actuellement 14 agences urbaines qui ont été créées progressivement. Tout en sachant que le ministère de tutelle prévoit de porter leur nombre à 25, pour couvrir l'ensemble du territoire national.

Cependant, partout où elles ont été créées, les agences urbaines ont rencontré une forte opposition des communes, des divisions d'urbanisme et même des autorités locales. Cette opposition s'explique par plusieurs raisons.

Tout d'abord, la mise en place des agences urbaines a eu pour effet immédiat de modifier les procédures d'attribution des autorisations de lotir et de construire. L'avis conforme attribué à l'agence a vidé les pouvoirs reconnus par la charte communale aux présidents des conseils communaux de tout contenu réel. La commune s'est transformée d'un lieu de prise de décision en une simple boîte aux lettres. D'où l'hostilité unanime des élus à l'égard des agences urbaines, et qui ne s'est pas limitée au plan théorique, mais a pris des formes bien concrètes. Dans de nombreuses communes, les présidents des conseils communaux donnent des autorisations de lotir en outrepassant l'avis conforme des agences urbaines. L'attitude des élus est souvent appuyée implicitement par celles des agents d'autorité sous l'autorité du gouverneur, qui refusent de détruire les constructions clandestines[1490].

---

lendemain des émeutes urbaines de 1981 et 1984. La structure a une double dimension : une dimension politique et une dimension technique. Il s'agit d'assurer un meilleur contrôle social en s'employant à résoudre les principaux problèmes d'aménagement de la ville.

[1490] Document du Haut-Commissariat au Plan(HCP), *La gestion de l'espace urbain au Maroc entre les logiques administratives et les logiques des populations*, non publié.

D'où ce paradoxe : multiplication des agences urbaines d'un côté, progression et renforcement de l'habitat clandestin de l'autre. Au lieu de limiter l'extension de l'habitat clandestin et des constructions illégales, les agences urbaines vont surtout contribuer à bloquer la promotion immobilière légale. C'est ainsi qu'en 4 ans d'existence, de 1994 à 1998, l'Agence urbaine de Marrakech a rejeté 70% des demandes de lotir et 2/3 des demandes de construire portant sur de grands projets. C'est pourquoi de nombreux investisseurs tiennent les agences urbaines pour responsables de la crise où le secteur immobilier semble s'enliser au Maroc[1491].

Hormis le rôle dévolu aux gouverneurs-directeurs des agences urbaines, le gouverneur de la préfecture ou de la province est investi de pouvoirs importants s'agissant de la politique urbaine de la ville. Il est ainsi membre de droit du conseil d'administration de l'agence urbaine en vertu de l'article 3du décret du 21 septembre 1993[1492] pris en application du dahir portant création des agences urbaines de la même date.

Au demeurant, le gouverneur était habilité par la charte communale de 1976 (article 46) à contrôler les édifices abandonnés, désertés ou menaçant de ruine et prendre les mesures nécessaires à leur rénovation ou leur démolition, en conformité avec les lois et les règlements en vigueur ; depuis la réforme communale de 2002, ce rôle appartient au président du conseil communal (article 50), cette nouvelle mission du président est l'une de ses nouvelles attributions de police administrative les plus importantes.

Enfin, en matière de logement, le gouverneur de la préfecture ou de la province préside la commission provinciale chargée d'allouer des lots de terrains aux personnes désirant y construire des habitations à caractère social, conformément à l'article 4 du décret du 11 janvier 1973[1493], pris en application du dahir du 8 janvier 1973 relatif au soutien de l'Etat dans l'acquisition et l'équipement des lots destinés à l'habitat économique.

Paragraphe II. L'appréciation critique des compétences gubernatoriales en matière d'urbanisme

Quelle lecture peut-on faire du rôle prépondérant du gouverneur de la préfecture ou de la province dans la conduite de la politique urbaine au Maroc ?

Pour répondre à cette question, on a pu qualifier la gouvernance urbanistique « par les gouverneurs », de politique « *autoritaire et*

[1491] *La gestion de l'espace urbain au Maroc entre les logiques administratives et les logiques des populations,* op.cit.

[1492] Le décret n° 2-93-67 du 21 septembre 1993 pris pour l'application du dahir portant loi n° 1-93-51

[1493] Décret n° 2-72-746 du 11 Janvier 1973 fixant les modalités d'application du dahir portant loi n° 1-72-531 et du 8 Janvier 1973 relatif à l'Intervention et à l'aide de l'Etat pour l'achat et l'équipement de terrains destinés à l'habitat économique. B.On° 3143du24/01/1973, p.187.

sécuritaire », tentée par l'Etat, en premier lieu pour reprendre en main la capitale économique et lui imposer un nouvel "ordre urbain". elle a été critiquée par la doctrine, estimant que le bilan des actions des divers gouverneurs-directeurs reste en grande partie à faire et que tout cet arsenal technico-juridique et *projectuel*, et l'action urbaine qu'il autorise et prescrit, ne sont en fait que la régulation – retardée et *a posteriori* – d'une transition subie principalement par Casablanca, et qui est à l'époque emblématique des dérives et des difficultés que l'État rencontre à contrôler, maîtriser et gouverner les grandes villes. Ainsi, ce « modèle d'ordre » sera progressivement « exporté », appliqué et adapté aux grandes villes marocaines. L'impératif d'une telle mise en ordre de la ville relevait d'une nécessité (politique) de contrôle social[1494].

Au demeurant, on n'a pas manqué de signaler que le quasi-monopole des gouverneurs en tant qu'exécutants de la politique gouvernemental en général, et de celle du ministère de l'Intérieur en particulier repose sur « une tendance à la marginalisation et à la périphérisation des communes urbaines, tant dans leur pouvoir de décision que d'action sur et dans la ville »[1495].

Cette situation est corroborée clairement, au regard de l'histoire récente marocaine, « les politiques urbaines peuvent être interprétées comme des tentatives de réduire l'autonomie relative (...) de fonctionnement à l'égard des acteurs en ville et de l'environnement socio-économique et politique. Cette autonomie (...) permet à la ville d'assurer sa propre reproduction, quelles que soient la volonté et la détermination manifestées pour s'en assurer la maîtrise »[1496]. Le rôle de tutelle exercé par la Direction des collectivités locales s'est avéré primordial à cet égard : il entretient une dépendance technique et économique, via la centralité politique du rôle des gouverneurs des préfectures et des provinces, et l'encadrement des budgets des collectivités locales dont la Direction est l'ordonnateur scrupuleux. Dans les grandes agglomérations, comme dans le cas de Rabat, ou Casablanca dont le statut est spécifique compte tenu de leurs qualités de capitale, et de capitale économique, la tutelle« technique » se trouve renforcée dans la mesure où le wali, gouverneur de la préfecture de Rabat, ou de Casablanca, est l'ordonnateur de la Commune et se trouve à la tête de ses services exécutifs.

On comprend aisément alors, moyennant cette énumération non exhaustive des compétences gubernatoriales au sein de la préfecture ou de la

---

1494 Raffaele Cattedra, Myriam Catusse, M'hammed Idrissi Janati,*Changer d'échelles de gouvernance ? Réflexion autour de la promulgation de la charte communale de 2002 au Maroc*, in. J.M. Miossec (dir.),Terrains et échelons de la gouvernance : expériences en France et Maghreb, Paris, L'Harmattan, 2009, p. 139-170.

1495 Raffaele Cattedra*Changer d'échelles de gouvernance ? Réflexion autour de la promulgation de la charte communale de 2002 au Maroc*, op.cit, (page précitée).

1496 Naciri M., 1985, Les politiques urbaines : instruments de pouvoir ou outils de développement ?, in Métral, F. et alii, Politiques urbaines dans le Monde arabe, Lyon, Maison de l'Orient, p. 14-22, p. 15.

province, la centralité de l'action du représentant de l'Etat dans les circonscriptions territoriales décentralisées, en contact avec les élus locaux. Certes, comme le dit Robert Ludwig citant Jean Brenas qui décrit le rôle du préfet : « il pourrait se contenter de rester un spectateur parfaitement objectif, c'est-à-dire parfaitement absent, ou se contenter d'un rôle de secrétariat, présentant les demandes des uns et des autres, les suggestions des chefs des services et enregistrant purement et simplement les décisions de l'assemblée, mais ce serait alors, au risque de perdre les rênes du pouvoir et de laisser à son successeur un crédit moral obéré »[1497].

Par ailleurs, comme le souligne à juste titre un gouverneur très expérimenté : « la grande émotion qui accompagne la signature du procès-verbal de la passation des consignes entre les gouverneurs lors d'un mouvement des agents d'autorité, doit être le couronnement d'une mission menée parfaitement à son terme par le gouverneur sortant, laissant ainsi au successeur la satisfaction de recueillir les fruits de l'effort. C'est là un principe de déontologie dont un représentant de l'État ne doit jamais se départir »[1498].

[1497] Robert Ludwig, *Le rôle du préfet en matière économique et sociale, théorie et réalités*, Thèse, Strasbourg, Tome II, p. 344.

[1498] Hammouda El Caid, *Le concept de l'autorité locale,* op.cit. p. 226.

CHAPITRE II

L'évolution des compétences du gouverneur face à la décentralisation

Les compétences du gouverneur au Maroc n'ont pas subi de changements significatifs à l'instar de celles du préfet français avec la réforme de la décentralisation engagée par la loi du 2 mars 1982, suite à laquelle les choses ont véritablement changé. La loi a affirmé la liberté des communes, des départements et des régions vis-à-vis de l'État, sous réserve du respect des lois et des intérêts nationaux. Les préfets sont devenus les commissaires de la République, « appellation qui entendait représenter symboliquement la rupture avec la fonction traditionnelle du préfet comme agent de la centralisation, mais qui sera abandonnée par le décret du 29 janvier 1988 »[1499].

Au Maroc, les gouverneurs, même après la réforme de la charte provinciale et préfectorale sont restés non seulement les exécutifs des préfectures et des provinces[1500], mais également là où se concentre le véritable pouvoir de décision, ils sont toujours les représentants de l'État ; les présidents des conseils provinciaux et préfectoraux ne détiennent, à cet effet, qu'un pouvoir de façade.

Force est de constater, par ailleurs, que la tutelle, quoiqu'allégée[1501], continue à être exercée sous diverses formes et manifestations, ainsi la tutelle sur les actes exercée par le gouverneur est toujours de mise, contrairement à la situation en France où seul le juge administratif, désormais, peut annuler un acte d'une collectivité territoriale. Même si en réalité la tutelle n'a pas disparu complètement ; elle demeure sur l'exercice des pouvoirs de police, pour lesquels le maire et, dans certains cas, le président du conseil général sont exposés au pouvoir de substitution du représentant de l'État en cas de carence de leur part. De même, le pouvoir de

---

[1499] G. Marcou, *Bilan et avenir de la déconcentration*, in Annuaire des collectivités locales. Tome 22, 2002, p. 25-49.

[1500] Dahir n° 1-02-269 du 3 octobre 2002 portant promulgation de la loi n° 79-00 relative à l'organisation des collectivités préfectorales et provinciales.

[1501] *Cf.*Deuxième partie, Titre II, Chapitre II, Section I, Paragraphe I, *supra*.

dissolution du conseil par décret est maintenu, ainsi que la possibilité de la suspension ou de la révocation du maire par l'autorité compétente de l'Etat. Au cours des années suivantes, le contrôle de l'État a été renforcé dans certains domaines (urbanisme, marchés publics, contrats de délégation de services publics, notamment), avec des procédés juridiques qui rappelaient l'ancienne tutelle.

En effet, en ce qui a trait aux conséquences de la décentralisation en France sur l'institution préfectorale, on a pu observer qu'il y a eu une réduction progressive du périmètre d'autorité de l'administration préfectorale, et un changement radical de la structure fondamentale des rapports entre l'Etat et les collectivités territoriales, qui se sont éloignés du schéma pyramidal hérité du passé. Toutes ces données ont laissé apercevoir des rapports plus égalitaires régis par les principes constitutionnels et par la loi. De plus, la réforme de la décentralisation appelait nécessairement celle de la déconcentration, « puisque les pouvoirs des préfets se repliaient sur les compétences de l'Etat, et que les transferts des services devaient progressivement réduire le périmètre des administrations relevant de leur autorité »[1502].

Dans ce sens, M. Bourjol avance que : « le préfet dégagé désormais du dédoublement fonctionnel lié à la centralisation administrative, qui faisait de lui à la fois un agent de « l'État personne » (ce que reflète encore l'expression constitutionnelle de « délégué du gouvernement ») et un « agent local », devient le représentant local de l'État-nation, dans le prolongement de la conception de l'État héritée de la Révolution française et de la Troisième République »[1503].

A la lumière de cette comparaison, si l'on revient à la situation du gouverneur face au processus décentralisateur au Maroc, on observe une lenteur dans le transfert des compétences gubernatoriales exercées dès la création de la fonction de gouverneur, au nom de l'Etat. On est loin de l'exemple français. On a assisté plutôt à un renforcement des pouvoirs des gouverneurs dans le cadre de leur mission de coordination des services extérieurs, pour la mise en place sur le plan local de la politique gouvernementale, ainsi, des tâches nouvelles sont venues s'ajouter aux anciennes qui étaient dévolues à l'administration territoriale, il en a été ainsi de la politique urbaine et d'aménagement du territoire par le biais des comités provinciaux et des agences urbaines, tel qu'on l'a observé précédemment, de la politique de promotion de l'investissement à travers des CRI[1504], et des politiques sociales et de solidarité institutionnelle à travers

---

1502 G. Marcou, *Bilan et avenir de la déconcentration,* op.cit.,(page précitée).

1503 M. Bourjol, *L'administration préfectorale face à la décentralisation*, p. 52, in. J-P Costa et Y. Jegouzou (dir.), *L'administration française est-elle en crise ?,* Paris, L'Harmattan, 1992.

1504 *Cf.* La lettre royale adressée le 9 janvier 2002, au Premier ministre au sujet de l'investissement déconcentré

des organismes comme la Promotion Nationale[1505], l'INDH[1506], ou la Fondation Mohamed V pour la solidarité[1507]. Ainsi, ces services continuent à être gérés par les gouverneurs de l'administration territoriale pour le compte de l'Etat sous diverses formes d'interventions : présence sur le terrain, enquêtes, mobilisation de moyens, impulsion, coordination, etc.

Dans ce contexte, on n'a pas manqué de critiquer l'enchevêtrement des compétences entre les collectivités préfectorales et provinciales et celles revenant au gouverneur. Et à ce niveau, on est obligé de relever qu'au-delà des discours, rien n'a été entrepris pour y remédier.

Du reste, la légitimité du gouverneur dans ce cadre n'est pas locale, elle est nationale, c'est au même temps, comme on l'a signalé, une limite intrinsèque de la déconcentration : ce n'est pas sa liberté d'action éventuelle ni son autonomie de gestion qui donne au gouverneur sa légitimité. Mais au contraire, comme l'énonce le texte constitutionnel : il assure l'application des lois, met en œuvre les règlements et les décisions gouvernementales (article 145), qui ne va pas jusqu'à considérer le gouverneur comme ayant la charge des intérêts nationaux (comme l'est le préfet en France, en vertu de l'article 72 de la Constitution de 1958). La grande partie de l'activité du gouverneur au Maroc consiste justement à concilier entre intérêts nationaux et intérêts locaux (qu'ils soient communaux, provinciaux, préfectoraux ou régionaux).

Toutefois, on peut sur la base d'une lecture extensive des dispositions de l'article 155 de la nouvelle Constitution de 2011 intégrer l'activité de gouverneur et la légitimer par l'effet de sa haute charge de défense des intérêts nationaux. Cet article relatif aux principes fondateurs du service public, auxquels doivent se soumettre les agents de l'administration dans leur exercice dispose que : « leurs agents exercent leurs fonctions selon les principes de respect de la loi, de neutralité, de transparence, de probité, et d'intérêt général. », il en ressort que le gouverneur agit non seulement en poursuivant l'application des lois et règlements dans la collectivité locale où

[1505] Le décret n° 2-85-394 du 18 avril 1985 conférant au ministère de l'intérieur les pouvoirs et attributions en matière de promotion nationale, d'urbanisme et d'aménagement du territoire. Aussi. Il faut noter que La direction de la promotion nationale est chargée d'élaborer et de mettre en œuvre la politique gouvernementale dans le domaine de la promotion nationale, et qu'elle est depuis son rattachement au ministère de l'Intérieur dirigée par un gouverneur.

[1506] Les deux décrets du 10/08/2005 et du 10/08/2005, respectivement Création d'un compte d'affectation spéciale n°3.1.04.06 intitulé "Fonds de soutien à l'Initiative Nationale pour le Développement Humain". Et portant procédures d'exécution des dépenses prévues dans le cadre du compte d'affectation spéciale intitulé "Fonds de soutien à l'Initiative Nationale pour le Développement Humain". A noter qu'à la tête de cette instance se trouve un gouverneur chargé de la coordination de l'INDH.

[1507] La Fondation Mohammed V pour la Solidarité, créée sous la présidence du Roi Mohammed VI en 1999 et reconnue d'utilité publique (décret du 21 5 juillet 1999), contribue avec les autres acteurs sociaux, à la lutte contre la pauvreté selon la devise:

il est nommé, mais se doit constamment d'être mu par la finalité de l'intérêt national au-dessus de toute autre considération.

La légitimité du gouverneur est celle de l'administration territoriale, carrefour entre la déconcentration et la décentralisation, qui a été défendue par feu SM le Roi Hassan II dans sa lettre en s'adressant au ministre d'Etat à l'Intérieur en ces termes :

« Tu connais notre attachement à la décentralisation et notre détermination, qui ne date pas d'hier, à en faire la base du système de gestion des affaires locales, communales et municipales, c'est ainsi qu'au cours des deux dernières décennies, nous avons progressivement élargi les attributions des assemblées communales et municipales de façon à doter les conseillers de tous les instruments juridiques leur permettant de s'acquitter de leurs missions et de servir plus efficacement les intérêts de ceux qui leur ont donné leur confiance. Ce système serait resté incomplet, si parallèlement nous maintenions notre capitale comme seul centre des décisions administratives. Ce paradoxe qui aurait vidé de tout contenu réel notre politique de décentralisation, ne nous a guère échappé. Aussi, avons-nous constamment invité nos ministres au niveau central d'abord, à avoir des délégations régionales aussi étoffées que possible, puis l'élargir au maximum, sans nuire au bon fonctionnement de l'administration, pour éviter tout risque de cacophonie. Le gouverneur, qui est notre représentant dans la préfecture ou la province demeure le coordinateur obligé de l'ensemble des activités des services administratifs situés dans sa préfecture ou province. Pour que cette coordination produise des effets souhaités, nous avons décidé de créer au sein de chaque préfecture ou province un conseil fonctionnant sous la présidence du wali ou du gouverneur et regroupant les délégués provinciaux et préfectoraux de l'ensemble des départements ministériels, ce conseil interdépartemental se réunira au moins une fois par semaine à l'initiative du wali ou du gouverneur »[1508].

Dès le départ, il eut fallu établir une sorte de séparation de pouvoirs entre les collectivités locales et les gouverneurs des préfectures et des provinces. Cette séparation s'est exprimée de plusieurs manières. Elle s'est exprimé tout d'abord dans les procédures qui nécessitent à la fois l'intervention des

[1508] Lettre royale du 19 novembre 1993 adressée au ministre de l'intérieur, relative à la décentralisation et à la déconcentration, suite à laquelle, la circulaire du ministre d'Etat à l'intérieur et à l'information du 2 novembre 1993 a été adressée aux gouverneurs. Malgré nos recherches nous n'avons pas pu nous assurer avec précisions de qui a précédé, la lettre royale ou la circulaire ministérielle. Dans un article publié par le Professeur Michel Rousset dans la REMALD n° 9 d'octobre-décembre 1994, p. 47, nous avons relevé que l'auteur souligne : « la déconcentration connaît depuis une année une nouvelle phase de son développement dont le point de départ est constitué par la lettre royale adressée le 19 novembre 1993 au premier ministre (…) » et un peu plus loin l'auteur ajoute que : « c'est sur la base de cette lettre royale que le ministre d'Etat à l'intérieur a élaboré la circulaire du 2 novembre 1993(…) ». Les deux textes, la lettre royale et la circulaire du ministre d'Etat à l'intérieur et à l'information sont publiés dans la même revue REMALD n° 4-5 du juillet-décembre 1993, seule la lettre royale (en arabe) est datée du 19 novembre 1993, la circulaire, quant à elle ne porte pas de date !

collectivités locales et celle du représentant de l'État, c'est le cas notamment, pour la création d'un établissement public de coopération intercommunale, pour le contrôle sur les établissements qui reçoivent ou sont bénéficiaires de l'aide sociale préfectorale ou provinciale, seul le gouverneur peut prononcer la fermeture d'un établissement ou encore pour l'utilisation des dotations de l'État destinées aux constructions scolaires.

Elle s'exprime aussi dans l'activité de contrôle du gouverneur (déjà étudiée) à l'égard des collectivités territoriales. En dehors du domaine de la police où subsiste le pouvoir de substitution, après mise en demeure, le contrôle exercé par le représentant de l'État sur les actes des collectivités territoriales en France, dans une grande part, devrait passer par la saisine du juge administratif, au Maroc il est toujours existant et direct et rappelle la tutelle traditionnelle sur les actes et les personnes.

Comme nous l'avons déjà souligné, les moyens juridiques du contrôle du gouverneur ont été renforcés directement par diverses lois spéciales au cours des dernières années notamment, en matière d'urbanisme, de marchés publics et de délégation de service public, mais aussi indirectement au travers des réformes du contentieux administratif qui ont donné de nouveaux pouvoirs aux gouverneurs au titre des mesures d'urgence, par l'intervention des gouverneurs et des services déconcentrés pour atteindre auprès des collectivités locales des objectifs politiques définies par le gouvernement et qui ont parfois donné lieu à des mesures législatives, c'est par exemple, le cas pour le développement de l'intercommunalité sur la base de la loi ou pour atteindre une certaine cohérence entre les périmètres institutionnels et les périmètres des schémas de cohérence territoriale prévu par la loi sur l'urbanisme.

Dans ce sens, on trouve dans les circulaires adressées par le ministre de l'Intérieur aux gouverneurs, les directives relatives à l'utilisation des pouvoirs qui tiennent à la loi, à ce titre les gouverneurs et les services de l'État sont aussi une instance de recours. Cela va bien au-delà de l'hypothèse dans laquelle une personne ayant un intérêt à agir contre un acte d'une autorité locale saisit le représentant de l'État pour lui demander de contrôler la légalité ou l'opportunité de cet acte, en effet, il est très fréquent que des personnes désireuses de s'opposer à un projet préfectoral ou provincial, décidé par le l'assemblée élue, s'adressent directement au gouverneur, par exemple en matière d'investissement ou d'établissements d'une activité industrielle[1509], etc, si elles n'arrivent pas à obtenir satisfaction des services locaux et recherchent un appui auprès des services du gouverneur ou des services déconcentrés, cela n'autorise pas ces derniers à s'immiscer dans les compétences locales, mais il existe suffisamment de matières dans lesquels l'État conserve les moyens d'intervenir pour que de telles démarches

---

[1509] *Cf.* développements réservés au *pouvoir de substitution* du gouverneur, *Supra.* Deuxième partie, Titre II, Chapitre I, Section I, Paragraphe III.

puissent obtenir quelques résultats, se sont parfois les élus eux-mêmes qui ne surmontent leurs oppositions que par l'entremise du gouverneur.

La séparation des pouvoirs au niveau local s'exprime encore par la coopération dans des politiques communes ou la réalisation de projets communs de coopération. En France elle est aujourd'hui de plus en plus souvent formalisée dans des procédures contractuelles, pouvant se matérialiser par exemple par des contrats de plan, contrat de ville, contrat d'agglomération, etc. Cependant au Maroc, chacun sait que ces relations peuvent être délicates, le gouverneur peut se heurter, pour des raisons politiques, souvent aux réticences des présidents des conseils locaux.

Toujours dans le cadre de l'impact du processus décentralisateur sur les missions du gouverneur, il convient de rappeler que ce dernier a aussi la responsabilité de l'ordre public et de la sécurité publique, ainsi que de la prévention des risques et de la mise en œuvre des secours en cas d'accident ou de catastrophe. Ceci nous y avons déjà fait allusion dans la première partie de cette thèse, et c'est un aspect bien trop connu pour qu'on y insiste ; selon une estimation récente, en France, cela représenterait environ un tiers de l'emploi du temps d'un préfet de département[1510] . Mais l'urgence est parfois aussi d'ordre économique et social. Dans ce cas encore c'est vers le gouverneur qu'aussi bien le gouvernement que les citoyens se tournent, pour soutenir une entreprise en difficulté, en s'appuyant sur l'expertise que lui apportent son contact avec le « terrain », son expérience dans l'administration territoriale et ses rapports avec les services du ministère des finances et des diverses sections des services déconcentrés.

Au demeurant, la capacité d'action de l'État à travers les gouverneurs, dépend aussi de sa cohérence, l'autorité du gouverneur sur les services déconcentrés permet de réduire les cloisonnements qui naissent de la spécialisation technique et professionnelle sur laquelle repose l'organisation des ministères, l'inter-ministérialité est souvent moins difficile à réaliser au niveau local qu'au niveau de la mise en œuvre centrale, enfin la déconcentration apporte son concours à la décentralisation à travers l'amélioration des compétences opérationnelles des services de l'État, en leur donnant les moyens d'agir dans le cadre de leurs compétences, sans en référer au pouvoir central, et sur la base de leur appréciation de la situation locale.

Aussi, devrions-nous souligner que l'utilité de se poser la question de savoir quel est le positionnement du gouverneur aujourd'hui et demain, au sein d'un processus décentralisateur toujours de façade, ou dans le cadre d'une véritable autonomie offerte aux collectivités locales, répond à l'interrogation beaucoup plus globale, suivante : Qui gouverne le Maroc sur le plan local ?On pourrait alors ici paraphraser Céline Wiener, en avançant que : « cette question est aussi ancienne que la montée du pouvoir administratif : elle se pose depuis que l'évolution des tâches a fait de

---

[1510] *Les Echos*, 17 avril 2002, p. 54.

l'auxiliaire dévoué du pouvoir politique un brillant second, puis un premier rôle. La réponse a évolué avec les fluctuations de la vie publique, qui ont fait se succéder les périodes de relâchements et de resserrement de la bride »[1511].

Mais comment justifie-t-on au Maroc la légitimité du gouverneur à jouer un rôle aussi central dans l'appui (qu'il soit réel ou présumé) à la décentralisation à travers tous les mécanismes que nous venons d'étudier ? Est-il l'organe prédestiné « naturellement » pour en assumer les fonctions ? Serait-il juste une réplique nécessaire du pouvoir central, pour maintenir l'équilibre entre le « central » et le « périphérique » ? Enfin, est-il la réponse la plus accomplie au besoin fondamental d'élever la défense de l'intérêt national sur toutes les autres préoccupations locales ?

Pour répondre à cette série de questions, notre analyse devrait nous conduire, tout d'abord, à nous poser la question de savoir comment justifier l'imperium du gouverneur sur les collectivités locales décentralisées ? (Section I) et ensuite, à nous interroger sur la possibilité d'envisager un nouveau système politico-administratif local (Section II).

SECTION I. JUSTIFICATION DE L'IMPERIUM DU GOUVERNEUR SUR LES COLLECTIVITÉS LOCALES

Les auteurs qui ont étudié cette question défendent majoritairement la thèse selon laquelle il faut donner la suprématie au pouvoir central et son représentant sur « le pouvoir local », cette vision tient à deux types de considérations : la première consiste à dire que l'Etat est le pouvoir garant de l'unité national et de l'intérêt national (Paragraphe I), la deuxième considération avance des fondements de droit et de fait ainsi que la primauté du politique sur l'administratif (Paragraphe II).

Paragraphe I. Le pouvoir central, gardien de l'unité nationale

Les explications données par la doctrine de cet état de fait, tiennent de la perspective théorique qui distingue, l'aspect central étatique de l'aspect local, et aux divers impératifs d'intérêt national qui prime sur l'intérêt local. Ainsi, « seul l'Etat peut prétendre avoir un territoire propre. Les collectivités locales n'ont, quant à elles, que le droit d'exercer certaines attributions consenties sur la portion du territoire que leur concède l'État. Toutefois, cette « concession » n'est pas irrévocable, celui-ci garde toujours le droit d'en restreindre la superficie ou l'étendue, voire même, la récupérer, en supprimant les collectivités locales. En effet, si le territoire est un élément de la définition de l'État, il n'en est pas de même pour les collectivités territoriales infra-étatiques qui vivent sur le territoire étatique même et en

[1511] C. Wiener, *Pouvoir politique et administration : le temps de la discorde,* in Pouvoirs n°04 - La Ve République - janvier 1978 (décembre 1982) - p.39-50.

font partie, d'où le droit pour l'État de déployer son activité sur n'importe quelle portion du territoire national, alors que les collectivités locales ne peuvent agir qu'à l'intérieur du cadre qui leur est imposé »[1512].

Par ailleurs, le « contrôle » de l'Etat sur les territoires apparaît plus clairement au niveau de leur découpage, parce que, c'est le pouvoir central qui est maître du découpage territorial[1513] et les collectivités locales ne peuvent en aucun cas revendiquer plus de superficie que celle qui résulte dudit découpage, d'ailleurs même dans les limites de ce cadre, l'unité territoriale de l'État ne pourrait jamais être remise en cause, pour la simple raison que ce dernier comme le montre un auteur : « pose d'abord l'unité du territoire national, un et indivisible. Et en deçà de cette unité, comme simple reste concédé seulement dans la mesure où le principe premier est intact, il reconnaît l'existence de circonscriptions ou de collectivités. »[1514]

A ce titre, cette prudence de la part de l'État n'a pas pour simple raison de lui permettre de maîtriser le sol, même si celui-ci contient des richesses naturelles, mais surtout parce qu'elle lui assure la maîtrise et le quadrillage des personnes qui vivent sur ce sol, puisque s'il est une règle largement admise en la matière, elle serait de dire que : « le contrôle des populations suppose le contrôle d'un territorial »[1515],l'espace territorial « apparaissant à la fois comme un instrument du contrôle social et un élément à maîtriser pour en assurer l'efficacité ; de cette emprise sur l'espace résulte une correspondance étroite et bi-univoque entre ordre spatial et ordre social, l'ordre spatial concourant directement à la reproduction d'un ordre social dont il est simultanément la matérialisation »[1516].

C'est ce que remarque, très justement M. Mazeres qui souligne que : « l'espace n'est pas une donnée neutre, mais le produit complexe des rapports sociaux dont il reflète les tensions et les compromis, et un enjeu pour les diverses instances qui forment le système social »[1517]. Ainsi, en s'assurant l'exclusivité de l'appropriation du territoire national, l'Etat cherche également par ce biais à garantir sa domination même à l'égard de la pluralité d'entités dont il prend lui-même l'initiative de créer. Or pour se justifier, l'État prétend qu'il est l'incarnation de la nation, qui est à son tour une et indivisible, de telle sorte que « l'espace ainsi obligatoirement défini comme territoire, se trouve alors prisonnier d'une logique indépassable, qui

---

1512 A. Zejjari, *La décentralisation : enjeu du rapport central-local*, in REMALD n° 1, octobre-décembre 1992, p. 8

1513 *Cf. Supra*. Deuxième partie, Titre I, Chapitre II.

1514 J-A.Mazeres, *La région, espace du pouvoir ou espace de pouvoirs,* in centre, périphérie, territoire, Cahier du CURAP. PUF, 1978, p. 244

1515 D. Loschak, *Espace et contrôle social*, in centre, périphérie, territoire, Cahier du CURAP. PUF, 1978, p.

1516 D. Loschak, *Espace et contrôle social,* op.cit (page précitée). *Idem.*

1517 J-A. Mazeres, *La région, espace du pouvoir ou espace de pouvoirs*, op.cit., se réfère en cela à J. Chevallier et D. Loschak, *Science Administrative*, L.G.DJ., 1978, t. l, pp' 307 et s. « l'espace est le reflet, la projection de la structure d'une société, dont il exprime les déterminations, les contraintes et la dynamique évolutive ».

est celle de l'unité et de l'intégration annihilant ou inhibant toute manifestation de pluralité et d'altérité, une logique au sens propre de l'enfermement dont les frontières sont l'expression évidente »[1518]

On comprendrait aisément dès lors, que les collectivités locales privées d'un support essentiel à l'exercice d'un pouvoir effectif, ne peuvent que s'incliner devant la domination étatique et reconnaître la suprématie du pouvoir central, à l'inverse celui-ci grâce à l'occupation de l'espace,« se donne la possibilité d'imposer sa volonté à la société tout entière en se parant des attributs de la légitimité et en recourant à la coercition. »[1519]

C'est cette situation privilégiée de l'Etat qui permet de justifier la position du gouverneur, représentant de l'Etat dans la préfecture ou la province, car il définit et impose sa conception de l'intérêt général à laquelle doivent se soumettre les collectivités locales, la primauté de l'intérêt national sur l'intérêt local. Cette primauté est la traduction sur un terrain plus large de la nécessité de la fin et de l'effacement des intérêts secondaires ou partiels devant les intérêts plus généraux, notamment ceux qui concernent la collectivité toute entière.

Dans ces conditions, il va de soi que l'on ne peut parler de primauté que lorsqu'il y a opposition ou du moins incompatibilité, autrement dit, si l'intérêt local est conforme ou tout simplement compatible avec l'intérêt national, le problème ne se pose pas, cependant une difficulté surgit à ce propos, elle se rattache à la détermination du critère de distinction entre ces deux intérêts.

Certes, les deux intérêts sont au même titre des intérêts généraux, seule la sphère des individus concernés change, celle-ci, étant en principe plus large lorsqu'il s'agit de l'intérêt national, cependant, cette sphère n'est certainement pas un critère convaincant, car d'une part, il est difficile de déterminer le nombre des personnes concernées par l'intérêt en question, et d'autre part, l'intérêt d'un simple individu, d'un simple groupement ou d'une simple collectivité est intérêt national indirecte et médiat.[1520]

La doctrine conseille alors de recourir aux critères de l'organe qui définit l'intérêt en question, pour dire que l'intérêt national est celui que définissent les organes étatiques, alors que l'intérêt local est défini par les organes locaux. Mais là encore le critère paraît imparfait du fait que les organes étatiques peuvent également définir un intérêt local, soit directement, soit par le biais des agents et mesures déconcentrées, soit indirectement par le biais des subventions conditionnelles par exemple.

De surcroît, les autorités locales ne sont pas toujours libres dans la définition de l'intérêt local, ne serait-ce qu'à cause des mesures de contrôle et de contraintes qui pèsent sur elles. Plus généralement, nous proposons de

---

[1518] J-A. Mazeres, *La région, espace du pouvoir ou espace de pouvoirs*, op.cit, p. 237.

[1519] J. Chevallier, *Le modèle centre/périphérie dans l'analyse politique*, in centre périphérie, territoire, op.cit. p. 12.

[1520] A. Zejjari, *La décentralisation : enjeu du rapport central-local,* op.cit. p. 10.

définir l'intérêt local comme étant « celui que définissent librement les autorités locales, à condition que l'État n'ait sur ce point qu'un simple droit de réserve ».[1521]

Néanmoins, ce critère, nous paraît imparfait et sujet à discussion, vu le cadre de notre sujet qui est prioritairement réservé à un agent de l'Etat, et puisque la finalité de ce questionnement est de justifier son impérium sur les collectivités locales, contentons-nous de souligner dans le cadre limité de cet examen, que la notion d'intérêt général, qu'il soit local ou national est dépourvue de contenu intrinsèque parce que précisément, « elle ne pouvait fonctionner efficacement qu'à la condition de ne pouvoir être identifiée et définie avec précision »[1522].

A ce propos, la seule certitude que l'on pourrait avancer est qu'il y a une inégalité entre ces deux intérêts et que si l'on devrait en sacrifier un, ce serait certainement l'intérêt local. S'il en est ainsi, c'est parce que l'intérêt étatique est censé avoir pour caractéristique essentielle de transcender les particularismes et établir au-delà de leur antagonisme une conciliation est une médiation positive, autrement dit, l'Etat fait émerger un intérêt sur lequel peut et doit se former une unanimité, il veut à travers l'idéologie de l'intérêt général « produire l'image d'une société, ou institution une dans laquelle les diversités et les particularismes sont dépassés, transcendés, intégrés, par un pouvoir qui est au service de la collectivité toute entière »[1523].

Pour s'en tenir à l'essentiel, on peut dire que si le corps social ou si l'on veut la société civile est déchirée, parcourue, et ébranlée, par les antagonismes, l'entité étatique, elle, ne doit souffrir d'aucun de ses « maux », elle doit être forte et homogène, ne serait-ce que pour se défendre contre les menaces extérieures, car comme l'écrit M. Chevallier « toute société est avant tout une société de défense »[1524], et de ce fait, ajoute-t-il : « les antagonismes entre les membres apparaissent comme secondaires est mineurs au regard de la solidarité fondamentale qui les unit contre l'extérieur. »[1525]

Dans le même ordre d'idées, tout ce qui est susceptible de porter atteinte à une cohésion défensive est systématiquement réprimé ou réduit au conformisme, tout en sachant que les collectivités locales ne sont en réalité qu'une émanation de l'État et ne doivent définir et défendre que les intérêts compatibles avec l'intérêt poursuivi par le pouvoir central. Il en ressort que le pouvoir local ne peut être qu'un pouvoir mineur, et entendu dans son

---

[1521] A. Zejjari, *La décentralisation : enjeu du rapport central-local,* op.cit., (page précitée)
[1522] *Ibid.*
[1523] J. Chevallier, *Réflexion sur l'idéologie de l'intérêt général*, in. Variations autour de l'idéologie de l'intérêt général, pub. Du CURAP, Volume 1, 1978, p. 12.
[1524] J. Chevallier, *Réflexion sur l'idéologie de l'intérêt général,* op.cit, *Ibid.*
[1525] J. Chevallier, *Réflexion sur l'idéologie de l'intérêt général,* op.cit, (page précitée)

acception à la fois étymologique et juridique il ne peut signifier, en effet qu'une parcelle du pouvoir national.

Cela étant, d'une part, le pouvoir local est habituellement, de manière volontaire, doté d'attributions et de responsabilités limitées, à cause des risques qu'il est susceptible de faire courir à la collectivité nationale, et d'autre part, parce qu'il n'est pas aussi « mûr » que le pouvoir étatique, il doit être mis sous la tutelle de ce dernier. Le pouvoir local est un pouvoir de risques, par cette expression la doctrine, entend que le pouvoir local est « regardé avec méfiance par le pouvoir central à cause des risques qu'il comporte, il paraît en effet très perméable et fragile, et par conséquent susceptible de porter atteinte à la cohésion nationale et à l'unité de l'État »[1526].

Il faudrait à ce propos, souligner que la doctrine avait avancé des explications du phénomène du tiraillement entre centre et périphérie, mais que ces hypothèses n'avaient, somme toute, qu'un mérite théorique d'analyse, ainsi ces explications apportées ne pouvaient être que difficilement réalisables, néanmoins, sous certaines conditions, leur réalisation n'est pas tout à fait impossible.

En premier lieu, on n'a pas manqué d'affirmer que le pouvoir local est plus accessible à des couches qui ne partagent pas la même idéologie avec le pouvoir en place, et par voie de conséquence, celui-ci court le risque de voir s'ébranler un grand pilier de sa domination sur la société. Par ailleurs, le pouvoir local bénéficiant d'une autonomie relative dans la gestion des affaires locales, peut être tenté de s'écarter des directives ou des souhaits du pouvoir étatique et exposer par là même les projets du gouvernement à l'échec.

De plus, par manque d'expérience ou de compétence, les autorités locales peuvent commettre des erreurs dans la gestion locale et provoquer par-là, le gaspillage des ressources de la collectivité. Enfin, certains responsables locaux, par excès de témérité, pourraient braver les recommandations du pouvoir central, voire même, rentrer avec lui dans un conflit ouvert, auquel la population pourrait prendre parti. Il y a donc là un risque de désordre social et une menace pour la stabilité du régime.

C'est à cause de ces différents risques que le pouvoir local est toujours limité, soupçonné et surveillé par le pouvoir central, il est toujours sous le joug de la tutelle[1527] de ce dernier, le pouvoir local est un domaine de compétence assez restreint, cependant, même à l'intérieur de ce cadre il ne bénéficie pas d'une liberté totale d'action, au contraire il est soumis à un

---

[1526] A. Zejjari, La décentralisation : enjeu du rapport central-local, op.cit, p. 12.

[1527] Cf. les développements réservés à la tutelle ou au contrôle administratif de l'Etat sur les collectivités locales, voir aussi pour approfondir la question de la tutelle : R. Maspetol et P. Laroque, *La tutelle administrative*, Sirey, 1930 ; S. Regoud, *L'acte de tutelle en droit administratif français*, LGDJ, 1982 ; J. Eisenmann, *Centralisation et décentralisation*, L.G.D.J, 1948 ; A. Cherkaoui, *Le contrôle de l'Etat sur les commune*, éd. La Porte, Rabat, 1968.

réseau très dense de contrôle qui accentue sa dépendance vis-à-vis du pouvoir central, ainsi le pouvoir local est surveillé quant aux domaines de ses interventions, afin qu'il ne dépasse pas les compétences qui lui sont reconnues.

Dans le même cadre le pouvoir local est aussi sous contrôle rigoureux en ce qui a trait à la façon dont il accomplit sa mission, et il l'est enfin quant aux moyens qu'il utilise pour ce faire. Par ailleurs, « le pouvoir central ne se contente pas d'utiliser les procédés légaux de tutelle, au contraire, il invente sans cesse des contrôles *obliques* pour obliger les autorités locales à se conformer à ses directives et renoncer malgré elles a une parcelle de leur autonomie. Il y a donc là un paradoxe de la politique locale poursuivie par le pouvoir. D'une part, il reconnaît l'autonomie des collectivités locales et d'autre part, et curieusement, il cherche par tous les moyens à contourner les limites qu'il a lui-même fixées, et restreint le champ à l'intérieur duquel il a permis aux autorités locales d'agir. »[1528]. En définitive, l'autorité du local ne représente qu'une sorte de « complément » que tolère le central, et qu'à condition que le local n'ébranle en rien les fondements de sa domination.

Quoi qu'il en soit, aussi bien l'analyse qui précède, que la pratique du pouvoir quotidien du gouverneur en contact avec la décentralisation, laissent penser que l'institution du représentant de l'Etat et la mission de « déconcentration » qu'elle représente sont « soutenables » et ont « *de beaux jours devant elles* » dans la préfecture ou la province et ont de bonnes chances de faire partie durablement du système administratif marocain.

Paragraphe II. Les fondements de la domination du gouverneur en tant que représentant du pouvoir central

Mettre l'accent sur la domination du gouverneur, représentant du pouvoir central sur les collectivités locales, c'est évoquer la domination du central sur le local, ou la subordination de ce dernier au premier, c'est une constatation qui relève de l'évidence même.

En effet, la relation entre ces deux pouvoirs est nécessairement une relation inégalitaire qui joue au profit du pouvoir central et de son représentant, cette situation, a été explicitée par la doctrine[1529] en se fondant sur deux raisons : d'une part, le central a des atouts qui lui permettraient *la primauté en droit* et *en fait*(A)et d'autre part, le local, étant essentiellement de nature administrative, se trouve soumis à la règle de subordination de l'administratif au politique (B)

[1528] A. Zejjari, *La décentralisation : enjeu du rapport central-local,* op.cit, p. 13

[1529] Pour des développements très intéressants sur le sujet de l'interaction entre le pouvoir central et le local, voir, Charles Eisenmann, *Centralisation-Décentralisation*, op.cit, p. 145 L.G.D.J.1948 ; J. Chevallier, *Le modèle Centre/périphérie dans l'analyse politique*, in centre, périphérie, territoire, op.cit. p. 12 ; J-A. Mazeres, *La région, espace du pouvoir ou espace de pouvoirs*, in centre, périphérie, territoire, Cahier du CURAP. PUF, 1978, p. 244

A. La primauté de droit et de fait du « central » sur le « local »

On ne compte plus les ouvrages de droit public français consacrés à l'étude du pouvoir central dans son rapport avec les collectivités locales[1530] où l'on présente le premier comme un organe d' « oppression »[1531]. Or, il a été écrit que le central est, en droit, « un pouvoir suprême et primaire, et à moins de rentrer dans une polémique sans issue sur son origine, on peut dire qu'il est le démiurge de lui-même, et *a fortiori* des autres. »[1532]

Quoi qu'il en soit, assentiment ou contrainte, accord ou désaccord sur l'établissement de ce pouvoir, il n'en reste pas moins que celui-ci s'est imposé historiquement, et a pu même acquérir une sorte d'indépendance par rapport à la société. Puisque celle-ci ne peut mettre fin à son ascendant, d'autant plus que ce pouvoir se reconnaît la primauté sur les autres pouvoirs périphériques ou partiels de la société, y compris, les pouvoirs locaux.

On comprendrait, dès lors, aisément que le pouvoir étatique a une primauté juridique sur les autres pouvoirs, parce que c'est lui qui les engendre, du moins, il consent à leur création, dans le cadre du respect des normes qu'il leur assigne. Toutefois, même en dehors de ce cadre juridique, la suprématie du pouvoir étatique central est préservée, sinon renforcée, du fait même, que la périphérie le sollicite, l'admire et s'identifie à lui en le reproduisant et en le légitimant.

Cette primauté de droit provient de l'unicité des sources de droit. En fait, pour que le pouvoir local existe, il faudrait que l'Etat décide de le créer, de le situer ou de le reconnaître, en prenant un acte éclairé et libre du fait de sa souveraineté dans ce sens. Partant, l'État, incarnation de la Nation est en même temps la source du droit tout court, et à plus forte raison, du droit local. Car, rappelons-le, lapalissade ou réalité s'imposant à tous : « dans les pays unitaires, c'est à l'échelon national que s'élabore le droit de l'administration locale »[1533]. Ce sont en effet les instances étatiques qui précisent les conditions de l'exercice ou de l'épanouissement de l'autonomie locale, et ce sont également elles qui y mettent fin.

Devant ces considérations, et parce que « les libertés locales sont strictement tributaires de l'ordre étatique »[1534], les collectivités locales n'ont pas le droit acquis à l'existence et n'ont, au meilleur des cas, que le droit à solliciter une décision étatique favorable, c'est l'État, en effet, qui décide « unilatéralement et souverainement de leur configuration, de leurs attributions, de leurs formes de gestion et est libre de les remodeler à sa guise. Les règles édictées par le centre constituent pour eux un cadre rigide

---

[1530] Cf. notamment. F. Monconduit, Tocqueville, *La décentralisation, impératif démocratique*, in « L'objet local », collection, dir. Par *L. Sfez*. 10/18, 1977, p. 28 ;

[1531] F. Monconduit, Tocqueville, *La décentralisation, impératif démocratique,* op.cit, *Ibid.*

[1532] A. Zejjari, *La décentralisation : enjeu du rapport central-local*, op.cit, p. 14

[1533] J. De Savigny, op.cit. p. 45.

[1534] L-J. Chapuisat, *La notion d'affaires locales en droit administratif français,* Thèse, Paris II, p. 319, qui cite L. Duguit.

et contraignant, un véritable carcan qui entrave leur mouvement : ils ne sauraient les enfreindre, les transgresser, et déborder la sphère de compétence qui leur a été concédée, mais aussi assignée. Par ailleurs, les relais périphériques ne sont pas réellement maîtres de leur activité, qui est entièrement conditionnée par les décisions prises au niveau central »[1535].

Cette même position est mise en exergue par un auteur qui estime que : « tandis que les droits propres de l'État sont exercés par lui-même en vertu de sa seule volonté de puissance, ceux des communes ne peuvent s'exercer effectivement qu'avec sa permission(…) et conformément à la loi de l'État ;et de plus, tandis que les droits étatiques sont munis originairement de la force qui découle de la puissance inhérente à l'Etat, ceux de la commune n'acquièrent cette force qu'autant que l'État assure leur réalisation par sa puissance, en ce qu'il délègue celle-ci à la commune pour leur réalisation. »[1536]

Soulignons, dans le même ordre d'idée, avec M. Zejjari que : « l'État ne définit jamais avec toute précision son rapport avec ses collectivités locales, tout au contraire, il fait exprès de laisser une zone d'ombre et d'imprécisions, afin qu'il puisse modifier à sa guise l'autonomie effective de ces entités. C'est ce qui explique l'ambiguïté de la notion d'affaires locales, d'une part, et d'autre part, d'imbrication de ces affaires nationales au profit de ces dernières »[1537]. Il en découle que : « s'il y a un des secteurs qui sont réservés à l'Etat, celui des attributions dites de souveraineté, il n'y en a pas qui lui sont interdites, ou qui soient réservées aux collectivités »[1538].

Ainsi, en deuxième lieu, la suprématie du central tient aussi à une primauté de fait, le local reproduit et légitime lui-même le central. Cette fonction que l'on peut qualifier d'involontaire ou subconsciente, que manifeste le périphérique au profit du central montre encore une fois que la relation qu'ils entretiennent ne peut pas être uniquement conflictuelle ; l'effort consenti et l'intérêt acquis pour les partenaires. C'est plutôt un rapport de soutien ascendant, allant du local vers le central.

Il est un fait certain que si le central reste seul et omniprésent sur la scène de pouvoir. Il sera exposé à l'affaiblissement et aux crises, il lui faut donc se servir d'un écran protecteur, d'un bouc-émissaire« *dupable* » pour ce faire, l'Etat unitaire agit en utilisant deux méthodes :

La première consiste à assigner le rôle de représentant « obligé » et étroitement lié à l'administration centrale à un fonctionnaire qu'il parera de

---

[1535] J. Chevallier, *Le modèle Centre/périphérie dans l'analyse politique,* in centre, périphérie, territoire, op.cit. p. 118.

[1536] J-A. Mazeres, *La région, espace du pouvoir ou espace de pouvoirs*, in centre, périphérie, territoire, Cahier du CURAP. PUF, 1978, p. 244, citant C R. Carré de Malberg, *Théorie générale ile l'Etat*, t. 1, p. 186, n° 66. cf. aussi sur ce point : M. Hauriou, *Précis de Droit Constitutionnel*, 2e éd., 1929, C.N.RS., 1965, p. 90 ; M. Prélot, *Institutions politiques*, Dalloz, 1961, p. 229 et e.

[1537] A. Zejjari, *La décentralisation : enjeu du rapport central-local*, op.cit. p. 16.

[1538] L-J. Chapuisat, *La notion d'affaires locales en droit administratif français*, op.cit. p. 286.

tous les attributs du premium étatique, dans ce cadre, le gouverneur de préfecture ou de province, serait au Maroc, à l'instar du préfet en France, comme l'ont décrit nombre d'auteurs, le « bouc-émissaire » par excellence du pouvoir central, qui servirait souvent d'alibi commode à un système de relations complices, ou comme un « *maître* » d'arrangements avec des notables (qui allait souvent au-delà de la légalité)[1539].

Ce trait qui caractérise le corps des agents d'autorité au Maroc, et en particulier celui des gouverneurs est lié non seulement, à la fragilité de son statut, volontairement mis en vulnérabilité pour en assurer la maîtrise à toute épreuve, mais surtout à la nécessité pour l'Etat central de maintenir sa présence dans la « périphérie » tout en évitant l'exposition aux crises et aux contestations de sa souveraineté.

Il en découle, pour le gouverneur, une condition professionnelle « d'essence manichéenne : il est constamment perçu comme le représentant de l'Etat certes, mais aussi et surtout comme le défenseur et le représentant des intérêts locaux des citoyens. Cette double mission appelée aussi« dédoublement fonctionnel » en droit public, est un sacerdoce dont il ne doit jamais se départir à travers son action et son discours où l'habileté doit le disputer à la palabre. Il doit quotidiennement savoir faire le distinguo entre l'être et le paraître. Métaphoriquement, c'est un funambule qui n'a pas droit à l'erreur tant la chute serait dure »[1540].

La deuxième méthode est celle qui pousse l'Etat à vouloir démontrer qu'il vise à « ressusciter le local défaillant, le réanimer, pour créer un jeu à deux, qui fonderait à nouveau la légitimité du centre »[1541].

Cette *comédie* que « joue l'État lui-même »[1542] a pour but de donner l'impression d'un dessaisissement de sa part, au profit des instances locales, et ce en reconnaissant à celles-ci, une relative autonomie. Cependant, dans les faits ce prétendu dessaisissement n'est en réalité qu'une ouverture timide, qui ne va pas jusqu'à l'autogestion, et par conséquent, les collectivités n'ont qu'une illusion de l'autonomie selon l'expression de M. Jean Chevalier[1543], car en effet, « les relais périphériques n'ont en fin de compte, dans le modèle bureaucratique, que l'illusion de l' autonomie : la densité des contrôles qui pèsent sur eux exclut toute remise en cause du principe unitaire et montre que le pouvoir d'impulsion demeure en dernière instance l'apanage du

---

1539 Cf. Y. Mény, J.-C. Thoenig, *Politiques publiques*, Revue française de science politique, 1990, vol. 40, n° 3, p. 394-397 ; Gremion, *Le pouvoir périphérique. Bureaucrates et notables dans le système politique français*, Editions du Seuil, Paris, 1976 ; Jean-Pierre Worms, *Crise de légitimité des élites gouvernementales et politiques françaises, et conditions d'une refondation de la république*, Revue du MAUSS 2/2005 (n° 26), p. 105-120.

1540 Hammouda El Caid, Le concept de l'autorité locale au Maroc, Evolution pratique, Editions, p. 14.

1541 L. Sfez, *Introduction au Colloque sur L'objet local*, Collection 10/18, 1977, p. 9.

1542 A. Zejjari, *La décentralisation : enjeu...*, op.cit. p. 16 citant P. Weil. Le droit administratif, Q.S.J, n° 1152, PUF, 1978.

1543 J. Chevallier, Le modèle Centre/périphérie dans l'analyse politique, op.cit. p. 119.

centre, disséminés à travers l'espace social pour permettre une meilleure diffusion de l'ordre politique, les relais périphériques ne se conçoivent pas sans référent central qui garantisse leur cohésion »[1544].

À vrai dire, si l'État persiste à *user du local* c'est bien pour réaliser un objectif essentiel, celui de « rester en seconde ligne et de ne point affronter directement les conflits et les tensions »[1545], Il s'agit d'une fonction de *régulation*, d'*amortissement* des conflits et des tensions par leur *enkystement* territorial et leur éloignement de l'Etat ; une fonction d'unification sociale par la fragmentation sur le terrain qui permet à l'Etat de conserver ou de retrouver la force de son unité. Comme l'écrivent J. Chevallier et D. Loschak : « la fragmentation des responsabilités étatiques et la polarisation des mécontentements au niveau local occultent la véritable nature du pouvoir de l'Etat et facilitent l'amortissement des conflits. Dans cette perspective, les autorités locales ne sont plus que les agents du *système de régulation étatique*, et leur fonction est de fixer les contradictions au niveau territorial »[1546].

Dans la pratique, nous pensons que ce sont les pouvoirs locaux qui s'exposent à sa place aux critiques et aux pressions, alors qu'ils sont dépourvus de moyens suffisants pour faire face aux charges qui leur incombent. Par voie de conséquence, si l'on veut parler de décentralisation, il ne faut surtout pas songer à la décentralisation du pouvoir de l'Etat, celui-ci ne se partage pas, ce que l'État tolère, c'est « une décentralisation partielle de la gestion »[1547]. Et en réalité, selon un courant doctrinal défendant la même thèse, le pouvoir n'opère à ce niveau qu'une décentralisation des déficits budgétaires, des risques et des responsabilités, *« c'est une décentralisation du déficit de légitimité »*[1548].

Quoi qu'il en soit, selon cette vision, le pouvoir étatique resterait intact et garderait tout son éclat et sa sacralité, et le pluralisme qu'il engendre ne faisant que le légitimer et le reproduire. En effet, tous les niveaux de l'administration locale sont les produits de l'État-nation et sont, dans le pluralisme qu'ils constituent, la réfraction démultipliée de son pouvoir unitaire et dominateur »[1549].

Si l'on se limite à l'essentiel, l'État ne concède pas une certaine décentralisation dans une perspective d'autodestruction. Son but consiste « beaucoup moins à partager et à démembrer son pouvoir propre de décision qu'à améliorer son fonctionnement et à accroître son efficacité technique et politique »[1550],à ce propos, le local apparaît comme le moyen le plus subtil

---

[1544] J. Chevallier, *Le modèle Centre/périphérie dans l'analyse politique,* op.cit, *ibid.*
[1545] J-A. Mazeres, *La région, espace du pouvoir ou espace de pouvoir*, op.cit. p. 248.
[1546] Chevallier et Loschak, op.cit t. l, p. 321-322 i et t. 2', p. 130 ct s. et l90l.
[1547] J. Baguenard, *La décentralisation territoriale*, Que sais-je ? P.U.F. 1978, p. 10, cité par A. Zejjari. *La décentralisation…*, op.cit. p. 17.
[1548] J-A. Mazeres, *La région, espace du pouvoir ou espace de pouvoir*, op.cit. p. 248.
[1549] *Ibid.*
[1550] J. Chevallier et D. Loschak, *Science administrative*, L.G.D.J 1978, p. 365.

pour «*joindre l'utile à l'agréable*»[1551], Par le truchement de ce « subterfuge » le pouvoir central donne un semblant de satisfaction aux revendications locales, mais par là même, il se sert des instances locales pour mieux pérenniser son autorité.

Par ailleurs, du moment que l'État poursuit la finalité de posséder une emprise réelle sur le territoire et la société, il a nécessairement besoin de « relais administratifs périphériques chargés à la fois, de transmettre des informations, sur l'état du milieu et de traduire sur le terrain des choix politiques. Sans ce relai, il est voué à une paralysie complète et est incapable de faire appliquer ses décisions. »[1552]

Du reste, le Professeur Chevallier poursuit dans le même ordre d'idées que :« Tout Etat est donc tenu de mettre en place un dispositif de quadrillage de l'espace social pour que son autorité puisse s'exercer effectivement. Ce dispositif est évidemment indispensable sur le plan territorial : l'Etat domine un espace géographique dont il s'assure la maîtrise et le contrôle par un système de marquage de l'implantation, permettant de répercuter l''impulsion centrale jusqu'aux lieux les plus éloignés, les plus excentrés ; il projette ainsi son autorité aux dimensions de l'espace entier et le recrée comme territoire homogénéisé, uniformisé. »[1553]

Ce qu'il faut retenir à ce propos, c'est que le local est condamné à participer à ce« jeu » du central, c'est la rançon de l'autonomie, car en effet, la collectivité locale n'est tolérée qu'en se conformant au moule juridique qui lui est imposé, en reflétant les finalités poursuivies par l'Etat[1554]. De surcroît, la situation ne peut pas être autrement puisque le local, simple pouvoir administratif est condamné à être assujetti au pouvoir central qui est de nature politique

B. La primauté du politique sur l'administratif.

Personne ne conteste le caractère administratif du pouvoir local, nous en avons pris la mesure tout au long de ce travail, les élus locaux sont définis par référence à un espace territorial limité, et par voie de conséquence, leurs décisions ne concernent que cet espace, ils peuvent avoir une vision stratégique global et multidimensionnelle de la gestion de leur localité, mais celle-ci ne dépasserait jamais le cadre restreint du local, elle n'empièterait jamais sur les compétences d'un autre territoire adjacent ou des attributions de l'Etat. Cette caractéristique est en elle-même porteuse de graves conséquences, c'est l'assujettissement de ce dernier au pouvoir politique que représente l'Etat.

[1551] A. Zejjari, *La décentralisation : enjeu du rapport central-local*, op.cit. 17.
[1552] Jacques Chevallier, *Le modèle Centre/périphérie dans l'analyse politique*, op.cit. p. 103.
[1553] Jacques Chevallier, *Le modèle Centre/périphérie dans l'analyse politique*, op.cit., (page précitée)
[1554] A. Zejjari, *La décentralisation : enjeu du rapport central-local*, op.cit., (page précitée).

En fait, quoi que l'on puisse dire sur l'autonomie de l'administratif, force est de constater, que définitivement, c'est le politique qui le détermine et en définit, dans une large mesure, et le contenu et l'étendue de cette autonomie. Cet état de fait crée ce que l'on appelle la subordination de l'administratif au politique.

Dans cette perspective, c'est cette caractéristique purement administrative du pouvoir local qui permet de distinguer décentralisation et fédéralisme, en effet, si dans le fédéralisme, la répartition des compétences entre la fédération et les états fédérés se fait à tous les niveaux : législatif, exécutif et judiciaire, dans la décentralisation, seuls les pouvoirs administratifs sont partageables entre l'État et les collectivités locales.

En outre, le pouvoir politique prend souvent soin d'intégrer dans les textes organisant la marche de ses collectivités locales une disposition en vertu de laquelle les discussions et les revendications à caractère politique sont prohibées. Ainsi l'article 44 de la charte communale (loi n° 78-00 portant charte communale) dispose dans son dernier alinéa que : « Le conseil peut, en outre, émettre des vœux sur toutes les questions d'intérêt communal, à l'exception des vœux à caractère politique. » et l'article 38 *in fine*, de la loi n° 79-00 relative à l'organisation des collectivités préfectorales et provinciales qui prévoyait que : « le conseil peut, en outre, émettre des vœux sur toutes les questions d'intérêt préfectoral ou provincial, à l'exception des vœux à caractère politique »[1555].

Cette interdiction de « politiser » l'administration locale est une des conséquences de l'attitude prudente que prend le pouvoir étatique face à l'émergence de pouvoirs concurrents. En effet, contrairement à ce qui se passe au niveau national, la scène locale paraît donner plus d'occasions aux « couches dominées », pour y accéder, et l'on assiste par conséquent à la constitution « d'un champ réduit de la lutte des classes ou s'inscrivent des pratiques qui trouvent leur origine dans l'ensemble de la structure de la formation sociale »[1556]. Face à ce risque, le pouvoir politique cherche à ce que cette lutte de classe locale ne dégénère pas en conflit ouvert, et viendrait surdéterminer la lutte des classes globale ; pour y parvenir, il essaye d'isoler politiquement les couches dominées, en interdisant à l'instance où celle-ci aurait des chances de siéger toute activité à caractère politique. De plus, permettre une telle activité équivaudrait pour le pouvoir politique à risquer l'émergence de pouvoirs qui n'auraient pas la même idéologie que lui, qui prétendraient incarner une légitimité équivalente à la sienne, et par

[1555] L'exclusion de « la politique » du champ d'intervention des collectivités locales est aussi exprimée par la terminologie souvent utilisée, qui évite soigneusement d'utiliser les expressions politiques locales, et leur préfère « administration locale » par exemple. Cf. point de vue de M. Kesselbman, « Le consensus ambigu : études sur le gouvernement local. », Cujas, 1972, p. 23.

[1556] S. Biarez, et autres, *Institutions communales et pouvoir politique*, Paris, Mouton, 1973, p. 19, cité par A. Zejjari, *Décentralisation…,op. cit.* p. 19.

conséquent, mettrait en cause sa prétention à l'universalité et à la rationalité[1557].

A contrario, pour l'Etat, concéder une simple autonomie dans le domaine administratif ne constitue pas une véritable menace pour son pouvoir étatique, car, d'une part ce dernier est détenteur de plusieurs modalités de surveillance qu'il déploie afin de contrôler les collectivités territoriales qu'il maintient sous sa tutelle, et d'autre part, la sphère administrative au niveau local est avant tout une sphère « fragile et facilement dominable »[1558] par le pouvoir politique.

Les collectivités locales, dans cette hypothèse, vont alors se trouver« soudées à l'institution ou au système par une forte identité d'appartenance : dépourvus d'autonomie constitutive, de liberté d'action protégée, (elles) n'existent que dans (par) leur rapport au centre, qui définit leur statut, leur champ d'attributions, leur marge de compétence ; ils ne sont pas maîtres de leur activité qui, encadrée par un réseau plus ou moins serré de règles et de contraintes, est régie par une logique hétéronome, rapportée à un ordre supérieur, et le degré d'initiative qui leur est concédé n'est que le sous-produit de leur subordination »[1559].

La subordination de l'administratif au politique est expliquée par le fait que le politique est un pouvoir primaire, principal, originel, dans le sens où il a précédé l'existence de l'administratif, ce dernier ne serait, en effet, intervenu qu'à une date ultérieure de l'évolution de la société politique. Aussi, ajoute-t-on que cette subordination s'explique par les mécanismes et les principes de la démocratie. L'expression de la volonté générale s'effectuant à travers la représentation politique nationale (Parlement et Gouvernement), l'administration n'a, dès lors, qu'une fonction instrumentale par rapport au pouvoir politique : elle existe dans le but de mettre en œuvre les options stratégiques globales choisies par le suffrage. En ce sens, les décisions administratives sont nécessairement « commandées » par la volonté politique.

Ainsi, n'est-il pas étonnant de constater que « l'administration (subisse) profondément l'influence du système politique établi dans l'Etat où elle fonctionne, ce régime, à beaucoup d'égards, la modèle à son image »[1560].

En France, la subordination de principe de l'administration se repère à de nombreux éléments sous la Ve République : D'abord, l'article 20 de la Constitution du 4 octobre 1958 proclame que le Gouvernement « *dispose* » de l'administration. Derrière ce terme fort, on pourrait remarquer la volonté du constituant français de souligner que la place centrale en démocratie doit être réservée aux organes élus ou indirectement issus de l'élection. Par ailleurs, l'exécutif dispose d'un pouvoir de nomination aux emplois civils et

---

1557 *Ibid.*

1558 A. Zejjari, *La décentralisation : enjeu du rapport central-local*, op.cit. *Ibidem.*

1559 J. Chevallier, *Le modèle Centre/périphérie dans l'analyse politique*, op.cit. p. 115.

1560 M. Mazeres, *Institutions administrative françaises*, I.E.P de Toulouse, 1968-1969, p. 31.

militaires. En vertu de l'article 13 de la Constitution, ce pouvoir appartient au président de la République. Il peut toutefois le déléguer au Premier ministre. Enfin, cette subordination prend un tour particulier au sein des exécutifs locaux : les élus y sont à la fois détenteurs du pouvoir politique, en tant que chef de l'exécutif local, et chef des services administratifs de la collectivité. Nous pensons que c'est là un artifice juridique trouvé par le législateur français, afin de mitiger les rigueurs de la domination de l'administratif par le politique.

Au Maroc, la même règle constitutionnelle et la même terminologie ont été confirmées par le dernier texte constitutionnel qui dispose dans son article 89 que : « Le gouvernement (…) sous l'autorité du Chef du Gouvernement, (…) dispose de l'administration(…) », puisque la loi fondamentale de 1996 comportait déjà une telle disposition dans son article 61. Quelle lecture peut-on faire de cet assujettissement de l'administratif au politique, consacré par le texte le plus élevé dans la hiérarchie des lois ?

Nous pensons que l'administration n'est qu'instrument du pouvoir politique et ne peut de ce fait être neutre ou apolitique, elle doit alors non seulement obéir au gouvernement mais, en outre, adhérer à son programme et soutenir son action. Cette soumission se justifie par des raisons de maintien de l'unité de l'État et de garantie de l'efficacité de l'action des pouvoirs publics. En réalité si l'administration avait une indépendance totale vis-à-vis du gouvernement, les mesures de celui-ci risqueraient de rester sans portée pratique, si elle voulait les entraver. Sans la maîtrise de l'administration le pouvoir politique écrit M. Chevallier : « (…) le système politique tourne à vide (…) », parce que la bureaucratie tire sa puissance de son organisation. C'est elle qui détient concrètement les outils juridiques, et les ressources matérielles et humaines nécessaires à l'exercice du pouvoir, et les gouvernants sont obligés de passer par son intermédiaire, de compter sur sa médiation : « sans le relais bureaucratique, le système politique tourne à vide, et les dirigeants n'embrayent pas sur le réel. La bureaucratie contrôle donc une source fondamentale d'incertitude, dont dépendent la réussite et l'efficacité de l'action politique. »[1561]

Dans cette perspective, dans son traité de science politique G. Burdeau explique à cet égard que : « non tant parce qu'elle porte sur une nature administrative que parce qu'elle présente la nature dérivée et subordonnée de toute activité administrative. Il ne servirait à rien d'objecter que, même dans le cas de décentralisation administrative, le groupe décentralisé, dans le cadre de sa compétence territoriale ou sociale *gouverne les hommes*(…) »[1562].

Or, si nous adoptons ce point de vue, nous ne pensons pas que l'administration, comme le souligne Driss Basri : « ne dispose d'aucune

---

[1561] J. Chevallier, *Le modèle Centre/périphérie dans l'analyse politique*, op.cit. p. 85.
[1562] G. Burdeau, *Traité de science politique*, Tome II, L'Etat, L.G.D.J, 1951, p. 346.

marge d'autonomie ni dans la conception, ni dans l'exécution(...) »[1563], nous adhérons au contraire à l'opinion de M. Mazeres qui écrit à ce propos que « l'administratif dispose en réalité d'une force propre et autonome, susceptible de s'exercer indépendamment de celle du pouvoir politique et même de l'influencer à la limite »[1564].

En effet, il est de constatation quotidienne que le pouvoir bureaucratique ne cesse d'acquérir de plus en plus de poids, grâce notamment à son organisation et aux informations qu'il détient et dont il se sert pour faire pression sur le pouvoir politique.[1565]

Au Maroc, dans le schéma institutionnel local, le gouverneur est le représentant du pouvoir central, qui lui attribue toute la légitimité et l'ascendant nécessaire pour « dominer » tous les pouvoirs en présence localement que la loi reconnaît aux élus locaux, dans les préfectures et les provinces, par définition, restreints. La législation impose aussi en ce qui a trait au rôle du gouverneur, dans les divers domaines que nous avons pu examiner précédemment : contrôle des prix, agriculture, habitat, urbanisme et tourisme, etc, de s'en tenir aux orientations de l'Etat en ces matières. C'est, à notre avis, une recentralisation discrète de certaines compétences partagées avec l'assemblée préfectorale et provinciale, ou d'autres du ressort de ces dernières, mais subissant un contrôle de tutelle assez rigoureux de la part du représentant du pouvoir central, ou celles exercées exclusivement par celui-ci.

Il en est ainsi du domaine de la création des services publics industriels ou commerciaux[1566], qui revient aux collectivités locales. Dans ce sens, la charte provinciale de 1963 prévoyait dans son article 63 que parmi les attributions de l'assemblée provinciales ou préfectorale la création de services publics préfectoraux ou provinciaux et toute question d'ordre (...) économique intéressant soit une préfecture ou une province et une collectivité préfectorale, provinciale ou communale limitrophe. On pourrait croire que le législateur marocain est parti de cette idée, en pleine harmonie avec la décentralisation administrative locale, et que ces services locaux, contrairement aux établissements publics ne sont pas étroitement bridés par le principe de spécialité et qu'ils ont normalement vocation juridique pour accomplir tout ce qui concerne l'intérêt collectif des habitants sur le plan local.

Il n'en est rien, ou en tous cas, il faut relativiser cette idée d'autonomie, puisque, la prééminence de l'intérêt national sur l'intérêt local conduit à en limiter les manifestations à travers deux mécanismes : le premier est représenté par la tutelle qu'exerce le gouverneur de la préfecture ou de la

---

1563 D. Basri, *L'agent d'autorité*, op.cit. p. 13.

1564 Mazeres, *Institutions administratives*, op.cit. p. 33.

1565 Zejjari, *La décentralisation...*, op.cit., p. 21.

1566 M. Yaâgoubi, *La création des services publics ou commerciaux par les collectivités locales au Maroc*, in, REMALD, n° 1 octobre-décembre 1992, p. 41.

province, qui se matérialise par son contrôle de légalité (nullité) et de l'opportunité (approbation) sur les délibérations de l'assemblée élective de la préfecture ou de la province. Le deuxième est d'ordre judiciaire et se rapporte au contrôle judiciaire qui pourrait être déployé par les tribunaux administratifs (loi n° 41-90[1567]) et de la chambre administrative de la Cour de Cassation marocaine, dans l'appréciation du plus ou moins respect de la notion de l'intérêt local.

On le comprend aisément, l'Etat se doit de garder, non seulement un droit de regard sur l'activité économique poursuivie par les élus locaux, mais un pouvoir puissant d'intervention par le biais de son représentant dédié à cette tâche : le gouverneur. En France, par exemple, les préfets sont souvent invités à bien contrôler les négociations et la conclusion de conventions de délégation de compétence en matière d'habitat. En effet, le pouvoir central exige certaines conditions non prévues initialement par la loi pour conclure une convention[1568].

Mais le juge administratif au Maroc, se fondant en cela sur le principe constitutionnel de la liberté du commerce, a eu souvent à restreindre le champ d'intervention des gouverneurs en ce qui a trait au contrôle du pouvoir économique décentralisé. Ainsi, il a été jugé qu'un gouverneur ne peut, « sans porter atteinte à la liberté du commerce, décider une mesure d'interdiction d'exploitation de ces établissements »[1569]. Dans un autre arrêt la haute cour a estimé que les pouvoirs de police conférés aux pachas et caïds ne leur permettent pas de prescrire, sans porter atteinte à la liberté du commerce, des mesures entraînant l'interdiction générale et absolue de toute vente de viande dans les boucheries situées en dehors du marché urbain[1570].

[1567] Dahir n° 1-91-225 portant promulgation de la loi n° 41-90 instituant des tribunaux administratifs (B.O. 3 novembre 1993).

[1568] *Cf.* La circulaire ministérielle adressée aux préfets, circulaire n° 2005-48 du 29 juillet 2005 relative à l'élaboration des conventions de délégation de compétence pour 2006. Cette circulaire conseille aux préfets de : communautés de communes de moins de 50 000 habitants, (leur rappelle) que les critères suivants doivent être pris en compte, avant d'accepter d'engager la négociation devant conduire à une délégation de compétence : - existence d'une véritable politique locale en matière d'habitat portant à la fois sur le logement social et le logement privé, traduite dans un PLH adopté ou dont l'élaboration est largement avancée.- existence d'un volume suffisant de crédits relégables et d'un nombre significatif d'opérations (pouvant être apprécié de façon rétroactive sur les cinq dernières années justifiant qu'une programmation sans à-coups excessifs puisse être mise en place, - capacité des services de la communauté à conduire les actions découlant de la délégation et notamment à prendre les dispositions nécessaires pour assurer la gestion des crédits concernant le parc public. -Lorsque ces conditions ne sont pas réunies, il convient de ne pas signer de convention mais d'être particulièrement attentif à la prise en compte des objectifs des PLH des communautés de communes concernées dans les conventions que vous pourriez être amenés à conclure avec les départements.

[1569] CSA, 22 juin 1964, *Ahmed Ouakrim* R.P., 204.

[1570] CSA, 24 mai 1965, *Bouchaib Ben Mohamed* R.P, 212.

SECTION II. LES CONDITIONS DE L'AVENIR DE L'INSTITUTION GUBERNATORIALE

Ilne s'agit pas ici de revenir en profondeur sur les conditions requises dans le candidat à la fonction de gouverneur, celles-ci ont été largement examinées en première partie de cette thèse[1571].Il y a lieu de mettre en exergue plutôt, les aspects plus ou moins dans sociologiques ou de sociologie juridique, liés à la perception même de la fonction d'autorité et son devenir au Maroc.

Tout d'abord, il convient de mettre l'accent sur cette singularité administrative au Maroc qui qualifie les fonctions exercées par les administrateurs représentants l'Etat dans les multiples démembrements territoriaux d'« agents d'autorité ». Cela est dû non seulement aux stratifications historico-juridiques[1572] de l'exercice d'autorité dans le Royaume, mais aussi à la formulation juridique progressive des fonctions de l'administration territoriale (comme nous l'avons souligné précédemment) et surtout à la perception populaire dans l'inconscient collectif de l' « autorité » exercée par l'organisation omnipotente du *Makhzen.* L'institution du gouverneur (agent d'autorité) n'est que la résultante de la conjonction de tous ces éléments. Afin d'y voir plus clair, essayons de démêler cet écheveau, en examinant successivement : la perspective théorique de la fonction d'autorité (Paragraphe I) et sa redéfinition en vue d'en créer un nouveau concept plus conforme aux principes de bonne gouvernance et à l'Etat de droit (Paragraphe II)

Paragraphe I. Perspective théorique de la fonction d'autorité

Dans cette quête de définition de l' « autorité », la phrase de Mirabeau : « nulle autorité ne peut avoir de fondement solide que dans l'avantage de celui qui obéit »[1573] paraît particulièrement appropriée. Aussi, a-t-il été écrit que : « l'autorité administrative est en soi un concept inerte et vague : c'est à la fois tout et rien. L'autorité n'est perceptible que lorsqu'elle se voit, lorsqu'elle s'incarne dans un homme qui applique la loi, qui brandit le pouvoir, qui « donne »l'ordre. Tout, nous l'avons déjà dit se ramène à des hommes, est dans chaque cas particulier à un homme »[1574].

Du point de vue philosophique[1575], l'autorité n'est pas sœur du pouvoir, ce dernier, *« power »* « jaillit parmi les hommes lorsqu'ils agissent ensemble

[1571] *Cf.Supra.*Première partie, Titre I, Chapitre I, Section II, Paragraphe II.

[1572] *Cf.* Abdallah Ben Mlih, *Structures politiques du Maroc colonial. D'un 'Etat' sultanien à un 'Etat sédimental',*op.cit, et aussi : Abdelkbir Khatibi, *Chemins de traverse*, Essais de sociologie, Rabat, 2002.

[1573] H.G.R Mirabeau, *L'ami des hommes, ou traité de la population*, Avignon, 1756, p. 12.

[1574] R. Catherine, *Le fonctionnaire français*, Albin Michel, Paris, 1961, p. 236.

[1575] Nous adoptons ici, dans le but de distinguer « l'autorité » du « pouvoir » la lecture d'Hanna Arendt qui nous semble être le philosophe le plus accompli dans ce sujet.

et retombe dès qu'ils se dispersent »[1576]. « « Le pouvoir », à l'opposé de « la violence » et ses deux variantes : l'irréversibilité et l'imprévisibilité de l'action de l'homme, serait créé en vertu d'un pacte social scellant deux situations possibles : chaque individu participe comme acteur(trice) à la création d'une nouvelle structure de pouvoir ; dans la seconde, les individus, loin d'acquérir un nouveau pouvoir, renoncent à celui qu'ils/elles avaient auparavant et « consentent » à être dirigé(e)s (*ruled*) par un(e) chef (*ruler*) qui monopolise le pouvoir à son profit »[1577].

Selon Hanna Arendt, le pouvoir en lui-même ne peut renverser les données ontologiques que sont l'irréversibilité et l'imprévisibilité de l'action de l'homme, et par surcroît, il comporterait un caractère foncièrement instable et n'aurait autre ressource que lui-même, Arendt donne pour exemple : la difficulté des révolutions à s'institutionnaliser durablement et sur leur propension à se dévorer elles-mêmes et à déboucher sur le totalitarisme ou la contre-révolution. C'est pourquoi elle introduit un autre concept, décisif pour garantir la pérennité de l'ordre républicain : l'autorité (*authority*).

La notion d'autorité renvoie chez Arendt à deux phénomènes qu'il convient de distinguer. D'une part, ses caractéristiques sont largement tirées de cette relation diffuse dans le corps social qui est appelée communément « autorité ». D'autre part, et c'est sur cela qu'insiste Arendt de façon décisive, l'autorité constitue le principe actif de légitimation du gouvernement et, plus généralement, d'une forme politique. En ce sens, la notion est dérivée explicitement de l'*auctoritas* classique[1578].

Au demeurant, il importe de saisir les caractéristiques du concept d'autorité. En fait, l'autorité se définit en opposition à la persuasion (*persuasion*) et à la contrainte (*coercion*). Lorsque les ressources de l'argumentation se déploient dans le cadre d'une relation égalitaire, il s'agit d'un rapport de pouvoir et l'autorité est suspendue ; à l'inverse, l'usage de la violence signifie que l'autorité a échoué. En effet, l'autorité, si elle implique elle aussi une relation hiérarchique stable, où la place de chacun(e) est définie sur un axe vertical, suppose en même temps une reconnaissance de la part de ceux/celles sur lesquels(le)s elle s'exerce[1579]. Plus précisément, son trait principal est que ceux/celles « dont l'obéissance est requise la reconnaissent inconditionnellement, il n'est en ce cas nul besoin de contrainte ou de persuasion[1580] ».

[1576] Hannah Arendt, *Condition de l'homme moderne*, Paris, Calman-Lévy, coll. Agora-Presses Pocket, 1983, p. 260.

[1577] Hannah Arendt, *Essai sur la révolution*, Paris, Gallimard, coll. « Tel », 1963, p. 251.

[1578] Y. Sintomer. *Pouvoir et autorité chez Hannah Arendt.*, in : *L'Homme et la société*, n° 113, 1994. Figures actuelles du capitalisme. p. 117-131. *Cf.* aussi. Hannah Arendt,*Du mensonge à la violence*, Paris, Calman-Lévy, coll. Agora-Presses Pocket, 1972, p. 144.

[1579] Y. Sintomer. *Pouvoir et autorité chez Hannah Arendt op.cit,* (page précitée).

[1580] Hannah Arendt, *Sur la violence*, in Du mensonge à la violence, op. cit. p. 145 ; original anglais p. 144 : « *Its allmark is unquestioning recognition by those who are asked to obey ;*

Contrairement au pouvoir, « ce qui importe à l'autorité c'est d'être représentée concrètement, c'est d'avoir un visage et un bras »[1581]. L'agent dépositaire de l'autorité doit être un chef, c'est-à-dire une figure, connue de ceux avec qui il a directement affaire ou du moins rapidement identifiable par eux. Or, cette présence ne pourrait s'accommoder d'une simple présence physique, elle se doit d'être active, positive et productive.

A ce niveau, on arrive à la sphère de la personne investie de la mission d'autorité, et par là même, des mystères de la personnalité humaine, et les ressorts du charisme et de l'influence qu'elle exerce sur les autres, telle personne « *a une présence* », comme on dit, ou *« occupe sa place »* et telle autre personne passe plus ou moins inaperçue. « Il s'agit là de caractéristiques et attitudes échappant à la conscience même de l'intéressé, et qui, dès l'abord, retient l'attention des autres, une sorte de « passe-partout » social qui déclenche généralement un préjugé, c'est-à-dire, une intuition - vraie ou fausse - dans l'esprit de ces autres, un préjugé immédiatement valorisé (...) de la considération sympathique ou de la réserve hostile en puissance, avant même d'être chef, l'homme n'est pas indifférent, avant même de parler, il est là, occupant sa place de son terrain et sollicitant notre mémoire visuelle »[1582].

Le gouverneur, le préfet ou le chef a nécessairement du prestige : il en tire son autorité, c'est l'élément déterminant de son autorité, dans la mesure où il lui ouvre de prime abord une audience générale. Le prestige est fait de la présence physique, d'une présence positive, mais il implique en même temps, d'abord une certaine prestance, et une certaine allure corporelle, qui « en impose », doublée d'une certaine réputation intellectuelle et morale. Mais ne devrions-nous pas, plutôt nous incliner et laisser le Général de Gaulle qui décrit merveilleusement dans son livre « Le Fil de l'Epée », les caractéristiques du prestige des hommes d'autorité dont ne nous permettons de citer de larges paragraphes tant ils rendent compte de ce que nous entendons par « autorité » dans son sens le plus noble, il s'agit pour lui d'un : « fait affectif, suggestion, impression produite, sorte de sympathie inspirée aux autres, le prestige dépend d'abord d'un don élémentaire, d'une aptitude naturelle qui échappe à l'analyse. Le fait est que certains hommes répandent, pour ainsi dire, un fluide d'autorité, dont on ne peut discerner au juste en quoi il consiste et dont, même on s'étonne parfois, tout en subissant ses effets. Il en va de cette matière comme de l'amour, qui ne s'explique point sans l'action d'un inexprimable charme. Bien mieux, il n'y a pas toujours correspondance entre la valeur intrinsèque et l'ascendant des

---

neither coercion nor persuasion is needed. Cf. aussi la définition similaire donnée dans, *Qu'est-ce que l'autorité ?,* in Hannah Arendt, *La crise de la culture*, Paris, Gallimard, coll. « Folio-essais », 1993, p. 123 (texte anglais, in Between Past and Future, New York, The Viking Press, 1972, cité dans l'édition Penguin Books, New York, 1977, p. 92-93).

1581 R. Catherine, *Le fonctionnaire français*, Albin Michel, Paris, 1961, p. 236.

1582 R. Catherine, *Le fonctionnaire français, op.cit, p. 237.*

individus. On voit des gens remarquables par l'intelligence et la vertu et qui n'ont point le rayonnement dont d'autres sont entourés quoique moins bien doués, quant à l'esprit et quant au cœur »[1583].

Le Général réserve tout un chapitre de son œuvre « Le Fil de l'Epée » à souligner l'importance de ce facteur, qu'est le « prestige », comme fondement de « l'autorité » du chef, en ces termes : « Mais s'il entre dans le prestige une part qui ne s'acquiert pas, qui vient du fond de l'être et varie avec chacun, on ne laisse pas d'y discerner aussi certains éléments constants et nécessaires, on peut s'assurer de ceux-là, ou du moins les développer. Au chef comme à l'artiste, il faut le don façonné par le métier. Et tout d'abord le prestige ne peut aller sans mystère, car on révère peu ce que l'on connaît trop bien. Tous les cultes ont leur tabernacle, et il n'y a pas de grand homme pour ses domestiques. (…) Point de prestige par conséquent, pour les figurants de la hiérarchie, parasites qui absorbent tout et ne rendent rien,timorée et grelottant sous leur couverture Maître-Jacques qui changent de cas sans délai ni scrupules… »[1584]

Certes, cette description magistrale s'applique en particulier aux grands chefs politico-militaires, aux conducteurs d'hommes appelés à une action d'envergure, mais en faisant application de ces percepts dans le cas spécifique des agents d'autorité et particulièrement des gouverneurs, nous pouvons toutefois retenir l'essentiel : il y a eu et il y aura toujours des gouverneurs obscurs et qui n'en sont pas moins des chefs. Et manifestement, avant d'être général, on a été simple capitaine, avant d'être ministre on a été gouverneur et avant d'être gouverneur on a peut-être été simple agent d'autorité, et avant secrétaire général d'un ministère, on a été parfois sous-chef de bureau. Et l'homme est resté fondamentalement le même.

L'autorité, il est vrai, provient de la présence et du prestige, mais elle tire son essence et n'est que le témoignage surtout du caractère. Il n'y a pas de chef véritable sans caractère affirmé, même s'il est « mauvais ». La mollesse, l'inconsistance du caractère, lesquelles sont la pierre de touche de la personnalité sont en opposition irréductible avec l'esprit d'entreprise et avec le commandement[1585].

[1583] Charles De Gaulle, *Le Fil de l'Epée*, Paris, Perrin, Série : Les mémorables, 2010, p. 89.

[1584] *Ibid.*, (page précitée)

[1585] Citant encore à ce propos le Général, qui en dit la quintessence : « c'est du caractère que procèdent,l'élément suprême, la part créatrice, le point divin,à savoir le fait d'entreprendre. De même que le talent marque l'œuvre d'art d'un cachet particulier de compréhension et d'expression, ainsi le caractère imprime son dynamisme propre aux éléments de l'action…l'homme de caractère incorpore à sa personne la rigueur propre à l'effort, …la confiance des petits exhale l'homme de caractère, il se sent obligé par cet humble justice qu'on lui rend. Sa fermeté croît à mesure,mais aussi sa bienveillance,car il est né protecteur…on lui rend en estime ce qu'il offre en sécurité…assuré dans ses jugements et conscient de sa force, il ne concède rien au désir de plaire… il prétend qu'on lui donnesa tâche et qu'on le laisse maître à son bord,exigence insupportable a beaucoup de chefs,qui faute d'embrasser les ensembles, cultivent les détails et se nourrissent de formalités. Enfin l'on redoute son audace qui ne ménage ni les routines ni les quiétudes. « Orgueilleux,

On relirait avec beaucoup d'intérêt toute l'œuvre du Général de Gaulle « Fil de l'Epée », mais nous en avons pris la mesure des éléments clés qui nous permettent d'étayer notre propos sur l'autorité et les caractéristiques des hommes d'autorité. « Le caractère « vertu des temps difficiles » et marque indélébile des chefs véritables, est bien le fondement de l'autorité, de leur autorité. Mais l'autorité elle-même c'est-à-dire cette faculté psychologique d'agir et surtout de faire agir les autres, n'est pas tout. Le chef se doit sans doute de posséder et de cultiver cet *ascendant* qui est l'expression préalable est nécessaire de son pouvoir de commandement, mais comme le précise bien le Général De Gaulle, cela ne suffit pas. Avoir l'autorité est pour le chef une condition nécessaire mais non suffisante »[1586].

Il convient de souligner à présent, après ce bref passage vers la définition philosophique ou théorique qui sous-tend la notion d'autorité, que cette dernière a fait l'objet à partir de 1999 au Maroc d'un essai de redéfinition, d'une tentative de repositionnement dans le cadre de la réforme du rôle et des missions des politiques publiques et des administrations, y compris des agents d'autorité en général, et des gouverneurs en particulier.

Paragraphe II. La redéfinition de la fonction d'autorité

A. Emergence du nouveau concept d'autorité

Le 23 juillet 1999, Son Altesse Royale le Prince Héritier Sidi Mohammed devient le Roi Mohammed VI à l'issue de la cérémonie traditionnelle de la *Beïa*[1587], le 12 octobre 1999, il prononce à Casablanca, devant les walis et gouverneurs des régions, préfectures et provinces, responsables et cadres de l'administration et représentants des citoyens, sa célèbre allocution instituant « le nouveau concept de l'autorité » en ces termes : « Nous voudrions à cette occasion expliciter un nouveau concept de l'autorité et de ce qui s'y rapporte, un concept fondé sur la protection des services publics, des affaires

---

indiscipliné » disent de lui les médiocres, traitant le pur-sang dont la bouche est sensible comme la bourrique qui refuse d'avancer, ne discernant point que l'âpreté et le revers ordinaire des puissantes natures, qu'on s'appuie seulement sur ce qui résiste et qu'il faut préférer les cœurs fermes et incommodes aux âmes faciles et sans ressort... que les événements deviennent graves,le péril pressant... une lame de fond pousse au premier plan l'homme de caractère...Ce recours unanime, quand l'événement l'impose,manifeste l'instinct des. Tous éprouvent au fond, la valeur suprême d'une pareille puissance. Tous ont le sentiment qu'elle constitue l'élément capital del'action...où voit-on qu'une grande œuvre humaine ait été jamais réalisée sans que ce soit fait jour la passion d'agir par soi-même d'un homme de caractère ? » Et le Général de conclure : « Il va de soi que les succès des grands hommes impliquent des facultés multiples. Le caractère, si rien ne l'accompagne, ne donne que des téméraires ou des entêtés. Mais, inversement les plus hautes qualités de l'esprit ne peuvent suffire », in, Charles de Gaulle, *Le Fil de l'Epée*, op.cit, (page précitée)

[1586] R. Catherine, *Le fonctionnaire français*, Albin Michel, Paris, 1961, p. 241.

[1587] *Cf. Supra*, pour les développements sur la signification de l'institution de la *Beïa* (La pérennité du principe d'allégeance en droit public marocain) Première partie, Titre I, Chapitre II, Section II, Paragraphe I.

locales, des libertés individuelles et collectives, sur la préservation de la sécurité et de la stabilité, la gestion du fait local et le maintien de la paix sociale. Cette responsabilité ne saurait être assumée à l'intérieur des bureaux administratifs qui doivent, au demeurant, rester ouverts aux citoyens, mais exige un contact direct avec eux et un traitement sur le terrain de leurs problèmes, en les associant à la recherche des solutions appropriées »[1588]

Par ailleurs, le Roi précisera la signification de ce concept dans son discours du trône du 30 juillet 2000 : « Nous avons ainsi trouvé un nouveau concept de l'autorité pour en faire l'instrument qui veille sur le service public, gère les affaires locales, préserve la sécurité, protège les libertés individuelles et collectives, ouvert sur les citoyens et en contact permanent avec eux pour traiter leurs problèmes sur le terrain en les y associant. Il s'agit d'un concept global et cohérent, d'un tout indivisible et d'un ensemble dont les éléments sont indissociables. En effet, il n'y a point de libertés sans la sécurité et la stabilité, ni de développement sans paix sociale, ni de démocratie locale sans contact quotidien avec le citoyen et sans sa participation, Nous insistons également sur le fait que ce concept ne se limite pas à l'administration territoriale, mais s'étend à tout détenteur d'autorité, puisqu'il a pour noble objectif de réconcilier le citoyen avec l'autorité et l'administration, de préserver la dignité et de promouvoir l'investissement »[1589].

Force est de reconnaître que dans ces discours, le nouveau concept de l'autorité exprime la nouvelle responsabilité non seulement des agents d'autorité, mais plus généralement de toutes les autorités publiques aux niveaux national et territorial. Cette nouvelle conception part d'un constat critique des pratiques passées au sein de l'administration, notamment les dysfonctionnements, « les déviances » et les maux dont a toujours souffert la mise en œuvre de l'action publique. La concrétisation du nouveau concept d'autorité dans toutes ses composantes était lancée dans la perspective de la modernisation et la rationalisation de l'administration et des services publics en vue de la recherche d'une meilleure efficacité et efficience pour répondre aux contraintes d'un environnement en mutation constante.

Par ailleurs, le cœur du nouveau concept de l'autorité réside dans le rapport autorité-citoyen. En effet, ce dernier ne doit plus être considéré comme un simple usager anonyme, destinataire de réglementations, d'ordres, et de commandements, mais comme une personne digne détentrice de droits, qu'il s'agit de respecter et de faire respecter dans le cadre d'une administration participative.

A ce titre le nouveau concept d'autorité devait être conçu comme le moteur du changement à tous les niveaux de responsabilité. L'objectif est de débarrasser l'autorité des maux auxquels elle a été assimilée depuis

---

[1588] Allocution royale du 12 octobre 1999, in la REMALD n° 25, 2001, Annexes, p. 71-74.

[1589] Discours de Sa Majesté le Roi Mohamed VI du 30 juillet 2000, in la REMALD n° 25, 2001, Annexe, p. 75-78.

longtemps. L'autorité ne doit plus être préoccupée uniquement par la sécurité et la stabilité mais aussi par le développement. Son détenteur doit être également un gestionnaire, connaissant la réalité sur le terrain et défendant l'intérêt général.

De même, parmi les objectifs que le souverain a mis en tête de ses priorités, la modernisation de l'administration occupe une place de choix[1590]. Il ne faut pas oublier à ce niveau que plusieurs tentatives de réformes ont été entreprises auparavant par le Roi Mohammed VI, par les gouvernements qui se sont succédé depuis 1999 pour tenter d'adapter le monde administratif à l'évolution de la société nationale et internationale, qui sont aujourd'hui dans un rapport de très grande proximité du fait du développements des nouvelles technologies de l'information et des effets induits de la mondialisation, qui en est très largement la conséquence. Mais l'ensemble de ces mesures n'a pas pu produire tous ses fruits, car, souvent le changement devrait intéresser les mentalités, et les styles de gouvernement et non pas les textes, et un changement non seulement au niveau de l'administration et des administrateurs mais aussi et surtout au niveau des usagers de l'administration.

B. Les fondements du nouveau concept de l'autorité

Le concept de l'autorité tel qu'il a été explicité par Sa Majesté le Roi Mohammed VI est un « concept global et cohérent, d'un tout indivisible et d'un ensemble dont les éléments sont indissociables »[1591], ce nouveau concept d'autorité s'est proposé de redéfinir le rôle de l'Etat.

Schématiquement, depuis l'indépendance, l'Etat marocain est passé par deux phases : la première s'est caractérisée par une emprise sur l'économie à travers les appareils de gestion étatique avec, sur le plan de l'autorité, une mainmise sur la société. La seconde, eu égard aux difficultés économiques, l'Etat va se désengager de la sphère économique à travers les privatisations, la déréglementation et la démonopolisation. Ce processus va se traduire par une redéfinition du rôle de l'Etat autour d'un certain nombre de fonctions :

Une fonction de subsidiarité qui consiste à ne reconnaître une légitimité à l'intervention de l'Etat qu'en cas de défaillance ou d'insuffisance des mécanismes d'autorégulation sociale et économique ; une fonction de régulation : l'Etat, compte tenu de son désengagement, doit multiplier les autorités de régulation afin de protéger les droits des citoyens et du secteur privé par la définition des cadres d'action des agents économiques et sociaux ; et une fonction d'autorégulation : dans ce cadre, c'est l'échelon local qui sera le plus favorisé dans la mesure où le nouveau concept de

---

[1590] Michel Rousset, *Le nouveau concept de l'autorité et la modernisation de l'administration marocaine*, in Centre d'Etudes Internationales (dir) « *Une décennie de réformes au Maroc (1999- 2009)* », Ed. Karthala, 2009. p. 55.

[1591] Discours de Sa Majesté le Roi Mohamed VI du 30 juillet 2000, in la REMALD n° 25, 2001, Annexe, p. 75-78.

l'autorité accorde une grande importance aux collectivités locales dans le processus de développement économique et social.

Cette redéfinition du rôle de l'Etat s'est faite aussi à travers la promotion de la culture du service public, les dirigeants considèrent l'Etat comme le représentant de l'intérêt général, et se doit de renouveler sa conception du management public à travers la promotion d'une nouvelle culture de service public. L'objectif est de mettre fin au phénomène dit de « *maladministration* » par la réhabilitation des règles d'éthique au sein des services publics nationaux, régionaux et communaux dans le cadre de l'obligation de servir les citoyens.

Dans ce cadre, le pacte de bonne gestion a constitué un pas important dans la bonne direction. En effet, il traduit la volonté du gouvernement d'impulser un comportement nouveau en matière de gouvernance en vue d'une administration moderne, efficace, rationnelle et centrée autour de l'usager. Ce pacte s'articule autour d'engagements qui constitueront le cadre de référence des projets de réformes administratives : l'engagement à la moralisation de l'administration et la promotion d'une culture d'éthique saine ; l'engagement d'optimiser et de rationaliser la gestion publique ; l'engagement de l'administration à communiquer, à se concerter et à être réceptive. Tous ces engagements procèdent d'un seul principe : l'Etat de droit[1592].

La notion d'Etat de droit pourrait être définie comme étant celle qui évoque « un espace ou un environnement où toutes les relations entre l'individu et les pouvoirs publics sont régies par des règles de droit, des normes connues à l'avance et applicables à tous sans exception aucune. Pour le juriste, elle signifie non seulement l'existence des normes et leur application, mais le respect de la hiérarchie qui doit continuellement les caractériser et se traduire par la conformité de toute mesure au texte sur lequel elle s'appuie ou qui lui est supérieur, ou tout au moins sa non-contrariété par rapport à son contenu. Partant de là, l'Etat de droit ne se mesure pas à la pluralité des textes en vigueur, bien au contraire car une inflation juridique est susceptible d'entraîner une situation de non-droit, mais plutôt au regard de la pratique et de sa connaissance par la majorité des citoyens[1593] ».

[1592] Notion relativement récente et jouissant d'une très grande notoriété, elle est différemment abordée et comprise par les auteurs. Pour une vue globale, voir l'ouvrage collectif, *L'Etat de droit*, sous la direction de D. Colas, PUF, Coll. Questions, Paris, 1987 ; ainsi que *Cahiers de philosophie juridique et politique*, 1993, n° 24, Presses Universitaires de Caen, notamment les études de : S. Goyard-Fabre, *L'Etat de droit : problématique et problèmes*, P. 7 ; M. Troper, *Le concept d'Etat de droit*, p. 25 ; A. Renaut, *L'Etat de droit et sujet de droit*, p. 51. Pour une synthèse très instructive, J. Chevallier, *L'Etat de droit,* Monchrestien, Coll. Clefs, Politique, 1994.Cf. pour une tentative de définition de l'Etat de droit dans le contexte marocain, Mohamed Amine Benabdallah, *Propos sur l'évolution récente de l'Etat de droit au Maroc*, REMALD n° 31, 2000, p. 21 et s.

[1593] Mohamed Amine Benabdallah, *Propos sur l'évolution récente de l'Etat de droit au Maroc*, op.cit, p. 21.

A ce titre, la redéfinition du rôle de l'Etat est traduite également par une volonté certaine d'encourager la transparence et l'efficacité, la transparence vise à intégrer le citoyen dans la vie administrative en lui permettant d'assumer la responsabilité de la gestion publique, en assurant une séparation entre la fonction de délibération et d'exécution et en consolidant le contrôle externe. Quant à l'efficacité elle se matérialise actuellement par le fait que les administrations publiques et les entreprises privées sont soumises aux mêmes contraintes d'un environnement en mutation et serait même appelée à devenir un sujet du droit et justiciable au même pied d'égalité que les autres citoyens[1594].

En d'autres termes, la redéfinition du rôle de l'Etat doit passer inéluctablement par la relance de la déconcentration horizontale : c'est dans ce sens que le nouveau concept de l'autorité vise, par une déconcentration du pouvoir de décision, à redéployer des compétences de l'Etat vers l'échelon territorial en vue de satisfaire les besoins fondamentaux des citoyens, la promotion des investissements, la création d'emploi et l'amélioration de la qualité des services publics locaux. Le nouveau concept de l'autorité ne peut être mis en œuvre sans un environnement favorable et l'existence de certains préalables : un changement des mentalités qui constitue une rupture avec les pratiques négatives du passé ; une volonté permanente de changement ; une suprématie de la loi en vue de consolider l'Etat de droit ; un renforcement de l'encadrement politique et des structures partisanes, syndicales et associatives.

Selon des observateurs, cette mesure de redéfinition « d'un nouveau concept de l'autorité » n'a été que la concrétisation d'un processus global de promotion des droits de l'Homme. « Le nouveau concept d'autorité » ne devait laisser aucun doute sur la volonté du nouveau Roi de sortir de l'ancien mode de gestion de la chose publique[1595], avec tout ce que cela induit comme transformations dans les comportements et les habitudes. En changeant de style[1596], il a voulu donner l'exemple d'une méthode de gouvernement

---

[1594] Commentant la multiplication des recours en annulation pour excès de pouvoir contre l'administration marocaine entre 1957 et 1994, Mohamed Amine Benabdallah, s'interroge : « qui eût parié, ne serait-ce qu'en 1989, qu'un certain magistrat, non content de la décision de délégation prise par le ministre de la justice à son sujet, en demanderait l'annulation et obtiendrait gain de cause ? Qu'une étudiante de la faculté des lettres de Rabat, arriverait à faire annuler le retrait abusif de son admission à un examen universitaire ? Qu'une saisie-arrêt serait prononcée à l'encontre d'une personne publique refusant l'exécution d'un jugement ? Qu'un automobiliste, auteur d'un excès de vitesse sur l'autoroute reliant Rabat à Casablanca, estimant à juste titre illégal la saisie de son permis de conduire par les gendarmes chargés d'assurer la surveillance de la circulation sur la voie publique, aurait droit à réparation des dommages subis ?in, Mohamed Amine Benabdallah, *Propos sur l'évolution récente de l'Etat de droit au Maroc*, op.cit, p. 21.

[1595] Centre d'Etudes Internationales (dir) *Une décennie de réformes au Maroc (1999- 2009),* Ed. Karthala, p. 40

[1596] Mohammed Gellaoui, *Le Maroc politique, à l'aube du troisième millénaire*, Imprimerie Najah El Jadida, 2e édition, 2007, p. 68.

fondée sur la simplicité, la proximité, et la priorité donnée aux projets en faveur des plus démunis[1597].

La proclamation de l'institution « d'un nouveau concept d'autorité » par la plus haute autorité du pays signifie que désormais, l'exercice des fonctions d'autorité ne devrait plus être le même, les fondements qui le justifiaient se devaient d'être foncièrement changés. Il tire désormais ses justifications des principes des droits de l'Homme et des libertés publiques, qui, même si, il est vrai, ils précédaient leur consécration juridique constitutionnelle « moderne », puisqu' ayant déjà été consacrés pour la première fois par la proclamation de la Charte royale du 8 mai 1958 et surtout la Constitution du 14 décembre 1962. La grande avancée de ces principes n'a été réalisée qu'avec la mention que comportait le préambule de la Constitution de 1992, qui réaffirmait l'attachement du Maroc aux droits de l'Homme tels qu'ils sont reconnus universellement. Affirmation très lourde de conséquences, on s'en doute, et dont les ramifications n'ont pas manqué de générer parfois des interprétations divergentes dans la lecture de certaines décisions des autorités gouvernementales[1598].

Sans trop s'attacher aux détails, il convient de souligner qu'à travers ce nouveau concept d'autorité, l'Etat a voulu démontrer sa volonté de marquer une rupture avec les mœurs politiques et les pratiques administratives du passé, trop empreints par l'impératif sécuritaire, en encourageant le rapprochement de l'administration des administrés et en favorisant une politique de proximité et en préservant les droits des citoyens. Pour ce faire, le souverain avait appelé de ses vœux l'institution d'une nouvelle conception de l'autorité visant la réforme de l'administration et sa réconciliation que l'autorité soit au service des citoyens et non le contraire. C'est dans cet esprit, que le Roi avait affirmé que : « la responsabilité de l'autorité dans les divers domaines de ses compétences consiste à assurer la protection des libertés, à préserver les droits, à veiller à l'accomplissement des devoirs et à réunir les conditions nécessaires qu'exige l'Etat de droit (…) [1599]».

Il serait utile de rappeler à cet égard que dans la même lancée, une réforme législative avait exigé, à l'aune de cette nouvelle redéfinition du concept d'autorité, que les actes et les décisions pris par les gouverneurs, au même titre que les autres administrations publiques ou collectivités territoriales, doivent être motivés lorsqu'ils sont défavorables aux administrés[1600].

Quoi qu'il en soit, selon une certaine doctrine, toutes ces mesures ainsi que l'ambition de la mise en place de l'Etat de droit resteraient sans effet, et

---

[1597] Centre d'Etudes Internationales (dir) *Une décennie de réformes au Maroc*, op.cit. *Idem*.

[1598] Centre d'Etudes Internationales (dir) *Une décennie de réformes au Maroc*, op.cit,(page précitée).

[1599] Allocution royale du 12 octobre 1999, in, la REMALD n° 25, 2001, Annexes, p. 71-74.

[1600] L'obligation de motivation des décisions administratives est instaurée par la loi n° 01-02, B.O n° 5030, du 15 août 2002.

ne peuvent passer que par une « modification radicale de la culture désuète du « Makhzen » »[1601] qui, selon elle, « consacre l'absence de la culture institutionnelle et met les intérêts personnels au cœur de son système au détriment de l'intérêt général de la société toute entière, où, d'ailleurs, les allégeances personnelles, familiales, régionales, prennent souvent le pas sur la loyauté vis-à-vis de l'Etat et de la loi [1602]» en faveur « d'une authentique culture démocratique et civique qui renoue avec les valeurs de citoyenneté et de responsabilisation[1603]».

Dans le même sens, d'autres auteurs étayent la même vision, en pensant que : « la question du changement de l'Etat *Makhzenien* hante toute la vie politique du Maroc indépendant. La dynamique du mouvement des droits de l'homme au Maroc se situe par rapport à cette problématique et son intelligibilité et se détermine à partir des contraintes que celle-ci fait peser sur le champ politique marocain[1604]». Alors que les tenants d'une thèse opposée estiment que : « même si l'emprise du Makhzen a perdu beaucoup de sa ferveur, elle est en train de se reconstituer pour s'adapter aux nouvelles données[1605] », et « un *néo-Makhzen* avec des retouches modernes est en train de prendre la place de l'ancien Makhzen[1606]».

Nous pensons pour notre part, que le gouverneur n'est que le résultante de la culture politico-administrative du « Makhzen »[1607],et que cela démontre à la fois que le Maroc, « dans la logique de son histoire d'Etat-Nation, disposait, à la fin du XIXe siècle, d'une administration adaptée au degré de son évolution,[1608]» et qu'il a pu, en termes des choix d'administration territoriale et des agents auxquels il a confié la mission de le représenter, « réceptionné » l'apport des protectorats, et particulièrement celui du Protectorat français en ce domaine. La description de tous les mécanismes et les modalités par lesquels se déploie l'action du représentant de l'Etat dans le territoire : maintien de l'ordre, prestation de divers services publics, consolidation de l'adhésion des citoyens aux options fondamentales de

---

[1601] Mohamed Saadi, *Le difficile chemin des droits de l'homme au Maroc : du déni à la reconnaissance,* p. 28

[1602] Mohamed Saadi, *Le difficile chemin des droits de l'homme au Maroc : du déni à la reconnaissance,* op.cit, p. 29.

[1603] Mohamed Saadi, *Le difficile chemin des droits de l'homme au Maroc : du déni à la reconnaissance,* op.cit (page précitée).

[1604] Mohamed Mouaquit, *Le mouvement des droits de l'homme au Maroc, du Makhzen à l'Etat de droit*, Annuaire de l'Afrique du nord, tome XXXIV, CNRS Editions, 1995, p. 20.

[1605] Lahcen Brouksy, *Makhzénité et modernité : révolution tranquille d'un roi*, op.cit, p. 67.

[1606] Rachida Cherifi, *Le Makhzen politique au Maroc : hier et aujourd'hui*, Afrique Orient, 1988« Le Makhzen tire sa force et sa mobilité de sa capacité à s'adapter à de nouveaux rapports de forces. Il se régénère en introduisant ses propres règles à toutes les instances qui comptent » Rachida Cherifi, *Le Makhzen politique au Maroc : hier et aujourd'hui,* op.cit, p. 10.

[1607] *Cf. Supra.* Le gouverneur, agent du Makhzen, Première partie, Chapitre préliminaire, Section I.

[1608] Driss Basri, *L'administration territoriale, L'expérience marocaine*, op.cit, p. 21.

l'Etat, actions pour le développement socio-économique local. Cette description permet, en effet, de voir que la tradition makhzenienne au Maroc et surtout la perception qu'en a la population est encore vive. On pourrait même être tentés d'y voir « un élément de micro-équilibre socio-économique, un moyen d'arbitrage et enfin un facteur dynamiseur du développement économique et social[1609] ».

Or, il convient de relativiser cette vision, car les critiques dénonçant les effets négatifs de l'administration makhzeniennes ne sont pas infondées, le maintien des mêmes valeurs traditionnelles makhzeniennes est à l'origine d'une situation marquée par une sorte d'immobilisme des initiatives et de perdition des efforts qui se contredit frontalement avec la signification de la nouvelle philosophie de l'autorité à laquelle le souverain souhaiterait donner corps.

En conséquence, il convient que la réforme du Makhzen soit inscrite, en priorité, sur l'agenda des autorités à tous les niveaux de l'échelle institutionnelle, afin de donner un signe fort et exemplaire en ce sens au sommet de l'Etat. Certes, il n'est pas facile de mettre fin aux *habitus*, et aux intérêts des réseaux personnels sur lesquels s'est bâti le fonctionnement de l'autorité, mais pourtant, c'est au prix de l'élimination de ce « gouvernement des hommes » que le Maroc pourra redonner du sens et du contenu à son discours sur l'Etat de droit et sur son insertion dans la modernité[1610].

C'est pour toutes ces raisons qu'il serait utile de porter un regard critique sur le rôle du gouverneur, en tant qu'institution (qui reste par bien des aspects *makhzenienne* par excellence)qui est un relais entre la centralisation et la décentralisation. Car ce rôle tel qu'il est conçu aujourd'hui, s'il participe à la galvanisation et à la mobilisation du premier processus, semble, par là-même, constituer une pierre d'achoppement insurmontable devant une véritable décentralisation.

SECTION III. APPRÉCIATION CRITIQUE DU RÔLE DU GOUVERNEUR DANS LA DÉCENTRALISATION

L'équivalent en arabe du mot « gouverneur » est « *Amel* »[1611], le droit positif marocain n'a pas choisi la terminologie de « préfet »[1612], comme nous l'avons expliqué précédemment, ce mot provient du verbe « *âamila* » ce qui signifie « travailler », donc le gouverneur était perçu, dès le départ par les architectes de la nouvelle administration territoriale marocaine, au lendemain de l'indépendance, comme un moyen fonctionnel pour le gouvernement,

[1609] Driss Basri, *L'administration territoriale, L'expérience marocaine*, op.cit, (page précitée).
[1610] Jean Claude Santucci, (entretien), le Journal n° 120, du 12 au 18 juillet 2003, p. 12.
[1611] Voir glossaire des termes en langue arabe, en fin de cette thèse.
[1612] Du latin *praeferre*, mettre à la tête de, composé du préfixe *prae*, devant, en avant, et de *facere*, faire.

principalement de maintien de l'ordre, de mobilisation des ressources, et de conservation des liens avec toutes les parcelles du Royaume à travers toute l'étendue du territoire, son rôle était conçu, dès l'abord, comme une courroie de transmission, un relais, une cheville ouvrière, peu importe comment on le qualifie, mais surtout comme un instrument de recentralisation de la périphérie.

Dès lors, il n'était pas question qu'il s'inscrive dans un mouvement qu'il est censé contrôler en tant qu'agent de l'Etat, il n'est pas nommé par le Souverain pour favoriser les libertés locales et encourager les autonomies des collectivités. Son rôle est strictement encadré pour qu'il ne « déborde » pas sur les instructions et les directives du Makhzen, représenté depuis plusieurs siècles au Maroc par son département de « tutelle » : le ministère de l'Intérieur.

Au demeurant, le gouverneur *a bien compris* le fonctionnement d'organisation du « *Makhzen* », dont il est l'émanation. La précarité du statut et les rigueurs de la hiérarchie aidants, il s'identifie au pouvoir central, il en est le porte-drapeau et le défenseur infatigable dans son commandement. Ceci étant avancé, le mieux que l'on puisse « espérer » pour ce haut fonctionnaire dans son contact avec les acteurs locaux décentralisés, est qu'il inscrive son action sur le plan local, dans le cadre d'une gouvernance éthique privilégiant l'intérêt général au détriment des intérêts privés.

A ce niveau de l'analyse, une question primordiale s'impose à nous, l'ambivalence des origines du gouverneur marocain, qu'il tire à la fois du modèle français napoléonien et de la tradition administrative makhzenienne, le condamne-t-il à s'autolimiter dans la sphère exigüe, et somme toute, contre-productive, dans laquelle il se trouve en raison de l'omnipotence déclarée, qui se trouve être la raison même de son impuissance à « résoudre les problèmes qu'il a participé à créer. Et cette impuissance est spécialement sensible pour tous, dans le moyen terme et à l'échelon régional. Ayant fragmenté les centres de décisions en une poussière d'individus tirant à *hue et à dia,* en divisant pour mieux régner les antiques équilibres, en créant des centres d'initiatives disparates selon les différents services administratifs, l'administration a rendu la coordination des actions par planification et surtout leur adéquation à la réalité locale presque inaccessible »[1613].

En tout état de cause, la question que l'on voudrait examiner ici est celle de savoir si l'articulation du gouverneur dans la décentralisation est intégrable dans la nouvelle acception de gouvernance comme synonyme de réforme profonde de l'Etat en vue d'un accès plus démocratique aux collectivités locales et à la société civile ?Ou bien elle serait rétive à tout changement et correspondrait plus à une modalité proche de la déconcentration que l'on appellera « gouvernabilité » ?

[1613] Paul Pascon, *Etudes rurales, Idées et enquêtes sur la campagne marocaine*, Société Marocaine des Editeurs Réunis, SMER, 1980, Coll. Atlas, Abdelkbir Khatibi (dir.).p. 23.

Paragraphe I. La résistance des traditionnelles représentations makhzéniennes centralisatrices

La décentralisation constitue de toutes les réformes initiées par le Maroc indépendant, et particulièrement depuis 1960, celle dont les effets ont été les plus profonds, multidimensionnels, et irréversibles, et ce, à tous les niveaux de la vie socio-économique et de l'architecture politico-administrative du pays. Elle a mis fin, en tous cas dans les textes, au cycle séculaire de centralisation des structures traditionnelles makhzeniennes, en créant à la marge les conditions d'un processus décentralisateur par appropriation par les collectivités territoriales de nouveaux pouvoirs. La dynamique ainsi créée a produit un indiscutable renouvellement et une stimulation de la vie publique locale. En encourageant un début d'autonomie locale, elle a tenté de rompre avec le modèle centralisateur et hiérarchique d'essence makhzenienne[1614] qui prévalait jusque-là, comme seul et unique système de gouvernance administrative.

A ce titre, le gouverneur en tant qu'administration carrefour de l'Etat, résulte de l'Etat centraliste, jacobin, jaloux de ses compétences régaliennes et rechignant à reconnaitre des libertés démesurées aux collectivités locales et du système socio-politico-administratif du *Makhzen* marocain, modèle ancestral multifonctionnel, inventé par les sultans successifs afin d'assurer le contrôle du territoire.

Cependant, « le réformisme précautionneux [1615]» de l'ère du regretté Roi Hassan II et de son ministre de l'Intérieur Basri, n'a pas eu raison de la grande capacité de reproduction du système centralisé makhzenien. Sur le terrain, la résurgence, voire la consolidation des mécanismes traditionnels de l'administration du makhzen, attirent particulièrement l'attention. La dépendance des structures locales au représentant de l'Etat central[1616], jouissant seul de la légitimité de relayer le pouvoir central, n'a fait que croître et donne un exemple patent de la pérennité du système du « Makhzen ».

Néanmoins, le gouverneur n'est pas seulement l'émanation des vielles structures makhzeniennes, elles-mêmes ravivées et renforcées par le Protectorat français pour des raisons de maîtrise du territoire[1617]. Il est aussi le réceptacle de la représentation jacobine de l'administration préfectorale française dans ses fondements idéologiques et cognitifs présidant à l'action territoriale de l'Etat.

[1614] *Cf.* les caractéristiques du système administratif makhzenien, en Première partie de cette thèse, *Supra.*Première partie, Titre I.

[1615] J-M. Ohnet, *Histoire de la décentralisation française*, Paris, Le livre de poche, 1996, p. 67.

[1616] Cf. *Supra.* La dépendance des collectivités décentralisées au pouvoir du gouverneur, Deuxième partie, Titre II, Chapitre I, Section III, Paragraphe III.

[1617] Cf. *Supra.* Première partie, Chapitre préliminaire.

Il importe, par conséquent, de mettre en relief les difficultés qu'engendre « l'importation » de la gouvernance administrative selon le modèle français, à la lumière de la place qu'occupe le gouverneur dans le schéma administratif face à la décentralisation (A), ce qui nous permettra de dégager les insuffisances du système administratif actuel au Maroc, qui, à défaut d'assurer une véritable gouvernance, se contente de l'alternative de la « gouvernabilité » (B).

A. La gouvernance à la française, est-ce un modèle transposable ?

Comme le rappelle le Professeur Rousset[1618] : « le corps des agents d'autorité n'a été créé qu'au lendemain de l'indépendance pour remplacer à la fois les anciens caïds et pachas de l'administration traditionnelle, dont beaucoup s'étaient compromis avec le Protectorat lors de la déposition du Sultan Mohamed Ben Youssef, mais aussi les officiers des affaires indigènes et les contrôleurs civils du Protectorat, ne comportaient, en effet, qu'un petit nombre de cadres bien formés, l''appel à des militaires d'expérience se révélait particulièrement utile, notamment dans les provinces de montagne et celles du sud du Royaume[1619] ».

On ne peut méconnaître ici l'influence patente du droit administratif français de l'époque. En effet, les premiers textes créant la fonction gubernatoriale ainsi que les premiers découpages territoriaux au Maroc sont, directement ou indirectement l'œuvre des coopérants français et des rares cadres marocains ayant formé les premières équipes gouvernementales du Maroc à la libération[1620]. Cela expliquait dans une large mesure, « l'emprunt » de la même conception du rôle et des attributions du préfet français au gouverneur, représentant de l'Etat dans les provinces et préfectures nouvellement créées.

Toutefois, la question qui se pose à ce propos, est celle qui consiste à envisager aussi bien les mécanismes juridiques de la décentralisation que le statut et les attributions des gouverneurs, comme des institutions inspirées, puisées, voire importées des paradigmes du droit public français. Cet état de fait expliquerait probablement deux phénomènes : d'abord, les difficultés à mettre en application des règles et des institutions qui ne soient pas la résultante d'une évolution normale et progressive de la société marocaine, mais que l'on s'est contenté de greffer dans le schéma juridico-institutionnel

---

[1618] M. Rousset, *Une vie marocaine, 1963-2013*, Edit. La Porte, 2013, p. 130.

[1619] Le rôle de ces agents dont fait partie le gouverneur, leurs attributions et les conditions de leur formation à l'école des cadres du ministère de l'Intérieur créé en 1965 ont été retracés par Driss Basri dans un mémoire de troisième cycle soutenu en 1972 et publié en 1975 dans la collection des travaux de la faculté des sciences juridiques économiques et sociales de Rabat sous le titre « L'agent d'autorité ».

[1620] *Cf. Supra*. Deuxième partie, Chapitre II, Section I, Paragraphe II.

local, et ensuite, cela favorisera les manifestations de ce que l'on a appelé « l'ineffectivité du droit [1621] ».

En effet, dans tous les pays qui ont accédé à l'indépendance à l'issue d'un processus plus au moins douloureux de décolonisation, les manifestations de cette problématique d'inadaptation entre les institutions mises en place et la législation qui les sous tend, a persisté, en comportant, bien entendu, une intensité et une fréquence variables selon le pays décolonisé.

Au demeurant, les causes de cette inadaptation sont diverses et leur rôle respectif n'est pas forcément identique dans tous les pays. Quoi qu'il en soit, et en schématisant, on peut déceler trois aspects de cette inadaptation, qui peut être : technique, sociologique ou idéologique. Une inadaptation technique est sans doute l'obstacle le plus facile à surmonter dans la mesure où elle résulte de l'absence ou de l'insuffisance des cadres aptes à comprendre et à faire fonctionner des institutions, et à faire appliquer les règles juridiques Par ailleurs celles-ci doivent être perfectionnées et doivent évoluer afin de coller de si près que possible aux réalités qu'elles doivent encadrer, et à l'usage que l'on veut en faire.

L''inadaptation sociologique pose de plus redoutables problèmes, le système juridique apporté par le colonisateur repose en effet, sur des notions qui ne sont pas nécessairement comprises par les membres des sociétés, souvent communautaires, dont les structures de type hiérarchique sont en quelque sorte imperméables à des notions telles que celles de droit individuel, de libertés publiques de règles de droit général et impersonnel, etc. La réception du système juridique suppose une évolution de la société, des mœurs, des mentalités et de la conscience collective. Or, cette évolution ne peut être que très longue, elle repose largement sur un effort d'éducation et de formation qui relève du système éducatif. Tant que des progrès significatifs ne sont pas réalisés à cet égard, la réception du système juridique est compromise et se trouve reléguée dans les sphères supérieures de la société[1622].

En troisième lieu, une entrave de taille est représentée par des éléments de lecture idéologiques, en effet, les principaux modèles de gestion politico-administrative locale importés se fondent sur les deux systèmes juridiques exportés par le colonisateur Français ou Britannique. Tous les deux sont des systèmes favorisant le paradigme libéral, centré sur la défense de l'individu et des libertés individuelles et collectives, ceci se manifeste tant dans la législation que dans la jurisprudence qui se développe à partir de ces bases législatives.

Il en découle que, comme le souligne très justement Michel Rousset : « lorsque l'État nouveau met en place un système politique autoritaire fondé notamment sur une idéologie récusant la primauté de l'individu au profit

---

[1621] M. Rousset, *Etat importé ou greffe de l'Etat ?,* in. Indépendance nationale et système juridique au Maroc, actes du colloque du 26 et 27 mars 1998, Edit. La Porte, p. 23.
[1622] Michel Rousset, *Etat importé ou greffe de l'Etat ?,* op.cit., (page précitée)

d'une cité idéale à construire, il est fatal qu'une distorsion se produise entre la règle de droit, telle qu'elle est écrite et celle qui est, en fait appliquée [1623]».

Il n'en demeure pas moins que la problématique de l'importation d'institutions juridiques ou administratives et leur insertion dans le système national a suscité un débat très vif en doctrine, entre les tenants de l'idée selon laquelle l'extranéité du système juridique ou administratif le condamne à l'ineffectivité et ceux qui défendent l'idée de « la trajectoire du politique » qui sous-tend la construction de l'Etat.

Les premiers, représentés par Bertrand Badie qui a consacré plusieurs ouvrages dont le dernier porte le titre très suggestif de « *l'Etat importé* »[1624]avancent que la domination culturelle du Nord sur le Sud se poursuit aujourd'hui, non seulement le Nord a exporté ses modèles vers le Sud, mais le Sud lui-même continue malgré l'indépendance à importer ces mêmes modèles. Or, l'extranéité de ces modèles d'organisation sociale et administrative conduit souvent à leurs rejets ou à leur dénaturation, à leur ineffectivité et à leur échec. M. Badie commente ce phénomène en ces termes : « l'histoire de l'échec du droit importé, c'est celle d'une dépendance matérielle et technique d'abord et culturelle, ensuite ».

Par ailleurs, Bertrand Badie, ne s'est pas arrêté en si bon chemin, il a, de plus, démontré dans quelle mesure s'est mis en place « un processus de modernisation conservatrice », au sein des nations précédemment sous le joug du colonialisme. Ce procédé politique décrit assez bien la politique des élites administratives postcoloniales concernées avant tout par la conservation et la reproduction de leur pouvoir personnel, au détriment de la promotion de politiques de développement et d'une gestion raisonnée des affaires de l'État. « *La modernisation conservatrice* correspond ainsi, selon M. Badie, au départ du moins, à un choix raisonné pour mieux conserver son pouvoir : le prince tente de l'adapter aux données nouvelles, c'est-à-dire à un idéal de modernité, dont il espère qu'il lui apportera au même temps un surcroît de ressources matérielles et un surcroît de légitimité. Le jeu du prince consiste alors à présenter la modernité comme une catégorie neutre et universelle, donc adaptable à toute culture, dotée de la sorte, de légitimité supérieure à celle de ses propres contestataires, facilement rejetés dans la périphérie, comme incarnant une tradition qu'il est aisé de présenter comme inférieure »[1625].

Il est, toutefois, évident que l'une des particularités essentielles des systèmes politico-administratifs postcoloniaux est la dichotomie entre l'importation formelle du modèle de rationalité politique occidentale dans la gestion des affaires publiques, alors même que la logique des structures d'organisations politiques traditionnelles a perduré au sein de la sphère informelle du politique. Par exemple, même si la persistance de pratiques de

---

[1623] Michel Rousset, *Etat importé ou greffe de l'Etat ?,* op.cit., (page précitée)*Idem.*
[1624] B. Badie, *L'Etat importé, L'occidentalisation de l'ordre politique,* Fayard, 1992, p.126.
[1625] *Ibid.*

corruption ne peut pas être considérée comme un phénomène purement marocain, la corruption est présente à des degrés divers dans de nombreux pays du monde. Or, malgré tout, le chevauchement entre positions de pouvoirs, et positions d'enrichissement peut être analysé comme caractéristique dominante de la société marocaine. Cette situation peut s'expliquer, en partie, par le fait que la logique de l'action publique avec les mécanismes actuels dont dispose l'État, reste divisée entre un système juridique et institutionnel officiel « fantasmé » et une culture socio-politique confondant toujours les affaires publiques et les affaires privées. Cette distorsion explique largement l'échec de la majeure partie des réformes administratives dont celles intéressant l'interaction des représentants de l'Etat avec les organes locaux élus.

De plus, il convient de souligner que les tenants de ce courant n'hésitent pas à récuser l'adoption même du concept de gouvernance moderne, considéré comme modèle de gestion prêt à l'emploi. En effet, ils se méfient de toute utilisation hâtive de ce concept, et s'interrogent même sur ses véritables objectifs, surtout quand il émane d'organismes financiers internationaux ou des anciennes puissances coloniales ou des donateurs d'aide. Pour certains, il s'agit, ni plus ni moins, d'un modèle politique libéral occidental, qui ne correspond pas aux traditions politiques étatiques des pays en développement et qui présente le risque de perturber les relations entre gouvernants et gouvernés et mélanger les rôles dans des contextes de pays fragiles.

Alors que d'autres n'hésitent pas à comparer cette nouvelle école de gestion des affaires publiques de « néocolonialisme de la fin du XXe siècle », en raison du curieux rapprochement de cette formule avec « *la colonial governance* » utilisée par les puissances coloniales pour insuffler un sang nouveau à leur présence dans les pays dominés au moment où ceux-ci commençaient à prendre conscience de leur situation[1626].Le gouvernement, selon ce point de vue, serait une forme de relance du modèle de l'État libéral occidental, qui avait envahi le monde au moment où il connaissait un certain essoufflement. La formule du Protectorat français expérimentée au Maroc est l'une de ses manifestations.

Cette dépendance de la culture juridique des sociétés extra-occidentales à la culture juridique qui se proclame universelle serait donc particulièrement nuisible, car elle va à l'encontre des besoins de ces sociétés qui relèvent du spécifique, du particulier et du local qui est d''une irréductible singularité. Partant, l'importation du modèle qu'il soit juridique ou politique est d'une efficacité tout à fait incertaine car elle cherche à « sauver un système victime de sa dissonance culturelle » par « le recours à des principes d'un droit venu d'ailleurs »[1627].

[1626] A. Bencheikh, *Gouvernance des villes au Maroc- Eléments d'une réflexion prospective*, in. Le devenir de la ville, Ouvrage collectif édition l'Harmattan-Gret, 1999, p. 184 et s.
[1627] Bertrand Badie, *L'Etat importé, L'occidentalisation...*, op.cit. p. 12.

D'autre part, la tendance inverse, soutient un point de vue opposé, celui-ci est défendu dans un ouvrage publié sous la direction de Jean-Pierre Bayart sous le titre évocateur : « La greffe de l'Etat »[1628]. Dans cet ouvrage, l'auteur distingue deux temps et deux plans, dans ce qu'il appelle la « trajectoire du politique » qui aboutit à la formation de l'Etat. Ainsi, il reconnaît qu'au moment de l'l'indépendance c'est une minorité de la société dominée qui s'empare des institutions et des mécanismes laissés par la puissance dominante. Mais la masse de la population est, d'une certaine façon, peu à peu exposée à ces institutions laissées par le colonisateur ; pour des raisons pratiques, elle est conduite à adhérer à celles-ci et à les utiliser, même si c'est de façon partielle, en fonction de ses intérêts et de son environnement social professionnel, familial, etc.

Du reste, la formation de l'État n'est que la résultante de la rencontre de ces deux plans et d'une multitude de microdécisions et de comportements qui parviennent à donner un sens plus ou moins conscient à l'institution et au droit[1629].La greffe de l'État n'est donc pas vouée à l'échec, comme le prétend Bertrand Badie, mais il y a une autre raison à cela qui tient au fait que la formation de l'État ne peut se réaliser que dans « la longue durée »[1630].

Nous pensons, pour notre part, qu'Etat importé ou Etat greffé, le plus important et que ces composantes répondent aux besoins vitaux des populations, et que pour ce faire, sans parti pris, le pays « réceptacle » doit faire preuve de créativité et d'ingéniosité afin de modeler les institutions de façon pragmatique pour qu'elles soient aptes à relever les défis du développement du pays, et cela, abstraction faite même de l'origine de l'institution.

Nous sommes d'avis, qu'il n'existe pas de technique administrative universellement valable et adaptable à tous les pays. Car s'inspirer d'un archétype administratif n'est pas « mauvais » en soi, c'est la méthodologie qui suit l'implémentation qui est déterminante, et qui doit s'atteler à l'adaptation continue de l'institution importée aux réalités du pays, afin de ne pas tomber dans l'image kafkaïenne donnée par Jacques Bugnicourt, selon laquelle : « à partir de l'image de l'administration du pays « modèle » conçue comme objectivement parfaite, on bâtit d'abord des organigrammes vides, avec espoir de remplir peu à peu toutes les cases. On est proche d'un problème de billard japonais, il faut mettre une bille dans chaque trou. L'importance pour un directeur qui prend ses fonctions est de recruter un titulaire convenable pour chaque poste prévu dans le service. Comme on n'en trouve pas, notamment, parce que le modèle administratif importé correspond à des sociétés caractérisées par une abondance de cadres et par un contexte socio-professionnel fort différent, on se trouve contraint alors, soit de laisser le poste vacant en organisant parfois de longs intérims, soit de

[1628] J-F. Bayart, *La greffe de l'Etat*, Jean-Pierre Bayart(dir.), Edit. Karthala, 1996.
[1629] Michel Rousset, *Etat importé ou greffe de l'Etat ?,* op.cit. p., 25.
[1630] *Ibid.*

recourir à l'assistance technique étrangère, soit de nommer des nationaux mais au rabais, c'est-à-dire avec un niveau de formation qui n'est pas celui qui était requis[1631]».

Ainsi, le mimétisme avec l'administration préfectorale ayant présidé à façonner le statut du gouverneur au Maroc pourrait expliquer les failles de l'adaptation du système d'administration territoriale par le gouverneur et la consécration de son rôle de vecteur local de l'exigence de l'unité dans ses rapports avec les structures décentralisées. Ne permettant plus que « *la gouvernabilité* » des territoires.

B. « La gouvernabilité » entrave à la gouvernance ?

Il convient de préciser que la gouvernabilité est « le degré auquel une unité politique est susceptible d'être gouvernée. Dans la relation de pouvoir qui constitue l'unité politique comme telle, c'est en particulier, le degré auquel les autorités sont en mesure d'exercer un pouvoir de commandement sur les choses et sur les hommes notamment, le degré auquel elles obtiennent l'obéissance ou le consentement »[1632].

Par ailleurs, le concept de « gouvernabilité », plus proche du mode de fonctionnement du système de gestion administrative adopté au Maroc, détermine le degré de fluidité de l'interaction entre les principaux pouvoirs locaux, dans le sens d'une meilleure performance de l'action publique, sans remettre en cause le système de gestion classique en cours.

De ce fait, le problème de la gouvernabilité se pose pour toute organisation politique et pour tous les gouvernants, mais il présente aussi des aspects ou des formes spécifiques dans notre pays en voie de développement et en voie de démocratisation. Une des propriétés distinctives des pays ayant déjà intégré la démocratie comme donnée fondamentale, réside en effet, dans la dépendance, sans doute plus accentuée des titulaires des fonctions officielles à l'égard des réactions de ceux qui sont officiellement définis comme des citoyens.

Ainsi, cette dépendance est attestée par les mécanismes d'accès aux positions de pouvoir qui, pour une part, font intervenir directement ou indirectement le vote des électeurs. Dans certaines conditions, les titulaires de ces positions peuvent donc être sanctionnés et écartés, ce qui les prédispose généralement à la prudence. Les libertés et les possibilités d'information, de communication, de réunion et d'association favorisent l'expression des mécontentements, des revendications et des oppositions.

De surcroît, les gouvernants sont souvent critiqués au parlement, dans les médias, les réunions publiques ou dans les manifestations de rue. Leur

---

[1631] J.Bugnicourt, « *Le mimétisme administratif en Afrique : obstacle majeur au développement* », in, Revue française de science politique, 23e année, n°6, 1973, p. 1239-1267., p. 1242.

[1632] D. Gaxie, *Gouvernabilité et transformations structurelles des démocraties,* in La gouvernabilité, Ouvrage collectif, Jacques Chevallier (dir.), 1996, P.U.F, p. 249.

responsabilité peut être mise en cause et en jeu dans tous les sens du terme. Leur position est susceptible de se trouver renforcée ou affaiblie à tout moment. Ils peuvent être éventuellement contraints d'abandonner un projet, de revenir sur une décision ou de démissionner. L'action publique est ainsi placée sous les regards externes et se trouve affectée par les anticipations concernant l'orientation de ces externes communément désignés sous le vocable d' « opinion publique ». Le travail politique s'en trouve sans doute compliqué. C'est cet aspect de la réalité que souligne l'aphorisme selon lequel : « une démocratie entre plus difficilement en guerre qu'une dictature »[1633].

Dans ce sens, l'article premier de la Constitution de 2011 dispose que : « Le Royaume du Maroc est une monarchie constitutionnelle, démocratique, parlementaire et sociale. Le régime constitutionnel du Royaume est fondé sur la séparation, l'équilibre et la collaboration des pouvoirs, ainsi que sur la démocratie citoyenne et participative, et les principes de bonne gouvernance et de la corrélation entre la responsabilité et la reddition des comptes. La nation s'appuie dans sa vie collective sur des constantes fédératrices, en l'occurrence la religion musulmane modérée, l'unité nationale aux affluents multiples, la monarchie constitutionnelle et le choix démocratique. L'organisation territoriale du Royaume est décentralisée, fondée sur une régionalisation avancée. »

Il en découle que l'appareil administratif de l'Etat repose sur la centralisation des pouvoirs avec des déclinaisons locales basées sur les principes de déconcentration et de décentralisation. En effet, tout en s'inspirant largement du système français de gestion administrative, le modèle marocain de gestion publique obéit à un schéma de décentralisation et de déconcentration bien moins évolué, il suffit de comparer les attributions dévolues au préfet français par rapport au gouverneur et celles reconnues aux collectivités locales et aux directions extérieures des ministères, pour s'en convaincre.

De plus, la déconcentration et la décentralisation qui sont les principes de base de fonctionnement de l'administration marocaine locale sont donc à appréhender sous cet angle-là. La décentralisation qui relève du domaine législatif consiste à doter les collectivités locales de l'autonomie de gestion en vue de prendre en charge leur destinée, la déconcentration qui relève du domaine réglementaire vise à transférer au profit des représentants de l'État : les gouverneurs, les pouvoirs les plus larges et les moyens suffisants pour accompagner le développement local. La gouvernance, elle, émane de la société civile qui réclame de plus en plus de participation et de contrôle des actions liées aux deux premiers principes.

Il n'en reste pas moins qu'à l'aune de la nouvelle Constitution de 2011, plusieurs attributs d'autorité des gouverneurs doivent être revus dans le cadre d'une décentralisation plus marquée, et d'une déconcentration mieux

---

[1633] D. Gaxie, *Gouvernabilité et transformations structurelles des démocraties,(*page précitée).

calibrée. D'une part, les gouverneurs n'auront plus le pouvoir d'exécution des délibérations des assemblées locales, et d'autre part, la mission de tutelle connaîtra également un remodelage visant à accorder plus d'autonomie d'action aux élus locaux.

Placée dans son contexte véritable, l'étude de l'administration gubernatoriale, dans ses rapports avec la décentralisation devra nous inciter à nous interroger sur les données actuelles de l'organisation de cette administration, à la recherche d'un nouveau système politico-administratif.

Paragraphe II. A la recherche d'un nouveau système politico-administratif de gouvernance local

Nous estimons que la position actuelle du gouverneur dans l'administration territoriale en rapport avec les structures locales décentralisées, correspond à ce que M. Crozier appelle un système de régulation croisée[1634]. A travers les conclusions sur l'articulation des systèmes d'actions entre gouverneurs et élus locaux, nous avons apporté des explications par rapport aux questions suivantes : tout d'abord, est-on vraiment en présence d'une véritable décentralisation ou l'on est seulement en phase de recentralisation des services de l'Etat par le truchement du gouverneur ? Ensuite, est-ce que le mode de fonctionnement traditionnel du Makhzen[1635] qui a créé le gouverneur, se perpétue-t-il ? Et enfin, si la réponse est positive, peut-on réfléchir à un nouveau modèle du système politico-administratif local au Maroc qui préserverait les grands équilibres et les intérêts nationaux tout en dépassant les inconvénients et les anachronismes du système de « *régulations croisées makhzeniennes* » ?

A. Un système makhzenien complexe de « régulation croisée »

La réforme de 2002, portant sur la charte provinciale de 1963, était très attendue, mais n'avait pas apporté de modifications radicales dans le rôle et la position du gouverneur dans la pyramide de l'exercice de l'autorité, il est resté tuteur, exécutif, et parfois, coadministrateur des affaires locales dans la préfecture et la province, en plus de ses attributions permanentes de représentant de l'Etat, agissant dans le sens du maintien de l'ordre public et de la gestion des crises.

Si l'on tient compte des espoirs que les réformistes épris de démocratie locale nourrissaient, aucun changement ne s'est produit. Mais nous pensons, à cet égard que beaucoup de choses ont changé, dans le fait et dans le droit,

---

[1634] M. Crozier et J-C Thoeing, *La régulation des systèmes organisés complexes, Le cas du système de décision politico-administratif local en France*, in. Revue Française de Sociologie, 1976, p. 3-32.

[1635] Voir les développements réservés à ce propos dans le chapitre intitulé Le Makhzen, terreau du gouverneur, *Supra.* Première partie, Titre I, Chapitre I, Section I.

compte tenu de la rigidité qui caractérise la culture administrative makhzeniennes. Puisqu'il ne faut pas s'en tenir aux réformes législatives (Le Maroc n'a pas connu de réformes aussi audacieuses que la loi française de 1982), mais il faut également tourner son regard vers les pratiques administratives quotidienne et les chantiers en cours sous l'impulsion des directives royales. Ainsi, le Souverain n'a pas hésité à exhorter le Gouvernement et le Parlement à accélérer l'adoption du texte sur la région et les autres collectivités territoriales. Parallèlement, l'exécutif est appelé à activer la charte de déconcentration.[1636]

En fait, le Maroc ne dispose pas d'une charte dédiée spécifiquement à la déconcentration comme en France, où, conformément au décret du 1er juillet 1992 portant charte de la déconcentration, les services déconcentrés ont en charge d'appliquer au plan local les politiques conçues au niveau central. L'action des administrations centrales de l'Etat doit, quant à elle, se limiter aux missions de conception, d'évaluation et de contrôle.

Or, de manière générale, il convient de préciser qu'il serait quasiment impossible d'élaborer un modèle de système administratif qui soit représentatif de toutes les préfectures et de toutes les provinces, tel que décrit par des auteurs[1637], en ce qui a trait au système français, tout dépend des hommes et non de l'institution. On pourrait, toutefois, avancer que dans un mouvement d'évolution des« mœurs administratives », plusieurs modifications vont survenir dans les règles du jeu entre les représentants de l'Etat, d'une part, et les élus d'autre part, Tel que le décrit dans « La régulation des systèmes organisés complexes » M. Crozier[1638], pour que l'idée de coexistence de la filière des institutions politiques et de celle des institutions administratives reste pertinente. Car l'indépendance de la séparation de ces deux filières vont croissant[1639].

Afin d'approfondir cette réflexion, il serait utile, tout d'abord, d'expliquer ce que nous entendons par « *système makhzenien complexe de régulation croisée* ».

Mais avant cela il faudrait, souligner que l'énoncé même de cette problématique et les notions qui la sous-tendent, seraient appelés à nous entraîner sur un vaste terrain qui oscille entre la science politique, l'histoire, la sociologie politique, la philosophie de droit, etc. On devine également que ces notions charrient implicitement ou immanquablement – mais peut-il en être autrement ? – le déterminisme de certains paradigmes explicatifs ou les contraintes de certains présupposés idéologiques qu'impose un tel exercice.

[1636] Dans son dernier discours, le Roi qui vilipendait les élus locaux pour leur gestion peu reluisante de la ville de Casablanca, avait invité à la réflexion sur une charte de la déconcentration. *Cf.* Discours de SM le Roi à l'occasion de l'ouverture de la session d'automne du parlement en date du 11 Octobre 2013.

[1637] M. Crozier et J-C Thoenig, *La régulation des systèmes organisés complexes*, op.cit. p. 6.

[1638] *Ibid.*

[1639] Im Tobin, *Le Préfet dans la décentralisation,* L'Harmattan, Logiques Politiques, 1997, p. 334.

En termes simples : la compréhension de ce système traditionnel qui a engendré le gouverneur ne peut se faire sans l'apport des autres disciplines.

Comment ne pas penser aux théories principales ou dérivées du développement politique qui en sont l'expression, les unes mettant l'accent sur la corrélation entre les phases du progrès socio-économique et les étapes du développement politique, d'autres insistant sur le passage des comportements traditionnels à des attitudes politiques modernes, d'autres enfin privilégiant l'institutionnalisation des organisations et des procédures, ou bien le changement des modes de production plutôt que celui des formes de gouvernement ou des régimes politiques eux-mêmes[1640].

L'idée centrale de notre propos est de dire que dans l'environnement social marocain, le gouverneur en tant qu'acteur déterminant du système appelé « Makhzen », agit dans le cadre d'une relation entre une organisation et l'environnement, qui est, par définition, « une relation basée sur la dépendance »[1641]. Levine et Whyte montrent que : « l'organisation entretient des rapports avec l'extérieur, surtout parce qu'elle est dépendante de la rareté des ressources disponibles »[1642].

Dans cet ordre d'idées, deux concepts fondateurs élaborés par la sociologie des organisations nous permettent, *in fine*, d'évaluer la contribution du représentant de l'Etat dans ce système makhzenien : le concept d'*Organisation-set*[1643], qui devrait permettre de rendre compte des organisations qui forment l'environnement pertinent de l'organisation locale, et celui de *réseau-inter-organisationnel*[1644]présentant des caractéristiques particulières notamment, il doit son existence au fait qu'il soit socialement intégré.

Par ailleurs, ce que nous appelons « Makhzen » au Maroc, revêt selon nous, tous les attributs d'un système de régulation complexe et intégré. Alors même que l'ensemble politico-administratif provincial et préfectoral coiffé par le gouverneur forme un assez grand nombre de services administratifs, de circonscriptions administratives, de groupes et d'associations indépendants les uns des autres : conseils préfectoraux et provinciaux, directions de services extérieurs, municipalités, chambres de commerces, d'agriculture, de métiers, fédérations de syndicats d'employeurs, de travailleurs, d'agriculteurs, etc. « Les mesures de coordination régulièrement

---

1640 Jean-Claude Santucci, *État et société au Maroc : enjeux et perspectives de changement,* IREMAM - UMR7310 - CNRS/Aix-Marseille Université.

1641 Michel Crozier et Jean Claude Thoenig, *La régulation des systèmes organisés complexes*, op.cit, p. 3.

1642 S. Levine et P. Whyte, « *Exchange as a conceptual Framework for the Study of Interorganisational Relationships* », *Administrative Science Quarterly*, 5(4), Marsh, 1961, p. 583-601, cité par M. Crozier et J-C Thoenig, *La régulation des systèmes*... op.cit,*ibid.*

1643 W.Evan, *the Organization-Set,* in : *Approaches to Organizational Design.* Edited by J.D. Thompson. Pittsburgh, University of Pittsburgh Press, 1966.

1644 Turk (H.): *Interorganisational Networks in Urban Society.* American sociological Review, 35 (1), February 1970, p. 1- 19.

prises sont très peu efficaces et chacun se plaint de l'isolement jaloux des unités qui le composent, du cloisonnement et du manque de communications de l'ensemble »[1645].

Au demeurant, l'analyse de MM. Crozier et Thoenig correspond parfaitement à la configuration établie dans le système que nous décrivons des rapports du gouverneur avec les organes décentralisés. Puisque malgré les difficultés de coordination et de communication, les comportements des acteurs, les diverses unités et leurs membres sont interdépendants comme s'ils étaient engagés dans le même jeu. Le jeu a beau être un jeu de protection et de non-communication, il unit tous les joueurs. Si l'on résiste à la coordination du sommet, ce n'est pas parce qu'on ne se connaît pas, parce qu'on est trop loin l'un de l'autre, c'est parce qu'on fait partie d'un système qui a d'autres formes de coordination qui sont-elles à demi-conscientes mais d'autant plus efficaces[1646].

En France, en ce qui a trait à la situation du préfet dans la décentralisation, le premier témoignage concret de l'existence de ce jeu, est la découverte du phénomène de couple. Jean-Pierre Worms l'a magistralement mis en évidence dans son analyse des rapports entre préfets et maires de villes petites et moyennes[1647]. Il a démontré que l'hostilité apparente des maires envers leur préfet, les critiques que le préfet adresse à ses maires cachent : « une complicité très profonde : un bon préfet sait écouter ses maires et un bon maire a naturellement l'oreille de son préfet. Leurs activités se répondent et ne sont compréhensibles que si l'on considère le couple que forment les deux partenaires. C'est le maire qui doit prendre l'initiative mais il accepte de se laisser souffler l'initiative qui paraît le plus souhaitable au préfet, pourvu que le préfet lui permette d'en tirer profit et pourvu aussi que le préfet accepte de tenir compte des besoins et des souhaits de ses maires. La subtilité de la relation, on en conviendra aisément, peut aboutir à des malentendus, à des difficultés de communication et elle ne facilite pas la coordination que souhaitent les technocrates. Mais il y a interdépendance et pour comprendre les résultats de l'activité commune, il est plus important de comprendre le fonctionnement du système que de s'attacher aux préférences *a priori* des « responsables » »[1648].

Au Maroc, pour comprendre, à juste titre, le fonctionnement de ce système, il faudrait se référer aux éléments constitutifs du système politico-administratif traditionnel qu'on a appelé « Makhzen ». En effet, rappelons à ce sujet brièvement (puisque la question du fonctionnement de l'Etat-Makhzen a été largement évoquée dans la première partie), que le système de gouvernance locale au Maroc qui nous intéresse se trouve à mi-chemin

---

[1645] M. Crozier et J-C Thoenig, *La régulation des systèmes organisés complexes*, op.cit. p. 6.
[1646] M. Crozier et J-C Thoenig, *La régulation des systèmes organisés complexes*, op.cit. p. 8.
[1647] Jean-Pierre Worms, *Le Préfet et ses notables, Sociologie du travail*, vol. 8, no3, 1966.
[1648] M. Crozier et J-C Thoenig, *La régulation des systèmes organisés complexes*, op.cit., (page précitée).

entre un Etat-traditionnel et un Etat-moderne. Aujourd'hui, ce modèle makhzenien désigne : « la sphère des détenteurs de pouvoir, considérés comme perpétuant une manière traditionnelle de gouverner et de gérer les affaires publiques, et les pratiques politiques ; manière considérée comme éloignée de la rationalité et de la modernité politique »[1649].

De surcroît, le makhzen est un système politico-administratif intégré parce qu'il a tous les éléments d'un système de régulation, même dans l'inconscient des administrés au Maroc. Ainsi, il apparaît comme une organisation englobant toutes les composants : le sultan, la cour, l'administration et le mode de fonctionnement. Le terme makhzen, dérivé du verbe « *khazana* » qu'on pourrait traduire par stocker, thésauriser et entreposer, signifie littéralement emmagasiner, et évoque le grenier ; l'entrepôt ; et le réservoir de stockage qui sert à conserver les vivres et les biens. Cette métaphore renvoie au champ conceptuel de l'économie politique, à savoir l'accumulation de bien et leur capitalisation sur les plans symbolique, spirituel, politique et économique[1650]. Le gouverneur n'est que le substratum local de ce système, dans ce sens où il agit, en premier lieu, comme garant du même schéma institutionnel de centralité d'abord et d'accommodation des intérêts locaux ensuite.

A ce titre, cette situation du gouverneur évoque le transfert de légitimité politique du sultan, qui lui est acquise par l'allégeance, sur son représentant sur le plan local : le gouverneur, ce dernier, dans son activité quotidienne, utilise symboliquement cette aura dans ses rapports avec les élus locaux. Et comme tout système complexe, aucune décision d'aucun acteur ne peut être prise de façon unilatérale, *a fortiori*, pour un agent d'autorité soumis au poids des devoirs professionnels que l'on connaît, parvenir à un compromis acceptable constitue le préalable indispensable à toute action dans la préfecture ou la province.

Du reste, ces ystème[1651] est caractérisé particulièrement par l'existence d'un compromis général entre le gouverneur et les autres acteurs. Ce compromis, même s'il n'est jamais négocié directement entre les parties directement concernées, s'opère à travers l'intervention d'une instance d'une autre nature ; d'où l'importance extrême du processus de coordination et d'intégration à travers lesquels les compromis, donc les décisions, peuvent être obtenus[1652]. Dans ce sens, et c'est la justification du rôle central du gouverneur, les fonctions d'intégration et de coordination sont généralement remplies par quelqu'un dont l'activité et la source de légitimation sont d'une autre nature que celles des parties qu'il intègre ou coordonne. Le

---

[1649] Rahma Bourqia, *Culture politique au Maroc, à l'épreuve des mutations*, l'Harmattan, Logiques sociales, 2011, p. 34.

[1650] Rahma Bourqia, *Culture politique au Maroc, à l'épreuve des mutations,* op.cit, (page précitée).

[1651] Systèmemakhzenien complexe de régulation croisée.

[1652] Michel Crozier et Jean Claude Thoenig, *La régulation des systèmes organisés complexes*, op.cit. p. 6.

coordonnateur tend même à imposer une solution préconçue qui tient compte des intérêts en présence, mais qui leur est imposée sans négociation ouverte et qui réussit d'autant mieux qu'elle a été élaborée sous le couvert d'une autre rationalité : impératifs techniques, traditions locales, intérêt général[1653].

Néanmoins, à la multiplication des acteurs dans l'administration territoriale que nous avons évoquée précédemment, s'ajoute l'interpénétration des filières qui en constituent les diverses fonctions (administrative, politique, économique, etc.). Le monde des fonctionnaires, l'univers des présidents des conseils provinciaux ou préfectoraux et des élus, l'ensemble des groupements économiques s'interpénètrent profondément, et le système se complexifie avec la multiplication des corps administratifs. Ainsi, on dénombre, rien que dans la filière du ministère de l'Intérieur qui gère les collectivités locales : le corps des agents d'autorité[1654], le corps des administrateurs du ministère de l'Intérieur[1655], le corps des ingénieurs, le corps des agents des collectivités locales[1656], le corps des inspecteurs de l'Inspection générale de l'administration territoriale[1657], etc.

Il n'en reste pas moins que dans ce schéma, chaque filière régule l'autre en même temps qu'elle est régulée par elle. Entre elles il y a communication et intégration selon un processus alterné : « la forme du nid d'abeilles en donne une bonne image. Hiérarchie et leadership ne sont jamais directs. La substitution est essentielle dans ce système de commandes croisées[1658] ». De cette situation découle, inéluctablement, le cloisonnement. Chaque unité, maintenue à sa place par la pression du système, se désintéresse totalement des autres. Un manque de communication et une maximisation des avantages individuels par l'utilisation habile des contrôles croisés s'ensuivent.

Sur le plan de l'administration territoriale, les inconvénients du système politico-administratif *makhzenien de régulation croisée,* ci-dessus évoqués doivent être contrebalancés par des mesures étatiques tendant, tantôt à reconnaître un minimum d'autonomie aux territoires, tantôt à favoriser l'interventionnisme socio-économique par la déconcentration, via les gouverneurs de préfectures et de provinces. Cette problématique devrait inciter l'Etat à réfléchir sur des pistes novatrices de changement.

Aussi, faudrait-il enfin distinguer les transformations des régimes de celles du système politico-administratif dont elles peuvent être l'expression, et ne pas confondre ces deux niveaux d'analyse. Notamment, parce que les transformations des régimes n'excluent pas la stabilité du système dans

---

[1653] *Ibid.*

[1654] Dont le statut est régi par le dahir n° 1-08-67 relatif au corps des agents d'autorité, du 31 juillet 2008.

[1655] Dont le statut est régi par le dahir n° 1-63-038 du 1er mars 1963 portant statut particulier des administrateurs du ministère de l'Intérieur.

[1656] Dont le statut est régi par le décret n° 2-77-338 du 27 septembre 1977.

[1657] Dont le statut est régi par le décret n° 2-94- 100 du 16 juin 1994 portant statut particulier de l'inspection générale de l'administration territoriale du ministère d'Etat à l'Intérieur.

[1658] Michel Crozier et Jean Claude Thoenig, op.cit. *Ibidem*

lequel ils s'inscrivent, ou mieux encore, parce que paradoxalement, la stabilité ne va pas précisément sans le changement.[1659]

Pris dans le sens commun que lui attribuent les spécialistes en analyse prévisionnelle, le changement politico-administratif, pour le Maroc comme pour les autres pays, renvoie à une série d'interrogations dans le champ des possibles avec des réponses partielles et donc discutables, sur des probabilités d'évolution[1660]. Dans le cas du Maroc, des études en prospective politique peuvent nous intéresser en ce qui concerne la recherche d'un nouveau système politico-administratif. Cependant, même si elles ont fait ressortir plusieurs types d'évolution possible du régime politique marocain définis en termes de menaces et de coalition d'acteurs. Ces études semblent verser plus dans l'étude politique du régime que dans la proposition d'un remodelage administratif des structures de gouvernance locale. C'est pour cette raison, entre autres raisons, que nous leur préférons plutôt l'étude analytique d'un certain nombre d'expériences alternatives, différentes de la solution de gouvernance locale selon le modèle français, source normative essentielle des règles de droit public régissant l'administration territoriale marocaine, après l'examen de la situation actuelle du gouverneur, en contact avec la décentralisation, dans le système politico-administratif tel qu'il est décrit plus haut.

B. Le gouverneur d'aujourd'hui

Au Maroc de 2014, la situation de la décentralisation n'est pas la même que celle de 1960. Aujourd'hui, les élus sont appelés de plus en plus à devenir des acteurs clés qui disposent de leurs moyens propres, et qui négocient directement avec les autres partenaires locaux. C'est dans ce contexte que la négociation devient une activité importante pour le gouverneur. Avant, dans le cadre du système traditionnel du « Makhzen », le gouverneur décidait seul en toute légitimité, aujourd'hui, il s'inscrit plus dans une démarche de négociation. Quant à l'influence du gouverneur, l'engagement nécessaire d'acteurs trop nombreux d'un côté, et l'apparition d'acteurs institutionnels judiciaires ou de contrôle public, de l'autre (Cour des comptes, Cours régionales des comptes, tribunaux administratifs, etc.) ont pour effet de rendre son rôle ambigu par rapport au jeu ancien régulateur/régulé, tel que nous l'avons décrit précédemment.

En réalité, le nouveau système qui sera mis en place conduira (il a déjà conduit) à une certaine irresponsabilité des situations. Si le gouverneur et les assemblées des collectivités locales décentralisées développent « des politiques publiques »importantes, « le leadership » de chacun est

---

[1659] A. Rouquié (dir), *La démocratie, ou l'apprentissage de la vertu*, Alain Métaillé, Paris 1985, p.34.

[1660] Jean-Claude Santucci, *État et société au Maroc : enjeux et perspectives de changement*, op.cit, p. 9.

relativement auto-perturbant et il n'y a pas d'arbitrage si le gouverneur et le président de l'assemblée locale ne s'entendent pas. Pourtant on constate à travers certaines provinces et préfectures que les deux parties ont intérêt à continuer à travailler ensemble.

Enfin, le réseau dit en *zigzag,* reliant la base et le sommet, semble également progressivement écartelé. L'ancien mode de fonctionnement à cet égard, était tel que la relation hiérarchique n'était jamais directe, le face-à-face était évité, c'était en cherchant à intégrer chacun des acteurs dans son propre jeu, que les partenaires se trouvaient maintenus dans le rapport extrêmement stable qui caractérise leurs situations respectives chaque unité maintenue à sa place par la pression du système se désintéressait des autres unités, et cherchait à maximiser ses gains à leurs dépens. En revanche, la communication entre le sommet et la base d'aujourd'hui se fait davantage au sein de chaque filière, au lieu de faire intervenir l'autre filière[1661].

Ainsi, en comparant la situation actuelle avec l'évolution des agents de l'administration territoriale, il nous semble que la recentralisation au niveau des grandes villes au Maroc, des provinces et des préfectures les plus importantes se renforce au sein de « la filière politique », les communications sont renforcées, les présidents des assemblées préfectorales et provinciales coopèrent, et s'investissent dans la gestion de la négociation, avec dans une position centrale, le gouverneur, véritable représentant de l'Etat central.

Au demeurant, dans le contexte marocain actuel, le repositionnement du gouverneur aujourd'hui dans l'ancien/nouveau système du « Makhzen » comme ordonnancement *complexe de régulation croisée,* a favorisé, toutefois, une stratégie de l'éloignement des élus par rapport au gouverneur et a singulièrement affaibli la position centrale qu'aurait pu avoir celui-ci dans l'impulsion de la décentralisation. D'autre part, les notables, aussi bien ceux qui sont proches des gouverneurs nommés dans les provinces et les préfectures que les autres, tentent de jouer l'ancien jeu, à savoir l'accès direct aux administrations centrales[1662]. A cela s'ajoute le recentrage du pouvoir de décision provenant de la sphère gouvernementale, la régionalisation et la recentralisation accrue dans la répartition des crédits et des subventions aux collectivités décentralisées, ce qui entraîne progressivement une réduction de la marge de liberté du gouverneur, lui-même, représentant de l'Etat dans la province ou la préfecture.

[1661] Nous avons adopté cette description de la situation du gouverneur marocain dans la décentralisation que nous avons empruntée à Im Tobin (*Cf.* Im Tobin, *Le Préfet dans la décentralisation*, L'Harmattan, 1997, op.cit. p. 336), qu'il a bâti lui-même en se basant sur les hypothèses de M. Crozier et J-C Thoenig, dans. La régulation des systèmes organisés complexes, op.cit. p. 6.

[1662] *Cf. Supra*. Les développements liés à la culture locale spécifique tendant directement à s'adresser aux administrations centrales. Voir également, l'analyse des élites politiques locales et leurs contact avec l'Etat central, de Rémy Leveau, *Le Fellah, défenseur du trône, op.cit*, p. 54 ; p. 69.

En France, déjà, en 1976, Alain Peyrefitte[1663] prévoyait que le pouvoir régional ferait dépérir le département, la transformation de la région en une collectivité territoriale, administrée par un exécutif et une assemblée élue au suffrage universel direct, aurait pour effet, selon lui, l'abaissement des conseils généraux qui ressembleraient à ce que sont devenus les arrondissements, c'est-à-dire des *coquilles vides*. Une conséquence de cette transformation serait donc « *une sous-préfectorisation* » des préfectures et des préfets.

Comparativement au préfet français, le gouverneur subirait-il, en contact avec la décentralisation, la même consomption inéluctable de son champ d'attributions ? En effet, la zone d'incertitudes critique que pourrait traverser le gouverneur au Maroc, à l'instar du préfet français est d'être simplement « utilisé » par les élus, sans pouvoir à son tour les influencer. Autrefois, tout le monde avait intérêt à *être en bonne relation* avec le gouverneur, et le président du conseil préfectoral ou provincial dans les grandes villes ne pouvait jamais se permettre d'être en mauvais termes avec son gouverneur, sans avoir à en souffrir. Aujourd'hui, c'est aussi le cas d'un certain nombre de présidents de conseils locaux, à partir du moment où le gouverneur ne maîtrise plus le jeu avec les élus, des blocages de fonctionnement peuvent surgir, si bien qu'ils risquent d'être mal vus par la Direction du personnel d'autorité (DPA) au sein du ministère de l'Intérieur, autrefois, dans le climat makhzenien, le gouverneur n'avait même pas besoin « d'ordonner », mais tout passait par lui.

Dans l'ancienne configuration, le gouverneur pouvait ralentir les affaires et même les bloquer. Aujourd'hui et plus demain, beaucoup de choses ne passent plus par lui. Ces partenaires tentent à échapper à son ascendant. Dans leurs affaires, les élus s'éloignent de lui. Le gouverneur ne peut plus exercer ses fonctions, comme autrefois.

Toutefois, les élus constituent les partenaires indispensables et traditionnels de l'action gubernatoriale, (aussi bien les élites politiques que les haut fonctionnaires de l'administration, sont les deux faces d'une même monnaie dans le système makhzenien à régulation croisée), le fait qu'il n'aura plus les mêmes types de pouvoir qu'autrefois, le forcera à devenir innovateur, entrepreneur, gestionnaire et aménageur. A la différence des autres fonctionnaires, le gouverneur ne reste pas longtemps dans une province (nous l'avons vu à travers l'obligation de la mobilité périodique à laquelle il est astreint[1664]), il tentera d'imprimer son cachet aux changements dans la province ou la préfecture rapidement, pour cela, il a besoin de marge d'action et d'un minimum de coopération de la part des acteurs locaux importants.

[1663] Alain Peyrefitte (présenté par), *Décentraliser les responsabilités, Pourquoi ? Comment ?* La Documentation Française, 1976. p. 5.

[1664] *Cf. Supra.* Première partie, Titre I, Chapitre II, Section I, Paragraphe I.

Dans le but d'élargir son champ d'action, le gouverneur interprète sa mission d'ordre public dans un sens plus étendu et très inclusif d'ordre économique et social[1665]. De ce fait, tout ce qui concerne la vie de la population entre dans le concept « d'ordre public » employé par les gouverneurs. C'est là, dans un certain sens, que peuvent se rejoindre la politique et l'administration.

Tant qu'il y a consensus entre les acteurs locaux sur les actions publiques locales à mener en priorité, tel que, par exemple, la lutte contre le chômage et l'aide aux entreprises en difficulté dans la province, l'éventail d'actions du gouverneur est infiniment ouvert. N'ayant pas suffisamment de moyens, les élus ont toujours besoin d'intervention de l'État, cette intervention, notamment financière est sollicité par l'entremise des agents d'autorité et particulièrement des gouverneurs, ainsi, ceux-ci deviennent « des entrepreneurs politique » et le sacerdoce du travail du gouverneur viserait davantage des domaines politiques et économiques, en s'appuyant sur l'opinion publique, prenant garde de ne pas recouper les champs prioritaires de ses partenaires.

Dans ce contexte, chaque gouverneur, en fonction de son commandement territorial, et de ses particularités géographiques, démographiques, historiques, économiques et sociales, choisira « un cheval de batail » favorable : la reconversion du monde agricole, l'accueil des entreprises, la défense et la protection de l'environnement, l'aménagement de grandes infrastructures. Toutefois, précisant que le rôle économique récemment renforcé des gouverneurs sous la direction des walis ne signifie pas forcément qu'ils sont les seuls acteurs, le plus importants en matière de développement socio-économique dans de la province et la préfecture. Car les collectivités locales et les acteurs privés sont, dans bien des cas, les acteurs principaux disposant de moyens légaux ou conjoncturels et de ressources nettement plus significatifs. L'idée centrale sur laquelle il faut insister est simplement celle de dire que ce type d'activité du gouverneur devient de plus en plus important dans l'ensemble de son champ d'action par rapport au passé. Car, si antérieurement aux réformes de déconcentration économique des territoires menées par Sa Majesté le Roi Mohamed VI en 2002, le gouverneur pouvait se contenter de ses fonctions classiques de maintien de l'ordre et de relai déconcentré du pouvoir central, aujourd'hui, le maintien de sa légitimité est plus tributaire de la réussite de son action de développement socio-économique des territoires où il officie.

Vu tout ce qui précède, et considérant toutes les particularités relevées concernant le rôle du gouverneur dans la décentralisation, à la fois en tant que représentant obligé de l'Etat, protecteur de l'intérêt national dans la préfecture ou la province, et animateur du développement socio-économique local, serait-il possible, en dehors du modèle français du préfet (qui soulève

---

[1665] *Cf. Supra*. Compétences économiques et sociales du gouverneur. Deuxième partie, Titre II, Chapitre II, Section I, Paragraphe I.

des similarités remarquables et des différences inéluctables sur lesquelles nous ne revenons pas à ce niveau de l'analyse), entrevoir d'autres modèles de comparaison, visiter d'autres systèmes de gouvernements locaux, façonnés par des traditions historico-juridiques distinctes, empreintes de cultures administratives et de référentiels démocratiques assez différenciés ? Aussi, serions-nous justifiés à examiner des modèles politico-administratifs de certains pays ayant cultivé leur système politique comme porteur de valeurs universelles, aptes à être imités par d'autres pays en voie de démocratisation comme le Maroc ?

Nous exposerons successivement et succinctement certains systèmes politico-administratifs étrangers, et nous choisissons, à desseins, des modèles institutionnels ayant eu historiquement une rivalité avouée avec le système français, qui constitue, pour l'essentiel notre référentiel en termes de schéma d'organisation administrative locale, en l'occurrence la Grande Bretagne (l'option décentralisée), les Etats Unis (l'option égalitaire), l'Allemagne (l'option décentralisée) et l'Italie (l'option hiérarchique).

Paragraphe III. Les solutions comparées de gouvernance locale

Comme nous l'avons vu dans la première partie, la fonction de gouverneur est similaire à la fonction de préfet, le régime administratif marocain s'inspire largement, en cela du système administratif français, l'institution préfectorale est propre à la France, il convient ici de présenter une brève réflexion sur les théories et les institutions politico-administratives de certains pays occidentaux à tradition démocratique bien ancrée, notamment, les États-Unis, la Grande-Bretagne, l'Allemagne et l'Italie, car bien que toute comparaison ne soit pas raison et que la comparaison ne soit ni systématique, ni exhaustive, une telle analyse semble nécessaire pour nous permettre d'apprécier la spécificité du système marocain dans lequel évolue le gouverneur. Il importerait alors de bien prendre la mesure des spécificités et des similarités que chacun des autres pays, pris séparément, présente par rapport au modèle marocain du gouverneur.

Dans ces conditions, cette démarche nous permettra aussi de mieux appréhender la pluralité des recherches en la matière et la grande variété des systèmes politico-administratifs locaux, et d'institutions représentant le pouvoir central au niveau des collectivités locales ainsi que la nécessité d'une recherche comme la nôtre pour étudier ce système spécifique au Maroc.

En conséquence, une multitude d'études abordent la question sous l'angle du modèle politico-administratif local en cherchant à qualifier la gouvernabilité des collectivités locales, c'est-à-dire les modes d'organisation de l'action publique qui s'affirment spécifiquement dans les périmètres institutionnels des autorités locales. Au terme d'une revue de la littérature, il est possible de présenter les principaux apports de ces travaux autour de deux types de résultats.

En effet, dans cette quête, il nous est apparu qu'il existe un intérêt constant pour le pouvoir, lorsque l'on étudie les réalités locales. On peut, dans cette perspective, classer les études typiques sur les pouvoirs locaux en deux catégories : l'une conclut qu'une minorité d'élites détient le pouvoir, et l'autre affirme que le pouvoir est partagé par un nombre élevé de personnes ou de groupes[1666]. Ce débat entre pluralistes et élitistes date de plus de 40 ans aux États-Unis, et il n'est pas prêt de s'éteindre. En fait c'est un débat lié d'une part, à la méthodologie administrative et d'autre part, à la philosophie du droit.

Méthodologiquement, les élitistes interrogent des personnes pour savoir qui a le pouvoir, à travers la méthode dite « *réputationnelle* »[1667], alors que les pluralistes ont tendance à analyser le processus de décisions importantes qui ont été prises. Ces derniers critiquent les premiers en avançant qu'une multitude de citoyens s'engagent dans les affaires de la ville, ce qui n'est pas pour justifier la domination d'une minorité d'élites.

En particulier, deux sociologues ont développé la théorie de l'élitisme, mais avec certaines nuances entre leur deux visions, d'abord Gaetano Mosca[1668] ayant élaboré la théorie des élites gouvernementales proprement dite, avec les quatre variables que sont : les intérêts, les résidus, les dérivations et l'hétérogénéité sociale. Cet auteur a mis à notre disposition un outil d'analyse sur le mouvement général de la société et Vifredo Pareto, qui estime, quant à lui, qu'il y a toujours une classe (élite gouvernementale et élite non-gouvernementale) dans toutes les branches de l'activité humaine qui possède une influence réelle sur la société à laquelle elle appartient. L'élite gouvernementale recourt à deux types de moyens : à la force et à la ruse, qui équivalent dans les écrits de Machiavel aux « *lions* » et aux « *renards* »[1669].

[1666] W. Genieys, *De la théorie à la sociologie des élites en interaction. Vers un nouvel élitisme ?*in. CURAPP, Les méthodes au concret, PUF, 2000, voir particulièrement. P. Birnhaum, *Théories élitistes*, in, G. Hermet et alii., *Dictionnaire de la science politique et des institutions politiques*, Paris, A. Colin, 1994, p. 96-98 ; G. Mosca, *The Ruling elass*, New York, Mc Graw-Hill, 1939, p. 9-13.

[1667] Tel est le cas de l'analyse du pouvoir à Atlanta de Floyd Hunter qui pour montrer les interconnaissances entre les dirigeants supérieurs de cette ville, recourt à la méthode « réputationnelle », cf.Dans cette première version, la méthode réputationnelle consiste à évaluer la capacité des dirigeants supérieurs à se situer sur une échelle des statuts. Concrètement, il convenait de demander aux personnes enquêtées, dans ce cas de figure les "notables" d'Atlanta, quels sont, selon leur avis, les dirigeants locaux les plus influents dans la conduite des affaires locales au sein de leur communauté politique, cf. F. Hunter, *Community Power Structure*, University of North Carolina Press, Chapel Hill, 1953.

[1668] P.Birnhaum, *Théories élitistes*, in Hermet (G.) et alii, *Dictionnaire de la science politique et des institutions politiques*, Paris, A. Colin, 1994, p. 96-98.

[1669] N. Machiavel, *Le Prince*, Ldp Classiques Philosophie, numéro 4662, Essai (poche), 2000 : « On peut combattre de deux manières ou avec les lois, ou avec la force. La première est propre à l'homme, la seconde est celle des bêtes ; mais comme celle-là ne suffit point, on est

Un auteur américain appelé F. Hunter a montré dans ses études sur la ville d'Atlanta, que celle-ci connaît l'existence d'une structure pyramidale au sommet de laquelle se trouve une minorité, celle des hommes d'affaires, à laquelle appartient le pouvoir de décision[1670]. Ensuite, à la notion de « classe dominante » serait substituée celle de « coalitions des élites politiques économiques et militaires » par Charles Wright Mills[1671] qui confirme les thèses élitistes en démontrant que le développement de liens entre les élites politiques, économiques et militaires dans la société américaine ont entraîné la formation d'une « élite du pouvoir »[1672]. Au processus d'unification de ce groupe social correspond le désengagement progressif de l'ensemble de la population vis-à-vis du pouvoir décisionnel. Forte de cette solidarité, l'élite du pouvoir s'infiltre dans tous les domaines de la vie sociale moderne. Dans le cadre de cette recherche, Mills innove en montrant que l'homogénéité et la cohésion culturelle et politique de cette élite du pouvoir se constituent à partir du "vivier" des écoles et des plus prestigieuses universités.

Cet ensemble homogène d'élites souvent complexe ne reçoit et exécute les décisions qu'en se fondant sur des relations personnelles et officielles ainsi que sur des liens de similitudes sociale et psychologiques très marquées.

En ce qui a trait à « la thèse pluraliste », on peut citer les travaux de Robert A.Dahl portant sur le Connecticut, qui s'opposent aux conclusions précitées de F. Hunter, sa contribution la plus connue est l'imposante monographie réalisée sur le pouvoir à New Haven[1673]. Dans ce cadre, il démontre à partir d'une analyse de l'influence (ou de la non-influence) des notables traditionnels et des notables économiques dans les affaires publiques que le pouvoir se répartit de façon plurielle, ce qu'il qualifie de *polyarchie*[1674]. Il déduit de son enquête de terrain qu'il n'existe pas une élite

---

obligé de recourir à l'autre : il faut donc qu'un prince sache agir à propos, et en bête et en homme. Le prince, devant donc agir en bête, tâchera d'être tout à la fois renard et lion car, s'il n'est que lion, il n'apercevra point les pièges ; s'il n'est que renard, il ne se défendra point contre les loups ; et il a également besoin d'être renard pour connaître les pièges, et lion pour épouvanter les loups. Ceux qui s'en tiennent tout simplement à être lions sont très malhabiles. Mais, pour cela, ce qui est absolu et nécessaire, c'est de savoir bien déguiser cette nature de renard, et de posséder parfaitement l'art de simuler etde dissimuler. Les hommes sont si aveuglés, si entraînés par le besoin du moment, qu'un trompeur trouve toujours quelqu'un qui se laisse tromper ».

1670 Hunter F., *Community Power Structure*, University of North Carolina Press, Chapel Hill, 1953. op.cit.

1671 C-W Mills. *The power Elite*, New York, Oxford University Press, 1956.

1672 Mills C.-W., *The power Elite*, op.cit.

1673 R.-A Dahl., *Who governs? Democracy and Power in an American City*, New Haven, Yale University Press, 1961 ; traduction française par Birman (P.) et Birnbaum (P.), *Qui gouverne?*Paris, A. Colin, 1971.

1674 *La polyarchie* correspond au pluralisme que l'on trouve au sein d'une minorité dirigeante, autrement dit, on ne saurait trouver une élite ou une catégorie dirigeante mais des élites spécialisées et rivales. Pour répondre à cette question dans le cadre de son étude du pouvoir

monolithique du pouvoir dans cette configuration politique car les différents groupes d'intérêt et les classes sociales se trouvent, même si cela s'effectue de façon différenciée, impliqués dans les prises de décision relevant de la gestion des affaires de la cité. Partant, New Haven n'est pas gouverné par une élite, A. Dahl a montré que « *le pattern* »[1675] et la distribution de l'influence dans la ville, la spécialisation de l'influence et comment les ressources du pouvoir changent dans une démocratie pluraliste[1676].

Dans ce sens, le pluralisme des leaders et la segmentation du pouvoir démontrés par les auteurs américains suscite l'interrogation suivante : pourquoi ces facteurs n'ont eu aucune influence sur la répartition du pouvoir et l'organisation administrative en France (étant l'archétype duquel s'est inspiré le législateur marocain pour l'institution du statut et du rôle du gouverneur) qui fait du préfet le représentant de l'Etat central dans les départements, préfectures et régions ?

Pour apporter une réponse à cette question, il faut prendre en compte la différence du fondement de la société française, qui est construite essentiellement sur la valeur de l'égalité entre les hommes au plein sens du terme, alors que dans la société américaine, on se concentre surtout sur la question de savoir « qui » gouverne réellement, en Europe- qui a connu des époques d'inégalité comme par exemple l'époque féodale- on s'oriente davantage sur la question de « comment » le pouvoir de la minorité puissante s'exerce et persiste.[1677]

Aussi, n'a-t-on pas manqué de souligner que « la façon dont le système politico-administratif est institutionnalisé influence les recherches. La démocratie participante aux Etats-Unis amène les chercheurs à se préoccuper du processus de décision sous une optique allant du bas (le peuple) vers le haut(le sommet, l'Etat), tandis qu'en France, une forte présence de l'Etat dans la vie locale amène des gens à raisonner sur un modèle renversé, à savoir du haut vers le bas, et à se demander comment empêcher la surinfluence de l'Etat.[1678]

A ce titre, le système français, lui, selon un observateur averti serait construit en trois siècles où : « maints réformateurs, animés des meilleures intentions, ont défini le remède et commencé à l'administrer. Leurs efforts se sont retournés contre eux. Pourquoi ? C'est que très vite, la centralisation

---

dans une ville américaine, *Dahl* étudie trois domaines où sont prises les décisions les plus importantes : la désignation des candidats aux diverses élections par les deux Partis, le programme de rénovation urbaine et l'enseignement public. R.-A Dahl., *Who governs* ? *Democracy and Power in an American City*, op.cit, (page précitée).

[1675] Voir.Jack, L Walker, « *A critique of the Elitist theory of démocracy* », in. The American Political science Review, Vol. LX, june 1966, n° 2, p. 285.

[1676] Im Tobin, *Le Préfet dans la décentralisation*, op.cit, p. 24

[1677] Im Tobin, *Le Préfet dans la décentralisation*, op.cit, p. 24.

[1678] Im Tobin, *Le Préfet dans la décentralisation*, op.cit, (page précitée).

hiérarchique a été comme protégée par une barrière de réflexes. Elle s'est intériorisée. L'Etat exalté s'est grandi de tout ce qui s'opposait à lui[1679] ».

Dans cette perspective, et pour nous en tenir uniquement aux mécanismes adoptés, par certains pays afin de contrôler ou de maîtriser leurs collectivités locales à travers des mécanismes comparables aux rôles joués par le gouverneur au Maroc, il nous faut nous poser cette question cruciale : quelles sont les grandes théories selon lesquelles s'organisent les administrations périphériques ?

Yves Meny dans son ouvrage sur la politique comparée[1680] démontre que l'on peut, dans ce domaine, recenser trois modèles :

1. L'option hiérarchique en France et en Italie, ce modèle est décliné sous une forme pyramidale, et se caractérise par la transmission d'instruction ou de directives du pouvoir central par une série d'agents subordonnés ;
2. L'option décentralisée est matérialisée en Grande Bretagne et en Allemagne, ce système se caractérise par « la délégation », en dépit de l'existence des services extérieurs, des politiques centrales aux autorités décentralisées ;
3. L'option égalitaire est adoptée par les Etats Unis : l'Etat fédéral et les Etats fédérés sont chargés pour leur compte d'appliquer leurs politiques respectives, et les autorités publiques favorisent plutôt « l'égalitarisme » que la hiérarchie.

Sans trop s'attarder sur les différentes articulations de ces architectures juridiques, qui s'appuient, chacune d'elles, sur des mécanismes propres, et s'organisent tantôt par juxtaposition de blocs, tantôt par hiérarchie pyramidale, nous nous limitons dans les développements suivants à décrire brièvement quatre expériences fonctionnant selon des modèles différents quant à la position du représentant du pouvoir central dans la périphérie, en l'occurrence : le modèle américain, le modèle britannique, le modèle allemand, et le modèle italien.

A. Le modèle égalitaire américain

Il faut, de prime abord, rappeler qu'aux Etats Unis l'expérience du « *self-Government* » a été, dès le départ, concentrée dans deux institutions : une forte tradition du « *local Government* » et celle de « *civil society* ». L'idée de gouvernement local était directement liée à l'inquiétude de voir grandir un Etat central potentiellement « tyrannique ». *Jefferson* a idéalisé le rôle que devrait jouer les collectivités locales et la participation « des citoyens instruits » comme données intrinsèques à la démocratie[1681].

[1679] Alain Peyrefitte, *Le mal français*, op.cit, p. 515.

[1680] Yves Mény, *Politique comparée, Les démocraties : Allemagne, États-Unis, Grande-Bretagne, Italie*, 3e éd., coll. « Domat », Paris, Montchrestien, 1991, 479 pages.

[1681] Marilyn Gittell, *Democracy and Citizen Participation in the U.S.: The Role of Local Government*", Department of Political Science, The Graduate Center – The City University of New York.

De ce fait, aux États-Unis d'Amérique, système fédéral par excellence, on ne peut qu'admettre l'absence de l'État fédéral dans les collectivités locales, comme Alexis de Tocqueville[1682] l'a déjà bien analysé, il y a 200 ans, et par la présence d'institutions décentralisées dans les gouvernements des Etats fédérés, leur nature et leur diversité est fonction de l'Etat où elles se trouvent. A l'exception de l'État de Virginie tous les Etats se composent d'arrondissements appelés « *County* », qui ont pour nature juridique « la quasi-municipalité », ils délivrent leurs propres prestations, dirigent la police, la justice, la santé etc. et s'occupent des habitants qui ne font partie d'aucune collectivité locale[1683].

De plus, ces collectivités locales, peuvent se répartir en « *municipalities* », des « *cities* », des « *towns* » ou des « *villages* », et disposent de larges pouvoirs en termes de gestion de toutes les affaires locales par des délibérations libres, une organisation de l'appareil municipal autonome, et un financement et exécution des résolutions indépendants.

Néanmoins, pour l'avoir bien étudié, certains auteurs n'ont pas hésité à observer que « le système municipal américain représente un extrême morcellement est un enchevêtrement chaotique, dont on ne peut comparer la complexité à celle de la France »[1684].

Quoi qu'il en soit, on remarque tout de même une grande marge de liberté à l'égard du contrôle effectué par les échelons supérieurs, chez les maires américains, en comparaison avec leurs homologues français « le maire d'une commune française serait jaloux de l'absence de tutelle administrative officielle, d'un salaire souvent confortable et d'une grande latitude pour les décisions municipales, aussi bien en ce qui concerne le

---

[1682] Alexis De Tocqueville, *De La démocratie en Amérique*, Edit. Flammarion, 1999, ainsi en décrivant comment les américains combattent l'individualisme par des institutions libres ? (Chapitre IV, de la Deuxième partie), De Tocqueville écrit : « Les affaires générales d'un Pays n'occupent que les principaux citoyens. Ceux-là ne se rassemblent que de loin en loin dans les mêmes lieux ; et, comme il arrive souvent qu'ensuite ils se perdent de vue, il ne s'établit pas entre eux de liens durables. Mais, quand il s'agit de faire régler les affaires particulières d'un canton par les hommes qui l'habitent, les mêmes individus sont toujours en contact, et ils sont en quelque sorte forcés de se connaître et de se complaire.(…) Les libertés locales, qui font qu'un grand nombre de citoyens mettent du prix à l'affection de leurs voisins et de leurs proches, ramènent donc sans cesse les hommes les uns vers les autres, en dépit des instincts qui les séparent, et les forcent à s'entraider. Les institutions libres que possèdent les habitants des États-Unis, et les droits politiques dont ils font tant d'usage, rappellent sans cesse, et de mille manières, à chaque citoyen, qu'il vit en société. Elles ramènent à tout moment son esprit vers cetteidée, que le devoir aussi bien que l'intérêt des hommes est de se rendre utiles à leurssemblables ; et, comme il ne voit aucun sujet particulier de les haïr, puisqu'il n'estjamais ni leur esclave ni leur maître, son cœur penche aisément du côté de la bienveillance.On s'occupe d'abord de l'intérêt général par nécessité, et puis par choix ; cequi était calcul devient instinct ; et, à force de travailler au bien de ses concitoyens, on prend enfin l'habitude et le goût de les servir. »

[1683] Im Tobin, *Le Préfet dans la décentralisation*, op.cit, p. 26.

[1684] J. Becquart- Leclercq, *La démocratie locale à l'américaine*, Paris, P.U.F, 1988, p.5.

fonctionnement de la mairie, l'embauche et le licenciement des employés municipaux que les projets d'équipement de la commune »[1685].

Cependant, le droit de délibérations des collectivités locales est soumis au contrôle à la fois des Etats fédérés et de l'Etat fédéral, et ce contrôle revêt plusieurs formes et s'opère selon des moyens variés, notamment : le conseil et l'information, les rapports obligatoires que doivent transmettre les collectivités locales dans certains domaines, les diverses subventions, l' établissement de normes d'harmonisation, un certain nombre d'autorisations, la nomination des administrateurs territoriaux, etc. il en est ainsi de tous les documents relatifs aux décisions municipales et aux délibérations du conseil municipal qui doivent être transmis à l'administration de l'État. Toutefois, ces documents ne font pas l'objet d'un contrôle, mais seulement d'une simple transmission.

De surcroît, le gouverneur de l'Etat, qui est un organe élu, bien que cela soit très rare théoriquement, dispose de la latitude de destituer un maire qui a commis une faute d'illégalité grave, (c'est ce que prévoit la législation de *New York State* notamment),Or, en réalité, il semble que les subventions de l'État fédéral et les Etats fédérés constituent de loin, le moyen de contrôle le plus efficace sur les programmes des villes et des collectivités locales.

En ce qui concerne, les subventions aux collectivités locales aux États-Unis, comme dans d'autres pays fédéraux, celles accordées par le gouvernement national jouent un rôle très important. Pourtant, l'autorité que possède le gouvernement national fédéral d'accorder des subventions était le sujet d'un des grands débats constitutionnels du XIXe siècle. La question fut finalement résolue par la Cour Suprême à l'époque du *New Deal*. Il s'agit de l'interprétation de la « *Spending Clause* » de l'article premier de la Constitution : « Le Congrès aura le pouvoir d'imposer et d'encaisser des taxes, des droits, des impôts et des contributions indirectes, pour payer les dettes et pourvoir à la défense commune et au bien-être général des États-Unis (...) »[1686].

Au demeurant, aux Etats-Unis, on trouve les subventions dans beaucoup de domaines (éducation élémentaire, police locale, santé publique, etc.), antérieurement considérés comme appartenant aux États. Et les subventions sont accompagnées de conditions qui dictent les actions, et même souvent l'organisation, des allocataires. Il se développe même - phénomène typiquement américain - un « droit des subventions » ; les tribunaux fédéraux surveillent les pratiques des allocataires[1687]. Donc les subventions fédérales se révèlent comme un instrument centralisateur puissant.

[1685] J. Becquart- Leclercq, *La démocratie locale à l'américaine*, Paris, P.U.F, 1988, p.5*Ibid.*

[1686] G.D. Brown, *Le nouveau fédéralisme : la question de la décentralisation aux États-Unis* In : Revue internationale de droit comparé, vol. 35 N°3, Juillet-septembre 1983, p. 497-508.p.504.

[1687] V. M. Mason, *Federal Grant Law*, Chicago, 1982 ; R. Cappalli, *Federal Grants and Cooperative Agreements, Law, Policy, and Practice*, Wilmette, 1982. Le développement de ce « droit des subventions » est un sujet remarquable.

Il n'est pas du tout surprenant que ces développements aient engendré une réaction vive. Les États se plaignaient de plus en plus du contrôle, voire de la tutelle, de la part du gouvernement à Washington. Un expert a déclaré que : « le nouveau système des subventions, celui créé en 1964 et ensuite, est caractérisé par des agences fédérales impérieuses et une autorité fédérale au poignet solide »[1688].

Toutefois, il convient de souligner qu'il n'y a pas de commune mesure entre le contrôle de l'Etat fédéral sur les institutions décentralisées des Etats fédérés par rapport à celui exercé en France. Or, on remarque qu'il existe plusieurs mécanismes de contrôle sous une forme ou une autre, qui visent à dissuader tout dérapage de la démocratie locale. Une application stricte et pointilleuse de la législation sur l'éthique en est un exemple. Aussi, nous devrions-nous pas oublier l'un des fondements historiques du fonctionnement du système de démocratie américaine, en l'occurrence : la participation des citoyens, les « *public hearings* »[1689], les groupes de pression souvent conjugués avec les lobbyistes professionnels, le processus de décision est toujours suivi par un débat public, pour ne prendre que ces quelques exemples.

Par ailleurs, et conformément au sacro-saint principe de stricte séparation des pouvoirs, un contrôle automatique se trouve exercé par tous les intervenants, l'un sur l'autre, à titre d'exemple, le maire de la ville en tant que responsable de l'administration municipale est contrôlé par là-même par deux institutions représentant deux pouvoirs indépendants l'un de l'autre : la formation collégiale que constitue le conseil municipal et les organes judiciaires.

Il est aisé de comprendre, dès lors, que pour que ce système fonctionne, il faudrait imaginer et mettre en place un schéma institutionnel caractérisé essentiellement par la collaboration de toutes les composantes, afin d'éviter le blocage des rouages de la démocratie locale, ce qui explique le dynamisme exemplaire du système. Dans cet esprit, Michel Crozier qui a étudié ce système dans son ouvrage intitulé « le mal américain » écrit que : « l'absolu respect des règles de procédure est un principe fondamental de toute la vie américaine »[1690], ceci est d'autant plus vrai que la règle interdisant tout cumul de mandats est strictement observée. En ce qui concerne justement la question de cumul des mandats aux Etats-Unis, une « jurisprudence » s'est établie condamnant fermement le cumul entre un mandat de membre du Congrès et une fonction de gouverneur ou de membre d'une législature d'Etat.

[1688] R. Cappalli, *Rights and Remedies under Federal Grants*, Washington D.C., 1979, p. 13.

[1689] Pour se rendre compte de l'importance centrale de la participation publique dans le système de prise de décision américain, *Cf.* spécialement l'article de Ch.Simrell, K.M. Feltey and B.O'neil Susel, *The Question of Participation : Toward Authentic Public Participation in Public Administration*, in. Public Administration Review, Vol. 58, No. 4 (Jul. - Aug., 1998), p. 317-326.

[1690] M. Crozier, « Le mal Américain », Paris, Fayard, 1980.

En ce qui a trait à cette problématique, Y. Mény souligne qu'« il est toutefois un domaine dans lequel les démocraties occidentales se différencient : c'est celui des attaches locales des hommes politiques et des modes d'accès au mandat national. Aux États-Unis, l'accès au Congrès est rarement précédé par une carrière locale ou un mandat dans les législatures d'état. Dans le même sens, Ted Lowi a pu écrire par exemple que : « la fonction de maire débouchait (politiquement) sur une impasse. Mais cette absence de continuité du local au national est compensée par l'extraordinaire localisme de la plupart des élus du Congrès : ils se considèrent moins comme les "représentants de la nation" que comme les porte-parole et défenseurs de leur circonscription ou de leur Etat »[1691].

Du reste, comme l'a souligné, à juste titre, J. Becquart-Leclercq : « Là-bas, participation des citoyens, ici décisions réservées aux administrations et à quelques élus privilégiés »[1692]. Il faut noter également qu'aux États-Unis, le rôle de relais entre ville et État est assuré, en partie, par le fait que des conseillers municipaux sont membres de plusieurs commissions de l'État, puisque leur participation à ces commissions est à caractère consultatif.

En guise de conclusion, force est de constater qu'aux Etats Unis la relative absence de l'État au sein des collectivités locales, n'est qu'apparente. L'autonomie des institutions locales ne signifie pas absence de contrôle de Washington, celui-ci reste assuré par ce qu'il convient d'appeler « contrôle interne à la collectivité locale », contrairement au système de contrôle administratif français, qui se caractérise par l'intervention du représentant de l'Etat, il est dès lors aisément démontré que « le jeu de contrôle par l'État aux États-Unis est complètement différent de celui qui existe en France. Ce mécanisme de l'auto-contrôle américain est en fait un reflet des institutions locales, organisé sous l'angle de l'option égalitaire »[1693].

B. Le modèle décentralisé britannique

Les différences entre la France (dont le Maroc tire la grande partie de sa législation encadrant le statut et les attributions du gouverneur dans l'administration territoriale)et la Grande-Bretagne sont remarquables au niveau de l'administration territoriale et de la gouvernance locale, les comparaisons franco-britanniques ont tendance à mettre en avant les différences entre les deux pays. Les modèles anglais et français représentent deux réalités contrastées, aussi bien en ce qui concerne les structures

---

[1691] Yves Mény, *Politique comparée, Les démocraties : Allemagne, États-Unis, Grande-Bretagne,* Italie, 3e éd., coll. « Domat », Paris, Montchrestien, 1991, 479 pages.
[1692] J. Becquart- Leclercq, *La démocratie locale à l'américaine*, Paris, P.U.F, 1988, p.5.
[1693] Im Tobin, *Le Préfet dans la décentralisation*, op.cit, p. 28.

institutionnelles, que par rapport aux paradigmes de l'action publique et du rôle approprié de l'État[1694].

Il est d'usage, ainsi d'établir une distinction courante entre les systèmes d'origine napoléonienne et le système décentralisé, le système d'essence napoléonienne, on le trouve en France en Italie ou en Espagne, il se caractérise par un État central fort et une autonomie locale circonscrite, voire fortement contrôlée, l'omniprésence de l'État à travers le territoire est symbolisée par la figure du préfet.

Tandis que le modèle décentralisé est un modèle typique qui prévaut au Royaume-Uni, ainsi que dans les pays scandinaves avec des variantes spécifiques. Ce régime se caractérise par des systèmes de gouvernement local plus fort, d'un point de vue fonctionnel, et par un Etat qui est largement absent du territoire local.

A ce titre, ces deux modèles sont des exemples-type, à bien des égards. Les systèmes dits décentralisés sont tous bien plus complexes qu'une simple lecture ne le laisserait supposer. Dans le cas français « la régulation croisée » (développée par Crozier et Thoenig[1695] en 1975) laissait un espace pour la médiation locale d'un système de régulation à dominante hiérarchique, la défense des intérêts locaux fut assurée aussi bien par le cumul des mandats que par la coïncidence des intérêts du couple préfet/notable.

Dans le cas britannique les autorités locales jouissent d'une plus grande autonomie fonctionnelle que leurs confrères français, mais sont largement déconnectées du pouvoir central à Londres. Et éprouvent du mépris de la part des fonctionnaires londoniens envers les autorités locales qui n'a pas d'équivalent en France[1696].

Cet écart entre le centre et la périphérie dans le cas britannique est bien résumé par la métaphore du « système politique *dual* » inventé par Bulpitt[1697], selon lequel le centre s'occupait d'adopter des lois cadres concernant le devoir des *local authorities*, tandis que ces dernières avaient la charge de transformer ces devoirs en services auprès de leurs populations respectives[1698]. Au contraire, le système politico-administratif français s'est construit sur les interdépendances étroites de principes et de fait entre centre et périphérie.

1694 A. Cole, *Décentralisation et déconcentration en Grande-Bretagne*, in Préfet et développement local, J-P Allinne et R. Carrier (dir.), op.cit. p. 240-258.

1695 *Cf.* travaux précités, notamment, M. Crozier et J-C Thoenig, *La régulation des systèmes organisés complexes*, op.cit.

1696 A. Cole, *Décentralisation et déconcentration en Grande-Bretagne*, op.cit, p. 242.

1697 J. Bulpitt, *Territory and Power in the United Kingdom, Manchester*, Manchester University Press, 1983.

1698 A. Smith, *Europe politique au miroir du local : Les fonds structurels et les zones rurales en France*, en Espagne et au Royaume-Uni, L'Harmattan, 1996, p. 88.

Si l'on s'en tient à l'essentiel, la Grande-Bretagne n'ayant que deux échelons de collectivités locales : *county* et *district*[1699], les institutions locales anglaises se caractérisent par une répartition assez simple des compétences entre d'une part, les collectivités locales et d'autre part, le gouvernement central. A part la nomination du responsable des affaires sociales, les collectivités locales sont libres dans la nomination de leur responsables de service (*chief-exécutive-officer*, *secretary*, *tresurer*, *chief educational officer*, etc.)[1700].

Cependant, si l'on compare son rôle au système américain, le gouvernement central anglais maintient un pouvoir plus étendu sur les *local authorities*, en utilisant, pour ce faire, plusieurs mécanismes juridiques et institutionnels : d'une part, le pouvoir de législation[1701] en est un, et constitue effectivement un outil de contrôle important entre les mains du gouvernement central, sans lequel les collectivités locales auraient pu avoir des compétences encore plus larges. En effet, les arrêtés des collectivités locales doivent être approuvés par les ministères compétents, pour entrer en vigueur. D'autre part, le gouvernement central émet des directives et exerce un contrôle sur l'activité des collectivités, et va même jusqu'à exécuter certaines affaires, en cas de carence des responsables locaux, et assure également la répartition des subventions envers ces dernières.

En d'autres termes, le gouvernement central définit les cadres (et les *minimums standards*) des services à rendre et fournit la plupart des financements[1702] aux *local authorities,* alors qu'il leur confie la fourniture des services.

Par ailleurs, il ne faut pas perdre de vue, que le maire anglais est un représentant sans pouvoir[1703]. Il représente la collectivité dans diverses cérémonies. Toutefois, le maire de Londres, qui est directement élu, dispose d'un statut particulier, et a désormais le pouvoir de mettre en œuvre les politiques de transports, de développement économique, d'urbanisme et

---

[1699] En 1986 on comptait en Grande-Bretagne : 47 *counties*, (plus les 9 régions en Ecosse), 370 *districts* (plus les 53 *districts* en Ecosse dont le système local est spécifique), et les 32 *bouroughs* de Londres.

[1700] Im Tobin, Le Préfet dans la décentralisation, L'Harmattan, Logiques Politiques, 1997, p. 28.

[1701] Découlant du principe dit *ultra vires*, qui lui-même provient de la doctrine de la souveraineté parlementaire, ce principe déclare que toute autorité publique doit agir selon la loi telle que définie par le parlement. Cf. A. Cole, Décentralisation et déconcentration en Grande-Bretagne, op.cit. p.243.

[1702] Selon les chiffres donnés par Y. Meny : les dépenses de fonctionnement par échelon, la part de l'administration centrale anglaise s'élève à 73,3%, celle de la France et de l'Italie représentent respectivement 78,9% et de 75, 6¨%, tandis que celle de l'Allemagne et des USA ne sont que de 45,5% et de 55,3%, Y. Meny, op.cit. Ces chiffres même si ils sont anciens nous aident à avoir une typologie des dépenses de l'administration centrale envers les collectivités locales des différents systèmes comparés.

[1703] Im Tobin, *Le Préfet dans la décentralisation, ibid.*

d'environnement[1704], il préside une assemblée de la ville de Londres élue séparément et composé de 25 membres, qui le contrôle.

Néanmoins, le système politico-administratif traditionnel anglais reposait, en principe, sur la séparation entre les affaires régaliennes de l'État central et les affaires quotidiennes mises en application par les autorités locales, en dehors des domaines de la défense, de la politique étrangère, de la politique macro-économique et de la sécurité sociale, le gouvernement central administre peu, il dépend des autorités locales et de manière croissante, des agences autonomes, pour la prestation des services. Ce partage entre la haute et la basse politique a donné naissance au concept que nous avions souligné qui s'appelle « *le dual state* », les affaires nationales sont traitées à Londres et les affaires locales suivies par les autorités locales, quoique interdépendantes, de façon fonctionnelle, il existe peu de liens formels entre la haute et la basse politique[1705].

De surcroît, il a été observé que dans le modèle traditionnel britannique, les autorités locales contrôlaient la quasi-totalité des services publics non directement gérés par l'État central les grandes exceptions étant la santé et la sécurité sociale. Les services publics se sont d'abord développés de manière incrémentielle au niveau local, ce fut le cas pour l'enseignement, la santé publique, le logement ou l'urbanisme, l'État-providence à l'anglaise était enraciné dans une tradition d'action publique locale, avec l'expansion de l'État-providence dès le début du XXe siècle, les autorités locales se trouvaient court-circuitées au fur et à mesure par la création d'entreprises publiques et de partenariats quasi-autonomes dont la fonction était de gérer les services publics[1706].

Quoi qu'il en soit, on n'a pas manqué de souligner que ce pays de tradition décentralisatrice ancienne n'est pas sans connaitre, à son tour,des formes de recentralisation financière et politique, mais les gouvernements anglais successifs ont cherché à réduire les pouvoirs de supervision de l'Etat central, qu'ils jugent trop importants, à la fois par une politique générale et au moyen « d'opérations de contrôle » ponctuelles.[1707]

Ce qui a incité certains auteurs à s'interroger sur un éventuel repositionnement du rôle du gouvernement local. Une partie de ces spécialistes avaient avancé trois solutions alternatives : un système minimal qui limiterait strictement la marge de manœuvre du gouvernement central ; un système de changements limités qui ne changerait pas le modèle actuel ; et un système de gouvernement de communauté, selon lequel l'autorité locale serait avant tout maîtresse du choix et de l'exécution des affaires

---

1704 M. Moulin, *Contemporary Britain*, Editions Bréal, 2006, p. 227.

1705 A. Cole, *Décentralisation et déconcentration en Grande-Bretagne*, op.cit, p. 243.

1706 *Ibid.*, (page précitée).

1707 Sir T. Heiser, *Le contrôle administratif et financier, les nouvelles relations Etats-Collectivités locales*, Paris, La Documentation française, 1991, p. 85, cité par Im Tobin, *Le Préfet dans la décentralisation*, op.cit. p. 29.

locales basées sur les éléments suivants : la majorité électorale, et l'autorité politique locale renforcerait son contrôle sur l'administration locale au détriment de la méthode des « commissions » ; et enfin : le modèle de la démocratie participante, qui consiste à introduire le référendum et d'autres possibilités de participation des citoyens dans le processus de la prise de décision.

Au demeurant, les anglais conservateurs n'ont pas réussi à réformer totalement le système actuel. Il est, toutefois nécessaire de rappeler que le mode de contrôle à l'anglaise ne répond pas bien au système fondé sur l'option décentralisée. Et au lieu de la supervision jugée trop importante, le pouvoir central anglais aurait mis en place une méthode de contrôle adaptée au système de l'option décentralisée, il est donc compréhensible que les élus et les fonctionnaires locaux en Angleterre sentent le manque de compréhension du centre sur la réalité des collectivités locales, dans le cadre de l'exercice de contrôle.[1708]

Du reste, le contrôle judiciaire sur « les actes locaux » constitue en Grande-Bretagne un moyen encore plus efficace qu'en Europe continentale, puisque le juge anglais peut non seulement prononcer l'annulation pour cause d'illégalité et l'interdiction de leur exécution, mais il a le pouvoir de contraindre les *local authorities* à exécuter des actes jugés comme faisant partie de leur devoir. L'instance judiciaire, joue, ainsi, un rôle fondamental dans le contrôle de tout comportement des collectivités locales qui pourrait être qualifié d'acte de *maladministration*[1709].

De même qu'aux États-Unis, les moyens financiers semblent constituer un moyen efficace de contrôle en Angleterre. Par exemple, en 1981, le gouvernement conservateur a fixé une limite aux dépenses des collectivités locales, en cas de violation de ses directives, le gouvernement central peut menacer de réduire les subventions.

Par ailleurs, il faut signaler à ce propos le rôle considérable que jouent les organismes de contrôle financier et à leur tête la Cour des Comptes. C'est ainsi que le gouvernement de Margaret Thatcher a instauré en 1982 dans la loi des finances une commission de la Cour des Comptes indépendante qui supervise et nomme un commissaire aux comptes, pour chaque autorité administrative. Ce qui est encore plus significatif c'est que les pouvoirs de ce contrôleur sont élargies jusqu'au point de juger de l'opportunité et de la régularité des dépenses, ainsi que de la rentabilité des activités[1710]. Une transparence très rigoureuse est assurée par l'agent de contrôle-commissaire aux comptes, qui se charge d'adresser des rapports détaillés à l'administration de contrôle, ces rapports sont accessibles au grand public.

[1708] Im Tobin, *Le Préfet dans la décentralisation*, op.cit. p. 29.

[1709] Voir à ce propos les décisions jurisprudentielles anglaises citées par R. Bousta, *Essai sur la notion de bonne administration en droit public,* L'Harmattan, 2006, p. 157.

[1710] R. Bousta, *Essai sur la notion de bonne administration en droit public*, op.cit, (page précitée).

A ces mécanismes de contrôle, il faut ajouter le rôle d'un autre organe : le médiateur dit *commissioner for local administration*[1711](créée en 1974)[1712] qui a le pouvoir d'examiner à la demande de toute personne s'estimant lésée, les actes des collectivités locales, pour y déceler toute mauvaise gestion susceptible d'entraîner une action en justice.

Tout au long de ces développements réservés à l'administration locale en Grande-Bretagne, nous n'avons rencontré aucun organe étatique similaire au préfet en France et au gouverneur au Maroc. Alors, qui s'occupe de la coordination des services de l'Etat dans les *counties* et les *districts* anglais ? Qui pilote l'action politique dans la nouvelle gouvernance ? Qui coordonne l'Etat désagrégé ? Qui s'occupe du rôle de représenter l'Etat central dans ses attributions régaliennes au niveau local ?

Répondre à ces questions, dans le cas de la Grande Bretagne, dépend largement du territoire concerné. Toutefois, il convient d'apporter des éléments de réponse, en ce qui a trait aux moyens de coordination de l'action publique. Celle-ci se décline sous quatre formes :

Une coordination sectorielle : la nouvelle gouvernance renforce une forte logique sectorielle, les interdépendances entre organisations dans un domaine précis d'action publique sont suffisamment fortes pour contraindre les acteurs du système à s'entendre (par la création de partenariat ou de réseaux de politiques publiques). La coordination horizontale et transversale est typique de certains modes de gouvernance, notamment dans le domaine urbain[1713].

Une coordination des politiques publiques par le marché : dans cette hypothèse la coordination n'est pas le but principal recherché, le marché seul peut produire des effets bénéfiques par l'opération de sa main invisible, la concurrence est créatrice de tension dynamique qui fait gagner les organisations en efficacité[1714].

Une coordination procédant par la conformité à des normes édictées en haut, le management public a fait naître une myriade de micro-organisations investies de compétences propres, dont l'action est fortement encadrée par un Etat régulateur[1715].

[1711] N. Collins, *The commissioner for local administration, University of Birmingham, in Local government studies, July,* 1978.

[1712] Le Dictionnaire Collins le définit ainsi : "*the official name for a local ombudsman who investigates personal complaints of maladministration by police, water, or local authorities, referred through a local-government councillor, and who can require the offending authority to state its intention to make redress" in* Collins English Dictionary 10th Edition.

[1713] P. John and A. Cole, " *Urban Regimes and Local Governance in Britain and France PolicyAdaption and Coordination in Leeds and Lille*, in Urban Studies, Urban Affairs ReviewJanuary 1998.

[1714] A. Cole, *Décentralisation et déconcentration en Grande-Bretagne,* op.cit, p. 254.

[1715] Ce caléidoscope de décentralisation et de régulation renforcée est typique de la nouvelle gouvernance en matière d'éducation, d'une part les collèges et les lycées jouissent depuis 1998 d'une grande autonomie au niveau de la gestion budgétaire, de l'autre ils sont très strictement encadrés sur le plan pédagogique.

Une coordination par mission : (*joined-up government*) comme en France, les tentatives les plus fructueuses de coordination interministérielles, ont eu lieu dans le domaine de la politique urbaine. Conscient du problème de la cohérence de l'offre, le gouvernement Major a introduit « le budget urbain unique » en 1994, ceci fut une tentative de créer un « guichet unique » pour toutes les aides urbaines distribuées par l'Etat. Diverses aides urbaines furent unifiées en un seul poste budgétaire, administré par le département de l'environnement. Pour accéder à ces aides, chaque ville est invitée à présenter un projet de rénovation urbaine au ministère de l'environnement, en partenariat avec les entreprises et/ou associations locales. Seules ont été admissibles les projets de partenariat public-privé[1716].

Cependant, le bref exposé de toutes ces mesures de coordination, ne nous renseigne toujours pas sur l'existence d'un organe similaire au préfet français ou au gouverneur marocain en Grande-Bretagne. En réalité, dans ce pays décentralisé, il est intéressant d'observer l'existence d'un mécanisme un peu semblable au système préfectoral Français, il s'agit du Secrétaire d'État chargé de l'Écosse et du pays de Galles, il assure, dans une certaine mesure, le rôle du gouverneur, en partageant les compétences de plusieurs ministères et en supervisant les administrations déconcentrées installées dans les territoires se trouvant sous son autorité. De surcroît il est investi de la même mission que celle du gouverneur enjouant le rôle de porte-parole des intérêts locaux devant le gouvernement central, il s'occupe ainsi de la défense des intérêts territoriaux au sein du cabinet[1717].

Il en découle qu'un gouverneur ou un préfet à l'anglaise n'existe pas comme composante essentielle de la politique administrative locale de la Grande Bretagne. Le seul organe du Secrétaire d'Etat chargé de l'Ecosse et du pays de Galles, exerce un rôle semblable, mais cela s'explique par la nature politique de ces régions qui ont toujours connu un mouvement de revendication autonomiste identitaire.

C. Le modèle fédéral allemand

L'organisation territoriale allemande présente, une certaine complexité par rapport à la Grande-Bretagne, les onze Etats de l'Allemagne Fédérale d'avant la réunification étaient divisés en 320 arrondissements (*Kreise*), 12.000 communes (*Gemeinden*), et 88 villes assimilées à un arrondissement (*kreisfreie Städe*). Il faut également tenir compte des 5 nouveaux *Länder*

[1716] Vivement critiquée au début par l'opposition les projets de partenariat public-privé, le montant total des aides à distribuer en 1994, était en nette diminution par rapport aux années précédentes, le gouvernement Blair a admis le bien-fondé du « budget urbain unique » sans hésitation une fois au pouvoir le partenariat imposé reste une figure incontournable de la vie politique anglaise.

[1717] Yves Mény, *Politique comparée. Les démocraties : Allemagne, États-Unis, Grande-Bretagne, Italie,* op.cit, (page précitée).

dans lesquels il reste à réorganiser le système local[1718].La majorité des communes/villes sont incluses dans le périmètre d'un arrondissement *(kreisangehörige Gemeinden)*, tandis que 115 villes (de grande et moyenne taille) qui combinent les fonctions de commune et d'arrondissement sont situées hors des arrondissements (*kreisfreie Städte*)[1719].

Aussi, devrait-on signaler, de plus, qu'environ 1 600 formations intercommunales (*Verwaltungsgemeinschaften, Ämter*), similaires aux établissements publics de coopération intercommunale (EPCI) en France, notamment par leur organisation sous forme de « communautés » (mais pas « à fiscalité propre »), accomplissent des fonctions pour le compte des (petites) communes qui y sont regroupées[1720].

On ne retrouve pas la même répartition dichotomique Centre/Périphérie, dans ce pays, puisqu'il se caractérise par l'absence d'un centre comme Paris, Londres, Rome ou Washington D.C. Etant un Etat fédéral constitutionnellement, l'Etat allemand comprend, toutefois, un « système local » formé par les régions (les *Länder) et « le niveau central »* (*le bund*).

En effet, la Constitution allemande fédérale (Constitution fédérale de 1949 et les Constitutions des *Länder*) consacre le principe de la libre administration dont découle le modèle de décentralisation allemand, qui remonte, historiquement, à la Charte municipale prussienne de 1808[1721], et qui est aujourd'hui définie par la Constitution comme le droit et la responsabilité de « décider de toutes les affaires relevant de la collectivité locale dans le cadre de la loi existante » (Constitution fédérale de 1949, article 28, paragraphe 2), l'administration territoriale allemande (avec une structure à deux niveaux), ce qui offre au « système local » une autonomie et une multifonctionnalité très importantes. Par contre, les communes et les arrondissements ne sont pas reconnus comme étant un troisième échelon de décentralisation, ils se trouvent par divers moyens soumis au contrôle des *Länder* qui *«* sont conçus comme des contrepoids au pouvoir central »[1722].

Dans cette optique, on peut distinguer le fédéralisme allemand du système anglo-saxon en se basant sur les éléments suivants : une technicité de répartition des compétences et un système de représentation très spécifique. En effet, « tandis que le système anglo-saxon suppose la séparation et attribue des domaines précis soit à la fédération soit aux Etats fédérés, le système allemand accentue la participation et l'interdépendance ;

[1718] Ces *Länder* sont : *Thüringen, Mecklenburg-Vorpommen, Sachen, Sachen-Anhalt, et Brandenburg.*

[1719] H. Wollmann, *Modernisation du système politico-administratif local en Allemagne*, in. Pouvoirs locaux, n° 93, II/2012, (juin), p. 129.

[1720] H. Wollmann, *Modernisation du système politico-administratif local en Allemagne,* op.cit, p.132.

[1721] Frank Bönker et Hellmut Wollmann, *L'évolution du rôle des collectivités locales dans l'État providence allemand*, Revue française des affaires sociales, 2004/4 n° 4, p. 243-265., p. 240.

[1722] Im Tobin, *Le Préfet dans la décentralisation*, op.cit. p. 31.

ce système distribue surtout des fonctions et est moins cloisonné, moins dualiste, car il implique des contacts fréquents entre la fédération et les Etats fédérés »[1723].

En ce qui a trait à la représentation auprès de la fédération, c'est par l'intermédiaire de leurs pouvoirs exécutifs (la chambre des Etats, *Bundestrat*), que les *Länder* participent à la politique fédérale, contrairement au modèle sénatorial, la chambre des Etats ne se compose ni de parlementaires, ni de membres élus au suffrage populaire, mais rassemble des représentants des exécutifs fédérés, qui ne sont que les porte-paroles des gouvernements des *Länder.* Ils ne sont pas libres dans leur vote. Or l'intensification des communications et de la compétition internationale, fait que le *Bund* se voit aussi reconnaître les compétences pour coordonner le droit budgétaire, la politique conjoncturelle, et la planification financière pluriannuelle au nom du maintien de l'équilibre économique[1724]. Autrement dit, le système allemand se caractérise par une souplesse qui lui permet de s'adapter tant aux aspirations et à la vision du pouvoir central représenté par le *Bundestag* qu'aux politiques des *Länder.*

À l'instar d'autres pays « nord-européens » (notamment de la Suède) où à la même période de pareilles réformes territoriales ont été mises en place, les réformes engagées par les *Länder* allemands étaient basées sur le principe que le Parlement possède le pouvoir législatif de déterminer la structure territoriale locale par la loi, y compris contre le gré des responsables politiques et citoyens locaux, de manière coercitive. L'origine et la rationalité d'une telle compétence du Parlement sont enracinées dans la doctrine constitutionnelle et la conviction politique que le Parlement en tant que représentant et avocat de « l'intérêt général » doit avoir le mandat et le pouvoir de contraindre la structure territoriale locale afin de la rendre opérationnellement et économiquement plus performante, et de faire telle ou telle « rationalisation », territoriale en vertu de l'« intérêt général » qui doit prévaloir sur l'intérêt d'une commune individuelle et de ses politiciens et citoyens[1725].

A ce titre, composée en principe de deux échelons, l'administration locale allemande diffère considérablement d'un Etat à un autre, et le principe de libre administration s'applique plutôt au niveau de l'échelon de base à savoir, le *Gemeinde* disposant de sa propre trésorerie le *Gemeinde*, a également une certaine autonomie budgétaire, même en matière de marchés financiers, puisqu'il peut choisir librement ses partenaires, ainsi que de la liberté d'imposition dans certains domaines définis. « Son intervention économique consiste essentiellement dans la mise à disposition de terrains, pour des entreprises et l'aménagement des zones industrielles, alors que

---

[1723] *Ibid.*

[1724] *Ibidem,* p.33.

[1725] H. Wollmann, *Modernisation du système politico-administratif local en Allemagne*, op.cit. p. 130.

l'octroi de subventions directes, d'allégements fiscaux ou de cautions reste un rôle restreint. »[1726]

Ainsi, le travail des conseillers municipaux des petites communes n'est pas rémunéré, il est uniquement guidé par le souci du bien-être commun. Autrement dit, alors que les acteurs de différents niveaux participent au processus de la prise de décision des politiques, la mise en exécution des politiques et la dépense publique relèvent entièrement des compétences des gouvernements locaux[1727]. Ainsi la plupart des missions telles que l'infrastructure, l'éducation (hormis les universités) et l'assistance sociale[1728] sont assurés aux niveaux locaux.

Pour ce qui est des modalités du choix du maire, force est de constater qu'il n'y a aucune similitude ni avec le système électoral français ni avec le système anglais et que même au sein des *Länders*, on retrouve une grande variété de méthodes de désignation, selon les *Land,* par suffrage universel direct en Bavière, et Bade-Wurtemberg, par nomination de l'Etat sous réserve de l'accord de l'assemblée en Schleswig-Holstein, etc. A côté du maire, un directeur est élu par l'assemblée, mais ayant besoin de l'accord du gouvernement de l'État pour exercer pleinement ses fonctions.

Dans son étude comparée des systèmes politiques européens Y. Mény[1729] qualifie le système local allemand « d'option décentralisée », Or, le contrôle de l'Etat fédéral persiste sur les collectivités locales et se fait à l'échelon supérieur, par les ministères du gouvernement fédéral qui définit ses orientations générales concernant les collectivités décentralisées.Ensuite, les fonctionnaires de chaque *Land* mettent en œuvre les politiques fédérales et celle des *Länder*, soit de manière sectorielle, sous l'autorité des ministres du *Land*, soit de manière horizontale sous l'autorité des *Regierungsprasidenten,* le rôle de ce dernier placé à la tête d'une circonscription administrative intermédiaire, comprenant plusieurs *Kreise*,en fait une sorte de préfet français, ce qui pourrait laisser penser à un déplacement du pouvoir des élus locaux vers les technocrates.

Enfin, un jeu de contrôle croisé s'opère toutefois, entre *Gemeinde* (commune) et *Kreise* (arrondissement), puisque ce dernier peut demander à ce que le premier lui transmette des documents en vue de les vérifier ou des rapports à cette fin, ou même annuler des arrêtés illégaux pris par des

---

[1726] D. Saubergerzweig, *Allemagne : Les collectivités locales dans l'Europe des douze*, in la Revue française de l'administration publique, n ° 60, oct-déc., 1991, p. 193-195.

[1727] Im Tobin, *Le Préfet dans la décentralisation*, op.cit. p. 33.

[1728] La forte implication des collectivités locales allemandes dans les politiques sociales est plus ambiguë. Elle est liée au fait que les collectivités territoriales ont, dans le système allemand d'État providence, un rôle traditionnel de « filet de sécurité » social et qu'elles ont donc été fortement confrontées à des problèmes sociaux « insolubles » tels que le chômage de longue durée ou la pauvreté des ménages. En conséquence, l'action de l'administration territoriale dans le champ des politiques sociales correspond plus à une réaction défensive.

[1729] Y. Mény, *Politique comparée. Les démocraties : Allemagne, États-Unis, Grande-Bretagne, Italie*, 3e éd., op.cit, p. 56.

instances inférieures et peut même exécuter à leur place s'ils ne les mettent pas à exécution, ainsi ce contrôle est plus rigoureux puisqu'il porte aussi bien sur la légalité que sur le fond.

D. Le modèle hiérarchisé italien

Le territoire italien est divisé en 20 régions (15 ordinaires et 5 à régime spécial), qui sont subdivisées en 95 provinces, comprenant, au total, 8.166 communes. Certes, le système italien suit de près le système français, mais l'évolution de la conjoncture politique est tellement différente, qu'une fois remis en question une institution ou un principe, que celui-ci peut subir des modifications, parfois fondamentales, il en est ainsi du cas du préfet.

En effet, l'État italien né grâce à l'élargissement de la législation piémontaise aux anciennes régions, a toujours été animé par deux soucis quasiment contradictoires : garantir l'uniformité d'action sur l'ensemble du territoire, sans que pour autant une instance quelconque au niveau national, aussi bien que local, puisse « jamais l'emporter sur une autre ». Les régions sont hétérogènes et politiquement puissantes, d'un autre côté ce sont les communes qui ont la compétence la plus grande, le rôle des provinces est faible, à tel point qu'il n'est pas comparable à celui des départements français[1730].

Par ailleurs, le système administratif italien connaît l'institution préfectorale, et comme en France, le préfet italien contrôle les actes des collectivités locales et est même chargé de juger pour le compte du gouvernement central de l'opportunité politique et la légalité des décisions des collectivités locales. Aux têtes des 20 régions italiennes, comme en France se trouve un préfet de la province chef-lieu de la région.

En outre, dans le schéma administratif italien, la région a été prédestinée à jouer un rôle intermédiaire de relais entre le centre et la périphérie constituée par les provinces et les communes, la région a été ainsi dotée d'une structure légère[1731]. Les réformes de 1970 ont visé à favoriser la coordination entre l'État et les collectivités locales, permettant l'autonomie de ces dernières, ces réformes consistaient à instaurer un système dans lequel les communes et les provinces seraient compétentes en matière de gestion administrative, tandis que la région s'occuperait de programmation et d'orientation. Chaque région est gérée par une assemblée locale élue, un conseil régional qui élit une *guinta* dirigée par un président.

1730 Y. Mény, *Politique comparée. Les démocraties : Allemagne, États-Unis, Grande-Bretagne, Italie*, op.cit, p. 98.

1731 Y. Mény, *Politique comparée. Les démocraties : Allemagne, États-Unis, Grande-Bretagne, Italie,* op.cit. p. 427, l'auteur précise que les fonctionnaires travaillant dans les régions représentent à peine 2% de l'ensemble des agents, tandis qu'ils ont à gérer à peu près 10% des dépenses publiques. Mais leur marge de manœuvre en la matière est restreinte dans la mesure où 90% des dépenses des régions proviennent de l'Etat et sont pour l'essentiel affectées.

Cependant, le pouvoir de l'exécutif est organisé de manière à ce qu'il se rapproche de l'organisation des tâches des collectivités locales et se caractérise par la segmentation des compétences et l'autonomie des assistants au sein de la *guinta.*

Quoi qu'il soit, le modèle régional italien ne semblait toujours pas conforme aux attentes de tous, et apparaissait comme source de scepticisme de certains auteurs quant au fonctionnement de l'Etat régional en tant que formule de décentralisation[1732], c'est pour cela qu'à partir des années 1970, la région s'est vue attribuer le contrôle sur les collectivités locales, qui était auparavant de la compétence conjointe des préfets, et des *juntes* provinciales. Parce qu'il faut savoir que chaque province est administrée par une assemblée : le conseil provincial (*Consiglio Provinciale*),qui élit une instance exécutive appelée *junte provinciale* (*Giunta Provinciale*).À la tête du conseil provincial se trouve un président (*Présidente*), qui préside également la province et la junte provinciale ; il nomme ses assesseurs (*assessori)* parmi les membres de la junte et il dirige les services administratifs de la province. Les membres du conseil provincial et le président de la province sont élus par les citoyens résidants dans la province. Dans chaque province, il y a un préfet (*prefetto*) qui représente le gouvernement de la République. Il dirige les services de la préfecture, qui est l'office territorial du Gouvernement.

En ce qui concerne l'institution du préfet italien (*prefetto*), il convient de préciser que dans chaque région un préfet est désigné et représente le gouvernement, la Constitution italienne de 1948 a donc reconnu les autonomies des régions, mais a aussi consacré la tradition nationale unitaire centraliste, incarnée à « la périphérie » par le préfet. En Italie, la tradition du préfet continue selon le modèle français, bien qu'amenuisée par la création des régions, cette tradition a commencé presque immédiatement dans la péninsule suite à la loi du 28 pluviôse An VIII. En effet, en février 1800, l'Italie n'était pas sous l'influence française, car elle venait d'être « libérée » depuis quelques mois par les troupes austro-russes, mais quelques mois après la seconde campagne d'Italie, Napoléon « libérera » à nouveau la péninsule – et à partir de l'été 1800 – la remettra à côté de la France, à l'époque Républicaine, puis Impériale[1733].

C'est à partir de cette période que l'Italie a expérimenté le modèle d'un pouvoir politique administratif local exercé par le centre grâce à un fonctionnaire qui en dépendait strictement. Auparavant, les princes de nombreux petits Etats italiens ne bénéficiaient pas d'une telle souveraineté, qui leur aurait permis de s'imposer complètement sur le territoire aux

[1732] Cl. Palazzoli, *Les régions italiennes (contribution à l'étude de la décentralisation politique),* coll. « Bibliothèque constitutionnelle et de science politique » t. XX., Paris, L.G.D.J, 1966.

[1733] G-S Pene Viadi, *Le préfet et l'Italie, esquisse historique*, in ; Préfet et développement local, Jean Pierre Allinne et Renaud Carrier, sous la direction de. Dalloz Actes, 2002. P. 258.

pouvoirs locaux. L'introduction du préfet était autre chose. Celui-ci ne connaissait plus aucune limite locale, car la souveraineté de l'État national avait déraciné les fiefs et remplacé les communes par les municipalités. En même temps l'église avait perdu son rôle de soutien du trône, et était en train de perdre sa position locale séculière.

A ce titre, le préfet incarnait donc le pouvoir d'une souveraineté « une et indivisible » dans un certain territoire[1734]. Il en représentait les buts et en guidait l'action, il en dirigeait les autres fonctionnaires, puisque les limitations des autonomies insérées dans l'ancien régime avaient été éliminées[1735]

Au demeurant, la figure et le rôle du préfet ont toujours été discutés en Italie, finalement on s'est éloigné peu à peu du modèle français traditionnel, les discussions portent aujourd'hui sur l'accroissement des « autonomies locales » et sur le « fédéralisme » et peuvent accroître encore davantage ces distances. Or, le principe de repérer un personnage qui représente l'autorité centrale au niveau départemental et qui, en même temps rassemble les sollicitations et les instances locales autour du gouvernement, selon la tradition française, reste tout de même encore au centre des préoccupations des réformes qui sont en train d'être entreprises. Sous chaque législature de la séculière histoire italienne, après l'unité il y a toujours eu des projets de réforme des préfets, fréquemment voués à l'échec[1736], il faut attendre (...) que les projets deviennent lois et en percevoir les applications innovantes avant de se prononcer[1737].

Sur le plan de l'application du contrôle de l'Etat à l'échelon régional, « le comité régional de contrôle »est composé aujourd'hui de trois membres choisis par le conseil régional, d'un membre nommé par le préfet et du fonctionnaire le plus gradé de l'administration provinciale. En théorie, le contrôle s'effectue sévèrement, celui de légalité effectué auparavant par le préfet est une condition à caractère exécutoire, c'est-à-dire qu'avant l'expiration du délai, les actes des collectivités locales peuvent être annulés ; celui de fond des délibérations communales, effectué auparavant par la *junte provinciale* peut entraîner un réexamen, en cas de carence de la commune, le comité régional de contrôle peut s'y substituer[1738]. Mais en pratique ce régime de contrôle à l'italienne est critiqué pour sa lourdeur qui le rend difficilement praticable.

[1734] S. Mannoni, Une et indivisible, *Storia dell'accentramento amministrativo in Francia. I. La Fondazione del sistema (1661-1815), Milano, Giuffrè*, 1994, p. 471-495.

[1735] A. Petracchi, *Le origini dell'ordinamento communale e provinciale italiano, Venezia, Neri Pozza*, 1962, p. 49-52.

[1736] E. Gustapane, *Sulla storia dell prefetto*, in. *Le carte e la storia*, a 1, 1995, p.20-25.

[1737] G-S Pene Viadi, *Le préfet et l'Italie, esquisse historique*, in ; *Préfet et développement local*, Jean Pierre Allinne et Renaud Carrier, sous la direction de. Dalloz Actes, 2002. p. 265.

[1738] Im Tobin, *Le Préfet dans la décentralisation*, op.cit. p. 36.

Force est de constater que les préfets italiens n'ont pas la puissance et l'influence des préfets français[1739], car la réforme des années 1970 leur a fait perdre le contrôle des services extérieurs de l'Etat, et leur fonction de relais entre ministères et bureaux locaux. Les préfets italiens deviennent vite un instrument politique du gouvernement afin d'influencer les élections politiques et administratives[1740].

A ce propos, Y. Mény[1741], au sein de sa typologie qui classifie le système politico-administratif local de l'Italie de « système hiérarchisé », le considère comme assez contraignant pour le maire, à cause de la possibilité du contrôle interne qu'il subit, au sein même de son conseil municipal, mis à part les contrôles externes mentionnés plus haut.

Le fait que le maire italien *(Lesindaco*) soit *flanqué* d'une *guinta* (adjoints) constitue une possibilité de contrôle au maire, car les membres de la *guinta s*e partagent la direction des affaires communales à tel point que les partis politiques s'intéressent plus aux postes de membres de la *guinta* qu'à celui de *sindaco.* En plus, la *guinta* peut contraindre le *sindaco* à démissionner par le biais de la motion de censure[1742].

Nous avons choisi à dessein, à travers ce bref survol des institutions locales et leur articulation avec l'institution de représentant de l'Etat central, dans certains pays européens à tradition démocratique, de nous intéresser à l'examen du système local de pays représentant les deux grandes tendances en la matière, en l'occurrence, la France et la Grande Bretagne. Les deux modèles qui constituent à notre avis les archétypes par excellence des régimes de coexistence entre le représentant de l'Etat et les collectivités locales décentralisées.

Pour s'en tenir à l'essentiel, on peut relever les éléments suivants qui constituent autant de points communs entre tous les systèmes d'organisation locale : tout d'abord, quel que soit le type d'institution locale, il existe sous une forme ou sous une autre des contrôles exercés par l'État sur les autorités locales. Ces dernières ne sont jamais laissées à leurs sorts, ou totalement autonomes ou indépendants par rapport à l'Etat central. Ensuite, les pays ayant fait le choix de l'option hiérarchisée (la France et l'Italie) s'appuient sur un contrôle externe exercé par le représentant du pouvoir central, alors que les pays de l'option égalitaire (les États-Unis, notamment) s'appuient davantage sur le contrôle interne c'est-à-dire, la démocratie participative et le contrôle indirect par le biais des subventions de l'État des programmes des collectivités ou des structures décentralisées.

1739 Y. Mény, *Politique comparée. Les démocraties*, op.cit, p. 332.

1740 Sabino Casse, *L'Administration publique italienne*, in Charles Debbasch (dir.), L'administration publique en Europe, Paris, Ed. CNRS, 1988, p. 115, voir nos développements sur le phénomène de la politisation des gouverneurs au Maroc et des préfets en France dans la première partie de cette thèse.

1741 Y. Mény, *Politique comparée, Les démocraties*, op.cit, p. (précité).

1742 Im Tobin, *Le Préfet dans la décentralisation*, op.cit. p. 36.

Ainsi, les pays de l'option décentralisée se trouvent à mi-chemin entre ces deux modes de gestion, de surcroît, la représentation de l'État auprès de la population a tendance à se faire par un organe particulier, une sorte de préfet dans les pays de l'option hiérarchisée tandis que dans les autres types de pays les maires s'acquitte de cette tâche.

Enfin, si l'on revient à l'institution du gouverneur au Maroc, comme nous avons pu le constater précédemment[1743], ses origines n'ont pas une seule source d'inspiration, elles étaient, plutôt le fruit du remodelage progressif d'inventions juridiques originales comportant à la fois le sceau de l'administration préfectorale napoléonienne et du système caïdal makhzenien[1744]. Toutefois, en ce qui a trait à son rôle et sa place dans l'administration locale, la plus grande part de cette institution tire ses principes fondateurs du système centraliste français. C'est pour cette raison qu'il serait utile de revenir succinctement sur l'examen de ce modèle administratif particulier ayant pendant très longtemps fait du préfet un instrument de recentralisation.

E. Le modèle centraliste français

Si les paradigmes élitistes-pluralistes[1745] s'avèrent particulièrement pertinents pour analyser les situations locales de certains pays à tradition décentralisée et participative comme les Etats Unis d'Amérique, c'est parce que l'institution politique y repose sur une démocratie participationniste. Les chercheurs et les politiques se sont attelés à perfectionner ce système afin d'en réduire au maximum les effets pervers. En revanche, en France un tel axe de recherche n'existe pas, le contexte de la culture nationale française bien différent ne conduit pas les chercheurs à se pencher sur cette distinction élitiste/pluraliste. On part plutôt, *a priori* du caractère unitaire de l'état qui conduit à analyser les aspects subordonnés est identiques du pouvoir local, la prééminence de l'État n'est jamais remise en cause. Dans ce contexte on a tendance à recourir à la théorie du droit public français classique pour expliquer la situation politico-administrative.

En dépit de nombreuses critiques connues dans l'histoire politique, on a l'impression qu'en France on accepte sagement et inconsciemment l'existence d'une « minorité d'élite », et l'esprit jacobin qui sert de base à la politique française. Ici la question est abordée différemment. On se penche d'abord sur le processus de naissance de l'État-nation avant d'aborder dans quelles conditions les pouvoirs périphériques ont émergé[1746].

[1743] *Cf.* Les développements concernant la genèse de l'institution du gouverneur au Maroc, *Supra*. Première partie, Titre I.

[1744] *Cf. Supra*, Le statut du gouverneur, d'un caïdalisme traditionnel à un statut moderne, Première partie, Titre I, Chapitre I, Section II.

[1745] *Cf. Supra*. La distinction entre les thèses pluralistes et élitistes, Deuxième partie, Titre II, Chapitre II, Section II, Paragraphe III

[1746] Im Tobin, *Le Préfet dans la décentralisation*, op.cit. p. 36.

A l'issue des conflits entre les seigneurs, l'aristocratie et la bourgeoisie entre la ville et la campagne, c'est au XIIIe siècle qu'on voit la naissance d'une fonction royale en France qui annonça un gouvernement moderne et prétendit à la souveraineté sur un peuple et un territoire. A cette époque, dans une société à dominante rurale comme la France, c'étaient les paysans qui redoutaient la conscription, le fisc et la justice, qui étaient les éléments difficiles à gouverner. Le pouvoir central voulait toujours maintenir son contrôle sur les provinces, alors que confronté à ce mouvement centralisateur chaque département, voire chaque commune tentait de garder sa micro-culture politique. A cause de cette opposition entre le mouvement centralisateur et la revendication de la liberté des provinces, les acteurs ne peuvent agir effectivement qu'en cultivant les réseaux des relations centre-périphérie.

A ce propos, Alain Peyrefitte écrit dans son ouvrage « le Mal français » que : « tout au long de notre enquête à travers la société, à travers les mentalités nous avons repéré avec une obsédante régularité, de l'insuffisante diffusion des responsabilités à travers le pays, mais pourquoi n'y avoir par remédier plutôt ? Nous retrouvons ici *l'effet serendip*. En trois siècles, maints réformateurs animés des meilleures intentions ont défini le remède et commencé de l'administrer. Leurs efforts se sont retournés contre eux. Pourquoi ? C'est que très vite la centralisation hiérarchique a été comme protégée par une barrière de réflexes. Elle s'est intériorisée. L'État exalté s'est grandi de tout ce qui s'opposait à lui. L'histoire se répète avec une désolante monotonie. Ces répétitions, il n'est pas inutile de les retracer, elles nous feront sentir qu'à défaut d'une révolution mentale, nous ne sortirons pas de la trappe »[1747].

Dans le même sens, le même auteur revient sur les inconvénients des premières méthodes de déconcentration administrative en soulignant qu' : « après toutes ces ambiguïtés et contradictions, Napoléon III opère avec une louable franchise sa proclamation de janvier 1852 claironnant les mérites de « l'administration de la France confiée à des préfets, à des sous-préfets et à des maires », des maires nommés bien sûr. Mais il constate bientôt l'encombrement des affaires qui remonte à Paris, les bureaux des administrations centrales ont remplacé les préfets, il faut donc revenir aux sources. « Depuis la chute de l'Empire, des abus ont dénaturé notre centralisation administrative et en substituant à l'action prompte des autorités locales, les lentes formalités de l'administration centrale. On peut gouverner de loin, mais on n'administre bien que de près ». Il décrète donc que les facteurs, les lieutenants de louveterie, les gardiens de phare ne seront plus nommés par le ministre, mais par le préfet, cette décentralisation, nous l'appelons déconcentration, elle consiste à donner à un fonctionnaire local des pouvoirs jusque-là détenus par un fonctionnaire parisien. Pas plus sous l'empire que de nos jours elle n'aura d'efficacité. 10 ans plus tard Napoléon

[1747] Alain Peyrefitte, *le Mal français*, op.cit. p. 515.

III constate que cette politique s'est retournée contre ses intentions : « Notre centralisation a le grave inconvénient d'amener un excès de réglementation. Telle affaire communale d'importance secondaire, et ne soulevant aucune objection, exige une instruction de deux années au moins, grâce à l'intervention obligée de onze autorités différentes »[1748].

Ces raisons historiques expliquent la transmutation, voire la confusion entre la déconcentration et la décentralisation des services de l'Etat centraliste, dans l'administration territoriale des périphéries. Le représentant de l'Etat joue dans cette tendance, tout au moins, le rôle de recentralisateur au lieu d'être facilitateur de la décentralisation.

Dans cette quête d'explication de la centralisation administrative accrue en France, des sociologues ayant mené des enquêtes dans plusieurs municipalités, ont pu démontrer l'extrême variation entre les modalités du gouvernement municipal, selon les régions ayant fait l'objet de l'étude. L'enquête de H. Mendras[1749]a notamment, démontré qu'en Méditerranée, chaque ville se gouverne elle-même à travers un conseil de notables composés de gens riches, de vieilles familles, ce que l'auteur appelle « *oligarchie* ». Dans les régions montagnardes, surtout celles se trouvant dans le Jura et les Alpes du Nord, l'égalité sert de principe fondamental dans le sens où elle évite d'élire un riche exploitant comme maire. On rencontre la monarchie héréditaire à l'Ouest ou chaque village est dominé par un ou plusieurs châtelains ayant vocation à devenir maire. A l'Est de la France, en revanche, le principe électif est bénéfique dans la mesure où un maire élu, gouverne seul et est soumis à réélection. Enfin, au Sud-ouest, le conseil municipal ressemble au fédéralisme à tel point que toutes les unités sociales de base du village (hameaux ou lignée familiale) se rassemblent autour d'un maire qui tient le rôle de modérateur[1750].

Quelle que soit la modalité de la démocratie locale, depuis toujours en France, il y a une minorité d'élites, les notables, qui jouent chacun un rôle plus ou moins important face à l'institution administrative hiérarchisée de Paris, à la commune en passant par la préfecture et la sous-préfecture. Les notables, maîtres de l'administration ne maîtrisent plus la région sans participer aussi à la direction nationale, en influant sur les parlements, l'administration et les institutions économiques. L'influence nationale est naturellement assurée par le biais du cumul des mandats. A la différence du système politique local aux États-Unis, le système français privilégie ce rôle de relais avec Paris, c'est-à-dire un rôle d'avocat du département auprès du pouvoir central, le pouvoir central également à fort besoin d'une sorte d'antenne dans les départements.

Admettant qu'à côté des notables, le préfet joue le rôle de relais direct entre le pouvoir parisien et la réalité locale, plusieurs études se sont

---

[1748] Alain Peyrefitte, *le Mal français*, op.cit. p.520.
[1749] Henri Mendras, *Y a-t-il un pouvoir au village ?*, Futurible, n° 10/1977, p. 131-148
[1750] Henri Mendras, *Y a-t-il un pouvoir au village ?,* op.cit, p. 131-148.

intéressées à l'évolution de l'institution préfectorale en France en contact avec la décentralisation. L'étude du haut fonctionnaire Paul Bernard[1751] est à classer dans cette catégorie. Cette étude met en lumière la fonction préfectorale (celle du commissaire de la république selon l'appellation de l'époque) en liaison avec les problèmes de la décentralisation menée par le gouvernement socialiste, en tant que préfet, l'auteur a fait une analyse très remarquable en soulignant que la mission confiée au préfet repose sur les valeurs permanentes du service de l'État, et sur une clarification des rôles entre le représentant de l'État et les collectivités locales, le préfet est, souligne-t-il, le gardien des intérêts nationaux, en conciliant sans cesse le changement et la continuité, la raison pour laquelle un préfet est appelé à « tenir » qu'à « durer ».

Un autre auteur dans un ouvrage intitulé « Le phénomène bureaucratique »[1752] a lancé de nouvelles perspectives à ce sujet, dans le domaine de la science administrative, et a ouvert un nouvel horizon intellectuel portant sur l'administration préfectorale française dans son contact avec l'administration locale, qui se caractérise, selon lui, par quatre traits fondamentaux : la personnalité des règles ; la centralisation des décisions ; la stratification, chaque strate contrôle un domaine d'action en ignorant complètement les buts généraux de l'organisation ; l'émergence de pouvoirs parallèles à la hiérarchie formelle.

En effet, l'apport principal de cette théorie est l'analyse de l'administration publique sous l'angle des lois d'interaction et d'équilibre entre microgroupes. L'auteur intègre la théorie de l'action administrative dans une théorie des organisations.

Pour toutes ces raisons, aujourd'hui, la décentralisation en France n'a pas toujours été bien accueillie, c'est ainsi que certaines réactions préfectorales témoignent de la prégnance de la conception hiérarchique des relations entre l'Etat et les collectivités territoriales. La réaction la plus représentative de ce courant est celle particulièrement vive, du préfet Jean Emile Vié[1753]. Ainsi, toute représentation est, dès lors, organisée autour d'un noyau ou système central, producteur de la signification et de l'organisation de la représentation, et d'un système périphérique dont la plasticité permet l'adaptation. Le noyau central se structure autour des principes de légalité, d'unité, d'égalité et de centralité pour déboucher sur le modèle hiérarchique des relations entre le préfet et le territoire.

Si les allègements successifs de la tutelle ont pu être intégrés au système périphérique de la représentation sans mettre en péril le noyau central, sa

---

[1751] P. Bernard, *L'Etat et la décentralisation, du préfet au commissaire de la République*, Paris, La Documentation française, 1983 ; L'ouvrage de M. J-F Auby, *Le Commissaire de la République*, Paris, PUF, 1987, est à classer dans la même rubrique.

[1752] M. Crozier, *Le phénomène bureaucratique*, Paris, Ed. du Seuil, 1964.

[1753] Jean-Emile Vié, *Impudence ou inconscience*, in Revue administrative, n° 297 de 1997, p.308.

suppression en 1982, enclenche un processus, plus ou moins rapide mais inéluctable, d'adaptation de l'ensemble de la représentation auquel certains échappent en refusant d'admettre la décentralisation. C'est le cas de l'ancien préfet précité Jean Emile Vié qui avance dans son ouvrage « La décentralisation sans illusion »[1754] qu'il y a tout d'abord la situation *normale,* c'est-à-dire la centralisation avec son contrôle *a priori* résultant « d'une collaboration confiante » entre les élus et les préfets et produisant des résultats efficaces. Ensuite, cet auteur désigne un *élément étranger* qui n'est autre que la décentralisation et la fin de la tutelle qui ne pourront qu'avoir des conséquences désastreuses : « impossibilité pour l'Etat de faire prévaloir ses décisions autrement que par la loi » ; « incapacité » et « manque de formation et ...de goût esthétique (sic) des élus », et enfin « contrairement à un préfet qu'on change s'il n'obéit pas » il faudra demain « si l'élu n'obéit pas composer avec lui, et patienter jusqu'à ce que le tribunal administratif ou le Conseil de l'Etat le ramène au respect de la loi ». Il y a donc bien contradiction entre *le normal* et cet *élément étranger.*

Comment dépasser cette contradiction ? De cette façon : « Si la France est appelée à poursuivre sa destinée, il faudra que le balancier de l'histoire, dans ce domaine comme dans beaucoup d'autres, revienne largement en arrière[1755] ». Il s'agit clairement ici de refuser catégoriquement la décentralisation et la fin du préfet tuteur au nom d'une représentation hiérarchique inébranlable.

Toutefois, on a pu démontrer que même si la France avait connu un développement politique monocéphal ce que confirment des auteurs comme B. Badie et P. Birnbaum en évoquant à son propos « l'idéal type de l'Etat unitaire centralisé[1756] », ce monocentrisme traditionnel français le cède, peu à peu, à un polycentrisme de fait, tant sur le plan politique avec la construction européenne que sur le plan économique avec la mondialisation. Le modèle hiérarchique régenté du centre, de plus en plus rejeté, n'est plus culturellement accepté par les collectivités territoriales. L'autonomie même relative, accordée aux collectivités par la décentralisation crée les conditions d'une moindre prégnance du centre et l'émergence d'un timide polycentrisme sur le territoire national.

Après cette brève incursion sur le terrain du modèle politico-administratif local français, il apparaît que malgré les progrès de la décentralisation, la centralité de l'Etat lui oppose toujours des résistances, avec le préfet, comme porte-drapeau. Son équivalent marocain, le gouverneur, dont le statut et les attributions se sont inspiré largement du modèle français, a joué un rôle important dans l'effort séculaire de centralisation qui fut longtemps nécessaire pour réaliser et maintenir l'unité du pays qui a eu besoin d'un pouvoir fort et centralisé pour ce faire. C'était normal pour un jeune Etat

---

[1754] Jean-Emile Vié, *La décentralisation sans illusion*, Paris, PUF, 1982.
[1755] *Ibid.*
[1756] B. Badie et P. Birnbaum, *Sociologie de l'Etat*, Pris, Grasset, 1982.

bâtissant ses institutions et consolidant ses structures. Or, les dirigeants ont été amenés à mettre en place progressivement des pouvoirs décentralisés pour renforcer la démocratie de proximité. Cela signifie que le gouverneur doit s'adapter à l'évolution institutionnelle de l'action de l'Etat dans les périphéries. Ce qui nous conduit à nous interroger sur les perspectives d'évolution de cette institution en contact avec le processus d'autonomie des structures locales.

Paragraphe IV. Les perspectives de l'institution du gouverneur face à la décentralisation

Il paraît certain qu'au regard de la gestion des affaires publiques et de la prestation des services que l'Etat a imparti au corps des gouverneurs depuis 1956, ce dernier a honoré une partie de son contrat, à savoir, celle liée à la consolidation de l'autorité du pouvoir central à l'ensemble des échelons territoriaux. Avec comme particularité constante : l'adaptation progressive au terrain par une politique de spatialisation rationnelle de l'administration territoriale moderne tenant compte de l'encadrement administratif traditionnel. Toutefois, au vu des perspectives d'évolution de l'institution du gouverneur en contact avec le processus décentralisateur des territoires, il convient d'observer d'une part, un changement dans son rôle (A) et d'autre part son inscription dans le cadre d'un projet d'autonomie régionale avancée (B).

A. Le changement du rôle du gouverneur face à la décentralisation

Perdant l'exercice des fonctions exécutives provinciales, préfectorales et régionales, ainsi que le contrôle a priori des actes des collectivités territoriales, le gouverneur voit sa capacité d'action se réduire, notamment dans ses relations avec les élus locaux. En effet, sa tutelle sur les structures locales décentralisées s'est beaucoup amenuisée. Il ne devrait plus disposer du même ascendant hiérarchique sur la scène locale et il est ainsi ramené au rang d'acteur parmi d'autres, devant construire une autorité qui lui était, par le passé, accordée « naturellement ».

Bien entendu, il n'y a pas de commune mesure entre cette situation et le renversement du pouvoir du préfet français vis-à-vis des collectivités décentralisées, caractérisé par la suppression du contrôle de tutelle classique[1757], ainsi que par le faible nombre des déférés préfectoraux qui témoigne d'ailleurs du fait que les préfets sont désormais « très soucieux de

---

[1757] *Cf. Supra.* Le point sur *la suppression ou l'allègement de la tutelle*, dans le Paragraphe I, signification et fondements de la tutelle, Section I, La tutelle, mission fondamentale du gouverneur, Chapitre I, Titre II, Deuxième partie. Sur la question de la suppression de la tutelle préfectorale en France, v. Michel Verpeaux, *Droit des collectivités territoriales*, op.cit, p. 23.

la qualité de leurs relations avec les élus, et peu motivés par la saisine du juge[1758]». Des préfets[1759] sont allés jusqu'à proposer des moyens de collaboration avec les élus basés sur « le partage », « l'ajustement », « la magistrature de la médiation », « l'ouverture », « la coopération », etc. Toutefois, le gouverneur marocain, dans la nouvelle configuration dessinée par le Constitution de 2011, ne sera plus comme avant, il n'aura plus le monopole des pouvoirs décisionnels sur les assemblées élues, et ne disposera plus de la prérogative exécutive de ces assemblées et n'exercera plus la tutelle sous les mêmes formes qu'autrefois.

D'une certaine manière, le gouverneur, dans ce contexte, pour maintenir son autorité dans la décentralisation, devrait s'inscrire dans une pratique coopérative avec les élus, celle-ci pourrait même annoncer un nouveau type de droit, car, comme le souligne le sociologue H. Wilke : « non seulement le droit traditionnel, mais aussi le principe de légalité sont trop simples pour être capables d'offrir des solutions à ces problèmes profonds issus des sociétés modernes[1760] », selon cet auteur « des programmes relationnels [1761]» peuvent être mis en place, et permettraient « l'autorégulation par les parties et en même temps la transformation des processus autorégulateurs en buts communs librement consentis[1762]».

Autrement dit, le statut et les attributions traditionnels du gouverneur subiront inévitablement une mue dans le cadre d'un droit réflexif permettant une autorégulation des acteurs locaux, définissant, ainsi un projet. Ce faisant, le représentant de l'Etat n'agirait plus en tant que simple arbitre, mais comme médiateur des intérêts nationaux[1763]. Et partant, les acteurs locaux, y compris le gouverneur, seraient associés à la définition des règles qui leur seraient applicables à l'aune d'un processus logique, prenant en considération à la fois les intérêts nationaux et les intérêts locaux.

Entre « l'universalisme (qui) prévaut au sommet [1764]» et « le particularisme qui s'impose à la base[1765] », « l'art préfectoral[1766] » doit s'occuper de faire la synthèse. Paul Bernard place les qualités relationnelles

---

[1758] J-C Hélin et R. Hostiou, *Réactiver le juge administratif, in,* La décentralisation en France, Paris, La Découverte, 1996, p. 335.

[1759] Paul Bernard, *Le préfet de la République, le chêne et l'olivier*, op, cit.p, 133.

[1760] H. Wilke, *Le coût du principe de légalité,* C-A Morand (dir), Figures de légalité, Paris, Publisud, 1992, p. 136.

[1761] H.Wilke, *Trois types de structures juridiques : programmes conditionnels, programmes finalisés et programmes relationnels,*C-A Morand (dir), l'Etat propulsif, contribution à l'étude des instruments d'action de l'Etat, Paris, Publisud, 1991, p. 65-94.

[1762] *Ibid.*

[1763] En France, en 1991, 57% des membres du corps préfectoral se sentaient acteurs contre 38% qui se voyaient comme arbitres, in, Paul Bernard, *Le préfet de la République, le chêne et l'olivier,* op, cit.p, 202.

[1764] Paul Grémion, Pouvoir central, pouvoir local, Lille, Service de reproduction des thèses, 1976, p. 178.

[1765] *Ibid.*

[1766] Paul Bernard, *Le préfet de la République, le chêne et l'olivier*, op, cit. p, 144.

de l'homme au cœur de la pratique quotidienne du représentant de l'Etat, tout en sachant que « le rôle prescrit » ne correspond jamais exactement au « travail effectif » et plus généralement, le rôle attribué par les textes n'est jamais représentatif complètement de toute l'action du terrain. Or, si les prescriptions légales ne sauraient épuiser la complexité et l'ampleur des actions et des pratiques concrètes du gouverneur dans son cadre d'action territoriale, leur renouvellement et leur adaptation continue, pourraient permettre une évolution positive du rôle du représentant de l'Etat dans la décentralisation.

Néanmoins, cette théorie se heurte à la conception même de l'Etat unitaire et de l'unité nationale, qui opposerait toujours aux relents *autonomisants* et décentralisateurs les réflexes traditionnels de recentralisation. De ce fait, l'Etat a conservé le tropisme d'unique source d'unité. Cependant, le Maroc de 2014, n'est plus menacé par les séparatismes ou les sécessions d'autrefois[1767], son unité est solidement ancrée dans la société marocaine, tant sur les plans linguistique, culturel, que politique et social[1768].Ce qui laisserait penser qu'il y aurait plus de déverrouillage, plus d'autonomie et plus de décentralisation. Et par conséquent, les droits accordés aux régions d'entrevoir leur avenir dans le cadre d'une régionalisation avancée seraient de nature à leur permettre prochainement, si ce projet est adopté, d'avancer intelligemment sur le chemin des libertés locales.

B. Le gouverneur dans le cadre du projet de régionalisation avancée

En France, l'hypothèse d'émergence du préfet de région comme résultant de la concurrence entre les services du ministère des finances et des affaires économiques et du ministère de l'Intérieur[1769], semble aussi justifier, à notre

---

[1767] A part la problématique des provinces du Sud ou Sahara marocain, qui ressemble, à bien des égards, au problème corse en France. Puisque malgré le recouvrement de ces territoires à la mère patrie en 1975, la création d'une entité politique séparatiste logée par l'Algérie en 1976, constitue toujours un risque d'atteinte à l'unité territoriale du Royaume.

[1768] La nouvelle Constitution de juillet 2011 prévoit dans son article 1er, 2e alinéa, que : « La nation s'appuie dans sa vie collective sur des constantes fédératrices, en l'occurrence la religion musulmane modérée, l'unité nationale aux affluents multiples, la monarchie constitutionnelle et le choixdémocratique. L'organisation territoriale du Royaume est décentralisée, fondée sur une régionalisationavancée. »

[1769] Cette situation a été bien décrite en France où : Le ministère de l'Intérieur désigné d'emblée par le Général de Gaulle (par son désir réitéré que le « préfet soit le patron ») ne s'est pas engouffré spontanément dans la brèche ouverte pour devenir ce chef d'orchestre. Sa résistance de plus de deux ans aux projets de Michel Debré laissait alors le champ libre au ministère des finances qui, dès cette époque, devenait ministère des finances et des affaires économiques. Tout au long des années préparatoires aux réformes administratives de 1964, il a revendiqué cette fonction au niveau national mais surtout pour son représentant local, le trésorier payeur général, demandant qu'il soit juge non seulement de la régularité, mais aussi de l'opportunité de la dépense publique. Le ministère des finances fit valoir ses droits si haut que le ministre d'alors, Valéry Giscard d'Estaing, s'attira cette remarque cinglante du chef de

avis, l'apparition du wali de région au Maroc, pour les mêmes raisons :il fallait, en fait, trouver « un ordonnateur régional », non lié à un ministère en particulier mais affidé à un département suffisamment généraliste pour lui octroyer cette légitimité technocratique dont parle Jean-Claude Thoenig dans son ouvrage « l'ère des technocrates »[1770].

D'une manière générale, on peut dire que si au niveau des provinces et des préfectures les missions du gouverneur au niveau de l'administration du territoire couvrent aussi bien le maintien de l'ordre et de la sécurité publics et le besoin de développement économique et social des populations, dans le cadre de l'institution régionale c'est cette dernière préoccupation qui prend le pas sur tout le reste, en effet, l'Empire marocain d'antan et la Monarchie d'après l'indépendance et d'aujourd'hui ont pu réaliser et préserver durant 14 siècles l'unité du pays, de telle sorte que la réforme régionale à la différence de ce qui s'est produit ailleurs, n'est pas portée par un mouvement dissident et n'est aucunement destinée à satisfaire des tendances séparatistes[1771].

Dans l'optique d'une reconnaissance d'autonomie de plus en plus grande aux collectivités territoriales régionales, une Commission de la régionalisation a été mise sur pied, et s'est assigné le rôle de réfléchir sur les perspectives d'une autonomie plus audacieuse des régions du Royaume[1772]. Le projet de la nouvelle régionalisation s'est intégré dans cette perspective, en tant que « modèle visant à assurer une conception et une conduite concertées et coordonnées du développement intégré dans l'espace régional, par l'émergence de la collectivité régionale en tant que partenaire privilégié de l'Etat en la matière et par la reconnaissance de sa prééminence pour coordonner et intégrer les visions, les plans et les programmes des autres collectivités territoriales impactant la région, dans le respect de l'autonomie et de l'égalité juridique de ces dernières et de leurs compétences respectives [1773]».

---

l'Etat : « Le trésorier payeur général est un comptable supérieur, sans doute, mais c'est un comptable, il doit être soumis au préfet ! ». Voir. Catherine Grémion, *Les décentralisateurs déstabilisés*, in. Pouvoirs, n° 49, 1989, p. 81-92, Grémion, op.cit., p. 85.

[1770] Jean-Claude Thoenig, *L'ère des technocrates*, Paris, Ed., de l'Organisation, 1973.

[1771] Driss Basri, *L'administration territoriale*, op.cit. p. 308, l'auteur site Larbi Messari du Parti de l'Istiqlal, qui lors de la discussion du projet de région déclarait : toute politique de régionalisation doit être minutieusement étudiée et entamée avec méfiance pour ne pas faire renaître l'esprit tribal, ainsi la décentralisation administrative est rendue nécessaire par la progression démographique, la complexité de l'appareil administratif et la diversité de son champ d'action, il importe d'aborder la question de la régionalisation sans toucher à l'essentiel, c'est-à-dire l'Etat-nation unifié ». (B.O n° 7 du 31 mai 1985, *spécial séances de la Chambre des Représentants*, p. 1015 et 1016.

[1772] Se fondant pour sa réalisation sur la conception exposée par Sa Majesté Le Roi dans son discours du 20 août 2010.

[1773] Commission consultative de la régionalisation, *Rapport sur la régionalisation avancée*, Livre I, Conception générale, p. 6.

Dans le cadre de ce nouveau système de régionalisation, l'accent a été mis essentiellement sur son rôle spécifique dans l'action déconcentrée du gouverneur, ainsi, ce dernier devrait maintenir sa position prééminente en tant que coordonnateur des administrations publiques dans les régions, et veiller au suivi de la mise en œuvre des programmes et projets et disposer ainsi, d'un droit de regard et d'information sur le fonctionnement et sur les résultats des services déconcentrés, du droit d'interpeller ces derniers et de proposer les mesures correctives éventuelles aux ministres concernés. En outre, il pourra proposer aux ministres concernés tout regroupement fonctionnel des services extérieurs qui ont des vocations connexes, dans le but de mutualiser les moyens et d'optimiser les résultats. Aussi, dans les formes définies par le règlement, informera-t-il régulièrement le Chef du gouvernement et les ministres concernés de l'évolution du processus de déconcentration dans son périmètre de compétence, ainsi que de son appréciation du fonctionnement des services déconcentrés et de la conduite de ses projets et programmes[1774].

Dans le nouveau contexte de la régionalisation avancée, les gouverneurs, de par leurs missions de contrôle de l'application des lois, des règlements et des décisions du gouvernement, et de représentation de l'Etat dans les régions, les préfectures et les provinces, devront disposer de prérogatives claires et effectives pour assurer la coordination des services déconcentrés du territoire de leur ressort, afin de veiller à leur bon fonctionnement et s'assurer de la bonne conduite de leurs projets et programmes.

Dans le même esprit, la commission consultative de la régionalisation a proposé que la responsabilité et les prérogatives des walis de région[1775] et des gouverneurs de provinces, en matière de coordination des services déconcentrés et de l'ensemble des organismes publics de leur territoire de compétence, devront être redéfinies de la manière la plus claire possible, afin de satisfaire à deux impératifs d'ordre politique et institutionnel, outre leur dimension administrative : d'une part, la nécessaire sauvegarde de la responsabilité juridique et politique des ministres concernés eu égard à l'activité des services, y compris déconcentrés, placés sous leur autorité ; d'autre part, la nécessaire instauration de mécanismes d'animation, de suivi et d'évaluation par les gouverneurs rendant leur responsabilité de coordination effective et efficiente.

[1774] Commission consultative de la régionalisation, *Rapport sur la régionalisation avancée, op.cit*, p. 28.

[1775] L'autorité de l'Etat qui est confiée au wali, gouverneur du chef-lieu, n'était pas abordée à proprement parler par la Constitution de 1996, le nouvel article constitutionnel de 2011 (article 145) innove puisque désormais « Dans les collectivités territoriales, les walis de régions et les gouverneurs de provinces et préfectures représentent le pouvoir central » et « Les walis et gouverneurs assistent les présidents des collectivités territoriales et notamment les présidents des Conseils régionaux dans la mise en œuvre des plans et des programmes de développement. ». Ce qui rend urgent une refonte des textes inférieurs, et notamment, la loi de base sur la région qui utilise la terminologie de gouverneur au lieu de wali.

S'agissant de l'action des gouverneurs en rapport avec les collectivités décentralisées, les conseils régionaux, provinciaux, préfectoraux et communaux devront trouver dans les gouverneurs leurs interlocuteurs étatiques directs et privilégiés, dans leurs rapports à l'ensemble des administrations publiques, en matière d'information, de planification et de réalisation de leurs projets, d'assistance technique des services de l'Etat aux conseils élus et de partenariat entre ces deux parties.

Somme toute, le rapport sur la régionalisation n'a pas traité les détails de l'action et les compétences des gouverneurs dans le cadre de leur mission d'animation des collectivités décentralisées, il s'est contenté de dresser les lignes principales du futur cadre de la régionalisation. Dans un tel cadre il s'agirait plutôt d' « un obscurantisme des lumière[1776] » qui consiste à traiter également des situations inégales. Le principe de l'identité institutionnelle des collectivités territoriales renvoie à la primauté du principe de l'égalité abstraite qui a fait dans de nombreux domaines la preuve de son caractère contre-productif.

Il n'en demeure pas moins que la diversification institutionnelle, est de nature à garantir d'une part, une égalité de traitement entre les situations identiques et, d'autre part, à assurer la possibilité aux collectivités territoriales provinciales, préfectorales ou régionales moins dotées de ressources la possibilité de profiter de la solidarité nationale. A ce niveau, le rôle du gouverneur apparaît tout à fait essentiel. En effet, dans le cadre d'une unité choisie plus qu'imposée, d'une légalité plus négociée et d'une égalité attentive aux situations concrètes, le gouverneur représenterait le partenaire à la fois légitime et puissant, incarnant les intérêts nationaux dans des dynamiques territoriales renouvelées et diversifiées et agissant plus sur le mode de l'incitation et de la négociation que sur celui de l'autorité supérieure contraignante de l'Etat central.

De son origine makhzenienne et préfectorale, le gouverneur a longtemps conservé la marque de relais efficace du contrôle de l'Etat sur le territoire, il en assurait le caractère unitaire par l'application égalitaire de la loi nationale dans toutes les provinces. Ce qui conférait à son action la légitimité de la raison en marche vers le progrès. Tuteur du territoire, véhiculant une conception hiérarchique des relations entre l'Etat et les collectivités territoriales, il a participé à cette œuvre d'édification de l'Etat moderne, par laquelle ce dernier a pu instituer la Nation. Or, le succès de cette entreprise portait en lui le germe de la contestation des conditions qui l'ont permis, puisque l'unanimité n'a jamais été acquise en ce qui concerne les principes fondamentaux de la culture du « Makhzen »[1777].

A ce titre, le modèle hiérarchique des rapports Etat-collectivités territoriales s'est amendé avec la décentralisation. Le rôle du gouverneur

---

[1776] Pierre Bourdieu, *Méditations pascaliennes*, Paris, Liber, 1997.

[1777] *Cf. Supra.* Critiques apportées au système administratif traditionnel du « Makhzen », Deuxième partie, Titre II, Chapitre II, Section II, Paragraphe II.

s'est transformé sans que « la cohérence makhzenienne » des principes de légalité, d'unité et d'égalité des territoires du Royaume, soit réellement remise en question. Cette permanence explique pourquoi la décentralisation demeure l'archétype administratif recherché et l'autonomie organisationnelle apparaît l'une des clefs de sa réalisation. La question qui se pose à ce niveau est celle de savoir si l'on doit continuer à concevoir l'unité du territoire comme synonyme d'une parfaite uniformité et l'égalité comme isonomie permanente. Les gouverneurs dans la pratique quotidienne de leur fonction, confrontés à la complexité croissante des tâches qui sont les leurs, s'écartent souvent de ces représentations linéaires.

Le corps gubernatorial a su s'adapter aux réalités et aux contraintes qu'impose le terrain, à travers la mise en œuvre d'une méthode rigoureuse progressivement construite depuis l'indépendance. Cette adaptation, comme nous l'avons souligné précédemment, est multidimensionnelle. C'est une adaptation au terrain par un ajustement spatial de l'administration territoriale, une adaptation aux données sociologiques par la conservation d'us et coutumes anciens et l'incorporation de méthodes nouvelles, une adaptation à l'exigence d'autonomie qui a conduit à la démocratisation par une décentralisation encore perfectible, mais prometteuse, une adaptation aux exigences techniques de l'administration moderne qui implique un formation de base et un perfectionnement continu du corps des agents d'autorité, et enfin, une adaptation aux problèmes socio-économiques que connaissent les administrés.

CONCLUSION DU TITRE II

L'Etat est « la conscience claire de la société, qui unit, rassemble, ordonne, ce qui est dispersé, atomisé, irrationnel, (...) le facteur de polarisation indispensable pour combattre l'attraction centrifuge et homogénéiser le champ social placé sous son emprise »[1778]. Au Maroc, l'Etat est encore plus représentatif de cette description, en ce qui a trait à son rapport avec les collectivités locales, et notamment, les structures territoriales intermédiaires que sont les provinces et les préfectures, la concentration des véritables pouvoirs d'action entre les mains des gouverneurs reflète clairement cette tendance.

A ce titre, la création des collectivités provinciales et préfectorales s'est inscrite dès le départ dans une politique générale visant à associer à l'action de l'État, les éléments les plus actifs de la population, association, qui est sans aucun doute essentielle pour la réalisation des tâches administratives qui concourent au développement économique et social du pays. Cette volonté d'association et de renforcement de la collaboration des forces vives des collectivités locales s'est manifestée à travers la mise à contribution du corps des gouverneurs comme cheville ouvrière incontournable du schéma administratif marocain.

Néanmoins, ces tentatives qui n'ont d'ailleurs pas toujours été suffisamment audacieuses, en ce qui concerne la place faite aux représentants de la population, ne pouvaient cependant pas masquer le fait que c'est l'État qui conservait la responsabilité principale non seulement du maintien de l'ordre mais aussi du développement socio-économique. Cette première donnée semble pouvoir constituer une première explication du caractère limité de l'autonomie provinciale, une deuxième peut aussi être trouvée dans « l'insuffisance de l'expérience administrative des édiles provinciaux mal à l'aise en présence de problèmes qui ne leur sont pas familiers, du moins, dans la présentation parfois, exagérément technocratique, qui leur est donnée, l'importance du rôle du gouverneur et l'étendue de son pouvoir de tutelle sont ainsi la traduction institutionnelle du

---

[1778] Jacques Chevallier, *La science administrative, L'Administration comme organisation et système*, t.2, LGDJ, Paris, 1978, p. 28.

fait que les conditions objectives de l'autonomie provinciale ne sont pas encore réunies »[1779].

D'autre part, la décentralisation provinciale se heurte à l'insuffisance de moyens financiers et administratifs (nous l'avons suffisamment souligné[1780]) ; 'absence quasi totale de ressources financières propres a sûrement un effet démobilisateur, et, en tout cas, laisse la province dans une situation de totale dépendance par rapport au représentant de l'Etat, même si celui-ci imagine des procédés techniques permettant d'assurer le financement de projets spécifiques d'équipement régional. Dans la mesure où toute politique de développement provincial est tributaire des équipements administratifs et techniques, il est évident que l'insuffisance de ceux-ci risque de compromettre ou de retarder celui-là. Ce handicap est principalement le fait de toutes les provinces de création récente, il est évidemment plus aigu pour les dernières nées, pour toutes les provinces, il hypothèque leurs possibilités réelles de développement[1781]. Le rôle du gouverneur, quelle que soit son efficacité, s'en trouverait limité.

Or, dans l'évolution des institutions administratives marocaines, la primauté du gouverneur dans la province, nous semble-t-il, est un fait logique puisqu'elle n'est que le résultat du double phénomène de « représentation et de bureaucratisation[1782] », puisque chaque institution reproduit elle-même le modèle représentatif qui a prévalu avec l'apparition de l'État moderne[1783], ce modèle implique que les dirigeants n'exercent pas le pouvoir en leur nom propre, mais au nom de l'institution dont ils sont considérés comme le porte-parole et les représentants : le pouvoir est détaché de la personnalité contingente de ses détenteurs, pour être rapporté à une personne abstraite - de l'État - à qui tous les actes de puissance et de commandement seront imputés ; ce n'est pas aux hommes qu'on obéit, mais à l'institution dont ils tiennent leur autorité. Et si les dirigeants sont, ainsi, placés au centre de l'institution et chargés d'exprimer sa logique spécifique, ce n'est pas par effet de leur volonté individuelle, mais par le double jeu du statut juridique et du processus démocratique[1784].

Cette explication convient parfaitement à la nature de l'institution du gouverneur au Maroc dans son interactivité avec les assemblées provinciales ou préfectorales non encore émancipées de la tutelle du pouvoir central. En

---

1779 Jean Garagnon et Michel Rousset, *Droit Administratif marocain*, op.cit, p.205.

1780 *Cf. Supra.* Deuxième partie, Titre II, Chapitre I, Section II, Paragraphe III

1781 J. Garagnon et Michel Rousset, *Droit Administratif marocain*, op.cit. p. 206.

1782 Cf. Michel Crozier, *Le Phénomène Bureaucratique*, Paris, Les Editions du Seuil, 1964, l'auteur précise que : « L'administration publique française a cherché à former une catégorie spéciale de hauts fonctionnaires dégagés des responsabilités immédiates pour faire face à ce problème et devenir ainsi les agents du changement », p. 383. Voir aussi. Jean-Claude Thoenig, *L'ère des technocrates*, Paris, Les Editions d'Organisation, 1973.

1783 R. Luxemburg, *Œuvres I : Réformes sociales ou révolution ?* Maspero, 1976 p. 161.

1784 Jacques Chevallier, *Le modèle centre/Périphérie dans l'analyse politique*, in Centre Périphérie, Territoire, CURAPP, PUF, 1978, p. 68-69.

effet, le gouverneur est d'une part, une institution fondée sur un statut juridique ; *parole fondamentale* qui énumère les pratiques admissibles, et les modes corrects de dévolution et d'exercice du pouvoir en son sein. Il suffit que ces règles soient observées pour que les dirigeants puissent prétendre à bon droit incarner l'institution et transposer sur leurs actes et leurs personnes la légitimité institutionnelle[1785].

D'autre part, c'est essentiellement de la loi que le gouverneur tire ici sa puissance, et le respect des formes juridiques lui permet de se poser en représentant de l'institution. Du reste, la coïncidence entre la stratégie des dirigeants et l'intérêt collectif des membres de l'institution est apparemment garantie par l'observation d'un rituel démocratique. « Le centre » n'est que l'émanation et la projection de « la périphérie », il est chargé de totaliser, d'harmoniser et d'intégrer les particularismes et les diversités en un projet rationnel, ses compétences, il les exerce à partir d'un mandat des membres, et il est soumis en permanence à leur contrôle. Toute institution fonctionne selon le principe de la délégation, par lequel la base théoriquement souveraine et jouissant d'un pouvoir illimité transfère au sommet le soin d'élaborer à l'intérieur les compromis et de mener à l'extérieur les actions nécessaires à la survie de l'institution.[1786]

Autrement dit, une fois constitué par le jeu de la représentation, le pôle central tend à se « *molariser* »[1787]et à se durcir par l'effet de la bureaucratisation[1788]. Et celle-ci, est devenue comme l'avait pronostiqué Max Weber[1789] (mais non pour les raisons qu'il a indiquées), un phénomène très général qui guette les institutions et qui devient pratiquement inéluctable à un certain stade de son développement, et se traduit par la mise en place d'un appareil structuré.

Par ailleurs, il convient de relever un autre inconvénient qui risque de limiter l'action du gouverneur dans son commandement, cet inconvénient provient de la nature même de l'entité provinciale ou préfectorale : conçue comme une unité territoriale fermée, avec des limites précises, la province est certes très fortement articulée verticalement au pouvoir central, mais elle n'entretient aucune relation horizontale avec les autres unités territoriales. Il

---

[1785] *Ibid.*

[1786] M. Hauriou, *Précis de droit constitutionnel*, 2e édition Sirey, 1929, p. 23, 89, 94, tout repose en définitive, sur « sur le consentement coutumier » : c'est ce consentement qui donne naissance à l'institution, et légitime les dirigeants qui parlent en son nom le sont aussi et leurs actes doivent du même coup être présumés valables, sauf preuve contraire (ce qui conduit à reconnaitre à l'administration le privilège d'exécution préalable).

[1787] Jacques Chevallier emprunte ici le verbe « *se molariser* » à la discipline médicale,de la zoologie, ou de l'anatomie dentaire, ce verbe signifie originellement : « se transformer en molaire. D'une façon générale, dans ses rameaux, l'évolution tend à réduire les incisives et à molariser les prémolaires ». Définition de Pierre Paul Grassé, *Traité de zoologie : anatomie, systématique, biologie*, Tome XVII, Fasc. II, 1996)

[1788] Jacques Chevallier, *Le modèle centre/Périphérie dans l'analyse politique*, in Centre Périphérie, Territoire, CURAPP, PUF, 1978, p. 68-69.

[1789] Max Weber, *Economie et société*, Tome l, 1922, Rééd. Plon l97l.

n'existe dans l'organisation administrative territoriale marocaine aucune structure de coordination interprovinciale ou inter-préfectorale. Un gouverneur ne rend compte qu'au pouvoir central, et rien ne l'oblige à se concerter ou à coopérer avec un autre gouverneur.

Il faut enfin ajouter qu'avant même d'avoir pu faire la preuve de leur vitalité, les provinces et préfectures ont connu une remise en cause de leur rôle, et ce fut la création des régions qui vont devenir les champs privilégiés dans le cadre duquel est désormais pensée et doit être réalisée la politique socio-économique de l'Etat, ceci conduit à une réorganisation du rôle de la collectivité provinciale, celle-ci reste sans doute fondamentale comme relais de l'action du pouvoir central, un niveau où pourront être associés les représentants de la population et l'administration générale du pays, mais ce rôle ne peut être que second par rapport à celui que devrait progressivement occuper l'échelon régional. Dans une telle concurrence, un danger doit être évité : la réussite de l'expérience de régionalisation conduirait à négliger les besoins des collectivités provinciales.

Sur un autre plan, il faudrait mentionner que le prestige du gouverneur, haut fonctionnaire nommé par dahir, en particulier dans les campagnes, et les zones peu urbanisées, le tient de son appartenance à l'appareil étatique, il dispose ainsi d'un imperium symbolique et d'un titre de prestige. La perception de la mission des hauts fonctionnaires, administrateurs ou techniciens par ce milieu attribue à ceux-ci une place privilégiée dans la société. En premier lieu, agents du pouvoir central, ils sont assimilés aux représentants locaux du *Makhzen* traditionnel. De ce fait, ils bénéficient des mêmes égards, inspirent le même respect et suscitent la même crainte, que leurs homologues jadis.

Certes, leur ascendant sur la population et ses élus est d'autant plus psychologiquement ancré, qu'ils représentent non pas une simple administration technique de l'Etat, mais le ministère de l'Intérieur qui concentre dans l'imaginaire populaire le socle du pouvoir au Maroc, celui dont jouissent les agents d'autorité et les gouverneurs est sans doute plus important que celui dont bénéficient les responsables locaux des services techniques, l'impact de ces derniers sur le milieu social qui leur incombe, sinon de transformer, du moins d'encadrer, reste néanmoins considérable, si les uns tirent leur autorité du monopole des moyens de la force publique à l'échelon local, les autres la détiennent de leur maîtrise des moyens nécessaires au développement économique. Du reste, ils constituent pour une grande partie de la population les instruments complémentaires de l'État dont la compétence est reconnue et attendue dans tous les domaines[1790].

En tant que tel, le gouverneur s'est toujours, traditionnellement, vu reconnaître par les administrés un droit au commandement. De plus, ayant reçu la formation adéquate, en tant qu'agent local du pouvoir central, il

[1790] P. Pascon et M. Bentahar, *Ce que disent 296 jeunes ruraux,* in études sociologiques sur le Maroc, BESM, sociologie, nouvelle édition 1978, p. 231.

possède les qualifications nécessaires à l'exercice de ses attributions, tant administratives que techniques. Son savoir-faire le fait apparaître dans le corps social comme un homme providentiel à même de résoudre tous les problèmes de la population.

De ce fait, le gouverneur de la province est un fonctionnaire de l'État et le dépositaire, en conséquence, de son autorité, puisque juridiquement parlant, les dépositaires du pouvoir sont les agents d'autorité placés dans le ressort territorial des collectivités locales. Investis d'une mission générale d'exécution des lois et des règlements et de maintien de l'ordre public. Pour l'assurer ils se sont vus attribuer de nombreux pouvoirs et rattacher un personnel administratif dont le contrôle hiérarchique concrétise aux yeux des populations et de leurs élus l'autorité qu'ils détiennent.

Au final, l'autorité des gouverneurs est davantage mise en relief par leurs interventions, en vue de coordonner et harmoniser l'action des services déconcentrés, ce qui les érigent en de véritables maîtres d'œuvre du développement local. Ces interventions accroissent leur pouvoir sur les administrés, en fait, les gouverneurs, représentants locaux des administrations centrales exercent le pouvoir en tant qu' « agents de l'État, ils sont par leurs projets, vecteurs de la manne financière et portent sur les visages les stigmates de l'autorité et de la contrainte administrative. Devant faire le bien contre (ou par-dessus) les avis « des bénéficiaires », ils jouent un rôle ambigu. Ils demeurent, en tous cas, la confirmation vivante, et portent le signe historique des rapports passés entre l'État et la population (…) fondés exclusivement sur la contrainte »[1791].

[1791] Paul Pascon, *Les rapports entre l'Etat et la paysannerie*, op.cit. p. 25.

CONCLUSION DE LA DEUXIÈME PARTIE

Dans cette deuxième partie, il nous a été possible, d'abandonner la problématique traditionnelle posée en termes de dimension déconcentrée de l'autorité gubernatoriale – administration de supervision des services extérieurs ; administration de coordination ; administration de maintien de l'ordre et de la sécurité publique – et se poser la question de savoir quel rôle pourrait bien jouer le premier représentant de l'Etat central dans un territoire décentralisé ? Y maintient-il les mêmes prérogatives et la même position privilégiée de représentant incontesté du Souverain et du gouvernement ?

En réponse à la question initiale, il faudrait recommander la logique de coopération, vis-à-vis des collectivités locales décentralisées. En France, déjà la loi de décentralisation du 7 janvier 1983 avait invité les régions, départements et communes, à « « concourir » avec l'Etat à l'administration du territoire de la République[1792] ». Au Maroc, cette coopération se doit d'être assurée par les gouverneurs, par les collectivités territoriales et par les services déconcentrés de l'Etat. Le gouverneur invite donc les partenaires de l'Etat à contribuer à l'œuvre commune à travers les politiques nationales de sécurité, de développement, de solidarité, de gestion de l'espace et de l'environnement.

Le gouverneur, dans le cadre de ses pouvoirs, assure l'arbitrage entre les collectivités et négocie des conventions ou des contrats avec celles-ci pour élaborer des actions communes en faveur de la ville, du logement, de la culture, de la sécurité. C'est à lui, en effet, qu'il revient de faire comprendre aux élus qu'ils soient communaux, préfectoraux, provinciaux ou régionaux, qu'ils seront appelés à prendre dans l'espace commun la responsabilité de l'intérêt public. Il doit être l'artisan de la solidarité et de la concorde des collectivités locales, son rôle est de minimiser les germes de la division et d'encourager la coopération fructueuse entre les portions du territoire du Royaume les plus hétéroclites. En conséquence, le gouverneur doit s'ériger en tant que partenaire privilégié des élus pour encourager le progrès de la démocratie locale et de la coopération inter-collectivités : deux conditions *sine qua non* de la réussite de tout processus de décentralisation.

[1792] Paul Bernard, *Le Préfet de la République*, op.cit. p. 119-120.

Les dahirs successifs instaurant la décentralisation progressive au Maroc ne l'ont pas été en défaveur du gouverneur, ils ont juste repositionné son « spectre d'action ». Le maintien de son autorité et de son prestige n'est pas une atteinte à la lettre de la décentralisation. Le projet de formation d'un « bloc de compétence » au sein d'une élite locale issue du suffrage n'a pu être qu'illusoire, après les années consécutives à l'indépendance du pays, et pendant les décennies troubles des années 1970 et 1980. La constitution d'un personnel local pouvant mener à bien les affaires publiques ne pourrait se réaliser qu'à plus ou moins long terme, entre temps, les gouverneurs continuent d'assurer leur charge classique d'encadrement des élus.

De plus, les réalités quotidiennes de la gestion du territoire démontrent que les affaires publiques sont de nature mixte. Chaque projet d'action publique comporte une part d'intérêt national et une part d'intérêt local : la collaboration entre les collectivités locales et la mise en commun de leurs ressources pour réaliser des œuvres d'intérêt général, deviennent incontournables. En conséquence, le problème ne réside pas dans la répartition plus ou moins réussie des compétences entre le représentant de l'Etat et les collectivités décentralisées, il réside plutôt dans le défi de servir tous les citoyens et, pour cela, de faire tomber les cloisonnements artificiels entre les différentes administrations. « C'est la nécessité évidente et naturelle d'un Etat unitaire qui compte sur le concours des collectivités territoriales pour assumer des missions communes. L'Etat ne s'allège pas, déloyalement, il organise désormais la collaboration que les citoyens exigent de toutes leurs collectivités auxquelles ils consentent leurs contributions fiscales à cet effet.[1793] »

Le gouverneur a changé de spectre d'action, dans le sens où si auparavant (sous l'empire de la première charte communale de 1960, et le premier texte de la charte préfectorale et provinciale de 1963, avant les réformes de 2002, et avant l'émergence de la région), il assurait une fonction de régulation manifeste, puisqu'il se chargeait de l'exécutif de tous les ressorts territoriaux, aujourd'hui, avec l'instauration de la décentralisation, il continue d'assurer une mission de régulation, mais c'est une régulation externe, au croisement des attributions en encadrant l'action de la commune, de la préfecture ou de la province et de la région dans le sens de l'intérêt de tous les citoyens.

Le gouverneur, aujourd'hui, enrichit même le dialogue en ouvrant le partenariat aux entreprises, aux associations, aux universités, aux chambres de commerce et d'industrie, aux chambres agricoles. Porté naturellement vers une habilité d'arbitrage, il assume le rôle de facilitateur d'accords et de compromis.

Au demeurant, l'autre manifestation de l'exceptionnelle pénétration de la fonction exécutive de gouverneur au cœur de la fonction délibérative des représentants élus, et du grand basculement de son champ habituel qui est la

[1793] Paul Bernard, *Le Préfet de la République*, op.cit. p. 119-120.

déconcentration administrative vers celui de la décentralisation, c'est tout simplement la place qu'il y occupe avec les autres fonctionnaires, système hérité du Protectorat et pérennisé par le *Néo-Makhzen*, particulièrement les hauts fonctionnaires et notamment les membres des grands corps de l'État.

En effet, en dehors des arguments, certes fondés, relatifs à une plus grande disponibilité que celle d'autres professions, la raison principale de cette prééminence du rôle des gouverneurs en tant que fonction publique par rapport aux fonctions « politiques » tient aux motivations de ceux qui les désignent dans ces fonctions de représentation : en tant que membres du sérail, pense-t-on, ils y auront plus facilement accès et sauront mieux s'y faire entendre. Aux yeux des militants comme à ceux des électeurs, le lieu du pouvoir politique, de son efficacité comme de sa légitimité, c'est l'État et non les partis ou les assemblées élues ; les fonctions qui comptent sont les fonctions exécutives, celles de l'offre politique, et non les fonctions représentatives ou délibératives, celles de l'expression, de la construction et de la transmission de la demande politique[1794].

Cela impacte nécessairement les rapports qu'entretient le représentant de l'administration avec les élus, comme ceux de ces derniers avec leurs électeurs. Pour le premier, « l'élu est d'abord perçu non comme responsable de l'élaboration de la « volonté générale », c'est-à-dire, *in fine*, de l'intérêt général, mais comme porteur d'une démarche « partisane », c'est-à-dire d'un intérêt particulier et contingent, assimilable à celui de n'importe quel autre groupe de pression, ce qui le conforte dans sa conviction d'être le seul garant de l'intérêt général. Pour les électeurs, l'image qu'ils ont de leurs élus est rigoureusement la même : ils sont là non pour élaborer et faire valoir l'intérêt général de la nation, mais pour défendre les intérêts particuliers de leurs électeurs, y compris, le cas échéant, contre ceux du reste de la nation »[1795].

[1794] Jean-Pierre Worms, *Crise de légitimité des élites gouvernementales et politiques françaises, et conditions d'une refondation de la république*, Revue du MAUSS 2/2005 (no 26), p. 105-120.
[1795] *Ibid.*

CONCLUSION GÉNÉRALE

Depuis janvier 2015 le Royaume compte 12 régions contre 16 auparavant. Un des objectifs majeurs de ce nouveau découpage est de former des pôles territoriaux plus cohérents. Dans le cadre de la nouvelle vision de la régionalisation adoptée conformément aux lois organiques de "la dernière génération" voulue par le Souverain, les régions peuvent dorénavant prendre à bras le corps leurs projets les plus structurants. Conçues au départ comme un espace de réflexion stratégique et de synthèse, les régions sont aujourd'hui un espace d'action, qu'elles doivent concevoir en phase avec les spécificités et les enjeux locaux.

Les élus des assemblées régionales ont été non seulement investis par les nouveaux textes des pouvoirs les plus larges en matière de "management public" des secteurs les plus variés, mais aussi émancipés de la tutelle et du contrôle administratif stricts auxquels les soumettaient les textes anciens. Mais l'Etat doit disposer de représentants loyaux et prompts à déployer son action dans les régions en cas de besoin, grâce à leur connaissance du terrain et à leur proximité avec toutes les parties prenantes en vue de décliner à leur niveau les grandes orientations nationales. Ainsi comme l'exprimait Jean-Antoine Chaptal ministre de l'Intérieur de Napoléon Bonaparte en parlant du préfet français en alliant science et politique pour expliquer une grande étape vers la décentralisation et le rapprochement entre l'administration et les administrés, le représentant de l'Etat est "(...)*essentiellement occupé de l'exécution (il) transmet les ordres au sous-préfet, celui-ci aux maires des villes, bourgs et villages ; de manière que la chaîne d'exécution descend sans interruption du ministre à l'administré et transmet les lois et les ordres du gouvernement jusqu'aux dernières ramifications de l'ordre social avec la rapidité du fluide électrique.*" Cette réflexion reste aujourd'hui d'actualité dans notre pays, qui a parcouru plusieurs étapes vers la décentralisation et la régionalisation sans pour autant concéder la nécessité absolue de l'unification et du maintien des liens avec le pouvoir central.

Les perspectives de l'institution du gouverneur au Maroc sont tributaires de l'évolution que connaîtra l'autonomisation continue des collectivités territoriales. Son spectre d'actions connaît déjà un amenuisement certain depuis 1960, et les rôles qui ont été les siens ne sont plus les mêmes, d'agent de l'administration traditionnelle "Makhzen", envoyé obligé du Sultan, il est appelé à devenir un véritable organe local de l'Exécutif moderne soumis aux contraintes de la démocratisation voulue ou forcée des instances locales.

Même si son rôle à travers ces vicissitudes de l'organisation administrative locale s'est considérablement amenuisé sous l'impact de la décentralisation, il gardera toutefois certaines prérogatives liées à la puissance publique qui sont loin d'être insignifiantes. Il apparaît ainsi, même s'il est concurrencé sur ce terrain, qu'il conservera une partie de son rôle de *diplomate* "régional", "provincial" ou "préfectoral", de sorte qu'en cas de différend ou de problème, il peut réunir les parties concernées, en terrain neutre.

De même encore, il préservera et sans doute même accroîtra sa fonction de défenseur de l'intérêt général, ce qui lui permettra toujours de s'opposer à des projets « désunificateurs », à des choix déraisonnables ou à des engagements ruineux de certaines collectivités territoriales.

Aussi, le gouverneur, serait-il appelé à se transformer en acteur social, à empêcher localement la dislocation possible de tissus économiques et à veiller au maintien des ordres anciens. En conséquence, il devrait renforcer son rôle d'observateur averti des signaux socio-économiques et sa mission de « prévisionniste » de régressions éventuelles tout en ayant en main les outils de prospective nécessaires.

BIBLIOGRAPHIE

Cette bibliographie ne comprend que les principaux documents utilisés pour la rédaction de notre étude. Certaines références, mentionnées en notes dansla thèse, mais d'une importance secondaire pour le sujet du gouverneur au Maroc, n'y sont pas répertoriées.

I. Ouvrages

1. Ouvrages marocains

Acherki A., *Al Amel Wâl Mâfhoum Al Jadid Li Sûlta* (le gouverneur et le nouveau concept d'autorité), Imprimerie Annajah Al Jadida- 2003 (en arabe).

Azziman O., *Droit civil Droit des obligations : le contrat,*vol. 1, Casablanca, Le Fennec, 1995.

Azzouzi A.,*Autoritarisme et aléas de la transition démocratique dans les pays du Maghreb*, L'Harmattan, 1 décembre 2006.

Bahi M., *Les compétences du Wali, du Gouverneur et des autres agents d'autorité,1. Domaine des collectivités locales (Communes, Préfectures, Provinces, Région),* Imprimerie Annajah Al Jadida, Casablanca, 2005.

Basri D., Belhaj A., Essaid M-J.,Laroui A., Osman A.,Rousset M., Vedel G.,(ouv. coll. dir.), *Edification d'un Etat moderne : le Maroc de Hassan II,* Editions Albin Michel, Paris 1986.

Basri D., *L'administration territoriale, L'expérience marocaine*, Editions Bordas, 1990.

Basri D., *L'Agent d'Autorité*, Imprimerie Royale, 1975.

Basri D., *La Décentralisation au Maroc, de la Commune à la Région*, Edition Nathan, Paris 1994.

Basri D., Rousset M., Vedel G.,*Trente années de Vie Constitutionnelle au Maroc*, LGDJ, Paris 1993. Ouvrage collectif dirigé par D.Basri.

Ben BachirS., *L'administration locale au Maroc*, Imprimerie royale, Casablanca, 1969.

Benhaddou A., *Les élites du royaume, Essais sur l'organisation du pouvoir au Maroc*, l'Harmattan., coll. Histoire et perspectives méditerranéennes, mai 1997.

Benjelloun A., *Droit administratif*, Imp. Al Maârif Al Jadida, Rabat, 1984.

Boudahrain A., *Eléments de droit public marocain*, l'Harmattan, collection Logiques Juridiques, 2003.

Boufous M., *Au service de l'Etat, récit et témoignage (1957-1971),* Editions Marsam, 2009.
Boujemaa R.,*Le fonctionnaire marocain*, Edit. Al Madariss, Casablanca, 1983.
Bourqia R., *Culture politique au Maroc, à l'épreuve des mutations*, l'Harmattan, Logiques sociales, 2011.
Bourqia R., Hopkins N., *Le Maghreb : Approches des mécanismes d'articulation*, Dar Al Kalam, 1991.
Bourqia R., Miller S.G., *In the Shadow of the Sultan, Culture, power and politics in Morocco*, Harvard University Press, 2000.
Brahimi M., *La loi communale de 1976 à l'épreuve de la pratique*, in Décentralisation et pratiques locales de développement, Imp. Najah El Jadida, 1996.
Brahimi M., *Libres réflexions sur la décentralisation et sa pratique*, cours des collectivités locales dispensé au cycle supérieur de l'ENAP, 1994.
Brahimi M., Ziani B., *Décentralisation et formation des élus locaux*, Collection dirigée par le centre d'études et de documentation de l'agence nationale de l'habitat insalubre, Rabat, 1983.
Bremard F., *L'organisation régionale au Maroc*, L.G.D.J., Paris, 1949.
Brouksy L.,*Le Maroc du XXIᵉ siècle, Makhzenité et modernité*, Imprimerie Al Maarif Al Jadida, 2002.
Chabih J., *Les finances des collectivités locales, Essai d'une approche globale des finances locales*, L'Harmattan, 2005.
Chahir A., *Qui gouverne le Maroc? Etude sociologique du leadership politique local*, CM2S/Fondation Konrad, 2011.
Cherkaoui A., *Le contrôle de l'Etat sur les communes*, Université Mohamed V, coll. Faculté des sciences juridiques, économiques et sociales de Rabat, n° 20, 1968.
Cubertafond B., *La Vie politique au Maroc*, Edition L'Harmattan, coll.Pour Comprendre, 2001.
Eddahbi A., *L'administration marocaine à l'aube du XXIᵉ siècle*, Imprimerie Najah Al Jadida, Casablanca, 2000.
El Caid H., *Le concept de l'autorité locale au Maroc : Evolution pratique*, Rotaco, 2011.
El Caid H., *Le gouverneur et la gestion des affaires locales*, Société Nouvelle des Impressions et Cartonnages Idéale, Casablanca, 1996.
El Ouazzani A., *La gestion municipale au Maroc*, Imprimerie de Fédala, Mohammedia, 1982.
El Yaagoubi M., *Le droit administratif marocain*, Imprimerie Arrissala, Rabat, Tome I, 1987.
El Yaagoubi M., *Le droit administratif marocain*, Imprimerie Arrissala, Rabat, Tome II, 1992.
Feu S.M Hassan II, *Le défi*, Editions Albin Michel, 1976.
Fikri E., *La bonne gouvernance au Maroc : mission possible*, Espace art et culture, 2005.
Fikri E., *Le régime financier de la commune marocaine*, Ed. Maghrébines, Casablanca, 1980.
Grandval G., Ma Mission au Maroc, Paris, Plon, 1956.
Ibn Khaldun., *Les Prolégomènes*, Tome I, Trad. Baron de Slane, Paris 1934.

Ibn Zaidan (Al-Charif Moulay Abderrahmane Abderrahman).,*Ithaf Alam Annas BiAkhbari Hadirati Meknes* (en arabe), tome IV, Edition Librairie Atakafa Adiniya, 2008.

Ibn Zaidan (Al-Charif Moulay Abderrahmane),*Al-'iz wa as-sawla fi ma'âlim nudhumi ad-dawla* (en arabe) Tome I, Impressions du Palais Royal, Rabat, 1961.

Jamjama A., *La déconcentration et la décentralisation dans les discours royaux*, entre 1955 à 1995, Imp. Impérial, Rabat, 1996 (en arabe).

Lahbabi M., *Le Gouvernement marocain à l'aube du XXe siècle*, Préface de Mehdi Ben Barka, Editions Techniques Nord-Africaines, Rabat 1958.

Laroui A.,*Les origines sociales et culturelles du nationalisme marocain*, Maspero, 1977.

Leveau R., *Le Fellah marocain défenseur du trône*, Paris, Presse de la FondationNationale des Sciences Politiques, 1985.

Mchiche Alami M., *Région + démocratie = développement*, Editions Fondation Sidi M'chiche El Alami, 1997.

Msadek R.,*Droit constitutionnel et institutions politiques*, Ed. Dar Toubkal, Casablanca, 1990.

Pascon P., *Etudes rurales, idées et enquêtes sur la campagne marocaine*, Société Marocaine des Editeurs Réunis, SMER, coll. Atlas, Abdelkbir Khatibi (dir.), 1980.

Recnier J-J., et Sanwc J-C.,*Armée, pouvoir et légitimité au Maroc*in SantucciJ-C., Flory M.,(dir.), Annuaire de l'Afrique du Nord, (CRESM), Paris, Editions du CNRS, 1972.

RoussetM., *Contentieux administratif marocain*, Editions La Porte, 2001.

RoussetM., *L'action internationale des collectivités locales*, LGDJ, coll. Systèmes 1998.

RoussetM., *L'administration marocaine, son droit et son juge*, PUMAG, 1995.

RoussetM., *Le service public au Maroc*, 2e édition, Editions La Porte, 2002.

RoussetM., *Les institutions administratives marocaines*, Publisud, Paris, 1991.

RoussetM., *Une vie marocaine, 1963-2013*, Editions La Porte, 2013.

Rousset M., Garagnon J., *Droit Administratif marocain*, 6e édition, Edit, la Porte, Rabat 2003.

Rousset M., *Hommage à Hassan II : regard sur la modernisation de l'Etat*, Presse Universitaire de Grenoble, 2001.

Santucci J-C, *État et société au Maroc : enjeux et perspectives de changement*, IREMAM, UMR 7310,CNRS, Aix-Marseille Université.

Saroukh M., *Le droit administratif, étude comparée*, Société Marocaine d'Imprimerie et d'Edition, Casablanca, 2006.

SedjariA.,(S. dir.)*Etat, Espace et pouvoir local*, Ed. Guessous, 1991.

SedjariA., (S. dir.) *Etat et administration : tradition ou modernité ?* Ed. Guessous, 1993.

SedjariA., (S. dir.) *Etat-nation et prospective des territoires*, Ed. l'Harmattan, 1997.

SedjariA., (S. dir.) *L'administration territoriale au Maghreb*, Ed. Guessous, 1989.

Sedjari A., (2005), (S. dir.), *Partenariat public-privé et gouvernance future*, L'Harmattan-GRET, 2005.

SedjariA., (S. dir.) *Aménagement du territoire et développement durable : quelles intermédiations ?* Ed.l'Harmattan, 1999.

Sedjari A., (S. dir.) La mise à niveau de l'administration face à la mondialisation,Ed. l'Harmattan, 1999.

Sedjari A., *Les structures administratives territoriales et le développement local au Maroc*, coll. de la Faculté de droit de Rabat, 1981.
Smires M., *Centralisation et décentralisation territoriale au Maroc*,Université Sidi Mohamed Ben Abdellah, coll. de la Faculté des Sciences Juridiques, Economique, et Sociales, série : Thèse 1, Fès 2001.
Tajemouati L-N.,*La ville marocaine entre patrimonialisation et bidonvilisation*,in Le devenir de la ville, SedjariA., (dir), L'Harmattan, GRET, 2000.
Vermeren P., *Ecole, Elite et Pouvoir, au Maroc et en Tunisie au XXe siècle*, Rabat,Alizés, 2002.
Vermeren P., *Histoire du Maroc depuis l'indépendance*, 3e édition, La Découverte, coll. Repères Histoire, Paris, 2002.
Vermeren P., *La Formation des élites marocaines et tunisiennes, des nationalistes aux islamistes*, 1920-2000, Edition La Découverte, 2002.
Zair T.,*La gestion décentralisée du développement économique au Maroc*, L'Harmattan,, Histoire et perspectives méditerranéennes, 2007.

Ouvrages de droit comparé

Aitamer E-G., *Les Préfets de Vichy*, Paris, Annales de la faculté de droit de Sceaux, 1974.
AubertJ., *Les Préfets en France*, 1800-1940, Genève, Droz, 1978.
Bargeton R., Bougard P., Le Clere B., Pinaud P-F., *Les Préfets du 11 ventôse an VIII au 4 septembre 1870*, Paris, Archives nationales, 1981.
Bargeton R., *Dictionnaire biographique des Préfets (septembre 1870 - mai 1982)*, Paris, Archives nationales, 1981.
Becquart-Leclercq J., *La démocratie locale à l'américaine*, Paris, P.U.F., 1988.
Bernard M., *Le droit constitutionnel des collectivités territoriales*, Dossier : Cahiers du Conseil constitutionnel n° 12, mai 2002.
Bernard P., *Le Préfet de la République*, le chêne et l'olivier, Paris, la documentation française, 1993.
Bernard P., *L'Etat et la décentralisation : du Préfet au commissaire de la République*, Paris, La Documentation française, 1983.
Birnhaum P., *Théories élitistes*, in Hermet G., et al., Dictionnaire de la science politique et des institutions politiques, Paris, A. Colin, 1994.
Bourjol M., *L'administration préfectorale face à la décentralisation*, in Costa J-P.et Y. Jegouzo Y., (dir.), L'administration française est-elle en crise ?, Paris, L'Harmattan, 1992.
Bross C.,*L'Etat dinosaure, l'administration racontée par un préfet*, Albin Michel, 2000.
Bulpitt J., *Territory and Power in the United Kingdom.*, Manchester, Manchester University Press, 1983.
Burdeau G., *Traité de science politique*, Tome II, L'Etat, L.G.D.J, 1951.
Burdeau F., *Histoire de l'administration française du XVIIIe siècle à nos jours*, Paris, PUF, 1968.
Catherine R., *Le fonctionnaire français, droits, devoirs, comportement, Introduction à une déontologie de la fonction publique*, Editions Albin Michel, Paris, 1961
Cattedra R., Catusse M., Idrissi Janati M., *Changer d'échelles de gouvernance ? Réflexion autour de la promulgation de la charte communale de 2002 au Maroc*,

in.Miossec J-M., (dir.), Terrains et échelons de la gouvernance : expériences en France et Maghreb, Paris, L'Harmattan, 2009.
Charle C., *Les Hauts fonctionnaires en France*, Paris, Gallimard-Julliard, coll. Archives, 1980.
Chevallier J., *Eléments d'analyse politique*,PUF, 1985.
Chevallier J., *La science administrative, L'Administration comme organisation et système,* Tome II, LGDJ, Paris, 1978.
Chevallier J.,*Le droit administratif en mutation*, P.U.F. CURAPP. 1993
Crozier M., *Le Phénomène bureaucratique*, Paris, Les Editions du Seuil, 1964.
Dahl R.-A., *Who governs ? Democracy and Power in an American City*, New Haven, Yale University Press, 1961 ; trad.française par Birman P., et Birnbaum P., Qui gouverne ? Paris, A. Colin, 1971
De Bezin G., *Des autorisations et approbations en matière de tutelle administrative*, Toulouse, s.n. 1906.
De Gaulle Ch., *Discours et messages (vers le terme 1966-1969)*, t. V, éd. Plon, Paris, 1970.
De Gaulle Ch., *Le fil de l'épée*, Paris, Perrin, Série, Les mémorables, 2010.
De Gaulle Ch., *Vers l'armée de métier*, Berger-Levrault, Edit. 1934.
De Tocqueville A., *De La démocratie en Amérique*, Flammarion, 1999.
Deschanel P., *La décentralisation*, Berger-Levrault, 1895.
Doat M., *Recherche sur la notion de collectivité locale en droit administratif français*, L.G.D.J, 2003.
Ducrocq Th., *Cours de droit administratif et de législation française des finances*, 7e éd. Thorin, 1887.
Ducrocq Th., *Etudes de droit public*, Guillaumin, 1887.
Durand E., *Traité de droit public marocain*, L.G.D.J, 1955.
Duverger M., *Sociologie de la politique*, Paris, PUF, 1973.
Epstein R., *L'Etat local, de la résistance à la résidualisation. Les services extérieurs à l'épreuve desréformes administratives*, in La France et ses administrations : un état des savoirs, Eymeri-Douzans J-M, Geert Bouckaert (Ed.) 2013.
Eyan W., *The Organization-Set, in, Approaches to Organizational Design*. Edited byThompson J-D, Pittsburgh, University of Pittsburgh Press, 1966.
Feral F., *Approche dialectique du droit de l'organisation administrative*, L'Harmattan, 2000.
Gaudemet Y., *Le représentant de l'Etat*, in, Gaudemet Y., et Gohin O.,(dir), La République décentralisée, éd. Panthéon-Assas, 2004.
Guillien R., VincentJ., *Termes juridiques*, 10 e éd., 1995, Paris, Dalloz.
Hauriou M., *Précis de droit constitutionnel*, 2e édition Sirey, 1929.
Henry P., *Les Préfets en France, cent cinquante ans d'administration provinciale*, Paris, Nouvelles éditions latines, 1950.
Hunter F., *Community Power Structure*, University of North Carolina Press, Chapel Hill, 1953.
Jeze G., *Les principes généraux du droit administratif*, 2e édition, Giard et Brière, 1914.
Lacour C., *L'Aménagement du territoire et développement régional*, Dalloz, 2e édition, Paris
Lamoussiere C., et Lamarie P., *Le personnel de l'administration préfectorale*, 1800-1880, Paris, Archives nationales, 1988.

Le Clere B.,*La vie quotidienne des Préfets au XIXe siècle (1815-1914),* in Les Préfets en France 1800-1940, Genève, Droz, 1978.
LE Clere B., et Wright V., *Les Préfets du Second Empire*, Paris, Armand Colin, 1973.
Legendre P., *L'histoire de l'administration de 1750 à nos jours*, PUF, 1968.
Lequin Y., *Histoire des Français, XIX-XXe*, T III, Paris, Armand Colin, 1984.
Levine S., Whyte P., *Exchange as a conceptual Framework for the Study of Interorganisational Relationships*, Administrative Science Quarterly, 5(4), Marsh, 1961.
Liegeois J., *Des attributions des conseils généraux ou explication pratique de la loi du 18 juillet 1866*, 2[e]Edition. Imp. N. Colin.1867.
Luxemburg R.,*Œuvres I : Réformes sociales ou révolution ?* Maspero, 1976
Machiavel N.,*Le Prince*, Ldp Classiques Philosophie, numéro 4662,Essais, 2000
Maspetiol R., Larocque P., *La tutelle administrative*, Paris, Sirey, 1930.
Hauriou M., Hauriou A., *Précis de droit administratif et de droit public*, Scolaire-Universitaire 2002.
Mazeres M., *Institutions administratives françaises*, I.E.P de Toulouse, 1968-1969.
Melleray G., *La tutelle de l'Etat sur les Communes*, Paris, Sirey, 1981.
Meny Y., *Politique comparée, les démocraties : Allemagne, États-Unis, Grande-Bretagne, Italie*, 3e éd., coll. « Domat », Paris, Montchrestien, 1991.
Mills C-W.,*The power Elite*, New York, Oxford University Press, 1956.
Mosca G., The Ruling elass, New York, Mc Graw-Hill, 1939.
Moulin M., *Contemporary Britain*, Editions Bréal, 2006.
Nevers J-Y., *La décentralisation contre "La société bloquée",* in. Hirschhorn M., (dir.), La décentralisation : une évaluation sociologique, Université d'Orléans, 1992.
Peyrefitte A., *Le mal français*, Fayard,2002, (Première édition en 1976).
Pinet M., *Histoire de la fonction publique en France*, les XIX et XXe S, T III, Paris, Nouvelle Librairie de France, 1983
Regnier J., *Les Préfets du Consulat et de l'Empire*, Paris, Ficker, 1913.
Richardson N., The French prefectoral corps, 1814-1830, Cambridge, 1966.
Rivero J.,Waline J., Droit administratif, 18e éd, Paris, Dalloz, 2000.
Rivero J., Cours de droit administratif comparé, DES Droit public, Les cours de Droit, 1954 -1955.
Roggero P.,*Le préfet entre hiérarchie et complexité : réflexion sur les représentations des rapports entre l'Etat, le territoire et ses collectivités en France*, in. Le Préfet et le développement local,Allinne J-P.,Carrier R (dir), Dalloz, Actes, 2002.
Rouquie A., (dir), *La démocratie, ou l'apprentissage de la vertu*, Alain Métaillé, Paris 1985.
SavantJ., *Les Préfets de Napoléon*, Paris, Hachette, 1958.
SavignacJ-C., *Les administrations de la France*, Paris, Masson, 1995.
Siwek-PouydesseauJ.,*Le corps préfectoral dans la IIIe et IVe République*, Paris, Armand Colin, 1969.
Smith A.,*Europe politique au miroir du local : Les fonds structurels et les zones rurales en France, en Espagne et au Royaume-Uni*, L'Harmattan, 1996.
ThoenigJ-C., *L'ère des technocrates,* Paris, Ed,l'Organisation, 1973.
Thullier G., Tulard J., *Histoire de l'administration française*, Paris, PUF, 1984.

Tobin I., *Le Préfet dans la décentralisation*, L'Harmattan, Logiques Politiques, 1997.
Vedel G., Delvolvé P., *Droit administratif*, Thèmes, 1982.
Vedel G., Discontinuité du droit constitutionnel et continuité du droit administratif : le rôle du juge, in mélanges Waline, L.G.D.J, 1974, tome 2.
Verpeaux M., *Droit des collectivités territoriales*, 2e édition, PUF, 2008.
Verpeaux M.,Janicot L.,*Droit public, pouvoirs publics et action administrative*, PUF, 2009.
Verpeaux M., *La Région*, Dalloz, 2005.
Vicomte de Lahaye Cormenien L-M., *Droit administratif*,2t. t.1er, Pagnerre, 1840.
Watrine G., *L'administration de la Troisième République*, 2e éd., Beyrouth, Les lettres françaises, 1944.
Weber M., *Economie et société*, T. l, 1922, Rééd. Plon,l97l.
Worms J-P,*Le Préfet et ses notables*, Sociologie du travail, vol. 8, n° 3, 1966.

Thèses et mémoires

Achergui M., *Le dahir dans le droit public marocain*, Mémoire de DES en droit public, Faculté de droit de Casablanca, 1980.
Amet J., *L'évolution des attributions des préfets de 1800 à nos jours*, Thèse Droit Paris, 1954.
Brahimi M., *Le rapprochement de l'administration des administrés*, Mémoire de Cycle supérieur de l'ENAP, Rabat 1978.
Chavrier H., *Le problème de l'existence du ministère de l'Intérieur*, Thèse Sciences politiques, Paris II, s.I. 1973.
Contet P., *Les Préfets de la Vème le recrutement social et politique d'un corps de l'Etat- 1958/1995*, thèse sciences politiques, Montpelier 1, 2000.
Delacamp A.,*Le Sénat et la Décentralisation*, Thèse en Droit, Economica, 1991.
Eddahbi A., *Le gouverneur dans le cadre de l'organisation actuelle du royaume du Maroc*, Mémoire D.E.S., Casablanca, 1980.
El HafiM.,*Du Gouvernement de la ville à la gouvernance urbaine, cas de la ville de Salé,* Thèse de Doctorat FSJES. Université Mohamed V Souissi. Rabat, 2007.
Gay P., *Le préfet régional,* thèse droit, Paris, 1942, Sirey, 1942.
Leroy-Beaulieu P., *L'administration locale en France et en Angleterre*, Thèse droit, Guillaumin, 1872.
Mseffer N., *L'organisation communale sous le Protectorat*, Mémoire sciences politiques, Faculté de droit de Casablanca, 1986.
Ollivier M., *Condition et Compétences Préfectorales*, Thèse de Doctorat en Droit Public, Université Lumière -Lyon 2, 2005.
Regourd S., *L'acte de tutelle en droit administratif français*, Thèse droit, L.G.D.J coll. Bibliothèque de droit public, 1982.
Rossignole A., *La représentation de l'Etat devant les tribunaux judiciaires*, Thèse droit, Paris, Dalloz, 1952.
Salmi A., *Les rapports entre collectivités locales et services extérieurs*, Mémoire de Cycle supérieur de l'ENAP, 1981.
Teigen P-H., *La police municipale, étude de l'interprétation jurisprudentielle des articles 91,94 et 97 de la Loi du 5 avril 1984*, Thèse droit Nancy, Sirey, 1934.

Articles de doctrine et chroniques

Auby J-F., « L'évolution du corps préfectoral », RFDA, 1990, p. 447.

Ben Bachir H., « Les apports et les limites de la loi 79-00 relative à l'organisation des préfectures et des provinces », in « La nouvelle charte communale » vers une collectivité locale citoyenne », REMALD, 2003, n° 44, p. 35.

Benabdallah M-A., « Propos sur la décentralisation territoriale au Maroc », in REMALD, n°50, mai-juin 2003, p. 19.

Benabdallah M-A., « Propos sur l'évolution récente de l'Etat de droit au Maroc », in REMALD, 2000, n° 31, p. 21.

Benabdallah M-A., « Droits de l'Homme et Libertés publiques au Maroc, 40 ans de libertés publiques au Maroc », REMALD, 1998, Thèmes actuels, n° 18, p. 7.

Benabdallah M-A., « Le contrôle de l'opportunité de la mutation du fonctionnaire dans l'intérêt du service », REMALD, 1998, n° 24, p. 139.

Benabdallah M-A., « La consécration du contrôle de l'adéquation de la sanction à la faute commise par le fonctionnaire », REMALD, 1998, n° 22, p. 107.

Bonker F., Wollmann H., « L'évolution du rôle des collectivités locales dans l'État providence allemand »,Revue française des affaires sociales, 2004/4 n° 4, p. 243-265., p. 240.

Bonnaud-Delamare R., « Le préfet dans le cadre de la constitution française de 1958 », in R.I.S.A, 1961, p. 12.

Brahimi M., « Décentralisation /Déconcentration : Quelles relations ? » Intervention à une journée d'étude à l'ISCAE, le 23/01/2004.

Brahimi M., « La décentralisation marocaine, évaluation d'une formation en plusieurs actes », in REMALD, n° 12 juillet- septembre 1995.

Brahimi M., le financement des collectivités locales au Maroc, in le financement du développement local, REMALD n°2, 1995.

Brahimi M., « De l'efficacité des contrôles exercés sur les collectivités locales », REMALD, n° 23, avril-juin 1998.

Chauvin F.,« Les Préfets face à "l'acte 2" de la décentralisation », in, Pouvoirs locaux, n° 59, 2003, décembre (IV), p.103-109.

Chevallier J., « Le modèle centre/Périphérie dans l'analyse politique », in Centre Périphérie, Territoire, CURAPP, PUF, 1978, p. 68-69.

Cole A., John P., "Urban Regimes and Local Governance in Britain and France Policy Adaption and Coordination in Leeds and Lille", in Urban Studies, Urban Affairs ReviewJanuary 1998.

Collins N., "The commissioner for local administration", University of Birmingham, in Local government studies, July, 1978.

Crozier M., Thoenig J-C, « La régulation des systèmes organisés complexes, le cas du système de décision politico-administratif local en France », Revue française de sociologie, vol. 16, n° 1, 1975, p. 3-32.

De Quinsac Ph., (pseudonyme d'un haut fonctionnaire) « Des préfets, mais quels préfets ? », R.P.P., n° 819, mars 1971, p, 45.

Delacamp A.« Les nouvelles conditions du contrôle de légalité sur les actes des autorités locales », A.J.D.A., 1982, p. 500-508, p. 500.

Duran P., « Les pannes de la déconcentration : l'échec du rapprochement des directions départementales de l'Equipement et des directions départementales de l'Agriculture et de la Forêt en 1993 », Revue française d'administration publique, vol. 120, n° 4, 2006, p. 757-776.

Fadil A., « La région à l'heure de la décentralisation », REMALD n° 14, 2000, p. 38.

Genieys W., « De la théorie à la sociologie des élites en interaction. Vers un nouvel élitisme ?,in. CURAPP, Les méthodes au concret, PUF, 2000, p. 81-103.

Gremion C., « Les décentralisateurs déstabilisés », in Pouvoirs, n° 49, 1989, p. 81-92.

Harsi A., Yaagoubi M., « Cadre conceptuel, législatif et réglementaire des processus de décentralisation au Maroc », Contribution au Rapport RDH 50, 2005, p. 184.

Helin Jean-C, « Les contrôles sont-ils efficaces ? » in Pouvoirs, n° 60, année 1992, p.115-134.

Janicot L., La tutelle de l'Etat sur les collectivités territoriales, trente ans après la loi du 2 mars 1982, AJDA, n°14-16 avril 2012, p. 753.

Jazouli A, « Le nouveau concept de l'autorité ou la reconstruction territoriale de l'action publique », REMALD, série « Thèmes actuels », actuels n° 25, 2001, p. 37-42.

Le Bos-Le Pourhiet A-M., « La décentralisation et ses symboles », Rev. Adm., n° 215, Septembre-Octobre 1983, p. 203-215.

Loschak D., « Espace et contrôle social », in centre, périphérie, territoire, Cahier du CURAP. PUF, 1978, p. 144-155.

Marais O., « La classe dirigeante au Maroc », Revue Française de Sciences Politiques, R.F.S.P, n° 4. 1964, p. 729.

Marcou G., « Bilan et avenir de la déconcentration », in Annuaire des collectivités locales, Tome 22, 2002. p. 25-49.

Mazeres J-A., « La région, espace du pouvoir ou espace de pouvoir », in centre, périphérie, territoire, Cahier du CURAP. PUF, 1978, p. 23 et s.

Meyad M L, « Attributions des gouverneurs des préfectures et provinces à la lumière de la nouvelle Constitution », (en arabe), in. Revue de Jurisprudence Administrative, n° 2, année 1-2013, p. 104-117.

Rousset M., « Le nouveau concept de l'autorité et la modernisation de l'administration marocaine », in. Centre d'Etudes Internationales (dir) « Une décennie de réformes au Maroc (1999- 2009) », Ed. Karthala, 2009, p. 55.

Rousset M., « Réflexion sur quelques aspects du système administratif du Maroc », Revue juridique, politique et économique du Maroc, n° 1, 1976, p.107.

Rousset M., « Un phénix juridique du Maroc : le pouvoir réglementaire royal », RJPIC, n° 3, 1983, p. 636.

Rousset M., « Aménagement du territoire et construction régionale : une expérience d'adaptation de l'administration de l'espace », in. Edification d'u Etat moderne, Le Maroc de Hassan II, Ouvrage collectif, Driss Basri, (dir), Edit. Albin Michel, 1986, p. 231.

Rousset M., la décentralisation marocaine : réflexion sur un bilan, in, l'Etat et les collectivités locales au Maroc, Presse IEP de Toulouse, et Sochepress, 1989, p. 173.

RoussetM., « Le pouvoir hiérarchique dans l'administration marocaine, du mauvais usage de l'autorité », in Maghreb review, 1990, vol 15, n°3-4, p. 114.

RoussetM., « La déconcentration mythe et réalité », REMALD n° 9, 1994, p.43.

Rousset M., « Pouvoir administratif et participation », REMALD, n° 32, 2000, p.29.

Rousset M., « L'administration marocaine entre tradition et modernité, immobilisme et progrès », Mélanges Paul Sabourin, Bruylant, 2001, p.327.

Naciri K., « Empowering Local Government Institutions in the MENA, Region », communication présentée au 4ème Forum méditerranéen du Développement, MDF4 sur le Amman, 8-10 avril 2002.
Ouazzani Chahdi H., « Déconcentration et décentralisation : pour quelle équation ? » in Décentralisation et pratiques locales du développement, Actes des colloques et séminaires, Imp. Najah El Jadida, 1996, p. 67.
Ouazzani Chahdi H., « l'organisation administrative des provinces sahariennes », in Edification d'un Etat moderne, le Maroc de Hassan II, ouv. coll. Paris, Albin Michel, 1986, p. 173.
Ouazzani Chahdi H., « La régionalisation et la déconcentration », in 40 ans d'administration, REMALD n° 6, p. 53.
Ouazzani Chahdi H., « Le statut de l'élu local à la lumière de la nouvelle charte communale du 3 octobre 2002 », REMALD Thèmes actuels n° 44, 2003, p. 27.
Peyrefitte A., (présenté par), « Décentraliser les responsabilités, Pourquoi ? Comment ? », La Documentation Française, 1976.
Rioux A., « Le découpage des circonscriptions administratives et électorales devant le conseil d'Etat », AJDA, n° 4, 1983, p. 219.
Saubergerzweig D., « Allemagne : Les collectivités locales dans l'Europe des douze », in la Revue française de l'administration publique, n ° 60, oct-déc., 1991, p. 193-195.
Scott J., « Les élites dans la sociologie anglo-saxonne », in Suleiman E., Mendras H., (dir.), Le recrutement des élites en Europe, Paris, La Découverte, 1995, p. 50.
Teller W., « La Commune : Mythe ou réalité ? Deux expériences maghrébines », in Cahiers africaines d'administration publique, n° 6, juin 1971, p. 125.
Thoenig J-C, Duran P., « L'État et la gestion publique territoriale », in, Revue française de science politique, 46e année, n°4, 1996, p. 580-623,p. 582.
Toulemonde B., « La réforme des collectivités locales en France », Les Cahiers du CFPC, n° 5, septembre, 1979, pp 17-20.
Verpeaux M., « 1982 : de quoi la loi du 2 mars est-elle la cause ? », AJDA, n°14-16 avril 2012, p.743.
Vié J-E., « Impudence ou inconscience ? », in Revue administrative, n° 297, mai-juin, p. 308.
Wiener C., « Pouvoir politique et administration : le temps de la discorde », inPouvoirs n° 4 - La Ve République - janvier 1978 (décembre 1982), p. 12.
Yaagoubi M., « La création des services publics industriels ou commerciaux par les collectivités locales au Maroc », in REMALD, n° 1, octobre-décembre 1992, p. 41.
Zarrouk N., « Le renouveau de la déconcentration », REMALD n° double 48-49, janvier-avril 2003, p. 30.
Zarrouk N., « La concrétisation du nouveau concept d'autorité dans la promotion des investissements », REMALD n° 25, 2001, p. 53-68.
Zejjari A., « La décentralisation : enjeu du rapport central-local », in REMALD n° 1, octobre-décembre 1992, p. 8.
Zyani B., « Décentralisation et réforme administrative au Maroc », Communication présentée au 4eforum méditerranéen du développement du 8-10 avril 2002, Amman.

II. DISCOURS, TEXTES DE BASE ET DOCUMENTS

Discours, messages et lettres royaux

Discours du Roi Hassan II du 13 décembre 1962

Discours du Roi Hassan IIdu 7 juin 1965 proclamant l'état d'exception.

Discours d'ouverture du Roi Hassan II à l'occasion du premier colloque des Collectivités locales en décembre 1977.

Discours du Roi Hassan II du 24 octobre 1984 prononcé à Fès devant l'assemblée régionale consultative de la région centre-nord.

Discours du Roi Hassan II d'ouverture du quatrième colloque des collectivités locales à Tanger 1994.

Discours du Roi Mohamed VI du 12 Octobre 1999 devant les responsables des régions, wilayas, provinces, et préfectures instituant le nouveau concept d'autorité.

Discours d'ouverture de l'année judiciaire de 2003 prononcé par Sa Majesté le Roi Mohammed VI.

Discours de Sa Majesté le Roi Mohammed VI du 12 Octobre 1999, devant les responsables des Régions, Wilayas, Préfectureset Provinces du Royaume, Cadres de l'administrationet Représentants des citoyens.

Lettre de S.M le Roi Mohammed VIau Premier Ministre, M. Abderrahmane El Youssoufi,définissant le cadre et les orientations du plan quinquennal du 16 décembre 1999.

Message de S.M. Le Roi Mohammed VIaux participants au colloque du « Conseil National pourla Réhabilitation de la Cité Historique de Tanger » du 8 avril 2000.

Allocution de S.M le Roi Mohammed VIà l'occasion de l'ouverture des travauxdu Conseil Supérieur de la Promotion Nationale et du Plan du 4 mai 2000.

Discours de S.M le Roi Mohammed VIà l'occasion du premier anniversaire de l'accession du Souverainau Trône, discours du trône 30 Juillet 2000.

Discours de Sa Majesté le Roi Mohammed VIà l'occasion de la célébration du 25ème anniversaire de la Marche Verte, du 6 novembre 2000.

Lettre royale adressée au Premier Ministre au sujet de la gestion déconcentrée de l'investissement, du 9 janvier 2002.

Discours de S.M. le Roi Mohammed VI du 9 janvier 2002, à l'occasion de la présentation de la Lettre Royale au PremierMinistre,relative à la gestion déconcentrée de l'investissement.

Discours de S.M. le Roi Mohammed VI du 11 octobre 2002, lors de l'ouverture de la première année de la 7ème législature.

Discours du 10 Décembre 2002. Discours de S.M le Roi Mohammed VIlors de la cérémonie de nomination et d'installationdes nouveaux membres du Conseil Consultatif des Droitsde l'Homme (CCDH) et du Wali de Diwan Al Madhalim.

Discours de S.M le Roi Mohammed VI du 29 mai 2003, suite aux attentats de Casablanca du 16 mai 2003

Discours de S.M. le Roi Mohammed VIlors de l'ouverture de la 2e année législative de la 7ème législature, du 10 octobre 2003.

Discours de S.M. le Roi Mohammed VI du trône le 30 juillet 2004, à l'occasion du cinquième anniversaire de l'accession du Souverain au Trône.

Discours de S.M. le Roi Mohammed VI du trône le 30 juillet 2005, à l'occasion du cinquième anniversaire de l'accession du Souverain au Trône.

Message de SM le Roi Mohammed VI à la troisième éditiondes « Intégrales de l'Investissement », du 1[er]décembre 2005.
Message de SM le Roi Mohammed VI aux participantsà la quatrième éditiondes intégrales de l'investissement 7 décembre 2006.
Discours de S.M. le Roi Mohammed VI du trône le 30 Juillet 2007, à l'occasion du cinquième anniversaire de l'accession du Souverain au Trône.
Discours de S.M le Roi Mohammed VI du 20 août 2009, à l'occasiondu 56ème anniversaire de la Révolution du Roi et du Peuple.
Discours de SM le Roi Mohammed VI du 9 octobre 2009,à l'occasion de l'ouverture de la 1ère session de la 3e année législative.
Discours de SM le Roi Mohammed VI du 8 octobre 2010, à l'occasion de l'ouverture de la première session de la 4ème annéelégislative de la 8ème législature du parlement.
Discours de SM le Roi Mohammed VI du 9 mars 2011, à l'occasion de l'annonce des réformes constitutionnelleset de la présentation du rapport de la CommissionConsultative sur la Régionalisation.
Discours de S.M le Roi Mohammed VI du 17 juin 2011, à l'occasion de la présentation du projet de nouvelle Constitution.

Textes de base

Dahir sur les associations du 24 mai 1914, Bulletin officiel n°84 du 12 juin 1914.
Dahir du 8 avril 1917 sur l'organisation municipale, Bulletin officiel du30/04/1917, n° 236, p. 486.
Dahirn° 1-58-376 du 15 novembre 1958 réglementant le droit d'association, Bulletin officiel du 27/11/1958.
Dahir n° 1.58.008 du 24 février 1958 portant statut général de la Fonction publique, Bulletin officiel du 11 avril 1958.
Dahir n° 1-59-161 du 1er septembre 1959 relatif à l'élection des conseils communaux, Bulletin officiel, n° 2445 du 4 septembre 1959.
Dahir n° 1-59-315 du 23 juin 1960 relatif à l'organisation communale, Bulletin officiel, n° 2487 du 24 juin 1960.
Dahir n° 1-63-38 du 1[er]mars 1963, portant statut particulier des administrateurs du Ministère de l'Intérieur, Bulletin officiel n° 2629, du vendredi 15 mars 1963.
Décret n° 2-63-047 du 2 mars 1963 fixant l'échelonnement indiciaire du corps des agents d'autorité et des administrateurs du ministère de l'Intérieur, Bulletin officiel n° 2629, du 15 mars 1963.
Dahir n° 1-72-061 du 15 mars 1972 portant promulgation de la Constitution de 1972, Bulletin officiel n° 3098 du 15 mars 1972.
Dahir portant loi n° 1-76-583 du 30 septembre 1976 relatif à l'organisation communale, Bulletin officiel, n° 3335-bis du Vendredi 1[er]octobre 1976.
Dahir portant loi n° 1.75.168 du 15 Février 1977 relatif aux attributions du gouverneur, tel qu'il a été modifié et complété par le dahir portant loi n° 1.93.293 du 16 octobre 1993, Bulletin officiel n°3359 du 16 mars 1977.
Décret-loi n° 2-80-520 du 8 octobre 1980 portant création de la Fondation Hassan II pour les œuvres sociales des agents d'autorité du ministère de l'Intérieur, Bulletin officiel n° 3545 du 8 octobre 1980 ; décret-loi ratifié par la Chambre des représentants par la loi n° 34- 80 promulguée par le dahir n° 1-80-443 du 25 décembre 1980, Bulletin officiel du 4 février 1981, p. 42.

Décret n° 2-86-584 du 29 septembre 1986 fixant le régime indemnistaire et les avantages alloués aux agents d'autorité (non publié).

Dahir n° 1-92-31 du 17 juin 1992, portant promulgation de la loi n° 12-90 relative à l'urbanisme, Bulletin officiel, n° 4159, 15 juillet 1992.

Décret n° 2-93-625 du 20 octobre 1993 relatif à la déconcentration administrative, Bulletin officiel n° 4227 du 3 novembre 1993.

Dahir n° 1-92-7 du 17 juin 1999 portant promulgation de la loi n° 25-90 relative aux lotissements, groupes d'habitations et morcellements, Bulletin officiel, n° 4159 du 14 moharrem 1413 (15 juillet 1992).

Dahir n° 1-97-83 du 2 avril 1997 portant loi n° 9-97 formant Code électoral, Bulletin officiel du 3 avril 1997.

Dahir n° 1-97-84 du 2 avril 1997 portant promulgation de la loi n°47-96 relative à l'organisation de la région, Bulletin officiel, 3 avril 1997.

Dahir n°1-99-192 du 25 août 1999 portant promulgation de la loi n°34-97 relative aux anciens combattants et portant création de la Fondation Hassan II pour les œuvres sociales des anciens militaires et des anciens combattants.

Décret n° 297176 du 15 décembre 1997 relatif aux attributions et à l'organisation du ministère de l'Intérieur, Bulletin Officiel du 5 février 1998 et rectification au Bulletin officiel du 19 mars 1998.

Décret n° 2-02-139 du 5 mars 2002 relatif à l'approbation des délibérations des conseils des communes rurales relatives aux domaines privé et public desdites communes, Bulletin officiel n° 4984, du 7 mars 2002.

Décret n° 2-02-187 du 5 mars 2002 portant délégation aux walis des régions, Bulletin officiel n° n° 4984, du 7 mars 2002.

Arrêté du ministre de l'Intérieur n° 365-02 du 5 mars 2002 portant délégation de pouvoirs aux walis des régions, Bulletin Officiel n° n° 4984, du 7 mars 2002.

Dahir n° 1-02-202 du 23 juillet 2002, portant promulgation de la loi n° 03-01 relative à l'obligation de la motivation des décisions administratives émanant des administrations publiques, des collectivités locales et des établissements publics, Bulletin Officiel, n° 5030 du 15 août 2002.

Dahir n° 1-02-269 du 3 octobre 2002 portant promulgation de la loi n° 79-00 relative à l'organisation des collectivités préfectorales et provinciales, Bulletin Officiel du 21 novembre 2002.

Dahir n° 1-02-297 du 3 octobre 2002 portant promulgation de la loi n° 78-00 portant Charte communale, Bulletin officiel, n° 5058 du 21 novembre 2002.

Décret n° 2-04-161 du 2 juillet 2004 fixant les modalités d'exercice du pouvoir de substitution, Bulletin officiel n° 5230, du 15 juillet 2004.

Dahir n° 1-05-70 du 23 novembre 2005 portant promulgation de la loi n° 16-04 relative à l'aménagement et à la mise en valeur de la vallée du Bou-Regreg, Bulletin officiel, n° 5374, 1er décembre 2005.

Décret n° 2-05-1369 du 2 décembre 2005 fixant les règles d'organisation des départements ministériels et de la déconcentration administrative, Bulletin Officiel n° 5392, 2 février 2006.

Dahir n° 1.06.07 du 14 février 2006, portant loi n° 80-03 créant les tribunaux administratifs d'appel, Bulletin officiel, n° 5398, du 14 février 2006.

Dahir portant loi n° 1-06-18 du 14 février 2006 portant loi n° 36-04 relative aux partis politiques, Bulletin officiel n° 5400 du 2 mars 2006.

Décret n° 208291 du 9 juillet 2008 relatif à l'Institut Royal de l'administration territoriale, Bulletin officiel n° 5654 du 7 juillet 2008.

Dahir n° 1.08.67du 31 juillet 2008 portant loi relative au corps des agents d'autorité, Bulletin officiel n° 5680, du 6 novembre 2008, p. 1507.

Décret n° 2-08-532 du 24 octobre 2008 fixant les conditions d'intégration et de reclassement des agents d'autorité, au titre des dispositions du dahir n° 1.08.67du 31 juillet 2008 portant loi relative au corps des agents d'autorité. Bulletin officiel n° 5680, du 6 novembre 2008.

Arrêté conjoint du ministre de l'Intérieur et du ministre de l'Economie et des Finances n° 2301-08 du 26 novembre 2008 fixant la composition et les modalités de fonctionnement de la commission d'intégration des agents d'autorité, Bulletin officiel n° 5696, du 1er janvier 2009, p. 39.

Rapports, actes de colloques et documents

Guide de l'Agent d'autorité, Publications du Ministère de l'Intérieur, 1982.

Vingt-cinq ans de réalisations sous le règne glorieux de Sa Majesté Hassan II, Document, Ministère de l'Intérieur, novembre 1986.

Plans de développement économique et social : 1960-1964 ; 1965-1967 ; 1968-1972 ; 1973-1977 ; 1978- 1980 ; 1980-1985.

Bulletin Officiel du Royaume du Maroc (B.O.R.M), Imprimerie Officielle, Secrétariat Général du Gouvernement, Rabat.

De la tutelle à la coexistence, 1er Colloque national sur les collectivités locales, Marrakech, 1977, Ministère de l'Intérieur (Direction Générale des Collectivités Locales).

De la coexistence à la symbiose, 2e Colloque national sur les collectivités locales, Rabat, 1979, Ministère de l'Intérieur (Direction Générale des Collectivités Locales).

Bilan et perspectives de la décentralisation, 3e colloque national sur les collectivités locales, Meknès, 1986, Ministère de l'Intérieur (Direction Générale des Collectivités Locales).

La responsabilité, 4e Colloque national sur les collectivités locales, Casablanca, 1989, Ministère de l'Intérieur (Direction Générale des Collectivités Locales).

L'adéquation, actes du 5e Colloque national sur les collectivités locales, Rabat, avril 1992, Ministère de l'Intérieur (Direction Générale des Collectivités Locales).

La formation et l'information des élus, actes du 6e Colloque national sur les collectivités locales, Tétouan, juin 1994, Ministère de l'Intérieur (Direction Générale des Collectivités Locales).

La décentralisation et la déconcentration, actes du 7e Colloque national sur les collectivités locales, Casablanca, octobre 1998, Ministère de l'Intérieur (Direction Générale des Collectivités Locales).

Enquête communale menée en 1985 auprès des Collectivités locales. Direction des Collectivités locales, Ministère de l'Intérieur.

Rapports de MM. Les Gouverneurs des provinces et préfectures du Royaume sur l'évaluation de la coordination des services extérieurs, décembre 1986.

Rapport de la Banque Mondiale sur l'administration marocaine du 15 septembre 1995.

Etude sur la réforme de l'administration en relation avec les processus de décentralisation, ministère de la Prévision Economique et du Plan et Programme national de gouvernance et de renforcement institutionnel du PNUD, février 2002.

Les collectivités locales en chiffres, 2011, Ministère de l'Intérieur, Rabat, Direction Générale des collectivités locales, 2011.
Recueil des arrêts de la Chambre Administrative de la Cour Suprême.
Atlas colonial français, Edition L'Illustration, 1929.
Archives nationales (France), Les Préfets, répertoire nominatif et territorial, An VIII-1982, éd. par René Bargeton, Archives nationales, 1981-1994, 2 volumes, cote: US-920-A-3 (1-2).
Etudes pour servir à l'histoire du corps préfectoral : 1800-1940, Paris, « Administration », Association du Corps préfectoral et des hauts fonctionnaires du ministère de l'Intérieur, Paris), 7, 1983, cote : 5 bi-404.

Jurisprudence

CSA du 17 avril 1961, Mohamed El Hihi, RACS,p. 56.
CSA du 19 juin 1964, Ahmed Ouakrim, RACS,p. 204
CSA, arrêt n° 230 du 25 juillet 1980, Abdeslam Chaibi c/Directeur Général de la Sûreté nationale,
CSA, arrêt n°161 du 8/8/1985, Kabiri Seddik c/Directeur Général des Douanes et impôts indirects (non publié), cité par Rousset M., Droit administratif marocain, Ed. La Porte. p.532.
CSA,arrêt n°109 du 16 avril 1982, cité par Ahmed Ajoun, La représentation de la collectivité locale en justice à la lumière de la nouvelle charte communale, REMALD, n° 47, 2004, p. 128 (en langue arabe).
CSA, arrêt du 3 janvier 1985, cité par Ahmed Ajoun, La représentation de la collectivité locale en justice, op.cit. p. 130.
CSA, 24mai 1965, Bouchaib Ben MohamedR.P, p. 212.
CSA 18 juin 1960, Ronda, RARCS., p. 136.
CSA 10 novembre 1960, Comp. Fermière des sources minérales Oulmès, RACS, p. 1.
CSA 19 juin 1962, Hamou David, RACS., p. 64.
CSA 22 juin 1964, Francesco Torrès, GTM., 1964, p. 88.
CSA 24 mai 1972, Rossi, « Revue de Jurisprudence et de droit », (en arabe), décembre 1973, n° 124, p. 167 ; les arrêts de la Cour suprême », 1971-1972, (en arabe), p. 200.
CSA 17 octobre 1985, K.M. c/ Gouverneur de la province de Fès, R.M.D., 1986, n° 1, p. 42.
CSC, arrêt n° 08/7/1667,du 1erjuillet 2008, dossier crim.n° 08/8679.

Articles de presse

Schwartzenberg R-G., « Le charme discret de la démocratie », Le Monde du 30 septembre 1972.
A.H et E B-R., « La gauche remplace les sarkozystes aux postes clés »,Le Figaro, du 3 août 2012.
Quentin G., « Les préfets privatisés », du 4 décembre 2009, en ligne, sur : http://www.slate.fr, publié le 04/12/2009, consulté le 15/02/2014.
El Azizi A., « Ces ponts et chaussées qui gouvernent le Maroc », Tel Quel, du 30 mars 2007.

Boudarham M., « Les walis de Sa Majesté », Tel Quel, du 4 juin 2012.

Bendaoud, K., « Mouvement des walis et des gouverneurs, le grand chambardement », Maroc Hebdo International n° 340, du 3 au 9 octobre 1998.

Rousset M., « Tout est modifiable, sauf l'article 19 »,Maroc Hebdo International,n° 924 du 18 au 24 mars 2011.

Chankou A., « Les communes dans la tourmente »Maroc Hebdo International, du 16-22 juin 2000.

Chankou A., « Mouvement des walis et gouverneurs, le vente du renouveau » Maroc Hebdo International n° 401, du décembre 1999- janvier 2000.

Challot H., « Le rapport McKinsey, sur les failles des CRI » La Vie Economique, du 2 janvier 2012.

Rousset, M., « Rousset épingle le tribunal administratif de Rabat », La Gazette du Maroc, 17 février 2003.

Rousset, M., « Le Discours Royal du 9 mars 2011, annonce d'une réforme constitutionnelle globale », L'Opinion du 17 mars 2011.

Rousset, M., « La réforme de l'administration, une question posée dans tous les pays », La Gazette du Maroc, du 24 janvier 2005.

Jazouli A., « Décentralisation-déconcentration, quelle synergie ? », le Matin du Sahara, du 24 septembre 1998.

« Mouvement des walis et gouverneurs : l'administration centrale renforcée », L'Economiste du 29 novembre 2010.

Webographie

Liste des manifestations pour la commémoration du bicentenaire du corps préfectoral (France) : http://www.interieur.gouv.fr/actualite/bicentenaire/index.htm. Consulté le 15 janvier 2014.

L'exposition nationale : le Bicentenaire du corps préfectoral http://www.interieur.gouv.fr/actualite/bicentenaire/bicentenaire1.htm, consulté le 17/02/2014.

Constitution française de1958 http://www.legifrance.gouv.fr/citoyen/constit.htm, consulté le 15 février 2014.

Les missions du préfet : sur le site de la préfecture de la Vienne : http:/www.vienne.pref.gouv.fr/prefet/missions.htm, consulté le 15 février 2014.

Quentin G., « Les préfets privatisés », du 4 décembre 2009, en ligne, sur : http://www.slate.fr, publié le 4/12/2009, consulté le 1er février 2014.

Lettres des collectivités locales, DGCL, Ministère de l'Intérieur. Bulletins d'information, du 1er au 13e numéros, en ligne sur le site : http://www.pncl.gov.ma, consulté le 24 août 2013.

GLOSSAIRE[1796]

'abîd-s : pluriel de *'abd* qui signifie esclave.

'âlim, alim : savant, docteur en théologie.

agadîr, agadir : fortification, grenier collectif fortifié.

amghâr, amghar : du verbe berbère *imghûr* qui signifie être grand, majeur, *amghar* influent, puissant. L'amghâr dirige l'assemblée de la taqbilt, la tribu, à cause de son prestige personnel et de sa force.

'âmil, amil, 'âmel : le terme consacré au Maroc pour désigner le représentant du *Sultan* dont la fonction initiale était de prélever l'impôt sur une province, une ville ou un commandement régional. C'est l'équivalent arabe de la dénomination gouverneur ou préfet.

amîn, amine : Chef de corporation, trésorier, personne de confiance. A la fin du XIXe siècle sorte d'employé des finances (« ébauche d'inspecteur des finances »).

amîne al umanâ : L'équivalent d'un « ministre des Finances ».

a'yân-s : les notables, l'élite des villes, notamment les marchands et les chefs des corporations artisanales.

baraka : bénédiction, miséricorde, grâce divine.

bay'a, beia : le mot signifie prendre l'engagement d'obéir. La *bay'a* est l'acte de la proclamation ou d'investiture du Sultan. La bay'a est accomplie par des membres de certains groupes sociaux dont les notables, ou administratifs comme les *âmels,* les gouverneurs, selon un rituel déterminé.

bled siba *siba* est le fait de s'éloigner du troupeau, d'être sans berger. La siba est une catégorie créée par le *Makhzen* pour qualifier les tribus qui nient la nécessité d'investir un chef politique commun, quand la coutume est considérée comme suffisante. *siba* : dissidence

caïd : chef makhzénien de tribu ou de circonscription territoriale, chef d'une armée chargé d'une

[1796] Pour établir ce glossaire, nous nous sommes servi notamment des travaux de : A. Ibn Zaydân, M. Lahbabi, A. Laroui et P. Pascon

	fonctiondans le palais du Sultan, aujourd'hui, agent d'autorité.
chaouch :	sorte de ponton, portier.
chioukhs :	pluriel de *chaykh* (voir ce mot)
djema'a :	voir *jemâa* ou *jema'a.*
douar :	cercle de tentes, village en dur.
faqîh :	jurisconsulte, *faqîh* vient de *fiqh* qui signifie la jurisprudence islamique fondée sur le Coran et la *sunna* (tradition) prophétique.
guish, guich :	de *jaych* (armée). Tribus soumises à la conscription régulière, terreoccupée par ces tribus.
habûs, habous :	du verbe « *habasa* » arrêter, « objet ou immeuble dont la dévotion est arrêtée et l'usufruit affecté éternellementà une institution dévote ou à l'indivision des descendants ».
hâjib, hajib :	chambellan, sa fonction était primordiale puisqu'il constituait un intermédiaire entre le Sultan et les vizirs. Son importance dépassait celle du Grand vizir.
imâm :	personne qui conduit la prière, celle qui guide la communauté.
jma'a, jmaa, jemaa :	assemblée des chefs de tentes ou des chefs de foyers. On y aborde tout ce qui intéresse la vie du groupe (justice, avec les autres groupes…).
khalifa :	successeur, second, lieutenant.
Kâtib et *kâtib-âam*	secrétaire *et* secrétaire général.
majlis Al Madina	littéralement, conseil de la ville, qui signifie assemblée municipale, dite aussi *Majlis Al Baladi*
majlis Yahudi	assemblée municipale réunissant des habitants du *mellah* (voir ce mot).
mellah, mellah :	quartier israélite.
medersa, mdrasa :	école, lieu de résidence des étudiants.
mukhaznî, mokhazni :	serviteur, agent du *makhzen,* membre des forces auxiliaires actuelles.
muhtasib, mohtassib :	personne chargée d'accomplir des tâches de police économique (contrôle des poids, des mesures, des prix…).
muqaddam, moqadem :	(pluriel :*moqaddemines)* littéralement, celui qui se présente devant, qui se met à la tête d'un groupe, agent de l'administration de l'Intérieur assurant un rôle de relais et de renseignement.
mishwar, méchouar :	littéralement, lieu où l'on se conseille, place adjacente au palais du Sultan, désignant aujourd'hui une circonscription administrative ayant un statut particulier.
nadîr, nadir :	responsable des biens *habûs*.
qâdi, cadi :	juge, magistrat.
Séguia :	canalisation à ciel ouvert servant à la distribution d'eau.

pacha :	chef makhzénien, supérieur au caïd (voir ce mot), commandant les villes
shaykh, cheikh :	chef religieux, guide d'une confrérie, chef administratif de canton, aujourd'hui, agent de l'Intérieur dans les campagnes.
shra', shari'a, charia :	loi musulmane.
taqbilt :	terme berbère, diminutif de *qbila.*
ulamâ-s, *oulama*-s, *ouléma-s :*	pluriel de *'âlim.*
umanâ :	pluriel de *amîn*, voir ce mot.
wali :	*sin. de woulat,* gouverneur de région.
wazîr, ouzir :	dérivé du verbe « *waazara* » qui signifie aider ou de *wizr* qui signifie fardeau. Institutionnellement, sa fonction correspond à celle de ministre.
Zâwia, zaouia, zaouiya :	confrérie.

INDEX ALPHABÉTIQUE DES MATIÈRES

Les chiffres renvoient aux pages

A

B

C

D

E

F

G

H

J

K

L

M

O

P

R

S

T

U

V

W

TABLE DES MATIÈRES

LE MAROC AUX ÉDITIONS L'HARMATTAN

Dernières parutions

HABITAT DE LA BOURGEOISIE MAROCAINE
M'Hammedi Mouna
Il existe au Maroc une classe qui possède de multiples richesses et surplombe la société. La villa, objet architectural qui caractérise la bourgeoisie marocaine, est un élément de composition de la grande ville marocaine parmi d'autres. L'analyse consiste ici à faire des incursions dans l'espace domestique de ce groupe, à l'évaluer dans son mode d'habiter, à regarder les rapports établis entre la maison bourgeoise, son quartier et la ville en général.
(Coll. Questions contemporaines, 30.00 euros, 290 p.)
ISBN : 978-2-296-99843-8, ISBN EBOOK : 978-2-296-53180-2

UNE FEMME MAGHRÉBINE EN QUÊTE DE LIBERTÉ
Amir Laïla
«Ces pages contiennent des moments que j'ai vécus, des histoires que l'on m'a racontées, des souvenirs revisités. L'histoire de Malika n'est pas mon histoire : c'est une trajectoire migratoire comme il y en a eu des milliers, une manière d'être faite de rêves de liberté, de courage, d'audace, de résilience et de volonté d'émancipation.» (Laïla Amir)
(Coll. Histoire de vie et formation, 16.50 euros, 158 p.)
ISBN : 978-2-296-99776-9, ISBN EBOOK : 978-2-296-53092-8

UN SAINT MAROCAIN DU XIXe SIÈCLE
La sainteté en Islam et dans le soufisme
Zekri Mostafa
Le Shaykh Sîdî al-Hâjj 'Alî al-Ilghî al-Darqâwî représente l'une de ces nombreuses petites figures du soufisme dont la réputation reste locale. Pourtant, l'étude de sa vie et de sa doctrine s'avère enrichissante et indispensable à l'élaboration d'une théorie globale et exhaustive sur l'aspect ésotérique de l'islam et son impact sur les sociétés musulmanes. Le pouvoir politique marocain a ainsi choisi la perspective soufie pour réussir une réforme du champ religieux dans un contexte dominé par une compréhension littéraliste de l'islam, qui verse dans le radicalisme.
(21.00 euros, 214 p.)
ISBN : 978-2-336-29273-1, ISBN EBOOK : 978-2-296-51638-0

MON PÈRE AU COEUR DU JUDAÏSME MAROCAIN
Ohana Paul
A travers le témoignage/hommage de l'auteur pour l'action de son père, l'ouvrage apporte un éclairage nouveau sur la vie de la Communauté Juive au Maroc à un tournant critique de son histoire. Comment, en effet, une communauté implantée au Maroc depuis des siècles a-t-elle pu disparaître de la carte en quelques années ? Qui ont été les acteurs de cette disparition ? Quels ont été les rôles du Maroc, de la France, d'Israël dans cet exode ?
(Coll. Intelligence stratégique et géostratégique, 9.50 euros, 56 p.)
ISBN : 978-2-336-00181-4, ISBN EBOOK : 978-2-296-51001-2

L'HARMATTAN ITALIA
Via Degli Artisti 15; 10124 Torino
harmattan.italia@gmail.com

L'HARMATTAN HONGRIE
Könyvesbolt ; Kossuth L. u. 14-16
1053 Budapest

L'HARMATTAN KINSHASA
185, avenue Nyangwe
Commune de Lingwala
Kinshasa, R.D. Congo
(00243) 998697603 ou (00243) 999229662

L'HARMATTAN CONGO
67, av. E. P. Lumumba
Bât. – Congo Pharmacie (Bib. Nat.)
BP2874 Brazzaville
harmattan.congo@yahoo.fr

L'HARMATTAN GUINÉE
Almamya Rue KA 028, en face
du restaurant Le Cèdre
OKB agency BP 3470 Conakry
(00224) 657 20 85 08 / 664 28 91 96
harmattanguinee@yahoo.fr

L'HARMATTAN MALI
Rue 73, Porte 536, Niamakoro,
Cité Unicef, Bamako
Tél. 00 (223) 20205724 / +(223) 76378082
poudiougopaul@yahoo.fr
pp.harmattan@gmail.com

L'HARMATTAN CAMEROUN
BP 11486
Face à la SNI, immeuble Don Bosco
Yaoundé
(00237) 99 76 61 66
harmattancam@yahoo.fr

L'HARMATTAN CÔTE D'IVOIRE
Résidence Karl / cité des arts
Abidjan-Cocody 03 BP 1588 Abidjan 03
(00225) 05 77 87 31
etien_nda@yahoo.fr

L'HARMATTAN BURKINA
Penou Achille Some
Ouagadougou
(+226) 70 26 88 27

L'HARMATTAN SÉNÉGAL
10 VDN en face Mermoz, après le pont de Fann
BP 45034 Dakar Fann
33 825 98 58 / 33 860 9858
senharmattan@gmail.com / senlibraire@gmail.com
www.harmattansenegal.com

L'HARMATTAN BÉNIN
ISOR-BENIN
01 BP 359 COTONOU-RP
Quartier Gbèdjromèdé,
Rue Agbélenco, Lot 1247 I
Tél : 00 229 21 32 53 79
christian_dablaka123@yahoo.fr

Achevé d'imprimer par Corlet Numérique - 14110 Condé-sur-Noireau
N° d'Imprimeur : 133846 - Dépôt légal : novembre 2016 - *Imprimé en France*

www.ingramcontent.com/pod-product-compliance
Lightning Source LLC
LaVergne TN
LVHW011215061026
849535LV00001BA/47